ERICH SCHMIDT VERLAG

Berliner Handbücher

Handbuch Urheberrecht

Herausgegeben von
Professor Dr. iur. Dr. rer. pol. Marcel Bisges, LL.M.
Rechtsanwalt und Professor für Urheber- und Medienrecht an der
SRH Hochschule der populären Künste, Berlin

Bearbeitet von

Professor Dr. Dr. Marcel Bisges, LL.M.
Rechtsanwalt und Professor für Urheber- und Medienrecht an der SRH Hochschule der populären Künste, Berlin

Dr. Stephan Dittl
Rechtsanwalt und Fachanwalt für Urheber- und Medienrecht, Frankfurt am Main

Professor Dr. Alexander Freys
Rechtsanwalt und Notar, Berlin

Dr. Jan-Michael Grages
Rechtsanwalt, Hamburg

Dr. Stefan Haupt
Rechtsanwalt, Berlin

Professor Dr. Ralf Imhof
Of Counsel und Professor für Wirtschaftsprivatrecht an der Ostfalia Hochschule für angewandte Wissenschaften, Hamburg/Wolfenbüttel

Professor Dr. Peter Lutz
Rechtsanwalt, Fachanwalt für Urheber- und Medienrecht, München, und Honorarprofessor an der Universität Erlangen-Nürnberg, Erlangen-Nürnberg

Professor Dr. Dieter Nennen
Rechtsanwalt und Professor für Urheber- und Medienrecht an der Rheinischen Fachhochschule, Brühl/Köln

Professor Dr. Stefan J. Pennartz
Rechtsanwalt und Professor für Wirtschaftsrecht an der FOM Hochschule, München

Dr. Peter F. Reinke
Rechtsanwalt und Fachanwalt für Urheber- und Medienrecht, München

Professor Dr. Sebastian Schunke
Professor für privates Wirtschaftsrecht an der Hochschule für Wirtschaft und Recht, Berlin

Professor Dr. Dominik Skauradszun
Professor für Bürgerl. Recht u. Wirtschaftsrecht, insb. Unternehmensrecht an der Hochschule Fulda, Fulda

Dr. Benjamin Vollrath, LL.M.
Rechtsanwalt, München

ERICH SCHMIDT VERLAG

Bibliografische Information der Deutschen Nationalbibliothek
Die Deutsche Nationalbibliothek verzeichnet diese Publikation in der Deutschen Nationalbibliografie; detaillierte bibliografische Daten sind im Internet über http://dnb.d-nb.de abrufbar.

Weitere Informationen zu diesem Titel finden Sie im Internet unter
ESV.info/978 3 503 16618 3

Hinweise zum Add-on

Mit dem Erwerb des Buches erhalten Sie Zugriff auf editierbare Vertragsmuster und Checklisten, die Ihre praktische Arbeit erleichtern.

Informationen zum Zugang erhalten Sie auf Seite **905** in diesem Buch.

Zitiervorschlag:
Bearbeiter, in: Bisges, Handbuch Urheberrecht, Kap. …, Rn. …

1. Auflage 2016

ISBN 978 3 503 16618 3
ISSN 1865-4185

Alle Rechte vorbehalten
© Erich Schmidt Verlag GmbH & Co. KG, Berlin 2016
www.ESV.info

Dieses Papier erfüllt die Frankfurter Forderungen
der Deutschen Nationalbibliothek und der Gesellschaft für das Buch
bezüglich der Alterungsbeständigkeit und entspricht sowohl den
strengen Bestimmungen der US Norm Ansi/Niso Z 39.48-1992
als auch der ISO Norm 9706.

Gesetzt aus der Stempel Garamond, 9/11 Punkt

Satz: schwarz auf weiss, Berlin
Druck und Bindung: Hubert & Co., Göttingen

Vorwort

Das vorliegende Handbuch Urheberrecht ist **als Praxishandbuch konzipiert**. Durch 13 namhafte Bearbeiter aus Praxis sowie Forschung und Lehre, darunter zehn Rechtsanwälte, davon drei Fachanwälte für Urheber- und Medienrecht, und acht Professoren, wurden höchste Kompetenzen in beiden Bereichen miteinander verbunden. Das Werk bietet insoweit eine umfassende Darstellung des Urheberrechts unter besonderer Berücksichtigung der für die Praxis relevanten Aspekte, insbesondere **digitaler Verwertungsmöglichkeiten**. Die Ausführungen sind ergänzt um wichtige **Textmuster, Klauselbeispiele und Checklisten** im Fließtext sowie im Anhang. Praxisrelevante Problemfelder werden aufgegriffen und einer sachgerechten Lösung zugeführt, wobei **Beispiele** das schnelle Verständnis erleichtern. Hervorhebungen im Fließtext ermöglichen außerdem das Überfliegen einzelner Passagen und ein schnelles Querlesen. Und nicht zuletzt wurde Wert auf eine sorgsame Zusammenstellung des **Stichwortverzeichnisses** gelegt, um auch dem Laien einen schnellen Zugang zu bestimmten Schlagworten zu ermöglichen.

Die Bearbeiter legten **besondere Schwerpunkte** auf die Entwicklung des Werkbegriffs, die **Kleine-Münze** und deren ökonomische Komponente, auf das gemeinsame Schaffen im Teamwork und den Beweis der Urheberschaft, auf Fragen der **Erschöpfung** im Bereich elektronischer Verwertung, auf die Anwendung der Schrankenregelungen bei neuen **medialen Entwicklungen** und der **Berichterstattung in den digitalen Medien**, insbesondere die Unzulänglichkeit der **Kopierfreiheiten**. Hinsichtlich Verwertungsfragen wurden Schwerpunkte gelegt auf die Anforderungen an die **Bestimmbarkeit der zu übertragenden Rechte**, die Auswirkungen der Digitalisierung, die Fragen der Verteilungsgerechtigkeit und der Wahrnehmungskompetenzen von **Verwertungsgesellschaften**, bei Software auf die Bestimmung der **Grenzen der zustimmungspflichtigen Nutzung**, auf das **Filmurheberrecht**, auf praxisgerechte Hilfestellungen für Urheber und Verletzer bei **Urheberrechtsverletzungen** sowie Urheberrechtsstraftaten, auf taktische Überlegungen bei der **zwangsweisen Verwertung** des Urheberrechts und die Probleme der **Insolvenz des Urhebers** oder des Lizenznehmers. **Erbrechtliche Gestaltungsmöglichkeiten** im Rahmen der Rechtsnachfolge, die Auswirkungen der Digitalisierung im Bereich der **Leistungsschutzrechte** und wichtige Grundsätze des **internationalen Urheberrechts** samt Staatsverträgen und Abkommen sind ebenfalls schwerpunktmäßig bearbeitet.

Besondere Berücksichtigung findet durchweg die **europäische Rechtsentwicklung** in Gestalt der Rechtsprechung des Europäischen Gerichtshofs sowie der europäischen Richtlinien-Gesetzgebung, die das deutsche Urheberrecht ständigen Änderungen unterwirft und zu einer europäischen Rechtsharmonisierung führt. Die Vorgaben der Verwertungsgesellschaften-Richtlinie und das insoweit zu erwartende **Verwertungsgesellschaftengesetz (VVG)**, welches das bisherige Urheberrechtswahrnehmungsgesetz im Jahre 2016 ersetzen soll, wurden ebenso eingehend dargestellt, wie beispielsweise der **europäische Werkbegriff** oder das (neue) europäische **Verständnis des Öffentlichkeitsbegriffs**.

Das Werk richtet sich sowohl an **Juristinnen und Juristen der Rechtspraxis** (Fachanwältinnen und Fachanwälte für Urheber- und Medienrecht, Richterinnen und Richter sowie Juristinnen und Juristen in Unternehmen der Branchen Fernsehen, Verlag, Musik, Film, Softwareentwicklung etc.) als auch an **Nicht-Juristinnen und -Juristen** insbesondere im Bereich der Wirtschaft, bei Verbänden, Verwertungsgesellschaften etc.

Berlin, im Januar 2016   Marcel Bisges

Inhaltsübersicht

Vorwort	V
Inhaltsübersicht	VII
Inhaltsverzeichnis	IX
Bearbeiterverzeichnis	XXI
Abkürzungsverzeichnis	XXIII
Literaturverzeichnis	XXIX

Kapitel 1 Grundlagen des Urheberrechts 1
A. Einführung in das Urheberrecht 4
B. Werke 31
C. Entstehung des Urheberrechts und Urheberschaft 107

Kapitel 2 Inhalt des Urheberrechts 133
A. Urheberpersönlichkeitsrecht 135
B. Verwertungsrechte 176

Kapitel 3 Schranken des Urheberrechts 233
A. Allgemeines 235
B. Dauer des Urheberrechtschutzes 247
C. Begünstigung für Wissenschaft und Kunst 254
D. Informationsfreiheit 267
E. Begünstigungen des eigenen Gebrauchs 282
F. Abbildungsfreiheit 307
G. Verwaiste und vergriffene Werke 315
H. Sonstige freie Nutzungen 321

Kapitel 4 Verwertung des Urheberrechts 335
A. Urhebervertragsrecht 337
B. Vergütung 389
C. Open Content 399
D. Verwertungsgesellschaften 406

Kapitel 5 Softwareurheberrecht und technische Schutzmaßnahmen ... 455
A. Allgemeines 458
B. Geschützte Gegenstände 461
C. Zustimmungsbedürftige Handlungen 466
D. Einräumung von Nutzungsrechten 480
E. Rechtsverletzungen 504
F. Digital Rights Management 507

Kapitel 6 Filmurheberrecht.. 515
A. Geschützte Werke... 517
B. Rechteinhaber und Urheberrecht 521
C. Nutzungsrechte am Filmwerk 531
D. Rechtsverkehr bei der Filmauswertung 534
E. Leistungsschutzrechte.. 536
F. Anspruch des Urhebers auf eine angemessene Vergütung 540

Kapitel 7 Rechtsschutz im Urheberrecht 543
A. Zivilrechtliche Ansprüche bei Rechtsverletzungen 546
B. Strafrechtliche Folgen bei Rechtsverletzungen 615
C. Öffentlich-rechtliche Maßnahmen und Sanktionen 627

Kapitel 8 Urheberrecht in Zwangsvollstreckung und Insolvenz 629
A. Zwangsvollstreckung 631
B. Insolvenz 645

Kapitel 9 Rechtsnachfolge... 653
A. Einführung... 655
B. Erbrechtliche Rechtsnachfolge 661
C. Rechtsgeschäftliche Rechtsnachfolge 667
D. Verzicht auf das Urheberrecht................................... 668
E. Rechtsnachfolge in das vor Nachfolge verletzte Urheberrecht 670
F. Rechtsnachfolge im Gesellschaftsrecht........................... 674
G. Sacheigentum am Werkstück 677

Kapitel 10 Verwandte Schutzrechte................................. 679
A. Leistungen und Werke 682
B. Leistungsschutz für persönliche Leistungen 685
C. Unternehmerische, organisatorische und finanzielle Leistungen... 719

Kapitel 11 Internationales Urheberrecht 761
A. Überblick.. 763
B. Anwendbares Recht 767
C. Harmonisierung auf supranationaler Ebene....................... 779
D. Internationale Gerichtszuständigkeiten 794

Anhang 799
Stichwortverzeichnis... 845

Inhaltsverzeichnis

Vorwort	V
Inhaltsübersicht	VII
Inhaltsverzeichnis	IX
Bearbeiterverzeichnis	XXI
Abkürzungsverzeichnis	XXIII
Literaturverzeichnis	XXIX

	Seite	Rn.
Kapitel 1		
Grundlagen des Urheberrechts	1	
A. Einführung in das Urheberrecht	4	1
I. Rechtsquellen und Literatur	4	1
1. Gesetze und Gesetzesbegründungen	4	1
2. Internationale Abkommen	5	5
3. Textausgaben	5	6
4. Lehrbücher	6	7
5. Kommentare	6	8
6. Zeitschriften	7	9
II. Allgemeine Überlegungen zum Urheberrecht	7	10
1. Urheberrecht und andere Immaterialgüterrechte	7	10
2. Begriff des geistigen Eigentums	10	17
3. Monopole durch Urheberrechte	10	18
4. Bedarf an Urheberrechtsschutz	13	22
III. Verfassungsrechtliche Grundlagen	16	28
1. Eigentum	16	29
2. Persönlichkeitsrecht	18	34
3. Kunstfreiheit	20	38
4. Wissenschaftsfreiheit	21	41
5. Meinungsfreiheit	22	42
6. Presse-, Rundfunk- und Filmfreiheit	23	46
7. Informationsfreiheit	23	48
IV. Verhältnis zum Sacheigentum	24	51
V. Verhältnis zum Persönlichkeitsrecht	26	55
VI. Geschichtliche Entwicklung	27	58
1. Altertum und Mittelaltertum	27	59
2. Neuzeit	28	61
3. Informationszeitalter	29	62
B. Werke	31	100
I. Allgemeines	31	100

II.	Werkarten		31	101
	1. Sprachwerke		33	104
		a) Schriftwerke	34	105
		b) Reden	34	107
		c) Computerprogramme	35	108
		d) Sonstige Formen von Sprachwerken	35	109
	2. Werke der Musik		35	110
	3. Pantomimische Werke einschließlich der Werke der Tanzkunst		37	116
	4. Kunstwerke		39	120
		a) Werke der bildenden Künste	39	121
		b) Werke der angewandten Kunst	40	125
		c) Werke der Baukunst	41	127
	5. Lichtbildwerke		42	128
	6. Filmwerke		44	132
	7. Darstellungen wissenschaftlicher oder technischer Art		46	137
	8. Sammelwerke und Datenbankwerke		47	142
		a) Sammelwerke	47	143
		b) Datenbankwerke	48	146
III.	Schutzvoraussetzungen		50	151
	1. Persönliche Schöpfung		51	154
	2. Geistiger Gehalt		52	157
	3. Wahrnehmbare Formgestaltung		54	161
	4. Individualität		55	162
		a) Allgemeines	55	162
		b) Gestaltungshöhe	57	166
		aa) Begriff	57	166
		bb) Kleine Münze	58	167
		cc) Bestimmung des Maßes der Individualität	59	169
		dd) Gestaltungshöhe und Werkarten	60	170
		(1) Sprachwerke	61	171
		(2) Werke der Musik	67	183
		(3) Pantomimische Werke einschließlich der Werke der Tanzkunst	68	184
		(4) Kunstwerke	68	185
		(5) Lichtbildwerke	69	187
		(6) Filmwerke	70	188
		(7) Darstellungen wissenschaftlicher oder technischer Art	71	190
		(8) Sammelwerke und Datenbanken	73	194
		ee) Bedeutung der Abgrenzung	75	198
		ff) Beurteiler	76	200
		gg) Problem fehlender Objektivierbarkeit	77	201
		hh) Aufgabe des Merkmals	79	205

IV.	Bedeutung anderer Merkmale für die Schutzfähigkeit		81	207
	1.	Künstlerischer Wert	81	208
	2.	Priorität oder Neuheit	81	209
	3.	Rechtmäßigkeit	82	210
	4.	Umfang	83	212
	5.	Verwendungszweck	84	213
	6.	Herstellungsaufwand und Kosten	85	214
	7.	Person des Erzeugers	87	221
V.	Einzelfragen zur Schutzfähigkeit		88	222
	1.	Ideen, Konzepte und Formate	88	222
	2.	Form und Inhalt, wissenschaftliche Erkenntnisse	89	225
	3.	Werktitel	90	228
	4.	Werkteile und Entwürfe	91	229
	5.	Schutzeffekte aufgrund von Verbindung	91	230
VI.	Schutzumfang		92	232
	1.	Bearbeitungen, Umgestaltungen, Übernahmen, freie Benutzung	92	232
		a) Bearbeitungen	93	234
		b) Nicht-schöpferische Umgestaltungen und Übernahmen	94	237
		c) Freie Benutzungen	95	241
	2.	Maß der Individualität	96	242
	3.	Starrer Melodienschutz bei Werken der Musik	97	244
	4.	Veröffentlichte und erschienene Werke	97	245
VII.	Pseudowerke im Rechtsverkehr		101	253
VIII.	Europäischer Werkbegriff		102	254
	1.	Begriffsverständnis	102	254
	2.	Anwendbarkeit auf alle Werkarten	103	256
		a) Ansicht europäischer Gerichte	103	256
		b) Ansichten in Deutschland	105	258
	3.	Fazit	106	263
C. Entstehung des Urheberrechts und Urheberschaft			107	300
I.	Schöpferprinzip		107	300
II.	Rechtserwerb durch Realakt		109	304
III.	Beteiligung Mehrerer		110	309
	1.	Miturheber	111	310
		a) Voraussetzungen der Miturheberschaft	111	310
		b) Rechtsfolgen	113	315
	2.	Bearbeiter	116	323
	3.	Urheber verbundener Werke	116	325
	4.	Gehilfen, Ideegeber und Organisatoren	117	328
IV.	Beweis der Urheberschaft		119	331
	1.	Bedeutung und Beweislast	119	331
	2.	Beweismöglichkeiten	119	333

		a)	Zeugenaussagen	120	334
		b)	Dokumentation des Werkschaffens	121	337
		c)	Sachverständigengutachten	122	338
		d)	Urkunden und notarielle Prioritätsverhandlung	122	339
		e)	Briefumschlag und Poststempel	123	344
	3.	Vermutung der Urheberschaft		124	346
V.	Doppelschöpfungen			125	350
VI.	Urheberschaft im Arbeitsverhältnis			126	352
VII.	Verzicht auf das Urheberrecht			129	360

Kapitel 2
Inhalt des Urheberrechts 133

A.	Urheberpersönlichkeitsrecht			135	2
I.	Erstveröffentlichungsrecht, § 12 Abs. 1 UrhG			135	3
	1.	Werk		136	4
	2.	Unveröffentlicht		137	6
		a)	Begriff der Veröffentlichung	137	6
		b)	Zustimmung des Berechtigten	139	11
	3.	Bestimmungsrecht über die Veröffentlichung		140	15
		a)	„Ob"	140	16
		b)	„Wie"	141	20
		c)	Verbrauch des Erstveröffentlichungsrechts	142	21
	4.	Schranken und Grenzen		143	23
	5.	Besonderheiten der Ansprüche und Geltendmachung		144	26
		a)	Unterlassung	145	28
		b)	Schadenersatz	145	29
		c)	Geldentschädigung	145	30
		d)	Vernichtung	147	34
	6.	Vertragliches		147	35
II.	Erstmitteilungs- und Beschreibungsrecht, § 12 Abs. 2 UrhG			148	37
	1.	Unveröffentlicht: Werk bzw. wesentliche Inhalte		148	38
	2.	Mitteilungs- und Beschreibungsvorbehalt		149	40
III.	Anerkennungs- und Bezeichnungsrecht, § 13 UrhG			150	45
	1.	Werk		151	46
	2.	Anerkennung der Urheberschaft, § 13 S. 1 UrhG		152	48
		a)	Anmaßung des Urheberrechts	152	49
		b)	Bestreiten des Urheberrechts	152	50
	3.	Recht auf Urheberbezeichnung, § 13 S. 2 UrhG		153	52
		a)	„Ob"	153	53
			aa) Anspruch auf Urheberbezeichnung	153	54
			bb) Nennungsverbot	156	58
			cc) Zuschreiben eines fremden Urheberrechts	156	60
		b)	„Wie"	157	61
	4.	Besonderheiten der Ansprüche und Geltendmachung		158	63

		a)	Unterlassung	158	64
		b)	Schadenersatz	158	65
			aa) Materieller Schaden durch unterbliebene Werbewirkung	158	66
			bb) Zuschlag auf die lizenzanalog ermittelte Vergütung	159	67
			cc) Kein Verletzerzuschlag oder Strafschadenersatz	160	68
		c)	Geldentschädigung	160	69
		d)	Vernichtung	161	71
	5.	Vertragliches		161	72
		a)	Ausgestaltung der Urheberbezeichnung	161	72
		b)	Einschränkung oder Verzicht	162	74
IV.	Recht auf Werkintegrität, § 14 UrhG			164	78
	1.	Werk		164	79
	2.	Entstellung oder andere Beeinträchtigung		165	81
		a)	Eingriff in die (körperliche) Werksubstanz	165	83
		b)	Beeinträchtigung ohne Substanzeingriff	167	87
			aa) Beeinträchtigender Zusammenhang	168	88
			bb) Ortsbezug bei Kunstwerken	169	89
		c)	Werkvernichtung	170	91
	3.	Eignung zur Interessengefährdung		170	92
	4.	Interessenabwägung		171	93
	5.	Schranken und Grenzen		173	98
	6.	Besonderheiten der Ansprüche und Geltendmachung		173	99
		a)	Unterlassung und Beseitigung der Störung, Schadenersatz	173	100
		b)	Geldentschädigung	174	101
	7.	Vertragliches		174	102
V.	Weitere Urheberpersönlichkeitsrechte			175	103
B. Verwertungsrechte				176	200
I.	Verwertung in körperlicher Form			176	202
	1.	Vervielfältigungsrecht, § 16 UrhG		176	203
		a)	Werk	177	204
		b)	Herstellung eines Vervielfältigungsstückes	177	206
		c)	Schranken und Grenzen	181	211
			aa) Schranken	181	211
			bb) Erschöpfung, § 17 Abs. 2 UrhG analog	181	212
		d)	Vertragliches	182	214
	2.	Verbreitungsrecht, § 17 Abs. 1 UrhG		182	215
		a)	Werk(-original) oder Vervielfältigungsstücke	183	216
		b)	Angebot an die Öffentlichkeit	183	218
		c)	Inverkehrbringen	185	221
		d)	Erschöpfung, § 17 Abs. 2 UrhG	185	222

			aa)	Begrenzung des Verbreitungsrechts.........	185	223
			bb)	Inverkehrbringen im Wege der Veräußerung	186	225
			cc)	Im Gebiet der EU oder des EWR	187	228
			dd)	Mit Zustimmung des Berechtigten.........	187	229
			ee)	Zulässige Weiterverbreitung.............	188	231
			ff)	Verbrauch des Verbreitungsrechts	188	232
	3.	Vermietrecht, § 17 Abs. 3 UrhG..................			189	233
	4.	Ausstellungsrecht, § 18 UrhG...................			190	235
		a)	Unveröffentlichte Werke der bildenden Kunst oder Lichtbildwerke		190	236
		b)	Öffentliche Zurschaustellung.................			191	238
		c)	Vertragliches.............................			191	239
	5.	Weitere Rechte zur Verwertung in körperlicher Form			191	240
II.	**Verwertung in unkörperlicher Form (Recht der öffentlichen Wiedergabe)**				191	241
	1.	Vortragsrecht, § 19 Abs. 1, Abs. 3 UrhG............			194	247
		a)	Sprachwerk...............................			194	248
		b)	Persönliche Darbietung.....................			194	249
		c)	Öffentlich zu Gehör bringen			195	250
	2.	Aufführungsrecht, § 19 Abs. 2, Abs. 3 UrhG			195	252
		a)	Öffentliche persönliche Musikdarbietung.......			195	253
		b)	Öffentliche bühnenmäßige Darstellung.........			197	256
	3.	Vorführungsrecht, § 19 Abs. 4 UrhG...............			197	258
	4.	Recht der öffentlichen Zugänglichmachung, § 19a UrhG.....................................			198	260
		a)	Werk			198	261
		b)	Öffentliche Zugänglichmachung			199	263
		c)	Schranken................................			203	271
		d)	Erschöpfung, § 17 Abs. 2 UrhG analog.........			204	272
		e)	Besonderheiten der Ansprüche und Geltendmachung			204	273
	5.	Senderecht, § 20 UrhG...........................			204	274
		a)	Werk			204	275
		b)	Funk oder ähnliche technische Mittel			205	276
		c)	Der Öffentlichkeit zugänglich machen			206	279
	6.	Recht der europäischen Satellitensendung, § 20a UrhG.....................................			206	280
		a)	Werk			207	281
		b)	Europäische Satellitensendung			207	282
		c)	Ort der Europäischen Satellitensendung........			207	284
	7.	Zweitverwertungsrechte, §§ 20b bis 22 UrhG			208	285
		a)	Kabelweitersenderecht, § 20b UrhG			208	286
		b)	Recht der Wiedergabe durch Bild- oder Tonträger, § 21 UrhG			209	290

			c)	Recht der Wiedergabe von Funksendungen und von öffentlicher Zugänglichmachung, § 22 UrhG	209	291
		8.		Weitere Rechte der Verwertung in unkörperlicher Form	211	294
	III.	Bearbeitungsrecht, §§ 23, 24 UrhG			211	295
		1.	Werk		212	296
		2.	Bearbeitung bzw. Umgestaltung		212	297
		3.	Freie Benutzung, § 24 Abs. 1 UrhG		214	301
			a)	„Verblassensformel"	214	302
			b)	Innerer Abstand, insbesondere Parodie	222	317
		4.	Melodienschutz, § 24 Abs. 2 UrhG		224	320
		5.	Veröffentlichen, Verwerten oder Herstellen		226	326
		6.	Einwilligung des Originalurhebers		227	329
		7.	Vertragliches		228	330
	IV.	Sonstige Rechte des Urhebers			228	331
		1.	Zugangsrecht, § 25 UrhG		229	332
		2.	Folgerecht, § 26 UrhG		229	336
		3.	Vergütung für Vermietung und Verleihen, § 27 UrhG		231	340

Kapitel 3
Schranken des Urheberrechts 233

A.	Allgemeines				235	
	I.	Rechtsnatur der Schrankenregelung			235	1
		1.	Verfassungsrechtliche Grundlagen		235	1
			a)	Eigentumsgarantie und Sozialbindung	235	1
			b)	Kunstfreiheit	236	4
		2.	Geschützte Interessen		237	5
		3.	Arten der Schranken		237	6
		4.	Auslegung		238	11
			a)	Enge Auslegung	238	11
			b)	Analoge Anwendung	239	13
			c)	Verfassungskonforme Auslegung	239	14
			d)	Drei-Stufen-Test	240	15
	II.	Pflicht zur Quellenangabe			240	16
		1.	Funktion und Bedeutung		240	16
		2.	Betroffene Werke		240	17
		3.	Verpflichtung zur Quellenangabe		241	18
			a)	Erforderliche Quellenangabe	241	19
			b)	Öffentliche Wiedergabe	242	22
			c)	Inhalt der Quellenangabe	242	24
			d)	Ort der Quellenangabe	243	25
			e)	Ergänzende Angaben	243	26
			f)	Entfall der Quellenangabepflicht	243	27
	III.	Änderungsverbot			244	28
		1.	Zweck der Regelung		244	28

	2.	Betroffene Werke.................................	244	29
	3.	Ausgeschlossene Änderungen....................	244	30
	4.	Zulässige Änderungen bei Interessenabwägung	244	31
	5.	Zulässige Änderungen nach dem Benutzungszweck ..	245	32
	6.	Zulässigkeit aufgrund von Dimensionsänderungen ...	245	33
	7.	Änderungen in Sammlungen für Kirchen-, Schul- oder Unterrichtsgebrauch	246	34

B. Dauer des Urheberrechtschutzes 247   100
   I. Vorbemerkung.................................. 247   100
      1. Historische Entwicklung......................... 247   100
      2. Rechtfertigung der Begrenzung 247   102
      3. Gemeinfreiheit 248   103
      4. Berechnung.................................... 248   105
   II. Allgemeine Schutzfrist 248   106
   III. Gemeinsames Werkschaffen 249   107
      1. Miturheberschaft 249   107
      2. Filmwerke..................................... 249   109
   IV. Verbundene Werke............................... 250   111
      1. Musikkompositionen mit Text 250   111
      2. Andere verbundene Werke 250   113
   V. Anonyme und pseudonyme Werke................... 251   114
   VI. Nachgelassene Werke.............................. 252   120
   VII. Lichtbildwerke und Lichtbilder..................... 252   122

C. Begünstigung für Wissenschaft und Kunst 254
   I. Freie Benutzung.................................. 254   200
      1. Einleitung..................................... 254   200
      2. Anwendungsbereich............................ 254   201
      3. Voraussetzungen............................... 255   203
      4. Prüfungsreihenfolge............................ 256   205
         a) Merkmale des benutzten Werks 256   205
         b) Übereinstimmungen 256   206
         c) Bewertung................................ 256   208
      5. Parodie.. 256   210
      6. Fortsetzungswerke............................. 257   211
      7. Melodienschutz 257   212
   II. Zitatrecht.. 258   214
      1. Zweck und Inhalt............................... 258   214
      2. Voraussetzungen der Zitierfreiheit................. 259   217
         a) Zitatzweck 259   217
         b) Selbständiges eigenes Werk.................. 261   224
         c) Fremdes veröffentlichtes Werk............... 261   226
         d) Keine Beeinträchtigung der normalen Auswertung des zitierten Werkes 262   229

	3.	Änderungsverbot...............................	262	230
	4.	Quellenangabepflicht............................	263	231
	5.	Gesetzliche Beispiele............................	263	232
		a) Großzitat..................................	263	232
		b) Kleinzitat..................................	264	238
		c) Musikzitat.................................	265	240
	6.	Gerichtlich anerkannte Zitierfreiheit.............	265	242

D. Informationsfreiheit....................................... 267 300
   I. **Öffentliche Reden, § 48 UrhG**...................... 267 301
      1. Zweck und Bedeutung der Vorschrift.............. 267 301
      2. Verwendung öffentlichkeitsrelevanter Reden........ 267 302
         a) Aktuelle Reden an die Öffentlichkeit.......... 268 303
            aa) Tagesfragen........................... 268 303
            bb) Auf öffentlichen Versammlungen
                gehaltene Reden....................... 268 306
            cc) Öffentlich wiedergegebene Reden......... 269 307
         b) Reden bei Verhandlungen vor staatlichen
            Institutionen............................... 270 308
      3. Anforderungen an die Nutzung................... 270 310
         a) Aktuelle Reden: Begrenzung der Nutzungsfreiheit auf tagesaktuelle Medien................. 270 311
         b) Reden vor Institutionen: Allgemeine
            Nutzungsfreiheit.......................... 271 314
         c) Kein Recht zur Aufnahme der Reden in
            Sammlungen.............................. 271 315
         d) Sonstige allgemeine Vorgaben................. 272 316
      4. Checkliste mit Beispielen......................... 272 318
   II. **Zeitungsartikel und Rundfunkkommentare,**
      § 49 UrhG... 273 319
      1. Zweck und Bedeutung der Vorschrift.............. 273 319
      2. Verwendung medialer Nachrichten................ 273 320
         a) Einzelne Beiträge zu Tagesfragen.............. 273 321
            aa) Rundfunkkommentare, Artikel und
                Abbildungen.......................... 274 323
            bb) Implikationen eines Rechtevorbehalts...... 275 326
         b) Vermischte Nachrichten..................... 275 327
      3. Anforderungen an die Nutzung................... 276 328
         a) Verwendung zur Berichterstattung............ 276 329
         b) Besonderheiten bei Pressespiegeln............. 276 330
         c) Vergütungspflicht.......................... 276 331
         d) Verwendung vermischter Nachrichten......... 277 332
         e) Sonstige allgemeine Vorgaben................. 277 333
      4. Checkliste mit Beispielen......................... 277 334
   III. **Berichterstattung über Tagesereignisse, § 50 UrhG**..... 278 335

	1.	Zweck und Bedeutung der Vorschrift	278	335
	2.	Verwendung bei Tagesereignissen wahrnehmbarer Werke...	278	336
	3.	Anforderungen an die Nutzung	279	338
		a) Berichterstattung über Tagesereignisse	280	339
		b) Sonstige allgemeine Vorgaben.................	281	341
	4.	Checkliste mit Beispielen........................	281	342

E. Begünstigungen des eigenen Gebrauchs 282
I. Allgemeines....................................... 282 400
   1. Entstehung der Kopierfreiheit 282 402
   2. Auslegung..................................... 284 407
      a) Enge Auslegung............................ 284 407
      b) Richtlinienkonforme Auslegung 284 409
      c) Drei-Stufen-Test........................... 284 410
   3. Verhältnis zu den technischen Schutzmaßnahmen.... 285 411
      a) Durchsetzung der Vervielfältigungsfreiheit...... 285 412
      b) Auswirkungen des Einsatzes auf die
         Vergütungspflicht........................... 286 416
   4. Ausnahmen 286 417
      a) Noten, ganze Bücher und Zeitschriften......... 286 418
      b) Datenbankwerke 286 419
      c) Öffentliche Veranstaltungen 287 421
      d) Werke der bildenden Kunst und Bauwerke...... 287 422
      e) Software 287 423
      f) Digitale gewerbliche Nutzung 287 424
II. Vervielfältigungen zum privaten und sonstigen
    eigenen Gebrauch 288 425
    1. Privatkopie 288 425
       a) Privat..................................... 288 426
       b) Einzelne Vervielfältigungen.................. 288 427
       c) Auf beliebigen Trägern 289 428
       d) Keine offensichtlich rechtswidrigen Quellen 289 430
       e) Elektronische Leseplätze..................... 290 436
       f) Private Vervielfältigung von unveröffentlichten
          Werken 291 437
    2. Herstellung durch einen anderen 291 438
    3. Sonstiger eigener Gebrauch....................... 293 442
       a) Aufnahme in ein eigenes Archiv............... 293 442
          aa) Archivprivileg ohne Nutzungsmöglich-
              keiten................................. 293 442
          bb) Zu Archivzwecken gebotene
              Vervielfältigung 293 443
          cc) Eigenes Werkstück als Vorlage 293 444
          dd) Öffentliches Interesse 294 445

			ee)	Kein wirtschaftlicher oder Erwerbszweck ..	295	448
			b)	Unterrichtung über Tagesfragen...............	295	449
			c)	Kleine Teile erschienener Werke...............	295	450
			d)	Vergriffene Werke	296	454
		4.	Unterricht und Prüfungen........................		297	455
			a)	Allgemeines................................	297	455
			b)	Unterrichtszwecke..........................	298	461
			c)	Prüfungen.................................	298	463
			d)	Kleine Teile eines Werks und Werke geringen Umfangs.................................	298	464
		5.	Verbot der öffentlichen Nutzung...................		300	468
	III.	**Kopienversand auf Bestellung**......................			300	469
		1.	Allgemeines....................................		300	469
		2.	Übermittlung per Post oder Fax...................		300	470
			a)	Öffentliche Bibliothek......................	301	471
			b)	Einzelbestellung............................	301	473
			c)	Privilegierung des Bestellers	302	474
		3.	Übermittlung in sonstiger elektronischer Form		302	476
			a)	Allgemeines................................	302	476
			b)	Privilegierte Zwecke	303	478
			c)	Subsidiarität zu Verlagsangeboten	303	479
	IV.	**Vergütungspflicht und Vergütungshöhe**..............			303	480
		1.	Allgemeines....................................		303	480
		2.	Vergütungspflicht...............................		304	481
			a)	Vergütungspflichtige Medien und Geräte	304	482
			b)	Nicht vergütungspflichtige Medien und Geräte ..	304	483
		3.	Schuldner der Vergütung.........................		305	485
		4.	Höhe der Vergütung		305	486

F. **Abbildungsfreiheit**..				307	
	I.	**Unwesentliches Beiwerk**		307	500
		1. Zweck und Inhalt der Regelung		307	500
		2. Voraussetzungen................................		307	501
			a) Bestimmung des Hauptgegenstandes...........	307	502
			b) Unwesentliches Beiwerk.....................	308	504
		3. Rechtsfolgen...................................		309	506
	II.	**Werke an öffentlichen Plätzen**		309	507
		1. Inhalt und Zweck...............................		309	507
		2. Voraussetzungen................................		309	509
			a) Öffentliche Wege, Straßen und Plätze	309	509
			b) Bleibend	310	511
		3. Rechtsfolgen...................................		310	513
	III.	**Katalogbildfreiheit**................................		311	516
		1. Inhalt und Zweck...............................		311	516
		2. Voraussetzungen................................		311	519

			a)	Ausstellungs- und Verkaufskataloge	311	519
			b)	Verzeichnisse	311	520
			c)	Betroffene Werke	312	522
		3.		Rechtsfolgen	312	524
	IV.	Bildnisse			313	527
		1.		Inhalt und Zweck	313	527
		2.		Voraussetzungen	313	530
		3.		Rechtsfolgen	314	532
G.	Verwaiste und vergriffene Werke				315	
	I.	Verwaiste Werke			315	600
		1.		Anlass, Zweck und Inhalt der Regelung	315	600
			a)	Anlass	315	600
			b)	Verwaiste-Werke-Richtlinie	315	601
			c)	Inhalt	315	602
		2.		Voraussetzungen	316	603
			a)	Verwaiste Werke	316	603
			b)	Privilegierte Institutionen	316	605
			c)	Sorgfältige Suche	317	608
			d)	Beim Bekanntwerden des Rechtsinhabers	317	612
		3.		Umfang des Nutzungsrechts	318	613
			a)	Öffentliche Zugänglichmachung	318	613
			b)	Kostenerstattung	318	614
			c)	Vergütungspflicht	318	615
	II.	Vergriffene Werke			318	616
		1.		Anlass und Zweck der Regelung	318	616
		2.		Voraussetzungen	318	617
			a)	Betroffene Werke	318	617
			b)	Bestandsinhalt	319	620
			c)	Keine gewerblichen Zwecke	319	612
			d)	Eintragung in das Register vergriffener Werke	319	623
			e)	Kein Widerspruch gegen die Eintragung	319	624
		3.		Rechtsfolgen	319	625
H.	Sonstige freie Nutzungen				321	
	I.	Übersicht			321	700
	II.	Kirchen-, Schul- und Unterrichtsgebrauch, unentgeltliche Veranstaltungen, behinderte Menschen			322	706
		1.		Sammlungen für Kirchen, Schulen und Unterrichtsgebrauch, § 46 UrhG	322	706
		2.		Schulfunksendungen, § 47 UrhG	323	710
		3.		Behinderte Menschen, § 45a UrhG	324	713
		4.		Öffentliche Wiedergabe, § 52 UrhG	324	715
	III.	Rechtspflege und öffentliche Sicherheit inkl. amtliche Werke, §§ 5, 45 UrhG			325	718

IV.	Öffentliche Zugänglichmachung für Unterricht und Forschung, § 52a UrhG	326	723
V.	Elektronische Leseplätze, § 52b UrhG	328	731
VI.	Eigener wissenschaftlicher Gebrauch, § 53 Abs. 2 Nr. 1 UrhG	329	734
VII.	Nutzung in Geschäftsbetrieben, § 56 UrhG	330	737
VIII.	Sonstige akzessorische Berechtigungen	331	741
	1. Vorübergehende Vervielfältigungshandlungen, § 44a UrhG	331	741
	2. Vervielfältigungen durch Sendeunternehmen, § 55 UrhG	332	745
	3. Benutzung eines Datenbankwerks, § 55a UrhG	333	747

Kapitel 4
Verwertung des Urheberrechts 335

A.	Urhebervertragsrecht	337	
I.	Allgemeines	340	6
	1. Grundlagen der Nutzungsrechtsübertragung	340	6
	2. Verfügung	341	9
	3. Konstitutive Einräumung	342	12
	4. Translative Verfügung	343	14
	5. Duldung	345	19
II.	Inhalt der Einräumung von Nutzungsrechten	345	20
	1. Grundsätze der Beschränkbarkeit	345	21
	2. Räumlich	346	23
	3. Zeitlich	346	24
	4. Quantitativ	347	25
	5. Inhaltlich	347	26
	6. Einfache und ausschließliche Rechte	349	32
	7. Übertragungszweckgrundsatz und Auslegungsregeln	350	35
III.	Besondere Rechtsbeziehungen	355	50
	1. Urheber in Arbeits- und Dienstverhältnissen	355	51
	2. Freie Mitarbeiter und Organe juristischer Personen	358	58
	3. Miturheber	359	60
IV.	Kausalitätsprinzip	359	62
	1. Kausalitätsprinzip	360	63
	2. Schuldrechtliches Grundgeschäft	361	67
	3. Haftung	362	72
V.	Wirksamkeit	364	75
	1. Allgemeine Wirksamkeitshindernisse	364	76
	a) Gesetzes- und Sittenwidrigkeit	364	76
	b) Geschäftsfähigkeit	364	78
	c) Form	365	79
	2. AGB-Kontrolle	365	80
	3. Sukzessionsschutz	368	85

	4.	Abhängigkeit abgespaltener Nutzungsrechte	368	86
	5.	Anpassung und Beendigung von Verträgen	369	88
	6.	Schrankenregelungen	370	92
VI.	Verträge über unbekannte Nutzungsarten und künftige Werke		372	95
	1.	Verträge über unbekannte Nutzungsarten	372	96
		a) Vereinbarungen ab 2008	372	98
		b) Vereinbarungen zwischen 1966 und 2008	374	103
	2.	Verträge über künftige Werke	376	108
VII.	Rückrufsrechte		377	109
VIII.	Besonderes Urhebervertragsrecht		378	113
	1.	Verlagsvertrag	378	114
	2.	Sonstige Verträge	379	118
IX.	Digitale Medien		382	127
	1.	Eigenständige Nutzungsarten	383	130
	2.	Erschöpfung des Verbreitungsrechts	384	133
	3.	Vervielfältigungshandlungen	385	134
	4.	Social Media	386	136

B. Vergütung ... 389 200
I. Grundlagen ... 389 200
II. Vergütungsansprüche aus Vertragsverhältnissen ... 390 204
  1. Angemessene Vergütung ... 390 205
     a) Gemeinsame Vergütungsregeln ... 391 208
     b) Einzelfallbewertung ... 391 209
  2. Nachforderungsrecht ... 392 212
  3. Vergütung für unbekannte Nutzungsarten ... 394 218
  4. Zeitlicher Anwendungsbereich ... 395 220
  5. Vergütung bei Leerübertragung ... 395 222
  6. Pflichtverletzungen des Zahlungspflichtigen ... 396 223
III. Gesetzlich begründete Vergütungen ... 396 224

C. Open Content ... 399 300
I. Kennzeichen der Lizenzbedingungen ... 400 303
  1. Vertragsschluss ... 400 304
  2. Rechtseinräumung ... 401 307
     a) Nutzungsrechte ... 401 307
     b) Auflösend bedingte Rechtseinräumung ... 401 308
  3. Urhebernennung ... 402 310
  4. Haftungsbegrenzung ... 402 311
II. Einräumung ausschließlicher Rechte ... 402 312
III. Public Domain ... 403 315
IV. Vergütung ... 404 317
V. Schadensersatz ... 404 318

D.	Verwertungsgesellschaften	406	
I.	Allgemeines	407	400
	1. Zweck und Aufgabe von Verwertungsgesellschaften	407	400
	2. Nationale gesetzliche Vorgaben und Europäischer Rahmen	409	405
	3. Wahrnehmungsgrundsätze	410	408
	4. Aufsicht über die Verwertungsgesellschaften	411	410
	5. Rechtsverfolgung durch die Verwertungsgesellschaften	411	411
II.	Die einzelnen Verwertungsgesellschaften	412	415
	1. GEMA	412	415
	2. VG Wort	413	419
	3. GVL	414	421
	4. VG Bild-Kunst	414	424
	5. Weitere Verwertungsgesellschaften	415	428
	6. Inkassostellen	416	431
III.	Verwertungsgesellschaften im europäischen und internationalen Kontext	416	432
	1. Europäischer Rechtsrahmen	416	432
	2. Internationaler Rechtsrahmen	418	437
	3. Gegenseitigkeitsverträge	418	438
IV.	Rechtseinräumung an die Verwertungsgesellschaft	419	441
	1. Vorgaben durch das UrhWahrnG	419	441
	2. Zivilrechtliche und urheberrechtliche Vorgaben	419	444
	3. Besonderheiten bei der GEMA	421	450
	a) Der Berechtigungsvertrag der GEMA	421	450
	b) GEMA-Vermutung	423	455
	c) Dreiecksverhältnis GEMA-Verlag-Berechtigter	424	457
	d) Coverversionen	425	462
	e) Instant Composing und improvisierte Musik	428	469
	f) Klingelton	429	471
	g) Werbung	430	475
	h) Filmmusik	433	482
	aa) § 1i Abs. 1 GEMA-BV	434	485
	bb) Filmherstellungsrecht	435	489
	cc) Tarife im Filmbereich	436	490
	dd) Ausnahme für Fernsehproduktionen	436	491
	ee) Live-Sendungen	438	500
	i) Bühnenwerke	439	502
V.	Verteilung der Einnahmen	440	505
	1. Vorgaben durch das UrhWahrnG, das UrhG und das BGB	440	505
	2. Verteilungsgerechtigkeit	443	514
	a) Pauschale Verteilungen	443	515

XXIII

			Seite	Rn.
	b)	Verteilung der Einnahmen aus dem gesetzlichen Vergütungsanspruch	444	516
	c)	Verhältnis Verleger-Urheber bei der Verteilung	444	519
	aa)	Prioritätsprinzip	445	520
	bb)	Vertragliche Absprachen	446	522
	d)	Kulturförderung und Solidarität	446	524
	e)	Live-Aufführungen von Musik	448	526
VI.		Verhältnis der Verwertungsgesellschaft zu den Nutzern	448	527
	1.	Vorgaben durch das WahrnG	448	527
	2.	Angemessenheit der Tarife	449	532
	3.	Besonderheiten beim Tarif für Geräte und Speichermedien	450	536
VII.		Zukunft der Verwertungsgesellschaft im modernen Zeitalter	453	544
	1.	Legitimation und Krise von Verwertungsgesellschaften	453	544
	2.	Herausforderungen durch das digitale Zeitalter	453	545

Kapitel 5
Softwareurheberrecht und technische Schutzmaßnahmen 455

A.	Allgemeines		458	2
	I.	Entwicklung des Softwareurheberrechts	458	3
	II.	Verhältnis zum allgemeinen Urheberrecht und anderen Schutzregelungen	459	5
	III.	Lizenzbegriff	460	8
B.	Geschützte Gegenstände		461	100
	I.	Software	461	101
	II.	Entwurfsmaterial	464	108
	III.	Quellcode	464	109
	IV.	Dokumentation	465	112
C.	Zustimmungsbedürftige Handlungen		466	200
	I.	Vervielfältigung	466	201
	II.	Umarbeitung	468	206
	1.	Grundlagen	469	207
	2.	Software-Pflege	469	209
	III.	Verbreitung	471	212
	1.	Grundlagen	471	213
	2.	Erschöpfung des Verbreitungsrechts	471	215
	3.	Nutzung über Kommunikationsnetze	474	221
	4.	Datenträgerlose Überlassung	475	222
	5.	Vermietung	476	227
	IV.	Öffentliche Wiedergabe	477	231
	V.	Netzwerknutzung	479	234

D.	Einräumung von Nutzungsrechten	480	300
I.	Entwicklung von Software durch Angestellte und Dritte	481	304
	1. Rechtserwerb nach § 69b UrhG	481	305
	2. Freie Mitarbeiter und Organe	483	311
	3. Miturheber	484	315
II.	Besonderheiten bei der Softwareüberlassung	486	319
	1. Benutzerdokumentation	486	319
	2. Quellcode-Hinterlegung	486	320
	3. Lizenzschlüssel	487	324
	4. Open-Source-Software	488	326
	5. Computerspiele	490	330
	6. SaaS, ASP und Cloud Computing	490	331
III.	Nutzungsbeschränkungen	491	333
	1. Urheberrechtliche Beschränkungen	493	337
	a) Nutzerkreis	493	337
	b) Nutzungsweise	493	340
	2. Schuldrechtliche Beschränkungen	495	347
IV.	Schranken und gesetzliche Gestattung	495	349
	1. Mindestrechte zur Nutzung	496	350
	a) Vervielfältigung	497	354
	b) Fehlerbeseitigung	498	358
	2. Sicherungskopien	499	361
	3. Schnittstellen	500	366
	4. Experimentierklausel	501	370
V.	Software in der Insolvenz	501	371
E.	Rechtsverletzungen	504	400
I.	Vernichtungsanspruch	504	400
II.	Besichtigungsansprüche	504	401
III.	Besonderheiten beim Schadensersatz	505	403
IV.	Prozessuales	505	404
F.	Digital Rights Management	507	500
I.	Grundlagen	507	501
II.	Schutz technischer Maßnahmen	508	503
III.	Beschränkung des Werkgenusses	511	510
IV.	Gesetzlich privilegierte Nutzung	512	513
V.	Schutz von Informationen und Kennzeichnungspflichten	513	516
VI.	Verwertungsverbot	513	518

Kapitel 6

Filmurheberrecht	515	
A. Geschützte Werke	517	1

	I.	Filmwerke	517	1
	II.	Ausschnitte von Filmen	518	4
	III.	Titelschutz	518	5
	IV.	Formatschutz	519	10
B.	Rechteinhaber und Urheberrecht		521	100
	I.	Urheber vorbestehender Werke und Rechteklärung	521	100
	II.	Urheber des Filmwerkes	522	103
	III.	Bearbeitungs- und Verfilmungsrecht	523	106
	IV.	Verfilmungsfreiheit	523	109
		1. Freie Benutzung, § 24 UrhG	524	110
		2. Panoramafreiheit, § 59 UrhG	525	113
		3. Unwesentliches Beiwerk, § 57 UrhG	525	115
		4. Zitierfreiheit, 51 UrhG	526	116
	V.	Urheberpersönlichkeitsrecht	527	120
		1. Erstveröffentlichungsrecht, § 12 UrhG	527	121
		2. Namensnennungsrecht, § 13 UrhG	527	123
		3. Entstellungsschutz, § 14 UrhG	528	126
	VI.	Schutzdauer des Urheberrechts am Film	530	131
C.	Nutzungsrechte am Filmwerk	531	200
	I.	Vervielfältigungsrecht, 16 UrhG	531	201
	II.	Verbreitungsrecht, Vermietrecht und Verleihrecht, § 17 UrhG	532	203
	III.	Vorführungsrecht, § 19 Abs. 4 UrhG	532	206
	IV.	Senderecht, Recht der öffentlichen Zugänglichmachung	532	207
D.	Rechtsverkehr bei der Filmauswertung	534	300
	I.	Zweckübertragungstheorie	534	301
	II.	Besondere Bestimmungen für Filme	534	303
E.	Leistungsschutzrechte	536	400
	I.	Filmhersteller	536	400
		1. Begriff	536	400
		a) Koproduktion	536	404
		b) Auftragsproduktion	537	406
		2. Inhalt des Leistungsschutzrechts	538	409
		3. Schutzdauer, § 94 Abs. 3 UrhG	538	413
	II.	Laufbilder, § 95 UrhG	538	414
	III.	Sanktionen	539	418
F.	Anspruch des Urhebers auf eine angemessene Vergütung	540	500
	I.	Tarifverträge und gemeinsame Vergütungsregeln	540	501
	II.	Buy-Out-Verträge	540	502

Kapitel 7
Rechtsschutz im Urheberrecht 543
A. Zivilrechtliche Ansprüche bei Rechtsverletzungen 546
- I. Allgemeines .... 547 — 3
  1. Verletzung des Urheberrechts .... 547 — 3
     - a) Rechtsverletzung .... 547 — 3
     - b) Widerrechtlichkeit der Rechtsverletzung .... 548 — 6
     - c) Handlungsort .... 549 — 7
  2. Verjährung und Verwirkung .... 549 — 8
     - a) Verjährung .... 550 — 9
       - aa) Allgemeines .... 550 — 9
       - bb) Regelmäßige Verjährungsfrist .... 550 — 10
         - (1) Entstehung des Anspruchs .... 550 — 11
         - (2) Kenntnis des Verletzten .... 551 — 15
         - (3) Beginn .... 551 — 16
         - (4) Rechtsfolgen .... 552 — 17
       - cc) Bereicherungsrechtliche Verjährungsfrist ... 552 — 19
       - dd) Vorbeugender Unterlassungsanspruch ..... 553 — 20
     - b) Verwirkung .... 553 — 21
  3. Aktivlegitimation (Berechtigter) .... 554 — 26
  4. Passivlegitimation (Verpflichteter) .... 557 — 31
     - a) Täter .... 557 — 32
     - b) Teilnehmer .... 559 — 36
     - c) Störer .... 560 — 38
       - aa) Unternehmensinhaber .... 560 — 39
       - bb) Vermittler .... 561 — 40
     - d) Unbeteiligte Dritte .... 565 — 48
- II. Ansprüche im Einzelnen .... 565 — 49
  1. Beseitigung .... 565 — 50
     - a) Allgemeiner Beseitigungsanspruch .... 566 — 52
     - b) Spezielle Beseitigungsansprüche .... 568 — 59
       - aa) Vernichtung und Überlassung .... 568 — 60
       - bb) Rückruf .... 569 — 63
       - cc) Urteilsbekanntmachung .... 570 — 65
  2. Unterlassung .... 571 — 69
     - a) Voraussetzungen .... 571 — 70
     - b) Erfüllung (Unterlassungserklärung) .... 573 — 72
       - aa) Allgemeines .... 573 — 72
       - bb) Rechtsnatur und Form .... 574 — 73
       - cc) Bedeutung und Höhe der Vertragsstrafe ... 574 — 74
       - dd) Zuwiderhandlung .... 576 — 77
       - ee) Kündigung .... 576 — 80
  3. Auskunft, Vorlage und Besichtigung .... 577 — 81
     - a) Auskunftsansprüche gegen den Verletzer ...... 577 — 81
     - b) Auskunftsansprüche gegen Dritte .... 578 — 84

		c)	Inhalt der zu erteilenden Auskunft	580	88
		d)	Ansprüche auf Vorlage und Besichtigung	580	89
	4.	\multicolumn{2}{l}{Schadenersatz und Herausgabe ungerechtfertigter}		
		\multicolumn{2}{l}{Bereicherung.................................}	581	92
		a)	Allgemeines................................	581	92
		b)	Voraussetzungen...........................	581	93
		c)	Schadensberechnung	582	95
			aa) Ersatz des konkret entstandenen		
			Schadens	583	96
			bb) Zahlung einer Analog-Lizenz............	585	100
			cc) Herausgabe des Verletzergewinns	586	103
			dd) Wahlrecht des Verletzten................	587	106
		d)	Geldentschädigung für Nichtvermögensschaden .	588	107
		e)	Herausgabe ungerechtfertigter Bereicherung	589	110
	5.	\multicolumn{2}{l}{Abwendungsbefugnis und Verhältnismäßigkeits-}		
		\multicolumn{2}{l}{grundsatz...................................}	590	112

				Rn.	Seite
		c) Inhalt der zu erteilenden Auskunft		580	88
		d) Ansprüche auf Vorlage und Besichtigung		580	89
	4.	Schadenersatz und Herausgabe ungerechtfertigter Bereicherung.................................		581	92
		a) Allgemeines................................		581	92
		b) Voraussetzungen...........................		581	93
		c) Schadensberechnung		582	95
			aa) Ersatz des konkret entstandenen Schadens	583	96
			bb) Zahlung einer Analog-Lizenz............	585	100
			cc) Herausgabe des Verletzergewinns	586	103
			dd) Wahlrecht des Verletzten................	587	106
		d) Geldentschädigung für Nichtvermögensschaden .		588	107
		e) Herausgabe ungerechtfertigter Bereicherung		589	110
	5.	Abwendungsbefugnis und Verhältnismäßigkeitsgrundsatz...................................		590	112
III.	Außergerichtliche Streitbeilegung (Abmahnung)			591	115
	1.	Begriff und Bedeutung...........................		591	115
	2.	Abmahnobliegenheit		592	116
	3.	Form und Zugang..............................		593	119
	4.	Inhalt		594	121
		aa) Gesetzlicher Mindestinhalt...................		594	121
		bb) Sonstige Inhalte		596	126
	5.	Reaktion des Abgemahnten.......................		597	131
	6.	Kosten		598	135
	7.	Berechtigungsanfrage............................		600	142
	8.	Abmahnung ohne Rechtsanwalt...................		601	143
IV.	Gerichtliche Anspruchsdurchsetzung			601	145
	1.	Rechtsweg und Zuständigkeit.....................		602	146
	2.	Einstweilige Verfügung		603	152
		a) Bedeutung.................................		603	152
		b) Zuständigkeit		605	155
		c) Voraussetzungen...........................		605	156
		d) Entscheidung ohne mündliche Verhandlung und Schutzschrift.........................		607	161
		e) Urteilsverfügung		609	166
		f) Rechtsbehelfe		609	167
		g) Vollziehung................................		610	174
		h) Abschlusserklärung		610	175
		i) Einstweilige Verfügung ohne Rechtsanwalt		611	176
	3.	Hauptsacheverfahren............................		611	178
V.	Rechtsverletzungen als „Vertriebsweg"...............			613	182
B.	**Strafrechtliche Folgen bei Rechtsverletzungen**			615	200
I.	Straftatbestände.................................			615	201

		1.	Unerlaubte Verwertung urheberrechtlich geschützter Werke	616	204
		2.	Unzulässiges Anbringen der Urheberbezeichnung	617	205
		3.	Unerlaubte Eingriffe in verwandte Schutzrechte	617	207
		4.	Unerlaubte Eingriffe in technische Schutzmaßnahmen und zur Rechtewahrnehmung erforderliche Informationen	618	209
		5.	Gewerbsmäßige unerlaubte Verwertung als Qualifikation	618	210
	II.	Rechtswidrigkeit		619	211
		1.	Einwilligung	619	211
		2.	Irrtum über die Einwilligung	619	212
	III.	Schuld		619	214
	IV.	Strafzumessung		620	217
		1.	Wie „schlimm" ist eine Urheberstraftat im Allgemeinen?	620	217
		2.	Strafzumessungskriterien	621	219
			a) Strafschärfende Aspekte	621	220
			b) Strafmildernde Aspekte	621	224
	V.	Verfall und Einziehung		622	228
		1.	Verfall	622	228
		2.	Einziehung	622	230
	VI.	Zusammenarbeit mit Polizei und Staatsanwaltschaft im Ermittlungsverfahren		623	232
		1.	Aus Sicht des Verletzten	623	232
		2.	Aus Sicht des Verletzers	624	235
	VII.	Hauptverfahren		624	236
		1.	Allgemeines	624	236
		2.	Privatklage	624	237
		3.	Nebenklage	625	238
		4.	Adhäsionsverfahren	625	239
		5.	Öffentliche Bekanntgabe	626	241
C.	Öffentlich-rechtliche Maßnahmen und Sanktionen			627	300

Kapitel 8
Urheberrecht in Zwangsvollstreckung und Insolvenz 629

A.	Zwangsvollstreckung			631	1
	I.	Urheberrecht bereits verwertet		632	2
	II.	Urheberrecht noch nicht verwertet		633	6
		1.	Vollstreckungsrechtliche Vorgehensweise gem. § 857 ZPO	633	8
			a) Pfändung des Urheberrechts durch Pfändung des Werkstücks?	634	9

		b)	Urheberrecht als „anderes Vermögensrecht" iSd. § 857 Abs. 1 ZPO.....................		634	10
		c)	Zwangsweise Einräumung von Nutzungsrechten		634	11
	2.	Zwangsvollstreckung in Nutzungsrechte nach § 113 UrhG..................................			635	12
		a)	Nutzungsrechte als Vollstreckungsgegenstand...		635	13
			aa) Nutzungsrecht und Nutzungsart..........		635	14
			bb) Einfaches und ausschließliches Nutzungsrecht...............................		636	15
			cc) Rückrufsrechte nach dem Zwangsvollstreckungsverfahren?.....................		636	16
			dd) Beispiel eines Antrags auf Pfändung.......		636	17
		b)	Einwilligungserfordernis des § 113 UrhG.......		637	18
			aa) Einwilligung im Sinne des § 183 BGB......		637	19
			bb) Form, Beschränkung und Nachweis der Einwilligung...........................		638	20
			cc) Widerruflichkeit der Einwilligung?........		638	23
			dd) Auswirkung einer erteilten Einwilligung für andere Gläubiger?...................		639	25
			ee) Konsequenzen für das Fehlen einer Einwilligung?............................		639	26
		c)	Verwertung des gepfändeten Nutzungsrechts....		639	28
		d)	Ansätze zur Überwindung des Einwilligungserfordernisses...........................		641	32
			aa) Meinungsstand.......................		642	33
			bb) Lösung nur de lege ferenda möglich.......		643	39
	3.	Sonderfälle nach §§ 114–119 UrhG................			643	40
B. Insolvenz..					645	100
I.	Insolvenz des Urhebers......................				645	101
	1.	Urheberrecht als Teil der Insolvenzmasse?..........			645	102
	2.	Zuständigkeit für die Einwilligung nach § 113 UrhG .			646	103
	3.	Wahlrecht des Insolvenzverwalters nach § 103 InsO..			646	104
		a)	Auffassung des BGH und der herrschenden Lehre...................................		647	106
		b)	Ansätze im Schrifttum......................		647	108
		c)	Insbesondere: kein Aussonderungsrecht........		648	111
		d)	Kein Insolvenzverwalterwahlrecht bei gesetzlichen Nutzungsrechten?.....................		649	112
	4.	Vertragsgestaltung			649	113
II.	Insolvenz des Inhabers von Nutzungsrechten..........				650	116
	1.	Nutzungsrechte als Teil der Insolvenzmasse.........			650	116
	2.	Wahlrecht des Insolvenzverwalters nach § 103 InsO..			650	117
		a)	Schwebelage bis zur Ausübung des Wahlrechts ..		650	118
		b)	Wahl der Nichterfüllung....................		651	119

		3. Vertragsgestaltung	651	120

Kapitel 9
Rechtsnachfolge 653

A.	Einführung...			655	1
	I.	Systematik der gesetzlichen Regelungen zur Rechtsnachfolge..		655	1
	II.	Gegenstand und Umfang der Rechtsnachfolge		656	7
		1. Positiver Umfang		656	8
			a) Allgemeines................................	656	8
			b) Ansprüche.................................	656	9
			c) Besonderheit bei Anwachsung	657	10
		2. Negativer Umfang		657	11
			a) Gesetzliche Beschränkungen	657	11
			b) Bindung an eingeräumte Nutzungsrechte.......	657	13
		3. Gewillkürte Beschränkungen		657	14
		4. Beschränkungen aus Urheberpersönlichkeitsrecht....		658	15
		5. Besondere Fälle.................................		658	16
			a) Miturheberanteile und verbundene Werke	658	16
			aa) Miturheberanteil	658	17
			bb) Verbundene Werke.....................	658	18
			b) Mehrere Rechtsnachfolger	659	19
		6. Leistungsschutzrechte		659	20
	III.	Zeitliche Geltung		660	21
B.	Erbrechtliche Rechtsnachfolge			661	100
	I.	Vererblichkeit		661	100
	II.	Erbrechtliche Gestaltungsmöglichkeiten..............		661	101
		1. Rechtsnachfolgesubjekt		661	103
		2. Gesamtrechtsnachfolge und Einzelrechtsnachfolge ...		662	105
			a) Gesamtrechtsnachfolge	662	105
			aa) Erbengemeinschaft.....................	662	106
			bb) Vor- und Nacherbschaft	662	108
			b) Einzelrechtsnachfolge	663	109
			aa) Vor- und Nachvermächtnis...............	663	111
			bb) Auflage	663	112
		3. Wechselseitiges Testament und Erbvertrag		664	114
		4. Risiko der urheberrechtlichen Schutzfähigkeit eines Werkes..		664	115
	III.	Testamentsvollstreckung		665	116
		1. Voraussetzungen und Umfang der Testamentsvollstreckung.....................................		665	116
		2. Transmortale Vollmacht als Alternative		666	118
C.	Rechtsgeschäftliche Rechtsnachfolge........................			667	200

D.	Verzicht auf das Urheberrecht	668	300
I.	Verzicht zu Lebzeiten	668	300
	1. Kein Totalverzicht	668	300
	2. Vergütungsansprüche, Gestaltungsrechte	668	301
	3. Freigabe zur freien Nutzung („open content")	668	302
	4. Besonderheit bei Miturhebern	669	303
II.	Unzulässiger Verzicht durch letztwillige Verfügung	669	304
III.	Ausschlagung einer Erbschaft oder eines Vermächtnisses	669	305
E.	Rechtsnachfolge in das vor Nachfolge verletzte Urheberrecht	670	400
I.	Gesetzliche Abwehransprüche	670	401
	1. Unterlassungs- und Beseitigungsansprüche	670	401
	2. Vernichtungs-, Rückruf- oder Überlassungsansprüche	670	402
	3. Anspruch auf Urteilsbekanntmachung	671	403
II.	Anspruch auf Schadensersatz bzw. billige Geldentschädigung	671	404
	1. Schadensersatzanspruch	671	404
	2. Anspruch auf Geldentschädigung	671	405
III.	Anspruch auf Auskunft, Vorlage und Besichtigung	671	406
IV.	Abmahnung und Unterwerfung	672	407
	1. Abmahnung	672	408
	2. Unterwerfung	672	409
	a) Unterlassungsanspruch	672	410
	b) Vertragsstrafen- und Schadensersatzanspruch	673	411
F.	Rechtsnachfolge im Gesellschaftsrecht	674	500
I.	Liquidation	674	501
II.	Änderungen im Gesellschafterbestand	674	503
	1. Kapitalgesellschaften	674	504
	2. Personengesellschaften	675	505
III.	Formwechsel, Verschmelzung und Spaltung	675	506
	1. Formwechsel	675	506
	2. Verschmelzung	676	507
	3. Spaltung	676	508
G.	Sacheigentum am Werkstück	677	600

Kapitel 10
Verwandte Schutzrechte ... 679

A.	Leistungen und Werke	682	1
B.	Leistungsschutz für persönliche Leistungen	685	100
I.	Schutz wissenschaftlicher Ausgaben	685	101
	1. Schutzgegenstand	685	102

	2.	Schutzumfang und Inhaber......................	686	104
	3.	Schutzdauer...................................	687	105
II.	**Schutz von Lichtbildern**...........................		687	106
	1.	Schutzgegenstand.............................	687	107
		a) Abgrenzung zu Lichtbildwerken..............	687	107
		b) Schutz der Lichtbilder......................	689	111
		c) Erzeugnisse, die ähnlich wie Lichtbilder hergestellt werden..............................	690	112
		d) Mindestmaß an persönlich-geistiger Leistung.....................................	691	114
	2.	Inhaber des Schutzrechts........................	692	116
	3.	Rechte des Lichtbildners........................	693	117
		a) Verwertungsrechte..........................	693	118
		b) Bearbeitungsrechte..........................	694	120
		aa) Motivschutz und Nachschaffung..........	695	121
		bb) Schutz von Bildausschnitten..............	695	122
		cc) Bildbearbeitungen.......................	696	123
		dd) Überführung in andere Kunstformen......	697	124
	4.	Persönlichkeitsrechte des Lichtbildners.............	698	125
		a) Veröffentlichungsrecht und Schutz vor Entstellung...	698	125
		b) Anerkennung und Benennung................	698	126
	5.	Schutzdauer...................................	699	128
	6.	Angemessene Vergütung und Höhe des Schadensersatzes...	700	130
III.	**Schutzrecht des ausübenden Künstlers**...............		702	133
	1.	Schutzgegenstand.............................	702	134
		a) Leistung des ausübenden Künstlers............	702	134
		b) Werk oder Ausdrucksform der Volkskunst......	702	135
		c) Darbietung.................................	703	138
		d) Künstlerisch mitwirkende Personen............	705	140
		e) Mehrheit von ausübenden Künstlern...........	706	142
	2.	Verwertungsrechte und Vergütungsansprüche des ausübenden Künstlers...........................	706	143
		a) Aufnahme, Vervielfältigung und Verbreitung....	707	144
		b) Öffentliche Zugänglichmachung, Sendung und Übertragung................................	708	148
		aa) Öffentliche Zugänglichmachung..........	709	149
		bb) Sendung................................	709	150
		cc) Wahrnehmbarmachung mittels Lautsprecher	709	151
		c) Vergütungsansprüche........................	710	152
		aa) Vergütungsansprüche für Sendung und Wahrnehmbarmachung...................	710	153
		bb) Vergütungsanspruch für Tonträger........	711	155
		cc) Vergütungsansprüche Kraft Verweisung....	712	158

		dd) Unverzichtbarkeit und Verwertungsgesellschaftspflicht.	712	159
	d)	Schutzdauer der Verwertungsrechte und Vergütungsansprüche.	713	160
3.	Übertragung von Nutzungsrechten		713	161
	a)	Kündigungsrecht	714	163
	b)	Ausübende Künstler in Dienst- und Arbeitsverhältnissen	715	165
4.	Persönlichkeitsrechte des ausübenden Künstlers		716	166
	a)	Recht auf Anerkennung, § 74 UrhG	716	167
	b)	Schutz gegen Entstellung, § 75 UrhG	717	169
	c)	Schutzdauer der Persönlichkeitsrechte	718	171

C. Unternehmerische, organisatorische und finanzielle Leistungen. ... 719 200

I.	Schutzrecht des Veranstalters		719	201
	1. Veranstaltung		719	202
	2. Veranstalter		721	205
	3. Rechte des Veranstalters		721	206
	4. Schutzdauer.		722	208
II.	Schutzrecht des Tonträgerherstellers		722	209
	1. Tonträgerhersteller		722	210
	2. Schutzgegenstand		724	212
		a) Art der Leistung bzw. Aufnahmegegenstand.	724	213
		b) Erstmalige Fixierung	725	214
	3. Rechte des Tonträgerherstellers		725	215
		a) Recht der Vervielfältigung und Verbreitung	725	216
		b) Öffentliche Zugänglichmachung	727	220
		c) Beteiligung an Einnahmen aus der öffentlichen Wiedergabe	727	221
		d) Keine Bearbeitungsrechte des Tonträgerherstellers	728	223
		e) Abgeleitete Rechte	729	224
	4. Schutzdauer.		729	225
	5. Besondere Arten der Musiknutzung		730	227
		a) Bootleg-Aufnahmen	730	228
		b) Remastering und Digitalisierung	731	229
		c) Remix	732	230
		d) Sampling	733	232
		e) Re-Recording und Coverversionen	735	237
III.	Schutzrecht des Sendeunternehmens		735	238
	1. Schutzgegenstand		735	239
	2. Inhaber des Schutzrechts		737	243
	3. Rechte des Sendeunternehmens		739	245

		a)	Weitersendung und öffentliche Zugänglichmachung.................................	739	247
		b)	Aufnahme, Vervielfältigung und Verbreitung....	740	251
		c)	Öffentliche Wahrnehmbarmachung............	741	253
	4.	Vertragsrecht.................................		743	256
		a)	Übertragbarkeit und Einräumung von Nutzungsrechten.............................	743	256
		b)	Verträge über die Kabelweitersendung.........	743	257
	5.	Schutzdauer.................................		746	262
IV.	**Schutzrecht für Datenbanken**.....................			747	263
	1.	Schutzvoraussetzungen........................		747	264
	2.	Inhaber des Schutzrechts.......................		749	267
	3.	Rechte des Datenbankherstellers.................		749	268
	4.	Schranken...................................		751	273
	5.	Schutzdauer.................................		751	274
V.	**Schutz für nachgelassene Werke**.....................			752	276
	1.	Schutzgegenstand............................		753	277
	2.	Inhaber des Schutzrechts.......................		754	280
	3.	Schutzumfang................................		754	281
	4.	Schutzdauer.................................		755	282
VI.	**Leistungsschutzrecht der Presseverleger**...............			755	283
	1.	Presseerzeugnis...............................		756	286
	2.	Einzelne Wörter und kleinste Textausschnitte.......		756	287
	3.	Rechte des Presseverlegers......................		757	290
	4.	Urheberbeteiligung		758	291
	5.	Schutzdauer.................................		758	292
VII.	**Schutzrecht des Filmherstellers**.....................			759	293

Kapitel 11
Internationales Urheberrecht 761

A.	**Überblick**..	763	1
	I.	Territorialitätsprinzip und Schutzlandprinzip.........	764	5
	II.	Grundsatz der Inländerbehandlung..................	764	6
	III.	Mindestrechte....................................	765	10
B.	**Anwendbares Recht**................................	767	100
	I.	Anwendung deutschen Urheberrechts auf Ausländer ..	767	101
		1. Gleichstellung mit deutschen Staatsangehörigen.....	767	103
		2. Zeitpunkt der Beurteilung der Staatsangehörigkeit...	768	105
		3. Urheberrecht, wissenschaftliche Ausgaben und Lichtbilder..................................	768	107
		4. Ausübende Künstler und Veranstalter.............	770	116
		5. Tonträgerhersteller............................	772	122
		6. Sendeunternehmen............................	772	123
		7. Datenbankhersteller...........................	772	124

		8. Filmhersteller	773	125
	II.	Internationales Kollisionsrecht	773	126
		1. Urheberrechtsverletzungen	773	127
		2. Urheberrechtsverträge	775	133
		a) Rechtswahl	776	135
		b) Keine Rechtswahl	777	137
		c) Eingriffsnormen	778	139
C.	Harmonisierung auf supranationaler Ebene		779	200
	I.	Internationale Staatsverträge	779	201
		1. Revidierte Berner Übereinkunft (RBÜ)	779	202
		2. Welturheberrechtsabkommen (WUA)	781	208
		3. Rom-Abkommen	781	209
		4. Genfer Tonträgerabkommen (GTA)	782	212
		5. Brüsseler Satellitenabkommen	782	215
		6. TRIPS-Übereinkommen	783	216
		7. WIPO Copyright Treaty (WCT)	783	219
		8. WIPO Performances and Phonograms Treaty (WPPT)	784	221
		9. Vertrag von Marrakesch von 2013	784	223
		10. Bilaterale Staatsverträge	785	224
	II.	Europäisches Urheberrecht	785	226
		1. Richtlinien der Europäischen Union	786	227
		a) Computerprogramm-Richtlinie (91/250/EWG, jetzt 2009/24/EG)	786	228
		b) Vermiet- und Verleih-Richtlinie (92/100/EWG, jetzt 2006/115/EG)	787	230
		c) Satelliten- und Kabel-Richtlinie (93/83/EWG)	787	232
		d) Schutzdauer-Richtlinie (93/98/EWG, jetzt 2006/116/EG)	788	234
		e) Datenbank-Richtlinie (96/9/EG)	789	236
		f) Informations-Richtlinie (2001/29/EG)	789	238
		g) Folgerechts-Richtlinie (2001/84/EG)	790	241
		h) Durchsetzungs-Richtlinie (2004/48/EG)	791	242
		i) Künstler-Schutzfristen-Richtlinie (2011/77/EU)	791	243
		j) Verwaiste-Werke-Richtlinie (2012/28/EU)	791	244
		k) Verwertungsgesellschafts-Richtlinie (2014/26/EU)	792	245
		2. Sonstige europäische Regelungen	792	246
D.	Internationale Gerichtszuständigkeiten		794	300
	I.	Ordentliche Gerichtsbarkeit	794	301
		1. Gerichtsstand am Sitz des Beklagten	794	302
		2. Gerichtsstand der unerlaubten Handlung	795	304
		3. Gerichtsstandsvereinbarungen und rügelose Einlassung	795	305

II. Internationale Schiedsverfahren 796 307

Anhang 799
I. Miturhebervertrag (Muster)...................... 801
II. Erstveröffentlichungsrecht, § 12 Abs. 1 UrhG
 (Checkliste)...................................... 804
III. Öffentliche Wiedergabe, § 15 Abs. 3 UrhG, richtlinienkonform (Checkliste).......................... 805
IV. Bearbeitungsrecht, §§ 23, 24 UrhG (Checkliste)....... 806
V. Werkentwurf-Leihvertrag (Muster) 807
VI. Leermedien- und Geräteabgabe (Übersicht) 809
VII. Erwerb von urheberrechtlichen
 Nutzungsrechten (Checkliste)..................... 815
VIII. Schrankenregelungen, §§ 44a ff. UrhG (Übersicht) 816
IX. Options- und Verfilmungsvertrag (Muster)........... 818
X. Abmahnung, anwaltlich (Muster).................. 828
XI. Unterlassungserklärung (Muster) 830
XII. Eidesstattliche Versicherung (Muster) 831
XIII. Schutzschrift (Muster) 832
XIV. Abschlussschreiben, anwaltlich (Muster)............. 834
XV. Abschlusserklärung (Muster) 836
XVI. Anordnung der Testamentsvollstreckung (Muster) 837
XVII. Fotografenvertrag (Muster)....................... 839
XVIII. Prüfungsreihenfolge bei Urheberrechtsverletzungen
 mit Auslandsbezug (Checkliste)................... 843

Stichwortverzeichnis...................................... 845

Bearbeiterverzeichnis

Kapitel 1	Marcel Bisges
Kapitel 2	Dieter Nennen
Kapitel 3	
Abschnitt A	Peter Lutz
Abschnitt B	Peter Lutz
Abschnitt C	Peter Lutz
Abschnitt D	Jan-Michael Grages
Abschnitt E	Stefan Haupt
Abschnitt F	Peter Lutz
Abschnitt G	Peter Lutz
Abschnitt H	Stefan J. Pennartz
Kapitel 4	
Abschnitt A	Ralf Imhof
Abschnitt B	Ralf Imhof
Abschnitt C	Ralf Imhof
Abschnitt D	Sebastian Schunke
Kapitel 5	Ralf Imhof
Kapitel 6	Alexander Freys
Kapitel 7	
Abschnitt A	Marcel Bisges
Abschnitt B	Dominik Skauradszun
Abschnitt C	Marcel Bisges
Kapitel 8	Dominik Skauradszun
Kapitel 9	Peter F. Reinke
Kapitel 10	Benjamin Vollrath
Kapitel 11	Stephan Dittl

Abkürzungsverzeichnis

aA.	andere Ansicht
aaO.	am angegebenen Ort
ABl. EG	Amtsblatt der Europäischen Gemeinschaft
Abs.	Absatz
Abschn.	Abschnitt
AcP	Archiv für civilistische Praxis
aE.	am Ende
AEUV	Vertrag über die Arbeitsweise der europäischen Union
aF.	alte Fassung
AfP	Archiv für Presserecht
AG	Amtsgericht/ Aktiengesellschaft
Alt.	Alternative
aM.	andere Meinung
amtl. Begr.	amtliche Begründung
Amtsbl.	Amtsblatt
Anh.	Anhang
Anm.	Anmerkung
AnwBl.	Anwaltsblatt
AnwZert ITR	AnwaltZertifikatOnline IT- und Medienrecht (juris)
ArbG	Arbeitsgericht
ArbGG	Arbeitsgerichtsgesetz
ArbNErfG	Arbeitnehmererfindungsgesetz
Art.	Artikel
Aufl.	Auflage
Ausg.	Ausgabe
BAG	Bundesarbeitsgericht
BAGE	Entscheidungen des Bundesarbeitsgerichts
BauR	Baurecht (Entscheidungssammlung)
BayObLG	Bayerisches Oberstes Landesgericht
BayObLGZ	Entscheidungen des Bayerischen Obersten Landesgerichts in Zivilsachen
Bd.	Band
beA	besonderes elektronisches Anwaltspostfach
BeckRS	Beck-Rechtsprechung (Entscheidungssammlung)
Begr.	Begründung
Bek.	Bekanntmachung
Beschl.	Beschluss
best.	bestätigt
BeurkG	Beurkundungsgesetz
BFH	Bundesfinanzhof

BFHE	Entscheidungen des Bundesfinanzhofs
BG	Schweizerisches Bundesgericht
BGB	Bürgerliches Gesetzbuch
BGBl.	Bundesgesetzblatt
BGH	Bundesgerichtshof
BGHSt	Entscheidungen des Bundesgerichtshofs in Strafsachen
BGHZ	Entscheidungen des Bundesgerichtshofs in Zivilsachen
Bl.PMZ	Blatt für Patent-, Muster- und Zeichenwesen (Zeitschrift)
BMJ	Bundesministerium der Justiz
BPatG	Bundespatentgericht
BPatGE	Entscheidungen des Bundespatentgerichts
BRAO	Bundesrechtsanwaltsordnung
BR-Drucks.	Bundesrats-Drucksache
bspw.	beispielsweise
BT	Bundestag
BT-Drucks.	Bundestags-Drucksache
BVerfG	Bundesverfassungsgericht
BVerfGE	Entscheidungen des Bundesverfassungsgerichts
BVerfGG	Bundesverfassungsgerichtsgesetz
BVerwG	Bundesverwaltungsgericht
BVerwGE	Entscheidungen des Bundesverwaltungsgerichts
bzgl.	bezüglich
bzw.	beziehungsweise
CaS	Causa Sport (Zeitschrift)
cic.	culpa in contrahendo
CR	Computer und Recht (Zeitschrift)
ders.	derselbe
DesignG	Designgesetz
dh.	das heißt
dies.	dieselbe/ dieselben
Diss.	Dissertation
DJZ	Deutsche Juristenzeitung
DM	Deutsche Mark
DZWIR	Deutsche Zeitschrift für Wirtschafts- und Insolvenzrecht
Ed.	Edition
EDV	elektronische Datenverarbeitung
EG	Europäische Gemeinschaft
EGBGB	Einführungsgesetz zum Bürgerlichen Gesetzbuche
EGMR	Europäischer Gerichtshof für Menschenrechte
EGV	Vertrag zur Gründung der Europäischen Gemeinschaft
Einl.	Einleitung
EU	Europäische Union
EuG	Europäisches Gericht erster Instanz
EuGH	Europäischer Gerichtshof
EUR	Euro

EuZW	Europäische Zeitschrift für Wirtschaftsrecht
eV.	eingetragener Verein
EvBl.	Österreichisches Evidenzblatt der Rechtsmittelentscheidungen
evtl.	eventuell
EWiR	Entscheidungen zum Wirtschaftsrecht (Zeitschrift)
EWR	Europäischer Wirtschaftsraum
f.	für/ folgende
FamRZ	Zeitschrift für das gesamte Familienrecht
ff.	fortfolgende
Fn.	Fußnote
FS	Festschrift
FuR	Zeitschrift für Film und Recht/Familie und Recht (Zeitschrift)
GA	Goldammers Archiv für Strafrecht
GBl.	Gesetzblatt
GbR	Gesellschaft bürgerlichen Rechts
GebrMG	Gebrauchsmustergesetz
gem.	gemäß
GEMA	Gesellschaft für musikalische Aufführungs- und mechanische Vervielfältigungsrechte
GemS	Gemeinsamer Senat der Obersten Gerichtshöfe des Bundes
GeschmMG	Geschmacksmustergesetz
GG	Grundgesetz
ggfls.	gegebenenfalls
GPR	Zeitschrift für Gemeinschaftsprivatrecht
grds.	grundsätzlich
GRUR	Gewerblicher Rechtsschutz und Urheberrecht (Zeitschrift)
GRUR Int.	GRUR Internationaler Teil (Zeitschrift)
GRUR-Prax	GRUR Praxis im Immaterialgüter und Wettbewerbsrecht (Zeitschrift)
GRUR-RR	GRUR-Rechtsprechungsreport (Zeitschrift)
GTA	Genfer Tonträgerabkommen
GVBl.	Gesetz- und Verordnungsblatt
GVG	Gerichtsverfassungsgesetz
GVL	Gesellschaft zur Verwertung von Leistungsschutzrechten
Habil.	Habilitation
Halbs.	Halbsatz
HGB	Handelsgesetzbuch
hM.	herrschende Meinung
Hrsg.	Herausgeber
IBR	Immobilien- und Baurecht (Zeitschrift)
idR.	in der Regel
iE.	im Ergebnis
IFG	Informationsfreiheitsgesetz
IMR	Immobilien- und Mietrecht (Zeitschrift)

insb.	insbesondere
InstGE	Entscheidungen der Instanzgerichte zum Recht des geistigen Eigentums
IPRB	Der IP-Rechts-Berater (Zeitschrift)
iS.	im Sinne
iSd.	im Sinne des/der
ITRB	Der IT-Rechts-Berater (Zeitschrift)
iÜ.	im Übrigen
iVm.	in Verbindung mit
JLS	The Journal of Legal Studies (Zeitschrift, Chicago)
JurA	Juristische Ausbildung (Zeitschrift)
jurisPR-BGHZivilR	juris PraxisReport BGH Zivilrecht
jurisPR-ITR	juris PraxisReport IT-Recht
jurisPR-PrivBauR	juris PraxisReport Privates Baurecht
jurisPR-WettbR	juris PraxisReport Wettbewerbs- und Immaterialgüterrecht
JurPC	Internet-Zeitschrift für Rechtsinformatik und Informationsrecht
JuS	Juristische Schulung (Zeitschrift)
JW	Juristische Wochenschrift
JZ	Juristen Zeitung
K&R	Kommunikation und Recht (Zeitschrift)
Kap.	Kapitel
KG	Kammergericht/ Kommanditgesellschaft
KGZ	Entscheidungen des Kammergerichts in Zivilsachen
KirchE	Entscheidungen in Kirchensachen seit 1946
KUG	Kunsturhebergesetz
KUR	Kunst und Recht (Zeitschrift)
LAG	Landesarbeitsgericht
LG	Landgericht
LGZ	Entscheidungen der Landgerichte in Zivilsachen
Lit.	Litera
LKA	Landeskriminalamt
LKV	Landes- und Kommunalverwaltung (Zeitschrift)
LMK	Kommentierte BGH-Rechtsprechung (juris)
LUG	Literatururhebergesetz
MarkenG	Markengesetz
mdl.	mündlich/ mündliche/ mündlicher
MDR	Monatsschrift für Deutsches Recht
MFM	Mittelstandsgemeinschaft Foto-Marketing
Mitt.	Mitteilungen der Deutschen Patentanwälte (Zeitschrift)
MMR	Multimedia und Recht (Zeitschrift)
MuR	Medien und Recht (Zeitschrift)
mwN.	mit weiteren Nachweisen
nF.	neue Fassung

NJW	Neue Juristische Wochenschrift (Zeitschrift)
NJWE-MietR	NJW-Entscheidungsdienst Mietrecht (Zeitschrift)
NJW-RR	NJW-Rechtsprechungsreport (Zeitschrift)
Nr.	Nummer/Nummern
NStZ	Neue Zeitschrift für Strafrecht
NZBau	Neue Zeitschrift für Baurecht und Vergaberecht
NZI	Neue Zeitschrift für Insolvenz- und Sanierungsrecht
NZWiSt	Neue Zeitschrift für Wirtschafts-, Steuer- und Unternehmensstrafrecht
o.	oben
oÄ.	oder Ähnliches
OGH	Österreichischer Oberster Gerichtshof
oHG	offene Handelsgesellschaft
OLG	Oberlandesgericht
OLGE	Entscheidungen des Oberlandesgerichts
OLGZ	Entscheidungen der Oberlandesgerichte in Zivilsachen
OVG	Oberverwaltungsgericht
PatG	PatentG
RabelZ	Zeitschrift für ausländisches und internationales Privatrecht
RBÜ	Revidierte Berner Übereinkunft
RefE	Referentenentwurf
RegE	Regierungsentwurf
RG	Reichsgericht
RGBl.	Reichsgesetzblatt
RGSt	Entscheidungen des Reichsgerichts in Strafsachen
RGZ	Entscheidungen des Reichsgerichts in Zivilsachen
Rn.	Randnummer
RPflG	Rechtspflegergesetz
Rspr.	Rechtsprechung
RVG	Rechtsanwaltsvergütungsgesetz
RzU KGZ	Rechtsprechung zum Urheberrecht (Entscheidungen des Kammergerichts)
S.	Satz/ Seite
s.	siehe
st.	ständige/r/s
StGB	Strafgesetzbuch
str.	streitig/ strittig
StraFo	Strafverteidiger Forum (Zeitschrift)
TRIPS	Trade-Related Aspects of Intellectual Property Rights (Übereinkommen)
u.	unten
ua.	unter anderem/ und andere
UFITA	Archiv für Urheber-, Film-, Funk- und Theaterrecht
UKlaG	Unterlassungsklagengesetz
UrhG	Urheberrechtsgesetz

Abkürzungsverzeichnis

UrhWahrnG	Urheberrechtswahrnehmungsgesetz
Urt.	Urteil
USt.	Umsatzsteuer
uU.	unter Umständen
UWG	Gesetz gegen den unlauteren Wettbewerb
v.	von/ vom
VerlG	Verlagsgesetz
VG	Verwaltungsgericht/ Verwertungsgesellschaft
VGG	Verwertungsgesellschaftengesetz
VGH	Verwaltungsgerichtshof
vgl.	vergleiche
VO	Verordnung
Vorb.	Vorbemerkung
VV	Vergütungsverzeichnis (zum RVG)
VVG	Versicherungsvertragsgesetz
VwGO	Verwaltungsgerichtsordnung
WCT	WIPO Copyright Treaty
Web-Dok.	Web-Dokument
WIPO	World Intellectual Property Organization
WM	Zeitschrift für Wirtschafts- und Bankrecht
WPPT	WIPO Performances and Phonograms Treaty
WRP	Wettbewerb in Recht und Praxis (Zeitschrift)
WUA	Welturheberrechtsabkommen
WuM	Wohnungswirtschaft und Mietrecht (Zeitschrift)
zB.	zum Beispiel
ZD	Zeitschrift für Datenschutz
ZfIR	Zeitschrift für Immobilienrecht
Ziff.	Ziffer
ZIP	Zeitschrift für Wirtschaftsrecht
zit.	zitiert
ZPO	Zivilprozessordnung
ZSR	Zeitschrift für Schweizerisches Recht
ZStV	Zeitschrift für Stifungs- und Vereinswesen
zT.	zum Teil
ZUM	Zeitschrift für Urheber- und Medienrecht
ZUM-RD	ZUM-Rechtsprechungsdienst
ZZP	Zeitschrift für Zivilprozess

Literaturverzeichnis

Ahlberg/Götting (Hrsg.): Beck'scher Online-Kommentar Urheberrecht, Ed. 9, Stand: 01.07.2015, zitiert: *Bearbeiter*, in: Ahlberg/Götting, BeckOK UrhG

Bamberger/Roth (Hrsg.): Beck'scher Online-Kommentar BGB, Ed. 36, Stand: 01.08.2015, zitiert: *Bearbeiter*, in: Bamberger/Roth, BeckOK BGB

Berger/Wündisch (Hrsg.): Urhebervertragsrecht, Handbuch, 2. Aufl., 2015, zitiert: *Bearbeiter*, in: Berger/Wündisch, UrhR

Dreier/ Schulze (Hrsg.): Urheberrecht, Kommentar, 5. Aufl., 2015, zitiert: *Bearbeiter*, in: Dreier/Schulze, UrhG

Dreyer/Kotthoff/Meckel (Hrsg.): Heidelberger Kommentar zum Urheberrecht, 3. Aufl., 2013, zitiert: *Bearbeiter*, in: Dreyer/Kotthoff/Meckel, UrhG

Fromm/A. Nordemann (Hrsg.): Urheberrecht, Kommentar, 11. Aufl., 2014, zitiert: *Bearbeiter*, in: Fromm/Nordemann, UrhG

v.Gamm: Urheberrechtsgesetz, Kommentar, 1968, zitiert: *v.Gamm*, UrhG

Graf (Hrsg.): Beck'scher Online-Kommentar StPO, Ed. 22, Stand: 01.09.2015, zitiert: *Bearbeiter*, in: Graf, BeckOK StPO

Haberstumpf: Handbuch des Urheberrechts, 2. Aufl., 2000, zitiert: *Haberstumpf*, UrhR

v.Hartlieb/Schwarz (Hrsg.): Handbuch des Film-, Fernseh- und Videorechts, 5. Aufl., 2011, zitiert: *Bearbeiter*, in: v.Hartlieb/Schwarz, Filmrecht

Heintschel-Heinegg (Hrsg.): Beck'scher Online-Kommentar StGB, Ed. 27, Stand: 02.06.2015, zitiert: *Bearbeiter*, in: Heintschel-Heinegg, BeckOK StGB

Hertin: Urheberrecht, 2004, zitiert: *Hertin*, UrhR

Hoeren/Sieber/Holznagel (Hrsg.): Multimedia-Recht, 42. Ergänzungslieferung, 2015, zitiert: *Bearbeiter*, in: Hoeren/Sieber/Holznagel

Lehmann/Meents (Hrsg.): Handbuch des Fachanwalts Informationstechnologie, 2. Aufl., 2011, zitiert: *Bearbeiter*, in: Lehmann/Meents

Leupold/Glossner (Hrsg.): Münchner Anwaltshandbuch IT-Recht, 3. Aufl., 2013, zitiert: *Bearbeiter*, in: Leupold/Glossner, IT-Recht

Limper/Musiol (Hrsg.): Formularbuch des Fachanwalts für Urheber- und Medienrecht, 1. Aufl., 2015, zitiert: *Bearbeiter*, in: Limper/Musiol, FormB-UMR

Loewenheim (Hrsg.): Handbuch des Urheberrechts, 2. Aufl., 2010, zitiert: *Bearbeiter*, in: Loewenheim, UrhR

Lutz: Grundriss des Urheberrechts, 2. Aufl., 2013, zitiert: *Lutz*, UrhR

Mestmäcker/Schulze (Hrsg.): Kommentar zum deutschen Urheberrecht, Band I-III, Loseblattsammlung, 55. Aktualisierungslieferung, 2011, zitiert: *Bearbeiter*, in: Mestmäcker/Schulze, UrhG

Möhring/Nicolini (Hrsg.): Urheberrechtsgesetz, Kommentar, 3. Aufl., 2014, zitiert: *Bearbeiter*, in: Möhring/Nicolini, UrhG

Musielak/Voit (Hrsg.): Kommentar zur Zivilprozessordnung mit Gerichtsverfassungsgesetz, 12. Aufl., 2015, zitiert: *Bearbeiter*, in: Musielak/Voit, ZPO

Palandt: Bürgerliches Gesetzbuch, Kommentar, 74. Aufl., 2015, zitiert: *Bearbeiter*, in: Palandt, BGB

Rauscher/Krüger (Hrsg.): Münchener Kommentar zur Zivilprozessordnung mit Gerichtsverfassungsgesetz und Nebengesetzen, 4. Aufl., 2012, zitiert: *Bearbeiter*, in: MüKo ZPO

Rehbinder/Peukert: Urheberrecht, 17. Aufl., 2015, zitiert: *Rehbinder/Peukert*, UrhR

Säcker/Rixecker (Hrsg.): Münchener Kommentar zum Bürgerlichen Gesetzbuch, Bd. 1, 7. Aufl., 2015, zitiert: *Bearbeiter*, in: MüKo BGB

Säcker/Rixecker (Hrsg.): Münchener Kommentar zum Bürgerlichen Gesetzbuch, Bd. 2, 7. Aufl., 2015, zitiert: *Bearbeiter*, in: MüKo BGB

Säcker/Rixecker (Hrsg.): Münchener Kommentar zum Bürgerlichen Gesetzbuch, Bd. 4, 6. Aufl., 2012, zitiert: *Bearbeiter*, in: MüKo BGB

Samson: Urheberrecht, 1973, zitiert: *Samson*, UrhR

Schack: Urheber- und Urhebervertragsrecht, 6. Aufl., 2013, zitiert: *Schack*, UrhR

Schmid/Wirth/Seifert: Urheberrechtsgesetz, Handkommentar, 2. Aufl., 2008, zitiert: *Schmid/Wirth/Seifert*, UrhG

Schricker/Loewenheim (Hrsg.): Urheberrecht, Kommentar, 4. Aufl., 2010, zitiert: *Bearbeiter*, in: Schricker/Loewenheim, UrhG

Schwartmann (Hrsg.): Praxishandbuch Medien-, IT- und Urheberrecht, 3. Aufl., 2014, zitiert: *Bearbeiter*, in: Schwartmann, Praxishandbuch.

Spindler/Schuster: Recht der elektronischen Medien, 3. Aufl., 2015, zitiert: *Spindler/Schuster*

Ulmer: Urheber- und Verlagsrecht, 3. Aufl., 1980, zitiert: *Ulmer*, UrhR

Wandtke (Hrsg.): Urheberrecht, 4. Aufl., 2014, zitiert: *Bearbeiter*, in: Wandtke, UrhR

Wandtke/Bullinger (Hrsg.): Praxiskommentar zum Urheberrecht, 4. Aufl., 2014, zitiert: *Bearbeiter*, in: Wandtke/Bullinger, UrhG

Wandkte/Ohst (Hrsg.): Medienrecht Praxishandbuch, 3. Aufl., 2015, Bd. 2, zitiert: *Bearbeiter*, in: Wandtke/Ohst, Medienrecht, Bd. 2

Weitnauer (Hrsg.): Beck'sches Formularbuch IT-Recht, 3. Aufl., 2012, zitiert: *Bearbeiter*, in: Weitnauer, IT-Formularbuch

Zöller (Hrsg.): Zivilprozessordnung, 30. Aufl., 2014, zitiert: *Bearbeiter*, in: Zöller, ZPO

KAPITEL 1
Grundlagen des Urheberrechts

Literatur: *Bisges,* Das Selbstplagiat im Urheberrecht, UFITA III/2008, S. 643–699; *ders.,* Kleine Münze, 2014; *ders.,* Der Öffentlichkeitsbegriff im Urheberrechtsgesetz, UFITA 2014/II, S. 363–380; *ders.,* Die Kleine Münze, der Dreigroschenprozess und der Herstellungsaufwand, GRUR 2015, S. 540–546; *ders.,* Ökonomische Analyse des Patentrechts, IPRB 2015, S. 19–24; *ders.,* Ökonomische Analyse des Urheberrechts, ZUM 2014, S. 930–938; *Brandt,* Eigentumstheorien von Grotius bis Kant, 1974; *Delp,* Das Recht des geistigen Schaffens in der Informationsgesellschaft, 2. Aufl. 2003; *Dreier,* Verletzung urheberrechtlich geschützter Software nach der Umsetzung der EG-Richtlinie, GRUR 1993, S. 781–793; *Duvigneau,* Urheberrechtlicher Schutz von Tätowierungen, ZUM 1998, S. 535–546; *Ellins,* Copyright Law, Urheberrecht und ihre Harmonisierung in der EG, 1997; *Elster,* Gewerblicher Rechtsschutz, 1921; *Erdmann,* Schutz der Kunst im Urheberrecht, in: FS f. v. Gamm, 1990, S. 389–403; *Erdmann/Bornkamm,* Schutz von Computerprogrammen, GRUR 1991, S. 877–880; *Flechsig,* Das Recht an Briefen, in: FS f. Kreile, S. 181–186; *v.Gamm,* Urheberrechtsschutz für allgemeine Geschäfts- und Vertragsbedingungen, Formularverträge, Tarifverträge und Wettbewerbsregeln, GRUR 1969, S. 593–596; *Goebel/Hackemann/Scheller,* Zum Begriff des Erscheinens beim Elektronischen Publizieren, GRUR 1986, S. 355–361; *Haberstumpf,* Handbuch des Urheberrechts, 2. Aufl. 2000; *Handig,* Was erfordert „die Einheit und die Kohärenz des Unionsrechts"? – das urheberrechtliche Nachspiel der EuGH-Entscheidung Football Association Premier League, GRUR Int. 2012, S. 9–14; *Hitzig,* Das königl. Preußische Gesetz zum Schutz des Eigentums an Werken der Wissenschaft und Kunst gegen Nachdruck und Nachbildung, 1838; *Jacobs,* Anmerkung zu BGH, Urt. v. 06.02.1985 – I ZR 179/82 (Happening), GRUR 1985, S. 530–531; *Kastner,* Das Plagiat – literarische und rechtliche Aspekte, NJW 1983, S. 1151–1158; *Katzenberger,* Neue Urheberrechtsprobleme der Photographie – Reproduktionsphotographie, Luftbild- und Satellitenaufnahmen, GRUR Int. 1989, S. 116–119; *Kelsen,* Reine Rechtslehre, 2. Aufl. 1960; *Krugmann/Wells,* Economics, dt. Übersetzung von John, Herrmann und Wagner, 2010; *Kummer,* Das urheberrechtlich schützbare Werk, Bern, 1968; *Landes/Posner,* An Economic Analysis of Copyright Law, The Journal of Legal Studies, Jg. 1989, Ausg. 18, Heft 2, S. 325–363; *Loewenheim,* Urheberrechtliche Grenzen der Verwendung geschützter Dokumente in Datenbanken, 1994; *ders.,* Der Schutz der kleinen Münze im Urheberrecht, GRUR 1987, S. 761–769; *Maaßen,* Urheberrechtliche Probleme der elektronischen Bildverarbeitung, ZUM 1992, S. 338–352; *Mastronardi,* Juristisches Denken, 2001; *W.Nordemann,* Abgrenzung des Geschmacksmusterschutzes vom Urheberschutz, UFITA Bd. 50, 1967, S. 906–914; *ders.,* Lichtbildschutz für fotografisch hergestellte Vervielfältigungen, GRUR 1987, S. 15–18; *A.Nordemann/Heise,* Urheberrechtlicher Schutz für Designleistungen in Deutschland und auf europäischer Ebene, ZUM 2001, S. 128–147; *v.Pilgrim,* Der urheberrechtliche Schutz der angewandten Formgestaltung, 1971; *Reichel,* Das Gruppenwerk im Urheberrecht, GRUR 1959, S. 172–176; *Reimer,* Zum Urheberrechtsschutz von Darstellungen wissenschaftlicher oder technischer Art, GRUR 1980, S. 572–582; *Reuter,* Digitale Bild- und Filmbearbeitung im Licht des Urheberrechts, GRUR 1997, S. 23–33; *Röthlisberger,* Das Plagiat, Zeitschrift ZSR 36 (1917), S. 131-200, Nachdruck in UFITA 2007 Bd. 1, S. 135–192; *Runge,* Das Gruppenwerk als Objekt urheberrechtlichen Schutzes, GRUR 1956, S. 407–409; *Schmieder,* Ist die „kleine Münze" des Urheberrechts nach dem neuen Gesetz ungültig?, GRUR 1968, S. 79–81; *Schricker,* Zum urheberrechtlichen und Geschacksmusterschutz von Postwertzeichen, GRUR 1991, S. 563–573; *ders.,* Abschied von der Gestaltungshöhe, in: FS f. Kreile, 1994, S. 715–721; *ders.,* Der Urheberrechtsschutz von Werbeschöpfungen, Werbeideen, Werbekonzepten und Werbekampagnen, GRUR 1996, S. 815-826; *ders.,* Urheberrecht auf dem Weg zur Informationsgesellschaft, 1997; *G.Schulze,* Die kleine Münze und ihre Abgrenzungsproblematik bei den Werkarten des Urheberrechts, 1983; *ders.,* Urheber- und leistungsschutzrechtliche Fragen virtueller Figuren, ZUM 1997, S. 77–86; *ders.,* Schleichende Harmonisierung des urheberrechtlichen Werkbegriffs? – Anmerkung zu EuGH, Urt. v. 16.07.2009 – C-5/08 (Infopaq/DDF), GRUR 2009, S. 1019–1022;

St.Schulze, Urheberrecht und neue Musiktechnologien, ZUM 1994, S. 15–24; *Strunkmann-Meister*, Gegenseitiges Verhältnis von Geschmacksmuster und Urheberschutz, 1967; *Thoms*, Der urheberrechtliche Schutz der kleinen Münze, 1980; *Traub*, Der Schutz von Werbeslogans im gewerblichen Rechtsschutz, GRUR 1973, S. 186–192; *Ulmer*, Das neue deutsche Urhebergesetz, UFITA Bd. 45, 1965, S. 18–50; *Unger*, The Critical Legal Studies Movement, 1986; *Wächter*, Das Verlagsrecht, mit Einschluss d. Lehren von dem Verlagsvertrag u. Nachdr. nach d. geltenden deutschen u. internationalen Rechten mit bes. Rücksicht auf d. Gesetzgebungen von Österreich, Preußen, Bayern u. Sachsen, Band 1, 1857; *Wandtke*, Der Schutz choreographischen Schaffens im Urheberrecht der ehemaligen DDR und der Bundesrepublik Deutschland, ZUM 1991, S. 115–122; *ders.*, Die Rechte der Urheber und ausübenden Künstler im Arbeits- und Dienstverhältnis, 1993.

A. Einführung in das Urheberrecht

I. Rechtsquellen und Literatur

1. Gesetze und Gesetzesbegründungen

1 Das (deutsche) Urheberrecht ist im Wesentlichen geregelt im „Gesetz über Urheberrecht und verwandte Schutzrechte (**Urheberrechtsgesetz**)" vom 9. September 1965,[1] zuletzt geändert durch Art. 216 der X. ZuständigkeitsanpassungsVO vom 31. August 2015.[2] Das Gesetz enthält ganz überwiegend zivilrechtliche Regelungen der Rechte der Urheber und Leistungsschutzberechtigten an ihren Werken und Leistungen. Darüber hinaus gibt es mit den §§ 106 bis 111 UrhG aber auch einige strafrechtliche Vorschriften sowie in § 111a UrhG einen Ordnungswidrigkeitentatbestand. Und mit der gem. §§ 111b bzw. 111c UrhG möglichen Beschlagnahme bzw. Zurückhaltung enthält das UrhG schließlich auch noch Vorschriften mit öffentlich-rechtlichem Charakter.

2 Darüber hinaus finden sich Regelungen zur Wahrnehmung oder Verwertung von Urheberrechten auch in anderen Gesetzen. So sind Rechtsfragen betreffend Verwertungsgesellschaften geregelt im „Gesetz über die Wahrnehmung von Urheberrechten und verwandten Schutzrechten (**Urheberrechtswahrnehmungsgesetz**)" vom 9. September 1965,[3] zuletzt geändert durch Art. 218 der X. ZuständigkeitsanpassungsVO vom 31. August 2015.[4] Und das Verlagsrecht ist geregelt im „Gesetz über das Verlagsrecht (**Verlagsgesetz**)" vom 19. Juni 1901,[5] zuletzt geändert durch Art. 2 des „Gesetz[es] zur Stärkung der vertraglichen Stellung von Urhebern und ausübenden Künstlern" vom 22. März 2002.[6]

---

1 BGBl. I 1965, S. 1273.
2 BGBl. I 2015, S. 1474.
3 BGBl. I 1965, S. 1294; das UrhWarnG wird in Umsetzung der VG-Richtlinie (Kap. 11, Rn. 245), möglicherweise im Jahre 2016 durch ein neues Verwertungsgesellschaftengesetz (VGG) abgelöst; hierzu siehe ausführlich Kap. 4, Rn. 406 ff.
4 BGBl. I 2015, S. 1474.
5 RGBl. 1901, S. 217; BGBl. III/FNA 441-1.
6 BGBl. I 2002, S. 1155.

A. Einführung in das Urheberrecht

Da es sich beim Urheberrecht im Wesentlichen um eine zivilrechtliche Rechtsmaterie handelt, können dort wo dies der Fall ist **subsidiär auch allgemein-zivilrechtliche Regelungen** des BGB Anwendung finden, bspw. die bereicherungsrechtlichen Ansprüche der §§ 812 ff. BGB oder das Vertragsrecht des allgemeinen Teils des BGB. Die Regelungen des Urheberrechts gelten jedoch grundsätzlich vorrangig.   3

Sofern die Intention des Gesetzgebers von Interesse ist, lässt sich diese schließlich den **Gesetzesbegründungen** entnehmen, beispielsweise der „Begründung zum Entwurf eines Gesetzes über Urheberrecht und verwandte Schutzrechte" vom 23. März 1962.[7] Bei der Arbeit mit Gesetzesbegründungen ist jedoch darauf zu achten, dass die zur jeweiligen Fassung einer Norm gehörige Begründung herangezogen wird. Da das Urheberrechtsgesetz seit seinem Inkrafttreten zahlreichen Änderungen unterworfen wurde, können insofern verschiedene Begründungen einschlägig sein.   4

2. Internationale Abkommen

Rechtsquellen sind außerdem diverse **internationale Abkommen**,[8] beispielsweise die „Revidierte Berner Übereinkunft zum Schutze von Werken der Literatur und Kunst" (RBÜ) vom 9. September 1886,[9] zuletzt geändert durch Änderungsbeschluss vom 2. Oktober 1979,[10] welche durch den „WIPO-Urheberrechtsvertrag" (WCT) vom 20. Dezember 1996[11] und das „Internationale Abkommen über den Schutz der ausübenden Künstler, der Hersteller von Tonträgern und Sendeunternehmen" (Rom-Abkommen) vom 26. Oktober 1961[12] ergänzt wurde, oder das „Abkommen der Welthandelsorganisation über handelsbezogene Aspekte der Rechte des geistigen Eigentums" (TRIPS).[13] Abgesehen von Fragen mit internationalem Bezug haben diese Abkommen jedoch nur eine untergeordnete Bedeutung.   5

3. Textausgaben

Da die alltägliche Arbeit mit den Veröffentlichungen im Bundesgesetzblatt allerdings auch im Urheberrecht weder praxistauglich noch üblich ist, empfehlen sich **Textausgaben**, beispielsweise *Hillig*, „Urheber- und Verlagsrecht" (UrhR), neueste Auflage, erschienen in der bekannten Reihe „Beck-Texte im dtv-Verlag", die sämtliche der vorgenannten Gesetze und Abkommen enthält. Das UrhG selbst ist ferner einsortiert in die **Loseblattsammlung** Schönfelder, „Deutsche Gesetze", neueste Auflage, Nr. 65 ebenda. UrhWahrnG und VerlagsG finden sich im entsprechenden Ergänzungsband des Schönfelders. Im Übrigen sucht man im Schön-   6

---

7 Amtl. Begr. BT-Drucks. IV/270.
8 Hierzu siehe ausführlich Kap. 11, Rn. 201 ff.
9 RGBl. 1887, S. 127; BGBl. II 1973, S. 1069, 1071; siehe ausführlich Kap. 11, Rn. 202 ff.
10 BGBl. II 1985, S. 81.
11 BGBl. II 2003, S. 755; siehe ausführlich Kap. 11, Rn. 219 ff.
12 BGBl. II 1965, S. 1245; siehe ausführlich Kap. 11, Rn. 209 ff.
13 BGBl. II 1965, 1243; BGBl. II 1966, 1473; siehe ausführlich Kap. 11, Rn. 216 ff.

felder jedoch vergebens nach weiteren urheberrechtlichen Regelungen bzw. besagten Abkommen.

4. Lehrbücher

7 Für den schnellen Einstieg in das Rechtsgebiet sind **Lehrbücher** dienlicher als Kommentare, da Lehrbücher (ebenso wie dieses Handbuch) nach Themen gegliedert sind und sich anders als Kommentare nicht an der mitunter wenig eingängigen Gliederung des Gesetzes orientieren. Als Standard-Lehrbuch für Juristen gilt *Rehbinder/Peukert*, „Urheberrecht", 17. Aufl. 2015, das in der Beck'schen Reihe „Juristische Kurz-Lehrbücher" erschienen ist und von *Hubmann* unter dem Titel „Urheber- und Verlagsrecht" begründet und bis zur 6. Auflage bearbeitet wurde. Für den Laien empfiehlt sich allerdings auch *Schulze*, „Meine Rechte als Urheber", 6. Aufl. 2009, das zwar für Nicht-Juristen formuliert ist, gleichwohl aber nicht ohne jeden Anspruch und so auch für den Juristen als Einstiegswerk geeignet ist. Im Übrigen ist das Lehrbuchangebot zwar nicht unüberschaubar, sodass sich durchaus weitere Werke auflisten ließen. Insbesondere können auch **Kurzdarstellungen** von Interesse sein, beispielsweise die Darstellung in *Ilzhöfer/Engels*, „Patent-, Marken- und Urheberrecht", 9. Aufl. 2015, oder diejenigen, die in den zahlreichen Gesamtdarstellungen des Medienrechts oder des Immaterialgüterrechts enthalten sind. Insbesondere der Laie sollte hierbei jedoch die Gefahren der verkürzten Darstellung nicht übersehen und besser ein umfangreicheres Werk wählen. Erwähnenswert sind ansonsten nur noch das 2013 in 2. Auflage erschienene Werk „Grundriss des Urheberrechts" des hiesigen Mitautors *Lutz* sowie – trotz fehlender Berücksichtigung der neueren Entwicklungen des Informationszeitalters – das Lehrbuch von *Ulmer*, „Urheber- und Verlagsrecht", das in 3. Auflage zuletzt 1980 erschien und mit dem insbesondere die Grundlagen des Urheberrechts gut erarbeitet werden können. Es war viele Jahre vergriffen, ist nun aber wieder lieferbar, besonders lesenswert und auch heute noch Basis für wissenschaftliche Arbeiten.

5. Kommentare

8 Zum Verständnis einzelner im Gesetz enthaltener Normen ist in der Praxis mitunter außerdem die Heranziehung von Gesetzeskommentierungen notwendig, da diese insbesondere umfangreiche Darstellungen der Rechtsprechung zu den jeweiligen Normen des Gesetzes enthalten. Ein wirklicher Standard-Kommentar kann hier jedoch nicht ausgemacht werden. Von den seitenstarken Werken sind dienlich beispielsweise *Ahlberg/Götting*, „Beck'scher Online Kommentar Urheberrecht", welcher die jeweils aktuelle Version des *Möhring/Nicolini*, „Urheberrechtsgesetz Kommentar", 3. Aufl., 2014, darstellt; *Dreyer/Kotthoff/Meckel*, „Heidelberger Kommentar zum Urheberrecht", 3. Auflage 2013; *Fromm/A.Nordemann*, „Urheberrecht", 11. Aufl. 2014; *Schricker/Loewenheim*, „Urheberrecht", 4. Aufl. 2010, oder *Wandtke/Bullinger*, „Praxiskommentar Urheberrecht", 4. Aufl. 2013. Etwas kompakter ist schließlich *Dreier/Schulze*, „Kommentar zum Urheberrecht", 4. Aufl. 2013, sowie sehr knapp und als Ergänzung zu diesem Handbuch unterlegen, jedoch kostengünstig in der Anschaffung *Schmid/Wirth/Seifert*, „Urheberrechtsgesetz", 2. Aufl. 2008.

6. Zeitschriften

Auch Zeitschriften sind für die urheberrechtliche Arbeit unerlässlich, denn im Wesentlichen finden sich hier Aufsatzveröffentlichungen und Veröffentlichungen von Gerichtsentscheidungen nebst Anmerkungen. Von besonderer Bedeutung sind die Zeitschriften „Gewerblicher Rechtsschutz und Urheberrecht" (GRUR) nebst „Internationalem Teil" (GRUR-Int.) sowie „Rechtsprechungs-Report" (GRUR-RR), die „Zeitschrift für Urheber- und Medienrecht" (ZUM) nebst „Rechtsprechungsdienst" (ZUM-RD) und die Zeitschrift „Multimedia und Recht" (MMR). Ferner gibt es noch die Zeitschriften „Computer und Recht" (CR), „Kommunikation und Recht" (K&R) sowie „Kunst und Recht" (KUR) und die „Zeitschrift für Geistiges Eigentum" (ZGE) sowie diverse weitere kleinere Zeitschriften der Rechtspraxis. Das „Archiv für Urheber- und Medienrecht" (UFITA) schließlich enthält im Wesentlichen längere Abhandlungen unterhalb des für Monografien üblichen Umfangs sowie Buchbesprechungen.

II. Allgemeine Überlegungen zum Urheberrecht
1. Urheberrecht und andere Immaterialgüterrechte

Das Urheberrecht ist das Recht der Schriftsteller, Komponisten, Maler, Bildhauer, Grafiker, Architekten, Fotografen, Choreografen, Regisseure, Wissenschafter und sonstiger Werkschaffender an ihren Werken. Der Begriff „Urheberrecht" kann aber nicht nur subjektiv im Sinne dieses Rechts der Urheber an ihren Werken verstanden werden, sondern auch objektiv als Summe aller Rechtsnormen betreffend den Werkschutz. Das Urheberrecht im objektiven Sinne schützt gem. § 1 UrhG Werke der Literatur, Wissenschaft und Kunst, also im Wesentlichen **Erzeugnisse des kulturellen Gebiets**. Da dieser Rechtsschutz nicht die körperlichen Gegenstände als solche betrifft, also beispielsweise Sachen wie ein Buch im Sinne eines gebundenen Stapels bedruckten Papiers oder ein Gemälde im Sinne einer mit Farben bemalten Leinwand, sondern die durch diese Sachen vermittelten **geistigen Erzeugnisse** in Gestalt von Texten, Bildern usw., spricht man mangels Körperlichkeit dieser geistigen Erzeugnisse auch von Immaterialgütern. Das Urheberrecht ist folglich ein Immaterialgüterrecht, denn es ist das **Recht an einem Immaterialgut**, zum Beispiel an einem Text oder einem Bild. In Bezug auf Werkstücke schützt es also nicht die Sache als solche, in der das Werkstück verkörpert ist, sondern nur die bestimmte Formgebung, die dieser Sache „aufgeprägt" wurde und durch sie fortan vermittelt wird. Notwendig ist dies, also die Aufprägung eines geistigen Erzeugnisses auf eine Sache jedoch nicht, denn einige Ausdrucksformen geistiger Erzeugnisse können unabhängig von Sachen in Erscheinung treten, beispielsweise ein Gedicht, das bloß vorgetragen wird, oder eine Melodie, die gesungen oder gespielt wird.

Es gibt neben dem Urheberrecht noch **andere Immaterialgüterrechte**, die jedoch nicht dem kulturellen, sondern dem gewerblichen Bereich zuzuordnen sind. Sie werden deshalb auch als **gewerbliche Schutzrechte** bezeichnet und sind von den Urheberrechten zu unterscheiden, wenngleich ein und dasselbe geistige Erzeugnis durchaus sowohl Urheberrechtsschutz als auch gewerblichen Rechtsschutz genießen kann. Das Urheberrecht ist insofern insbesondere abzugrenzen von Patent- und Gebrauchsmusterrechten als Schutzrechten betreffend technische Erfindungen, von Marken- und Kennzeichenrechten als besonderen Rechten an bestimmten Zeichen sowie vom Designrecht als Designschutz für einfache zwei- oder dreidimensionale Gestaltungen.

12 Das **Patentrecht** wird von Laien mit dem Urheberrecht meist nicht nur in einem Atemzug erwähnt, sondern oft auch synonym verstanden. Dies ist jedoch falsch, denn das Patentrecht schützt gem. § 1 Abs. 1 PatG **technische Erfindungen**, die neu sind, auf einer erfinderischen Tätigkeit beruhen und die gewerblich anwendbar sind. Unter Erfindungen versteht der Bundesgerichtshof Lehren zu planmäßigem Handeln unter Einsatz beherrschbarer Naturkräfte zur Erreichung eines kausal übersehbaren Erfolges,[14] kurz Ideen oder Lehren zu technischem Handeln. Zwar sind diese Ideen oder Lehren ebenfalls geistige Erzeugnisse also Immaterialgüter. Mehr als dies haben sie mit den durch das Urheberrecht geschützten Erzeugnissen jedoch nicht gemein, denn das Urheberrecht verbietet nicht die **Benutzung von Ideen**,[15] sondern schützt grundsätzlich lediglich bestimmte Formgebungen. So kann beispielsweise die in der Patentschrift beschriebene Idee der Funktion einer Maschine Schutz durch das Patentrecht erhalten. Wenn der Erfinder diese Idee aber beispielsweise unter Verwendung besonders „blumiger" Sprache bildhaft beschreibt, kann diese Beschreibung als solche Urheberrechtsschutz erlangen. Diesen Unterschied macht das Patentgesetz deutlich, indem es in § 1 Abs. 2 PatG bspw. ästhetische Formschöpfungen, also solche, die den Formen- und Farbensinn ansprechen, ausdrücklich nicht als Erfindungen ansieht und damit vom Patentschutz ausschließt. Die blumige Beschreibung des Erfinders kann also lediglich Urheberrechtsschutz genießen, die dahinter stehende Idee hingegen lediglich Patentschutz. Es ist daher auch jedem erlaubt, eine patentrechtlich geschützte Idee mit eigenen Worten zu beschreiben. Das Patentrecht verbietet Dritten nämlich nur die Benutzung der Erfindung, nicht aber deren Beschreibung, vgl. § 9 S. 1 PatG. Auch das **Gebrauchsmusterrecht** schützt technische Erfindungen, wobei im Wesentlichen bloß die formalen Anforderungen für die Erlangung des Rechtsschutzes geringer sind und es insoweit schneller, einfacher und auch kostengünstiger zu erlangen ist. Es kann daher hinsichtlich der hier vorgenommenen Abgrenzung dem Patentrecht gleichgesetzt werden.

13 **Überschneidungen** von Urheberrecht und gewerblichen Schutzrechten sind jedoch nicht selten. So hat der Gesetzgeber zwar klargestellt, dass Computerprogramme grundsätzlich keinen patentrechtlichen, sondern vielmehr urheberrechtlichen Schutz genießen, vgl. § 1 Abs. 3 Nr. 3 PatG; § 2 Abs. 1 Nr. 1 UrhG, §§ 69a ff. UrhG. Ausnahmsweise können Computerprogramme aber auch patentrechtlich geschützt sein, wenn sie neben ihrer computersprachlichen Darstellung zudem eine technische Erfindung beinhalten.[16]

---

14 BGH, Beschl. v. 27.03.1969 – X ZB 15/67 (Rote Taube), GRUR 1969, 672.
15 Siehe Rn. 222 f.
16 BGH, Beschl. v. 11.05.2000 – X ZB 15/98 (Sprachanalyseeinrichtung), GRUR 2000, 1007.

Ferner ist das **Markenrecht** ein gewerbliches Schutzrecht, das Immaterialgüter betrifft. Als Kennzeichenrecht können mit seiner Hilfe gem. § 3 Abs. 1 MarkenG **Zeichen** geschützt werden, die geeignet sind, Waren und Dienstleistungen eines Unternehmens von denjenigen anderer Unternehmen zu unterscheiden, also insbesondere Wortzeichen, Bildzeichen oder Kombinationen von Wörtern oder Bildern, zum Beispiel eine Marke im Sinne eines grafisch gestalteten Logos. Kern des Markenschutzes ist allerdings nicht die Formgebung oder Gestaltung als solche, sondern die **Unterscheidungskraft**, also die Eigenschaft eines bestimmten Zeichens als betrieblicher Herkunftshinweis auf die Ware oder Dienstleistung eines bestimmten Unternehmens aufgefasst zu werden.[17] Allerdings gibt es auch hier Überschneidungen, denn das gewählte Zeichen kann durchaus auch eine schöpferische Gestaltung darstellen und insoweit auch urheberrechtlichen Schutz genießen. Insbesondere bei aufwändig gestalteten Zeichen ist dies nicht unwahrscheinlich.

14

Das **Designrecht** schließlich ist dem Urheberrecht sehr ähnlich und wird deshalb mitunter auch „kleines Urheberrecht" genannt. Es ist aber ebenfalls zu den gewerblichen Schutzrechten zu zählen, da es gem. §§ 2 Abs. 1, 1 Nr. 1, 2 DesignG das **Design von industriellen oder handwerklichen Gegenständen**, einschließlich Verpackung, Ausstattung, grafischer Symbole und typografischer Schriftzeichen sowie von Einzelteilen schützt, die zu einem komplexen Erzeugnis zusammengebaut werden sollen (Erzeugnisse). Es erlangt insbesondere dann Bedeutung, wenn ein solches Erzeugnis die für den Urheberrechtsschutz erforderliche Gestaltungshöhe nicht erreicht, sodass lediglich ein gradueller Unterschied zum Urheberrecht besteht.[18] Gleichwohl kann es auch hier Überschneidungen geben, denn ein Erzeugnis, dessen Gestaltungshöhe das für den Urheberrechtsschutz erforderliche Maß erreicht und damit urheberrechtlich geschützt ist, kann außerdem Designschutz erlangen, wenn es sich gleichzeitig um ein durch das Designgesetz schützbares Design handelt.

15

Weiterer entscheidender Unterschied ist das **Eintragungs- bzw. Registrierungserfordernis gewerblicher Schutzrechte**. Patent-, Marken- oder Designschutz kann in der Regel nämlich ohne vorherige Registrierung nicht erlangt werden. Der Urheberrechtschutz entsteht hingegen durch den Abschluss des Schöpfungsvorgang selbst, ohne dass es einer wie auch immer gearteten Registrierung oder Eintragung bedürfte. Dieser Aspekt kann im Hinblick auf die beschriebenen möglichen Überschneidungen von Urheberrechtsschutz und gewerblichem Rechtsschutz Bedeutung erlangen, wenn die Registrierung des gewerblichen Schutzrechts versäumt wurde. Sofern das in Rede stehende Erzeugnis nämlich außerdem urheberrechtlich geschützt ist, kann jedenfalls aus dem Urheberrecht gegen Nachahmungen oder Nutzungen des geistigen Erzeugnisses vorgegangen werden. Gleiches kann auch

16

---

17 EuGH, Urt. v. 18.06.2002 – C-299/99 (Phillips), GRUR 2002, 804 [35].
18 AA. BGH, Urt. v. 13.11.2013 – I ZR 143/12 (Geburtstagszug), GRUR 2014, 175, 178 f. [35 ff.].

für Zeiträume nach Ablauf der Schutzfrist des gewerblichen Schutzrechts gelten, denn der Urheberrechtsschutz ist meist von längerer Dauer.[19]

2. Begriff des geistigen Eigentums

17 Der im Zusammenhang mit Immaterialgütern gelegentlich Verwendung findende Begriff des „geistigen Eigentums" ist missverständlich,[20] wenn hiermit das Recht an einem immateriellen Gut als eine Art Sonderfall des Eigentumsrechts an einem materiellen Gut im Sinne einer Sache verstanden wird. Zwar sind Eigentumsrechte und Immaterialgüterrechte absolute Rechte dergestalt, dass sie gegenüber jedermann wirken. Und ebenso wie der Eigentümer einer Sache gem. § 903 S. 1 BGB dem Grundsatz nach mit dieser nach Belieben verfahren und andere von jeder Einwirkung ausschließen kann,[21] hat auch der Urheber gem. § 15 Abs. 1 und 2 UrhG das ausschließliche Recht der Nutzung seines Werks (positiv) einschließlich negativer Verbotsrechte gegenüber jedermann. Die urheberrechtlichen Befugnisse gehen jedoch einerseits weit über diejenigen eines Sacheigentümers hinaus, denn das Urheberrecht schützt nicht nur die materiellen Aspekte der Nutzung bzw. Verwertung des Werks. Vielmehr gewährt es außerdem Urheberpersönlichkeitsrechte, indem es den Urheber auch in seinen geistigen und persönlichen Beziehungen zum Werk schützt, vgl. § 11 UrhG. Und diese besonderen Persönlichkeitsrechte können selbst dann noch Ansprüche des Urhebers begründen, wenn der Urheber ein Werkstück bereits veräußert hat. Ferner ist das Urheberrecht gem. § 29 Abs. 1 UrhG nicht übertragbar, sondern verbleibt lebenslang beim Urheber, kann also auch nicht verloren gehen. Andererseits sind Urheberrecht und andere Immaterialgüterrechte mitunter einschneidenderen Beschränkungen unterworfen als das Eigentumsrecht. Vor allem aber währen das Urheberrecht und die meisten Immaterialgüterrechte nicht ewig. Sofern man diese Unterschiede jedoch im Hinterkopf behält und lediglich auf die ausschließliche Zuordnung des Rechts zu seinem Inhaber und den damit einhergehenden Rechtsschutz abstellt, ist es durchaus vertretbar in Bezug auf Immaterialgüter von geistigem Eigentum zu sprechen.[22]

3. Monopole durch Urheberrechte

18 Ist die Rede von Immaterialgüterrechten oder Urheberrechten werden diese oft auch mit Monopolen und den **Möglichkeiten monopolistischer Ausbeutung** durch den Rechtsinhaber negativ in Verbindung gebracht.[23] Aufgrund der ausschließlichen Zuordnung des Rechts an einem Immaterialgut zu einer bestimmten Person und der absoluten Wirkung dieses Rechts gegenüber jedermann kann der Rechtsinhaber andere nämlich grundsätzlich nicht nur von jeder Nutzung ausschließen, sondern diese vielmehr gegen Zahlung einer allein von ihm bestimmten Vergütung erlauben. Und mangels konkurrierender Anbieter haben die Konsu-

---

19 Vgl. zur Schutzfrist Kap. 3, Rn. 106 ff.
20 *Rehbinder/Peukert*, UrhR, Rn. 139.
21 Zur Sozialbindung des Eigentums vgl. Art. 14 Abs. 2 GG.
22 Ebenso *Schack*, UrhR, Rn. 23.
23 *Schack*, UrhR, Rn. 14, 149, 1378.

menten nicht die Möglichkeit, auf einen anderen Anbieter des betreffenden Immaterialgutes auszuweichen. Die Höhe der für die Nutzung zu zahlenden Vergütung pendelt sich also nicht in einem Gleichgewicht aus dem Angebot vieler konkurrierender Anbieter und der Nachfrage am Markt ein. Vielmehr kann der Rechtsinhaber als Alleinanbieter durch **Verknappung des Angebots** den Preis künstlich erhöhen, also mehr als denjenigen Betrag verlangen, der zur Deckung seiner Kosten erforderlich ist, sich damit ins Verdienen setzen und die Konsumenten (innerhalb gewisser Grenzen) ausbeuten.

Die beschriebenen Möglichkeiten der Preisgestaltung treffen für Patentrechte weitgehend zu,[24] denn Patentrechte werden nur für Erfindungen gewährt und sind damit begriffsnotwendig einmalig. Konkurrenz ist somit grundsätzlich ausgeschlossen. Natürlich kann ein technisches Problem möglicherweise auch auf eine andere Art und Weise gelöst werden, sodass es in diesem Fall möglicherweise ein zweites Patent geben kann. Dies ist jedoch eher selten der Fall.

19

Fraglich ist allerdings, ob auch Urheberrechte die beschriebene Preisgestaltung ermöglichen. Auch die Gewährung von Urheberrechten wird nämlich mit dem Argument monopolistischer Ausbeutung durch den Urheber kritisiert. Ohne Frage gewährt auch das Urheberrecht seinem Inhaber ausschließliche Rechte der Nutzung des Erzeugnisses, denn allein der Urheber ist befugt das Werk zu verwerten, vgl. § 15 UrhG. Außerdem kann ein urheberrechtlich geschütztes Werk so einzigartig sein, dass die Konsumenten ein ganz besonderes Interesse am Genuss gerade dieses Werks haben, beispielsweise ein Song, der es in die Charts geschafft hat, oder ein Buchbestseller. Zwar könnte die Konsumenten auch der Genuss eines anderen Werks unterhalten, beispielsweise irgendeines anderen Songs oder Buchs. Doch entspricht dies in diesem Fall nicht ihren Wünschen. Sie werden das besagte Werk zwar nicht unbedingt, also um jeden Preis konsumieren wollen, sind aber bereit hierfür einiges mehr aufzuwenden als für irgendein anderes Werk. Bei einem solchen „**exklusiven Werk**"[25] gewährt das Urheberrecht seinem Inhaber also tatsächlich ein **echtes Monopol**, denn es gibt aufgrund der ausschließlichen Urheberrechte in der Regel keinen anderen Anbieter, sodass es keine Konkurrenzangebote des Werks gibt, auf die die Konsumenten zurückgreifen könnten. Und da sie genau dieses Werk konsumieren möchten, sind sie auf das Angebot des einen Anbieters in Person des Urhebers angewiesen und müssen (innerhalb bestimmter Grenzen) diejenige Vergütung zahlen, die er verlangt. Urheber exklusiver Werke haben also tatsächlich Möglichkeiten monopolistischer Preisgestaltung und können sich folglich zum Nachteil der Konsumenten (je nach Gefragtheit des Werks am Markt erheblich) ins Verdienen setzen, indem sie weit höhere Vergütungen verlangen als für die Deckung ihrer Kosten notwendig wären. Derart exklusive Werke sind jedoch eher der Ausnahmefall. Die große Masse der urheberrechtlich geschützten Erzeugnisse sind nämlich „**nicht-exklusive Werke**", weil sie zueinander in Substitutionskonkurrenz stehen und einander im Prinzip ersetzen kön-

20

---

24 Hierzu *Bisges*, IPRB 2015, 19 ff.
25 Der Begriff „exklusiv" ist im Sinne von „einzigartig" zu verstehen.

nen. Die meisten Erzeugnisse bilden mit anderen Werken ihrer Gattung, zum Beispiel Romanen, Filmen oder Musik nämlich einen gemeinsamen Markt, denn es ist in vielen Fällen für die Konsumenten weniger entscheidend, welcher Roman gelesen wird, welcher Film geschaut wird oder welche Musik gehört wird. Dies bedeutet, dass die Urheber nicht-exklusiver Werke von den beschriebenen Möglichkeiten monopolistischer Preisgestaltung keinen Gebrauch machen können. Zwar stellen auch nicht-exklusive Werke keine standardisierten Erzeugnisse dar, die objektiv vergleichbar und vollkommen austauschbar sind. Immerhin könnte ein bestimmter Roman spannender sein als ein anderer oder ein bestimmter Film unterhaltsamer als ein anderer. Dass dies jedoch nur sehr eingeschränkten Einfluss auf die Möglichkeiten der Preisgestaltung hat, zeigt bereits ein Blick in die Regale der Buchhandlungen, Videotheken oder Plattengeschäfte. Neben den oben beschriebenen besonders gefragten Erzeugnissen, die exklusive Werke vermitteln und für die auch „exklusive" Preise verlangt werden, gibt es nämlich zahllose Erzeugnisse, die sich an einer Art „Einheitspreis" orientieren. Hinsichtlich der Preisgestaltung kann trotz der hier ebenfalls bestehenden Ausschließlichkeitsrechte des Urhebers insofern also nicht von monopolistischer Preisgestaltung gesprochen werden. Der Markt der nicht-exklusiven Werke ist vielmehr als sog. **monopolistische Konkurrenz** strukturiert, denn es gibt viele miteinander in Wettbewerb stehende Urheber, von denen jeder zwar ein differenziertes geistiges Erzeugnis anbietet, in dem sich aber jeder auch an der Preisgestaltung der anderen Urheber orientieren muss.[26] Dass sich Urheber nicht-exklusiver Werke am besagten „Einheitspreis" orientieren (müssen), liegt im Übrigen auf der Hand, denn verlangten sie einen höheren Preis, würden die Konsumenten aufgrund der Substituierbarkeit nicht-exklusiver Werke auf die Werke anderer Urheber zurückgreifen. Da sich alle Urheber nicht-exklusiver Werke dieser Situation ausgesetzt sehen, können sie faktisch nur genau denjenigen Preis verlangen, bei dem sie so gerade in der Lage sind ihre **Kosten des Werkschaffens** zu decken, denn auch die anderen Urheber werden genau diesen Preis verlangen. Sobald sie versuchen, durch einen Preisaufschlag höhere Einnahmen zu erzielen, könnten sie ihr Werk nicht mehr an den Mann bringen, denn die Konsumenten würden dann auf Substitute anderer Urheber zurückgreifen. Außerdem kann es auch keine Urheber geben, die unterhalb dieses Preises anbieten, denn diese Urheber könnten ihre Schaffenskosten nicht decken, machten deshalb Verlust und müssten ihre Tätigkeit alsbald einstellen. Die aufgrund des Urheberrechts an den Urheber zu zahlende Vergütung hat also – außer in den Fällen exklusiver Werke – meist lediglich den **Charakter einer Aufwandsentschädigung** für die vom Urheber aufgewendete Zeit, Mühen und Kosten, die sich in ihrer Höhe allein an den Gegebenheiten des Marktes (Angebot und Nachfrage) orientiert. Es kann also keine Rede von monopolistischer Ausbeutung sein.[27] Das Urheberrecht dient in den Fällen nicht-exklusiver Werke also lediglich einer Mindest- oder **Existenzsicherung der Urheber**, ohne dass diese sich hiermit bereichern könnten.

---

26 Zur Definition der monopolistischen Konkurrenz vgl. *Krugmann/Wells*, Economics, S. 504 f.
27 Ebenso, aber nicht differenzierend *Rehbinder/Peukert*, UrhR, Rn. 186.

Und bei den wenigen exklusiven Werken, bei denen dies ausnahmsweise möglich ist, bestehen ebenfalls keine Bedenken, denn die Urheber dieser Werke haben etwas von überragendem Interesse geschaffen, das unsere Gesellschaft (kulturell wie wirtschaftlich) erheblich bereichert und für das sie auch besonders entlohnt werden müssen.[28]

Gegen die pauschale Annahme eines Monopols durch Urheberrechte spricht zudem noch, dass es im Urheberrecht die jedenfalls theoretische Möglichkeit von **Doppelschöpfungen**[29] dergestalt gibt, dass ein Urheber Rechte an einem von ihm geschaffenen Werk erlangt, obwohl dieses mit einem vorbestehenden Werk eines anderen Urhebers nahezu übereinstimmt, wenn ihm dabei das vorbestehende Werk unbekannt ist.[30] Das Urheberrecht gewährt in diesen Fällen also mehreren Urhebern unabhängig voneinander Rechte an ihren jeweiligen Erzeugnissen. Weil diese Erzeugnisse per definitionem sehr ähnlich sind und einander damit völlig ersetzen können, geht die Exklusivität im oben beschriebenen Sinne in jedem Falle verloren, sodass es sich immer um nicht-exklusive Werke handelt.

4. Bedarf an Urheberrechtsschutz

Ohne Urheberrechtsschutz wäre unsere Gesellschaft kulturell wie wirtschaftlich deutlich ärmer. In einer Welt ohne Urheberrecht – gerade wenn diese so technisiert ist wie die heutige – hätten es Urheber nämlich sehr schwer, etwas für die Schaffung ihrer geistigen Erzeugnisse zu erlangen, sodass sie hiervon möglicherweise Abstand nähmen, jedenfalls aber deutlich weniger Erzeugnisse schafften. Grund hierfür ist die **Ubiquität**[31] geistiger Erzeugnisse, also ihre jedenfalls potentielle zeitliche und räumliche Allgegenwart. Hat der Urheber ein geistiges Erzeugnis einmal der Öffentlichkeit zugänglich gemacht, beispielsweise im Internet, ist seine Herrschaft über dieses Erzeugnis nicht mehr denkbar. Jedermann hat die tatsächliche Möglichkeit, es auf verschiedenste Arten zu nutzen. Ferner gibt es in Bezug auf geistige Erzeugnisse – anders als bei Sachen – auch keine Rivalität in der Nutzung, denn nicht nur eine, sondern mehrere Personen können das Erzeugnis nutzen, ohne dass dessen Nutzwert für einen anderen Nutzer dadurch gemindert wird oder gar ganz verschwindet, und dies meist sogar gleichzeitig.

Auch **ohne Urheberrechtsschutz** kann zwar allein der Urheber sein Erzeugnis als erster in den Verwertungsprozess geben und damit als erster Einnahmen erzielen, beispielsweise ein Buch drucken, eine CD pressen oder einen Film senden. Das Werk ist nämlich bei ihm entstanden, sodass er einen **zeitlichen Vorsprung** hat und andere rein tatsächlich noch keine Möglichkeit haben, ihm durch

---

28 Siehe auch *Bisges*, ZUM 2014, 930 ff.
29 Hierzu siehe Rn. 350 ff.
30 *Bullinger*, in: Wandtke/Bullinger, UrhG, § 23, Rn. 19 f.; *Schulze*, in: Dreier/Schulze, UrhG, § 23, Rn. 29; *Dreyer*, in: Dreyer/Kotthoff/Meckel, UrhG, Anh. zu §§ 23, 24, Rn. 7; *Loewenheim*, in: Schricker/Loewenheim, UrhG, § 23, Rn. 33 ff.; *Loewenheim*, in: Loewenheim, UrhR, § 8, Rn. 29.
31 Auch „Omnipräsenz" genannt, vgl. *Rehbinder/Peukert*, UrhR, Rn. 5.

„Raubkopien"[32] seiner Werke Konkurrenz zu machen. Ein Buch beispielsweise, dessen Hauptumsatz in den ersten Monaten nach Erscheinen anfällt, würde deshalb vielleicht auch ohne Urheberrechtsschutz geschrieben werden, denn der Urheber könnte innerhalb dieser kurzen Zeit möglicherweise bereits voll auf seine Kosten kommen, weil Konkurrenten nicht schnell genug in der Lage sind, ihm durch billige Kopien Konkurrenz zu machen. Mangels Urheberrechtschutz wäre ihnen dies nicht untersagt, wobei sie günstiger als der Urheber anbieten könnten, denn sie hätten außer den Druck- und Vertriebskosten keinen nennenswerten Aufwand, jedenfalls nicht die **Kosten des Werkschaffens**. Bei Büchern mit einer längeren Vermarktungszeit, wie zB. Lehrbüchern, könnte der Urheber allerdings bereits nicht mehr schnell genug auf seine Kosten kommen, denn die nach einiger Zeit mögliche billige Konkurrenz würde ihn vom Markt verdrängen, weil niemand mehr seine teuren Exemplare des Buchs kaufen würde. Zudem hat die moderne Technik die für die Herstellung von Kopien benötigte Zeit erheblich verringert und die massenhafte Herstellung von perfekten Kopien zu niedrigen Kosten ermöglicht. Im Informationszeitalter schließlich sind Kopien digitaler Werke ohne jeden Qualitätsverlust, in kürzester Zeit und ohne nennenswerte Kosten herstellbar. Insofern ist heute selbst hinsichtlich kurzlebiger Erzeugnisse **Urheberrechtsschutz nötig**, um dem Urheber einen völligen Ausgleich seiner Kosten zu ermöglichen. Der Zeitraum nach dem „Raubkopien" auf den Markt gelangen würden, ist inzwischen nämlich so kurz, dass er selbst bei Erzeugnissen nicht mehr ausreichend lang ist, mit denen in sehr kurzer Zeit sehr hohe Umsätze erzielt werden können.

24 Außerdem sind Urheber meist nicht selbst in der Lage, ihre Erzeugnisse zu verwerten, sondern müssen sich hierzu eines Verwerters bedienen, beispielsweise eines Verlags. Damit der Verlag das Erzeugnis aber verwerten kann, muss es vom Urheber zuvor offenbart werden. Gäbe es keinen Urheberrechtsschutz, müsste sich der Urheber folglich auch **gegen seinen Verwerter absichern**, denn auch dieser könnte das Erzeugnis nach der Offenbarung einfach verwerten ohne den Urheber hierfür zu vergüten. Der Urheber wäre also auf die Formulierung komplizierter Geheimhaltungsvereinbarungen angewiesen, die er mit Vertragsstrafeversprechen des Verwerters absichern müsste, deren Überwachung ihn teuer zu stehen käme und deren Abschluss höchst fraglich ist. Immerhin müsste sich ein Verwerter, bevor ihm das Erzeugnis offenbart wird, zur Nicht-Nutzung verpflichten bei Strafe für den Fall, dass er dem Urheber für die eventuell spätere Nutzung nichts zahlt. Zwar publizieren viele Urheber inzwischen online, bspw. auf eigenen Webseiten oder auf öffentlichen Kanälen wie *YouTube*, sodass es gar keiner Verwerter mehr bedarf. Aufgrund der in diesem Fall aber stattfindenden digitalen Preisgabe mit der damit einhergehenden Möglichkeit sofortiger Vervielfältigung ohne Qualitätsverlust durch jedermann entfällt jedoch ebenfalls jeder zeitliche Vorsprung des Ur-

---

32 Der Begriff der „Raubkopie" ist insoweit unzutreffend, da ohne Urheberrechtsschutz Kopien erlaubt wären.

hebers und damit der Zeitraum, in dem er ohne Urheberrechtsschutz noch auf seine Kosten kommen könnte.[33]

Gäbe es kein Urheberrecht, würden grundsätzlich kein rational handelnder Verwerter und kein rational handelnder Konsument dem Urheber Tantiemen für ein bereits veröffentlichtes geistiges Erzeugnis zahlen, denn sie müssten dies nicht und ihr Nutzen wäre aufgrund der Einsparung dieser Kosten am größten, wenn sie es auch nicht täten. Aus Sicht der Konsumenten und Verwerter ist dies allerdings nur vordergründig von Vorteil. Zwar würden sich die Kosten für den Werkgenuss lediglich auf die Kosten der Herstellung der Werkstücke belaufen, bspw. auf die Kosten für Druck und Vertrieb eines Buchs oder einer CD bzw. im Falle der digitalen Zugänglichmachung auf die Kosten des Betriebs des Internetservers und des Internetzugangs. Es käme somit nicht zu einer „Einpreisung" der Tantiemen. Insbesondere bei elektronischer Verwertung, bei der diese Kosten gegen null tendieren, müssten die Konsumenten für den Werkkonsum auch nichts oder kaum etwas bezahlen. Insofern wären viele **geistige Erzeugnisse kostenlos verfügbar**. Allerdings wären die Urheber dann – um von ihrem Werkschaffen leben zu können – auf Mäzene angewiesen, auf deren Gunst sie keinen Rechtsanspruch haben, auf staatliche Gewährung von Unterhalt oder auf besagte komplizierte vertragliche Geheimhaltungs- und Vergütungsvereinbarungen, deren Erstellung, Überwachung und Durchsetzung sie teuer zu stehen käme. Es gäbe jedenfalls **keine besonderen Schaffensanreize**, sodass nur wenige rational handelnde Urheber Zeit, Mühen und ggfls. auch Kosten in die Schaffung von geistigen Erzeugnissen investierten, insbesondere in die Schaffung von aufwändigen Erzeugnissen, wie Filmen, Romanen oder Musik, denn sie könnten nach der Veröffentlichung keine Einnahmen mehr mit ihnen erzielen. Das Werkschaffen würde sich ohne Urheberrecht folglich erheblich reduzieren und zwar noch unter dasjenige Niveau, das zu früheren Zeiten ohne Urheberrechtsschutz bestanden hat. Zwar stammen einige der bedeutendsten Werke unserer Kultur aus einer Zeit, in der es noch keinen Rechtsschutz durch das Urheberrecht gab. Damals waren Vervielfältigungen allerdings auch nicht so einfach möglich wie heute, sodass auch nur in geringem Umfang vervielfältigt wurde und der Urheber an dem Verkauf seiner „Originale" verdienen konnte.

Dadurch, dass das **Urheberrecht** dem Urheber ein Recht gibt, anderen die Herstellung von Vervielfältigungen bzw. ganz allgemein die Nutzung seiner Erzeugnisse zu verbieten, liefert es erhebliche monetäre **Anreize, Werke zu schaffen**. Außerdem bietet es bspw. mit dem Anspruch auf Namensnennung auch ideelle Anreize. Die rechtssichere Möglichkeit der Einräumung und Übertragung von Nutzungsrechten bietet darüber hinaus schließlich **Anreize für die Betätigung eines ganzen Zweigs der Wirtschaft** in Gestalt der Verwertungsindustrie.

Auch wenn es gerade in der heutigen Zeit immer wieder Stimmen gibt, die eine Abschaffung des Urheberrechts verlangen, dürfte allgemein kein Zweifel daran bestehen, dass das Urheberrecht eine gute Sache ist. Allerdings – dies kommt im

---

33 *Bisges*, ZUM 2014, 930 ff.

oben gebrauchten Begriff des „Verbots"[34] bereits zum Ausdruck – bedeutet das Urheberrecht auf Seiten der Werkverwerter und Werkgenießer auch Kosten, die sie nicht hätten, wenn es das Urheberrecht nicht gäbe. Das Urheberrecht führt durch die Möglichkeit der Vereinnahmung einer Urhebervergütung also zu Preissteigerungen. Die Gewährung von Urheberrechtsschutz ist also dazu geeignet, sowohl den Nutzen der Konsumenten zu schmälern, indem es ihre Kosten des Werkgenusses erhöht, als auch ihren Nutzen zu erhöhen, indem es zu verstärktem Werkschaffen anregt und unsere Gesellschaft kulturell bereichert. Es ist damit zugleich Motor, wie auch Bremse einer allgemein wohlstandserhöhenden Schaffens- und Verwertungsindustrie. Die richtige Balance zwischen Zugangsbeschränkung und Schaffensanreizen zu finden ist folglich das zentrale Problem und gleichzeitig die zentrale Aufgabe des Urheberrechts.[35]

III. Verfassungsrechtliche Grundlagen

28 Das Urheberrecht im subjektiven Sinne also im Sinne des Rechts des Urhebers an seinem Werk[36] ist außerdem ein Grundrecht. Es ist Eigentum im Sinne des Art. 14 GG und sein Urheber kann sich betreffend die persönlichkeitsrechtlichen Aspekte auf das aus Art. 1 Abs. 1, 2 Abs. 1 GG hergeleitete Persönlichkeitsrecht berufen. Darüber hinaus kann Urheberrecht im subjektiven Sinne aber auch als das Recht eines Einzelnen verstanden werden, schaffend tätig zu sein. Betreffend dieses Werkschaffen kann sich der Urheber – abhängig von den Gegebenheiten des Einzelfalls – auf die Freiheiten des Art. 5 GG stützen, namentlich die Kunst-, Wissenschafts-, Meinungs-, Presse-, Rundfunk- oder Filmfreiheit, jedenfalls aber immer auch auf die allgemeine Handlungsfreiheit des Art. 2 Abs. 1 GG. Und die freie Rezeption eines von ihm der Öffentlichkeit zugänglich gemachten Werks gewährleistet die Informationsfreiheit des Art. 5 Abs. 1 S. 1 GG.

1. Eigentum

29 Gemäß Art. 14 Abs. 1 S. 1 GG wird das Eigentum gewährleistet. Damit erkennt das Grundgesetz an, dass es Privateigentum gibt und auch weiterhin geben wird (Bestandsgarantie). Ferner wird das Institut des **Eigentums garantiert** (Institutsgarantie). Der Gesetzgeber kann Eigentum also nicht einfach abschaffen.

30 Der **Begriff des Eigentums** im Sinne des Grundgesetzes wird sehr weit ausgelegt. Zwar zählen bloße Chancen, Erwartungen oder Aussichten nicht dazu, ebenso nicht das Vermögen in seiner Gesamtheit. Neben dem Sacheigentum im Sinne des Zivilrechts sind aber auch die vermögenswerten Aspekte des **geistigen Eigentums** umfasst,[37] also Urheber-, Leistungsschutz-, Marken-, Design-, Gebrauchsmuster- und Patentrechte. Nach Auffassung des Bundesverfassungsgerichts macht es den

---

34 Siehe Rn. 17.
35 *Landes/Posner*, An Economic Analysis of Copyright Law, JLS 1989, 325, 326.
36 Siehe Rn. 10 ff.
37 BVerfG, Beschl. v. 07.07.1971 – 1 BvR 765/66 (Kirchen- und Schulgebrauch), GRUR 1972, 481.

durch Art. 14 GG geschützten Kern des Urheberrechts aus, dass dem Urheber die vermögenswerten Ergebnisse seiner schöpferischen Leistung zugeordnet werden und er in Freiheit und eigener Verantwortung darüber verfügen kann.[38] Ein körperlich schaffender Urheber erlangt also nicht nur gem. § 950 Abs. 1 BGB Sacheigentum am vom ihm geschaffenen Werkstück, sondern außerdem geistiges Eigentum am im Werkstück verkörperten geistigen Erzeugnis.

Gem. Art. 14 Abs. 1 S. 2 GG kann der Inhalt des Eigentums durch Gesetz bestimmt bzw. die Reichweite des Eigentums beschränkt werden. Es liegt also im Ermessen des Gesetzgebers, was er zum Eigentum im Sinne des Grundgesetzes zählt und was nicht, solange das Institut des Eigentums als solches erhalten bleibt. Insofern hat der Gesetzgeber im UrhG **Inhalt und Schranken des Urheberrechts**[39] ausgestaltet. Zwar unterliegt das Eigentum und damit auch das Urheberrecht gem. § 14 Abs. 2 GG außerdem einer Sozialbindung,[40] denn Eigentum verpflichtet und sein Gebrauch soll zugleich dem Wohle der Allgemeinheit dienen. Diese **Sozialbindung** des Eigentums lässt sich allerdings kaum von der besagten Schrankenziehung unterscheiden. Eine dogmatisch saubere Abgrenzung kann hier zudem dahinstehen, denn die Zulässigkeit hängt in beiden Fällen von der Einhaltung des Übermaßverbots ab. Das Urheberrecht kann nämlich nur aus Gründen des Gemeinwohls beschränkt werden.[41]

31

Bei den Beschränkungen des Urheberrechts ist ferner zu unterscheiden zwischen Beschränkungen, die dem Urheber nur die ausschließliche Verfügungsbefugnis über sein Werk entziehen und eine **zustimmungsfreie Nutzung** erlauben, beispielsweise die Privatkopierfreiheit des § 53 UrhG,[42] und solchen Schranken, die ihm außerdem auch seinen Anspruch auf eine angemessene Vergütung nehmen, die Nutzung also **zustimmungs- und vergütungsfrei** werden lassen, beispielsweise die Zitierfreiheit des § 51 UrhG.[43] Letztere sind nur in Fällen gesteigerten öffentlichen Interesses zulässig,[44] können vom Gesetzgeber also nur sehr zurückhaltend eingesetzt werden. Das Urheberrecht stellt nämlich nicht etwa ein unverdienten Vermögenszuwachs dar, sondern ist vielmehr Ergebnis geistiger und persönlicher Leistung des Urhebers,[45] sodass von den Urhebern im Vergleich zu Sacheigentü-

32

---

38 BVerfG, Beschl. v. 07.07.1971 – 1 BvR 765/66 (Kirchen- und Schulgebrauch), GRUR 1972, 481, 483; BVerfG, Beschl. v. 25.10.1978 – 1 BvR 352/71 (Kirchenmusik), GRUR 1980, 44, 46.
39 Hierzu siehe ausführlich Kap. 3, Rn. 1 ff.
40 Siehe auch Kap. 3, Rn. 2 ff.
41 BVerfG, Beschl. v. 07.07.1971 – 1 BvR 765/66 (Kirchen- und Schulgebrauch), GRUR 1972, 481, 484; BVerfG, Beschl. v. 25.10.1978 – 1 BvR 352/71 (Kirchenmusik), GRUR 1980, 44, 46.
42 Hierzu siehe Kap. 3, Rn. 400 ff.
43 Hierzu siehe Kap. 3, Rn. 214 ff.
44 BVerfG, Beschl. v. 07.07.1971 – 1 BvR 765/66 (Kirchen- und Schulgebrauch), GRUR 1972, 481, 484; BVerfG, Beschl. v. 25.10.1978 – 1 BvR 352/71 (Kirchenmusik), GRUR 1980, 44, 46.
45 BVerfG, Beschl. v. 07.07.1971 – 1 BvR 765/66 (Kirchen- und Schulgebrauch), GRUR 1972, 481, 484; BVerfG, Beschl. v. 25.10.1978 – 1 BvR 352/71 (Kirchenmusik), GRUR 1980, 44, 48.

mern nicht ohne weiteres ein Sonderopfer⁴⁶ zugunsten kultureller Zwecke verlangt werden kann.

33 Die in Art. 14 Abs. 3 GG normierte **Enteignung** schließlich spielt in Bezug auf das Urheberrecht keine Rolle, denn bei Enteignungen in diesem Sinne handelt es sich in der Regel um konkrete, das heißt einzelfallbezogene Maßnahmen, durch die einer einzelnen Person oder wenigen Einzelpersonen ein vorhandenes Eigentumsrecht durch Einziehung entzogen werden kann. Sie ist im Gegensatz zur Sozialbindung oder Beschränkung des Eigentums also weder abstakt auf eine Vielzahl von Sachverhalten bezogen, noch betrifft sie generell eine Vielzahl von Personen.

2. Persönlichkeitsrecht

34 Darüber hinaus ist das Urheberrecht aber nicht nur geistiges Eigentum im Sinne des Grundgesetzes, sondern es weist außerdem eine spezielle persönlichkeitsrechtliche Komponente auf, die **Urheberpersönlichkeitsrecht**⁴⁷ genannt wird. Hierbei handelt es sich sowohl um ein zivilrechtliches, besonderes Persönlichkeitsrecht, als auch um ein verfassungsrechtliches, das eine Konkretisierung des aus der Menschenwürde und der Allgemeinen Handlungsfreiheit der Art. 1 Abs. 1, 2 Abs. 1 GG hergeleiten Allgemeinen Persönlichkeitsrechts in Gestalt des Rechts der Selbstdarstellung in der Öffentlichkeit darstellt.

35 Das **Allgemeine Persönlichkeitsrecht** schützt den engeren persönlichen Lebensbereich und die Erhaltung seiner Grundbedingungen,⁴⁸ also diejenigen Elemente der Persönlichkeit, die nicht schon Gegenstand der besonderen Freiheitsgarantien des Grundgesetzes sind.⁴⁹ Der hier interessante Unterfall des Allgemeinen Persönlichkeitsrechts ist das Recht der Selbstdarstellung in der Öffentlichkeit. Es gibt dem Einzelnen die Befugnis, grundsätzlich selbst darüber zu entscheiden, ob und wie er sich gegenüber Dritten oder in der Öffentlichkeit darstellen will. Er hat damit das Recht, sich gegen herabsetzende, verfälschende, entstellende oder unerbetene öffentliche Darstellung zu wehren⁵⁰ und zu entscheiden, was seinen sozialen Geltungsanspruch ausmachen soll und ob oder inwieweit Dritte über seine Persönlichkeit verfügen können, indem sie diese zum Gegenstand öffentlicher Erörterungen machen.

36 Das **Recht der Selbstdarstellung in der Öffentlichkeit** betrifft also nicht nur den Ehrschutz, sondern geht darüber hinaus, indem es jedwede Darstellungen betrifft, also auch solche, die wahr und damit nicht ehrverletzend sind.⁵¹ In Gestalt des Ur-

---

46 BVerfG, Beschl. v. 07.07.1971 – 1 BvR 765/66 (Kirchen- und Schulgebrauch), GRUR 1972, 481, 485; BVerfG, Beschl. v. 25.10.1978 – 1 BvR 352/71 (Kirchenmusik), GRUR 1980, 44, 48.
47 Siehe Kap. 2, Rn. 2 ff.
48 BVerfG, Urt. v. 01.04.2008 – 1 BvR 1620/04, NJW 2008, 1287, 1288 [64].
49 BVerfG, Urt. v. 27.02.2008 – 1 BvR 370/07, 1 BvR 595/07, NJW 2008, 822, 824 [169].
50 BGH, Urt. v. 26.05.2009 – VI ZR 191/08 (Kannibale von Rotenburg), NJW 2009, 3576, 3577 [11].
51 BVerfG, Beschl. v. 13.06.2007 – 1 BvR 1783/05 (Esra), GRUR 2007, 1085, 1087 [71 ff.].

heberpersönlichkeitsrechts gibt es dem Urheber das Recht, grundsätzlich selbst darüber zu entscheiden, ob die Öffentlichkeit Kenntnis von seinem Werk erlangt (**Veröffentlichungsrecht**)[52] und ob und wie er in Bezug auf das Werk als sein Urheber genannt werden soll (**Namensnennungsrecht**),[53] denn beide Aspekte betreffen unmittelbar seine Persönlichkeit. Das Werk ist Ausfluss seiner Persönlichkeit, denn in ihm kommt seine Individualität zum Ausdruck,[54] sodass Dritte hierüber grundsätzlich nicht ohne seine Zustimmung verfügen dürfen. Und die Frage der Namensnennung betrifft personenbezogene Daten des Urhebers, zum einen in Gestalt seines Namens als persönliches Verhältnis des Urhebers und zum anderen in Gestalt der Tatsache, dass er das Werk geschaffen hat, als sachliches Verhältnis. Der Gesetzgeber war hinsichtlich der einfachgesetzlichen Ausgestaltung dieser Rechte im UrhG also nicht völlig frei, sondern hat durch die Normierung des Veröffentlichungsrechts und des Rechts auf Bestimmung der Urheberbezeichnung[55] nur dasjenige normiert, auf das sich der Urheber anderenfalls unter direkter Bezugnahme auf das Grundgesetz hätte berufen können. Fraglich ist lediglich, ob auch das in § 14 UrhG geregelte **Änderungs- und Entstellungsverbot**[56] derart verfassungsrechtlich basiert ist. Immerhin betreffen Änderungen und Entstellungen zunächst nur das Werk selbst. Allerdings darf man hierbei nicht übersehen, dass Werkentstellungen sehr leicht ehrverletzenden Charakter haben können und insofern ohne Frage auf die Person des Urhebers zurückfallen, der das Werk in seiner ursprünglichen Fassung an die Öffentlichkeit gab. Selbst aber wenn es sich um „verbessernde" Änderungen handelt, die zur Verletzung der Ehre des Urhebers nicht geeignet sind, kann sich doch die Werkaussage ändern. Auch das Änderungs- und Entstellungsverbot ist damit als besonderes Urheberpersönlichkeitsrecht Unterfall des Rechts auf Selbstdarstellung in der Öffentlichkeit als Allgemeines Persönlichkeitsrecht.

Beschränkungen des im UrhG durchweg streng geschützten Urheberpersönlichkeitsrechts kennt das Gesetz nur wenige, beispielsweise die Verwendung urheberrechtlich geschützter Werke für Rechtspflege und öffentliche Sicherheit gem. § 45 UrhG.[57] Selbst wenn diese nämlich noch nicht vom Urheber veröffentlicht worden sind, dürfen sie gem. § 45 Abs. 3 UrhG ohne seine Zustimmung öffentlich ausgestellt oder öffentlich wiedergegeben werden,[58] womit faktisch eine Veröffentlichung dieser Werke einher geht. Ferner müssen Urheber in den Fällen zulässiger Werknutzungen gem. §§ 39 Abs. 2, 62 Abs. 2, 3 UrhG geringfügige Änderungen ihrer Werke hinnehmen.

37

---

52 Hierzu siehe ausführlich Kap. 2, Rn. 3 ff.
53 Hierzu siehe ausführlich Kap. 2, Rn. 44 ff.
54 Siehe Rn. 162 ff.
55 Hierzu siehe ausführlich Kap. 2, Rn. 44 ff.
56 Hierzu siehe ausführlich Kap. 2, Rn. 77 ff.
57 Hierzu siehe Kap. 3, Rn. 718 ff.
58 OLG Frankfurt, Urt. v. 20.04.1999 – 11 U 38/98, NJW-RR 2000, 119; siehe auch Kap. 3, Rn. 720.

3. Kunstfreiheit

38 Gem. Art. 5 Abs. 3 S. 1 GG ist die Kunst frei. Der grundgesetzliche Schutzbereich der Kunstfreiheit bestimmt sich folglich durch den Kunstbegriff. Sucht man nach einer Definition dieses Kunstbegriffs, so liegt es nahe, von den herkömmlichen Kunstformen auszugehen (Malerei, bildende Kunst, Musik, Theater, Dichtung usw.). Eine solche Begriffsbestimmung wäre jedoch zu eng, denn Kunst ist dadurch geprägt, sich stets neu zu definieren. Aufgrund dieser Eigengesetzlichkeit der Kunst kann ein allgemeiner und abschließender Kunstbegriff nicht bestimmt werden. Da gleichwohl bestimmt werden muss, was „Kunst" im Sinne des Art. 5 Abs. 3 GG ist, berücksichtigt das Bundesverfassungsgericht zwei Aspekte, deren Vorliegen einzeln oder zusammen in den meisten Fällen bereits eine Beurteilung möglich machen. Der sog. **formale Kunstbegriff** stellt auf das **Ergebnis der Tätigkeit** ab. Hiernach ist Kunst das, was die klassischen Gegenstände der Kunst schafft, also Musik, Theater, Malerei, Literatur, Spielfilm.[59] Der **materielle Kunstbegriff** stellt hingegen auf die **Tätigkeit als solche** ab. Kunst ist insoweit die freie schöpferische Gestaltung, in der Eindrücke, Erfahrungen, Erlebnisse des Künstlers durch das Medium einer bestimmten Formensprache zur unmittelbaren Anschauung gebracht werden. Kunst ist hiernach also im Wesentlichen Ausdruck schöpferischen Gestaltens.[60] Zwar kann nicht gesagt werden, dass Kunstwerke, die Kunst im Sinne des Art. 5 Abs. 3 GG sind, auch gleichzeitig Werke im Sinne des UrhG sind oder umgekehrt.[61] Es kann insofern durchaus Kunstwerke (mit Marktwert) geben, für die kein Urheberrechtsschutz beansprucht werden kann, bspw. eine Fettecke an der Decke,[62] ein weißes Blatt Papier[63] oder ein Loch im Boden,[64] oder urheberrechtlich geschützte Erzeugnisse, die keine Kunst im Sinne des GG sind, beispielsweise ein Formular. Gleichwohl wird man bei einer nicht unerheblichen Zahl von urheberrechtlich geschützten Erzeugnissen außerdem von Kunst im Sinne des GG sprechen können, sodass die Kunstfreiheit des Art. 5 Abs. 3 GG einschlägig ist.

39 Art. 5 Abs. 3 GG garantiert für die Kunst eine umfassende Freiheit. Dies gilt zum einen für die künstlerische Betätigung selbst, also die Umsetzung des künstlerischen Willens in die Realität, den **Werkbereich**. Zum anderen gilt es aber auch für

---

59 BVerfG, Beschl. v. 17.07.1984 – 1 BvR 816/82 (Anachronistischer Zug), NJW 1985, 261, 262 f.
60 BVerfG, Beschl. v. 24.02.1971 – 1 BvR 435/68 (Mephisto), GRUR 1971, 461, 463.
61 Zu den Kunstwerken siehe Rn. 120.
62 So prüfte das LG Düsseldorf, Urt. v. 16.12.1987 – 2 O 222/87, NJW 1988, 345, auch lediglich Eigentumsrechte und keine Urheberrechte; aA., jedenfalls aber unklar *Schack*, UrhR, Rn. 227, der offenbar Urheberrechtsschutzfähigkeit annimmt.
63 Der Popart-Künstler *Rauschenberg* präsentierte ein weißes Blatt mit der Unterschrift „ausradierter Kooning" (gemeint war sein Kollege *de Konning*), vgl. *Rehbinder/Peukert*, UrhR, Rn. 282.
64 Auf der *Documenta* in Kassel soll ein, in: den Boden gegrabenes zehn Meter tiefes Loch als das Kunstwerk „Erdloch" präsentiert worden sein, vgl. *Rehbinder/Peukert*, UrhR, Rn. 282.

die künstlerische Wirkung, dh. die Darbietung und Verbreitung des Kunstwerks, also diejenige Tätigkeit, die der Öffentlichkeit den Zugang zum Kunstwerk verschafft, den **Wirkbereich**.[65] Ein Kunst schaffender Urheber kann sich also sowohl hinsichtlich seiner Tätigkeit als solcher als auch hinsichtlich der späteren Werkverwertung auf die Kunstfreiheit berufen.

Die Kunstfreiheit unterliegt **keinen Beschränkungen**, sodass sie auch dem Kunst schaffenden Urheber besonders weitgehende Freiheiten gewährt. Allerdings reicht sie nicht so weit, dass mit ihr ohne Weiteres die Verletzung von **Grundrechten Dritter** gerechtfertigt werden könnte. Vielmehr muss in derartigen Fällen sorgfältig abgewogen werden, ob betroffene Grundrechte im Einzelfall nicht doch höherwertig sind als die Kunstfreiheit, bspw. die Menschenwürde aus Art. 1 Abs. 1 GG,[66] das Allgemeine Persönlichkeitsrecht aus Art. 2 Abs. 1, 1 Abs. 1 GG,[67] die Glaubensfreiheit aus Art. 4 Abs. 1 GG[68] oder das Urheberrecht und Eigentum aus Art. 14 Abs. 1 GG.[69] Ein Kunst schaffender Urheber kann im Rahmen seines Werkschaffens also nicht einfach auf das Eigentum bzw. die geistigen Erzeugnisse anderer zurückgreifen oder andere in ihrer Menschenwürde verletzen. 40

4. Wissenschaftsfreiheit

Nach Art. 5 Abs. 3 S. 1 GG sind auch Wissenschaft, Forschung und Lehre frei, wobei „Wissenschaft" jede Tätigkeit ist, die nach Inhalt und Form als ernsthafter planmäßiger Versuch zur **Ermittlung der Wahrheit** anzusehen ist, und als gemeinsamer Oberbegriff von „Forschung" und „Lehre" verstanden werden kann.[70] Wenn urheberrechtliches Werkschaffen einen wissenschaftlichen Gegenstand hat, kann sich der Urheber folglich auch auf die Wissenschaftsfreiheit berufen. Als subjektives Abwehrrecht schützt sie die wissenschaftliche Betätigung vor staatlichen Eingriffen. Jeder, der wissenschaftlich, forschend oder lehrend tätig ist, hat ein Recht auf Abwehr jeder staatlichen Einwirkung auf den Prozess der Gewinnung und Vermittlung wissenschaftlicher Erkenntnisse.[71] Aus urheberrechtlicher Sicht ist also sowohl das wissenschaftliche Werkschaffen als solches hinsichtlich Inhalt, Gegenstand, Methode, Materialsammlung und Auswertung sowie Bewertung und Formulierung von Erkenntnissen frei, wie auch die Verbreitung und Weitergabe wissenschaftlicher Arbeitsergebnisse, bspw. in Gestalt von Vorträgen oder Publikationen. 41

---

65 BVerfG, Beschl. v. 24.02.1971 – 1 BvR 435/68 (Mephisto), GRUR 1971, 461, 463.
66 BVerfG, Beschl. v. 25.03.2008 – 1 BvR 1753/03 (Heimatvertriebenenlied), NJW 2008, 2907.
67 BVerfG, Beschl. v. 13.06.2007 – 1 BvR 1783/05 (Esra), GRUR 2007, 1085.
68 BVerfG, Beschl. v. 11.12.1997 – 1 B 60/97, NJW 1999, 304.
69 BVerfG, Beschl. v. 29.06.2000 – 1 BvR 825/98 (Grenzen der Zitierfreiheit), GRUR 2001, 149.
70 BVerfG, Urt. v. 29.05.1973 – 1 BvR 424/71 u. 325/72 (Hochschulurteil), NJW 1973, 1176, 1176.
71 BVerfG, Urt. v. 29.05.1973 – 1 BvR 424/71 u. 325/72 (Hochschulurteil), NJW 1973, 1176.

5. Meinungsfreiheit

42 Gem. Art. 5 Abs. 1 S. 1 GG hat jeder das Recht, seine Meinung in Wort, Schrift und Bild frei zu äußern und zu verbreiten. **Meinungen** im Sinne der Norm sind nach Ansicht des Bundesverfassungsgerichts nur solche Äußerungen, die ein Werturteil enthalten. Kennzeichnend für eine Meinung ist also das Element der Stellungnahme und des Dafürhaltens im Rahmen einer geistigen Auseinandersetzung.[72] Meinungen sind – als Werturteile – insoweit nicht dem Wahrheitsbeweis zugänglich. Das „Gegenstück" hierzu sind **Tatsachenbehauptungen**. Diese haben keinen wertenden Inhalt, sondern beschreiben lediglich Ereignisse, Vorgänge oder Zustände der Außen- oder Innenwelt, die in der Vergangenheit oder Gegenwart liegen und sind damit im Gegensatz zu Werturteilen dem Wahrheitsbeweis zugänglich. Sie fallen grundsätzlich nicht in den Schutzbereich der Meinungsfreiheit. Wenn es sich aber um eine Meinung handelt, wird sie von der Meinungsfreiheit geschützt, ganz gleich, ob sie positiv aufwertend oder negativ abwertend formuliert ist. Inhalt oder Anliegen der Meinung spielen keine Rolle. Es kommt also nicht darauf an, ob die Meinung nachvollziehbar oder begründet oder (in wissenschaftlicher Hinsicht) haltbar oder unhaltbar ist. Jeder soll sagen können, was er denkt, auch wenn er keine nachprüfbaren Gründe für seine Meinung angibt oder angeben kann.

43 Die Meinungsfreiheit gilt jedoch **nicht schrankenlos**. Nach Art. 5 Abs. 2 GG wird sie beschränkt durch die allgemeinen Gesetze, die gesetzlichen Bestimmungen zum Schutze der Jugend und das Recht der persönlichen Ehre, sodass insbesondere diffamierende Schmähkritik oder Formalbeleidigung (Schimpfwörter) nicht vom Schutzbereich der Meinungsfreiheit umfasst sind. Darüber hinaus gilt die verfassungsimmanente Schranke der Grundrechte anderer, beispielsweise der Menschenwürde oder des Allgemeinen Persönlichkeitsrechts. Menschenwürdeverletzende Meinungsäußerungen sind also unzulässig und hinsichtlich Persönlichkeitsrechtsverletzender Äußerungen müssten die kollidierenden Grundrechte gegeneinander abgewogen werden.

44 Da Meinungsäußerungen oder -verbreitungen gem. Art. 5 Abs. 1 S. 1 GG **in jeder denkbaren Form** umfasst sind (Wort, Schrift und Bild) und da dies auch Formen sind, deren sich Urheber bei ihrem Werkschaffen bedienen, kann auch der Urheber hinsichtlich des Inhalts seiner Werke in den Genuss der Meinungsfreiheit kommen. Insofern darf also auch die Kundgabe oder Verbreitung urheberrechtlich geschützter Werke, die Meinungen enthalten, grundsätzlich nicht verboten werden.

45 Die vorgenannten Grundsätze gelten im Übrigen auch für **Satiren** und **Glossen**. In Bezug auf die Beschränkung der Meinungsfreiheit ist allerdings zwischen dem Aussagekern und dessen Einkleidung zu unterscheiden, wobei hinsichtlich der Einkleidung der Aussage zu berücksichtigen ist, dass es zum Wesen der Satire oder Glosse gehört, mit Mitteln zu arbeiten, die übertreiben und in grotesker oder

---

72 BVerfG, Beschl. v. 25.08.1994 – 1 BvR 1423/92 (Soldaten sind Mörder), NJW 1994, 2943.

verzerrender Weise pointieren und verfremden, um den Adressaten vordergründig zum Lachen zu bringen und dadurch Aufmerksamkeit auf ihren Gegenstand zu lenken. Die Grenzen zur Ehrverletzung sind hier also erst dann überschritten, wenn die Diffamierung des Betroffenen im Vordergrund steht oder wenn die Äußerung die Menschenwürde verletzt.[73]

6. Presse-, Rundfunk- und Filmfreiheit

Hinsichtlich der Betätigung der Urhebers als solcher können unter Umständen auch Presse-, Rundfunk- und Filmfreiheit gem. Art. 5 Abs. 1 S. 2 GG einschlägig sein. Die **Pressefreiheit** betrifft nicht die Frage der Zulässigkeit des Inhalts einer bestimmten Äußerung, sondern vielmehr die organisatorischen Aspekte der Informationsbeschaffung, -verarbeitung und -verbreitung durch Presseorgane. Geschützt ist also die Wahrnehmung aller wesensmäßig mit der Pressearbeit im Zusammenhang stehenden Tätigkeiten, von der Verschaffung der Information bis zur Verbreitung der Nachricht oder Meinung unter Einbeziehung aller pressespezifischen Hilfstätigkeiten, wie zB. der Druck oder der Vertrieb einer Zeitung durch einen Pressegrossisten. Ein pressemäßig tätiger Urheber, also beispielsweise ein Journalist, kann sich bei Fragen betreffend Informationsbeschaffung, -verarbeitung oder -verbreitung journalistisch-redaktioneller Inhalte hinsichtlich seines Tuns also (auch) auf die Pressefreiheit berufen und bspw. Durchsuchungen seiner Räumlichkeiten abwehren.

46

Auch die **Rundfunkfreiheit** betrifft nicht die Frage der Zulässigkeit des Inhalts einer bestimmten Äußerung, sondern organisatorische Aspekte der redaktionellen Vorbereitung, Veranstaltung und Verbreitung von Rundfunk. Der Rundfunkfreiheit unterfallen also alle wesensmäßig mit dem Rundfunk zusammenhängenden Tätigkeiten, die dem Medium eigentümlichen Formen der Berichterstattung und die Verwendung der dazu erforderlichen Vorkehrungen sowie die Informationsbeschaffung.[74] Entsprechendes gilt für die **Filmfreiheit**, die organisatorischen Aspekte der Filmproduktion und -vorführung schützt. Rundfunk- und Filmurheber können also auch diese Freiheiten für sich beanspruchen.

47

7. Informationsfreiheit

Die Informationsfreiheit, auch „Informationsbeschaffungsfreiheit" oder „Rezipientenfreiheit" genannt, ist in Art. 5 Abs. 1 S. 1, Halbs. 2 GG geregelt. Hiernach hat jedermann das Recht, sich aus allgemein zugänglichen Quellen **ungehindert zu unterrichten**. In urheberrechtlichen Zusammenhängen erlangt die Informationsfreiheit für die Konsumenten oder Werkgenießer Bedeutung, denn sie können sich darauf berufen, dass ihnen der Zugang zu einer allgemein zugänglichen Quelle nicht verwehrt werden darf. Und eine solche Quelle kann ohne Frage auch urheberrechtlich geschützte Werke vermitteln. Die Informationsfreiheit gewährleis-

48

---

73 BGH, Urt. v. 07.12.1999 – VI ZR 51/99, NJW 2000, 1036, 1038.
74 BVerfG, Beschl. v. 25.11.1999 – 1 BvR 348/98 ua. (Lebach II), NJW 2000, 1859.

tet also den insoweit unbeschränkten Werkgenuss.[75] Dies wiederum ist auch für den Urheber wichtig, denn könnten die Konsumenten seine Werke nicht unbeschränkt genießen, machte Werkschaffen für ihn möglicherweise gar keinen Sinn. Die Freiheit Werke zu schaffen wäre wertlos, wenn nicht jeder die Freiheit hätte, diese Werke zur Kenntnis zu nehmen.

49 Allerdings darf die Informationsfreiheit nicht dahingehend missverstanden werden, das Konsumenten das Recht hätten, vom Urheber die unentgeltliche Zugänglichmachung eines Werks zu verlangen oder gar selbst herzustellen, denn damit würde urheberrechtlicher Schutz gänzlich ausgehebelt. Voraussetzung ist vielmehr, dass das Werk bereits mit Zustimmung des Urhebers durch eine **allgemein zugängliche Quelle** im Sinne der Informationsfreiheit vermittelt wird. Allgemein zugänglich ist eine Quelle, wenn sie geeignet und bestimmt ist, der Allgemeinheit, also einem individuell nicht bestimmbaren Personenkreis, Informationen zu verschaffen.[76] Hierzu gehören grundsätzlich alle Quellen die über Massenkommunikationsmittel wie Presse, Rundfunk, Film- und Fernsehen oder das Internet zugänglich sind.

50 Für die Frage der **Bestimmtheit** kommt es jedoch nicht auf die jeweilige Information an, sondern auf die Quelle als solche, also auf das Medium. Das Internet und andere Massenkommunikationsmittel sind von Natur aus bestimmt, der Allgemeinheit Informationen zu verschaffen. Damit ist das Internet eine allgemein zugängliche Informationsquelle. Es verliert diese Eigenschaft auch dann nicht, wenn es Inhalte zugänglich macht, die nicht zugänglich sein sollen, bspw. wenn urheberrechtlich geschützte Werke ohne Zustimmung des Urhebers im Internet öffentlich zugänglich sind. Auch diese Werke dürfen von den Konsumenten grundsätzlich uneingeschränkt zur Kenntnis genommen werden. Der Urheber hat insoweit nur die Möglichkeit gegen denjenigen vorzugehen, der die Werke ohne seine Zustimmung zugänglich macht.[77]

IV. Verhältnis zum Sacheigentum

51 Geistige Werke sind immaterielle Güter, die von den körperlichen Werkstücken als Sachen zu unterscheiden sind. Letztere verkörpern bloß die geistigen Werke und können als ihr Träger Gegenstand von Eigentums- und Besitzrechten, nicht jedoch von Urheberrechten sein. So kann beispielsweise ein Kunstsammler Eigentümer eines Gemäldes sein. Die Urheberrechte an dem hierin verkörperten Werk können allerdings einem anderen zustehen mit der Folge, dass der Sacheigentümer nicht völlig frei in dem ist, was er mit seiner Sache tun darf.

52 Das **geistige Eigentum** an einem Werk ist **zu trennen vom Sacheigentum** am Werkstück, zum Beispiel an einem Bild oder an einer Plastik. Der Inhaber des Sacheigentums ist nicht zwangsläufig auch der Inhaber des Urheberrechts. Zwar

---

75 Zur Beschränkung des Werkgenusses durch DRM siehe Kap. 5, Rn. 393.
76 BVerfG, Beschl. v. 09.02.1994 – 1 BvR 1687/92 (Parabolantenne), NJW 1994, 1147.
77 Hierzu siehe Kap. 7.

kann davon ausgegangen werden, dass Eigentum und Urheberrecht **ursprünglich bei ein und derselben Person** entstehen. Mit der Schaffung des Werks wird nämlich der Schöpfer gem. § 7 UrhG zum Inhaber des Urheberrechts.[78] Und wenn es sich bei dem Werk um einen körperlichen Gegenstand handelt, beispielsweise um ein Gemälde oder eine Plastik, dann wird er in der Regel außerdem durch Verarbeitung gem. § 950 BGB Eigentümer dieses körperlichen Gegenstands, ganz gleich wem die Ausgangsstoffe zuvor gehört haben. Bei dem Werkstück handelt es sich nämlich um eine neue Sache, deren Wert in der Regel nicht erheblich geringer ist als der Wert der Ausgangsstoffe.

In den Fällen des **Zusammenfallens** von Eigentum und Urheberrecht bei einer Person treten die Besonderheiten des Urheberrechts nicht offen zu Tage, denn der Rechtsinhaber kann gem. § 903 S. 1 BGB sowohl als Eigentümer mit seiner Sache nach Belieben verfahren und andere von jeder Einwirkung ausschließen, als auch als Urheber über alle Fragen der Nutzung, Änderung und Veröffentlichung des Werks entscheiden, vgl. §§ 11 ff. UrhG, ist also in jedem Fall in Bezug auf alle Aspekte betreffend Werk und Werkstück allein entscheidungsbefugt.

53

Eigentum und Urheberrecht können allerdings **auseinander fallen**, bspw. wenn der Urheber das Werkstück an einen anderen veräußert, übergibt und ihm gem. § 929 BGB das Eigentum hieran überträgt.[79] Der Erwerber erlangt in diesem Fall nur das Sacheigentum am Werkstück, nicht aber das Urheberrecht am Werk, denn das Urheberrecht ist gem. § 29 Abs. 1 Halbs. 1 UrhG grundsätzlich nicht übertragbar, sondern verbleibt lebenslang beim Urheber.[80] Ja der Erwerber erlangt durch diesen Vorgang gem. § 44 Abs. 1 UrhG nicht einmal ein urheberrechtliches Nutzungsrecht am Werk. Wer bspw. das Werkstück eines Gemäldes vom Urheber kauft und zu Eigentum übertragen bekommt, kann mit diesem zwar als Eigentümer gem. § 903 S. 1 BGB grundsätzlich nach Belieben verfahren und darf es somit besitzen, anschauen, genießen, aufhängen, ausstellen, verkaufen usw. Er darf es allerdings ohne die Zustimmung des Urhebers grundsätzlich nicht auf Postkarten vervielfältigen oder Kopien herstellen, diese verkaufen oder in das Internet einstellen, vgl. §§ 15 ff. UrhG.[81] Und der Sacheigentümer kann mit § 903 S. 1 BGB auch insoweit nicht die Einwirkung des Urhebers auf das Werkstück verhindern, als dass er ihm gänzlich den Zugang verweigern könnte. Der Urheber hat gem. § 25 UrhG nämlich ein lebenslanges Recht auf Zugang zu Werkstücken seiner Werke.[82] Und das Entstellungsverbot des § 14 UrhG verbietet dem Sacheigentümer zwar nicht die Vernichtung des Werks, wohl aber eine entstellende Änderung, wenn hierdurch die berechtigten Interessen des Urhebers gefährdet würden.[83]

54

---

78 Siehe ausführlich Rn. 300 ff.
79 Bei urheberrechtlich geschützten Bauwerken erfolgt die Eigentumsübertragung durch Einigung und Eintragung in das Grundbuch gem. §§ 873, 925 BGB.
80 Siehe Kap. 9, Rn. 3.
81 Zu den Verwertungsrechten des Urhebers s. ausführlich Kap. 2, Rn. 200 ff.
82 Hierzu siehe Kap. 2, Rn. 332 ff.
83 Siehe Kap. 2, Rn. 78 ff.

V. Verhältnis zum Persönlichkeitsrecht

55 Ebenso wie an einem körperlichen Gegenstand Rechte des Sacheigentümers am Werkstück und Rechte des Urhebers am Geisteswerk bestehen und damit auseinander fallen können, ist es möglich, dass an einem Geisteswerk oder der Form, in der es in Erscheinung tritt, neben den Rechten des Urhebers auch Persönlichkeitsrechte eines Dritten bestehen können.

56 Dies ist hauptsächlich bei **Fotografien** der Fall.[84] Hierbei kann es sich zunächst um Lichtbildwerke handeln, sodass sie Werke im Sinne des Urheberrechts sind. Dann stehen ihrem Urheber, dem Fotografen, Urheberrechte an der Fotografie zu, mit der Folge, dass diese nicht ohne seine Zustimmung veröffentlicht oder verwertet werden darf. Wenn die Fotografie außerdem eine Person abbildet, bestehen an ihr aber auch Persönlichkeitsrechte des Abgebildeten in Gestalt des **Rechts am eigenen Bild** gem. § 22 KUG, mit der grundsätzlichen Folge, dass die Fotografie nicht ohne Einwilligung des Abgebildeten verbreitet oder öffentlich zur Schau gestellt werden darf. Eine Verwertung bedarf in Fällen solcher Aufnahmen also der Zustimmung sowohl des Fotografen als auch des Abgebildeten. Zwar ist dieser Grundsatz in Ausnahmefällen sowohl zugunsten des Fotografen gem. § 23 KUG dergestalt abgeschwächt, dass beispielsweise Bildnisse aus dem Bereich der Zeitgeschichte oder solche, die einem höheren Interesse der Kunst dienen, ohne die Einwilligung des Abgebildeten verbreitet und zur Schau gestellt werden dürfen. Und besagte Einwilligung gilt gem. § 22 S. 2 KUG im Zweifel als erteilt, wenn der Abgebildete dafür, dass er sich abbilden ließ, eine Entlohnung erhielt. Ferner findet sich in § 60 Abs. 1 UrhG auch eine Berechtigung des Abgebildeten, das Bildnis ohne Einwilligung des Urhebers zu vervielfältigen und unentgeltlich und nicht zu gewerblichen Zwecken zu verbreiten, wenn das Bildnis auf Bestellung geschaffen wurde. Gleichwohl bestätigen diese wenigen Ausnahmen die Strenge des ansonsten anzuwendenden Grundsatzes.

57 Unabhängig davon können urheberrechtlich geschützte Werke, beispielsweise Romane oder Filme auch durch das **Recht am eigenen Lebens- und Charakterbild** eines Dritten als Unterfall des Allgemeinen Persönlichkeitsrechts gem. Art. 1 Abs. 1, Art. 2 Abs. 1 GG oder durch sein **Namensrecht** gem. § 12 BGB tangiert sein, wenn der Dritte im Werk erkennbar wird.[85] Entweder bedarf es zur Veröffentlichung und Verwertung des Werks also der Zustimmung auch des betroffenen Dritten oder aber der Urheber muss sein Werk inhaltlich so gestalten, dass der Betroffene nicht erkennbar ist.[86] Ausnahmen gelten insofern nur für Presseberichterstattungen, wenn das Allgemeine Persönlichkeitsrecht des durch die Be-

---

84 Die nachfolgend dargestellten Grundsätze lassen sich auch auf Bewegtbildaufnahmen, Filme sowie Ton- und Sprachaufzeichnungen übertragen.
85 RG, Urt. v. 03.12.1917 – VI 370/17 (Weberlied), RGZ 91, 350, 352 f.; BGH, Urt. v. 20.03.1968 – I ZR 44/66Z (Mephisto), GRUR 1968, 552, 556; BGH, Urt. v. 21.06.2005 – VI ZR 122/04 (Esra), GRUR 2005, 788, 791.
86 BVerfG, Urt. v. 05.06.1973 – 1 BvR 536/72 (Lebach I), GRUR 1973, 541.

richterstattung Betroffenen hinter dem Informationsinteresse der Allgemeinheit zurücktreten muss.

Außerdem ist zu beachten, dass urheberrechtlich geschützte Werke, beispielsweise Musikkompositionen, Theaterstücke usw. oft nicht durch den Urheber selbst dargeboten werden, sondern durch Dritte, sog. **ausübende Künstler**, bspw. Instrumentalisten, Sänger, Schauspieler, Tänzer, Sprecher usw. Sie interpretieren das Werk und stellen ihre Persönlichkeit zur Verfügung, um es zur Geltung zu bringen. In derartigen Darbietungen kommt daher auch ihre Persönlichkeit zum Ausdruck. Daher bedürfen bestimmte Verwertungen dieser Darbietungen neben der Zustimmung des Urhebers auch der Zustimmung der ausübenden Künstler, vgl. § 77 UrhG.[87]

VI. Geschichtliche Entwicklung

Unsere Gesellschaft hat sich das Urheberrecht im Rahmen eines demokratischen Prozesses selbst gegeben. Es ist **nicht naturrechtlich vorgegeben** und auch nicht selbstverständlich, sondern vielmehr auf ein gesellschaftliches Bedürfnis zurückzuführen, das seine **Ursache in den Entwicklungen der Neuzeit** hat.

58

1. Altertum und Mittelalter

In der Antike war Urheberrecht oder der Rechtsschutz von geistigen Werken **nicht bekannt**, obwohl durchaus ein gewisses Verständnis für „geistiges Eigentum" und dessen „Diebstahl" bestand,[88] denn der spätantike römische Epigrammatiker *Martial*[89] nannte seinen Dichterkollegen *Fidentinus* einen „plagiarius", was soviel wie „Menschenräuber" bedeutet,[90] nachdem dieser *martialsche* Gedichte als eigene ausgegeben hatte.[91] Ein gewisser *Quintilian* sollte besagten *Fidentinus* daraufhin dadurch daran hindern, *Martials* Werke weiterhin als eigene vorzutragen, indem er jeden darauf hinwies, dass *Martial* die Gedichte geschrieben habe. Er solle dem „Menschenräuber" auf diese Weise, so heißt es, „Scham beibringen".[92] *Martial* sah seine Werke offenbar bildhaft als freigelassene Kinder (nicht Sklaven)[93] oder, anders interpretiert, als seines Geistes Kinder. Jemand, der sich ihrer bemächtige, begehe deshalb einen Menschenraub (lat. „plagium"), versklave sie also zum eigenen Vorteil. Der Vergleich von Gedichten mit Kindern ist gelungen, denn er versinnbildlicht das zwischen Autor und Werk für immer bestehende geisti-

59

---

87 Vgl. hierzu Kap. 10, Rn. 133 ff.
88 *Rehbinder/Peukert*, UrhR, Rn. 23.
89 *Marcus Valerius Martialis* (42 bis 104 n. Chr.).
90 Lateinisch für „Menschenräuber" oder „Sklavenhändler".
91 „Ein Gerücht besagt, *Fidentinus*, dass du meine Gedichte dem Volk nicht anders vorliest, als deine.", *Martial*, Epigramme, Buch 1, 29, übersetzt aus dem Lateinischen durch den Verfasser.
92 „[...] impones plagiario pudorem!", vgl. *Martial* (Fn. 91), 52.
93 *Kastner*, NJW 1983, 1151 ff.; *Röthlisberger*, Zeitschrift ZSR 36 (1917), S. 131–200, Nachdruck in UFITA 2007/I, S. 135–192, 136.

ge Band. Doch zeigt er auch, dass die römische Jurisprudenz das Geistesgut nicht von dem Gegenstand trennen konnte, in dem es verkörpert war,[94] denn man bediente sich dem Sinnbild eines Kindes (bzw. eines Sklaven), an dem ebenfalls Herrschaftsrechte wie an einer Sache bestehen konnten. Folglich bedurfte es irgendeiner Sache, sodass lediglich am Manuskript als solchem oder an den körperlichen Werkstücken der bildenden Kunst ein Eigentumsrecht anerkannt wurde. Die im Manuskript verkörperte **geistige Leistung** hingegen galt als **nicht verkehrsfähig**. Mit ihr konnte also kein Handel betrieben werden. Dies ging vor allem darauf zurück, dass die Ausübung höherer Künste unentgeltlich erfolgte. Ein nicht wirtschaftlich selbstständiger Kulturschaffender benötigte also einen Gönner (Mäzen), der für seinen Lebensunterhalt sorgte. Nur dem bildenden Künstler bezahlte man für seine Arbeit, weil man ihn als Handwerker betrachtete und weil er körperliche Gegenstände schuf.[95]

60 An diesem Verständnis änderte sich bis ins **Spätmittelalter**, also Jahrhunderte lang wenig. Erst als die **Erfindung des Buchdrucks** ab Mitte des 15. Jahrhunderts Vervielfältigungen in höheren Auflagen ermöglichte und diese maschinell und nicht mehr bloß von Hand durchgeführt werden konnten wurde mittels **Druckprivilegien** erstmalig Schutz gegen Nachdruck gewährt. Dies kam allerdings nicht den Urhebern zugute, sondern nur dem Druckergewerbe, sodass es sich lediglich um einen Gewerbeschutz handelte. Später zahlte man allerdings auch sog. **Autorenprivilegien** für besonders gelungene schriftstellerische Darstellungen, beispielsweise 1486 dem Autor *Sabellicus* für seine Geschichte der Stadt Venedig.[96] Damit erhielten erstmals auch Urheber eine Vergütung für ihre Geisteswerke. Gleichwohl handelte es sich bei diesen Autorenprivilegien immer noch um Einzelentscheidungen der jeweiligen Obrigkeiten, die einem Urheber zwar gewährt werden konnten, auf die er bis zu ihrer Gewährung allerdings keinen Rechtsanspruch hatte.

2. Neuzeit

61 Erst **1710** erließ England ein **erstes Gesetz**, dass Autoren ausschließliche Vervielfältigungsrechte an ihren Werken gewährte,[97] und das als erstes Urheberrechtsgesetz der Welt betrachtet werden muss. Auf deutschem Territorium wurde erstmals **1837**, also knapp 130 Jahre später, ein **Urheberrechtsgesetz** erlassen, nämlich das „Preußische Gesetz zum Schutze des Eigentums an Werken der Wissenschaft und Kunst". Es wurde 1871 durch das Gesetz betreffend das Urheberrecht an Schriftwerken, Abbildungen, musikalischen Kompositionen und dramaturgischen Werken ersetzt, welches 1876 durch Gesetze betreffend das Urheberrecht an Werken der Bildenden Künste sowie betreffend den Schutz von Photographien ergänzt wurde. Diese all diese Gesetze wurden 1901 durch das Gesetz betreffend das Ur-

---

94 *Rehbinder/Peukert*, UrhR, Rn. 23.
95 *Rehbinder/Peukert*, UrhR, Rn. 23.
96 *Rehbinder/Peukert*, UrhR, Rn. 29.
97 *Ellins*, Copyright Law, Urheberrecht und ihre Harmonisierung in der EG, 1997, S. 40.

heberrecht an Werken der Literatur und der Tonkunst (LUG) sowie 1907 durch das Gesetz betreffend das Urheberrecht an Werken der Bildenden Künste und der Photographie (KUG) ersetzt. Diese wiederum sind Vorläufer des heutigen **Urheberrechtsgesetzes von 1965**, wobei das KUG allerdings noch heute hinsichtlich einiger Regelungen betreffend das Bildnisrecht in Kraft ist.

3. Informationszeitalter

Trotz des seit nunmehr über einem Jahrhundert praktizierten und im Grundsatz unveränderten Schutzes geistiger Werke, ist gleichwohl auf die **neuere Entwicklung** namentlich diejenige im Informationszeitalter einzugehen. Ähnlich wie die Erfindung des Buchdrucks im Spätmittelalter eine grundlegende Veränderung mit sich brachte, die zur Erkenntnis geführt hat, dass Geisteswerke von den sie vermittelnden körperlichen Gegenständen in Gestalt von Werkstücken unabhängig sind und dass manche Ausdrucksformen geistiger Werke für ihre Existenz gar keine Werkstücke benötigen, kam bzw. kommt es auch im Informationszeitalter zu einer **grundlegenden Veränderung**, welche die Richtigkeit und Wichtigkeit dieser Erkenntnis bestärkt. 62

Geisteswerke waren bis in die Neuzeit häufig doch immer noch angewiesen auf eine irgendwie geartete feste Verkörperung in Gestalt eines Werkstücks, sei es ein Buch, ein Film, eine Schallplatte, ein Notenheft. Mit der zunehmenden Digitalisierung der Welt wird allerdings auch hinsichtlich derjenigen Werkarten, die in Gestalt körperlicher Werkstücke in Erscheinung treten, die Verbindung dieser Geisteswerken mit ihren Werkstücken immer lockerer. Werden Geisteswerke in elektronischen Dateien gespeichert, sind sie zwar immer noch irgendwie körperlich fixiert, nämlich auf der Festplatte, auf einer DVD oder einem Speicherstick usw. Allerdings wird diese **Fixierung immer flüchtiger**. Waren es früher Schallplatten und CDs, die die ihnen aufgeprägten geistigen Werke lebenslang getragen haben, lassen sich Geisteswerke inzwischen spurlos, ohne Qualitätsverlust und ohne nennenswerten Aufwand und Kosten von einem körperlichen Träger entfernen und auf einen anderen aufspielen. Sie sind nicht mehr dauerhaft in analogen Werkstücken fixiert, sondern in den meisten Fällen **nur noch vorübergehend auf digitalen Datenträgern**. Die bleibende körperliche Fixierung sowie das Werkstück als solches haben für die Existenz des Geisteswerks daher nunmehr auch hinsichtlich vieler Werkarten, die auf körperliche Werkstücke angewiesen sind oder lange Zeit angewiesen waren, gänzlich jede Bedeutung verloren. Erst aufgrund dieser neuerlichen Entwicklung treten die besonderen Eigenschaften geistiger Werke offen zu Tage, denn jedermann ist inzwischen in der Lage geistige Werke unabhängig von körperlichen Werkstücken zu transferieren. Zwar ist die Existenz eines vom Werkstück losgelösten Geisteswerks in der Rechtswissenschaft und Urheberrechtspraxis schon seit langem anerkannt. Aber obwohl sie nun für jedermann praktische Realität geworden ist, wurde sie von der Allgemeinheit noch immer nicht wirklich verinnerlicht. So wie die römische Jurisprudenz das geistige Werk nicht von seinem körperlichen Werkstück trennen konnte, scheinen Laien heute **für geistiges Eigentum** jedenfalls insoweit **noch kein ausreichendes Verständnis** zu haben, als dass zwar der Diebstahl einer Sache ohne Frage als Unrecht empfunden und auch 63 in unbeobachteten Situationen regelmäßig unterlassen wird, der Diebstahl geistigen Eigentums im Sinne der Anfertigung illegaler Vervielfältigungen bspw. von Software aber nicht nur nicht als „Kavaliersdelikt", sondern oft nicht einmal als Unrecht oder Schädigung eines anderen empfunden wird. Vielmehr wird er offen praktiziert und steht jedenfalls in der Privatsphäre an der Tagesordnung vieler. Eine Gesellschaft, die immer schneller auf eine Welt zusteuert, in der körperliche Gegenstände schwindende Bedeutung haben und stattdessen durch Virtualität ersetzt werden, kann derartige Defizite allerdings nicht hinnehmen. Das von Laien gestern erwartete sachenrechtliche Verständnis, ist das heute und morgen von ihnen erwartete immaterialgüterrechtliche Verständnis.

Randnummern 64–99 einstweilen frei.

B. Werke
I. Allgemeines

Das Urheberrecht stellt einen Ausschnitt aus einem größeren Rechtsgebiet dar, den man als Kulturrecht bezeichnen kann. Es regelt den wichtigsten Teil des Kulturlebens, nämlich das Kulturschaffen. Doch schützt es nicht die schöpferische Tätigkeit als solche, sondern gem. § 1 UrhG nur deren Ergebnis, also bestimmte kulturelle Geistesschöpfungen, und zwar Werke der Literatur, Wissenschaft und Kunst.[1] Werke in diesem Sinne sind jedoch nicht alle geistigen Erzeugnisse dieses Bereichs, sondern gem. § 2 Abs. 2 UrhG nur solche, die persönliche geistige Schöpfungen darstellen. Ein Teil der geistigen Erzeugnisse weist hingegen keine **Werkeigenschaft** auf, sodass es sich auch nicht um geschützte Werke im Sinne des UrhG handelt. Ferner ist die Abgrenzung der geschützten von den schutzlosen Erzeugnissen nicht immer ganz einfach. Sofern nachfolgend aber die Rede von einem Werk ist, soll es sich immer um ein geistiges Erzeugnis handeln, das urheberrechtlichen Schutz genießt, also **Werk im Sinne des Urheberrechts** ist. Wenn ein geistiges Erzeugnis keinen Urheberrechtsschutz genießt oder der Rechtsschutz durch das UrhG unklar ist, ist immer nur die Rede von einem „Erzeugnis". Werke im Sinne des Urheberrechts sind also bestimmte geistige Erzeugnisse, nämlich solche, die durch das UrhG geschützt sind. Sie unterscheiden sich insoweit von den sonstigen, **schutzlosen Erzeugnissen**. Außerdem ist hinsichtlich des Werkbegriffs noch darauf zu achten, dass der urheberrechtliche Werkbegriff nicht gleichbedeutend mit dem Begriff des **Kunstwerks** ist.[2] Werke im Sinne des Urheberrechts müssen also nicht unbedingt künstlerisch oder Kunstwerke sein.

100

II. Werkarten

Zu den durch das UrhG geschützten Werken der Literatur, Wissenschaft und Kunst gehören gem. § 2 Abs. 1 UrhG insbesondere Sprachwerke wie Schriftwerke, Reden und Computerprogramme (Nr. 1), Werke der Musik (Nr. 2) und pantomimische Werke, einschließlich Werke der Tanzkunst (Nr. 3), Werke der bildenden und angewandten Kunst (Nr. 4), Lichtbildwerke (Nr. 5), Filmwerke (Nr. 6) sowie Darstellungen wissenschaftlicher oder technischer Art (Nr. 7).

101

Diese **Kategorisierung** darf allerdings nicht dahingehend falsch verstanden werden, dass die Zugehörigkeit zu einer der Werkarten schutzbegründend oder zumindest Schutzvoraussetzung wäre. Sie ist nämlich gerade keine conditio sine qua non für den urheberrechtlichen Schutz, denn die Liste des § 2 Abs. 1 UrhG stellt bloß eine **nicht abschließende Aufzählung von Beispielen** dar. Schon die Formu-

102

---
1 *Rehbinder/Peukert*, UrhR, Rn. 3.
2 Vgl. Rn. 38.

lierung „insbesondere" bringt zum Ausdruck, dass neue Werkarten durchaus hinzutreten können.[3] So fällt bei Erzeugnissen, die im Rahmen digitaler Bearbeitungsprozesse entstehen, die Zuordnung zu einer der genannten Werkarten nicht immer leicht. Zwar lassen sich die meisten Multimediaerzeugnisse einfach in ihre Elemente zerlegen, die wiederum problemlos einer der **sieben wesentlichen Werkarten**[4] des Katalogs des § 2 Abs. 1 UrhG zugeordnet werden können, beispielsweise Texte, Bilder, Musik, Filmsequenzen usw. Unter diesem Aspekt bedarf es insoweit keiner weiteren Werkart „**Multimediawerke**". Schwierigkeiten ergeben sich hinsichtlich der hierfür erforderlichen Zerlegung aber beispielsweise bei modernen Computerspielen, denn welches die zugrunde liegenden Elemente sind oder ob sich diese überhaupt klar voneinander trennen lassen, ist fraglich. Zwar kann ein Spieldesign als Werk der bildenden Kunst und das gesamte Spiel als Filmwerk oder Computerprogramm eingestuft werden. Aber beispielsweise Avatare als typische Elemente moderner Spiele lassen sich kaum einer der genannten Werkarten zuordnen. Ferner berücksichtigen die klassischen Werkarten die interaktiven Möglichkeiten des Nutzers nicht genügend.[5] Allgemein kann deshalb auch ein Werk Schutz erlangen, das sich nicht einordnen lässt. In Rechtsprechung und Literatur ist bisher aber die Tendenz erkennbar geworden, neuartige Gestaltungen doch irgendwie einer der bereits im Gesetz genannten Werkarten zuzuordnen.[6]

103 Die rechtliche Beurteilung eines Erzeugnisses als schutzfähiges Werk im Sinne des Urheberrechts ist jedenfalls unabhängig von der Zuordnung zu einer dieser Werkarten, solange es nur die Voraussetzungen der Werkdefinition gem. § 2 Abs. 2 UrhG erfüllt. Gleichwohl ist die **Zuordnung** zu einer der genannten Werkarten **nicht bedeutungslos**, denn zahlreiche urheberrechtliche Regelungen differenzieren abhängig von der Werkart. So können beispielsweise Ausstellungsrechte gem. § 18 UrhG[7] nur an (unveröffentlichten) Werken der bildenden Künste oder Lichtbildwerken bestehen, Vortragsrechte[8] nur an Sprachwerken, Aufführungsrechte[9] nur an Werken der Musik und Vorführungsrechte[10] nur an Werken der bildenden Künste, Lichtbildwerken, Filmwerken und Darstellungen wissenschaftlicher oder technischer Art, vgl. § 19 UrhG. Ferner besteht das urheberrechtliche Vermietrecht[11] gem. § 17 Abs. 3 S. 1 UrhG nicht an Bauwerken und Werken der angewandten Kunst. Und **auch für die Frage der Schutzfähigkeit** eines Erzeugnisses als solcher kann die Zuordnung zu einer bestimmten Werkart **von Bedeutung** sein, denn die Rechtsprechung legt hier je nach Werkart unterschiedlich strenge Maßstäbe an.[12]

---

3 Amtl. Begr. BT-Drucks. IV/270, S. 37.
4 *Loewenheim*, in: Loewenheim, UrhR, § 5, Rn. 2.
5 *Schack*, UrhR, Rn. 248.
6 *Loewenheim*, in: Loewenheim, UrhR, § 5, Rn. 2.
7 Zum Ausstellungsrecht siehe Kap. 2, Rn. 235 ff.
8 Zum Vortragsrecht siehe Kap. 2, Rn. 247 ff.
9 Zum Aufführungrecht siehe Kap. 2, Rn. 252 ff.
10 Zum Vorführungsrecht siehe Kap. 2, Rn. 258 ff.
11 Zum Vermietrecht siehe Kap. 2, Rn. 233 ff.
12 Siehe Rn. 170 ff.

1. Sprachwerke

Zu den geschützten Werken der Literatur, Wissenschaft und Kunst gehören gem. § 2 Abs. 1 Nr. 1 UrhG insbesondere Sprachwerke wie Schriftwerke, Reden und Computerprogramme.[13] **Sprachwerke** sind Werke, die sich des Ausdrucksmittels der Sprache bedienen.[14] Da zu den Sprachwerken Schriftwerke, Reden und Computerprogramme zählen, stellt der Begriff des Sprachwerks den durch drei Beispiele erläuterten **Oberbegriff** dar. Da diese Beispiele auch Reden enthalten, ist eine akustische Wahrnehmbarkeit des Sprachwerks ausreichend. Auf die schriftliche Fixierung oder die optische Wahrnehmbarkeit kommt es also nicht an. Allerdings muss ein Werk, um Sprachwerk zu sein, irgendeinen **begrifflichen Inhalt** durch Sprache ausdrücken.[15] Um welchen Inhalt es sich handelt oder welche Sprache benutzt wird, spielt hingegen keine Rolle. Auch ein Werk, das in einer Fremdsprache, einer Programmiersprache, einer „Geheimsprache" oder in Blindenschrift dargestellt wird, ist Sprachwerk. Die Abgrenzung der Sprachwerke von den **Nicht-Sprachwerken** wird am besten deutlich anhand des Unterschieds verbaler und nonverbaler Kommunikation. Gebärdensprache als Beispiel für eine Form verbaler Kommunikation kann Sprachwerke darstellen, denn durch die Verbindung von Gesichtsmimik, lautlos gesprochenen Wörtern und Körperhaltung lässt sich ein begrifflicher Inhalt vermitteln, beispielsweise der eines Gedichts. Die reine Körpersprache als Verständigung ohne Worte in Form von einzelnen Gesten, das Mienenspiel oder das allgemeine Auftreten einer Person, also die nonverbale Kommunikation hingegen kann dies nicht, denn ihr fehlen die Wörter und damit die Möglichkeiten, einen begrifflichen Inhalt darzustellen. Durch ihren Einsatz lassen sich folglich keine Sprachwerke vermitteln, sondern bspw. pantomimische Werke (§ 2 Abs. 1 Nr. 3 UrhG). Und auch eine Schachpartie ist kein Sprachwerk,[16] sondern **nonverbal**. Das gleiche gilt für den Fall, dass Schriftzeichen nicht zum Zweck der Informationsvermittlung verwendet werden, sondern zu einem reinen Schmuckzweck, beispielsweise als Ornamente[17] oder zur Verzierung von Kleidungsstücken.

104

---

13 Zu den Schutzvoraussetzungen im Einzelfall s. Rn. 151 ff., insb. Rn. 171 ff.
14 BGH, Urt. v. 09.05.1985 – I ZR 52/83 (Inkasso-Programm), GRUR 1985, 1041, 1046; BGH, Urt. v. 27.03.1963 – Ib ZR 129/61 (Rechenschieber), GRUR 1963, 633, 634; BGH, Urt. v. 15.11.1960 – I ZR 58/57 (Pfiffikusdose), GRUR 1961, 85, 87; BGH, Urt. v. 25.11.1958 – I ZR 15/58 (Einheitsfahrschein), GRUR 1958, 251; *Ahlberg*, in: Möhring/Nicolini, UrhG, § 2, Rn. 3; *Bullinger*, in: Wandtke/Bullinger, UrhG, § 2, Rn. 45; *v.Gamm*, UrhG, § 2, Rn. 18; *Loewenheim*, in: Schricker/Loewenheim, UrhG, § 2, Rn. 79 u. § 9, Rn. 6; *Lutz*, UrhR, Rn. 88; *Rehbinder/Peukert*, UrhR, Rn. 248; *Schack*, UrhR, Rn. 201.
15 *Rehbinder/Peukert*, UrhR, Rn. 248.
16 *Rehbinder/Peukert*, UrhR, Rn. 249.
17 *Ahlberg*, in: Möhring/Nicolini, UrhG, § 2, Rn. 4.

a) Schriftwerke

105 Schriftwerke sind **durch Zeichen äußerlich erkennbar gemachte sprachliche Gedankenausdrücke**,[18] beispielsweise Romane, Dramen, Hörspiele, Gedichte, Novellen, eine Erzählung, Drehbücher, ein wissenschaftlicher Text, Lieder- oder Songtexte und Schauspiel- oder Operntexte. Damit ein Sprachwerk Schriftwerk ist, muss es also auf irgendeine Art und Weise **schriftlich fixiert** sein. Welche Schrift oder welches **Schriftbild** verwendet wird, spielt hingegen keine Rolle. Es kommt also Handschrift oder Schreibschrift genauso in Betracht wie Druckschrift. Ferner spielt es keine Rolle, ob es sich um gebräuchliche oder ungebräuchliche Schrift handelt, wie beispielsweise die Fraktalschrift oder die Sütterlinschrift. Ebenso irrelevant ist, ob es sich um eine Schrift unseres Kulturkreises handelt oder um diejenige eines anderen Kulturkreises und ob sie von jedermann beherrscht oder nur von wenigen verstanden wird, beispielsweise Blindenschrift. Und unbedeutend ist schließlich auch der **Träger**, auf den die Schrift aufgebracht ist (Papier oder Stein), ob es sich um eine dauerhafte oder eine nur vorübergehende Fixierung handelt (Papier oder Tafel) oder ob die Schrift unmittelbar oder nur mittelbar lesbar ist und hierzu Geräte oder Hilfsmittel erforderlich sind (Papier oder digitaler Speicher). Voraussetzung für ein Schriftwerk ist lediglich die Schrift, also die **Verwendung irgendeines Zeichensystems zur Bewahrung begrifflicher Inhalte**. Insoweit kann zwar auch ein reines Zahlenwerk dem Erfordernis der sprachlichen Mitteilung genügen und Schriftwerk sein, beispielsweise Rechentabellen.[19]

106 **Kein Schriftwerk** ist aber beispielsweise die Skalenanordnung eines Rechenschiebers, denn anders als bei einer Rechentabelle liegt einem Rechenschieber zwar ein bestimmter Gedanke zugrunde, er ist in ihm aber nicht niedergelegt oder erkennbar gemacht. Vielmehr bedarf es zum Verständnis oder zur Verwendung des Rechenschiebers besonderer, außerhalb seiner selbst liegender Anweisungen.[20]

b) Reden

107 Reden sind Sprachwerke, die **akustisch wahrnehmbar** sind, also mündlich zum Ausdruck gebracht werden und nicht durch Schriftzeichen. Welchen Inhalt oder welches Anliegen sie haben, spielt keine Rolle. Auch nicht, ob sie vorbereitet, abgelesen oder völlig frei und spontan gehalten werden. Werke in Form von Vorträgen, Vorlesungen, Predigten, politischen Reden und Tischreden, Ansprachen, Interviews und Reportagen oder Plädoyers zählen also ebenso zu den Reden wie Stegreiferzählungen.[21]

---

18 RG, Urt. v. 16.03.1927 – I 385/26 (Adressbuch), RGZ 116, 292, 294.
19 RG, Urt. v. 30.06.1928 – I 29/28 (Rechentabellen), RGZ 121, 357.
20 BGH, Urt. v. 27.03.1963 – Ib ZR 129/61 (Rechenschieber), GRUR 1963, 633, 634.
21 *Rehbinder/Peukert*, UrhR, Rn. 255.

c) Computerprogramme

Computerprogramme werden in § 2 Abs. 1 Nr. 1 UrhG ebenfalls als Beispiel des Sprachwerks genannt. Bei Computerprogrammen bzw. Software[22] als einem Unterfall des Sprachwerks handelt es sich um eine **Folge von Befehlen**, die nach Aufnahme in einen maschinenlesbaren Träger fähig sind zu bewirken, dass eine Maschine mit informationsverarbeitenden Fähigkeiten eine bestimmte Funktion oder Aufgabe oder ein bestimmtes Ergebnis anzeigt, ausführt oder erzielt.[23] Da Software in Form von Programmiersprache, also **maschinenlesbarer Sprache** in Erscheinung tritt und sich insoweit ebenfalls eines bestimmten Zeichensystems bedient, das begriffliche Inhalte bewahrt, ist sie zugleich Sonderfall der Schriftwerke.[24] Zu beachten ist jedoch insoweit, dass zwischen dem Programm selbst, also dem Quellcode bzw. der Programmierung, und dessen Darstellung am Bildschirm zu unterscheiden ist. Letztere kann Sprachwerk in Gestalt eines Schriftwerks sein, durchaus aber auch darüber hinausgehen und als „Multimediawerk" Werke anderer Werkarten vermitteln. Computerprogramm ist sie jedoch in der Regel nicht.[25]

108

d) Sonstige Formen von Sprachwerken

Fraglich ist, ob es neben den Schriftwerken, Reden und Computerprogrammen noch weitere, **unbenannte Formen von Sprachwerken** gibt. Zu denken ist hier an die Texte von gesungenen Liedern oder den in der Populärmusik vor allem im Hip-Hop und als Rap zum Einsatz kommenden Sprechgesang. Ohne Frage kann die Melodie nur ein Werk der Musik[26] und der Text nur ein Sprachwerk[27] sein. Wenn es allerdings keine schriftliche Fixierung gibt und das Werk nur akustisch wahrnehmbar ist, dann kann es sich mangels schriftlicher Fixierung nicht um ein Schriftwerk handeln und die Einstufung als Sonderfall einer „Rede" im Sinne der Norm ist zwar beim Sprechgesang noch akzeptabel, im Falle des gewöhnlichen Gesangs aber vom Begriff der Rede nicht mehr umfasst.

109

2. Werke der Musik

Zu den geschützten Werken der Literatur, Wissenschaft und Kunst gehören gem. § 2 Abs. 1 Nr. 2 UrhG auch Werke der Musik,[28] beispielsweise Opern, Operetten, Symphonien, Kammermusik, Klaviersonaten, Chansons, Musicals, Popmusik und sonstige Unterhaltungsmusik oder Hintergrundmusik in Hotels, Kaufhäusern oder Supermärkten.

110

---

22 Zu Software siehe Kap. 5, Rn. 100 ff.
23 BGH, Urt. v. 09.05.1985 – I ZR 52/83 (Inkasso-Programm), GRUR 1985, 1041, 1047.
24 BGH, Urt. v. 09.05.1985 – I ZR 52/83 (Inkasso-Programm), GRUR 1985, 1041, 1046 f.
25 EuGH, Urt. v. 22.12.2010 – C-393/09 (BSA), GRUR 2011, 220, 222 [42].
26 Zum Musikwerk siehe Rn. 110 ff.
27 Zum Sprachwerk siehe Rn. 104 ff.
28 Zu den Schutzvoraussetzungen im Einzelfall s. Rn. 151 ff., insb. Rn. 183.

111 Musikwerke bedienen sich analog zu den Sprachwerken des **Ausdrucksmittels der Töne**.[29] Es handelt sich bei Musikwerken also um akustische Werke der Tonkunst im Sinne von Musikkompositionen. Neben Tönen können aber auch **Geräusche** zum Einsatz kommen, gleichgültig, ob sie durch die menschliche Stimme, durch Instrumente oder elektronische Apparate erzeugt werden,[30] denn Töne sind letztendlich nichts anderes als spezielle Geräusche oder Schallereignisse, denen bloß eine bestimmte und gleich bleibende Tonhöhe zugeordnet werden kann. Es spielt also keine Rolle, ob mit der Stimmgabel erzeugte exakte Töne wie der Standard-Kammerton des a' („eingestrichenes A", 443 Hz, A4) zum Einsatz kommen oder Tongemische, wie sie von Pauken oder anderen membranartigen Körpern erzeugt werden, oder komplexe Geräusche, wie das Klappern von Steppschuhen, die Stimme des Menschen, das Klingeln eines Handys oder Geräusche der Natur.

112 Ebenso wie bei Sprachwerken kommt es außerdem nicht darauf an, ob Musikwerke **schriftlich in Noten niedergelegt** bzw. körperlich fixiert werden, worden sind bzw. werden können[31] oder ob sie **bloß akustisch wahrnehmbar** gemacht werden oder waren. Genauso wie die Stegreifrede kann also auch die Musikimprovisation,[32] beispielsweise bei einer Jamsession, als Werk der Musik urheberrechtlich geschützt sein.

113 Eine weitere Parallele zum Sprachwerk ist das Erfordernis des Ausdrucks irgendeines Inhalts. Anders als beim Sprachwerk kommt es hier allerdings nicht auf einen begrifflichen Inhalt an, denn dieser kann nur verbal zum Ausdruck gebracht werden, sodass zwingende Folge eine Zuordnung zum Bereich der Sprachwerke wäre. Vielmehr kommt es auf einen **musikalischen Inhalt**, die vermittelte Stimmung oder ein entstehendes Gefühl an.[33] Dies ist freilich keine besondere Hürde, denn durch die Zusammenstellung oder **Komposition** von Tönen oder Geräuschen entsteht sehr schnell eine Stimmung oder ein Gefühl.[34] Ein einzelner Ton, ein Signal bzw. ein einzelnes Geräusch hingegen vermag dies kaum zu leisten, sodass ein Werk der Musik insoweit hinsichtlich bloß eines Tons, Signals oder Geräuschs schon unter diesem Aspekt nicht vorliegen kann.[35] Ob die Ton- oder Geräuschfolge ansprechend, melodisch, rhythmisch, harmonisch, gefällig, ästhetisch,

---

29 *Bullinger*, in: Wandtke/Bullinger, UrhG, § 2, Rn. 68; *Loewenheim*, in: Schricker/Loewenheim, UrhG, § 2, Rn. 120; *Rehbinder/Peukert*, UrhR, Rn. 267; nach *Ulmer*, UrhR, S. 142, handelt es sich bei Werken der Musik schlicht um Werke im Bereich der Tonkunst von genügender Geschlossenheit und Individualität.
30 *Dreyer*, in: Dreyer/Kotthoff/Meckel, UrhG, § 2, Rn. 211; *Loewenheim*, in: Schricker/Loewenheim, UrhG, § 2, Rn. 120; *Rehbinder/Peukert*, UrhR, Rn. 267.
31 *Loewenheim*, in: Schricker/Loewenheim, UrhG, § 2, Rn. 120; *Lutz*, UrhR, Rn. 96.
32 *Dreyer*, in: Dreyer/Kotthoff/Meckel, UrhG, § 2, Rn. 213; *Loewenheim*, in: Schricker/Loewenheim, UrhG, § 2, Rn. 120; *Rehbinder/Peukert*, UrhR, Rn. 267.
33 *Rehbinder/Peukert*, UrhR, Rn. 268.
34 Ebenso *Dreyer*, in: Dreyer/Kotthoff/Meckel, UrhG, § 2, Rn. 214.
35 Ebenso für einen bestimmten „Sound" des „Sound samplings" *Schack*, UrhR, Rn. 220.

künstlerisch wertvoll oder einfach nur schön ist, spielt schließlich keine Rolle für die Frage, ob es sich um ein Werk der Musik handeln kann.[36]

Keine Musikwerke sind musikwissenschaftliche **Abhandlungen**, denn diese zählen zu den Sprachwerken[37] in Form der Schriftwerke. Lediglich die in ihnen enthaltenen Noten stellen Werke der Musik dar.[38] Und natürlich ist auch das von *Cage* 1952 „komponierte" Stück „4'33" kein Werk der Musik, sondern (nur) ein **avantgardistisches Kunstwerk**,[39] denn hierbei sitzt der Komponist *Tudor* bloß 4 Minuten und 33 Sekunden stumm am Flügel und deutet durch dreimaliges Heben der Arme an, dass das Stück drei Sätze haben könnte. Zwar sieht *Cage* „Musik" im Zusammenwirken aller Schallquellen und Zufallsgeräusche, die während dieser Zeit zB. vom Publikum verursacht werden.[40] Um ein Werk der Musik kann es sich hierbei aber dennoch nicht handeln, denn diese Geräusche sind nicht vom Komponisten gesteuert,[41] sodass es sich nach Ansicht mancher trotz fehlender Körperlichkeit[42] allenfalls um ein Werk der bildenden Kunst gem. § 2 Abs. 1 Nr. 4 UrhG in Form eines Happenings handeln kann.[43]

114

Songtexte, Liedtexte oder die Texte von Musicals als solche zählen schließlich ebenfalls nicht zu den Werken der Musik, sondern sind Sprachwerke,[44] die lediglich eine Werkverbindung gem. § 9 UrhG mit den ihnen zugeordneten Werken der Musik eingehen.[45]

115

3. Pantomimische Werke einschließlich der Werke der Tanzkunst

Zu den geschützten Werken der Literatur, Wissenschaft und Kunst gehören gem. § 2 Abs. 1 Nr. 3 UrhG insbesondere pantomimische Werke, einschließlich Werken der Tanzkunst (choreografische Werke),[46] beispielsweise Ballett, Tanz- oder Eisrevuen, Bühnentänze oder bestimmte Aspekte der Darbietungen der Zirkusartistik oder von Clowns, im Stummfilm, beim Schwarzen Theater, im Schwarzlichttheater oder die auf das Wesentliche beschränkte autonome bzw. karge Pan-

116

---

36 BGH, Urt. v. 26.09.1980 – I ZR 17/78 (Dirlada), GRUR 1981, 267, 268; BGH, Urt. v. 03.11.1967 – Ib ZR 123/65 (Haselnuss), GRUR 1968, 321, 324.
37 *Rehbinder/Peukert*, UrhR, Rn. 267; *Schack*, UrhR, Rn. 221.
38 *Loewenheim*, in: Schricker/Loewenheim, UrhG, § 2, Rn. 120.
39 Vgl. zur Differenzierung von Werken im Sinne des Urheberrechts und Kunstwerken Rn. 38.
40 *Jacobs*, Anmerkung zu BGH, Urt. v. 06.02.1985 – I ZR 179/82 (Happening), GRUR 1985, 529, 531.
41 *Schack*, UrhR, Rn. 216.
42 Zum Erfordernis der Körperlichkeit des Werks der bildenden Kunst siehe Rn. 123.
43 *Jacobs*, Anmerkung zu BGH, Urt. v. 06.02.1985 – I ZR 179/82 (Happening), GRUR 1985, 529, 531; *Ahlberg*, in: Möhring/Nicolini, UrhG, § 2, Rn. 15; *Schack*, UrhR, Rn. 216; hierzu s. auch Rn. 123.
44 LG Köln, Urt. v. 11.12.2002 – 28 O 716/02, ZUM 2003, 508, 510.
45 BGH, Urt. v. 03.07.2008 – I ZR 204/05 (Musical Starlights), GRUR 2008, 1081; zur Werkverbindung s. Rn. 325 ff.
46 Zu den Schutzvoraussetzungen im Einzelfall s. Rn. 151 ff., insb. Rn. 184.

tomime als moderne Kunstform. Pantomimische Werke bedienen sich also des **Ausdrucksmittels der Körpersprache**[47] und bringen eine Szene oder eine Handlung durch stumme Gebärden und Mimik zum Ausdruck.[48] Bei einem choreografischen Werk wird die sinnfällige Darstellung eines bewegten Geschehensablaufs verlangt, die ebenfalls durch das Ausdrucksmittel der Bewegung des menschlichen Körpers, insbesondere des Tanzes oder Mienenspiels, Gedanken und Empfindungen formt.[49] Es geht also im Wesentlichen um die tänzerische Darstellung von Musikstücken mittels Bewegung, Schritttechnik, Grazie und Gebärden.[50] Insofern liegt der Schwerpunkt bei der Pantomime auf dem stummen Gebärdenspiel und bei der Choreografie auf der tänzerischen Bewegung des Körpers.[51] Letztere ist also nicht bloß Unterfall der pantomimischen Werke,[52] sondern etwas anderes.[53] Auf eine Abgrenzung kommt es jedoch nicht an, da beide Werkarten Schutz des UrhG genießen.

117 Geschützt ist jedenfalls nicht eine bestimmte Bewegungstechnik oder die Körperbeherrschung des Tänzers als solche, sondern nur der Ausdruck eines **Gedankeninhalts** mit Hilfe der Körpersprache.[54] **Akrobatische** oder **sportliche Leistungen** allein reichen also nicht aus, weil sie keinen solchen Gedankeninhalt ausdrücken,[55] wenngleich solche Leistungen erforderlich sein können, um Werke der Tanzkunst oder pantomimische Werke überhaupt darbieten zu können.[56]

118 Ebenso wie bei den Sprachwerken müssen pantomimische und choreografische Werke nicht **schriftlich fixiert** werden, sodass auch **Improvisationen** geschützt sein können,[57] beispielsweise der freie Tanz in einer Diskothek.[58]

119 **Keine pantomimischen Werke** sind hingegen einzelne Tanzschritte, die so gut wie immer zum Allgemeingut zählen,[59] oder Tierdressuren, solange diese nicht über

---

47 LG München I, Urt. v. 29.05.1979 – 7 S 2 1373/75 (Godspell), GRUR 1979, 852, 853; *Ahlberg*, in: Ahlberg/ Götting, BeckOK UrhG, § 2, Rn. 17; *Bullinger*, in: Wandtke/Bullinger, UrhG, § 2, Rn. 74; *Lutz*, UrhR, Rn. 99.
48 LG München I, Urt. v. 29.05.1979 – 7 S 2 1373/75 (Godspell), GRUR 1979, 852, 853; *Bullinger*, in: Wandtke/Bullinger, UrhG, § 2, Rn. 74; *Loewenheim*, in: Schricker/Loewenheim, UrhG, § 2, Rn. 130; zur Abgrenzung vom Sprachwerk s. Rn. 104.
49 LG München I, Urt. v. 29.05.1979 – 7 S 2 1373/75 (Godspell), GRUR 1979, 852, 853.
50 *Loewenheim*, in: Schricker/Loewenheim, UrhG, § 2, Rn. 130; *Wandtke*, ZUM 1991, 115, 117.
51 *Dreyer*, in: Dreyer/Kotthoff/Meckel, UrhG, § 2, Rn. 218; *Loewenheim*, in: Schricker/Loewenheim, UrhG, § 2, Rn. 130.
52 *Dreyer*, in: Dreyer/Kotthoff/Meckel, UrhG, § 2, Rn. 218.
53 *Rehbinder/Peukert*, UrhR, Rn. 272.
54 *Wandtke*, ZUM 1991, 115.
55 *Rehbinder/Peukert*, UrhR, Rn. 272; *Schack*, UrhR, Rn. 223.
56 OLG Köln, Urt. v. 02.02.2007 – 6 U 117/06 (Arabeske), GRUR-RR 2007, 263, 264.
57 *Dreyer*, in: Dreyer/Kotthoff/Meckel, UrhG, § 2, Rn. 221; *Loewenheim*, in: Schricker/Loewenheim, UrhG, § 2, Rn. 130; *Rehbinder/Peukert*, UrhR, Rn. 272.
58 *Dreyer*, in: Dreyer/Kotthoff/Meckel, UrhG, § 2, Rn. 221.
59 *Schack*, UrhR, Rn. 223.

rein akrobatische Leistungen hinausgehen.⁶⁰ Offengelassen hat der Bundesgerichtshof schließlich die Frage, ob die Gestaltung eines Happenings nach einem alten Gemälde ein pantomimisches Werk ist.⁶¹

4. Kunstwerke

Zu den geschützten Werken der Literatur, Wissenschaft und Kunst gehören gem. § 2 Abs. 1 Nr. 4 UrhG außerdem Werke der bildenden Künste, also **klassische Kunstwerke** im herkömmlichen Sinne, wie zB. Gemälde, Skulpturen, Plastiken etc., aber auch Werke der **Baukunst** und der angewandten Kunst, also **Gebrauchskunst**, sowie Entwürfe solcher Werke. Zwar könnte man auch Lichtbildwerke hier einordnen, doch bilden sie eine eigene Werkart, sodass es sich bei ihnen nur ausnahmsweise um bildende Kunst handelt.⁶² 120

a) Werke der bildenden Künste

Werke der bildenden Künste⁶³ drücken einen **anschaulichen Gehalt** durch Farben, Linien und Gestalten auf der Fläche oder im Raum aus,⁶⁴ sie sind also **Ergebnis einer formgebenden Tätigkeit** und vorzugsweise für die Anregung des Gefühls durch Anschauung bestimmt.⁶⁵ Ob ein Werk Kunstwerk im Sinne des Urheberrechts ist, hängt davon ab, ob nach den im Leben herrschenden Anschauungen von Kunst gesprochen werden kann, wobei es auf das durchschnittliche Urteil eines für Kunst empfänglichen und mit Kunstdingen einigermaßen vertrauten Menschen ankommt.⁶⁶ Es besteht also auch insoweit das Problem der Definition des Kunstbegriffs.⁶⁷ 121

Keine Rolle spielt jedenfalls das **Material**, aus dem das Kunstwerk besteht. Auch Kunstwerke aus organischen Stoffen, bspw. Werke der Gartenbaukunst,⁶⁸ solche aus Lebensmitteln wie Schokolade und Marzipan⁶⁹ oder auf den menschlichen Körper aufgebrachte Tätowierungen⁷⁰ sind nicht vom Schutz ausgeschlossen. 122

---

60 LG München I, Urt. v. 21.03.1967 – 7 O 154/66, UFITA 1969, Bd. 54, S. 320, 322.
61 BGH, Urt. v. 06.02.1985 – I ZR 179/82 (Happening), GRUR 1985, 529.
62 *A.Nordemann*, in: Loewenheim, UrhR, § 9, Rn. 151.
63 Zu den Schutzvoraussetzungen im Einzelfall s. Rn. 151 ff., insb. Rn. 185.
64 *Bullinger*, in: Wandtke/Bullinger, UrhG, § 2, Rn. 81; *Loewenheim*, in: Schricker/Loewenheim, UrhG, § 2, Rn. 134; *Nordemann/Vinck*, in: Fromm/Nordemann, UrhG, § 2, Rn. 51; *Rehbinder/Peukert*, UrhR, Rn. 274.
65 BGH, Urt. v. 19.01.1979 – I ZR 166/76 (Brombeerleuchte), GRUR 1979, 332, 336.
66 BGH, Urt. v. 27.11.1956 – I ZR 57/55 (Europapost), GRUR 1957, 291, 294.
67 Siehe Rn. 38.
68 KG, Urt. v. 09.02.2001 – 5 U 9667/00 (Gartenanlage), ZUM 2001, 591; *Schack*, UrhR, Rn. 230, mwN., zählt Werke der Gartenarchitektur zu den Werken der Baukunst.
69 *Loewenheim*, in: Schricker/Loewenheim, UrhG, § 2, Rn. 147; *Rehbinder/Peukert*, UrhR, Rn. 275.
70 Offengelassen in BFH, Urt. v. 23.07.1998 – V R 87/97, NJW 1999, 1992; *Duvigneau*, ZUM 1998, 535, 539; *Dreyer*, in: Dreyer/Kotthoff/Meckel, UrhG, § 2, Rn. 227; *Schack*, UrhR, Rn. 227.

Kapitel 1: Grundlagen des Urheberrechts

123 Anders als bei den bisher dargestellten Werkarten ist Voraussetzung des Kunstwerkschutzes allerdings eine wie auch immer geartete **Verkörperung** des Werks. Der Begriff des „Bildens" ist also als körperlicher Schaffensvorgang zu verstehen. Bloß unkörperliche Wahrnehmbarkeit ist also nicht ausreichend. Zwar kommt es nicht darauf an, ob der Kunstgegenstand von dauerhafter oder vergänglicher Natur ist, sodass auch Eisskulpturen Kunstwerke im Sinne der Norm sein können.[71] Auch ist nicht entscheidend, ob das Werk vollendet ist oder noch in der Entwurfsphase steckt, denn ausweislich des Gesetzes sind auch Entwürfe geschützt.[72] Ein bloßes Ereignis im Sinne der Durchführung eines Happenings nach einem Gemälde eines Künstlers kann jedoch mangels Körperlichkeit keinen Schutz als Kunstwerk erlangen,[73] ebenso wenig wie ein Loch im Boden.[74] Andererseits darf die geforderte Verkörperung nicht dahingehend falsch verstanden werden, dass **digitale Kunstwerke** vom Kunstwerkschutz ausgeschlossen wären, denn auch eine (vorübergehende) Fixierung im Arbeitsspeicher eines Computers ist eine körperliche Festlegung. Somit können also auch virtuelle Computerspielfiguren oder Screen-Designs Kunstwerkschutz erlangen.[75]

124 Um Kunstwerk sein zu können, muss das Erzeugnis allerdings auch einem anschaulichen (ästhetischen) Gehalt bzw. **Inhalt** Ausdruck verleihen. Dies ist bei reinen Zweckgebilden meist nicht der Fall, denn sie weisen meist keinen ästhetischen Überschuss[76] auf. Es ist also nicht jeder hervorgebrachte körperliche Gegenstand auch Kunstwerk im Sinne des Urheberrechts. Andererseits spielt es auch hinsichtlich der Kunstwerke keine Rolle, ob diese schön, hässlich, künstlerisch wertvoll oder auch geschmacklos sind.[77]

b) Werke der angewandten Kunst

125 Werke der angewandten Kunst, sog. Gebrauchskunst, sind Gebrauchsgegenstände mit künstlerischer Formgebung (Design), beispielsweise Schmuck,[78] Lampen,[79] Vasen, Porzellan-, Glas- und Tonfiguren,[80] Möbelstücke,[81] Modeschöpfun-

---

71 *Schack*, UrhR, Rn. 227.
72 Zu Entwürfen allgemein s. Rn. 229.
73 Offengelassen von BGH, Urt. v. 06.02.1985 – I ZR 179/82 (Happening), GRUR 1985, 529; aA. die Vorinstanz, KG, Urt. v. 17.09.1982 – 5 U 2956/81 (Happening), GRUR 1984, 507 sowie offenbar *Dreyer*, in: Dreyer/Kotthoff/Meckel, UrhG, § 2, Rn. 227, der das Happening in einem Atemzug nennt mit körperlichen Werken.
74 Siehe Rn. 38.
75 *Schulze*, ZUM 1997, 77, 80 ff.; *Schack*, UrhR, Rn. 239, in Abgrenzung zum Lichtbildwerk.
76 RG, Urt. v. 10.06.1911 – I 133/10 (Schulfraktur), RGZ 76, 339, 344.
77 *Loewenheim*, in: Schricker/Loewenheim, UrhG, § 2, Rn. 150; *Schack*, UrhR, Rn. 226.
78 BGH, Urt. v. 22.06.1995 – I ZR 119/93 (Silberdistel), GRUR 1995, 581.
79 BGH, Urt. v. 21.05.1969 – I ZR 42/67 (Vasenleuchter), GRUR 1972, 38, 39; BGH, Urt. v. 19.01.1979 – I ZR 166/76 (Brombeerleuchte), GRUR 1979, 332, 336.
80 BGH, Urt. v. 25.05.1973 – I ZR 2/72 (Tierfiguren), GRUR 1974, 669, 671.
81 OLG Düsseldorf, Urt. v. 28.10.1969 – 20 U 50/69 (Studio 2000), GRUR 1971, 415; BGH, Urt. v. 10.10.1973 – I ZR 93/72 (Sessel), GRUR 1974, 740; BGH, Urt. v. 27.02.1961 – I ZR 127/59 (Stahlrohrstuhl), GRUR 1961, 635 638.

gen,[82] Webdesigns[83] und Gebrauchsgrafik[84] oder Musikinstrumente.[85] Sie unterscheiden sich von den reinen Kunstwerken also dadurch, dass sie durch ihren **Gebrauchszweck** gekennzeichnet sind, wobei die Abgrenzung schwierig ist.[86] Schwerpunkt bei den Werken der bildenden (reinen) Kunst ist in der Regel die Herstellung von Einzelstücken bzw. Unikaten, wohingegen bei Werken der angewandten Kunst (Design) meist die massenhafte bzw. industrielle Herstellung im Vordergrund steht. Dem bildenden Künstler geht es oft bloß darum, seinen individuellen künstlerischen Vorstellungen Ausdruck zu verleihen, ohne die Vermarktung seines Erzeugnisses im Auge zu haben. Der Designer hingegen möchte den Geschmack der Masse treffen und damit den Verkauf der Werke bestmöglich fördern.[87]

Zu beachten ist ferner, dass zwei- oder dreidimensionale Erscheinungsformen eines Erzeugnisses, die sich insbesondere aus den Merkmalen der Linien, Konturen, Farben, der Gestalt, Oberflächenstruktur oder der Werkstoffe des Erzeugnisses selbst oder seiner Verzierung ergeben, gem. §§ 1 Nr. 1, 2 Abs. 1 DesignG **außerdem als Design geschützt** werden können. Insofern kommt neben dem urheberrechtlichen Schutz auch der Schutz durch ein gewerbliches Schutzrecht in Betracht. Diese Möglichkeit des Designschutzes[88] war früher Grund für eine zurückhaltende Gewährung von Urheberrechtsschutz für Erzeugnisse der angewandten Kunst. 126

c) Werke der Baukunst

Bei Werken der Baukunst[89] schließlich handelt es sich ebenfalls um einen Unterfall der Kunstwerke. Hierzu können Schöpfungen gezählt werden, die dem Begehen, Befahren oder Bewohnen dienen.[90] Eine derartige Nutzungsmöglichkeit ist allerdings nicht zwingend erforderlich. Vielmehr können **Bauten jeglicher Art** Baukunstschutz erlangen und zwar völlig unabhängig von ihrem **Zweck**,[91] beispielsweise Bauwerke, die reinen Schmuckzwecken dienen, wie Denkmäler, solche Bauwerke, die zumindest auch Schmuckzwecken dienen, bspw. Repräsentativbauten und Schlösser,[92] solche, die überwiegend oder ausschließlich Gebrauchszwecken dienen wie Wohn- oder Geschäftsgebäude,[93] Fabriken, Rathäuser, Kirchen, 127

---

82 BGH, Urt. v. 14.12.1954 – I ZR 65/53 (Mantelmodell), GRUR 1955, 455; LG Leipzig, Urt. v. 23.10.2001 – 5 O 5288/01 (Hirschgewand), GRUR 2002, 424; *Schack*, UrhR, 236.
83 *Schack*, UrhR, 236.
84 OLG Oldenburg, Urt. v. 04.06.1987 – 5 S 205/87 (Emil), GRUR 1987, 636.
85 BGH, Urt. v. 05.03.1998 – I ZR 13/96 (Les-Paul-Gitarren), GRUR 1998, 830.
86 *Schack*, UrhR, Rn. 232.
87 Vgl. *Schack*, UrhR, Rn. 233.
88 Früher gem. GeschmacksmusterG.
89 Zu den Schutzvoraussetzungen im Einzelfall s. Rn. 151 ff., insb. Rn. 186 ff.
90 *Lutz*, UrhR, Rn. 106; s. auch Rn. 15.
91 *Loewenheim*, in: Schricker/Loewenheim, UrhG, § 2, Rn. 151.
92 *Loewenheim*, in: Schricker/Loewenheim, UrhG, § 2, Rn. 155.
93 OLG Karlsruhe, Urt. v. 03.06.2013 – 6 U 72/12 (Zwölffamilienhaus), GRUR-RR 2013, 423; OLG Oldenburg, Urt. v. 17.04.2008 – 1 U 50/07 (Blockhausbauweise), GRUR-RR 2009, 6.

Schulen, Bahnhöfe[94] oder rein technische Bauten, wie die Lärmschutzwand einer Autobahn.[95] Und auch **das Innere eines Gebäudes** ist diesem Schutz zugänglich, beispielsweise Treppenhäuser[96] oder der Innenraum einer Kirche.[97] Schließlich können selbst **Plätze** bzw. deren Gestaltung oder die Gartenarchitektur zu den Werken der Baukunst zählen,[98] wenn der individuelle Gestaltungswille des Architekten in der einheitlichen Konzeption des Werks hervortritt.[99]

5. Lichtbildwerke

128 Zu den geschützten Werken der Literatur, Wissenschaft und Kunst gehören gem. § 2 Abs. 1 Nr. 5 UrhG zudem Lichtbildwerke einschließlich der Werke, die ähnlich wie Lichtbildwerke geschaffen werden.[100] Es ist zwar denkbar, dass ein Lichtbildwerk ausnahmsweise auch ein Werk der bildenden Künste ist. In der Regel ist dies jedoch nicht der Fall, sodass Lichtbildwerke etwas anderes sind, nämlich Werke, die in einem fotografischen oder der Fotografie in Wirkungsweise und Ergebnis ähnlichen Verfahren[101] unter **Benutzung strahlender Energie**[102] hergestellt werden, insbesondere also künstlerische Fotografien, Werbefotos,[103] Fotomontagen, Retuschen, aber mitunter auch die Einzelbilder eines Films.[104] Es geht also um die Abbildung von etwas in der Natur Vorgegebenem mit Mitteln der Bildkomposition durch Motivwahl, Bildausschnitt und Gestaltung von Licht und Schatten,[105] sodass der Gesetzgeber bei dieser Werkart insbesondere auf die **Art des Schaffens** abstellt.[106] Insoweit ist also nicht der abgebildete Gegenstand gemeint, sondern die Abbildung als solche in Gestalt der Fotografie. In Fällen in denen der in der Fotografie **abgebildete Gegenstand urheberrechtlich geschützt** ist, beispielsweise eine Skulptur, bestehen an der Fotografie sowohl Urheberrechte des Fotografen als Urheber des Lichtbildwerks als auch Urheberrechte des Urhebers der Skulp-

---

94 LG Berlin, Urt. v. 28.11.2006 – 16 O 240/05 (Berliner Hauptbahnhof), GRUR 2007, 964, 966.
95 BGH, Urt. v. 12.05.2010 – I ZR 209/07 (Lärmschutzwand), GRUR 2011, 59, 61 [22 ff.].
96 BGH, Urt. v. 01.10.1998 – I ZR 104/96 (Treppenhausgestaltung), GRUR 1999, 230, 231.
97 BGH, Urt. v. 02.10.1981 – I ZR 137/79 (Kirchen-Innenraumgestaltung), GRUR 1982, 109.
98 *Dreyer*, in: Dreyer/Kotthoff/Meckel, UrhG, § 2, Rn. 235; *Loewenheim*, in: Schricker/Loewenheim, UrhG, § 2, Rn. 151; *Schack*, UrhR, Rn. 230.
99 *Schack*, UrhR, Rn. 230.
100 Zu den Schutzvoraussetzungen im Einzelfall s. Rn. 151 ff., insb. Rn. 187 ff.
101 *Loewenheim*, in: Schricker/Loewenheim, UrhG, § 2, Rn. 177, 179; *A. Nordemann*, in: Loewenheim, UrhG, § 9, Rn. 128; *Ulmer*, UrhR, S. 153, 511.
102 BGH, Beschl. v. 27.02.1962 – I ZR 118/60 (AKI), GRUR 1962, 470; *Bullinger*, in: Wandtke/Bullinger, UrhG, § 2, Rn. 113; *Lutz*, UrhR, Rn. 108; *Ulmer*, UrhR, S. 153, 511.
103 BGH, Urt. v. 03.11.1999 – I ZR 55/97 (Werbefotos), GRUR 2000, 317.
104 BGH, Beschl. v. 27.02.1962 – I ZR 118/60 (AKI), GRUR 1962, 470; BGH, Urt. v. 06.02.2014 – I ZR 86/12 (Peter Fechter), GRUR 2014, 363; *Loewenheim*, in: Schricker/Loewenheim, UrhG, § 2, Rn. 179; *Schack*, UrhR, Rn. 239.
105 *Loewenheim*, in: Schricker/Loewenheim, UrhG, § 2, Rn. 177.
106 *Loewenheim*, in: Schricker/Loewenheim, UrhG, § 2, Rn. 177.

tur. Ähnlich verhält es sich in Fällen der Abbildung von Personen, deren Persönlichkeitsrechte durch die Fotografie tangiert werden.[107]

Auf die Art der Strahlung oder die Art des Aufnahmemediums kommt es allerdings nicht an, denn auch **ähnliche Erzeugnisse** können Schutz erlangen, bspw. die Computertomographie oder das Röntgen.[108] Der Begriff des Lichtbildwerks ist also weit zu verstehen. Und selbstverständlich handelt es sich auch bei der auf physikalischer Technik beruhenden Digitalfotografie um Fotografien in diesem Sinne, da es keine Rolle spielt, auf welche Weise die Abbildung festgehalten wird. Dies kann genauso gut im Speicher eines Computers geschehen, nachdem die Lichtstrahlen durch einen lichtempfindlichen Sensor erfasst worden sind.

129

Keine Lichtbildwerke sind allerdings CAD- und CAM-Bilder, da sie von einer Software generiert werden und keine Abbildungen in Gestalt der Wiedergabe eines tatsächlichen Geschehens darstellen,[109] oder rein handwerkliche Fotografien, die darauf abzielen, einen Gegenstand möglichst unverändert und naturgetreu wiederzugeben,[110] ohne gestaltend Einfluss zu nehmen, sowie bloße Vervielfältigungen iSd. § 16 UrhG,[111] wie **Fotokopien** oder Mikrofilmkopien[112] und automatisch ausgelöste Aufnahmen, wie Satellitenfotos oder „Blitze" bei Verkehrswidrigkeiten.[113]

130

---

107 Siehe Rn. 55 ff.
108 Hierbei handelt es sich meist nur um einfache Lichtbilder; vgl. *Loewenheim*, in: Schricker/Loewenheim, UrhG, § 72, Rn. 19; *Thum*, in: Wandtke/Bullinger, UrhG, § 72, Rn. 15; *Ulmer*, UrhR, S. 511; *Vogel*, in: Loewenheim, UrhR, § 37, Rn. 9.
109 OLG Köln, Urt. v. 20.03.2009 – 6 U 183/08 (3D-Messestände), GRUR-RR 2010, 141, 142; *Kroitzsch*, in: Möhring/Nicolini, UrhG, § 72, Rn. 3; *A.Nordemann*, GRUR 1987, 15, 17 f.; *Schack*, UrhR, Rn. 721; *Thum*, in: Wandtke/Bullinger, UrhG, § 72, Rn. 18; *Vogel*, in: Loewenheim, UrhR, § 37, Rn. 9; *ders.*, in: Schricker/Loewenheim, UrhG, § 72, Rn. 21; aA. *Schulze*, in: Dreier/Schulze, UrhG, § 2, Rn. 200. CAD- und CAM-Bilder können jedoch, als Werke der angewandten Kunst oder als wissenschaftliche oder technische Darstellungen geschützt sein, vgl. *Thum*, in: Wandtke/Bullinger, UrhG, § 72, Rn. 18.
110 OLG Düsseldorf, Urt. v. 13.02.1996 – 20 U 115/95 (Beuys-Fotografien), GRUR 1997, 49, 51; BGH, Urt. v. 08.11.1989 – I ZR 14/88 (Bibelreproduktion), GRUR 1990, 669, 673; BGH, Urt. v. 04.11.1966 – Ib ZR 77/65 (skaicubana), GRUR 1967, 315, 315 f.; *Thum*, in: Wandtke/Bullinger, UrhG, § 72, Rn. 6.
111 Zur Vervielfältigung s. Kap. 2, Rn. 203 ff.
112 BGH, Urt. v. 08.11.1989 – I ZR 14/88 (Bibelreproduktion), GRUR 1990, 669, 673; OLG Köln, Urt. v. 19.07.1985 – 6 U 56/85 (Lichtbildkopien), GRUR 1987, 42, 42 f.; *Katzenberger*, GRUR Int. 1989, 116, 117; *Loewenheim*, in: Schricker/Loewenheim, UrhG, § 2, Rn. 179; *A.Nordemann*, GRUR 1987, 15 f.; *Schack*, UrhR, Rn. 722; *Thum*, in: Wandtke/Bullinger, UrhG, § 72, Rn. 3; *Vogel*, in: Loewenheim, UrhR, § 37, Rn. 10.
113 *Rehbinder/Peukert*, UrhR, Rn. 775; *Schack*, UrhR, Rn. 723; *Vogel*, in: Loewenheim, UrhR, § 37, Rn. 9; *ders.*, in: Schricker/Loewenheim, UrhG, § 72, Rn. 20; *Thum*, in: Wandtke/Bullinger, UrhG, § 72, Rn. 15; *Schulze*, in: Dreier/Schulze, UrhG, § 72, Rn. 4; offengelassen in LG Berlin, Urt. v. 30.05.1989 – 16 O 33/89 (Satellitenfoto), GRUR 1990, 270.

131 Ebenso wie bei Werken der angewandten Kunst in den Fällen des Designschutzes[114] darf allerdings nicht übersehen werden, dass nahezu alle Fotografien zumindest gem. § 72 UrhG und ohne Erfüllung besonderer Anforderungen als einfache **Lichtbilder** (ohne den Zusatz „-werk") leistungsschutzrechtlich genauso[115] geschützt werden wie Lichtbildwerke.[116] Ein Erzeugnis also, dass keine künstlerische Gestaltung aufweist und auch keine inhaltliche Aussage hat, sondern einfach nur ablichtet, steht nicht schutzlos da. Es gibt in der Praxis insoweit kaum Fälle schutzloser Fotografien. Selbst bei Screenshots beispielsweise soll es sich um geschützte Lichtbilder handeln können.[117]

6. Filmwerke

132 Zu den geschützten Werken der Literatur, Wissenschaft und Kunst gehören korrespondierend zu den Lichtbildwerken gem. § 2 Abs. 1 Nr. 6 UrhG natürlich auch Filmwerke einschließlich der Werke, die ähnlich wie Filmwerke geschaffen werden.[118] Filmwerke setzen eine **bewegte Bilderfolge** bzw. eine bewegte Bild-Tonfolge mit Hilfe filmischer Gestaltungsmittel um,[119] bspw. Spielfilme, Lehrfilme, Dokumentarfilme, Naturfilme, Kulturfilme, Industrie- und Werbefilme, Zeichentrickfilme, Filmberichte, Amateurfilme, Videoclips. Filmwerke bedienen sich also des Ausdrucksmittels des bewegten Bildes[120] und stellen insoweit Bewegtbildkompositionen dar. Ebenso wie bei Lichtbildwerken stellt der Gesetzgeber also auch bei Filmwerken auf die **Art des Schaffens** im Sinne der Herstellungstechnik[121] ab.

133 Zwar kommt es weder auf eine bestimmte Herstellungstechnik, ein bestimmtes Aufnahmeverfahren oder überhaupt auf eine körperliche Fixierung des Films an, denn auch die digitale Festlegung,[122] **Live-Sendungen** im Fernsehen[123] oder animierte Effekte der Menüführung einer Internet-Homepage[124] können Filmwerke

---

114 Hierzu s. Rn. 125 ff.
115 Beachte jedoch § 72 Abs. 3 UrhG, wonach eine verkürzte Schutzdauer gilt.
116 Zum Schutz als Lichtbild vgl. Kap. 10, Rn. 106 ff.
117 LG Berlin, Urt. v. 16.03.2000 – 16 S 12/99 (Screenshots), GRUR 2000, 797; BGH, Beschl. v. 27.02.1962 – I ZR 118/60 (AKI), GRUR 1962, 470; *Thum*, in: Wandtke/Bullinger, UrhG, § 72, Rn. 12; *Vogel*, in: Loewenheim, UrhR, § 37, Rn. 8.
118 Zum Filmurheberrecht vgl. ausführlich Kap. 6; zu den Schutzvoraussetzungen im Einzelfall s. Rn. 151 ff., insb. Rn. 188 f.
119 BGH, Urt. v. 15.11.1957 – I ZR 83/56 (Sherlock Holmes), GRUR 1958, 354, 355; *Ahlberg*, in: Möhring/Nicolini, UrhG, § 2, Rn. 33; *Dreyer*, in: Dreyer/Kotthoff/Meckel, UrhG, § 2, Rn. 251; *Loewenheim*, in: Schricker/Loewenheim, UrhG, § 2, Rn. 186; *Bullinger*, in: Wandtke/Bullinger, UrhG, § 2, Rn. 120; *Katzenberger*, in: Schricker/Loewenheim, UrhG, vor §§ 88 ff., Rn. 20; *A. Nordemann*, in: Loewenheim, UrhR, § 9, Rn. 161.
120 *Rehbinder/Peukert*, UrhR, Rn. 301.
121 *Schack*, UrhR, Rn. 245.
122 *Dreyer*, in: Dreyer/Kotthoff/Meckel, UrhG, § 2, Rn. 251.
123 Amtl. Begr. BT-Drucks. IV/270, S. 98.
124 LG München I, Urt. v. 11.11.2004 – 7 O 1888/04 (Homepage), ZUM-RD 2005, 81, 83.

im Sinne der Norm sein. Und auch der konkrete Inhalt spielt keine Rolle.[125] Filmwerke müssen, um als solche schutzfähig zu sein, aber durch die Bewegtbildfolgen bzw. ihre Gestaltung einen **Inhalt** ausdrücken, der über den Inhalt der einzelnen Bilder hinaus geht.[126] Dieser kann im Handlungsablauf, in Belehrungen bzw. Unterrichtung oder in der Werbung für ein Produkt oder eine Dienstleistung zu sehen sein.[127]

Zu beachten ist, dass Filmwerke oft gem. § 23 UrhG als Bearbeitung unter **Benutzung vorbestehender Werke** geschaffen werden, beispielsweise im Falle der Verfilmung eines Romans. Ähnlich wie bei Lichtbildwerken, die geschützte Gegenstände abbilden, bestehen an auf diese Weise geschaffenen Filmwerken **Urheberrechte Dritter** in Person des Romanautors. Gleiches gilt beispielsweise auch für Drehbuchautoren,[128] Komponisten von Filmmusik[129] oder Urheber von anderen Werken, die im Filmwerk zur Geltung kommen können, bspw. Fabeln,[130] Filmkulissen und Bühnenbilder,[131] Filmexposés, Treatments etc.[132] Und auch das Filmwerk selbst entsteht in der Regel im **Teamwork**, sodass es auch insoweit mehrere urheberrechtlich Berechtigte am Filmwerk selbst geben kann. Schließlich können durch Filmwerke auch die **Leistungsschutzrechte von ausübenden Künstlern** tangiert sein, bspw. Schauspieler und Darsteller. Das typische Filmwerk ist also eine komplexe Verbindung von Werken und Leistungen, die es sorgfältig auseinander zu halten gilt. 134

Zu den Filmwerken zählen auch Werke, die **ähnlich wie Filmwerke geschaffen** werden, § 2 Abs. 1 Nr. 6 UrhG, also bspw. Animationsfilme, Computer- oder Videospiele und Multimediaprodukte, wenn sie den Eindruck eines bewegten Bildes entstehen lassen, ohne dass hierzu Steuerungsbefehle erforderlich sind.[133] 135

Ebenso wie bei Lichtbildwerken hat der Schutz von nicht-schöpferischen Laufbildern gem. § 95 UrhG auch hier Abgrenzungsstreitfälle bisher verhindert.[134] Als **Laufbilder** geschützt werden nicht-schöpferische Bildfolgen und Bild- und Tonfolgen, wie dokumentarische Aufnahmen von Sportereignissen, Naturbegebenheiten oder Operationen, Videospiele, Fernsehübertragungen von Theateraufführungen oder Talkshows sowie unkünstlerische Pornofilme etc.[135] 136

---

125 *Katzenberger*, in: Schricker/Loewenheim, UrhG, vor § 88, Rn. 21; *Lutz*, UrhR, Rn. 117.
126 *Rehbinder/Peukert*, UrhR, Rn. 301 f.
127 *Rehbinder/Peukert*, UrhR, Rn. 303.
128 Das Filmwerk ist allerdings keine bloße Aufführung des Drehbuchs, sondern ein völlig neues Werk, vgl. *Schack*, UrhR, Rn. 241.
129 *Dreyer*, in: Dreyer/Kotthoff/Meckel, UrhG, § 2, Rn. 251, 253.
130 KG, Urt. v. 13.01.2010 – 24 U 88/09 (Fabel), ZUM 2010, 346.7
131 *Lutz*, UrhR, Rn. 118; *Schack*, UrhR, Rn. 242, Fn. 178; aA. *Rehbinder/Peukert*, UrhR, Rn. 307.
132 Weiterführend Kap. 6, Rn. 17 ff.
133 *Lutz*, UrhR, Rn. 117.
134 *Schulze*, Kleine Münze, S. 60.
135 OLG Köln, Urt. v. 13.08.1993 – 6 U 142/92 (Filmausschnitt), GRUR 1994, 47, 48; BGH, Urt. v. 24.11.1983 – I ZR 147/81 (Filmregisseur), GRUR 1984, 730; BGH, Urt. v.

7. Darstellungen wissenschaftlicher oder technischer Art

137 Zu den geschützten Werken der Literatur, Wissenschaft und Kunst gehören gem. § 2 Abs. 1 Nr. 7 schließlich Darstellungen wissenschaftlicher oder technischer Art wie Zeichnungen, Pläne, Karten, Skizzen, Tabellen und plastische Darstellungen.[136] Sie dienen der Vermittlung von belehrenden oder unterrichtenden Informationen über den dargestellten Gegenstand mit dem **Ausdrucksmittel der grafischen oder plastischen Darstellung**.[137] Insoweit unterscheiden sie sich von den Werken der bildenden Kunst,[138] die vorwiegend das ästhetische Empfinden ansprechen, bzw. den Werken der angewandten Kunst,[139] die daneben auch einem Gebrauchszweck dienen, jedenfalls aber nicht informieren wollen. Zwar dienen auch Sprach- bzw. Schriftwerke der Vermittlung von Informationen, diese wiederum unterscheiden sich von den Darstellungen wissenschaftlicher oder technischer Art aber dadurch, dass sie sich des Ausdrucksmittels der Sprache bedienen.[140]

138 Um welche **Inhalte** es sich handelt oder ob diese richtig, nützlich oder verständlich dargestellt bzw. als solche wissenschaftlicher oder technischer Natur sind, spielt keine Rolle. Es genügt die objektive Eignung der Darstellung zur Informationsvermittlung.[141] Die Begriffe „Wissenschaft" und „Technik" werden also weit verstanden.[142] Insoweit können neben den im Gesetz ausdrücklich erwähnten Beispielen (Zeichnungen, Pläne, Karten, Skizzen, Tabellen und plastische Darstellungen) auch Schutz erlangen bspw. wissenschaftliche Schemata,[143] medizinische oder naturwissenschaftliche Schaubilder, Formulare, Bilder in Malbüchern, Benutzeroberflächen oder Bildschirmmasken,[144] Musterbögen zur Anleitung von Handarbeiten, Bedienungsanleitungen für technische Geräte.[145] Allerdings betrifft der Schutz nicht die Information als solche, sondern lediglich deren Darstellung.[146]

21.04.1953 – I ZR 110/52 (Lied der Wildbahn I), GRUR 1953, 299; *Lütje*, in: Möhring/Nicolini, UrhG, § 95, Rn. 4; *Manegold/Czernik*, in: Wandtke/Bullinger, UrhG, § 95, Rn. 6 ff.; *Rehbinder/Peukert*, UrhR, Rn. 304; *Schack*, UrhR, Rn. 730 f.; siehe auch Kap. 6, Rn. 79 ff.
136 Zu den Schutzvoraussetzungen im Einzelfall s. Rn. 151 ff., insb. Rn. 190 ff.
137 BGH, Urt. v. 01.06.2011 – I ZR 140/09 (Lernspiele), GRUR 2011, 803, 806 [39]; OLG München, Urt. v. 19.09.1991 – 6 U 2093/88 (Rätsel), GRUR 1992, 510.
138 Hierzu siehe Rn. 121 ff.
139 Hierzu siehe Rn. 125 f.
140 Hierzu siehe Rn. 104 ff.
141 *Lutz*, UrhR, Rn. 125.
142 BGH, Urt. v. 01.06.2011 – I ZR 140/09 (Lernspiele), GRUR 2011, 803, 806 [43]; *Schack*, UrhR, Rn. 212; *Ulmer*, UrhR, S. 138.
143 *Rehbinder/Peukert*, UrhR, Rn. 290.
144 OLG Karlsruhe, Urt. v. 14.04.2010 – 6 U 46/09 (Reisebürosoftware), GRUR-RR 2010, 234.
145 BGH, Urt. v. 10.10.1991 – I ZR 147/89 (Bedienungsanweisung), GRUR 1993, 34.
146 BGH, Urt. v. 13.11.2013 – I ZR 143/12 (Geburtstagszug), GRUR 2014, 175 [12]; BGH, Urt. v. 01.06.2011 – I ZR 140/09 (Lernspiele), GRUR 2011, 803, 807 [50]; *Rehbinder/Peukert*, UrhR, Rn. 289, 291.

Auch spielt die **Form der Darstellung** keine Rolle, sodass auch dreidimensionale Abbildungen oder plastische Darstellungen umfasst sein können, bspw. Reliefkarten oder Modelle des menschlichen Körpers,[147] einer Maschine oder eines Gebäudes.[148]

139

Anders als bei Entwürfen der bildenden Kunst ist der dreidimensionale **Nachbau** einer wissenschaftlichen oder technischen Darstellung allerdings nicht vom Schutz umfasst,[149] denn auch hier ist der dargestellte Gegenstand von der Darstellung als solcher zu unterscheiden.[150]

140

Das Urheberrecht an **Bebauungsplänen**, die von einer Gemeinde nach § 10 BBauG als Satzung beschlossen wurden, geht im Übrigen kraft Gesetzes unter, da es sich bei ihnen um amtliche Werke gem. § 5 Abs. 1 UrhG handelt.[151]

141

8. Sammelwerke und Datenbankwerke

Gem. § 4 UrhG werden außerdem Sammel- und Datenbankwerke geschützt.[152] Auch wenn Sammel- und Datenbankwerke nicht im Beispielkatalog der Werkarten des § 2 Abs. 1 UrhG genannt sind, handelt es sich hierbei gleichwohl um eine **eigenständige Werkart**.[153]

142

a) Sammelwerke

Ein Sammelwerk ist gem. § 4 Abs. 1 UrhG eine Sammlung von Werken, Daten oder anderen unabhängigen Elementen, die **aufgrund der Auswahl oder Anordnung** der Elemente eine **persönliche geistige Schöpfung** ist, bspw. Gesetzessammlungen,[154] Zusammenstellungen von Seminarunterlagen,[155] Enzyklopädien, Festschriften, Handbücher, Jahrbücher, Zeitungen, Zeitschriften. Sie kann als „**Elemente**" sowohl geschützte Werke enthalten, wie beispielsweise im Falle von Zeitungen, Zeitschriften, Liederbüchern, Lesebüchern, Bildbänden, Rundfunksendungen, Kunstbänden etc., als auch an sich schutzlose Erzeugnisse, wie bei Gesetzes-, Formular- oder Rezeptsammlungen, oder Elemente, die einer General-Public-License (GPL) unterliegen,[156] beispielsweise einzelne Dateien einer Firmware.[157] Ja es reicht sogar aus, einfach irgendwelche Daten zu sammeln,

143

---

147 *Dreyer*, in: Dreyer/Kotthoff/Meckel, UrhG, § 2, Rn. 272.
148 *Schack*, UrhR, Rn. 212.
149 BGH, Urt. v. 19.01.1989 – I ZR 6/87 (Bauaußenkante), GRUR 1989, 416, 417; *Rehbinder/Peukert*, UrhR, Rn. 291.
150 *Schack*, UrhR, Rn. 211.
151 *Ahlberg*, in: Möhring/Nicolini, UrhG, § 3, Rn. 11.
152 Zu den Schutzvoraussetzungen im Einzelfall s. Rn. 151 ff., insb. Rn. 194 ff.
153 *Loewenheim*, in: Schricker/Loewenheim, UrhG, § 4, Rn. 3.
154 OLG Frankfurt, Urt. v. 10.01.1985 – 6 U 30/84 (Gesetzessammlung), GRUR 1986, 242, 242 f.
155 OLG Frankfurt, Urt. v. 04.11.2014 – 11 U 106/13 (Seminarunterlagen), ZUM 2015, 257.
156 Zur GPL und zum Open Content s. Kap. 4, Rn. 301 ff.
157 LG Berlin, Urt. v. 08.11.2011 – 16 O 255/10 (Surfsitter), GRUR-RR 2012, 107, 109.

ohne dass es sich hierbei um eigenständige Erzeugnisse handeln müsste. Insofern ist die Auffassung, wonach **Zusammenstellungen von Gegenständen ohne geistigen Gehalt**, wie Sammlungen von Münzen, Briefmarken, Mineralien, Blumen, Schmetterlingen, Käfern und dergleichen, nicht zu dem Sammelwerken gehören können,[158] nicht nachvollziehbar. Hierfür sprechen auch nicht die in Erwägungsgrund Nr. 17 der Datenbank-Richtlinie[159] genannten Beispiele (Texte, Töne, Bilder, Zahlen, Fakten und Daten),[160] denn dies sind Beispiele für „anderes Material", wobei der Begriff „Material" in Zusammenschau mit den nachfolgenden Beispielen nicht zwingend für solche Materialien mit geistigem Gehalt spricht. Einzelne Töne weisen nämlich auch keinen geistigen Gehalt auf.[161] Der Schutz als Sammelwerk stellt also nicht auf die einzelnen Elemente oder ihren Inhalt ab, sondern **auf die Zusammenstellung der Elemente** bzw. auf die **Struktur**. Es kommt somit auf eine bestimmte Auswahl oder Anordnung der Elemente an. Sammelwerke sind mehr als die Summe ihrer Teile, sie sind etwas anderes, das neben die in ihnen enthaltenen Teile tritt.[162]

144 Ferner erforderlich ist die **Unabhängigkeit** der Elemente. Dies ist dann der Fall, wenn sie getrennt werden können, ohne dass ihr Informationsgehalt verloren geht, wie beispielsweise bei Adressbüchern die Adressen. Und auch **Multimediawerke**, deren Elemente sich trennen lassen, könnten als Sammelwerke im Sinne des § 4 UrhG verstanden werden.[163] Wenn die Elemente dagegen abhängig und untrennbar miteinander verbunden sind, kann es sich allenfalls um ein Werk anderer Werkart handeln, bspw. ein Schriftwerk in Gestalt eines Buchs oder ein Filmwerk.[164]

145 Nicht erforderlich ist eine bestimmte **Verkörperung des Sammelwerks**, beispielsweise in einer Fotodokumentation oder in einem Katalog, sodass auch die Zusammenstellung von Exponaten im Rahmen einer **Ausstellung** Sammelwerk im Sinne der Norm ist.[165] Ebenso wenig kommt es darauf an, dass die Zusammenstellung eine gewisse Zeit lang existent ist, sodass der Schutz auch dann nicht endet, wenn das Sammelwerk seine Verkörperung verliert.[166]

b) Datenbankwerke

146 Ein Datenbankwerk ist ein Sammelwerk, dessen Elemente systematisch oder methodisch angeordnet und einzeln **mit Hilfe elektronischer Mittel** oder auf andere

---

158 *Loewenheim*, in: Schricker/Loewenheim, UrhG, § 4, Rn. 7, *Ahlberg*, in: Möhring/Nicolini, § 4, Rn. 13.
159 Siehe Kap. 11, Rn. 236 f.
160 So *Loewenheim*, in: Schricker/Loewenheim, UrhG, § 4, Rn. 7.
161 Siehe Rn. 113.
162 *Schack*, UrhR, Rn. 289.
163 LG Köln, Urt. v. 15.06.2005 – 28 O 744/04 (Multimediapräsentation), ZUM 2005, 910, 913.
164 *Loewenheim*, in: Schricker/Loewenheim, UrhG, § 4, Rn. 7.
165 LG München I, Urt. v. 05.02.2003 – 21 O 2324/00 (Archäologische Ausstellung), ZUM-RD 2003, 492, 499.
166 LG München I, Urt. v. 05.02.2003 – 21 O 2324/00 (Archäologische Ausstellung), ZUM-RD 2003, 492, 499.

Weise **zugänglich** sind, § 4 Abs. 2 UrhG, beispielsweise elektronische Branchenverzeichnisse. Datenbankwerken kommt jedoch keine eigenständige Bedeutung zu, da sie nichts anderes ist als ein Unter- oder **Sonderfall des Sammelwerks** sind.[167] Sie unterscheiden sich vom Sammelwerk jedoch einerseits durch die systematische oder methodische Anordnung der Elemente sowie andererseits durch die Zugänglichkeit der Einzelelemente mit Hilfe elektronischer Mittel oder auf andere Weise.

Systematisch oder methodisch angeordnet sind die Elemente dann, wenn sie nach bestimmten Ordnungsgesichtspunkten zusammengestellt sind, bspw. alphabetisch, numerisch oder chronologisch.[168] Insofern kann die Zusammenstellung von Beiträgen in einer Zeitschrift oder Zeitung zwar Sammelwerk sein, nicht aber Datenbankwerk, denn die einzelnen Beiträge sind in der Regel nicht systematisch oder methodisch angeordnet. Und reine Datenhaufen können schon nicht als Zusammenstellung betrachtet werden, jedenfalls fehlt hier die Ordnung.

147

Einzeln mit Hilfe elektronischer Mittel oder auf andere Weise **zugänglich** sind die Elemente, wenn sie unabhängig voneinander sind und außerdem die Möglichkeit besteht, unter Berücksichtigung ihrer systematisch bzw. methodischen Anordnung auf sie zuzugreifen und sie abzufragen.[169] Es kommt hingegen nicht darauf an, ob dieser Zugriff elektronisch oder nicht-elektronisch erfolgt, sodass auch (analoge) Karteisysteme eine einzelne Zugänglichkeit der Elemente im Sinne der Norm ermöglichen können.

148

Das UrhG schützt im Übrigen nicht nur Sammelwerke und Datenbankwerke, sondern gem. § 87a UrhG auch nicht-schöpferische **Datenbanken** (ohne den Zusatz „-werk").[170] Ebenso wie das Datenbankwerk setzt eine solche Datenbank eine Sammlung von unabhängigen Elementen voraus, die systematisch oder methodisch angeordnet und einzeln zugänglich sind. Darüber hinaus muss die Beschaffung, Überprüfung oder Darstellung der Elemente aber auch eine nach Art oder Umfang **wesentliche Investition** erfordern. Gegenüber Datenbankwerken tritt an die Stelle der persönlichen geistigen Schöpfung also die wesentliche Investition.[171] Unter diesen Gesichtspunkten wurden als Datenbank angesehen Telefonbücher,[172] Linksammlungen,[173] eine Zusammenstellung sämtlicher redaktioneller Mitteilun-

149

---

167 *Nordemann*, in: Fromm/Nordemann, UrhG, § 4, Rn. 1; *Rehbinder/Peukert*, UrhR, Rn. 333.
168 LG Köln, Urt. v. 18.11.2005 – 28 O 322/04 (Linkliste), CR 2000, 400, 401; *Loewenheim*, in: Schricker/Loewenheim, UrhG, § 4, Rn. 41.
169 *Loewenheim*, in: Schricker/Loewenheim, UrhG, § 4, Rn. 42.
170 Hierzu ausführlich Kap. 10, Rn. 263 ff.
171 *Loewenheim*, in: Loewenheim, UrhR, § 43, Rn. 4; *Thum/Hermes*, in: Wandtke/Bullinger, UrhG, § 87a, Rn. 2.
172 BGH, Urt. v. 06.05.1999 – I ZR 199/96 (Tele-Info-CD), GRUR 1999, 923, 925.
173 AG Rostock, Urt. v. 20.02.2001 – 49 C 429/99 (Linksammlung), MMR 2001, 631; LG Köln, Urt. v. 25.08.1999 – 28 O 527/98 (Linkliste), CR 2000, 400.

gen aus einer Zeitung[174] oder Kleinanzeigensammlungen.[175] Weil somit bloß die Ansammlung ungeordneter digitalisierter Daten völlig schutzlos bleiben muss,[176] kommt es kaum zu Streitigkeiten hinsichtlich der Schutzfähigkeit.

150 Zu beachten ist allerdings, dass der Schutz als Datenbankwerk (oder Datenbank) nicht die zur Herstellung oder **zum Betrieb der Datenbank erforderliche Software** umfasst. Hierbei handelt es sich vielmehr um Computerprogramme, die einen Unterfall der Sprachwerke darstellen.[177]

III. Schutzvoraussetzungen

151 Wie bereits oben erwähnt,[178] ist die Zugehörigkeit eines Erzeugnisses zu einer der Werkarten des § 2 Abs. 1 UrhG nicht schutzbegründend. Werke im Sinne des UrhG sind gem. § 2 Abs. 2 UrhG liegen vielmehr nur dann vor, wenn es sich um „**persönliche geistige Schöpfungen**" handelt. Diese Definition ist allerdings äußerst unglücklich, denn dass ein geistiges Erzeugnis persönlich geschaffen ist, kann natürlich nicht einzige Schutzvoraussetzung sein.[179] Anderenfalls wäre alles Geistige, was ein Mensch schafft, als urheberrechtliches Werk schutzfähig. Es müssen also **zusätzliche Voraussetzungen** erfüllt sein, damit ein Erzeugnis Werkcharakter[180] erlangen kann.

152 Der gesetzlichen Regelung ist hierzu jedoch nichts weiter zu entnehmen. Und die Gesetzesbegründung zum UrhG von 1965 stellt in Bezug auf die damals neue Formulierung der **persönlichen geistigen Schöpfung** des § 2 Abs. 2 UrhG bloß klar, dass sie keine Änderung des geltenden Rechts bedeute, sondern lediglich dem entspreche, was in Rechtslehre und Rechtsprechung unter dem Werkbegriff bereits verstanden werde.[181] Sodann folgt eine Zusammenfassung dieses Verständnisses vom urheberrechtlichen Werk als einem Erzeugnis, das durch seinen Inhalt, durch seine Form oder durch die Verbindung von Inhalt und Form etwas Neues und Eigentümliches darstellt.[182] Damit hat der Gesetzgeber die **Definition** des urheberrechtlichen Werkbegriffs und die schwierige Frage der Abgrenzung der schutzlosen von den schutzfähigen Erzeugnissen faktisch **der Praxis überlassen**.

153 Die Literatur leitet die für die Erfüllung der Werkeigenschaft erforderlichen Voraussetzungen mit Hilfe hermeneutischer Methoden entweder aus dem Sinn und

---

174 LG München I, Urt. v. 01.03.2002 – 21 O 9997/01 (Elektronische Pressespiegel), CR 2002, 452, 454.
175 LG Berlin, Urt. v. 08.10.1998 – 16 O 448/98 (Immobilienanzeigen), CR 1999, 388; aA. OLG München, Urt. v. 09.11.2000 – 6 U 2812/00 (Übernahme fremder Inserate), GRUR-RR 2001, 228, 228 f.
176 *Schack*, UrhR, Rn. 746.
177 Siehe Rn. 108.
178 Siehe Rn. 102.
179 *Rehbinder/Peukert*, UrhR, Rn. 210.
180 Man spricht v. „Werkcharakter" eines Erzeugnisses, wenn es Werk im Sinne des Urheberrechts ist, also Werkeigenschaft aufweist und deshalb geschützt ist.
181 Amtl. Begr. BT-Drucks. IV/270, S. 38.
182 Amtl. Begr. BT-Drucks. IV/270, S. 38.

Zweck der Regelung und dem Wesen geistigen Schaffens her[183] oder aus dem Begriff der Schöpfung ab.[184] Mit Hilfe dieser interpretierenden Auslegung des Gesetzes gelangt die herrschende Meinung zu der Auffassung, dass ein Werk im Sinne des Urheberrechts jede **persönliche Schöpfung** ist, die einen **geistigen Inhalt** aufweist, eine **wahrnehmbare Formgestaltung** gefunden hat und in der die **Individualität des Urhebers** in ausreichendem Maße zum Ausdruck kommt.[185]

1. Persönliche Schöpfung

Es muss sich zunächst um eine persönliche Schöpfung handeln, also eine solche, die **vom Menschen geschaffen** ist. Hiervon sind zu unterscheiden rein maschinelle Erzeugnisse, reine Naturprodukte oder von Tieren geschaffene Erzeugnisse, die keine Werke im Sinne des Urheberrechts sein können, bspw. Messprotokolle und technische Aufzeichnungen, eine besonders gewachsene Wurzel oder das von einem Affen gemalte „Bild". Im Einklang mit dem Wortlaut kann es sich hierbei nur um ein **auf menschlich-gestalterischer Tätigkeit beruhendes Erzeugnis** handeln, denn Tiere, Maschinen oder Computer sind keine Personen.[186] Der Begriff „persönlich" ist also in dem Sinne zu verstehen, dass das Erzeugnis von einer Person bzw. einem Menschen stammen muss.

Bedient der Mensch sich allerdings einer **Maschine als Hilfsmittel**, bspw. eines Computers durch Einsatz einer Textverarbeitungssoftware[187] oder durch Zeichnen mit der Maus am Bildschirm,[188] so gehen auch diese Erzeugnisse auf menschlich-gestalterische Tätigkeit zurück und sind damit menschliche bzw. persönliche Erzeugnisse.[189] Bei der von einer Software erstellten Übersetzung eines Texts in eine

---

183 *Erdmann*, FS f. v. Gamm, 389, 396.
184 Vgl. nur *Rehbinder/Peukert*, UrhR, Rn. 210 ff.
185 Mit terminologischen Unterschieden, immer jedoch mit vier Elementen *Bullinger*, in: Wandtke/Bullinger, UrhG, § 2, Rn. 15 ff.; *Dreyer*, in: Dreyer/Kotthoff/Meckel, UrhG, § 2, Rn. 13; *Erdmann*, FS f. v. Gamm, 389, 396 ff.; *v. Gamm*, UrhG, § 2, Rn. 4; *Loewenheim*, in: Schricker/Loewenheim, UrhG, § 2, Rn. 9; *Rehbinder/Peukert*, UrhR, Rn. 210 ff.; *Schack*, UrhR, Rn. 181; *Schmid/Wirth/Seifert*, UrhG, § 2, Rn. 3 f.; *Schulze*, in: Dreier/Schulze, UrhG, § 2, Rn. 6 ff.; aA. *Ahlberg*, in: Möhring/Nicolini, UrhG, § 2, Rn. 44.
186 LG Berlin, Urt. v. 30.05.1989 – 16 O 33/89 (Satellitenfoto), GRUR 1990, 270; *Bullinger*, in: Wandtke/Bullinger, UrhG, § 2, Rn. 15; *Delp*, Informationsgesellschaft, S. 267 f., Rn. 75; *Dreyer*, in: Dreyer/Kotthoff/Meckel, UrhG, § 2, Rn. 18; *Erdmann*, FS f. v. Gamm, 389, 396; *Hertin*, UrhR, Rn. 56; *Loewenheim*, in: Schricker/Loewenheim, UrhG, § 2, Rn. 11; *ders.*, in: Loewenheim, UrhG, § 6, Rn. 7; *Nordemann/Vinck*, in: Fromm/Nordemann, UrhG, § 2, Rn. 11; *Rehbinder/Peukert*, UrhR, Rn. 211; *Schack*, UrhR, Rn. 183 f.; *Schulze*, in: Dreier/Schulze, UrhG, § 2, Rn. 8.
187 *Loewenheim*, in: Schricker/Loewenheim, UrhG, § 2, Rn. 13.
188 *G.Schulze*, in: Loewenheim, UrhR, § 9, Rn. 201.
189 *Bullinger*, in: Wandtke/Bullinger, UrhG, § 2, Rn. 16; *Dreyer*, in: Dreyer/Kotthoff/Meckel, UrhG, § 2, Rn. 18 ff.; *Erdmann*, FS f. v. Gamm, 389, 396; *Hertin*, UrhR, Rn. 56; *Loewenheim*, in: Schricker/Loewenheim, UrhG, § 2, Rn. 13; *Nordemann/Vinck*, in: Fromm/Nordemann, UrhG, § 2, Rn. 19; *Schack*, UrhR, Rn. 183 f.; *Schricker*, Informationsgesellschaft, S. 45 f.

andere Sprache ist dies jedoch zum Beispiel anders zu beurteilen.[190] Alleine die Tatsache, dass von der Software menschliche Arbeitsanweisungen ausgeführt werden bzw. dass die Software ihrerseits auf menschliches Schaffen zurückgeht, ist nämlich nicht ausreichend.[191] Es bedarf vielmehr auch einer gewissen **Unmittelbarkeit** zwischen der gestalterischen Tätigkeit und ihrem Ergebnis.[192] Diese Unmittelbarkeit fehlt aber bei besagten **Softwareübersetzungen**.

156 Wenn also computergenerierte Erzeugnisse nicht mehr vom Menschen steuernd geschaffen werden, sondern auf die selbständige steuerungsfreie Leistung eines Computers zurückzuführen sind, wurde die Maschine nicht mehr lediglich als Werkzeug des Urhebers eingesetzt. Entstehende Erzeugnisse sind daher keine Werke im Sinne des Urheberrechts, bspw. automatisch aufgenommene **Satellitenfotos**, sog. „Blitzer-Fotos" der **Verkehrsüberwachung** oder maschinell bzw. computergestützt festgehaltene **Mess- und Logdaten**. Zwar könnte man in der Tatsache einen menschlichen Ursprung sehen, dass ein Mensch den Aufnahmevorgang gestartet oder die Art und Weise der Protokollierung vorgegeben hat. Die aufgezeichneten Inhalte stellen aber lediglich das Ergebnis einer Messung oder maschinellen Beobachtung dar, wurden also gerade nicht von einem Menschen eindeutig geplant und festgelegt.[193] Der menschliche Beitrag hat hier die **Schwelle zur gestalterischen Tätigkeit** nicht überschritten.[194]

2. Geistiger Gehalt

157 Des Weiteren muss es sich um ein geistiges Erzeugnis handeln. Dies ist nur dann der Fall, wenn es einen geistigen Inhalt aufweist, also einen **Gedankeninhalt zum Ausdruck bringt**.[195] Keine Rolle spielt, ob es sich um einen begrifflichen Inhalt handelt wie bei Sprachwerken, um einen anschaulichen Inhalt wie bei Kunstwerken oder Lichtbildwerken, oder um einen akustischen Inhalt wie bei Werken der Tonkunst.[196] Natürlich liegt jeder Erstellung eines (persönlichen) Erzeugnisses im-

---

190 *Ahlberg*, in: Möhring/Nicolini, UrhG, § 2, Rn. 51; *Delp*, Informationsgesellschaft, S. 276 f., Rn. 75; *Loewenheim*, in: Loewenheim, UrhR, § 6, Rn. 8; *Schulze*, in: Dreier/Schulze, UrhG, § 2, Rn. 8.
191 *Loewenheim*, in: Loewenheim, UrhR, § 6, Rn. 6.
192 *Ahlberg*, in: Möhring/Nicolini, UrhG, § 2, Rn. 51; *Loewenheim*, in: Schricker/Loewenheim, UrhG, § 2, Rn. 12; *Nordemann/Vinck*, in: Fromm/Nordemann, UrhG, § 2, Rn. 10; *Ulmer*, UrhR, S. 128.
193 *Dreyer*, in: Dreyer/Kotthoff/Meckel, UrhG, § 2, Rn. 19 ff.; *Erdmann*, FS f. v. Gamm, 389, 396; *Loewenheim*, in: Schricker/Loewenheim, UrhG, § 2, Rn. 13; *Nordemann/Vinck*, in: Fromm/Nordemann, UrhG, § 2, Rn. 10; *Schricker*, Informationsgesellschaft, S. 45 f.; *Ulmer*, UrhR, S. 128.
194 *Bullinger*, in: Wandtke/Bullinger, UrhG, § 2, Rn. 16.
195 *Erdmann*, FS f. v. Gamm, 389, 399 f.; *v.Gamm*, UrhG, § 2, Rn. 5; *Hertin*, UrhR, Rn. 56; *Loewenheim*, in: Loewenheim, UrhR, § 6, Rn. 10; *ders.*, in: Schricker/Loewenheim, UrhG, § 2, Rn. 18; *Rehbinder/Peukert*, UrhR, Rn. 212; *Schack*, UrhR, Rn. 185 f.; *Schulze*, in: Dreier/Schulze, UrhG, § 2, Rn. 12.
196 *Rehbinder/Peukert*, UrhR, Rn. 212.

mer irgendein Gedanke zugrunde. Bei einem Schreiben bspw. derjenige, jemanden über etwas informieren zu wollen. Dies genügt aber nicht. Der Gedanke muss vielmehr **dem Erzeugnis selbst immanent** sein[197] und dadurch die Gedanken des Werkgenießers führen oder formen können,[198] sodass vom Erzeugnis eine **geistig anregende Wirkung** ausgeht.[199]

Zwar muss der Gedanke nicht zu Ende gedacht oder geführt sein, denn auch Entwürfe und Werkteile können Schutz genießen.[200] Ein einzelner **Gedankensplitter** ist allerdings nicht schutzfähig,[201] denn ein Gedankensplitter kann Gedanken nicht führen oder formen. Er ist nichts anderes als eine allein stehende Information, über die zwar passiv nachgedacht werden kann, die aber nicht aktiv auf die Gedankengänge einwirkt und zum **Mitdenken** anregt. So werden bspw. durch ein Schreiben keine Gedanken geführt oder geformt, das zum Inhalt lediglich die kurze Mitteilung eines Termins hat, denn ein solches Erzeugnis hat keine geistig anregende Wirkung. Kurze Mitteilungen regen der Geist meist nicht zum Mitdenken, sondern allenfalls zum Nachdenken an. Dies wäre erst dann anders, wenn bspw. begründet würde, warum dieser und nicht jener Termin gewählt wurde. Erst dann würde sich besagte Mitteilung von **rein mechanischer Tätigkeit**[202] unterscheiden und jedenfalls in Ansätzen zum Mitdenken anregen. 158

Das urheberrechtlich schutzfähige Werk kann also durch das Erfordernis des geistigen Gehalts abgegrenzt werden von rein technischen Leistungen, die bloß als **Anweisungen an den menschlichen Geist** zu verstehen sind und möglicherweise Schutz durch das Patent- oder Gebrauchsmusterrecht erlangen können oder wirtschaftliche und kaufmännische Organisationsmethoden oder -systeme, Werbemethoden, Planungskonzepte oder Ordnungssysteme, die zumeist gänzlich schutzlos 159

---

197 OLG München, Urt. v. 19.09.1991 – 6 U 2093/88 (Rätsel), GRUR 1992, 510, 511; BGH, Urt. v. 27.03.1963 – Ib ZR 129/61 (Rechenschieber), GRUR 1963, 633, 634; BGH, Urt. v. 25.11.1958 – I ZR 15/58 (Einheitsfahrschein), GRUR 1959, 251; BGH, Urt. v. 20.09.1955 – I ZR 194/53 (Werbeidee), GRUR 1955, 598, 599; *Rehbinder/Peukert*, UrhR, Rn. 212; *Loewenheim*, in: Schricker/Loewenheim, UrhG, § 2, Rn. 18; *Schack*, UrhR, Rn. 185 f.
198 BGH, Urt. v. 11.04.2002 – I ZR 231/99 (Technische Lieferbedingungen), GRUR 2002, 958, 959; BGH, Urt. v. 06.05.1999 – I ZR 199/96 (Tele-Info-CD), GRUR 1999, 923, 924; BGH, Urt. v. 28.05.1998 – I ZR 81/96 (Stadtplanwerk), GRUR 1998, 916, 917; BGH, Urt. v. 16.01.1997 – I ZR 9/95 (CB-infobank I), GRUR 1997, 459, 460; BGH, Urt. v. 17.04.1986 – I ZR 213/83 (Anwaltsschriftsatz), GRUR 1986, 739, 740; BGH, Urt. v. 09.05.1985 – I ZR 52/83 (Inkasso-Programm), GRUR 1985, 1041, 1047; BGH, Urt. v. 29.03.1984 – I ZR 32/82 (Ausschreibungsunterlagen), GRUR 1984, 659, 660; BGH, Urt. v. 12.06.1981 – I ZR 95/79 (WK-Dokumentation), GRUR 1982, 37, 39; *v. Gamm*, UrhG, § 2, Rn. 5; *Ulmer*, UrhR, S. 132 f.
199 *Bullinger*, in: Wandtke/Bullinger, UrhG, § 2, Rn. 21; *Dreyer*, in: Dreyer/Kotthoff/Meckel, UrhG, § 2, Rn. 42; *Schulze*, in: Dreier/Schulze, UrhG, § 2, Rn. 12.
200 RG, Urt. v. 16.03.1927 – I 385/26 (Adressbücher), RGZ 116, 292, 303; *v. Gamm*, UrhG, § 2, Rn. 9; *Rehbinder/Peukert*, UrhR, Rn. 214; hierzu si. auch Rn. 229.
201 RG, Urt. v. 08.03.1913 – I 161/12 (Lustspiel), RGZ 82, 16, 18.
202 *Nordemann/Vinck*, in: Fromm/Nordemann, UrhG, § 2, Rn. 10.

bleiben.²⁰³ Schutzfähig sind in diesen Fällen nämlich niemals die Methoden als solche, sondern allenfalls ihre konkrete Darstellung in Wort oder Bild. Gleiches gilt für Spielsysteme wie bei Gesellschaftsspielen oder sonstigen Spielen.

160 **Keinen geistigen Gehalt** weisen beispielsweise auch schmucklose Gebrauchsgegenstände wie einfache Tische oder Stühle auf, die nicht das intellektuelle oder ästhetische Empfinden ansprechen, sondern reinen Gebrauchszwecken dienen,²⁰⁴ oder sportliche Aktivitäten wie die eines Fußballers beim Tor des Jahres.²⁰⁵

3. Wahrnehmbare Formgestaltung

161 Erforderlich ist außerdem, dass das Erzeugnis in einer entsprechenden Formgestaltung **der Sinneswahrnehmung zugänglich** ist.²⁰⁶ Der Urheber muss ihm also in irgendeiner Weise Ausdruck verliehen haben. Die Gedanken müssen seine rein geistige Sphäre verlassen haben und wahrnehmbar geworden sein, ganz gleich ob dies flüchtig bspw. durch Aussprechen oder dauerhaft bspw. durch Aufschreiben geschieht.²⁰⁷ Gedanken und Ideen, die im Geiste des Urhebers zwar fertig, aber dennoch nicht erkennbar geworden sind, können somit keinen Schutz erlangen.²⁰⁸ Dies ist freilich bloße Theorie, denn ein Werk, dass der Urheber niemals entäußert hat, kann nicht beeinträchtigt werden, da es nicht existent geworden ist. Insoweit

---

203 Zu den Konzepten s. Rn. 222.
204 *Rehbinder/Peukert*, UrhR, Rn. 212.
205 EuGH, Urt. v. 04.10.2011 – C-403/08 u. C-429/08 (Murphy), GRUR 2012, 156 [98].
206 OLG München, Urt. v. 24.03.1988 – 6 U 1983/86 (Ein bisschen Frieden), ZUM 1989, 588, 590; BGH, Urt. v. 09.05.1985 – I ZR 52/83 (Inkasso-Programm), GRUR 1985, 1041, 1046; OLG Karlsruhe, Urt. v. 09.02.1983 – 6 U 150/81 (Inkasso-Programm), GRUR 1983, 300, 305 f.; *Bullinger*, in: Wandtke/Bullinger, UrhR, § 2, Rn. 19; *Dreyer*, in: Dreyer/Kotthoff/Meckel, UrhR, § 2, Rn. 34 f.; *Erdmann*, FS f. v. Gamm, 398 f.; *v. Gamm*, UrhG, § 2, Rn. 8; *Hertin*, UrhR, Rn. 57; *Loewenheim*, in: Loewenheim, UrhR, § 6, Rn. 3; *ders.*, in: Schricker/Loewenheim, UrhG, § 2, Rn. 20; *Rehbinder/Peukert*, UrhR, Rn. 214 f.; *Schack*, UrhR, Rn. 187; *Schmid/Wirth/Seifert*, UrhG, § 2, Rn. 5; *Schulze*, in: Dreier/Schulze, UrhG, § 2, Rn. 13; *Ulmer*, UrhR, S. 130 f.; ebenso *Ahlberg*, in: Möhring/Nicolini, UrhG, § 2, Rn. 47 f., der jedoch missverständlich von einer Erstfixierung spricht, wobei er hierunter auch eine unkörperliche Äußerung verstehen will.
207 LG München I, Urt. v. 17.05.1991 – 21 O 19309/90 (Duo Gismonti-Vasconcelos), GRUR Int. 1993, 82, 83; BGH, Urt. v. 22.05.1962 – I ZR 20/60 (Bad auf der Tenne II), GRUR 1962, 531, 533; BGH, Beschl. v. 27.02.1962 – I ZR 118/60 (AKI), GRUR 1962, 470, 472; *Ahlberg*, in: Möhring/Nicolini, UrhG, § 2, Rn. 48; *Erdmann*, FS f. v. Gamm, 389, 398; *Loewenheim*, in: Loewenheim, UrhR, § 6, Rn. 11; *ders.*, in: Schricker/Loewenheim, UrhG, § 2, Rn. 20; *Schack*, UrhR, Rn. 187; *Schulze*: Dreier/Schulze, UrhG, § 2, Rn. 13; *Ulmer*, UrhR, S. 131.
208 OLG München, Urt. v. 24.03.1988 – 6 U 1983/86 (Ein bisschen Frieden), ZUM 1989, 588; Ahlberg, in: Möhring/Nicolini, UrhG, § 2, Rn. 46; *Delp*, Informationsgesellschaft, S. 233, Rn. 1; *Hertin*, UrhR, Rn. 57; *Loewenheim*, in: Loewenheim, UrhR, § 6, Rn. 11; *ders.*, in: Schricker/Loewenheim, UrhG, § 2, Rn. 20; *Nordemann/Vinck*, in: Fromm/Nordemann, UrhG, § 2, Rn. 22; *Rehbinder/Peukert*, UrhR, Rn. 214; *Schmid/Wirth/Seifert*, UrhG, § 2, Rn. 5; *Ulmer*, UrhR, S. 130.

ist hinsichtlich der wahrnehmbaren Formgestaltung lediglich klarzustellen, dass es einer **körperlichen Form** nicht bedarf, sodass bspw. auch eine reine Musikimprovisation Schutz erlangen kann.[209] **Nur bei bestimmten Werkarten**, bei denen der Sache nach ein körperliches Ausdrucksmittel erforderlich ist, reicht die rein unkörperliche Wahrnehmbarkeit nicht aus, bspw. bei Werken der bildenden Kunst.[210]

4. Individualität

a) Allgemeines

Voraussetzung für die Erlangung von Werkschutz ist auch und gerade, dass im Erzeugnis die Individualität des Urhebers zum Ausdruck kommt.[211] Die Individualität, auch Originalität genannt, ist insoweit eindeutig das **zentrale Kriterium des Werkbegriffs**.[212] So verlangt der Bundesgerichtshof, dass das Erzeugnis **Ergebnis individuellen geistigen Schaffens**[213] bzw. dass es von individueller Ausdruckskraft ist.[214] Und individuell ist nur, **was nicht jeder so machen würde**, was eigenständig, originell und **kreativ** ist, was sich von der Masse des Alltäglichen, des Banalen, des Üblichen abhebt, was nicht nur eine rein handwerkliche oder routinemäßige Leistung ist.[215]

162

---

209 Hierzu siehe Rn. 112.
210 Hierzu siehe Rn. 121 ff.
211 Nach einer Mindermeinung ist Individualität nicht als die im Werk sich niederschlagende Individualität des Urhebers zu verstehen, sondern als Individualität des Erzeugnisses im Sinne einer statistischen Einmaligkeit, vgl. *Kummer*, Werke, S. 30 ff. Dies wird von der herrschenden Meinung jedoch abgelehnt, vgl. bspw. *Ahlberg*, in: Möhring/Nicolini, UrhG, § 2, Rn. 49; *Loewenheim*, in: Schricker/Loewenheim, UrhG, § 2, Rn. 23 ff.; *Rehbinder/Peukert*, UrhR, Rn. 221 ff.; *Ulmer*, UrhR, S. 132 f.
212 *Bullinger*, in: Wandtke/Bullinger, UrhG, § 2, Rn. 21; *v.Gamm*, UrhG, § 2, Rn. 5; *v.Gamm*, GRUR 1969, 593, 594; *Loewenheim*, Datenbanken, S. 16; *ders.*, in: Loewenheim, UrhR, § 6, Rn. 13; *ders.*, in: Schricker/Loewenheim, UrhG, § 2, Rn. 23; *Nordemann/Vinck*, in: Fromm/Nordemann, UrhG, § 2, Rn. 20; *Rehbinder/Peukert*, UrhR, Rn. 221 ff.; *A.Nordemann/Heise*, ZUM 2001, 128, 132; *Schack*, UrhR, Rn. 189; *Schmieder*, GRUR 1968, 79, 81; *Ulmer*, UrhR, S. 132. Mitunter ist auch die Rede von der schöpferischen Eigentümlichkeit des Werks, vgl. BGH, Urt. v. 28.05.1998 – I ZR 81/96 (Stadtplanwerk), GRUR 1998, 916, 917; BGH, Urt. v. 11.03.1993 – I ZR 263/91 (Alcolix), GRUR 1994, 206, 207 f.; BGH, Urt. v. 04.10.1990 – I ZR 139/89 (Betriebssystem), GRUR 1991, 449, 451; BGH, Urt. v. 12.03.1987 – I ZR 71/85 (Warenzeichenlexika), GRUR 1987, 704, 705; BGH, Urt. v. 17.04.1986 – I ZR 213/83 (Anwaltsschriftsatz), GRUR 1986, 739, 740; kritisch zum Begriff der Eigentümlichkeit *Schack*, UrhR, Rn. 189. Ebenfalls taucht gelegentlich der Begriff der schöpferischen Eigenart auf, vgl. BGH, Urt. v. 21.11.1991 – I ZR 190/89 (Leitsätze), GRUR 1992, 382, 385; BGH, Urt. v. 09.05.1985 – I ZR 52/83 (Inkasso-Programm), GRUR 1985, 1041, 1047; BGH, Urt. v. 21.11.1980 – I ZR 106/78 (Staatsexamensarbeit), GRUR 1981, 352, 353; oder der eingenschöpferischen Prägung, vgl. BGH, Urt. v. 11.04.2002 – I ZR 231/99 (Technische Lieferbedingungen), GRUR 2002, 958, 960.
213 BGH, Urt. v. 21.04.1953 – I ZR 110/52 (Lied der Wildbahn I), GRUR 1953, 299.
214 BGH, Urt. v. 23.02.1995 – I ZR 68/93 (Mauer-Bilder), GRUR 1995, 673, 675.
215 BGH, Urt. v. 10.10.1991 – I ZR 147/89 (Bedienungsanweisung), GRUR 1993, 34, 36; BGH, Urt. v. 28.02.1991 – I ZR 88/89 (Explosionszeichnungen), GRUR 1991, 520, 530;

163 Keine Rolle spielt, ob die Individualität in **Inhalt oder Form der Darstellung** liegt.[216] Insoweit können Romane sowohl im Hinblick auf die Form der Darstellung, also die Einkleidung der Handlung in sprachlich gelungene Formulierungen Schutz erlangen, als auch hinsichtlich der Handlung und Charaktere als solcher. Dies hat der Bundesgerichtshof auch für den Schutz wissenschaftlicher Werke mit Hinweis auf die schöpferische Leistung beim Sammeln, Einteilen und Anordnen des Stoffes gemäß seiner sog. **Gewebetheorie** ausdrücklich klargestellt.[217]

164 Zu Beachten ist allerdings, dass es sich bei der Individualität, die im Werk zum Ausdruck kommt, auch tatsächlich um die Individualität seines Erzeugers handeln muss. Es kommt nämlich nicht selten vor, dass aufgenommene Eindrücke in das Unterbewusstsein absinken, um dann später als vermeintlich eigene Ideen wieder aufzutauchen.[218] Übernimmt ein Erzeuger aber aufgrund einer solchen **Kryptomnesie**[219] unbewusst bloß fremdes Geistesgut,[220] dann kommt im Werk nicht seine Individualität zum Ausdruck, sondern die eines anderen, sodass er keine Urheberrechte am Erzeugnis erlangen kann und es sich hierbei in der Regel außerdem um eine Urheberrechtsverletzung handelt.[221]

165 Individualität kann allerdings nur dann vorhanden sein, wenn überhaupt ein **Spielraum für die Entfaltung persönlicher Züge** besteht.[222] Wo sich die Gestaltung

---

BGH, Urt. v. 04.10.1990 – I ZR 139/89 (Betriebssystem), GRUR 1991, 449, 452; BGH, Urt. v. 12.03.1987 – I ZR 71/85 (Warenzeichenlexika), GRUR 1987, 704, 706; BGH, Urt. v. 17.04.1986 – I ZR 213/83 (Anwaltsschriftsatz), GRUR 1986, 739, 741; BGH, Urt. v. 09.05.1985 – I ZR 52/83 (Inkasso-Programm), GRUR 1985, 1041, 1047; BGH, Urt. v. 27.02.1981 – I ZR 29/79 (Fragensammlung), GRUR 1981, 520, 522; BGH, Urt. v. 03.11.1967 – Ib ZR 123/65 (Haselnuss), GRUR 1968, 321, 325; *Ahlberg*, in: Möhring/Nicolini, UrhG, § 2, Rn. 77; *Bullinger*, in: Wandtke/Bullinger, UrhG, § 2, Rn. 21; *Erdmann*, FS f. v. Gamm, 389, 401; *v.Gamm*, UrhR, § 2, Rn. 16; *Hertin*, UrhR, Rn. 58; *Loewenheim*, in: Loewenheim, UrhR, § 6, Rn. 14; *ders.*, in: Schricker/Loewenheim, UrhG, § 2, Rn. 26; *Nordemann/Vinck*, in: Fromm/Nordemann, UrhG, § 2, Rn. 20; *A.Nordemann/Heise*, ZUM 2001, 128, 132; *Rehbinder/Peukert*, UrhR, Rn. 221; *Schack*, UrhR, Rn. 193; *Ulmer*, UrhR, S. 133.
216 *Loewenheim*, in: Schricker/Loewenheim, UrhG, § 2, Rn. 26; das ältere Schrifttum ging noch davon aus, dass ein Werk nur aufgrund seiner Form, nicht aber durch seinen Inhalt Schutz erlangen kann, vgl. *Ulmer*, UrhR, S. 119 f.
217 BGH, Urt. v. 04.10.1990 – I ZR 139/89 (Betriebssystem), GRUR 1991, 449, 451 ff.
218 *Ahlberg*, in: Möhring/Nicolini, UrhG, § 3, Rn. 40; *Dreyer*, in: Dreyer/Kotthoff/Meckel, UrhG, Anh. zu §§ 23, 24, Rn. 5; *Hertin*, UrhR, S. 160; *Röthlisberger*, S. 156; *Schack*, UrhR, Rn. 285 f.; *Vinck*, in: Fromm/Nordemann, UrhG, Anh. zu § 24, Rn. 9 mit Beispielen.
219 Griechisch für „vergessene Erinnerung" oder „verstecktes Gedächtnis".
220 *Dreyer*, in: Dreyer/Kotthoff/Meckel, UrhG, Anh. zu §§ 23, 24, Rn. 5; *Loewenheim*, in: Loewenheim, UrhR, § 8, Rn. 25.
221 BGH, Urt. v. 08.12.1959 – I ZR 131/58 (Mecki-Igel II), GRUR 1960, 251.
222 BGH, Urt. v. 17.04.1986 – I ZR 213/83 (Anwaltsschriftsatz), GRUR 1986, 739, 741; BGH, Urt. v. 23.10.1981 – I ZR 62/79 (Büromöbelprogramm), GRUR 1982, 305, 307; *Loewenheim*, in: Loewenheim, UrhR, § 6, Rn. 15; *ders.*, in: Schricker/Loewenheim, UrhG,

oder Darstellung bereits aus der Natur der Sache ergibt oder durch Gesetze der Zweckmäßigkeit, der Logik oder durch konstruktions- oder technikbedingte **Notwendigkeiten** vorgeben ist, kann ein Erzeugnis nicht individuell sein.[223] Dies wird beispielsweise im Hinblick auf Karten und Pläne deutlich. So besteht etwa bei Katasterkarten kein Raum für individuelle Gestaltungen, sodass diese in der Regel auch nicht urheberrechtlich geschützt sein können.[224] Topographische oder thematische Karten hingegen können durch Verwendung bestimmter Symbole, Schriften, Farben oder das Hinzufügen oder Weglassen von Informationen vielfältig gestaltet werden. Insoweit fehlt einem Erzeugnis die Individualität nur dann ganz, wenn gar keine andere Möglichkeit der Gestaltung oder Darstellung besteht. Dies ist zwar selten. In diesen Fällen lässt sich die Frage der Werkeigenschaft aber recht leicht bzw. eindeutig verneinen und eine klare Abgrenzung der schutzfähigen von den schutzlosen Erzeugnissen vornehmen.

b) Gestaltungshöhe

aa) Begriff

Sofern ein zumindest geringer Gestaltungsspielraum besteht, eine individuelle Darstellung also grundsätzlich möglich ist, führt dies nicht zwingend zur Gewährung von Urheberrechtsschutz. Vielmehr bereitet in diesen Fällen die Beantwortung der Frage nach dem **quantitativen Maß der erforderlichen Individualität** Schwierigkeiten.[225] Wie individuell muss ein Erzeugnis sein, um bereits als Werk zu gelten und Schutz zu erlangen? Oder anders gefragt: Wann ist die erforderliche Gestaltungshöhe[226] noch nicht erreicht? Der Begriff der **Gestaltungshöhe**, auch

166

---

§ 2, Rn. 28; *A.Nordemann/Heise*, ZUM 2001, 128, 132; *Schack*, UrhR, Rn. 192; *Schricker*, GRUR 1991, 563, 567.
223 BGH, Urt. v. 12.05.2011 – I ZR 53/10 (Seilzirkus), GRUR 2012, 58, 60 [19]; BGH, Urt. v. 11.04.2002 – I ZR 231/99 (Technische Lieferbedingungen), GRUR 2002, 959, 959; BGH, Urt. v. 06.05.1999 – I ZR 199/96 (Tele-Info-CD), GRUR 1999, 923, 924; BGH, Urt. v. 28.05.1998 – I ZR 81/96 (Stadtplanwerk), GRUR 1998, 916, 917; BGH, Urt. v. 10.10.1991 – I ZR 147/89 (Bedienungsanweisung), GRUR 1993, 34, 35; BGH, Urt. v. 12.07.1990 – I ZR 16/89 (Themenkatalog), GRUR 1991, 130, 133; BGH, Urt. v. 12.03.1987 – I ZR 71/85 (Warenzeichenlexika), GRUR 1987, 704, 706; BGH, Urt. v. 29.03.1984 – I ZR 32/82 (Ausschreibungsunterlagen), GRUR 1984, 659, 661; ebenso EuGH, Urt. v. 22.12.2010 – C-393/09 (BSA), GRUR 2011, 220, 222 [49] für Computerprogramme sowie allgemein *Ahlberg*, in: Möhring/Nicolini, UrhG, § 2, Rn. 70; *Loewenheim*, in: Loewenheim, UrhR, § 6, Rn. 16; *ders.*, in: Schricker/Loewenheim, UrhG, § 2, Rn. 29; *Rehbinder/Peukert*, UrhR, Rn. 227; *Schack*, UrhR, Rn. 192 ff.; *Schricker*, GRUR 1991, 563, 567; *Schulze*, in: Dreier/Schulze, UrhG, § 2, Rn. 33.
224 BGH, Urt. v. 28.05.1998 – I ZR 81/96 (Stadtplanwerk), GRUR 1998, 916, 917.
225 Zum Begriff siehe *Bullinger*, in: Wandtke/Bullinger, UrhG, § 2, Rn. 23 f.; *Loewenheim*, in: Schricker/Loewenheim, UrhG, § 2, Rn. 24; *Ahlberg*, in: Möhring/Nicolini, UrhG, § 2, Rn. 75 spricht vom Grad der Eigentümlichkeit.
226 Zum Begriff siehe BVerfG, Beschl. v. 26.01.2005 – 1 BvR 157/02 (Laufendes Auge), GRUR 2005, 410; BGH, Urt. v. 06.05.1999 – I ZR 199/96 (Tele-Info-CD), GRUR 1999, 923, 934; BGH, Urt. v. 04.10.1990 – I ZR 139/89 (Betriebssystem), GRUR 1991, 449,

„Schöpfungshöhe" genannt, bezeichnet also, in welchem Maß die Individualität im Erzeugnis ausgeprägt ist. Sie beschreibt damit den **quantitativen Aspekt der Individualität** und stellt insoweit kein zusätzliches Kriterium dar, das zur Individualität hinzutreten müsste.[227]

bb) Kleine Münze

167 Ist in § 1 UrhG die Rede von Werken der Literatur, Wissenschaft und Kunst, so denkt man zunächst an die Werke alter Meister, wie Gedichte von *Goethe* oder Dramen von *Schiller*, vielleicht auch an *Einsteins* Relativitätstheorie oder an die Bildnisse *Dürers*[228] und wird hierdurch zu der Annahme verleitet, für den urheberrechtlichen Werkschutz sei ein besonders hohes Maß an Individualität erforderlich. Die Begriffe Literatur, Wissenschaft und Kunst werden jedoch weit ausgelegt und stellen nur eine ungefähre Eingrenzung des urheberrechtlichen Schutzbereichs dar, der keinesfalls als auf die literarische, wissenschaftliche und künstlerische Hochkultur beschränkt zu verstehen ist.[229] Insoweit können nicht nur Erzeugnisse Schutz erlangen, in denen ein hohes Maß an Individualität des Urhebers zum Ausdruck kommt, sondern auch die am untersten Ende geistigen Schaffens einzuordnenden bloßen Zweckschöpfungen.[230]

168 Der im Jahre 1921 von *Elster* geprägte Begriff **„Kleine Münze"**[231] kennzeichnet die Werke dieses Bereichs. Unter der Kleinen Münze als terminus technicus[232] werden seit dem all jene Erzeugnisse verstanden, die **an der unteren Grenze des urheber-**

451; BGH, Urt. v. 08.11.1989 – I ZR 14/88 (Bibelreproduktion), GRUR 1990, 669, 673; BGH, Urt. v. 27.01.1983 – I ZR 177/80 (Brombeer-Muster), GRUR 1983, 377, 378; *Ahlberg*, in: Möhring/Nicolini, UrhG, § 2, Rn. 75 f.; *Bullinger*, in: Wandtke/Bullinger, UrhG, § 2, Rn. 23; *Rehbinder/Peukert*, UrhR, Rn. 223; *Schulze*, in: Dreier/Schulze, UrhG, § 2, Rn. 20; *Ulmer*, UrhR, S. 150; gelegentlich ist auch die Rede von Schöpfungshöhe oder Leistungshöhe, vgl. KG, Urt. v. 26.09.2000 – 5 U 4026/99 (Bachforelle), GRUR-RR 2001, 292; *Erdmann/Bornkamm*, GRUR 1991, 877, 878.

227 *Loewenheim*, in: Loewenheim, UrhR, § 6, Rn. 16; *Loewenheim*, GRUR 1987, 761, 766.
228 Die Urheberrechte der Werke der genannten Erzeuger sind – bis auf die Rechte an den Werken von *Einstein* – gem. § 64 UrhG bereits erloschen.
229 *Erdmann*, FS f. v. Gamm, 389, 395; *v.Gamm*, UrhG, § 2, Rn. 7; *Loewenheim*, Datenbanken, S. 15; *ders.*, in: Schricker/Loewenheim, UrhG, § 2, Rn. 4; *Loewenheim*, GRUR 1987, 761, 765; *Ahlberg*, in: Möhring/Nicolini, UrhG, § 1, Rn. 3a; *Schack*, UrhR, Rn. 192; *Schmieder*, GRUR 1968, 79, 80; *Schricker*, Informationsgesellschaft, S. 26; *Schricker*, GRUR 1996, 815, 816; *Schulze*, in: Dreier/Schulze, UrhG, § 1, Rn. 4.
230 *v.Gamm*, UrhG § 2, Rn. 6; *Loewenheim*, in: Schricker/Loewenheim, UrhG, § 2, Rn. 39 ff.; *Schricker*, GRUR 1996, 815, 817; *ders.*, in: Schricker/Loewenheim, UrhG, Einl., Rn. 1.
231 *Elster*, Gewerblicher Rechtsschutz, S. 40.
232 *Thoms*, Kleine Münze, S. 37, spricht von einem „juristischen Begriff"; aA. *Schulze*, Kleine Münze, der den Begriff für eine „mehr oder weniger schwankende Bezeichnung aus der Praxis" hält und dabei das Begriffsverständnis mit der dahinter stehenden Problematik der Abgrenzung vermengt.

rechtlichen Schutzbereichs anzusiedeln sind, weil sie nur ein sehr geringes Maß an Individualität aufweisen:[233]

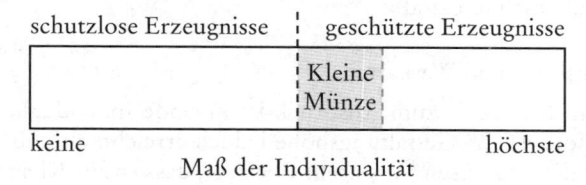

schutzlose Erzeugnisse	geschützte Erzeugnisse
	Kleine Münze
keine	höchste

Maß der Individualität

Insoweit stellen sie bildlich gesprochen das Gegenstück zu den erwähnten großen kulturellen Geistesschöpfung dar. Zur Kleinen Münze können daher grundsätzlich auch Landkarten, Kataloge, Tabellen, Telefonbücher, Fahrpläne oder einzelne Schriftzeichen zählen. Es handelt sich also meist um **Gegenstände des alltäglichen Gebrauchs**,[234] die zwar ansprechend gestaltet sind, aber eher achtlos durch die Hände gleiten oder bloß wirtschaftliche Zwecke erfüllen.[235]

cc) Bestimmung des Maßes der Individualität

Das Maß der Individualität eines Erzeugnisses bestimmt die Rechtsprechung durch einen **Vergleich** des Gesamteindrucks des Erzeugnisses samt seiner prägenden Gestaltungsmerkmale **mit der Gesamtheit der vorbekannten Gestaltungen**.[236] Die wichtigsten Beurteilungskriterien sind hierbei zum Beispiel ein sich beim ersten Eindruck ergebender Überraschungseffekt, die Erstmaligkeit oder Andersartigkeit gegenüber bereits Bekanntem oder eine nicht notwendig vom Gebrauchszweck bestimmte Form, vor allem, wenn sie nicht nahe liegt.[237] Mit dem Merkmal der Gestaltungshöhe sollen also einfache Alltagserzeugnisse ausgesondert werden,[238] wobei sich **graduelle Abstufungen** ergeben: Zunächst gibt es besagte nicht-individuelle Durchschnittsgestaltungen, die in jedem Fall schutzlos bleiben, ferner Ge-

169

---

233 *Ahlberg*, in: Möhring/Nicolini, UrhG, § 2, Rn. 78; *v.Gamm*, UrhG, § 2, Rn. 16; *Loewenheim*, Datenbanken, S. 17; *ders.*, in: Schricker/Loewenheim, UrhG, § 2, Rn. 24, 39; *Loewenheim*, GRUR 1987, 761; *Vinck*, in: Fromm/Nordemann, UrhG, § 2, Rn. 6e; *Schack*, UrhR, Rn. 293; *Schmid/Wirth/Seifert*, UrhG, § 2, Rn. 4; Schulze, Kleine Münze, S. 1, 142; Thoms, Kleine Münze, S. 37; aA. *Kummer*, Werke, S. 166, der zwischen Kleiner Münze und „Silbergeld" als dem allein schutzfähigen Erzeugnis unterscheidet; *Ulmer*, UrhR, S. 136 und 149, der von Grenzerscheinungen spricht, deren „kleinere Münze" schon außerhalb des Urheberrechts liegt; oder *Rehbinder/Peukert*, UrhR, Rn. 226, die davon sprechen, dass die Kleine Münze nicht unter das (europäische) Urheberrecht fällt.
234 *Loewenheim*, GRUR 1987, 761, 764.
235 *Schulze*, Kleine Münze, S. 2.
236 BGH, Urt. v. 08.07.2004 – I ZR 25/02 (Hundefigur), GRUR 2004, 855, 856 ff.; *Bullinger*, in: Wandtke/Bullinger, UrhG, § 2, Rn. 23; *Erdmann*, FS f. v. Gamm, 389, 400; *v.Gamm*, UrhG, § 2, Rn. 15; *Hertin*, UrhR, Rn. 58.
237 *Hertin*, UrhR, Rn. 59.
238 OLG Hamburg, Urt. v. 25.02.2004 – 5 U 137/03 (Handy-Logos I), ZUM 2004, 386; BGH, Urt. v. 27.01.1983 – I ZR 177/80 (Brombeer-Muster), GRUR 1983, 377, 378; *Ahlberg*, in: Möhring/Nicolini, UrhG, § 2, Rn. 77.

staltungen, welche den Durchschnitt etwas überragen und bei denen die Schutzfähigkeit umstritten ist, sowie solche, die den Durchschnitt deutlich überragen und die in jedem Fall geschützt sind.

dd) Gestaltungshöhe und Werkarten

170 Ab wann die im Erzeugnis zum Ausdruck kommende Individualität die für den Werkschutz erforderliche Gestaltungshöhe jedoch erreicht, also ab wann das Erzeugnis bereits den Durchschnitt so sehr überragt, dass es zur Kleinen Münze des Urheberrechts zählt, lässt sich nicht einheitlich und dogmatisch sauber sagen. So legt die Rechtsprechung **je nach Werkart und Verwendungszweck unterschiedlich strenge Maßstäbe** an.[239] Manchmal soll bloß geringes Überragen des Durchschnitts ausreichen, manchmal wird ein deutliches Überragen verlangt. Zwar ist dies nach Ansicht *Ulmers* gerade wegen der für alle Werkarten einheitlichen Anforderungen des § 2 Abs. 2 UrhG „dogmatisch gesehen peinlich".[240] Gleichwohl will die herrschende Meinung weder durchweg bloß geringes noch durchweg deutliches Überragen des Durchschnitts verlangen. Formularen, Geschäftsbedingungen, Katalogen, Prospekten und ähnlichen Erzeugnissen mit bloß geringfügig überdurchschnittlicher Individualität im Gegensatz zu anderen schutzlosen Erzeugnissen geringer Gestaltungshöhe urheberrechtlichen Schutz zu gewähren, sei „angesichts **legitimer Schutzbedürfnisse**" nur „gerecht und billig".[241] Ersteren steht nämlich kein anderweitiger Schutz wie zum Beispiel in Gestalt des Designrechts oder des Leistungsschutzrechts an Licht- oder Laufbildern zur Verfügung, sodass sie nur durch die Einbeziehung in den Schutzbereich des Urheberrechtsgesetzes geschützt werden können. Wettbewerblicher Nachahmungsschutz ist hier meist nicht möglich, weil er nur bei Hinzutreten besonderer, die Unlauterkeit begründender Umstände gegeben ist.[242] Deshalb seien geringere Anforderungen an ihre Gestaltungshöhe gerechtfertigt.[243] Trotz der einheitlichen Regelung im UrhG von 1965 lässt man also die **historisch bedingte Unterscheidung** in Werke der Literatur und Tonkunst mit ihren geringen Anforderungen einerseits und in Werke der bildenden Künste mit höheren Anforderungen andererseits fortgelten,[244] die auf die unterschiedliche Behandlung im Literatururhebergesetz (LUG)[245] und

---

239 *Bullinger*, in: Wandtke/Bullinger, UrhG, § 2, Rn. 24 f.; *Erdmann*, FS f. v. Gamm, 389, 400 f.; *Hertin*, UrhR, Rn. 58.
240 *Ulmer*, UrhR, S. 136.
241 *Ulmer*, UrhR, S. 136.
242 BGH, Urt. v. 20.02.1976 – I ZR 64/74 (Merkmalklötze), GRUR 1976, 434, 436; BGH, Urt. v. 19.12.1979 – I ZR 130/77 (Play-family), GRUR 1980, 235, 237; ebenso *Schulze*, Kleine Münze, S. 288.
243 *Ulmer*, UFITA 1965, S. 18, 21.
244 Zur Abkehr des BGH von der Unterscheidung von Werken der zweckfreien bildenden Kunst und Werken der angewandten Kunst vgl. BGH, Urt. v. 03.11.2013 – I ZR 143/12 (Geburtstagszug), ZUM 2014, 225.
245 Gesetz betreffend das Urheberrecht an Werken der Literatur und der Tonkunst (LUG) v. 19. Juni 1901, RGBl. 1901, S. 227.

Kunsturhebergesetz (KUG)[246] von 1901 bzw. 1907 zurückgeht. Das LUG gewährte Schriften nämlich bereits dann urheberrechtlichen Schutz, wenn sie das „Produkt einer, wenn auch geringen, individuellen geistigen Arbeit" des Urhebers waren.[247] Hinsichtlich der vom KUG geschützten Erzeugnisse hingegen verlangte man, dass der „der Form hinzukommende ästhetische Überschuss einen Grad erreicht, dass nach den im Leben herrschenden Anschauungen von Kunst gesprochen werden kann.[248]

(1) Sprachwerke

Bei Sprachwerken[249] verfährt man hinsichtlich des für die Schutzfähigkeit als Werk erforderlichen Maßes an Individualität trotz der Einordnung in eine Kategorie gänzlich uneinheitlich und zwar **abhängig vom Verwendungszweck**. So verlangt man traditionell bei geschäftlichen und gewerblichen Erzeugnissen nur geringe Individualität,[250] ebenso bei literarischen Sprachwerken.[251] Bei sog. Gebrauchstexten, also bei Sprachwerken, die einem praktischen Gebrauchszweck dienen und die keine literarischen Werke sind, mithin aber geschäftliche und gewerbliche Erzeugnisse darstellen, verlangt man hingegen eine das Durchschnittskönnen eines Fachmanns deutlich überragende Leistung.[252] Bei Computerprogrammen wiederum ist im Hinblick auf den europäischen Werkbegriff[253] gar kein besonderes Maß

171

---

246 Gesetz betreffend das Urheberrecht an Werken der bildenden Künste und der Photographie (KUG) v. 09.01.1907, RGBl. 1907, S. 7.
247 So schon für das LUG von 1870 RG, Urt. v. 02.01.1888 – 2663/87 (Adressbuch), RGSt 17, 195, 197.
248 RG, Urt. v. 10.06.1911 – I 133/10 (Schulfraktur), RGZ 76, 339, 344.
249 Zu Sprachwerken allgemein Rn. 104 ff.
250 BGH, Urt. v. 21.11.1991 – I ZR 190/89 (Leitsätze), GRUR 1992, 382, 385; BGH, Urt. v. 09.10.1986 – I ZR 145/84 (AOK-Merkblatt), GRUR 1987, 166; BGH, Urt. v. 27.02.1981 – I ZR 29/79 (Fragensammlung), GRUR 1981, 520, 521 f.; OLG Nürnberg, Urt. v. 11.01.1972 – 3 U 114/71 (Standesamtliche Formulare), GRUR 1972, 435; RG, GRUR 1926, 117 (Preislisten, Kataloge); RG, Urt. v. 30.06.1928 – I 29/28 (Rechentabellen), RGZ 121, 357, 358; RG, Urt. v. 16.03.1927 – I 385/26 (Adressbücher), RGZ 116, 292, 294 f.; RG, Urt. v. 18.12.1912 – I 4/12 (Kochbücher), RGZ 81, 120, 123.
251 BGH, Urt. v. 15.09.1999 – I ZR 57/97 (Comic-Übersetzungen II), GRUR 2000, 144, 145; *Loewenheim*, in: Schricker/Loewenheim, UrhG, § 2, Rn. 80; *Schulze*, Kleine Münze, S. 49.
252 OLG Düsseldorf, Urt. v. 25.06.2002 – 20 U 144/01 (Gebrauchstexte), ZUM 2003, 496; BGH, Urt. v. 10.10.1991 – I ZR 147/89 (Bedienungsanweisung), GRUR 1993, 34, 36; BGH, Urt. v. 12.03.1987 – I ZR 71/85 (Warenzeichenlexika), GRUR 1987, 704, 706; Erdmann, FS f. v. Gamm, 389, 400; *Erdmann/Bornkamm*, GRUR 1991, 877, 878; aA. OLG Nürnberg, Urt. v. 27.03.2001 – 3 U 3760/00 (Dienstanweisung), GRUR-RR 2001, 225, 226 f., das bei Gebrauchstexten dieselbe niedrige Gestaltungshöhe verlangt, wie bei literarischen Werken.
253 BGH, Urt. v. 09.05.1985 – I ZR 52/83 (Inkasso-Programm), GRUR 1985, 1041, 1047; BGH, Urt. v. 04.10.1990 – I ZR 139/89 (Betriebssystem), GRUR 1991, 449, 452; siehe auch Rn. 253 f.

an Individualität mehr nötig.[254] Allgemeingültige Aussagen lassen sich also nicht treffen, weshalb eine Einzelfallbetrachtung erforderlich ist:

172 Bei **literarischen Sprachwerken**, also beispielsweise bei Romanen, Gedichten, Geschichten, aber auch Dramen, Theaterstücken, Drehbüchern, Übersetzungen, Zeitungs- und Zeitschriftenartikeln sowie vergleichbaren Werken wird die Schutzuntergrenze grundsätzlich niedrig angesetzt,[255] sodass solche Werke **in der Regel immer geschützt** sind. Dies wird vor allem damit begründet, dass es bei diesen Werken einen nahezu unendlich großen Gestaltungsspielraum gibt, weil die Ausdrucksmöglichkeiten nicht begrenzt sind.[256] Die Kleine Münze des Urheberrechts liegt bei diesen Werken also auf niedrigst möglicher Stufe, sodass auch das einfachste Gedicht, der banalste Roman oder das vulgärste Boulevardtheaterstück urheberrechtlich geschützt sind.[257] Zwar wird der Gestaltungsspielraum kleiner, je kürzer ein Text ist. Der Umfang eines Erzeugnisses spielt jedoch keine Rolle,[258] sodass auch **sehr kurze Texte** Schutz erlangen können.[259] Daher können 15 bis 30 Textzeilen als Auszug aus Zeitungsartikeln geschützt sein,[260] ja selbst **Interviewfragen**, wenn sie vielfache Möglichkeiten der Formulierung, eine prägnante sprachliche Gestaltung, einen eigenen inhaltlichen Aufbau und eine individuelle Zusammenstellung aufweisen.[261]

173 **Gebrauchstexte**, also Texte, die nicht der geistigen Erbauung, sondern einem bestimmten Gebrauchszweck und im Kern nicht oder nicht ausschließlich der Befriedigung ästhetischer Ansprüche dienen, kommen in vielerlei Gestalt vor, werden in der Regel aber nur dann geschützt, wenn sie von deutlich überdurchschnittlicher Individualität sind.

174 In **Briefen** soll die Individualität des Urhebers beispielsweise nur dann ausreichend zum Ausdruck kommen können, wenn sich das Erzeugnis von der Mas-

---

254 *Erdmann/Bornkamm*, GRUR 1991, 877, 878; *Grützmacher*, in: Wandtke/Bullinger, UrhG, § 69a, Rn. 42; *Vinck*, in: Fromm/Nordemann, UrhG, § 69a, Rn. 6.
255 BGH, Urt. v. 15.09.1999 – I ZR 57/97 (Comic-Übersetzungen II), GRUR 2000, 144, 145; BGH, Urt. v. 16.01.1997 – I ZR 9/95 (CB-infobank I), GRUR 1997, 459, 460 f.; *Bullinger*, in: Wandtke/Bullinger, UrhG, § 2, Rn. 48; *Loewenheim*, in: Schricker/Loewenheim, UrhG, § 2, Rn. 89; *A.Nordemann*, in: Loewenheim, UrhR, § 9, Rn. 19; *Ulmer*, UrhR, S. 136.
256 *A.Nordemann*, in: Loewenheim, UrhR, § 9, Rn. 19.
257 *A.Nordemann*, in: Loewenheim, UrhR, § 9, Rn. 19.
258 BGH, Urt. v. 04.10.1990 – I ZR 139/89 (Betriebssystem), GRUR 1991, 449, 452; BGH, Urt. v. 09.05.1985 – I ZR 52/83 (Inkasso-Programm), GRUR 1985, 1041, 1048; *Ahlberg*, in: Möhring/Nicolini, UrhG, § 2, Rn. 75; *Bullinger*, in: Wandtke/Bullinger, UrhG, § 2, Rn. 26; *Loewenheim*, in: Schricker/Loewenheim, UrhG, § 2, Rn. 46; *Schack*, UrhR, Rn. 294, 297; *Schulze*, in: Dreier/Schulze, UrhG, § 2, Rn. 55; *Ulmer*, UrhR, S. 137; siehe auch Rn. 211.
259 *Loewenheim*, in: Schricker/Loewenheim, UrhG, § 2, Rn. 46; siehe auch unten, Rn. 212.
260 LG München I, Urt. v. 12.02.2014 – 21 O 7543/12 (Rezensionsauszüge im Online-Buchhandel), MMR 2014, 697.
261 LG Hamburg, Beschl. v. 08.11.2012 – 308 O 388/12, ZUM 2013, 227.

se des Alltäglichen deutlich abhebt.²⁶² Zwar ist hier kein „hochgeistiges Erzeugnis besonderer literarischer Prägung" erforderlich.²⁶³ Der noch in § 60 des amtlichen Entwurfs des UrhG von 1932²⁶⁴ oder in § 61 des Akademie-Entwurfs von 1939²⁶⁵ vorgesehene besondere Briefschutz wurde aber gerade nicht in das UrhG von 1965 aufgenommen, worin der Wille des Gesetzgebers zum Ausdruck kommt, diese Erzeugnisse nicht grundsätzlich, sondern nur ausnahmsweise zu schützen.²⁶⁶ Da sich **gewöhnliche Schreiben** auf Mitteilungen persönlicher oder alltäglicher Art, Besprechungen geschäftlicher Angelegenheiten und dergleichen beschränken und somit regelmäßig nicht von der Masse des Alltäglichen abheben, können sie keinen Schutz erlangen.²⁶⁷

So ist beispielsweise auch ein längerer **Anwaltsschriftsatz** von herkömmlichen Denkkategorien geprägt, denn sein Aufbau, die Einordnung des Tatsachenmaterials und der rechtlichen Gesichtspunkte erfolgt stets einem mehr oder weniger einheitlichen Schema.²⁶⁸ Insoweit besteht auch hier oft gar kein Spielraum für die Entfaltung persönlicher Züge, sodass Anwaltsschriftsätzen regelmäßig die erforderliche Individualität fehlt. Dies soll allerdings dann anders zu beurteilen sein, wenn die Fülle des Tatsachenmaterials und der rechtlichen Gesichtspunkte einen Spielraum für die individuelle Gestaltung eröffnen und wenn dieser auch genutzt wird.²⁶⁹

175

In **Mahnschreiben** und **Auftragsbestätigungen** oder **Angeboten** kann die Individualität des Urhebers hingegen nicht zum Ausdruck kommen, denn es besteht überhaupt kein Spielraum für die Entfaltung persönlicher Züge.²⁷⁰ Hier ist nicht nur eine sachliche, nüchterne Darstellung geboten, sondern die Art und Weise der

176

---

262 aA. OLG Nürnberg, Urt. v. 27.03.2001 – 3 U 3760/00 (Dienstanweisung), GRUR-RR 2001, 225, 226 f.
263 LG Berlin, Urt. v. 22.01.1969 (Briefe aus dem Exil), UFITA 1970, Bd. 56, S. 349, 352.
264 Abgedruckt in UFITA 2000/III, S. 743.
265 Abgedruckt in GRUR 1939, 242.
266 *v.Gamm*, UrhG, § 2, Rn. 18.
267 KG, Urt. v. 21.12.2001 – 5 U 191/01 (Das Leben, dieser Augenblick), GRUR-RR 2002, 313, 314; KG, Urt. v. 21.04.1995 – 5 U 1007/95 (Botho Strauß), NJW 1995, 3392, 3393; BGH, Urt. v. 17.04.1986 – I ZR 213/83 (Anwaltsschriftsatz), GRUR 1986, 739, 741; LG Berlin, Urt. v. 22.01.1969 (Briefe aus dem Exil), UFITA 1970, Bd. 56, S. 349, 352 f.; RG, Urt. v. 28.02.1898 – I 4/98 (Richard-Wagner-Brief), RGZ 41, 43, 49; BGH, Urt. v. 22.12.1959 – VI ZR 175/58 (Alte Herren), GRUR 1960, 449, 452; *Ahlberg*, in: Möhring/Nicolini, UrhG, § 2, Rn. 88; *Bullinger*, in: Wandtke/Bullinger, UrhG, § 2, Rn. 56; *Flechsig*, in: FS Kreile, S. 181, 182; *v.Gamm*, UrhG, § 2, Rn. 18; *Loewenheim*, in: Schricker/Loewenheim, UrhG, § 2, Rn. 95; *Loewenheim*, GRUR 1987, 761, 762; *Nordemann/Vinck*, in: Fromm/Nordemann, UrhG, § 2, Rn. 32; *Schack*, UrhR, Rn. 205; *Schulze*, Kleine Münze, S. 49 f.; *ders.*, in: Dreier/Schulze, UrhG, § 2, Rn. 89; *Ulmer*, UrhR, S. 137.
268 *Ahlberg*, in: Möhring/Nicolini, UrhG, § 2, Rn. 92.
269 BGH, Urt. v. 17.04.1986 – I ZR 213/83 (Anwaltsschriftsatz), GRUR 1986, 739, 741; kritisch dazu Wild aaO. 741 f.; *Delp*, Informationsgesellschaft, S. 284, Rn. 111; *Schulze*, Kleine Münze, S. 195.
270 Für Mahnschreiben und Auftragsbestätigungen vgl. *Schulze*, Kleine Münze, S. 200.

Darstellung ist vielfach auch durch gesetzliche Vorgaben oder kaufmännische Sitten und Gebräuche zwingend vorgeschrieben. So hatte das OLG Frankfurt die Urheberrechtsschutzfähigkeit einzelner **Berechnungsbeispiele zu Anlagemöglichkeiten** abgelehnt mit der Begründung, ihnen fehle die individuelle Prägung, da sie durch den Gesetzeswortlaut vorgegeben wären, sich aus der Zahlenberechnung ergäben und auch das Berechnungsbild als solches ohne Eigentümlichkeit sei.[271]

177 Bei **Berichten und Protokollen** handelt es sich ebenfalls um Texte, die einem praktischen Gebrauchszweck dienen und gerade keine literarischen Werke darstellen, sodass Urheberrechtsschutz auch hier ein deutliches Hinausragen im Sinne einer das Durchschnittskönnen eines Fachmanns deutlich überragenden Leistung erfordert.[272] Urheberrechtsschutz verdient nämlich nur die individuelle Gestaltung, nicht die bloße Übermittlung von Informationen.[273] Das LG Köln hat bei militärischen Lageberichten allerdings ein „bescheidenes Maß an geistig schöpferischer Tätigkeit genügen" lassen, Urheberrechtsschutz zuerkannt und auf eine besondere Form der Darstellung abgestellt.[274] Und auch Nachrichtentexte im Tickerstil wurden neuerlich vom OLG Karlsruhe für schutzfähig erachtet, weil die vielfältigen Möglichkeiten, ein Thema darzustellen, nahezu unvermeidlich zu einer individuellen Prägung des Textes führten.[275]

178 Im Hinblick auf **Formulare** gibt es keine einheitliche Linie. So verwehrte das OLG Celle einem Krankontrollheft den Urheberschutz, weil dieses formularähnliche Schriftwerk in nur „mechanischer Aneinanderreihung" einzelne Spaltenüberschriften bringe, eine lediglich „zweckmäßige Form" besitze und somit „außerhalb jeder geistig-ästhetischen Schutzfähigkeit" liege.[276] Das OLG Nürnberg hielt hingegen standesamtliche Formulare schon deshalb für schutzfähig, weil die bestehenden gesetzlichen Bestimmungen nicht wörtlich, sondern „in eigenständiger Weise zusammengefasst und in eigener Sprache geordnet, dem jeweiligen Zweck entsprechend" wiedergegeben worden seien.[277] Worin hier aber das Eigene liegt, sagt das Gericht nicht. Ebenso stellt es sich nicht die Frage, ob die zweckentsprechende Wiedergabe nicht auch zweckbedingt ist.[278]

179 Auch in **Verträgen oder Allgemeinen Geschäftsbedingungen** kann die Individualität des Urhebers nur dann zum Ausdruck kommen, wenn ein bestehender

---

271 OLG Frankfurt, Urt. v. 07.11.1991 – 6 U 140/90, WRP 1992, 385.
272 *Erdmann/Bornkamm*, GRUR 1991, 877, 878; *Erdmann*, FS f. v. Gamm, 389, 400 f.; *Loewenheim*, in: Schricker/Loewenheim, UrhG, § 2, Rn. 34.
273 *Schack*, UrhR, Rn. 205.
274 LG Köln, Urt. v. 02.10.2014 – 14 O 333/13 (Militärische Lageberichte), GRUR-RR 2015, 55, 56.
275 OLG Karlsruhe, Urt. v. 10.08.2011 – 6 U 78/10 (Agence France-Presse), ZUM 2012, 49, 50.
276 OLG Celle, Urt. v. 27.06.1969 – 13 U 9/69 (Krankontrollheft), BB 1969, 1104.
277 OLG Nürnberg, Urt. v. 11.01.1972 – 3 U 114/71 (Standesamtliche Formulare), GRUR 1972, 435.
278 *Schulze*, Kleine Münze, S. 49.

Gestaltungsspielraum genutzt wird und wenn sie Phantasie und Gestaltungskraft aufweisen.[279] Evtl. enthaltene **juristische Standardformulierungen** genießen allerdings keinen Schutz, denn knappe und zutreffende rechtliche Formulierungen, die durch die Rechtslage, den sachlichen Regelungsgehalt und die sachspezifischen Anforderungen an die Materie geprägt sind, dürften nicht durch das Urheberrecht monopolisiert werden.[280] Nicht ausreichend soll allein das Zusammenstellen von Absätzen aus Formularbüchern sein, ohne selbst etwas Individuelles hinzuzufügen. Dies hat im Falle eines Gesellschaftsvertrags auch das LG Hamburg so gesehen, jedoch fälschlicherweise alleine aufgrund der Neuheit einer Formulierung Individualität festgestellt.[281] Bei einem Merkblatt über Sozialversicherungen hat der Bundesgerichtshof eine schöpferische Leistung in der Auswahl des Materials aus einer kaum überschaubaren Fülle von Regelungen und in der systematischen, übersichtlichen und vereinfachten Darstellung erblickt.[282]

Prospekte und Kataloge sind geschäftliche und gewerbliche Erzeugnisse, bei denen an das Maß der Individualität – der Rechtsprechung des Reichsgerichts folgend – nur sehr geringe Anforderungen gestellt werden.[283] Bei einzelnen **Werbesprüchen** soll dies allerdings anders zu beurteilen sein. Im Hinblick auf das erhebliche **Freihaltebedürfnis** stellt die Rechtsprechung hier strenge Anforderungen für die Erlangung urheberrechtlichen Schutzes.[284] Ihnen fehlt deshalb meist das erforderliche Maß der Individualität.[285] Ebenso verhält es sich mit den rein technischen Beschreibungen eines Werbeprospekts.[286] 180

Bei **wissenschaftlichen und technischen Sprachwerken** wird die Schutzschwelle deutlich höher angesetzt, weshalb für Gebrauchs- und Bedienungsanleitungen, 181

---

279 LG Berlin, Urt. v. 04.08.2005 – 16 O 83/05 (Host Providing-Mustervertrag), ZUM 2005, 842, 843; LG München I, Urt. v. 10.11.1989 – 21 O 6222/89 (Geschäftsbedingungen), GRUR 1991, 50, 51; LG Köln, Urt. v. 21.11.1986 – 28 O 291/86 (Vertragswerk), GRUR 1987, 905; *Schulze*, Kleine Münze, S. 193 f.; *Ulmer*, UrhR, S. 136.
280 LG München I, Urt. v. 10.11.1989 – 21 O 6222/89 (Geschäftsbedingungen), GRUR 1991, 50, 51; *Bullinger*, in: Wandtke/Bullinger, UrhG, § 2, Rn. 59; *Delp*, Informationsgesellschaft, S. 284, Rn. 111; *Loewenheim*, in: Schricker/Loewenheim, UrhG, § 2, Rn. 113; *Schulze*, Kleine Münze, S. 194.
281 LG Hamburg, Urt. v. 04.06.1986 – 74 O 283/85 (Gesellschaftsvertrag), GRUR 1987, 167 f.; zur Neuheit allgemein s. Rn. 209.
282 BGH, Urt. v. 09.10.1986 – I ZR 145/84 (AOK-Merkblatt), GRUR 1987, 166.
283 LG Berlin, Urt. v. 18.02.1974 – 16 S 3/73 (Werbeprospekt), GRUR 1974, 412; RG, GRUR 1926, 117 (Preislisten, Kataloge).
284 OLG Frankfurt, Beschl. v. 04.08.1986 – 6 W 134/86 (WM-Slogan), GRUR 1987, 44; OLG Düsseldorf, Urt. v. 01.12.1977 – 20 U 46/77 (fahr'n auf der Autobahn), GRUR 1978, 640, 641; OLG Stuttgart, Urt. v. 24.11.1955 – 5 U 101/55 (JA... JACoBI), GRUR 1956, 481, 482; OLG Braunschweig, Urt. v. 23.09.1954 – 2 U 84/54 (Hamburg geht zu E...), GRUR 1955, 205, 206.
285 *Bullinger*, in: Wandtke/Bullinger, UrhG, § 2, Rn. 28; *v.Gamm*, UrhG, § 2, Rn. 18; *Hertin*, UrhR, Rn. 74; *Loewenheim*, in: Schricker/Loewenheim, UrhG, § 2, Rn. 23, 116; *Traub*, GRUR 1973, 186 ff.
286 OLG Hamburg, Urt. v. 15.07.1971 – 3 U 178/70 (Mini-Spione), GRUR 1972, 430, 431.

Montageanleitungen, Reparaturanleitungen und Service-Manuale oder Sachverständigengutachten ein deutliches Überragen des Durchschnitts gefordert wird.[287]

182 **Software und Computerprogramme** werden vom Gesetz ausdrücklich in § 2 Abs. 1 Nr. 1 UrhG und den §§ 69a ff. UrhG genannt und als Sprachwerke urheberrechtlich geschützt.[288] Lange Zeit wurden hier sehr hohe Anforderungen an das Maß der Individualität gestellt.[289] Das bloße Können eines Durchschnittsprogrammierers, das rein Handwerksmäßige, die mechanisch-technische Aneinanderreihung und Zusammenfügung des Materials lagen somit außerhalb jeder Schutzfähigkeit. Erst das deutliche Überragen der Gestaltungstätigkeit in Auswahl, Sammlung, Anordnung und Einteilung der Informationen und Anweisungen gegenüber dem allgemeinen Durchschnittskönnen sollte urheberrechtlichen Schutz ermöglichen können.[290] Hiernach war Software meist nicht geschützt. Der europäische Gesetzgeber hat dieser strengen Haltung der deutschen Rechtspraxis jedoch bereits 1991 durch die Computerprogramm-Richtlinie[291] einen Riegel vorgeschoben und die Einführung einer Ausnahme vom Erfordernis des deutlichen Überragens des Durchschnitts erzwungen. Zwar müssen Computerprogramme noch immer eine gewisse Mindestgestaltungshöhe erreichen, aber gem. Art. 1 Abs. 3 der Richtlinie werden Computerprogramme geschützt, wenn sie individuelle Werke in dem Sinne darstellen, dass sie das Ergebnis der eigenen geistigen Schöpfung ihres Urhebers sind, wobei zur Bestimmung ihrer Schutzfähigkeit keine anderen Kriterien anzuwenden sind.[292] Laut Erwägungsgrund Nr. 8 der Richtlinie sollen qualitative oder ästhetische Vorzüge eines Computerprogramms ausdrücklich nicht als Kriterium für die Beurteilung der Frage angewendet werden, ob ein Programm ein individuelles Werk ist oder nicht. Seit Einführung der §§ 69a ff. UrhG im Jahre 1993 reicht für Computerprogramme also gem. § 69a Abs. 3 UrhG **einfache Individualität** aus,[293] sodass nur völlig banale Program-

---

287 OLG Düsseldorf, Urt. v. 25.06.2002 – 20 U 144/01 (Gebrauchstexte), ZUM 2003, 496; BGH, Urt. v. 10.10.1991 – I ZR 147/89 (Bedienungsanweisung), GRUR 1993, 34, 36; BGH, Urt. v. 04.10.1990 – I ZR 139/89 (Betriebssystem), GRUR 1991, 449, 452; BGH, Urt. v. 12.03.1987 – I ZR 71/85 (Warenzeichenlexika), GRUR 1987, 704, 706; BGH, Urt. v. 09.05.1985 – I ZR 52/83 (Inkasso-Programm), GRUR 1985, 1041, 1047; KG, Beschl. v. 11.05.2011 – 24 U 28/11 (Sachverständigengutachten), ZUM 2011, 566, 567; *Erdmann*, FS f. v. Gamm, 389, 400; *Erdmann/Bornkamm*, GRUR 1991, 877, 878; aA. OLG Nürnberg, Urt. v. 27.03.2001 – 3 U 3760/00 (Dienstanweisung), GRUR-RR 2001, 225, 226 f., das bei Gebrauchstexten dieselbe niedrige Gestaltungshöhe verlangt wie bei literarischen Werken.
288 *Lehmann*, in: Loewenheim, UrhR, § 9, Rn. 47; *Loewenheim*, in: Schricker/Loewenheim, UrhG, § 2, Rn. 19 und vor §§ 69a ff., Rn. 3.
289 *Wiebe*, in: Spindler/Schuster, § 69a UrhG, Rn. 20.
290 BGH, Urt. v. 04.10.1990 – I ZR 139/89 (Betriebssystem), GRUR 1991, 449, 451.
291 Siehe Kap. 11, Rn. 228 f.
292 Hierzu siehe auch Rn. 254 ff.
293 BGH, Urt. v. 03.03.2005 – I ZR 111/02 (Fash 2000), GRUR 2005, 860; BGH, Urt. v. 14.07.1993 – I ZR 47/91 (Buchhaltungsprogramm), GRUR 1994, 39; OLG Karlsruhe, Urt. v. 13.06.1994 – 6 U 52/94 (Bildschirmmasken), GRUR 1994, 726, 729; OLG

me nicht schutzfähig sind.[294] Darüber hinaus besteht bei komplexen Computerprogrammen eine tatsächliche Vermutung für eine hinreichende Individualität der Programmgestaltung.[295] Derjenige, der Urheberrechte für Computerprogramme beansprucht, muss insoweit bloß darlegen, dass es sich bei dem fraglichen Programm nicht um eine völlig banale Programmgestaltung handelt.[296]

(2) Werke der Musik

Bei Musikwerken[297] ist eine **besondere Gestaltungshöhe nicht erforderlich**.[298] Schlagermusik[299] wird ebenso geschützt wie Handyklingeltöne[300] oder kaum eine Minute lange Musikfragmente.[301] Auch eine einfache Tonfolge kann also ausreichende Originalität besitzen.[302] Zudem kommt es nicht darauf an, ob die Individualität im Inhalt oder in der Form der Darstellung liegt,[303] denn schon die individuelle Umgestaltung eines Volkslieds kann ausreichen.[304] Die bloße Wiedergabe von Geräuschen ist allerdings nicht schutzfähig,[305] ebenso wie ein bestimmter Rhythmus, ein einzelner Akkord oder eine musikalische Richtung als solche.[306] Und auch einer Abfolge von drei Tönen eines Jingles[307] oder der sich laufend wieder-

183

Hamburg, Urt. v. 12.03.1998 – 3 U 226/97 (Computerspielergänzung), CR 1998, 332, 333; OLG Frankfurt, Urt. v. 09.09.1997 – 11 U 6/97 (Nutzungsrechte an Software), CR 1998, 525; OLG Hamburg, Urt. v. 12.03.1998 – 3 U 228/97 (Vervielfältigung einer Datei), GRUR 1991, 91; OLG München, Urt. v. 27.05.1999 – 6 U 5497/98, CR 1999, 688, 689; OLG München, Urt. v. 25.11.1999 – 29 U 2437/97, CR 2000, 429, 430; KG, Urt. v. 23.05.2000 – 5 U 9674/98 (Demoversion), ZUM 2000, 1089; LG Oldenburg, Urt. v. 31.01.1996 – 5 O 3578/93 (Expertensystem), CR 1996, 217, 219; LG Düsseldorf, Urt. v. 12.01.2007 – 12 O 345/02, ZUM 2007, 559, 563; *Dreier*, in: Dreier/Schulze, UrhG, § 69a, Rn. 26; *Dreier*, GRUR 1993, 781, 782; *Erdmann/Bornkamm*, GRUR 1991, 877 ff.; *Grützmacher*, in: Wandtke/Bullinger, UrhG, § 69a, Rn. 33, 39, *Wiebe*, in: Spindler/Schuster, § 69a UrhG, Rn. 21.

294 BT-Drucks. 12/4022, S. 10; *Lehmann*, in: Loewenheim, UrhR, § 9, Rn. 50.
295 KG, Urt. v. 06.09.2010 – 24 U 71/10 (Firmware), ZUM-RD 2011, 544, 547.
296 Weiterführend Kap. 5, Rn. 103 ff.
297 Zu Musikwerken allgemein s. Rn. 110 ff.
298 *Czychowski*, in: Loewenheim, UrhR, § 9, Rn. 69.
299 BGH, Urt. v. 03.02.1988 – I ZR 142/86 (Ein bisschen Frieden), GRUR 1988, 812, 814; BGH, Urt. v. 03.02.1988 – I ZR 143/86 (Fantasy), GRUR 1988, 810, 811; BGH, Urt. v. 26.09.1980 – I ZR 17/78 (Dirlada), GRUR 1981, 267, 268; BGH, Urt. v. 03.11.1967 – Ib ZR 123/65 (Haselnuss), GRUR 1968, 321, 324.
300 OLG Hamburg, Beschl. v. 04.02.2002 – 5 U 106/01 (Handy-Klingeltöne), GRUR-RR 2002, 249.
301 BGH, Urt. v. 13.12.2001 – I ZR 44/99 (Musikfragmente), GRUR 2002, 602.
302 BGH, Urt. v. 05.06.1970 – I ZR 44/68 (Magdalenenarie), GRUR 1971, 266, 268.
303 BGH, Urt. v. 26.09.1980 – I ZR 17/78 (Dirlada), GRUR 1981, 267.
304 BGH, Urt. v. 24.01.1991 – I ZR 78/89 (Brown Girl I), GRUR 1991, 531; BGH, Urt. v. 03.11.1967 – I b ZR 125/65 (Gaudeamus igitur), UFITA 1968, Bd. 51, S. 315.
305 *Czychowski*, in: Loewenheim, UrhR, § 9, Rn. 60.
306 *Rehbinder/Peukert*, UrhR, Rn. 270.
307 LG München I, Urt. v. 18.08.2010 – 21 O 177/09 (Werbejingle), ZUM 2010, 913.

holenden Folge von fünf Tönen[308] sowie einer zweiaktigen, einfach strukturierten und teilweise vorbekannten Tonfolge[309] ist der Schutz versagt worden.

(3) Pantomimische Werke einschließlich der Werke der Tanzkunst

184 Auf dem Gebiet der Pantomime und der Tanzkunst hat die Kleine Münze bisher wenig Bedeutung erlangt.[310] In einem Fall verlangte das OLG München eine „das Alltägliche erheblich übersteigende, eigenpersönliche und schöpferische Leistung des Urhebers,[311] sodass wohl auch hier **strenge Anforderungen an die Gestaltungshöhe** gestellt werden.

(4) Kunstwerke

185 Im Gegensatz zu **Werken der bildenden Künste** waren die Gerichte bei **Werken der angewandten Kunst** bis in die neueste Zeit in Bezug auf das Maß der erforderlichen Individualität besonders streng und verlangten ein deutliches Überragen des Durchschnitts, da hier das Geschmacksmusterrecht (heute Designrecht) ausreichenden Rechtsschutz gewähre.[312] Die Gerichte betonten, dass es sich zur Erlangung von Urheberrechtsschutz um eine künstlerische und nicht bloß um eine geschmackliche Leistung handeln müsse.[313] Mitunter wurde deshalb auch eine besondere sog. „künstlerische Gestaltungshöhe" verlangt.[314] Urheberschutz erhielten daher nur sehr wenige Erzeugnisse, zum Beispiel Sessel in Tüten- und Kubenformen,[315] ein Stahlrohrstuhl[316] oder ein Vasenleuchter.[317] Dieser strengen Haltung hat der Bundesgerichtshof jedoch nun eine ausdrückliche Absage erteilt und klargestellt, dass an den Urheberrechtsschutz von Werken der angewandten

---

308 OLG München, Urt. v. 20.05.1999 – 29 U 3512/96 (Green Grass Grows), ZUM 2000, 408, 409.
309 LG München I, Urt. v. 07.11.2002 – 7 O 19257/02 (Get Over You), ZUM 2003, 245, 247.
310 *Schulze*, Kleine Münze, S. 54; zu pantomimischen Werken allgemein s. Rn. 116 ff.
311 OLG München, Urt. v. 14.03.1974 (Brasiliana), UFITA 1975, S. 320, 332.
312 BGH, Urt. v. 22.06.1995 – I ZR 119/93 (Silberdistel), GRUR 1995, 581, 582; BGH, Urt. v. 27.01.1983 – I ZR 177/80 (Brombeer-Muster), GRUR 1983, 377, 378; BGH, Urt. v. 19.01.1979 – I ZR 166/76 (Brombeerleuchte), GRUR 1979, 332, 336; BGH, Urt. v. 25.05.1973 – I ZR 2/72 (Tierfiguren), GRUR 1974, 669, 671; *Erdmann*, FS f. v. Gamm, 389, 402 f.; *v.Gamm*, UrhG, Einf., Rn. 133; *Hertin*, UrhR, Rn. 58, 91; *Loewenheim*, in: Schricker/Loewenheim, UrhG, § 2, Rn. 32 f., 158 f.; *Loewenheim*, GRUR 1987, 761, 762; *Rehbinder/Peukert*, UrhR, Rn. 284; *Schack*, UrhR, Rn. 202, 263; *Schulze*, Kleine Münze, S. 55; *Ulmer*, UrhR, S. 149.
313 BGH, Urt. v. 17.12.1969 – I ZR 23/68 (Spritzgussengel), GRUR 1970, 244, 245; BGH, Urt. v. 04.11.1966 – Ib ZR 77/65 (skaicubana), GRUR 1967, 315, 316; OLG Frankfurt, Urt. v. 22.02.1979 – 6 U 75/77 (Glückwunschkarte), GRUR 1979, 466; *Schulze*, Kleine Münze, S. 55.
314 OLG Hamburg, WRP 1972, 280, 282 (Zitrorosette).
315 BGH, Urt. v. 10.10.1973 – I ZR 93/72 (Sessel), GRUR 1974, 740; OLG Düsseldorf, Urt. v. 28.10.1969 – 20 U 50/69 (Studio 2000), GRUR 1971, 415.
316 BGH, Urt. v. 27.02.1961 – I ZR 127/59 (Stahlrohrstuhl), GRUR 1961, 635.
317 BGH, Urt. v. 21.05.1969 – I ZR 42/67 (Vasenleuchter), GRUR 1972, 38.

Kunst grundsätzlich keine anderen Anforderungen zu stellen sind als an den Urheberrechtsschutz von Werken der zweckfreien bildenden Kunst oder des literarischen und musikalischen Schaffens.³¹⁸ Es genügt daher, dass sie eine Gestaltungshöhe erreicht, die es nach Auffassung der für Kunst empfänglichen und mit Kunstanschauungen einigermaßen vertrauten Kreise rechtfertigt, von einer „künstlerischen" Leistung zu sprechen. Es ist dagegen nicht erforderlich, dass sie die Durchschnittsgestaltung deutlich überragen,³¹⁹ sodass hier nunmehr ebenso wie bei Werken der bildenden Künste **einfaches Überragen des Durchschnitts** ausreichend ist. Hinsichtlich Werken angewandter Kunst können allerdings weiterhin nur solche Merkmale Urheberrechtsschutz begründen, die nicht allein technisch bedingt, sondern auch künstlerisch gestaltet sind.³²⁰

Dies gilt in der Folge auch für **Werke der Baukunst**,³²¹ sofern sie im Hinblick auf ihren Gebrauchszweck einen Unterfall der Werke der angewandten Kunst darstellen. Im Übrigen, also in den Fällen der Bauwerke als zweckfreie Schöpfungen der bildenden Künste, bspw. bei Türmen ohne Gebrauchszweck, galten schon immer geringe Anforderungen.³²² Zu beachten ist noch, dass **Baupläne** einerseits als Entwürfe von Werken der Baukunst gem. § 2 Abs. 1 Nr. 4 UrhG Schutz erlangen können, andererseits aber auch zu den Darstellungen wissenschaftlicher oder technischer Art gem. § 2 Abs. 1 Nr. 7 UrhG zählen, wobei an diese im Hinblick auf das erforderliche Maß der im Erzeugnis zum Ausdruck kommenden Individualität des Urhebers strenge Anforderungen gestellt werden und zur Erlangung urheberrechtlichen Schutzes hier ein deutliches Überragen des Durchschnitts erforderlich ist.³²³

186

(5) Lichtbildwerke

Zwar wurde in Bezug auf Lichtbildwerke³²⁴ früher eine besondere schöpferische Wiedergabe verlangt.³²⁵ Gem. § 72 UrhG werden aber auch einfache Lichtbilder, an die keine besonderen schöpferischen Anforderungen gestellt werden,³²⁶ genauso³²⁷ geschützt wie Lichtbildwerke, sodass es schon deswegen kaum Streitfälle oder Probleme der Abgrenzung der urheberrechtlich schutzfähigen von den urheber-

187

---

318 BGH, Urt. v. 13.11.2013 – I ZR 143/12 (Geburtstagszug), GRUR 2014, 175 [26].
319 BGH, Urt. v. 13.11.2013 – I ZR 143/12 (Geburtstagszug), GRUR 2014, 175 [26].
320 BGH, Urt. v. 12.05.2011 – I ZR 53/10 (Seilzirkus), GRUR 2012, 58, 60 [19].
321 Zu Werken der Baukunst allgemein s. Rn. 127.
322 BGH, Urt. v. 02.10.1981 – I ZR 137/79 (Kirchen-Innnenraumgestaltung), GRUR 1982, 107, 109.
323 Siehe Rn. 190.
324 Zu Lichtbildwerken allgemein s. Rn. 128 ff.
325 OLG Hamburg, Urt. v. 15.07.1971 – 3 U 178/70 (Mini-Spione), GRUR 1972, 430, 431.
326 BGH, Urt. v. 08.11.1989 – I ZR 14/88 (Bibelreproduktion), GRUR 1990, 669, 673; BGH, Urt. v. 04.11.1966 – Ib ZR 77/65 (skaicubana), GRUR 1967, 315, 315 f.; BGH, Urt. v. 21.04.1953 – I ZR 110/52 (Lied der Wildbahn I), GRUR 1953, 299, 301; *Katzenberger*, GRUR Int. 1989, 116, 117; *Thum*, in: Wandtke/Bullinger, UrhG, § 72, Rn. 5.
327 Beachte jedoch § 72 Abs. 3 UrhG, wonach eine verkürzte Schutzdauer gilt.

rechtlich schutzlosen Erzeugnissen gibt,[328] denn auch diese erlangen meist Lichtbildschutz. Hinzu kommt auch hier der Einfluss des europäischen Werkbegriffs,[329] denn nach Art. 6 der Schutzdauer-Richtlinie[330] sind zur Bestimmung der Schutzfähigkeit von Fotografien neben der eigenen geistigen Schöpfung keine anderen Kriterien anzuwenden, wobei nach Erwägungsgrund Nr. 16 der Richtlinie Kriterien wie zB. Wert oder Zwecksetzung nicht zu berücksichtigen sind, sodass es auf eine besondere Gestaltungshöhe nicht ankommt[331] und **einfaches Überragen des Durchschnitts** ausreicht. So hat der Bundesgerichtshof bald nach Inkrafttreten der Richtlinie im Jahre 1993 seine Grundsätze aufgegeben, nach denen in Lichtbildwerken ein deutliches Überragen über die durchschnittliche Gestaltungstätigkeit zum Ausdruck kommen müsse.[332]

(6) Filmwerke

188 Ebenso wie bei Lichtbildwerken hat der Schutz von nicht-schöpferischen Laufbildern gem. § 95 UrhG auch bei Filmwerken[333] Abgrenzungsstreitfälle bisher verhindert.[334] Im Hinblick auf die nahezu unendlichen Gestaltungs- und Variationsmöglichkeiten beispielsweise bei Spielfilmen[335] werden an das Maß der Individualität ebenso wie bei literarischen Sprachwerken allerdings auch nur geringe Anforderungen gestellt,[336] sodass **einfaches Überragen des Durchschnitts** ausreicht und die meisten Filme, selbst Werbefilme,[337] diese erfüllen.[338]

189 Ebenso wie bei Sprachwerken kann Individualität sowohl im **Inhalt** als auch in der **Form** des Films und sogar in der **Auswahl, Anordnung oder Sammlung des Stoffes** liegen.[339] Bei Dokumentarfilmen oder Naturfilmen ist allerdings zu beachten, dass sich Individualität in der Regel nur aus der Auswahl, Anordnung oder Gestaltung der einzelnen Bildelemente ergeben kann und nicht aus dem Inhalt, denn dieser ist vorgegeben.

---

328 *Schulze*, Kleine Münze, S. 59 f.
329 Siehe Rn. 254 ff. sowie Kap. 10, Rn. 108 ff.
330 Siehe Kap. 11, Rn. 234 f.
331 *Loewenheim*, in: Loewenheim, UrhR, § 6, Rn. 16.
332 BGH, Urt. v. 03.11.1999 – I ZR 55/97 (Werbefotos), GRUR 2000, 317, 318.
333 Zu Filmwerken allgemein s. Rn. 132.
334 *Schulze*, Kleine Münze, S. 60.
335 BGH, Urt. v. 21.04.1953 – I ZR 110/52 (Lied der Wildbahn I), GRUR 1953, 299.
336 *Dreyer*, in: Dreyer/Kotthoff/Meckel, § 2, Rn. 258; *Loewenheim*, in: Schricker/Loewenheim, UrhG, § 2, Rn. 193.
337 BGH, Urt. v. 31.01.1966 – VII ZR 43/64 (Werbefilm), GRUR 1966, 390.
338 Weiterführend Kap. 6, Rn. 2 ff.
339 BGH, Urt. v. 21.04.1953 – I ZR 110/52 (Lied der Wildbahn I), GRUR 1953, 299; BGH, Urt. v. 24.11.1983 – I ZR 147/81 (Filmregisseur), GRUR 1984, 730; *Dreyer*, in: Dreyer/Kotthoff/Meckel, § 2, Rn. 258.

(7) Darstellungen wissenschaftlicher oder technischer Art

Bei wissenschaftlich-technischen Werken[340] ist man in Bezug auf das Maß der erforderlichen Individualität grundsätzlich **besonders streng** und verlangt ein **deutliches Überragen des Durchschnitts**, um die Freiheit wissenschaftlicher Erkenntnisse nicht zu gefährden.[341] Wenn der Gestaltungsspielraum allerdings nur gering ist, sollen die Anforderungen an Individualität und Gestaltungshöhe auch deutlich niedriger sein können, denn individuelles Schaffen sei hier besonders schwierig.[342] Dies spielt vor allem bei **Karten und Stadtplänen** eine Rolle, die nur wenig Raum für individuelle Gestaltung lassen.[343] So verlangt die Rechtsprechung hier nur ein geringes Maß an eigenschöpferischer Prägung.[344] Zwar sind bloße Aufnahmekarten, die auf Originalaufnahmen des Geländes beruhen oder die Vermessungsergebnisse lediglich korrekt wiedergeben, nicht schutzfähig.[345] Meistens kommen jedoch so viele weitere Einzelheiten dazu, die nach verschiedenen Kriterien hervorgehoben oder weggelassen werden können, dass zwei unabhängig voneinander arbeitende Kartographen in der Regel zu verschiedenen Ergebnissen gelangen.[346] Die jeweilige Auswahl und Kombination bekannter Merkmale sollen bei derarti-

190

---

340 Zu wissenschaftlich-technischen Werken allgemein s. Rn. 137 ff.
341 BGH, Urt. v. 17.04.1986 – I ZR 213/83 (Anwaltsschriftsatz), GRUR 1986, 739, 740; BGH, Urt. v. 29.03.1984 – I ZR 32/82 (Ausschreibungsunterlagen), GRUR 1984, 659, 661 f.; BGH, Urt. v. 21.11.1980 – I ZR 106/78 (Staatsexamensarbeit), GRUR 1981, 352; *A.Nordemann*, in: Loewenheim, UrhR, § 9, Rn. 20; *Schack*, UrhR, Rn. 211 f., 296; *Schulze*, Kleine Münze, S. 60 f.; aA. *Delp*, Informationsgesellschaft, S. 272, Rn. 86 f. unter Verweis OLG Nürnberg, Urt. v. 27.03.2001 – 3 U 3760/00 (Dienstanweisung), GRUR-RR 2001, 225, 226 f.; aA. auch *Schricker*, GRUR 1996, 815, 817 der unter Verweis auf BGH, Urt. v. 12.07.1990 – I ZR 16/89 (Themenkatalog), GRUR 1991, 130, 133 und BGH, Urt. v. 21.11.1991 – I ZR 190/89 (Leitsätze), GRUR 1992, 382, 385, die Rspr. des BGH der 1980er aufgegeben sah, wobei er den Hinweis des BGH „auch ein geringes Maß geistiger Betätigung genügen" zulassen jedoch missversteht und verkennt, dass es sich lediglich um einen allgemeinen Hinweis handelt (Themenkatalog) bzw. dass sich die Formulierung von Leitsätzen, sachnotwendig eng an die bearbeitete Entscheidung anlehnen muss, sodass nur ein sehr geringer Spielraum besteht und nur insoweit ein bescheideneres Maß geistig schöpferischer Tätigkeit genügt (Leitsätze); vgl. auch BGH, Urt. v. 27.02.1981 – I ZR 29/79 (Fragensammlung), GRUR 1981, 520, 521, und *Bullinger*, in: Wandtke/Bullinger, UrhG, § 2, Rn. 63.
342 BGH, Urt. v. 21.11.1991 – I ZR 190/89 (Leitsätze), GRUR 1992, 382, 385; BGH, Urt. v. 27.02.1981 – I ZR 29/79 (Fragensammlung), GRUR 1981, 520, 521.
343 OLG Frankfurt, Urt. v. 19.05.1988 – 6 U 108/87 (Stadtpläne), GRUR 1988, 816, 817; *Bullinger*, in: Wandtke/Bullinger, UrhG, § 2, Rn. 139; *Loewenheim*, in: Schricker/Loewenheim, UrhG, § 2, Rn. 39, 211; *G.Schulze*, in: Loewenheim, UrhR, § 9, Rn. 197; *Schulze*, Kleine Münze, S. 247 f.; *Ulmer*, UrhR, S. 139.
344 BGH, Urt. v. 11.04.2002 – I ZR 231/99 (Technische Lieferbedingungen), GRUR 2002, 958, 959; BGH, Urt. v. 10.10.1991 – I ZR 147/89 (Bedienungsanweisung), GRUR 1993, 34, 36; BGH, Urt. v. 20.11.1986 – I ZR 160/84 (Werbepläne), GRUR 1987, 360, 361.
345 BGH, Urt. v. 03.07.1964 – Ib ZR 146/62 (Stadtplan), GRUR 1965, 45, 47; *Ulmer*, UrhR, S. 139.
346 *G.Schulze*, in: Loewenheim, UrhR, § 9, Rn. 203.

gen Karten und Plänen daher ausreichende Individualität begründen und zu einem Urheberschutz führen können.[347]

191 Bei **Bauplänen** ist zwischen dem dargestellten Gebäude einerseits und der Art und Weise der Darstellung dieses Gebäudes andererseits zu unterschieden. Ist das Gebäude individuell und somit als Werk der Baukunst urheberrechtlich geschützt, dann ist bereits dessen Darstellung als Entwurf dieses Bauwerks schutzfähig, wobei in diesem Fall ein einfaches Überragen von Durchschnittsgestaltungen ausreicht. Die Schutzfähigkeit der Darstellung als solcher iSv. § 2 Abs. 1 Nr. 7 UrhG kann hinzukommen, wenn abgesehen von der Individualität des dargestellten Bauwerks auch die Darstellungsweise individuell ist.[348] Hier werden aber strengere Anforderungen gestellt, sodass ein deutliches Überragen des Durchschnitts erforderlich ist.

192 Bei **Konstruktionszeichnungen, Schnittmustern, Montageanleitungen** etc. ist der Gestaltungsspielraum besonders klein, sodass insoweit nur ein einfaches Überragen des Durchschnitts erforderlich ist. Soweit die Darstellungen den DIN-Normen folgen und als exakte Vorlagen für die Ausführung dienen, bleiben sie aber in der Regel schutzlos. Der Gestaltungsspielraum vergrößert sich bei Übersichtsplänen, perspektivischen Zeichnungen, Detailvergrößerungen und anderen Darstellungen, mit denen der Gegenstand nicht exakt wiedergegeben, sondern veranschaulicht werden soll. Urheberrechtsschutz wurde so bejaht für die perspektivische und kolorierte Zeichnung eines *BMW*-Motors,[349] die Darstellung von Eiweißkörpern wegen ihres dynamischen Erscheinungsbildes,[350] die schematische Darstellung des Aufbaus einer Elektrodenfabrik,[351] **Sprengzeichnungen** einer Containerverriegelung[352] und eine Bedienungsanweisung für Motorsägen.[353] Schutzlos blieb hingegen eine Werbezeichnung zur Mauertrockenlegung.[354] Bei

---

347 BGH, Urt. v. 28.05.1998 – I ZR 81/96 (Stadtplanwerk), GRUR 1998, 916, 917; BGH, Urt. v. 02.07.1987 – I ZR 232/85 (Topographische Landeskarten), GRUR 1988, 33, 35; OLG Frankfurt, Urt. v. 19.05.1988 – 6 U 108/87 (Stadtpläne), GRUR 1988, 816, 817; BGH, Urt. v. 20.11.1986 – I ZR 160/84 (Werbepläne), GRUR 1987, 360, 361; BGH, Urt. v. 03.07.1964 – Ib ZR 146/62 (Stadtplan), GRUR 1965, 45, 46; BGH, Urt. v. 25.10.1955 – I ZR 200/53 (Bebauungsplan), GRUR 1956, 88, 89 f.; *Dreyer*, in: Dreyer/Kotthoff/Meckel, UrhG, § 2, Rn. 275; *Loewenheim*, in: Schricker/Loewenheim, UrhG, § 2, Rn. 202; *Nordemann/Vinck*, in: Fromm/Nordemann, UrhG, § 2, Rn. 84; *Schulze*, in: Dreier/Schulze, UrhG, § 2, Rn. 236; *ders.*, in: Loewenheim, UrhR, § 9, Rn. 203.
348 BGH, Urt. v. 10.12.1987 – I ZR 198/85 (Vorentwurf II), GRUR 1988, 533, 534; *Bullinger*, in: Wandtke/Bullinger, UrhG, § 2, Rn. 141; *Dreyer*, in: Dreyer/Kotthoff/Meckel, UrhG, § 2, Rn. 275; *Schack*, UrhR, Rn. 229; *Schulze*, in: Dreier/Schulze, UrhG, § 2, Rn. 231; *ders.*, in: Loewenheim, UrhR, § 9, Rn. 199; *Ulmer*, UrhR, S. 140.
349 LG München I, Urt. v. 22.07.1988 – 21 O 20143/86 (BMW-Motor), GRUR 1989, 503, 504.
350 OLG Frankfurt, Beschl. v. 04.04.1989 – 6 W 31/89 (Eiweißkörper), GRUR 1989, 589 f.
351 BGH, Urt. v. 10.05.1984 – I ZR 85/82 (Elektrodenfabrik), GRUR 1985, 129, 130.
352 BGH, Urt. v. 28.02.1991 – I ZR 88/89 (Explosionszeichnungen), GRUR 1991, 529, 530.
353 BGH, Urt. v. 10.10.1991 – I ZR 147/89 (Bedienungsanweisung), GRUR 1993, 34, 36.
354 OLG München, Urt. v. 21.10.1993 – 29 U 6268/92 (Schemazeichnung), ZUM 1994, 728, 729.

Vorhandensein und Ausschöpfen eines gewissen Gestaltungsspielraumes kann in wissenschaftlich-technischen Dokumenten und Plänen also durchaus die Individualität des Urhebers in ausreichendem Maße zum Ausdruck kommen, sodass sie in diesem Fall urheberrechtlichen Schutz erlangen können sollen.[355]

In Bezug auf **Formulare** ist zwar festzustellen, dass das übliche und altbekannte tabellarische Koordinatenschema in Spalten und Reihen mit den dazugehörigen Eintragungen an den Schnittpunkten schutzlos bleibt.[356] Ein Formular kann aber bspw. dann Schutz als wissenschaftliche oder technische Darstellung erlangen, wenn die zu erfassenden Daten durch Art und Form der Auswahl, Einteilung und Anordnung besonders übersichtlich werden oder wenn es bestimmte Zusammenhänge erkennen lässt.[357] Im Übrigen werden auch hier an die Gestaltungshöhe nur geringe Anforderungen gestellt.[358]

193

(8) Sammelwerke und Datenbanken

Die Individualität des Urhebers kann auch in der besonderen Auswahl, Einteilung oder Anordnung bereits bekannter Merkmale oder Werke zum Ausdruck kommen. Bei Sammelwerken und Datenbankwerken[359] muss also die geistige Leistung, die in der Auswahl oder Anordnung der einzelnen Elemente liegt, Werkniveau erlangen.[360] Hierin muss die Individualität des Urhebers zum Ausdruck kommen. Es geht also nicht um den Schutz der einzelnen Elemente, sondern um den Schutz der Zusammenstellung und Anordnung dieser.

194

Bei Sammelwerken stellt man nur **geringe Anforderungen** an das Maß der Individualität. Ein Werk gilt hier schon dann als geschützt, wenn sich sagen lässt, dass ein anderer Urheber möglicherweise eine andere Auswahl oder Anordnung getroffen haben würde.[361] Die Eigenschaft als Sammelwerk wurde so zum Beispiel bejaht bei einer Gesetzessammlung[362] oder der Zusammenstellungen von Datei-

195

---

355 Vgl. hierzu auch Delp, Informationsgesellschaft, S. 272, Rn. 88.
356 OLG Hamm, Urt. v. 06.12.1979 – 4 U 22879 (Prüfungsformular), GRUR 1980, 287, 288.
357 BGH, Urt. v. 11.04.2002 – I ZR 231/99 (Technische Lieferbedingungen), GRUR 2002, 958, 960; BGH, Urt. v. 07.12.1979 – I ZR 157/77 (Monumenta Germaniae Historica), GRUR 1980, 227, 231; v.Gamm, UrhG, § 2, Rn. 18.
358 BGH, Urt. v. 09.10.1986 – I ZR 145/84 (AOK-Merkblatt), GRUR 1987, 166, 166 f.; OLG Nürnberg, Urt. v. 11.01.1972 – 3 U 114/71 (Standesamtliche Formulare), GRUR 1972, 435, 435 f.
359 Zu Sammel- und Datenbankwerken allgemein s. Rn. 142 ff.
360 BT-Drucks. 13/7934, S. 51; *Dreier*, in: Dreier/Schulze, UrhG, § 4, Rn. 8, 11; *Hertin*, UrhR, Rn. 106; *Loewenheim*, in: Loewenheim, UrhR, § 9, Rn. 225; *Marquardt*, in: Wandtke/Bullinger, UrhG, § 4, Rn. 5; *Schack*, UrhR, Rn. 289; *Schmid/Wirth/Seifert*, UrhG, § 4, Rn. 2; *Ulmer*, UrhR, S. 165.
361 *Dreier*, in: Dreier/Schulze, UrhG, § 4, Rn. 11; *Kotthoff*, in: Dreyer/Kotthoff/Meckel, UrhG, § 4, Rn. 8; *Loewenheim*, in: Loewenheim, UrhR, § 9, Rn. 229; *Marquardt*, in: Wandtke/Bullinger, UrhG, § 4, Rn. 5; *Nordemann*, in: Fromm/Nordemann, UrhG, § 4, Rn. 3.
362 OLG Frankfurt, Urt. v. 10.01.1985 – 6 U 30/84 (Gesetzessammlung), GRUR 1986, 242, 242 f.

en einer Firmware.³⁶³ Allerdings gilt auch für Sammelwerke der Maßstab des § 2 Abs. 2 UrhG,³⁶⁴ weshalb die rein handwerkliche, schematische oder routinemäßige Auswahl oder Anordnung nicht ausreicht.³⁶⁵ Bei handwerks- und routinemäßig archivierten Daten handelt es sich also oft nicht um eine individuelle Auswahl oder Anordnung, sondern bloß um eine Aneinanderreihung von Daten, die nicht schutzfähig ist.³⁶⁶ Rein mechanische Zusammenstellungen bspw. von Adressen-, Fernsprech- oder Branchenverzeichnissen, Fernseh-, Rundfunk- oder Theaterprogrammen, Kurszetteln, Gewinnlisten und dergleichen sind keine schutzfähigen Sammelwerke.³⁶⁷ So wurde die Schutzfähigkeit mangels der erforderlichen Gestaltungshöhe von der Rechtsprechung bspw. verneint bei einem Telefonverzeichnis auf CD-ROM,³⁶⁸ bei einer Sammlung von Gerichtsentscheidungen, aus der eine Reihe von Entscheidungsleitsätzen übernommen wurde,³⁶⁹ oder bei gesammelten Börsendaten.³⁷⁰

196 Da im Hinblick auf **Datenbankwerke** der europäische Werkbegriff³⁷¹ Berücksichtigung findet, werden auch hier an das Maß der Individualität keine besonderen Anforderungen gestellt.³⁷² Gem. Art. 3 Abs. 1 der Datenbank-Richtlinie³⁷³ werden Datenbanken urheberrechtlich geschützt, die aufgrund der Auswahl oder Anordnung des Stoffes eine eigene geistige Schöpfung ihres Urhebers darstellen, wobei bei der Bestimmung, ob sie für diesen Schutz in Betracht kommen, keine anderen Kriterien anzuwenden sind. Erwägungsgrund Nr. 16 der Richtlinie stellt insoweit klar, dass es nur auf die Originalität im Sinne einer geistigen Schöpfung ankommt und dass insbesondere keine Beurteilung der Qualität oder des ästhetischen Wertes der Datenbank vorgenommen werden soll, sodass einfaches Überragen des Durchschnitts ausreicht.

197 Das UrhG schützt allerdings nicht nur Sammelwerke und Datenbankwerke, sondern auch **nicht-schöpferische Datenbanken**, § 87a UrhG.³⁷⁴ Ebenso wie das Datenbankwerk setzt eine Datenbank eine Sammlung von unabhängigen Elementen voraus, die systematisch oder methodisch angeordnet und einzeln zugänglich

---

363 LG Berlin, Urt. v. 08.11.2011 – 16 O 255/10 (Surfsitter), GRUR-RR 2012, 107, 109.
364 *Marquardt*, in: Wandtke/Bullinger, UrhG, § 4, Rn. 5.
365 BGH, Urt. v. 25.09.1953 – I ZR 104/52 (Besitz der Erde), GRUR 1954, 129, 130; *Ulmer*, UrhR, S. 165.
366 OLG Hamburg, Urt. v. 06.05.1999 – 3 U 246/98 (Börsendaten), GRUR 2000, 319, 320; BGH, Urt. v. 25.09.1953 – I ZR 104/52 (Besitz der Erde), GRUR 1954, 129, 130.
367 *Loewenheim*, in: Schricker/Loewenheim, UrhG, § 4, Rn. 10.
368 BGH, Urt. v. 06.05.1999 – I ZR 199/96 (Tele-Info-CD), GRUR 1999, 923, 924 f.
369 BGH, Urt. v. 21.11.1991 – I ZR 190/89 (Leitsätze), GRUR 1992, 382, 382.
370 OLG Hamburg, Urt. v. 06.05.1999 – 3 U 246/98 (Börsendaten), GRUR 2000, 319, 320; *Loewenheim*, in: Schricker/Loewenheim, UrhG, § 4, Rn. 19; *Nordemann*, in: Fromm/Nordemann, UrhG, § 4, Rn. 3.
371 Siehe Rn. 254 ff.
372 OLG Frankfurt, Urt. v. 19.06.2001 – 11 U 66/00 (IMS-Health), MMR 2002, 687.
373 Siehe Kap. 11, Rn. 236 f.
374 Vgl. hierzu Kap. 10, Rn. 263 ff.

sind. Darüber hinaus muss die Beschaffung, Überprüfung oder Darstellung der Elemente aber auch eine nach Art oder Umfang wesentliche Investition erfordern. Gegenüber Datenbankwerken tritt an die Stelle der persönlichen geistigen Schöpfung also die wesentliche Investition.[375] Unter diesen Gesichtspunkten wurden als Datenbank angesehen Telefonbücher,[376] eine Linksammlung,[377] eine Zusammenstellung sämtlicher redaktioneller Mitteilungen aus einer Zeitung[378] oder Kleinanzeigensammlungen.[379] Weil somit bloß die Ansammlung ungeordneter digitalisierter Daten völlig schutzlos bleiben muss,[380] kommt es kaum zu Streitigkeiten hinsichtlich der Schutzfähigkeit.

ee) Bedeutung der Abgrenzung

Das Urheberrecht schützt die Urheber in all ihren geistigen und persönlichen Beziehungen zum Werk und in der Nutzung desselben, § 11 S. 1 UrhG. Neben diesem bloßen Programmsatz gibt das Gesetz den Urhebern mit den detailliert umschriebenen Urheberpersönlichkeitsrechten, den Verwertungsrechten, den Ansprüchen auf Beseitigung, Unterlassung und Schadenersatz im Falle von Rechtsverstößen, den Ansprüchen auf Vernichtung oder Überlassung von rechtswidrigen Vervielfältigungen oder Vorrichtungen zur Vervielfältigung sowie den Auskunftsansprüchen gegen Verletzer scharfe Schwerter zur Durchsetzung ihrer Rechte an die Hand. Außerdem bedroht es die unerlaubte Verwertung geschützter Werke mit Freiheitsstrafe. Voraussetzung für das Bestehen all dieser Rechte ist aber das Vorliegen einer persönlichen geistigen Schöpfung iSd. § 2 Abs. 2 UrhG, also die Werkeigenschaft des gegenständlichen Erzeugnisses. Mit der Beantwortung dieser Frage steht und fällt der gesamte Rechtsschutz nach dem Urheberrechtsgesetz. Es gibt **keinen abgestuften Urheberrechtsschutz** mit mehr Rechten für mehr Werk, sondern Schutz nur für Erzeugnisse, welche die besagte Werkeigenschaft aufweisen, für diese aber voll. Deshalb bedarf es in der Praxis einer exakten Abgrenzung der gerade noch schutzfähigen Werke der Kleinen Münze von den sonstigen schutzlosen Erzeugnissen. Im Rechtsverkehr wie auch im Prozess muss nämlich die Schutzfähigkeit eines Erzeugnisses feststehen, bevor ein Eingriff in einzelne Urheberrechte oder ihr Bestehen beurteilt werden kann. 198

Und unabhängig davon, dass die Werkeigenschaft der Erzeugnisse der **Kleinen Münze** wegen ihrer Grenzwertigkeit typischerweise regelmäßig **streitbefangen** 199

---

375 *Loewenheim*, in: Loewenheim, UrhR, § 43, Rn. 4; *Thum*, in: Wandtke/Bullinger, UrhG, § 87a, Rn. 2.
376 BGH, Urt. v. 06.05.1999 – I ZR 199/96 (Tele-Info-CD), GRUR 1999, 923, 925.
377 AG Rostock, Urt. v. 20.02.2001 – 49 C 429/99 (Linksammlung), MMR 2001, 631; LG Köln, Urt. v. 25.08.1999 – 28 O 527/98 (Linkliste), CR 2000, 400.
378 LG München I, Urt. v. 01.03.2002 – 21 O 9997/01 (Elektronische Pressespiegel), CR 2002, 452, 454.
379 LG Berlin, Urt. v. 08.10.1998 – 16 O 448/98 (Immobilienanzeigen), CR 1999, 388; aA. OLG München, Urt. v. 09.11.2000 – 6 U 2812/00 (Übernahme fremder Inserate), GRUR-RR 2001, 228, 228 f.
380 *Schack*, UrhR, Rn. 746.

ist, kommt es gerade im besagten Grenzbereich sehr häufig zu Nachahmungen vorbestehender Erzeugnisse.[381] Im Gegensatz zu den bedeutenden Werken der Literatur, Wissenschaft und Kunst, bei denen die Konsumenten sogar erhöhten Wert auf Originalität legt und bei denen es aus Urhebersicht geradezu verpönt ist, sich am künstlerischen Formengut anderer Meister zu bedienen, werden die Werke der Kleinen Münze **oft massenweise hergestellt**, wobei die Konsumenten die mangels Entwicklungs- bzw. Schaffenskosten **billigeren Plagiate**[382] mitunter sogar bewusst dem Original vorziehen.[383]

ff) Beurteiler

200 Bei der Beurteilung der Gestaltungshöhe eines Sprachwerks bspw. kommt es auf die Auffassung der mit literarischen und künstlerischen Fragen einigermaßen **vertrauten und hierfür aufgeschlossenen Verkehrskreise** an.[384] Gleichwohl werden von den Gerichten keine Meinungsumfragen herangezogen, sondern auf die Sachkompetenz der Fachabteilungen, Fachkammern und Fachsenate gesetzt oder – wo diese nicht ausreicht – **Sachverständigengutachten** eingeholt.[385] Letzteres wiederum steht im Widerspruch zur einschlägigen Auffassung der besagten Verkehrskreise, denn der Sachverständige ist nur dann erforderlich, wenn die Frage nur von einem qualifizierten Fachmann beantwortet werden kann, der gerade nicht zu den mit den Dingen einigermaßen vertrauten und aufgeschlossenen Verkehrskreisen gehört.[386] Der Tatrichter darf sich jedenfalls keine Sachkunde zutrauen, über die er nicht verfügen kann.[387] Und lässt sich die Schutzfähigkeit des Erzeugnisses nicht ohne Weiteres erkennen, wie dies im Bereich der Kleinen Münze typischerweise der Fall ist, muss derjenige, der die Schutzfähigkeit für sich in Anspruch nimmt, von sich aus einen Sachverständigen zur Darlegung der schutzfähigen Elemente hinzuziehen oder diese selbst im erforderlichen Maße darlegen.[388] Das bloße Angebot eines Sachverständigenbeweises ohne vorherigen **substantiierten Vortrag**, was schutzfähig sein soll, kann als unzulässiger **Ausforschungsbeweis** abgelehnt werden.[389]

---

381 *Reimer*, GRUR 1980, 572, 574.
382 Der Begriff des Plagiats wird im Übrigen, in: der Regel zumeist für die verdeckte Übernahme fremden Geistesgutes unter Anmaßung eigener Urheberschaft gebraucht, also, in: einem etwas anderen Sinne; vgl. hierzu *Bisges*, UFITA 2008/III, S. 643, 645 ff.
383 *Schulze*, Kleine Münze, S. 3.
384 BGH, Urt. v. 19.11.1971 – I ZR 31/70 (Biografie: Ein Spiel), GRUR 1972, 143, 144; für Musikwerke entsprechend BGH, (Dirlada), GRUR 1981, 267, 268; für Kunstwerke schon RG, (Künstliche Blumen), RGZ 76, 339.
385 *Ahlberg*, in: Ahlberg/ Götting, BeckOK UrhG, § 2, Rn. 165.
386 *Ahlberg*, in: Ahlberg/ Götting, BeckOK UrhG, § 2, Rn. 166.
387 BGH, Urt. v. 06.10.2005 – I ZR 266/02 (Pressefotos), GRUR 2006, 136, 138; *Schulze*, in: Dreier/Schulze, UrhG, § 2, Rn. 59.
388 *Schulze*, in: Dreier/Schulze, UrhG, § 2, Rn. 59.
389 OLG Hamburg, (CT-Klassenbibliothek), ZUM 2002, 558, 561; LG München I, Urt. v. 16.05.2002 – 7 O 12953/01 (Carmina Burana), ZUM 2002, 748, 753; *Schulze*, in: Dreier/Schulze, UrhG, § 2, Rn. 59.

gg) Problem fehlender Objektivierbarkeit

Nimmt man beim Maß der erforderlichen Individualität die uneinheitliche Behandlung verschiedener Werkarten als gegeben hin und akzeptiert, dass in einigen Fällen ein deutliches Überragen des Durchschnitts, in anderen Fällen hingegen nur ein einfaches Überragen gefordert wird, ist die **eigentliche Frage** aber immer noch unbeantwortet, was genau bloß überdurchschnittlich und **was deutlich überdurchschnittlich ist**. Dass dies einen Vergleich des Erzeugnisses mit der Gesamtheit aller übrigen einschlägigen Erzeugnisse erfordert,[390] ergibt die Logik und ist kein Erkenntnisgewinn. Dieser Vergleich setzt aber voraus, dass man das Maß der Individualität zahlreicher Erzeugnisse sowie des zu beurteilenden Erzeugnisses einschätzen muss, um das Maß der Individualität des betreffenden Erzeugnisses einordnen zu können. Just dies ist aber **nicht objektiv möglich**. Wie beim Studium von im Instanzenzug divergierenden urheberrechtlichen Entscheidungen deutlich wird, lässt sich juristische Argumentationstechnik ohne Weiteres konträr einsetzen, sodass sich für jede Einschätzung **auch das Gegenteil begründen** lässt.[391] Zumeist handelt es sich bei aufgehobenen Instanzentscheidungen nämlich nicht um offensichtliche Fehlurteile, die in Verkennung des Rechts ergangen sind, sondern lediglich um Entscheidungen, denen in Bezug auf die Schutzbedürftigkeit oder -würdigkeit des Erzeugnisses eine andere richterliche Einschätzung zugrunde lag, wobei versucht wurde, diese Einschätzung durch juristische Argumentation in genau demjenigen Bereich vermeintlich „objektiv" zu begründen, den die Frage der Gestaltungshöhe eröffnet.

Dass sich in Bezug auf juristische Entscheidungen allgemein sehr oft gegensätzliche Begründungen finden lassen, liegt daran, dass die Rechtsordnung als solche gegensätzliche Grundsätze enthält.[392] So verlangt beispielsweise die Einzelfallgerechtigkeit, dass alle Aspekte des individuellen Falles berücksichtigt werden, während die Rechtssicherheit verlangt, verlässliche und allgemeingültige Grundsätze aufzustellen, welche die Besonderheiten des jeweiligen Einzelfalls ausblenden. Mit dem Argument der Einzelfallgerechtigkeit ist also bspw. ein bestimmter Aspekt zu berücksichtigen, mit dem Argument der Rechtssicherheit kann er vernachlässigt werden.[393] So kann ein Gericht in einem bestimmten Kleine-Münze-Fall also durchaus zu der Auffassung gelangen, dass einem Erzeugnis Schutz zu gewähren ist, weil dies wegen der Umstände des Einzelfalls zwingend erforderlich und einzig gerecht ist. Ein anderes Gericht hingegen könnte im selben Fall der Auffassung sein, dass eine Schutzgewährung undenkbar ist, weil dies – würde man „solchen Erzeugnissen" unter dem Aspekt der Rechtssicherheit künftig immer Schutz gewähren müssen – zu wirtschaftlich unerträglichen Ergebnissen führen könnte. Und das Merkmal der Gestaltungshöhe gibt beiden Gerichten den nötigen Spiel-

---

390 Siehe Rn. 169.
391 Vgl. zu diesem Problem allgemein *Mastronardi*, Juristisches Denken, Rn. 635; *Unger*, Critical Legal Studies, S. 15 ff.
392 *Unger*, Critical Legal Studies, S. 15 ff.
393 *Mastronardi*, Juristisches Denken, Rn. 635.

raum, ihre Ansichten vermeintlich „objektiv" zu begründen und zwar so, dass es rein argumentativ niemand angreifen kann. In Bezug auf die Gestaltungshöhe gibt es im Grenzbereich der Kleinen Münze faktisch kein objektives Kriterium, aufgrund dessen die eine Einschätzung einer anderer vorgezogen werden müsste, denn beide stellen lediglich ein mögliches, niemals aber das einzig richtige Ergebnis dar. Die Entscheidung zwischen Schutzfähigkeit und Schutzlosigkeit ist in den Fällen der Kleinen Münze also nichts anderes als ein **Wahlakt**, der im Willen des Richters liegt.[394] Ohne Weiteres lässt sich begründen, dass die handwerklich möglichst naturgetreue Nachahmung einer Blume nicht schutzfähig ist,[395] wohingegen die möglichst naturgetreue Wiedergabe eines Fischs schutzfähig sein soll.[396] Ohne objektivierbare Kriterien hängt also alles vor allem vom **subjektiven Eindruck der Richter** ab, sodass das Abstellen auf ein wie auch immer zu bestimmendes Maß der Individualität (ungewollter) richterlicher Willkür Tür und Tor öffnet.

203 Die fehlende Objektivierbarkeit der Bestimmung des Maßes der Individualität hat bereits zu **interdisziplinärer Forschung** veranlasst. Unter Bemühung des Mathematikers *Kosfeld* versuchten *Nordemann* und *Heise* auf abstrakte Art den prozentualen Anteil von überdurchschnittlichen und deutlich überdurchschnittlichen Erzeugnissen festzustellen und kamen zu dem (mathematischen) Ergebnis, dass 68% aller Erzeugnisse durchschnittlich, 16% aller Erzeugnisse überdurchschnittlich sowie 2,5% aller Erzeugnisse deutlich überdurchschnittlich sind.[397] Allerdings zeigt der mathematische Ansatz lediglich auf, dass quantitativ betrachtet nur wenige Erzeugnisse überdurchschnittlich sind. Die **mathematische Bestimmung des Anteils überdurchschnittlicher Erzeugnisse** kann die Frage nach dem Maß der Individualität eines bestimmten Erzeugnisses aber nicht beantworten. Eine andere Herangehensweise an das Problem ist die Idee des Einsatzes einer **quantitativen Inhaltsanalyse**.[398] Um beispielsweise das Maß der in einem Text zum Ausdruck kommenden Individualität festzustellen und mit dem Maß der Individualität anderer Texte zu vergleichen, könnte man einen Text einfach in individuelle und nicht-individuelle Teile zerlegen und auf diese Weise den Anteil der Individualität bestimmen, denn ob eine Passage überhaupt individuell ist oder nicht, lässt sich sicher sagen.[399] Abgesehen vom Problem der absoluten bzw. relativen Bestimmung des Anteils individueller Passagen und der Frage der Länge der Passagen, in die der Text zerlegt werden muss (Buchstaben, Worte, Sätze, Absätze, Kapitel), ist bei vielen Werkarten eine Zerlegung aber gar nicht sinnvoll möglich, sondern nur eine Zusammenschau, beispielsweise bei Bildern. Eine solche Vorgehensweise ist insofern ebenfalls untauglich.[400]

---

394 *Kelsen*, S. 349 f.
395 RG, Urt. v. 19.03.1932 – I 345/31 (künstliche Blumen), RGZ 135, 385, 387 ff.
396 KG, Urt. v. 26.09.2000 – 5 U 4026/99 (Bachforelle), GRUR-RR 2001, 292.
397 *A.Nordemann/Heise*, ZUM 2001, 128, 135 f.
398 *Bisges*, Kleine Münze, S. 58 ff.
399 *Bisges*, Kleine Münze, S. 59.
400 *Bisges*, Kleine Münze, S. 60.

Im Ergebnis muss es bisher also dabei bleiben, dass sich das Maß der in einem Erzeugnis zum Ausdruck kommenden Individualität **nicht objektiv bestimmen** lässt, sodass die Frage der urheberrechtlichen Schutzfähigkeit eines Erzeugnisses in den Grenzfällen der Kleinen Münze faktisch **nur aufgrund richterlichen Ermessens** und nur für den jeweiligen Einzelfall entschieden wird. Die bisherige Werkdefinition ist also gerade in den Fällen untauglich, in denen eine Abgrenzung problematisch ist, denn sie kann hier zur Entscheidungsfindung nichts beitragen.

204

hh) Aufgabe des Merkmals

Im Hinblick auf die europäische Urheberrechtsharmonisierung[401] und wegen der Schwierigkeiten der Bestimmung des für den Schutz erforderlichen Maßes an Individualität fordert *Schricker* zum **Abschied von der Gestaltungshöhe** auf.[402] Der Urheberrechtsschutz solle bloß noch Individualität voraussetzen, wodurch sich Abgrenzungsprobleme völlig vermeiden ließen. Damit würde der Schutz der Kleinen Münze in voller Breite gesichert, insbesondere auch im Bereich des Werbeschaffens.[403] Auch *Strunkmann-Meister* wendet sich gegen die Berücksichtigung der Gestaltungshöhe, denn der Gesetzgeber habe in § 2 Abs. 2 UrhG durch das Abstellen bloß auf eine persönliche geistige Schöpfung gerade auf Besonderheiten wie „charismatische Werte" verzichtet.[404] Und *v.Pilgrim* lehnt das Kriterium der Gestaltungshöhe deshalb ab, weil es sich ausschließlich subjektiv bemessen lasse. „Ästhetisch überschießen" könne es nämlich „immer nur im Subjekt und nicht am Objekt".[405] Dieser Auffassung scheint sich neuerlich auch *Ahlberg* angeschlossen zu haben, indem er in seinem Online-Kommentar zum UrhG in Bezug auf das Erfordernis der Individualität formuliert „Entweder weist die Gestaltung schon eine Eigentümlichkeit auf oder sie ist noch dem Mechanisch-Technischen, Routinemäßigen bzw. Alltäglichen verhaftet."[406] Und die Erkenntnis schließlich, dass das Maß der in einem Erzeugnis zum Ausdruck kommenden Individualität mangels Objektivierbarkeit ein Einfallstor für richterliche Willkür[407] und obendrein auch ökonomisch erheblich von Nachteil für unsere Volkswirtschaft ist, da durch die damit einhergehenden Unsicherheiten seitens aller Beteiligten erhebliche unnötige Kosten entstehen,[408] zwingt zu seiner Aufgabe. Die Gestaltungshöhe bzw. auf ihr basierende Argumentationen können und dürfen bei der Entscheidung über die Werkeigenschaft keine ausschlaggebende Rolle mehr spielen, sodass es auf das Maß der in einem Erzeugnis zum Ausdruck kommenden Individualität grundsätzlich nicht ankommt, sondern bloß noch darauf, ob das Erzeugnis überhaupt individuell ist.

205

---

401 Hierzu s. auch Rn. 254 ff.
402 *Schricker*, in: FS Kreile, 715, 719; *Schricker*, GRUR 1996, 815, 817 ff.
403 *Schricker*, GRUR 1996, 815, 817 ff.
404 *Strunkmann-Meister*, S. 253 f.
405 *v.Pilgrim*, S. 48.
406 *Ahlberg*, in: Ahlberg/Götting, BeckOK UrhG, § 2 UrhG, Rn. 73.
407 Siehe Rn. 202 ff., 204.
408 *Bisges*, Kleine Münze, S. 151 ff.

206 Stellte man neben dem persönlichen Erzeugnis, dem geistigen Gehalt und der wahrnehmbaren Formgestaltung allerdings bloß noch auf eine im Erzeugnis überhaupt zum Ausdruck kommende Individualität ab, könnte es zu einer **Ausuferung des Urheberrechtsschutzes** kommen, weil zahllose bisher nicht geschützte Erzeugnisse Werkschutz erhielten. Fraglich ist allerdings, ob dies überhaupt problematisch ist, denn es handelte sich bei den zusätzlich geschützten Erzeugnissen um solche, deren Individualität (sehr) gering ist. Insoweit ist aber auch ihr Schutzumfang gering, sodass jeder ein ähnliches Erzeugnis schaffen könnte, ohne in den geschützten Individualitätsbereich des betreffenden Erzeugnisses einzugreifen.[409] Die Verbotsrechte würden also nicht sehr weit reichen. Hinzu kommt, dass die Rechtsprechung im Bereich der Kleinen Münze schon immer (stillschweigend) den Herstellungsaufwand eines Erzeugnisses berücksichtigt hat, denn die Bejahung bzw. Verneinung des Werkschutzes ist signifikant abhängig von seinem Herstellungsaufwand.[410] Der Wegfall des Erfordernisses der Gestaltungshöhe hätte also faktisch keinen Einfluss auf die Frage, welche Erzeugnisse schutzfähig sind und welche nicht. Es bietet sich insoweit an, zur Kompensation für den Wegfall des Merkmals der Gestaltungshöhe als **Korrektiv** auf den **Herstellungsaufwand** eines Erzeugnisses abzustellen.[411] Da dies bloß der bisherigen Praxis der Gerichte entspricht,[412] ist hierin keine Änderung des Rechts zu sehen, sondern bloß eine Offenlegung der wahren Beweggründe der Rechtsprechung. Hierdurch dürften die Entscheidungen außerdem nachvollziehbarer werden und für die Beteiligten leichter zu akzeptieren sein. Eine solche Definition stünde zudem im Einklang mit dem europäischen Werkbegriff,[413] denn das hier verlangte Merkmal der Originalität wird nicht verdrängt, sondern bleibt im Sinne der Individualität weiterhin erforderlich.[414] Und im Hinblick auf den hier in Rede stehenden Herstellungsaufwand reicht dem EuGH „die Tatsache, dass für die Erstellung […] ein bedeutender Arbeitsaufwand […] erforderlich war, als solche [nur dann] nicht aus, um einen urheberrechtlichen Schutz […] zu rechtfertigen, wenn durch diesen Arbeitsaufwand […] keinerlei Originalität […] zum Ausdruck kommt."[415] Wenn in einem schutzfähigen Erzeugnis aber, wie hier gefordert, die Individualität des Urhebers weiterhin zum Ausdruck kommen muss, dann ist der Herstellungsaufwand durchaus geeignet, das nur subjektiv bestimmbare Maß der in diesem Erzeugnis zum Ausdruck kommenden Individualität (Gestaltungshöhe) als objektivierbares Kriterium zu ersetzen.[416]

---

409 Siehe Rn. 232 ff.
410 Siehe Rn. 216 ff.
411 *Bisges*, Kleine Münze, S. 275.
412 Siehe Rn. 216 ff.
413 EuGH, Urt. v. 01.03.2012 – C-604/10 (Football Dataco u. a./Yahoo!), GRUR 2012, 386, 388 [37 f.].
414 *Bisges*, GRUR 2015, 540, 545.
415 EuGH, Urt. v. 01.03.2012 – C-604/10 (Football Dataco u. a./Yahoo!), GRUR 2012, 386, 388 [42].
416 *Bisges*, GRUR 2015, 540, 545.

IV. Bedeutung anderer Merkmale für die Schutzfähigkeit

In urheberrechtlichen Auseinandersetzungen betreffend die Werkeigenschaft eines Erzeugnisses werden oft auch andere als die oben beschriebenen vier Merkmale der Werkdefinition (persönliches Erzeugnis, geistiger Gehalt, wahrnehmbare Formgestaltung und Individualität)[417] thematisiert. Sowohl die Kenntnis dieser anderen Merkmale als auch die Begründung ihrer Irrelevanz kann insoweit von Bedeutung sein:

1. Künstlerischer Wert

Für die Frage der urheberrechtlichen Schutzfähigkeit als Werk kommt es nicht auf den künstlerischen Wert eines Erzeugnisses an. Zunächst ist die Frage, ob es sich um ein Kunstwerk handelt grundverschieden von der Frage, ob es sich um ein Werk im Sinne des Urheberrechts handelt. Zwar kann ein Erzeugnis sowohl Kunstwerk als auch Werk im Sinne des Urheberrechts sein. Zwingend ist dies jedoch nicht.[418] Selbst wenn es sich bei einem in Rede stehenden Erzeugnis aber um ein Kunstwerk handelt, muss dessen künstlerischer Wert außen vor bleiben. Mehr noch als die Frage nach dem Maß der in einem Erzeugnis zum Ausdruck kommenden Individualität des Urhebers ist die Frage nach dessen künstlerischem Wert **höchst subjektiv**, sodass die Ansichten insbesondere betreffend Erzeugnisse der Gegenwart weit auseinander gehen.[419] Deshalb, aber auch in Abgrenzung zu den im Dritten Reich vertretenen Auffassungen zur „entarteten Kunst" darf der künstlerische Wert eines Erzeugnisses keine Rolle spielen. Erzeugnisse, die in den Augen vieler als künstlerisch vollkommen wertlos erscheinen, können also genauso urheberrechtlich geschützt sein wie Erzeugnisse schutzlos dastehen können, die nach Überzeugung vieler „hohe Kunst" sind. Das Urheberrecht ist Kunst- und Kulturrecht, aber es richtet nicht über die Kunst und Kultur.

2. Priorität oder Neuheit

Zwar heißt es in der Begründung zum UrhG, dass als persönliche geistige Schöpfungen Erzeugnisse anzusehen seien, die durch ihren Inhalt oder durch ihre Form oder durch die Verbindung von Inhalt und Form etwas Neues und Eigentümliches darstellen.[420] Insoweit ist ausdrücklich die Rede von der Neuheit eines Erzeugnisses. Fragen der Priorität oder Neuheit können für den Werkschutz aber ebenfalls **nicht von Bedeutung** sein.[421] Zwar kann es sein, dass die Gestaltung eines Werks neu und gerade deshalb als besonders individuell empfunden wird. Die objektive Neuheit oder Erstmaligkeit ist jedoch nicht Voraussetzung für die urheberrechtliche Schutzfähigkeit, denn urheberrechtlicher Rechtsschutz geht darauf zurück, dass in einem Erzeugnis die Individualität seines Erzeugers zum Ausdruck kommt.

---

417 Siehe Rn. 153.
418 Siehe Rn. 38.
419 *Rehbinder/Peukert*, UrhR, Rn. 230.
420 Amtl. Begr. BT-Drucks. IV/270, S. 38.
421 BGH, Urt. v. 23.10.1981 – I ZR 62/79 (Büromöbelprogramm), GRUR 1982, 305, 307.

Es ist also in gewisser Hinsicht ein ausgelagerter Teil der Persönlichkeit seines Urhebers. Insofern ist es theoretisch denkbar, dass zwei Personen unabhängig voneinander ein (nahezu) identisches Erzeugnis schaffen. Wenn beide Erzeugnisse Werkcharakter aufweisen, dann spricht man von **Doppelschöpfungen**.[422] Beide Erzeuger erlangen in diesem Fall ein Urheberrecht an ihrem jeweiligen Erzeugnis, das unabhängig vom Urheberrecht des jeweils anderen ist,[423] denn das Urheberrecht schützt gem. § 2 Abs. 2 UrhG persönliche geistige Schöpfungen, wobei in beiden Erzeugnissen die Individualität seines Erzeugers zum Ausdruck kommt. Zwar sind echte Doppelschöpfung angesichts der Vielfalt der dem Schöpfer zur Verfügung stehenden Gestaltungsmittel, seien es Wörter, Töne, Farben, Materialien etc., höchst unwahrscheinlich[424] und wohl allenfalls im Bereich der kleinen Münze zu finden.[425] In einem solchen Fall kommt es aber jedenfalls nicht darauf an, welches Erzeugnis zuerst geschaffen wurde bzw. neuer ist.[426] Und auch im Übrigen spielt die Frage der **Neuheit** keine Rolle, denn ein Erzeugnis kann auch dann individuell und damit schutzfähig sein, wenn es objektiv nicht neu ist.[427] Andererseits ist ein neues Erzeugnis nicht bloß wegen seiner Neuheit schutzfähig, denn auch in diesem Fall muss in ihm die Individualität des Urhebers zum Ausdruck kommen.[428]

3. Rechtmäßigkeit

210 Für die urheberrechtliche Schutzfähigkeit ist ebenfalls **nicht maßgeblich**, ob das Werk einen erlaubten oder verbotenen Inhalt aufweist. So kann ein Erzeugnis mit

---

422 BGH, Urt. v. 05.06.1970 – I ZR 44/68 (Magdalenenarie), GRUR 1971, 266, 268; BGH, Urt. v. 03.02.1988 – I ZR 143/86 (Fantasy), GRUR 1988, 810, 811; BGH, Urt. v. 03.02.1988 – I ZR 142/86 (Ein bisschen Frieden), GRUR 1988, 812, 813 f.; *Ahlberg*, in: Möhring/Nicolini, UrhG, § 3, Rn. 39; *Bullinger*, in: Wandtke/Bullinger, UrhG, § 23, Rn. 19; *Dreyer*, in: Dreyer/Kotthoff/Meckel, UrhG, Anh. zu §§ 23, 24, Rn. 7; *Loewenheim*, in: Loewenheim, UrhR, § 8, Rn. 29; Loewenheim, in: Schricker/Loewenheim, UrhG, § 23, Rn. 33 ff.; *Schulze*, in: Dreier/Schulze, UrhG, § 23, Rn. 29.
423 BGH, Urt. v. 03.02.1988 – I ZR 143/86 (Fantasy), GRUR 1988, 810, 811; BGH, Urt. v. 05.06.1970 – I ZR 44/68 (Magdalenenarie), GRUR 1971, 266, 268; *Bullinger*, in: Wandtke/Bullinger, UrhG, § 23, Rn. 20; *Dreyer*, in: Dreyer/Kotthoff/Meckel, UrhG, Anh. zu §§ 23, 24, Rn. 8; *Ulmer*, UrhR, S. 15; *Vinck*, in: Fromm/Nordemann, UrhG, Anh. zu § 24, Rn. 11.
424 BGH, Urt. v. 03.02.1988 – I ZR 142/86 (Ein bisschen Frieden), GRUR 1988, 812, 814; BGH, Urt. v. 05.06.1970 – I ZR 44/68 (Magdalenenarie), GRUR 1971, 266, 268; BGH, Urt. v. 08.05.1968 – I ZR 67/65 (Rüschenhaube), GRUR 1969, 90; LG München I, Urt. v. 07.11.2002 – 7 O 19257/02, ZUM 2003, 245, 248; KG, Urt. v. 26.09.2000 – 5 U 4831/00 (Vaterland), GRUR-RR 2002, 49, 50.
425 *Bullinger*, in: Wandtke/Bullinger, UrhG, § 23, Rn. 21; *Schulze*, ZUM 1994, 15, 19; so wohl auch BGH, Urt. v. 05.06.1970 – I ZR 44/68 (Magdalenenarie), GRUR 1971, 266, 268, in Bezug auf das „Gebiet der leichten Musik, die sich einfacher, eingängiger Formen bediene".
426 *Bullinger*, in: Wandtke/Bullinger, UrhG, § 23, Rn. 20; *Dreyer*, in: Dreyer/Kotthoff/Meckel, UrhG, Anh. zu §§ 23, 24, Rn. 8.
427 *Rehbinder/Peukert*, UrhR, Rn. 234.
428 BGH, Urt. v. 17.10.1961 – I ZR 24/60 (Zahlenlotto), GRUR 1962, 51.

beleidigendem oder volksverhetzendem Inhalt ohne Weiteres urheberrechtlich geschützt sein. Eine Karikatur beispielsweise, die den früheren bayerischen Ministerpräsidenten *Strauß* als ein kopulierendes Schwein zeigt, begründete zugleich ein Urheberrecht und die **Strafbarkeit des Urhebers**.[429] Natürlich muss sich der Urheber für sein Tun ggfls. strafrechtlich verantworten und kann zivilrechtlich insbesondere auf Unterlassung oder Schadenersatz in Anspruch genommen werden, sodass seine Rechte zur **Nutzung des Werks eingeschränkt** oder sogar ganz aufgehoben sein können. Gleichwohl haben Dritte in diesen Fällen kein Recht, ein urheberrechtlich geschütztes Werk, das strafbare Inhalte aufweist, ohne Zustimmung des Urhebers zu nutzen, zu verwerten, zu veröffentlichen oder zu entstellen. Die **Verbotsrechte des Urhebers** können also weiterhin ausgeübt werden.

Im Übrigen kann ein Erzeugnis auch dann Schutz erlangen, wenn seiner Schöpfung als solcher eine Straftat zugrunde lag, beispielsweise **Graffitis**, die in Form einer strafbaren Sachbeschädigung an die Berliner Mauer gesprüht wurden.[430] In diesen Fällen können meist sowohl positive Nutzungsrechte als auch negative Verbotsrechte vom Urheber ausgeübt werden. So waren die Künstler am Erlös aus der Veräußerung von Teilen der Berliner Mauer, die von ihnen bemalt worden sind, angemessen zu beteiligen, da die Veräußerung einen Eingriff in das bei den Künstlern verbliebene Verbreitungsrecht gem. § 17 Abs. 1 UrhG darstellte.[431]

4. Umfang

Welchen Umfang ein Erzeugnis hat, ist für den Werkschutz ebenfalls **nicht entscheidend**. Zwar wird der Gestaltungsspielraum kleiner, je kürzer beispielsweise ein Text ist. Bei sehr kurzen Texten, die über einen „Einzeiler" nicht hinausgehen, besteht daher meist keine Möglichkeit mehr für eine individuelle Gestaltung. Urheberrechtlich schutzlos sollen deshalb kurze Wortgebilde, wie zB. „fahr'n auf der Autobahn"[432] oder „Der 7. Sinn"[433] bleiben. Gleichwohl sollen aber **auch kürzeste Gebilde schutzfähig** sein können, etwa aus wenigen Zeilen bestehende Gedichte[434] oder relativ kurze Werbetexte,[435] denn der quantitative Umfang spielt für die Werkeigenschaft keine Rolle.[436] So hat das Kammergericht beispielsweise den Spruch „Jede Frau braucht fünf Männer – jeder Mann braucht fünf Frauen" we-

---

429 *Schack*, UrhR, Rn. 226.
430 BGH, Urt. v. 23.02.1995 – I ZR 68/93 (Mauer-Bilder), GRUR 1995, 673, 675.
431 BGH, Urt. v. 23.02.1995 – I ZR 68/93 (Mauer-Bilder), GRUR 1995, 673, 675.
432 OLG Düsseldorf, Urt. v. 01.12.1977 – 20 U 46/77 (fahr'n auf der Autobahn), GRUR 1978, 640.
433 BGH, Urt. v. 25.02.1977 – I ZR 165/75 (Der 7. Sinn), GRUR 1977, 543.
434 *Loewenheim*, in: Schricker/Loewenheim, UrhG, § 2, Rn. 46.
435 LG Berlin, Urt. v. 18.02.1974 – 16 S 3/73 (Werbeprospekt), GRUR 1974, 412, 412 f.
436 BGH, Urt. v. 04.10.1990 – I ZR 139/89 (Betriebssystem), GRUR 1991, 449, 452; BGH, Urt. v. 09.05.1985 – I ZR 52/83 (Inkasso-Programm), GRUR 1985, 1041, 1048; *Ahlberg*, in: Möhring/Nicolini, UrhG, § 2, Rn. 75; *Bullinger*, in: Wandtke/Bullinger, UrhG, § 2, Rn. 26; *Loewenheim*, in: Schricker/Loewenheim, UrhG, § 2, Rn. 46; *Schack*, UrhR, Rn. 202 f.; *Schulze*, in: Dreier/Schulze, UrhG, § 2, Rn. 55; *Ulmer*, UrhR, S. 137.

gen seiner den Witz charakteristisch treffenden Kürze und Prägnanz für schutzfähig gehalten.[437] Und sogar einem **einzigen Wort** erkannte das Gericht im Falle des Buchstabenschüttelns[438] Werkschutz zu, nämlich dem Anagramm „Folterhilda", zusammengesetzt aus den vertauschten Buchstaben des Namens *Adolf Hitler*. Weder die Kürze des zugrunde liegenden bürgerlichen Namens, noch die hiermit zwangsläufig verbundene Kürze auch ihrer anagrammatischen Verkehrung schließe es aus, so das Kammergericht, dass das anagrammatische Wort einen hohen Grad an oppositioneller Schärfe persönlichen Gedankenausdrucks erreicht hat, wobei die begrenzte Zahl von Buchstaben des bürgerlichen Namens das Finden des Anagramms zwar erschwere, aber ersichtlich nicht ausgeschlossen habe.[439] Hiernach dürfte das Wort „Folterhilda" als das kürzeste (deutsche) urheberrechtlich geschützte Sprachwerk gelten.

5. Verwendungszweck

213 Die Jurisprudenz wehrt sich traditionell gegen den Gedanken der Anwendbarkeit des Urheberrechts auf rein gewerbliche Erzeugnisse. So duften unter Geltung des Preußischen Gesetzes zum Schutze des Eigentums an Werken der Wissenschaft und Kunst von 1837[440] geschützte Erzeugnisse nicht „lediglich und unmittelbar einen materiellen Gebrauch bezwecken."[441] Heute verlangt man weder eine kulturelle Funktion, die begrifflich ohnehin kaum definierbar wäre,[442] noch schließt man rein geschäftliche Erzeugnisse kategorisch vom Urheberschutz aus. Vielmehr betont man ausdrücklich, dass der Werkbegriff völlig zweckneutral zu verstehen sei, dass es also bei einem urheberrechtlich geschützten Werk gleichgültig ist, zu welchem Zweck es geschaffen wurde.[443] Der Verwendungszweck, für den ein Erzeugnis geschaffen wurde, **spielt also keine Rolle** (mehr). Es können damit sowohl Erzeugnisse urheberrechtlichen Schutz erlangen, die völlig zweckneutral bzw. zu rein ästhetischen Zwecken geschaffen wurden, als auch Erzeugnisse, die rein wirtschaftlichen oder Gebrauchszwecken dienen, wie Gebrauchsgegenstände, Möbel, Formulare, Bedienungsanleitungen etc. Eine andere Beurteilung wäre auch kaum

---

437 KG, Urt. v. 13.10.1967 – 5 U 1854/65 (Jede Frau braucht fünf Männer), GRUR 1968, 709, 710.
438 KG, Urt. v. 22.01.1971 – 5 U 2412/70 (Buchstabenschütteln), GRUR 1971, 368, 370.
439 KG, Urt. v. 22.01.1971 – 5 U 2412/70 (Buchstabenschütteln), GRUR 1971, 368, 370.
440 Königlich Preußisches Gesetz v. 11.06.1837 zum Schutze des Eigentums an Werken der Wissenschaft und Kunst gegen Nachdruck und Nachbildung, abgedruckt bei *Hitzig*, Preußisches Kunstgesetz, S. 110 ff.; Nachdruck in UFITA 1988, Bd. 107, S. 163–226.
441 *Wächter*, Verlagsrecht, S. 153, zählt deswegen Festprogramme, Theaterzettel und Formulare nicht zu den geschützten Werken.
442 *Thoms*, Kleine Münze, S. 279.
443 BGH, Urt. v. 09.05.1985 – I ZR 52/83 (Inkasso-Programm), GRUR 1985, 1041, 1048; BGH, Urt. v. 26.09.1980 – I ZR 17/78 (Dirlada), GRUR 1981, 267, 268; *v. Gamm*, UrhG, § 2, Rn. 6; *Nordemann/Vinck*, in: Fromm/Nordemann, UrhG, § 2, Rn. 14; *Loewenheim*, in: Schricker/Loewenheim, UrhG, § 2, Rn. 44; *Schulze*, Kleine Münze, S. 132; *Ulmer*, UrhR, S. 132 f; *A. Nordemann/Heise*, ZUM 2001, 128, 133.

möglich, denn vielfach lässt sich nicht sicher sagen, ob ein Erzeugnis einem Gebrauchszweck dient oder bloß einen Selbstzweck aufweist.

6. Herstellungsaufwand und Kosten

Zur Beantwortung der Frage, ob ein Erzeugnis urheberrechtlichen Schutz erlangen kann, werden wirtschaftliche Aspekte seit jeher tunlichst nicht berücksichtigt. Immerhin wird das Urheberrecht als Kulturrecht verstanden[444] und man geht allgemein davon aus, dass „Produkte, die nach rein geschäftlichen Gesichtspunkten hergestellt werden, wohl in den seltensten Fällen den urheberrechtlichen Anforderungen genügen dürften."[445] Der **Herstellungsaufwand,** beispielsweise ein hoher finanzieller, handwerklicher oder zeitlicher Aufwand soll für den Werkschutz daher **irrelevant** sein. Bloße Fleißarbeit oder Investitionen sollen also nicht geschützt werden, wenn sie nichts Individuelles hervorbringen. Die Werkdefinition der herrschenden Meinung enthält insoweit keinerlei wirtschaftliche Ansätze, obwohl gem. § 11 Abs. 2 UrhG die Rechte des Urhebers ihm eine angemessene Vergütung für die Nutzung des Werks sichern sollen und das Urheberrecht damit auch und vor allem der wirtschaftlichen Absicherung des Urhebers und dem wirtschaftlichen Interessenausgleich von Werkschaffenden und -verwertern, also einem wirtschaftlichen Zweck dient.

214

Es ist daher nahe liegend, dass ökonomische Aspekte bei der Beantwortung der Frage der Schutzfähigkeit doch irgendwie berücksichtigt werden. Beispielsweise geht *Reimer* davon aus, dass einige Erzeugnisse der Kleinen Münze vor allem wegen der investierten Mühen und Kosten schutzbedürftig bzw. schutzwürdig erscheinen.[446] Und § 950 BGB lässt den Verarbeiter, der aus vorhandenem Material eine neue bewegliche Sache herstellt, das Eigentum an dieser erwerben, auch wenn das Material einem anderen gehörte. Dieser Rechtsgedanke geht auf naturrechtliche Annahmen bzw. auf die geschichtlich-philosophische Tradition zurück, wonach der Eigentumserwerb das Ergebnis der eigenen Arbeit ist.[447] Insofern liegt es auf der Hand, dass Richter die Entscheidung über den Erwerb geistigen Eigentums im Sinne der Werkeigenschaft eines Erzeugnisses auch davon abhängig machen, ob die Herstellung des Erzeugnisses einen gewissen Aufwand beschert hat. Wer hohe Kosten in die Herstellung eines Erzeugnisses investiert hat, dem dürfte man insoweit eher Möglichkeiten gewähren, aus dem Erzeugnis auch einen individuellen Nutzen ziehen zu können, als jemandem, der für die Herstellung eines Erzeugnisses nur geringen Aufwand betrieben hat.[448] Insofern könnten die Gerichte die Schutzfähigkeit eines Erzeugnisses im Verborgenen von seinem Herstellungsaufwand abhängig machen. Mit dem Herstellungsaufwand des Erzeugnisses

215

---

444 *Rehbinder/Peukert,* UrhR, Rn. 3.
445 *Thoms,* Kleine Münze, S. 278 f.
446 *Reimer,* GRUR 1980, 572, 575.
447 Vgl. *Brandt,* Eigentumstheorien, insbesondere bei *Locke,* S. 69 ff.
448 Vgl. zur Ablehnung des Eigentumserwerbs durch Verarbeitung bei nur geringem Aufwand *Bassenge,* in: Palandt, BGB, § 950, Rn. 2.

ist derjenige Aufwand gemeint, der mit der Schaffung, Erzeugung oder Entwicklung des Erzeugnisses einhergeht, gleich welcher Art, also Arbeits- oder Zeitaufwand, Kosten und Mühen. Und auch *Nordemann* lehnt die Werkdefinition der herrschenden Meinung ab, soweit sie bei der Abgrenzungsfrage schutzloser von schutzfähigen Erzeugnissen einerseits den wirtschaftlichen Wert eines Erzeugnisses unbeachtet lässt, andererseits aber nach dem Grad des ästhetischen Gehalts abstufe und damit werte.[449]

216 Eine eigene **Studie aus dem Jahre 2014**, in der 118 Entscheidungen über die Werkeigenschaft untersucht wurden, kam zu dem (hiernach wenig überraschenden) Ergebnis, dass gerichtliche **Entscheidungen über die Werkeigenschaft** jedenfalls in den Abgrenzungsfällen der Kleinen Münze entgegen der Urteilsbegründungen **signifikant abhängig vom Herstellungsaufwand** sowie vom wirtschaftlichen Wert des Erzeugnisses und der Bekanntheit des Erzeugers sind.[450] Ein Erzeugnis, für das ein nicht unerheblicher Herstellungsaufwand betrieben wurde, dass einen nicht unerheblichen wirtschaftlichen Wert hat bzw. dessen Erzeuger berühmt ist, erhielt statistisch signifikant häufiger Werkschutz zugesprochen, als unaufwändige, wirtschaftlich wertlose Erzeugnisse unbekannter Erzeuger.[451] Diese drei Merkmale sind für die Frage der Werkeigenschaft also faktisch sehr wohl von Bedeutung, obwohl sowohl die Werkdefinition der herrschenden Meinung als auch die Entscheidungsbegründungen auf diese Aspekte nicht abstellen oder ihre Entscheidungserheblichkeit mitunter sogar ausdrücklich in Abrede stellen. Ja es ist sogar so, dass der EuGH in einer neuerlichen Entscheidung betreffend den Urheberrechtsschutz einer Datenbank in Abgrenzung zum Leistungsschutzrecht ausgeführt hat, dass der Urheberrechtsschutz gerade keine wesentliche Investition voraussetze, sondern dass es ausschließlich auf das Merkmal der Individualität ankomme.[452]

217 Zwar muss das Abstellen der Gerichte auf den wirtschaftlichen Wert des Erzeugnisses oder die Bekanntheit bzw. die Person des Erzeugers als unrichtig eingestuft werden,[453] denn der wirtschaftliche Wert kann sich mit der Zeit ändern, sodass die Werkeigenschaft jederzeit stehen oder fallen könnte. Und die Bekanntheit des Erzeugers ist keine dem Erzeugnis selbst immanente Eigenschaft. Wenn die „persönliche geistige Schöpfung" des § 2 Abs. 2 UrhG ausweislich der Gesetzesbegründung allerdings dem entsprechen soll, was die **Rechtspraxis** schon immer als schutzfähig einstufte,[454] dann spricht nichts dagegen, das beschriebene Tun der Gerichte im Sinne der Berücksichtigung des Herstellungsaufwands auch offen zu legen und für die Entwicklung einer **praxistauglichen Werkdefinition** heranzuziehen, wonach Werk im Sinne des Urheberrechts jedes persönliche Erzeugnis ist,

---

449 *W. Nordemann*, UFITA 1967, S. 906, 909 f.
450 *Bisges*, Kleine Münze, S. 257 f., 271 f.
451 *Bisges*, Kleine Münze, S. 208 ff.
452 EuGH, Urt. v. 01.03.2012 – C-604/10 (Football Dataco u. a./Yahoo!), GRUR 2012, 386, 388.
453 *Bisges*, Kleine Münze, S. 272.
454 Amtl. Begr. BT-Drucks. IV/270, S. 38; sowie Rn. 151 ff.

dass einen gewissen geistigen Gehalt aufweist, eine wahrnehmbare Formgestaltung gefunden hat, in dem die Individualität des Urhebers zum Ausdruck kommt und dessen Herstellung einen nicht nur unerheblichen Aufwand beschert hat, wobei es auf eine besondere Gestaltungshöhe nicht mehr ankommt.[455]

Die **Berücksichtigung wirtschaftlicher Aspekte** ist dem UrhG zudem auch nicht fremd. So wird der Schutz der wissenschaftlichen Ausgabe gem. § 70 UrhG mit dem oft „erheblichen Arbeits- und Kostenaufwand" begründet,[456] der leistungsrechtliche Schutz einer Datenbank setzt gem. § 87a Abs. 1 S. 1 UrhG eine „wesentliche Investition" voraus, unter der ausdrücklich Beschaffungs-, Überprüfungs- oder Darstellungsaufwand verstanden wird,[457] und auch dem Schutz der Leistungen der Tonträger- und Filmhersteller oder der Sendeunternehmen liegt dieser Gedanke zugrunde. Die Rechtspraxis ist es also gewohnt, Aspekte des Herstellungsaufwands eines Erzeugnisses in ihre Entscheidungen einzubeziehen. 218

Hinzu kommt, dass die Parteien eines Rechtsstreits einen verfassungsrechtlichen **Anspruch auf verständliche und nachvollziehbare Unterrichtung über die tragenden Entscheidungsgründe** haben,[458] sodass jedes Urteil, welches in Wahrheit auf anderen als den in seiner Begründung mitgeteilten Gründen beruht, schon alleine deswegen verfassungswidrig und damit rechtswidrig ist.[459] 219

Jedenfalls kann die Erkenntnis, dass die Gerichte den Herstellungsaufwand eines Erzeugnisses bei der Entscheidung über dessen Werkeigenschaft (unbewusst) berücksichtigen, **für die Rechtspraxis von Wert** sein. Immerhin können hieraus (verdeckte) Argumente für bzw. gegen den urheberrechtlichen Schutz eines Erzeugnisses gewonnen und (verdeckt) in einen Prozess eingebracht werden. Zwar mag der Rat befremdlich klingen, im gerichtlichen Rechtsstreit über die Werkeigenschaft eines Erzeugnisses zum Herstellungsaufwand des Erzeugnisses umfangreich auszuführen, obwohl dieser nach der Werkdefinition der herrschenden Meinung und nach höchstrichterlichen Entscheidungen ausdrücklich keine Rolle spielen soll. Die Befremdlichkeit dieses Ratschlags hat ihre Ursache jedoch in der Befremdlichkeit des Umstands, dass der Herstellungsaufwand von den Gerichten gleichwohl (unbewusst) berücksichtigt wird und insoweit rein faktisch gerade doch entscheidungserheblich sein kann. Dies hat der Praktiker zu berücksichtigen. 220

7. Person des Erzeugers

Zwar hat bereits das Reichsgericht festgestellt, dass man schnell zu dem Schluss komme, ein wegen seiner anerkannten Gestaltungen berühmt gewordener Ur- 221

---

455 Siehe Rn. 204 ff.
456 Vgl. nur die Begründung zum Entwurf des Urheberrechtsgesetzes, BT-Drucks. IV/270, S. 87.
457 *Thum*, in: Wandtke/Bullinger, UrhG, § 87a Rn 35.
458 EGMR, Urt. v. 21.01.1999 – 30544-96, NJW 1999, 2429.
459 *Bisges*, Kleine Münze, S. 271.

heber schaffe auch mit neuen Erzeugnissen schutzfähige Werke.[460] Und besagte Studie aus dem Jahre 2014 kam tatsächlich auch zu dem Ergebnis, dass die Entscheidungen der Gerichte über die **Schutzfähigkeit** von Erzeugnissen signifikant **abhängig von der Bekanntheit des Erzeugers** sind.[461] Erzeugnisse berühmter bzw. international bekannter Urheber erhielten nämlich weit häufiger Werkschutz zugesprochen, als Erzeugnisse unbekannter Erzeuger.[462] Allerdings beruht dies auf Vorurteilen, sodass sich der Richter von der Suggestivkraft eines berühmten Namens eher befreien muss, als dass er ihr nachgehen darf.[463] Zudem handelt es sich bei der Bekanntheit oder Berühmtheit des Erzeugers um eine Eigenschaft, die **nicht dem Erzeugnis selbst immanent** ist. Vielmehr ist dies ein den Erzeuger betreffendes namens- bzw. kennzeichenrechtliches Element ähnlich einer Marke. Ohne Frage kann hierin ein schützenswerter Wert liegen, denn ein berühmter Erzeuger erlangt seine Berühmtheit in der Regel nicht ohne erheblichen Aufwand, ganz gleich ob dieser Aufwand künstlerischer, sportlicher, politischer oder wirtschaftlicher Natur ist. Ähnlich einer Marke wird die Bekanntheit des Erzeugers dem Erzeugnis jedoch nur aufgeprägt. Insofern kann sie auch nicht dem Erzeugnis zugeschrieben werden, sondern in Gestalt eines Schutzes aus Allgemeinem Persönlichkeitsrecht oder Namensrecht allenfalls neben einem evtl. Rechtsschutz für das Erzeugnis stehen. Würde man einem bekannten Erzeuger allein wegen seiner Bekanntheit Schutz für seine Erzeugnisse gewähren, dann würde man damit zudem einen übertriebenen Schaffensanreiz setzen und berühmte Erzeuger veranlassen, ihre Energie in die Schaffung zahlreicher kulturell wertloser, aber wegen ihrer Bekanntheit schutzfähiger Erzeugnisse zu stecken. Der (unbewussten) Berücksichtigung der Bekanntheit des Erzeugers durch die Gerichte ist insoweit als **Unrecht** entschieden entgegen zu treten, wenngleich die Erkenntnis, dass die Gerichte dieses Merkmal (unbewusst) berücksichtigen, für die Rechtspraxis gleichwohl von nicht unerheblichem Wert ist.

V. Einzelfragen zur Schutzfähigkeit

1. Ideen, Konzepte und Formate

222 Mangels ausreichender Gestaltungshöhe wird **bloßen Ideen**, selbst wenn diese in entsprechende Form gebracht sind, meist **kein urheberrechtlicher Schutz** zuteil, beispielsweise der Idee von einem Gedicht, einem Gemälde, einem Song, einem Film, einem Computerprogramm[464] oder einer Collage.[465] In ihnen kann die Individualität des Urhebers meist nicht in ausreichendem Maße zum Ausdruck kommen. Insoweit muss ein Urheber seine Ideen umsetzen, um Schutz erlangen zu können, also das Gedicht dichten, das Gemälde malen, den Song komponieren

---

460 RG, Urt. v. 14.01.1933 – I 149/32 (Gropius-Türdrücker), RGZ 139, 214.
461 *Bisges*, Kleine Münze, S. 271 f.
462 *Bisges*, Kleine Münze, S. 233 ff.
463 *Schulze*, Kleine Münze, S. 171.
464 EuGH, Urt. v. 02.05.2012 – C-406/10 (SAS Institute), GRUR 2012, 814 [31].
465 OLG Hamburg, Urt. v. 17.10.2012 – 5 U 166/11 (Urheberrechtsschutz von Collagen), ZUM-RD 2013, 121, 123.

oder den Film drehen. Tut er dies nicht (wie es oft der Fall ist), sondern spricht er nur seine Ideen aus, muss er davon ausgehen, dass sie von einem anderen umgesetzt werden, ohne dass er rechtlich dagegen vorgehen kann. Und selbst wenn er eine Idee selbst umsetzt, steht es anderen frei, die Idee als Ausgangspunkt für ein eigenes, von der Umsetzung des Urhebers unabhängiges Erzeugnis zu nutzen. Dies bedeutet, dass ein Urheber, sobald er seine Ideen offenbart hat, mit Konkurrenz in Gestalt anderer bzw. sogar schnellerer Umsetzungen seiner Idee durch Dritte rechnen muss. Das einzige, was ihn davor schützt, ist also die Geheimhaltung seiner Idee bis zur Fertigstellung und Veröffentlichung seines Werks. Natürlich kann ein anderer auch in diesem Fall die Idee als Ausgangspunkt für eine eigene Umsetzung verwenden. Der zeitliche Verzug macht derartige Vorhaben aber meist uninteressant, denn es ist oft von entscheidender Bedeutung, der Erste an einem Markt zu sein.

Die Schutzlosigkeit von Ideen bzw. die **Zulässigkeit von Ideenklau** ist in der Praxis ein Problem, denn oft ist gerade die Idee von entscheidender Bedeutung und damit von erheblichem Wert. Die Umsetzung ist mitunter nur noch ausführende Tätigkeit und Handwerk. Insbesondere in der Medienbranche hängt der Erfolg von Marketingmaßnahmen bzw. **Werbekonzepten** von der Qualität der ihnen zugrunde liegenden Idee ab, die zuvor aufwändig entwickelt wurde. Urheberrechte können allerdings erst an der konkreten Umsetzung entstehen, beispielsweise an Werbespots oder Werbeslogans. 223

Die Rechtsprechung verneint grundsätzlich auch die urheberrechtliche Schutzfähigkeit von **Sendekonzepten und Sendeformaten** als solchen,[466] weil Konzepte in der Regel die Individualität des Urhebers ebenfalls nicht in ausreichendem Maße zum Ausdruck bringen können. Es handelt sich hierbei vielmehr um bloße Anweisungen oder Anleitungen zu einem Tun, die ohne schöpferischen Wert sind. Schutz kann daher nur ausnahmsweise gegeben sein, nämlich wenn die einzelnen wiederkehrenden Elemente eines Formates einen prägenden Gesamteindruck vermitteln, der überdurchschnittlich individuell ist.[467] 224

2. Form und Inhalt, wissenschaftliche Erkenntnisse

Urheberrechtlicher Schutz setzt voraus, dass im Erzeugnis die Individualität des Urhebers zum Ausdruck kommt. Dies geschieht in der Regel bzw. besonders einfach durch die **Form der Darstellung**, also durch die Formgebung bzw. das „Wie" der Darstellung. Ein Gemälde des Sonnenuntergangs erlangt Schutz in der Regel nicht wegen des dargestellten Gegenstands (Sonnenuntergang), sondern wegen der Art und Weise der Darstellung. Jedermann kann also weiterhin den Sonnenuntergang malen und verwerten. Insofern sind die **Informationen frei** verwendbar. Jedermann ist berechtigt mitzuteilen, dass Romeo Julia liebt, nicht aber ein 225

---

466 BGH, Urt. v. 26.06.2003 – I ZR 176/01 (Sendeformat), ZUM 2003, 771, 773; neuerlich auch LG München I, Urt. v. 14.01.2010 – 7 O 13628/09 (Castingshow), ZUM 2010, 993, 997.
467 Zu den Voraussetzungen des Filmformatschutzes siehe Kap. 6, Rn. 10 ff.

bestimmtes Gedicht mit dieser Aussage öffentlich vorzutragen, wenn dieses von einem anderen gedichtet wurde.

226 Das gleiche gilt für **wissenschaftliche Erkenntnisse**, Lehren und Theorien. Zwar mag es sein, dass jemand bestimmte Zusammenhänge als Erster erkannt und formuliert hat. Die Erkenntnis als solche ist jedoch nicht schutzfähig. Lediglich ihre konkrete Beschreibung, also die äußere Form der Darstellung kann schutzfähig sein, wenn sie individuell genug ist; der Gedankeninhalt hingegen bleibt frei.[468] Insoweit steht es jedem frei, die Erkenntnis eines anderen als solche in eigene Worte gefasst wiederzugeben und – wenn seine konkrete Beschreibung individuell genug ist – hieran eigene Urheberrechte zu erlangen. Die Erkenntnis, also der Inhalt der Beschreibungen, bleibt aber schutzlos. Alles andere würde den Fortschritt der Wissenschaft massiv behindern.

227 Nur ausnahmsweise kann auch der **Inhalt eines Erzeugnisses** als innere Form[469] urheberrechtlich geschützt sein, beispielsweise bei Werken der Literatur die **Handlung oder die Charaktere** eines Romans, ja selbst ein ausgeprägter Charakter wie *Pipi Langstrumpf*.[470]

3. Werktitel

228 Da es für den Werkschutz nicht auf den Umfang ankommt,[471] können grundsätzlich auch fantasievolle Werktitel Urheberrechtsschutz erlangen. Dies ist jedoch eher die Ausnahme. Gem. § 5 Abs. 3 MarkenG werden allerdings die Namen oder besonderen Bezeichnungen von Druckschriften, Filmwerken,[472] Tonwerken, Bühnenwerken oder sonstigen vergleichbaren Werken als Werktitel **markenrechtlich geschützt**, sofern sie unterscheidungskräftig[473] und im geschäftlichen Verkehr in Gebrauch genommen worden sind.[474] Zu den sonstigen vergleichbaren Werken zählen Werke der bildenden Künste, Computerprogramme,[475] Domainnamen, wenn hierunter die Webseite und nicht nur eine Adressbezeichnung verstanden wird,[476] Spiele,[477] Figuren und Charaktere aus Romanen, Comics, Zeichentrickserien oder Computerspiele[478] sowie Kochrezepte, Pläne oder Anleitungen. Und auch Bestandteile des Titels können als sog. Titelschlagwörter geschützt sein.[479]

---

468 Amtl. Begr. BT-Drucks. IV/270, S. 37.
469 *Rehbinder/Peukert*, UrhR, Rn. 218.
470 BGH, Urt. v. 17.07.2013 – I ZR 52/12 (Pippi-Langstrumpf-Kostüm), GRUR 2014, 258.
471 Siehe Rn. 212.
472 Zu Filmtiteln siehe ausführlich Kap. 6, Rn. 5 ff.
473 BGH, Urt. v. 22.03.2012 – I ZR 102/10 (Stimmt's?), GRUR 2012, 1265, 1267 [19].
474 BGH, Urt. v. 12.11.2009 – I ZR 183/07 (WM-Marken), GRUR 2010, 642, 644 [36].
475 BGH, Urt. v. 27.04.2006 – I ZR 109/03 (SmartKey), GRUR 2006, 594; OLG Hamburg, Urt. v. 18.01.2012 – 5 U 147/09 (Luxor), GRUR-RR 2012, 154, 155.
476 BGH, Urt. v. 18.06.2009 – I ZR 47/07 (EIFEL-ZEITUNG), GRUR 2010, 156, 157 [20].
477 OLG Hamburg, Urt. v. 18.01.2012 – 5 U 147/09 (Luxor), GRUR-RR 2012, 154, 156.
478 OLG Hamburg, Urt. v. 22.03.2006 – 5 U 188/04 (Obelix), GRUR-RR 2006, 408, 411.
479 BGH, Urt. v. 27.02.1992 – I ZR 103/90 (Morgenpost), GRUR 1992, 547, 549; OLG Hamburg, Urt. v. 22.03.2006 – 5 U 188/04 (Obelix), GRUR-RR 2006, 408, 411.

4. Werkteile und Entwürfe

Immer wieder stellt sich die Frage, ob bloße Teile oder Entwürfe von schutzfähigen Werken schutzfähig sein können, beispielsweise Auszüge aus einem schutzfähigen Roman, ein paar Takte aus einer schutzfähigen Komposition oder Entwürfe des Romans bzw. der Komposition. Diese Frage lässt sich **nicht pauschal** beantworten. Besagte Werkteile oder Entwürfe sind dann schutzfähig, wenn sie für sich genommen Werkeigenschaft aufweisen, also wenn sie eine persönliche geistige Schöpfung iSd. § 2 Abs. 2 UrhG darstellen. Es kommt also im Wesentlichen darauf an, ob im Werkteil oder Entwurf die Individualität des Urhebers ausreichend zum Ausdruck kommt. So können ein Auszug aus einem Roman oder ein paar Takte der Komposition geschützt sein, wenn es sich hierbei um markante bzw. individuelle Stellen handelt, beispielsweise der **Refrain eines Songs**. Das gleiche gilt für den **Entwurf eines Werks**, wenn er bereits ausreichend eigentümlich ist. Andererseits sind Auszüge oder Entwürfe schutzlos, wenn es sich bloß um nicht-individuelle Stellen handelt, beispielsweise der einfache Rhythmus einer Melodie. Die Länge der Passagen ist jedenfalls nicht entscheidend, denn für die Frage der Schutzfähigkeit kommt es auf den Umfang eines Erzeugnisses nicht an.[480] Mitunter kann daher auch eine nur aus wenigen Tönen bestehende Tonfolge so markant sein, dass in ihr die Individualität des Urhebers zum Ausdruck kommt und die Stelle schutzfähig ist. Ebenso kann es sich mit einem kurzen Auszug aus einem Roman verhalten. So gewährt das LG München Urheberrechtsschutz auch bloßen Auszügen aus Zeitungsartikeln, wenn sie einen gewissen Umfang erreichen und für sich gesehen selbstständige persönliche Schöpfungen darstellen.[481] Dies könne, so das Gericht, zum Beispiel bei Auszügen von 15–30 Textzeilen mit einer Ausdrucksweise, die die Alltagssprache deutlich übersteigt, der Fall sein.

229

5. Schutzeffekte aufgrund von Verbindung

Schutzlose Erzeugnisse können rein tatsächlich davon profitieren, dass sie mit urheberrechtlich geschützten Erzeugnissen verbunden werden bzw. dass diese ihnen „**aufgeprägt**" werden. Schutzlose kaufmännische Dokumente oder Berichte und Protokolle haben mitunter ein geschütztes Formular oder einen Vordruck als Grundlage und im Bereich der schutzlosen Korrespondenz findet man gelegentlich E-Mails die durch vermeintlich witzige Sprüche, geistreiche Zitate oder Gedichte im Bereich der **Signatur** „verschönert" werden. Unabhängig davon, dass dies im Geschäftsalltag eher als deplaciert empfunden wird, stellt sich die Frage nach der urheberrechtlichen Relevanz. Gleiches gilt für den **Anhang von kurzen Werbetexten** durch Free-Mail-Provider an die E-Mails ihrer Kunden.

230

Zwar erlangen einfache Korrespondenz, kaufmännische Dokumente, Berichte und Protokolle nicht dadurch Werkcharakter, dass sie mit einem Werk bspw. in Gestalt eines Gedichts, eines Spruchs oder eines Formulars verbunden bzw. dass diese

231

---

480 Siehe Rn. 212.
481 LG München I, Urt. v. 12.02.2014 – 21 O 7543/12 (Rezensionsauszüge im Online-Buchhandel), MMR 2014, 697.

ohne Bezug inkorporiert werden, denn Teile eines Erzeugnisses, die keine persönliche geistige Schöpfung darstellen, bleiben ungeschützt.[482] Und um eine Werkverbindung im Sinne des § 9 UrhG handelt es sich hierbei ebenfalls nicht, denn diese setzt die Verbindung von urheberrechtlich geschützten Werken voraus.[483] Gleichwohl ist besagte **Verbindung nicht ohne urheberrechtliche Bedeutung**, denn besagte Dokumente werden im Normalfall ihrer weiteren Verwendung nicht in schutzfähige und schutzunfähige Bestandteile zerlegt. Bei der E-Mail wird der Text zusammen mit der Signatur, bei der Rechnung werden die eingetragenen Daten zusammen mit dem Formular weiter verwendet. Insofern profitieren die mit den geschützten Teilen verbundenen ungeschützten Teile dadurch, dass ihnen gleichsam unter dem Mantel des Schutzes der geschützten Teile die Verbotsrechte dieser zugute kommen. Ist bspw. die Vervielfältigung des geschützten Teils unzulässig, weil ihr dessen Urheber nicht zugestimmt hat, bedeutet dieser Schutzeffekt – mangels Aufspaltbarkeit – die Unzulässigkeit der Vervielfältigung des Dokuments als Ganzes, damit also auch der ungeschützten Teile.

VI. Schutzumfang
1. Bearbeitungen, Umgestaltungen, Übernahmen, freie Benutzung

232 Wenn dem Urheber der Wert seines Werkes gesichert werden soll, so ist es notwendig, ihm nicht nur jene Verwertungsarten vorzubehalten, bei denen das Werk unverändert wiedergeben wird, sondern auch solche, bei denen es in seinen wesentlichen individuellen Zügen benutzt wird.[484] Daher werden Bearbeitungen[485] eines Werkes, die persönliche geistige Schöpfungen des Bearbeiters sind, nicht nur gem. § 3 S. 1 UrhG wie selbständige Werke geschützt, sondern Bearbeitungen oder andere Umgestaltungen eines Werkes dürfen gem. § 23 Abs. 1 S. 1 UrhG nur mit Einwilligung des Urhebers des umgestalteten Werks veröffentlicht oder verwertet werden. In bestimmten Fällen ist sogar die Herstellung der Umgestaltung einwilligungsbedürftig, § 23 Abs. 1 S. 2 UrhG. Die Norm konkretisiert also den Schutzumfang urheberrechtlich geschützter Erzeugnisse.

233 Dem Wortlaut des § 23 Abs. 1 S. 1 UrhG zufolge handelt es sich bei Bearbeitungen um einen Unterfall der Umgestaltung, denn es ist von „Bearbeitungen oder

---

482 BGH, Urt. v. 26.09.1980 – I ZR 17/78 (Dirlada), GRUR 1981, 267, 268; BGH, Urt. v. 19.11.1971 – I ZR 31/70 (Biografie: Ein Spiel), GRUR 1972, 143, 144; BGH, Urt. v. 04.02.1958 – I ZR 48/57 (Lili Marleen), GRUR 1958, 402, 404; BGH, Urt. v. 23.06.1961 – I ZR 105/59 (Fernsprechbuch), GRUR 1961, 631, 633; BGH, Urt. v. 21.04.1953 – I ZR 110/52 (Lied der Wildbahn I), GRUR 1953, 299, 301; *Ahlberg*, in: Möhring/Nicolini, UrhG, § 2, Rn. 160; *Loewenheim*, in: Schricker/Loewenheim, UrhG, § 2, Rn. 67 f.; *Ulmer*, UrhR, S. 134.
483 *Ahlberg*, in: Möhring/Nicolini, UrhG, § 9, Rn. 7; *Loewenheim*, in: Schricker/Loewenheim, UrhG, § 9, Rn. 4; *Schulze*, in: Dreier/Schulze, UrhG, § 9, Rn. 4 f.; *Thum*, in: Wandtke/Bullinger, UrhG, § 9, Rn. 3; *Ulmer*, UrhR, S. 194.
484 *Rehbinder/Peukert*, UrhR, Rn. 416; *Dreyer*, in: Dreyer/Kotthoff/Meckel, UrhG, § 23, Rn. 2; *Loewenheim*, in: Loewenheim, UrhR, § 8, Rn. 2; *Schack*, UrhR, Rn. 423.
485 Hierzu siehe auch ausführlich Kap. 2, Rn. 297 ff.

anderen Umgestaltungen" die Rede.[486] Insoweit ist zwischen Bearbeitungen, Umgestaltungen und sonstigen Übernahmen sowie der freien Benutzung eines Werks zu unterscheiden:

a) Bearbeitungen

Die Gesetzesbegründung des UrhG führt zu **Bearbeitungen** aus, dass sie stets den Zweck verfolgen, das Originalwerk bestimmten Verhältnissen anzupassen, es zB. in eine andere Sprache oder in eine andere Kunstform zu übertragen oder es für andere Ausdrucksmittel einzurichten, bspw. die Verfilmung eines Romans, die Fotodokumentation einer Kunstaktion[487] oder die Abbildung des verhüllten Reichstags auf Gedenkmünzen.[488] Der Bearbeiter will hierbei die Identität des Originalwerks unberührt lassen und nur die Verwertungsmöglichkeiten des Werks erweitern.[489] Zusammengelesen mit § 3 S. 1 UrhG, der Bearbeitungen als „persönliche geistige Schöpfungen des Bearbeiters" darstellt, ergibt sich also eine Unterscheidung in schöpferische und nicht-schöpferische Umgestaltungen, wobei Bearbeitungen **schöpferischen Charakter** haben.[490] Sie kommen wiederum in zwei verschiedenen Erscheinungsformen vor, nämlich zum einen als Umformungen und zum anderen als inhaltliche Umgestaltungen:[491]

234

Umformungen lassen das Originalwerk inhaltlich unberührt und versuchen lediglich, dessen Verwertungsmöglichkeiten zu erweitern zB. durch sprachliche Neufassung, Arrangement, Übersetzung in eine andere Sprache[492] oder Übertragung in eine andere Werkgattung,[493] bspw. vom Buch zum Film oder vom Gemälde zur Skulptur (oder umgekehrt). **Inhaltliche Umgestaltungen** ändern das Werk inhaltlich, ohne ihm zu dienen, bspw. Fortsetzungen,[494] ungewollte Plagiate,[495] Karikaturen, Satiren und Parodien, soweit es sich bei ihnen nicht um eine freie Benutzung handelt.[496] Sie sind nur deshalb noch als Umgestaltungen und nicht schon als Neugestaltungen einzustufen, weil sie die individuellen Züge des Originalwerks noch erkennen lassen.[497]

235

---

486 *Ulmer*, UrhR, S. 265.
487 OLG Düsseldorf, Urt. v. 30.12.2011 – I-20 U 171/10 (Beuys-Fotoreihe), GRUR 2012, 173, 175 f.
488 KG, Urt. v. 30.01.1996 – 5 U 7926/95 (Verhüllter Reichstag I), GRUR 1997, 128.
489 Amtl. Begr. BT-Drucks. IV/270, S. 51.
490 *Bullinger*, in: Wandtke/Bullinger, UrhG, § 23, Rn. 3; *Dreyer*, in: Dreyer/Kotthoff/Meckel, UrhG, § 23, Rn. 5; *Hoeren*, in: Loewenheim, UrhR, § 9, Rn. 207; *Vinck*, in: Fromm/Nordemann, UrhG, § 3, Rn. 2.
491 *Rehbinder/Peukert*, UrhR, Rn. 316.
492 BGH, Urt. v. 15.09.1999 – I ZR 57/97 (Comic-Übersetzungen II), GRUR 2000, 144.
493 *Rehbinder/Peukert*, UrhR, Rn. 316.
494 OLG Karlsruhe, Urt. v. 13.03.1996 – 6 U 270/94 (Laras Tochter), ZUM 1996, 810.
495 Amtl. Begr. BT-Drucks. IV/270, S. 51.
496 *Loewenheim*, in: Schricker/Loewenheim, UrhG, § 23, Rn. 14.
497 *Rehbinder/Peukert*, UrhR, Rn. 316.

236 Bearbeitungen lassen gem. § 3 S. 1 UrhG ein eigenes **Bearbeiterurheberrecht** entstehen und dürfen gem. § 23 S. 1 UrhG nur mit Einwilligung, also mit der **vorherigen Zustimmung**[498] des Urhebers des bearbeiteten Werks veröffentlicht oder verwertet werden. Handelt es sich um eine Verfilmung des Werks, um die Ausführung von Plänen und Entwürfen eines Werks der bildenden Künste, um den Nachbau eines Werks der Baukunst oder um die Bearbeitung oder Umgestaltung eines Datenbankwerks, so bedarf gem. § 23 S. 2 UrhG bereits das **Herstellen** der Bearbeitung oder Umgestaltung der Einwilligung des Urhebers.

b) Nicht-schöpferische Umgestaltungen und Übernahmen

237 Reine **nicht-schöpferische Umgestaltungen** weisen als solche kein individuelles Gepräge auf.[499] Hierzu zählen bspw. Auslassungen und unwesentliche Hinzufügungen,[500] die bloße Korrektur von Schreib- oder Tippfehlern, die Kürzung, „Glättung" oder geringfügige Änderung eines Texts durch einen Lektor oder den Schriftleiter eines Verlags, softwaregenerierte Übersetzungen, die digitale Bildbearbeitung[501] oder die automatisierte Verkleinerung von Fotos, Bildern, Illustrationen oder ganzen Seitenlayouts zu qualitativ minderwertigen Miniaturansichten (sog. „thumbnails").[502]

238 Und die bloße **Übernahme** eines Werkes ohne jedwede Änderungen ist weder Umgestaltung noch Bearbeitung,[503] sondern fällt in den Bereich der Vervielfältigung bzw. der unkörperlichen Wiedergabe.[504] Insoweit ist auch die Digitalisierung von Werken, also die bloße Überführung papierner Dokumente in die elektronische Form, keine Bearbeitung,[505] denn es wird lediglich die äußere Erscheinungsform des Werks berührt, wobei das Werk als solches unverändert bestehen bleibt.[506]

---

498 Vgl. § 183 S. 1 BGB.
499 BGH, Urt. v. 27.02.1981 – I ZR 29/79 (Fragensammlung), GRUR 1981, 520, 521; LG Köln, Urt. v. 14.01.1972 – 5 O 401/71 (Kinder in Not), GRUR 1973, 88; *Ahlberg*, in: Möhring/Nicolini, UrhG, § 23, Rn. 12; *Bullinger*, in: Wandtke/Bullinger, UrhG, § 23, Rn. 4; *Dreyer*, in: Dreyer/Kotthoff/Meckel, UrhG, § 23, Rn. 5; *Hoeren*, in: Loewenheim, UrhR, § 9, Rn. 209, 211; *Loewenheim*, in: Schricker/Loewenheim, UrhG, § 23, Rn. 4; *Rehbinder/Peukert*, UrhR, Rn. 315; *Schack*, UrhR, Rn. 266 ff.; *Schmid/Wirth/Seifert*, UrhG, § 23, Rn. 1; *Schulze*, in: Dreier/Schulze, UrhG, § 23, Rn. 5; *Vinck*, in: Fromm/Nordemann, UrhG, § 23, Rn. 1.
500 *Bullinger*, in: Wandtke/Bullinger, UrhG, § 23, Rn. 4; *Dreyer*, in: Dreyer/Kotthoff/Meckel, UrhG, § 23, Rn. 5.
501 *Hoeren*, in: Loewenheim, UrhR, § 9, Rn. 220; *Maaßen*, ZUM 1992, 338, 346; *Reuter*, GRUR 1997, 23.
502 LG Hamburg, Urt. v. 05.09.2003 – 308 O 449/03 (thumbnails), GRUR-RR 2004, 313, 316.
503 BGH, Urt. v. 07.02.2002 – I ZR 304/99 (Unikatrahmen), GRUR 2002, 532, 534; BGH, Urt. v. 08.11.1989 – I ZR 14/88 (Bibelreproduktion), GRUR 1990, 669, 673.
504 OLG München, Urt. v. 05.12.2002 – 29 U 3069/02 (Alpensinfonie), GRUR 2003, 420, 421; *Haberstumpf*, Rn. 291; *Loewenheim*, in: Loewenheim, UrhR, § 8, Rn. 3.
505 *Loewenheim*, in: Loewenheim, UrhR, § 8, Rn. 3; *Schricker*, Informationsgesellschaft, S. 40.
506 *Hoeren*, in: Loewenheim, UrhR, § 9, Rn. 220; *Loewenheim*, Datenbanken, S. 34; *ders.*, in: Loewenheim, UrhR, § 8, Rn. 4.

Dies gilt auch dann, wenn die Dokumente im Rahmen der „Bildbearbeitung" eine Qualitätsverbesserung erfahren, bspw. in Bezug auf die Bildschärfe.[507]

Interpretationen ausübender Künstler (Interpreten), wie Schauspieler, Sänger, Musiker, Dirigenten etc. sind zwar nicht frei von ihrer Individualität. Dies wird anhand der Unterschiede der Darbietungen deutlich, wenn zwei Musiker ein und dieselbe Komposition spielen. Doch ist das Maß der dem Werk durch die Interpretation „aufgeprägten" Individualität des Interpreten nicht groß genug, um als schöpferische Bearbeitung eingestuft zu werden, sondern es ist lediglich ein Sonderfall der nicht-schöpferischen Umgestaltung bzw. Übernahme.[508] 239

Nicht-schöpferische Umgestaltungen und Übernahmen dürfen gem. § 23 S. 1 UrhG bzw. §§ 12, 15 Abs. 1, 2 UrhG ebenfalls nur mit vorheriger **Zustimmung des Urhebers des benutzen Werks** veröffentlicht oder verwertet werden. Sie unterscheiden sich insoweit von der Bearbeitung also nicht hinsichtlich der Zustimmungsbedürftigkeit, sondern ausschließlich dadurch, dass ihr Erzeuger durch sein Tun **keine eigenen Urheberrechte** am entstehenden Erzeugnis erlangt. Insoweit erlangen Interpreten an ihren Interpretationen auch bloß Leistungsschutzrechte. 240

c) Freie Benutzungen

Durch die gem. § 24 Abs. 1 UrhG **ohne Zustimmung** des Urhebers erlaubte freie Benutzung[509] seines Werks entstehen **eigene Urheberrechte**. Freie Benutzungen haben insoweit schöpferischen Charakter, sind allerdings **keine abhängigen Schöpfungen**, wenn die Individualität des benutzten Werkes gegenüber der Individualität des neu geschaffenen Werkes so sehr in den Hintergrund tritt und verblasst,[510] das neue Werk völlig neue Wege geht und als selbständiges Werk anzusehen ist,[511] wobei das **vorbestehende Werk lediglich als Anregung** gedient hat.[512] 241

---

507 *Loewenheim*, in: Loewenheim, UrhR, § 9, Rn. 220.
508 Zum Leistungsschutzrecht ausübender Künstler s. Kap. 10, Rn. 40 ff.
509 Vgl. hierzu auch ausführlich Kap. 2, Rn. 301 ff.
510 BGH, Urt. v. 29.04.1999 – I ZR 65/96 (Laras Tochter), GRUR 1999, 984; *Rehbinder/Peukert*, UrhR, Rn. 518.
511 Amtl. Begr. BT-Drucks. IV/270, S. 51; BGH, Urt. v. 08.05.2002 – I ZR 98/00 (Stadtbahnfahrzeug), GRUR 2002, 799, 800; BGH, Urt. v. 29.04.1999 – I ZR 65/96 (Laras Tochter), GRUR 1999, 984, 987; BGH, Urt. v. 11.03.1993 – I ZR 263/91 (Alcolix), GRUR 1994, 206, 208; BGH, Urt. v. 11.03.1993 – I ZR 264/91 (Asterix-Persiflagen), GRUR 1994, 191, 193; BGH, Urt. v. 21.11.1980 – I ZR 106/78 (Staatsexamensarbeit), GRUR 1981, 352, 353; BGH, Urt. v. 08.02.1980 – I ZR 32/78 (Architektenwechsel), GRUR 1980, 853, 854; BGH, Urt. v. 19.10.1962 – I ZR 174/60 (Straßen – gestern und morgen), GRUR 1963, 40, 42; BGH, Urt. v. 23.06.1961 – I ZR 105/59 (Fernsprechbuch), GRUR 1961, 631, 632; BGH, Urt. v. 08.12.1959 – I ZR 131/58 (Mecki-Igel II), GRUR 1960, 251, 253; BGH, Urt. v. 30.01.1959 – I ZR 82/57 (Gasparone), GRUR 1959, 379, 381; *Vinck*, in: Fromm/Nordemann, UrhG, § 24, Rn. 2; *Schack*, UrhR, Rn. 274 ff.
512 BGH, Urt. v. 08.05.2002 – I ZR 98/00 (Stadtbahnfahrzeug), GRUR 2002, 799, 801; BGH, Urt. v. 29.04.1999 – I ZR 65/96 (Laras Tochter), GRUR 1999, 984, 987; BGH, Urt. v.

Die Werke anderer Urheber werden durch freie Benutzungen also nicht beeinträchtigt, sodass sie jedermann gestattet sind, die Rechte anderer Urheber nicht tangieren und von diesen auch nicht untersagt werden können.

2. Maß der Individualität

242 Zwar erlangen alle Erzeugnisse, die den Werkbegriff erfüllen und damit Werke im Sinne des Urheberrechts sind, den gleichen Schutz, denn es gilt das Alles-oder-nichts-Prinzip,[513] sodass es keinen abgestuften Urheberrechtsschutz mit mehr Rechten für mehr Werk gibt. Gleichwohl bedeutet dies nicht, dass alle Werke tatsächlich auch die gleichen Möglichkeiten des Vorgehens gegen Nachahmungen und damit gleich weit reichende Verbotsrechte bieten. Vielmehr betrifft urheberrechtlicher Schutz zunächst nur diejenigen **Teile oder Merkmale** eines Erzeugnisses, **in denen die Individualität** des Urhebers auch (in ausreichendem) Maße **zum Ausdruck kommt**. Alle übrigen Teile oder Merkmale des Erzeugnisses hingegen bleiben gegen Nachahmungen oder Übernahme durch Dritte urheberrechtlich völlig ungeschützt.[514] Insoweit kann hinsichtlich Werken mit nur sehr wenigen individuellen Merkmalen auch nur dann gegen Rechtsverletzungen vorgegangen werden, wenn diese **wenigen individuellen Merkmale** übernommen worden sind. Das Urheberrecht an einem wegen vereinzelter ausreichend individueller Passagen geschützten Werbetext beispielsweise kann durch die Verwertung eines anderen Werbetextes nur dann verletzt werden, wenn er just diese Passagen enthält, wobei es für die Rechtsverletzung keine Bedeutung hat, ob die übrigen Passagen unverändert oder verändert übernommen worden sind. Andererseits kann ein Werbetext, der zwar sämtliche nicht-ausreichend individuelle Passagen 1:1 übernimmt, die ausreichend individuellen Passagen aber auslässt, keine Urheberrechtsverletzung darstellen.[515] Je mehr individuelle Passagen ein Werk enthält, desto umfangreicher ist es also auch gegen Nachahmungen geschützt.

243 Darüber hinaus ist auch das **Maß** der in einem Werk oder Werkteil zum Ausdruck kommenden **Individualität** für die Frage des Schutzumfangs von Bedeutung, denn für die freie Übernahme nur wenig individueller Passagen bedarf es auch nur geringer Änderungen, um bereits von einem **Verblassen** sprechen zu können. Für die freie Übernahme hochindividueller Passagen hingegen bedarf es eines erheblichen **Abstands** und damit erheblicher Eigengestaltungen des nachschaffenden Urhebers, denn ein Werk stärkerer Individualität geht schwerer in einem nachgeschaffenen auf, ohne ihm seinen charakteristischen Stempel aufzudrücken, als ein Werk

---

11.03.1993 – I ZR 264/91 (Asterix-Persiflagen), GRUR 1994, 191, 193; BGH, Urt. v. 11.03.1993 – I ZR 263/91 (Alcolix), GRUR 1994, 206, 208; *Haberstumpf*, Rn. 291; *Loewenheim*, in: Loewenheim, UrhR, § 8, Rn. 8; *Rehbinder/Peukert*, UrhR, Rn. 518; *Schack*, UrhR, Rn. 274.
513 *Schulze*, Kleine Münze, S. 4.
514 Hierzu siehe auch Rn. 229.
515 Sofern dies im geschäftlichen Verkehr erfolgt, kann hierin allerdings ein Verstoß gegen §§ 3, 4 Nr. 9 UWG liegen.

schwächerer Individualität.⁵¹⁶ Insoweit ist der Schutzumfang schwachindividueller Werke deutlich geringer als derjenige hochindividueller Erzeugnisse. Geringsten Schutzumfang weisen im Ergebnis also Erzeugnisse auf, die über nur wenige schwachindividuelle Passagen verfügen, bspw. ein Werbespruch, während denkbar stärksten Schutzumfang solche Erzeugnisse aufweisen, die nahezu vollständig aus hochindividuellen Bestandteilen bestehen, bspw. eine umfangreiche Dichtung.

3. Starrer Melodienschutz bei Werken der Musik

Zwar wird die nur unwesentliche Bearbeitung eines nicht geschützten Werkes der Musik gem. § 3 S. 2 UrhG nicht als selbständiges Werk geschützt. Im Bereich der Musik werden im Übrigen aber nur geringe Anforderungen an die Schutzfähigkeit als Werk gestellt, denn das Maß der im Erzeugnis zum Ausdruck kommenden Individualität des Urhebers muss lediglich überdurchschnittlich sein.⁵¹⁷ Es kann also sehr schnell eine **selbstständig schutzfähige Bearbeitung** im Sinne des § 3 S. 1 UrhG gegeben sein, beispielsweise bei Variationen von Kompositionen, Arrangements oder Potpourris. Hinsichtlich des Schutzumfang des benutzten Erzeugnisses ist aber – wenn dieses Werkcharakter aufweist – der sog. starre Melodienschutz⁵¹⁸ des § 24 Abs. 2 UrhG zu beachten, wonach die Bearbeitung nur mit **Zustimmung des Urhebers des benutzten Erzeugnisses** zulässig und gerade keine freie Benutzung im Sinne des § 24 Abs. 1 UrhG ist, wenn die Melodie des vorbestehenden Werks entnommen und dem neuen Werk erkennbar zugrunde gelegt wurde. Damit soll die **Ausbeutung fremder Melodien** durch Schlager und Unterhaltungsmusik verhindert werden,⁵¹⁹ sodass Coverversionen,⁵²⁰ Remix oder Sampling der Zustimmung der Originalurheber bedürfen, wenn es gerade darauf ankommt, besagte Melodien erkennbar in ein neues Werk zu übernehmen.

4. Veröffentlichte und erschienene Werke

Die Frage, ob ein Erzeugnis veröffentlicht oder erschienen ist, spielt für die Frage keine Rolle, ob dieses Erzeugnis Werkschutz erlangen kann oder nicht. Wenn es sich bei dem Erzeugnis aber um ein Werk im Sinne des Urheberrechts handelt, dann bedeutet dessen Veröffentlichung bzw. dessen Erscheinen eine **Minderung des Rechtsschutzes** und damit eine Reduzierung des Schutzumfangs des Werks. Sobald ein Werk veröffentlicht wurde, ist die Mitteilung des wesentlichen Inhalts des Werks gem. § 12 Abs. 2 UrhG ohne Zustimmung des Urhebers zulässig. Das Recht der ersten Inhaltsmitteilung des Urhebers⁵²¹ geht also verloren. Außerdem erlischt das Ausstellungsrecht gem. § 18 UrhG,⁵²² denn dieses besteht nur an unveröffentlichten Werken der bildenden Künste oder an Lichtbildwerken. Ferner

---

516 *Rehbinder/Peukert*, UrhR, Rn. 522.
517 Siehe Rn. 183.
518 *Rehbinder/Peukert*, UrhR, Rn. 531; s. auch ausführlich Kap. 2, Rn. 320 ff.
519 *Rehbinder/Peukert*, UrhR, Rn. 531.
520 BGH, Urt. v. 11.12.1997 – I ZR 170/95 (Coverversion), GRUR 1998, 378, 376.
521 Hierzu siehe Kap. 2, Rn. 36.
522 Hierzu siehe Kap. 2, Rn. 235.

darf aus dem Werk gem. § 51 UrhG zitiert werden, es darf gem. § 46 UrhG in Sammlungen für den Unterrichts- und Kirchengebrauch[523] aufgenommen werden und gem. § 52a UrhG für Unterricht und Forschung öffentlich zugänglich gemacht werden.

246 Nach § 6 Abs. 1 UrhG ist ein Werk **veröffentlicht**, wenn es (mit Zustimmung des Berechtigten) der Öffentlichkeit zugänglich gemacht worden ist.[524] Ob Öffentlichkeit vorliegt, ist im Rahmen von § 6 Abs. 1 UrhG **eigenständig zu definieren**. Die Regelung des § 15 Abs. 3 UrhG kann nicht herangezogen werden, denn hierbei handelt es sich nicht um eine allgemeingültige Legaldefinition des Öffentlichkeitsbegriffs.[525] Nach der Gesetzesbegründung zu § 6 UrhG ist ein Werk vielmehr dann der Öffentlichkeit zugänglich, wenn die Allgemeinheit die Möglichkeit erhalten hat, es mit Auge oder Ohr wahrzunehmen,[526] wenn zumindest also **theoretisch jedermann ohne Einschränkungen** vom Werk **Kenntnis nehmen kann**,[527] bspw. beim Einstellen eines Werks in das Internet, ohne den Zugriff zu beschränken. Erfolgt die Zugänglichmachung hingegen im Rahmen eines abgegrenzten Personenkreises, ist sie nicht öffentlich. Auf persönliche Beziehungen innerhalb dieses Personenkreises kommt insoweit nicht an,[528] sodass dem Urheber bestimmte Formen des Testens seines Werks im kleineren Kreis auch dann möglich sind und nicht zur Veröffentlichung des Werks führen, wenn es sich bei den Beteiligten nicht um durch persönliche Beziehungen verbundene Personen handelt, wie bspw. bei der Vorführung der Null-Kopie eines Spielfilms vor geladenem Publikum oder im Rahmen von Hochschulveranstaltungen.[529] **Bestimmt genug abgegrenzt** ist der Personenkreis dann, wenn der Urheber nicht so sehr auf die Veröffentlichungsreife des Werks bedacht zu sein braucht wie er es sein müsste, wenn es öffentlich beschrieben und kritisiert bzw. aus ihm zitiert werden dürfe.[530] Der Öffentlichkeitsbegriff des § 6 Abs. 1 UrhG ist also im Hinblick auf die mit der Ver-

---

523 Hierzu siehe Kap. 3, Rn. 706.
524 Zur Frage der Veröffentlichung siehe ausführlich Kap. 2, Rn. 242 ff.
525 *Bisges*, UFITA 2014/II, S. 363, 369; *Bullinger*, in: Wandtke/Bullinger, UrhG, § 12, Rn. 7; *Dietz/Peukert*, in: Loewenheim, UrhR, § 16, Rn. 5; *Haberstumpf*, Rn. 207; *Katzenberger*, in: Schricker/Loewenheim, UrhG, § 6, Rn. 7 f.; *Schack*, UrhR, Rn. 262, 443; *Ulmer*, UrhR, S. 180; aA. *Ahlberg*, in: Möhring/Nicolini, UrhG, § 6, Rn. 2; *Dreyer*, in: Dreyer/Kotthoff/Meckel, UrhG, § 6, Rn. 9; *v.Gamm*, UrhG, § 6, Rn. 7; *Goebel/Hackemann/Scheller*, GRUR 1986, 355, 357; *Heerma*, in: Wandtke/Bullinger, UrhG, § 15, Rn. 14; *Kroitzsch*, in: Möhring/Nicolini, UrhG, § 12, Rn. 8; *Rehbinder/Peukert*, UrhR, Rn. 238.
526 Amtl. Begr. BT-Drucks. IV/270, S. 40.
527 *Bullinger*, in: Wandtke/Bullinger, UrhG, § 12, Rn. 7; *W.Nordemann/Nordemann-Schiffel*, in: Loewenheim, UrhR, § 4, Rn. 18.
528 *Bisges*, UFITA 2014/II, S. 363, 367.
529 *Bisges*, UFITA 2014/II, S. 363, 367; *Bullinger*, in: Wandtke/Bullinger, UrhG, § 12, Rn. 7; *Dietz/Peukert*, in: Loewenheim, UrhR, § 16, Rn. 5; *Katzenberger*, in: Schricker/Loewenheim, UrhG, § 6, Rn. 13; *Schack*, UrhR, Rn. 262; *Ulmer*, UrhR, S. 180.
530 *Ulmer*, UrhR, S. 180.

öffentlichung des Werks einhergehenden Rechtsminderungen zum Schutz des Urhebers eng auszulegen.[531]

Nimmt man hingegen an, dass der Öffentlichkeitsbegriff des § 6 Abs. 1 UrhG nicht eigenständig zu definieren sei, sondern sich am Verständnis des § 15 Abs. 3 UrhG orientiere, kommt man seit richtlinienkonformer Auslegung dieses Begriffsverständnisses[532] insoweit zu einem ähnlich engen Verständnis. Der **europäische Öffentlichkeitsbegriff** setzt nämlich voraus, dass sich die Zugänglichmachung an eine unbestimmte Zahl recht vieler Personen richtet,[533] wobei die Unbestimmtheit mit der hier beschriebenen Abgegrenztheit gleichzusetzen ist. Richtet sich die Zugänglichmachung an einen nicht abgegrenzten Personenkreis, ist die Personenzahl nämlich unbestimmt im Sinne des europäischen Begriffsverständnisses. Und der veröffentlichungsunschädliche kleinere Kreis, in dem der Urheber sein Werk testen kann, bleibt auch nach europäischem Verständnis jedenfalls solange gewahrt, wie er nicht recht viele Personen umfasst. Auf die persönliche Verbundenheit käme es also auch nach diesem Verständnis nicht an. Ferner soll aber auch die wirtschaftliche Bedeutung der Nutzung nicht unerheblich sein, sodass in der Wiedergabe einer Sendung in einer Gaststätte eine öffentliche Wiedergabe gesehen wurde, weil sie Interessierte anziehen könne und sich insoweit auf das wirtschaftliche Ergebnis des Wiedergebenden auswirke,[534] in der Wiedergabe von Tonträgern in einer Zahnarztpraxis aber nicht.[535] Im Hinblick auf besagte **Hochschulveranstaltungen** kann es allerdings sowohl sein, dass diese von recht vielen Personen besucht werden, als auch, dass es sich um die Veranstaltungen einer privaten Hochschule handelt, deren Angebot sich auf das wirtschaftliche Ergebnis des Trägers auswirkt. In diesen Fällen könnte ein Hochschullehrer seine Werke im Rahmen seiner Vorlesungen nicht testen, ohne dass sie veröffentlicht würden. Dieses Ergebnis wäre jedenfalls nicht unproblematisch, denn *Schacks* Argumentation folgend, kann man in einer lebendigen Vorlesung nicht jedes Wort auf die Goldwaage legen und ständig auf die **Veröffentlichungsreife** bedacht sein,[536] sodass solche Vorlesungen grundsätzlich nicht öffentlich iSv. § 6 Abs. 1 UrhG sind, ganz gleich ob sie von recht vielen oder recht wenigen Studierenden besucht werden oder das Angebot einer privaten Hochschule darstellen. Immerhin ist in der Vorbereitung einer einzelnen Veranstaltung auch gar nicht absehbar, wie viele Teilnehmer die Veranstaltung besuchen werden, mit der Folge, dass im Vorfeld nicht sicher wäre, ob vorgetragene Werke zu veröffentlichen werden oder nicht und ob der Dozent die Veröffentlichungsreife bedenken müsste oder nicht. Ferner gibt es Hochschul-

247

---

531 *Bullinger*, in: Wandtke/Bullinger, UrhG, § 12, Rn. 7; *Dietz/Peukert*, in: Loewenheim, UrhR, § 16, Rn. 5; *Ulmer*, UrhR, S. 180; *W.Nordemann/Nordemann-Schiffel*, in: Loewenheim, UrhR, § 4, Rn. 18; *Schack*, UrhR, Rn. 262.
532 Siehe ausführlich Kap. 2, Rn. 243 ff.
533 EuGH, Urt. v. 15.03.2012 – C-135/19 (SCF), GRUR 2012, 593, 596 [84].
534 EuGH, Urt. v. 04.10.2011 – C-403/08 u. C-429/08 (Pemier League), ZUM 2011, 803, 820 [204 f.].
535 EuGH, Urt. v. 15.03.2012 – C-135/19 (SCF), GRUR 2012, 593, 597 [97].
536 *Schack*, UrhR, Rn. 262.

lehrer, deren Vorlesungen immer von recht vielen Studierenden besucht werden, sodass diese niemals die Möglichkeit des veröffentlichungsunschädlichen Testens hätten. Damit wären sie im Ergebnis aber schlechter gestellt, als Professoren, deren Veranstaltungen schlecht besucht sind. Es gibt also weiterhin keine vernünftigen Argumente, für ein einheitliches Begriffsverständnis, sodass § 15 Abs. 3 UrhG nebst der neuerlichen Rechtsentwicklung bei der Frage der Öffentlichkeit des § 6 Abs. 1 UrhG keine Rolle spielen kann.

248 Das **Erscheinen** des Werks ist ein **qualifizierter Fall der Veröffentlichung**[537] und hat zur Folge, dass gem. § 53 Abs. 3 UrhG sonstige Vervielfältigungen zum eigenen Gebrauch[538] sowie gem. § 52 UrhG öffentliche Wiedergaben bei bestimmten Veranstaltungen zulässig sind, der Urheber in bestimmten Fällen gem. § 52a UrhG zur Einräumung von Zwangslizenzen für die Herstellung von Tonträgern verpflichtet ist oder Zwangsvollstreckungsmaßnahmen gegen seinen Rechtsnachfolger gem. §§ 115 f. UrhG nicht mehr von seiner Zustimmung abhängig sind.

249 Ein Werk ist gem. § 6 Abs. 2 S. 1 UrhG erschienen, wenn mit Zustimmung des Berechtigten **Vervielfältigungsstücke des Werkes** nach ihrer Herstellung **in genügender Anzahl** der Öffentlichkeit angeboten oder in Verkehr gebracht worden sind. Genügend sind in der Regel fünfzig Exemplare,[539] bei Filmkopien acht Exemplare.[540] Ein Werk der bildenden Künste gilt gem. § 6 Abs. 2 S. 2 UrhG auch dann als erschienen, wenn das Original oder nur ein Vervielfältigungsstück des Werkes mit Zustimmung des Berechtigten bleibend der Öffentlichkeit zugänglich ist.

250 In Fällen der öffentlichen **Zugänglichmachung im Internet** gem. § 19a UrhG kommt es darauf an, ob die Nutzer die Möglichkeit haben, Vervielfältigungen anzufertigen[541] und der Zugriff dauerhaft[542] bzw. richtigerweise jedenfalls so lange möglich ist, dass eine genügende Anzahl von Vervielfältigungen hätte durch die Nutzer hergestellt werden können, wobei es nicht darauf ankommt, ob dies tatsächlich geschehen ist. Es kommt insoweit also darauf an, wie stark das betreffende Werk seiner Art nach gefragt ist. So reicht bei Werken, die der Unterhaltung dienen ein kürzerer Zeitraum aus. Bei wissenschaftlichen Werken, die weniger häufig nachgefragt werden, wird man eine Zugänglichkeit von zumindest einem bis drei Jahren verlangen müssen, um in einen mit dem Angebot von fünfzig körperlichen Werkstücken vergleichbaren Bereich zu kommen.

251 Die beschriebenen Minderungen des Rechtsschutzes sowie die rechtliche Eigenschaft des veröffentlichten bzw. erschienenen Werks treten gem. § 6 Abs. 1, 2 UrhG zudem nur dann ein, wenn die Veröffentlichung bzw. das Erscheinen **mit Zustimmung des Urhebers** erfolgt ist. Es handelt sich bei Veröffentlichung und

---

537 *Rehbinder/Peukert*, UrhR, Rn. 241; *Schack*, UrhR, Rn. 264.
538 Hierzu siehe Kap. 3, Rn. 442 ff. u. 715 ff.
539 BGH, Urt. v. 23.01.1981 – I ZR 170/78 (Erscheinen von Tonträgern), GRUR 1981, 360.
540 BGH, Urt. v. 19.05.1972 – I ZR 42/71 (Goldrausch), GRUR Int. 1973, 49, 51.
541 *Dreyer*, in: Dreyer/Kotthoff/Meckel, UrhG, § 6, Rn. 63; *Ahlberg*, in: Möhring/Nicolini, UrhG, § 6, Rn. 29.
542 *Rehbinder/Peukert*, UrhR, Rn. 240.

Erscheinen insoweit nicht bloß um einen Realakt. Vielmehr kann es Fälle geben, in denen die Allgemeinheit zwar rein tatsächlich die Möglichkeit hatte, das Werk mit Auge oder Ohr wahrzunehmen, in denen das Werk aber gleichwohl kein veröffentlichtes Werk im Sinne des § 6 Abs. 1 UrhG ist, weil die Zustimmung des Urhebers fehlte. Ein solches Werk gilt also weiterhin als unveröffentlicht, sodass der Urheber auch das Erstveröffentlichungsrecht noch ausüben kann.

Hinsichtlich anonymen bzw. pseudonymen Werken bedeutet die Veröffentlichung des Werks im Übrigen auch eine **Verbesserung der Rechtsstellung** des Urhebers, denn mit ihr erlischt das Urheberrecht nicht gem. § 66 Abs. 1 S. 2 UrhG bereits siebzig Jahre nach der Schaffung des Werkes, sondern erst siebzig Jahre nach der Veröffentlichung, § 66 Abs. 1 S. 1 UrhG. 252

VII. Pseudowerke im Rechtsverkehr

Im Rechtsverkehr problematisch sind Fälle, in denen die Beteiligten davon ausgehen, ein Erzeugnis sei urheberrechtlich geschützt, obwohl dies in Wahrheit nicht der Fall ist, und sich in Bezug auf das Erzeugnis dann vertraglich binden. Da kein urheberrechtlich geschütztes Werk vorliegt, sondern bloß ein Pseudowerk,[543] kann der Erzeuger (Pseudourheber) einem Verwerter an diesem Erzeugnis auch keine urheberrechlichen Nutzungsrechte einräumen bzw. diese können von einem Lizenznehmer nicht an einen Dritten weiterübertragen werden, sondern nur sog. Scheinrechte.[544] Vertragliche Pflichten können damit einseitig nicht erfüllt werden, sodass sich die Frage stellt, ob deswegen nicht der gesamte Vertrag unwirksam ist bzw. auch die Gegenleistung im Sinne der Zahlung der Vergütung gem. § 320 Abs. 1 S. 1 BGB verweigert werden kann, ein Recht zum Rücktritt gem. § 323 BGB besteht oder Schadenersatzansprüche wegen anfänglicher Unmöglichkeit gem. §§ 280 Abs. 1, 311a Abs. 2 BGB entstehen. Da die Schutzfähigkeit zahlreicher Erzeugnisse der Kleinen Münze unklar ist, dürften sich diese Fragen nicht selten stellen. Der BGH wendet in diesen Fällen die Grundsätze der sog. Leerübertragung an, wonach die urheberrechtliche Schutzunfähigkeit des Erzeugnisses vorbehaltlich entgegenstehender vertraglicher Vereinbarungen gem. § 311a Abs. 1 BGB weder die Wirksamkeit des Vertrages noch die Pflicht zur Zahlung der vereinbarten Vergütung berührt.[545] Ein Lizenzvertrag könne nämlich auch dem Zweck dienen, eine Unsicherheit der Parteien über den Rechtsbestand des Schutzrechts und damit Zweifel an der Erforderlichkeit einer Lizenzierung auszuräumen.[546] Ein Recht zum Rücktritt bestehe darüber hinaus nicht, aber die Möglichkeit, den Vertrag gem. § 314 Abs. 1 BGB ohne Einhaltung einer Kündigungsfrist aus wichtigem 253

---

543 Wenn *Schack*, UrhR, Rn. 838, vom „Pseudo-Urheberrecht" spricht, meint er den faktischen Schutz gemeinfreier Werke bzw. nicht geschützte Erzeugnisse aufgrund technischer Schutzmaßnahmen.
544 BGH, Urt. v. 02.02.2012 – I ZR 162/09 (Delcantos Hits), GRUR 2012, 910, 912 [16 ff.]; *Wandtke*, in: Wandtke, UrhR, Kap. 4, Rn. 6.
545 BGH, Urt. v. 02.02.2012 – I ZR 162/09 (Delcantos Hits), GRUR 2012, 910, 912 [18].
546 BGH, Urt. v. 02.02.2012 – I ZR 162/09 (Delcantos Hits), GRUR 2012, 910, 912 [18].

Grund zu kündigen.[547] Über die Frage des Schadenersatzes hat der BGH nicht entschieden. Gem. § 311a Abs. 2 S. 2 BGB besteht ein solcher Anspruch jedoch nicht, wenn der Schuldner das Leistungshindernis bei Vertragsschluss nicht kannte und seine Unkenntnis auch nicht zu vertreten hat. Insoweit kommt es darauf an, ob der Erzeuger wusste oder hätte wissen können, dass das Erzeugnis nicht schutzfähig ist. Dies dürfte allerdings nur bei offenkundig nicht schutzfähigen Erzeugnissen der Fall sein. Und in diesen Fällen wird man annehmen müssen, dass auch der Gläubiger, also der Erwerber die Schutzunfähigkeit kannte oder hätte erkennen können, sodass ein Schadenersatzanspruch wegen Mitverschuldens gem. § 254 BGB ebenfalls nicht besteht.[548]

VIII. Europäischer Werkbegriff

1. Begriffsverständnis

254 Einzelne Regelungen des UrhG gehen zurück auf europäische Richtlinien, sodass sich die Auslegung des deutschen Urheberrechts jedenfalls insoweit am sog. **europäischen Werkbegriff** zu orientieren hat. Konkret ist dies ist betreffend Computerprogramme,[549] Datenbankwerke[550] und Lichtbildwerke[551] der Fall, die in den europäischen Richtlinien dann für schutzfähig erklärt werden, wenn sie eine „eigene geistige Schöpfung des Urhebers" darstellen.[552] Damit ist gemeint, dass der Urheberrechtsschutz nicht von einer besonderen Gestaltungshöhe abhängig gemacht werden darf.[553] Kern des europäischen Werkbegriffs ist also die **Originalität**,[554] die vergleichbar mit der deutschen Individualität ist, aber auf das Merkmal der Gestaltungshöhe verzichtet und insoweit eine **sehr niedrige Schutzschwelle** begründet.

255 Im Fall Painer[555] hat der Europäische Gerichtshof betreffend alltägliche **Porträtfotografien** eines Kindes diesen Werkbegriff konkretisiert, indem er verlangt, dass im Werk die **Persönlichkeit des Urhebers zum Ausdruck** kommt, wobei sich dies in den bei der Herstellung des Werks getroffenen **freien kreativen Entscheidungen** ausdrücken müsse.[556] Der Urheber muss dem Werk also bloß seine persönli-

---

547 BGH, Urt. v. 02.02.2012 – I ZR 162/09 (Delcantos Hits), GRUR 2012, 910, 912 [20].
548 Gem. § 307 Abs. 1 S. 2 aF führte dieser Umstand zum Ausschluss der Haftung auf das negative Interesse, wobei eine derartige Regelung nun fehlt. Gleichwohl wäre es ungerecht, wenn der Erwerber Schadenersatz erlangen könnte, obwohl er wusste oder wissen konnte, dass der Schuldner sie nicht erbringen kann.
549 Art. 1 Abs. 3 Computerprogramm-Richtlinie (Kap. 11, Rn. 228 ff.).
550 Art. 3 Abs. 1 Datenbank-Richtlinie (Kap. 11, Rn. 236 f.).
551 Art. 6 Schutzdauer-Richtlinie (Kap. 11, Rn. 234 f.).
552 Trotz Erwähnung, in: verschiedenen Richtlinien ist der Begriff einheitlich zu verstehen, vgl. für die einheitliche Auslegung des Öffentlichkeitsbegriffs EuGH, Urt. v. 04.10.2011 – C-403/08 u. C-429/08 (Football Association Premier League), GRUR Int. 2011, 1063, 1075 [188].
553 BGH, Urt. v. 13.11.2013 – I ZR 143/12 (Geburtstagszug), GRUR 2014, 175 [30].
554 Erwägungsgrund Nr. 16 der Datenbank-Richtlinie (Kap. 11, Rn. 236 f.).
555 EuGH, Urt. v. 01.12.2011 – C-145/10 (Painer), GRUR Int. 2012, 158.
556 EuGH, Urt. v. 01.12.2011 – C-145/10 (Painer), GRUR Int. 2012, 158, 164 [94].

che Note verleihen.⁵⁵⁷ Dass die „freien kreativen Entscheidungen" keine hoch stehenden Anforderungen im Sinne besonderer Gestaltungshöhe meinen, ergibt sich auch aus den Beispielen, die der Europäische Gerichtshof bringt, indem er ausführt, der Fotograf könne „in der Vorbereitungsphase über die Gestaltung, die Haltung der zu fotografierenden Person oder die Beleuchtung entscheiden. Bei der Aufnahme des Porträts kann er den Bildausschnitt, den Blickwinkel oder auch die Atmosphäre wählen. Schließlich kann er bei der Herstellung des Abzugs unter den verschiedenen bestehenden Entwicklungstechniken diejenige wählen, die er einsetzen möchte, oder gegebenenfalls Software verwenden".⁵⁵⁸ **Andere Kriterien** als die Originalität sollen zur Bestimmung der Schutzfähigkeit jedenfalls **nicht herangezogen** werden,⁵⁵⁹ insbesondere keine qualitativen oder ästhetischen Kriterien oder Aspekte betreffend den Wert oder die Zwecksetzung des Erzeugnisses.⁵⁶⁰ Alleine ein besonderer Aufwand von Zeit und Geld oder der Einsatz hoher Sachkenntnis genügt dem Europäischen Gerichtshof also nicht,⁵⁶¹ wenngleich das Vorliegen dieser Aspekte urheberrechtlichem Schutz auch nicht entgegen steht.

2. Anwendbarkeit auf alle Werkarten

a) Ansicht europäischer Gerichte

Fraglich ist allerdings, ob dieser europäische Werkbegriff über Computerprogramme, Datenbankwerke und Lichtbildwerke hinaus **auch für andere Werkarten** gilt. Obwohl er insoweit nicht harmonisiert ist, hat ihn der Europäische Gerichtshof im Jahre 2009 im Fall Infopaq⁵⁶² auch bei **Artikeln in Zeitungen und Zeitschriften** angewandt. Das Vervielfältigungsrecht gem. Art. 2 Lit. a) Informations-Richtlinie⁵⁶³ könne in Bezug auf ein Schutzobjekt angewandt werden, bei dem es sich um ein Original in dem Sinne handelt, dass es eine eigene geistige Schöpfung seines Urhebers darstellt.⁵⁶⁴ Der Europäische Gerichtshof geht also offenbar davon aus, dass urheberrechtliche Vervielfältigungsrechte an allen Erzeugnissen bestehen, die eine eigene geistige Schöpfung in diesem Sinne sind. Aufgrund der Einheitlichkeit des Urheberrechts bestehen dann aber auch alle anderen urheberrechtlichen Befugnisse und damit die Werkeigenschaft, sodass es auf eine besondere Gestaltungshöhe in Bezug auf keine Werkart mehr ankommen könnte. Ferner verweist der Europäische Gerichtshof auf die Revidierte Berner Übereinkunft (RBÜ),⁵⁶⁵ insbesondere auf deren Art. 2 Abs. 5, Art. 8, wonach der Schutz

---

557 EuGH, Urt. v. 01.12.2011 – C-145/10 (Painer), GRUR Int. 2012, 158, 164 [92].
558 EuGH, Urt. v. 01.12.2011 – C-145/10 (Painer), GRUR Int. 2012, 158, 164 [91].
559 Ebenso *Rehbinder/Peukert*, UrhR, Rn. 225.
560 § 69a Abs. 3 S. 2 UrhG; Erwägungsgrund Nr. 16 der Datenbank-Richtlinie (Kap. 11, Rn. 236 f.); Erwägungsgrund Nr. 16 der Schutzdauer-Richtlinie (Kap. 11, Rn. 234 f.).
561 EuGH, Urt. v. 01.03.2012 – C-604/10 (Football Dataco u. a./Yahoo!), GRUR 2012, 386 [42].
562 EuGH, Urt. v. 16.07.2009 – C-5/08 (Infopaq/DDF), GRUR 2009, 1041.
563 Siehe Kap. 11, Rn. 238 ff.
564 EuGH, Urt. v. 16.07.2009 – C-5/08 (Infopaq/DDF), GRUR 2009, 1041, 1044 [34].
565 Zur RBÜ allgemein siehe Kap. 11, Rn. 202 ff.

bestimmter Schutzgüter als Werke der Literatur und Kunst nur voraussetzt, dass es sich dabei um geistige Schöpfungen handelt,[566] wobei Werke wie Computerprogramme, Datenbanken oder Fotografien auch in europäischen Richtlinien[567] urheberrechtlich geschützt sind, wenn sie Originale in dem Sinne sind, dass es sich bei ihnen um eine eigene geistige Schöpfung ihres Urhebers handelt.[568] Die Verwendung des Worts „wie" bestätigt den Eindruck, dass der Europäische Gerichtshof die Schutzvoraussetzung „eigene geistige Schöpfung des Urhebers" nicht nur auf Computerprogramme, Datenbankwerke und Lichtbildwerke, sondern auf sämtliche Werkarten beziehen will.[569] Ferner hat er im Jahre 2010 im Fall BSA[570] für die **Benutzeroberfläche eines Computerprogramms**, die selbst kein Computerprogramm ist und insoweit ausdrücklich nicht in den Genuss des spezifischen Schutzes für Computerprogramme nach der Computerprogramm-Richtlinie[571] kommen soll,[572] darauf verwiesen, dass besagte Benutzeroberfläche urheberrechtlichen Schutz erlangen kann, wenn es sich bei ihr um eine „geistige Schöpfung [ihres] Urhebers handelt."[573] Damit hat der Europäische Gerichtshof erneut für eine andere Werkart auf den europäischen Werkbegriff verwiesen und für diesen allgemeine Geltung beansprucht, wobei offen bleiben kann, ob es sich bei der Benutzeroberfläche um ein Sprachwerk, ein Kunstwerk oder ein Multimediawerk handelt.

257 Und auch nach Auffassung des Gerichts erster Instanz der Europäischen Gemeinschaften gründet Urheberrechtsschutz allgemein nur auf der Originalität einer Schöpfung.[574] Zwar ging es im entschiedenen Fall um die Frage, ob ein und dasselbe Zeichen in Gestalt des **Filmtitels** „Dr. No" gleichzeitig als Werk durch das Urheberrecht einerseits und als Angabe über die betriebliche Herkunft durch das Markenrecht andererseits geschützt sein kann, wobei Filmtitel nach einigen nationalen Rechten tatsächlich als vom Film unabhängige künstlerische Schöpfung geschützt sein können und es insoweit – anders als in Deutschland[575] – auf eine urheberrechtliche Beurteilung ankommen kann. Aber hieran wird die allgemeine Tendenz europäischer Gerichte deutlich, den europäischen Werkbegriff allumfassend anzuwenden und bloß Individualität bzw. Originalität zu verlangen, jedenfalls aber keine besondere Gestaltungshöhe.

---

566 EuGH, Urt. v. 16.07.2009 – C-5/08 (Infopaq/DDF), GRUR 2009, 1041, 1044 [37].
567 Vgl. Computerprogramm-Richtlinie (Kap. 11, Rn. 228 ff.), Datenbank-Richtlinie (Kap. 11, Rn. 236 f.), Schutzdauer-Richtlinie (Kap. 11, Rn. 234 ff.).
568 EuGH, Urt. v. 16.07.2009 – C-5/08 (Infopaq/DDF), GRUR 2009, 1041, 1044 [35].
569 EuGH, Urt. v. 16.07.2009 – C-5/08 (Infopaq/DDF), GRUR 2009, 1041, 1044 [35]; *Schulze*, GRUR 2009, 1019, 1020.
570 EuGH, Urt. v. 22.12.2010 – C-393/09 (BSA), GRUR 2011, 220.
571 Siehe Kap. 11, Rn. 228 ff.
572 EuGH, Urt. v. 22.12.2010 – C-393/09 (BSA), GRUR 2011, 220, 222 [42].
573 EuGH, Urt. v. 22.12.2010 – C-393/09 (BSA), GRUR 2011, 220, 222 [46].
574 EuG, Urt. v. 30.06.2009 – T-435/05 (HABM), GRUR Int. 2010, 50, 52 [26].
575 Zum Schutz der Werktitel vgl. § 5 Abs. 3 MarkenG u. Rn. 228.

b) Ansichten in Deutschland

Insoweit wird in der **Literatur** inzwischen die Auffassung vertreten, dass der europäische Werkbegriff **den deutschen Werkbegriff ersetzt** und für alle Werkarten gilt, soweit das Unionsrecht nicht ausdrücklich auf das nationale Recht verweist.[576] Dies ließe jedenfalls das Problem der Bestimmung des Maßes der in einem Erzeugnis zum Ausdruck kommenden Individualität[577] sowie die uneinheitliche Behandlung verschiedener Werkarten[578] obsolet werden.

258

Die **höchstrichterliche deutsche Rechtsprechung** tritt der Anwendbarkeit des europäischen Werkbegriffs auf alle Werkarten gleichermaßen, also über Computerprogramme, Datenbankwerke und Lichtbildwerke hinaus, jedoch entschieden entgegen, weil das Urheberrecht der Europäischen Union für andere Werkarten keine derartige Einschränkung im Sinne eines Verzichts auf die Gestaltungshöhe vorsehe.[579] Vielmehr seien die Mitgliedstaaten ausweislich Art. 17 S. 2 und Erwägungsgrund Nr. 8 der Musterschutz-Richtlinie[580] jedenfalls hinsichtlich Erzeugnissen, die dem Designschutz[581] zugänglich seien, sogar berechtigt, deren urheberrechtlichen Schutz von einer besonderen Gestaltungshöhe abhängig zu machen.

259

Zwar hat der Bundesgerichtshof im Jahre 2013 seine bis dato strenge Haltung in Bezug auf **Erzeugnisse der angewandten Kunst** ausdrücklich aufgegeben und klargestellt, dass an ihren Urheberrechtsschutz grundsätzlich keine anderen Anforderungen mehr zu stellen seien als an den Urheberrechtsschutz von Werken der zweckfreien bildenden Kunst oder des literarischen und musikalischen Schaffens,[582] der nur ein einfaches Überragen des Durchschnitts voraussetzt. Insoweit scheint er die einheitliche Anwendung eines europäischen Werkbegriffs umzusetzen. Allerdings hat er erneut[583] klargestellt, dass Grund für die Kehrtwende **nicht etwa die europäische Urheberrechtsentwicklung** sei,[584] sondern die Neugestaltung des Geschmacksmusterrechts.[585] Dieses setze als nunmehriges Designrecht nicht mehr die Eigentümlichkeit und damit die Gestaltungshöhe, sondern die Eigenart und damit die Unterschiedlichkeit des Musters voraus[586] und bilde insoweit nicht mehr den Unterbau eines wesensgleichen Urheberrechts,[587] sondern etwas anderes.

260

---

576 *Handig*, GRUR Int. 2012, 9, 11; *W.Nordemann/Nordemann-Schiffel*, in: Loewenheim, UrhR, § 4, Rn. 9; *Rehbinder/Peukert*, UrhR, Rn. 225.
577 Siehe Rn. 201 ff.
578 Siehe Rn. 170 ff.
579 BGH, Urt. v. 13.11.2013 – I ZR 143/12 (Geburtstagszug), GRUR 2014, 175 [31].
580 Richtlinie 98/71/EG des Europäischen Parlaments und des Rates v. 13.10.1998 über den rechtlichen Schutz von Mustern und Modellen (Musterschutz-Richtlinie), Amtsbl. Nr. L 289 v. 17.11.1998, S. 28 ff.
581 Früher Geschmacksmusterschutz.
582 BGH, Urt. v. 13.11.2013 – I ZR 143/12 (Geburtstagszug), GRUR 2014, 175 [26].
583 BGH, Urt. v. 12.05.2011 – I ZR 53/10 (Seilzirkus), GRUR 2012, 58.
584 BGH, Urt. v. 13.11.2013 – I ZR 143/12 (Geburtstagszug), GRUR 2014, 175 [27 ff.].
585 BGH, Urt. v. 13.11.2013 – I ZR 143/12 (Geburtstagszug), GRUR 2014, 175 [33 ff.].
586 BGH, Urt. v. 13.11.2013 – I ZR 143/12 (Geburtstagszug), GRUR 2014, 175 [35].
587 BGH, Urt. v. 13.11.2013 – I ZR 143/12 (Geburtstagszug), GRUR 2014, 175 [34].

Kapitel 1: Grundlagen des Urheberrechts

261 Aus der Informations-Richtlinie[588] gehe zudem lediglich hervor, dass sich die dort geregelten Verwertungsrechte des Urhebers auf ein Werk als Schutzobjekt beziehen, wobei die Richtlinie nicht bestimme, unter welchen Voraussetzungen ein bestimmtes Schutzgut als ein Werk anzusehen sei.[589] Damit tritt der Bundesgerichtshof offenbar der Einschätzung des Europäischen Gerichtshofs im Fall Infopaq entgegen, wonach die in der Richtlinie geregelten Vervielfältigungsrechte an allen Erzeugnissen bestehen, die eine eigene geistige Schöpfung in Sinne des europäischen Werkbegriffs sind.[590]

262 Auch lässt sich aus der Gleichstellung von Kunstwerken sowie Werken des literarischen und musikalischen Schaffens nicht darauf schließen, dass der Bundesgerichtshof nun beispielsweise hinsichtlich Gebrauchstexten kein deutliches Überragen des Durchschnitts mehr fordern und jedenfalls damit die allgemeine Geltung des europäischen Werkbegriffs zumindest stillschweigend anerkennen würde. Vielmehr hat er ausdrücklich klargestellt, dass das Urheberrecht der Europäischen Union für andere Werkarten keine derartige Einschränkung vorsehe, sodass der Urheberrechtsschutz von **Sprachwerken** oder anderen Werkarten weiterhin von einer bestimmten Gestaltungshöhe abhängig gemacht werden dürfe.[591] Im Übrigen habe der Europäische Gerichtshof die Prüfung der Frage, ob es sich bei einem bestimmten Gegenstand nach den von ihm aufgestellten Maßstäben um eine eigene geistige Schöpfung des Urhebers handelt, bisher immer **den nationalen Gerichten zugewiesen**.[592]

3. Fazit

263 Obwohl das Maß der Individualität nicht objektiv bestimmbar ist und ein Abstellen auf die Gestaltungshöhe bei manchen Werkarten, insbesondere bei Gebrauchstexten, im Grenzbereich der Kleinen Münze (ungewollte) richterliche Willkür ermöglicht, obwohl das Erfordernisses besonderer Gestaltungshöhe bei mehr und mehr Werkarten aufgegeben wurde oder werden musste, obwohl die deutsche Literatur die immer noch stattfindende Differenzierung schon seit langem kritisiert, obwohl das deutsche Urheberrechtsgesetz in § 2 Abs. 2 UrhG einen für alle Werkarten einheitlichen Werkbegriff enthält und obwohl das Abstellen auf einen europäischen Werkbegriff der offensichtlichen Zukunft eines auch insoweit harmonisierten europäischen Urheberrechts zugewandt wäre, dürfte der Bundesgerichtshof wohl noch eine Weile an seinen überkommenen Vorstellungen vom Werk festhalten. Vereinzelt muss also weiterhin mit strengen Anforderungen gerechnet werden.

Randnummern 264–299 einstweilen frei.

---

588 Siehe Kap. 11, Rn. 238 ff.
589 BGH, Urt. v. 13.11.2013 – I ZR 143/12 (Geburtstagszug), GRUR 2014, 175 [28].
590 EuGH, Urt. v. 16.07.2009 – C-5/08 (Infopaq/DDF), GRUR 2009, 1041, 1044 [34].
591 BGH, Urt. v. 13.11.2013 – I ZR 143/12 (Geburtstagszug), GRUR 2014, 175 [31].
592 BGH, Urt. v. 13.11.2013 – I ZR 143/12 (Geburtstagszug), GRUR 2014, 175 [31].

C. Entstehung des Urheberrechts und Urheberschaft

I. Schöpferprinzip

Da das Werk seine Schutzfähigkeit durch die in ihm zum Ausdruck kommende Individualität erlangt, muss der Berechtigte am Werk derjenige sein, von dem diese Individualität stammt, denn die Achtung vor der schöpferischen Persönlichkeit und ihren Werken verlangt es, dass ihr und keinem anderen Rechtsschutz zuteil wird.[1] Wer etwas geschaffen hat, soll auch sein Eigentümer sein. Dies entspricht naturrechtlichem Denken[2] sowie dem allgemeinen Rechtsprinzip das in § 950 Abs. 1 BGB für Sachen Ausdruck gefunden hat. Und schließlich ist der **Schutz des Schöpfers** auch Zweck des UrhG.[3] Nach der Präambel des § 1 UrhG erlangt deshalb der Urheber Schutz nach Maßgabe des Gesetzes, wobei § 7 UrhG bestimmt, dass dies der Schöpfer des Werkes ist.

300

Das Gesetz weist dem Schöpfer eines Werks somit sämtliche Rechte an ihm zu, sodass es dem sog. **Schöpferprinzip**[4] folgt. Dieses Prinzip ist **im deutschen UrhG streng umgesetzt**, sodass es keine Ausnahmen von ihm gibt.[5] Zwar können Rechtssubjekte natürliche oder juristische Personen sein.[6] Schöpfer im Sinne des Urheberrechts kann aber immer **nur eine natürliche Person sein**,[7] denn nur sie kann ihrer Individualität im Werk Ausdruck verleihen. Juristische Personen handeln nicht selbst, sondern nur durch ihre Organe, sodass Urheberrechte niemals bei ihnen entstehen können, sondern allenfalls bei den für sie handelnden natürlichen Personen.[8] Das Schöpferprinzip gilt folglich auch dann, wenn jemand für einen anderen auf Grund eines **Dienst-, Auftrags- oder Werkvertrags** eine schöpfe-

301

---

1 *Rehbinder/Peukert*, UrhR, Rn. 346.
2 *Ulmer*, UrhR, S. 183.
3 Amtl. Begr. BT-Drucks. IV/270; Delp, Informationsgesellschaft, S. 267, Rn. 74.
4 *Rehbinder/Peukert*, UrhR, Rn. 347; *Schulze*, in: Dreier/Schulze, UrhG, § 7, Rn. 1; *Thum*, in: Wandtke/Bullinger, UrhG, § 7, Rn. 1. Das Schöpferprinzip wird gelegentlich auch Urheberschaftsprinzip genannt, vgl. *Hoeren*, in: Loewenheim, UrhR, § 10, Rn. 1.
5 *Schulze*, in: Dreier/Schulze, UrhG, § 7, Rn. 1.
6 Vgl. die Überschriften des ersten und zweiten Titels im ersten Abschnitt des ersten Buchs des BGB, jeweils vor den §§ 1, 21 BGB.
7 Amtl. Begr. BT-Drucks. IV/270, S. 41; *Ahlberg*, in: Möhring/Nicolini, UrhG, § 7, Rn. 7; *Loewenheim*, in: Schricker/Loewenheim, UrhG, § 2, Rn. 11 ff., 18; *Schulze*, in: Dreier/Schulze, UrhG, § 7, Rn. 2; *Thum*, in: Wandtke/Bullinger, UrhG, § 7, Rn. 1, 6.
8 Amtl. Begr. BT-Drucks. IV/270, S. 41; BGH, Urt. v. 27.09.1990 – I ZR 244/88 (Grabungsmaterialien), GRUR 1991, 523, 525; LG Berlin, Urt. v. 30.05.1989 – 16 O 33/89 (Satellitenfoto), GRUR 1990, 270; OLG Koblenz, Beschl. v. 14.07.1967 – 2 U 14/67 (Liebeshändel in Chioggia), GRUR Int. 1968, 164, 165; *Ahlberg*, in: Möhring/Nicolini, UrhG, § 7, Rn. 7; *Hoeren*, in: Loewenheim, UrhR, § 10, Rn. 1; *Loewenheim*, in: Schricker/Loewenheim, UrhG, § 2, Rn. 2; *Nordemann*, in: Fromm/Nordemann, UrhG, § 7, Rn. 1; *Rehbin-*

rische Leistung erbringt, wie bspw. der Arbeitnehmer für seinen Arbeitgeber oder der Unternehmer für seinen Auftraggeber.[9] Hier wird der Unterschied zwischen Arbeitsrecht und Urheberrecht deutlich, denn aus arbeitsrechtlicher Sicht scheint der Gedanke nahe zu liegen, dass das Urheberrecht an Werken, die im Rahmen des Arbeitsverhältnisses geschaffen werden, dem Arbeitgeber genauso zusteht wie sonstige Arbeitsergebnisse auch.[10] Aus urheberrechtlicher Sicht gebührt das Urheberrecht jedoch demjenigen, der das Werk geschaffen hat, also dem Arbeitnehmer und nicht seinem Arbeitgeber.[11] Eine Regelung wie etwa im US-amerikanischen Recht, wonach der Arbeitgeber originäre Urheberrechte erwirbt („work made for hire"), ist dem deutschen Recht nämlich fremd.

302 Insofern kann jemand auch dann Urheberrechte an seinen Äußerungen erlangen, wenn er als **Medium eines höheren Wesens** agiert[12] und beispielsweise in Trance redet oder zeichnet. Allerdings ist in der Beanspruchung von Urheberrechten dann auch das Eingeständnis zu sehen, dass in den Äußerungen allein die Individualität des Mediums zum Ausdruck kommt, sodass hiermit gleichzeitig die angeblich wahre Quelle und die Eigenschaft bloß als Medium zu agieren in Frage gestellt wird.

303 **Nicht** als **Schöpfer** in Betracht kommen schließlich Maschinen oder Computer,[13] denn sie haben keine Individualität, die sie zum Ausdruck bringen können. Dem Schöpferprinzip steht es aber nicht entgegen, wenn ein Mensch zur Schaffung eines Werks Maschinen einsetzt, sofern sie lediglich als Hilfsmittel dienen, also von einer Person gesteuert und beherrscht werden.[14]

---

der/Peukert, UrhR, Rn. 347; *Schack*, UrhR, Rn. 267; *Schulze*, in: Dreier/Schulze, UrhG, § 7, Rn. 2; *Thum*, in: Wandtke/Bullinger, UrhG, § 7, Rn. 1; *Ulmer*, UrhR, S. 183.

9 *Schulze*, in: Dreier/Schulze, UrhG, § 7, Rn. 8; *Thum*, in: Wandtke/Bullinger, UrhG, § 7, Rn. 7.

10 Die Rede ist gelegentlich von einem Spannungsverhältnis, vgl. *Haberstumpf*, Rn. 444; *Ulmer*, UrhR, S. 184, mwN.

11 Amtl. Begr. BT-Drucks. IV/270, S. 61; BGH, Urt. v. 23.10.2001 – X ZR 72/98 (Wetterführungspläne II), GRUR 2002, 149, 151; BGH, Urt. v. 27.09.1990 – I ZR 244/88 (Grabungsmaterialien), GRUR 1991, 523, 525; BAG, Urt. v. 24.11.1960 – 5 AZR 261/60 (Nahverkehrschronik), GRUR 1961, 491; BGH, Urt. v. 29.03.1957 – I ZR 236/55 (Ledigenheim), GRUR 1957, 391, 394 f.; BGH, Urt. v. 26.10.1951 – I ZR 93/51 (Krankenhaus-Kartei), GRUR 1952, 257, 258; *Ahlberg*, in: Möhring/Nicolini, UrhG, § 7, Rn. 7; *Loewenheim*, in: Schricker/Loewenheim, UrhG, § 7, § 13, Rn. 1; *Nordemann*, in: Fromm/Nordemann, UrhG, § 7, Rn. 2; *Rehbinder/Peukert*, UrhR, Rn. 347, 1003 ff.; *Schack*, UrhR, Rn. 300 ff., 303; *Schulze*, in: Schricker/Loewenheim, UrhG, § 7, Rn. 8; *Thum*, in: Wandtke/Bullinger, UrhG, § 7, Rn. 7; *Ulmer*, UrhR, S. 184, 186.

12 OLG Frankfurt, Urt. v. 13.05.2014 – 11 U 62/13 (Jesus-Wachträumerin), GRUR 2014, 863.

13 *Hoeren*, in: Loewenheim, UrhR, § 10, Rn. 2; *Loewenheim*, in: Schricker/Loewenheim, UrhG, § 7, Rn. 3; *Rehbinder/Peukert*, UrhR, Rn. 211, 350; *Schulze*, in: Dreier/Schulze, UrhG, § 7, Rn. 2; *Thum*, in: Wandtke/Bullinger, UrhG, § 7, Rn. 6.

14 *Ahlberg*, in: Möhring/Nicolini, UrhG, § 7, Rn. 8; *Hoeren*, in: Loewenheim, UrhR, § 10, Rn. 2; *Loewenheim*, in: Schricker/Loewenheim, UrhG, § 7, Rn. 3; *Thum*, in: Wandtke/Bullinger, UrhG, § 7, Rn. 6.

II. Rechtserwerb durch Realakt

Der Urheber erlangt das Recht an seinem Werk zudem ausnahmslos immer nicht nur höchstpersönlich, sondern ausnahmslos immer allein kraft Gesetzes durch den **Realakt des Schöpfungsvorgangs**.[15] Er muss hierfür also nichts weiter tun, als das Werk zu schaffen bzw. als seine Individualität in ausreichendem Maße in einem Erzeugnis zum Ausdruck zu bringen. Ist dies geschehen, ist er **ohne Weiteres** Inhaber sämtlicher Urheberrechte geworden, die just in dem Moment entstanden sind, in dem seine Individualität entsprechend zum Ausdruck gekommen ist. Die Erlangung von Urheberrechten geschieht also nicht nur unbemerkt bzw. unbewusst, sondern manchmal auch zufällig bzw. ungeplant.

304

Eine **staatliche Verleihung** oder die **Erfüllung von Formerfordernissen** ist zum Erwerb des Urheberrechts nicht erforderlich. Es ist also kein förmlicher Akt oder eine das Urheberrecht begründende Registrierung erforderlich, sodass auch diejenigen Urheberrechte erlangen, die eine solche bürokratische Hürde nicht nehmen würden, weil sie dies nicht können, hiermit überfordert wären oder gar nicht wissen, dass sie damit Urheberrechte an einem ihrer Erzeugnisse erlangen könnten. Unter diesem Aspekt wird den Urhebern also bestmöglicher Rechtsschutz gewährt, denn niemand wird aus Unkenntnis oder Unfähigkeit um seine Rechte gebracht.

305

Damit einher geht aber auch das Problem, dass es abgesehen von einer gerichtlichen Entscheidung im Rahmen eines konkreten Rechtsstreits **keine staatliche Bescheinigung** über das Bestehen von Urheberrechten gibt. Ist aus Sicht des Verwerters unklar, ob Erzeugnis von der Rechtsordnung Werkschutz gewährt wird, muss er dies vor dem Erwerb von Nutzungsrechten erst aufwändig prüfen, um einen unnötigen Erwerb zu vermeiden. Immerhin könnte er das Erzeugnis frei nutzen, wenn es nicht schutzfähig ist. Durch diese Prüfung entstehen Kosten, die eine staatliche Bescheinigung vermeiden würde. Diese Kosten können zudem so hoch sein, dass die Gesamtkosten des Rechtserwerbs die mit der Verwertung des Erzeugnisses erzielbaren Einnahmen übersteigen.[16] Hinzu kommt, dass das Ergebnis der **eigenen Prüfung** in den Fällen der Kleinen Münze[17] aufgrund des Abstellens der Rechtsprechung auf eine objektiv nicht bestimmbare Gestaltungshöhe oft unklar ist, sodass der Erwerb von Verwertungsrechten uninteressant sein und unterbleiben könnte. Das wiederum ist dem Urheber aber nicht dienlich. Dem Verzicht auf staatliche Registrierungserfordernisse einerseits muss also eine eindeutige Definition der Werkeigenschaft andererseits gegenüber gestellt werden, sodass auch ein Laie ohne fachliche Hilfe und damit kostengünstig und sicher feststel-

306

---

15 *Ahlberg*, in: Möhring/Nicolini, UrhG, § 7, Rn. 2; *v.Gamm*, UrhG, § 7, Rn. 4; *Hertin*, UrhR, Rn. 108; *Hoeren*, in: Loewenheim, UrhG, § 10, Rn. 4; *Loewenheim*, in: Schricker/Loewenheim, UrhG, § 7, Rn. 5; *Schulze*, in: Dreier/Schulze, UrhG, § 7, Rn. 3; *Rehbinder/Peukert*, UrhR, Rn. 348; *Schack*, UrhR, Rn. 300; *Thum*, in: Wandtke/Bullinger, UrhG, § 7, Rn. 3; *Ulmer*, UrhR, S. 185.
16 *Bisges*, Kleine Münze, S. 155.
17 Hierzu siehe Rn. 167.

len kann, ob Urheberrechte an einem bestimmten Erzeugnis bestehen oder nicht. Stellte man insoweit statt auf ein besonderes Maß der im Erzeugnis zum Ausdruck kommenden Individualität bloß darauf ab, dass in einem Erzeugnis überhaupt noch die Individualität des Urhebers zum Ausdruck kommt,[18] entfielen die besagten Unklarheiten und Laien könnten die Schutzfähigkeit eines Erzeugnisses einfacher selbst beurteilen.[19]

307 Auch in den USA wird seit 1989 der Urheberrechtsschutz ohne formelle Voraussetzungen gewährt. Zuvor war dort zur Begründung von Urheberrechten noch eine Registrierung und Hinterlegung beim Register of Copyrights des U.S. Copyright Office erforderlich. Ferner musste zur Erlangung umfassender Schutzrechte der **Copyright-Vermerk** im Werk enthalten sein (©-Symbol oder „Copyright" nebst Jahresangabe der Erstveröffentlichung und Namen des Rechteinhabers). Dies ist inzwischen allerdings nicht mehr erforderlich. Wenn diese Angaben heute gleichwohl noch gemacht werden, dann allenfalls aus Klarstellungs- oder Prestigegründen.

308 Außerdem ist für die Erlangung von Urheberrechten auch **kein Wille notwendig,** bspw. der auf die Entstehung des Urheberrechts. Damit ist zum einen jede Vereinbarung zwischen dem tatsächlichen Schöpfer und einem anderen unwirksam, die darauf hinausläuft, dass der andere Urheber sein soll.[20] Zum anderen können aber auch **Geschäftsunfähige** wie Geisteskranke[21] oder Unter-sieben-Jährige sowie beschränkt geschäftsfähige Minderjährige Urheberrechte an von ihnen geschaffenen Erzeugnissen erlangen. Selbst Personen, die sich bspw. aufgrund von Drogen in einem vorübergehen Zustand der Störung der Geistestätigkeit befinden, können Urheberrechte an den von ihnen in diesem Zustand geschaffenen Erzeugnissen erlangen. **Drogenwahn** bis an die Grenze zur Bewusstlosigkeit schließt den Urheberrechtserwerb also nicht aus.

III. Beteiligung Mehrerer

309 Werke werden oft nicht von einer Person allein geschaffen, sondern sukzessiv oder gemeinsam erstellt oder bearbeitet. Insbesondere in Arbeitsverhältnissen[22] und in der Medienbranche ist heute das **Schaffen im Teamwork** weit verbreitet und mitunter sogar Grundvoraussetzung für einen Erfolg. Insoweit stellt sich die Frage, wer in diesen Fällen Inhaber von Urheberrechten wird. Rechtlich ist zu differenzieren zwischen der Miturheberschaft, der Bearbeiterschaft, der Urheberschaft an bloß verbundenen Werken und der Gehilfenschaft.

---

18 Siehe Rn. 206.
19 *Bisges,* Kleine Münze, S. 155.
20 BGH, Urt. v. 10.01.1969 – I ZR 48/67 (Triumph des Willens), UFITA 1970, Bd. 55, S. 313, 321; *Hertin,* UrhR, Rn. 408.
21 *Rehbinder/Peukert,* UrhR, Rn. 211.
22 *Rehbinder/Peukert,* UrhR, Rn. 355, 997 f.; zur Urheberschaft im Arbeitsverhältnis s. Rn. 352 ff. sowie Kap. 4, Rn. 51 ff.

1. Miturheber

a) Voraussetzungen der Miturheberschaft

Haben **mehrere Personen** ein Werk **gemeinsam geschaffen**, ohne dass sich ihre Anteile gesondert verwerten lassen, beispielsweise bei Filmen,[23] Computerspielen, Computerprogrammen und Software[24] oder Musikkompositionen, so sind sie gem. § 8 Abs. 1 UrhG Miturheber des Werkes. Dies können unter Umständen zahlreiche Personen sein, wobei der Umfang ihrer **Mitwirkung** gleichgültig ist, solange sie nur **schöpferischen Charakter** aufweist.[25] Für die Miturheberschaft kommt es also ebenfalls entscheidend darauf an, ob die Individualität eines Mitwirkenden in ausreichendem Maße im Werk zum Ausdruck gekommen ist. Wenn dies nicht der Fall ist, wenn der Anteil eines Mitwirkenden also das Maß der erforderlichen Individualität nicht erreicht, dann kann er auch keine Urheberrechte am Werk erlangen und damit auch kein Miturheber sein. Die Frage nach der Urheberschaft wird also auch bei der Mitwirkung mehrerer Personen allein anhand des Schöpferprinzips beurteilt.[26] Kommt die **Individualität** eines Mitwirkenden im Werk in ausreichendem Maße zum Ausdruck, ist er auch Miturheber.

310

Voraussetzung für die Miturheberschaft ist außerdem, dass das Ergebnis des gemeinsamen Werkschaffens **ein einzelnes Werk** ist. Die Beiträge der jeweiligen Miturheber dürfen sich also nicht gesondert verwerten lassen. Dies ist immer dann der Fall, wenn sie sich nicht unterscheiden lassen, etwa bei der gemeinsamen Formulierung eines Textes oder dem gemeinschaftlichen Malen eines Bildes.[27] Doch auf die **Unterscheidbarkeit** kommt es nicht entscheidend an,[28] denn auch unterscheidbare Beiträge können nicht gesondert verwertbar sein. Hat beispielsweise jemand die eine Hälfte eines Bildes gemalt und ein anderer die andere, dann kann man die Beiträge zwar unterscheiden. Gesondert verwerten kann man sie jedoch meist nicht. Von Bedeutung sind vielmehr die **Selbstständigkeit der Beiträge** und eine daraus resultierende **theoretische Möglichkeit der gesonderten**

311

---

23 Hierzu siehe Kap. 6, Rn. 103 ff.
24 Hierzu siehe Kap. 5, Rn. 304 ff.
25 BGH, Urt. v. 14.07.1993 – I ZR 47/91 (Buchhaltungsprogramm), GRUR 1994, 39, 40; OLG Karlsruhe, Urt. v. 27.06.1984 – 6 U 301/83 (Egerlandbuch), GRUR 1984, 812, 813; *Dreyer*, in: Dreyer/Kotthoff/Meckel, UrhG, § 8, Rn. 14; *Loewenheim*, in: Schricker/Loewenheim, UrhG, § 8, Rn. 4; *Rehbinder/Peukert*, UrhR, Rn. 355; *Schulze*, in: Dreier/Schulze, UrhG, § 8, Rn. 6; *Thum*, in: Wandtke/Bullinger, UrhG, § 8, Rn. 3; *Ulmer*, UrhR, S. 186.
26 *Loewenheim*, in: Schricker/Loewenheim, UrhG, § 7, Rn. 6; *Ulmer*, UrhR, S. 186.
27 *Haberstumpf*, Rn. 179; *Loewenheim*, in: Loewenheim, UrhR, § 11, Rn. 3; *ders.*, in: Schricker/Loewenheim, UrhG, § 8, Rn. 10; *Rehbinder/Peukert*, UrhR, Rn. 356; *Schack*, UrhR, Rn. 313; *Thum*, in: Wandtke/Bullinger, UrhG, § 8, Rn. 8; *Ulmer*, UrhR, S. 190.
28 BGH, Urt. v. 03.03.1959 – I ZR 17/58 (Wenn wir alle Engel wären), GRUR 1959, 335, 336 f.; *Ahlberg*, in: Möhring/Nicolini, UrhG, § 8, Rn. 12; *Loewenheim*, in: Loewenheim, UrhR, § 11, Rn. 3; *Schulze*, in: Dreier/Schulze, UrhG, § 8, Rn. 4; *Thum*, in: Wandtke/Bullinger, UrhG, § 8, Rn. 7, spricht von der gesonderten Verwertung in faktischer Hinsicht.

Verwertung.²⁹ Eine theoretische Möglichkeit zur gesonderten Verwertung ist jedenfalls dann gegeben, wenn sich die Anteile, ohne dadurch unvollständig oder ergänzungsbedürftig zu werden, aus dem gemeinschaftlichen Werk herauslösen oder abtrennen lassen und wenn es denkbar ist, dass sie in irgendeiner Weise wieder Verwendung finden könnten.³⁰ Dies ist immer eine Frage des Einzelfalls, aber meist dann der Fall, wenn es sich um Beiträge verschiedener Werkart handelt. So ist zum Beispiel ein Text (als Sprachwerk) von einer zugehörigen Grafik (als wissenschaftlich-technische Darstellung) oder einem Foto (als Lichtbildwerk) abtrennbar. Handelt es sich hingegen um **Beiträge gleicher Werkart**, wie beispielsweise das oben erwähnte gemeinschaftlich gemalte Bild (als Werk der bildenden Kunst), dann fehlt es hieran, sodass in der Regel Miturheberschaft vorliegt.³¹ Ob die Anteile nach Art und Qualität allerdings tatsächlich auch eine relevante Verwertungschance haben, spielt keine Rolle.³² Es kommt also nicht darauf an, ob es für die vom Text abgetrennte Grafik einen Markt gibt.

312 Die Miturheberschaft setzt ferner auch eine **Zusammenarbeit** in der Weise voraus, dass sich die Beteiligten **über die gemeinsame Aufgabe verständigen** und sich gegenseitig unter die **Gesamtidee** unterordnen.³³ Die Zusammenarbeit kann so erfolgen, dass die Miturheber das Werk zusammen erarbeiten, etwa Autoren zusammen einen Text formulieren.³⁴ Es kann aber auch eine Aufteilung zwischen den Urhebern stattfinden, sofern die gemeinschaftliche Konzeption und die gegenseitige Unterordnung unter die Gesamtidee gewahrt bleiben.³⁵ Bei einem stufenweise entstehenden Werk, kann der einzelne Beitrag auch in einem Vorstadium erfolgen, sofern er als unselbstständiger Beitrag zu einem einheitlichen Schöpfungsprozess geleistet wird.³⁶ An der gemeinschaftlichen Konzeption und der gegenseitigen Un-

---

29 *Ahlberg*, in: Möhring/Nicolini, UrhG, § 8, Rn. 12.
30 *Ahlberg*, in: Möhring/Nicolini, UrhG, § 8, Rn. 12.
31 Ausnahmen können allerdings bei Sammelwerken gegeben sein, siehe Rn. 310 ff.
32 KG, Schulze KGZ 55, 12 (Puppenfee); *Loewenheim*, in: Schricker/Loewenheim, UrhG, § 8, Rn. 5.
33 BGH, Urt. v. 03.03.2005 – I ZR 111/02 (Fash 2000), GRUR 2005, 860; OLG Düsseldorf, Urt. v. 21.10.2003 – 20 U 170/02 (Beuys-Kopf), GRUR-RR 2005, 1, 2; BGH, Urt. v. 14.11.2002 – I ZR 199/00 (Staatsbibliothek), GRUR 2003, 231, 233; BGH, Urt. v. 08.05.2002 – I ZR 98/00 (Stadtbahnfahrzeug), GRUR 2002, 799; BGH, Urt. v. 14.07.1993 – I ZR 47/91 (Buchhaltungsprogramm), GRUR 1994, 39, 40; BGH, Urt. v. 03.03.1959 – I ZR 17/58 (Wenn wir alle Engel wären), GRUR 1959, 335, 336; RG, Urt. v. 28.05.1913 – I 435/12, RG, Urt. v. 28.05.1913 – I 435/12 (Fassade), RGZ 82, 333, 336; *Ahlberg*, in: Möhring/Nicolini, UrhG, § 8, Rn. 4; *Haberstumpf*, Rn. 111; *Hertin*, UrhR, Rn. 111; *Loewenheim*, in: Loewenheim, UrhR, § 11, Rn. 2; *ders.*, in: Schricker/Loewenheim, UrhG, § 8, Rn. 9; *Nordemann*, in: Fromm/Nordemann, UrhG, § 3, Rn. 2; *Rehbinder/Peukert*, UrhR, Rn. 358. Ohne auf einen rechtsgeschäftlichen Willen abzustellen sprechen aber von „gewollter Zusammenarbeit" *v.Gamm*, UrhG, § 8, Rn. 10, und *Ulmer*, UrhR, S. 190.
34 *Loewenheim*, in: Loewenheim, UrhR, § 11, Rn. 3.
35 *Loewenheim*, in: Loewenheim, UrhR, § 11, Rn. 3.
36 BGH, Urt. v. 14.07.1993 – I ZR 47/91 (Buchhaltungsprogramm), GRUR 1994, 39, 40.

terordnung unter die Gesamtidee fehlt es aber bspw. dann, wenn ein Werk ohne das Wissen des einen (ersten) Urhebers von einem anderen (zweiten) Urheber **weitergeführt** wird. Es handelt sich dann nämlich nicht um Miturheberschaft, sondern um eine **Bearbeitung** iSd. § 23 UrhG.[37]

Angesichts dieser Bedeutung, die der Teamarbeit inzwischen zukommt, war daher für die Urheberrechtsreform von 1965 vorgeschlagen worden, neben dem Miturheberrecht ein besonderes „**Urheberrecht am Gruppenwerk**" vorzusehen, wobei dem Organisator der Gruppe das Urheberrecht am Werk zustehen sollte, sofern die einzelnen Beiträge nach Umfang, Bedeutung oder in sonstiger Weise nicht unterscheidbar sind.[38] Dieser Vorschlag wurde jedoch nicht aufgegriffen, sodass es auch in Bezug auf „Gruppenwerke" beim Schöpferprinzip bleibt und allenfalls Miturheberschaft vorliegen kann. 313

Wie beschrieben, gilt das Schöpferprinzip auch dann, wenn jemand aufgrund eines Arbeits- oder Dienstvertrags ein Werk schafft.[39] Handelt jemand **auf Anweisung eines anderen**, kann der andere nur dann Werkschöpfer und damit Miturheber sein, wenn in seinen Weisungen ein schöpferischer Beitrag liegt.[40] Im Übrigen handelt es sich lediglich um urheberrechtlich irrelevante Anregungen. 314

b) Rechtsfolgen

Im Falle der Miturheberschaft an einem Werk bilden dessen Miturheber kraft Gesetzes eine **Gesamthandsgemeinschaft**, die mit der Entstehung des Werks entsteht und mit dem Ablauf der Schutzfrist gem. § 65 UrhG endet.[41] Das Recht zur **Veröffentlichung und Verwertung des Werks** steht den Miturhebern im Sinne einer Gesamthandsberechtigung zur gesamten Hand zu, wobei **Änderungen des Werks** nur mit Einwilligung der Miturheber zulässig sind. Das heißt, dass jede dieser Handlungen nur mit der Einwilligung aller Miturheber vorgenommen werden kann. Ohne gesonderte Vereinbarung der Miturheber, durch die sie sich bspw. auf Entscheidungen nach dem Mehrheitsprinzip oder nach einem anderen Prinzip einigen oder eine einzelne Person bestimmen, die entscheidungsbefugt ist, bedarf es also für jede Handlung einer einstimmigen Entscheidung aller Miturheber. Dies kann in der Praxis zu Problemen führen, wenn sich **Einstimmigkeit** nicht erzielen lässt. In diesem Fall kann das Werk nicht veröffentlicht, nicht verwertet oder nicht geändert werden. 315

Zwar darf die Einwilligung zu einer dieser Handlungen gem. § 8 Abs. 2 S. 2 UrhG **nicht wider Treu und Glauben verweigert** werden. Jeder Miturheber hat bei sei- 316

---

37 *Rehbinder/Peukert*, UrhR, Rn. 359; *Ulmer*, UrhR, S. 190; zur Bearbeitung s. Rn. 232 ff. sowie ausführlich Kap. 2, Rn. 295.
38 *Reichel*, GRUR 1959, 172 ff.; *Runge*, GRUR 1956, 407 ff.; *Ulmer*, UrhR, S. 190.
39 Zur Urheberschaft im Arbeitsverhältnis s. Rn. 352 ff. sowie Kap. 4, Rn. 51 ff.
40 *Loewenheim*, in: Schricker/Loewenheim, UrhG, § 7, Rn. 4.
41 BGH, Urt. v. 23.02.2012 – I ZR 6/11 (Kommunikationsdesigner), GRUR 2012, 1022, 1023 [18]; *Dreyer*, in: Dreyer/Kotthoff/Meckel, UrhG, § 8, Rn. 25; *Loewenheim*, in: Schricker/Loewenheim, UrhG, § 8, Rn. 10 ff.

ner Entscheidung also in gewisser Weise auch die Interessen der anderen zu berücksichtigen. Aus wichtigen Gründen kann er seine Zustimmung jedoch immer verweigern, beispielsweise wenn das Werk nicht zur Veröffentlichung geschaffen wurde, wenn es durch eine Änderung einen anderen Aussagegehalt bekommen oder entstellt werden würde oder wenn die Verwertung durch einen bestimmten Verwerter einem Miturheber aus persönlichen Gründen unzumutbar ist, beispielsweise wegen Verfeindung. Für die Praxis bedeutet die Möglichkeit der Zustimmungsverweigerung aber in jedem Fall ein Problem, das durch eine Vereinbarung im Vorfeld und zwar sinnvoller Weise bereits im Vorfeld des Werkschaffens zu lösen ist.[42]

317 Die **Erträgnisse aus der Nutzung** des Werks gebühren gem. § 8 Abs. 3 UrhG den Miturhebern je nach Umfang ihrer Mitwirkung, es sei denn, sie haben etwas anderes vereinbart. Zu beachten ist, dass hiermit dem Wortlaut zufolge nur die Einnahmen aus der Werkverwertung gemeint sind und nicht etwa der Gewinn (Einnahmen abzgl. Ausgaben), sodass evtl. Ausgaben für das Werkschaffen keine Berücksichtigung bei der Berechnung der Erträgnisse finden. Probleme bereitet in der Praxis aber vor allem die Bestimmung des Umfangs der Mitwirkung, denn diese ist objektiv kaum möglich. Zwar könnte man auf die rein zeitliche Mitwirkung abstellen. Allerdings ist es denkbar, dass ein Miturheber mit geringem Zeitaufwand tragende Beiträge geleistet hat, während andere mit hohem Zeitaufwand Beiträge von eher untergeordneter Bedeutung erbracht haben, sodass eine derartige Anteilsbestimmung ungerecht wäre. Die Frage der Anteile spielt natürlich erst dann eine Rolle, wenn es auch Erträgnisse zu verteilen gibt. In diesem Fall kommt es aber zu dem typischen zweiten Problem, dass manche Miturheber ihren Anteil an der Mitwirkung größer einschätzen, als er im Verhältnis zu den Anteilen der anderen tatsächlich, jedenfalls aber im Empfinden der anderen ist, sodass es zum Streit kommt. Die jeweiligen Anteile sollten also möglichst schon vor der Schaffung des Werks durch Vereinbarung festgelegt werden um spätere finanzielle Streitigkeiten zu vermeiden. Auch insoweit ist also eine Vereinbarung sinnvoll.[43] Bei Unklarheiten ist im Übrigen von gleichen Anteilen auszugehen.[44]

318 Wenn sich die Miturheber dafür entscheiden, bestimmte Fragen des Werkschaffens oder der Werkverwertung durch Vereinbarung vertraglich zu regeln, dann entsteht hierdurch (zusätzlich zur Gesamthandsgemeinschaft der Miturheber) eine **Miturhebergesellschaft** in Gestalt einer Gesellschaft bürgerlichen Rechts (GbR) gem. § 705 ff BGB.[45] Im Falle einer solchen Vereinbarung kann und sollte festgelegt werden, dass über Veröffentlichung und Verwertung des Werks nicht einstimmig, sondern durch Mehrheitsbeschluss entschieden wird. Auch kann ein unterschiedliches Stimmgewicht der jeweiligen Miturheber vereinbart werden, beispielsweise

---

42 Hierzu siehe Rn. 318 sowie das Vertragsmuster im Anhang, Teil I.
43 Hierzu siehe Rn. 318 sowie das Vertragsmuster im Anhang, Teil I.
44 *Loewenheim*, in: Schricker/Loewenheim, UrhG, § 8, Rn. 19; *Schack*, UrhR, Rn. 321.
45 BGH, Urt. v. 23.02.2012 – I ZR 6/11 (Kommunikationsdesigner), GRUR 2012, 1022, 1023 [19]; *Loewenheim*, in: Schricker/Loewenheim, UrhG, § 8, Rn. 13; *Schack*, UrhR, Rn. 323; *Thum*, in: Wandtke/Bullinger, UrhG, § 8, Rn. 52.

im Verhältnis der jeweiligen Mitwirkungsanteile. Insoweit und auch hinsichtlich der Aufteilung der Erträgnisse empfiehlt es sich allerdings, die Anteile vorab festzulegen, um Streitigkeiten hierüber zu vermeiden. Außerdem ist es sinnvoll zu bestimmen, wer gegenüber Dritten zur Einziehung von Forderungen der Miturhebergesellschaft oder zum Empfang von Willenserklärungen befugt sein soll, sodass es sinnvoll ist einen Geschäftsführer zu benennen, denn ohne eine solche Vereinbarung kann Leistung nur an alle Miturheber verlangt werden. Das Muster eines Miturhebervertrages für ein Gruppenwerk findet sich im Anhang.[46]

Hinsichtlich der **Änderung des Werks** ist allerdings der urheberpersönlichkeitsrechtliche Aspekt dieses Rechts zu beachten, mit der Folge, dass Werkänderungen nicht durch Mehrheitsentscheidungen beschlossen werden können.[47] Zwar kann ein Miturheber auch hier die Einwilligung nicht gegen Treu und Glauben verweigern. Und es ist auch eine vorherige Einwilligung zu im Voraus genauer bestimmten Änderungen denkbar, bspw. Kürzungen oder Änderungen rein formaler Natur. Eine Überstimmung einzelner Miturheber und damit eine Werkänderung gegen den Willen eines Miturhebers ist jedoch nicht möglich – auch nicht durch Entscheidung eines Geschäftsführers. 319

Zwar ist auch das **Veröffentlichungsrecht** ein Urheberpersönlichkeitsrecht, sodass man insoweit ähnlich wie in Bezug auf das Änderungsrecht argumentieren könnte. Aus der Formulierung der Regelungen des § 8 Abs. 2 S. 1 UrhG, die das Veröffentlichungsrecht anders als das Änderungsrecht der Gesamthand zuweist, ergibt sich jedoch eine entsprechende Einschränkung des Veröffentlichungsrechts. Es ist daher möglich, für die Veröffentlichung des Werks vorab zu vereinbaren, dass diese durch Mehrheitsentscheidung beschlossen werden kann, also auch gegen den späteren Willen eines einzelnen Miturhebers. 320

Rechtsverletzungen – auch solche durch einem Miturheber[48] – können gem. § 8 Abs. 2 S. 3 UrhG durch jeden Miturheber verfolgt werden, wobei über den eigenen Anteil hinaus auch hier nur Leistung an alle Miturheber bzw. Feststellung der Leistungspflicht zugunsten der anderen verlangt werden kann.[49] Es bedarf zur Rechtsverfolgung also grundsätzlich nicht der Zustimmung der anderen Urheber. Allerdings kann sich ein Miturheber nicht auf die Verletzung eines Rechts berufen, dass ausschließlich einem anderen Miturheber zusteht, beispielsweise die Verletzung des Namensnennungsrechts eines anderen. 321

Ein **Verzicht** ist gem. § 8 Abs. 4 UrhG nur hinsichtlich der Verwertungsrechte im Sinne des § 15 UrhG möglich. Erklärt ein Miturheber gegenüber den anderen auf seinen Anteil zu verzichten, wächst dieser den anderen Miturhebern zu.[50] Ein Verzicht auf die Miturheberschaft als solche ist jedoch nicht möglich. 322

---

46 Siehe Anhang, Teil I.
47 *Loewenheim*, in: Schricker/Loewenheim, UrhG, § 8, Rn. 18.
48 *Schulze*, in: Dreier/Schulze, UrhG, § 8, Rn. 22; *Thum*, in: Wandtke/Bullinger, UrhG, § 8, Rn. 43; *Ahlberg*, in: Möhring/Nicolini, UrhG, § 8, Rn. 40.
49 Hierzu siehe auch Kap. 7, Rn. 29.
50 Vgl. auch Kap. 9, Rn. 303.

2. Bearbeiter

323 Bearbeiter ist, wer **ein vorbestehendes Werk** derart **verändert**, dass sowohl die prägenden Elemente des vorbestehenden Werks in der Bearbeitung erhalten bleiben als auch neue schöpferische Elemente hinzukommen.[51] Beispiele sind die Übersetzung oder die Verfilmung eines Werks, die Ausführung von Plänen und Entwürfen eines Werks der bildenden Künste oder der Nachbau eines Werks der Baukunst. In der Bearbeitung kommt also sowohl die Individualität des Urhebers des vorbestehenden Werks zum Ausdruck als auch die Individualität des Bearbeiters.[52] Die Bearbeitung unterscheidet sich allerdings von der Miturheberschaft dadurch, dass die Urheber bei der Miturheberschaft **zusammenwirken**, bei der Bearbeitung jedoch nicht.[53] Und sie unterscheidet sich von der freien Benutzung gem. § 24 UrhG dadurch, dass in ihr die wesentlichen Züge des vorbestehenden Werks noch erkennbar sind.

324 Aufgrund seines schöpferischen Beitrags erlangt der Bearbeiter gem. § 3 UrhG ein **eigenes Bearbeiterurheberrecht**.[54] Weil in der Bearbeitung aber auch die Individualität des Urhebers des vorbestehenden Werks zum Ausdruck kommt, hat auch dieser Urheberrechte an der Bearbeitung. Insofern bedarf die Veröffentlichung und Verwertung der Bearbeitung auch der vorherigen Zustimmung des Urhebers des vorbestehenden Werks, § 23 S. 1 UrhG. Bei der Verfilmung eines Werks, der Ausführung von Plänen und Entwürfen eines Werks der bildenden Künste, dem Nachbau eines Werks der Baukunst und bei der Bearbeitung eines Datenbankwerkes bedarf gem. § 23 S. 2 UrhG zudem bereits das Herstellen der Bearbeitung der Einwilligung des Urhebers des vorbestehenden Werks.

3. Urheber verbundener Werke

325 Bei der bloßen Werkverbindung werden zwei oder mehrere selbstständig verwertbare Werke im Einverständnis ihrer Urheber zur **gemeinsamen Verwertung** miteinander verbunden, § 9 UrhG. Um eine Werkverbindung handelt es sich bspw. bei der Zusammenfassung von Songs in einem Album[55] oder bei der Verbindung eines Schriftwerks mit Abbildungen, wie es oft bei wissenschaftlich-technischen Werken in Gestalt von Bedienungsanleitungen oder bei Sachbüchern vorkommt. Da verbundene Werke jedenfalls theoretisch auch unabhängig von einander verwertet werden können und es keine untrennbare Vermengung gibt, bedarf es auch

---

51 *Ahlberg*, in: Möhring/Nicolini, UrhG, § 3, Rn. 2, 4; *Bullinger*, in: Wandtke/Bullinger, UrhG, § 3, Rn. 8, 22; *Loewenheim*, in: Loewenheim, UrhR, § 8, Rn. 3 f.
52 Mehr zur Bearbeitung siehe Rn. 234.
53 *Schulze*, in: Dreier/Schulze, UrhG, § 8, Rn. 2; *Thum*, in: Wandtke/Bullinger, UrhG, § 8, Rn. 18.
54 BGH, Urt. v. 15.11.1957 – I ZR 83/56 (Sherlock Holmes), GRUR 1958, 354, 356; *Ahlberg*, in: Möhring/Nicolini, UrhG, § 3, Rn. 2; *Hoeren*, in: Loewenheim, UrhR, § 9, Rn. 222; *Loewenheim*, in: Loewenheim, UrhR, § 8, Rn. 4; *ders.*, in: Schricker/Loewenheim, UrhG, § 3, Rn. 39; *Nordemann/Vinck*, in: Fromm/Nordemann, UrhG, § 3, Rn. 20; *Schulze*, in: Dreier/Schulze, UrhG, § 3, Rn. 50.
55 *Rehbinder/Peukert*, UrhR, Rn. 375.

keiner gesamthänderischen Bindung. Urheber verbundener Werke sind in der Verwertung ihrer Werke also ursprünglich frei, haben jedoch aus bestimmten Erwägungen die gemeinsame Verwertung vereinbart. Es handelt sich also um einen **rein vertraglichen Zusammenschluss**.

Im Falle der Werkverbindung entsteht daher auch kein Miturheberrecht.[56] Vielmehr bleiben die **Urheberrechte** jedes Urhebers an den von ihm geschaffenen Werken weiterhin selbstständig und **unabhängig voneinander**.[57] Haben sich die Urheber verbundener Werke aber entsprechend vertraglich zusammengeschlossen, bestimmt § 9 UrhG, dass jeder Urheber verbundener Werke von den anderen die Einwilligung zur Veröffentlichung, Verwertung und Änderung des Werks verlangen kann, wenn dies nach Treu und Glauben zuzumuten ist. Hierdurch soll verhindert werden, dass einzelne Beteiligte die Verwertung der Werke verhindern können. Immerhin besteht zwar eine theoretische, aber in der Regel keine praktische Möglichkeit, die einzelnen Werke gesondert zu verwerten, da sie zumeist füreinander geschaffen worden sind.

Multimediaprodukte werden oft von mehreren Beteiligten geschaffen, sodass das schöpferische Ergebnis jedenfalls eine wirtschaftliche Einheit bildet. Rechtlich gesehen handelt es sich oft nicht um ein von Miturhebern geschaffenes Multimediawerk, sondern um mehrere trennbare Werke, die lediglich zur erfolgreichen Verwertung miteinander verbunden worden sind und damit verbundene Werke Sinne des Urheberrechtsgesetzes darstellen. Dass sie füreinander geschaffen worden sind und eine getrennte Verwertung nicht sinnvoll ist, spielt für die urheberrechtliche Betrachtung keine Rolle. Es kommt also auch hier nur auf die theoretische Möglichkeit der gesonderten Verwertung an. Beim Design einer Webseite und der zugehörigen Programmierung des Quelltextes fehlt es allerdings an dieser theoretischen Trennbarkeit, sodass hier von einem in Miturheberschaft entstandenen Multimediawerk gesprochen werden kann, wenn Designer und Programmierer verschiedene Personen sind. Ferner ist bei Multimediaprodukten zu beachten, dass es sich hierbei mitunter auch um Sammelwerke bzw. Datenbankwerke handeln kann.[58]

4. Gehilfen, Ideegeber und Organisatoren

Gehilfenschaft liegt vor, wenn jemand nach genauen **Vorgaben und Weisungen** eines Werkschöpfers bei der Erschaffung des Werks zwar beteiligt ist, jedoch nur eine **untergeordnete Leistung** erbringt,[59] also keine eigene Individualität entfaltet,

---

56 *Ahlberg*, in: Möhring/Nicolini, UrhG, § 9, Rn. 1; *Rehbinder/Peukert*, UrhR, Rn. 374; *Thum*, in: Wandtke/Bullinger, UrhG, § 9, Rn. 3.
57 *Rehbinder/Peukert*, UrhR, Rn. 377.
58 Zu den Sammel- und Datenbankwerken s. Rn. 142 ff.
59 BGH, Urt. v. 24.01.1956 – VI ZR 147/54 (Kirchenfenster), GRUR 1956, 234; BGH, Urt. v. 26.10.1951 – I ZR 93/51 (Krankenhaus-Kartei), GRUR 1952, 257; *Ahlberg*, in: Möhring/Nicolini, UrhG, § 7, Rn. 12; *Hoeren*, in: Loewenheim, UrhR, § 10, Rn. 7; *Loewenheim*, in: Schricker/Loewenheim, UrhG, § 7, Rn. 8; *Schulze*, in: Dreier/Schulze, UrhG, § 7, Rn. 9; *Rehbinder/Peukert*, UrhR, Rn. 362.

sondern lediglich fremde Individualität unterstützt.⁶⁰ Wer sich dem Gestaltungswillen eines anderen so untergeordnet, dass er dessen Willen lediglich ausführt, ohne eigene schöpferische Ideen zu verwirklichen, kann somit nicht Miturheber sein.⁶¹ Ebenso jemand, der die Vorstellungen eines anderen aufgrund seiner besonderen technischen Kenntnisse über Maschinen bzw. Computer lediglich realisiert.⁶² Oder aber jemand, der nur kleinere Fehler in einem Text korrigiert oder hieran geringfügige redaktionelle Änderungen oder Ergänzungen vornimmt oder ein Werk lediglich so formatiert, dass es elektronisch archivierbar ist. Und auch **Arbeitnehmer und Auftragnehmer** sind nur dann Gehilfen, wenn sie lediglich eine untergeordnete Leistung erbringen und im Werk ausschließlich die Individualität des anweisenden Arbeitgebers, Vorgesetzten oder Auftraggebers zum Ausdruck kommt. Dies ist aber nur selten der Fall.

329 Gleiches gilt grundsätzlich auch für bloße **Ideengeber oder Initiatoren**, denn diese liefern bloß eine Anregung zum Werkschaffen.⁶³ Wenn sie ihren Iden also nicht so weit Ausdruck verleihen, dass hierin ihre Individualität zum Ausdruck kommt, können sie nicht (Mit-)Urheber sein, wobei ihre Idee als solche in der Regel schutzlos bleibt.⁶⁴

330 Ebenso verhält es sich hinsichtlich **übergeordneter Leistungen**, wie sie beispielsweise durch **Organisatoren, Koordinatoren oder Produzenten** erbracht werden. Auch diese sind in der Regel nur Gehilfen, auch wenn sie das wirtschaftliche Risiko des Werkschaffens tragen und für Misserfolge allein einzustehen haben. Zwar können sie Leistungsschutzrechte an den von ihnen erbrachten Leistungen erhalten.⁶⁵ Nicht aber jeder, der anweist ist Urheber, und nicht jeder, der auf Weisung eines anderen schafft ist Gehilfe. Bedenklich ist insoweit eine Entscheidung des Reichsgerichts, das die Fertigung von **Planskizzen für Fassaden durch einen Architekten** nach Weisungen eines anderen Architekten als bloße Gehilfentätigkeit ansah, ohne darauf einzugehen, wie detailliert die zu beachtenden Weisungen waren.⁶⁶

---

60 KG, Urt. v. 18.11.2003 – 5 U 350/02 (Modernisierung einer Liedaufnahme), GRUR-RR 2004, 129, 130; *Thum*, in: Wandtke/Bullinger, UrhG, § 7, Rn. 12; *Ulmer*, UrhR, S. 187.
61 *Hertin*, UrhR, Rn. 112.
62 *Ahlberg*, in: Möhring/Nicolini, UrhG, § 7, Rn. 12.
63 BGH, Urt. v. 19.10.1994 – I ZR 156/92 (Rosaroter Elefant), GRUR 1995, 47; *Rehbinder/Peukert*, UrhR, Rn. 360 f.
64 Siehe Rn. 223 f.
65 Vgl. bspw. zu den Leistungsschutzrechten der Veranstalter, Kap. 10, Rn. 81 ff., der Tonträgerhersteller, Kap. 10, Rn. 89 ff., der Sendeunternehmen, Kap. 10, Rn. 70, oder der Datenbankhersteller, Kap. 10, Rn. 143 ff.
66 RG, Urt. v. 28.05.1913 – I 435/12, RG, Urt. v. 28.05.1913 – I 435/12 (Fassade), RGZ 82, 333, 336; *Loewenheim*, in: Schricker/Loewenheim, UrhG, § 7, Rn. 8; *Ulmer*, UrhR, S. 187.

IV. Beweis der Urheberschaft

1. Bedeutung und Beweislast

In der Praxis stellt sich gelegentlich die Frage, ob und wann die Urheberschaft bewiesen werden muss und wie dies geschehen kann, denn gem. § 15 UrhG ist nur der Urheber Inhaber sämtlicher Rechte an seinem Werk. In Auseinandersetzungen mit Rechtsverletzern ist es insoweit nahe liegend, dass Rechtsverletzer einfach die Urheberschaft des Urhebers bestreiten, um dem Rechtsstreit damit die Grundlage zu entziehen.

331

Nach dem sog. **Günstigkeitsprinzip** der heute nahezu einhellig vertretenen Normentheorie hat derjenige, dem die Wirkungen von Rechtsnormen zugute kommen können, das Vorliegen der tatsächlichen Voraussetzungen dieser Normen zu beweisen.[67] Die **Beweislast** für die Urheberschaft liegt also **in der Regel beim Urheber**. Sofern er Verwertern ausschließliche Nutzungsrechte eingeräumt hat, die aufgrund ihrer Ausschließlichkeit auch Verbotsrechte umfassen und damit ein eigenständiges Vorgehen gegen Rechtsverletzer ermöglichen, kann gegenüber Rechtsverletzern aber auch der Verwerter beweisbelastet sein. Liegt der Fall hingegen so, dass ein Verwerter vom Urheber wegen Rechtsverletzung in Anspruch genommen wird, weil er entweder gar keine Nutzungsrechte erworben hat oder ihm gegenüber ein unbefugter Dritter gehandelt hatte,[68] dann muss nicht der Verwerter widerlegen, dass der Urheber Inhaber des Urheberrechts ist, sondern der Urheber muss dies beweisen.

332

2. Beweismöglichkeiten

Problematisch ist häufig der **Beweis des Vorliegens der tatsächlichen Voraussetzungen** der §§ 7 ff. UrhG. Da es keine staatliche Bescheinigung über das Innehaben der Urheberschaft gibt,[69] die einfach vorgelegt werden könnte, muss aufgrund des Schöpferprinzips[70] der Schaffensvorgang als solcher bewiesen werden, um die Rechte an einem Werk einer bestimmten Person zuordnen zu können. Es kommt also insbesondere darauf an, wessen Individualität im Werk zum Ausdruck gekommen ist. Zwar besteht in Einstweiligen Verfügungsverfahren gem. §§ 920 Abs. 2, 935, 294 Abs. 1 ZPO[71] die Möglichkeit, dass der Urheber seine Urheberschaft durch Abgabe einer eigenen Eidesstattlichen Versicherung[72] glaubhaft macht, in der er unter konkreter Darlegung der genauen Umstände versichert, das Werk selbst geschaffen zu haben. In gewöhnlichen Verfahren stehen ihm als Beweismittel jedoch in der Regel nur Zeugenaussagen Dritter, Sachverständigengut-

333

---

67 Ständige Rechtsprechung, vgl. daher nur BGH, Urt. v. 03.05.2005 – VI ZR 238/04, NJW-RR 2005, 1183.
68 Einen gutgläubigen Erwerb von Nutzungsrechten gibt es nicht, vgl. BGH, Urt. v. 21.11.1958 – I ZR 98/57 (Der Heiligenhof), GRUR 1959, 200, 203.
69 Siehe Rn. 305 f.
70 Siehe Rn. 300 ff.
71 Hierzu siehe Kap. 7, Rn. 152 ff.
72 Ein Muster findet sich im Anhang, Teil XI.

achten, Urkunden und die richterliche Inaugenscheinnahme zur Verfügung. Besondere Bedeutung erlangen insoweit Zeugenaussagen und Urkunden.

a) Zeugenaussagen

334 Hat beispielsweise ein Zeuge **gesehen**, wie der Urheber ein bestimmtes Werk geschaffen hat, zB. wie er ein Bild gemalt, einen Song komponiert oder eine Software programmiert hat, dann ist dessen **Zeugenaussage** ohne Weiteres als Beweis der Urheberschaft tauglich. Natürlich muss die Aussage vom Richter gem. § 286 Abs. 1 S. 1 ZPO in **freier Beweiswürdigung** gewürdigt werden. Der Richter kann also selbst dann, wenn der Zeuge das Werkschaffen entsprechend bestätigt, zu dem Ergebnis gelangen, dass der Zeuge persönlich unglaubwürdig ist oder dass zumindest dessen Aussage unglaubhaft ist. Bereits in dieser Beweiswürdigung durch den Richter liegt also ein **Risiko**, die Urheberschaft nicht beweisen zu können, insbesondere dann, wenn der Gegner des Rechtsstreits einen eigenen „Zeugen" präsentiert, der der Wahrheit zuwider aussagt, er habe gesehen wie ein anderer das Werk geschaffen hat, und der Richter sich deswegen unsicher ist, welche Aussage wahr ist. In diesem Fall kann der Richter nämlich möglicherweise nicht zu der **vollen Überzeugung** gelangen, dass der Urheber das Werk geschaffen hat, mit der Folge, dass der Beweis der Urheberschaft nicht erbracht ist und der Rechtsstreit verloren geht.

335 Für gewöhnlich liegt das Problem der Beweisführung mittels Zeugenaussage jedoch nicht in unglaubhaften Zeugenaussagen oder solchen, die sich vorsätzlich widersprechen, sondern darin, dass es oft **keine Zeugen** gibt, weil der Urheber allein gearbeitet hat, oder dass sich Zeugen **nicht mehr erinnern** können, weil der Urheber zu viele Werke geschaffen hat oder der Vorgang lange zurückliegt. Nicht zu unterschätzen ist auch der Aspekt, dass Zeugen oft Personen sind, die dem Urheber nahe stehen, wobei diese Nähebeziehung mit der Zeit verloren gehen oder sogar zu einer „Feindschaft" werden und dann Grund für Erinnerungslücken der Zeugen sein kann. Auch kann es Fälle geben, in denen just der Zeuge selbst der Gegner im Rechtsstreit ist, weil er sich die Urheberschaft am Werk anmaßt und das Werk ohne Zustimmung des Urhebers nutzt (Anmaßung der Urheberschaft). Dies ist nicht selten in Konstellationen eines gemeinsamen Tuns der Fall, bei dem möglicherweise gemeinsames Werkschaffen geplant war, einer der Beteiligten aber faktisch bloß Gehilfe[73] geblieben ist, weil seine Individualität im Werk unbeabsichtigt doch nicht zum Ausdruck kommt und der Alleinurheber das Werk und seine Erträgnisse deswegen (zu Recht) für sich allein beansprucht. Der Beweis der Urheberschaft durch Zeugenaussagen ist also mit **zahlreichen Unwägbarkeiten** verbunden, sodass nicht sicher gesagt werden kann, ob er gelingen wird.

336 Abhilfe können hier **professionelle Zeugen** in Person von Rechtsanwälten oder Notaren[74] bieten. Zwar wird es allenfalls Zufall sein, dass ein **Rechtsanwalt** beim Schaffensvorgang selbst zugegen war und diesen bezeugen kann. Allerdings ist

---

73 Siehe Rn. 328 ff.
74 Zur notariellen Prioritätsverhandlung siehe unten, Rn. 341 ff.

es möglich, das Werk bzw. eine Kopie unmittelbar nach seiner Schaffung bei einem Rechtsanwalt zu hinterlegen oder – wenn es hierzu nicht geeignet ist, bspw. bei Werken der bildenden Künste – es einem Rechtsanwalt zumindest zu zeigen. Der Rechtsanwalt kann dann zwar nicht darüber aussagen, von wem das Werk geschaffen wurde. Allerdings ist ihm die Aussage möglich, dass ihm das Werk an einem bestimmten Tag (von einer bestimmten Person) gezeigt bzw. in Kopie übergeben wurde. Wenn ein Gegner im Streitfall dann keinen früheren Zeitpunkt nachweisen kann, in dem er über das Werk verfügt hat, und auch nicht plausibel darlegen kann, weshalb der andere (trotz angeblicher Urheberschaft des Gegners) zu einem früheren Zeitpunkt über das Werk verfügen konnte, kann sich im Verhältnis der Streitparteien untereinander aus der Priorität ein **Anscheinsbeweis für die Urheberschaft** desjenigen ergeben, der dem Rechtsanwalt das Werk gezeigt bzw. übergeben hat. Der wahre Urheber müsste insoweit also nicht mehr tun, als sicherzustellen, dass zuvor niemand über das Werk verfügen und einen früheren Zeitpunkt nachweisen kann.[75] Ferner genießen **Rechtsanwälte als unabhängiges Organ der Rechtspflege** besonderes Vertrauen, sodass deren Aussagen (oder Eidesstattliche Versicherungen) vor Gericht entsprechendes Gewicht haben. Jedenfalls wenn sie im Verfahren nicht gleichzeitig als Parteivertreter auftreten oder mit diesem in Sozietät verbunden sind,[76] ergibt sich eine **erhöhte Glaubwürdigkeit** ihrer Aussagen.

b) Dokumentation des Werkschaffens

Mitunter wird auch überlegt, eine **Dokumentation des Werkschaffens** anzufertigen, bspw. mittels Fotos oder Videos, um diese später einem Gericht **als Augenscheinsobjekte** zum Beweis der Urheberschaft vorzulegen. Dies kann hinsichtlich einzelner Werkarten eine taugliche Möglichkeit sein, bspw. bei Werken der bildenden Kunst, wenn sich den Aufnahmen nicht nur die Entstehung der Werke entnehmen lässt, sondern auch das Tun des Urhebers selbst. Es sollte also Bewegtbildsequenzen geben, denen sich bestimmte Handgriffe oder der Pinselstrich des Urhebers und dessen Person (Gesicht) eindeutig entnehmen lassen. Dokumentiert der Urheber hingegen bloß mittels Standbildern bestimmte Entwicklungsstadien, lässt sich hiermit nicht beweisen, dass er auch Schöpfer des Werks ist. Zum einen ist den Aufnahmen sein Tun nicht zu entnehmen, wobei es hierauf entscheidend ankommt. Zum anderen spricht aus der Tatsache, dass er Aufnahmen von den Entwicklungsstadien des Werks hat, kein Anscheinsbeweis dafür, dass er das Werk auch geschaffen hat. Immerhin könnte er während der Entstehung des Werks auch bloß Zugang zum Werk gehabt haben, wie bspw. der Hausmeister eines Künstlerateliers, der das Werk allabendlich fotografiert oder hiervor posiert. Aus diesem Grunde ist eine Dokumentation auch hinsichtlich anderer Werkarten untauglich, bspw. Sprachwerke, denn bestimmte Entwicklungsstadien in Gestalt von Entwurfsfassungen eines Textes oder handschriftlichen Manuskripten könnten auch im Nachhinein von einem Dritten erstellt worden sein.

337

---

75 Vgl. hierzu auch Rn. 341.
76 Zur anwaltlichen Unabhängigkeit vgl. § 43a Abs. 1 BRAO.

c) Sachverständigengutachten

338 Und auch **Sachverständigengutachten** sind zum Nachweis der Urheberschaft nur selten tauglich. Grundsätzlich sind sie ebenfalls **nur bei Originalen von Werken der bildenden Künste** überhaupt denkbar, denn ein Sachverständiger wird kaum feststellen und aussagen können, dass ein bestimmtes Sprachwerk aufgrund seiner Diktion von einer bestimmten Person stammt. Beim Original eines Ölgemäldes oder einer Skulptur kann dies jedoch anders sein. Immerhin lässt sich heutzutage sogar mitunter mittels kriminalistischer Methoden nachweisen, mit welchen konkreten Werkzeugen ein Werk geschaffen wurde. Alltagstauglich ist ein derartiger Nachweis jedoch ebenfalls nicht, da er viel zu **selten ergiebig** sein wird, damit viel zu unsicher und auch sehr teuer ist.

d) Urkunden und notarielle Prioritätsverhandlung

339 Zudem ist noch an den **Beweis mittels Urkunden** zu denken. Diese Beweismöglichkeit ist grundsätzlich von hohem Wert. Anders als bei Zeugenaussagen, bei denen eine freie richterliche Beweiswürdigung gem. § 286 Abs. 1 S. 1 ZPO zu Unsicherheiten führt, ist dem Richter im Falle der Vorlage von Urkunden keine derartig freie Beweiswürdigung möglich. Vielmehr ist er gem. § 286 Abs. 2 ZPO an die Beweisregeln der §§ 415 ff. ZPO gebunden, wonach bspw. öffentliche Urkunden **vollen Beweis** für bestimmte Vorgänge begründen (Vollbeweis).

340 Hinsichtlich Sprachwerken ist zunächst darauf hinzuweisen, dass diese zwar ausgedruckt oder aufgeschrieben und vom Urheber eigenhändig unterzeichnet werden können, sodass sie **Privaturkunden** im Sinne des § 416 ZPO darstellten. Hieraus ergibt sich allerdings nicht die Urheberschaft des Urhebers am Werk, denn Privaturkunden bieten lediglich Beweis dafür, dass die in ihnen enthaltenen Erklärungen von den Ausstellern abgegeben sind. Abgesehen davon, dass hiermit Erklärung im rechtsgeschäftlichen Sinne gemeint sind und keine Vorgänge im Sine des Realakts[77] des Schöpfungsvorgangs, betrifft die Beweisregel des § 416 ZPO auch nicht die Begleitumstände, unter denen die Erklärung zustande gekommen ist oder die inhaltliche Richtigkeit oder Wahrheit der Erklärung, wie zB. Ort und Datum der Erstellung.[78] Selbst wenn der Urheber also schriftlich erklärt, er habe an einem bestimmten Tag ein näher beschriebenes Werk persönlich geschaffen, dann begründet eine solche Urkunde lediglich Beweis dafür, dass diese Erklärung von ihm stammt, nicht aber dass der beschriebene Vorgang des Werkschaffens stattgefunden hat oder das Werk von ihm stammt. Insofern erscheinen Urkunden grundsätzlich untauglich zu sein.

341 Einzige Ausnahme bildet allerdings eine notarielle Urkunde, die im Wege einer **urheberrechtlichen Prioritätsverhandlung** von einem Notar erstellt wird und die als **öffentliche Urkunde** gem. § 415 Abs. 1 ZPO vollen Beweis für den beurkun-

---

77 Siehe Rn. 304.
78 BGH, Urt. v. 05.02.1990 – II ZR 309/88 (Übertragung von Gesellschaftsanteilen), NJW 1990, 737, 738.

deten Vorgang erbringt.⁷⁹ Zwar lässt sich hiermit ebenfalls nicht der Schaffensvorgang als solcher beweisen, denn hierüber kann der Notar in der Regel nichts aussagen, weil er nicht dabei war. Die notarielle Prioritätsverhandlung ermöglicht dem Urheber aber den Nachweis, dass er an einem bestimmten Tag sein Werk bei einem Notar vorgelegt hat. Wenn der Urheber außerdem sicherstellt, dass niemand vorher vom Werk Kenntnis erlangt, dann kann es rein tatsächlich auch niemanden geben, der nachweisen kann, dass er über das Werk zu einem früheren Zeitpunkt verfügt hat. In diesem Fall spricht dann ein **Anscheinsbeweis** dafür, dass derjenige, der den **frühesten Zeitrang** nachweisen kann (Priorität), auch der wahre Urheber ist. Kann der Dritte diesen Anscheinsbeweis nicht widerlegen, indem er beweist, dass gleichwohl er der Urheber ist, dann ist dem wahren Urheber der Beweis seiner Urheberschaft gelungen.⁸⁰

Der Notar erteilt im Falle von Gegenständen wie Musik-CDs oder Werken der bildenden Künste eine **Tatsachenbescheinigung** gem. §§ 36 ff. BeurkG in Form einer Niederschrift mit dem Inhalt, dass ihm ein bestimmter Gegenstand an einem bestimmten Tag vorgelegt wurde. Oder aber er erstellt einen Vermerk über die **Vorlage einer Urkunde** gem. § 43 BeurkG, was bei allen Schriftstücken möglich ist, also auch bei Zeichnungen, Plänen und Musiknoten. Ferner sollte der Gegenstand bzw. das Schriftstück entweder vom Notar in **Verwahrung** genommen werden oder aber – dies ist kostengünstiger, aber nicht immer möglich – in einem **versiegelten Umschlag** untrennbar mit der notariellen Urkunde verbunden werden, wobei Umschlag und Urkunde dem Urheber vom Notar herausgegeben werden. Im Falle eines Rechtsstreits kann der Urheber den Umschlag dann bei Gericht vorlegen, vom Richter öffnen und den Vorgang in das gerichtliche Protokoll aufnehmen lassen, das ebenfalls eine öffentliche Urkunde ist.⁸¹ Oder aber der Umschlag wird vom Notar geöffnet, der hierüber eine Niederschrift fertigt, die vom Urheber vor Gericht vorgelegt werden kann. 342

Ob der Gegenstand oder das Schriftstück auch **Werk im Sinne des UrhG** ist, kann durch die notarielle Verhandlung im Übrigen nicht festgestellt werden. 343

e) Briefumschlag und Poststempel

Ein anderer, nicht ganz so sicherer, aber dafür deutlich **kostengünstigerer** und damit alltagstauglicherer Weg ist es, das Werk in einen Briefumschlag zu stecken, dem angesehen werden kann, dass er nicht geöffnet wurde, und sich selbst per Post zuzuschicken. Die Priorität kann in diesem Fall mittels Poststempel nachgewiesen werden, wobei der Umschlag im Streitfall ebenfalls erst vom Gericht geöffnet wird, das den Vorgang im Protokoll (öffentliche Urkunde)⁸² vermerkt. Wichtig ist insoweit aber, dass der **Poststempel lesbar** ist und dass tatsächlich ein Poststempel zum Einsatz kommt und nicht etwa die moderne „Labelfreimachung" mit- 344

---

79 Zum anwaltlichen Zeugen siehe oben, Rn. 336.
80 Vgl. hierzu auch Rn. 336.
81 Hierzu siehe Rn. 339.
82 Siehe Rn. 339.

tels Aufkleber. Dieser könnte nämlich von einem anderen Umschlag entfernt und dem vorgelegten aufgebracht worden sein. Zudem werden die Etiketten der Labelfreimachung im Thermodruckverfahren erstellt und können nach einigen Jahren selbst bei Lagerung bei Zimmertemperatur so verblichen sein, dass die Informationen nicht mehr lesbar sind. Es empfiehlt sich also, den Briefumschlag persönlich zur Post zu bringen und um einen lesbaren Poststempel zu bitten.

345 Zwar ist nicht ausgeschlossen, dass das **Gericht** eine derartige Form der Beweisführung **ablehnt** bzw. dass es ihr keinen hohen Beweiswert zumisst. Dies dürfte insbesondere dann der Fall sein, wenn der Briefumschlag nicht **unversehrt** ist, bereits kleinere Beschädigungen aufweist oder sich (überraschend) ohne Beschädigung öffnen und wieder verschließen lässt. Oder aber der Gegner könnte den Beweiswert durch Nachweis bestimmter Umstände reduzieren, bspw. Freundschaft des Urhebers zu einem Postmitarbeiter etc. Aber dieses Vorgehen beschert nur geringe Kosten und kann zumindest ein **Indiz** für die Richtigkeit der Behauptung der Urheberschaft durch den Urheber sein.

3. Vermutung der Urheberschaft

346 Gem. § 10 Abs. 1 UrhG wird der Nachweis der Urheberschaft dadurch erleichtert, dass derjenige, der auf den Vervielfältigungsstücken eines erschienenen Werks oder auf dem Original eines Werks der bildenden Künste in der üblichen Weise als Urheber bezeichnet ist, bis zum Beweis des Gegenteils auch als Urheber des Werks angesehen werden kann. Diese Urhebervermutung führt also zu einer **Umkehr der Beweislast** dergestalt, dass in den von ihr umfassten Fällen nicht etwa der Urheber beweisen müsste, dass er Urheber ist, sondern dass ein Dritter, der bspw. vom Urheber wegen Rechtsverletzungen in Anspruch genommen wird, beweisen muss, dass der Anspruchssteller in Wahrheit nicht der Urheber ist.[83]

347 Die Urhebervermutung wird durch einen je nach Werkart **üblichen Urhebervermerk** erzeugt. Bei Büchern sind die Autoren meist auf dem Titel oder dem Buchrücken vermerkt, bei Filmen erfolgt die Nennung im Vor- oder Abspann und Werke der bildenden Kunst haben Signaturen. Gem. § 10 Abs. 1 Hs. 2 UrhG sind zudem auch bekannte **Decknamen oder Künstlerzeichen** geeignet, die Vermutungswirkung zu erzeugen. Die Nennung einer Unternehmensbezeichnung ist allerdings nicht ausreichend. Vielmehr muss es sich um die Bezeichnung einer natürlichen Person handeln, die dieser nicht nur zuzuordnen ist, sondern vom Verkehr auch als Hinweis auf eine natürliche Person verstanden wird. Dies hatte der Bundesgerichtshof im Falle der Verwendung der Bezeichnung „CT-Paradies" auf Fotografien verneint.[84] Der Urhebervermerk ist zudem zu unterscheiden von bloßen Hinweisen auf die Inhaberschaft an Nutzungsrechten, wie sie etwa im **Copyright-Vermerk** oder dem P-Vermerk auf Tonträgern zum Ausdruck kommt.[85]

---

83 BGH, Urt. v. 26.02.2009 – I ZR 142/06 (Kranhäuser), GRUR 2009, 1046, 1049.
84 BGH, Urt. v. 18.09.2014 – I ZR 76/13 (CT-Paradies), GRUR 2015, 258, 261 [41].
85 Vgl. hierzu auch Kap. 2, Rn. 56 und Kap. 10, Rn. 211.

Voraussetzung ist allerdings immer, dass es ein **Werkstück**, also eine körperliche Vervielfältigung im Sinne des § 16 UrhG gibt.[86] Bei Werken, die nur in unkörperlicher Form wiedergegeben werden, beispielsweise bei gespielter Musik oder gesungenen Songs, ist eine solche Urhebervermutung insofern nicht möglich,[87] selbst wenn sie vor oder nach der Wiedergabe mittels Ansage erfolgt. Ausreichend sind allerdings **Werkverkörperungen in elektronischer Form**, beispielsweise mit Urheberbezeichnung versehene Fotos, die auf einen Internetserver hochgeladen worden sind, denn auch hierbei handelt es sich um Vervielfältigungen.[88] Deshalb kann auch ein Vermerk in den Kopf- oder Fußzeilen der Bildschrimansicht eines Computerprogramms ausreichend sein.[89] Es ist also nicht erforderlich, dass es Datenträger wie eine CD oder DVD gibt, und dass die Urheberbezeichnung entweder diesen Datenträgern oder zumindest der Hülle der Datenträger aufgedruckt ist, wenngleich eine dortige Urheberbezeichnung ausreichend ist, die Vermutungswirkung des § 10 UrhG zu begründen.[90] Angaben in den **Metadaten** von Dateien, bspw. von Audio- oder Bild-Dateien, die nicht auf Anhieb einsehbar sind, können hingegen keine Vermutung der Urheberschaft begründen, denn es ist nicht üblich, nur dort eine entsprechende Angabe zu hinterlassen. Hinzu kommt, dass derartige elektronische Vermerke sich wesentlich leichter und vor allem spurlos verändern lassen, sodass ihnen nicht die Beweiskraft zukommen kann, die eine Beweislastumkehr zugunsten des Genannten rechtfertigt.

348

Umstritten ist schließlich noch das gesetzliche **Erfordernis des Erscheinens** hinsichtlich Vervielfältigungsstücken des Werks. Art. 5a der Durchsetzungs-Richtlinie[91] stellt nämlich hinsichtlich der Urheberschaftsvermutung nicht auf ein Erscheinen oder gar auf eine Veröffentlichung des Werks ab, denn europarechtlich ist bloß die in üblicher Weise erfolgte Angabe auf einem Werkstück ausreichend. Auf das Erscheinen kann es insoweit nicht (mehr) ankommen.[92]

349

V. Doppelschöpfungen

Weil das Urheberrecht gem. § 7 UrhG durch den Realakt der Schöpfung des Werks erlangt wird[93] und weil es nach der Werkdefinition des § 2 UrhG nicht auf

350

---

86 BGH, Urt. v. 18.09.2014 – I ZR 76/13 (CT-Paradies), GRUR 2015, 258, 260 [34].
87 BGH, Urt. v. 18.09.2014 – I ZR 76/13 (CT-Paradies), GRUR 2015, 258, 260 [34]; *Thum*, in: Wandtke/Bullinger, UrhG, § 10, Rn. 19.
88 BGH, Urt. v. 18.09.2014 – I ZR 76/13 (CT-Paradies), GRUR 2015, 258, 260 [35].
89 BGH, Urt. v. 14.07.1993 – I ZR 47/91 (Buchhaltungsprogramm), GRUR 1994, 39.
90 LG Düsseldorf, Urt. v. 12.01.2007 – 12 O 345/02, ZUM 2007, 559.
91 Siehe Kap. 11, Rn. 242 ff.
92 OLG Hamm, Urt. v. 07.06.2011 – I-4 U 208/10, MMR 2012, 119, 120; Schulze, in: Dreier/Schulze, UrhG, § 10, Rn. 6a; *Loewenheim*, in: Schricker/Loewenheim, UrhG, § 10, Rn. 7; *Dreyer*, in: Dreyer/Kotthoff/Meckel, UrhG, § 10, Rn. 10; *W. Nordemann*, in: Fromm/Nordemann, UrhG, § 10, Rn. 15; aA *Thum*, in: Wandtke/Bullinger, UrhG, § 10, Rn. 17; offengelassen in BGH, Urt. v. 18.09.2014 – I ZR 76/13 (CT-Paradies), GRUR 2015, 258, 261 [44].
93 Siehe Rn. 304.

die Neuheit des Werks oder eine bestimmte Priorität ankommt,[94] ist es theoretisch denkbar, dass **zwei Personen unabhängig voneinander** ein (nahezu) **identisches Werk** schaffen, sog. Doppelschöpfung.[95] Wenn in einem solchen Fall tatsächlich nicht das eine Werk als Vorlage für das andere gedient hat, ganz gleich ob dies bewusst oder unbewusst geschehen ist, dann erlangen beide Schöpfer Urheberrechte an ihren Werken, sodass sie einander die Nutzung des Werks nicht verbieten können.[96]

351 Allerdings spricht ein sog. **Anscheinsbeweis** dafür, dass das zeitlich nachfolgende Werk unter Nutzung bzw. Rückgriff auf das vorbestehende Werk geschaffen wurde.[97] Derjenige, der zu späterem Zeitpunkt ein (nahezu) identisches Werk geschaffen hat, muss in einem solchen Fall also beweisen, dass das vorbestehende Werk nicht, auch nicht unbewusst der eigenen Schöpfung zugrunde lag bzw. gelegen haben kann. Dies ist jedoch praktisch kaum möglich, sodass echte Doppelschöpfungen **höchstselten** sind und allenfalls bei einfachen Melodien,[98] im Bereich der kleinen Münze[99] oder auf dem Gebiet der bildenden Künste[100] vorkommen.

VI. Urheberschaft im Arbeitsverhältnis

352 Die Rechtsposition des angestellten Urhebers steht im Spannungsverhältnis zwischen dem **Schöpferprinzip**,[101] das ihm die Rechte an seinen Werken zuordnet, und dem allgemeinen Grundsatz des Arbeitsrechts, demzufolge das Arbeitsergebnis dem Arbeitgeber gebührt. Zwar gilt das Schöpferprinzip auch dann, wenn ein Arbeitnehmer für seinen Arbeitgeber auf Grund eines Arbeitsverhältnisses eine schöpferische Leistung erbringt.[102] Das Gesetz stellt zur Lösung dieses Interessenkonflikts mit § 43 UrhG aber eine generalklauselartige Regelung bereit,[103] welche den Arbeitnehmerurheber verpflichtet, seinem Arbeitgeber oder Dienstherrn die für diesen erforderlichen Nutzungsrechte vertraglich einzuräumen.[104]

---

94 Siehe Rn. 210.
95 *Bullinger*, in: Wandtke/Bullinger, UrhG, § 23, Rn. 19 f.; *Dreier*, in: Dreier/Schulze, UrhG, § 23, Rn. 29; *Dreyer*, in: Dreyer/Kotthoff/Meckel, UrhG, Anh. zu §§ 23, 24, Rn. 7; *Loewenheim*, in: Schricker/Loewenheim, UrhG, § 23, Rn. 28; *Loewenheim*, in: Loewenheim, UrhR, § 8, Rn. 29.
96 *Schack*, UrhR, Rn. 189; *Rehbinder/Peukert*, UrhR, Rn. 285 f.
97 BGH, Urt. v. 24.01.1991 – I ZR 72/89 (Brown Girl II), GRUR 1991, 533, 535; *Rehbinder/Peukert*, UrhR, Rn. 233.
98 BGH, Urt. v. 05.06.1970 – I ZR 44/68 (Magdalenenarie), GRUR 1971, 268; BGH, Urt. v. 03.02.1988 – I ZR 142/86 (Ein bisschen Frieden), GRUR 1988, 812.
99 *Rehbinder/Peukert*, UrhR, Rn. 233.
100 KG, Urt. v. 26.09.2000 – 5 U 4831/00 (Doppelschöpfung), ZUM 2001, 503, 505.
101 Siehe Rn. 300 ff.
102 Siehe Rn. 300 ff.
103 *Ulmer*, UrhR, S. 404; *Rojahn*, in: Schricker/Loewenheim, UrhG, § 43, Rn. 8; *Wandtke*, Arbeits- und Dienstverhältnisse, Rn. 188.
104 *Haberstumpf*, Rn. 451; *Rojahn*, in: Schricker/Loewenheim, UrhG, § 43, Rn. 38.

Die **Verpflichtung zur Einräumung** von Nutzungsrechten[105] ist meist ausdrücklich im Arbeits- oder Dienstvertrag enthalten. Eine Verpflichtung des Arbeitnehmers zur Einräumung der Nutzungsrechte kann sich aber auch stillschweigend aus dem Arbeitsvertrag ergeben, wenn sie dort nicht ausdrücklich geregelt ist.[106] Wenn der Urheber dies vermeiden will, muss er folglich seinerseits für die ausdrückliche Klarstellung sorgen, dass eine solche Verpflichtung nicht besteht.[107] 353

Zu einem automatischen Rechtserwerb kommt es allerdings gleichwohl nicht,[108] sodass es auch in arbeitsrechtlichen Zusammenhängen immer einer **Verfügung über das Urheberrecht** im Sinne der Nutzungsrechtseinräumung bedarf. Das Verfügungsgeschäft in Gestalt der tatsächlichen Einräumung der Nutzungsrechte am Werk, welches ebenfalls stillschweigend erfolgen kann, findet meist mit der Übergabe des Werkes statt, soweit sich aus dem Dienst- oder Arbeitsvertrag nichts anderes ergibt. Insoweit ist zu beachten, dass der Arbeitnehmerurheber dem Arbeitgeber das fertige Werk übergeben muss und dieser nicht berechtigt ist, es sich einfach zu nehmen. Dies würde die Urheberpersönlichkeitsrechte des Arbeitnehmers verletzen, jedenfalls dann, wenn es sich nicht um ein Werk handelt, dass im Teamwork, also in Miturheberschaft erstellt wurde. 354

Der **Umfang der Rechtseinräumung** richtet sich aufgrund des Übertragungszweckgedankens des § 31 Abs. 5 UrhG[109] im Zweifel nach dem Vertragszweck des Arbeitsvertrags. Ein Autor, der für einen Buchverlag tätig wird, räumt damit im Zweifel die Rechte zur Veröffentlichung und Verwertung in Form von Büchern ein, nicht aber die Rechte zur Verfilmung seines Buchs. Mangels ausdrücklicher vertraglicher Vereinbarungen stehen dem Arbeitgeber oder dem Dienstherrn im Zweifel also Nutzungsrechte nur in dem Umfang zu, wie sie für seine betrieblichen bzw. dienstlichen Zwecke **erforderlich** sind.[110] Die Zwecke des Arbeitsverhältnisses sind weit zu verstehen. Sie umfassen alles, was in irgendeiner Weise 355

---

105 Hierzu ausführlich Kap. 4, Rn. 51 ff.
106 BGH, Urt. v. 22.02.1974 – I ZR 128/72 (Hummelrechte), GRUR 1974, 480, 483; BGH, Urt. v. 12.04.1960 – I ZR 173/58 (Wägen und Wagen), GRUR 1960, 609, 612; BAG, Urt. v. 24.11.1960 – 5 AZR 261/60 (Nahverkehrschronik), GRUR 1961, 491; BGH, Urt. v. 26.10.1951 – I ZR 93/51 (Krankenhaus-Kartei), GRUR 1952, 257, 258; RG, Urt. v. 14.11.1936 – I 124/36 (Rundfunksendung von Schallplatten), RGZ 153, 1, 8; KG, Urt. v. 29.11.1974 – 5 U 1736/74 (Gesicherte Spuren), GRUR 1976, 264 f.; *v.Gamm*, UrhG, § 43, Rn. 2; *Haberstumpf*, Rn. 452; *Hertin*, UrhR, Rn. 285; *Schack*, UrhR, Rn. 304, 600; *Rojahn*, in: Schricker/Loewenheim, UrhG, § 43, Rn. 40; *Ulmer*, UrhR, S. 360, 402; *Vinck*, in: Fromm/Nordemann, UrhG, § 43, Rn. 3; *Wandtke*, Arbeits- und Dienstverhältnisse, Rn. 201.
107 BGH, Urt. v. 22.02.1974 – I ZR 128/72 (Hummelrechte), GRUR 1974, 480; *Kotthoff*, in: Dreyer/Kotthoff/Meckel, UrhG, § 31, Rn. 135; *Wandtke*, Arbeits- und Dienstverhältnisse, Rn. 198.
108 *Haberstumpf*, Rn. 451; *Rojahn*, in: Schricker/Loewenheim, UrhG, § 43, Rn. 38.
109 Siehe Kap. 4, Rn. 35.
110 *Kotthoff*, in: Dreyer/Kotthoff/Meckel, UrhG, § 43, Rn. 14; *Rojahn*, in: Schricker/Loewenheim, UrhG, § 43, Rn. 51; *Wandtke*, Arbeits- und Dienstverhältnisse, Rn. 192, 201.

geeignet ist, das Unternehmen des Arbeitgebers zu fördern.[111] Zu beachten ist allerdings, dass hierbei auf den Zeitpunkt des Werkschaffens abzustellen ist. Ergeben sich Jahre später neue Zwecke, für die alte Werke verwendet werden könnten, und war dies für den Arbeitnehmerurheber nicht erkennbar, dann gelten die für diese neuen Zwecke erforderlichen Nutzungsrechte nicht als eingeräumt. Dies ist der Grund, warum in den Urheberrechtsklauseln so mancher Arbeitsverträge umfangreiche Aufzählungen von Rechten und Nutzungsarten zu finden sind, einschließlich der Einräumung von Rechten für unbekannte Nutzungsarten. Auf diese Weise wollen Arbeitgeber sicherstellen, auch Rechte zu erhalten, die über den ursprünglichen Zweck hinausgehen. Ist in der Urheberrechtsklausel nämlich nur die Rede von „sämtlichen Rechten", dann sind dies gem. § 31 Abs. 5 UrhG im Zweifel nur diejenigen Rechte, die nach dem Vertragszweck auch erforderlich sind. Fraglich ist insoweit bereits, ob das Bearbeitungsrecht im Sinne einer Änderung oder Fortführung des Werks durch einen anderen Arbeitnehmer umfasst ist.

356 Ferner ist zu unterscheiden zwischen sog. **Pflichtwerken** und freien Werken, denn § 43 UrhG gilt nur für Pflichtwerke.[112] Bei Pflichtwerken handelt es sich um Werke, die der Arbeitnehmerurheber in **Erfüllung seiner Verpflichtungen aus dem Arbeitsverhältnis** schafft.[113] Wenn beispielsweise ein Autor bei einem Verlag angestellt ist, um Sachbuchtexte zu schreiben, dann hat der Verlag als Arbeitgeber in Bezug auf diese Texte Anspruch auf Einräumung von Nutzungsrechten. Allerdings muss das Werkschaffen nicht ausdrücklich im Arbeitsvertrag geregelt sein, sondern kann sich auch aus den Umständen ergeben. Gehört es beispielsweise zu den Aufgaben eines Mitarbeiters der Verwaltung eines Unternehmens jährlich Bericht über die Unternehmensentwicklung zu erstatten und stellen diese Berichte aufgrund Umfangs und Inhalts Sprachwerke im Sinne des Urheberrechts dar,[114] dann sind auch dies Pflichtwerke, ohne dass das Werkschaffen zu den ausdrücklichen Verpflichtungen des Arbeitnehmers gehört.

357 **Freie Werke** hingegen sind Werke, die lediglich **bei Gelegenheit der Arbeit**[115] oder gar in der Freizeit des Arbeitnehmers geschaffen werden und zu deren Schaffung der Arbeitnehmer **nicht verpflichtet** ist. Im Falle des Buchautors wären freie Werke also bspw. Comic-Zeichnungen, die der Autor zur Entspannung in Arbeitspausen oder zu Hause zeichnet. Freie Werke sind ferner Werke, die ein Arbeitnehmer schafft, dessen Arbeitsvertrag gar nicht auf das Schaffen von Werken ausgerichtet ist und die außerdem in keinem Zusammenhang mit seiner Arbeit stehen, bspw. ein Fließbandarbeiter, der sich während seiner Arbeitszeit Gedichte ausdenkt. Sofern diese freien Werke in den Tätigkeitsbereich des Arbeitgebers fallen, ist der Arbeitnehmer allerdings verpflichtet, dem Arbeitgeber die Einräumung von Nut-

---

111 *Kotthoff*, in: Dreyer/Kotthoff/Meckel, UrhG, § 43, Rn. 14.
112 *Rehbinder/Peukert*, UrhR, Rn. 1004.
113 *Rehbinder/Peukert*, UrhR, Rn. 1006.
114 Vgl. hierzu oben, Rn. 104 ff., 177.
115 BGH, Urt. v. 28.04.1972 – I ZR 108/70 (Im Rhythmus der Jahrhunderte), GRUR 1972, 713, 714.

zungsrechten **anzubieten**, bevor er sie einem anderen zur Verwertung anbietet.[116] Gibt der Buchverlag bspw. auch Comichefte heraus oder könnte er die Comics zur Illustration oder Auflockerung seiner Sachbücher verwenden, hätte der Buchautor dem Verlag die Einräumung eines Nutzungsrecht an den Comics zumindest anzubieten. Beim Fliesbandarbeiter bestünde ein Anspruch des Arbeitgebers auf Angebot der Einräumung der Nutzungsrechte an den Gedichten nur, wenn es sich beispielsweise um einen Verlag handelt. Ist es hingegen ein Autobauer, braucht der Urheber seinem Arbeitgeber kein Angebot zu unterbreiten, bevor er sich mit seinen Gedichten an einen anderen Verleger wendet, selbst wenn der Autobauer seine Autokataloge mit Gedichten versieht.

Der **Ort oder der Zeitpunkt** des Werkschaffens spielt für die Unterscheidung zwischen freien Werken und Pflichtwerken im Übrigen keine Rolle,[117] denn schöpferische bzw. kreative Tätigkeit unterliegt keinen zeitlichen oder räumlichen Beschränkung. Insofern können Werke, die in der Freizeit oder zu Hause geschaffen werden genauso zu den Pflichtwerken zählen, wie Werke die am Arbeitsplatz und während der Arbeitszeit geschaffen werden, freie Werke sein können. 358

Im Falle der Schaffung von **Computerprogrammen** in Arbeits- oder Dienstverhältnissen ist der Arbeitgeber im Übrigen besser gestellt, wenn die Schaffung des Programms zu den Aufgaben des Arbeitnehmers gehört oder es nach Anweisungen des Arbeitgebers geschaffen wurde. Dem Arbeitgeber stehen gem. § 69 b UrhG nämlich grundsätzlich alle vermögensrechtlichen Befugnisse an den Computerprogrammen zu.[118] Einer besonderen Einräumung oder eines besonderen Angebots des Arbeitnehmers bedarf es also nicht. Trotzdem bleibt auch hier der Arbeitnehmer Urheber des Computerprogramms. 359

VII. Verzicht auf das Urheberrecht

Der Verzicht auf das Urheberrecht ist zu unterscheiden vom Verzicht auf die Geltendmachung urheberrechtlicher Befugnisse: 360

Der Erwerb bzw. das Entstehen des Urheberrechts durch den Realakt des Schöpfungsvorgangs,[119] das Schöpferprinzip[120] sowie die Unübertragbarkeit des Urheberrechts gem. § 29 Abs. 1 UrhG[121] stehen einem **Verzicht auf die Urheberschaft** entgegen, sodass dieser mit Ausnahme des Verzichts eines Miturhebers bei Werken, die in Miturheberschaft geschaffen worden sind,[122] **nicht möglich** ist. Das Entstehen des Urheberrechts ist eine unumstößliche Folge des Werkschaffens, sodass der Urheber weder vor Beginn des Schaffensprozesses noch zu einem spä- 361

---

116 BGH, Urt. v. 27.09.1990 – I ZR 244/88 (Grabungsmaterialien), GRUR 1991, 523.
117 *Rehbinder/Peukert*, UrhR, Rn. 1007.
118 Hierzu s. ausführlich Kap. 5, Rn. 304 ff.
119 Siehe Rn. 304.
120 Siehe Rn. 300 ff.
121 Siehe folgende Rn. 362.
122 Siehe Rn. 322.

teren Zeitpunkt auf die Urheberschaft am Werk verzichten kann.[123] Er kann sich auch nicht vom Urheberrecht auf andere Weise lossagen, sodass es herrenlos werden würde.[124] Nur der Tod des Urhebers lässt das Urheberrecht gem. § 28 UrhG auf einen anderen übergehen.

362 Ein **Verzicht auf die Geltendmachung urheberrechtlicher Befugnisse** ist hingegen jedem Urheber in Form eines Erlasses gem. § 397 BGB möglich. Insoweit gibt es keine Pflicht zur Durchsetzung urheberrechtlicher Ansprüche bspw. in Gestalt des Verlangens einer Bezahlung von Vergütungen. Hinsichtlich des Verzichts auf **künftige Ansprüche** ist allerdings zu differenzieren. Auf die Geltendmachung seines Anspruch auf angemessene **Vergütung** gem. § 32 Abs. 1 UrhG kann der Urheber grundsätzlich im Voraus nicht verzichten.[125] Der Verzicht der Geltendmachung aller übrigen urheberrechtlichen Befugnisse ist mangels entgegenstehender Regelungen allerdings im Voraus möglich, bspw. der Verzicht auf den urheberpersönlichkeitsrechtlichen Anspruch auf **Namensnennung** bzw. Anerkennung der Urheberschaft am Werk oder Ansprüche wegen Änderungen oder **Entstellungen**. So stellen bspw. Ghostwriterabreden einen zulässigen schuldrechtlichen Verzicht auf die Geltendmachung des Namensnennungsrechts dar.[126]

363 In Bezug auf den **Vergütungsanspruch** besteht jedoch gerade im Verbund sozialer Netzwerke oder in kreativen Communities oft der Wunsch nach ungehindertem kulturellem Austausch und freiem Zugriff auf Inhalte und kreative Leistungen. Viele Urheber von Fotografien, Videos, Texten, Software oder anderen Inhalten wollen gerade die Weiterverbreitung ihrer Werke, ohne dass es ihnen auf einen urheberrechtlichen Schutz oder eine Vergütung ankommt. Dieser würde andere nämlich eher von der Weitergabe oder sonstigen Nutzung der Inhalte abhalten und wäre somit hinderlich. Schon in den 1980er Jahren wurde die **Open-Source-Bewegung** ins Leben gerufen, deren Ziel es ist, bewusst den Quelleode von Software zum Zwecke der freien Weiterentwicklung und unbeschränkten Nutzung kostenlos weiterzugeben.[127] Hieraus entstand ua. das Betriebssystem Linux, welches als Alternative zu kostenpflichtigen Softwareangeboten frei verfügbar ist. Rechtlich ist mit der „Freigabe" der Open-Source-Software oder allgemein des **Open-Content** jedoch **kein Verzicht** auf das Urheberrecht verbunden. Vielmehr wird mit der Bereitstellung eine kostenfreie Lizenz (zB. General Public License, „GPL") angeboten, welche zur Vervielfältigung, Verbreitung, Bearbeitung und Weiterlizenzierung im Rahmen der Lizenzbedingungen berechtigt. Hiermit werden in aller Regel unentgeltlich **einfache Nutzungsrechte für jedermann** eingeräumt. In diesen Fällen kann der Urheber nämlich gem. § 32 Abs. 3 S. 3 UrhG ausnahmsweise auf seinen Vergütungsanspruch im Voraus verzichten. Allerdings kommt es darauf an, dass die Werke tatsächlich auch jedermann,

---

123 *Ahlberg*, in: Möhring/Nicolini, UrhG, § 7, Rn. 5.
124 *Rehbinder/Peukert*, UrhR, Rn. 883.
125 EuGH, Urt. v. 09.02.2012 – C-277/10 (Luksan), ZUM 2012, 313, 322 [107].
126 *Schack*, UrhR, Rn. 305 f.
127 Hierzu siehe auch Kap. 4, Rn. 300 ff.

dh. der Allgemeinheit, zur Verfügung stehen. Wird der Zugang stattdessen eingeschränkt oder kontrolliert, behält der Urheber seinen Anspruch auf eine angemessene Vergütung mit der Folge, dass Verwerter im Nachhinein vom Urheber zur Zahlung verpflichtet werden können. Zwar ist dies nicht im ursprünglichen Interesse des Urhebers. Wenn es aber zu einem **späteren Sinneswandel des Urhebers** kommt, müssen Verwerter mit einer Inanspruchnahme auf Zahlung rechnen. Insoweit ist aus Verwertersicht auch zu beachten, dass diese die Einräumung eines entsprechenden unentgeltlichen einfachen Nutzungsrechts für jedermann dauerhaft **nachweisen** können müssen, wenn sie nicht Gefahr laufen wollen, im Falle eines Sinneswandels des Urhebers erfolgreich auf Zahlung in Anspruch genommen zu werden. Dies stellt die Praxis vor erhebliche Probleme, denn zum einen ist die Person des Urhebers oft gänzlich unbekannt und tritt allenfalls hinter Pseudonymen und Nicknamen in Erscheinung, wobei niemals klar ist, ob es sich beim Handelnden tatsächlich auch um den wahren Urheber handelt. Selbst aber wenn dies klar und nachweisbar wäre, muss außerdem die besagte Einräumung des Nutzungsrechts nachgewiesen werden, was erhöhte Dokumentationsanforderungen in Gestalt von Screenshots der Erklärungen und Zeugen für ihr Vorhandensein stellt. Da dies in der Regel in keinem Verhältnis zur beabsichtigten Werknutzung steht, dürften Open-Content-Verwerter darauf angewiesen sein, dass es seitens des Urhebers nicht zu einem Sinneswandel kommt und dass die „Freigabe" tatsächlich auch durch den wahren Urheber erfolgt ist. Bedeutsame Vorhaben können also nicht auf Open-Content zurückgreifen.

KAPITEL 2
Inhalt des Urheberrechts

Durch die persönliche geistige Schöpfung entsteht das Urheberrecht als **einheitliches Recht,** das sowohl dem Schutz der ideellen als auch der materiellen Interessen des Urhebers dient, § 11 UrhG. Beide Komponenten – die persönlichkeitsrechtliche und die vermögensrechtliche – bilden eine untrennbare Einheit und sind vielfältig miteinander verflochten.[1] Veranschaulicht durch das **Bild eines Baumes** (sog. Baumtheorie *Ulmers*)[2] sind die urheberrechtlichen Befugnisse den Ästen und Zweigen vergleichbar, die aus dem Stamm erwachsen. Sie ziehen ihre „Kraft aus beiden, bald ganz oder überwiegend aus einer der Wurzeln".

1

A. Urheberpersönlichkeitsrecht

Das Urheberrecht gewährt zunächst Schutz der geistigen und persönlichen Beziehungen des Urhebers zu seinem Werk, § 11 S. 1 Halbs. 1 UrhG. Mit diesem Ziel regeln § 12 Abs. 1 UrhG (Erstveröffentlichungsrecht), § 12 Abs. 2 UrhG (Erstmitteilungsrecht), § 13 UrhG (Anerkennungs- und Bezeichnungsrecht) und § 14 UrhG (Recht auf Werkintegrität) die wichtigsten urheberpersönlichkeitsrechtlichen Befugnisse.

2

I. Erstveröffentlichungsrecht, § 12 Abs. 1 UrhG

Literatur: *Bauer,* Die Urheberpersönlichkeitsrechte in der Praxis – Teil 1, IPRB 2013, S. 259–263; *Bauer,* Die Urheberpersönlichkeitsrechte in der Praxis – Teil 2, IPRB 2013, S. 284–288; *Bisges,* Der Öffentlichkeitsbegriff im Urheberrechtsgesetz, UFITA 2014, S. 363–380; *Bosbach/Quasten,* Leserbriefveröffentlichung und Urheberrecht, AfP 2001, S. 481–483; *Dönich,* Informationserteilung nach IFG keine Veröffentlichung iSd. UrhG, GRUR-Prax 2013, S. 471–472; *Gay,* Urheberrecht des Architekten verletzt: Erbe kann kein Schmerzensgeld verlangen!, IBR 2013, S. 358; *Ludyga,* Entschädigung in Geld und postmortale Verletzung des Urheberpersönlichkeitsrechts, ZUM 2014, S. 374–380; *Nennen,* Rechtsschutz von Akquiseleistungen der Werbebranche, WRP 2003, S. 1076–1082; *Peifer,* Zulässigkeit von Privatkopien bei unveröffentlichten Werken („Porträtkunst"), jurisPR-WettbR 10/2014, Anm. 1; *Ramsauer,* Urheberrecht und Geschäftsgeheimnisse im UIG und IFG, AnwBl. 2013, S. 410–419; *Raue,* Informationsfreiheit und Urheberrecht, JZ 2013, S. 280–288; *Reupert,* Der Film im Urheberrecht, 1995; *Schnabel,* Das Urheberrecht als Waffe im Kampf gegen die Informationsfreiheit, ZD 2013, S. 197–198; *ders.,* Geistiges Eigentum als Grenze der Informationsfreiheit, K&R 2011, S. 626–631; *Schricker,* Zur Veröffentlichungspflicht des Verlegers, EWiR 2005, S. 907–908; *ders.,* Pflicht des Verlegers zur Vervielfältigung und Verbreitung einer literarischen Übersetzung – Auswertungspflicht bei Neuauflagen, LMK 2005, S. 29–30.

Nach § 12 Abs. 1 UrhG hat der Urheber das Recht zu bestimmen, ob und wie sein Werk zu veröffentlichen ist. Die Schöpfung verbindet den Urheber mit seinem Werk persönlich und geistig; mit der Freiheit, darüber zu entscheiden ob, und

3

---

1 Amtl. Begr. BT-Drucks. IV/270, S. 43; zur monistischen Theorie vgl. *Loewenheim,* in: Schricker/Loewenheim, UrhG, vor § 11, Rn. 3 mwN.
2 Mit *Ulmer,* UrhR, S. 116 ff.

wenn ja, auch wann und auf welche Art und Weise das Werk öffentlich zur Kenntnis gelangen soll, gewährt das Veröffentlichungsrecht eine **Grundnorm**. Durch Erstveröffentlichung offenbart der Urheber seine geistigen, ästhetischen, künstlerischen, wissenschaftlichen, politischen Anschauungen und Fähigkeiten – und setzt sein Werk und damit sich selbst als Person der öffentlichen Kenntnisnahme, Diskussionen und Kritik aus.[3] Daher sind die ideellen Interessen des Urhebers in Bezug auf sein noch unveröffentlichtes Werk besonders schutzwürdig.[4] Welche Tragweite eine solche Entscheidung haben kann, zeigt zB. die Veröffentlichung des israelkritischen Gedichts „Was gesagt werden muss" durch *Günter Grass* im April 2012. Gedicht und Literaturnobelpreisträger wurden in den Medien zT. scharf kritisiert. Eine **Checkliste** für das Erstveröffentlichungsrecht findet sich im Anhang.[5]

1. Werk

4 § 12 Abs. 1 UrhG erfasst **alle Werkarten**, auch urheberrechtlich schutzfähige Entwurfsarbeiten[6] und Werkteile. Für die erstmalige Veröffentlichung einer **Umgestaltung**, § 23 UrhG, gilt das Erstveröffentlichungsrecht selbst dann, wenn es bezüglich des vorbestehenden Werks schon verbraucht ist. Der Urheber soll verhindern können, dass sein Werk an die Öffentlichkeit gelangt; bei eigener Umgestaltung eines vorbestehenden Werks könnte er sodann erneut über die Veröffentlichung entscheiden. Daher steht ihm ein solches Recht auch zu, wenn ein anderer die Umgestaltung vornimmt.[7] Hinsichtlich der **Ausstellung** von unveröffentlichten Werken der bildenden Kunst und Fotografien ist § 18 UrhG zu beachten.[8]

5 Bei **Leistungen ohne Werkqualität** findet § 12 UrhG keine Anwendung. Hierzu gehören oft zB. Konzeptionen, textliche oder gestalterische Entwürfe aus Marketing und Architektur, die die Schöpfungshöhe noch nicht erreichen. Zu bedenken sind insoweit aber Geheimhaltungspflichten als vertragliche (Neben-)Pflichten bzw. aus Vertragsanbahnung mit den entsprechenden Unterlassungsansprüchen aus §§ 280 Abs. 1 S. 1, 241 Abs. 2 BGB ggfls. iVm. § 311 Abs. 2 BGB (cic.). So können etwa Akquiseleistungen der Werbebranche auch ohne entsprechende Vereinbarung bereits infolge eines durch Geschäftsanbahnung entstandenen rechtsgeschäftsähnlichen Schuldverhältnisses Schutz (vor Veröffentlichung) erfahren.[9] Im Zusammenhang mit den **Leistungsschutzrechten** verweisen nur § 70 Abs. 1 UrhG (Wissenschaftliche Ausgaben) und § 72 Abs. 1 UrhG (Lichtbilder) auf § 12 UrhG. IÜ. ist die Vorschrift nicht anwendbar.

---

3 KG, Urt. v. 27.11.2007 – 5 U 63/07 (*Günter-Grass*-Briefe), NJW-RR 2008, 857, 860; *Dietz/Peukert*, in: Schricker/Loewenheim, UrhG, § 12, Rn. 1 mwN.
4 BGH, Urt. v. 19.03.2014 – I ZR 35/13 (Porträtkunst), GRUR 2014, 974, 976; BGH, Urt. v. 16.05.2013 – I ZR 28/12 (Beuys-Aktion), NJW 2013, 3789, 3791: zugleich Verwertungsinteressen betroffen.
5 Siehe Anhang, Teil II.
6 BGH, Urt. v. 19.03.2014 – I ZR 35/13 (Porträtkunst), GRUR 2014, 974, 979.
7 OLG Düsseldorf, Urt. v. 30.12.2011 – I-20 U 171/10 (Beuys-Fotoreihe), GRUR 2012, 173, 176.
8 Vgl. dazu Rn. 236 ff.
9 Hierzu und zu weiteren Ansprüchen *Nennen*, WRP 2003, 1076 ff.

2. Unveröffentlicht

a) Begriff der Veröffentlichung

Der Begriff der Veröffentlichung ist derjenige des § 6 Abs. 1 UrhG, nicht der des § 15 Abs. 3 UrhG.[10] Danach ist ein Werk veröffentlicht, wenn es mit Zustimmung des Berechtigten der Öffentlichkeit zugänglich gemacht worden ist. **Öffentlichkeit** bedeutet, dass theoretisch jedermann Kenntnis nehmen könnte von dem Werk.[11] Ein **Zugänglichmachen** ist zu bejahen, wenn der Öffentlichkeit die tatsächliche Möglichkeit verschafft worden ist, das Werk, egal auf welche Weise, durch die Sinne wahrzunehmen, ohne dass es darauf ankommt, ob Vervielfältigungsstücke des Werkes hergestellt worden sind.[12]

6

Hierzu gehören das Einstellen des Werkes in ein Internetportal,[13] Sendungen im Radio oder Fernsehen, Darbietungen im Rahmen öffentlicher Veranstaltungen wie etwa Präsentationen auf Straßen oder Plätzen, auch zB. das Zurschaustellen einer Kirchenglocke in einem allgemein zugänglichen Hotelpark.[14] Vorlesungen an Hochschulen, größere Fachkongresse und Veranstaltungen sind ebenfalls zumeist öffentlich, denn die große Zahl der Zuhörer lässt sich trotz etwaiger Zugangsbeschränkungen **nicht kontrollieren**.[15] Auch ein als „Privatdruck" in mindestens 1.000 Exemplaren an Subskribenten gesandtes Buch ist veröffentlicht.[16]

7

Bei einer Werkoffenbarung gegenüber **einem abgrenzbaren und kontrollierbaren Kreis** fehlt hingegen die Möglichkeit einer Kenntnisnahme durch jedermann. §§ 12 Abs. 1 iVm. 6 Abs. 1 UrhG gestatten es dem Urheber, die Wirkungen seines Werkes in einer kleinen Runde zu testen, ohne sein Erstveröffentlichungsrecht zu verbrauchen. Ob die Personen dabei – wie bei § 15 Abs. 3 UrhG[17] – durch persönliche Beziehungen miteinander verbunden sind, ist unerheblich. Deshalb kann der Urheber sein Werk auch gegenüber Fremden präsentieren, die Schöpfer und Schöpfung ggfls. unbefangener und kritischer beurteilen – und eher eine realistische **„Live-Testsituation"** bieten als ein persönlich verbundenes Umfeld. Keine Veröffentlichungen sind danach zB. Lesungen und Darbietungen, Livepräsen-

8

---

10 BGH, Urt. v. 19.03.2014 – I ZR 35/13 (Porträtkunst), GRUR 2014, 974, 979; *Bisges*, UFITA 2014, 363, 364 ff., mwN. auch zur aA. sowie Kap. 1, Rn. 246 ff.
11 *A.Nordemann*, in: Fromm/Nordemann, UrhG, § 6, Rn. 10.
12 LG Leipzig, Urt. v. 11.08.2006 – 5 O 1327/06, ZUM 2006, 883, 885; *Schulze*, in: Dreier/Schulze, UrhG, § 12, Rn. 6, und § 6, Rn. 8; vgl. auch Amtl.Begr. BT-Drucks. IV/270, zu § 6.
13 OLG Köln, Urt. v. 12.06.2015 – 6 U 5/15 (Afghanistan Papiere), ZUM-RD 2015, 515, Vorinstanz, LG Köln, Urt. v. 02.10.2014 – 14 O 333/13, GRUR-Prax 2015, 41, zu behördeninternen „Afghanistan Papieren": auch bei einer schlechten Reproduktion; LG Leipzig, Urt. v. 11.08.2006 – 5 O 1327/06, ZUM 2006, 883, 885.
14 LG Leipzig, Urt. v. 11.08.2006 – 5 O 1327/06, ZUM 2006, 883, 885.
15 *A.Nordemann*, in: Fromm/Nordemann, UrhG, § 6, Rn. 11, mit weiteren Bsp.
16 OLG München, Urt. v. 06.07.1989 – 29 U 4461/88 (Josefine Mutzenbacher), GRUR 1990, 95 ff.
17 Vgl. Rn. 242 ff.

tationen von Musik, Vorführungen von Nullkopien eines Spielfilmes[18] oder das Probieren eines neuen Comedy-Programms jeweils vor einem auserkorenen und kontrollierten Teilnehmerkreis.

9   Ein in einem (familienrechtlichen) **Gerichtsverfahren** unter Ausschluss der Öffentlichkeit bekannt gegebenes psychologisches Gutachten ist nicht veröffentlicht.[19] Die Vorlage einer Selbstdarstellung „Mein täglich Brot als kunst- und kulturschaffender Mensch" als Beweismittel im Rahmen einer öffentlichen Gerichtsverhandlung eines Unterhaltsprozesses bewirkte indes die (Erst-)Veröffentlichung. Der künstlerisch verfasste Text wurde auf diese Weise nicht nur für Richter, Prozessbevollmächtigte und Sachverständige wahrnehmbar gemacht, sondern wegen der Öffentlichkeit der Verhandlung für einen nicht abgrenzbaren Personenkreis.[20] Eine Veröffentlichung fehlt regelmäßig auch bei **(behörden-)internem Umgang** mit Unterlagen, etwa Verhandlungsprotokollen, Sitzungsberichten, militärischen Lageberichten,[21] internen Rechts- sowie technischen und medizinischen Gutachten. Auch eine Gesamtdokumentation über jüdische Friedhöfe, die der Autor einer Stadt in einer Feierstunde übergeben hatte, wurde als unveröffentlicht angesehen. Das Stadtarchiv verwahrte die Dokumentation, dort durfte sie nur bei Nachweis eines besonderen Interesses eingesehen werden.[22] Entsprechendes gilt für das Gewähren einer Akteneinsicht zugunsten zweier Grundstückseigentümer[23] und die Überlassung von Dokumenten des Deutschen Bundestages in Kopie an einen Journalisten.[24]

10 Freilich führt auch die **Übergabe eines Textes** als briefliche Mitteilung an eine andere Person nicht zu einer Veröffentlichung.[25] Dasselbe gilt für die Zusendung eines als vertraulich bezeichneten Briefes an eine vierköpfige Zeitschriftenredaktion.[26] Zulässig sei selbst der Versand von nicht mehr als ca. 25 Werkexemplaren an ausgewählte nicht mehr als ca. 25 Empfänger, wenn er mit der Bitte um lediglich private Kenntnisnahme verbunden ist.[27] Eine Veröffentlichung ist ebenso regelmäßig nicht anzunehmen, wenn das Werk per **Mail** einem abgegrenzten Personenkreis gesandt oder für einen solchen im unternehmensinternen Intranet bereitgestellt wird.[28] Ein Verstoß gegen das Erstveröffentlichungsrecht liegt auch noch

---

18 *Reupert*, S. 119.
19 LG Berlin, Urt. v. 07.11.2006 – 16 O 940/05, FamRZ 2007, 1324 f.
20 OLG Frankfurt, Urt. v. 20.04.1999 – 11 U 38/98, NJW-RR 2000, 119, 129: Erstveröffentlichung letztendlich aber durch § 45 UrhG zulässig.
21 OLG Köln, Urt. v. 12.06.2015 – 6 U 5/15 (Afghanistan Papiere), ZUM-RD 2015, 515, und Vorinstanz, LG Köln, Urt. v. 02.10.2014 – 14 O 333/13, GRUR-Prax 2015, 41.
22 OLG Zweibrücken, Urt. v. 21.02.1997 – 2 U 30/96, GRUR 1997, 363, 364.
23 VG Aachen, Urt. v. 28.11.2012 – 8 K 2366/10, BeckRS 2013, 46941.
24 VG Berlin, Urt. v. 14.09.2012 – 2 K 185.11, ZUM-RD 2013, 34, 37 f.; vgl. auch *Dönich*, GRUR-Prax 2013, 471.
25 OLG Frankfurt, Urt. v. 20.04.1999 – 11 U 38/98, NJW-RR 2000, 119, 120.
26 KG, Urt. v. 21.04.1995 – 5 U 1007/95, NJW 1995, 3392, 3393 f.
27 *A.Nordemann*, in: Fromm/Nordemann, UrhG, § 6, Rn. 11, mit weiteren Bsp. Zu den vertraglichen Abreden vgl. Rn. 35.
28 *Wiebe*, in: Spindler/Schuster, § 12, Rn. 2.

nicht vor, wenn ein Dritter im Schaffensprozess befindliche unveröffentlichte Fotoentwürfe einscannt und auf einem Computer zum **privaten Eigengebrauch** abspeichert.[29]

b) *Zustimmung des Berechtigten*

Ein Werk ist nach § 6 Abs. 1 UrhG nur veröffentlicht, wenn es mit Zustimmung des Berechtigten der Öffentlichkeit zugänglich gemacht worden ist. Miturheber müssen diese Zustimmung gemeinsam, und zwar grundsätzlich einstimmig, erteilen, § 8 Abs. 2 S. 1 UrhG.[30] 11

Eine solche Zustimmung erhalten etwa Verleger, Arbeitgeber oder andere Vertragspartner des Urhebers im Rahmen der **Auswertung der Nutzungsrechte**.[31] Entsprechendes gilt, wenn ein Regisseur seine Arbeiten beendet und das Aufnahmematerial dem Auftraggeber (Filmproduzenten) zur Verwertung in dem fertigzustellenden Film und zur Auswertung zusammen mit dem Film übergibt.[32] Wird ein Archiv von Fotografien (hier: von Lokomotiven) veräußert auf der Grundlage eines Vertrages mit der Klausel „mit der Übergabe des Archivs gehen alle Rechte nach dem Urheber- und Verlagsrecht am Archiv [...] über", ist auch das Recht zur ersten Veröffentlichung umfasst.[33] 12

Eine **vorweggenommene Ausübung des Veröffentlichungsrechts** ist nicht möglich, da der Gegenstand des Rechts erst durch Fertigstellung bestimmt wird und der Urheber auch erst jetzt seine höchstpersönliche Entscheidung treffen kann.[34] So lassen sich unter den Voraussetzungen des § 40 Abs. 1 S. 1 UrhG zwar Nutzungsrechte an künftigen Werken einräumen. Diese durch Vorausverfügung begründete Anwartschaft erstarkt indes erst mit Schaffung des Werkes – und auch in diesem Falle steht dem Urheber das Recht zu, selbst über die Veröffentlichungsreife des Werks gemäß § 12 Abs. 1 UrhG zu entscheiden. 13

Das Erstveröffentlichungsrecht erlischt nicht durch **Handlungen unberechtigter Dritter,** wie zB. durch Veröffentlichung vertraulicher Briefe,[35] öffentliche Lesung aus einem entwendeten Manuskript, Aufführung einer während der Bandprobe mitgeschnittenen Jazzimprovision oder unbefugte Vorführung eines Dokumentar- 14

---

29 BGH, Urt. v. 19.03.2014 – I ZR 35/13 (Porträtkunst), GRUR 2014, 974, 979.
30 Siehe hierzu ausführlich Kap. 1, Rn. 315.
31 OLG Jena, Urt. v. 19.05.2012 – 2 U 61/12, GRUR-RR 2012, 367 ff.: „Printmediarecht inkl. Recht der Erstveröffentlichung" in Honorarvereinbarung für freie Journalisten; LG Köln, Urt. v. 23.09.2009 – 28 O 250/09 (Filmbeschreibungen), ZUM 2010, 369, 370; *Bauer,* IPRB 2013, 284. Bzgl. der Pflicht zur Einholung der Zustimmung in einem (Musik-)Produzentenvertrag vgl. *Limper/Meyer,* in: Limper/Musiol, FormB-UMR, Kap. 4, Rn. 456 und 496 f.
32 OLG München, Urt. v. 20.07.2000 – 29 U 2762/00, NJW 2001, 618, 619.
33 LG Düsseldorf, Urt. v. 15.11.2013 – 12 O 483/10, ZUM-RD 2014, 387 ff.
34 OLG München, Urt. v. 20.07.2000 – 29 U 2762/00, NJW 2001, 618 ff. mwN.
35 Vgl. die Bsp. zu Rn. 10.

films.[36] Eine Werkveröffentlichung ohne Einwilligung des Urhebers kann dieser aber analog § 184 BGB (rückwirkend) genehmigen.[37]

3. Bestimmungsrecht über die Veröffentlichung

15 Solange sein Werk nach den vorangegangenen Ausführungen noch unveröffentlicht ist, steht es dem Urheber frei zu entscheiden, ob und wie sein Werk zu veröffentlichen ist.

a) „Ob"

16 Ihm ist einerseits vorbehalten zu entscheiden, „ob" sein Werk überhaupt (schon) veröffentlicht werden soll. Das „Ob" der Veröffentlichung festzulegen gibt dem Urheber das Recht, über „ja oder nein" bzw. „jetzt oder später" zu bestimmen. Es gewährleistet die **Verfügungsgewalt**, das Werk in der Privatheit zu belassen, den Schritt an das Publikum wohl abzuwägen und ggfls. zu unterlassen. Denn eine Erstveröffentlichung oder Ausstellung kann das Ansehen des Urhebers und die Wertschätzung seiner Werke und damit sein Urheberpersönlichkeitsrecht (wie auch seine Verwertungsinteressen) beeinträchtigen.[38] Fortan gelten zudem die Schrankenbestimmungen der §§ 44a ff. UrhG, infolge derer der Urheber bestimmte Werknutzungen hinzunehmen hat. So dürfte zB. ein kontroverses Gedicht nunmehr gemäß § 51 UrhG als Erörterungsgrundlage für eine geistig-kritische Auseinandersetzung herangezogen werden, Diskussionen und Kritik würden ggfls. weitreichend über Presse und Medien verbreitet.

17 Mit der Zielsetzung, bestimmen zu können, ob eine Schöpfung veröffentlicht (bzw. was daraus mitgeteilt wird),[39] dient § 12 UrhG dem aus dem Urheberpersönlichkeitsrecht folgenden **Geheimhaltungsinteresse**.[40] Ein solches kann sich zB. aus einem vertraulichen Werkinhalt ergeben: Rechtswidrig war etwa der nahezu vollständige Abdruck eines Jahrzehnte zurückliegenden persönlichen Briefwechsels zwischen einem Bundesminister und dem Schriftsteller *Günter Grass* in einer Tageszeitung.[41] Dasselbe galt für die Veröffentlichungen als vertraulich bezeichneter Briefe des Schauspielers *Botho Strauß* in einem Theatermagazin[42] bzw. von Auszügen aus einem Briefwechsel eines bekannten Philosophen und einem Autor.[43]

---

36 OLG Köln, Urt. v. 10.06.2005 – 6 U 12/05, GRUR-RR 2005, 337 f.
37 *Kroitzsch/Götting*, in: Ahlberg/Götting, BeckOK UrhR, § 12, Rn. 13.
38 BGH, Urt. v. 16.05.2013 – I ZR 28/12 (Beuys-Aktion), NJW 2013, 3789, 3790, hier: Bearbeitung. Vgl. zu den Folgen einer Gedichtveröffentlichung bereits das Bsp. in Rn. 3.
39 Zu § 12 Abs. 2 UrhG unten, Rn. 38 ff.
40 KG, Urt. v. 27.11.2007 – 5 U 63/07 (Günter-Grass-Briefe), NJW-RR 2008, 857, 860), zu weiteren Ansprüchen auf Geheimhaltung vgl. *Nennen*, WRP 2003, 1076 ff.
41 KG, Urt. v. 27.11.2007 – 5 U 63/07 (Günter-Grass-Briefe), NJW-RR 2008, 857, 860.
42 KG, Urt. v. 21.04.1995 – 5 U 1007/95, NJW 1995, 3392, 3395.
43 LG München, Urt. v. 14.01.2004 – 21 O 20566/21, InstGE 4, 63 ff.

A. Urheberpersönlichkeitsrecht

Ferner mag sich der Urheber gegen eine Veröffentlichung entscheiden, weil er eine solche für **rechtlich zweifelhaft** hält, denkbar zB. bzgl. eines biografischen Romans unter Schilderung intimer Details. Möglicherweise will sich der Schöpfer auch einfach nicht Diskussionen und Kritik durch die Öffentlichkeit stellen. Durch die persönliche und geistige Beziehung zu seinem Werk steht es ihm auch zu, sein Werk schlicht und einfach als **misslungen** zu betrachten, so dass aus diesem Grund eine Offenbarung gar nicht in Betracht kommt, sondern ggfls. sogar die Werkvernichtung. Dementsprechend verletzte die öffentliche Zurschaustellung des nicht gelungenen Erstgusses einer Kirchenglocke das Erstveröffentlichungsrecht des Künstlers.[44] Auch die Erstveröffentlichung eines durch einen Dritten umgestalteten Werkes kann das Ansehen des Originalschöpfers und die Wertschätzung seiner Werke beeinträchtigen.[45]

18

Die Disposition über das „**Wann**" ist ebenfalls eine Entscheidung über das „Ob", etwa über das „Ob schon jetzt" bezogen auf die Veröffentlichungsreife. Möglicherweise ist eine Schöpfung noch nicht fertig gestellt, so dass der Kreative diese ggfls. erst nach weiteren Arbeiten zu einem späteren Zeitpunkt aus der schöpferischen Privatsphäre in den Kreislauf der öffentlichen Diskussion und Kritik entlassen möchte. Oft wird der Veröffentlichungszeitpunkt und -rahmen von den Kreativen und der Medienwirtschaft nach künstlerischen und wirtschaftlichen Gesichtspunkten wohl erwogen: Die isländische Sängerin *Björk* wollte ihr neues Album „Vulnicura" im März 2015 im Rahmen einer Ausstellung über ihr Gesamtkunstwerk im *Museum of Modern Art*, New York, vorführen. Tatsächlich stellten Hacker die Songs jedoch bereits im Januar 2015 ins Internet.

19

b) „Wie"

Unter den Veröffentlichungsvorbehalt des § 12 Abs. 1 UrhG fällt auch das „**Wie**" der Veröffentlichung. Der Urheber kann entscheiden, an welchem Ort und in welcher Art und Form er sein Werk öffentlich präsentiert. Seine Entscheidungsfreiheit umfasst dabei auch das „**Wo**": So hatte sich *Günter Grass* im April 2012 zur Veröffentlichung seines besagten politischen Gedichts „Was gesagt werden muss" für die Tageszeitungen *Süddeutsche Zeitung*, *La Repubblica* und *El Pais* entschieden. Auch Entscheidungen über **Art und Form** der Publikation bleiben dem Kreativen vorbehalten. Entsprechende Fragestellungen betreffen oft nicht „nur" eine betriebswirtschaftlich orientierte Umsatzmaximierung, sondern auch (urheber-)persönlichkeitsbezogene Interessen rund um Imagefragen des Künstlers und seine Glaubwürdigkeit gegenüber seinen Fans. Wie im vorangegangenen Abschnitt bereits erwähnt wollte *Björk*, eher Kunstfigur als Popikone, die Songs aus ihrem neuen Album live im Rahmen der New Yorker Ausstellung vorstellen. Dem Künstler bleibt überlassen, ob er sein Werk erstmals im Rahmen einer Vernissage in einer

20

---

44 LG Leipzig, Urt. v. 11.08.2006 – 5 O 1327/06, ZUM 2006, 883, 885.
45 BGH, Urt. v. 16.05.2013 – I ZR 28/12 (Beuys-Aktion), NJW 2013, 3789, 3790) und (Vorinstanz) OLG Düsseldorf, Urt. v. 30.12.2011 – 20 U 171/10, GRUR 2012, 173 ff.; zum Ausstellungsrecht vgl. Rn. 236 ff.

Galerie bzw. Kunsthalle ausstellt oder im Fernsehen präsentiert.[46] Für einen Autor mag eine Lesung angemessen sein, für Filmproduktionen eine Vorführung im Kino. Auch die Frage des Formates der (erstmaligen) Publikation, fällt unter § 12 Abs. 1 UrhG, zB. als MP3-Dateien, CDs, Vinyl oder Stream (Musik und Hörbücher), oder als DVDs oder Stream (Filme und Games).

c) *Verbrauch des Erstveröffentlichungsrechts*

21 § 12 Abs. 1 UrhG regelt nur die Erstveröffentlichung. Hat der Berechtigte das Werk einmal der Öffentlichkeit wahrnehmbar gemacht, ist es veröffentlicht – und zwar unabhängig von Zeitpunkt, Ort, Art und Weise der Veröffentlichung. Mit Ausübung (Realakt) ist das Erstveröffentlichungsrecht als Einmalrecht **insgesamt verbraucht.**[47] Die vereinzelt gebliebene Entscheidung des LG Berlin aus dem Jahr 1983[48] überzeugt nicht. Das Gericht hielt das Veröffentlichungsrecht nur bzgl. der konkreten Art und Form der erfolgten Veröffentlichung für verbraucht, nämlich für die Ausstellung eines Gemäldes (in der Kunsthalle). Demzufolge sprach es dem Künstler gegen die Präsentation des Bildes im Fernsehen aus seinem *insoweit* noch nicht verbrauchten Erstveröffentlichungsrecht einen Unterlassungsanspruch zu. Eine solche Ausweitung zu einem „spezifischen" Erstveröffentlichungsrecht ist verfehlt und auch nicht erforderlich. Dass § 12 Abs. 1 UrhG neben dem „Ob" auch das „Wie" anführt, erfordert keine Auslegung, die dem Urheber auch Entscheidungen bzgl. *jeder* weiteren Art oder Form von „Erstveröffentlichungen" vorbehält. Das „Wie" schreibt dem Schöpfer Ort, Art und Form seines *Einmal*verbrauchs zu, also auf welche Weise er sein Werk erst- und einmalig – also unwiderruflich – in den Kommunikationskreislauf entlassen will, mehr nicht. Ein solches folgt auch aus dem Schutzziel des § 12 Abs. 1 UrhG einer Verfügungsgewalt des Urhebers, sein Werk nach Gutdünken in der Privatsphäre zu belassen und den Schritt an das Publikum wohl abwägen zu können.[49] Genau für diesen Schritt in die Öffentlichkeit hat sich der Urheber aber abschließend und irreversibel mit der erstmaligen Veröffentlichung, in welcher Art und Form auch immer, entschieden. Nun ist sein Werk in die öffentliche Diskussion und Kritik „entlassen". Dieses Verständnis entspricht auch dem allgemeinen Sprachgebrauch des Begriffs der Veröffentlichung.[50] Nutzungen seines nunmehr in der Öffentlichkeit befindlichen Werkes durch Dritte sind iÜ. Verwertungen, geschützt durch §§ 15 ff. UrhG, inkl. des Bearbeitungsrechts, und auch durch das Recht auf Werkintegrität, § 14 UrhG.

---

46 LG Berlin, Urt. v. 09.06.1983 – 16 S 5/83, GRUR 1983, 761, 762 f.
47 So die ganz überwiegende Meinung, vgl. *Bisges*, UFITA 2014, 363, 364; *Dustmann*, in: Fromm/Nordemann, UrhG, § 12, Rn. 9; *Dreyer*, in: Dreyer/Koffhoff/Meckel, UrhG, § 12, Rn. 17; *Wiebe*, in: Spindler/Schuster, § 12, Rn. 2.; jeweils mwN. zur Rspr. und auch zur aA. Vgl. auch *Bauer*, IPRB 2013, 259, 261.
48 LG Berlin, Urt. v. 09.06.1983 – 16 S 5/83, GRUR 1983, 761 ff.
49 Vgl. dazu bereits Rn. 3 und 15 ff.
50 *Dreyer*, in: Dreyer/Koffhoff/Meckel, UrhG, § 12, Rn. 5.

Eine **öffentliche Mitteilung oder Beschreibung von Werkinhalten** gemäß § 12 Abs. 2 UrhG führt nicht zu einem Verbrauch des Erstveröffentlichungsrechts nach § 12 Abs. 1 UrhG. Beide Rechte stehen selbständig nebeneinander.[51]

22

4. Schranken und Grenzen

Im **Gerichtsverfahren** wird das Erstveröffentlichungsrecht durch § 45 UrhG eingeschränkt.[52] Auch unveröffentlichte Werke dürfen ohne Zustimmung des Urhebers in eine öffentliche Verhandlung als Beweismittel eingebracht werden, wie zB. eine künstlerisch verfasste Selbstdarstellung als Beweis in einem Unterhaltsprozess[53] und graphische Darstellungen eines Walzgerüstes zum Nachweis einer Patentverletzung.[54] Wer noch im Schaffensprozess befindliche unveröffentlichte Fotoentwürfe in die Obhut eines Dritten gibt, muss **einzelne Privatkopien**[55] (durch Einscannen und Abspeichern der Dateien) nach § 53 Abs. 1 S. 1 UrhG hinnehmen.[56] Wird ein unveröffentlichtes Werk der Öffentlichkeit nur als **unwesentliches Beiwerk**[57] präsentiert, ist die Schranke des § 57 UrhG zu berücksichtigen.[58] Weitere Schrankenbestimmungen der §§ 44a ff. UrhG beziehen sich hingegen explizit nur auf veröffentlichte Werke, zB. §§ 46 Abs. 1 S. 1, 48 Abs. 1 Nr. 1, 49, 51 S. 1, S. 2 Nr. 1 und 2 UrhG usw. Somit ist etwa das Zitieren eines unveröffentlichten Werkes eine unzulässige Veröffentlichung.[59]

23

Auch Regelungen außerhalb des UrhG können das Erstveröffentlichungsrecht einschränken. So ist das Urheberrecht, auch soweit es eine Ausformung grundgesetzlicher Positionen darstellt, in seiner Wechselwirkung mit anderen Grundrechten zu sehen. **Meinungs- und Informationsfreiheit,** Art. 5 Abs. 1 GG gehen vor, wenn eine Abwägung ergibt, dass schützenswerte Belange des Urhebers nicht gefährdet sind und überragende Interessen der Allgemeinheit eine Veröffentlichung verlangen. Ein solches wurde bejaht bzgl. der Veröffentlichung einer Berufungsschrift gegen ein Urteil eines Gerichts der ehemaligen DDR auf der Grundlage von § 32 Abs. 3 Stasi-Unterlagen-Gesetz in einem Buch zur historischen Aufarbeitung.[60] Bei (unveröffentlichten) staatlichen Dokumenten sind die Vorschriften

24

---

51 *Dustmann*, in: Fromm/Nordemann, UrhG, § 12, Rn. 19.
52 Hierzu siehe auch Kap. 3, Rn. 718.
53 OLG Frankfurt, Urt. v. 20.04.1999 – 11 U 38/98, NJW-RR 2000, 119 ff.; *Dustmann*, in: Fromm/Nordemann, UrhG, § 45, Rn. 5 und 13.
54 LG Düsseldorf, Urt. v. 23.01.2007 – 4a 521/05, GRUR-RR 2007, 193, 194.
55 Zur Privatkopierfreiheit siehe allgemein Kap. 3, Rn. 400 ff.
56 BGH, Urt. v. 19.03.2014 – I ZR 35/13 (Porträtkunst), GRUR 2014, 974, 975 ff., kritisch *Peifer*, jurisWettbR 10/2014, Anm. 1.
57 Zum unwesentlichen Beiwerk siehe allgemein Kap. 3, Rn. 500 ff.
58 *Melichar*, in: Schricker/Loewenheim, UrhG, vor § 44a ff., Rn. 14; OLG Frankfurt, Urt. v. 20.04.1999 – 11 U 38/98, NJW-RR 2000, 119, 129.
59 OLG Zweibrücken, Urt. v. 21.02.1997 – 2 U 30/96, GRUR 1997, 363, 364.
60 OLG Hamburg, Urt. v. 29.07.1999 – 3 U 34/99, NJW 1999, 3343 f.; best. durch BVerfG, Beschl. v. 17.12.1999 – 1 BvR 1611/99 (Nichtannahmebeschl.), NJW 2000, 2416 f.

Kapitel 2: Inhalt des Urheberrechts

über die Informationsfreiheit zu beachten, etwa das Umweltinformationsgesetz und die Informationsfreiheitsgesetze.[61]

25 § 12 Abs. 1 UrhG gewährt ein **Verbotsrecht,** aber keinen Anspruch des Urhebers auf Veröffentlichung seines Werkes.[62] Auf dessen Grundlage kann der Leser eines eingesandten Leserbriefes nicht verlangen, dass sein Brief auch publiziert wird.[63] Ein **Anspruch auf Werkveröffentlichung** mag sich aber aus einem urheberrechtlichen Nutzungsvertrag ergeben, etwa iVm. §§ 1 S. 2, 14 S. 1 VerlG zur Veröffentlichung eines Manuskriptes[64] oder einer literarischen Übersetzung.[65] Auch ein **Anspruch auf Herausgabe** eines unveröffentlichten Werkes, um es in einer Ausstellung der Öffentlichkeit zugänglich zu machen, lässt sich auf der Grundlage des Erstveröffentlichungsrechts nicht begründen.[66]

5. Besonderheiten der Ansprüche und Geltendmachung

26 Aufgrund einer Verletzung des Erstveröffentlichungsrechts können Unterlassungs-, Auskunfts-, Schadenersatz-, Erstattungs- aber auch Vernichtungsansprüche entstehen. Ansprüche und Geltendmachung unterliegen den **allgemeinen Anforderungen,**[67] so dass im Folgenden nur Besonderheiten im Zusammenhang mit dem Recht aus § 12 Abs. 1 UrhG aufgezeigt werden.

27 Der **Inhaber eines ausschließlichen Nutzungsrechts** ist nicht bereits aufgrund dieser Rechtsstellung befugt, letztlich auf dem Urheberpersönlichkeitsrecht beruhende Ansprüche geltend zu machen. Ihm muss vielmehr vom Urheber auch die entsprechende Befugnis zur Geltendmachung im eigenen Namen erteilt worden sein. Ein solches kann sich bereits aus einem Verwertungsvertrag ergeben oder durch eine Ermächtigungserklärung, Ansprüche auch soweit diese urheberpersönlichkeitsrechtlicher Natur sind, im Wege der Prozessstandschaft[68] durchsetzen zu dürfen.[69] Das eigene schutzwürdige Interesse ergibt sich daraus, Beeinträchtigungen der Verwertungsinteressen abzuwehren. Ein solches Interesse verfolgt auch eine **Verwertungsgesellschaft**[70] mit der Rechtsverfolgung zur Verhinderung einer unberechtigten Erstveröffentlichung oder Ausstellung umgestalteter Werke durch Dritte. Der Urheber kann eine Verwertungsgesellschaft, die er mit der Wahrneh-

---

61 Hierzu *Ramsauer,* AnwBl 2013, 410 ff.; *Raue,* JZ 2013, 280 ff.; *Schnabel,* ZD 2013, 197 f.; *Schnabel,* K&R 2011, 626 ff.
62 *Schack,* UrhR, § 12, Rn. 368.
63 Hierzu *Bosbach/Quasten,* AfP 2001, 481 ff.
64 OLG Frankfurt, Urt. v. 27.09.2005 – 11 U 9/05, NJW-RR 2006, 330, 331 f., zust. *Schricker,* EWiR 2005, 907 f.
65 BGH, Urt. v. 17.06.2004 – I ZR 136/01 (Oceano Mare), NJW 2005, 596, 599 f.
66 KG, Urt. v. 22.05.1981 – 5 U 2295/81 (Totenmaske), GRUR 1981, 742 f., zust. *Schricker,* LMK 2005, 29, 30.
67 Vgl. Kap. 6, Rn. 1 ff.
68 Hierzu siehe Kap. 7, Rn. 26.
69 BGH, Urt. v. 11.03.2010 – I ZR 18/08 (Klingeltöne für Mobiltelefone II), GRUR 2010, 920, 922.
70 Zum Recht der Verwertungsgesellschaften siehe Kap. 4, Rn. 401 ff.

A. Urheberpersönlichkeitsrecht

mung urheberrechtlicher Nutzungsrechte betraut hat, auch zur Wahrnehmung der damit im Zusammenhang stehenden Urheberpersönlichkeitsrechte ermächtigten.[71]

a) Unterlassung

Unter den Voraussetzungen der §§ 97 Abs. 1 S. 1 iVm. 12 Abs. 1 UrhG steht dem Urheber ein Unterlassungsanspruch gegenüber dem Verletzer zu. Der Unterlassungsanspruch besteht dabei bereits, wenn die unbefugte Veröffentlichung erstmalig droht, § 97 Abs. 1 S. 2 UrhG. Auch der einzelne Miturheber kann Unterlassung verlangen, § 8 Abs. 2 S. 3 Halbs. 1 UrhG.

28

b) Schadenersatz

Wer die Urheberrechtsverletzung vorsätzlich oder fahrlässig begeht, ist dem Verletzten zum Ersatz des daraus entstehenden Schadens verpflichtet, § 97 Abs. 2 S. 1 UrhG.[72] In der Praxis geht eine Missachtung des Erstveröffentlichungsrechts zumeist einher mit einem Verstoß gegen Verwertungsrechte, §§ 15 ff. UrhG, bzw. gegen die Leistungsschutzrechte des Verfassers der wissenschaftlichen Ausgabe nach § 70 UrhG bzw. des Lichtbildners, § 72 UrhG. Darüber hinaus kommt aber ein weitergehender Schadenersatz als **materieller Ausgleichsanspruch** gerade hinsichtlich der rechtswidrigen Erstveröffentlichung in Betracht.[73] So mag dem Urheber ein Vermögensschaden – auch ggfls. iSd. § 252 BGB – adäquat-kausal dadurch entstanden sein, dass ihm die Erstveröffentlichung seines misslungenen oder unreifen Werkes aufgedrängt wurde.

29

c) Geldentschädigung

Nach § 97 Abs. 2 S. 4 UrhG können Urheber und die benannten Inhaber der Leistungsschutzrechte auch wegen eines Schadens, der nicht Vermögensschaden ist, eine Entschädigung verlangen, wenn und soweit dies der Billigkeit entspricht. Die Vorschrift gewährt für schwerwiegende Verletzungen des Urheberpersönlichkeitsrechts einen **immateriellen Schadenersatz**. Bei der Zubilligung einer Geldentschädigung[74] steht regelmäßig der Gesichtspunkt der Genugtuung für das Opfer im Vordergrund. Daher steht der Anspruch nur dem Rechtsträger zu und nicht seinen Erben.[75]

30

---

71 BGH, Urt. v. 16.05.2013 – I ZR 28/12 (Beuys-Aktion), NJW 2013, 3789, 3790.
72 Hierzu siehe allgemein Kap. 7, Rn. 92 ff.
73 Davon geht zB. OLG Hamm, Urt. v. 27.04.2010 – 4 U 221/09, bzgl. der Bearbeitung einer Melodie aus.
74 Zur Geldentschädigung siehe Kap. 7, Rn. 107 ff.
75 OLG Düsseldorf, Urt. v. 19.02.2013 – 20 U 48/12 (Ganztagsrealschule), GRUR-RR 2013, 278, 279; OLG Hamburg, Urt. v. 14.04.1994 – 3 U 236/93, NJW-RR 1995, 562 f.; zur Unvererblichkeit des Geldentschädigungsanspruchs bei Persönlichkeitsrechtsverletzungen vgl. BGH Urt. v. 29.04.2014 – VI ZR 246/12, GRUR 2014, 702; aA. *Ludyga*, ZUM 2014, 374, 377 ff.; vgl. auch die Anm. *Gay*, IBR 2013, 358.

31 Ein Anspruch auf Geldentschädigung besteht nur bei einer **schwerwiegenden Verletzung** des Urheberpersönlichkeitsrechts, wenn die Beeinträchtigung nicht in anderer Weise befriedigend ausgeglichen werden kann. Es muss ein erhebliches persönliches Interesse und eine innere Bindung des Urhebers an sein Werk bestehen, die so stark ist, dass ihn die Missachtung seiner Entschließungsfreiheit schwerwiegend in seinen urheberpersönlichkeitsrechtlichen Befugnissen getroffen hat.[76] Erforderlich ist eine **Billigkeitsprüfung** bezogen auf den konkreten Einzelfall. Ob eine schwerwiegende Verletzung des Persönlichkeitsrechts vorliegt, hängt insbesondere ab von Anlass und Beweggrund des Handelnden, dem Grad seines Verschuldens, von der Bedeutung und Tragweite des Eingriffs, der Art und Weise sowie Intensität und Dauer der Verletzung und auch vom künstlerischen Rang des Verletzten und seines Werkes.[77]

32 Damit bestehen für die Zubilligung einer Geldentschädigung **hohe Voraussetzungen**. Der Einzelfall muss sich aufgrund der in die Abwägung einzubeziehenden Gesamtumstände deutlich von dem Normalfall einer ungenehmigten Leistungsübernahme unterscheiden. Als allgemeine, praktisch in jedem Fall einzusetzende Sanktion gegenüber der in der unerlaubten Nutzung liegenden Missachtung des Ausschließlichkeitsrechte des Urhebers ist § 97 Abs. 2 S. 4 UrhG nicht konzipiert. Einen **Strafzuschlag** kennt das deutsche Recht nicht.[78]

33 Eine schwere Verletzung kann zB. dadurch erfolgen, dass der Urheber mit der Veröffentlichung seiner nicht ausgereiften Schöpfung aus dem Bereich der **bildenden Kunst** konfrontiert und sein Ansehen dadurch beschädigt wird. Ein solches kann auch geschehen durch Erstveröffentlichung einer (verunglimpfenden) Bearbeitung ohne oder gar ungeachtet einer verwehrten Zustimmung. So liegt ein schwerer Eingriff vor, wenn **Musik** im melancholischen „Gothic"-Stil mit Texten über Abschied und Tod voller Metaphern in einen völlig konträren Rap-Song mit Formulierungen rund um Gewalt bearbeitet und weit verbreitet wird.[79] Demgegenüber rechtfertige die grob fahrlässige Übernahme von digitalen Auszügen (Samples) und Auswertung der Bearbeitung in „blindem" Vertrauen auf die Rechtmäßigkeit der Aufnahmen noch keine Geldentschädigung.[80] Verneint wurde ein Anspruch auf Zahlung eines immateriellen Schadenersatzes auch bei der Wiedergabe reiner Tatsachen und zT. wörtlicher Zitate aus familien- und vor-

---

76 OLG Düsseldorf, Urt. v. 19.02.2013 – 20 U 48/12 (Ganztagsrealschule), GRUR-RR 2013, 278, 279; LG Hamburg, Urt. v. 23.03.2010 – 310 O 155/08, ZUM-RD 2010, 399, 412 f.; *Ludyga*, ZUM 2014, 374, 379.
77 OLG Hamburg, Urt. v. 31.10.2012 – 5 U 37/10, ZUM-RD 2013, 428, 446, mwN. Vgl. zur Geldentschädigung wegen Verletzung des allgemeinen Persönlichkeitsrechts durch eine Internetveröffentlichung BGH, Urt. v. 17.12.2013 – VI ZR 211/12, NJW 2014, 2019 ff.
78 Ebenso wenig wie „Strafschadenersatz" oder einen „allgemeinen Verletzerzuschlag", vgl. Rn. 69.
79 OLG Hamburg, Urt. v. 31.10.2012 – 5 U 37/10, ZUM-RD 2013, 428, 446 f.
80 LG Hamburg, Urt. v. 23.03.2010 – 310 O 155/98, ZUM-RD 2010, 399, 412 ff.

mundschaftsrechtlichen **Gutachten** im Rahmen einer kritischen Auseinandersetzung auf einer Website.[81]

d) Vernichtung

Als Folge der Missachtung des Erstveröffentlichungsrechts kommt auch ein Vernichtungsanspruch aus § 98 UrhG in Betracht,[82] etwa auf Vernichtung eines ohne Einwilligung nach § 23 UrhG kopierten Gemäldes.[83]

34

6. Vertragliches

Ein Urheber, der sicher gehen will, dass ein misslungenes Studio-Take im Musikbereich, das unfertige Romanmanuskript oder der unreife Entwurf eines Kunstwerks nicht an die Öffentlichkeit gelangt, sollte sein Werk hüten wie den eigenen Augapfel.[84] Soweit eine Herausgabe an Dritte dennoch erfolgt, ist eine vertragliche Abrede (Rückgabepflicht und -zeitpunkt, Unterlassung von Vervielfältigungen, Pflicht zur Geheimhaltung, Vertragsstrafe) zu empfehlen. Ein Beispiel findet sich im Anhang.[85] Manuskripte, (Design-)Konzepte und -Entwürfe etc. sollten je Seite, zB. in der Fußzeile, mit einem **Vertraulichkeitsvermerk** versehen werden, etwa „Vertraulich. Unbefugte Vervielfältigung, Verwertung, Mitteilung oder Weitergabe an Dritte sind nach § 18 UWG untersagt!". Vorlage iSd. § 18 UWG ist alles, was bei der Herstellung neuer Sachen als Vorbild dienen soll. Wenn (zB. durch den Vermerk) erkennbar wird, dass ein Entwurf nur zu treuen Händen und nicht zur Veröffentlichung überlassen wird, können bei Zuwiderhandlung neben den vertraglichen Unterlassungsansprüchen auch solche aus §§ 8, 3, 4 Nr. 9 lit. c), 18 UWG, § 826 BGB bzw. §§ 1004, 823 Abs. 2 BGB iVm. § 18 UWG bestehen.[86]

35

Ausführungen hinsichtlich der Frage, wann und unter welchen Voraussetzungen der Urheber über sein Erstveröffentlichungsrecht **vertraglich disponiert**, finden sich bei den Erörterungen zur Zustimmung des Berechtigten.[87]

36

---

81 LG Berlin, Urt. v. 07.11.2006 – 16 O 940/05, FamRZ 2007, 1324 f., auch kein Anspruch aus §§ 823 Abs. 1, Abs. 2, 1004 BGB.
82 Zum Vernichtungsanspruch allgemein s. Kap. 7, Rn. 60 ff.
83 Vgl. OLG Düsseldorf, Urt. v. 05.08.2014 – 20 U 167/12, NJW 2014, 3455 f., das i.E. aber eine Einwilligung bejaht – anders als die Vorinstanz LG Düsseldorf, Urt. v. 17.10.2012 – 12 O 473/08, ZUM-RD 2012, 684, 486.
84 *Peifer*, jurisPR-WettbR 10/2014, Anm. 1.
85 Siehe Anhang, Teil V.
86 Vgl. *Nennen*, WRP 2003, 1076 ff. mwN.; zudem OLG Köln, Urt. v. 22.06.2009 – 6 U 226/08, GRUR-RR 2010, 140 f., und LG Köln, Urt. v. 12.11.2008 – 28 O 685/02, jew. zu § 18 UWG bzgl. eines Konzepts für Weltraumwerbung verneint; OLG Hamm, Urt. v. 02.07.1991 – 4 U 4/91, NJW-RR 1992, 552 f.: Design-Entwurf für einen (nicht urheberrechtlich geschützten) Computer-Arbeitsplatz.
87 Rn. 11 ff.

II. Erstmitteilungs- und Beschreibungsrecht, § 12 Abs. 2 UrhG

Literatur: *Bisges*, Der Öffentlichkeitsbegriff im Urheberrechtsgesetz, UFITA 2014, S. 363–380; *Erdmann*, Verwendung zeitgenössischer Literatur für Unterrichtszwecke am Beispiel Harry Potter, Gutachten im Auftrage des Börsenvereins des Deutschen Buchhandels und der VdS Bildungsmedien e.V., 2002, http://www.meyer-albrecht.de/skripte/urheberrecht/Harry_Potter_Gutachten.pdf (letzter Abruf: 17.10.2015); *Nennen*, Rechtsschutz von Akquiseleistungen der Werbebranche, WRP 2003, S. 1076–1082; *Zech*, Information als Schutzgegenstand, 2002.

37 Dem Urheber ist es gemäß § 12 Abs. 2 UrhG auch vorbehalten, den Inhalt seines Werkes öffentlich mitzuteilen oder zu beschreiben, solange weder das Werk noch der wesentliche Inhalt oder eine Beschreibung des Werkes mit seiner Zustimmung veröffentlicht ist. Die Bestimmung regelt einen **zusätzlichen Schutz** des Urhebers vor der Veröffentlichung seines Werkes und keine Beschränkung seiner Rechte nach der Veröffentlichung; was nach der Veröffentlichung zulässig ist, richtet sich nach den allgemeinen Vorschriften, ua. §§ 23, 24 UrhG.[88]

1. Unveröffentlicht: Werk bzw. wesentliche Inhalte

38 Voraussetzungen und Beispiele dafür, wann ein **Werk unveröffentlicht** ist, finden sich bereits oben.[89] Der Begriff der Öffentlichkeit ist – wie bereits bei § 12 Abs. 1 UrhG erläutert[90] – der Legaldefinition des § 6 Abs. 1 UrhG zu entnehmen.[91]

39 Das Recht aus § 12 Abs. 2 UrhG ist auch dann verbraucht, wenn der wesentliche Inhalt oder eine Beschreibung des Werkes mit Zustimmung des Urhebers veröffentlicht ist. Unter dem **wesentlichen Inhalt des Werkes** versteht man die das Werk inhaltlich bestimmenden Elemente in ihrer Gesamtheit.[92] Die Inhaltsangabe betrifft diejenigen Werke, die einen begrifflichen Inhalt haben. Hierunter fallen zB. die Ankündigung eines neuen Romans mit inhaltlichem Überblick durch den Autor und Vorschauen auf einen Spielfilm (Trailer) oder ein Bühnenwerk wie Schauspiel, Musik- oder Tanztheater. Werke ohne begrifflichen Inhalt lassen sich demgegenüber (nur) beschreiben: Eine **Beschreibung des Werkes** ist die Mitteilung der bedeutenden formgebenden Züge, so dass sich die Öffentlichkeit bereits ein ungefähres Bild über das Werk machen kann.[93] Eine solche Werkbeschreibung kann etwa erfolgen durch Mitteilungen von Notationen und Texten eines Popsongs in einem Musikerfachblatt oder durch Erläuterung von Aufbau, Form- und

---

88 BGH, Urt. v. 01.12.2010 – I ZR 12/08 (Perlentaucher I), NJW 2011, 761, 766 f.; LG Hamburg, Urt. v. 12.12.2003 – 308 O 57/03 (unfreie Bearbeitung des Romans „Harry Potter"), NJW 2004, 610 ff.; *Bullinger*, in: Wandtke/Bullinger, UrhG, § 12, Rn. 22; jew. mwN. auch zur aA.
89 Rn. 6 ff.
90 Hierzu siehe Rn. 6 ff.
91 BGH, Urt. v. 19.03.2014 – I ZR 35/13 (Porträtkunst), GRUR 2014, 974, 979; siehe ausführlich auch Kap. 1, Rn. 246 ff.
92 *Dreyer*, in: Dreyer/Koffhoff/Meckel, UrhG, § 12, Rn. 22.
93 *Dreyer*, in: Dreyer/Koffhoff/Meckel, UrhG, § 12, Rn. 23.

Farbgestaltung eines Kunstwerks im Rahmen eines Vortrags. Inhaltsmitteilung bzw. Werkbeschreibung mit Zustimmung des Urhebers führt zum **Verbrauch des Rechts** gemäß § 12 Abs. 2 UrhG.[94]

2. Mitteilungs- und Beschreibungsvorbehalt

Unter den benannten Voraussetzungen ist es dem Urheber vorbehalten, den **Inhalt** seines Werkes öffentlich mitzuteilen oder zu beschreiben. § 12 Abs. 2 UrhG schützt unveröffentlichte Werke jenseits eigenen urheberrechtlichen Schutzumfangs und bietet eine über § 12 Abs. 1 UrhG hinaus gehende Möglichkeit der Geheimhaltung des Inhalts oder der Form des Werkes.[95] Eine Begrenzung auf **schutzfähige Elemente**, die die individuellen Züge eines Werkes begründen, lässt sich weder aus dem Wortlaut noch der Gesetzessystematik herleiten.[96] Der „Inhalt" des Werkes geht begrifflich über dessen Elemente in Werk(teil)qualität hinaus. Zudem ist die Veröffentlichung schutzfähiger Bestandteile bereits durch § 12 Abs. 1 UrhG[97] und die Verwertungsrechte der §§ 15 ff. UrhG umfasst. 40

Ab wann der Urheber in der Praxis aus seinem Mitteilungs- und Beschreibungsvorbehalt gegen Dritte vorgehen kann, lässt sich nicht generell beantworten. Maßgeblich sind die **Umstände des Einzelfalls** unter Berücksichtigung der Werkart und des mit der Mitteilung bzw. Beschreibung verfolgten Zwecks. Unter den Vorbehalt zugunsten des Urhebers fallen solche Inhalte, anhand derer sich die Öffentlichkeit ein **ungefähres Bild über den Werkinhalt** machen könnte.[98] Dies kann bei einem Roman oder Spielfilm schon die grobe Darstellung der Handlung (Inhaltsmitteilung) sein.[99] Bei kritischen Erörterungen eines Werkes in einem Aufsatz oder einer Rezension wird zT. eine umfangreichere Inhaltsbeschreibung für zulässig erachtet, um die eigene Darstellung verständlich zu machen.[100] Zugunsten des Urhebers bleibt insoweit aber stets zu beachten, dass § 12 Abs. 2 UrhG wie auch § 12 Abs. 1 UrhG den Urheber ja gerade davor schützen wollen, sich bereits bzgl. eines noch in seiner schöpferischen Privatsphäre befindlichen (unfertigen?, misslungenen?) Werkes schon der inhaltlichen Befassung und 41

---

94 Vgl. bereits Rn. 21 und zB. *Dietz/Peukert*, in: Schricker/Loewenheim, UrhG, § 12, Rn. 26.
95 *Bullinger*, in: Wandtke/Bullinger, UrhG, § 12, Rn. 19; iE. auch *Bisges*, UFITA 2014, 363, 371; *Dreyer*, in: Dreyer/Kotthoff/Meckel, UrhG, § 12, Rn. 21; vgl. auch *Zech*, Information als Schutzgegenstand, 2002, S. 249: rechtliche Zuweisung (geschöpfter) semantischer Information. Zu weiteren Ansprüchen auf Geheimhaltung vgl. *Nennen*, WRP 2003, 1076 ff.
96 Zur Diskussion vgl. zB. *Schulze*, in: Dreier/Schulze, UrhG, § 12, Rn. 21; *Dietz/Peukert*, in: Schricker/Loewenheim, UrhG, § 12, Rn. 24; *Kroitzsch*, in: Möhring/Nicolini, UrhG, § 12, Rn. 26.
97 Vgl. Rn. 4.
98 *Dustmann*, in: Fromm/Nordemann, UrhG, § 12, Rn. 16; *Dreyer*, in: Dreyer/Kotthoff/Meckel, UrhG, § 12, Rn. 23.
99 AA. *Erdmann*, S. 20: knappe Darstellung der groben Züge zulässig.
100 *Erdmann*, S. 20.

Kritik stellen zu müssen.[101] Unzulässig ist jedenfalls die vollständige Inhaltswiedergabe eines Werks. Eine solche liegt zB. vor, wenn der Inhalt einer Operette mit vielen Notenbeispielen und den dazugehörigen Texten in einem Operettenführer nahezu gänzlich wiedergegeben wird.[102] Im Bereich der bildenden Kunst kann der Schöpfer bereits Ausführungen über Aufbau, Farb- und Formgestaltung (Werkbeschreibung) abwehren.[103] Die Abbildung eines Fotos als Vorschaubild (Thumbnail) in den Trefferlisten einer Suchmaschine stellt nicht lediglich eine öffentliche Mitteilung oder Beschreibung des Inhalts der Fotografie dar, sie ermöglicht vielmehr bereits den Werkgenuss.[104]

42 Hingegen gibt § 12 Abs. 2 UrhG dem Urheber kein Instrument an die Hand, Dritten die **Wiedergabe reiner Tatsachen** zu untersagen, auf die sich das Werk stützt. Verfasst zB. ein Autor einen Roman über einen wahren Mordfall, so kann er Dritten nicht die Mitteilung verbieten, dass eine Straftat in dieser Form stattgefunden hat und der Autor darüber geschrieben hat.[105] Bekannte Fakten und Begebenheiten erfahren als Gemeingut ebenso wenig Schutz wie wissenschaftliche Erkenntnisse, Lehren und Theorien. Auch die **äußeren Umstände des Werkes**, zB. Titel und Thema („Spionagethriller"), Umfang und Erscheinungsdatum eines Romans und bzgl. eines Films ggfls. auch noch dessen Schauspieler fallen nicht unter den Schutz des § 12 Abs. 2 UrhG.

43 Der Urheber kann die Ausübung des Erstmitteilungsrechts, wie auch jene des Erstveröffentlichungsrechts nach § 12 Abs. 1 UrhG,[106] **auf Dritte übertragen,** etwa einen Verleger oder Filmverleiher. Ein solches hat Bedeutung etwa bei (Fortsetzungen von Bestseller-)Romanen wie „Harry Potter" oder bei der Vorankündigung von Spielfilmen durch Trailer.

44 Bzgl. der **Ansprüche und deren Geltendmachung** wird auf die Ausführungen zu § 12 Abs. 1 UrhG und die Erörterungen zu §§ 97 ff. UrhG verwiesen.[107]

III. Anerkennungs- und Bezeichnungsrecht, § 13 UrhG

Literatur: *Ahrens*, Der Ghostwriter – Prüfstein des Urheberpersönlichkeitsrechts, GRUR 2013, S. 21–25; *Berger*, Entschädigung wegen fehlender Urhebernennung, jurisPR-ITR 19/2014, Anm. 3; *Czernik*, Stealing Banksy – Immobilienrechtliche Herausforderung durch Street Art, ZfIR 2014, S. 551–555; *Feldmann*, Zulässigkeit und Grenzen von Ghostwriter-Vereinbarungen, jurisPR-ITR 20/2009, Anm. 5; *Groh*, „Mit fremden Federn", GRUR 2012, S. 870–875; *Hilgert*, Zur Urheberbenennung in Pixelio-Fotos, MMR 2014, S. 266–267; *Lerach*, Keine Heranziehung der MFM-Honorarempfehlungen für nicht professionelle Produktfotos, jurisPR-WettbR 6/2014, Anm. 2; *Leuze*, Die Urheberrechte der wissenschaftli-

---

101 Vgl. Rn. 16 ff.
102 RG, Urt. v. 25.06.1930 – I 21/30 (Operettenführer), RGZ 129, 252, 254.
103 *Kuck*, in: Schwartmann, Praxishandbuch, § 26, Rn. 130.
104 BGH, Urt. v. 19.10.2011 – I ZR 140/10 (Vorschaubilder II), NJW 2012, 1886 ff.; BGH, Urt. v. 29.04.2010 – I ZR 69/08 (Vorschaubilder I), GRUR 2010, 628, 630.
105 LG Berlin, Urt. v. 07.11.2006 – 16 O 940/05, FamRZ 2007, 1324 f.
106 Vgl. dazu bereits Rn. 12.
107 Vgl. Rn. 26 ff. bzw. Kap. 7, Rn. 49 ff.

chen Mitarbeiter, GRUR 2006, S. 552–560; *ders.*, Ghostwriter im Abhängigkeitsverhältnis, GRUR 2010, S. 307–311; *Maaßen*, Abmahnung wegen unterlassener Urheberbenennung – Grenzen eines Geschäftsmodells, GRUR-Prax 2013, S. 127–129; *Spieker*, Die fehlerhaft Urheberbenennung: Falschnennung des Urhebers als besonders schwerwiegender Fall, GRUR 2006, S. 118–124; *Stadler*, Anspruch auf Urheberbenennung in allen Website-Darstellungsvarianten, K&R 2014, S. 213; *Ullmann*, JurisPR-WettbR 2/2008, Anm. 4.

Das Recht auf Anerkennung der Urheberschaft am Werk gehört zu den **wesentlichen urheberpersönlichkeitsrechtlichen Berechtigungen,** die ihre Grundlage in den geistigen und persönlichen Beziehungen des Urhebers zu seinem Werk haben.[108] 45

1. Werk

Das Recht steht **allen Urhebern** jeglicher Werkarten zu, auch Miturhebern[109] und Urhebern einer Bearbeitung.[110] Weil das Urheberrecht grundsätzlich nicht übertragbar ist, vgl. § 29 Abs. 1 UrhG, findet § 13 UrhG Anwendung auch für „Auftragsurheber", etwa Angestellte oder Freelancer. Dem Inhaber eines Nutzungsrechts steht ein Recht auf Nennung nicht zu.[111] 46

Für **Leistungen ohne Werkqualität** gilt § 13 UrhG ausweislich seines Wortlautes („Urheber", „Urheberschaft", „Werk") nicht. Erreichen zB. Ausschreibungsunterlagen nicht die erforderliche Schöpfungshöhe, besteht kein Anspruch auf Unterlassung der Nutzungen ohne Benennung des Verfassers mit seinem Kürzel „131213rh/sag".[112] Zugunsten der **Leistungsschutzberechtigten** enthalten § 70 Abs. 1 UrhG (Verfasser wissenschaftlicher Ausgaben), § 72 Abs. 1 UrhG (Lichtbildner)[113] und § 74 UrhG (ausübende Künstler)[114] Verweise. Zur Namensnennung der an einem Film mitwirkenden ausübenden Künstler vgl. § 93 Abs. 2 UrhG. 47

---

108 BGH, Urt. v. 16.06.1994 – I ZR 3/92 (Namensnennungsrecht des Architekten), NJW 1994, 2621, 2622; Brandenburgisches OLG, Urt. v. 15.05.2009 – 6 U 37/08, GRUR-RR 2009, 413 f.
109 BGH, Beschl. v. 18.10.2012 – I ZA 2/12, ZUM-RD 2013, 241; BGH, Urt. v. 26.02.2009 – I ZR 142/06 (Kranhäuser), GRUR 2009, 1046, 1047 ff.; LG München I, Urt. v. 26.07.2006 – 21 O 1264/04, ZUM 2007, 69, 72.
110 BGH, Urt. v. 08.05.2002 – I ZR 98/00 (Stadtbahnfahrzeug), GRUR 2002, 799, 800.
111 AG Düsseldorf, Urt. v. 08.08.2014 – 57 C 3783/14.
112 LG Köln, Urt. v. 18.12.2014 – 14 O 193/14, ZUM-RD 2015, 279.
113 Dazu OLG München, Urt. v. 05.12.2013 – 6 U 1448/13, ZUM-RD 2014, 165 f.; OLG München, Urt. v. 21.11.2013 – 6 U 1500/13 (Kippschalter), GRUR-RR 2014, 377, 379; KG, Urt. v. 25.02.2013 – 24 U 58/12, GRUR-RR 2013, 204 ff.; OLG Düsseldorf, Urt. v. 09.05.2006 – 20 U 138/05, NJW-RR 2007, 486 ff.
114 Ggf. iVm. § 80 Abs. 2 UrhG für Darbietungen einer Künstlergruppe, vgl. dazu LG Köln, Urt. v. 12.12.2007 – 28 O 612/06, ZUM-RD 2008, 211 ff.

2. Anerkennung der Urheberschaft, § 13 S. 1 UrhG

48 § 13 S. 1 UrhG statuiert ein **umfassendes Recht** auf Anerkennung der Urheberschaft. Es gewährt dem Schöpfer damit sowohl (negativ) einen Schutz gegen Anmaßungen Dritter und das Bestreiten seiner Urheberschaft als auch (positiv) auf Nennung als Urheber, Letzteres mit den Bestimmungsmöglichkeiten gemäß § 13 S. 2 UrhG.

a) Anmaßung des Urheberrechts

49 § 13 S. 1 UrhG schützt zunächst vor der **Anmaßung des Urheberrechts** durch einen Dritten. Ein Plagiat[115] liegt etwa vor, wenn ein Immobilienmakler Fotos eines zu vermittelnden Objektes der Website eines Konkurrenten entnimmt, diese mit dem Namen seiner Firma versehen in den eigenen Internetauftritt einstellt und dadurch den Anschein erweckt, er sei deren Urheber.[116] Ebenso rechtswidrig handelt der Inhaber eines Fotostudios, der einen Hinweis mit einer Urheberzeichnung des Fotografen auf einem zur Reproduktion für den Kunden überlassenen Porträtfoto entfernt und durch die eigene Anschrift ersetzt.[117] Wer sich als Architekt zu unrecht gegenüber Dritten als Miturheber eines städtebaulichen Entwurfs zur Bebauung eines Hafens ausgibt, verstößt ebenfalls gegen § 13 S. 1 UrhG.[118] Dasselbe gilt für die unrichtige Eintragung eines Komponisten bei der *GEMA*[119] sowie für einen Lehrstuhlinhaber, der sich in Publikationen seiner Mitarbeiter ohne eigenen wesentlichen Beitrag als (Mit-)Autor nennen lässt.[120] Demgegenüber stellt die Kennzeichnung „Herausgeber Dr. med. *D.S.*" in der Fußzeile von Patientenmerkblättern keine Anmaßung der Urheberschaft an den Merkblättern dar.[121]

b) Bestreiten des Urheberrechts

50 Auch das **Bestreiten oder Leugnen der Urheberschaft** lässt sich abwehren. Ein solches liegt vor, wenn eine Zeitschrift beim Abdruck eines Kurzkrimis versehentlich einen falschen Autor nennt.[122] Der Miturheber eines Textes kann sich gegen die Angabe einer alleinigen Autorenschaft der anderen Mitverfasser wehren.[123] Das gleiche gilt, wenn der Bearbeiter eines Werkes als Alleinurheber benannt wird, wenngleich dem Urheber des Originals das Recht zusteht, neben dem Urheber der

---

115 Zum Ursprung des Plagiatsbegriffs siehe Kap. 1, Rn. 59.
116 LG Oldenburg, Urt. v. 16.03.2011 – 5 O 3486/10, juris.
117 OLG Stuttgart, Urt. v. 31.03.1995 – 2 U 208/94, NJW-RR 1995, 935 f.: Ersetzen eines Aufklebers.
118 BGH, Urt. v. 26.02.2009 – I ZR 142/06 (Kranhäuser), GRUR 2009, 1404 ff.: iE. Miturheberschaft allerdings nach § 10 Abs. 1 UrhG bejaht.
119 OLG München, Urt. v. 13.01.2011 – 29 U 4615/09 (Das Kufsteiner Lied), ZUM 2011, 512 ff.
120 Vgl. *Schack*, UrhR, Rn. 334 mwN.
121 OLG Nürnberg, Urt. v. 29.05.2001 – 3 U 337/01, NJW-RR 2002, 771 ff.; *Dustmann*, in: Fromm/Nordemann, UrhG, § 13, Rn. 7 f., mit weiteren Bsp.
122 AG Charlottenburg, Urt. v. 15.11.2004 – 237 C 123/04, ZUM-RD 2005, 356 ff.
123 OLG Frankfurt, Urt. v. 14.10.1993 – 6 U 109/92, BeckRS 1993, 09534.

Bearbeitung benannt zu werden.[124] Die falsche Behauptung „Kreiert wurde der Tatort-Vorspann von P.H." in einem Internetbeitrag, so dass die Leser eine alleinige Urheberschaft des Redakteurs P.H. annehmen mussten, verletzte das Recht der Miturheberin des Vorspanns.[125] Eine namentliche Nennung anderer Miturheber in einem Vermerk „in Zusammenarbeit mit", reicht nicht.[126]

Aus § 13 S. 1 UrhG kann der Urheber auch verlangen, bei Ankündigungen und Drucksachen, mit denen für sein Werk geworben wird, als Urheber benannt zu werden.[127] Der **Eigentümer** eines vermeintlich von einem bekannten Maler stammenden wiederentdeckten Gemäldes kann jedoch nicht aus § 13 UrhG beanspruchen, dass das Bild in ein im Kunsthandel bekanntes Werkverzeichnis aufgenommen wird.[128] Äußerungen, dass ein Kunstwerk nicht echt sei, hat der Eigentümer ggfls. nach § 1004 Abs. 2 iVm. Art. 5 Abs. 1 GG hinzunehmen.[129]

51

3. Recht auf Urheberbezeichnung, § 13 S. 2 UrhG

Gemäß § 13 S. 2 UrhG kann der Urheber bestimmen, ob das Werk mit einer Urheberbezeichnung zu versehen ist und welche Bezeichnung zu verwenden ist. Die Vorschrift begründet einen Anspruch auf eine Art und Weise der Benennung, die der Verkehr als Hinweis auf den Urheber versteht; insoweit sind auch **Verkehrsgewohnheiten oder allgemeine Branchenübungen** von Bedeutung. Ein Anspruch des Urhebers, in darüber hinausgehendem Maße die Einzelheiten seiner Benennung zu bestimmen, ist der Vorschrift nicht zu entnehmen. Das Bestimmungsrecht ist vielmehr begrenzt durch die Interessen Dritter, insbesondere desjenigen, der die Benennung vorzunehmen hat.[130]

52

a) „Ob"

Dem Urheber steht es zunächst frei zu entscheiden, ob er überhaupt im Zusammenhang mit seinem Werk genannt werden möchte.

53

aa) Anspruch auf Urheberbezeichnung

Der Urheber hat das Recht, bei jeder Verwertung seines Werkes auch als solcher benannt zu werden. Das Namensnennungsrecht ist Ausfluss und besonde-

54

---

124 BGH, Urt. v. 08.05.2002 – I ZR 98/00 (Stadtbahnfahrzeug), GRUR 2002, 799 ff.
125 OLG München, Urt. v. 10.02.2011 – 29 U 2749/10 (Tatort-Vorspann), GRUR-RR 2011, 245 ff.
126 LG München, Urt. v. 14.01.2004 – 21 O 18766/01, InstGE 4, 61.
127 BGH, Urt. v. 24.05.2007 – I ZR 42/04 (Staatsgeschenk), GRUR 2007, 691 ff.
128 OLG Hamm, Urt. v. 01.07.2004 – 4 U 54/04, GRUR-RR 2005, 177 f., auch weitere Ansprüche verneint. Zur (wahren) Behauptung, ein Kunstwerk sei eine Fälschung vgl. OLG Düsseldorf, Urt. v. 29.06.2011 – 15 U 195/08, ZUM-RD 2012, 147 ff.
129 LG Berlin, Urt. v. 17.08.2006 – 23 O 201/06, juris (Leitsatz). Zu Ansprüchen gegen Plagiatsvorwürfe vgl. Rn. 200.
130 BGH, Urt. v. 16.06.1994 – I ZR 3/92 (Namensnennungsrecht des Architekten), NJW 1994, 2621 ff.; OLG München, Urt. v. 20.12.2007 – 29 U 5512/06 (Pumuckl-Illustrationen II), GRUR-RR 2008, 37, 43.

re Erscheinungsform des Rechts auf Anerkennung der Urheberschaft iSd. § 13 S. 1 UrhG. Es umfasst die Anerkennung der Rechtsposition als Werkschöpfer und deren **Dokumentation in der Außenwelt**.[131] Eine Buchveröffentlichung ohne Autorennennung (hier: eines Rechtsratgebers „Schenken & Erbschaft" zum Vertrieb im Discountbereich) stellt gar eine schwerwiegende Verletzung des Urheberpersönlichkeitsrechts des Autors dar.[132] Das Recht umfasst alle körperlichen und unkörperlichen Formen des Werkes, Werkoriginale und Vervielfältigungsstücke.[133] Es gilt damit uneingeschränkt auch im Internet und bei sonstigen Formen digitaler Nutzung.[134]

55 Im Zusammenhang mit dem Recht auf Urheberbenennung können auch **Verkehrsgewohnheiten und allgemeine Branchenübungen** zu berücksichtigen sein. Weil das Urheberbezeichnungsrecht zu den wesentlichen Urheberpersönlichkeiten zählt, sind Ausnahmen von dem Anspruch auf Urheberbezeichnung allerdings nur unter strengen Voraussetzungen zuzulassen. Eine Branchenüblichkeit bedarf **sorgfältiger Prüfung im Einzelfall**, damit Missbräuchen vorgebeugt werden kann; sie darf nicht leichtfertig bejaht werden.[135] Ein Verschweigen der Urheber ist etwa üblich bei Musik im Radio, Web und im Zusammenhang mit Werbespots. Die Nennung von Mitwirkenden in einem Vorspann zu einem Fernsehfilm (hier: „Tatort-Vorspann") ist nicht branchenüblich.[136] Nicht jeder, der einen schöpferischen Beitrag zu einem Filmwerk erbracht hat, kann seine Benennung im Vorspann des Filmes verlangen, so etwa die Gestalterin einer Kobold-Kunstfigur, die an der Erstellung der konkreten Film-Zeichnungen nicht beteiligt war.[137] Für die Namensnennung der mitwirkenden ausübenden Künstler findet sich eine Regelung in § 93 Abs. 2 UrhG. Bei der Abbildung staatlicher Hoheitszeichen und von Wappen spreche viel dafür, dass es nach den bekannten Usancen unüblich sei, den Urheber des Entwurfs anzugeben.[138] Dasselbe gilt im Bereich des Kunstgewerbes und bei der Serienanfertigung von Gebrauchsgegenständen.[139]

---

131 BGH, Urt. v. 16.06.1994 – I ZR 3/92 (Namensnennungsrecht des Architekten), NJW 1994, 2621, 2622.
132 LG Köln, Urt. v. 29.11.2011 – 28 O 102/07, ZUM-RD 2008, 213, 214.
133 *Bullinger*, in: Wandtke/Bullinger, UrhG, § 13, Rn. 7 mwN. auch zur aM., die § 13 UrhG lediglich auf Werkoriginale anwendet.
134 *Wiebe*, in: Spindler/Schuster, § 13, Rn. 2.
135 OLG Düsseldorf, Urt. v. 09.05.2006 – 20 U 138/05, GRUR-RR 2006, 393, 395; LG Köln, Urt. v. 29.11.2007 – 28 O 102/07, ZUM-RD 2008, 213, 214; *Dietz/Peukert*, in: Schricker/Loewenheim, UrhG, § 13, Rn. 25 mwN.
136 OLG München, Urt. v. 10.02.2011 – 29 U 2749/10, GRUR-RR 2011, 245, 248.
137 OLG München, Urt. v. 20.12.2007 – 29 U 5512/06 (Pumuckl-Illustrationen II), GRUR-RR 2008, 37, 43: Interesse an der Vermeidung von Überfrachtungen. Krit. hierzu *Ullmann*, jurisPR-WettbR 2/2008, Anm. 4.
138 OLG Frankfurt, Beschl. v. 15.08.2014 – 11 W 5/14, GRUR 2015, 374, 376), zudem stillschweigend vereinbarter Verzicht durch jahrzehntelange Hinnahme des Erblassers.
139 *Dreyer*, in: Dreyer/Koffhoff/Meckel, UrhG, § 13, Rn. 33 m. w. Bsp. auch zu Branchenübungen in Arbeits- und Dienstverhältnissen.

Bezogen auf Internetpräsentationen einer grafischen Kunstfigur (des Koboldes 56
„Pumuckl") in einem Comic-Kindermagazin[140] bzw. als Bildergalerien zum freien Abruf und Download[141] und auch für das Merchandising dieser Figur[142] existiert demgegenüber **keine Branchenübung**, den Schöpfer nicht zu nennen. Freilich muss der Hersteller von Tonträgern die Urheberbezeichnung unaufgefordert auf das Werkstück setzen, also auf Vervielfältigungsstücke wie CDs, Schallplatten und CD-ROMs. Der Weitervertrieb von DVDs darf unter Nutzung des Covers in der Werbung erfolgen, wenn auf diesem eine urheberrechtlich geschützte Kobold-Figur illustriert ist – auch hier ist aber das Namensnennungsrecht aus § 13 UrhG zu beachten.[143] Für den Download eines Werkes, auch eines Handyklingeltons, kann die Urheberbezeichnung ohne Weiteres direkt an dem Link angebracht werden.[144] Veröffentlichte Fotos in Presse[145] und Werbung[146] sind stets mit Urhebervermerken zu versehen. Dies gilt auch für die Weiterverwertung von Fotos durch eine Bildagentur.[147] Fotografen ist zu empfehlen, den Urhebervermerk in die Metadaten jeder Bilddatei einzubringen – am besten bereits durch entsprechende Einstellung am Fotoapparat. Zugleich sollten alle digitalen Fotos zur Wiederauffindbarkeit im Netz mit Wasserzeichen versehen sein.[148] Bei Werken der bildenden Kunst erfolgt die Urheberbezeichnung durch Künstlersignatur. Auf einem Stadtbahnwagen erfolgt die Urheberbezeichnung auf dem Herstellerschild.[149]

Die Anbringung eines **Copyright-Vermerks** kann indes nicht auf der Grund- 57
lage des § 13 UrhG verlangt werden, ein solcher spricht auch nur für eine Nutzungsberechtigung und bedeutet nicht die Autorenschaft.[150] Ungeachtet dessen sind vertragliche Abreden über die Anbringung des ©-Vermerks zulässig und üblich bei Verwertungsgesellschaften und Verlagen. Eine dahingehend als „Minus" beschränkte Befugnis, einem Dritten zu untersagen, Fotografien nicht in unzutreffender Weise mit einem Copyright-Vermerk (wie: „© Gedenkstätte …") zu versehen, lässt sich aus § 13 UrhG ebenfalls nicht ableiten.[151] Auch einen Anspruch auf

---

140 OLG München, Urt. v. 22.05.2003 – 29 U 5051/02, NJW-RR 2003, 1627, 1628.
141 LG München, Urt. v. 30.07.2008 – 21 O 12464/07, ZUM-RD 2009, 116 f.
142 LG München, Urt. v. 21.12.2011 – 21 O 11784/11, ZUM-RD 2012, 224 ff.
143 OLG München, Urt. v. 20.05.2010 – 6 U 2236/09 (Pumuckl-Illustrationen III), GRUR-RR 2010, 412 ff.
144 OLG Hamburg, Urt. v. 04.02.2002 – 5 U 106/01 (Handy-Klingeltöne I), NJW-RR 2002, 1410, 1411.
145 LG München I, Urt. v. 05.03.1993 – 21 O 7688/92, ZUM 1995, 57 f.; vgl. auch EuGH, Urt. v. 01.12.2011 – C-145/10 (Painer/Standard), GRUR 2012, 166 ff.
146 OLG Düsseldorf, Urt. v. 11.11.1997 – 20 U 31/97, NJW-RR 1999, 194 ff. für Unternehmensbroschüre.
147 LG Hamburg, Urt. v. 04.04.2003 – 308 O 515/12, ZUM 2004, 675 ff.
148 Vgl. *Nennen*, Anm. zu LG Köln, Urt. v. 20.12.2006 – 28 O 468/06 (Porträtfotos im Internet), MMR 2007, 466 f.
149 BGH, Urt. v. 08.05.2002 – I ZR 98/00 (Stadtbahnfahrzeug), GRUR 2002, 799.
150 OLG München, Urt. v. 24.03.1994 – 6 U 6955/92, MDR 1995, 66 f.; siehe auch Kap. 1, Rn. 347.
151 LG Berlin, Urt. v. 25.03.2014 – 16 O 564/12 (Weiße Rose), GRUR-RR 2014, 439, 441.

Umregistrierung von Musiktiteln bei der *GEMA* statuiert § 13 S. 2 UrhG nicht.[152] Der Urheber eines älteren Werkes kann freilich keinen Hinweis beanspruchen, dass sein Werk für ein neues Werks als Anregung (§ 24 Abs. 1 UrhG) gedient habe.[153]

bb) Nennungsverbot

58 § 13 S. 2 UrhG gewährt auch ein Recht auf Anonymität. Inwieweit der Urheber von der Möglichkeit, nicht genannt zu werden, Gebrauch macht, kann er im **konkreten Einzelfall** selbst entscheiden.[154] Das Nennungsverbot ist auf die Urheberbezeichnung bei der Werkverwertung beschränkt, außerhalb der Nutzung des Werkes ist grundsätzlich jedermann frei, über bestehende oder nicht bestehende Urheberschaften zu berichten.[155] Im Kunsthandel gewährt § 107 UrhG strafrechtlichen Schutz vor unzulässiger Anbringung der Urheberbezeichnung.

59 Mit einer **Ghostwriter-Abrede** verpflichtet sich der Urheber zum Verschweigen der eigenen Urheberschaft, so dass der Namensgeber das Werk als eigenes in der Öffentlichkeit präsentieren kann. Derartige Vereinbarungen werden für zulässig gehalten, soweit sie politische Reden und Texte aktuellen politischen Inhalts betreffen.[156]

cc) Zuschreiben eines fremden Urheberrechts

60 Das Urheberrecht kennt kein Recht, das es dem Urheber erlaubt, Dritten die falsche Zuschreibung eines fremden Werkes zu untersagen (sog. **droit de non-paternité**). Das Recht auf Anerkennung der Urheberschaft am Werk bezieht sich als urheberpersönlichkeitsrechtliche Befugnis nach § 11 UrhG allein auf die geistigen und persönlichen Beziehungen des Urhebers zu einem von ihm kommenden Werk. Es greift also zB. nicht bei der unzutreffenden **Behauptung**, ein Werk der bildenden Kunst stamme von einem bestimmten Künstler. In Betracht kommen aber Ansprüche wegen Verletzung des allgemeinen Persönlichkeitsrechts.[157] Das Urheberpersönlichkeitsrecht bietet auch keine Grundlage für einen Anspruch

---

152 OLG Hamburg, Urt. v. 31.10.2012 – 5 U 37/10, ZUM-RD 2013, 428 ff.; offengelassen von BGH, Urt. v. 16.04.2015 – I ZR 225/12 (Goldrapper), GRUR 2015, 1189 ff. Zu bedenken ist ein auch Einspruch bei der *GEMA*.
153 So ausdrücklich OLG Hamburg, Urt. v. 04.12.2014 – 5 U 72/11, ZUM 2015, 577.
154 OLG Hamburg, Urt. v. 01.06.2011 – 5 U 113/09 (Buy-out mit Pauschalabgeltung), GRUR-RR 2011, 293, 391; LG Kassel, Urt. v. 04.11.2010 – 1 O 772/10, ZUM-RD 2011, 250, 252; *Dustmann*, in: Fromm/Nordemann, UrhG, § 13, Rn. 28.
155 BGH, Urt. v. 08.06.1989 – I ZR 135/87 (Emil Nolde), NJW 1990, 1986 ff.; LG Köln, Urt. v. 09.08.2006 – 28 O 63/06, ZUM-RD 2007, 201 ff. mwN.; LG Köln, Urt. v. 31.07.2009 – 28 O 648/08, BeckRS 2009, 86620.
156 OLG Frankfurt, Urt. v. 01.09.2009 – 11 U 51/08, NJW 2010, 780 ff. mwN., vgl. auch *Ahrens*, GRUR 2013, 21 ff.; *Groh*, GRUR 2012, 870 ff.; *Feldmann*, jurisPR-ITR 20/2009, Anm. 5; *Leuze*, GRUR 2006, 552 ff.; *ders.*, GRUR 2010, 307 ff., und *Kuck*, in: Schwartmann, Praxishandbuch, § 26, Rn. 134 f.
157 BGH, Urt. v. 08.06.1989 – I ZR 135/87 (Emil Nolde), NJW 1990, 1986 ff.: Unterschieben von Aquarellen; LG Köln, Urt. v. 09.08.2006 – 28 O 63/06, ZUM-RD 2007, 201 ff.

wegen Verwendung eines Autorennamens für ein nicht vom Namensträger stammendes Schriftwerk. Maßgeblich ist insoweit das Namensrecht aus § 12 BGB.[158] Ggf. kommen auch (verlags-)vertragliche Treue- und Unterlassungspflichten aus §§ 1004, 280 Abs. 1, 241 Abs. 2 BGB in Betracht, so etwa bei der irreführenden Verwendung der Covergestaltung eines Bestsellers in anderen Verlagsprodukten ohne Namensnennung der Autoren.[159] Wer als Nichtberechtigter vorgibt, Urheberrechte zu lizenzieren, die er nicht innehat, begeht ebenfalls keine Urheberrechtsverletzung.[160]

b) „Wie"

Dem Urheber steht es grundsätzlich frei zu entscheiden, **welche Bezeichnung** zu verwenden und wie diese auszugestalten ist. So darf ein Kreativer wählen zB. zwischen seinem wahren Vor- und Hausnamen, einem Künstlernamen (*Heino*) oder -zeichen (Monogramm „AD" für *Albrecht Dürer*), wenn der Verkehr darin die Bezeichnung einer natürlichen Person erkennt.[161] Ein Hochschullehrer, der an den Texten einer Broschüre mitgearbeitet hat, kann seine Urheberbezeichnung ohne Titel („Prof. Dr. Dr.") verlangen.[162]

61

Der Hinweis auf die Urheberschaft ist **unmissverständlich, klar und eindeutig** anzubringen. Wird der Autor eines auf einem Internetportal eines Verlagshauses präsentierten steuerlichen Fachaufsatzes („Mit ersparten Steuern finanzieren") nur im Fließtext als Autor bezeichnet, ist den Anforderungen des § 13 UrhG nicht genüge getan.[163] Dasselbe gilt für die Benennung in einem Mitarbeiterverzeichnis der Neuausgabe eines Handbuchs der deutschen Gegenwartsliteratur ohne **Zuordnungsmöglichkeit** zu den vom Autor verfassten Beiträgen.[164] Bei Fotografien entspricht es der Verkehrsübung, den Urheber in engem räumlichen Zusammenhang namentlich zu nennen, etwa in Form einer Bildunterschrift. Eine Anbringung des Urhebervermerks dergestalt, dass eine Zuordnung des Urhebers zu dem abgedruckten Foto nicht möglich ist, reicht allerdings nicht.[165] Das Impressum einer Website ist regelmäßig kein geeigneter **Ort**, eine Urheberschaft von Texten

62

---

158 OLG München, Urt. v. 08.11.2001 – 6 U 5070/99, GRUR 2002, 453 f.; vgl. auch LG Düsseldorf, Urt. v. 10.04.2013 – 2a O 235/12, ZUM-RD 2013, 468 ff. zur Nennung eines ehem. Autors als Mitarbeiter einer Monatszeitschrift.
159 LG München, Urt. v. 08.06.2006 – 7 O 17592/04, ZUM 2006, 664 ff.: auch Anspruch aus § 13 UrhG, nicht als Urheber eines fremden Werkes genannt zu werden.
160 OLG Frankfurt, Urt. v. 05.11.2013 – 11 U 92/12 (Skript), ZUM 2014, 803, 804 f., mwN.
161 BGH, Urt. v. 18.09.2014 – I ZR 76/13 (CT-Paradies), WRP 2015, 356 ff. zur Urheberschaftsvermutung nach § 10 Abs. 1 UrhG; BGH, Urt. v. 14.07.1993 – I ZR 47/91 (Buchhaltungsprogramm), NJW 1993, 3136 ff: zu Initialen eines Namens.
162 Der kuriose Rechtsstreit LG München I – 21 O 9790/07 endete am 19.09.2007 durch Vergleich.
163 OLG Hamburg, Urt. v. 17.06.2012 – 5 U 29/10, ZUM-RD 2013, 390 ff.
164 OLG München, Urt. v. 20.01.2000 – 29 U 4724/99, NJW-RR 2000, 1574, 1576.
165 AG Kassel, Urt. v. 17.06.2014 – 410 C 3000/13, MMR 2014, 842 f.; LG München I, Urt. v. 05.03.1993 – 21 O 7688/92, ZUM 1995, 57 f.

oder Fotos auf anderen Seiten des Internetauftritts zweifelsfrei, klar und eindeutig zu kennzeichnen.[166]

4. Besonderheiten der Ansprüche und Geltendmachung

63 Eine Missachtung der Rechte des Urhebers aus § 13 UrhG kann Unterlassungs-, Auskunfts-,[167] Schadenersatz-, Erstattungs- und Vernichtungsansprüche zur Folge haben. Ansprüche und Durchsetzung folgen den allgemeinen Begebenheiten,[168] so dass nachfolgend nur auf Besonderheiten im Zusammenhang mit § 13 UrhG hingewiesen wird. Zur Geltendmachung von Urheberpersönlichkeitsrechten durch den Inhaber eines ausschließlichen Nutzungsrechts oder durch eine Verwertungsgesellschaft bedarf es einer entsprechenden Befugnis durch den Urheber.[169]

a) Unterlassung

64 Die fehlende oder unzureichende Urhebernennung gehört zu den häufigsten Rechtsverletzungen, die zu Abmahnungen führen. Dies gilt bei Fotos auch deshalb, weil diese als Dateien mit Wasserzeichen (unsichtbare Codes) an Kunden herausgegeben werden, so dass Fotografen ihre Bilder in *Google*-Geschwindigkeit mittels einer speziellen Suchsoftware im Netz auffinden.[170] Für den Unterlassungsanspruch aus §§ 97 Abs. 1 iVm. 13 UrhG und dessen Geltendmachung gelten iÜ. die allgemeinen Anforderungen.[171]

b) Schadenersatz

65 Ein Schadenersatzanspruch aus § 97 Abs. 1 S. 1 bis 3 UrhG knüpft an den aus der entgangenen Verwertung entstandenen **materiellen Schaden** an. Bzgl. der drei Berechnungsmethoden und insbesondere die Lizenzanalogie nach § 97 Abs. 1 S. 3 UrhG wird verwiesen.[172]

aa) Materieller Schaden durch unterbliebene Werbewirkung

66 Das Urheberbezeichnungsrecht ist auch für die vermögensrechtlichen Belange des Urhebers von Bedeutung. Einerseits wird die Vermutungswirkung des § 10 Abs. 1 UrhG ausgehebelt.[173] Zugleich entgeht Urhebern **Eigenwerbung**

---

166 AG Frankfurt, Urt. v. 17.03.2006 – 31 C 2689/05, ZUM-RD 2006, 479, 480: zumal auch der Hinweis auf das Impressum nur schlecht zu finden war. Weitere Bsp. zum Ort der Werkbezeichnung bei *Schulze*, in: Dreier/Schulze, UrhG, § 13, Rn. 20.
167 *Schulze*, in: Dreier/Schulze, UrhG, § 13, Rn. 34 mwN.
168 Hierzu siehe Kap. 7, Rn. 49 ff.
169 Vgl. dazu schon Rn. 26 ff.
170 Vgl. *Nennen*, Anm. zu LG Köln, Urt. v. 20.12.2006 – 28 O 468/06 (Porträtfotos im Internet), MMR 2007, 466 f.; zu Massenabmahnungen (wegen unterlassener Urheberbenennung) vgl. *Maaßen*, GRUR-Prax 2013, 127 ff.
171 Vgl. Kap. 7, Rn. 69 ff.; Bsp. zur Antragsfassung bei *Maaßen*, in: Limper/Musiol, FormBUMR, Kap. 15, Rn. 482.
172 Vgl. Kap. 7, Rn. 92 ff.
173 AG Kassel, Urt. v. 17.06.2014 – 410 C 3000/13, MMR 2014, 842 f.

und -präsentation, wenn ein entsprechender Urhebervermerk fehlt. Für **Autoren** kommt der ordnungsgemäßen Nennung des Namens im Hinblick auf den hierdurch zu erzielenden Werbeeffekt hohe Bedeutung zu. Ein solcher Effekt erschöpft sich nicht in der Möglichkeit, den Namen des Autors durch die Platzierung auf dem Buchdeckel im Verkaufsladen zur Kenntnis zu nehmen. Vielmehr ist davon auszugehen, dass die Autorennennung beim Leser nachwirken und insoweit auf zukünftige Kaufentscheidungen Einfluss haben kann.[174] Die korrekte Angabe seiner Daten unterhalb des Fotos kann für einen **Berufsfotografen** mit neuen Aufträgen verbunden sein. Diese unterbliebene Werbewirkung, also der entgangene Werbewert,[175] ist als finanzielle Einbuße über einen Schadenersatz zu kompensieren.

bb) Zuschlag auf die lizenzanalog ermittelte Vergütung

Wie ausgeführt hat das Urheberbezeichnungsrecht auch für die vermögensrechtlichen Belange des **Fotografen** Bedeutung, so dass bei Berufsfotografen dem entgangenen Werbewert in der Regel durch die Zubilligung eines Zuschlages von 100 % pauschalierend Rechnung getragen wird.[176] Dieser Zuschlag ist unter vernünftigen Vertragsparteien bei nicht professionell hergestellten Produktfotos der in einem Onlineshop angebotenen Waren auf 50 % zu reduzieren.[177] Nicht selten werden materielle Ausgleichsansprüche wegen unterlassener Urheberbezeichnung aber auch verwehrt, weil eine nennenswerte Werbewirkung nicht festzustellen sei.[178] Für unterlassene Quellenangaben bei **Kartenwerken** erhöht die Rechtspre-

---

174 LG Köln, Urt. v. 29.11.2007 – 28 O 102/07, ZUM-RD 2008, 213, 215; OLG Hamburg, Urt. v. 27.06.2012 – 5 U 29/10, ZUM-RD 2013, 390 ff., zur Onlinenutzung von Fachaufsätzen zu verschiedenen Wirtschafts- und Steuerthemen; OLG München, Urt. v. 20.01.2000 – 20 U 4724/99, NJW-RR 2000, 1574 ff., für ein Literaturhandbuch.
175 So zB. OLG München, Urt. v. 05.12.2013 – 6 U 1448/13, ZUM-RD 2014, 165 f.; weitere Nachweise zur Rspr. bei *Berger*, jurisPR-ITR 19/2014, Anm. 3.
176 OLG München, Urt. v. 21.11.2013 – 6 U 1500/13 (Kippschalter), GRUR-RR 2014, 377: auch bei zeitweiser Untätigkeit des Fotografen infolge einer Privatinsolvenz; OLG Köln, Urt. v. 31.10.2014 – 6 U 60/14 (Creative Commons-Lizenz „non-commercial"), NJW 2015, 789, 794), i.E. aber mangels Schadens abgelehnt; LG Potsdam, Urt. v. 30.01.2013 – 2 O 29/12, BeckRS 2014, 16335; LG Düsseldorf, Urt. v. 24.10.2012 – 23 S 386/11, ZUM-RD 2013, 206 ff.: Fotonutzung auch zur Werbung der Tätigkeit als Musiker; AG Kassel, Urt. v. 17.06.2014 – 410 C 3000/13, MMR 2014, 842 f.; AG Düsseldorf, Urt. v. 02.10.2014 – 57 C 4668/14: 75 % bei Benennung per Mausover.
177 OLG München, Urt. v. 05.12.2013 – 6 U 1448/13, ZUM-RD 2014, 165 f., Anm. von *Kleinemenke*, GRUR-Prax 2014, 87, und *Lerach*, jurisPR-WettbR 6/2014, Anm. 2.
178 OLG Schleswig, Urt. v. 08.06.2010 – 6 U 27/09, juris für das Einstellen von Fotos auf einer Hotelwebsite; LG Stuttgart, Urt. v. 28.02.2013 – 17 O 872/12; LG Oldenburg, Urt. v. 04.12.2013 – 5 S 320/13, juris; LG Oldenburg, Urt. v. 27.03.2013 – 5 O 2763/12, juris. Vgl. auch OLG Braunschweig, Urt. v. 08.02.2012 – 2 U 7/11 (MFM-Honorarempfehlungen), GRUR 2012, 920 ff., für Nutzung eines einfachen Produktfotos bei einem privaten *eBay*-Verkauf, und OLG Düsseldorf, Urt. v. 29.08.2014 – 20 U 114/13 mwN.: keine schematische Vervielfachung der Lizenz.

chung die Lizenzgebühr um einen Zuschlag von 50 %[179] oder verwehrt einen solchen komplett.[180] Wegen der besonderen Bedeutung der ordnungsgemäßen Nennung des Namens eines **Autors**[181] wird für die Veröffentlichung wissenschaftlicher Beiträge in einem Literaturlexikon ein Zuschlag von 100 % als angemessen angesehen.[182] Auch ein Synchronsprecher, der nicht im Vor- oder Abspann des Spielfilms genannt wird, erhält deswegen eine Kompensation in Höhe von 100 % des Nutzungshonorars.[183]

cc) Kein Verletzerzuschlag oder Strafschadenersatz

68 Einen **Verletzerzuschlag**[184] im Sinne eines als Strafe angelegten Schadenersatzes (auch: Strafschadenersatz) kennt das deutsche Recht hingegen nicht.[185] Einen solchen gibt es iÜ. auch nicht bei der Verletzung von Rechten, die durch die *GEMA* wahrgenommen werden.[186] Sowohl bzgl. der *GEMA* (dort die sog. Vorhaltekosten für den umfangreichen und kostspieligen Apparat zur Kontrolle und Wahrnehmung der Rechte)[187] als auch bei fehlender Urhebernennung (Werbewert, entgangene Werbewirkung) geht es um den Ersatz eines in Geld zu bemessenden, also materiellen Schadens.

c) *Geldentschädigung*

69 Ein Ausgleich immaterieller Schäden durch Geldentschädigung nach § 97 Abs. 2 S. 4 UrhG setzt voraus, dass es sich um eine **schwerwiegende Verletzung** des Urheberpersönlichkeitsrechts handelt und die Beeinträchtigung nicht in anderer Weise befriedigend ausgeglichen werden kann.[188] Ein solches kann gegeben sein bei einer

---

179 KG, Urt. v. 31.03.2012 – 24 U 130/10, ZUM-RD 2012, 331 ff.
180 AG Bielefeld, Urt. v. 12.09.2013 – 42 C 58/13, BeckRS 2013, 18070, ohne auf den Werbewert der (unterlassenen) Namensnennung einzugehen.
181 Vgl. Rn. 67.
182 LG Köln, Urt. v. 29.11.2007 – 28 O 102/07, ZUM-RD 2008, 213, 215; OLG Hamburg, Urt. v. 27.06.2012 – 5 U 29/10, ZUM-RD 2013, 390 ff., zur Onlinenutzung von Fachaufsätzen zu verschiedenen Wirtschafts- und Steuerthemen; OLG München, Urt. v. 20.01.2000 – 20 U 4724/99, NJW-RR 2000, 1574 ff., für ein Literaturhandbuch.
183 LG Berlin, Urt. v. 04.11.2014 – 15 O 153/14, ZUM 2015, 264; siehe allgemein auch Kap. 7, Rn. 107 ff.
184 Diesen Begriff verwenden zB. OLG Hamm, Urt. v. 13.02.2014 – 22 U 98/13, ZUM 2014, 408, 409 f.; LG Düsseldorf, Urt. v. 24.10.2012 – 23 S 386/11, ZUM-RD 2013, 206 ff.; AG Kassel, Urt. v. 17.06.2014 – 410 C 3000/13, MMR 2014, 842 f.
185 Insoweit richtig AG Bielefeld, Urt. v. 12.09.2013 – 42 C 58/13, BeckRS 2013, 18070; AG Köln, Urt. v. 08.08.2013, ZUM-RD 2014, 300 f.; *Maaßen*, in: Limper/Musiol, FormB-UMR, Kap. 15, Rn. 487 mwN. Vgl. zudem Rn. 257.
186 So aber zB. OLG Düsseldorf, Urt. v. 11.11.1997 – 20 U 31/97, NJW-RR 1999, 194 ff., und *Berger*, jurisPR-ITR 19/2014, Anm. 3.
187 BGH, Urt. v. 10.03.1972 – I ZR 160/70 (Doppelte Tarifgebühr), NJW 1973, 96; LG Düsseldorf, Urt. v. 29.09.2010 – 12 O 235/09, ZUM-RD 2011, 105 ff.
188 Vgl. bereits Rn. 31 ff. Speziell zu § 13 UrhG vgl. BGH, Urt. v. 15.01.2015 – I ZR 148/13 (Motorradteile), GRUR 2015, 780.

dreisten Anmaßung der Urheberschaft an einem Text oder Foto, wobei Anlass und Beweggrund des Handelnden sowie der Grad seines Verschuldens Berücksichtigung finden.[189] Der **Fotograf** erwirbt im Regelfall keinen Anspruch auf Ausgleich eines immateriellen Schadens durch Geldentschädigung allein dadurch, dass sein Bild ohne seine Zustimmung und Nennung veröffentlicht wird.[190] Bei einer Veröffentlichung eines Rechtsratgebers „Schenken & Erbschaft" ohne Autorennennung wurde demgegenüber eine schwerwiegende Verletzung des Urheberpersönlichkeitsrechts des **Autors** bejaht.[191] Benennt eine Wochenzeitschrift beim Abdruck eines Kurzkrimis versehentlich einen falschen Autor, erfordert die Schwere der Beeinträchtigung keine Geldentschädigung, wenn in der nächsten Ausgabe eine Richtigstellung erfolgt.[192]

Weil sich der Anspruch aus § 97 Abs. 2 S. 4 UrhG auf einen immateriellen Schaden bezieht, kann die **Höhe** nicht im Wege der Lizenzanalogie berechnet werden, sie ist vielmehr durch Schadensschätzung gemäß § 287 ZPO zu bestimmen.[193]

d) Vernichtung

Bei Missachtung des Urheberbezeichnungsrechts kann auch ein Vernichtungsanspruch nach § 98 UrhG bestehen.[194]

5. Vertragliches

a) Ausgestaltung der Urheberbezeichnung

Eine **vertraglich festgelegte Ausgestaltung des Urhebervermerks** ist grundsätzlich zulässig; ein solches kann auch im Rahmen von AGB und Lizenzbedingungen geschehen wie zB. bzgl. der Fotonutzung:

> „Der Nutzer hat in der für die jeweilige Verwendung üblichen Weise und soweit technisch möglich am Bild selbst oder am Seitenende B und den Urheber mit seinem beim Upload des Bildes genannten Fotografennamen bei B in folgender Form zu nennen: ‚© Fotografenname / B'. Bei Nutzung im Internet oder digitalen Medien muss zudem der Hinweis auf B in Form eines Links zu www.anonym.de erfolgen."

---

189 Zur Anmaßung des Urheberrechts vgl. Rn. 50 ff.
190 OLG München, Urt. v. 21.11.2013 – 6 U 1500/13 (Kippschalter), GRUR-RR 2014, 377; OLG Hamburg, Urt. v. 02.09.2009 – 5 U 8/08, MMR 2010, 196 ff.; OLG Braunschweig, Urt. v. 08.02.2012 – 2 U 7/11, GRUR 2012, 920 ff.
191 LG Köln, Urt. v. 29.11.2011 – 28 O 102/07, ZUM-RD 2008, 213 ff., einmal 100 % (zugleich unter Berücksichtigung des unterbliebenen Werbeeffektes).
192 AG Charlottenburg, Urt. v. 15.11.2004 – 237 C 123/04, ZUM-RD 2005, 356 ff.; aA. *Spieker*, GRUR 2006, 118, 124.
193 LG München, Urt. v. 02.01.2005 – 7 O 6364/04, BauR 2005, 1683 f.; OLG Hamm, Urt. v. 21.11.1991 – 4 U 2/91 (Siegerlandhalle), BeckRS 1991, 31006725.
194 Vgl. OLG Hamm, Urt. v. 07.08.2007 – 4 U 14/07, GRUR-RR 2008, 154 ff. zu unterlassenen Hinweisen auf Software; zum Vernichtungsanspruch allgemein s. Kap. 7, Rn. 60 ff.

Eine Pflicht zur Anbringung einer Urheberbezeichnung in oder auf der vergrößerten Direktansicht des Fotos nach Aufruf der Bild-URL lässt sich aus dieser Klausel indes nicht ableiten.[195]

73 Eine in einer sog. **Creative Commons-Lizenz (CC-Lizenz)**[196] enthaltene Regelung, auf Fotos vorhandene Urheberbezeichnungen beizubehalten („must keep intact all copright notices") und den Urheber anzuerkennen („give the Original Autor credit") ist wirksam. Wer auf dieser Grundlage die in der rechten unteren Ecke eines Lichtbildes angebrachte Urheberbezeichnung durch Beschneiden des Bildes entfernt, verstößt selbst dann gegen § 13 UrhG, wenn er den Urheber auf der Internetseite unterhalb des Bildes benennt.[197] Verlangen Lizenzbedingungen, dass der Urheber des Fotos am Bild selbst oder am Seitenende zu benennen ist, reicht es nicht, wenn die Urheberbezeichnung lediglich durch Überstreichen des Bildes mit dem Mauszeiger (sog. „mouseover") erkennbar wird.[198] Auch hier sind ggfls. **Branchenübungen** zu beachten, allerdings ebenfalls bei sorgfältiger Prüfung im Einzelfall.[199] Für das Verlagswesen gilt § 14 S. 2 VerlG, der dem Verleger die Entscheidung über die konkrete äußere Form der Anbringung der Urheberbezeichnung überlässt.

b) Einschränkung oder Verzicht

74 Das Recht des Urhebers auf Namensnennung entsteht nicht erst mit der Geltendmachung. Dem Urheber steht es aber frei, für den konkreten Einzelfall sein Namensrecht zeitweilig oder auf Dauer nicht auszuüben. Vereinbarungen über die Urheberbezeichnung im Rahmen einer Nutzungsrechtseinräumung, eine entsprechende **Einschränkung oder Änderung der Urheberbezeichnung oder ein Verzicht** hierauf sind, wie sich aus § 39 UrhG ergibt, trotz Unübertragbarkeit und Unverzichtbarkeit in Bezug auf das Stammrecht grundsätzlich zulässig.[200] Indes sind zum Schutze des Urhebers **strenge Anforderungen** zu stellen:

75 Dies gilt – einerseits –, **ob überhaupt** eine vertragliche Einschränkung des Rechts auf Urheberbezeichnung vorliegt. Zwar lässt sich ein **Verzicht** auch durch konkludentes Verhalten vereinbaren.[201] Insoweit sind aber nach den allgemeinen

---

195 OLG Köln, 6 U 25/14, Erledigung durch Rücknahme auf Erlass der einstweiligen Verfügung nach Hinweis in mdl. Verhandlung v. 15.08.2014 – anders zuvor LG Köln, Urt. v. 30.01.2014 – 14 O 427/13 (Pixelio), ZUM-RD 2014, 220 ff. m. Anm. *Wieddekind*, GRUR-Prax 2014, 88; *Hilgert*, MMR 2014, 266 f.; *Stadler*, K&R 2014, 213 f.
196 Hierzu allgemein s. Kap. 4, Rn. 300 ff., insb. 302.
197 OLG Köln, Urt. v. 31.10.2014 – 6 U 60/14, GRUR 2015, 167 ff., m. Anm. von *Dörre*, GRUR-Prax 2014, 516 ff., und *Weller*, jurisPR-ITR 2/2015, Anm. 2.
198 AG Düsseldorf, Urt. v. 03.09.2014 – 57 C 5593/14, BeckRS 2014, 22406.
199 Vgl. dazu bereits Rn. 56 f. Viele Bsp. üblicher Urhebervermerke bei *A. Nordemann*, in: Fromm/Nordemann, UrhG, § 10, Rn. 16.
200 BGH, Urt. v. 16.06.1994 – I ZR 3/92 (Namensnennungsrecht des Architekten), NJW 1994, 2621 ff.; OLG Hamm, Urt. v. 07.08.2007 – 4 U 14/07, GRUR-RR 2008, 154 ff. mwN.
201 OLG Frankfurt, Urt. v. 15.08.2014 – 11 W 5/14, WRP 2014, 1344 ff.: Erben an Stillschweigen gebunden.

Grundsätzen unmissverständliche Anhaltspunkte erforderlich. Aus dem Umstand, dass jemand von seinem Urheberbenennungsrecht, zB. entsprechend der Gepflogenheiten bei einem Graffiti, keinen Gebrauch macht, folgt noch kein Verzicht.[202] Dasselbe gilt freilich auch für das bloße Übersenden von Texten und Fotos zur Veröffentlichung in einer Broschüre und auf einer Internetseite ohne jeglichen Hinweis auf eine Namensnennung.[203] Auch eine „umfassende" und ausschließliche Einräumung von Nutzungsrechten (hier: Computerprogramme „in denkbar umfassender Weise ... in jeder Hinsicht zu verwerten") berechtigt nicht dazu, einen angebrachten Copyright-Vermerk wegzulassen oder zu ändern.[204] Bestehen Zweifel, ist in Anwendung des Zweckübertragungsgedankens davon auszugehen, dass der Urheber nicht auf seine Rechte aus § 13 UrhG verzichten wollte.[205]

Andererseits bedarf es einer **Interessenabwägung,** ob ein Verzicht auf eine Bezeichnung für den Urheber zumutbar ist. Hierbei sind etwa Intensität des Eingriffs, dessen Erforderlichkeit im Hinblick auf die vertragsgemäße Auswertung, eine Branchenüblichkeit und der Vertrags- bzw. Verwertungszweck zu berücksichtigen. Der Urheber ist an eine Beschränkung durch Nichtnennung nicht per se auf Dauer gebunden. Er kann den Verzicht analog § 41 Abs. 4 Satz 2 UrhG **widerrufen.**[206]   76

In **Allgemeinen Geschäftsbedingungen** lässt sich eine (Verzichts-)Entscheidung nicht kategorisch im Voraus festlegen. Die Klausel „Der Verlag ist zur Namensnennung des Fotografen berechtigt, aber nicht verpflichtet, wenn nicht Fotograf und Verlag etwas anderes schriftlich vereinbaren" in einem „Rahmenvertrag für Auftragsproduktion/Foto" ist daher als unangemessene Benachteiligung nach § 307 Abs. 2 Nr. 1 BGB iVm. § 13 UrhG unwirksam.[207] Entsprechendes gilt für eine vergleichbare Regelung zu Lasten eines Synchronsprechers in einem Vertrag mit einer Filmverleih-Firma.[208] Nichtig ist auch die Klausel in einer Rahmenvereinbarung für freiberufliche Journalisten „Der freie Mitarbeiter wird seine Urheberpersönlichkeitsrechte nicht in einer Weise geltend machen, die einen Konflikt mit den der Gesellschaft überlassenen Befugnissen und den wirtschaftlichen Interessen der Gesellschaft herbeiführen kann." Denn dadurch würde jeder Kon-   77

---

202 BGH, Urt. v. 24.05.2007 – I ZR 42/04 (Staatsgeschenk), GRUR 2007, 691 ff.; vgl. auch *Czernik*, ZfIR 2014, 551 ff.
203 AG Frankfurt, Urt. v. 17.03.2006 – 31 C 2689/05, ZUM-RD 2006, 479 ff.; AG Kassel, Urt. v. 17.06.2014 – 410 C 3000/13, MMR 2014, 842 f.
204 OLG Hamm, Urt. v. 07.08.2007 – 4 U 14/07, GRUR-RR 2008, 154 ff.
205 LG Hamburg, Urt. v. 04.04.2003 – 515/02, ZUM 2004, 675 ff., zur Zweckübertragungstheorie vgl. Kap. 4, Rn. 35 ff.
206 OLG Frankfurt, Urt. v. 15.08.2014 – 11 W 5/14, WRP 2014, 1344 ff.; OLG München, Urt. v. 10.02.1011 – 29 U 2749/10 (Tatort-Vorspann), GRUR-RR 2011, 245 ff.; OLG München, Urt. v. 04.09.2003 – 29 U 4743/02, ZUM 2003, 964.
207 OLG Hamburg, Urt. v. 01.06.2011 – 5 U 113/09 (Buy-out mit Pauschalabgeltung), GRUR-RR 2011, 293 ff.
208 LG Berlin, Urt. v. 04.11.2014 – 15 O 153/14.

flikt mit irgendwelchen wirtschaftlichen Interessen des Klauselverwenders ausgeschlossen.[209]

IV. Recht auf Werkintegrität, § 14 UrhG

Literatur: *Bauer*, Die Urheberpersönlichkeitsrechte in der Praxis – Teil 1, IPRB 2013, S. 259–263; *Bisges*, Urheberrechtliche Aspekte des elektronischen Dokumentenmanagements, 2009; *Czernik*, Energetische Modernisierungsmaßnahmen als Eingriff in das Urheberrecht!, IMR 2015, S. 103; *ders.*, Standortspezifische Kunst als besondere Herausforderung im Immobilienrecht, ZfIR 2013, S. 459–465; *v.Have/Eickmeier*, Das Lied eines Boxers, ZUM 1995, S. 32–35; *Obergfell*, post mortem? – Der Urheberrechtsfall „Stuttgart 21", GRUR-Prax 2010, S. 233–236; *Schascha*, Das Urheberpersönlichkeitsrecht in der dritten Dimension, UFITA 2012, S. 721–742; *Schulze*, Urheberrecht der Architekten – Teil 2, NZBau 2007, S. 611–617; *Stellmann/Depprich*, Das Architektenurheberrecht, ZfIR 2012, S. 41–48; *Wandtke/Czernik*, Der urheberrechtliche Integritätsschutz von Bau(kunst)werken ..., GRUR 2014, S. 835–842; *Werner*, Abriss eines Bauwerks: Eingriff in das Urheberrecht des Architekten?, BauR 2004, S. 1675–1677.

78 Gemäß § 14 UrhG hat der Urheber das Recht, eine Entstellung oder eine andere Beeinträchtigung seines Werkes zu verbieten, die geeignet ist, seine berechtigten geistigen oder persönlichen Interessen am Werk zu gefährden. Der Urheber kann grundsätzlich beanspruchen, dass das von ihm geschaffene Werk, in dem seine individuelle künstlerische Schöpferkraft ihren Ausdruck gefunden hat, der Mit- und Nachwelt in seiner **unveränderten Gestalt** zugänglich gemacht wird.[210]

1. Werk

79 Der Schutz aus § 14 UrhG umfasst **alle Werkarten.** Im Filmrecht wird die Vorschrift durch § 93 Abs. 1 UrhG modifiziert.[211] Weitere änderungsrechtliche Bestimmungen für Werknutzungen enthalten § 39 UrhG (für vertragliche Nutzungen) und § 62 UrhG (für nach den Schrankenregelungen der §§ 44a ff. UrhG zulässige Nutzungen).[212]

80 Bei den **Leistungsschutzrechten** verweisen § 70 Abs. 1 UrhG (Wissenschaftliche Ausgaben) und § 72 Abs. 1 UrhG (Lichtbilder) auf den ersten Teil des UrhG und damit auch auf § 14 UrhG. Für ausübende Künstler normiert § 75 UrhG einen Schutz vor Entstellung und sonstiger Beeinträchtigung. Änderungs- und Bearbeitungsverbote können sich auch aus **vertraglichen Regelungen** ergeben, zB. aus einer Künstlerquittung (auch Honorarquittung) zur Übertragung der Nutzungs-

---

209 OLG Rostock, Urt. v. 09.05.2012 – 2 U 18/11, ZUM 2012, 706 ff.; ebenso bereits OLG Hamm, Urt. v. 27.01.2011 – 4 U 183/10.
210 BGH, Urt. v. 19.03.2008 – I ZR 16/05 (St. Gottfried), NJW 2008, 3784, 3786; BGH, Urt. v. 01.10.1998 – I ZR 104/96 (Treppenhausgestaltung), NJW 1999, 790, 791; OLG Dresden, Urt. v. 13.11.2012 – 11 U 853/12 (Kulturpalast, Urheberrecht des Architekten), GRUR-RR 2013, 51 ff.; LG Berlin, Urt. v. 07.02.2012 – 15 O 199/11, ZUM 2012, 507, 510.
211 Vgl. Kap. 6, Rn. 126 ff.
212 Hierzu vgl. Kap. 3, Rn. 28 ff.

rechte eines Gast- oder Studiomusikers.²¹³ Solche Verbote gelten nur für die Vertragsparteien.

2. Entstellung oder andere Beeinträchtigung

Die weitere Prüfung des § 14 UrhG erfolgt in einem **dreistufigen Verfahren**²¹⁴ wie folgt:

81

Auf der **1. Stufe** stellt sich folgende Frage: Liegt aus objektiver Sicht eine Entstellung oder andere Beeinträchtigung vor? (Dazu nachfolgend). Wird diese Frage bejaht, gilt es auf der **2. Stufe** Folgendes zu beurteilen: Ist dadurch eine Gefährdung der Urheberinteressen möglich? (Dazu nachfolgend unter „3. Eignung zur Interessengefährdung"). Soweit auch diese Voraussetzungen vorliegen, gelangt die Prüfung auf die **3. Stufe**: Sind die Urheberinteressen nach umfassender Abwägung als höher zu gewichten als gegenläufige Interessen? (Dazu nachfolgend unter „4. Interessenabwägung").

Das Änderungsverbot richtet sich gegen eine Verletzung des Bestands und der Unversehrtheit des Werks selbst in seiner konkret geschaffenen Gestaltung. Die Beeinträchtigung iSd. § 14 UrhG stellt dabei den Oberbegriff, eine Entstellung ist (bei lediglich graduellem Unterschied)²¹⁵ eine besonders gravierende Beeinträchtigung. Der Begriff der Beeinträchtigung erfasst jede aus Sicht eines unvoreingenommenen Durchschnittsbetrachters erkennbare **Änderung des geistig-ästhetischen Gesamteindrucks** des Werkes. Ausgangspunkt ist der Eindruck, wie er in der vom Urheber geschaffenen Gestaltung sinnlich wahrnehmbar ist. Unerheblich ist, ob der Eindruck des Werkes verschlechtert oder verbessert worden ist.²¹⁶

82

a) Eingriff in die (körperliche) Werksubstanz

Das Änderungsverbot richtet sich zunächst gegen eine Verletzung des Bestands und der Unversehrtheit des Werkes selbst in seiner **konkret geschaffenen Gestaltung** und insoweit gegen Eingriffe in die Werksubstanz, also zB. Verstümmelungen, Entstellungen, Verfremdungen, Kürzungen oder Zusätze.

83

---

213 KG, Urt. v. 18.11.2003 – 5 U 350/02, GRUR-RR 2004, 129 ff. Zu den Grenzen eines formularvertraglichen Bearbeitungsverbotes für ein Bühnenwerk vgl. KG, Urt. v. 21.06.2005 – 5 U 15/05, ZUM-RD 2005, 381 ff., m. Anm. *Hillig*, RzU KGZ Nr. 124.
214 OLG Stuttgart, Urt. v. 06.10.2010 – 4 U 106/10 (Stuttgart 21), GRUR-RR 2011, 56, 58 f.; LG München, Urt. v. 10.01.2008 – 7 O 8427/07, GRUR-RR 2008, 44, 45; LG München, Urt. v. 24.05.2007 – 7 O 6358/07, GRUR-RR 2007, 226, 228 f.; vgl. auch *Wandtke//Czernik*, GRUR 2014, 835, 837 f.; *Obergfell*, GRUR-Prax 2010, 233 ff.; *Dietz/Peukert*, in: Schricker/Loewenheim, UrhG, § 14, Rn. 18, dort auch Lit. zur aA.
215 OLG München, Urt. v. 16.03.1995 – 29 U 2496/94, NJWE-MietR 1996, 116 f.; *Dietz/ Peukert*, in: Schricker/Loewenheim, UrhG, § 14, Rn. 19 f. Dieser graduelle Unterschied kann bei (dem Umfang) einer Geldentschädigung relevant werden, vgl. Rn. 102.
216 OLG Köln, Urt. v. 12.06.2009 – 6 U 215/08 (Pferdeskulptur), GRUR-RR 2010, 182, 186; OLG Hamburg, Urt. v. 04.12.2014 – 5 U 72/11, ZUM 2015, 577: keine Orientierung an der „objektiven" künstlerischen Qualität, über die gestritten werden kann.

84 Umformulierungen ganzer **Textpassagen** einschließlich der wortwörtlichen Zitate von Personen, so dass kaum Satzbestandteile übernommen und selbst einzelne Begrifflichkeiten (grundlos) ersetzt werden, überschreiten die Grenzen eines vertraglich eingeräumten Bearbeitungsrechts.[217] Soweit ein übernommenes Zitat verständlich bleibt und auch nicht vom Sinngehalt verfälscht wird, führt das Weglassen eines Kommas bei ansonsten korrekter und vollständiger Übernahme indes noch nicht zu einer Beeinträchtigung oder Entstellung des Werkes.[218] In der Kürzung von **Musik** einer mehrteiligen TV-Serie und in dem Ersetzen erheblicher Teile durch die Musik eines anderen Komponisten liegt ein urheberrechtlich relevanter Eingriff. Mit einer einheitlichen musikalischen Grundkonzeption und konsequent verfolgtem Leitmotiv stellt die Musik nämlich als Ganzes und nicht nur bzgl. der einzelnen „Takes" ein schutzfähiges Gesamtwerk dar.[219]

85 Die Nutzung eines Werkes der **bildenden Kunst** in einem redaktionellen Fernsehbeitrag, das durch filmtechnische Effekte wie Verfremdungen oder Überblendungen verändert wird, kann das Urheberpersönlichkeitsrecht verletzen.[220] Wird eine urheberrechtlich geschützte Lichtinstallation an einem Haus als Bildschirmschoner präsentiert und durch Ein- und Ausblendungen eines sich bewegenden Sparkassenlogos auf Front- und Seitenfläche des Hauses „ergänzt", liegt eine Entstellung vor.[221] Eine Substanzveränderung ist zu bejahen, wenn die Position der Tiere einer Pferdeskulptur zueinander verändert wird – ungeachtet einer Verbesserung oder Verschlechterung des Werkeindruckes.[222] Der BGH sah in der Verwendung von bearbeiteten Bühnenbildern im Rahmen einer von einem neuen Spielleiter und einem neuen Bühnenbildner gestalteten Aufführung allerdings keinen Verstoß gegen § 14 UrhG.[223] Beeinträchtigungen von **Fotos** können etwa durch digitale Nachbearbeitungen oder ausschnittsweise Veröffentlichungen erfolgen.[224] Der Abdruck eines im Zusammenhang mit der angeblichen Erscheinung der Mutter Gottes stehenden Fotos auf dem Kopf stehend in einem „grenzwissenschaftlichen" Magazin ist keine Entstellung.[225] Dasselbe gilt für das bloße Einscannen und Abspeichern von Fotos.[226]

---

217 LG Hamburg, Urt. v. 22.10.2010 – 308 O 78/10 (Plan B), GRUR-RR 2010, 460, 461 f.
218 LG München I, Urt. v. 13.05.2009 – 21 O 618/09, ZUM 2009, 678 f.: Motto als Kleinzitat nach § 51 S. 2 Nr. 2 UrhG, auch kein Verstoß gegen §§ 82, 39 UrhG; bestätigt durch OLG München, Urt. v. 17.09.2009 – 29 U 3271/09, ZUM 2009, 970 f.
219 OLG München, Urt. v. 26.09.1991 – 29 U 2285/89, GRUR Int. 1993, 332, 333 f.
220 LG München, Urt. v. 03.09.1998 – 7 O 873/98, ZUM-RD 2000, 308, 310 f.
221 LG München, Urt. v. 04.04.2007 – 21 O 1856/07, InstGE 8, 95 ff.
222 OLG Köln, Urt. v. 12.06.2009 – 6 U 215/08 (Pferdeskulptur), GRUR-RR 2010, 182, 186 f.
223 BGH, Urt. v. 13.10.1988 – I ZR 15/87 (Oberammergauer Passionsspiele II), NJW 1989, 384, 385 f.
224 OLG Hamburg, Urt. v. 04.12.2014 – 5 U 72/11, ZUM 2015, 577; LG München I, Urt. v. 05.03.1993 – 21 O 7688/92, ZUM 1995, 57 f.
225 OLG München, Urt. v. 21.03.1996 – 29 U 5512/95, NJW-RR 1997, 493 f.
226 BGH, Urt. v. 19.03.2014 – I ZR 35/13 (Porträtkunst), GRUR 2014, 974, 975.

Die nachträgliche 3D-Konvertierung eines **Filmes** kann die Grenze zur Entstellung überschreiten.²²⁷

Im Bereich der **Architektur** finden sich in der Rechtsprechung zahlreiche Beispiele für Eingriffe in die Bausubstanz, etwa Teilabrisse und -neugestaltungen,²²⁸ die Entfernung und Neuerrichtung des Altars auf einer ebenfalls neu errichteten vorgezogenen Altarinsel.²²⁹ Es reicht, wenn der Betrachter annehmen kann, das (veränderte) Werk stamme vom (ursprünglichen) Urheber,²³⁰ wenn der Eingriff bei einem Gebäude den Raumeindruck²³¹ oder ästhetische Wirkung, den Charakter, erheblich verändert.²³² Wird in einem Bahnhofsgebäude statt der geplanten Kreuzgewölbedecke, bestehend auf Gewölbetischen und -segeln, eine Flachdecke errichtet, liegt eine Entstellung vor.²³³ Zu den Eingriffen in die Bausubstanz gehören auch die Änderung der Farbe der Fassade und ein (bauliches) Hervorsetzen dieser für das Erdgeschoss.²³⁴ Der Einbau eines sich durch mehrere Zimmer ziehenden Belüftungssystems nebst der erforderlichen Umkofferung der zu verlegenden Abluftleitungen stellt eine erhebliche Beeinträchtigung der urheberrechtlich geschützten Wohnung dar.²³⁵

86

b) Beeinträchtigung ohne Substanzeingriff

Der Schutz des § 14 UrhG ist nicht beschränkt auf die Substanz des Werkes als körperliches Werkstück, weil sich in diesem das urheberrechtlich geschützte Werk als Immaterialgut lediglich konkretisiert.²³⁶ Bleibt das Werkstück selbst unangetastet, so kann eine **Änderung außerhalb des Werkstückes liegender Faktoren** dennoch dazu führen, dass der individuelle Gesamteindruck des Werkes sich verändert, sofern die betreffende Einwirkung auf das Umfeld unmittelbaren Einfluss auf die Werkrezeption hat. Eine solche indirekte Änderung des Werkes ist etwa die Werkwiedergabe und -nutzung in einem beeinträchtigenden Zusammenhang, nachfolgend aa), und die in diesem Zusammenhang spezielle Frage eines Ortsbezugs von Kunstwerken, vgl. unter bb).

87

---

227 Vgl. *Schascha*, UFITA 2012, 721 ff.
228 OLG Dresden, Urt. v. 13.11.2012 – 11 U 853/12 (Kulturpalast), GRUR-RR 2013, 51 ff.: Neugestaltung des Mehrzwecksaales; OLG München, Urt. v. 21.12.2000 – 6 U 3711/00, GRUR-RR 2001, 177 ff.: Abriss des Kirchenschiffs als Bestandteil eines Pfarrzentrums.
229 BGH, Urt. v. 19.03.2008 – I ZR 166/05 (St. Gottfried), NJW 2008, 3784 ff.
230 BGH, Urt. v. 19.03.2008 – I ZR 166/05 (St. Gottfried), NJW 2008, 3784, 3787; OLG Stuttgart, Urt. v. 06.10.2010 – 4 U 106/10, GRUR-RR 2011, 56 ff.
231 BGH, Urt. v. 01.10.1998 – I ZR 104/96 (Treppenhausgestaltung), NJW 1999, 790, 792. Zu einem räumlichen Aufeinandertreffen mit einem anderen Gebäude vgl. OLG München, Urt. v. 02.07.2009 – 29 U 4218/08 (Pinakothek der Moderne), ZUM 2009, 971 ff.
232 OLG Stuttgart, Urt. v. 06.10.2010 – 4 U 106/10, GRUR-RR 2011, 56 ff. mwN.
233 LG Berlin, Urt. v. 28.11.2006 – 16 O 240/05, GRUR 2007, 964 ff.
234 LG München, Urt. v. 27.03.2008 – 7 O 4412/08, ZUM-RD 2008, 493, 495.
235 AG Tempelhof-Kreuzberg, Urt. v. 30.07.2014 – 10 C 355/12, WuM 2014, 670 ff.
236 BGH, Urt. v. 07.02.2002 – I ZR 304/99 (Unikatrahmen), NJW 2002, 3248, 3250 f.; OLG Köln, Urt. v. 12.06.2009 – 6 U 215/08 (Pferdeskulptur), GRUR-RR 2010, 182, 183 f.

aa) Beeinträchtigender Zusammenhang

88 Ein solches kann gegeben sein, wenn das Werk in einen anderen beeinträchtigenden Zusammenhang gestellt wird. Hierzu gehört zB. der unberechtigte Abdruck eines **Textes** in einer politisch extremen Zeitung[237] und auch das Zitieren von (urheberrechtlich geschützten) Äußerungen in einem entstellenden Zusammenhang.[238] Ebenso die Nutzung des **Musikwerkes** „Atemlos" von *Helene Fischer* als Begleitmusik im Rahmen einer politischen Wahlkampfveranstaltung.[239] In die gleiche Kategorie gehört die Benutzung von Ausschnitten eines Chorstücks als „Walk In"-Musik einer Boxveranstaltung.[240] Weil ein negativer Imagetransfer nicht auszuschließen ist, war die Nutzung von Musik zur Unterlegung eines Pornofilmes[241] oder als Titelsong für eine Doku-Soap[242] rechtswidrig. Ebenso wird Musik in einen verunglimpfenden Zusammenhang gestellt, wenn etwa ein Schlager als Werbejingle mit entsprechend geändertem Text („Santa Maria" zu „Santa Sparia" etc.) in der Gesangstypik des Originalinterpreten „gecovert" wird.[243] Die **Kopplung von Musik**, um sie mit anderen Werken anderer Komponisten auf demselben Tonträger auszuwerten, kann das Urheberpersönlichkeitsrecht betreffen, wenn das Werk des Urhebers durch zusätzliche Titel „verwässert" wird oder sich der Urheber möglicherweise in künstlerisch oder sonstwie unerwünschter Gesellschaft wiederfindet.[244] Bereits die Zweckentfremdung zu einem **Klingelton** führt zu einer Beeinträchtigung, weil das Musikwerk dabei nicht als sinnlich-klangliches Ereignis wahrgenommen wird, sondern als – oft störender – Signalton. Darauf, ob das Werk selbst verändert wird, kommt es nicht an.[245] Im Bereich der **bildenden Kunst** ist ein Verstoß gegen § 14 UrhG anzunehmen, wenn ein künstlerisch hochwertiges Werk inmitten von Werken minderer künstlerischer Qualität präsentiert wird.[246] Der Vertrieb von Kunstdrucken eines Gemäldes in von dritter Hand bemalten Rahmen verletzt das Urheberpersönlichkeitsrecht, wenn Bild und Rahmen von unbefangenen Betrachtern als „Gesamtkunstwerk" des Urhebers des Originalwerkes angesehen werden können. Der Dritte verletzt hierdurch das wesentli-

---

237 KG, Urt. v. 06.05.1988 – 5 W 2642/88, NJW-RR 1990, 1065 f.: Gedicht in einer gefälschten Ausgabe der SED-Zeitung „Neues Deutschland".
238 OLG Hamburg, Urt. v. 26.02.2008 – 7 U 61/07, ZUM 2008, 690, 693, mwN.
239 Thüringer OLG, Urt. v. 18.03.2015 – 2 U 674/14 zu § 75 UrhG mwN.
240 LG München I, Urt. v. 05.08.2004 – 7 O 15374/02, GRUR 2005, 574 ff., vgl. auch *v. Have/ Eickmeier*, ZUM 1995, 32 ff. mwN.
241 LG München, Urt. v. 10.01.2008 – 7 O 8427/07, GRUR-RR 2008, 44, 45.
242 LG Hamburg, Urt. v. 06.09.2013 – 308 O 23/13 (Forever young), AfP 2014, 542, 543.
243 LG Köln, Urt. v. 14.12.2007 – 28 O 32/06, BeckRS 2013, 15123, das in Anlehnung an die Fälle der „Doppelgängerwerbung" indes einen Anspruch aus allgemeinem Persönlichkeitsrecht bejaht hat. Vgl. zu dem Fall und zur Parodie Rn. 321.
244 OLG Hamburg, Urt. v. 21.11.2001 – 5 U 23/01 (Der grüne Tisch), GRUR-RR 2002, 153, 159 f., iE. verneint für eine Klassik-CD; *Limper*, in: Schwartmann, Praxishandbuch, § 32, Rn. 41, mit weiteren Bsp.
245 BGH, Urt. v. 18.12.2008 – I ZR 23/06 (Klingeltöne für Mobiltelefone I), NJW 2009, 774, 775.
246 OLG Köln, Urt. v. 12.06.2009 – 6 U 215/08, GRUR-RR 2010, 182, 184 f., mwN.

che Interesse des Urhebers, sich und seinem Werk nicht fremde Gestaltungen zurechnen lassen zu müssen.[247]

bb) Ortsbezug bei Kunstwerken

Allein in der Verbringung eines **Kunstwerkes an einen anderen Standort** kann ein Eingriff in die Substanz des Werkes liegen, wenn bei diesem Kunstwerk der Umweltbezug zum Werk gehört: Wird ein Werk gezielt in Korrespondenz zum Aufstellungsort konstruiert und konzipiert, konkretisiert nicht allein das körperliche Werkstück die persönliche geistige Schöpfung des Urhebers, sondern erst das Zusammenspiel von Werkstück und konkreter Umgebung (sog. **ortsspezifisches Kunstwerk**). Ein solches Werk kann seine spezifische Aussagekraft nur in dem speziell ausgewählten Umfeld entfalten, so dass dieses Teil des Werkes wird. Jede Verbringung des Werkstücks an einen anderen Ort führt zwangsläufig zu einer Veränderung des vom Urheber geschaffenen geistig-ästhetischen Gesamteindrucks seiner Schöpfung.[248] Hierzu gehört eine Stahlplastik, die speziell für die Aufstellung auf einem bestimmten öffentlichen Platz konzipiert wurde. Ihre Verbringung auf einen nicht der Öffentlichkeit zugänglichen Bauhof ist eine Entstellung.[249] Ein solcher absoluter Bezug auf eine konkrete Stelle wurde vereint bei einer Bronzeplastik, die an einen anderen Aufstellungsort in derselben Kirche verbracht wurde.[250] Bei einer **Gartenanlage** ergibt sich der Ortsbezug aus der Natur der Sache: Eine urheberrechtlich geschützte Gartenanlage eines Innenhofs kann durch Errichtung einer Skulptur mit Ausmaßen (9,5 × 27 × 11 m), die den Innenhof der Anlage der Länge nach fast ausfüllt, erheblich beeinträchtigt werden.[251]

89

Ein Kunstwerk kann zudem in dem Sinne ortsspezifisch sein, dass zwar nicht nur an einer einzigen Stelle der geistig-ästhetische Gesamteindruck des Werks zum Ausdruck kommen kann, es hierzu aber gleichwohl einer **geeigneten Umgebung** bedarf. In diesem Fall führt zwar nicht jede Versetzung, aber gleichwohl eine Versetzung an einen hierfür ungeeigneten Standort zu einer unzulässigen Werkänderung. Eine speziell für einen Bahnhofsvorplatz konzipierte Pferdeskulptur ist in dieser (relativen) Weise standortbezogen. Ein Versetzen auf demselben Platz kann daher hinzunehmen sein, wenn der künstlerische Gesamteindruck nicht verändert wird.[252] Die Veränderung der Umgebung eines Brunnens durch Aufschütten und weitere Maßnahmen, aufgrund derer ein wesentlicher Teil des aus Quellstein und Beckenboden bestehenden Gesamtbildes optisch „abgeschnitten" wird, ist eine erhebliche Beeinträchtigung iSd. § 14 UrhG.[253]

90

---

247 BGH, Urt. v. 07.02.2002 – I ZR 304/99 (Unikatrahmen), NJW 2002, 3248, 3251.
248 OLG Köln, Urt. v. 12.06.2009 – 6 U 215/08, GRUR-RR 2010, 182, 183 ff.
249 OLG Hamm, Urt. v. 12.07.2001 – 4 U 51/01, ZUM-RD 2001, 443, 444 ff.; anders OLG Schleswig-Holstein, Urt. v. 28.02.2006 – 6 U 63/05, ZUM 2006, 426 f., vgl. auch *Czernik*, ZfIR 2013, 459 ff.
250 OLG Sachsen-Anhalt, Urt. v. 31.03.2004 – 6 U 36/03, KirchE 45, 209 ff.
251 KG, Urt. v. 09.02.2001 – 5 U 9667/00, NJW-RR 2001, 1201 f.
252 OLG Köln, Urt. v. 12.06.2009 – 6 U 215/08, GRUR-RR 2010, 182 ff.
253 OLG Hamm, Urt. v. 12.04.2011 – 4 U 197/10, ZUM-RD 2011, 343, 345 ff.

c) Werkvernichtung

91 Dass eine teilweise Vernichtung oder Umgestaltung als Verstümmelung, Entstellung oder Kürzung an § 14 UrhG gemessen wird, wurde bereits ausgeführt.[254] Ob diese Vorschrift aber auf eine **komplette Zerstörung des Werkes** Anwendung findet, ist umstritten.[255] Ein Werk ist in urheberrechtlich relevantem Umfang vollständig vernichtet, wenn der verbleibende Rest nicht mehr auf das frühere Werk durch irgendwelche Merkmale hinweist oder erinnert. Es kommt nicht darauf an, ob der verbleibende Rest für sich allein urheberschutzfähig ist.[256] Nach der Rechtsprechung ist die Werkvernichtung **keine Entstellung** iSd. § 14 UrhG, weil diese Regelung nur das Interesse des Urhebers an der Erhaltung des Werks in unverfälschter Form schützt, nicht aber die Erhaltung des Werks an sich.[257] In Abwägung der Eigentümerinteressen ist dem Urheber die vollständige Entfernung oder Vernichtung selbst dann idR. zuzumuten, wenn es sich – wie typischerweise bei grundstücksgebundenen Werken – um das einzige Original handelt. Seinem berechtigten Erhaltungsinteresse ist dadurch Rechnung zu tragen, dass ihm die Möglichkeit gegeben wird, das Werk zu fotografieren oder sonst möglichst gut zu dokumentieren und dadurch einen endgültigen Verlust als geistiger Schöpfung so weit als möglich zu verhindern.[258]

3. Eignung zur Interessengefährdung

92 Liegt eine Entstellung oder andere Beeinträchtigung vor, indiziert dieses grundsätzlich eine Gefährdung der berechtigten Interessen des Urhebers.[259] Da eine bloße Gefährdung genügt, ist bereits das Vorliegen der Beeinträchtigung, also jede objektiv nachweisbare direkte oder indirekte Änderung des Werks, ein ausreichendes Indiz für die Eignung einer Gefährdung der berechtigten Urheberinteressen.[260] Die **Indizwirkung** entfällt, wenn der Urheber zu erkennen gegeben hat,

---

254 Vgl. Rn. 84.
255 Vgl. *Dietz/Peukert*, in: Schricker/Loewenheim, UrhG, § 14, Rn. 37 ff.; *Wandtke/Czernik*, GRUR 2014, 835, 837 f., und *Schulze*, NZBau 2007, 611, 616, und *Kuck*, in: Schwartmann, Praxishandbuch, § 26, Rn. 139 f., jeweils mwN.
256 LG Berlin, Urt. v. 07.02.2012 – 15 O 199/11, ZUM 2012, 507, 508 f.; OLG München, Urt. v. 21.12.2000 – 6 U 3711/00, GRUR-RR 2001, 177, 178 f.
257 OLG Schleswig-Holstein, Urt. v. 28.02.2006 – 6 U 63/05, ZUM 2006, 426 f.; LG Hamburg, Urt. v. 03.12.2004 – 308 O 690/04 (Astra-Hochhaus), GRUR 2005, 672, 674 f.; LG Berlin, Urt. v. 07.11.1991 – 16 O 1193/91, LKV 1992, 312: Lenin-Denkmal; LG München, Urt. v. 03.08.1982 – 7 O 12918/82, NJW 1983, 1205: Kunstwerk; offen gelassen von OLG Dresden, Urt. v. 13.11.2012 – 11 U 853/12 (Kulturpalast), GRUR-RR 2013, 51 ff., und LG Berlin, Urt. v. 07.02.2012 – 15 O 199/11, ZUM 2012, 507 ff. Vgl. auch *Stellmann/Depprich*, ZfIR 2012, 41 ff., und *Werner*, BauR 2004, 1675 ff.
258 LG Mannheim, Urt. v. 24.04.2015 – 7 O 18/14, BeckRS 2015, 08987 für Kunsthalle geschaffene Rauminstallation; *Dietz/Peukert*, in: Schricker/Loewenheim, UrhG, § 14, Rn. 40.
259 AM. *Bisges*, Urheberrechtliche Aspekte des elektronischen Dokumentenmanagements, 2009, S. 100 f.
260 OLG Stuttgart, Urt. v. 06.10.2010 – 4 U 106/10, GRUR-RR 2011, 56, 58; LG Hamburg, Urt. v. 06.09.2013 – 308 O 23/13, AfP 2014, 542 ff.; *Dustmann*, in: Fromm/Nordemann, UrhG, § 14, Rn. 15: theoretische Möglichkeit der Verletzung der Urheberinteressen.

dass ihm an der Aufrechterhaltung des ursprünglichen Werkzustandes nichts liegt. Dies kann etwa der Fall sein, wenn derjenige, der seine Musik als Titelsong einer Doku-Soap wiederfindet, entsprechende **Rechte eingeräumt** hat.[261] Eine Eignung zur Gefährdung der Urheberinteressen fehlt auch, wenn die Werkveränderung nur im **privaten Bereich** verbleibt. Dieser Bereich bleibt grundsätzlich von Ansprüchen des Urhebers frei, so dass zur Ansicht erhaltene Fotoentwürfe nicht nur eingescannt und abgespeichert,[262] sondern auch hobbymäßig bearbeitet werden dürfen, wenn keine Wahrnehmung durch die Öffentlichkeit droht.[263]

4. Interessenabwägung

Das Recht auf Werkintegrität führt nicht zu einer Veränderungssperre. Ein Konflikt, der aus dem Zusammentreffen der Urheberbelange einerseits und der Eigentümerbelange andererseits entsteht, ist durch eine **Abwägung der jeweils betroffenen Interessen** zu lösen.[264] Diese Abwägung bringt das Interesse des Urhebers an der authentischen Vermittlung des in seinem geistigen Eigentum zu Ausdruck kommenden ästhetischen Gehalts und das Interesse des Sacheigentümers, das Werk nach seinen Nutzungsbedürfnissen zu verändern, zum Ausgleich.[265] Dabei kommt es auf den **konkreten Einzelfall** und den Rang des Werkes sowie auf die Art und Intensität des Eingriffs an. Je individueller und einmaliger das Werk ist, desto weniger sind Änderungen zuzulassen, wenn sie nicht ausdrücklich vereinbart sind.[266]

93

Aufgrund der ausschnittsweisen Veröffentlichung eines **Fotos** einer Familie (von *Boris Becker*) ohne die Ehefrau liegt keine schwerwiegende Verletzung des Rechts aus § 14 UrhG, selbst wenn der „harmonische Gesamteindruck" des Bildes zerstört worden wäre.[267] Anderes gilt bei einem Foto von außergewöhnlicher schöpferischer Eigenart, das in Fachkreisen weltweit Anerkennung gefunden hat und als Ausschnitt auf einem Buchumschlag präsentiert wird. In die Gesamtbewertung aller Umstände ist nämlich auch der **künstlerische Rang** des Verletzten und seines Werkes einzubeziehen:[268] So erhielt ein namhafter Fotograf, der ein authentisch und natürlich wirkendes Kanzlerporträt gefertigt hatte und für diese Art der Fotografie auch bekannt ist, eine Geldentschädigung. Sein Porträt war so umfangreich und obendrein handwerklich schlecht bearbeitet und veröffentlicht worden, dass

94

---

261 LG Hamburg, Urt. v. 06.09.2013 – 308 O 23/13, AfP 2014, 542 ff.; zu den Grenzen der vertraglich eingeräumten Änderungsrechte vgl. Kap. 2, Rn. 101 ff.
262 BGH, Urt. v. 19.03.2014 – I ZR 35/13 (Porträtkunst), GRUR 2014, 974, 975.
263 Weitere Beispiele bei *Bauer*, IPRB 2013, 259, 262, unter 3.a); vgl. aber § 23 S. 2 UrhG, dazu Rn. 329 f.
264 BGH, Urt. v. 19.03.2008 – I ZR 16/05 (St. Gottfried), NJW 2008, 3784, 3787; BGH, Urt. v. 01.10.1998 – I ZR 104/96 (Treppenhausgestaltung), NJW 1999, 790, 791.
265 OLG Dresden, Urt. v. 13.11.2912 – 11 U 853/12, GRUR-RR 2013, 51, 52, mwN.
266 OLG Stuttgart, Urt. v. 06.10.2010 – 4 U 106/10 (Stuttgart 21), GRUR-RR 2011, 56, 59; *Schulze*, in: Dreier/Schulze, UrhG, § 14, Rn. 31.
267 OLG Hamburg, Urt. v. 11.12.1997 – 3 U 17/97, ZUM 1998, 324, 325 f.
268 BGH, Urt. v. 05.03.1971 – I ZR 94/69 (Petite Jacqueline), NJW 1971, 885.

die Bildaussage weitgehend verloren gegangen war.[269] Die Entstellung eines Fotos kann als **Parodie** aber auch zulässig sein.[270]

95 Auch bei **Bauwerken** ist eine Abwägung vorzunehmen. Hier wird das Gebrauchsinteresse des Eigentümers das urheberrechtliche Erhaltungsinteresse jedoch oft überwiegen. Dies gilt in besonderem Maße, wenn ein Architekt ein Bauwerk gegen Honorar erschaffen und der Eigentümer insoweit Grundstück, Baumaterial und Arbeitskraft bereitgestellt hat.[271] Selbst bei überragender Schöpfungshöhe oder einzigartigen Bauwerken gibt es keinen absoluten oder ausnahmslosen Vorrang des Erhaltungsinteresses.[272] Jahre oder Jahrzehnte nach dem Tod des Urhebers haben die Urheberinteressen nicht notwendig dasselbe Gewicht wie zu seinen Lebzeiten.[273]

96 Gegenüber dem **Interesse des Vermieters** an energetischen Modernisierungen und einem entsprechenden Anspruch auf Duldung der in mehreren Zimmern sichtbaren Maßnahmen (Umkofferungen von Abluftleitungen) aus §§ 554 Abs. 1, Abs. 2 BGB kann das Interesse des Urhebers am Erhalt des Originalzustandes einer Wohnung als höher zu gewichten sein. Dies gilt insbesondere für eine Wohnung von besonderer Individualität und Einmaligkeit aufgrund der Verbindung kultureller und epochaler Stilrichtungen (sowjetische Architektur, Bauhaus, asiatische Einflüsse). Der Einbau der Abluftanlage stört nicht nur das Verhältnis von Proportionen und den Eindruck von Licht und Raum, sondern beeinträchtigt bereits aufgrund der Größe das ästhetische Empfinden.[274]

97 Eine Abwägung zwischen den Interessen des Eigentümers an der freien Verfügung über sein Eigentum gemäß § 903 BGB und den Interessen des Urhebers am Erhalt seines Werkes ist selbst dann vorzunehmen, wenn dem Eigentümer das **Kunstwerk rechtswidrig aufgedrängt** wurde. Höhergewichtet wurden die Eigentümerinteressen etwa gegenüber einem Künstler, der 1990 ein Bild auf die sog. „East Side Gallery" der Berliner Mauer gemalt hatte, das 2008 im Zuge dringend erforderlicher Sanierungsarbeiten durch Dampfstrahlung entfernt wurde.[275]

---

269 LG Hamburg, Urt. v. 05.01.2007 – 308 O 460/06, ZUM-RD 2008, 30 ff.: zudem hoher Verbreitungsgrad durch bundesweite Nutzung auf Flyern und Plakaten.
270 OLG Hamburg, Urt. v. 04.12.2014 – 5 U 72/11, ZUM 2015, 577; zur Parodie vgl. Rn. 319 ff.
271 OLG Dresden, Urt. v. 13.11.2012 – 11 U 853/12 (Kulturpalast), GRUR-RR 2013, 51, 52; vgl. auch BGH, Urt. 19.03.2008 – I ZR 166/05 (St. Gottfried), NJW 2008, 3784, 3785 f.: liturgische Interesse an der Umgestaltung des Kirchenraums wiege schwerer.
272 OLG Stuttgart, Urt. v. 06.10.2010 – 4 U 106/10 (Stuttgart 21), GRUR-RR 2011, 56, 59.
273 BGH, Beschl. v. 09.11.2011 – I ZR 216/10 (Stuttgart 21), GRUR 2012, 172.
274 AG Tempelhof-Kreuzberg, Urt. v. 30.07.2014 – 10 C 355/12, WuM 2014, 670 ff.; *Czernik*, IMR 2015, 103.
275 LG Berlin, Urt. v. 07.02.2012 – 15 O 199/11, ZUM 2012, 507 ff.; zum Anspruch auf angemessene Gewinnbeteiligung nach Veräußerung eines graffitibemalten Mauerteils vgl. KG, Urt. v. 30.07.1999 – 5 U 1504/97.

5. Schranken und Grenzen

Das Urheberrecht sieht außerhalb des Kernbereichs des Urheberpersönlichkeitsrechts **keinen absoluten Schutz** des Urhebers vor jedweder Nutzung seines Werks vor, sondern einen Interessenausgleich zwischen den Beteiligten. Dies gilt auch im Hinblick auf die Kunstfreiheit.[276] Der Urheberin der ursprünglichen grafischen Figur des „Pumuckl" steht es aufgrund der Meinungs- und Kunstfreiheit zu, sich (selbst-)kritisch zum eigenen grafischen Werk sowie zum schriftlichen Werk der literarischen Schöpferin zu äußern. Meinungsäußerungen über eine mögliche Freundin des Pumuckl bzw. die private Durchführung einer (Fantasie-)Hochzeit zwischen den beiden sind bereits im Ansatz nicht geeignet, die berechtigten Werkinteressen zu gefährden.[277]

98

6. Besonderheiten der Ansprüche und Geltendmachung

Hinsichtlich der Ansprüche und deren Geltendmachung wird nach unten verwiesen,[278] so dass nachfolgend nur auf Besonderheiten im Zusammenhang mit § 14 UrhG eingegangen wird. Zur Geltendmachung von Urheberpersönlichkeitsrechten durch den Inhaber eines ausschließlichen Nutzungsrechts oder durch eine Verwertungsgesellschaft bedarf es einer entsprechenden Befugnis durch den Urheber.[279]

99

a) Unterlassung und Beseitigung der Störung, Schadenersatz

Die auf eine Verletzung von § 14 UrhG gestützte Unterlassung nach § 97 Abs. 1 UrhG kann auch der einzelne Miturheber verlangen, § 8 Abs. 2 S. 3 Halbs. 1 UrhG.[280] § 97 Abs. 1 S. 1 UrhG gewährt dem Urheber, der sein Werk durch einen rechtswidrigen Eingriff eines Dritten beeinträchtigt sieht, einen Abwehranspruch in Form eines verschuldensunabhängigen Anspruchs auf **Beseitigung der Störung**,[281] soweit zumutbar.[282] Er verschafft ihm hingegen keinen über die Rückgängigmachung der Beeinträchtigung hinausgehenden Erfüllungsanspruch auf Vornahme bestimmter Handlungen. Sonach lässt sich aus § 97 Abs. 1 S. 1 UrhG zB. die Entfernung einer entgegen der Architektenplanung in einen Bahnhof eingebauten Flachdecke verlangen, nicht aber die Verwirklichung der Planung.[283] Ein solcher Anspruch kann sich allenfalls aus Vertrag ergeben. §§ 14 und 39 UrhG statuieren

100

---

276 BVerfG, Nichtannahmebeschl. V. 25.09.2000 – 1 BvR 1520/00, NJW 2001, 600. Zur Parodie vgl. Rn. 319 ff.
277 LG München, Urt. v. 10.01.2008 – 7 O 8427/07, GRUR-RR 2008, 44, 45.
278 Siehe Kap. 7, Rn. 49 ff.
279 Vgl. dazu Rn. 26 ff. und speziell zu § 14 UrhG auch BGH, Urt. v. 11.03.2010 – I ZR 18/08 (Mobiltelefone II), GRUR 2010, 920, 922 f., mwN.
280 Vgl. auch LG München, Urt. v. 04.04.2007 – 21 O 1856/07, InstGE 8, 95 ff.
281 Bsp. zur Antragsfassung bei *Maaßen*, in: Limper/Musiol, FormB-UMR, Kap. 15, Rn. 492.
282 *Dietz/Peukert*, in: Schricker/Loewenheim, UrhG, § 14, Rn. 41 mwN.; dort auch zum Schadenersatz.
283 LG Berlin, Urt. v. 28.11.2006 – 16 O 240/05, ZUM 2007, 424, 427 ff.

b) Geldentschädigung

101 Für die Zubilligung einer Geldentschädigung nach § 97 Abs. 2 S. 4 UrhG reicht die Missachtung des Ausschließlichkeitsrechts des Urheber nicht aus. Es bedarf vielmehr einer deutlich vom Normalfall abweichenden Verletzungshandlung, die **schwerwiegend und nachhaltig das Urheberpersönlichkeitsrecht verletzt** und nicht in anderer Weise befriedigend ausgeglichen werden kann.[285] Ein Eingriff im Grenzbereich zur Zulässigkeit (hier: digitale Bildbearbeitung) spricht gegen eine schwerwiegende Verletzung des Urheberpersönlichkeitsrechts.[286] Ein immaterieller Schadenersatz wegen Dampfstrahlung eines auf der Berliner Mauer im Bereich der desolaten und sanierungsbedürftigen „East Side Gallery" angebrachten Mauerbildes besteht nicht. Wer sein Bild bewusst auf fremdem Eigentum anbringt, muss von vornherein damit rechnen, dass ihm in der Ausübung seines Urheberrechts die fremden Eigentumsinteressen entgegenstehen.[287] Eine schwerwiegende Verletzung des Urheberpersönlichkeitsrechts fehlt auch, wenn durch das ausschnittweise Zeigen eines Fotos (hier: fokussiert auf einen Demonstranten, der ein sprechblasenförmiges Plakat hochhält) die Bildaussage verändert wird.[288]

7. Vertragliches

102 Der Urheber muss vertraglich eingeräumte Änderungsrechte oder Verwertungszwecke hinnehmen und kann sich insoweit nicht auf sein Erhaltungsinteresse berufen, es sei denn, es wird der **unverzichtbare Kern** seines Urheberpersönlichkeitsrechts tangiert, beispielsweise durch eine gröbliche Entstellung.[289] Dieser Kern des urheberrechtlichen Persönlichkeitsschutzes ist freilich auch einer pauschalen Zustimmung im Voraus nicht zugänglich.[290] Unwirksam ist daher etwa folgende Klausel in einem von einem Auftraggeber gestellten **Architektenvertrag**: „Der Auftraggeber darf die Unterlagen für die im Vertrag genannte Baumaßnahme ohne Mitwirkung des Auftragnehmers nutzen und ändern; dasselbe gilt auch für das ausgeführte Werk. Der Auftraggeber wird den Auftragnehmer vor wesentlichen Änderungen eines nach dem Urheberrecht geschützten Werkes – soweit zumutbar – anhören, ohne dass sich hieraus ein Mitwirkungsrecht ergibt."[291] Die

---

284 OLG Hamm, Urt. v. 27.10.1994 – 4 U 155/90, IBR 1995, 256.
285 Vgl. dazu bereits Rn. 70 sowie Kap. 7, Rn. 107 ff.
286 OLG Hamburg, Urt. v. 04.12.2014 – 5 U 72/11, ZUM 2015, 577.
287 LG Berlin, Urt. v. 07.02.2012 – 15 O 199/11, ZUM 2012, 507 ff.
288 OLG Köln, Urt. v. 31.10.2014 – 6 U 60/14 (Creative Commons-Lizenz „non-commercial"), NJW 2015, 789, 794.
289 OLG Stuttgart, Urt. v. 06.10.2010 – 4 U 106/10, GRUR-RR 2011, 56 ff. mwN.
290 *Limper/Meyer*, in: Limper/Musiol, FormB-UMR, Kap. 4, Rn. 87 ff.; *Limper*, in: Schwartmann, Praxishandbuch, § 32, Rn. 44, jeweils mwN. und Klauselbsp.
291 LG Hannover, Urt. v. 03.07.2007 – 18 O 384/05, BauR 2007, 1783. Vgl. auch LG München, Urt. v. 14.09.2006 – 7 O 6989/06, NZBau 2007, 49 f.

Klausel soll ohne jede Einschränkung dazu ermächtigen, das Werk zu verändern. Dem Architekten wird lediglich ein wirkungsloses Anhörungs-, jedoch kein Mitwirkungsrecht eingeräumt.

V. Weitere Urheberpersönlichkeitsrechte

Mit den in §§ 12 bis 14 UrhG geregelten Bestimmungen hat der Gesetzgeber ausweislich der Überschrift des zweiten Unterabschnitts das „Urheberpersönlichkeitsrecht" konkretisiert. Versteht man das Urheberpersönlichkeitsrecht demgegenüber in einem **weiten Sinne**, wird der das gesamte Urheberrecht prägende Gedanke des Schutzes der geistigen und persönlichen Interessen des Urhebers in Bezug auf sein Werk erfasst, vgl. § 11 S. 1 UrhG. Diesen ideellen (und damit verflochten[292] auch den materiellen) Interessen dienen etwa das Zugangsrecht nach § 25 UrhG, die Unübertragbarkeit des Urheberrechts, § 29 Abs. 1 UrhG, das Rückrufsrecht wegen gewandelter Überzeugung, § 42 UrhG, sowie die änderungsrechtlichen Vorschriften der §§ 39 und 62 UrhG.

103

Wie auch das allgemeine Persönlichkeitsrecht dient das Urheberpersönlichkeitsrecht dem Schutz der persönlichen Entfaltung. In der Praxis kommt es oft zu Berührungen beider **Bereiche des Persönlichkeitsschutzes**: So lässt sich der Vorwurf einer Urheberrechtsverletzung (Plagiatsvorwurf) über §§ 823 Abs. 1 u. 2, 1004 BGB analog iVm. § 186 StGB, Art. 1 Abs. 1, 2 Abs. 1 GG abwehren.[293] Entsprechendes gilt, wenn ein Gemeinderatsmitglied auf einem Marktplatzbrunnen als Anführer einer jüdische Mitbürger vertreibenden Gruppe dargestellt wird.[294] Als spezialgesetzliche Regelung bezogen auf die Beziehung zwischen dem Urheber und seinem Werk genießt das Urheberpersönlichkeitsrecht Vorrang, das Allgemeine Persönlichkeitsrecht steht mit einer **Auffang- bzw. Reservefunktion** „dahinter".[295]

104

Randnummern 105–199 einstweilen frei.

---

292 Vgl. BGH, Urt. v. 29.04.2014 – VI ZR 246/12 (Berichterstattung über trauernden Entertainer), NJW 2014, 2871 ff.
293 LG Frankfurt, Urt. v. 05.12.2013 – 2-3 O 26/13, juris: iE. verneint; LG Hamburg, Urt. v. 21.01.2011 – 324 O 358/10, ZUM 2011, 679 ff.: iE. bejaht. Weitere Bsp. und zum (falschen) Behaupten/Zuschreiben eines Urheberrechts in Rn. 52.
294 VG Sigmaringen, Urt. v. 19.07.2000 – 1 K 2315/98, NJW 2001, 628 ff.
295 *Dietz/Peukert*, in: Schricker/Loewenheim, UrhG, vor §§ 12 ff., Rn. 14 f.

B. Verwertungsrechte

200 Der Urheber soll auch über die Nutzung seiner Werke bestimmen können und eine angemessene Vergütung dafür erhalten, § 11 S. 1 Halbs. 2, S. 2 UrhG. Die grundsätzliche Zuordnung des vermögenswerten Ergebnisses der schöpferischen Leistung an den Urheber sowie die Freiheit, in eigener Verantwortung darüber verfügen und seine Leistung wirtschaftlich zu angemessenen Bedingungen verwerten zu können, genießen den **Schutz des Eigentumsgrundrechts**; sie machen den grundgesetzlich geschützten Kern des Urheberrechts aus.[1]

201 Dem Grundgedanken des deutschen Urheberrechts einer **angemessenen Beteiligung** der Urheber tragen die §§ 15 bis 24 UrhG Rechnung. Die Verwertungsrechte lassen sich einteilen in die Rechte zur Verwertung in körperlicher Form, insbesondere § 15 Abs. 1 Nrn.1 bis 3 UrhG, und solche zur Verwertung in unkörperlicher Form, legaldefiniert als Recht der öffentlichen Wiedergabe, insbesondere § 15 Abs. 2 S. 2 Nr. 1 bis 5 UrhG.

I. Verwertung in körperlicher Form

202 Zu den Rechten des Urhebers, sein Werk in körperlicher Form auszuwerten gehören insbesondere das Vervielfältigungsrecht, §§ 15 Abs. 1 Nr. 1, 16 UrhG, das Verbreitungsrecht, §§ 15 Abs. 1 Nr. 2, 17 UrhG und das Ausstellungsrecht, §§ 15 Abs. 1 Nr. 3, 18 UrhG.

1. Vervielfältigungsrecht, § 16 UrhG

Literatur: *v.Appen/Barath*, Live-Streaming von Sportereignissen, CaS 2014, S. 249–257; *Bisges*, Urheberrechtliche Zulässigkeit der Nutzung von Vorschaubildern im Rahmen von Bildersuchmaschinen, JurPC Web-Dok. 127/2012, Abs. 1–25; *Blenk*, „Streaming" – eine Urheberrechtsverletzung?, AfP 2014, S. 220–223; *Braun*, Urheberrechtliche Zulässigkeit der Nutzung von Streaming-Angeboten, jurisPR-ITR 21/2014, Anm. 5; *Brüggemann*, Neue Formen des Streamings, AnwZert ITR 16/2014, Anm. 3; *Buchalik*, 3D-Drucker und das Urheberrecht, ITRB 2014, S. 158–163; *Ensthaler*, Streaming und Urheberrechtsverletzung, NJW 2014, S. 1553–1558; *Fusbahn*, Framing – Ist das Einbetten geschützter Werke in die eigenen Webseite zustimmungsfrei möglich?, ITRB 2015, S. 68–71; *Galetzka/Stamer*, Streaming – aktuelle Entwicklungen in Recht und Praxis, MMR 2014, S. 292–298; *Gietzelt/Ungerer*, Die urheberrechtliche Dimension des Internetbrowsens und Cachens, GPR 2014, S. 278–281; *Grünberger*, Bedarf es einer Harmonisierung der Verwertungsrechte und Schranken?, ZUM 2015, S. 273–290; *Hilgert/Hilgert*, Nutzung von Streaming-Portalen, MMR 2014, S. 85–88; *Hullen*, Rechtmäßigkeit von Online-Videorekordern, jurisPR-ITR 16/2012, Anm. 3; *Jahn/*

---

1 BVerfG, Beschl. v. 23.10.2013 – 1 BvR 1842/11, NJW 2014, 46, 48; BVerfG, Beschl. v. 19.07.2011 – 1 BvR 1916/09 (Le Corbusier, Designermöbel), NJW 2011, 3428, 3432; BGH, Urt. v. 31.05.2012 – I ZR 73/10 (Honorarbedingungen Freie Journalisten), GRUR 2012, 1031, 1036; LG Köln, Urt. v. 13.02.2014 – 14 O 184/13 (Softair-Munition), GRUR-RR 2014, 443, 446. Vgl. auch Kap. 1, Rn. 29 ff.

Palzer, Embedded Content und das Recht der öffentlichen Wiedergabe – Svensson ist die (neue) Realität, K&R 2015, S. 1–6; *Koch*, Urheberrechtliche Probleme des Videokonsums im Internet, JurPC Web-Dok. 126/2014; *ders.*, Redtube.com – Kann rezeptiver Werkgenuss denn Sünde sein?, jurisPR-ITR 11/2014, Anm. 5; *Loewenheim*, Grenzen der Nutzung elektronischer Leseplätze, GRUR 2014, S. 1057–1060; *Loschelder*, Vervielfältigung oder Bearbeitung? – Zum Verhältnis des § 16 UrhG zu § 23 UrhGGRUR 2011, S. 1078–1083; *Nennen*, Zur Frage des urheberrechtlichen Schutzes nicht amtlicher Leitsätze auf einer Anwaltshomepage, ZUM 2009, S. 244–245; *J.B.Nordemann/Rüberg/Schaefer*, 3D-Druck als Herausforderung für die Immaterialgüterrechte, NJW 2015, S. 1265–1271; *Reinauer*, Einbindung fremder Werke durch Framing, MDR 2015, S. 252–256; *Schulze*, Svensson, BestWater und Die Realität – Ist Framing nun grundsätzlich zulässig?, ZUM 2015, S. 106–110; *Solmecke/Kocatepe*, Der 3D-Druck – Ein neuer juristischer Zankapfel?, K&R 2014, S. 778–783; *Wiebe/Müller*, Die Zulässigkeit elektronischer Leseplätze in Bibliotheken, NJW 2015, S. 741–744.

Nach § 16 Abs. 1 UrhG ist das Vervielfältigungsrecht das Recht, Vervielfältigungsstücke des Werkes herzustellen, gleichviel ob vorübergehend oder dauerhaft, in welchem Verfahren und in welcher Zahl. Einbezogen ist die Übertragung des Werkes auf Vorrichtungen zur wiederholbaren Wiedergabe von Bild- oder Tonfolgen, also auf Bild- oder Tonträger, vgl. § 16 Abs. 2 UrhG. 203

a) Werk

Erfasst werden Vervielfältigungsstücke von Werken aller Werkarten und auch (urheberrechtlich geschützte) Werkteile. Auch jede **Bearbeitung oder andere Umgestaltung** iSd. § 23 S. 1 UrhG stellt, soweit sie körperlich festgelegt wird, zugleich eine Vervielfältigung gemäß § 16 UrhG dar.[2] Für Computerprogramme existiert in § 69c Nr. 3 UrhG eine Sonderregelung. 204

Hinsichtlich der **Leistungsschutzrechte** finden sich Verweise in § 70 Abs. 1 UrhG (Wissenschaftliche Ausgaben), § 71 Abs. 1 S. 3 UrhG (Nachgelassene Werke), § 72 Abs. 1 UrhG (Lichtbilder). Weitere Regelungen über Vervielfältigungsrechte enthalten § 77 Abs. 2 UrhG (ausübende Künstler), § 81 S. 1 UrhG (Veranstalter), § 85 Abs. 1 UrhG (Tonträgerhersteller), § 87 Abs. 1 Nr. 2 UrhG (Sendeunternehmen), § 87b Abs. 1 UrhG (Datenbankhersteller), § 94 UrhG (Filmhersteller). 205

b) Herstellung eines Vervielfältigungsstückes

Vervielfältigung ist **jede körperliche Festlegung** eines Werkes, die geeignet ist, das Werk den menschlichen Sinnen auf irgendeine Art unmittelbar oder mittelbar wahrnehmbar zu machen.[3] Der Begriff ist europarechtskonform auszulegen.[4] 206

---

2 BGH, Urt. v. 16.05.2013 – I ZR 28/12 (Beuys-Aktion), NJW 2013, 3789, 3791; BGH, Urt. v. 29.04.2010 – I ZR 69/08 (Vorschaubilder I), GRUR 2010, 628, 629; aA. *Dustmann*, in: Fromm/Nordemann, UrhG, § 16, Rn. 11, jeweils mwN.
3 BGH, Urt. v. 18.09.2014 – I ZR 76/13 (CT-Paradies), ZUM 2015, 391, 393 f.; BGH, Urt. v. 04.05.2000 – I ZR 49/97 (Parfumflakon), NJW 2000, 3783, 3784. Vgl. auch bereits Amtl. Begr. BT-Drucks. IV/270, 47.
4 EuGH, Urt. v. 11.09.2014 – C-117/13 (elektronische Leseplätze), GRUR 2014, 1078, 1080 ff.; vgl. auch *Grünberger*, ZUM 2015, 273 ff.

Art des Materials und des Herstellungsverfahrens sind unerheblich, auch der Nutzungszweck.[5] Vervielfältigungsstücke sind danach nicht nur gedruckte Werkexemplare von Schrift-, Kunst oder Musikwerken, sondern Werkverkörperungen jeder Art, wie nachgemalte Gemälde,[6] (filmische) Konzertmitschnitte,[7] Abzüge von Fotografien und handschriftliche Abschriften.[8] Dasselbe gilt für die Ausführung eines auf Architekturplänen dargestellten Bauwerkes.[9]

207 Die **Digitalisierung** eines Werkes stellt bereits eine Vervielfältigungshandlung dar, da sie im Wesentlichen darin besteht, es vom analogen in das digitale Format umzuwandeln.[10] Das **Einscannen** von Fotoausdrucken und Abspeichern der (Scan-)Dateien greift mithin in das ausschließliche Recht des Urhebers zur Vervielfältigung der Fotoarbeiten ein.[11] **Digitale Speicherungen** sind Vervielfältigungen, denn sie sind geeignet, das Werk den menschlichen Sinnen durch Einsatz von Hard- und Software mittels Displays oder Lautsprechern wahrnehmbar zu machen. **Kopien** auf alle digitalen Datenträger, zB. CD-R, DVD-R, USB-Stick oder die Festplatte eines Computers, fallen ebenso unter den Begriff der Vervielfältigung,[12] vgl. auch § 16 Abs. 2 UrhG. Eine digitale Vervielfältigung kann auch zB. erfolgen auf multifunktionalen Trägern wie Speicherkarten von Mobiltelefonen oder integrierten Komponenten wie internen Speichern von MP3-Geräten.[13] Zur Anzeige der Vorschaubilder (Thumbnails) einer Suchmaschine wird die Bilddatei auf dem Server des Anbieters kopiert und damit vervielfältigt.[14] Eine (identische) Übernahme – der **Content-**

---

5 Zum 3D-Druck vgl. *J.B.Nordemann/Rüberg/Schaefer*, NJW 2015, 1265 ff.; *Buchalik*, ITRB 2014, 158 ff.; *Solmecke/Kocatepe*, K&R 2014, 778 ff. Zur Vervielfältigung im Rahmen der Werbung vgl. Rn. 213 f.
6 LG Düsseldorf, Urt. v. 17.10.2012 – 12 473/08, ZUM-RD 2012, 684 ff., Kopie mithilfe eines Projektors.
7 BGH, Urt. v. 19.01.2006 – I ZR 5/03 (Alpensinfonie), NJW 2007, 679 ff.; LG München, Urt. v. 04.09.2015 – 21 O 20455/14, BeckRS 2015, 15543; *Loschelder*, GRUR 2011, 1078, 1080.
8 OLG Düsseldorf, Urt. v. 16.08.2005 – 20 U 123/05, GRUR 2006, 673, 675.
9 OLG Frankfurt, Urt. v. 28.01.2014 – 11 U 111/12 (Mehrparteienwohnhaus), ZUM-RD 2014, 852 f.; OLG Karlsruhe, Urt. v. 03.06.2013 – 6 U 72/12 (Zwölffamilienhaus), GRUR-RR 2013, 423, 425; OLG Hamm, Urt. v. 08.09.2011 – 22 U 20/11 (Musiktheater im Revier), GRUR-RR 2012, 192, 193; BGH, Urt. v. 01.10.1998 – I ZR 104/96 (Treppenhausgestaltung), GRUR 1999, 230; LG Oldenburg, Urt. v. 05.06.2013 – 5 O 3989/11 (Hausboot), GRUR-Prax 2013, 545. Zur schuldrechtlichen Unterlassung der Zweitverwertung eines Planes vgl. BGH, Urt. v. 10.01.2013 – VII ZR 259/11 (Altenwohnanlage), GRUR 2014, 73 ff.
10 EuGH, Urt. v. 11.09.2014 – C-117/13 (elektronische Leseplätze), GRUR Int. 2014, 1070 ff.; *Wiebe/Müller*, NJW 2015, 741 ff.; *Loewenheim*, GRUR 2014, 1057 ff.
11 BGH, Urt. v. 19.03.2014 – I ZR 35/13, GRUR 2014, 974, 975, die Vervielfältigung zum privaten Gebrauch war allerdings nach § 53 Abs. 1 S. 1 UrhG zulässig.
12 Bereits BGH, Urt. v. 10.12.1998 – I ZR 100/96 (Elektronische Pressearchive), NJW 1999, 1964, 1965; KG, Urt. v. 23.11.2001 – 5 U 188/01, ZUM 2002, 828, 830.
13 EuGH, Urt. v. 05.03.2015 – C-463/12 (Copydan/Nokia), GRUR 2015, 478, 481 f., zur Privatkopievergütung.
14 BGH, Urt. v. 19.10.2011 – I ZR 140/10 (Vorschaubilder II), NJW 2012, 1886 ff.; BGH, Urt. v. 29.04.2010 – I ZR 69/08 (Vorschaubilder I), GRUR 2010, 628, 629; vgl. hierzu auch *Bisges*, JurPC Web-Dok. 127/2012, Abs. 1–25.

klau – von anwaltlich formulierten Leitsätzen einer Gerichtsentscheidung von einer fremden in die eigene Webpräsenz ist eine rechtswidrige Vervielfältigung.[15]

Das Gleiche gilt für den **Download** einer Datei auf den eigenen Computer, etwa einer Hörbuchdatei[16] oder von Musik, Filmen oder Computerspielen aus einem Filesharing-Netzwerk,[17] und die „Lieferung" eines E-Books auf den Computer des Kunden.[18] Das Heraufladen, der **Upload**, einer Datei in den Arbeits- oder Grafikspeicher eines Computers fällt ebenfalls unter den Vervielfältigungsbegriff.[19] Wird eine Videodatei, deren Tonspur ein urheberrechtlich geschütztes Musikwerk enthält, auf den Server eines Internetportals hochgeladen, wird auch die betreffende Musik vervielfältigt.[20] Das Einstellen eines Fotos in eine Internethomepage führt ebenfalls zu einer Speicherung und damit einer Vervielfältigung auf dem Webserver.[21] Entsprechendes gilt, wenn fremde über eine Bildersuche gefundene Fotos zur Illustration eigener *eBay*-Angebote genutzt werden (auch § 19a UrhG).[22] Zur Frage, welche Rechte durch Nutzung eines über die Amazon Standard Identifikationsnummer (ASIN) „angehängten" Produktfotos betroffen sind, vgl. die Ausführungen zu § 19a UrhG.[23] Der Betreiber eines Onlineshops, der seinen Kunden per Mail einen **Code übermittelt**, der einem Computerspiel auf einem physischen Datenträger zur Freischaltung des Spieles beigefügt ist, verletzt bereits dadurch das Vervielfältigungsrecht.[24]

208

Die Einbettung eines auf einer Website mit Erlaubnis der Urheberrechtsinhaber öffentlich zugänglichen Werkes in eine andere Website mittels **Framing-Technik** führt indes nicht zu einer Kopie und unterfällt nicht dem Vervielfältigungsrecht.[25]

209

---

15 OLG Köln, Urt. v. 28.08.2008 – 6 W 110/08, GRUR-RR 2009, 164 f., m. Anm. *Nennen*, ZUM 2009, 244 f.
16 OLG Stuttgart, Urt. v. 03.11.2011 – 2 U 49/11 (Hörbuch-AGB), GRUR-RR 2012, 243, 244.
17 ZB. OLG Stuttgart, Urt. v. 22.10.2014 – 1 U 25/14, MMR 2015, 120 f.; OLG Frankfurt, Urt. v. 15.05.2012 – 11 U 86/11, MMR 2012, 668 ff.; AG Düsseldorf, Urt. v. 13.01.2015 – 57 C 7592/14.
18 OLG München, Urt. v. 24.10.2013 – 29 U 885/13 (Buchbinder Wanninger), GRUR-RR 2014, 13, 14.
19 OLG Dresden, Urt. v. 20.01.2015 – 14 U 1127/14, ZUM 2015, 336, anhängig: BGH, I ZR 25/15.
20 OLG München, Urt. v. 29.04.2010 – 29 U 3698/09, GRUR-RR 2011, 1, 2, mwN., Vorbereitungshandlung für die öff. Zugänglichmachung.
21 OLG Düsseldorf, Urt. v. 16.06.2015 – I-20 U 203/14, WRP 2015, 1150; LG Hamburg, Urt. v. 17.07.2012 – 310 O 460/11, BeckRS 2013, 03720: digitale Luftbildkarte; LG Bielefeld, Urt. v. 27.09.2010 – 4 O 242/10, BeckRS 2015, 04207: Fotografien aus Dissertation.
22 BGH, Urt. v. 18.09.2014 – I ZR 76/13 (CT-Paradies), ZUM 2015, 391, 393.
23 Vgl. Rn. 273.
24 LG Berlin, Urt. v. 11.03.2014 – 16 O 73/13 (Seriennummer), GRUR-RR 2014, 490 f.
25 EuGH, Urt. v. 21.10.2014 – C-348/13 (BestWater International GmbH/Mebes ua.), NJW 2015, 148 f. mwN.: mangels neuen Publikums auch keine öffentliche Wiedergabe. Vgl. dazu auch *Jahn/Palzer*, K & R 2015, 1 ff.; *Schulze*, ZUM 2015, 106 ff.; *Fusbahn*, ITRB 2015, 68 ff.; *Reinauer*, MDR 2015, 252 f. Vgl. auch Rn. 245, 270.

Speichert ein Internetdienst zur Aufzeichnung von Fernsehsendungen (**Online-Videorekorder**) bei mehreren Kundenaufträgen auf dem Aufnahmeserver eine Masterkopie der Sendung, um auf dieser Grundlage kundenspezifische Auslieferungsdateien für die jeweiligen Kunden bereitzustellen, liegt eine (rechtswidrige) Vervielfältigung vor.[26] Bei einem **Webradiorekorder**, der es seinen Nutzern ermöglicht Live-Streams von Internetradios und andere Musikstücke anzufordern und in MP3-Dateien umzuwandeln und abzuspeichern, kommt es zu einer Vervielfältigung der jeweiligen Musikdatei.[27]

210 Ob beim **Streaming** eine Vervielfältigungshandlung nach § 16 Abs. 1 UrhG vorliegt, ist umstritten. Bei der Nutzung von Streamingportalen wie *Youtube*, *kinox.to*, *redtube.com* und *youporn.com* geht es dem Rezipienten um das reine Betrachten eines Videostreams. Um dieses zu ermöglichen, werden die Datenpakete meistens zumindest vorübergehend im Arbeitsspeicher oder auf der Festplatte gespeichert – sukzessiv, also schrittweise und durch Überschreiben der jeweils vorangegangenen Datenpakete. Für den Begriff der Vervielfältigung kommt es auf eine Dauerhaftigkeit nicht an.[28] Weil das vollständige Werk letztendlich sukzessive vervielfältigt wird, lässt sich eine Vervielfältigung iSd. § 16 UrhG bejahen.[29] Ob die für den rezeptiven Werkgenuss vorübergehenden Vervielfältigungen unter die Schranke des § 44a UrhG fallen, ist ebenfalls umstritten.[30] Temporäre, flüchtige oder begleitende Kopien (**Caching**) für die Darstellung einer Website auf dem Bildschirm eines Computers dürfen jedenfalls ohne Zustimmung des Urhebers erstellt werden.[31]

---

26 BGH, Urt. v. 11.04.2013 – I ZR 151/11 (Internet-Videorekorder II), ZUM-RD 2013, 314, 316; BGH, Urt. v. 22.04.2009 – I ZR 216/06 (Internet-Videorekorder I), NJW 2009, 3511, 3513; OLG München, Urt. v. 19.09.2013 – 29 U 3989/12, ZUM 2014, 813 ff.; *Hullen*, jurisPR-ITR 16/20122, Anm. 3; zu den Fragen der Privatkopie vgl. Kap. 3, Rn. 441.
27 KG, Urt. v. 28.03.2012 – 24 U 20/11, juris.
28 EuGH, Urt. v. 04.10.2011 – C-403/08 (Football Association Premier League ua.), ZUM 2011, 803, 817: flüchtige Fragmente, soweit ihnen Werkqualität zukommt.
29 OLG Frankfurt, Urt. v. 27.01.2015 – 11 U 94/13, GRUR 2015, 784, als der öffentlichen Zugänglichmachung vorgelagerter Akt; vgl. auch *Koch*, jurisPR-ITR 11/2014, Anm. 5; *ders.*, JurPC 2014, Web-Dok. 126/2014; *Braun*, jurisPR-ITR 21/2014, Anm. 5; *Ensthaler*, NJW 2014, 1553 ff.; *Galetzka/Stamer*, MMR 2014, 292 ff.; *Hilgert/Hilgert*, MMR 2014, 85 ff.; *Blenk*, AfP 2014, 220 ff.; *Brüggemann*, AnwZert ITR 16/2014, Anm. 3; jeweils mwN. Zum Live-Streaming von Sportereignissen vgl. *v.Appen/Barath*, CaS 2014, 249 ff.
30 Bejahend AG Potsdam, Urt. v. 09.04.2014 – 20 C 423/13, ZUM-RD 2014, 587 f.; LG Köln, Urt. v. 24.01.2014 – 209 O 188/13 (Redtube), GRUR-RR 2014, 114 f. Vgl. zur Diskussion auch *Kuck*, in: Schwartmann, Praxishandbuch, § 26, Rn. 150. Zu § 44a UrhG s. Kap. 3, Rn. 741 ff.
31 EuGH, Urt. v. 05.06.2014 – C-360/13 (Public Relations Consultants Association Ltd/Newspaper Licensing Agency Ltd ua.), GRUR 2014, 654, 655 ff.; *Gietzelt/Ungerer*, GPR 2014, 278 ff.

c) Schranken und Grenzen

aa) Schranken

Für das Vervielfältigungsrecht gelten viele Schrankenregelungen, vgl. §§ 44a bis 51, 52a Abs. 3, 53 bis 61c UrhG.

211

bb) Erschöpfung, § 17 Abs. 2 UrhG analog

Auch die **werbliche Präsentation** eines in den Verkehr gebrachten Produktes kann das Vervielfältigungsrecht betreffen. Der Bundesgerichtshof[32] entnimmt die Zulässigkeit der Vervielfältigung aus § 17 Abs. 2 UrhG,[33] der Ausdruck des allgemeinen Gedankens ist, dass das Urheberrecht ebenso wie andere Schutzrechte gegenüber dem Interesse an der **Verkehrsfähigkeit** der mit Zustimmung des Berechtigten in Verkehr gesetzten Waren zurücktreten muss (Erschöpfung). Der zur Weiterverbreitung Berechtigte kann mit Hilfe des Urheberrechts nicht daran gehindert werden, die Ware anzubieten und im Rahmen des Üblichen werblich darzustellen, auch wenn damit eine Vervielfältigung nach § 16 Abs. 1 UrhG verbunden ist. Daher wird das Vervielfältigungsrecht hier beschränkt. Oftmals wird sich die Berechtigung bereits daraus ergeben, dass die werbliche Nutzung zur Erreichung des Vertragszwecks erforderlich und im Zusammenhang mit den Nutzungsrechten eingeräumt ist.[34]

212

Eine erlaubte **werbliche Nutzung** liegt etwa vor, wenn eine Buchhandlung in Prospekt oder Zeitungsanzeige das angebotene Buch zeigt – mit den Fotos oder der künstlerischen Gestaltung auf dem Buchcover. Anderes gilt für die Wiedergabe von Fotos aus einem Buch in Schaufenstergröße als Verkaufsaktion für das Buch.[35] Auch die Übernahme von Rezensionsausschnitten einer Zeitung zur Bewerbung von Büchern und Medien eines Online-Buchhandels verletzt die Vervielfältigungsrechte.[36] Keine Urheberrechtsverletzungen sind Abbildungen eines Parfumflakons in einem Prospekt.[37] Dasselbe gilt für die Wiedergabe von LP- bzw. CD-Covern in Prospekten, für Zeitungsanzeigen und auch im Internet.[38] Der Weitervertrieb von DVDs darf ebenfalls unter Nutzung des Covers erfolgen, wenn auf diesem eine urheberrechtlich geschützte Kobold-Figur illustriert ist. Allerdings ist auch insoweit das Namensnennungsrecht aus § 13 UrhG zu beachten.[39] Wer sei-

213

---

32 BGH, Urt. v. 04.05.2000 – I ZR 256/97 (Parfumflakon), NJW 2000, 3783, 3784 f.; auch *Heerma*, in: Wandtke/Bullinger, UrhG, § 17, Rn. 33, und § 15, Rn. 34 ff.; *Wandtke/Grunert*, in: Wandtke/Bullinger, UrhG, § 31, Rn. 24 aE.
33 Vgl. dazu Rn. 223 ff.
34 Vgl. BGH, Urt. v. 24.09.2014 – I ZR 35/11 (Hi Hotel II), GRUR 2015, 264 ff.
35 OLG Düsseldorf, Urt. v. 15.02.2008 – 20 U 143/07, GRUR-RR 2009, 45, 46 f.
36 LG München, Urt. v. 12.02.2014 – 21 O 7543/12, ZUM 2014, 596, 599 ff. Zur Übernahme sog. Abstracts vgl. Rn. 307.
37 BGH, Urt. v. 04.05.2000 – I ZR 256/97 (Parfumflakon), NJW 2000, 3783, 3785.
38 LG München, Urt. v. 06.05.2009 – 21 O 5302/09, ZUM 2009, 681, 685: auch wenn keine diesbezügliche Vereinbarung besteht.
39 OLG München, Urt. v. 20.05.2010 – 6 U 2236/09 (Pumuckl-Illustrationen III), GRUR-RR 2010, 412, 413; vgl. dazu auch Rn. 56.

ne (urheberrechtlich geschützte)[40] *Wagenfeld*-Tischlampe verkaufen und ein Foto der Lampe in ein Zeitungsinserat oder bei *eBay* einstellt, verstößt ebenfalls nicht gegen § 16 UrhG.

d) Vertragliches

214 Das Vervielfältigungsrecht gehört, oft in einem Atemzug mit dem Verbreitungsrecht als (mechanisches) Vervielfältigungs- und Verbreitungsrecht bezeichnet,[41] zu den wichtigsten Verwertungsrechten, an denen entsprechende **Nutzungsrechte** eingeräumt werden. Es ist, ebenfalls zusammen mit dem Verbreitungsrecht, wesentlicher Bestandteil des Verlagsrechts, § 1 VerlG. Der Erwerb eines Werkoriginals verschafft dem Erwerber im Zweifel noch kein Vervielfältigungsrecht, § 44 Abs. 1 UrhG.

2. Verbreitungsrecht, § 17 Abs. 1 UrhG
Literatur: *Eichelberger*, (Wieder-)Ausdehnung des urheberrechtlichen Verbreitungsrechts durch den EuGH?, ZUM 2012, 845 ff.; *Grünberger*, Bedarf es einer Harmonisierung der Verwertungsrechte und Schranken?, ZUM 2015, S. 273–290; *Hansen*, EuGH: Keine Erschöpfung bei Reproduktion ohne Zustimmung des Urhebers, GRUR-Prax 2015, 62; *Knoche*, Einmalige Präsentation eines Architektenplans ist keine Urheberrechtsverletzung!, IBR 2014, 362; *Pfaffendorf*, Zur Strafbarkeit von Urheberrechtsverletzungen in grenzüberschreitenden Fälle innerhalb der Europäischen Union, NZWiSt 2012, 377 ff.; *Reinke*, Urheberrechtsverletzung durch einmalige Präsentation eines Architektenplanes, jurisPR-PrivBauR 11/2014 Anm. 1; *Rieken*, Präsentation eines Architektenplanes, GRUR-Prax 2014, 185; *Runge*, Zum Prinzip der gemeinschaftsweiten Erschöpfung im Urheberrecht, EuZW 2006, 666 f.; *Struwe*, Zur Frage der urheberrechtlichen Erschöpfung bei Übertragung eines Papierposters auf Leinwand, CR 2015, 182 ff.

215 Gemäß § 17 Abs. 1 UrhG steht dem Urheber auch das Recht zu, das Original oder Vervielfältigungsstücke des Werkes der Öffentlichkeit anzubieten oder in Verkehr zu bringen. Das in §§ 17 Abs. 1 und 96 UrhG gesetzlich ausgestaltete Recht des Urhebers, die Verbreitung von Vervielfältigungsstücken seines Werks zu kontrollieren, stellt **Eigentum** im Sinne von Art. 14 Abs. 1 GG dar.[42] Da es sich um harmonisiertes Recht[43] handelt, ist § 17 UrhG richtlinienkonform zu interpretieren.[44]

---

40 Vgl. nur BGH, Beschl. v. 11.04.2013 – I ZR 76/11, ZUM-RD 2013, 633.
41 Vgl. § 1 h) des GEMA-Berechtigungsvertrags und dazu auch LG Berlin, Urt. v. 13.05.2014 – 16 O 75/13, ZUM 2014, 818; LG Berlin, Urt. v. 25.03.2014 – 16 O 564/12 (weiße Rose), GRUR-RR 2014, 439, 440; OLG Frankfurt, Urt. v. 29.10.2013 – 11 U 47/13, ZUM 2014, 712, 714. Zur Einräumung entsprechender Nutzungsrechte vgl. Kap. 4, Rn. 6 ff.
42 BVerfG, Beschl. v. 19.07.2011 – 1 BvR 1916/09 (Le Corbusier), NJW 2011, 3428 ff.; vgl. auch Kap. 1, Rn. 29 ff.
43 Nach Art. 4 der Informations-Richtlinie (Kap. 11, Rn. 238 ff.).
44 EuGH, Urt. v. 13.05.2015 – C-516/13 (Dimensione Direct Sales und Labianca), GRUR 2015, 665; BGH, EuGH-Vorlage v. 11.04.2013 – I ZR 91/11 (Marcel-Breuer-Möbel), GRUR 2013, 1137, 1138; BVerfG, Beschl. v. 19.07.2011 – 1 BvR 1916/09 (Le Corbusier), NJW 2011, 3428, 3432.

a) Werk(-original) oder Vervielfältigungsstücke

§ 17 UrhG gilt für Original und Vervielfältigungsstücke des urheberrechtlich geschützten Werkes. Wie sich aus § 15 Abs. 1 Nr. 2 UrhG ergibt, bezieht sich das Verbreitungsrecht auf die Werkverwertung in **körperlicher Form**. Das Bereithalten eines On-Demand-Streams oder einer Datei zum Download ist kein Verbreiten derselben, sondern eine öffentliche Wiedergabe iSd. § 19a UrhG.[45] Dasselbe gilt für das Übernehmen fremder Produktfotos einer Internetplattform zur Bebilderung des eigenen Angebots.[46] Das Einstellen von Teilen eines Lehrbuchs in eine elektronische Lehrplattform einer Fernuniversität ist ebenfalls keine Verbreitung, weil keine (körperlichen) Vervielfältigungsstücke angeboten oder in Verkehr gebracht werden.[47]

216

Das Verbreitungsrecht steht auch den Inhabern von **Leistungsschutzrechten** zu. Auf § 17 UrhG verweisen § 70 Abs. 1 UrhG (Wissenschaftliche Ausgaben), § 71 Abs. 1 S. 3 UrhG (Nachgelassene Werke), § 72 Abs. 1 UrhG (Lichtbilder). Weitere Regelungen finden sich in § 77 Abs. 2 UrhG (ausübende Künstler), § 81 Abs. 1 UrhG (Veranstalter), § 85 Abs. 1 UrhG (Tonträgerhersteller), § 87 Abs. 1 Nr. 2 UrhG (Sendeunternehmen), § 87b Abs. 1 UrhG (Datenbankhersteller), § 94 UrhG (Filmhersteller). Für **Computerprogramme** findet sich in § 69c Nr. 3 UrhG eine gesonderte Regelung.

217

b) Angebot an die Öffentlichkeit

Zur **Öffentlichkeit** gehört jeder, der nicht mit demjenigen, der das Werk verwertet durch persönliche Beziehungen verbunden ist, § 15 Abs. 3 S. 2 UrhG.[48] Ein „der Öffentlichkeit anbieten" kann dabei auch durch ein Einzelangebot an einen Dritten erfolgen, zu dem keine persönlichen Beziehungen bestehen.[49] Hierunter fallen auch die Übereignung eines Vervielfältigungsstückes von Kursunterlagen an eine Person **ohne persönliche Bindung**[50] und die Erfüllung eines Kaufvertrages durch Lieferung und Übereignung an ein Mitglied der Öffentlichkeit.[51] Um ein solches im Rahmen eines (nach Abmahnung) ggfls. durchzuführenden Rechtsstreits nachweisen zu können, empfehlen sich **Testkäufe** unter Anforderung genauer Produkt- und Lieferantenangaben in Rechnung, Lieferschein oder Bestell-

218

---

45 OLG Hamm, Urt. v. 15.05.2014 – 22 U 60/13 (Hörbuch-AGB), NJW 2014, 3659, 3661 mwN.; anders AG Leipzig, Urt. v. 21.12.2011 – 200 Ls 390 Js 184/11 (kino.to), NZWiSt 2012, 390 ff. Zum Streaming vgl. Rn. 212.
46 OLG Nürnberg, Urt. v. 09.04.2013 – 3 U 1593/12: Vertragsstrafenanspruch (auch) verneint, weil Unterlassungserklärung auf körperliche Rechte nach § 15 Abs. 1 UrhG bezogen.
47 BGH, Urt. v. 28.11.2013 – I ZR 76/12 (Meilensteine der Psychologie), NJW 2014, 2117, 2118: obendrein nicht mit der Übertragung des Eigentums verbunden.
48 Näher zum Öffentlichkeitsbegriff des § 15 Abs. 3 UrhG, Rn. 242 ff. sowie Kap. 1, Rn. 246 ff.
49 BGH, Urt. v. 13.12.1990 – I ZR 21/89 (Einzelangebot), NJW 1991, 1234, 1235.
50 OLG Frankfurt, Urt. v. 04.11.2014 – 11 U 106/13, NJW-RR 2015, 673, 675.
51 EuGH, Urt. v. 21.06.2012 – C-5/11 (Donner), GRUR 2012, 817 ff.

bestätigung.[52] Auch Angebote zum Tausch etwa von Computerspielen,[53] CDs und DVDs fallen unter § 17 Abs. 1 UrhG, wenn es sich nicht lediglich um eine **private Weitergabe** im Rahmen einer persönlichen Beziehung handelt. Ein Angebot an Freunde, Bekannte, Verwandte oder Arbeitskollegen ist nämlich nicht öffentlich. Wer einmalig Entwurfsplanungen eines Architekten für ein Mehrparteienwohnhaus gegenüber potenziellen Kaufinteressenten präsentiert, um festzustellen, welche Art von Wohnung auf Akzeptanz stoßen würde, bietet die Planungen ebenfalls nicht öffentlich an.[54] Auch das Zeigen eines Fotobuchs gegenüber einzelnen Betrachtern ist keine Verbreitung iSd. § 17 Abs. 1 UrhG.[55]

219 Das **Anbieten** ist im wirtschaftlichen Sinne zu verstehen und fällt nicht mit dem juristischen Begriff eines Vertragsangebots zusammen. Dass das Angebot zu einem Erwerb führt, ist unerheblich, es reicht die offenkundige Absicht, den Abschluss von Kaufverträgen oder anderen Handlungen herbeizuführen, die eine Übertragung des Eigentums zur Folge haben. Deshalb stellen bereits **Werbemaßnahmen,** mit denen zum Erwerb der Vervielfältigungsstücke eines Werks aufgefordert wird, ein vom Verbreitungsrecht erfasstes Angebot an die Öffentlichkeit dar.[56] Hierzu gehört zB., wenn ein Händler über eine Internetseite, in Postwurfsendungen oder in Presse und Medien an die Verbraucher Werbung richtet, um sie zum Erwerb der Werke aufzufordern.[57]

220 Das Verbreitungsrecht wird indes nicht dadurch verletzt, dass Nachbildungen urheberrechtlich geschützter Möbelstücke **lediglich zur Benutzung** zur Verfügung gestellt werden oder der Besitz an ihnen auf Gastronomen übertragen wird.[58] Werden Fotografien ohne Zustimmung des Künstlers als Wanddekoration in einer Gaststätte aufgehängt, gilt dasselbe.[59] Ein Eingriff in das Verbreitungsrecht ist auch nicht gegeben, wenn bei einer öffentlichen Veranstaltung das Original oder ein

---

52 Vgl. BGH, Urt. v. 23.02.2006 – I ZR 27/03 (Parfümtestkäufe), GRUR 2006, 504 ff.; LG Hamburg, Urt. v. 18.06.2013 – 310 O 182/12, ZUM-RD 2013, 651 ff.
53 LG Hamburg, Urt. v. 13.09.1994 – 308 O 414/93, CR 1995, 222: Raubkopien von Software.
54 OLG Frankfurt, Urt. v. 28.01.2014 – 11 U 111/12, ZUM-RD 2014, 350 ff., dazu *Reinke*, jurisPR-PrivBauR 11/2014, Anm. 1; *Rieken*, GRUR-Prax 2014, 185; *Knoche*, IBR 2014, 362.
55 LAG Köln, Urt. v. 19.01.2015 – 2 Sa 861/13, das den Verbreitungsbegriff dieser Vorschrift § 22 KUG zugrunde legt.
56 EuGH, Urt. v. 13.05.2015 – C-516/13 (Dimensione Direct Sales und Labianca), GRUR 2015, 665; BGH, EuGH-Vorlage v. 11.04.2013 – I ZR 91/11 (Marcel-Breuer-Möbel), GRUR 2013, 1137, 1139; BGH, Urt. v. 15.02.2007 – I ZR 114/04 (Wagenfeld-Leuchte), GRUR 2007, 871, 873.
57 EuGH, Urt. v. 13.05.2015 – C-516/13 (Dimensione Direct Sales und Labianca), GRUR 2015, 665; BGH, Urt. v. 05.11.2015 – I ZR 91/11 (Marcel-Breuer-Möbel II); BGH, EuGH-Vorlage v. 11.04.2013 – I ZR 91/11 (Marcel-Breuer-Möbel), GRUR 2013, 1137, 1139.
58 BVerfG, Urt. v. 19.07.2011 – 1 BvR 1916/09 (Le Corbusier), GRUR 2012, 53 ff.; BGH, Urt. v. 22.01.2009 – I ZR 148/06, ZUM-RD 2009, 531, 533; EuGH, Urt. v. 17.04.2008 – C-456/06 (Peek & Cloppenburg/Cassina), GRUR 2008, 604 f.
59 LG Köln, Urt. v. 14.05.2008 – 28 O 582/07, GRUR-RR 2009, 47 ff.

Vervielfältigungsstück des geschützten Werkes nur symbolisch übergeben wird. Denn damit ist keine Aufforderung zum Eigentumserwerb gegenüber der Öffentlichkeit verbunden.[60]

c) Inverkehrbringen

Ein Werkstück wird in Verkehr gebracht, wenn mindestens ein Original oder Vervielfältigungsstück aus einer internen Betriebssphäre durch **Eigentumsübertragung der Öffentlichkeit zugeführt** wird. Ein solches liegt vor, wenn Vervielfältigungsstücke tatsächlich im freien Handelsverkehr oder auch nur im Großhandel erhältlich sind.[61] Die Übernahme von Geodaten und Elementen einer nach § 2 Abs. 2 Nr. 7 UrhG geschützten analogen topografischen Karte und deren Vertrieb in einer Radkarte missachtet mithin das (Vervielfältigungs- und) Verbreitungsrecht.[62] Das Inverkehrbringen einer Bedienungsanleitung verletzt das Verbreitungsrecht an dem hierin verkörperten (fremden) Schriftwerk und den (fremden) Fotografien, § 2 Abs. 1 Nr. 1, 72 UrhG.[63] Bei einem **grenzüberschreitenden Verkauf** liegt ein Verbreiten in Deutschland schon dann vor, wenn ein Händler, der seine Werbung auf in Deutschland ansässige Kunden ausrichtet und ein spezifisches Lieferungssystem und spezifische Zahlungsmodalitäten schafft, den Kunden ermöglicht, sich Vervielfältigungen von Werken liefern zu lassen, die in Deutschland urheberrechtlich geschützt sind. Eigentumsübergang oder Wechsel der Verfügungsgewalt in Deutschland sind nicht erforderlich.[64]

221

d) Erschöpfung, § 17 Abs. 2 UrhG

Nach § 17 Abs. 2 UrhG ist – mit Ausnahme der Vermietung – die Weiterverbreitung des Originals oder eines Vervielfältigungsstücks eines Werkes zulässig, wenn dieses mit Zustimmung des zur Verbreitung Berechtigten im Gebiet der Europäischen Union oder eines anderen Vertragsstaates über den Europäischen Wirtschaftsraum im Wege der Veräußerung in Verkehr gebracht worden ist. Für Vervielfältigungsstücke eines Computerprogramms enthält § 69 Nr. 3 S. 2 UrhG eine Regelung der Erschöpfung des Verbreitungsrechts.

222

aa) Begrenzung des Verbreitungsrechts

Der Erschöpfungsgrundsatz besagt, dass der Rechtsinhaber durch eigene Benutzungshandlungen das ihm vom Gesetz eingeräumte, ausschließliche Verwertungsrecht ausgenutzt und damit verbraucht hat, so dass bestimmte weitere Verwertungshandlungen nicht mehr vom Schutzrecht erfasst werden. Der Eintritt der

223

---

60 BGH, Urt. v. 24.05.2007 – I ZR 42/04 (Staatsgeschenk), GRUR 2007, 691 692.
61 *Loewenheim*, in: Fromm/Nordemann, UrhG, § 17, Rn. 46 und 14 f.
62 OLG Dresden, Urt. v. 17.09.2013 – 11 U 1949/12, ZUM 2014, 145 ff.
63 OLG Frankfurt, Urt. v. 26.05.2015 – 11 U 18/14, ZUM 2015, 813.
64 BGH, Urt. v. 11.10.2012 – 1 StR 213/10 (Italienische Bauhausmöbel), NJW 2013, 93, 95), dort auch zu § 106 Abs. 1 UrhG; EuGH, Urt. v. 21.06.2012 – C-5/11 (Donner), GRUR 2012, 817 ff.; dazu auch *Eichelberger*, ZUM 2012, 845 ff.; zur strafrechtlichen Beurteilung vgl. *Pfaffendorf*, NZWiSt 2012, 377 ff.

Erschöpfung hat mithin zur **Folge**, dass die weitere Verbreitung des körperlichen Werkstücks, abgesehen von der Vermietung, das ausschließlich dem Urheber zustehende Verbreitungsrecht, §§ 15 Abs. 1 Nr. 2, 17 Abs. 1 UrhG bzw. § 69c Nr. 3 S. 1 UrhG, nicht verletzt und daher von ihm auch nicht nach § 97 Abs. 1 UrhG untersagt werden kann.[65]

224 Die Begrenzung des Verbreitungsrechts durch den Erschöpfungsgrundsatz dient dem **allgemeinen Interesse an einem freien Warenverkehr**. Damit nicht auf jeder Handelsstufe erneut die Zustimmung des Rechteinhabers zur Weitergabe eingeholt werden müsste, bezweckt die Erschöpfung die Herstellung der **Verkehrsfähigkeit** von Produkten, die dem Urheberschutz unterliegen. Sie gilt z.B. für Bücher, CDs, DVDs, Schallplatten, Videokassetten und andere Werkträger. Innerhalb eines einheitlichen Wirtschaftsraums soll das mit Zustimmung des Berechtigten durch Veräußerung des in Verkehr gebrachten Werkstückes ungeachtet des urheberrechtlichen Schutzes frei zirkulieren dürfen. Insoweit muss das Urheberrecht gegenüber dem Interesse der Verkehrsfähigkeit der mit Zustimmung des Berechtigten in Verkehr gesetzten Waren zurücktreten. Dem Berechtigten ist es unbenommen, die Erstverbreitung des Werkstücks zu untersagen oder von einer angemessenen, auch diese Nutzung seines Werks berücksichtigenden Vergütung abhängig zu machen. Hat er diese Zustimmung aber erst einmal erteilt, soll es ihm verwehrt sein, mit Hilfe des Urheberrechts die weiteren Absatzwege dieser Ware zu kontrollieren.[66]

bb) Inverkehrbringen im Wege der Veräußerung

225 Die Erschöpfung des Verbreitungsrechts tritt ein, wenn das Original oder ein Vervielfältigungsstück eines Werkes mit Zustimmung des zur Verbreitung Berechtigten im Wege der Veräußerung in Verkehr gebracht worden ist. Der Begriff des Inverkehrbringen entspricht dem gleichlautenden des § 17 Abs. 1 UrhG.[67] Erfasst sind Original und Vervielfältigungsstücke in **körperlicher Festlegung**.[68]

226 Eine **Veräußerung** iSd. Gesetzes ist nicht nur dann gegeben, wenn die Übergabe der Werkstücke auf einem zivilrechtlichen Schuldverhältnis wie Kauf, Tausch, Schenkung beruht. Eine solche liegt immer dann vor, wenn das Inverkehrbringen auf eine **endgültige Aufgabe der Verfügungsbefugnis** an den jeweiligen Werkstücken gerichtet ist. Hierzu gehören auch aufschiebend bedingte Eigentumsübertragungen, nicht aber die bloße Sicherungsübereignung, weil der Rechteinhaber

---

65 BGH, Urt. v. 11.02.2010 – I ZR 178/08 (Half-Life 2), NJW 2010, 2661, 2663. Zur Erschöpfung nach § 69 Nr. 3 S. 2 UrhG vgl. Kap. 5, Rn. 380 und BGH, Urt. v. 11.12.2014 – I ZR 8/13 (Used Soft III), GRUR 2015, 772, mwN.
66 BGH, Urt. v. 11.02.2010 – I ZR 178/08 (Half-Life 2), NJW 2010, 2661, 2663; BGH, Urt. v. 04.05.2000 – I ZR 256/97 (Parfumflakon), NJW 2000, 3783, 3785; *Wiebe*, in: Spindler/Schuster, § 17, Rn. 7; *Grünberger*, ZUM 2015, 273, 277.
67 Vgl. bereits Rn. 222.
68 Zur (umstrittenen) Anwendung des § 17 Abs. 2 UrhG im Zusammenhang mit § 19a UrhG vgl. Rn. 274.

insoweit die Kontrolle über den Verbleib der Werkstücke gerade nicht aufgeben, sondern behalten will.[69] Das Verbreitungsrecht an einer Dissertation ist erschöpft durch Übergabe der (140) Pflichtexemplare an den Fachbereich zum Zwecke der Veröffentlichung entsprechend der Promotionsordnung.[70]

Die **Darlegungs- und Beweislast** für den Eintritt der Erschöpfung trifft denjenigen, der sich darauf beruft.[71] Eine bloße Vermutung „ins Blaue hinein", dass ein Tonträger im EU-/EWR-Gebiet erstmals in Verkehr gebracht worden sei, reicht nicht.[72] Der Nachweis, ob eine Übereignung stattgefunden hat, kann ggfls. durch die Vermutung des § 1006 BGB erleichtert werden.[73]

227

cc) Im Gebiet der EU oder des EWR

Das Inverkehrbringen im Wege der Veräußerung muss im Gebiet der Europäischen Union oder eines anderen Vertragsstaates über den Europäischen Wirtschaftsraum erfolgt sein. Der EWR dehnt den Binnenmarkt der Europäischen Union (28 Mitgliedstaaten) auf Island, Liechtenstein und Norwegen aus, erfasst also insgesamt **31 Länder**. Maßgeblich ist ausweislich des Wortlauts von § 17 Abs. 2 UrhG der Ort des Inverkehrbringens, nicht der Herstellungsort.

228

dd) Mit Zustimmung des Berechtigten

Auch gemäß der Rechtsprechung des Europäischen Gerichtshofs[74] hängt die Erschöpfung des Verbreitungsrechts davon ab, dass das Original oder Vervielfältigungsstücke eines Werks vom Rechtsinhaber oder mit dessen Zustimmung im Gebiet der Europäischen Union oder des EWR in Verkehr gebracht wurden. Eine Erschöpfung liegt nicht vor bzgl. einer erneut in den Verkehr gebrachten **Reproduktion**, etwa bei der Übertragung von Werken berühmter Maler von Papierpostern auf Leinwände („Leinwandtransfers").[75] Dasselbe gilt im Verhältnis einer vertriebenen Taschenbuchausgabe in englischer Sprache (mit der Folge der Erschöpfung) gegenüber einem gebündelten verschweißten Set aus Taschenbuch mit beigefügter Vokalbeilage. Für diese technisch und wirtschaftlich andere – neue –

229

---

69 *Ulmer*, UrhR, S. 236; *Dustmann*, in: Fromm/Nordemann, UrhG, § 17, Rn. 29; *Schulze*, in: Dreier/Schulze, UrhG, § 17, Rn. 26.
70 OLG Celle, Urt. v. 01.12.1999 – 13 U 69/00, NJW 2000, 1579 f.: Rückruf aus § 42 UrhG dahingestellt.
71 BGH, Urt. v. 03.03.2005 – I ZR 133/12 (Altanta), NJW 2005, 1581, 1582 f.; OLG Frankfurt, Urt. v. 26.05.2015 – 11 U 18/14.
72 LG Hamburg, Urt. v. 18.06.2013 – 310 O 192/12, ZUM-RD 2013, 651, 653.
73 BGH, Urt. v. 03.03.2005 – I ZR 133/02 (Atlanta), NJW 2005, 1581, 1582 f., mwN.; *Schulze*, in: Dreier/Schulze, UrhG, § 17, Rn. 31.
74 EuGH, Urt. v. 22.01.2015 – C-419/13 (Pictoright/Allposters), GRUR 2015, 256 ff.; EuGH, Urt. v. 12.09.2006 – C-479/04 (Laserdisken), ZUM-RD 2006, 495 ff. m. zust. Anm. *Runge*, EuZW 2006, 666 f.
75 EuGH, Urt. v. 22.01.2015 – C-419/13 (Pictoright/Allposters), GRUR 2015, 256 ff.; krit. dazu *Struwe*, CR 2015, 182 ff.; *Hansen*, GRUR-Prax 2015, 62.

Nutzungsart ist das Verbreitungsrecht noch nicht erschöpft.[76] Wird ein Computerspiel als **Einheit**, bestehend aus einem physischen Datenträger und einem Produktschlüssel, vom Rechteinhaber in den Verkehr gebracht, tritt Erschöpfung nur hinsichtlich dieser Kombinationspakete ein. Spaltet ein Verkäufer diese Einheit auf und gibt nur den Produktschlüssel weiter, so verändert er die dem Produkt vom Rechteinhaber verliehene Form. Es veräußert dann nicht dasselbe, sondern ein anderes Produkt, wozu ihm die Zustimmung fehlt. Erschöpfung kann in solchen Fällen von vornherein nicht eintreten.[77]

230 Die für eine Erschöpfung des Verbreitungsrechts erforderliche Zustimmung des Berechtigten zum Inverkehrbringen des Werkstücks kann nicht nur im Voraus (als Einwilligung), sondern auch **im Nachhinein** (als Genehmigung) erteilt werden. Allein in der Geltendmachung und Entgegennahme von Schadenersatz wegen einer Verletzung des Verbreitungsrechts ist jedoch grundsätzlich keine Genehmigung des unbefugten Inverkehrbringens zu sehen.[78]

ee) Zulässige Weiterverbreitung

231 Ist das Werk oder ein Vervielfältigungsstück (irgendwo) im Gebiet der EU oder des EWR rechtmäßig in den Verkehr gebracht worden, ist die Weiterverbreitung des Werkstücks im gesamten Gebiet der EU oder des EWR zulässig. § 17 Abs. 2 UrhG bekundet den **Grundsatz der gemeinschaftsweiten Erschöpfung.** Für das Gebiet der Mitgliedstaaten, nicht aber für Drittstaaten, können Urheber oder sonst zur Verbreitung Berechtigte das Verbreitungsrecht nicht mehr geltend machen.

ff) Verbrauch des Verbreitungsrechts

232 Nach § 31 Abs. 1 S. 2 UrhG kann der Urheber das Nutzungsrecht (auch) räumlich beschränkt einräumen. Eine **räumliche Beschränkung** des Verbreitungsrechts, also eine Aufteilung nach Staaten, kann mit dinglicher Wirkung auch für einzelne Länder im Gebiet der EU oder des EWR erfolgen.[79] Der nicht eingeräumte Teil des Rechts verbleibt beim Urheber. Die räumlich beschränkte Rechtseinräumung hat aber nur die Konsequenz, dass der Nutzungsberechtigte seine **Zustimmung** für das Inverkehrbringen gegenüber dem zur Verbreitung Berechtigten nach § 17 Abs. 2 UrhG lokal begrenzt. Bringt der Berechtigte die Werkstücke in dem Mitgliedstaat – entsprechend der Rechtseinräumung – in Verkehr, tritt die Erschöp-

---

76 LG München, Urt. v. 13.07.2011 – 7 O 13109/11 (Vokalbelbeilage), ZUM-RD 2011, 635 ff.
77 LG Berlin, Urt. v. 11.03.2014 – 16 O 73/13 (Seriennummer), GRUR-RR 2014, 490 f., in Abgrenzung zu EuGH, Urt. v. 03.07.2012 C-128/11 (Used Soft), NJW 2012, 2565 ff., das zu einem reinen Computerprogramm erging.
78 BGH, Urt. v. 14.05.2009 – I ZR 98/06 (Tripp-Trapp-Stuhl), NJW 2009, 3722, 3728, mwN.
79 HM., z.B. OLG Frankfurt, Urt. v. 17.04.2007 – 11 U 5/06, ZUM-RD 2008, 173 ff.; BGH, Urt. v. 19.12.2002 – I ZR 297/99 (Eterna), GRUR 2003, 699 ff.; *Loewenheim*, in: Schricker/Loewenheim, UrhG, § 17, Rn. 21, jeweils mwN. auch zur aA. Vgl. im Einzelnen auch Kap. 4, Rn. 23.

fungswirkung dennoch einheitlich für das gesamte Gebiet von EU/EWR ein. Ist ein Vervielfältigungsstück mit Zustimmung des Rechtsinhabers im Wege der Veräußerung in Verkehr gebracht worden, ist die Weiterverbreitung mithin aufgrund der eingetretenen Erschöpfung des urheberrechtlichen Verbreitungsrechts ungeachtet einer inhaltlichen Beschränkung des eingeräumten Nutzungsrechts frei.[80] Bei mehrstufigem Vertrieb ist das Verbreitungsrecht somit mit dem auf der Grundlage einer Zustimmung des Berechtigten erfolgten Inverkehrbringen auf der ersten Vertriebsstufe erschöpft; der weitere Vertriebsweg kann aufgrund des Verbreitungsrechts nicht mehr kontrolliert werden.[81] Nach dem Erschöpfungsgrundsatz hängt der urheberrechtliche Verbrauch des Verbreitungsrechts mithin allein davon ab, ob der Rechtsinhaber dem ersten Inverkehrbringen durch Veräußerung zugestimmt hat, maßgeblich ist die **Erstverbreitung**.[82]

3. Vermietrecht, § 17 Abs. 3 UrhG
Literatur: *Schulze*, Vermieten von Bestsellern, ZUM 2006, 543 ff.

Aus § 17 Abs. 2 UrhG („mit Ausnahme der Vermietung") ist zu entnehmen, dass die Vermietung einen Unterfall des Verbreitungsrechts darstellt. In § 17 Abs. 3 UrhG erfährt das Vermietrecht indes eine eigenständige Regelung. Auch diese ist richtlinienkonform auszulegen.[83] *233*

Vermietung ist die zeitlich begrenzte, unmittelbar oder mittelbar Erwerbszwecken dienende Gebrauchsüberlassung, § 17 Abs. 3 S. 1 UrhG. Die Bestimmung setzt eine vorübergehende Gebrauchsüberlassung der geschützten Leistung zu Erwerbszwecken voraus. Eine zeitlich begrenzte Überlassung ist anzunehmen, wenn der Gegenstand dem Kunden für eine bestimmte Zeit in der Weise zur freien Verfügung übergeben wird, so dass ihm eine uneingeschränkte und wiederholbare Werknutzung ermöglicht wird.[84] Keine Gebrauchsüberlassung in diesem Sinne ist eine Weitergabe eines Kfz-Sachverständigengutachtens zum Zwecke der Überprüfung einer Kalkulation.[85] Auch die Überlassung von CDs zum Kauf auf Probe mit einer Bearbeitungsgebühr bei Rückgabe ist verbotene Gebrauchsüberlassung und fällt (als Umgehung) unter den Begriff der Vermietung des § 17 *234*

---

80 BGH, Urt. v. 11.12.2014 – I ZR 8/13 (UsedSoft III), GRUR 2015, 772: Inverkehrbringen eines körperlichen oder unkörperlichen Vervielfältigungsstücks eines Computerprogramms.
81 *Loewenheim*, in: Schricker/Loewenheim, UrhG, § 17, Rn. 61 und 29.
82 BGH, Urt. v. 04.05.2000 – I ZR 256/97 (Parfumflakon), NJW 2000, 3783 ff.; vgl. auch BGH, Urt. v. 11.12.2014 – I ZR 8/13 (Used Soft III), GRUR 2015, 772, mwN., und OLG Hamm, Urt. v. 28.11.2012 – 12 U 115/12 (Finanzierungsleasing), NJW-RR 2013, 1136 ff. zu Kopien von Software.
83 EuGH, Urt. v. 30.06.2011 – C 271/10, GRUR 2011, 913 ff., gemäß Vermiet- und Verleih-Richtlinie (Kap. 11, Rn. 230 ff.).
84 BGH, Urt. v. 07.06.2001 – I ZR 21/99 (Kauf auf Probe), ZUM 2001, 793, 795.
85 LG Berlin, Urt. v. 03.07.2012 – 16 O 309/11, ZUM-RD 2013, 131, 133.

Abs. 3 S. 1 UrhG.[86] Nicht als Vermietung gilt nach § 17 Abs. 3 S. 2 UrhG die Überlassung von Originalen oder Vervielfältigungsstücken von Bauwerken und Werken der angewandten Kunst sowie im Rahmen eines Arbeits- oder Dienstverhältnisses wie in Nr. 2 ausgeführt. Weitere **ungeschriebene Ausnahmen** sind die Überlassung zur öffentlichen Vorführung oder Sendung, zu Ausstellungszwecken und zur Einsichtnahme an Ort und Stelle (Präsenznutzung).[87]

4. Ausstellungsrecht, § 18 UrhG

Literatur: *Bisges*, Der Öffentlichkeitsbegriff im Urheberrechtsgesetz, UFITA 2014, S. 363–380; *v.Detten*, Kunstausstellung und das Urheberpersönlichkeitsrecht des bildenden Künstlers, Diss. Heidelberg 2010.

235 Nach §§ 15 Abs. 1 Nr. 3, 18 UrhG hat der Urheber das Recht, das Original oder Vervielfältigungsstücke eines unveröffentlichten Werkes der bildenden Künste oder eines unveröffentlichten Lichtbildwerkes öffentlich zur Schau zu stellen. Das Ausstellungsrecht steht in engem **Zusammenhang mit dem Erstveröffentlichungsrecht** gemäß § 12 UrhG.[88]

a) Unveröffentlichte Werke der bildenden Kunst oder Lichtbildwerke

236 § 18 UrhG gilt ausweislich seines Wortlautes nur für Werke der **bildenden Kunst**, also Werke der Bildhauerei, Malerei, Grafik etc. und Lichtbildwerke. Durch die Verweisung von § 72 Abs. 1 UrhG erstreckt sich die Regelung auch auf Lichtbilder, erfasst also **Fotografien aller Art**. Vereinzelt wird das Ausstellungsrecht, entgegen seinem Wortlaut, auch auf die beiden weiteren Werkarten des § 2 Abs. 1 Nr. 4 UrhG, der Werke der Baukunst und der angewandten Kunst, erweitert.[89]

237 Das Ausstellungsrecht kommt nur an **unveröffentlichten** Werken der bildenden Kunst oder Fotografien in Betracht. Der Begriff der Veröffentlichung ist – wie bei § 12 Abs. 1 UrhG – aus § 6 Abs. 1 UrhG zu entnehmen und nicht aus § 15 Abs. 3 UrhG.[90] Dem Künstler oder Fotografen soll ein „Testen" seines Schaffens vor einem kleinen Kreis geladener Gäste möglich sein. Das Ausstellungsrecht erlischt auch nicht, wenn das Werk **ohne Zustimmung des Urhebers oder Lichtbildners** in die Öffentlichkeit gelangt.[91] Fotografien, die mit Zustimmung des Fo-

---

86 Amtl. Begr. zum 3. UrhÄndG, BT-Drucks. 13/115, S. 12. Vgl. auch BGH, Urt. v. 17.06.1999 – I ZR 36/97, BeckRS 1999, 30063122, und *Schulze*, ZUM 2006, 543 ff. Zum Vermiet- und Verleihrecht von Filmen vgl. Kap. 6, Rn. 122.
87 *Heerma*, in: Wandtke/Bullinger, UrhG, § 17, Rn. 43 mwN. auch zur aA.
88 Vgl. Rn. 3 ff. Zur Rechtsnatur und Entstehung des § 18 UrhG vgl. *v.Detten*, Kunstausstellung und das Urheberpersönlichkeitsrecht des bildenden Künstlers, Diss. Heidelberg 2010, Kap. 3.A I. und II.
89 Nachw. bei *Vogel*, in: Schricker/Loewenheim, UrhG, § 18, Rn. 12.; zweifelnd OLG Frankfurt, Urt. v. 28.01.2014 – 11 U 111/12, ZUM-RD 2014, 350, 351.
90 Vgl. dazu bereits ausführlich oben, Rn. 6 ff.; zudem *Dustmann*, in: Fromm/Nordemann, UrhG, § 18, Rn. 6; differenzierend *Bisges*, UFITA 2014, 363, 378 f.
91 Vgl. insoweit oben, Rn. 8.

tografen in einem Bildband erschienen sind, vgl. § 6 Abs. 2 UrhG, sind freilich veröffentlicht.[92]

b) Öffentliche Zurschaustellung

Aufgrund des Ausstellungsrechts ist es dem Urheber des Werkes der bildenden Kunst oder dem Fotografen vorbehalten, selbst zu entscheiden, ob und wann sein Werk oder Lichtbild öffentlich zur Schau gestellt wird. Das Ausstellungsrecht regelt nach § 15 Abs. 1 Nr. 3 UrhG die Verwertung in **körperlicher Form**. Daher muss das Original oder ein Vervielfältigungsstück körperlich vorhanden und dem (öffentlichen) Publikum als solches wahrnehmbar sein. Unkörperliche Formen der Erstveröffentlichung, etwa der Nutzung eines unveröffentlichten Gemäldes in einer Fernsehsendung[93] oder im Internet fallen unter § 12 UrhG.

238

c) Vertragliches

Soweit nicht anders vereinbart, erlangt der Eigentümer eines an ihn veräußerten Originals des Werks der bildenden Kunst oder der Fotografie das Ausstellungsrecht und darf das Werk öffentlich ausstellen, § 44 Abs. 2 UrhG. Diese **Auslegungsregel** trägt dem Umstand Rechnung, dass ein Maler oder Bildhauer normalerweise damit einverstanden ist, dass sein noch unveröffentlichtes Werk durch den Erwerber ausgestellt wird.[94] Der Begriff der **Veräußerung** erfasst jede Übereignung bzw. Entäußerung des Eigentums, ohne dass es auf den Charakter des zugrunde liegenden Kausalgeschäfts (Kauf, Tausch, Schenkung etc.) ankommt. Auch durch schuldrechtliches Rechtsgeschäft kann bereits eine Vereinbarung über ein Ausstellungsrecht getroffen werden. Ein solches wurde etwa bejaht bei einem zwischen einer Künstlerin und einer Stadt abgeschlossenen Kaufvertrag über ein Bürgermeister-Porträt, der eine öffentlich zugängliche Hängung des Gemäldes vorsah (und nicht etwa lediglich eine Aufbewahrung im Depot).[95]

239

5. Weitere Rechte zur Verwertung in körperlicher Form

Ausweislich seines Wortlauts („insbesondere") ist § 15 Abs. 1 UrhG nicht abschließend, sondern enthält lediglich Beispiele der dem Urheber vorbehaltenen Rechte zur Verwertung seines Werkes in körperlicher Form.

240

II. Verwertung in unkörperlicher Form (Recht der öffentlichen Wiedergabe)

Zu den Rechten des Urhebers, sein Werk in unkörperlicher Form auszuwerten gehören insbesondere die in §§ 15 Abs. 2 S. 2 Nr. 1 bis 5 UrhG aufgeführten Rechte. Das Gesetz definiert diese in § 15 Abs. 2 S. 1 UrhG als „Recht der öffentlichen Wiedergabe", wobei die nicht-öffentliche Wiedergabe grundsätzlich urheberrechtsfrei ist. § 15 Abs. 3 UrhG enthält zudem eine nähere Bestimmung

241

---

92 LG Köln, Urt. v. 14.05.2008 – 28 O 582/07, GRUR-RR 2009, 47, 48.
93 LG Berlin, Urt. v. 09.06.1983 – 16 S 5/83, GRUR 1983, 761 ff.
94 *Wandtke*, in: Wandtke/Bullinger, UrhG, § 44, Rn. 11 und 15 mwN.
95 OLG Frankfurt, Urt. v. 25.06.2013 – 11 U 94/12, BeckRS 2013, 16295.

des **Öffentlichkeitsbegriffs**. Danach ist die Wiedergabe öffentlich, wenn sie für eine Mehrzahl von Mitgliedern der Öffentlichkeit bestimmt ist. Zur Öffentlichkeit gehört jeder, der nicht mit demjenigen, der das Werk verwertet, oder mit den anderen Personen, denen das Werk in unkörperlicher Form wahrnehmbar oder zugänglich gemacht wird, durch persönliche Beziehungen verbunden ist. Maßgeblich ist insoweit die **persönliche Verbundenheit**. Eine solche mag aufgrund persönlicher Beziehungen im Bekannten- oder Freundeskreis oder im Verhältnis zwischen Lehrern und Schülern vorliegen. So kann die Musiknutzung bei einer Betriebs- oder Hochzeitsfeier gegenüber fünfzig Verwandten und Freunden bzw. fünfzig langjährig beschäftigten Mitarbeitern privat sein[96] – während Musik zur Außenbeschallung eines Schaufensters oder im Fahrstuhl schon bei Wiedergabe vor zwei Personen öffentlich ist.

242 Allerdings ist die Definition des § 15 Abs. 3 UrhG nicht unbedacht zu übernehmen, sondern richtlinienkonform auszulegen. Es handelt sich um vollständig **harmonisiertes Recht**, das im Lichte von Art. 3 Abs. 1 der Informations-Richtlinie[97] zu interpretieren ist.[98] Die nationalen Gerichte sind nach ständiger Rechtsprechung des Europäischen Gerichtshofs auf Grund des Umsetzungsgebots aus Art. 288 Abs. 3 AEUV und des Grundsatzes der Gemeinschaftstreue aus Art. 4 Abs. 3 EUV verpflichtet, die Auslegung des nationalen Rechts unter voller Ausschöpfung des Beurteilungsspielraums, den ihnen das nationale Recht einräumt, soweit wie möglich am Wortlaut und Zweck der Richtlinie auszurichten, um das mit der Richtlinie verfolgte Ziel zu erreichen. Der **Grundsatz der richtlinienkonformen Auslegung** verlangt von den nationalen Gerichten über eine Gesetzesauslegung im engeren Sinne entsprechend dem Verständnis in der nationalen Methodenlehre hinaus auch, das nationale Recht, wo dies nötig und nach der nationalen Methodenlehre möglich ist, richtlinienkonform fortzubilden.[99]

243 Der **Begriff der öffentlichen Wiedergabe** ist in Art. 3 Abs. 1 der Informations-Richtlinie nicht erschöpfend definiert. Nach ständiger Rechtsprechung des EuGH sind daher Sinn und Tragweite dieses Begriffs mit Blick auf die Ziele, die mit dieser Richtlinie verfolgt werden, und dem Zusammenhang, in den sich die auszule-

---

96 *Bisges*, UFITA 2014, 363, 376 f., mit weiteren Bsp.
97 Siehe Kap. 11, Rn. 238 ff..
98 EuGH, Urt. v. 27.02.2014 – C-351/12 (Osa), GRUR 2014, 473 ff.; EuGH, Urt. v. 13.02.2014 – C-466/12 (Svensson), NJW 2014, 759 ff.; EuGH, Urt. v. 15.03.2012 – C-135/10 (SCF/Marco Del Corso), GRUR 2012, 593, 596; BGH, Beschl. v. 10.04.2014 – I ZR 46/12, ZUM 2014, 900 f.; BGH, EuGH-Vorlage v. 16.05.2013 – I ZR 46/12 (Die Realität), GRUR 2013, 818, 819; OLG Frankfurt, Urt. v. 20.01.2015 – 11 U 95/14; LG Köln, Urt. v. 27.09.2012 – 14 S 10/12, BeckRS 2013, 22540.
99 EuGH, Urt. v. 05.10.2004 – C-397/01 bis C-403/01 (Pfeiffer), NJW 2004, 3547, 3549; BGH, Urt. v. 31.07.2013 – VIII ZR 162/09, NJW 2013, 3647 ff.; BGH, Urt. v. 26.11.2008 – VIII ZR 200/05, NJW 2009, 427 ff.; OLG Köln, Urt. v. 18.07.2014 – 6 U 192/11 (Goldesel), GRUR 2014, 1081 ff.; BVerwG, EuGH-Vorlage v. 25.06.2014 – 6 C 10/13, GRUR Int. 2014, 1177 ff. Zur überschießenden Umsetzung vgl. BAG, Urt. v. 23.09.2014 – 9 AZR 1025/12 mwN.

gende Vorschrift einfügt, zu bestimmen. Hiernach ist der Begriff der öffentlichen Wiedergabe **weit zu verstehen,** da das Hauptziel der Richtlinie darin besteht, ein hohes Schutzniveau für die Urheber zu erreichen und diesen die Möglichkeit zu geben, für die Nutzung ihrer Werke unter anderem bei einer öffentlichen Wiedergabe eine angemessene Vergütung zu erhalten.[100]

Zur Klärung der Frage, ob eine öffentliche Wiedergabe vorliegt, ist dabei nach der Rspr. des EuGH eine **umfassende Beurteilung der gegebenen Situation** wie folgt vorzunehmen: Als Erstes kommt es auf den Begriff der **Wiedergabe** an, so dass dem Nutzer eine zentrale Rolle zukommt. Eine Wiedergabe liegt vor, wenn der Nutzer in voller Kenntnis der Folgen seines Verhaltens tätig wird, den Zugang des geschützten Werkes zu ermöglichen. Er muss sich also gezielt an das Publikum wenden, für das die Wiedergabe vorgenommen wird. Das Publikum wiederum muss für diese Wiedergabe aufnahmebereit sein und nicht bloß zufällig „erreicht" werden.[101] Es muss ferner ein **neues Publikum** sein, also zB. nicht das, das schon infolge desselben technischen Verfahrens für die Wiedergabe des Werkes bereits auf einer anderen Website erreicht wurde.[102] Stets reicht, wenn ein Werkzugang für die Mitglieder der Öffentlichkeit möglich ist; ob diese Möglichkeit tatsächlich genutzt wird, spielt keine Rolle.[103] Obendrein ist es nicht unerheblich, ob die betreffende Nutzungshandlung Erwerbszwecken dient, wenngleich dies keine zwingende Voraussetzung für das Vorliegen einer öffentlichen Wiedergabe ist.[104]

244

Als Zweites benennt der EuGH Kriterien zur Definition der **Öffentlichkeit.** Sie bedeutet eine unbestimmte Zahl potenzieller Leistungsempfänger und muss ferner aus recht vielen Personen bestehen.[105] Eine „Unbestimmtheit" der Öffentlich-

245

---

100 EuGH, Urt. v. 27.02.2014 – C-351/12 (Osa), GRUR 2014, 473, 475; BGH, EuGH-Vorlage v. 16.08.2012 – I ZR 44/1, GRUR 2012, 1136, 1138, mwN.; OLG München, Urt. v. 11.09.2014 – 6 U 2619/13, ZUM 2015, 154, 158); BGH, Urt. v. 17.09.2015 – I ZR 228/15 (Ramses), GRUR 2016, 71 ff.
101 EuGH, Urt. v. 15.03.2012 – C-135/10 (SCF/Marco Del Corso), GRUR 2012, 593, 596; EuGH, Urt. v. 04.10.2011 – C-403 und C-429/08 (Football Association Premier League und Murphy), GRUR 2012, 156, 166: Rundfunksendungen über TV-Bildschirm und Lautsprecher in Hotel und Gaststätte. Zur Frage, ob die Verstärkung durch Lautsprecher und/oder Verstärker eine neue Nutzung darstellt, vgl. EuGH, Urt. v. 14.07.2015 – C-151/15.
102 EuGH, Urt. v. 21.10.2014 – C-348/13, NJW 2015, 148 f.: kein neues Publikums durch Framing. Vgl. dazu auch *Jahn/Palzer,* K & R 2015, 1 ff.; *Grünberger,* ZUM 2015, 273, 276 f.
103 EuGH, Urt. v. 11.09.2014 – C-117/13 (elektronische Leseplätze), GRUR 2014, 1078, 1080; EuGH, Urt. v. 13.02.2014 – C-466/12 (Svensson ua/Retriever Sverige), GRUR 2014, 360, 361.
104 EuGH, Urt. v. 07.02.2013 – C-607/11 (ITV Broadcasting), GRUR 2013, 500, 502; EuGH, Urt. v. 15.03.2012 – C-135/10 (SCF), GRUR 2012, 593, 596; EuGH, Urt. v. 04.10.2011 – C-403 und C-429/08 (Football Association Premier League und Murphy), GRUR 2012, 156, 166.
105 EuGH, Urt. v. 15.03.2012 – C-135/10 (SCF), GRUR 2012, 593, 596; EuGH, Urt. v. 02.06.2005 – C-89/04 (Mediakabel), ZUM 2005, 549, 552; BGH, Urt. v. 18.06.2015 – I ZR 14/14 (Hintergrundmusik in Zahnarztpraxen). Zur Frage, ob mit „recht vielen Personen" eine bestimmte Mindestschwelle überschritten sein muss, anhängig: EuGH C-117/15.

keit liegt nicht vor, wenn sich die Zugänglichmachung auf Personen beschränkt, die einer privaten Gruppe angehören. Mit dem Kriterium „recht viele Personen" ist gemeint, dass der Begriff der Öffentlichkeit eine **bestimmte Mindestschwelle** beinhaltet, womit dieser Begriff eine allzu kleine oder gar unbedeutende Mehrzahl betroffener Personen ausschließt. In diesem Zusammenhang kommt es nicht nur darauf an, wie viele Personen gleichzeitig Zugang zu demselben Werk haben, sondern auch darauf, wie viele von ihnen in der Folge Zugang zu diesem Werk haben. Nach diesen Maßstäben kann eine Gruppe von bis zu zwanzig Personen (von Skatrunde und Dartclub) noch als zu gering für den Begriff der „Öffentlichkeit" angesehen werden.[106]

246 Mit diesen Vorgaben **unterscheidet** sich das richtlinien- und völkerrechtskonforme Verständnis der „Öffentlichen Wiedergabe" des EuGH von dem aufgrund § 15 Abs. 3 UrhG in der Rspr. bis 2011 zugrunde gelegten. Danach ist etwa die Werknutzung gegenüber einer „unbedeutenden Mehrzahl" von bis zu zwanzig Personen (ohne persönliche Verbundenheit) noch keine öffentliche Wiedergabe, anders als zuvor. Auch auf eine „Aufnahmebereitschaft" der Empfängerschaft kam es zuvor nicht an, relevant ua. bei Fragen von Hintergrundmusik in Arztpraxen. Inwieweit sich diese Vorgaben des EuGH auf die einzelnen Verwertungsrechte auswirken, wird nachfolgend im jeweiligen Zusammenhang dargestellt. Die im Anhang wiedergegebene **Checkliste**[107] mag die durch den EuGH geforderte umfassende Beurteilung einer „öffentlichen Wiedergabe" iSd. § 15 Abs. 3 UrhG bei richtlinienkonformer Auslegung erleichtern.

1. Vortragsrecht, § 19 Abs. 1, Abs. 3 UrhG

247 Das Vortragsrecht ist das Recht, ein Sprachwerk durch persönliche Darbietung öffentlich zu Gehör zu bringen, § 19 Abs. 1 UrhG.

a) Sprachwerk

248 Das Vortragsrecht besteht für alle Sprachwerke, also literarische, wissenschaftliche und selbst Gebrauchs- und Werbetexte, soweit sie das **urheberrechtliche Schutzniveau** gemäß § 2 Abs. 1 Nr.1 UrhG erreichen.

b) Persönliche Darbietung

249 Das Vortragsrecht betrifft die „klassische" Form einer persönlichen **Live-Darbietung** eines Sprachwerkes unmittelbar vor einem Publikum. Erfasst sind etwa Gedichtvorträge, Referate, Ansprachen, Vorlesungen (Wissenschaft), Lesungen (Literatur), Stegreifreden, Predigten, Reportagen und Interviews. Eine persönliche Darbietung wird durch die Nutzung technischer Hilfsmittel, wie zB. Mikrofon und Lautsprecher, nicht ausgeschlossen. § 19 Abs. 3 UrhG erfasst auch die zeitgleiche Übertragung des Live-Vortrags auf Bildschirme, Lautsprecher oder andere technische Einrichtungen außerhalb des Vortragsraumes. Hierunter fallen zB. die

---

106 OLG Frankfurt, Urt. v. 20.01.2015 – 11 U 95/14.
107 Siehe Anhang, Teil III.

Übertragung einer Vorlesung aus einem überfüllten in einen anderen Hörsaal und Präsentationen von Dichterlesungen oder wissenschaftlichen Vorträgen über Bildschirme in den Foyers der Veranstaltungsorte.

c) Öffentlich zu Gehör bringen

§ 19 Abs. 1 UrhG bezieht sich auf die Wiedergabe des Sprachwerkes zur **Wahrnehmung durch das Ohr**. Die Verbindung eines Textes mit Musik, zB. eines Popsongs, führt zu einer urheberrechtlichen Verwertungsgemeinschaft nach § 9 UrhG. Auch wenn hieraus gewisse Treue- und Fürsorgepflichten folgen, verbleiben zwei einzelne Werke. Damit wird das Sprachwerk auch bei musikalischer Darbietung zu Gehör gebracht iSd. § 19 Abs. 1 UrhG, während (zugleich) die Musik aufgeführt wird nach § 19 Abs. 2 Alt. 1 UrhG.[108] Bei bühnenmäßiger Darstellung, etwa einer Oper, fallen Text- und Musikwiedergabe unter das Aufführungsrecht nach § 19 Abs. 2 Alt. 2 UrhG. 250

Es gilt der **Öffentlichkeitsbegriff** des § 15 Abs. 3 UrhG,[109] allerdings in richtlinien-konformer Auslegung.[110] Durch eine Lesung vor einer privaten Gruppe, etwa in einem Hobby-Literaturkreis, oder vor nur wenigen Fremden (EuGH: „allzu kleine oder gar unbedeutende Mehrzahl") wird das Sprachwerk nicht öffentlich zu Gehör gebracht. 251

2. Aufführungsrecht, § 19 Abs. 2, Abs. 3 UrhG

Literatur: *Völtz*, Sind Fangesänge im Fußballstadion vergütungspflichtig?, UFITA 2011, S. 685–701.

Das Aufführungsrecht ist das Recht, ein Werk der Musik durch persönliche Darbietung öffentlich zu Gehör zu bringen oder ein Werk öffentlich bühnenmäßig darzustellen, § 19 Abs. 2 UrhG. Erfasst ist auch das Recht, die Aufführung außerhalb des Raumes der persönlichen Darbietung (zB. des Konzertsaales) durch technische Mittel öffentlich wahrnehmbar zu machen, vgl. § 19 Abs. 3 UrhG. 252

a) Öffentliche persönliche Musikdarbietung

Eine **persönliche** Darbietung des Musikwerks iSd. § 19 Abs. 2 Halbs. 1 UrhG liegt vor, wenn Musiker das Musikwerk, vgl. § 2 Abs. 1 Nr. 2 UrhG, einem Publikum unmittelbar live vorspielen und sei es unter Einsatz technischer Hilfsmittel wie Mikrofon und Lautsprecher. In der Praxis wird dieses Recht als „kleines Recht" oder „kleines Aufführungsrecht" bezeichnet. Eine **Darbietung** setzt voraus, dass die persönlich erzeugte Musik auch an ein Publikum gerichtet ist. Hieran fehlt es 253

---

108 *v.Ungern-Sternberg*, in: Schricker/Loewenheim, UrhG, § 19, Rn. 4; *Dustmann*, in: Fromm/Nordemann, Urheberrecht, 11. Aufl. 2014, § 19, Rn. 4, jeweils mwN. auch zur aA.
109 *v.Ungern-Sternberg*, in: Schricker/Loewenheim, 4. Aufl. 2010, UrhG, § 19, Rn. 9; *Dustmann*, in: Fromm/Nordemann, UrhG, § 19, Rn. 6.
110 Vgl. dazu schon Rn. 242 ff.

beim gemeinsamen Musizieren im Proberaum oder bei der Fertigung von Studioaufnahmen. Das Aufführungsrecht ist ebenfalls nicht betroffen, wenn es sich um ein eigenes, dem Werkgenuss dienendes Singen und Musizieren handelt. Dies gilt etwa, wenn anwesende Gäste, und seien es auch Nichtmitglieder, nicht dazu eingeladen waren, den Gesängen studentischer Burschenschafter zu lauschen. Dass Klavierbegleitung den Gesang unterstützt und die Feierlichkeit des Geschehens unterstreicht, ändert hieran nichts.[111] Wann die Darbietung **öffentlich** ist, bestimmt sich nach den gleichen Maßgaben wie beim Vortragsrecht.[112]

254 Die Aufführungsrechte nach § 19 Abs. 2 Halbs. 1 UrhG werden in der Praxis oft von der *Gesellschaft für musikalische Aufführungs- und mechanische Vervielfältigungsrechte (GEMA)* wahrgenommen. Nach § 1 a) des zwischen den Urhebern (Rechtsnachfolgern) bzw. Musikverlegern und der *GEMA* geschlossenen Berechtigungsvertrages[113] nimmt die *GEMA* die Aufführungsrechte an Werken der Tonkunst mit oder ohne Text wahr, nicht aber die Rechte zur öffentlichen bühnenmäßigen Aufführung nach § 19 Abs. 2 Halbs. 2 UrhG.[114] Eine nicht bei der *GEMA* angemeldete Veranstaltungsreihe „Abi-Party-Tour" in bekannten Diskotheken verletzt die Aufführungsrechte der Urheber der öffentlich wiedergegebenen Musik.[115]

255 Bei Verletzung der Rechte hat der Verletzer die doppelte Tarifgebühr zu zahlen. Die durch weitere Gebühr auferlegten Kontrollkosten (auch bezeichnet als **Verletzerzuschlag**)[116] rechtfertigen sich nach ständiger Rspr.[117] daraus, dass die *GEMA* einen umfangreichen und kostspieligen Kontrollapparat unterhalten muss, um Urheberrechtsverletzungen nachzugehen. Die Gründung der *GEMA* beruht auf zwingenden Erfordernissen des Urheberrechtsschutzes im Bereich des von ihr verwalteten Musikrepertoires. Nur durch Einrichtung einer besonderen Überwachungsorganisation und unter entsprechend hohem finanziellen Aufwand kann verhindert werden, dass der Urheberrechtsschutz in diesem Bereich nicht weitgehend leerläuft. Der Zuschlag kann unabhängig davon verlangt werden, ob im konkreten Fall ein besonderer Kontroll- und Überwachungsaufwand erforderlich war.[118]

---

111 AG Köln, Urt. v. 27.09.2007 – 137 C 293/07, BeckRS 2007, 16416. Zu Fangesängen vgl. *Völtz*, UFITA 2011, 685 ff.
112 Vgl. Rn. 253.
113 In der Fassung aufgrund der Beschl. der Mitgliederversammlung v. 25./26.06.2013, http://www.gema.de/fileadmin/user_upload/Musikurheber/Informationen/Berechtigungsvertrag.pdf (letzter Abruf: 17.10.2015).
114 Dazu nachfolgend Rn. 258 ff.
115 LG Köln, Urt. v. 14.07.2010 – 28 O 93/09, ZUM 2010, 906, 908.
116 Vgl. dazu bereits Rn. 69.
117 Bereits BGH, Urt. v. 10.03.1972 – I ZR 160/70 (Doppelte Lizenzgebühr), GRUR 1973, 379 ff.; LG Düsseldorf, Urt. v. 29.09.2010 – 12 O 235/12, ZUM-RD 2011, 105, 108; LG Köln, Urt. v. 18.03.2009 – 28 O 637/08 (Table Dance), GRUR-RR 2010, 189.
118 BGH, Urt. v. 05.12.1985 – I ZR 137/83 (GEMA-Vermutung III), NJW 1986, 1249 ff.; LG Düsseldorf, Urt. v. 29.09.2010 – 12 O 235/09, ZUM-RD 2011, 105 ff.

b) Öffentliche bühnenmäßige Darstellung

Das Aufführungsrecht nach § 19 Abs. 2 Halbs. 2 UrhG benennt die Praxis als „großes Recht" bzw. „großes Aufführungsrecht". Eine bühnenmäßige Darstellung liegt vor, wenn ein gedanklicher Inhalt durch ein **für Auge oder für Auge und Ohr bestimmtes bewegtes Spiel im Raum** dargeboten wird. Entscheidend ist, dass überhaupt ein gedanklicher Inhalt vermittelt wird, ohne dass es auf eine Erkennbarkeit des benutzten Werkes ankäme. Ferner kommt es nicht darauf an, ob es sich bei der Aufführung aus der Sicht des Publikums um die Aufführung eines Werkes in seiner Gesamtheit oder um die Aufführung von Bestandteilen eines Werkes handelt. Erforderlich ist lediglich, dass nicht nur der Eindruck von zusammenhanglos aneinandergereihten Handlungselementen und Musikstücken entsteht, sondern ein **sinnvoller Handlungsablauf** erkennbar wird.[119]

256

Das „große Recht" nach § 19 Abs. 2 Halbs. 2 UrhG wird (anders als das „kleine Recht" der konzertanten Aufführung, § 19 Abs. 2 Halbs. 1 UrhG) nicht von der *GEMA* wahrgenommen, vgl. § 1 a) des Berechtigungsvertrages. Insoweit sind die entsprechenden Nutzungsrechte bei den Urhebern bzw. Verlagen einzuholen. Der Ausschluss umfasst auch die bühnenmäßige Aufführung von Musikwerken als integrierte Bestandteile dramatisch-musikalischer Bühnenstücke, zB. im Rahmen von Balletten und Hit-Musicals. Dies gilt auch, wenn ein geschütztes Musical in Ausschnitten in einen völlig anderen Zusammenhang – „Hartz IV – Das Musical" – eingebettet wird, so dass dieses im Rahmen der Aufführung eine völlig andere und eigenständige Aussage erfährt. Verwertungsgesellschaften können in der Regel ohnehin nur Rechte wahrnehmen, bei denen das Werk nur in seiner vom Urheber für die Öffentlichkeit vorgesehenen konkreten Form mit dem darin zum Ausdruck gelangenden geistig-ästhetischen Gesamteindruck, also vollständig und unverändert aufgeführt, vorgetragen, vervielfältigt, verbreitet, gesendet oder sonst wie genutzt wird.[120]

257

3. Vorführungsrecht, § 19 Abs. 4 UrhG

Das Vorführungsrecht ist gemäß § 19 Abs. 4 S. 1 UrhG das Recht, ein Werk der bildenden Künste, ein Lichtbildwerk, ein Filmwerk oder Darstellungen wissenschaftlicher oder technischer Art durch technische Einrichtungen öffentlich wahrnehmbar zu machen. Das Recht erfasst damit nur die in § 2 Abs. 1 Nr. 4 bis 7 UrhG genannten **Werkarten**. Wegen der unterschiedlichen Werkarten sind deshalb für zB. eine Filmvorführung unterschiedliche Verwertungsrechte und Rechteinhaber betroffen.[121]

258

---

119 BGH, Urt. v. 03.07.2008 – I ZR 204/05 (Musical Starlights), NJW-RR 2009, 764, 765; BGH, Urt. v. 14.10.1999 – I ZR 117/97 (Musical-Gala), NJW 2000, 2207, 2209 f., jeweils mwN. Zur Rechtslage in Österreich vgl. OGH, Urt. v. 15.09.2005 – 4 Ob 166/05y, ZUM-RD 2006, 113 ff.

120 LG Leipzig, Beschl. v. 24.01.2006 – 05 O 209/06, ZUM-RD 2006, 584, 585; vgl. auch OLG München, Urt. v. 28.11.1996 – 6 U 2551, /96, NJW 1998, 1413 ff.

121 Zum Vorführungsrecht bei Filmen: Kap. 6, Rn. 206, und *Dustmann*, in: Fromm/Nordemann, UrhG, § 19, Rn. 28 und 32.

259 Wie bei den anderen Rechten des § 19 UrhG erfolgt die Wahrnehmbarmachung gegenüber einem **Live-Publikum**. Erfasst sind also Filmvorführungen im Kino, aber auch öffentliche Präsentationen zB. von Abenteuerreisen oder wissenschaftlichen Themen mit Powerpoint.

4. Recht der öffentlichen Zugänglichmachung, § 19a UrhG

Literatur: *Berger*, Urheberrechtsverletzung durch Nutzung bestehender ASIN?, jurisPR-ITR 7/2014, Anm. 5; *Bisges*, Urheberrechtliche Zulässigkeit der Nutzung von Vorschaubildern im Rahmen von Bildersuchmaschinen, JurPC Web-Dok. 127/2012; *Forch*, Rechtsfragen rund um den Filesharing-Prozess, GRUR-Prax 2014, S. 193–195; *Heckmann/Nordmeyer*, Pars pro toto: Verletzung des Urheberrechtsgesetzes durch das öffentliche Zugänglichmachen von Dateifragmenten („Chunks") in Peer-to-Peer-Tauschbörsen?, CR 2014, S. 41–45; *Heinz*, Haftung bei Einbindung fremder RSS-Feeds, jurisPR-ITR 11/2011, Anm. 5; *Hoeren/Jakopp*, Der Erschöpfungsgrundsatz im digitalen Umfeld, MMR 2014, S. 646–649; *Hofmann*, Die Haftung des Inhabers eines privaten Internetanschlusses für Urheberrechtsverletzungen Dritter, ZUM 2014, S. 654–660; *Jaeschke*, AG Hamburg – Verletzen RSS-Feeds tatsächlich Urheberrechte?, in: JurPC Web-Dok. 6/2011, Abs. 1; *Kubach/Schuster*, Zur Erschöpfung beim Download von Hörbüchern, CR 2014, S. 504–506; *Kuntz*, Internet in Familien, FuR 2014, S. 686 ff.; *ders.*, Abmahnung wegen „Anhängens" an ASIN-Nummern – eine Übersicht zu Rechtsprechung und Literatur, JurPC 2015, Web-Dok. 46/2015; *Moritz*, jurisPR-ITR 19/2014, Anm. 2; *Solmecke/Bärenfänger*, Urheberrechtliche Schutzfähigkeit von Dateifragmenten, MMR 2011, S. 567–573; *Telle*, AGB-Klausel mit Weiterveräußerungsverbot für Download-Hörbücher wirksam, K&R 2014, S. 539–540; *Triebe*, Urheberrechtliche Beschränkungen beim Live-Streaming von Sportübertragungen, jurisPR-WettbR 5/2015, Anm. 1.

260 § 19a UrhG regelt das Recht der öffentlichen Zugänglichmachung, also das Recht, das Werk drahtgebunden oder drahtlos der Öffentlichkeit in einer Weise zugänglich zu machen, dass es Mitgliedern der Öffentlichkeit von Orten und zu Zeiten ihrer Wahl zugänglich ist. Auch dieses Recht steht unter dem Schutz des **Eigentumsgrundrechts** aus Art. 14 Abs. 1 GG.[122] Es ist anhand der unionsrechtlichen Bestimmungen zu interpretieren.[123]

a) Werk

261 Die Vorschrift erfasst **Werke aller Werkarten** inkl. der (urheberrechtlich geschützten) Werkteile. Für Computerprogramme gilt § 69c Nr. 4 UrhG.

262 Auf § 19a UrhG verweisen folgende Vorschriften der **Leistungsschutzrechte**: § 70 Abs. 1 UrhG (Wissenschaftliche Ausgaben), § 71 Abs. 1 S. 3 UrhG (Nachgelassene Werke), § 72 Abs. 1 UrhG (Lichtbilder), § 78 Abs. 1 Nr. 1 UrhG (ausübende Künstler), § 81 S. 1 UrhG (Veranstalter), § 85 Abs. 1 S. 1 UrhG (Tonträgerhersteller), § 87 Abs. 1 Nr. 1 UrhG (Sendeunternehmen), § 87b Abs. 1 UrhG (Datenbankhersteller), § 94 Abs. 1 S. 1 UrhG (Filmhersteller).

---

122 BVerfG, Nichtannahmebeschl. v. 17.11.2011 – 1 BvR 1145/11, NJW 2012, 754, 755; vgl. auch Kap. 1, Rn. 29 ff.
123 Ua. OLG Hamburg, Beschl. v. 24.03.2015 – 10 U 5/11, ZUM 2015, 503.

b) Öffentliche Zugänglichmachung

Der Begriff der öffentlichen Zugänglichmachung fällt unter den weiter gehenden Begriff der öffentlichen Wiedergabe.[124] Zur **Öffentlichkeit** gehört jeder, der nicht mit demjenigen, der das Werk verwertet, oder mit anderen Personen, mit denen das Werk in unkörperlicher Form wahrnehmbar oder zugänglich gemacht wird, durch persönliche Beziehungen verbunden ist. Es gilt der Begriff des § 15 Abs. 3 UrhG – allerdings in europarechtskonformer Auslegung.[125] Der Begriff der Öffentlichkeit ist erfüllt, wenn Artikel in einem **Onlinearchiv** der Zeitung präsentiert werden[126] oder Abonnenten der „E-Paper"-Ausgabe (wenige 100 Nutzer) Zugriff auf die digitale Fassung haben.[127] Das Einstellen von Beiträgen eines Lehrbuches auf eine **Lernplattform**, so dass mehr als 4.000 Studierende Zugriff darauf haben, ist ebenfalls eine öffentliche Zugänglichmachung.[128] Eine Funksendung wird nicht öffentlich zugänglich gemacht, wenn jeweils nur eine einzelne Aufnahme einer Sendung auf Bild- der Tonträger jeweils nur einer **einzelnen Person** zugänglich gemacht wird, selbst wenn diese einzelnen Personen in ihrer Gesamtheit eine Öffentlichkeit bilden. Bei solchen „persönlichen Videorekordern", die Kunden von jedem Ort zu jeder Zeit abrufen können, fehlt ein Zugänglichmachen gegenüber der Öffentlichkeit.[129]

263

Ein **Zugänglichmachen** erfordert, dass das Werk Mitgliedern der Öffentlichkeit von Orten und zu Zeiten ihrer Wahl drahtgebunden oder drahtlos zugänglich ist. Um als öffentliche Zugänglichmachung qualifiziert werden zu können, muss eine Handlung **kumulativ beide Voraussetzungen** erfüllen. Der Zugriff auf den betreffenden Schutzgegenstand muss der Öffentlichkeit sowohl von Orten als auch zu Zeiten ihrer Wahl ermöglicht werden. Ein solches fehlt bei Direktübertragungen im Internet, zB. beim Live-Streaming von Sportveranstaltungen.[130]

264

Erforderlich ist iÜ. nur, dass den Mitgliedern der Öffentlichkeit der Zugriff auf das geschützte Werk eröffnet wird, ohne dass diese auch tatsächlich einen Abruf desselben vornehmen müssen. Es reicht die **abstrakte Möglichkeit des Abrufs**.[131] Online-Inhalte sind also auch dann öffentlich zugänglich gemacht, wenn die Gefahr einer rechtsverletzenden Nutzung durch Dritte aufgrund fehlender Verlin-

265

---

124 EuGH, Urt. v. 26.03.2015 – C 279/13 (C More Entertainment), GRUR 2015, 477.
125 OLG Düsseldorf, Urt. v. 27.04.2010 – 20 U 166/09, ZUM 2010, 600, 602. Vgl. zur Interpretation des § 15 Abs. 3 UrhG bereits Rn. 242 ff.
126 OLG Düsseldorf, Urt. v. 19.11.2013 – 20 U 187/12, ZUM 2014, 242, 243.
127 OLG Zweibrücken, Urt. v. 03.04.2014 – 4 U 208/12, ZUM-RD 2015, 20, 21.
128 BGH, Urt. v. 28.11.2013 – I ZR 76/12 (Meilensteine der Psychologie), NJW 2014, 2117, 2118.
129 BGH, Urt. v. 22.04.2009 – I ZR 216/06 (Internet-Videorekorder I), NJW 2009, 3511 ff. mwN.
130 EuGH, Urt. v. 26.03.2015 – C 279/13 (C More Entertainment), GRUR 2015, 477 ff. mwN.; *Triebe*, jurisPR-WettbR 5/2015, Anm. 1.
131 EuGH, Urt. v. 11.09.2014 – C-117/13 (elektronische Leseplätze), GRUR 2014, 1078, 1080, mwN.; OLG Frankfurt, Urt. v. 27.01.2015 – 11 U 94/13, GRUR 2015, 784.

kung in Webseiten äußerst gering ist.[132] So erfüllen auch Erreichbarkeiten über einen Testzugang[133] oder über eine URL, die durch Direkteingabe oder Eingabe naheliegender Suchbegriffe zu dem Werk führt,[134] die Anforderungen an ein Zugänglichmachen. Entsprechendes gilt, wenn in einem Videoclip auf einer Website ein Kunstwerk so schnell und kurzzeitig gezeigt wird, dass es kaum wahrzunehmen ist.[135] Die Art der Verschlüsselung oder Zerlegung der Dateien während des Transports steht der Annahme einer öffentlichen Zugänglichmachung nicht entgegen.[136] Wenn nur eine unvollständige und nicht lauffähige Datei (Dateifragmente) oder „Datenmüll" bereitgestellt wird, so dass nicht einmal Teile des Werks genutzt werden könnten, liegt hingegen keine Zugänglichmachung vor.[137]

266 Ein **Einstellen** fremder Fotos[138] oder eine Verwendung solcher für eine Auktion auf der Internetplattform *eBay* verstößt gegen § 19a UrhG (und § 16 UrhG).[139] Ebenso das Hochladen von Tonaufnahmen,[140] Fernsehausschnitten[141] oder Videoclips[142] auf der Videoplattform *Youtube*. Dasselbe gilt für die Veröffentlichung von geschützten Architektenzeichnungen zu Werbezwecken auf der **Homepage** einer Werbeagentur[143] und das Bereithalten einer Datei zum Download.[144] Auch die Abbildung von Werken in Form von **Vorschaubildern** (sog. Thumbnails) in der Trefferliste einer (Bilder-)Suchmaschine wurde als öffentliches Zugänglichmachen

---

132 BVerfG, Beschl. v. 26.04.2010 – 1 BvR 1991/09, GRUR 2010, 1033 f.
133 OLG Frankfurt, Urt. v. 27.01.2015 – 11 U 94/13, GRUR 2015, 784.
134 BGH, Urt. v. 19.02.2015 – I ZB 55/13, GRUR 2015, 511 f.; OLG Karlsruhe, Urt. v. 03.12.2012 – 6 U 92/11, ZUM 2013, 224; OLG Karlsruhe, Urt. v. 12.09.2012 – 6 U 58/11 (Lichtbild), ZUM 2013, 45, 46 f.; KG, Beschl. v. 28.04.2010 – 24 W 40/10, ZUM-RD 2010, 595; OLG Hamburg, Urt. v. 09.04.2008 – 5 U 124/07, GRUR-RR 2008, 383, 385; LG Berlin, Urt. v. 06.01.2015 – 15 O 412/14, ZUM 2015, 520; AG Hannover, Urt. v. 26.02.2015 – 522 C 9466/14, MMR-Aktuell 2015, 370753. Zu Inhalten im Google-Cache als Verstoß gegen eine Unterlassungsverpflichtung vgl. OLG Celle, Urt. v. 29.01.2015 – 13 U 58/14, ZUM 2015, 575.
135 LG München, Teilurt. v. 18.07.2014 – 21 O 12546/13, BeckRS 2014, 16896; *Dustmann*, in: Fromm/Nordemann, UrhG, § 19a, Rn. 9 mwN. auch zur aA.
136 OLG Hamburg, Urt. v. 09.01.2014 – 5 U 52/10, MMR 2015, 131 zur Zugangsvermittlung zum Usenet.
137 LG Frankenthal, Urt. v. 30.09.2014 – 6 O 518/13, ZUM-RD 2015, 277, vgl. auch *Heckmann/Nordmeyer*, CR 2014, 41 ff.; *Solmecke/Bärenfänger*, MMR 2011, 567 ff.
138 BGH, Urt. v. 15.01.2015 – I ZR 148/13 (Motorradteile), GRUR-Prax 2015, 301; BGH, Urt. v. 18.09.2014 – I ZR 76/13 (CT-Paradies), GRUR 2015, 258, 260; BGH, Urt. v. 12.11.2009 – I ZR 166/07 (marions-kochbuch.de), NJW-RR 2010, 1276, 1277; OLG Hamburg, Urt. v. 04.12.2014 – 5 U 72/11, ZUM 2015, 577; LG Bielefeld, Urt. v. 27.09.2010 – 4 O 242/10, BeckRS 2015, 04207.
139 BGH, Urt. v. 18.09.2014 – I ZR 76/13 (CT-Paradies), WRP 2015, 356 ff.
140 LG Hamburg, Urt. v. 03.09.2010 – 308 O 27/09, MMR 2010, 833, 834 ff.
141 KG, Urt. v. 23.04.2013 – 24 U 112/12, juris: Konzertmitschnitte.
142 OLG Hamburg, Urt. v. 02.07.2015 – 5 U 87/12 und 5 U 175/10: YouTube als Mitstörer.
143 LG Potsdam, Urt. v. 04.01.2010 – 2 O 148/09, BeckRS 2010, 17405.
144 OLG Hamm, Urt. v. 15.05.2014 – 22 U 60/13 (Hörbuch-AGB), NJW 2014, 3659, 3661; Saarl. OLG, Urt. v. 22.10.2014 – 1 U 25/14, ZUM-RD 2015, 196, 198.

gewertet.[145] Im Wege des **Streaming** kann ebenfalls eine öffentliche Zugänglichmachung erfolgen.[146]

Werke in einem **File-Hosting-Dienst** sind in dem Moment öffentlich zugänglich gemacht, in dem der Download-Link für den Dienst in einer Linksammlung im Internet dritten Personen uneingeschränkt zur Verfügung gestellt wird.[147] Entsprechendes gilt für das Bereitstellen von Verweisen zum Download von Dateien (Musik, Filme, Spiele) im Rahmen der **Tauschbörsen (Peer-to-Peer-, Filesharing-Netzwerke).**[148] Ein geschützter Musiktitel kann auch als „Hintergrundmusik" eines Computerspiels in einem Peer-to-Peer-Netzwerk öffentlich zugänglich gemacht werden.[149] Hält der Betreiber einer Internetseite in einem eigenen **Download-Center** (Speicherort: ein eigener Server) ein Einladungsschreiben im PDF-Format bereit, auf das über einen elektronischen Verweis (Link) in einem Terminhinweis verwiesen wird, liegt – anders als bei einem Link auf eine fremde Website – eine eigene urheberrechtliche Nutzungshandlung vor. Ein Kartenausschnitt als Bestandteil des Einladungsschreibens ist damit öffentlich zugänglich gemacht iSd. §§ 15 Abs. 2 Nr. 2, 19a UrhG.[150]

267

Erforderlich ist stets, dass Dritten der Zugriff auf das sich in der Zugriffssphäre des Vorhaltenden befindende Schutzobjekt **eröffnet** wird.[151] Das bloße Setzen ei-

268

---

145 BGH, Urt. v. 29.04.2010 – I ZR 69/08 (Vorschaubilder I), GRUR 2010, 628 f.
146 OLG Frankfurt, Urt. v. 27.01.2015 – 11 U 94/13, GRUR 2015, 784; OLG Hamburg, Urt. v. 07.11.2013 – 5 U 222/19 (Gnutella), ZUM-RD 2014, 282, 284 ff.; OLG Hamburg, Beschl. v. 13.05.2013 – 5 W 41/13, GRUR-RR 2013, 382 ff.; LG Berlin, Urt. v. 17.09.2013 – 15 O 524/12, ZUM 2014, 251 ff.; zum Streaming vgl. bzgl. des Vervielfältigungsrechts bereits Rn. 212.
147 BGH, Urt. v. 15.08.2013 – I ZR 80/12 (File-Hosting-Dienst), NJW 2013, 3245 ff.; BGH, Urt. v. 12.07.2012 – I ZR 18/11 (Alone in the Dark), NJW 2013, 784 ff.
148 OLG Köln, Urt. v. 18.07.2014 – 6 U 192/11 (Goldesel), GRUR 2014, 1081, 1090; OLG Hamburg, Urt. v. 21.11.2013 – 5 U 68/2013 (3dl.am), GRUR-RR 2014, 140, 143, jeweils zur Störerhaftung des Internet-Zugangsvermittlers; OLG Köln, Urt. v. 14.03.2014 – 6 U 109/13 (Walk This Way), NJW-RR 2014, 552 f.; OLG Frankfurt, Urt. v. 16.12.2014 – 11 U 27/14, GRUR-RR 2015, 233; LG Saarbrücken, Urt. v. 15.01.2014 – 7 O 82/13 (Bit-Torrent-Suchseite), ZUM-RD 2014, 449 ff.; LG Hamburg, Urt. v. 28.04.2014 – 308 O 83/14, BeckRS 2015, 07034: Computerspiel in lauffähiger Version angeboten; AG Hamburg, Urt. v. 06.02.2015 – 36a C 38/14, BeckRS 2015, 12311; AG Düsseldorf, Urt. v. 13.01.2015 – 57 C 7592/14; AG Hamburg, Urt. v. 31.10.2014 – 36a C 202/13, GRUR-RR 2015, 100: keine Verletzung von § 19a UrhG, wenn „Internetrechte" nicht eingeräumt, ebenso AG Düsseldorf, Urt. v. 09.06.2015 – 57 C 9732/14, BeckRS 2015, 11967. Zu Rechtsfragen rund um den Filesharing-Prozess, vgl. auch *Forch*, GRUR-Prax 2014, 193 ff.; *Hofmann*, ZUM 2014, 654 ff., und *Kuntz*, FuR 2014, 686 ff.
149 OLG Köln, Urt. v. 19.09.2014 – 6 W 115/14 (Playa Playa), GRUR-RR 2015, 202 f., dies beeinträchtige aber nicht das Recht, den Titel in Peer-to-Peer-Netzwerken öffentlich zugänglich zu machen.
150 BGH, Urt. v. 04.07.2013 – I ZR 39/12 (Terminhinweis mit Kartenausschnitt), NJW 2014, 552, 553.
151 BGH, EuGH-Vorlage v. 16.05.2013 – I ZR 46/12 (Die Realität), ZUM 2013, 662 ff. mwN.

nes **Hyperlinks** auf eine vom Berechtigten öffentlich zugänglich gemachte Webseite mit einem urheberrechtlich geschützten Werk greift grundsätzlich auch dann nicht in das Recht der öffentlichen Zugänglichmachung des Werks iSd. § 19a UrhG ein, wenn es sich um einen sogenannten **Deep-Link** handelt, der auf andere Seiten der Webseite unter Umgehung ihrer Startseite führt. Insoweit entscheidet derjenige, der das Werk ins Internet gestellt hat, darüber, dass es öffentlich zugänglich bleibt, während der den Link Setzende lediglich den bereits eröffneten Zugang erleichtert.[152] Das Recht der öffentlichen Zugänglichmachung wird jedoch verletzt, wenn dabei eine vom Berechtigten eingerichtete **technische Schutzvorrichtung umgangen** wird.[153] Die bloße Verknüpfung eines schon auf einer fremden Internetseite bereitgehaltenen Werkes mit der eigenen Internetseite im Wege des **Framing** stellt grundsätzlich kein öffentliches Zugänglichmachen dar, weil auch insoweit nur der Inhaber der fremden Internetseite darüber entscheidet, ob das auf seiner Internetseite (mit Zustimmung der Rechteinhaber) bereitgehaltene Werk für die Öffentlichkeit zugänglich bleibt.[154] Auch wird durch diese Technologie kein neues Publikum erreicht, weil das Werk bereits auf einer anderen Website erreichbar war.[155]

269 Ob **RSS-Feeds** die fremden Werke auf der einbindenden Website öffentlich zugänglich machen, wird unterschiedlich beurteilt. RSS steht für „Really Simple Syndication", eine einfache Verbreitung durch Fütterung oder Einspeisung von Informationen, „Feed". Bezieht der Nutzer ein RSS-Feed, kommt er automatisch an Informationen der betreffenden Website und muss diese nicht laufend besuchen. Der externe Inhalt des Feeds wird dabei direkt über die fremde Seite eingebunden. Dennoch wird das Verwertungsrecht des § 19a UrhG als berührt angesehen, weil es nicht auf die technischen Hintergrundprozesse ankommen könne.[156] Ein solches überzeugt indes nicht. Wie bei Verlinkung und Framing wird lediglich auf ein Werk verwiesen, das bereits öffentlich zugänglich gemacht wurde.[157] Dies kann nur einmal geschehen und ist einheitlich zu beurteilen.[158] RSS-Feeds betreffen daher nicht das Verwertungsrecht aus § 19a UrhG.

---

152 BGH, Urt. 17.07.2003 – I ZR 259/00 (Paperboy), NJW 2003, 3406, 3409.
153 BGH, Urt. v. 29.04.2010 – I ZR 39/08 (Session-ID), GRUR 2011, 56, 58 f.; KG, Urt. v. 21.03.2012 – 24 U 130/10, ZUM-RD 2012, 331, 332 f. Zu Fragen von Links auf eine Website, auf der das Werk ohne Zustimmung des Rechteinhabers zugänglich gemacht worden ist, anhängig: EuGH C-160/15.
154 BGH, Urt. v. 09.07.2015 – I ZR 46/12 (Die Realität II). Ein solches betont auch OLG Frankfurt, Urt. v. 27.01.2015 – 11 U 94/13, GRUR 2015, 784.
155 EuGH, Urt. v. 21.10.2014 – C-348/13, NJW 2015, 148 f. mwN.; zur vorherigen Diskussion vgl. zB. OLG Köln, Urt. v. 16.03.2012 – 6 U 206/11, ZUM-RD 2012, 396 ff.
156 *Heinz*, jurisPR-ITR 11/2011, Anm. 5; AG Hamburg, Urt. v. 27.09.2010 – 36A C 375/09, GRUR-RR 2011, 162 ff.; vgl. auch LG Berlin, Urt. v. 27.04.2010 – 27 O 190/10, ZUM-RD 2011, 186 f.
157 Zum Framing vgl. Rn. 210, 270. Zur Frage, ob sich aus einer Unterlassungserklärung auch eine Verpflichtung zur Einwirkung auf RSS-Feed-Abonnenten ergibt vgl. BGH, Urt. v. 11.11.2014 – VI 18/14, GRUR 2015, 190 ff.
158 *Jaeschke*, JurPC Web-Dok. 6/2011 Abs. 1 unter Bezug auf BGH, Urt. v. 29.04.2010 – I ZR 69/08 (Vorschaubilder I), NJW 2010, 2731 ff.

Ob ein über eine Produktinformationsnummer in einer Handelsplattform automatisch **„angehängtes"** **Produktfoto** ein öffentliches Zugänglichmachen iSd. § 19a UrhG darstellt, ist umstritten. So ist es etwa auf der Plattform *Amazon Marketplace* möglich, sich über eine Amazon Standard Identifikationsnummer (ASIN) an ein bereits bestehendes Angebot für dieses Produkt „anzuhängen". Dadurch erhält das neue Inserat dieselbe Form und bezogen auf Produktbezeichnung, -beschreibung und -foto denselben Inhalt. Der Ersteinsteller hatte *Amazon Marketplace* zuvor ein „zeitlich unbefristetes, umfassendes Nutzungsrecht" eingeräumt. Vor die Gerichte gelangen dabei aber Fälle, in denen die Ersteinstellung des hinterlegten – und nunmehr automatisch beigefügten – Produktfotos urheberrechtswidrig erfolgt ist. Einerseits wird eine öffentliche Zugänglichmachung verneint, wie beim Framing liege eine bloße Verknüpfung eines bereitgehaltenen Werkes vor.[159] Zum Teil wird eine öffentliche Zugänglichmachung zwar bejaht, die aber nicht rechtswidrig sei.[160] Andererseits wird eine rechtswidrige öffentliche Zugänglichmachung bejaht, ein Schadenersatzanspruch aber mangels Verschuldens abgelehnt.[161] Das LG Berlin verurteilte eine **technische Betreiberin** eines Parfum-Internetshops zur Unterlassung einer urheberrechtswidrigen Wiedergabe von Produktfotos. Auch in diesem Onlineshop waren die „Auswahl" der Produktinformationen und der Bilder in einem vollautomatisierten Verfahren (Algorithmus) erfolgt. Die Betreiberin griff in die Autonomie des konkreten Händlers ein, der möglicherweise ein ganz anderes (und nicht rechtsverletzendes) Foto hochgeladen hatte.[162]

270

c) Schranken

Das Recht der öffentlichen Zugänglichmachung unterliegt den Schranken aus §§ 45, 46, 48, 49, 51, 52a,[163] 52b, 56, 57[164] und 58 UrhG. § 44 Abs. 2 UrhG ist auf das Recht der öffentlichen Zugänglichmachung weder unmittelbar noch analog anwendbar. Danach darf der Erwerber einer Zeichnung diese zur Werbung für ihren Verkauf im Rahmen einer „Auktion" in einem Internetportal wiedergeben.[165]

271

---

159 LG Köln, Urt. v. 04.12.2013 – 28 O 347/13 (Standlicht), ZUM-RD 2014, 440 ff.
160 OLG Köln, Urt. v. 19.12.2014 – 6 U 51/14 (Softair-Munition), GRUR 2015, 880: aufgrund gültiger Nutzungsrechtseinräumung zugunsten von Amazon; LG Köln, Urt. v. 13.02.2014 – 14 O 184/13 (Softair-Munition), GRUR-RR 2014, 443, Vorinstanz: zulässig trotz gültiger Nutzungsrechtseinräumung. Vgl. auch *Berger*, jurisPR-ITR 7/2014, Anm. 5, und *Kuntz*, JurPC 2015, Web-Dok.46/2015.
161 LG Stuttgart, Urt. v. 25.02.2014 – 17 S 4/13, ZUM 2014, 736 ff.
162 LG Berlin, Urt. v. 27.01.2015 – 16 O 279/14, BeckRS 2015, 07179.
163 Durch Streichung von § 137k UrhG entfristet.
164 BGH, Urt. v. 17.11.2014 – I ZR 177/13 (Möbelkatalog), WRP 2015, 750 ff. mwN.
165 OLG Köln, Urt. v. 26.09.2008 – 6 U 111/08, GRUR-RR 2009, 4 ff.: nach § 58 Abs. 1 UrhG nicht länger als eine Woche nach Kaufabschluss.

d) Erschöpfung, § 17 Abs. 2 UrhG analog

272 Eine Erschöpfung nach § 17 Abs. 2 UrhG bezieht sich ausweislich des Wortlauts dieser Vorschrift („Original oder Vervielfältigungsstücke des Werkes") und seiner Einordnung gemäß § 15 Abs. 1 Nr. 2 UrhG nur auf **körperliche Werkstücke**. Die Übermittlung von Daten durch Datenleitungen ist kein körperlicher Transport.[166] Eine analoge Anwendung des in § 17 Abs. 2 UrhG zum Ausdruck gebrachten Erschöpfungsgrundsatzes auf die Rechte nach § 19a UrhG kommt nicht in Betracht. Insoweit fehlt es einer systemwidrigen Regelungslücke und zudem an einer Vergleichbarkeit der Fälle.[167]

e) Besonderheiten der Ansprüche und Geltendmachung

273 Mit dem Unterlassungsanspruch kann nicht nur verlangt werden, es zu unterlassen, die Werke erneut im Internet öffentlich zugänglich zu machen; vielmehr lässt sich auch beanspruchen, durch geeignete Maßnahmen sicherzustellen, dass die bereits in das Internet eingestellten Werke dort nicht mehr öffentlich zugänglich sind.[168]

5. Senderecht, § 20 UrhG

Literatur: *Pießkalla*, Lizenzpflichtige Kabelweitersendung nach § 20 UrhG innerhalb von Wohnungseigentümergemeinschaften?, ZUM 2015, S. 361–366; *Raitz von Frentz/Masch*, Kabelweitersendung trotz Saunabesuch, ZUM 2015, S. 126–130; *Riesenhuber*, Wer ist Sendender?, ZUM 2011, S. 134–141; *Schack*, Rechtsprobleme der Online-Übermittlung, GRUR 2007, S. 639–645; *Wolff*, Rechtsfragen im Umgang mit Webradio-Angeboten, ITRB 2009, S. 177–180.

274 Das Senderecht ist gemäß § 20 UrhG das Recht, das Werk durch Funk, wie Ton- und Fernsehrundfunk, Satellitenrundfunk, Kabelfunk oder ähnliche technische Mittel, der Öffentlichkeit zugänglich zu machen.

a) Werk

275 Das Senderecht gilt für urheberrechtlich geschützte Werke, steht aber auch Inhabern von Leistungsschutzrechten zu, zB. nach § 70 UrhG (Wissenschaftliche Ausgaben), § 71 UrhG (Nachgelassene Werke), § 72 UrhG (Lichtbilder), § 87 Abs. 1

---

166 *Bisges*, JurPC Web-Dok. 127/2012, Abs. 10 mwN.
167 OLG Hamburg, Beschl. v. 24.03.2015 – 10 U 5/11, ZUM 2015, 503; OLG Hamm, Urt. v. 15.05.2014 – 22 U 60/13 (Hörbuch-AGB), NJW 2014, 3659 ff.; OLG Stuttgart, Urt. v. 03.11.2011 – 2 U 49/11 (Hörbuch-AGB), GRUR-RR 2012, 243 ff., jeweils mwN. auch auf die entspr. EuGH-Entsch.; vgl. dazu *Moritz*, jurisPR-ITR 19/2014, Anm. 2; *Hoeren/Jakopp*, MMR 2014, 646 ff.; *Kubach/Schuster*, CR 2014, 504 ff., und *Telle*, K&R 2014, 539 f., jew. mwN.; zudem LG Berlin, Urt. v. 14.07.2009 – 16 O 67/08, GRUR-RR 2009, 329 f. Vgl. zu § 17 Abs. 2 UrhG bereits Rn. 223 ff. bzw. zur entsprechenden Anwendung bei § 16 UrhG Rn. 213.
168 BGH, Urt. v. 18.09.2014 – I ZR 76/13 (CT-Paradies), GRUR 2015, 258 ff. mwN. Zu Inhalten im Google-Cache als Verstoß gegen eine Unterlassungsverpflichtung vgl. OLG Celle, Urt. v. 29.01.2015 – 13 U 58/14, MMR 2015, 408.

Nr. 1 UrhG (Funksendung bzgl. einer Weitersendung), § 94 UrhG (Filme) und § 95 UrhG (Laufbilder). Ausübende Künstler haben unter den Voraussetzungen des § 78 Abs. 2 Nr. 1 UrhG einen Vergütungsanspruch, der Tonträgerhersteller einen Anspruch auf Beteiligung hieran, vgl. § 86 UrhG.

b) Funk oder ähnliche technische Mittel

Funk ist jede Übertragung von Zeichen, Tönen oder Bildern durch elektromagnetische Wellen, die von einer Sendestelle ausgestrahlt werden und an anderen Orten von einer beliebigen Zahl von Empfangsanlagen aufgefangen und wieder in Zeichen, Töne oder Bilder verwandelt werden können.[169] Unter diesen Begriff fällt zunächst der **Rundfunk** entsprechend der Definition § 2 Abs. 1 S. 1 RStV: Rundfunk ist ein linearer Informations- und Kommunikationsdienst; er ist die für die Allgemeinheit und zum zeitgleichen Empfang bestimmte Veranstaltung und Verbreitung von Angeboten in Bewegtbild oder Ton entlang eines Sendeplans unter Benutzung elektromagnetischer Schwingungen. Dem Senderecht unterfallen der sog. terrestrische Rundfunk (Hörfunk und Fernsehen) sowie die an die Öffentlichkeit gerichtete Sendung über Kabel oder Satellit.[170] Durch **Kabelfunk** wird ein Werk Empfängern zugänglich gemacht, wenn es in Form von Funksignalen von einer Sendestelle aus leitungsgebunden einer Mehrzahl von Empfangsanlagen übermittelt wird, durch die das Werk wieder für die menschlichen Sinne wahrnehmbar gemacht werden kann.[171] Eine Funksendung wird weitergesendet gemäß §§ 87 Abs. 1 Nr. 1 Fall 1, 20 UrhG, wenn der Sendende die Sendesignale sogleich an Empfänger weiterleitet, denen er eine Empfangsvorrichtung zur Verfügung gestellt hat und die in ihrer Gesamtheit eine Öffentlichkeit bilden.[172]

276

Ausweislich des Wortlauts („wie" … „oder ähnliche technische Mittel") ist die Aufzählung in § 20 UrhG nicht abschließend. Das Senderecht erstreckt sich daher auf **jede drahtlose oder drahtgebundene Ausstrahlung** durch eine Sendestelle an die Öffentlichkeit, unabhängig von der Technik.[173] Ihm unterfallen daher auch Verteiler- und Rundfunkanlagen in Hotels, Krankenhäusern, Ferienparks und Justizvollzugsanstalten.[174] Unerheblich ist, ob die Programme analog, digital oder

277

---

169 Amtl. Begr. BT-Drucks. IV/270, S. 50, zu § 20.
170 Amtl. Begr. BT-Drucks. IV/270, S. 50, zu § 20; vgl. auch LG Berlin, Urt. v. 17.09.2013 – 15 O 524/12, ZUM 2014, 251 ff.: Wiederholungsausstrahlungen im Fernsehen.
171 BGH, Urt. v. 04.06.1987 – I ZR 117/85 (Kabelfernsehen II), NJW 1988, 1022, 1023.
172 BGH, Urt. v. 22.04.2009 – I ZR 216/06 (Internet-Videorekorder I), NJW 2009, 3511 ff. mwN. Zur Kabelweitersendung vgl. § 20b UrhG.
173 EuGH, Urt. v. 07.03.2013 – C-607/11 (ITV Broadcasting/TVCatchup), GRUR 2013, 500, 501 ff.
174 EuGH, Urt. v. 07.12.2006 – C-306/05 (SGAE), GRUR 2007, 225 ff. mwN.; BGH, Urt. v. 09.06.1994 – I ZR 23/92 (Verteileranlage im Krankenhaus), NJW-RR 1994, 1328; OLG München, Urt. v. 11.09.2014 – 6 U 2619 (Gemeinschaftsantennenanlage), GRUR 2015, 371 ff.; OLG Köln, Urt. v. 13.06.2014 – 6 U 204/13 (Seepark Burhave), ZUM-RD 2014, 694 ff. Vgl. auch *Pießkalla*, ZUM 2015, 361, 364 ff., gegen *Raitz von Frentz/Masch*, ZUM 2015, 126 ff.

verschlüsselt ausgestrahlt werden.[175] So ist etwa die Verbreitung von Hörprogrammen im Internet (Webradio) als Senden iSd. § 20 UrhG zu qualifizieren, sofern der Hörer nicht über den Zeitpunkt des Abrufs disponieren kann.[176] Dasselbe gilt für Internet-TV und Live-Streaming.[177] Stattet ein Hotel seine Zimmer jeweils mit einem Fernsehgerät mit DVB-T-Receiver aus, erfolgt dadurch keine Weiterleitung des Signals in die einzelnen Hotelzimmer. Die bloße Zurverfügungstellung von Fernsehgeräten, die ihrerseits mit einem DVB-T-Empfänger ausgestattet sind, ist nicht von §§ 20, 20b UrhG erfasst.[178]

278 **Sendender** im urheberrechtlichen Sinn ist nicht derjenige, der die technische Ausstrahlung der Signale besorgt, welche das geschützte Werk im Rahmen des gesendeten Programms eines anderen übermitteln, sondern vielmehr ganz allgemein derjenige, unter dessen Kontrolle und Verantwortung die Aussendung der das Programm tragenden Sendesignale erfolgt.[179]

c) Der Öffentlichkeit zugänglich machen

279 Für den Begriff der Öffentlichkeit gilt die Legaldefinition des § 15 Abs. 3 UrhG in **richtlinienkonformer Auslegung**.[180] Die Sendung eines Hörfunkprogramms im Rahmen eines Internetauftritts (Webradio) erfolgt öffentlich. Für die Annahme der Öffentlichkeit ist nicht maßgeblich, wie viele Nutzer tatsächlich die entsprechende Website aufgerufen haben und ob die Zahl der Interessenten tatsächlich gering war.[181] Die Nutzer müssen die Sendung gleichzeitig empfangen, das Recht aus § 20 UrhG erfordert einen **gleichzeitigen Empfang** (kumulative Öffentlichkeit).[182] Unter das Senderecht fallen daher auch Videotext und Kabeltext.[183] Ist eine Sendung indes zu einem selbst gewählten Zeitpunkt (On Demand) aus dem Internet abrufbar, ist das Recht der öffentlichen Zugänglichmachung aus § 19a UrhG betroffen.

6. Recht der europäischen Satellitensendung, § 20a UrhG

Literatur: *Neumeier*, Die gezielte grenzüberschreitende Satellitensendung – kein Eingriff in das Urheberrecht des Empfangslandes?, ZUM 2011, S. 36–42.

---

175 *Erhardt*, in: Wandtke/Bullinger, UrhG, § 20, Rn. 1 mwN.
176 LG Köln, Urt. v. 31.10.2014 – 14 O 334/14, ZUM-RD 2015, 202, 203.
177 *Schack*, GRUR 2007, 639, 641, mwN.
178 LG Düsseldorf, Urt. v. 09.07.2014 – 12 S 5/14, ZUM-RD 2015, 317, 318, mwN.
179 BGH, Urt. v. 12.11.2009 – I ZR 160/07 (Regio-Vertrag), GRUR 2010, 530, 531 ff.; LG Köln, Urt. v. 31.10.2014 – 14 O 334/14, ZUM-RD 2015, 202, 203; *Riesenhuber*, ZUM 2011, 134 ff.
180 Vgl. dazu bereits Rn. 242 ff.; EuGH, Urt. v. 07.03.2013 – C-607/11 (ITV Broadcasting/TVCatchup), GRUR 2013, 500, 501 ff.; BGH, EuGH-Vorlage v. 16.08.2012 – I ZR 44/10 (Breitbandkabel), GRUR 2012, 1136, 1137 ff.; OLG München, Urt. v. 11.09.2014 – 6 U 2619 (Gemeinschaftsantennenanlage), GRUR 2015, 371 ff.
181 LG Köln, Urt. v. 31.10.2014 – 14 O 334/14, ZUM-RD 2015, 202, 203; vgl. aber Rn. 246: EuGH: „recht viele Personen". Zum Ganzen auch *Wolff*, ITRB 2009, 177 ff.
182 *Wiebe*, in: Spindler/Schuster, § 20, Rn. 4 mwN.
183 *Dreier*, in: Dreier/Schulze, UrhG, § 20, Rn. 9 mwN. auch zur aA.

B. Verwertungsrechte

Mit § 20a UrhG ist die europäische Satellitensendung als eigenes Verwertungsrecht ausgestaltet, das in seinem Anwendungsbereich gegenüber dem Senderecht des § 20 UrhG vorgeht. Grundlage ist die Satelliten- und Kabel-Richtlinie.[184]

280

a) Werk

§ 20a UrhG gilt für Werke, steht aber auch Inhabern von Leistungsschutzrechten zu, soweit entsprechend verwiesen wird. Verweise finden sich in § 70 UrhG (Wissenschaftliche Ausgaben), § 71 UrhG (Nachgelassene Werke), § 72 UrhG (Lichtbilder), § 78 Abs. 1 Nr. 2 UrhG (ausübende Künstler), § 81 UrhG (Veranstalter), § 87 Abs. 1 Nr. 1 UrhG (Sendeunternehmen), § 87b Abs. 1 UrhG aE. (Datenbankhersteller) und § 94 UrhG (Filmhersteller).

281

b) Europäische Satellitensendung

Ausweislich seines Wortlauts erstreckt sich § 20a UrhG (nur) auf die Satellitensendung. **Satellitensendung** iSd. Bestimmung ist die unter der Kontrolle und Verantwortung des Sendeunternehmens stattfindende Eingabe der für den öffentlichen Empfang bestimmten programmtragenden Signale in eine unterbrochene Übertragungskette, die zum Satelliten und zurück zur Erde führt, § 20a Abs. 3 UrhG. Unerheblich ist, ob die Ausstrahlung an einen Direktsatelliten oder einen Fernmeldesatelliten erfolgt, bei dem die Funksignale verschlüsselt sind, die Entschlüsselung jedoch durch Decoder geschieht, die vom Sendeunternehmen der Öffentlichkeit angeboten werden.[185] § 20a UrhG gilt somit auch für Pay-TV-Programme, die kodiert über Satellit ausgestrahlt werden.[186]

282

Sendender ist nach § 20a Abs. 3 UrhG, wer die Kontrolle und Verantwortung innehat und die programmtragenden Signale auf den Weg zum Satelliten schickt, ohne dass der Weg der Signale durch die eigenständige Entscheidungsbefugnis eines Dritten unterbrochen wird.[187]

283

c) Ort der Europäischen Satellitensendung

Auf der Grundlage der Satelliten- und Kabelrichtlinie bestimmt § 20a Abs. 1 UrhG den Ort der Europäischen Satellitensendung. Maßgeblich ist, wo die ununterbrochene Übertragungskette anfängt, die zur Satellitenausstrahlung an die Öffentlichkeit führt. Nur an diesem Ort wird eine urheberrechtlich relevante Handlung vorgenommen, nur dort kann die Sendung erlaubt oder verboten werden (**Sendelandgrundsatz**). Das Recht des Urhebers an der Satellitensendung richtet sich also ausschließlich nach dem nationalen Urheberrecht des Sendelandes. Nur in diesem Land, von dem aus die Sendung erfolgt, muss der Programmanbieter die erforder-

284

---

184 Siehe hierzu allgemein Kap. 11, Rn. 232 ff.
185 *Dustmann*, in: Fromm/Nordemann, UrhG, § 20a, Rn. 13.
186 Vgl. auch EuGH, Urt. v. 13.10.2011 – C-431/09 und C-432/09 (Airfield u. Canaal Digital/ SABAM und AGICOA Belgium), ZUM 2012, 236 ff.
187 *v. Ungern-Sternberg*, in: Wandtke/Bullinger, UrhG, § 20a, Rn. 18; *Dustmann*, in: Fromm/Nordemann, UrhG, § 20a, Rn. 14.

lichen Rechte einholen. § 20a Abs. 2 UrhG regelt in zwei Nummern Tatbestände, um eine Umgehung des Schutzniveaus durch Verlegung des Sendeunternehmens in Drittstaaten zu verhindern.[188]

7. Zweitverwertungsrechte, §§ 20b bis 22 UrhG

Literatur: *Grosskopf*, „Private Viewing" in der Gastwirtschaft: Nur für geladene Gäste, IPRB 2015, S. 155–156; *Poll*, Urheberrechtsverletzung durch Weiterleitung von Rundfunk- und TV-Sendungen in Wohnanlagen?, K&R 2015, S. 301–304; *Raitz von Frentz/Masch*, Kabelweitersendung trotz Saunabesuch – Eine kritische Bewertung der Entscheidung des OLG München v. 11.09.2014 – 6 U 2619/13, ZUM 2015, S. 126–130; *Schaub*, Die angemessene Vergütung nach dem UrhWG, GRUR-Prax 2012, S. 342–343.

285 Zweitverwertungsrechte sind Rechte an Verwertungsarten, denen jeweils bereits eine dem Urheber vorbehaltene **Werkverwertung vorangegangen** ist. Zu den Rechten, bei denen bereits zuvor eine öffentliche Wiedergabe erfolgt ist, gehören die Kabelweitersendung, § 20b UrhG, das Recht der Wiedergabe durch Bild- oder Tonträger, § 21 UrhG, und das Recht der Wiedergabe von Funksendungen und von öffentlicher Zugänglichmachung, § 22 UrhG.

a) Kabelweitersenderecht, § 20b UrhG

286 Die Kabelweitersendung ist das Recht, ein gesendetes Werk im Rahmen eines zeitgleich, unverändert und vollständig weiterübertragenen Programms durch Kabelsysteme oder Mikrowellensysteme weiterzusenden, § 20b Abs. 1 S. 1 UrhG. Als Teil der Bestimmungen des Art. 3. Abs. 1 der Informations-Richtlinie[189] ist auch § 20b UrhG richtlinienkonform auszulegen.[190]

287 Erfasst ist die Weiterleitung einer Sendung iSd. § 20 UrhG durch Kabelsysteme oder Mikrowellensysteme. Kein Kabelsystem ist das Internet.[191] Werden Hörfunk- und Fernsehsendungen nach Empfang der Satellitensignale mit Hilfe des Kabelnetzes leitungsgebunden an 343 Haushalte einer Wohnungseigentümergemeinschaft weitergeleitet, fehlt indes eine öffentliche Wiedergabe iSd. §§ 15 Abs. 3, 20, 20b UrhG. Denn die Weiterleitung beschränkt sich auf die Versorgung dieser Gemeinschaft.[192]

---

188 Näher dazu *Dreier*, in: Dreier/Schulze, UrhG, § 20a, Rn. 8 f.; *v.Ungern-Sternberg*, in: Wandtke/Bullinger, UrhG, § 20a, Rn. 10 ff., dort auch zur Einräumung von Rechten zur Durchführung einer Satellitensendung.
189 Siehe Kap. 11, Rn. 238 ff..
190 BGH, Urt. v. 17.09.2015 – I ZR 228/14 (Ramses), GRUR 2016, 71 ff. OLG München, Urt. v. 11.09.2014 – 6 U 2619/13, ZUM 2015, 154 ff., anhängig: BGH, Az.: I ZR 228/14. Vgl. auch *Poll*, K&R 2015, 301 ff., und *Raitz von Frentz/Masch*, ZUM 2015, 126 ff.
191 *Dustmann*, in: Fromm/Nordemann, UrhG, § 20b, Rn. 13, dort auch zur Kritik an der (technischen) Einschränkung des § 20b UrhG.
192 BGH, Urt. v. 17.09.2015 – I ZR 228/14 (Ramses), GRUR 2016, 71 ff. OLG München, Urt. v. 11.09.2014 – 6 U 2619/13, ZUM 2015, 154 ff., anhängig: BGH, Az.: I ZR 228/14.

Sendender ist im Falle einer Kabelweitersendung allein derjenige, der darüber entscheidet, welche Funksendungen in das Kabel eingespeist und an eine Öffentlichkeit weitergeleitet werden, nicht dagegen derjenige, der lediglich die dafür erforderlichen technischen Vorrichtungen bereitstellt und betreibt.[193]

288

Nur derjenige Netzbetreiber, der das Netz betreibt, an das letztlich Empfangsgeräte angeschlossen werden, kann auch derjenige sein, der durch funktechnische Mittel ein Werk derart übermittelt, dass von einer öffentlichen Wiedergabe gesprochen werden kann. Nur dieser Netzbetreiber ist urheberrechtlich als Weitersendender zu betrachten.[194]

Der Vergütungsanspruch des Urhebers aus Kabelweitersendung kann nur durch eine Verwertungsgesellschaft geltend gemacht werden, § 20b Abs. 2 S. 3 UrhG.

289

b) Recht der Wiedergabe durch Bild- oder Tonträger, § 21 UrhG

Nach § 21 UrhG erfasst das Recht der Wiedergabe durch Bild- oder Tonträger die Befugnis, Vorträge oder Aufführungen des Werkes mittels Bild- oder Tonträger öffentlich wahrnehmbar zu machen. Das Verwertungsrecht bezieht sich nur auf **Vorträge** (von Sprachwerken), § 19 Abs. 1 UrhG, und **Aufführungen** (von Musik oder choreografischen Werken), § 19 Abs. 2 UrhG. Für den Begriff der **Bild- oder Tonträger** gilt die Legaldefinition des § 16 Abs. 2 UrhG. Hierzu zählen CDs, DVDs und andere digitale Speichermedien, bspw. Festplatten und Speichersticks von denen MP3-Dateien wiedergegeben werden, aber auch Schallplatten und Videobänder. Die Wahrnehmbarmachung muss **öffentlich** erfolgen, es gilt der Öffentlichkeitsbegriff des § 15 Abs. 3 UrhG (in richtlinienkonformer Auslegung).[195] § 21 UrhG ist daher zB. anwendbar für die Musikwiedergabe in Cafés, Gaststätten, Kaufhäusern, Diskotheken[196] und auch im Zusammenhang mit einem Straßenfest[197] oder Musikfestival.[198]

290

c) Recht der Wiedergabe von Funksendungen und von öffentlicher Zugänglichmachung, § 22 UrhG

Das Recht der Wiedergabe von Funksendungen und der Wiedergabe von öffentlicher Zugänglichmachung ist das Recht, Funksendungen und auf öffentlicher Zu-

291

---

193 BGH, Urt. v. 12.11.2009 – I ZR 160/07 (Regio-Vertrag), NJW-RR 2010, 1414, 1416.
194 Brandenburgisches OLG, Urt. v. 11.09.2012 – Kart U 6/11, GRUR-RR 2013, 89, 91.
195 Vgl. Rn. 242 ff.
196 LG Düsseldorf, Urt. v. 16.05.2012 – 23 S 296/11 (Partyraum), ZUM-RD 2012, 598 ff.: keine Vermieterhaftung; LG Köln, Urt. v. 14.07.2010 – 28 O 93/09, ZUM 2010, 906 ff.: Veranstalterhaftung „Abi-Party-Tour".
197 LG Düsseldorf, Urt. v. 29.09.2010 – 12 O 235/09, ZUM-RD 2011, 105 ff.: (Mit-)Veranstalterhaftung als Gesamtschuldner. Zur Angemessenheit der Vergütung vgl. BGH, Urt. v. 27.10.2011 – I ZR 125/10 (Barmen Live), GRUR 2012, 711 ff., und *Schaub*, GRUR-Prax 2012, 342 ff.
198 OLG Hamm, Urt. v. 28.09.2010 – 4 U 59/10, GRUR-RR 2011, 65: Persönliche Haftung des alleinigen Geschäftsführers und Gesellschafters des Musikfestivals „Bochum Total 2009".

gänglichmachung beruhende Wiedergaben des Werkes durch Bildschirm, Lautsprecher oder ähnliche technische Einrichtungen öffentlich wahrnehmbar zu machen, § 22 S. 1 UrhG.

292 Ein Werk wird wahrnehmbar gemacht bei einer unmittelbaren Wiedergabe für die menschlichen Sinne, wobei der Wiedergabeakt als solcher das Merkmal der Öffentlichkeit erfüllen muss.[199] Hier kommt der richtlinienkonformen Auslegung des **Begriffs der Öffentlichkeit** des § 15 Abs. 3 UrhG[200] erhebliche praktische Relevanz zu. Die Wiedergabe von Hörfunkprogrammen mit Musik in einem Zweibettzimmer im Krankenhaus ist keine „öffentliche Wiedergabe",[201] ebenso in der Werkstatt (Nebenraum) eines Fahrradgeschäftes.[202] Eine Hörfunkwiedergabe in den Gängen zu den Behandlungsräumen einer **ärztlichen oder physiotherapeutischen Praxis** wurde demgegenüber als öffentlich eingestuft,[203] ebenso für den Empfangsbereich,[204] das Wartezimmer[205] oder die gesamte Praxis.[206] Mit der **neueren Rechtsprechung** sind die Voraussetzungen einer Wiedergabe gegenüber einer „unbestimmten Zahl potenzieller Adressaten und recht vielen Personen" jedoch im Allgemeinen nicht erfüllt, wenn ein Arzt in seiner Praxis für seine Patienten Hörfunksendungen als Hintergrundmusik wiedergibt.[207] Die Mitarbeiterin der Praxis ist durch Arbeitsvertrag mit dem Praxisbetreiber verbunden, und auch wenn zusätzlich ein Patient, ein Pharmavertreter, ein Briefträger oder eine sonstige Person, etwa ein Handwerker zugleich im Raum der Anmeldung ist, wird dadurch nicht die Öffentlichkeit begründet.[208]

---

199 BGH, Urt. v. 11.07.1996 – I ZR 22/94 (Zweibettzimmer im Krankenhaus), NJW 1996, 3084, 3085; LG Düsseldorf, Urt. v. 09.07.2014 – 12 S 5/14, ZUM-RD 2015, 317, 318.
200 Vgl. dazu Rn. 242 ff. und speziell zu § 22 UrhG BGH, Urt. v. 18.06.2015 – I ZR 14/14 (Hintergrundmusik in Zahnarztpraxen).
201 BGH, Urt. v. 11.07.1996 – I ZR 22/94 (Zweibettzimmer im Krankenhaus), NJW 1996, 3084 ff.
202 AG Erfurt, Urt. v. 25.01.2002 28 C 3559/01, GRUR-RR 2002, 160: Musik nicht für Kunden „bestimmt".
203 AG Köln, Urt. v. 12.04.2007 – 137/434/06, BeckRS 2013, 00142.
204 AG Köln, Urt. v. 23.06.1999 – 1225 C 117/99.
205 AG Konstanz, Urt. v. 26.04.2007 – 4 C 104/07, GRUR-RR 2007, 384 f. mwN.
206 AG München, Urt. v. 23.08.2013 – 172 C 16763/13, BeckRS 2013, 19893; AG Nürnberg, Urt. v. 17.01.1996 – 32 C 10234/95, NJW-RR 1996, 683. Vgl. auch *Kuck*, in: Schwartmann, Praxishandbuch, § 26, Rn. 145, mit weiteren Bsp.
207 BGH, Urt. v. 18.06.2015 – I ZR 14/14 (Hintergrundmusik in Zahnarztpraxen): nicht vergütungspflichtig; EuGH, Urt. v. 15.03.2012 – C-135/10 (SCF/Marco Del Corso), GRUR 2012, 593 ff.; zur Frage, ob an dieser Rspr. festgehalten wird, anhängig: EuGH C-117/15. Vgl. auch AG Düsseldorf, Urt. v. 04.04.2013 – 57 C 12732/12, GRUR-RR 2013, 458 ff.: Lizenzvertrag mit GEMA fristlos kündbar.
208 LG Köln, Urt. v. 27.09.2012 – 14 S 10/12 in richtlinien- und völkerrechtskonformer Auslegung der „öffentlichen Wiedergabe" des § 15 Abs. 3 UrhG; EuGH, Urt. v. 15.03.2012 – C-135/10, GRUR 2012, 593 ff.: Hintergrundmusik in Zahnarztpraxis (für Tonträgerherstellerrecht); AG Bad Oldesloe, Urt. v. 18.12.1998 – 2 C 684/98.

Wird in einer grundsätzlich frei zugänglichen **Gaststätte** eine Fußballsendung tatsächlich nur den insgesamt zwanzig Mitgliedern eines Dartclubs bzw. einer Skatrunde präsentiert und der Zugang für Außenstehende durch Maßnahmen, zB. durch Hinweisschild oder Verweis, verhindert, liegt keine öffentliche Wahrnehmbarmachung der Sendung iSd. § 22 UrhG vor.[209] Dies gilt erst recht, wenn Pay-TV-Kanäle auf einem konkreten Bildschirm nur einer Person angeboten werden.[210] Die Wiedergabe während des normalen Schankbetriebs, der nicht für eine geschlossene Gesellschaft erfolgt, ist demgegenüber öffentlich.[211]

293

8. Weitere Rechte der Verwertung in unkörperlicher Form

Die Vorschrift des § 15 Abs. 2 UrhG enthält keine abschließende, sondern eine beispielhafte („insbesondere") Aufzählung der dem Urheber vorbehaltenen Verwertungsrechte und lässt daher die Anerkennung unbenannter Verwertungsrechte der öffentlichen Wiedergabe zu.[212] Ein solches wurde etwa für die Nutzung eines über die *Amazon* Standard Identifikationsnummer (ASIN) „angehängten" Produktfotos erwogen[213] und auch für die urheberrechtliche Qualifizierung von On-Demand-Diensten.[214] Eine Verknüpfung eines auf einer fremden Internetseite mit Erlaubnis der Urheberrechtsinhaber bereitgehaltenen Werkes im Wege des Framing verletzt indes kein unbenanntes Verwertungsrecht der öffentlichen Wiedergabe.[215]

294

III. Bearbeitungsrecht, §§ 23, 24 UrhG

Literatur: *Arz*, Die Unterscheidung von Parodie und Satire, UFITA 2013, S. 353–369; *v.Becker*, Die entstellende Parodie, GRUR 2015, S. 336–339; *Bullinger/Garbers-von Boehm*, Der Blick ist frei, GRUR 2008, S. 24–30; *Ernst*, jurisPR-WettbR 5/2004, Anm. 4; *Gergen*, Der „starre Melodienschutz" des § 24 II UrhG – Genese, Judikatur, Kritik, UFITA 2009, S. 471–495; *v.Have/Eickmeier*, Das Lied eines Boxers, ZUM 1995, S. 32–35; *Hofmann*, Urheberrechtlicher Schutz für Konzepte von Medienprodukten, CR 2013, S. 485–493; Moser/Scheuermann (Hrsg.), Handbuch der Musikwirtschaft, 6. Aufl., 2003; *Kelp*, Urheberrecht und Parodie im Gemeinschaftsrecht, IPRB 2014, S. 260–264; *Nassall*, Abgrenzung zwischen verbotener Übernahme und freier Benutzung einer literarischen Figur für die Bewerbung von Karnevalskostümen („Pippi-Langstrumpf-Kostüm"), jurisPR-BGHZivilR 7/2014, Anm. 3; *Nennen*, Rechtsschutz von Akquiseleistungen der Werbebranche, WRP 2003, S. 1076–1082; *ders.*, Zur Frage des urheberrechtlichen Schutzes nicht amtlicher Leitsätze auf einer Anwalts-

---

209 OLG Frankfurt, Urt. v. 20.01.2015 – 11 U 95/14, ZUM-RD 2015, 296; dazu *Grosskopf*, IPRB 2015, 155 f.
210 LG Frankenthal, Urt. v. 25.07.2014 – 6 O 492/13, ZUM-RD 2014, 663 f., dort auch zum sog. Agent Provocateur.
211 LG Bremen, Urt. v. 30.05.2013 – 7 O 1648/12, juris.
212 So ausdrücklich auch BGH, EuGH-Vorlage v. 16.05.2013 – I ZR 46/12 (Die Realität), ZUM 2013, 662, 663; BGH, Urt. v. 17.07.2003 – I ZR 259/00 (Paperboy), NJW 2003, 3406, 3409)
213 LG Köln, Urt. v. 13.02.2014 – 14 O 184/13 (Softair-Munition), GRUR-RR 2014, 443. Zu dieser Thematik vgl. Rn. 273.
214 OLG Hamm, Urt. v. 15.05.2014 – 22 U 60/13 (Hörbuch-AGB), NJW 2014, 3659 ff.
215 BGH, Urt. v. 09.07.2015 – I ZR 46/12 (Die Realität II). Zum Framing vgl. Rn. 210, 270.

homepage, ZUM 2009, S. 244–245; *Ohly*, Zwölf Thesen zur Einwilligung im Internet, GRUR 2012, S. 983–992; *Peifer*, Die neuen Freiheiten und die unsicheren Grenzen der Parodie, jurisPR-WettbR 2/2015, Anm. 1; *Schulz/Cichon*, „Remixes" und „Coverversionen" – Urheberrecht und Verwertung, http://www.jurawelt.com/sunrise/media/mediafiles/13671/remixes.pdf (letzter Abruf: 17.10.2015); Wandtke (Hrsg.), Medienrecht Praxishandbuch, Band 2, 2. Aufl., 2011.

295 Obwohl das Bearbeitungsrecht nicht in § 15 UrhG aufgeführt ist, handelt es sich um ein selbständiges ausschließliches **Verwertungsrecht**.[216] Auf der Grundlage von § 23 S. 1 UrhG hängt die Veröffentlichung oder Verwertung einer Bearbeitung oder anderen Umgestaltung eines Werkes von der Einwilligung des (Original-)Urhebers ab. Einer solchen Einwilligung bedarf nach § 23 S. 2 UrhG bereits das Herstellen der Bearbeitung oder Umgestaltung in den dort aufgeführten Fällen. Einen Überblick über die Prüfungspunkte gewährt die **Checkliste** im Anhang.[217]

1. Werk

296 Gegenstand einer Bearbeitung oder anderen Umgestaltung kann **jedes Werk** sein, auch urheberrechtlich geschützte Werkteile. Hinsichtlich einer nach § 3 UrhG geschützten Bearbeitung stehen dem Bearbeiterurheber ebenfalls die Rechte aus § 23 UrhG zu, so dass die Veröffentlichung oder Verwertung bzw. in den Fällen des § 23 S. 2 UrhG bereits die Herstellung der Bearbeitung seiner Bearbeitung von seiner Einwilligung abhängt.[218] Bei Computerprogrammen gilt § 69c Nr. 2 UrhG.

2. Bearbeitung bzw. Umgestaltung

297 Der BGH verwendet die **Begriffe** der Bearbeitung und anderen Umgestaltung nebeneinander ohne zu differenzieren.[219] Nach aM. wird die Bearbeitung iSd. § 3 UrhG abgegrenzt von der „anderen Umgestaltung", die das Originalwerk ohne persönliche geistige Schöpfung verändert.[220] Zum Teil wird hingegen darauf abgestellt, ob die Eingriffe eine dem vorbestehenden Werk dienende Funktion haben (dann Bearbeitung) oder nicht.[221] Weil § 23 UrhG sowohl Bearbeitungen als auch andere Umgestaltungen erfasst, erübrigt sich eine Abgrenzung. Die Bestimmung erstreckt sich daher jedenfalls auch auf Werkumgestaltungen, die über **keine eigene schöpferische Ausdruckskraft** verfügen und sich daher trotz einer vorgenommenen Umgestaltung noch im Schutzbereich des Ursprungswerkes befinden, weil dessen Eigenart in der Nachbildung erhalten bleibt und ein übereinstimmen-

---

216 *A.Nordemann*, in: Fromm/Nordemann, UrhG, §§ 23/24, Rn. 2, dort auch zur aA.
217 Siehe Anhang, Teil IV.
218 BGH, Urt. v. 24.01.1991 – I ZR 72/89 (Brown Girl II), NJW-RR 1991, 812 ff.
219 Vgl. z.B. BGH, Urt. v. 17.07.2013 – I ZR 52/13 (Pippi-Langstrumpf-Kostüm), NJW 2014, 771, 774: (abhängige) Bearbeitung als umgestaltende Vervielfältigung.
220 *A.Nordemann*, in: Fromm/Nordemann, UrhG, §§ 23/24, Rn. 9 f.; zur Entstehung eines Bearbeiterurheberrechts vgl. Kap. 1, Rn. 232 ff.
221 *Wiebe*, in: Spindler/Schuster, § 23, Rn. 4 mwN.

der Gesamteindruck besteht.[222] Eine solche Umgestaltung ist zB. das Beschneiden eines Lichtbildes, wenn dadurch die Bildaussage verändert wird[223] und auch die Nachbildung einer Bronzestatuette in geringerer handwerklicher Qualität.[224] Auch das Abspielen von Teilen des Chorstücks „O Fortuna" aus dem Musikwerk „Carmina Burana" als Stimmungsmusik bei einem dramaturgisch in Szene gesetzten Einmarsch eines Boxers in die Boxarena („Walk In") wurde als Nutzung nach § 23 UrhG gewertet.[225]

Erforderlich ist eine **wesentliche Veränderung** des verwandten Originals. Denn nicht jede Veränderung eines Werkes führt zu einer Bearbeitung oder anderen Umgestaltung iSd. § 23 S. 1 UrhG. In einer nur unwesentlichen Veränderung einer benutzen Vorlage ist nicht mehr als eine Vervielfältigung iSd. § 16 UrhG zu sehen.[226] Die Abgrenzung wird ua. relevant im Bereich der **Musik**: Nach § 1 h) des Berechtigungsvertrages[227] kann die GEMA die Vervielfältigungs- und Verbreitungsrechte einräumen, eine entsprechende Rechtewahrnehmung hinsichtlich bearbeiteter Musik steht ihr jedoch nicht zu. So durfte etwa der Volksmusik-Sänger *Heino* Songs deutscher Rockbands wie den *Ärzten* oder *Rammstein* auf der Grundlage der GEMA-Lizenz „werkgetreu" nachspielen. Hierbei führt das Transponieren in eine andere Tonart, zB. damit das Musikwerk besser sing- oder spielbar wird, (als unwesentliche Veränderung) noch nicht zur einer Bearbeitung. Wird indes ein anderer Musikstil verwandt, werden Tonfolgen verändert oder hinzugefügt, liegen die Voraussetzungen des § 23 S. 1 UrhG vor.[228] Keine Bearbeitung (sondern Vervielfältigung) ist die mit dem Einscannen und Abspeichern von **Fotoausdrucken** bewirkte Veränderung.[229] Dasselbe gilt für **Vorschaubilder** einer Bildersuchmaschine (sog. „Thumbnails"). Eine Abbildung, die ein Werk zwar verkleinert darstellt, aber in seinen wesentlichen schöpferischen Zügen genauso erkennen lässt wie die „Vorlage", ist keine Umgestaltung.[230]

298

---

222 BGH, Urt. v. 29.04.2010 – I ZR 69/10 (Vorschaubilder I), NJW 2010, 2731, 2732; BGH, Urt. v. 10.12.1987 – I ZR 198/85 (Vorentwurf II), NJW-RR 1988, 1204 f. mwN.
223 OLG Köln, Urt. v. 31.10.2014 – 6 U 60/14 (Creative Commons-Lizenz „non-commercial"), NJW 2015, 789, 790.
224 OLG Düsseldorf, Urt. v. 30.10.2007 – 20 U 64/07, GRUR-RR 2008, 117, 129 f.
225 LG München I, Urt. v. 05.08.2004 – 7 O 15374/02, GRUR 2005, 574 ff.; vgl. dazu *v.Have/Eickmeier*, ZUM 1995, 32 ff., und *Ernst*, jurisPR-WettbR 5/2004, Anm. 4, jeweils mwN.
226 BGH, Urt. v. 16.05.2013 – I ZR 28/12 (Beuys-Aktion), NJW 2013, 3789, 3791.
227 In der Fassung aufgrund der Beschl. der Mitgliederversammlung v. 25./26.06.2013, http://www.gema.de/fileadmin/user_upload/Musikurheber/Informationen/Berechtigungsvertrag.pdf (letzter Abruf: 17.10.2015). Zur Rechteeinräumung durch die GEMA vgl. Kap. 4, Rn. 527 ff.
228 *Limper*, in: Schwartmann, Praxishandbuch, § 32, Rn. 67 mwN. Vgl. zu den (zT. schwierigen) Abgrenzungsfragen *Schulz/Cichon*, „Remixes" und „Coverversionen".
229 BGH, Urt. v. 19.03.2014 – I ZR 35/13 (Porträtkunst), GRUR 2014, 974, 975 f.
230 BGH, Urt. v. 29.04.2010 – I ZR 69/10 (Vorschaubilder I), NJW 2010, 2731, 2732, mwN. zur aA.

299 Die Annahme einer unfreien Bearbeitung iSd. § 23 UrhG setzt weiter voraus, dass der Urheber des jüngeren Werks das ältere **gekannt** und bei seinem Schaffen bewusst oder unbewusst darauf zurückgegriffen hat. Weitgehende Übereinstimmungen legen in der Regel diese Annahme im Sinne eines **Anscheinsbeweises** nahe, der jedoch als ausgeräumt anzusehen ist, wenn nach den Umständen ein anderer Geschehensablauf nahe liegt. Neben der Möglichkeit, dass mehrere Urheber unabhängig voneinander übereinstimmende Werke geschaffen haben, ohne dass der eine bewusst oder unbewusst auf das Werk des anderen zurückgegriffen hat (Doppelschöpfung[231]), können vorhandene Übereinstimmungen auch darauf beruhen, dass beide Autoren die gleichen gemeinfreien Quellen benutzt haben; die gemeinfreien Bestandteile bleiben dann in beiden Werken frei.[232]

300 Ist die Veränderung der benutzten Vorlage so weitreichend, dass die Nachbildung über eine eigene schöpferische Ausdruckskraft verfügt und die entlehnten eigenpersönlichen Züge des Originals angesichts der Eigenart der Nachbildung verblassen, liegt keine Bearbeitung oder andere Umgestaltung iSd. § 23 S. 1 UrhG und erst recht keine Vervielfältigung iSd. § 16 UrhG, sondern ein **selbständiges Werk** vor, § 24 Abs. 1 UrhG.[233] Dazu nachfolgend:

3. Freie Benutzung, § 24 Abs. 1 UrhG

301 Nach dieser Bestimmung darf ein selbständiges Werk, das in freier Benutzung des Werkes eines anderen geschaffen worden ist, ohne Zustimmung des Urhebers des benutzten Werkes veröffentlicht und verwertet werden.[234] Sinn und Zweck des § 24 Abs. 1 UrhG ist es, eine **Fortentwicklung des Kulturschaffens** zu ermöglichen.[235] Der Fundus vorbestehender Werke soll jedermann zum Schaffen eines neuen selbständigen Werkes anregen und insoweit „frei" benutzt werden können. Die Regelung des § 24 Abs. 1 UrhG **begrenzt das Bearbeitungsrecht**.

a) „Verblassensformel"

302 Eine freie Benutzung nach § 24 Abs. 1 UrhG setzt voraus, dass angesichts der Eigenart des neuen Werks die entlehnten eigenpersönlichen Züge des benutzten Werks verblassen (sog. **Verblassensformel**). Ein Verblassen in diesem Sinne liegt vor, wenn die dem geschützten älteren Werk entlehnten eigenpersönlichen Züge in dem neuen Werk in der Weise zurücktreten, dass das neue Werk nicht mehr in relevantem Umfang das ältere benutzt, so dass dieses nur noch als Anregung

---

231 Siehe Kap. 1, Rn. 350.
232 KG, Urt. v. 20.04.2015 – 24 U 3/14, GRUR-Prax 2015, 286; *Loewenheim*, in: Schricker/Loewenheim, UrhG, § 23, Rn. 31 ff.; *A.Nordemann*, in: Fromm/Nordemann, UrhG, §§ 23/24, Rn. 58, jeweils mwN.
233 BGH, Urt. v. 16.05.2013 – I ZR 28/12 (Beuys-Aktion), NJW 2013, 3789, 3791.
234 Hierzu siehe auch Kap. 3, Rn. 200 ff.
235 BGH, Urt. v. 13.12.2012 – I ZR 182/11 (Metall auf Metall II), NJW 2013, 1885 u. 1887; BGH, Urt. v. 20.11.2008 – I ZR 112/06 (Metall auf Metall I), NJW 2009, 770, 772. AA. *Hoeren*, Anm., MMR 2013, 468.

zu neuem, selbständigem Werkschaffen erscheint.[236] Maßgeblich ist also der **Abstand**, den das neue Werk zu den entlehnten eigenpersönlichen Zügen des benutzten Werks hält. Daher ist durch Vergleich zu ermitteln, ob und gegebenenfalls in welchem Umfang eigenschöpferische Züge des älteren Werks übernommen worden sind.[237]

Zur **Prüfung** ist zunächst im Einzelnen festzustellen, welche objektiven Merkmale die schöpferische Eigentümlichkeit des benutzten Werkes bestimmen. Sodann ist durch Vergleich der einander gegenüberstehenden Gestaltungen zu ermitteln, ob und gegebenenfalls in welchem Umfang in der neuen Gestaltung eigenschöpferische Züge des älteren Werkes übernommen worden sind. Maßgebend für die Entscheidung ist letztlich ein **Vergleich des jeweiligen Gesamteindrucks** der Gestaltungen, in dessen Rahmen sämtliche übernommenen schöpferischen Züge in einer Gesamtschau zu berücksichtigen sind. Ist die Veränderung der benutzten Vorlage so weitreichend, dass die Nachbildung über eine eigene schöpferische Ausdruckskraft verfügt und die entlehnten eigenpersönlichen Züge des Originals angesichts der Eigenart der Nachbildung verblassen, liegt keine Bearbeitung oder andere Umgestaltung iSd. § 23 S. 1 UrhG, sondern ein selbständiges Werk vor, das in freier Benutzung des Werkes eines anderen geschaffen worden ist, hier gilt § 24 Abs. 1 UrhG.[238]

303

Besitzt der als Vorlage benutzte Werkteil selbst nur einen **geringen schöpferischen Gehalt**, können auch keine großen Anforderungen an den Abstand gestellt werden, den die freie Benutzung durch Dritte einzuhalten hat. Denn ein Werk(-teil) geringerer Eigenart geht eher in dem nachgeschaffenen Werk auf als ein Werk besonderer Eigenprägung. Insoweit können bereits verhältnismäßig geringfügige Abweichungen in der eigenschöpferischen Gestaltung bewirken, dass keine Urheberrechtsverletzung vorliegt.[239] So mag eine Fußball-Stecktabelle eines Magazins als Werk der angewandten Kunst zwar schon bei geringer Gestaltungshöhe urheberrechtlich geschützt sein. Bei einem geringen Maß an Eigentümlichkeit ergibt sich allerdings auch ein entsprechend **enger Schutzbereich** für das betreffende Werk. Bzgl. einer Fußball-Stecktabelle können dabei schon Unterschiede in Farben und Hintergrundmotiven sowie in Form, Anordnung und Platzierung der Tabellenbeschriftungen zu einer Veränderung des Gesamt-

304

---

236 BGH, Urt. v. 17.07.2013 – I ZR 52/12 (Pippi-Langstrumpf-Kostüm), NJW 2014, 771, 774; KG, Urt. v. 20.04.2015 – 24 U 3/14, GRUR-Prax 2015, 286, jeweils mwN.
237 BVerfG, Nichtannahmebeschl. v. 01.08.2013 – 1 BvR 2515/12, BeckRS 2013, 55260; BGH, Urt. v. 01.12.2010 – I ZR 12/08 (Perlentaucher I), NJW 2011, 761, 765 f.
238 BGH, Urt. v. 17.07.2013 – I ZR 52/12 (Pippi-Langstrumpf-Kostüm), NJW 2014, 771, 774; BGH, Urt. v. 16.05.2013 – I ZR 28/12 (Beuys-Aktion), NJW 2013, 3789, 3971; BGH, Urt. v. 08.07.2004 – I ZR 25/02 (Hundefigur), NJW-RR 2004, 1629 ff.; KG, Urt. v. 20.04.2015 – 24 U 3/14, GRUR-Prax 2015, 286.
239 OLG Köln, Urt. v. 20.02.2015 – 6 U 131/14 (Designer-Urne), WRP 2015, 637 ff.; OLG Nürnberg, Urt. v. 20.05.2014 – 3 U 1874/13, NJW-RR 2015, 38, 41; OLG Hamburg, Urt. v. 31.03.2004 – 5 U 144/03 (Markentechnik), GRUR-RR 2004, 285, 286; BGH, Urt. v. 26.09.1980 – I ZR 17/78 (Dirlada), GRUR 1981, 267, 269.

eindrucks führen.²⁴⁰ Ein Weißbierglas als Kombination aus Bierglas und Fußball weist ebenfalls zwar einen geringen eigenschöpferischen Gehalt auf. Hierbei ist indes nicht die Idee der Verbindung zwischen Glas und Fußball geschützt, sondern nur deren konkrete Ausformung. Ist der Fußball im Original unmittelbar über dem Fuß integriert, während das angegriffene Glas einen (plumpen) Fußball über einem massiven für ein Weizenbierglas typischen Fuß zeigt, beschränkt sich die Kopie auf die Übernahme einer nicht geschützten gestalterischen Idee.²⁴¹

305 Zur Frage, ob entlehnte eigenpersönliche Züge des benutzten Werks hinreichend verblassen und damit unter § 24 Abs. 1 UrhG fallen, finden sich in der Rechtsprechung zahlreiche **Beispiele**: Sind die individuellen Züge eines journalistisch aufbereiteten **Textes** trotz Umformulierungen noch deutlich erkennbar, liegen die Voraussetzungen einer freien Nutzung nicht vor.²⁴² Gleiches gilt für die Übernahme von Content im Netz, zB. wesentlicher Teile anwaltlich formulierter Leitsätze von Gerichtsentscheidungen.²⁴³ Zulässig sind indes inhaltliche Entlehnungen, wie die Wiedergabe bislang nicht bekannter historischer Tatsachen aus einer Habilitationsschrift.²⁴⁴ Um den Ausgangspunkt einer wissenschaftlichen Theorie darzustellen, kann es auch erforderlich und erlaubt sein, eine individuelle Gedankenführung oder auch einzelne Beispiele kurz wiederzugeben.²⁴⁵ Eine Kurzzusammenfassung einer Buchrezension eines Dritten ist jedoch als unfreie Bearbeitung anzusehen, wenn das **Abstract** eine Reihe von ausdrucksstarken prägenden Formulierungen des Original übernimmt, bei dem die Reihenfolge des Textes weitgehend beibehalten ist und kaum eigenständige Formulierungen enthalten sind.²⁴⁶ Die unveränderte Übernahme von Originaltonspuren aus Interviews (Audiomaterial) eines TV-Beitrags und Einbettung dieser in eine Moderation für einen Radiosender ist keine freie Benutzung.²⁴⁷ Dasselbe wurde angenommen für die Abänderung des **Liedtextes** „Ich bin von Kopf bis Fuß auf Liebe eingestellt, denn das ist meine Welt und sonst gar nichts." zu „Wir sind von Kopf bis Fuß auf Morde eingestellt, denn das ist unsere Welt und sonst gar nichts."²⁴⁸ Demgegenüber ließ sich eine Übernahme individueller schöpferischer Elemente des **Librettos** aus dem Musi-

---

240 OLG Nürnberg, Urt. v. 20.05.2014 – 3 U 1874/13, NJW-RR 2015, 38, 41.
241 OLG Köln, Urt. v. 14.10.2009 – 6 U 115/09, GRUR-RR 2010, 139 f.; vgl. auch OLG Frankfurt, Urt. v. 30.06.2015 – 11 U 56/15, WRP 2015, 1253: Verwendung naturalistischer Motive als Doppelschöpfung eines Tapetenmusters.
242 LG Hamburg, Urt. v. 22.10.2010 – 308 O 78/10, GRUR-RR 2010, 460, 461.
243 OLG Köln, Urt. v. 28.08.2008 – 6 W 110/08, GRUR-RR 2009, 164 f., m. Anm. *Nennen*, ZUM 2009, 244 f.
244 BVerfG, Nichtannahmebeschl. v. 01.08.2013 – 1 BvR 2515/12; OLG Frankfurt, Urt. v. 27.03.2012 – 11 U 66/11, ZUM 2012, 574 ff.
245 LG Frankfurt, Urt. v. 06.04.2005 – 2/6 O 13/05, AfP 2005, 402 mwN.
246 BGH, Urt. v. 01.12.2010 – I ZR 13/08 (Notiz zur SZ), ZUM 2011, 242, 246 ff.; OLG Frankfurt, Urt. v. 01.11.2011 – 11 U 76/06, ZUM 2012, 152, 157.
247 KG, Urt. v. 20.06.2011 – 24 U 107/10, ZUM-RD 2012, 526, 529 f.
248 LG Berlin, Urt. v. 13.12.1972 – 16 O 208/72 („Von Kopf bis Fuß"), GRUR 1974, 231, 232; vgl. auch OLG München, Urt. v. 20.02.1992 – 29 U 4283/91, ZUM 1992, 649 f., zur (vermeintlichen) Parodie eines Schlagertextes vgl. Rn. 320.

cal „Mädchen aus Ost-Berlin" in das Musical „Hinterm Horizont" nicht feststellen. Vielmehr waren alle wesentlichen Gestaltungselemente bereits in den historischen Ereignissen und einer Autobiografie angelegt, nämlich der gegenläufigen Spannung zwischen der Liebesgeschichte von *Udo Lindenberg* und dem (kommunistischen) „Mädchen aus Ost-Berlin" und dem Ost-West-Konflikt.[249]

Im Bereich der **Musik** ist die Abgrenzung zwischen freier Benutzung nach § 24 Abs. 1 UrhG und unfreier Bearbeitung nach § 23 S. 1 UrhG durch einen Hörvergleich vorzunehmen. Hierbei hat der Richter (mithilfe eines Sachverständigen) die objektiven Merkmale der übernommenen Musiksequenzen herauszustellen.[250] Es ist also genau zu bestimmen, weshalb der verwandte Teil die erforderliche schöpferische Höhe erreicht und über routinemäßiges Schaffen hinausgeht. Nachspielen und Einbetten eines Gitarrensolos in ein anderes Werk führen nicht zu einem Verblassen.[251] Entsprechendes gilt, wenn Passagen mit dominierenden Streichern in den Tonfolgen weitgehend übernommen werden. Keine andere Beurteilung folgt daraus, dass die Passagen in Anordnung ihrer Reihenfolge und in der Tonhöhe verändert wurden.[252] Bzgl. der **Melodie** ist § 24 Abs. 2 UrhG zu beachten.[253]

306

Für das Leistungsschutzrecht des **Tonträgerherstellers** nach § 85 Abs. 1 S. 1 UrhG – das bereits für kleinste Tonfetzen (digitale Partikel) gilt[254] – ist § 24 Abs. 1 UrhG nicht unmittelbar anwendbar, denn der Wortlaut setzt die Benutzung des Werkes eines anderen voraus. Auch der Verweis des § 85 Abs. 4 UrhG erfasst die Bestimmung nicht. Dennoch ist § 24 Abs. UrhG im Fall der Benutzung eines fremden Tonträgers durch **Sampling** grundsätzlich entsprechend anwendbar, allerdings in engen Grenzen: Von einem fremden Tonträger lassen sich nur solche aufgezeichneten Töne und Klänge für eigene Zwecke verwenden, die der Übernehmende nicht selbst herstellen könnte. Entscheidend ist, ob ein durchschnittlich ausgestatteter und befähigter Musikproduzent zum Zeitpunkt der Benutzung der fremden Tonaufnahme in der Lage wäre, eine eigene Tonaufnahme herzustellen, die dem Original bei einer Verwendung im selben musikalischen Zusammenhang aus Sicht des angesprochenen Verkehrs gleichwertig ist. Nur in diesem (engen) Rahmen, mit dem Ziel, eine Fortentwicklung des Kulturschaffens zu ermöglichen, rechtfertigt § 24 Abs. 1 UrhG des Eingriff in die unternehmerische Leistung. So war etwa die Übernahme einer etwa zwei Sekunden langen Rhythmussequenz aus dem Musikstück „Metall auf Metall" der Gruppe *Kraftwerk* in fortlaufender Wiederholung (Loop) für einen Song der Sängerin *Sabrina Setlur*

307

---

249 KG, Urt. v. 20.04.2015 – 24 U 3/14, GRUR-Prax 2015, 286, m. Anm. Vonau.
250 BGH, Urt. v. 16.04.2015 – I ZR 225/12 (Goldrapper), GRUR 2015, 1189 ff.; OLG Zweibrücken, Urt. v. 19.11.2015 – 4 U 186/14.
251 LG München, Urt. v. 03.12.2008 – 21 O 23120/00, ZUM-RD 2009, 101 ff.: Gitarrensolo aus „Nordrach" in „Still got the Blues"; vgl. aber auch LG Hamburg, Urt. v. 26.02.2015 – 310 O 315/11, GRUR-RR 2015, 281: keine unfreie Bearbeitung durch einen zT. parallelen Lauf eines Gitarrenriffs.
252 OLG Hamburg, Urt. v. 31.10.2012 – 5 U 37/10, ZUM-RD 2013, 428 ff.
253 Vgl. Rn. 322 ff., dort auch zum (schutzfreien) musikalischen Grundmaterial.
254 Vgl. Kap. 10, Rn. 213.

rechtswidrig.[255] Mit dieser höchstrichterlichen Rechtsprechung birgt die Übernahme von Samples erhebliche Risiken. Die meisten Samples werden nicht derart komplex oder einzigartig sein, die meisten Sounds nicht so hochwertig oder außergewöhnlich, dass ein Durchschnittsproduzent sie mit der heutigen Technik nicht reproduzieren könnte. In der Beratungspraxis ist daher der Abschluss eines entsprechenden Sampling-Vertrages (sog. Sample-Clearance) zu empfehlen.[256]

308 Eine rechtswidrige Übernahme aus einem nach § 2 Abs. 1 Nr. 3 UrhG geschützten **pantomimischen Werk** liegt vor, wenn das Gesamtwerk besonders prägende Papierkostüme, Mimik, Gestik und der individuell arrangierte Ablauf von Verwandlungen übernommen werden.[257]

309 Auch das Handlungs- und Beziehungsgeflecht der **Charaktere** (Fabel) und die Charaktere selbst können Urheberrechtsschutz genießen.[258] Werden lediglich einzelne äußere Merkmale einer literarischen Figur, etwa Haare in Farbe und Form, Sommersprossen und Kleidungsstil von *Pipi Langstrumpf*, übernommen, ist das noch keine verbotene Übernahme eines Charakters nach § 23 UrhG. Diese Elemente mögen zwar die äußere Gestalt der Romanfigur prägen. Sie genügen aber für sich genommen nicht, um den Urheberrechtsschutz an der Figur der *Pippi Langstrumpf* zu begründen und nehmen daher auch nicht isoliert am Schutz der literarischen Figur teil.[259] Eine abhängige Bearbeitung ist nicht allein deshalb anzunehmen, weil das neue Werk auf das ältere deutlich Bezug nimmt. Gerade bei Werken, die sehr bekannt sind, genügen meist nur geringe Andeutungen, insbesondere in Bezug auf äußere Merkmale, um einen deutlichen Bezug zu dem älteren Werk herzustellen. Es ist dann im Einzelfall zu prüfen, ob mit einer solchen Bezugnahme bereits die Übernahme eigenpersönlicher Merkmale verbunden ist.[260] Ein solches liegt etwa vor, wenn Namen der maßgeblichen Figuren (*Pippielotta/Pippi*), Charaktereigenschaften und Örtlichkeiten (Takka Tuka/Taka Tuka-Insel) nahezu identisch sind.[261]

---

255 BGH, Urt. v. 13.12.2012 – I ZR 182/11 (Metall auf Metall II), NJW 2013, 1885 ff.; BGH, Urt. v. 20.11.2008 – I ZR 112/06 (Metall auf Metall I), NJW 2009, 770 ff.
256 Ein Beispiel findet sich bei *Zimmermann*, in: Moser/Scheuermann, Handbuch der Musikwirtschaft, S. 1188.
257 LG Frankenthal, Urt. v. 24.04.2012 – 6 O 43/12: Bühnenproduktion „Comedy Show".
258 Vgl. Kap. 1, Rn. 163.
259 BGH, Urt. v. 17.07.2013 – I ZR 52/12 (Pippi-Langstrumpf-Kostüm), NJW 2014, 771, 775; dazu auch *Nassall*, jurisPR-BGHZivilR 7/2014, Anm. 3.
260 BGH, Urt. v. 17.07.2013 – I ZR 52/12 (Pippi-Langstrumpf-Kostüm), NJW 2014, 771, 775; BGH, Urt. v. 08.07.2004 – I ZR 25/02 (Hundefigur), NJW-RR 2004, 1629, 1631; BGH, Urt. v. 11.03.1993 – I ZR 264/91 (Asterix-Persiflagen), NJW-RR 1993, 1002, 1005 f. Vgl. auch KG, Urt. v. 20.04.2015 – 24 U 3/14, GRUR-Prax 2015, 286: zulässige Verwendung historischer Ereignisse in Libretto „Hinterm Horizont"; LG Köln, Urt. v. 29.07.2009 – 28 O 180/08, ZUM-RD 2010, 482 ff.: zulässige Übernahme eines Rollenspiels.
261 LG Hamburg, Urt. v. 28.04.2009 308 O 200/09, ZUM 2009, 581 f., vgl. auch OLG München, Urt. v. 12.11.2009 – 6 U 3595/08 (Tannöd II), ZUM-RD 2010, 37 ff. zur (un)freien Bearbeitung eines Kriminalromans.

Die Voraussetzungen des § 24 Abs. 1 UrhG liegen nicht vor, wenn von einer als **bildende Kunst** geschützten Elefantenfigur individuelle Gestaltungselemente wie die hohen stelzenartigen Beine mit mehrfachen Gelenken, die nach unten tropfende Gestaltung und die auf seinem Rücken schwebenden Obelisken nebst deren Sockel in einen Videoclip als „space elephants" nahezu identisch mit der Vorlage wiedergeben werden.[262] Eine unfreie Bearbeitung liegt ebenso vor, wenn eine digitale für den Trailer zu einer Musiksendung erstellte 3D-Trophäe mit klobigerem Sockel und andersgefärbten (goldenen) Flügelansätzen zur Preisverleihung körperlich ausgefertigt wird.[263] Assoziieren als Vorlage ua. für Aufkleber verwendete Figuren den Eindruck niedlicher, uneingeschränkt freundlicher Babys, während die daran angelehnten Figuren durch Frisur und Teufelshörner durchaus eigenwillige, teils verschmitzte, teils trotzige ältere Kinder darstellen, liegt indes eine freie Bearbeitung vor.[264]

310

Auch wenn eine Glas-Wasserpfeife mit den geringen Anforderungen nun als **angewandte Kunst**[265] urheberrechtlich geschützt sein kann, lassen sich Grundelemente wie Farbgestaltung, Form des Pfeifenkorpus, Randgestaltung des Mundstücks bzw. Pfeifenkopfes übernehmen, selbst wenn diese Gestaltungen nicht durch technische Notwendigkeiten vorgegeben sind.[266] Ebenso lassen sich Ideen und Thema aus Motivvorschlägen einer Collage für Spendenaufrufe für die eigene Gestaltung verwenden.[267] Rechtswidrig war indes die Nachahmung eines mit sog. Airbrush-Mischtechnik auf einer Urne angebrachten silhouettenartig dargestellten Hirschmotivs vor einer in Grüntönen gehaltenen offenen Tallandschaft bei leicht bewölktem ebenfalls grünem Himmel. Änderungen von Details, wie der Körperhaltung des Tieres, Gestaltung der Landschaft, Vorhandensein einer zweiten Lichtquelle sowie Erstreckung der Darstellung auf den Urnendeckel, führten nicht zu einem abweichenden Gesamteindruck.[268]

311

Für den Bereich der **Fotografie** gilt Folgendes: Aus einem Lichtbildwerk lassen sich die gemeinfreien Elemente übernehmen. Dazu zählen regelmäßig die Wahl eines bestimmten Motivs oder einer bestimmten Perspektive sowie der Einsatz einer bestimmten fotografischen Technik. Das gleiche gilt für die Übernahme stilistischer Elemente wie Licht und Schatten, Kontrastgebung, Bildschärfe, Überschnei-

312

---

262 LG München, Urt. v. 18.07.2014 – 21 O 12546/13, BeckRS 2014, 16896. Bzgl. einer künstlerischen Aktion vgl. BGH, Urt. v. 16.05.2013 – I ZR 28/12 (Beuys-Aktion), NJW 2013, 3789 ff.
263 LG Köln, Urt. v. 27.06.2012 – 28 O 321/11.
264 OLG Frankfurt, Urt. v. 25.05.2014 – 11 U 117/12, ZUM-RD 2014, 632 ff.; zur (erlaubten) Übernahme der Idee, Stoff-Teddybären in „unanständigen" Posen darzustellen vgl. LG München, Urt. v. 10.11.2005 – 7 O 21255/04, ZUM-RD 2006, 139 ff.
265 Vgl. Kap. 1, Rn. 185.
266 OLG Frankfurt, Urt. v. 20.01.2015 – 11 U 101/12, GRUR-RR 2015, 242, 243), dort auch zu wettbewerbsrechtlichen Ansprüchen (verneint).
267 OLG Hamburg, Urt. v. 17.10.2012 – 5 U 166/11 (Feuerlöscher), ZUM-RD 2013, 121, 123.
268 OLG Köln, Urt. v. 20.02.2015 – 6 U 131/14 (Designer-Urne), WRP 2015, 637 ff.

dungen und Überblendungen, der Wahl des richtigen Moments bei Bewegungsabläufen oder Porträts unter Verwendung von Filtern und besonderen Linsen, der Retusche oder Fotomontagen.[269]

313 Freilich kann jedermann den abgelichteten Gegenstand eines bei *eBay* eingestellten Produktfotos in ähnlicher Art und Weise bildlich festhalten und vermarkten. Ein **Motivschutz** für Produktfotos existiert nicht.[270] Ungeschützt ist auch zB. der Einfall, einen weiblichen Akt von vorn, auf einem Stuhl sitzend, in der Bildmitte vor einem großflächig gegliederten Hintergrund darzustellen. Ohne Schutz bleibt grundsätzlich eine bestimmte Pose. Jeder Künstler darf einen Akt selbstbewusst und kraftvoll in Erscheinung treten und ihn im linken Arm gleichsam „die Muskeln spielen" lassen.[271] Die Idee, eine Frau zu fotografieren, die sich mit ausgestreckten Armen einen Ventilator vor das Gesicht hält, ist nicht geschützt. Hat die fotografierte Dame im Original sodann lange Haare, die markant und ungewöhnlich insgesamt praktisch waagerecht vom Kopf nach hinten wegstehen, während sich dieses prägende Merkmal in der Nachstellung des Motivs nicht wiederfindet, besteht jedenfalls ein hinreichender Abstand.[272]

314 Wird das Motiv jedoch erst vom Fotografen geschaffen und zeigt sich darin eine individuelle Gestaltung, so ist auch die konkrete Inszenierung des Motivs nach § 2 Abs. 1 Nr. 5 UrhG geschützt. Somit kommt eine **rechtsverletzende Übernahme eines Motivs** in Betracht, wenn der Fotograf das Motiv selbst in einer urheberrechtlichen Schutz begründenden besonderen Weise arrangiert hat und dieses Arrangement mit seinen prägenden schutzbegründenden Gestaltungselementen nachgestellt worden ist.[273] Ein solches wurde bejaht bei einer gestellten und sodann fotografierten männlichen Rückensicht ohne Kopf mit waagerecht ausgestreckten am Ende „abgeschnittenen" Armen, umschlungen mit einer Frau in „Klammerhaltung" mit Blick in Richtung Betrachter. Die Übernahme dieser (ballettuntypischen) „Klammerpose" bei nur marginalen Unterschieden, etwa dass die Frau auf dem Original rechts statt links an dem Mann vorbeischaut, war rechtswidrig.[274] Auch das Nachstellen einer Szene, in der ein Ferkel auf dem Grund eines mit Wasser gefüllten Swimmingpools neben Tauchern in kompletter Taucherausrüstung arrangiert ist, war eine unzulässige Bearbeitung.[275] Erlaubt war indes die Übernahme des Fotomotivs des „Mauerspringers" (Grenzsoldaten) in eine dreidimensionale Plastik.[276]

---

269 LG Köln, Urt. v. 12.12.2013 – 14 O 613/12 (Serie Rote Couch), BeckRS 2014, 04503.
270 OLG Brandenburg, Beschl. v. 22.08.2013 – 6 W 31/13, NJW-RR 2014, 227, 228; OLG Braunschweig, Beschl. v. 14.10.2011 – 2 W 92/11, GRUR-RR 2012, 93, 94; OLG Braunschweig, Urt. v. 08.02.2012 – 2 U 7/11, GRUR 2012, 920 ff.; OLG Dresden, Beschl. v. 05.11.2012 – 11 W 692/11, juris.
271 OLG Hamburg, Urt. v. 12.10.1995 – 3 U 140/95 (Power of Blue), NJW 1996, 1153, 1154.
272 LG Bochum, Urt. v. 03.05.2012 – 8 O 134/12, MMR 2013, 57, m. Anm. *Faber*, MMR 2013, 58.
273 LG Hamburg, Urt. v. 14.11.2008 – 308 O 114/08, ZUM 2009, 165, 167.
274 OLG Köln, Urt. v. 05.03.1999 – 6 U 189/97, GRUR 2000, 43 ff.
275 LG Köln, Urt. v. 12.12.2013 – 14 O 613/12 (Serie Rote Couch).
276 LG Hamburg, Urt. v. 14.11.2008 – 308 O 114/08, ZUM 2009, 165 ff.

Ebenso ließen sich die folgenden für sich genommen nicht schutzfähigen Ideen eines Fotos in ein Musikvideo übernehmen: Frau hinter einer Plastikfolie, die mit schwarzem kreuzförmig angebrachten Klebeband an der Wand befestigt ist, ein bläulicher Hintergrund nebst Beleuchtung der Szenerie.[277]

Auch bei einer Übernahme von Laufbildern in einen anderen **Film** gilt der Grundsatz, dass ein Werk geringerer Eigenart eher in dem nachgeschaffenen Werk aufgeht als ein Werk besonderer Eigenprägung. Das bedeutet jedoch nicht, dass die Übernahme von Laufbildern mit geringer Eigenart ohne weiteres zulässig ist.[278] § 24 Abs. 1 UrhG gilt entsprechend für leistungsschutzrechtlich geschützte **Laufbilder**, §§ 95, 94 UrhG. Die unveränderte Übernahme und Einbettung dreier Interviewpassagen aus einem Fernsehbeitrag in einen eigenen Radiobeitrag führt nicht zu einem Verblassen. Zudem wäre es möglich gewesen, die Originaltöne selbst einzuholen.[279] Konzeptionelle Bestandteile aus **Sendeformaten**, etwa für eine Unterhaltungssendung (ua. Typ des Moderators, Ablauf der Sendungen, Kameraführung, Spannungsverläufe und Positionierung der Kandidaten)[280] oder für eine Fußball-Castingshow (ua. Einteilung in verschiedene Phasen: Bewerbung, Auswahl, Trainingslager und Finale, Auswahl durch Trainer bzw. Televoting)[281] lassen sich übernehmen.

Lernspiele können ebenfalls urheberrechtlich geschützt sein, etwa wenn sie aus Übungsheften und zugehörigen Kontrollgeräten (Kunststoffrahmen) bestehen als Darstellungen wissenschaftlicher oder technischer Art, § 2 Abs. 1 Nr. 7 UrhG. Zur Beantwortung der Frage, ob eine freie Benutzung des geschützten älteren Werkes vorliegt, kommt es dabei allein auf die Form der Darstellung (Gestaltungsmerkmale) an, nicht auf die dargestellten Inhalte.[282] Entsprechendes gilt für einen **Stadtplan**. Ein solcher kann zB. aufgrund der grafischen und farblichen Gestaltung sowie spezieller und prägender Auswahl und Kombination von gekennzeichneten Gebäuden, Sehenswürdigkeiten und Buslinien nebst Haltestellen eine hinreichen-

---

277 LG Stuttgart, Urt. v. 03.06.2014 – 17 O 1775/13, ZUM 2014, 824 ff., Berufung vor OLG Stuttgart, Az. 4 U 117/14, zurückgenommen. Zahlreiche weitere Beispiele rund um (Foto-)Motive bei *Maaßen*, in: Wandtke, Medienrecht, Bd. 2, 2011, Kap. 4, Rn. 97 ff. Vgl. zum Thema Motivschutz auch *Bullinger/Garbers-von Boehm*, GRUR 2008, 24 ff.
278 BGH, Urt. v. 20.12.2007 – I ZR 42/05 (TV-Total), NJW 2008, 2346, 2348; vgl. allgemein hierzu bereits Rn. 306 und speziell zu Übernahmen bei Filmen Kap. 6, Rn. 106.
279 KG, Urt. v. 20.06.2011 – 24 U 107/10, ZUM-RD 2012, 526, 529 f., in Anwendung der Grundsätze aus BGH, Urt. v. 20.11.2008 – I ZR 112/06 (Metall auf Metall I), NJW 2009, 770 ff., vgl. dazu bereits Rn. 309.
280 BGH, Urt. v. 26.06.2003 – I ZR 176/01 (Sendeformat), NJW 2003, 2828 ff.: TV-Showreihe „L'école des fans" nicht urheberrechtlich geschützt. Vgl. auch *Hofmann*, CR 2013, 485 ff.
281 LG München, Urt. v. 14.01.2010 – 7 132628/09, ZUM 2010, 993 ff.
282 BGH, Urt. v. 01.06.2011 – I ZR 140/09 (Lernspiele), NJW-RR 2012, 174, 176) und nachfolgend OLG Köln, Urt. v. 13.07.2012 – 6 U 225/08 (bambinoLÜK II), GRUR-RR 2013, 5 ff.; vgl. auch LG Köln, Urt. v. 29.07.2009 – 28 O 180/08, ZUM-RD 2010, 482 ff.: zulässige Übernahme eines Rollenspiels.

de Schöpfungshöhe aufweisen.[283] Diese Voraussetzungen können bereits bei einer übernommenen Stadtplankachel (Kartenausschnitt) vorliegen.[284]

b) Innerer Abstand, insbesondere Parodie

317 Eine freie Benutzung ist nicht nur anzunehmen, wenn die aus dem geschützten älteren Werk entlehnten eigenpersönlichen Züge in dem neuen Werk in einem eher wörtlichen Sinn verblassen und demgemäß in diesem so zurücktreten, dass das ältere in dem neuen Werk nur noch schwach in urheberrechtlich nicht mehr relevanter Weise durchschimmert. Vielmehr kann der für eine freie Benutzung erforderliche Abstand zu den entlehnten eigenpersönlichen Zügen des benutzten Werks – **selbst bei deutlichen Übernahmen** gerade in der Formgestaltung – auch dann gegeben sein, wenn das neue Werk zu den entlehnten eigenpersönlichen Zügen des älteren Werkes einen so großen inneren Abstand hält, dass es seinem Wesen nach als selbständig anzusehen ist. Auch in einem solchen Fall kann davon gesprochen werden, dass die entlehnten individuellen Züge des älteren Werkes im neueren Werk verblassen.[285]

318 Auf den inneren Abstand kommt es vor allem bei Fallgestaltungen an, in denen eine **künstlerische Auseinandersetzung** mit einem älteren Werk es erfordert, dass dieses und seine Eigenheiten, soweit sie Gegenstand der Auseinandersetzung sind, im neuen Werk erkennbar bleiben. Die häufigste Fallgestaltung dieser Art ist die **Parodie**. Bei ihr kommt der innere Abstand in einer antithematischen Behandlung zum Ausdruck.[286] Eine nach § 24 Abs. 1 UrhG erlaubte Parodie wurde zB. bejaht, bei der digitalen Bearbeitung eines Fotos einer jungen schlanken Frau in verführerischer Pose zu einer ungewöhnlich fettleibigen unschönen bzw. gar abstoßenden.[287] Ein innerer Abstand fehlt indes, wenn geschützte Textteile aus Büchern (von *Klaus Kinski*) nur in eine andere Werkform, ein Theaterstück (über *Klaus Kinski*), transformiert werden. Dies gilt erst recht, wenn das neue Werk sich mehr in das alte hinein- als damit auseinandersetzt.[288] Die für eine Persiflage **notwendige Distanz** fehlte auch bei der Abänderung des Schlagertextes „Santa, Maria ... Insel, die aus Träumen geboren ... ich hab meine Sinne verloren ... in dem Fieber,

---

283 BGH, Urt. v. 26.02.2014 – I ZR 121/13 (Online-Stadtplan), NJW-RR 2014, 1195 f.; BGH, Urt. v. 28.05.1998 – I ZR 81/96 (Stadtplanwerk), NJW 1998, 3352 ff.
284 BGH, Urt. v. 04.07.2013 – I ZR 39/12 (Terminhinweis mit Kartenausschnitt), GRUR 2014, 180 f.; LG München, Urt. v. 04.06.2014 – 21 S 25169/11, ZUM-RD 2014, 665 ff.; LG München, Urt. v. 19.06.2008 – 7 O 14276/07, GRUR-RR 2009, 332: animierte Stadtplankachel.
285 BGH, Urt. v. 17.07.2013 – I ZR 52/12 (Pippi-Langstrumpf-Kostüm), NJW 2014, 771, 774, mwN.
286 BGH, Urt. v. 20.03.2003 – I ZR 117/00 (Gies-Adler), NJW 2003, 3633, 3635; BGH, Urt. v. 11.03.1993 – I ZR 263/91 (Alcolix), NJW 1993, 534 ff. Vgl. auch *Arz*, UFITA 2013, 353 ff.
287 OLG Hamburg, Urt. v. 04.12.2014 – 5 U 72/11, ZUM 2015, 577: Entstellung nach § 14 UrhG insoweit erlaubt.
288 OLG Köln, Urt. v. 31.07.2009 – 6 U 52/09, GRUR-RR 2010, 143 ff.

das wie Feuer brennt" zu dem Werbejingle „Santa Sparia ... Leasing, das aus Sparen geboren ... ich hab keine Knete verloren ... beim Angebot, das nur P kennt". Übereinstimmungen in Melodik, Harmonik, Stimmlage, Rhythmik und sogar hinsichtlich der Phonetik, nämlich durch Übernahme bestimmter Gesangstechniken des Originalinterpreten (wie das „Nachdrücken" bestimmter Vokale zum Hervorrufen von Emotionalität), führten zu einer „Doppelgängerwerbung".[289] Ein innerer Abstand kann aber auch auf andere Weise hergestellt werden, **außerhalb einer künstlerischen Auseinandersetzung** mit der Vorlage.[290] Aufgrund der Meinungsfreiheit wurde etwa die *Facebook*-Veröffentlichung einer mittels Bildbearbeitungsprogramms erstellten Fotomontage eines (abfotografierten) urheberrechtlich geschützten Wahlplakates (mit schwarzen Augenbalken und verändertem Wahlslogan) als freie Benutzung gewertet.[291]

Der Begriff der Parodie ist allerdings als autonomer Begriff des **Unionsrechts** anzusehen und im gesamten Gebiet der Europäischen Union einheitlich auszulegen. Maßgeblich ist eine **Gesamtabwägung** zwischen den Äußerungsinteressen des Parodisten und den Schutzinteressen des Parodierten. Nach der Rechtsprechung des EuGH[292] bestehen die wesentlichen Merkmale der Parodie darin, zum einen (1) an ein bestehendes Werk zu erinnern, gleichzeitig aber (2) ihm gegenüber wahrnehmbare Unterschiede aufzuweisen, und zum anderen (3) einen Ausdruck von Humor oder eine Verspottung darzustellen. Eine Parodie bedarf keines eigenen ursprünglichen Charakters, der über das Aufzeigen der Unterschiede gegenüber dem ursprünglichen Werk so hinausgeht, dass sie vernünftigerweise einer anderen Person als dem Urheber des ursprünglichen Werkes zugeschrieben werden kann. Eine Bezugnahme auf das parodierte Werk oder eine Angabe dessen sind ebenso nicht erforderlich. Aufgrund der mit dieser Maßgabe erforderlichen Gesamtabwägung überwiegen die Schutzinteressen des Parodierten jedenfalls, wenn der Inhalt der Äußerung **diskriminierender Natur** ist, so dass Autoren und Rechteinhaber ein berechtigtes Interesse haben, dass das geschützte Original nicht mit einer solchen Aussage in Verbindung gebracht wird.[293] Eine parodistische Zielsetzung einer TV-Sendung gibt keinen Freibrief für unfreie Entnahmen durch einzelne Beiträge. Ob die Voraussetzungen einer Parodie vorliegen, ist vielmehr für jede übernommene Sequenz eigens zu prüfen.[294]

319

---

289 LG Köln, Urt. v. 14.12.2007 – 28 O 32/06, BeckRS 2013, 15123: Anspruch aus allgemeinem Persönlichkeitsrecht.
290 BGH, Urt. v. 17.07.2013 – I ZR 52/12 (Pippi-Langstrumpf-Kostüm), NJW 2014, 771, 774, mwN.
291 LG Dortmund, Beschl. v. 20.04.2015 – 34 Qs 79/14, BeckRS 2015, 09821.
292 EuGH, Urt. v. 03.09.2014 – C-201/13 (Vrijheidsfonds/Vandersteen), GRUR 2014, 972 ff.; zu Auswirkungen dieses Urteils und Kritik an der unkonturierten Abwägung vgl. *v. Becker*, GRUR 2015, 336 ff.; *Kelp*, IPRB 2014, 260 ff.; *Peifer*, jurisPR-WettbR 2/2015, Anm. 1; *Unseld*, Anm. in EuZW 2014, 9014 f.
293 EuGH, Urt. v. 03.09.2014 – C-201/13, GRUR 2014, 972 ff.
294 BGH, Urt. v. 20.12.2007 – I ZR 42/05 (TV-Total), NJW 2008, 2345 ff.: strenger Maßstab; vgl. auch BGH, Urt. v. 13.04.2000 – I ZR 282/97 (Mattscheibe), NJW 2001, 603 ff.

4. Melodienschutz, § 24 Abs. 2 UrhG

320 § 24 Abs. 2 UrhG hebt den Schutz der Melodie ausdrücklich hervor. Mit einer erkennbaren Entnahme und Zugrundelegung ist eine freie Benutzung nach § 24 Abs. 1 UrhG ausgeschlossen. Für die Veröffentlichung und Verwertung des Musikwerkes bedarf es der Zustimmung des (Melodie-)Urhebers, § 23 S. 1 UrhG. Die Regelung in § 24 Abs. 2 UrhG wird auch als **starrer Melodienschutz** bezeichnet.[295] Die Vorschrift hat indes „nur" die Funktion einer Klarstellung,[296] indem eine freie Benutzung ausgeschlossen wird für den Fall einer erkennbaren Melodieentnahme. Dass der Gesetzestext (positiv) auf eine „Erkennbarkeit" (Bearbeitung, wenn „erkennbar ... entnommen") abstellt und nicht wie die Rechtsprechung zu § 23 Abs. 1 UrhG (negativ) auf ein „Verblassen" (Bearbeitung, wenn nicht verblasst), führt zu keiner anderen Beurteilung. Ist die Melodie eines Originalwerks aufgrund des Gesamteindrucks nicht mehr erkennbar, sind (zugleich) die entlehnten eigenschöpferischen Züge der Originalmelodie verblasst. Umgekehrt argumentiert auch die „Verblassens"-Rechtsprechung im Rahmen des § 23 Abs. 1 UrhG mit einer „Erkennbarkeit".[297]

321 Fragen rund um den Schutz von Melodien und Teilen daraus (sog. Licks) sind in der Praxis von **erheblicher Relevanz**, nahezu bei jedem Hit werden (vermeintliche) ältere Rechte geltend gemacht. Anfang 2015 behauptete etwa der Schlagerkomponist *Jack White*, in den ersten zwölf Takten von *Helene Fischers* „Atemlos durch die Nacht" sei nicht eine Note, die nicht von seiner Komposition „Ein Festival der Liebe" übernommen worden sei. Zum gleichen Zeitpunkt befand eine Jury in Los Angeles, dass *Robin Thicke* und *Pharell Williams* für ihren Sommerhit 2013 „Blurred Lines" ua. erhebliche Teile der Hook aus einem *Marvin-Gaye*-Song aus dem Jahr 1977 plagiiert haben. Trotz dieser hohen praktischen Bedeutung gelangen die entsprechenden Ansprüche nur selten vor Gericht, sondern werden – wenn die Vorwürfe denn überhaupt zutreffen – „hinter den Kulissen" verglichen.

322 Der **Begriff der Melodie** ist ein Rechtsbegriff und nicht musikwissenschaftlich zu bestimmen. Nach der Rechtsprechung des BGH versteht man hierunter eine in sich geschlossene und geordnete Tonfolge.[298] Geht es also nicht um den Urheber-

---

[295] ZB. OLG Hamburg, Urt. v. 17.08.2011 – 5 U 48/05 (Metall auf Metall II), GRUR-RR 2011, 396, 397; *Schulze*, in: Dreier/Schulze, UrhG, § 24, Rn. 42 ff. mwN. auch zur Kritik hieran. Vgl. auch *Gergen*, UFITA 2009, 471 ff.; siehe auch Kap. 3, Rn. 212.

[296] *A.Nordemann*, in: Fromm/Nordemann, UrhG, §§ 23/24, Rn. 54 mwN. auch zur aA., insoweit vgl. zB. LG Hamburg, Urt. v. 26.02.2015 – 310 O 315/11, GRUR-RR 2015, 281: erweitert Schutzumfang.

[297] ZB. OLG Frankfurt, Urt. 27.05.2014 – 11 U 117/12, ZUM-RD 2014, 632, 634 ff.: Erkennbarkeit von charakteristischen Formen aus Bildmotiven; OLG Köln, Urt. v. 13.07.2012 – 6 U 225/08 (bambinoLÜK II), GRUR-RR 2013, 5, 11 ff.: Erkennbarkeit eines Lernspieles als Vorbild für eine Nachahmung. Zu den stets erkennbaren Übernahmen der Parodie vgl. Rn. 320 ff.

[298] BGH, Urt. v. 03.02.1988 – I ZR 143/86 (Fantasy), NJW 1989, 386 f.; vgl. auch OLG Hamburg, Urt. v. 31.10.2012 – 5 U 37/10, ZUM-RD 2013, 428, 438; OLG Hamburg, Urt. v. 17.08.2011 – 5 U 48/05 (Metall auf Metall II), GRUR-RR 2011, 396, 397; LG Hamburg, Urt. v. 26.02.2015 – 310 O 315/11, GRUR-RR 2015, 281.

rechtsschutz für das ganze Lied, sondern „nur" für die im Lied enthaltene Melodie, muss sich der individuelle ästhetische Gehalt in der fraglichen in sich geschlossenen und geordneten Tonfolge selbst ausdrücken. Die Grenze zu den als Motiv zu bezeichneten Tonfolgen ist dabei fließend und nicht starr zB. nach einer Anzahl von Tönen oder Takten zu bemessen. Es reicht, wenn die formgebende Tätigkeit des Komponisten einen verhältnismäßig geringen Eigentümlichkeitsgrad aufweist, ohne dass es dabei auf den künstlerischen Wert ankommt. Daher können auch einfache Melodien geschützt sein, zB. solche der Schlagermusik[299] oder relativ kurze Werbejingles.[300]

Soweit die Schöpfungshöhe erreicht ist, erfahren Melodien nicht nur Schutz gegen identische, sondern auch gegen ihre **erkennbare Übernahme** in ein neues Werk. Eine solche liegt idR. bei **Remixen** vor, in denen es ja gerade darum geht, Charakteristika der Ausgangsversion aufzugreifen und mit dem Ziel der (Wieder-)Erkennbarkeit in neuer Gestalt (auch zB. in einem anderen Musikstil) zu präsentieren.[301] Eine Erkennbarkeit besteht aber auch, wenn sich die Änderungen einer urheberrechtlich geschützten Werbemelodie darin erschöpfen, zwei achtel Noten zu einer viertel Note zusammenfassen. Nutzungen der nur insoweit geänderten Kernmelodie eines Werbesongs als wesentliches Element in einer Rockmusikversion, als Webgame-Soundtrack und als Handyklingeltonversion sind von der Zustimmung des Originalurhebers nach § 23 S. 1 UrhG abhängig.[302] Eine prägende Melodie wird bereits dadurch unerkennbar, wenn sie (um eine kleine Terz) transponiert und damit verbunden leicht im Tempo verändert wird.[303] Keine erheblichen Übereinstimmungen liegen indes vor, wenn die Anfangsnoten C, D, C einer vorbestehenden Melodie zu C, C, H und in ähnlich deutlicher Weise auch die weitere melodische Struktur (Tonhöhe) sowie zugleich die Rhythmik (Tonlänge, Betonung, Pausen) geändert werden. Hierdurch wird der Schutz der (vermeintlichen Ausgangs-)Melodie nach § 24 Abs. 2 UrhG nicht verletzt.[304]

323

Elemente unterhalb des urheberrechtlichen (Melodien-)Schutzes lassen sich grundsätzlich übernehmen: Eine sehr einfache, auf Wiederholung angelegte viertaktige Figur von in einzelnen Klaviertönen aufgelösten Akkorden, die in zwei Ganztonschritten (sog. Sekunden) von der Terz zum Grundton absteigt, erfüllt noch nicht die Voraussetzungen einer Melodie. Solche sog. (hier: gegenläufigen) Arpeggien gehören zum **musikalischen Handwerkszeug**.[305] Auch eine von der Tonlänge glei-

324

---

299 BGH, Urt. v. 03.02.1998 – I ZR 142/86 (Ein bisschen Frieden), NJW 1989, 387 ff.; BGH, Urt. v. 26.09.1980 – I ZR 17/78 (Dirlada), GRUR 1981, 267 ff.; BGH, Urt. v. 24.01.1991 – I ZR 72/89 (Brown Girl II), NJW-RR 1991, 812 ff.; zur Melodie eines Gitarrensolos vgl. LG München, Urt. v. 03.12.2008 – 21 O 23120/00, ZUM-RD 2009, 101 ff.: „Still got the Blues".
300 LG Köln, Urt. v. 31.07.2013 – 28 O 128/08, ZUM 2013, 973 ff.: „leckere Früchtchen".
301 Vgl. *Schulz/Cichon*, „Remixes" und „Coverversionen".
302 LG Köln, Teilurt. v. 29.10.2003 – 28 O 82/02.
303 LG Hamburg, Urt. v. 23.03.2010 – 308 O 175/08 (Bushido I), ZUM-RD 2010, 331, 339.
304 LG Köln, Teilurt. v. 29.10.2003 – 28 O 82/02.
305 OLG München, Urt. v. 17.01.2002 – 29 U 2021/00, GRUR-RR 2002, 281, 282.

che (metrische), einfach gestaltete Folge von fünf Tönen, die Bestandteil der Tonleitern mehrerer Tonarten ist und sich als „Allerweltsfloskel" erst auf- und dann abwärts bewegt, ist noch keine Melodie iSd. § 24 Abs. 2 UrhG. Ebenfalls nicht geschützt ist die Rap-Tonfolge Gis, H, Cis und Es, deren Länge durch den natürlichen Sprechrhythmus des Werbetextes „Ich liebe es" eines Schnellrestaurants vorgegeben ist. Auch hier handelt es sich um musikalisches Grundmaterial, das lediglich handwerklich angewendet wird.[306] Ohnehin sind **formale Gestaltungselemente**, die auf den Lehren von Harmonik, Rhythmik und Melodik beruhen, wie auch der Sound des einzelnen Tons regelmäßig nicht urheberrechtlich geschützt.[307] Einfache Tonfolgen, Töne und sonstige Klänge und Geräusche können aber Leistungsschutz nach § 85 UrhG oder nach den Vorschriften des UWG erfahren. Sie mögen auch als Hörmarken nach § 3 MarkenG geschützt sein. Bekannte Hörmarken sind etwa das aus den Tönen C, C, C, E, C bestehende *Telekom*-Jingle sowie das Brüllen des Löwen der US-Filmproduktionsgesellschaft *Metro-Goldwyn-Mayer Lion Corporation* im Vorspann aller *MGM*-Filme.

325 Die Melodie muss **entnommen** und einem neuen Werk zugrunde gelegt werden. Eine Melodieentnahme kann somit nur vorliegen, wenn der Komponist des rechtsverletzenden Werks die Originalmelodie gekannt und bewusst oder unbewusst[308] darauf zurückgegriffen hat. Hierbei legen weitgehende Übereinstimmungen in der Regel die Annahme nahe, dass der Urheber des jüngeren Werkes das ältere Werk benutzt hat.[309] Dieser **Anscheinsbeweis** kann jedoch entkräftet werden durch Gesamtumstände, die einen Geschehensablauf nahe legen, die eine andere Erklärung der Übereinstimmungen erlaubt. Ein solches wurde bzgl. einer weitgehend gleichen zweitaktigen Tonfolge eines Popsong-Refrainteils darin gesehen, dass eine nennenswerte Bekanntheit des älteren Werks nicht dargetan worden ist. Daher handele es sich um eine Doppelschöpfung.[310]

5. Veröffentlichen, Verwerten oder Herstellen

326 Das Recht aus § 23 S. 1 UrhG erfasst grundsätzlich nur die Veröffentlichung und Verwertung der Umgestaltung, nicht bereits deren Herstellung. Der Begriff der Veröffentlichung ist der des § 15 Abs. 3 UrhG.[311] Grundsätzlich besteht **Herstellungsfreiheit**, so dass jeder Originalwerke nach eigenem Belieben verändern und auch entstellen darf, solange das Ergebnis nicht veröffentlicht oder verwertet wird. Erlaubt sind etwa Werkbearbeitungen im privaten Bereich wie die Überset-

---

306 OLG München, Urt. v. 18.08.2011 – 6 U 4362/10, ZUM 2011, 928 f.
307 LG Köln, Urt. v. 14.07.2010 – 28 O 128/08, ZUM-RD 2010, 698, 701, mwN. Zu (nicht geschützten) Klangdateien für Synthesizer, sog. Presets, vgl. LG Rottweil, Beschl. v. 18.03.2001 – 3 Qs 172/00, ZUM 2002, 490 ff.
308 LG Hamburg, Urt. v. 26.02.2015 – 310 O 316/11; vgl. auch OLG Zweibrücken, Urt. v. 19.11.2015 – 4 U 186/14; LG München, Urt. v. 03.12.2008 – 21 O 23120/00, ZUM-RD 2009, 101, 107: Gitarrensolo aus „Nordrach" in „Still got the Blues".
309 BGH, Urt. v. 24.01.1991 – I ZR 72/89 (Brown Girl II), NJW-RR 1991, 812 ff. mwN.
310 LG München, Urt. v. 07.11.2002 – 7 O 19257/02, ZUM 2003, 245, 248, mwN.
311 Vgl. dazu Rn. 242 ff.

zung eines Romans in einem Literaturkreis und die Herstellung eines Song-Remixes im Studio. Zu welchem Zweck die Herstellung erfolgt, ist unerheblich, so dass sie auch mit geschäftlichen Zielen erfolgen darf.[312] Wer also zur Akquise eine Unternehmenswebsite in Bild und Text bearbeitet und diesen „Dummy" als Vorschlag an seinen potenziellen Vertragspartner übermittelt,[313] verstößt nicht gegen § 23 S. 1 UrhG.

Handelt es sich jedoch um eine Verfilmung eines Werkes, um die Ausführung von Plänen und Entwürfen eines Werkes der bildenden Künste, um den Nachbau eines Werkes der Baukunst oder um die Bearbeitung oder Umgestaltung eines Datenbankwerkes, so bedarf nach § 23 S. 2 UrhG bereits das **Herstellen** der Bearbeitung oder Umgestaltung der Einwilligung des Urhebers. Herstellung der Verfilmung ist der Beginn der Dreharbeiten und liegt nicht schon im Erstellen von Drehbuch, Exposé, Treatment oder Filmmusik.[314] Die Autorin eines Buchbestsellers kann aber bereits Unterlassung beanspruchen, wenn die Verfilmung desselben Romanstoffes auf der Grundlage eines plagiierenden Drehbuchs konkret droht.[315] 327

Die Ausführung von Plänen und Entwürfen eines Werkes der **bildenden Künste** und der Nachbau eines Werkes der **Baukunst** bedürfen ebenfalls bereits der Einwilligung des Urhebers. Insoweit gelten Herstellungsfreiheit und auch das Privileg privater Vervielfältigungen nicht, vgl. § 53 Abs. 7 UrhG. § 23 S. 2 UrhG erfasst auch **Datenbankwerke**. Für die Übersetzung, die Bearbeitung, das Arrangement und andere Umarbeitungen eines **Computerprogrammes** gilt § 69c Nr. 2 UrhG. 328

6. Einwilligung des Originalurhebers

Die zulässige Veröffentlichung oder Verwertung, § 23 S. 1 UrhG, bzw. bereits die Herstellung der bearbeiteten Werke gemäß § 23 S. 2 UrhG erfordert die Einwilligung des Originalurhebers. Nach § 183 S. 1 BGB ist eine **Einwilligung** die vorherige Zustimmung, die ausdrücklich oder durch konkludentes Verhalten erklärt werden kann.[316] Eine ohne Einwilligung erfolgte Veröffentlichung oder Verwertung kann der Urheber nachträglich genehmigen, § 184 Abs. 1 BGB. Bei der Einwilligung nach § 23 S. 1 UrhG handelt es sich um ein Verfügungsgeschäft, es gibt keinen gutgläubigen Erwerb. Das schließt indes die Anwendung bürgerlich-rechtlicher Rechtsscheinsvorschriften des Vertretungsrechts sowie der allgemeinen Grundsätze von Treu und Glauben nicht aus.[317] Bei der **Ermittlung** der (Original-)Urheber bzw. der jeweiligen Verlage im Bereich Musik mögen die Online- 329

---

312 Begr. zum RegE UrhG BT-Drucks. IV/270, S. 51.
313 Zum Schutz solcher Leistungen vgl. *Nennen*, WRP 2003, 1076 ff.
314 *A.Nordemann*, in: Fromm/Nordemann, UrhG, §§ 23/24, Rn. 18.
315 LG Hamburg, Urt. v. 31.01.2003 – 308 O 324/01, GRUR-RR 2003, 234 ff., vorbeugender Unterlassungsanspruch, heute § 97 Abs. 1 S. 2 UrhG; vgl. hierzu Kap. 7, Rn. 71.
316 BGH, Urt. v. 29.04.2010 – I ZR 69/08 (Vorschaubilder I), NJW 2010, 2731, 2734: Einwilligung zur öffentlichen Zugänglichmachung. Vgl. auch *Ohly*, GRUR 2012, 983 ff.
317 OLG Düsseldorf, Urt. v. 05.08.2014 – 20 U 167/12, NJW 2014, 3455 f.

Datenbank der GEMA[318] und der Phononet-Katalog[319] helfen. Die GEMA selbst kann die Vervielfältigungs- und Verbreitungsrechte einräumen, ist aber nicht zur Rechtewahrnehmung hinsichtlich bearbeiteter Musik befugt.[320]

7. Vertragliches

330 Eine **formularmäßig** vorgesehene Einwilligung in die Bearbeitung nach § 23 UrhG ist im Grundsatz zulässig. Wird jedoch Art und Umfang des Bearbeitungsrechtes nicht konkret, sondern nur beispielhaft („insbesondere") bezeichnet, so steht eine solche pauschale Vereinbarung nicht mit den wesentlichen Grundsätzen des Urheberpersönlichkeitsrechts im Einklang und ist unzulässig.[321] Die Einräumung eines Bearbeitungsrechts durch die Klausel „Das Werk darf in andere Sprachen übersetzt, bearbeitet (zB. Layoutänderungen, Endredaktion) und insbesondere auch gekürzt werden." wird als nicht „uferlos" für zulässig erachtet.[322] Eine Regelung in Nutzungsbedingungen „Bei einer Bearbeitung ist ein Hinweis darauf aufzuführen, in welcher Form der Schutzgegenstand in der Bearbeitung eingegangen ist …" ist ebenfalls zulässig.[323] Soweit ein Vertrag über die Einräumung von Nutzungsrechten keine ausdrückliche Regelung enthält, verbleibt das Bearbeitungs- und Umgestaltungsrecht im Zweifel beim Urheber, § 37 Abs. 1 UrhG.[324]

IV. Sonstige Rechte des Urhebers

Literatur: *Berger*, Urheberrechtliche Fragen der Vermietung von Schulbüchern durch öffentliche Schulen, ZUM 2005, S. 19–22; *Mercker/Mittl*, Die Begrenzung der Werbung eines Auktionshauses durch die Katalogbildfreiheit, ZUM 2010, S. 397–400; *Müller*, Die Beteiligung von Print- und Musikverlagen an den Ausschüttungen von VG Wort und GEMA, ZUM 2014, S. 781–792; *Redeker*, Das urheberrechtliche Vermietrecht beim Leasing, ITRB 2014, S. 289–291; *Schneider-Brodtmann*, Anwendung des deutschen Folgerechts bei einer Veräußerung einer inländischen Kunstsammlung ins Ausland, NJW 2009, S. 740–743; *Schunke*, Die Verteilungspraxis der Verwertungsgesellschaften auf dem Prüfstand, ZUM 2015, S. 37–47.

331 Die sonstigen Rechte des Urhebers sind das Recht auf Zugang zu Werkstücken, § 25 UrhG, das Folgerecht, § 26 UrhG, und das Recht auf Vergütung für Vermietung und Verpachtung, § 27 UrhG.

---

318 Unter http://online.gema.de/werke/search.faces (letzter Abruf: 17.10.2015). Beispiel eines Remixvertrages bei *Zimmermann*, in: Moser/Scheuermann, Handbuch der Musikwirtschaft, S. 1199.
319 Unter http://www.musicline.de (letzter Abruf: 17.10.2015).
320 Vgl. Rn. 300.
321 OLG Hamburg, Urt. v. 01.06.2011 – 5 U 113/09 (Buy-out mit Pauschalabgeltung), GRUR-RR 2011, 293 ff., zum (unverzichtbaren) Kern des Rechts auf Werkintegrität vgl. Rn. 103.
322 Thüringer OLG, Urt. v. 19.05.2012 – 2 U 61/12, GRUR-RR 2012, 367.
323 OLG Köln, Urt. v. 31.10.2014 – 6 U 60/14 (Creative Commons-Lizenz „non-commercial"), NJW 2015, 789, 793.
324 Vgl. hierzu Kap. 4, Rn. 35.

1. Zugangsrecht, § 25 UrhG

Der Urheber kann vom Besitzer des Originals oder eines Vervielfältigungsstückes seines Werkes gemäß § 25 Abs. 1 UrhG verlangen, dass er ihm das Original oder das Vervielfältigungsstück zugänglich macht, soweit dies zur Herstellung von Vervielfältigungsstücken oder Bearbeitungen des Werkes erforderlich ist und nicht berechtigte Interessen des Besitzers entgegenstehen. Das Urheberpersönlichkeitsrecht[325] schafft auch nach der Veräußerung eine dauerhafte **ideelle Verbindung** des Urhebers zu seinem Werk.   332

Besondere Pflichten bestehen dabei auch im Verhältnis zwischen Urheber und Galeristen. Dazu zählt unter anderem die Nennung des Namens des Erwerbers, so dass der Urheber die fortdauernde ideelle Beziehung zu seinem Werk auch **faktisch realisieren** kann, sei es zum Zwecke der Herstellung von Vervielfältigungsstücken gemäß § 25 UrhG, sei es zum Zwecke der Anfrage an die Erwerber, ob sie bereit wären, die Werke als Leihgaben für Ausstellungen zur Verfügung zu stellen.[326] Das Zugangsrecht kann auch bestehen, wenn der Urheber das Original im Rahmen des Arbeitsverhältnisses gefertigt hat.[327]   333

Berechtigte Interessen des Besitzers schließen das Zugangsrecht aus, vgl. § 25 Abs. 1 UrhG aE. So braucht der Besitzer eines Bronzebildwerks die Herstellung eines Vervielfältigungsstücks nicht zu dulden, wenn die ernstliche Möglichkeit einer Beschädigung auch nur der künstlichen Patina des Bildwerks durch den Vervielfältigungsvorgang (Abguss in einer Gießerei) besteht.[328]   334

Der Urheber ist nicht berechtigt, **Herausgabe des Werkes** an ihn zu verlangen, § 25 Abs. 2 UrhG. Hierzu gehört etwa die Besitzüberlassung zu Ausstellungszwecken.[329] Ggf. kann der Urheber aus § 809 BGB die Gestattung einer Besichtigung beanspruchen.[330] Der Architekt hat indes kein Recht auf Zugang zum Bauwerk zwecks Prüfung, ob der Bauherr bei der Ausführung baulicher Details in die Planung eingreift.[331]   335

2. Folgerecht, § 26 UrhG

Wird das Original eines Werkes der bildenden Künste oder eines Lichtbildwerkes weiterveräußert und ist hieran ein Kunsthändler oder Versteigerer als Erwerber, Veräußerer oder Vermittler beteiligt, so hat der Veräußerer dem Urheber ge-   336

---

325 Vgl. Rn. 2 ff.
326 LG Hamburg, Urt. v. 30.06.2006 – 332 O 275/05, ZUM-RD 2008, 27 ff.
327 OLG München, Urt. v. 22.04.1993 – 6 U 4067/92, MDR 1993, 1194, Zugangsrecht eines angestellten Fotografen gemäß §§ 25, 72 UrhG.
328 KG, Urt. v. 08.02.1983 – 5 U 376/82, GRUR 1983, 507 ff.
329 KG, Urt. v. 22.05.1981 – 5 U 2295/81 (Totenmaske I), GRUR 1981, 742 f.; *Schulze*, in: Dreier/Schulze, UrhG, § 26, Rn. 25; *Schack*, UrhR, § 12, Rn. 406 mwN.
330 Vgl. BGH, Urt. v. 20.09.2012 – I ZR 90/09 (UniBasic-IDOS), NJW-RR 2013, 371 ff.; BGH, Urt. v. 02.05.2002 – I ZR 45/01 (Faxkarte), NJW-RR 2002, 1617 ff.
331 OLG Düsseldorf, Urt. v. 30.01.1979 – 20 U 149/78, GRUR 1979, 318 f.; zu entsprechenden vertraglichen Abmachungen vgl. *Schack*, UrhR, § 12, Rn. 408 mwN.

mäß § 26 UrhG einen Anteil des Veräußerungserlöses zu entrichten. Auch das Folgerecht ist europarechtskonform auszulegen, es verfolgt auf der Grundlage der Folgerechts-Richtlinie[332] ein zweifaches Ziel:[333] Zum einen soll den Urhebern von Werken der bildenden Künste eine **wirtschaftliche Beteiligung am Erfolg ihrer Werke** garantiert werden, zum anderen ging es um die **Beseitigung von Wettbewerbsverzerrungen** auf dem Kunstmarkt, da die Zahlung von Folgerechtsvergütungen in bestimmten Mitgliedstaaten dazu angetan war, Verkäufe von Kunstwerken in Mitgliedstaaten zu verlagern, in denen es ein Folgerecht nicht gibt.

337 **Kunsthändler** iSd. § 26 UrhG ist jeder, der aus eigenem wirtschaftlichem Interesse an der Veräußerung von Kunstwerken beteiligt ist. Hierzu zählt auch, wer Sammler und Kunstinteressenten beim Kauf und Verkauf von Kunstwerken berät und hierfür eine von der Höhe des Kaufpreises abhängige Provision beansprucht. Erfasst sind auch alle Weiterveräußerungen, an denen Vertreter des Kunstmarkts, wie Auktionshäuser, Kunstgalerien und allgemein Kunsthändler als Verkäufer, Käufer oder Vermittler beteiligt sind.[334] Ein Kunsthändler wird als **Vermittler** tätig, wenn er das Veräußerungsgeschäft zwischen dem Veräußerer und dem Erwerber fördert. Allein durch die Gründung einer Gesellschaft für den Erwerb der Kunstwerke – also die Schaffung eines möglichen Erwerbers – wird eine Veräußerung der Kunstwerke an diesen Erwerber jedoch nicht gefördert. Erforderlich ist vielmehr eine Vermittlungsleistung, die für den Abschluss eines Kaufvertrages über die Kunstwerke zwischen dem Veräußerer und dieser Gesellschaft ursächlich ist. Ein Kunsthändler wird auch nicht bereits dadurch zum Vermittler, weil er vom Veräußerer als möglicher Erwerber der Kunstwerke angesprochen wird.[335]

338 **Weiterveräußerung** ist nicht allein das dingliche Verfügungsgeschäft, sondern das gesamte, das schuldrechtliche Verpflichtungsgeschäft ebenso wie das dingliche Verfügungsgeschäft umfassende Veräußerungsgeschäft.[336] Eine bloße Katalogveröffentlichung reicht indes nicht, da noch nicht feststeht, ob das dargestellte Werk tatsächlich abverkauft wird.[337]

339 Die **Höhe** des Folgerechtsanspruchs bestimmt § 26 Abs. 2 UrhG mit der Obergrenze von 12.500,00 EUR, vgl. § 26 Abs. 2 S. 2 UrhG. Zur **Durchsetzung** dienen die in § 26 Abs. 4 bis 6 UrhG normierten Auskunftsansprüche sowie das in § 26

---

332 Kap. 11, Rn. 241 ff..
333 EuGH, Urt. v. 26.02.2015 – C-41714 (Christie´s France/SNA), GRUR Int. 2015, 492 ff.; EuGH, Urt. v. 15.04.2010 – C-518/08 (VEGAP/ADAGP), NJW 2011, 737 ff.
334 BGH, Urt. v. 17.07.2008 – I ZR 109/05 (Sammlung Ahlers I), NJW 2009, 765 ff.; zur Anwendung des deutschen Folgerechts bei einer Veräußerung einer inländischen Kunstsammlung ins Ausland vgl. *Schneider-Brodtmann*, NJW 2009, 740 ff.
335 BGH, Urt. v. 18.11.2010 – I ZR 86/09 (Sammlung Ahlers II), GRUR-RR 2011, 291 f.; BGH, Urt. v. 17.07.2008 – I ZR 109/05 (Sammlung Ahlers I), NJW 2009, 765 ff.
336 BGH, Beschl. v. 18.10.2010 – I ZR 86/09 (Sammlung Ahlers II), GRUR-RR 2011, 291 f. mwN.
337 LG Berlin, Urt. v. 31.05.2007 – 16 O 41/06, ZUM-RD 2007, 421 ff.; dazu *Mercker/Mittl*, ZUM 2010, 397 ff.

Abs. 7 UrhG geregelte Recht auf Einsicht in die Geschäftsbücher. Diese Rechte können, anders als die Zahlungsansprüche gemäß § 26 Abs. 1 und 2 UrhG, nur durch eine Verwertungsgesellschaft geltend gemacht werden. In der Praxis erfolgt dies durch die *VG Bild-Kunst*.

3. Vergütung für Vermietung und Verleihen, § 27 UrhG

§ 27 Abs. 1 und 2 UrhG regeln zwei unverzichtbare **gesetzliche Vergütungsansprüche** des Urhebers, die nur durch eine Verwertungsgesellschaft geltend gemacht werden können, § 27 Abs. 3 UrhG. Durch Vermieten oder Verleihen der Werkexemplare wird der Nutzerkreis erweitert, ohne dass dem ein größerer Umsatz an Vervielfältigungsstücken entspräche, an dem die Urheber oder Lizenznehmer partizipieren würden. Die Ansprüche bieten insofern eine Kompensation.[338] § 27 UrhG ist der Sache europäisches Urheberrecht und **richtlinienkonform auszulegen**.[339]

340

§ 27 Abs. 1 UrhG bestimmt den Vergütungsanspruch aus der **Einräumung des Vermietrechts** an einem Bild- oder Tonträger. Eine Legaldefinition der Vermietung findet sich in § 17 Abs. 3 UrhG.[340] Grundsätzlich soll jede kommerzielle Nutzung erfasst werden, die es bei wirtschaftlicher Betrachtungsweise nahe legt, den Fall urheberrechtlich als Vermietung ansehen zu können, also auch Club-Formen, Kauf mit Rückgaberecht, Kauf auf Probe usw.[341] Der Vergütungsanspruch bezieht sich nur auf das Vermietrecht bei **Bild- und Tonträgern.** Hierzu zählen CDs, DVDs, Schallplatten, Videokassetten und andere Werkträger gemäß § 16 Abs. 2 UrhG einschließlich der Bild- und Tonträger iSd. § 94 Abs. 1 UrhG. Für die Vermietung von Computerprogrammen gilt § 69c Nr. 3 UrhG. § 27 Abs. 1 UrhG gilt nach § 77 Abs. 2 S. 2 UrhG (Ausübende Künstler), § 72 Abs. 1 UrhG (Lichtbildner), § 70 Abs. 1 UrhG (Verfasser wissenschaftlicher Ausgaben) und § 71 Abs. 1 S. 1 UrhG (Herausgeber nachgelassener Werke) auch für die Inhabern entsprechender Leistungsschutzrechte. **Anspruchsschuldner** ist der Vermieter.

341

Nach § 27 Abs. 2 UrhG, sog. Bibliothekstantieme oder Bibliotheksgroschen, haben öffentlich zugängliche Einrichtungen für das **Verleihen** von Werkoriginalen oder Vervielfältigungsstücken eine angemessene Vergütung zu zahlen. Die Vorschrift gilt nur für Originale und Vervielfältigungsstücke, bzgl. derer das Verbreitungsrecht erschöpft ist,[342] iÜ. wäre ein Verleihen unzulässig. S. 2 der Vorschrift definiert das Verleihen als zeitlich begrenzte Gebrauchsüberlassung, die weder unmittelbar noch mittelbar Erwerbszwecken dient. Der Anwendungsbereich erstreckt sich damit auf jede Art der unentgeltlichen Gebrauchsüberlassung,

342

---

338 *Schack*, UrhR, § 14, Rn. 505.
339 Vermiet- und Verleih-Richtlinie (Kap. 11, Rn. 230 ff.); vgl. bereits Amtl. Begr. zum 3. UrhÄndG, BT-Drucks. 13/115, S. 11 zur vorangegangenen Richtlinie 92/100/EWG.
340 Vgl. Rn. 235.
341 Amtl. Begr. zum 3. UrhÄndG, BT-Drucks. 13/115, S. 12. Vgl. auch *Redeker*, ITRB 2014, 289 ff., und *Berger*, ZUM 2005, 19 ff.
342 Vgl. Rn. 223 ff.

etwa Ausleihe in Präsenzbibliotheken und Fernleihe.[343] Videotheken, Artotheken und Lesezirkel sind wegen des Erwerbszwecks indes nicht erfasst. Ausgenommen sind auch die in § 17 Abs. 3 S. 2 UrhG geregelten Fälle, vgl. § 27 Abs. 2 S. 2 Halbs. 2 UrhG. Hierzu gehört zB. das Verleihen Büchern aus Werksbibliotheken an Mitarbeiter. Auf § 27 Abs. 2 UrhG wird verwiesen nach § 77 Abs. 2 S. 2 UrhG (Ausübende Künstler), § 72 Abs. 1 UrhG (Lichtbildner), § 70 Abs. 1 UrhG (Verfasser wissenschaftlicher Ausgaben), § 71 Abs. 1 S. 1 UrhG (Herausgeber nachgelassener Werke), § 85 Abs. 4 UrhG (Tonträgerhersteller), § 87b Abs. 2 UrhG (Datenbankhersteller) und § 94 Abs. 4 UrhG (Filmhersteller).[344] **Anspruchsschuldner** ist der Verleiher.

---

343 *Wiebe*, in: Spindler/Schuster, § 27, Rn. 5 mwN. Zu Vervielfältigungsstücken in digitaler Form anhängig: EuGH C-174/15.
344 Bzgl. der Verlage vgl. OLG München, Urt. v. 17.10.2013 – 6 U 2492/12 (Verlegeranteil), GRUR 2014, 272 ff., anhängig: BGH – I ZR 198/13, ausgesetzt wegen EuGH – C-572/13 (Hewlett-Packard Belgium). Vgl. auch *Schunke*, ZUM 2015, 37 ff., und *Müller*, ZUM 2014, 781 ff., jeweils mwN.

KAPITEL 3
Schranken des Urheberrechts

A. Allgemeines

Literatur: *Hoeren*, Urheberrecht in der Informationsgesellschaft – Überlegungen zu einem Rechtsgutachten von Gerhard Schricker et al., GRUR 1997, S. 866–875; *Kröger*, Enge Auslegung von Schrankenbestimmungen – wie lange noch?, MMR 2002, S. 18–21; *Löffler*, Das Grundrecht auf Informationsfreiheit als Schranke des Urheberrechts, NJW 1980, S. 201–205.

I. Rechtsnatur der Schrankenregelung

1. Verfassungsrechtliche Grundlagen

a) Eigentumsgarantie und Sozialbindung

Dem Urheber steht das **umfassende Verwertungsrecht** zu.[1] Die Aufzählung der Verwertungsrechte in § 15 Abs. 1 und 2 UrhG erfolgt nur beispielhaft, was sich aus der Formulierung „insbesondere" ergibt.[2] Diesem umfassenden Verwertungsrecht hat der Gesetzgeber mit den §§ 44a ff., 69d, 69e, 87c UrhG die Schranken des Urheberrechts gegenübergestellt.

1

Die **Schranken** sind der Ausdruck der **Sozialgebundenheit** des Urheberrechts. Nach der ständigen Rechtsprechung des BVerfG[3] ist das vom Urheber geschaffene Werk und die darin verkörperte geistige Leistung in vermögensrechtlicher Hinsicht **Eigentum** im Sinne des Art. 14 Abs. 1 GG.[4] Gleiches gilt für Leistungsergebnisse der Inhaber von Leistungsschutzrechten.[5] Daraus erwächst die umfassende Befugnis, das Eigentum wirtschaftlich zu nutzen. Nach dem Regelungsauftrag des Gesetzgebers in Art. 14 Abs. 1 GG ist das vermögenswerte Ergebnis der schöpferischen Leistung dem Urheber zuzuordnen und ihm die Freiheit einzuräumen, in eigener Verantwortung darüber zu verfügen. Der Gesetzgeber muss bei der inhaltlichen Ausgestaltung des Urheberrechts sachgerechte Maßstäbe anlegen, die eine der Natur und sozialen Bedeutung des Rechts entsprechende Nutzung und angemessene Verwertung sicherstellen. Bei der Ausgestaltung hat der Gesetzgeber einen **weiten Entscheidungsraum**.[6] Dabei muss er berücksichtigen, dass das

2

---

1 Hierzu siehe ausführlich Kap. 4.
2 *v.Ungern-Sternberg*, in: Schricker/Loewenheim, UrhG, § 15, Rn. 22; *Dreier*, in: Dreier/Schulze, UrhG, § 15 Rn.10; *Dustmann*, in: Fromm/Nordemann, UrhG, § 15, Rn. 4.
3 BVerfG, Beschl. v. 07.07.1971 – 1 BvR 765/66 (Kirchen- und Schulgebrauch), GRUR 1972, 481, 483; BVerfG, Beschl. v. 07.07.1971 – 1 BvR 764/66 (Bibliotheksgroschen), GRUR 1972, 485, 486; BVerfG, Beschl. v. 25.10.1978 – 1 BvR 352/71 (Kirchenmusik), GRUR 1980, 44, 46; BVerfG, Beschl. v. 11.10.1988 – 1 BvR 743/86 (Vollzugsanstalten), GRUR 1989, 193, 196.
4 Hierzu siehe auch Kap. 1, Rn. 29 ff.
5 BVerfG, Beschl. v. 03.10.1989 – 1 BvR 775/86 (Vermietungsvorbehalt), GRUR 1990, 183, 184; BVerfG, Beschl. v. 23.01.1990 – 1 BvR 306/86 (Bob Dylan), GRUR 1990, 438, 440.
6 BVerfG, Beschl. v. 30.08.2010 – 1 BvR 1631/08 (Drucker und Plotter), GRUR 2010, 999 [60].

Eigentum privatnützig ausgestaltet ist und seine Nutzung dem Eigentümer finanziell eine eigenverantwortliche Lebensgestaltung ermöglichen soll.[7] Richtschnur ist aber auch das Wohl der Allgemeinheit (Art. 14 Abs. 2 GG). Die Interessen der Allgemeinheit dürfen keinen unbedingten Vorrang vor den Individualinteressen des Urhebers beanspruchen. Das Gemeinwohl ist nicht nur Grund, sondern auch Grenze für die dem Eigentümer aufzuerlegende Beschränkung. Diese dürfen nicht weiter gehen, als es das Allgemeinwohl gebietet. Beide widerstreitenden Belange sind unter Berücksichtigung des Verhältnismäßigkeitsgrundsatzes sowie unter der Beachtung des Gleichheitsgebotes in ein ausgewogenes Verhältnis zu bringen. Nur in den Grenzen des danach Zumutbaren hat der Eigentümer die zur Pflege und Förderung des sozialen Zusammenlebens gebotenen Schranken hinzunehmen.[8]

3   Das Bundesverfassungsgericht differenziert dabei: **Eingriffe in das Verfügungsrecht** sind aus **Gemeinwohlgründen eher** zu rechtfertigen als eine **Beschränkung des Verwertungsrechts**. Diese kann wegen der Intensität des Eingriffs nur durch ein gesteigertes öffentliches Interesse gerechtfertigt werden. Dies bedeutet allerdings, dass der Gesetzgeber das Verfügungsrecht nicht aufgrund jedweden staatlichen oder politischen Interesses entziehen darf, denn historisch und wirtschaftlich stellt es für den Urheber das Mittel dar, mit den Interessierten vor der Nutzung eine Vergütung aushandeln zu können. Ist die Nutzung bereits erfolgt, ist die Verhandlungsposition des Urhebers geschwächt. Ein gesetzlich festgelegter nachträglicher Vergütungsanspruch ist daher nur stets als Ersatz zu betrachten.[9]

b) Kunstfreiheit

4   Auch die **Kunstfreiheit** (Art. 5 Abs. 3 GG)[10] rechtfertigt die Beschränkung der Verwertungsrechte. Die Kunstfreiheit wird vorbehaltlos, aber nicht schrankenlos gewährleistet. Die Schranken ergeben sich aus den Grundrechten anderer Rechtsträger.[11] Mit der Veröffentlichung eines Werkes kann es zu einem eigenständigen, das kulturelle und geistige Bild der Zeit mitbestimmenden Faktor werden. Es wird geistiges und kulturelles Allgemeingut. Künstler haben daher Eingriffe in ihre Urheberrechte durch andere als Teil der sich mit dem Kunstwerk auseinandersetzenden Gesellschaft hinzunehmen. Die Schrankenbestimmungen des Urheberrechts bestimmen den zulässigen Umfang, sind aber ihrerseits im Lichte der Kunstfreiheit auszulegen. Dadurch ist ein Ausgleich zwischen den verschiedenen geschützten Interessen zu schaffen. Dem Interesse der Urheber steht das Interesse anderer Künstler gegenüber, in einen künstlerischen Dialog und Schaffensprozess zu treten. Besteht nicht die Gefahr merklicher wirtschaftlicher Nachteile, so haben die Verwertungsinteressen des Urhebers im Vergleich zu den Interessen an einer

---

7 BVerfG, Beschl. v. 11.10.1988 – 1 BvR 743/86 (Vollzugsanstalten), GRUR 1989, 193, 196.
8 BVerfG, Beschl. v. 11.10.1988 – 1 BvR 743/86 (Vollzugsanstalten), GRUR 1989, 193, 196.
9 BVerfG, Beschl. v. 11.10.1988 – 1 BvR 743/86 (Vollzugsanstalten), GRUR 1989, 193, 196.
10 Hierzu siehe auch Kap. 1, Rn. 38 ff.
11 BVerfG, Beschl. v. 29.06.2000 – 1 BvR 825/98 (Germania 3), GRUR 2001, 149, 151.

künstlerischen Auseinandersetzung zurückzutreten.[12] So kann die Übernahme einzelner Textstellen aus einem Theaterstück in einem anderen Theaterstück zulässig sein.[13]

2. Geschützte Interessen

Die Schrankenregelungen im 6. Abschnitt des UrhG dienen unterschiedlichen **geschützten Interessen** der Allgemeinheit. So soll der technischen Entwicklung in der Informationsgesellschaft Rechnung getragen (§ 44a UrhG), die öffentliche Sicherheit unterstützt (§ 45 UrhG) und für bestimmte Bevölkerungsgruppen der Zugang zu urheberrechtlich geschützten Werken erleichtert werden (§§ 45a, 52b, 53a UrhG). Den Bedürfnissen zur Verbesserung des Unterrichts, der Bildung, Forschung und Lehre dienen die Schranken der §§ 46, 47, 53, 52a UrhG. Der Information im weitesten Sinne dienen die Schranken der §§ 48 bis 50, 53a UrhG, während die Freiheit des geistigen Schaffens durch § 51, aber auch die Interessen des privaten und sonstigen eigenen Gebrauchs gem. §§ 53, 54 UrhG gefördert werden. Schließlich wird das Interesse an der Abbildungsfreiheit durch §§ 57 bis 60 UrhG geschützt.

5

3. Arten der Schranken

Die Schranken des Urheberrechts lassen sich in drei verschiedene **Arten von Schranken** einteilen, die sich hinsichtlich der Intensität des Eingriffs unterscheiden:

6

Der weitestgehende Eingriff ist die **ersatzlose Aufhebung** des ausschließlichen Nutzungsrechts. Sie gestattet, das Werk **zustimmungs- und vergütungsfrei** zu nutzen. Sie findet sich beispielsweise im Zitatrecht (§ 51 UrhG) oder in der Abbildungsfreiheit (§§ 57 bis 60 UrhG).

7

Einen weniger schwerwiegenden Eingriff stellt die **gesetzliche Lizenz** dar, die die Nutzung des Werkes ebenfalls **ohne die Einwilligung** des Rechtsinhabers ermöglicht, aber die Nutzung von der **Zahlung einer Vergütung** abhängig macht. Vorschriften zur gesetzlichen Lizenz finden sich beispielsweise in den Erleichterungen für den Schulunterricht (§§ 46, 47, 53 Abs. 3 UrhG) oder im Bereich des privaten und sonstigen eigenen Gebrauchs (§§ 52, 53 UrhG).

8

Eine noch geringere Intensität des Eingriffs weisen die sogenannten **Zwangslizenzen** auf. Der Nutzungsinteressierte muss die **Einwilligung** einholen und der Urheber muss einen Lizenzvertrag **zu angemessenen Bedingungen** abschließen. Da es sich dabei um keine Schranken im eigentlichen Sinne handelt, hat der Gesetzgeber die diesbezüglichen Regelungen nicht im 6. Abschnitt aufgenommen. Solche Regelungen finden sich für die Herstellung von Tonträgern (§ 42a UrhG) oder die Nutzung von privaten Normwerken (§ 5 Abs. 3 UrhG).

9

---

12 BVerfG, Beschl. v. 29.06.2000 – 1 BvR 825/98 (Germania 3), GRUR 2001, 149, 151.
13 BVerfG, Beschl. v. 29.06.2000 – 1 BvR 825/98 (Germania 3), GRUR 2001, 149.

10 Eine ähnliche Form der Beschränkung der alleinigen Verfügungsmöglichkeit des Urhebers ist die Zuweisung der Ausübungsmöglichkeit eines Nutzungsrechts ausschließlich an Verwertungsgesellschaften, wie es für das Kabelweitersendungsrecht (§ 20b Abs. 1 UrhG) vorgesehen ist.

4. Auslegung

a) Enge Auslegung

11 Die im 6. Abschnitt des UrhG niedergelegten Schranken sind Ausnahmevorschriften, die § 15 UrhG begrenzen. Als Ausnahmevorschriften unterliegen sie grundsätzlich der **engen Auslegung**.[14] Das Gebot der engen Auslegung ergibt sich auch aus Art. 13 TRIPS[15] sowie aus dem sog. Drei-Stufen-Test gem. Art. 5 Abs. 5 der Informations-Richtlinie,[16] und wird schließlich mit dem **Beteiligungsinteresse des Urhebers** gerechtfertigt.[17] Zwar wird in der Literatur[18] zum Teil eine weite Auslegung der Schrankenbestimmungen gefordert, doch hält die Rechtsprechung[19] unverändert an der engen Auslegung fest.

12 In Ausnahmefällen ist aber auch ein **großzügigerer Maßstab** anzunehmen. Zur Auslegung der Schrankenbestimmung ist auf den Stand der Technik bei Einführung abzustellen.[20] Tritt an die Stelle einer privilegierten Nutzung eine neue Form, so ist zu prüfen, ob auf der einen Seite vor allem der Beteiligungsgrundsatz und auf der anderen Seite der mit der Schrankenregelung verfolgte Zweck eine weitergehende Auslegung der fraglichen Bestimmung erlauben. Führt die enge Auslegung der Schrankenbestimmung zu einer Benachteiligung des Urhebers, ist die weitergehende Auslegung geboten.[21] So trat der elektronische Pressespiegel an die Stelle der Printausgaben; hätte man diesen nicht unter § 49 Abs. 1 UrhG gefasst, hätten

---

14 *Melichar*, in: Schricker/Loewenheim, UrhG, vor §§ 44a ff., Rn. 18 mwN.; *Dreier*, in: Dreier/Schulze, UrhG, vor § 44a, Rn. 7.
15 Zum TRIPS-Übereinkommen allgemein siehe Kap. 11, Rn. 216 ff.
16 Siehe Kap. 11, Rn. 238 ff.
17 BGH, Urt. v. 11.07.2002 – I ZR 255/00 (Elektronischer Pressespiegel), GRUR 2002, 963, 966.
18 *Löffler*, NJW 1980, 201, 204; *Hoeren*, GRUR 1997, 866, 869 ff.; *Kröger*, MMR 2002, 18; *Wild*, in: Schricker/Loewenheim, UrhG, vor § 97, Rn. 37 jeweils mwN.
19 BVerfG, Beschl. v. 17.11.2011 – 1 BvR 1145/11 (Kunstausstellung im Online-Archiv), GRUR 2012, 389 [17]; BGH, Urt. v. 30.06.1994 – I ZR 32/92 (Museumskatalog), GRUR 1994, 800, 802; BGH, Urt. v. 24.01.2002 – I ZR 102/99 (Verhüllter Reichstag), GRUR 2002, 605; BGH, Urt. v. 27.01.2005 – I ZR 119/02 (Wirtschaftswoche), GRUR 2005, 670, 671; EuGH, Beschl. v. 17.01.2012 – C-302/10 (Infopaq II), GRUR Int. 2012, 336 [27]; *Melichar*, in: Schricker/Loewenheim, UrhG, vor §§ 44a ff., Rn. 19 mwN.
20 BGH, Urt. v. 11.07.2002 – I ZR 255/00 (Elektronischer Pressespiegel), GRUR 2002, 963, 966.
21 BGH, Urt. v. 11.07.2002 – I ZR 255/00 (Elektronischer Pressespiegel), GRUR 2002, 963, 966; BGH, Urt. v. 27.01.2005 – I ZR 119/02 (Wirtschaftswoche), GRUR 2005, 670, 671 mwN.; EuGH, Urt. v. 04.10.2011 – C-403/08 (Football Association Premier League), GRUR Int. 2011, 1063 [163].

die Urheber für diese Nutzung möglicherweise keine Vergütung erhalten. Damit rechtfertigt sich ein großzügiger Maßstab.[22]

b) *Analoge Anwendung*

Die Einschränkungen der Verwertungsrechte können als Ausnahmevorschriften grundsätzlich **nicht analog angewandt** werden.[23] Doch wird von der Rechtsprechung in seltenen Ausnahmefällen eine analoge Anwendung für möglich erachtet, wenn das Gesetz eine Regelungslücke enthält und der Sinn und Zweck der Ausnahmeregelung eine Analogie als geboten erscheinen lässt.[24] Ein Beispiel war die Anerkennung des Filmzitats.[25]

13

c) *Verfassungskonforme Auslegung*

Grundsätzlich ist davon auszugehen, dass der Gesetzgeber bei der Schaffung von Schranken die einander widerstreitenden **grundrechtlichen Gesichtspunkte abgewogen und berücksichtigt** hat.[26] In Ausnahmefällen kann allerdings anhand des Zwecks und der schützenden Interessen die darauf gerichtete großzügige Auslegung geboten sein. Ist neben dem durch die Eigentumsgarantie geschützten Urheberrecht eine weitere Grundrechtsposition zu berücksichtigen, die ihrerseits einem durch den Gesetzgeber abschließend geregelten Rahmen unterliegt, wie die Pressefreiheit, verbietet sich die Anwendung der Regel, dass die Schrankenregelungen des Urheberrechts grundsätzlich eng auszulegen sind. Stehen sich Eigentumsgarantie und Meinungs- und Pressefreiheit gegenüber, ist die Regel, dass der Meinungs- und Pressefreiheit grundsätzlich der Vorrang vor dem nach Art. 14 GG geschützten Urheberrecht einzuräumen sei, nicht anzuwenden.[27] Es hat vielmehr eine Abwägung der Grundrechtspositionen stattzufinden. Die Kunstfreiheit gebietet darüber hinaus die ausreichende Berücksichtigung des Wirk- und Werkbereichs der geschützten Werke bei der Auslegung der Schrankenbestimmungen.[28] So kann bspw. die Übernahme einzelner Textteile aus einem Theaterstück in einem anderen Theaterstück unter diesem Gesichtspunkt zulässig sein.[29]

14

---

22 BGH, Urt. v. 11.07.2002 – I ZR 255/00 (Elektronischer Pressespiegel), GRUR 2002, 963.
23 *Melichar*, in: Schricker/Loewenheim, UrhG, vor §§ 44a ff., Rn. 21 mwN.; W. *Nordemann*, in: Fromm/Nordemann, UrhG, Vor §§ 44a ff. Rn 3.
24 BGH, Urt. v. 04.12.1986 – I ZR 189/84 (Filmzitat), GRUR 1987, 362, 363; BGH, Urt. v. 08.07.1993 – I ZR 124/91 (Verteileranlagen), GRUR 1994, 45, 47; *Ulmer*, GRUR 1972, 323, 325 f.
25 BGH, Urt. v. 04.12.1986 – I ZR 189/84 (Filmzitat), GRUR 1987, 362.
26 BGH, Urt. v. 29.04.2010 – I ZR 69/08 (Vorschaubilder), GRUR 2010, 628, 630, [27].
27 BVerfG, Beschl. v. 17.11.2011 – 1 BvR 1145/11 (Kunstausstellung im Online-Archiv), GRUR 2012, 389 [17].
28 BVerfG, Beschl. v. 29.06.2000 – 1 BvR 825/98 (Germania 3), GRUR 2001, 149, 151; BGH, Urt. v. 30.11.2011 – I ZR 212/10 (Blühende Landschaften), GRUR 2012, 819 [14].
29 BVerfG, Beschl. v. 29.06.2000 – 1 BvR 825/98 (Germania 3), GRUR 2001, 149.

d) Drei-Stufen-Test

15 In Art. 5 Abs. 5 Informations-Richtlinie[30] betont der europäische Gesetzgeber im Anschluss an Art. 9 Abs. 2 RBÜ[31] und Art. 13 TRIPS[32] die Achtung der sogenannten „Schranken-Schranke", wonach Ausnahmen von den ausschließlichen Rechten nur in bestimmten Sonderfällen zulässig sind, die weder die normale Auswertung des Werkes noch die berechtigten Interessen des Rechtsinhabers unzumutbar verletzen. Zwar richtet sich die „Schranken-Schranke" an den Gesetzgeber, doch unabhängig davon ist dieser **Drei-Stufen-Test** als ergänzende Auslegung für sämtliche Schrankenbestimmungen heranzuziehen,[33] wobei sich die Prüfung der ersten Stufe erübrigt, da der deutsche Gesetzgeber durch die Schrankenregelungen die bestimmten Sonderfälle festgelegt hat. Das Auslegungsergebnis ist also stets daraufhin zu prüfen, ob die normale Auswertung des Werkes oder die Interessen der Rechtsinhaber unzumutbar eingeschränkt werden.

II. Pflicht zur Quellenangabe

1. Funktion und Bedeutung

16 Die Verpflichtung zur **Quellenangabe** gem. § 63 UrhG dient der Durchsetzung des Rechts auf **Anerkennung der Urheberschaft** (§ 13 S. 1 UrhG) für den Bereich der durch die Schrankenregelungen privilegierten Nutzungen. Als Quelle wird dabei nicht nur der Name des Urhebers verstanden, sondern darüber hinaus auch die Fundstelle des Werkes. Die Quellenangabe soll zum einen die Überprüfung der korrekten Wiedergabe des Originals ermöglichen und zum anderen auch die Möglichkeit eröffnen, das vollständige Werk kennenzulernen und zu erwerben. Die Quellenangabe hat damit auch wirtschaftliche bzw. finanzielle Aspekte. So zeigt sich auch die Verklammerung der persönlichen geistigen und materiellen Interessen.[34]

2. Betroffene Werke

17 Die Verpflichtung zur **Quellenangabe gilt für alle Werkarten**. Soweit für Computerprogramme nicht die vorrangigen Sonderregelungen der §§ 69a ff. UrhG zur Anwendung kommen, sondern ergänzend diejenigen der §§ 44a ff. UrhG, besteht die Pflicht zur Quellenangabe gem. § 63 UrhG.[35] Für amtliche Werke, die im amtlichen Interesse zur allgemeinen Kenntnisnahme veröffentlicht worden sind, ist die Pflicht zur Quellenangabe ebenso anzuwenden (§ 5 Abs. 2 UrhG), nicht da-

---

30 Siehe Kap. 11, Rn. 238 ff.
31 Zur RBÜ siehe allgemein Kap. 11, Rn. 202 ff.
32 Zum TRIPS-Abkommen siehe allgemein Kap. 11, Rn. 216 ff.
33 EuGH, Urt. v. 16.07.2009 – C-5/08 (Infopaq/DDF), GRUR 2009, 1041 [59]; BGH, Urt. v. 25.02.1999 – I ZR 118/96 (Kopienversand), GRUR 1999, 707, 713.
34 *Dietz/Spindler*, in: Schricker/Loewenheim, UrhG, § 63, Rn. 1 f.; *Schulze*, in: Dreier/Schulze, UrhG, § 63, Rn. 1.
35 *Dreier*, in: Dreier/Schulze, UrhG, § 69a, Rn. 34; *Loewenheim*, in: Schricker/Loewenheim, UrhG, § 69a, Rn. 25.

gegen für Gesetze, Verordnungen, amtliche Erlasse und Bekanntmachungen sowie Entscheidungen und amtlich verfasste Leitsätze zu Entscheidungen, die keinen urheberrechtlichen Schutz genießen (§ 5 Abs. 1 UrhG). Auch ist sie zugunsten des Datenbankherstellers anzuwenden, soweit der wesentliche Teil einer Datenbank zum eigenen wissenschaftlichen Gebrauch oder zur Veranschaulichung des Unterrichts vervielfältigt wird (§ 87c Abs. 1 S. 2 UrhG). Die Vorschrift gilt ferner auch zugunsten der Inhaber einiger Leistungsschutzrechte, also auch für den Verfasser wissenschaftlicher Ausgaben (§ 70 Abs. 1 UrhG), den Herausgeber nachgelassener Werke (§ 71 Abs. 1 S. 2 UrhG), den Lichtbildner (§ 72 Abs. 1 UrhG), den ausübenden Künstler (§ 83 UrhG), den Veranstalter (§ 83 UrhG), den Tonträgerhersteller (§ 85 Abs. 4 UrhG), den Sendeunternehmer (§ 87 Abs. 4 UrhG), den Filmhersteller (§ 94 Abs. 4 UrhG) und den Schöpfer von Laufbildern (§§ 95, 94 Abs. 4 UrhG).

3. Verpflichtung zur Quellenangabe

§ 63 UrhG sieht bezüglich einzelner, ausdrücklich genannter Schranken eine Pflicht zur Quellenangabe bei der Vervielfältigung von Werken vor. Andere sind ausdrücklich nicht genannt, sodass es keiner Quellenangabe bedarf. Für den Fall der öffentlichen Wiedergabe eines Werkes ist die Quelle dann anzugeben, wenn es die Verkehrssitte erfordert.

a) Erforderliche Quellenangabe

Eine deutliche Quellenangabe ist erforderlich bei folgenden Vervielfältigungen:[36]

– für gerichtliche und behördliche Verfahren (§ 45 Abs. 1 UrhG),
– für Behinderte (§ 45a UrhG),
– bei Sammlungen für den Kirchen-, Schul- oder Unterrichtsgebrauch (§ 46 UrhG),
– von Schulfunksendungen (§ 47 UrhG),
– von öffentlichen Reden (§ 48 UrhG),
– von Rundfunkkommentaren und Artikeln (§ 49 Abs. 1 UrhG)
– zu Zwecken der Berichterstattung (§ 50 UrhG),
– als Zitat (§ 51 UrhG),
– für den eigenen wissenschaftlichen Gebrauch (§ 53 Abs. 2 S. 1 Nr. 1 UrhG),
– für den Unterrichtsgebrauch (§ 53 Abs. 3 Nr.1 UrhG),
– im Rahmen von Ausstellungskatalogen (§ 58 UrhG),
– von Werken an öffentlichen Plätzen (§ 59 UrhG),
– von verwaisten Werken (§ 61 UrhG).

Keine Pflicht zur Quellenangabe besteht in folgenden Fällen:[37]

– ephemere Vervielfältigungshandlung (§§ 44 a, 55 UrhG),

---

36 *Dietz/Spindler*, in: Schricker/Loewenheim, UrhG, § 63, Rn. 9.
37 *Dietz/Spindler*, in: Schricker/Loewenheim, UrhG, § 63, Rn. 6, 10.

- Nutzung von Bildnissen durch Gerichte und Behörden (§ 45 Abs. 2 und 3 UrhG),
- Nutzung vermischter Nachrichten tatsächlichen Inhalts und von Tagesneuigkeiten (§ 49 Abs. 2 UrhG),
- Vervielfältigung zum privaten und sonstigen Gebrauch (§§ 53, 54 UrhG), ausgenommen der eigene wissenschaftliche Gebrauch (§ 53 Abs. 2 S. 1 Nr. 1 UrhG) und der Unterrichtsgebrauch (§ 53 Abs. 3 Nr. 1 UrhG),
- Nutzung anlässlich des Vertriebs oder der Reparatur von Geräten (§ 56 UrhG),
- Nutzung als unwesentliches Beiwerk (§ 57 UrhG),
- Vervielfältigung von Portraits (§ 60 UrhG).

21 Bei Datenbankwerken ist eine Quellenangabe bei Vervielfältigung zum eigenen wissenschaftlichen Gebrauch (§ 53 Abs. 2 S. 1 Nr. 1 UrhG) und bei Vervielfältigung für den Schulunterricht (§ 53 Abs. 3 Nr. 1 UrhG) erforderlich.

b) Öffentliche Wiedergabe

22 Die Verpflichtung zur **Quellenangabe für die öffentliche Wiedergabe** hat der Gesetzgeber durch eine Aufzählung und eine allgemeine Klausel geregelt. So ist gem. § 63 Abs. 2 S. 2 die Quelle einschließlich des Namens des Urhebers **stets anzugeben** bei der öffentlichen Wiedergabe von

- Sammlungen für den Kirchen-, Schul- oder Unterrichtsgebrauch (§ 46 UrhG),
- öffentlichen Reden (§ 48 UrhG),
- zitierten Werken (§ 51 UrhG),
- bei der öffentlichen Zugänglichmachung von Werken für Unterricht und Forschung (§ 52a UrhG) sowie
- von verwaisten Werken (§ 61 UrhG) und ferner
- bei der Nutzung von verwaisten Werken durch den öffentlich-rechtlichen Rundfunk (§ 61c UrhG)

unter der Voraussetzung, dass **die Angabe möglich** ist.

23 **Im Übrigen** besteht die Verpflichtung zur Quellenangabe nur dort, wo diese nach der **Verkehrssitte erforderlich** ist. Unter Verkehrssitte ist eine allgemeine Übung unter loyalen, den Belangen des Urhebers mit Verständnis gegenübertretenden, billig und gerecht denkenden Benutzern zu verstehen.[38]

c) Inhalt der Quellenangabe

24 Zum konkreten **Inhalt der Quellenangabe** macht das Gesetz keine Angaben, ausgenommen die Vervielfältigung ganzer Sprachwerke oder ganzer Werke der Musik, bei denen neben dem Urheber auch der Verlag anzugeben ist, und die Übernahme eines Artikels oder Rundfunkkommentars gem. § 49 Abs. 1 UrhG, bei der auch die benutzte Quelle (Zeitung oder Informationsblatt) bzw. das Sendeunternehmen zu nennen sind (§ 63 Abs. 3 UrhG). Aus der Formulierung in § 63 Abs. 1

---

38 *Dustmann*, in: Fromm/Nordemann, UrhG, § 63, Rn 13; *Dietz/Spindler*, in: Schricker/Loewenheim, UrhG, § 63, Rn. 12; *Schulze*, in: Dreier/Schulze, UrhG, § 63, Rn. 21.

S. 2 UrhG, dass „neben dem Urheber auch der Verlag" anzugeben ist, lässt sich folgern, dass die Quellenangabe jedenfalls die **Benennung des Urhebers** meint. Dieser ist grundsätzlich mit **vollständigem Namen einschließlich Vornamen** anzugeben.[39]

d) Ort der Quellenangabe

Die Quellenangabe muss **deutlich** sein, also so beschaffen sein, dass das Werk und die **Fundstelle eindeutig zugeordnet**[40] werden, wobei weder der Wortlaut des Gesetzes noch sein Zweck eine genaue Angabe der Fundstelle bereits im Text des neuen Werkes oder die Angabe der Seiten fordern, aus denen die Stellen übernommen worden sind. Anzugeben sind insoweit der Name des Urhebers und der Titel des Werkes, bei Büchern Erscheinungsjahr und Erscheinungsort, bei periodisch erscheinenden Sammelwerken, wie Zeitungen oder Zeitschriften, der Titel, Erscheinungsjahr und Heftnummer, bei Übernahmen aus dem Internet die URL, bei Werken der bildenden Kunst genügt hingegen die Angabe des Urhebers. Im Übrigen ist die Quellenangabe dann deutlich, wenn der Autor die Fundstelle des fremden Werkes **direkt im räumlichen Zusammenhang** mit der Vervielfältigung angibt oder wenn das nutzende Werk einen **gesonderten Quellennachweis** (Fundstellen-, Abbildungsnachweis oÄ.) enthält, der jedem einzelnen aufgenommenen Werk eine Quelle zuordnet, zB. durch Angabe der Seite und der Positionierung.[41] 25

e) Ergänzende Angaben

Ergänzend ist bei der Wiedergabe ganzer Sprachwerke oder ganzer Werke der Musik sowie bei Zeitungsartikeln und Rundfunkkommentaren[42] darauf hinzuweisen, ob es sich um eine **gekürzte Fassung** oder die Originalfassung handelt (§ 63 Abs. 1 S. 2 UrhG). 26

f) Entfall der Quellenangabepflicht

Eine Quellenangabe ist dann **nicht erforderlich**, wenn die **Quelle unbekannt** bleibt, obwohl der Nutzer sich bemüht hat, die Quelle in Erfahrung zu bringen (§ 63 Abs. 1 S. 3 UrhG).[43] Die Beweislast für bei der Quelle fehlende Angaben liegt beim Nutzer; er muss auch vortragen, welche Maßnahmen er zur Feststellung der Quelle ergriffen hat.[44] 27

---

39 *Dietz/Spindler*, in: Schricker/Loewenheim, UrhG, § 63, Rn. 13; *Schulze*, in: Dreier/Schulze, UrhG, § 63, Rn. 11; *Dustmann*, in: Fromm/Nordemann, UrhG, § 63, Rn. 7.
40 *Dustmann*, in: Fromm/Nordemann, UrhG, § 63, Rn. 8.
41 *Schulze*, in: Dreier/Schulze, UrhG, § 63, Rn. 14.
42 *Dietz/Spindler*, in: Schricker/Loewenheim, UrhG, § 63, Rn. 16.
43 OLG Hamburg, Urt. v. 05.06.1969 – 3 U 21/69 (Heintje), GRUR 1970, 38, 40; *Dustmann*, in: Fromm/Nordemann, UrhG, § 63, Rn. 12.
44 *Schulze*, in: Dreier/Schulze, UrhG, § 63, Rn. 20; *Dustmann*, in: Fromm/Nordemann, UrhG, § 63, Rn. 22.

III. Änderungsverbot

1. Zweck der Regelung

28 Das Änderungsverbot gem. § 62 UrhG bildet gemeinsam mit dem Entstellungsverbot gem. §§ 14, 93 UrhG,[45] dem Änderungsverbot für den Inhaber eines Nutzungsrechts gem. § 39 UrhG und dem Änderungsrecht des Verlegers von Sammelwerken (§ 44 VerlG) sowie dem Schutz des ausübenden Künstlers (§ 75 UrhG) den Gesamtkomplex der Vorschriften zum **Schutz der Werkintegrität**. Das Änderungsverbot hat überwiegend persönlichkeitsrechtlichen Charakter.[46] Damit ist von einem **generellen Änderungsverbot** auszugehen. Die in § 62 UrhG vorgesehenen Ausnahmen vom Änderungsverbot für Fälle der zulässigen Benutzung sind im Hinblick auf die Abweichung von dem generellen Änderungsverbot als Ausnahmeregelungen eng auszulegen.[47]

2. Betroffene Werke

29 Das Änderungsverbot gem. § 62 UrhG ist auf **alle Werkarten** anzuwenden sowie auf diejenigen verwandten Schutzrechte, die auf die Schrankenregelungen des 6. Abschnittes verweisen.[48]

3. Ausgeschlossene Änderungen

30 § 62 Abs. 1 UrhG verweist auf das Änderungsrecht des Inhabers eines Nutzungsrechts gem. § 39 UrhG. Diese Vorschrift bestimmt, dass Änderungen am Werk und dessen Titel insoweit zulässig sind, als der Urheber seine Einwilligung nicht nach Treu und Glauben versagen kann. Demgemäß sind Änderungen an der **Urheberbezeichnung** nicht zulässig. Der Schutz auf Anerkennung der Urheberschaft (§ 13 UrhG) hat absoluten Vorrang vor den Änderungsinteressen des Nutzers.[49]

4. Zulässige Änderungen bei Interessenabwägung

31 Zunächst durch den Verweis auf die allgemeine Änderungsvorschrift des § 39 UrhG gestattet § 62 UrhG eine Änderung des Werkes oder seines Titels dann, wenn der Urheber einer solchen **nicht nach Treu und Glauben widersprechen kann**. Damit macht das Gesetz die **Interessenabwägung zum „überwölbenden Prinzip"**[50] der Änderung. Bei der Interessenabwägung ist grundsätzlich von einer zurückhaltenden Beurteilung zugunsten des Urhebers auszugehen. Besondere Berücksichtigung verdienen dabei der künstlerische Rang des betroffenen Werkes einerseits und die Intensität des Eingriffs andererseits.[51] Diejenigen Änderungen, die nach

---

45 Hierzu siehe Kap. 2, Rn. 79 ff. und für Filmwerke Kap. 6, Rn. 126 ff.
46 *Götting*, in: *Loewenheim*, UrhR, § 32, Rn. 3.
47 *Schulze*, in: Dreier/Schulze, UrhG, § 62, Rn. 6.
48 Vgl. oben, Rn. 17.
49 *Dietz/Peukert*, in: Schricker/Loewenheim, UrhG, § 62, Rn. 13.
50 *Dietz/Peukert*, in: Schricker/Loewenheim, UrhG, § 62, Rn. 15.
51 OLG Hamburg, Urt. v. 05.06.1969 – 3 U 21/69 (Heintje), GRUR 1970, 38, 39; *Wandtke/Grunert*, in: Wandtke/Bullinger, UrhG, § 39, Rn. 24.

dem Zweck der Schrankenregelung geboten sind, sind jedenfalls zulässig, also zB. die Übertragung eines Bildes in eine andere Größe,[52] die Änderung der Dimension oder auch die Änderung der Form. Als typisch zulässige Änderungen werden im Bereich der Sprachwerke die Umwandlung der direkten in eine indirekte Rede oder die Wortverschiebung zwecks Einfügung in ein anderes Satzgefüges erwähnt.[53] Im Übrigen hat der BGH deutlich gemacht,[54] dass **keine starren Richtlinien** aufgestellt werden können, sondern stets konkret und einzelfallbezogen eine Interessenabwägung stattzufinden hat. Ein festes Rangverhältnis der betroffenen Interessen, das den geistigen Interessen des Urhebers grundsätzlich den Vorrang vor den wirtschaftlichen, finanziellen Interessen des Verwerters einräumt, ist nicht gegeben. Auch die Verkehrssitte ist zu berücksichtigen.

5. Zulässige Änderungen nach dem Benutzungszweck

Das Gesetz erlaubt darüber hinaus Änderungen, die nach dem **Benutzungszweck erforderlich** sind (§ 62 Abs. 2 UrhG). Unabhängig davon, dass der Benutzungszweck im Rahmen der Interessenabwägung bereits eines der maßgeblichen Kriterien darstellt, kann sich die zulässige Änderung allein aus dem Benutzungszweck ergeben. Voraussetzung ist, dass die Änderung erforderlich ist, um den Benutzungszweck zu erreichen. Ist sie nicht erforderlich, kann also mit dem unveränderten Werk der Zweck erreicht werden, ist die Änderung gänzlich unzulässig. So kann es in einer kunstgeschichtlichen Erläuterung ausreichend sein zur Kennzeichnung eines Werkes eine stark verkleinerte Abbildung eines Gemäldes zu nutzen, während die Erläuterung der Technik eine große Abbildung erforderlich macht. Zulässig sind in diesem Zusammenhang Übersetzungen,[55] nur Auszüge für Zwecke der Berichterstattung (§ 50 UrhG) oder des Zitats (§ 51 UrhG) sowie die Übertragung in andere Ton- und Stimmlagen.

32

6. Zulässigkeit aufgrund von Dimensionsänderungen

Für Werke der bildenden Kunst und Lichtbildwerke sind Veränderungen der Dimensionen ebenso zulässig wie solche Änderungen, die sich aufgrund der Vervielfältigungstechnik ergeben (§ 62 Abs. 3 UrhG). So kann das farbig wiedergegebene Kunstwerk auch in Schwarz-Weiß wiedergegeben werden. Obwohl die Darstellungen wissenschaftlicher und technischer Art nicht ausdrücklich im Gesetz genannt sind, gilt die Regelung auch für diese Werke.[56]

33

---

52 *Schulze*, in: Dreier/Schulze, UrhG, § 39, Rn. 15.
53 *Dietz/Peukert*, in: Schricker/Loewenheim, UrhG, § 62, Rn. 14.
54 BGH, Urt. v. 29.04.1970 – I ZR 30/69 (Maske in Blau), GRUR 1971, 35, 37.
55 OLG München, Urt. v. 17.09.2009 – 29 U 3271/09, ZUM 2009, 970, 971.
56 *Dietz/Peukert*, in: Schricker/Loewenheim, UrhG, § 62, Rn. 22.

7. Änderungen in Sammlungen für Kirchen-, Schul- oder Unterrichtsgebrauch

34 Für Werke in diesen Sammlungen sind Änderungen aufgrund **des Benutzungszwecks** ebenso zulässig und darüber hinaus bei Sprachwerken auch diejenigen, die erforderlich sind, wenn die **Einwilligung** des Urhebers oder seiner Rechtsnachfolger eingeholt wurde oder wegen des fehlenden Widerspruchs fingiert wird.

Randnummern 35–99 einstweilen frei.

B. Dauer des Urheberrechtschutzes
I. Vorbemerkung
1. Historische Entwicklung

Zu Beginn des 19. Jahrhunderts setzte sich die Erkenntnis durch, dass der Rechtsschutz literarischer Werke befristet werden muss. In Preußen[1] wurde eine dreißigjährige Schutzfrist post mortem auctoris festgesetzt. Diese Regelung galt, bis 1934 die Schutzfrist auf fünfzig Jahre post mortem auctoris verlängert[2] wurde. Diese Schutzfrist galt auch in der DDR.[3] Demgegenüber wurde in Westdeutschland im Jahr 1965 die **allgemeine Schutzfrist auf siebzig Jahre** (§ 64 UrhG) verlängert. Diese Schutzfrist gilt seit dem 3. Oktober 1990 in ganz Deutschland. Die EU hat zwischenzeitlich durch die Schutzdauer-Richtlinie[4] die allgemeine Schutzfrist auf siebzig Jahre post mortem auctoris angepasst.

Die Schutzfrist für Lichtbilder (§ 72 UrhG) hat sich **abweichend von den Werken** entwickelt.[5] Zunächst betrug die Schutzfrist lediglich fünf Jahre seit dem Erscheinen,[6] die anschließend auf zehn Jahre seit Erscheinen erweitert wurde.[7] 1940 wurde die Schutzfrist auf 25 Jahre seit dem Erscheinen verlängert. In der DDR wurden 1965 mit Einführung des Urheberrechtsgesetzes zehn Jahre seit Erscheinen festgelegt. Mit dem Urheberrechtsgesetz der Bundesrepublik Deutschland von 1965 wurden Lichtbilder 25 Jahre seit ihrem Erscheinen geschützt (§ 72 UrhG). Mit der Urheberrechtsreform von 1985 wurde unterschieden zwischen Dokumenten der Zeitgeschichte mit deren Schutz fünfzig Jahre seit dem Erscheinen und anderen Lichtbildern mit deren Schutz 25 Jahre seit dem Erscheinen. Diese Unterscheidung wurde mit der Reform 1995 aufgehoben, sodass **alle Lichtbilder fünfzig Jahre** seit dem Erscheinen oder der Herstellung geschützt sind.

2. Rechtfertigung der Begrenzung

Die zeitliche Befristung stellt den deutlichsten Unterschied zwischen dem Sacheigentum einerseits und dem geistigen Eigentum andererseits dar. Zur Begründung

---

1 Gesetz zum Schutz des Eigenthums an Werken der Wissenschaft und Kunst gegen Nachdruck und Nachbildung v. 11.06.1837.
2 Gesetz zur Verlängerung der Schutzfristen im Urheberrecht v. 13.12.1934.
3 Gesetz über das Urheberrecht der DDR v. 13.09.1965.
4 Siehe Kap. 11, Rn. 234 ff.
5 Siehe Kap. 10, Rn. 128 ff.
6 Gesetz betreffend den Schutz der Fotografien gegen unbefugte Nachbildung vom 10.01.1886.
7 Gesetz betreffend das Urheberrecht an Werken der bildenden Kunst und der Fotografie v. 09.01.1907 (KUG).

hat der Gesetzgeber[8] ausgeführt, dass die **zeitliche Beschränkung dem Wesen des Urheberrechts** entspreche, „weil Werke der Literatur, Wissenschaft und Kunst anders als körperliche Gegenstände ihrer Natur nach Mitteilungsgut sind und nach einer die geistigen und wirtschaftlichen Interessen des Urhebers und seiner Erben angemessen berücksichtigenden Frist der Allgemeinheit frei zugänglich sein müssen". Das BVerfG[9] meint dazu, dass mit der Veröffentlichung des geschützten Werkes dieses nicht mehr allein seinem Schöpfer zur Verfügung steht. „Es tritt vielmehr bestimmungsgemäß in den gesellschaftlichen Raum und kann damit zu einem eigenständigen, das kulturelle und geistige Bild der Zeit mitbestimmenden Faktor werden. Es löst sich mit der Zeit von der privatrechtlichen Verfügbarkeit und wird geistiges und kulturelles Allgemeingut."

3. Gemeinfreiheit

103 **Nach Ablauf der Schutzdauer** eines Werkes wird dieses **gemeinfrei**. Es kann von jedermann frei verwertet, bearbeitet, umgestaltet werden, ohne dass es der Zustimmung des Urhebers bzw. seiner Rechtsnachfolger bedarf.[10] Gleichzeitig mit dem Ende der urheberrechtlichen Befugnis endet auch der urheberpersönlichkeitsrechtliche Schutz der Erben des Urhebers.

104 Mit der Nutzung der gemeinfrei gewordenen Gestaltung begehen Dritte daher keine Urheberrechtsverletzung; es liegt aber auch keine wettbewerbswidrige Handlung vor. Wettbewerbswidrig kann die Übernahme erst durch das Hinzutreten weiterer Elemente werden.[11]

4. Berechnung

105 Die urheberrechtlichen Schutzfristen gem. §§ 64 ff. UrhG sind **Jahresfristen**, die an ein bestimmtes Ereignis, wie den Tod des Urhebers, die erste Veröffentlichung oder die Schaffung des Werkes, anknüpfen. Gem. § 69 UrhG beginnen diese Fristen erst mit dem Ablauf desjenigen Kalenderjahres, in dem das jeweils maßgebende Ereignis eintrat. Die Schutzfrist beginnt dann am 1. Januar des darauf folgenden Jahres zu laufen und endet mit Ablauf des 31. Dezember des siebzigsten Kalenderjahres. Stirbt also ein Urheber bspw. im Laufe des Jahres 2016, so fängt die Schutzfrist am 1. Januar 2017 an und endet am 31. Dezember 2086, sodass das Werk ab 1. Januar 2087 gemeinfrei ist.

II. Allgemeine Schutzfrist

106 § 64 UrhG bestimmt, dass das Urheberrecht **siebzig Jahre nach dem Tod des Urhebers erlischt**. Bei dieser Regelung handelt es sich um die allgemeine Schutzdauer, die für alle Werke, also persönliche geistige Schöpfungen (§ 2 Abs. 2 UrhG), gilt.

---

8 BT-Drucks. IV/270, S. 33.
9 BVerfG, Beschl. v. 11.10.1988 – 1 BvR 743/86 (Vollzugsanstalten), GRUR 1989, 193, 196; BVerfG, Beschl. v. 29.06.2000 – 1 BvR 825/98 (Germania 3), GRUR 2001, 149, 151.
10 *Ulmer*, UrhR, S. 347, 350 f.
11 *Dreier*, in: Dreier/Schulze, UrhG, vor § 64, Rn. 2.

Diese Schutzdauer gilt grundsätzlich in allen EU-Staaten als allgemeine Schutzdauer, nicht jedoch in anderen Staaten. Zur Ermittlung der Schutzdauer einzelner Werke dort sind die jeweiligen Regeln des betroffenen Landes, die internationalen Verträge, wie die RBÜ,[12] das WUA,[13] das TRIPS-Übereinkommen[14] und der WCT[15] zu prüfen. Auch kann sich aus bilateralen Staatsverträgen, wie insbesondere dem deutsch-amerikanischen Abkommen von 1892, eine Verlängerung der Schutzfrist eines amerikanischen Urhebers in Deutschland ergeben.

III. Gemeinsames Werkschaffen

1. Miturheberschaft

Ist ein Werk in **Miturheberschaft** entstanden, haben also mehrere ein Werk gemeinsam geschaffen, ohne dass sich ihre Anteile gesondert verwerten lassen (§ 8 Abs. 1 UrhG),[16] dann erlischt das Urheberrecht erst **siebzig Jahre nach dem Tod des längstlebenden** Miturhebers (§ 65 Abs. 1 UrhG). 107

Diese Schutzfristbestimmung ist **auf Musikkompositionen** mit Text **anwendbar, nicht** jedoch **auf andere Fälle der Werkverbindung,** also bspw. auf Texte und Illustrationen in Büchern. Sie ist ebenso wenig auf Bearbeitungen im Sinne von § 3 UrhG oder auf Sammelwerke gem. § 4 UrhG anzuwenden. Den Bearbeitungen fehlt die gemeinsame Werkschöpfung, während beim Sammelwerk zwischen dem Urheberrecht am Sammelwerk selbst und den in der Sammlung aufgenommenen Werken unterschieden wird.[17] 108

2. Filmwerke

Für **Filmwerke** und Werke, die ähnlich wie Filmwerke hergestellt werden, erlischt das Urheberrecht siebzig Jahre nach dem Tod des Längstlebenden der folgenden Personen: Hauptregisseur, Urheber des Drehbuchs, Urheber der Dialoge, Komponist der für das betreffende Filmwerk komponierten Musik.[18] Es wird also auf den Tod des Längstlebenden dieser vier Filmschaffenden abgestellt. Andere Personen bleiben selbst dann, wenn sie schöpferische Beiträge zum Filmwerk geschaffen haben, bei der Beurteilung der Schutzdauer unberücksichtigt.[19] Somit sind auch der Tonmeister, der Schnittmeister oder auch der Kameramann selbst dann, wenn sie als Filmmiturheber anerkannt werden könnten, nicht zu berücksichtigen. 109

---

12 Hierzu allgemein Kap. 11, Rn. 202 ff.
13 Hierzu allgemein Kap. 11, Rn. 208.
14 Hierzu allgemein Kap. 11, Rn. 216 ff.
15 Hierzu allgemein Kap. 11, Rn. 219 ff.
16 Zur Miturheberschaft siehe Kap. 1, Rn. 310 ff.
17 *Katzenberger,* in: Schricker/Loewenheim, UrhG, § 65, Rn. 3; *Lüft,* in: Wandtke/Bullinger, UrhG, § 65, Rn. 2; *Dreier,* in: Dreier/Schulze, UrhG, § 65, Rn. 4.
18 Vgl. hierzu auch Kap. 6, Rn. 131.
19 *Dreier,* in: Dreier/Schulze, UrhG, § 65, Rn. 5.

110 Das Filmwerk ist jedoch zu unterscheiden von den **vorbestehenden Werken**,[20] die verfilmt wurden, wie Romane und ähnliche literarische Schöpfungen. Deren Schutz endet mit Ablauf der allgemeinen Schutzfrist, also siebzig Jahre nach dem Tod deren Schöpfer (§ 64 UrhG).[21] Für die Bestimmung der Schutzdauer sind ebenso nicht zu berücksichtigen die Urheber der für einen bestimmten Film geschaffenen Werke, wie des Exposés und des Treatments. Die Schutzfrist dieser filmisch benutzten Werke richtet sich ebenso nach den allgemeinen Regelungen.[22]

IV. Verbundene Werke

1. Musikkompositionen mit Text

111 Die Schutzdauer einer **Musikkomposition mit Text**, also bspw. Musik und Libretto einer Oper, erlischt siebzig Jahre nach dem Tod des Längstlebenden der nachfolgend genannten Personen: Verfasser des Textes und Komponist der Musikkomposition (§ 65 Abs. 3 UrhG). Voraussetzung ist allerdings, dass Text und Musikkomposition eigens für die betreffende Komposition mit Text geschaffen wurden, wie das meist bei Schlagern und Popsongs, Opern, Operetten und Musicals der Fall ist. Die Liedvertonung vorhandener Texte fällt nicht unter diese Bestimmung.[23] Diese Schutzdauerregelung gilt unabhängig davon, ob Textautor und Komponist als Miturheber ausgewiesen wurden.

112 Diese Regelung gilt für solche Musikkompositionen mit Text, die in einem Staat der EU am 1. November 2013 geschützt waren oder danach entstanden. War am 1. November 2013 Text oder Musikkomposition gemeinfrei geworden, so lebt der Urheberrechtsschutz wieder auf (§ 137m Abs. 2 UrhG). Hat jemand vor dem 1. November 2013 eine Nutzungshandlung begonnen, so darf er diese fortsetzen, muss aber eine angemessene Vergütung bezahlen.[24]

2. Andere verbundene Werke

113 Andere **verbundene Werke**, also Werke, die unabhängig voneinander geschaffen, aber zur gemeinschaftlichen Verwertung miteinander verbunden wurden,[25] also auch Text und Musik, die unabhängig voneinander geschaffen wurden, **können unterschiedliche Schutzfristen** je nach dem Tod des jeweiligen Schöpfers haben, soweit es sich dabei nicht um die oben dargestellten Musikkompositionen mit Text handelt.

---

20 Hierzu siehe Kap. 6, Rn. 100.
21 *Katzenberger*, in: Schricker/Loewenheim, UrhG, § 65, Rn. 6; *Dreier*, in: Dreier/Schulze, UrhG, § 65, Rn. 5.
22 *Katzenberger*, in: Schricker/Loewenheim, UrhG, § 65, Rn. 6.
23 *Dreier*, in: Dreier/Schulze, UrhG, § 65, Rn. 9.
24 *Dreier*, in: Dreier/Schulze, UrhG, § 65, Rn. 10.
25 Vgl. zur Werkverbindung Kap. 1, Rn. 325 ff.

V. Anonyme und pseudonyme Werke

Bei **anonymen** und pseudonymen Werken **erlischt** das Urheberrecht siebzig Jahre nach der **Veröffentlichung** bzw. siebzig Jahre nach der **Schaffung** des Werkes, wenn es nicht innerhalb der Frist veröffentlicht worden ist (§ 66 Abs. 1 UrhG). 114

Der **Urheberschutz entsteht** allein durch die Schaffung des Werkes; es bedarf **nicht der Beachtung irgendwelcher Förmlichkeiten**.[26] Der Urheber kann aufgrund des Urheberpersönlichkeitsrechts frei darüber bestimmen, ob sein Werk mit einer Urheberbezeichnung zu versehen ist und welche Bezeichnung verwendet werden soll (§ 13 UrhG). So kann ein Werk anonym bleiben, ebenso wie ein Werk mit einem Pseudonym an die Öffentlichkeit gelangen kann. Da bei Unkenntnis der Person des Urhebers der Anknüpfungszeitpunkt unbekannt ist, bedarf es anderer objektiver Anknüpfungstatsachen. 115

Offenbart der anonym gebliebene Urheber seine **Identität innerhalb der Schutzfrist** oder besteht kein Zweifel an der Identität des pseudonym auftretenden Urhebers, so berechnet sich die **Frist nach den allgemeinen Regeln** der §§ 64 f. UrhG. Voraussetzung ist also, dass der zunächst anonym gebliebene Urheber selbst seine Identität offenbart. Es genügt nicht mehr, dass der Urheber auf andere Art und Weise bekannt wird.[27] Nur wenn die Bekanntgabe durch den Urheber selbst und nach seinem Tod durch seine Rechtsnachfolger oder den Testamentsvollstrecker (§ 66 Abs. 3 UrhG) erfolgt, liegt die eigene Offenbarung der Identität des zunächst anonym gebliebenen Urhebers vor. 116

Die allgemeinen Schutzfristen gelten auch dann, wenn hinsichtlich des angenommenen Pseudonyms keine Zweifel an der Identität des Urhebers bestehen. Es kommt damit **nicht darauf an, aufgrund welcher Umstände** der Urheber identifiziert wurde. Darin unterscheidet sich das anonym publizierte Werk von dem unter einem Pseudonym publizierten Werk. 117

Schließlich genügt auch die **Anmeldung** des wahren Namens des Urhebers zur Eintragung in das Register anonymer und pseudonymer Werke, das früher „Urheberrolle" genannt wurde. 118

Handelt es sich bei dem anonym oder pseudonym publizierten Werk um ein sog. **Lieferungswerk**, also um ein Werk, das in inhaltlich nicht abgeschlossenen Teilen veröffentlicht wird, **beginnt die Schutzfrist mit jeder Lieferung** gesondert (§ 67 UrhG). Dabei wird auf inhaltlich nicht abgeschlossene Teile abgestellt. Der Gesetzeswortlaut mag irreführend sein, weil er an eine differenzierte Behandlung von inhaltlich abgeschlossenen Teilen anknüpfen lässt. Bei inhaltlich abgeschlossenen Teilen ist aber bei der Schutzfristberechnung erst recht auf die Veröffentlichung abzustellen. Die Differenzierung ist daher nicht erforderlich, da es sich um die Behandlung von Werken, die in mehreren Nummern, Episoden oder Bänden 119

---

26 Vgl. hierzu Kap. 1, Rn. 304 ff.
27 *Katzenberger*, in: Schricker/Loewenheim, UrhG, § 66, Rn. 20; *Dreier*, in: Dreier/Schulze, UrhG, § 66, Rn. 8.

erscheinen, handelt.[28] Erscheint das Werk aber nicht anonym oder unter einem Pseudonym, verbleibt es bei der allgemeinen Schutzfrist von siebzig Jahren post mortem auctoris.[29]

VI. Nachgelassene Werke

120 Für **nachgelassene Werke**, also solche Werke, die **nach Erlöschen des Urheberrechts erstmals erscheinen**,[30] sieht das UrhG **keine Schutzfristen** vor. Das einmal gemeinfrei gewordene Werk bleibt demgemäß gemeinfrei.

121 Wenn jedoch derjenige, der ein solches nachgelassenes Werk erstmals erscheinen lässt, damit eine besondere Leistung im Hinblick auf die Werknutzung erbringt, räumt ihm das UrhG ein verwandtes Schutzrecht an dieser editio princeps ein (§ 71 UrhG). Dieses Leistungsschutzrecht erlischt 25 Jahre nach dem Erscheinen des Werkes, es sei denn, dass die erste öffentliche Wiedergabe früher erfolgt ist, dann 25 Jahre nach dieser (§ 71 Abs. 3 UrhG). Ein Werk ist erschienen, wenn es der Öffentlichkeit in einer genügenden Anzahl angeboten und in den Verkehr gebracht wird (§ 6 Abs. 2 UrhG).[31]

VII. Lichtbildwerke und Lichtbilder

122 Für **Lichtbildwerke** (§ 2 Abs. 1 Nr. 5 UrhG), also Fotografien, die als persönliche geistige Schöpfungen (§ 2 Abs. 2 UrhG) zu qualifizieren sind,[32] gelten die **allgemeinen Schutzfristen** (§§ 64 ff. UrhG), also siebzig Jahre nach dem Tod des Urhebers. Demgegenüber endet das verwandte Schutzrecht des **Lichtbildners**, also des Fotografen einer einfachen Fotografie, **fünfzig Jahre nach Herstellung bzw. erstmaliger Veröffentlichung** (§ 72 UrhG).[33] Der Schutz bezieht sich sowohl auf die analoge Fotografie als auch auf die Digitalfotografie, die als Erzeugnisse, die ähnlich wie Lichtbilder hergestellt werden, Schutz finden.[34] Zur Begründung des Schutzes bedarf es keines handwerklichen Könnens, es bedarf lediglich des Einsatzes fotografischer Technik und eines Mindestmaßes an geistiger Leistung.[35] Nicht schutzfähig ist hingegen die reine Reproduktionsfotografie, wenn dabei ein originäres Lichtbild geschaffen wird.[36] Das Lichtbild erfordert ein Mindestmaß an geistiger Leistung, das in handwerklichen Fertigkeiten bei der Bedienung der Kamera, in der Wahl des Blickwinkels, der Entfernung des Motivs uÄ. liegen kann.

---

28 *Katzenberger*, in: Schricker/Loewenheim, UrhG, § 67, Rn. 4.
29 *Dreier*, in: Dreier/Schulze, UrhG, § 67, Rn. 1.
30 Siehe Kap. 10, Rn. 277.
31 OLG Düsseldorf, Urt. v. 16.01.2007 – I-20 U 112/06 (Motezuma), ZUM 2007, 386.
32 Siehe Kap. 1, Rn. 129 ff.
33 Siehe Kap. 10, Rn. 128 ff.
34 *Vogel*, in: Schricker/Loewenheim, UrhG, § 72, Rn. 13; aA *Schulze*, in: Dreier/Schulze, UrhG, § 72, Rn. 4.
35 *Vogel*, in: Schricker/Loewenheim, UrhG, § 72, Rn. 17.
36 BGH, Urt. v. 07.12.2000 – I ZR 146/98 (Telefonkarte), GRUR 2001, 755, 757.

B. Dauer des Urheberrechtschutzes

Für Lichtbildwerke und Lichtbilder unterscheiden sich die Schutzfristen danach, ob es sich um veröffentlichte handelt oder unveröffentlichte. Im Hinblick auf die sich seit 1940 immer wieder geänderte Schutzdauerregelung bedarf es **zur Prüfung der Gemeinfreiheit einer genauen Untersuchung**. Wurden nämlich die Schutzfristen in der Vergangenheit verlängert, so waren auch jene Lichtbilder, die bereits gemeinfrei waren, Profiteure der Schutzfristverlängerung. 123

Eine Zusammenstellung der Rechtslage findet sich bei *Axel Nordemann*, in: *Loewenheim*, UrhR, § 22, Rn. 35 f., die jedem bei der Prüfung der Gemeinfreiheit älterer Fotografien anempfohlen werden muss. 124

Randnummern 125–199 einstweilen frei.

C. Begünstigung für Wissenschaft und Kunst

Literatur: *Berberich/J.B.Nordemann*, GRUR 2010, S. 966–971; *Bisges*, Der Öffentlichkeitsbegriff im Urheberrechtsgesetz, UFITA 2014/II, S. 363–380; *ders.*, Grenzen des Zitatrechts im Internet, GRUR 2009, S. 730–733; *Dietz*, Urheberrecht in der Europäischen Gemeinschaft, 1978.

I. Freie Benutzung

1. Einleitung

200 Das Interesse des Urhebers, **allein über die Nutzung** seines Werkes zu bestimmen, kollidiert mit den **Interessen** der Allgemeinheit **an einem freien Zugang** zum Werk und dieses nach Belieben nutzen zu dürfen. Der Urheber steht nicht allein mit seinem Werk, sondern baut auf dem Schaffen seiner Vorgänger auf, die ebenso wie der Urheber selbst die Berücksichtigung seiner Rechte erwarten. **Der Urheber soll sich anregen lassen**, neue Werke zu schaffen und damit die Allgemeinheit zu bereichern. Lässt sich der Urheber nur durch die vorhandenen Werke anregen, ohne dass sein Werk die wesentlichen eigenpersönlichen Prägungen des vorhandenen Werkes erkennen lässt, liegt keine zustimmungsbedürftige Handlung vor. Erkennt man jedoch die wesentlichen eigenpersönlichen Züge des benutzten Werkes, so liegt eine zustimmungsbedürftige Bearbeitung oder Umgestaltung (§ 23 UrhG) vor. **Verblassen**[1] jedoch **die Züge des benutzten Werkes** hinter dem neuen Werk, so liegt **eine freie Benutzung** vor, die gem. § 24 UrhG keiner Zustimmung bedarf.[2] Die Regelung wirkt wie eine gesetzliche Schranke (§§ 44a ff. UrhG),[3] da sie es gestattet, fremde schutzfähige Werke in bestimmten Grenzen ohne Zustimmung und ohne Vergütung zu benutzen.

2. Anwendungsbereich

201 Die Vorschrift über die freie Benutzung ist bei **allen Werkarten** einschließlich der Computerprogramme (§ 69a Abs. 4 UrhG) und bei **den verwandten Schutzrechten**, insbesondere den wissenschaftlichen Ausgaben (§ 70 Abs. 1 UrhG), bei nachgelassenen Werken (§ 71 Abs. 1 S. 3 UrhG) und bei Lichtbildern (§ 72 Abs. 1 UrhG), anwendbar.[4] Ebenso anwendbar ist die Beschränkung auf weitere verwandte Schutzrechte, die dem Schutz der organisatorischen, finanziellen und

---

1 BGH, Urt. v. 04.02.1958 – I ZR 48/57 (Lili Marleen), GRUR 1958, 402, 404; BGH, Urt. v. 01.04.1958 – I ZR 49/57 (Mecki-Igel I), GRUR 1958, 500, 502; *Ulmer*, UrhR, S. 275; siehe auch Kap. 2, Rn. 302 ff.
2 Zur freien Benutzung siehe auch Kap. 2, Rn. 301 ff.
3 *Schulze*, in: Dreier/Schulze, UrhG, § 24 Rn 1.
4 *Schulze*, in: Dreier/Schulze, UrhG, § 24 Rn 2.

unternehmerischen Leistung dienen. So ist der Schutz anerkannt für die Laufbilder (§ 95 UrhG)[5] und für die Rechte des Tonträgerherstellers (§ 85 UrhG).[6]

Keine Anwendung findet die Regelung der freien Benutzung auf jene Arbeitsergebnisse, die selbst keinen Urheberrechtsschutz genießen, die schutzlosen wissenschaftlichen Ergebnisse und Lehren, das schutzlose Gemeingut sowie Werke, die gemeinfrei geworden sind.[7]

3. Voraussetzungen

Voraussetzung für die Nutzung ist, dass **ein selbständiges Werk in freier Benutzung** eines anderen geschaffen worden ist. Dies ist dann der Fall, wenn das neue Werk einen **ausreichenden Abstand** zu den entlehnten eigenpersönlichen Zügen des benutzten Werkes hält, wenn also angesichts der Eigenart des neuen Werkes die entlehnten eigenpersönlichen Züge des älteren Werkes **verblassen**. Sie müssen also im neuen Werk zurücktreten, sodass das ältere nur noch als Anregung zum neuen selbstständigen Werk aufgefasst wird.[8]

Im Interesse eines ausreichenden Urheberschutzes darf **kein zu großzügiger Maßstab** angelegt werden. Zum einen soll dem Urheber nicht die Möglichkeit genommen werden, Anregungen aus fremdem Werkschaffen zu übernehmen, zum anderen soll sich der Urheber auf diese Art und Weise nicht sein eigenes persönliches Schaffen ersparen.[9] Die Anforderungen hängen von der Gestaltungshöhe des benutzten Werkes ab. **Je herausragender die Eigenart des benutzten Werkes ist, desto weniger verblasst dessen Eigenart** in dem danach geschaffenen Werk. Weist das benutzte Werk indes einen geringen eigenschöpferischen Gehalt auf, so wird das nachgeschaffene Werk eher eine besondere Eigenprägung aufweisen.[10] Das kann der Fall sein, wenn sich jemand zu Karnevalszwecken in ein Kostüm einer literarischen Figur verkleidet.[11]

---

5 BGH, Urt. v. 13.04.2000 – I ZR 282/97 (Mattscheibe), GRUR 2000, 703, 704; BGH, Urt. v. 20.12.2007 – I ZR 42/05 (TV-Total), GRUR 2008, 693, 695 [27 ff.].
6 BGH, Urt. v. 20.11.2008 – I ZR 112/06 (Metall auf Metall I), GRUR 2009, 403, 405 [21 ff.]; BGH, Urt. v. 13.12.2012 – I ZR 182/11 (Metall auf Metall II), GRUR 2013, 614 [13].
7 *Schulze*, in: Dreier/Schulze, UrhG, § 24, Rn. 4 mwN.
8 BGH, Urt. v. 13.04.2000 – I ZR 282/97 (Mattscheibe), GRUR 2000, 703, 704; BGH, Urt. v. 20.12.2007 – I ZR 42/05 (TV-Total), GRUR 2008, 693, 695 [27 ff.]; BGH, Urt. v. 20.11.2008 – I ZR 112/06 (Metall auf Metall I), GRUR 2009, 403, 405 [21 ff.]; BGH, Urt. v. 13.12.2012 – I ZR 182/11 (Metall auf Metall II), GRUR 2013, 614 [13]; BGH, Urt. v. 17.07.2013 – I ZR 52/12 (Pippi Langstrumpf), GRUR 2014, 258, 261 [38]; BGH, Urt. v. 20.03.2003 – I ZR 117/00 (Gies-Adler), GRUR 2003, 956, 958; st. Rspr. im Anschluss an *Ulmer*, UrhR, S. 257; *Schulze*, in: Dreier/Schulze, UrhG, § 24 Rn 8; *Loewenheim*, in: Schricker/Loewenheim, UrhG, § 24, Rn. 10 mwN.
9 BGH, Urt. v. 26.09.1980 – I ZR 17/78 (Dirlada), GRUR 1981, 267, 269; BGH, Urt. v. 11.03.1993 – I ZR 263/9 (Alcolix), GRUR 1994, 206, 208; *Schulze*, in: Dreier/Schulze, UrhG, § 24, Rn. 9.
10 BGH, Urt. v. 26.09.1980 – I ZR 17/78 (Dirlada), GRUR 1981, 267, 269; BGH, Urt. v. 04.02.1958 – I ZR 48/57 (Lili Marleen), GRUR 1958, 402, 404.
11 BGH, Urt. v. 17.07.2013 – I ZR 52/12 (Pippi Langstrumpf), GRUR 2014, 258.

4. Prüfungsreihenfolge

a) Merkmale des benutzten Werks

205 Zunächst sind die eigenpersönlichen Züge des **älteren Werkes**, falls sie noch geschützt sind, festzustellen.[12] Im Prozessfalle sind diese konkret darzulegen und ggf. ist Beweis zu erbringen.[13]

b) Übereinstimmungen

206 Im zweiten Schritt ist festzustellen, **welche** der das benutzte Werk prägenden eigenpersönlichen **Züge** in dem danach geschaffenen **Werk auftauchen**. Es geht also um die Feststellung der Übereinstimmungen, nicht der Unterschiede.[14]

207 Die übernommenen Bestandteile müssen für sich selbst urheberrechtlich geschützt sein.

c) Bewertung

208 Bei der anschließenden **Gesamtbetrachtung** und Bewertung ist bedeutsam, welcher Gestaltungsspielraum für den Urheber des aufnehmenden Werkes bestand.[15] Hatte dieser einen sehr engen Gestaltungsspielraum, weil es sich dabei bspw. um einen wissenschaftlichen Text handelt, bei dem bspw. Gliederung, Terminologie und Darstellungsweise vorgegeben sind,[16] werden bereits geringfügige Abweichungen aus dem Schutzumfang herausführen. Ist der Gestaltungsspielraum dagegen umfangreich, so fällt der Schutzbereich entsprechend weit aus.[17]

209 Die entlehnten Züge des älteren Werkes werden im neuen Werk auch dann zurücktreten, wenn das neue Werk einprägsame eigenpersönliche Züge aufweist, weil dann die eigenpersönlichen Züge des älteren Werkes zurücktreten. In diesem Fall liegt ein ausreichender innerer Abstand zwischen den Werken vor.[18]

5. Parodie

210 Kennzeichen der **Parodie** ist gerade, dass die eigenpersönlichen Züge des älteren Werkes am neuen Werk erkennbar sind und aufgegriffen werden.[19] So kann sich der erforderliche Abstand zu den entlehnten eigenpersönlichen Zügen des benutzten Werkes auch bei deutlicher Übernahme der Formgestaltung ergeben, wenn ein

---

12 BGH, Urt. v. 08.02.1980 – I ZR 32/78 (Architektenwechsel), GRUR 1980, 853, 854.
13 *Schulze*, in: Dreier/Schulze, UrhG, § 24, Rn. 12.
14 BGH, Urt. v. 26.09.1980 – I ZR 17/78 (Dirlada), GRUR 1981, 267, 269; *Schulze*, in: Dreier/Schulze, UrhG, § 24, Rn. 13.
15 *Schulze*, in: Dreier/Schulze, UrhG, § 24, Rn. 15.
16 BGH, Urt. v. 21.11.1980 – I ZR 106/78 (Staatsexamensarbeit), GRUR 1981, 352, 355; BGH, Urt. v. 29.03.1984 – I ZR 32/82 (Ausschreibungsunterlagen), GRUR 1984, 659, 661.
17 OLG Düsseldorf, Urt. v. 30.10.2007 – I-20 U 64/07 (Bronzeengel), ZUM 2008, 140, 142.
18 BGH, Urt. v. 11.03.1993 – I ZR 264/91 (Asterix-Persiflagen), GRUR 1994, 191, 193.
19 Hierzu siehe auch Kap. 2, Rn. 317 ff.

so **großer innerer Abstand** besteht, dass das neuere Werk als nach seinem Wesen selbständig anzusehen ist.[20] Bei der Parodie erfordert gerade die Auseinandersetzung mit dem älteren Werk, dass dessen Eigenheit und der Gegenstand der Auseinandersetzung erkennbar bleiben. Der erforderliche innere Abstand wird durch **die antithematische Behandlung** zum Ausdruck gebracht.[21]

6. Fortsetzungswerke

Fortsetzungswerke knüpfen an **vorbestehende Werke** an, zB. Romane, Theaterstücke oder Filme, übernehmen deren Figuren und führen die Handlungen weiter, sodass sich die Frage nach einer **freien oder unfreien Benutzung** stellt. Regelmäßig besteht die Notwendigkeit, an die älteren Werke anzuknüpfen, um den Zusammenhang herzustellen. Dann, wenn das neue Werk von dem älteren Werk einen so großen inneren Abstand einhält, dass das neue Werk seinem Wesen nach als selbständig anzusehen ist, kann von freier Benutzung gesprochen werden. Wird eine Geschichte forterzählt unter gleichzeitiger Übernahme der charakteristischen Gestalten, so lässt sich nur unter besonderen Umständen eine freie Benutzung annehmen.[22]

7. Melodienschutz

§ 24 Abs. 2 UrhG regelt gesondert den **starren Melodienschutz**.[23] Er schließt die Privilegierung der freien Benutzung einer Melodie aus, wenn sie erkennbar einem Werk entnommen und einem neuen Werk zugrunde gelegt wird.

Die **Melodie** ist eine in sich **geschlossene und geordnete Tonfolge**, die dem Werk seine individuelle Prägung gibt.[24] Um eine Melodie gegen die Entnahme zu schützen, muss sie selbst eine persönliche geistige Schöpfung sein. Die Erkennbarkeit einer Melodie liegt vor, wenn bei ihrem Erklingen eine Assoziation mit der Ursprungsmelodie entsteht, und zwar nach Auffassung der mit musikalischen Dingen vertrauten Personen.[25] In diesem Zusammenhang besteht häufig das Problem der wandernden Melodien,[26] wo Melodien als alt überliefert und damit gemeinfrei eingestuft werden. Bei solchen Melodien genügt bereits eine geringfügigeÄnde-

---

20 BGH, Urt. v. 11.03.1993 – I ZR 264/91 (Asterix-Persiflagen), GRUR 1994, 191, 193; BGH, Urt. v. 17.07.2013 – I ZR 52/12 (Pippi Langstrumpf), GRUR 2014, 258, 261 [39]; BGH, Urt. v. 20.03.2003 – I ZR 117/00 (Gies-Adler), GRUR 2003, 956, 958.
21 BGH, Urt. v. 17.07.2013 – I ZR 52/12 (Pippi Langstrumpf), GRUR 2014, 258, 261 [39]; *Schulze*, in: Dreier/Schulze, UrhG, § 24, Rn. 25 ff.
22 BGH, Urt. v. 29.04.1999 – I ZR 65/96 (Laras Tochter), GRUR 1999, 984, 988.
23 Siehe ausführlich auch Kap. 2, Rn. 320 ff.
24 BGH, Urt. v. 03.02.1988 – I ZR 143/86 (Fantasy), GRUR 1988, 810, 811; BGH, Urt. v. 03.02.1988 – I ZR 142/86 (Ein bißchen Frieden), GRUR 1988, 812, 814; *Schulze*, in: Dreier/Schulze, UrhG, § 24, Rn. 45.
25 BGH, Urt. v. 26.09.1980 – I ZR 17/78 (Dirlada), GRUR 1981, 267, 269; *Schulze*, in: Dreier/Schulze, UrhG, § 24, Rn. 47.
26 BGH, Urt. v. 05.06.1970 – I ZR 44/68 (Magdalenenarie), GRUR 1971, 266, 268.

rung, um aus dem geringen Gestaltungsspielraum herauszuführen und damit eine Verletzung zu vermeiden.[27]

II. Zitatrecht

1. Zweck und Inhalt

214 Die Zitierfreiheit des § 51 UrhG gestattet die **Vervielfältigung, Verbreitung und öffentliche Wiedergabe veröffentlichter fremder geschützter Werke** zu den dort bestimmten Zwecken in begrenztem Umfang vergütungs- und zustimmungsfrei. Es ist eine der wichtigsten Schranken des Urheberrechts. Durch die Zitierfreiheit soll die Freiheit der **geistigen Auseinandersetzung mit fremden Gedanken** in der Form ermöglicht werden, dass politische, wissenschaftliche oder geistige Strömungen durch die wörtliche Wiedergabe einzelner Stellen aus den geschützten Werken verschiedener Autoren deutlich gemacht werden.[28] Es geht um die Förderung der kulturellen Entwicklung im weitesten Sinne.[29] Grundsätzlich ist das Zitatrecht eng auszulegen, da es sich um eine Ausnahmevorschrift handelt. Im Hinblick auf die durch Art. 5 GG geschützten Grundrechte, insbesondere die Meinungsfreiheit[30] und die Kunstfreiheit,[31] ist jedoch eine erweiternde Auslegung geboten.[32]

215 Bis zur Umsetzung der Informations-Richtlinie[33] erfolgte in § 51 UrhG eine kasuistische Regelung. Nunmehr ist das **Zitatrecht als Generalklausel** formuliert und die bis dahin vorgesehenen Fälle wurden als gesetzliche Beispiele aufgenommen. Damit wollte der Gesetzgeber die Zitierfreiheit nicht erweitern, sondern die „unflexible Grenzziehung" aufheben.[34]

216 Nach der Zitierfreiheit ist es zulässig, ein veröffentlichtes Werk zum Zwecke des Zitats zu vervielfältigen, zu verbreiten oder öffentlich wiederzugeben, sofern die Nutzung in ihrem Umfang durch den besonderen Zweck gerechtfertigt ist (§ 51 S. 1 UrhG).

---

27 BGH, Urt. v. 24.01.1991 – I ZR 72/89 (Brown Girl II), GRUR 1991, 533, 534.
28 BGH, Urt. v. 22.09.1972 – I ZR 6/71 (Handbuch moderner Zitate), GRUR 1973, 216, 217; BGH, Urt. v. 23.05.1985 – I ZR 28/83 (Geistchristentum), GRUR 1986, 59, 60; *Schricker/Spindler*, in: Schricker/Loewenheim, UrhG, § 51, Rn. 6 mwN.
29 *Dietz*, Urheberrecht in der Europäischen Gemeinschaft, Rn. 396.
30 Siehe auch Kap. 1, Rn. 42 ff.
31 Siehe auch Kap. 1, Rn. 38 ff.
32 BVerfG, Beschl. v. 29.06.2000 – 1 BvR 825/98 (Germania 3), GRUR 2001, 149, 151; BGH, Urt. v. 30.11.2011 – I ZR 212/10 (Blühende Landschaften), GRUR 2012, 819, 820 [14].
33 Siehe Kap. 11, Rn. 238 ff.
34 Begründung der Bundesregierung, BT-Drucks. 16/1828, S. 25.

2. Voraussetzungen der Zitierfreiheit

a) Zitatzweck

Entscheidende Voraussetzung für die Zitierfreiheit ist der **Zitatzweck**.[35] Die allgemeine Definition des Zitatzwecks findet sich in § 51 UrhG nicht. Im Beispiel des wissenschaftlichen Zitats (§ 51 Nr. 1 UrhG) wird der Zitatzweck mit „**Erläuterung des Inhalts**" beschrieben. Im Übrigen ist der Zitatzweck nach dem **Wesen des Zitats** zu bestimmen. Dabei ist es zunächst erforderlich, dass das zitierte Werk von dem zitierenden Werk **unterschieden** werden kann. Nur das, was erkennbar eine fremde Leistung ist, kann dem eigenen Werk[36] hinzugefügt werden.

217

Genügte bisher die Unterscheidbarkeit des fremden Werkes vom eigenen Werk, ohne dass es auf die Quellenangabe (§ 63 UrhG) ankam,[37] ist bei europarechtskonformer Auslegung von Art. 5 Abs. 3 Lit. d) der Informations-Richtlinie,[38] die die Angabe der Quelle einschließlich des Namens des Urhebers fordert, ein **Zitat** nur dann **zulässig**, wenn die **Quelle angegeben** ist oder wenn die Quellenangabe **nicht möglich** ist.[39]

218

Allein die Erkennbarkeit des fremden Werkes genügt indes nicht, um den Zitatzweck zu erfüllen. Es ist vielmehr erforderlich, dass eine **innere Verbindung** zwischen dem verwendeten fremden Werk oder Werkteilen und den eigenen Gedanken des Zitierenden hergestellt wird.[40] Die übernommene Stelle muss selbst als **Belegstelle** oder **Erörterungsgrundlage** für selbständige Ausführungen des Zitierenden der Erleichterung der geistigen Auseinandersetzung dienen.[41] So kann es sich um eine negative Bezugnahme, um eine Stützung des eigenen Standpunktes, um einen weiterführenden Gedanken, eine referierende Darstellung oder um ein Motto oder einen Anknüpfungspunkt handeln.[42] Das Ziel, dem Endnutzer das fremde Werk leichter zugänglich zu machen und sich eigene Ausführungen zu ersparen, genügt nicht.[43]

219

---

35 BGH, Urt. v. 01.07.1982 – I ZR 118/80 (Presseberichterstattung und Kunstwerkwiedergabe I), GRUR 1983, 25, 28; BGH, Urt. v. 23.05.1985 – I ZR 28/83 (Geistchristentum), GRUR 1986, 59, 60; BGH, Urt. v. 29.04.2010 – I ZR 69/08 (Vorschaubilder), GRUR 2010, 628 [25]; *Dreier*, in: Dreier/Schulze, UrhG, § 51, Rn. 3.
36 OLG Köln, Urt. v. 31.07.2010 – 6 U 52/09 (Wie ein Tier im Zoo), GRUR-RR 2010, 143, 144; *Dreier*, in: Dreier/Schulze, UrhG, § 51, Rn. 3.
37 *Dreier*, in: Dreier/Schulze, UrhG, § 51, Rn. 26; OLG Hamburg, Urt. v. 22.05.2003 – 3 U 192/00, ZUM-RD 2004, 75, 79.
38 Siehe Kap. 11, Rn. 238 ff.
39 *Schricker/Spindler*, in: Schricker/Loewenheim, UrhG, § 51, Rn. 15.
40 BGH, Urt. v. 29.04.2010 – I ZR 69/08 (Vorschaubilder), GRUR 2010, 628 [26] mwN.; BGH, Urt. v. 20.12.2007 – I ZR 42/05 (TV Total), GRUR 2008, 693 [43]; *Schricker/Spindler*, in: Schricker/Loewenheim, UrhG, § 51, Rn. 16 ff.
41 BGH, Urt. v. 03.04.1968 – I ZR 83/66 (Kandinsky I), GRUR 1968, 607, 608; BGH, Urt. v. 23.05.1985 – I ZR 28/83 (Geistchristentum), GRUR 1986, 59, 60; BGH, Urt. v. 04.12.1986 – I ZR 189/84 – Filmzitat, GRUR 1087, 362, 364.
42 *Schricker/Spindler*, in: Schricker/Loewenheim, UrhG, § 51, Rn. 16 ff.
43 BGH, Urt. v. 29.04.2010 – I ZR 69/08 (Vorschaubilder), GRUR 2010, 628 [26] mwN.

220 Die innere Verbindung des fremden Werkes mit den Gedanken und Überlegungen des Zitierenden ist auch als Mittel künstlerischen Ausdrucks und **künstlerischer Gestaltung** anzuerkennen, wenn sich das Werk funktional in die künstlerische Gestaltung und Intention des Werkes einfügt und damit als integraler Bestandteil einer eigenständigen künstlerischen Aussage erscheint.[44] Das gilt bspw. für die Aufnahmen einzelner Teile eines Theaterstücks in einem anderen Theaterstück. Die Verwertungsinteressen des Urhebers müssen hinter dem Interesse an einer freien künstlerischen Auseinandersetzung zurücktreten, wenn der Eingriff in die Urheberrechte geringfügig ist, ohne die Gefahr merklicher wirtschaftlicher Nachteile.[45] Wird der Zitatzweck mit anderen Zwecken gleichzeitig verfolgt, ist darauf abzustellen, ob der **Zitatzweck überwiegt**. Dies ist jedenfalls dann nicht mehr der Fall, wenn durch das Zitat die wirtschaftliche Nachfrage nach dem Original ersetzt wird oder sonstige individuelle Interessen des Urhebers verletzt werden.[46]

221 Es ist zweifelhaft, ob sich der Zitatzweck auf die Rechte an der Abbildung eines zitierten Werkes erstreckt.[47] Vorsorglich sollten daher die Rechte der Abbildenden eingeholt werden.

222 Der Zitatzweck definiert gleichzeitig den **zulässigen Umfang** des Zitats. Der Zitierende ist dabei nicht auf das Notwendige beschränkt, sondern auf den **sachgerechten Umfang**.[48] Bei der Bestimmung des Umfangs sind alle Interessen abzuwägen, wobei die Besonderheiten sowohl des zitierten als auch des zitierenden Werkes zu berücksichtigen sind.[49] Der Zitatzweck ist jedenfalls dann überschritten, wenn bei der Übernahme von Abbildungen der Zweck der Ausschmückung überwiegt.[50]

223 Handelt es sich um ein **Kleinzitat** (§ 51 S. 2 Nr. 2 UrhG), ist der Zitatzweck weitergehend auszulegen, wie sich aus einem Vergleich der Formulierung „angeführt" im Vergleich zur Formulierung beim Großzitat (§ 51 S. 2 Nr. 1 UrhG), „zur Erläuterung" ergibt. Daher kann bei Sprachwerken das Zitat als Devise oder Motto vorangestellt werden.[51] Eine Festlegung nach mathematischen Grundsätzen, wie nur einige Zeilen, Sätze oä. ist daher nicht möglich und auch nicht sinnvoll.

---

44 BVerfG, Beschl. v. 29.06.2000 – I BvR 825/98 (Germania 3), GRUR 2001, 149, 151 f.; BGH, Urt. v. 20.12.2007 – I ZR 42/05 (TV Total), GRUR 2008, 693 [44 f].
45 BVerfG, Beschl. v. 29.06.2000 – 1 BvR 825/98 (Grenzen der Zitierfreiheit), NJW 2001, 598, 599.
46 BGH, Urt. v. 23.05.1985 – I ZR 28/83 (Geistchristentum), GRUR 1986, 59, 60; *Schricker/Götting*, in: Schricker/Loewenheim, § 51, Rn. 23.
47 *Berberich/J.B.Nordemann*, GRUR 2010, 966.
48 *Schricker/Götting*, in: Schricker/Loewenheim, UrhG, § 19, Rn. 19.
49 BGH, Urt. v. 23.05.1985 – I ZR 28/83 (Geistchristentum), GRUR 1986, 59, 60.
50 BGH, Urt. v. 03.04.1968 – I ZR 83/66 (Kandinsky I), GRUR 1968, 607, 610.
51 OLG München, Urt. v. 17.09.2009 – 29 U 3271/09 (Vom Ernst des Lebens), ZUM 2009, 970; *Schricker/Spindler*, in: Schricker/Loewenheim, UrhG, § 51, Rn. 17; *Dustmann*, in: Fromm/Nordemann, UrhG, § 51, Rn. 16, 31.

b) Selbständiges eigenes Werk

Es ist streitig, ob weiterhin für die Zulässigkeit eines Zitats die Aufnahme in einem selbständigen Werk vorausgesetzt wird. In der Generalklausel des § 51 S. 1 UrhG findet sich diese Voraussetzung im Gegensatz zu den Regelbeispielen nicht. Das zitierende, **aufnehmende Werk muss** ein **selbständiges geschütztes Werk** sein. Es muss selbst die Anforderungen des Werkbegriffs (§ 2 Abs. 2 UrhG) erfüllen,[52] auch wenn es gemeinfrei geworden ist, oder zumindest eine wesentliche eigene Leistung darstellen.[53]

224

Das zitierende Werk muss von dem zitierten Werk **urheberrechtlich unabhängig** sein,[54] darf also keine Bearbeitung des zitierten Werkes darstellen. Die Selbständigkeit eines zitierenden Werkes fehlt ebenso, wenn fremdes Geistesgut unter dem Deckmantel einer Mehrheit von Zitaten ohne wesentliche eigene Leistung wiedergegeben wird.[55]

225

c) Fremdes veröffentlichtes Werk

Dem **Zitatrecht** unterliegen **nur geschützte Werke** oder geschützte Werkteile.[56] Aus nicht schutzfähigen Werken darf ebenso jederzeit zitiert werden wie aus gemeinfreien Werken.[57] Das gilt für die Sammlung von Zitaten oder Sprüchen.

226

Die Zitierfreiheit setzt aber voraus, dass das **zitierte Werk veröffentlicht**[58] ist. Das Urheberpersönlichkeitsrecht, insbesondere das Erstveröffentlichungsrecht (§ 12 UrhG), gebietet diese Voraussetzung. Während die Generalklausel und die gesetzlichen Beispiele des Groß- und Kleinzitats eine Veröffentlichung (§ 6 Abs. 1 UrhG)[59] des zitierten Werkes fordern, fordert das Musikzitat die Anführung eines Werkes nach seinem **Erscheinen** (§ 6 Abs. 2 UrhG). Ersteres erfordert, dass das Werk mit der Zustimmung des Berechtigten der Öffentlichkeit[60] zugänglich gemacht worden ist (§ 6 Abs. 1 UrhG), während Zweiteres voraussetzt, dass mit der Zustimmung des Berechtigten **Vervielfältigungsstücke** des Werkes nach ihrer Herstellung in genügender Anzahl der Öffentlichkeit[61] angeboten oder

227

---

52 BGH, Urt. v. 30.06.1994 – I ZR 32/92 (Museumskatalog), GRUR 1994, 800, 802; Dreier/Schulze, UrhG, § 51, Rn. 24; aA. *Lüft*, in: Wandtke/Bullinger, UrhG, § 51, Rn. 8; *Schricker/Spindler*, in: Schricker/Loewenheim, UrhG, § 51 Rn 20.
53 BGH, Urt. v. 23.05.1985 – I ZR 28/83 (Geistchristentum), GRUR 1986, 59.
54 *Dreier*, in: Dreier/Schulze, UrhG, § 51, Rn. 7.
55 BGH, Urt. v. 22.09.1972 – I ZR 6/71 (Handbuch moderner Zitate), GRUR 1973, 216, 217 f.; BGH, Urt. v. 30.06.1994 – I ZR 32/92 (Museumskatalog), GRUR 1994, 800, 802; BGH, Urt. v. 23.05.1985 – I ZR 28/83 (Geistchristentum), GRUR 1986, 59; *Ulmer*, UrhR, S. 314.
56 OLG München, Beschl. v. 16.10.2007 – 29 W 2325/07 (Anwaltsschriftsatz), GRUR 2008, 337.
57 *Schricker/Spindler*, in: Schricker/Loewenheim, UrhG, § 51, Rn. 7 mwN.
58 *Bisges*, UFITA 2014, 363 ff.
59 Zur Veröffentlichung siehe Kap. 1, Rn. 246 ff. sowie Kap. 2, Rn. 6 ff.
60 *Bisges*, UFITA 2014, 363 ff.
61 *Bisges*, UFITA 2014, 363 ff.

in Verkehr gebracht wurden (§ 6 Abs. 2 UrhG). Ein Werk gilt als veröffentlicht, wenn die **Öffentlichkeit die tatsächliche Möglichkeit hat, gleich auf welche Art und Weise den Inhalt des Werkes wahrzunehmen.** Es kommt dabei nicht auf eine urheberrechtliche Verwertungshandlung (§ 15 UrhG) an, sondern auch alle anderen tatsächlichen Handlungen, wie das Einstellen eines Buches in eine öffentliche Bibliothek, genügen hierzu.[62]

228 Demgegenüber ist das **Erscheinen eine qualifizierte Form der Veröffentlichung** und setzt zunächst die Festlegung und Anfertigung von Vervielfältigungsstücken sowie deren Angebot an die Öffentlichkeit bzw. deren Inverkehrsetzen voraus (§ 6 Abs. 2 UrhG).[63]

d) Keine Beeinträchtigung der normalen Auswertung des zitierten Werkes

229 Neben den gesetzlich normierten Voraussetzungen der Zitierfreiheit ergibt sich aus Art. 5 Abs. 2 RBÜ[64] ebenso wie aus Art. 13 des TRIPS-Übereinkommens[65] sowie auch aus Art. 10 WCT[66] und schließlich aus Art. 5 Abs. 5 der Informations-Richtlinie[67] die **Unzulässigkeit des Zitats** dann, wenn es dem Urheber **nicht zumutbare Beeinträchtigungen** der Verwertung des Werkes mit sich bringt.[68] Von einer nicht mehr zumutbaren Beeinträchtigung ist dann auszugehen, wenn es sich für den interessierten Nutzer erübrigen würde, das zitierte Werk zu erwerben[69] oder auch dann, wenn durch die unzutreffende Auswahl der zitierten Stelle ein falscher Gesamteindruck[70] entstünde oder das Werk entfremdet würde. Wird beispielsweise eine Vielzahl von Gemälden wiedergegeben, die zwar zu einem bestimmten Thema gehören, aber werden diese nicht konkret erörtert, dann ist von einer Ausschmückung auszugehen.

3. Änderungsverbot

230 Die Aufnahme oder Anführung eines fremden Werkes in einem eigenen Werk ist nur unter der Beachtung des Änderungsverbotes zulässig (§ 62 UrhG).[71]

---

62 *Dreier*, in: Dreier/Schulze, UrhG, § 6, Rn. 6 ff.
63 *Dreier*, in: Dreier/Schulze, UrhG, § 6, Rn. 12 ff.
64 Zur RBÜ siehe allgemein Kap. 11, Rn. 202 ff.
65 Zum TRPIS-Übereinkommen siehe allgemein Kap. 11, Rn. 216 ff.
66 Zum WCT siehe allgemein Kap. 11, Rn. 219 ff.
67 Siehe Kap. 11, Rn. 238 ff.
68 BGH, Urt. v. 23.05.1985 – I ZR 28/83 (Geistchristentum), GRUR 1986, 59, 61; BGH, Urt. v. 04.12.1986 – I ZR 189/84 (Filmzitat), GRUR 1987, 362, 364; *Schricker/Spindler*, in: Schricker/Loewenheim, UrhG, § 51, Rn. 23; *Dreier*, in: Dreier/Schulze, UrhG, § 51, Rn. 4 f.; vgl. im Übrigen o. Rn. 13.
69 BGH, Urt. v. 23.05.1985 – I ZR 28/83 (Geistchristentum), GRUR 1986, 59, 61.
70 BGH, Urt. v. 03.04.1968 – I ZR 83/66 (Kandinsky), GRUR 1968, 607, 611.
71 Vgl. oben, Rn. 28 ff.

4. Quellenangabepflicht

Das Zitat ist nur dann zulässig, wenn **gleichzeitig mit dem Zitat die Quelle angegeben** wird (§ 63 UrhG).[72] Nach früherer Auffassung[73] führte das Unterlassen einer Quellenangabe nicht zur Rechtswidrigkeit des Zitats. Da jedoch nunmehr Art. 5 Abs. 3 Lit. d) der Informations-Richtlinie[74] die Angabe der Quelle mit dem Namen des Urhebers als Zulässigkeitsvoraussetzung sieht, müsste das Unterlassen der Quellenangabe zu einer rechtswidrigen Nutzung der zitierten Stelle führen.[75]

231

5. Gesetzliche Beispiele

a) Großzitat

§ 51 S. 2 Nr. 1 UrhG gestattet die Aufnahme eines einzelnen Werkes nach seiner Veröffentlichung (§ 6 Abs. 1 UrhG) in ein selbständiges wissenschaftliches Werk zur Erläuterung des Inhalts, das sog. Großzitat. Privilegiert sind wissenschaftliche Werke. Die Wissenschaft wird als jede ernsthafte, methodisch geordnete Suche nach Erkenntnis definiert. Damit ergibt sich, dass privilegierte Werke solche sind, die sich um einen methodischen Erkenntnisgewinn bemühen und auch jene, die sich mit den Erkenntnissen auseinandersetzen bzw. darüber berichten.[76]

232

Im Hinblick auf den Zweck des Zitatrechts, nämlich die Auseinandersetzung mit dem Gedankengut zu ermöglichen, ist der Begriff Wissenschaft weit auszulegen, sodass darunter auch populärwissenschaftliche Werke zu fassen sind.[77] Nicht zu den wissenschaftlichen Werken gehören aber solche Werke, die in erster Linie der Erbauung und Unterhaltung dienen, geschäftliche Werbung und schließlich auch die politische weltanschauliche Agitation und Propaganda.[78]

233

Welcher Werkgattung das zitierende Werk angehören muss, bestimmt die Vorschrift nicht. Eine entsprechende **Beschränkung existiert nicht**. Zitierende Werke können also Schriftwerke, Filmwerke und Fernsehsendungen ebenso wie Multimediawerke sein, nicht dagegen funktional technische Werke, wie ein Computerprogramm.[79]

234

Die **Aufnahme** ist aber auf „**einzelne Werke**" beschränkt. Diese Beschränkung bezieht sich zum einen auf die Zahl der aufgenommenen Werke und zum ande-

235

---

72 Vgl. oben, Rn. 16 ff.
73 *Dreier*, in: Dreier/Schulze, UrhG, § 51, Rn. 26.
74 Siehe Kap. 11, Rn. 238 ff.
75 *Schricker/Spindler*, in: Schricker/Loewenheim, UrhG, § 51, Rn. 15.
76 OLG München, Urt. v. 16.03.1989 – 29 U 6553/88, ZUM 1989, 529, 531; *Schricker/Spindler*, in: Schricker/Loewenheim, UrhG, § 51, Rn. 31; *Dreier*, in: Dreier/Schulze, UrhG, § 51, Rn. 8.
77 *Dreier*, in: Dreier/Schulze, UrhG, § 51, Rn. 8; *Dustmann*, in: Fromm/Nordemann, UrhG, § 51, Rn. 5, 25; aA *Schricker/Spindler*, in: Schricker/Loewenheim, UrhG, § 51, Rn. 31.
78 *Schricker/Spindler*, in: Schricker/Loewenheim, UrhG, § 51, Rn. 32.
79 *Dreier*, in: Dreier/Schulze, UrhG, § 51, Rn. 9.

ren auf Art und Umfang des zitierenden Werkes.⁸⁰ Je umfangreicher das zitierende Werk ist, desto mehr Werke können aufgenommen werden. **Grenze ist die Ausschmückung** des zitierenden Werkes.⁸¹

236 Daraus wird zum einen geschlossen, dass sich aus der Beschränkung auf „einzelne" Werke eine absolute Begrenzung auf „einige wenige" im zitierenden Werk ergebe,⁸² während andere eine differenzierende Betrachtung zugrunde legen.⁸³ Nach der differenzierenden Betrachtung besteht eine höhere Interessengefährdung dann, wenn nur die Werke eines Urhebers zitiert werden mit der Folge, dass eine sehr kritische Betrachtung angezeigt wird. Werden hingegen die Werke mehrerer Urheber aufgenommen, so ist eine großzügigere Betrachtung möglich, ohne die Interessen des jeweils einzelnen Urhebers zu stark zu beeinträchtigen.

237 Der **Zitatzweck** ist enger als jener, der in der Generalklausel und in § 51 Nr. 2 und 3 UrhG⁸⁴ erwähnt wird; er gestattet nur die **Erläuterung des Inhalts**, da durch den Abdruck eines vollständigen Werkes eine höhere Beeinträchtigung der Interessen des Urhebers droht.

b) Kleinzitat

238 Gem. § 51 Abs. 1 S. 2 Nr. 2 UrhG dürfen Stellen eines Werkes nach ihrer Veröffentlichung (§ 6 Abs. 1 UrhG) in einem selbständigen Sprachwerk angeführt werden, das sogenannte **Kleinzitat**. Nach dem Gesetzestext sind nur Sprachwerke (§ 2 Abs. 1 Nr. 1 UrhG) privilegiert. Der frühere Streit darüber, ob die Regelung analog auf andere Werke anwendbar ist, hat sich durch die Neufassung, insbesondere die Bildung der Generalklausel in § 51 S. 1 UrhG, erübrigt. Das zitierende Werk ist berechtigt, **Stellen eines Werkes aufzunehmen**, also kleine Ausschnitte.⁸⁵ Der Umfang dieses Ausschnittes bestimmt sich zum einen nach dem Verhältnis der zitierten Stelle einerseits und dem gesamten Werk, aus dem die zitierte Stelle stammt sowie andererseits nach seinem absoluten Umfang. Zulässig sind danach bei kleinen Werken eher geringere übernommene Stellen und bei größeren Werken eher

---

80 BGH, Urt. v. 03.04.1968 – I ZR 83/66 (Kandinsky), GRUR 1968, 607, 610; *Dreier*, in: Dreier/Schulze, UrhG, § 51, Rn. 11; *Schricker/Spindler*, in: Schricker/Loewenheim, UrhG, § 51, Rn. 34.
81 BGH, Urt. v. 03.04.1968 – I ZR 83/66 (Kandinsky), GRUR 1968, 607, 610.
82 BGH, Urt. v. 03.04.1968 – I ZR 83/66 (Kandinsky), GRUR 1968, 607, 610; *Dreier*, in: Dreier/Schulze, UrhG, § 51, Rn. 11; *Schricker/Spindler*, in: Schricker/Loewenheim, UrhG, § 51, Rn. 34.
83 *Schricker/Spindler*, in: Schricker/Loewenheim, UrhG, § 51, Rn. 34 mwN.; *Dreier*, in: Dreier/Schulze, UrhG, § 51, Rn. 11.
84 BGH, Urt. v. 30.06.1994 – I ZR 32/92 (Museumskatalog), GRUR 1994, 800, 802; *Schricker/Spindler*, in: Schricker/Loewenheim, UrhG, § 51, Rn. 39 mwN.; *Dreier*, in: Dreier/Schulze, UrhG, § 51, Rn. 13.
85 BVerfG, Beschl. v. 29.06.2000 – I BvR 825/98 (Germania 3), GRUR 2001, 149, 151 f.; BGH, Urt. v. 30.11.2011 – I ZR 212/10 (Blühende Landschaften), GRUR 2012, 819, *Dreier*, in: Dreier/Schulze, UrhG, § 51, Rn. 14; *Ulmer*, UrhR, S. 314.

größere Stellen.[86] Ergänzend darf ein absoluter Umfang nicht überschritten werden, wobei es keine arithmetischen Maßstäbe gibt.[87]

Wie umfangreich die zu übernehmende Stelle sein darf, hängt zum anderen von dem Zitatzweck, der über die **bloße Erläuterung** hinausgehen darf[88] und auch davon ab, dass **keine unzumutbare Beeinträchtigung** der Verwertung des zitierten Werkes eintreten darf. So kann die Verwendung als Motto[89] und auch als künstlerisches Stilmittel[90] zulässig sein. Im Übrigen sind die Besonderheiten des zitierten Werkes ebenso zu berücksichtigen wie diejenigen des aufnehmenden Werkes, sodass sich der **Umfang** des Zitats letztlich aus einer **Abwägung aller Interessen** ergibt. Voraussetzung des zulässigen Zitats ist, dass das zitierte Werk bzw. seine Werkteile bereits veröffentlicht sind (§ 6 Abs. 1 UrhG). 239

c) Musikzitat

Das Urheberrecht gestattet es, einzelne Stellen eines erschienenen (§ 6 Abs. 1 UrhG) **Werkes der Musik** in einem selbständigen Werk der Musik **anzuführen**. Voraussetzung für das Musikzitat ist also, dass sowohl das zitierte als auch das zitierende Werk Werke der Musik sind (§ 2 Abs. 1 Nr. 2 UrhG). 240

Das zitierende Werk muss selbständig sein. Daran fehlt es, wenn die zitierte Tonfolge dem zitierenden Werk zugrunde liegt[91] und wenn die fremde Melodie lediglich die Grundlage für Variationen ist. 241

6. Gerichtlich anerkannte Zitierfreiheit

Bis zur Gesetzesnovelle 2007 beschränkte sich das Zitatrecht auf eine kasuistische Regelung der jetzigen gesetzlichen Beispiele. Trotz des Gebotes, Ausnahmevorschriften eng auszulegen, bedurfte es einer erweiterten Auslegung im Hinblick auf die Meinungs- und Kunstfreiheit. Die erweiternde und ergänzende Auslegung[92] führte zur Anerkennung **weiterer Zitatformen**. 242

So erkannte die Rechtsprechung das Kleinzitat nicht nur für Sprachwerke, sondern auch für Film- und Fernsehsendungen (**Filmzitat**),[93] pantomimische Werke gem. § 2 Abs. 1 Nr. 3 UrhG,[94] wissenschaftliche und technische Darstellungen gem. § 2 Abs. 1 Nr. 7 UrhG[95] und Multimediawerke[96] an. 243

---

86 BGH, Urt. v. 23.05.1985 – I ZR 28/83 (Geistchristentum), GRUR 1986, 59, 61.
87 *Schricker/Spindler*, in: Schricker/Loewenheim, UrhG, § 51, Rn. 44 mwN.
88 BGH, Urt. v. 07.03.1985 – I ZR 70/82, (Liedtextwiedergabe I), GRUR 1987, 34, 35.
89 OLG München, Urt. v. 17.09.2009 – 29 U 3271/09 (Vom Ernst des Lebens), ZUM 2009, 970.
90 BVerfG, Beschl. v. 29.06.2000 – I BvR 825/98 (Germania 3), GRUR 2001, 149, 151 f.
91 *Ulmer*, UrhR, S. 315.
92 BGH, Urt. v. 30.11.2011 – I ZR 212/10 (Blühende Landschaften), GRUR 2012, 819.
93 BGH, Urt. v. 04.12.1986 – I ZR 189/84 (Filmzitat), GRUR 1987, 362, 364; zum Filmzitat ausführlich auch Kap. 6, Rn. 116 ff.
94 *Ulmer*, UrhR, S. 316 f.
95 *Ulmer*, GRUR 1972, 323.
96 *Bisges*, GRUR 2009, 730, 731.

244 Daneben entwickelte sich das **große Kleinzitat,** insbesondere in der Form des Bildzitats, wenn die Übernahme einer Abbildung erforderlich ist.[97]

Randnummern 245–299 einstweilen frei.

---

[97] OLG Hamburg, Urt. v. 25.02.1993 – 3 U 183/92 (Altersfoto), GRUR 1993, 666; *Dreier*, in: Dreier/Schulze, UrhG, § 51, Rn. 24 mwN.

D. Informationsfreiheit

Literatur: *Bisges*, Der Öffentlichkeitsbegriff im Urheberrechtsgesetz, UFITA 2014/II, S. 363–380; *Castendyk*, Programminformationen der Fernsehsender im EPG – auch ein Beitrag zur Auslegung von § 50 UrhG, ZUM 2008, S. 916–925; *Eidenmüller*, Elektronischer Pressespiegel, CR 1992, 321, S. 322–324; *Flechsig*, Governance of Knowledge und Freiheiten selektiver Informationsbeschaffung – Über die Notwendigkeit größerer Pressespiegelfreiheit zu aktueller Informationserlangung in der Wissensgesellschaft, GRUR 2006, S. 888–893; *Rehbinder*, Der Schutz der Pressearbeit im neuen Urheberrechtsgesetz, UFITA 1966/III, S. 102–120; *Soehring*, Presserecht, 5. Aufl., 2013; *Ungern-Sternberg*, Urheberrechtliche Verwertungsrechte im Lichte des Unionsrechts, GRUR 2012, S. 1198–1205.

Soweit die Werknutzung der Befriedigung des **Informationsinteresses der Öffentlichkeit** dient, sehen die Regelungen in §§ 48 ff. UrhG Schranken der ausschließlichen Nutzungsbefugnisse des Urhebers vor. Im Zentrum steht die Förderung der Berichterstattung über tagesaktuelle Ereignisse, die den **Medien** nicht durch die Geltendmachung von Urheberrechten erschwert werden soll. 300

I. Öffentliche Reden, § 48 UrhG

1. Zweck und Bedeutung der Vorschrift

Soweit **aktuelle Reden** an die Öffentlichkeit gerichtet oder bei Verhandlungen vor staatlichen Institutionen getätigt werden, sind durch § 48 UrhG die urheberrechtlichen Ausschließlichkeitsrechte in Bezug auf die Vervielfältigung (§ 16 UrhG), Verbreitung (§ 17 Abs. 1 UrhG), öffentliche Wiedergabe (§ 15 Abs. 2 UrhG) und öffentliche Zugänglichmachung (§ 19a UrhG) im Sinne der **Informationsfreiheit**[1] eingeschränkt. So soll verhindert werden, dass nachträglich spezifische Inhalte wieder monopolisiert werden, obwohl ein Interesse der Allgemeinheit an der umfassenden Kenntnisnahme besteht. In diesem Sinne wird insbesondere den Medien ermöglicht, nicht nur über den Aussagegehalt der Rede zu berichten, sondern den konkreten Wortlaut mitzuteilen (**Nachdruckfreiheit**).[2] Es besteht dabei keine Vergütungspflicht. 301

2. Verwendung öffentlichkeitsrelevanter Reden

Um einen **Ausgleich mit den berechtigten Interessen des Rechtsinhabers** herzustellen, sieht die Regelung zur freien Verwendung urheberrechtlich geschützter Reden mehrere Einschränkungen vor, die sich in Bezug auf Reden an die Öffentlichkeit (§ 48 Abs. 1 Nr. 1 UrhG) und bei öffentlichen Verhandlungen (§ 48 Abs. 1 Nr. 2 UrhG) unterscheiden. 302

---

1 Zur Informationsfreiheit s. auch Kap. 1, Rn. 48 ff.
2 *Rehbinder*, UFITA III 1966, 102, 112; soweit nur der Aussagegehalt wiedergegeben wird, ist § 12 Abs. 2 UrhG einschlägig.

a) Aktuelle Reden an die Öffentlichkeit

aa) Tagesfragen

303 § 48 Abs. 1 Nr. 1 UrhG fordert zunächst, dass die Rede **Tagesfragen** behandelt. Nur dann besteht ein hinreichendes Interesse der Allgemeinheit, unmittelbar über den Inhalt in seiner konkreten Form informiert zu werden, das die Einschränkung der exklusiven Nutzungsbefugnis rechtfertigt (inhaltliche Einschränkung). Tagesfragen betreffen in der Regel Ereignisse, die in kurzem zeitlichem Abstand zur Rede geschehen sind. Unter der inhaltlichen Verengung auf Tagesfragen sind allerdings auch solche Themen zu verstehen, die ein **aktuelles Informationsinteresse der Öffentlichkeit** auslösen. Eine tagespolitische Rede zu einem länger zurückliegenden Vorgang kann also gleichwohl eine Tagesfrage im Sinne der Norm behandeln. Eine thematische Einschränkung auf politische oder andere ernste Fragen besteht dabei nicht; das Thema muss nur die Allgemeinheit betreffen.

304 Bei der **Qualifikation als Tagesfrage ist eine Wertungsentscheidung** erforderlich, bei der die Umstände des Einzelfalls konkret zu gewichten sind. Künstlerische Beiträge sind dabei grundsätzlich ebenfalls geeignet, Tagesfragen aufzuarbeiten.[3] Gleiches gilt für komplizierte Reden, auch wenn sie nicht unbedingt in allgemein verständlicher Form gehalten wurden.[4] Der Tatbestand kennt keine Einschränkungen im Hinblick auf Form und Komplexität der Rede; eine solche Grundentscheidung wäre auch nicht im Geiste des Gesetzes.

305 **Wissenschaftliche Reden** über Grundsatzfragen sind dagegen zB. nicht von der Regelung erfasst; denn bei prinzipiellen Erörterungen fehlt es am dringenden und vor allem unmittelbaren Informationsbedürfnis der Öffentlichkeit. Auch wenn Reden, die ihrerseits nicht Tagesfragen betreffen, **bei Tagesereignissen** gehalten werden, etwa eine Rede zu historischen Zusammenhängen bei einer politischen Veranstaltung, ist die Norm nicht einschlägig.[5] Dass eine Rede Tagesfragen nur streift, spricht ebenfalls dagegen, ihre Verwendung durch die Norm zu legitimieren. Denn ein öffentliches Interesse an der Äußerung insgesamt liegt dann eher fern. § 48 Abs. 1 Nr. 1 UrhG kann in solchen Fällen jedenfalls nur die Verwendung des tagesrelevanten Teils der Rede rechtfertigen.[6]

bb) Auf öffentlichen Versammlungen gehaltene Reden

306 Als weitere Einschränkung neben dem Aktualitätsbezug muss die Rede bei einer **öffentlichen Versammlung** gehalten worden sein. Der Rechtsinhaber muss sich also mit seinem Werk freiwillig an die Öffentlichkeit gewandt haben (anlassbezogene Einschränkung). Unter einer öffentlichen Versammlung ist eine Veranstaltung zu verstehen, die einem **nicht begrenzten Teilnehmerkreis** potentiell

---

3 Str., vgl. *Melichar*, in: Schricker/Loewenheim, UrhG, § 48, Rn. 4.
4 Str., vgl. *Dreier*, in: Dreier/Schulze, UrhG, § 48, Rn. 5.
5 *Engels*, in: Ahlberg/Götting, BeckOK UrhG, § 48, Rn. 7.
6 Insbesondere bei der Verwendung einzelner Passagen kann auch das Zitatrecht gemäß § 51 UrhG einschlägig sein.

offensteht. Es ist unschädlich, wenn ggf. ein Eintrittsgeld zu bezahlen ist, Minderjährige ausgeschlossen sind oder die Kapazität des Veranstaltungsorts begrenzt ist, soweit sich die Veranstaltung gleichwohl im Grunde an jedermann richtet.[7] Der Begriff der Öffentlichkeit ist hier also anders qualifiziert als im Bereich des § 15 Abs. 3 UrhG, wo es bereits ausreicht, dass sich die verschiedenen Beteiligten nicht persönlich kennen.[8] Auf europäischer Ebene wird der **Öffentlichkeitsbegriff** allerdings insgesamt enger verstanden und durch subjektive Aspekte ergänzt, indem vor allem darauf abgestellt wird, ob sich die Wiedergabe der Inhalte gezielt an ein aufnahmebereites Publikum richtet.[9] Dies sollte bei einer Rede aber regelmäßig der Fall sein. Während also die klassische und in Deutschland immer noch vertretene Interpretation des § 15 Abs. 3 UrhG den Urheber schützt, indem bereits die Wiedergabe gegenüber kleinen Gruppen dem Ausschließlichkeitsrecht unterfällt, ist für dessen Einschränkung jedenfalls die selbst gewählte Adressierung an eine breite Öffentlichkeit erforderlich. Typische Beispiele für **öffentliche Veranstaltungen** sind Demonstrationen von Gewerkschaften oder politische Kundgebungen. Im Gegensatz hierzu liegt keine öffentliche Versammlung im Sinne der Norm vor, wenn die Veranstaltung sich an einen spezifischen, abgeschlossenen Kreis wendet, etwa an Aktionäre oder Vereinsmitglieder.[10]

cc) Öffentlich wiedergegebene Reden

Entsprechend zu Reden bei öffentlichen Versammlungen werden Reden bewertet, die **im Rundfunk gesendet** (§ 20 UrhG)[11] oder **im Internet öffentlich zugänglich gemacht** (§ 19a UrhG)[12] worden sind. An der medialen Verbreitung zeigt sich wiederum, dass die Rede einen Bezug zur Öffentlichkeit aufweist, der auch ihre Weiterverwendung durch Dritte rechtfertigen kann. Die einer Rede unter Umständen nahe stehenden Rundfunkkommentare unterfallen der Sondernorm in § 49 UrhG.

307

---

7 *Dreier*, in: Dreier/Schulze, UrhG, § 48, Rn. 6.
8 Die Rechtsprechung des *Europäischen Gerichtshofs* hat die verschiedenen Auslegungen indes einander angenähert, indem grundsätzlich eine „unbestimmte Zahl potentieller Leistungsempfänger und recht viele Personen" gefordert werden, um von einer relevanten Öffentlichkeit im Sinne des Urheberrechts auszugehen, s. EuGH, Urt. v. 15.03.2012 – C-135/10 (SCF), GRUR 2012, 593, 596. Vgl. zur Auslegung des Öffentlichkeitsbegriffs *Bisges*, UFITA 2014/II, 363; sowie Kap. 1, Rn. 245 ff. und Kap. 2, Rn. 6 ff.
9 EuGH, Urt. v. 15.03.2012 – C-162/10 (Phonographic Performances), GRUR 2012, 597, 599. Daneben soll die Verfolgung von Erwerbszwecken als Indiz herangezogen werden. Eine solche Motivation wird bei öffentlichen Reden nicht unbedingt vorliegen, womit ein Öffentlichkeitsbezug indes nicht ausgeschlossen ist, vgl. hierzu *Ungern-Sternberg*, GRUR 2012, 1198 1202.
10 *Melichar*, in: Schricker/Loewenheim, UrhG, § 48, Rn. 5.
11 Zum Senderecht siehe Kap. 2, Rn. 274 ff.
12 Zum Recht der öffentlichen Zugänglichmachung siehe Kap. 2, Rn. 260 ff.

b) Reden bei Verhandlungen vor staatlichen Institutionen

308 Gemäß § 48 Abs. 1 Nr. 2 darf eine Rede verwendet werden, die im Rahmen einer **öffentlichen Verhandlung vor staatlichen, kommunalen oder kirchlichen Organen** gehalten wurde. Sie unterfällt der Schrankenregelung dann **unabhängig davon, ob sie Tagesfragen betrifft**, und kann damit alle denkbaren Themen zum Gegenstand haben. In diesem Zusammenhang reicht der Allgemeinbezug der maßgeblichen staatlichen Institutionen bereits aus, um eine Zugangsmöglichkeit unter Verkürzung des Ausschließlichkeitsrechts des Urhebers zu rechtfertigen. Eine Verhandlung im Sinne der Norm ist – wie in Bezug auf Versammlungen – öffentlich, wenn potentiell jedermann Zugang hat. Zudem zeichnet sie sich dadurch aus, dass die **Möglichkeit der Gegenrede** besteht, auch wenn diese im Endeffekt nicht genutzt wird.

309 Der Begriff eines staatlichen, kommunalen oder kirchlichen Organs ist nicht zu eng zu verstehen.[13] Hierunter fallen vielmehr **alle wesentlichen und gesetzlich vorgesehenen Institutionen des Staates, der Kommunen und der Kirche** wie etwa Gerichte, Parlamente, Gemeindevertretungen oder Kirchenkonferenzen. Dagegen sind Einrichtungen der politischen Parteien sowie nicht durch die angesprochenen Körperschaften institutionalisierte Veranstaltungen nicht erfasst, auch wenn sie der öffentlichen Meinungsbildung dienen.[14]

3. Anforderungen an die Nutzung

310 Die Reden dürfen vervielfältigt, verbreitet und öffentlich wiedergegeben werden. Unter die öffentliche Wiedergabe fällt insbesondere auch die öffentliche Zugänglichmachung **im Internet** gemäß § 19a UrhG.[15] Während in Bezug auf die Vervielfältigung und Verbreitung an die Öffentlichkeit gerichteter Reden zu Tagesfragen nur bestimmte aktuelle Medien privilegiert sind, greift die Schranke im Übrigen ohne diese Einschränkung.

a) Aktuelle Reden: Begrenzung der Nutzungsfreiheit auf tagesaktuelle Medien

311 Die **Vervielfältigung und Verbreitung** an die Allgemeinheit gerichteter Reden, die auf einer öffentlichen Versammlung gehalten oder öffentlich wiedergegeben worden sind, darf gemäß § 48 Abs. 1 Nr. 1 UrhG im Rahmen von Zeitungen, Zeitschriften, anderen Druckschriften oder auch auf sonstigen Datenträgern erfolgen. Unter anderen Druckschriften sind insbesondere die Publikationen von Nachrichtendiensten oder Rundbriefe zu verstehen. Sonstige Datenträger sind etwa CD-ROMs oder USB-Sticks.

312 Zu beachten ist die gesetzliche **Vorgabe, dass diese Medien im Wesentlichen den Tagesinteressen Rechnung tragen müssen.** Es ist also spiegelbildlich zur thematischen Aktualität der Rede auch der Kontext einer aktuellen Berichterstattung ge-

---

13 *Lüft*, in: Wandtke/Bullinger, UrhG, § 48, Rn. 6.
14 *Dreier*, in: Dreier/Schulze, UrhG, § 48, Rn. 8.
15 Zum Recht der öffentlichen Zugänglichmachung siehe Kap. 2, Rn. 260 ff.

fordert. Dies ist jedenfalls bei den üblichen regionalen und überregionalen Zeitungen der Fall. Durchaus umstritten war wegen des Erfordernisses des Tagesbezugs in Bezug auf Zeitschriften die Frage, ob auch im Wochen- oder Monatsrhythmus erscheinende Magazine sich auf die Schrankenregelung berufen können. Insofern ist mittlerweile geklärt, dass **auch periodische Nachrichtenmagazine** diese Voraussetzung erfüllen können, wenn sie der Information über aktuelle Themen dienen. Selbst Fachmagazine können von der Regelung erfasst sein, solange sie einen Bezug zur aktuellen Entwicklung aufweisen. Dass neben tagesaktuellen Themen in untergeordnetem Maße auch langlebigere oder grundsätzliche Themen angesprochen werden, ist nicht schädlich.[16] Insofern gilt für die aufgreifenden Medien beim Aktualitätsbezug ein weniger strenger Maßstab als für die Rede und deren Thema. Eine redaktionelle Gestaltung ist zudem nicht unbedingt erforderlich.[17]

Die **öffentliche Wiedergabe der Rede, auch im (Live-)Rundfunk oder im Internet** ist dagegen grundsätzlich von der Schrankenregelung privilegiert. Im Fernsehen, Radio oder Internet dürfen die besonders qualifizierten Reden dementsprechend ohne Einschränkung in Bezug auf die Aktualität des Mediums verwendet werden. Sendeunternehmen dürfen zudem, um eine zeitversetzte Sendung zu ermöglichen, im Rahmen des § 55 UrhG Vervielfältigungen erstellen. 313

b) Reden vor Institutionen: Allgemeine Nutzungsfreiheit

Soweit die Rede vor einer staatlichen, kommunalen oder kirchlichen Institution gehalten wurde, ist ebenfalls **keine Nutzungsbeschränkung zugunsten tagesaktueller Medien** gegeben. Vielmehr darf die Rede allgemein vervielfältigt, verbreitet und öffentlich wiedergegeben werden. 314

c) Kein Recht zur Aufnahme der Reden in Sammlungen

Um eine Kommerzialisierung von Redemanuskripten durch Dritte zu verhindern – diese soll dem Urheber vorbehalten sein – verbietet § 48 Abs. 2 UrhG mit Verweis auf § 48 Abs. 1 Nr. 2 UrhG die Verbreitung und Vervielfältigung von Reden, die bei öffentlichen Verhandlungen gehalten worden sind, in Form einer **Sammlung, die überwiegend Reden desselben Urhebers** enthält. Es ist umstritten, ob hierbei ein quantitativer oder qualitativer Maßstab anzulegen ist.[18] Insofern ist eine wertende Gesamtbetrachtung erforderlich. Angesichts der gesetzlichen Vorgabe, dem Berechtigten die kommerzielle Auswertung seiner Schöpfung vorzubehalten, kommt es entscheidend darauf an, ob die **Reden eines Urhebers als Verkaufsargument** dienen. Zudem wäre es mit dem Zweck der Regelung nicht vereinbar, wenn alle Reden eines Urhebers in einen Band aufgenommen werden, 315

---

16 OLG München, Urt. v. 21.03.2002 – 6 U 3820/01 (Herkömmlicher Pressespiegel), GRUR 2002, 875, 876.
17 *Dreier*, in: Dreier/Schulze, UrhG, § 48, Rn. 7.
18 Für eine Grenze bei 50% des Texts der Sammlung *W. Nordemann*, in: Fromm/Nordemann, UrhG, § 48, Rn. 9. Für die Berücksichtigung des inhaltlichen Schwerpunkts *Lüft*, in: Wandtke/Bullinger, UrhG, § 48, Rn. 7.

selbst wenn dieser eine große Vielzahl anderer, bekannter Reden beinhaltet. In Bezug auf Reden zu Tagesfragen, die § 48 Abs. 1 Nr. 1 UrhG unterfallen, ergibt sich das entsprechende Ergebnis bereits daraus, dass ohnehin nur eine Vervielfältigung in tagesaktuellen Medien zulässig ist. Eine Vervielfältigung wäre aber im Zweifel auch Voraussetzung für die öffentliche Wiedergabe im Rahmen (datenbankbasierter Online-)Sammlungen.

d) Sonstige allgemeine Vorgaben

316 Die Nutzung ist erst gestattet, nachdem die **Rede tatsächlich gehalten oder anderweitig kundgegeben** wurde. Selbst die Inhaltsmitteilung nach § 12 Abs. 2 UrhG[19] ist solange dem Urheber vorbehalten, wie die Rede oder deren wesentlicher Inhalt noch nicht mit seiner Zustimmung veröffentlicht wurde. Dementsprechend sind insbesondere **inoffiziell erlangte Redemanuskripte nicht von der Schrankenregelung erfasst**. Zudem sind die Vorgaben des Urheberpersönlichkeitsrechts zu beachten, die insbesondere Änderungen der konkreten Formulierung bei einer vermeintlich originalgetreuen Wiedergabe der Rede verbieten (vgl. § 62 UrhG).[20] Die Verwendung von Auszügen ist indes durch § 62 Abs. 2 UrhG gedeckt und stellt keine unzulässige Bearbeitung dar. Dies gilt zumindest, soweit der Sinngehalt der Rede damit nicht bewusst entstellt wird. Zudem besteht die grundsätzliche Pflicht zur Quellenangabe gemäß § 63 UrhG.[21]

317 Schließlich sind die speziellen Vorgaben anderer Gesetze zu beachten; insbesondere ist es gemäß § 168 S. 2 GVG untersagt, bei **Gerichtsverhandlungen** Ton- und Filmaufnahmen zu erstellen. Die dort gehaltenen Reden, etwa anwaltliche Plädoyers, müssen daher mitgeschrieben werden, um anschließend im Rahmen von § 48 Abs. 1 Nr. 2 UrhG verwendet zu werden. Zudem kann die Ausübung des Hausrechts Implikationen mit sich bringen, etwa indem Filmaufnahmen untersagt werden.[22]

4. Checkliste mit Beispielen

318 Bei der Verwendung öffentlicher Reden ohne Zustimmung des Rechtsinhabers ist auf folgende Aspekte zu achten:

- Die Rede muss Themen betreffen, an denen aktuell ein **öffentliches Interesse** besteht, zB. innen- oder außenpolitische Ereignisse.
- Die Rede muss zudem **auf einer öffentlichen Versammlung gehalten** worden sein, zB. bei einer Demonstration, oder sie muss öffentlich wiedergegeben worden sein, zB. im Internet oder im Rundfunk.

---

19 Zum Recht der ersten Inhaltsmitteilung siehe Kap. 2, Rn. 37 ff.
20 Zum Änderungsverbot siehe Rn. 28 ff.
21 Hierzu siehe Rn. 16 ff.
22 Vgl. zum Verbot durch Ratsbeschl., eine öffentliche Sitzung auf Tonband aufzuzeichnen BVerwG, Urt. v. 03.08.1990 – 7 C 14/90, NJW 1991, 118.

- Die auf einer öffentlichen Versammlung gehaltene Rede darf **in aktuellen Medien vervielfältigt und verbreitet** werden, zB. in Tageszeitungen oder Nachrichtenmagazinen. Zudem darf die Rede öffentlich wiedergegeben werden, zB. im Internet oder im Rundfunk.
- Alternativ muss die Rede **vor einer staatlichen Institution gehalten** worden sein, zB. vor einem Parlament oder Ausschuss. Dann ist nicht erforderlich, dass die Rede Tagesfragen betrifft.
- Die **Vervielfältigung oder Verbreitung** einer Rede vor staatlichen Institutionen darf **ohne Einschränkung** auf aktuelle Medien erfolgen, zB. in einem Sachbuch. Es darf sich aber nicht um eine Sammlung der Reden eines bestimmten Urhebers handeln, zB. im Rahmen einer Zusammenstellung dessen bester Reden.

II. Zeitungsartikel und Rundfunkkommentare, § 49 UrhG

1. Zweck und Bedeutung der Vorschrift

Gemäß § 49 UrhG ist es zulässig, Rundfunkkommentare und Beiträge aus aktuellen Medien zu besonders öffentlichkeitswirksamen Themen zu verwenden. Insbesondere gestattet es die Norm, im Rahmen der medialen Berichterstattung **Presseschauen** zu erstellen oder **Pressespiegel** zusammenzustellen. Die Regelung erleichtert damit die **plurale Meinungsbildung** unter Berücksichtigung verschiedener Quellen. Zumindest die Verwendung ganzer journalistischer Beiträge ist aber grundsätzlich vergütungspflichtig.

2. Verwendung medialer Nachrichten

Die Norm erfasst einerseits bestimmte tagesaktuelle Beiträge zu politischen, wirtschaftlichen oder religiösen Themen und andererseits vermischte Nachrichten im Allgemeinen.

a) Einzelne Beiträge zu Tagesfragen

Die Schrankenregelung in § 49 Abs. 1 UrhG bezieht sich nur auf bestimmte Beiträge. Sie müssen **politische, wirtschaftliche oder religiöse Tagesfragen** betreffen. Die **Aktualität muss sich dabei zum Zeitpunkt der Übernahme (immer noch) ergeben**.[23] In Bezug auf die thematische Ausrichtung ist Spielraum für eine Auslegung und Wertung im Einzelfall gegeben. Ausgehend vom Sinn der Norm, die die Berichterstattung zu aktuellen Themen von allgemeiner Relevanz erleichtern möchte, fallen Beiträge mit wissenschaftlichem oder unterhaltendem Fokus nicht in den Anwendungsbereich. Soweit aber der **Schwerpunkt auf der Beschäftigung**

---

[23] *Melichar*, in: Schricker/Loewenheim, UrhG, § 49, Rn. 11; *Engels*, in: Ahlberg/Götting, BeckOK UrhG, § 49, Rn. 13 bezieht die Vorgabe dagegen nur auf die Aktualität bei der Erstveröffentlichung.

mit den relevanten Bereichen liegt, schadet eine Ergänzung mit zB. unterhaltenden Komponenten nicht.[24]

322 Es dürfen immer nur einzelne, mit anderen Worten wenige Beiträge übernommen werden, also nicht etwa alle Artikel eines Urhebers oder gar alle Artikel einer Zeitung. Hier muss wiederum der Einzelfall mit seinen Besonderheiten bewertet werden.[25] So wäre es auch nicht zulässig, einen Rundfunkkommentar als einziges Element der aufgreifenden Sendung zu verwenden. Vielmehr muss sich der verwendete **Beitrag in gewisser Weise unterordnen.**

aa) Rundfunkkommentare, Artikel und Abbildungen

323 **Rundfunkkommentare sind einer kurzen Rede ähnliche Meinungsäußerungen,** die verlesen oder frei gesprochen und dann im Sinne von § 20 UrhG gesendet werden.[26] **Vom Wortlaut nicht erfasst sind daher reine Online-Kommentare,** die im Internet öffentlich zugänglich gemacht werden.[27] Bei einer zukunftsoffenen Auslegung der Norm sind allerdings auch Video- oder Audiokommentare, die im Internet veröffentlicht werden, von der Norm erfasst. Der Zweck und die Rechtfertigung der Schrankenregelung sind hier ebenfalls gegeben. Die Kommentare können auch von mehreren Urhebern gemeinsam stammen. Umstritten ist die Frage, ob auch die **Äußerungen im Rahmen eines Interviews oder im Rahmen einer Talkrunde** als Rundfunkkommentare zu qualifizieren sind.[28] Der Zweck der Norm spricht auch in diesem Zusammenhang dafür, denn insofern findet Meinungsbildung im Rundfunk statt.

324 **Artikel sind schriftliche Ausführungen im weitesten Sinne,** solange sie über eine reine Tatsachenbeschreibung hinausgehen. Es handelt sich dann um Sprachwerke nach § 2 Abs. 1 Nr. 1 UrhG.[29] Ein redaktioneller Kontext ist nicht erforderlich, auch Interviews unterfallen wiederum der Norm.[30] Teilweise wird gegen die Anwendung auf künstlerische Beiträge wie Gedichte (zu relevanten Themen) argumentiert.[31] Hierfür liefert der Regelungszweck indes keinen Ansatz; auch solche Beiträge können ein aktuelles Informationsinteresse auslösen. Die **Artikel müssen aus Zeitungen bzw. anderen lediglich Tagesinteressen dienenden Informationsblättern stammen.** Abermals sind auch Wochen- und sogar Monatszeitschriften

---

24 *Flechsig*, GRUR 2006, 888, 892, argumentiert generell gegen die Beschränkung auf bestimmte Themenbereiche.
25 *Eidenmüller*, CR 1992, 321, 322, setzt eine Grenze bei 20 % der Artikel einer Zeitung.
26 § 49 Abs. 1 UrhG schränkt in diesem Zusammenhang gemäß §§ 87 Abs. 4, 94 Abs. 4 UrhG auch die verwandten Schutzrechte der Sendeunternehmen und Filmhersteller ein.
27 *Engels*, in: Ahlberg/Götting, BeckOK UrhG, § 49, Rn. 7; jedenfalls in Form eines Sprachwerks können sie aber Artikel im Sinne der Norm sein.
28 Dafür *Melichar*, in: Schricker/Loewenheim, UrhG, § 49, Rn. 4; dagegen *Dreyer*, in: Dreyer/Kotthoff/Meckel, UrhG, § 49, Rn. 6.
29 Zur Schutzfähigkeit von Zeitungbeiträgen insgesamt vgl. BGH, Urt. v. 16.01.1997 – I ZR 9/95 (CB-Infobank I), GRUR 1997, 459, 460.
30 *Lüft*, in: Wandtke/Bullinger, UrhG, § 49, Rn. 5.
31 *Dreyer*, in: Dreyer/Kotthoff/Meckel, UrhG, § 49, Rn. 7.

durchaus geeignet, Tagesinteressen zu dienen.³² Dies gilt jedenfalls, wenn sie nicht primär als zu archivierende Nachschlagewerke genutzt werden, sondern als Nachrichtenmagazine zur Unterrichtung über aktuelle Themen.³³ Unter Informationsblättern sind an die Öffentlichkeit gerichtete Publikationen zu verstehen, die im Sinne des § 6 Abs. 2 UrhG erschienen sind.³⁴ Es ist bislang nicht eindeutig geklärt, ob die Verwendung nur online verfügbarer Beiträge unter die Regelung fällt. Es spricht wiederum viel dafür, solche Beiträge einzubeziehen, da etwa die Artikel in Blogs mittlerweile eine ähnliche Bedeutung für die öffentliche Meinungsbildung haben können wie klassische Zeitungsartikel.³⁵

Zudem werden von der Schranke **alle Abbildungen erfasst, die im Zusammenhang mit den angesprochenen Artikeln veröffentlicht wurden, zB. Infografiken oder Fotografien.** Die Regelung betrifft in diesem Sinne Lichtbilder und Lichtbildwerke ebenso wie Darstellungen wissenschaftlicher oder technischer Art. 325

bb) Implikationen eines Rechtevorbehalts

Dem Rechtsinhaber wird die Möglichkeit eingeräumt, durch einen **konkreten Rechtevorbehalt** eine Nutzung seines Werks zu verhindern. Zu fordern ist die **artikelbezogene Angabe, dass eine Drittnutzung nicht gewünscht wird.** Umstritten ist, ob dies auch generell für eine gesamte Publikation geschehen kann, etwa im Rahmen des Impressums.³⁶ Um die Wertung des Gesetzes nicht zu konterkarieren, ist ein spezifischer Hinweis bei Veröffentlichung erforderlich. Nur so wird dem Nutzungswilligen unmittelbar signalisiert, dass die Privilegierung der Schrankenregelung aufgrund einer individuellen Entscheidung des Berechtigten nicht zur Anwendung kommen kann. Praktisch sind solche Vorbehalte jedenfalls im Bereich der etablierten Medien selten. 326

b) Vermischte Nachrichten

In Abgrenzung zu den in § 49 Abs. 1 UrhG angesprochenen Beiträgen mit einer journalistischen Individualität werden von § 49 Abs. 2 UrhG vermischte **Nachrichten tatsächlichen Inhalts** und Tagesneuigkeiten, die durch Presse oder Funk veröffentlicht worden sind, erfasst. Insofern besteht keine Möglichkeit, eine Nutzung durch einen Vorbehalt der Rechte zu blockieren. 327

---

32 Hierzu siehe oben, Rn. 312.
33 BGH, Urt. v. 27.01.2005 – I ZR 119/02 (Wirtschaftswoche), GRUR 2005, 670; gegen die entsprechende Einordnung eines alle zwei Monate erscheinenden Magazins vgl. KG, Beschl. v. 06.04.2011 – 24 U 1/11 (Editorial), GRUR-RR 2012, 194.
34 *Melichar*, in: Schricker/Loewenheim, UrhG, § 49, Rn. 6.
35 Für eine analoge Anwendung der Norm auf solche Beiträge auch *Dreier*, in: Dreier/Schulze, UrhG, § 49, Rn. 7; dagegen *Dreyer*, in: Dreyer/Kotthoff/Meckel, UrhG, § 49, Rn. 10; vgl. auch OLG Köln, Urt. v. 30.12.1999 – 6 U 151/99 (Elektronischer Pressespiegel), GRUR 2000, 417.
36 Dafür *Soehring*, S. 41; dagegen die urheberrechtliche Literatur, vgl. *Lüft*, in: Wandtke/Bullinger, UrhG, § 49, Rn. 11.

3. Anforderungen an die Nutzung

328 Die Norm gestattet in Bezug auf einzelne Beiträge zu Tagesfragen sowie die in diesem Zusammenhang verfügbaren Abbildungen bestimmte medienbezogene Nutzungen. Diese sind grundsätzlich vergütungspflichtig. Weitergehende Befugnisse gelten in Bezug auf vermischte Nachrichten.

a) Verwendung zur Berichterstattung

329 Wie bei § 48 Abs. 1 Nr. 1 UrhG ist die Vervielfältigung und Verbreitung wiederum nur bestimmten Medien gestattet, hier nämlich „anderen Zeitungen und Informationsblättern dieser Art". **Auch die aufnehmenden Medien müssen also im Schwerpunkt den Tagesinteressen dienen.**[37] Eine gewisse Einschränkung gilt in Bezug auf Informationsblätter. Jene, aus denen übernommen wird, müssen erschienen sein; solche, die übernehmen, können sich auch an beschränkte Adressatenkreise werden, insbesondere im Rahmen unternehmens-, behörden- oder verbandsinterner Pressespiegel. Denn hieraus folgt sogar eine geringere Belastung des Rechtsinhabers als durch die Übernahme in öffentliche Publikationen.[38] Die öffentliche Wiedergabe, auch per Rundfunk und Internet, steht jedermann frei.

b) Besonderheiten bei Pressespiegeln

330 Eine große Streitfrage des Urheberrechts zu Beginn der 2000er-Jahre drehte sich um die **Zulässigkeit elektronischer Pressespiegel**. Der *Bundesgerichtshof* hat im Jahr 2002 entschieden, dass das insofern nicht eindeutige Gesetz unter Berücksichtigung der technischen Entwicklungen ausgelegt werden muss.[39] In diesem Sinne sind **Pressespiegel zB. im PDF-Format ebenso zulässig wie solche auf Basis von Papierkopien**. Allerdings ist mit der Rechtsprechung darauf zu achten, dass hier ein funktionaler Gleichlauf erhalten bleibt und die potentiellen Vorteile der digitalen Nutzung nicht ausgereizt werden. Daher ist insbesondere darauf zu achten, dass keine Möglichkeit zur direkten Weiterverarbeitung der Texte besteht. Zudem ist die **Anwendung der Schrankenregelung internen Pressespiegeln vorbehalten**. Die Möglichkeit zum Vertrieb digitaler Pressespiegel an die Allgemeinheit würde dagegen die Rechte des Urhebers zu stark entwerten; daher ist ein begrenzter Empfängerkreis zu fordern.[40]

c) Vergütungspflicht

331 Die Nutzung der Beiträge löst einen **Vergütungsanspruch des Rechtsinhabers** aus; es handelt sich dementsprechend um eine **gesetzliche Lizenz**. Der Anspruch kann nur von einer Verwertungsgesellschaft geltend gemacht werden. Der Verwer-

---

37 Hierzu siehe oben, Rn. 312.
38 *Melichar*, in: Schricker/Loewenheim, UrhG, § 49, Rn. 12.
39 BGH, Urt. v. 11.07.2002 – I ZR 255/00 (Elektronischer Pressespiegel), GRUR 2002, 963.
40 Vgl. KG, Urt. v. 30.04.2004 – 5 U 98/02 (Ausschnittdienst), GRUR-RR 2004, 228, 230; OLG Hamburg, Urt. v. 24.04.2003 – 5 U 127/01, ZUM-RD 2004, 26, 30.

tungsgesellschaft stehen insbesondere Auskunftsansprüche zu, um die Vergütung auch durchzusetzen.⁴¹ Eine **Ausnahme von der grundsätzlichen Vergütungspflicht besteht, soweit die Verwendung der Beiträge im Rahmen einer Übersicht kurzer Auszüge** erfolgt. Diese Privilegierung betrifft insbesondere Pressespiegel.

d) Verwendung vermischter Nachrichten

Vergütungsfrei ist die Vervielfältigung, Verbreitung und öffentliche Wiedergabe vermischter Nachrichten tatsächlichen Inhalts und von Tagesneuigkeiten, wenn diese durch Presse oder Funk veröffentlicht worden sind. Wegen dieser Regelung ist die Frage, ob solche wenig individuellen Beiträge überhaupt Urheberschutz genießen, im Wesentlichen akademischer Natur.⁴² Ihre Verwendung ist jedenfalls frei.⁴³   *332*

e) Sonstige allgemeine Vorgaben

Es sind das Änderungsverbot aus § 62 Abs. 1 UrhG⁴⁴ und das Gebot der Urheberbennennung aus § 63 UrhG zu beachten. Zu berücksichtigen ist auch die spezifische Vorgabe zur **Quellenangabe** aus § 63 Abs. 3 UrhG,⁴⁵ der zufolge **bei der Verwendung das konkrete Medium anzugeben ist, aus dem das Werk entnommen wurde.** § 49 Abs. 2 UrhG verweist auch bei der an sich freien Verwendung von vermischten Nachrichten tatsächlichen Inhalts und von Tagesneuigkeiten, die durch Presse oder Funk veröffentlicht worden sind, auf den Schutz durch andere gesetzliche Vorgaben. Dies ist als allgemeine Klarstellung zu verstehen. Insbesondere kann die Übernahme fremder Beiträge wettbewerbsrechtliche Verbote betreffen, wenn sich eine Unlauterkeit ergibt.   *333*

4. Checkliste mit Beispielen

Bei der Verwendung von Medienbeiträgen ohne Zustimmung des Rechtsinhabers ist auf folgende Aspekte zu achten: *334*

– Verwendet werden dürfen Kommentare, die **im Rundfunk gesendet oder im Internet öffentlich zugänglich gemacht** wurden; Artikel und dazugehörige Abbildungen müssen aus **aktuellen Medien** stammen, zB. aus Tageszeitungen oder Nachrichtenmagazinen.

---

41 OLG Düsseldorf, Urt. v. 10.07.1990 – 20 U 217/89 (Pressespiegel), GRUR 1991, 908; *Engels*, in: Ahlberg/Götting, BeckOK UrhG, § 49, Rn. 17.
42 Zur Schutzfähigkeit von Nachrichtentexten s. OLG Karlsruhe, Urt. v. 10.08.2011 – 6 U 78/10, ZUM 2012, 49.
43 Zur Vereinbarkeit mit dem internationalen Urheberrecht s. *W. Nordemann*, in: Fromm/Nordemann, UrhG, § 49, Rn. 12.
44 Hierzu siehe Rn. 28 ff.
45 Zur Quellenangabepflicht allgemein siehe Rn. 16 ff.

- Die Beiträge müssen **politische, wirtschaftliche oder religiöse Themen betreffen**, an denen bei der Übernahme (immer noch) ein öffentliches Interesse besteht, zB. Personalveränderungen in der Führung einer Partei, eines großen Unternehmens oder einer Kirche.
- Die Verwendung ist unzulässig, wenn der jeweilige Beitrag mit einem ausdrücklichen **Hinweis** versehen ist, dass eine **Drittverwendung nicht gestattet** ist.
- Einzelne Beiträge dürfen **in aktuellen Medien vervielfältigt und verbreitet** werden, zB. in Tageszeitungen, Nachrichtenmagazinen oder im Rahmen von Pressespiegeln. Zudem dürfen einzelne Beiträge öffentlich wiedergegeben werden, zB. im Internet oder im Rundfunk. Es dürfen aber nicht reihenweise Beiträge einer Quelle übernommen werden.
- Soweit es sich nicht um eine Zusammenstellung von Auszügen im Sinne eines Pressespiegels handelt, ist eine **angemessene Vergütung** an die zuständige Verwertungsgesellschaft zu zahlen.
- Soweit ein **Pressespiegel digital** erstellt wird, ist **nur eine betriebsinterne Verbreitung** zulässig, die mit der Verbreitung in Papierform vergleichbar ist.
- Medienbeiträge, die sich in der **reinen Wiedergabe von Nachrichten** über Fakten erschöpfen, dürfen **frei verwendet** werden, zB. die Meldung eines Wahlergebnisses oder eines Unglücks.

III. Berichterstattung über Tagesereignisse, § 50 UrhG
1. Zweck und Bedeutung der Vorschrift

335 Im Sinne der freien und direkten Informationsvermittlung ist es zulässig, solche Werke, die bei einem Tagesereignis wahrnehmbar werden, im Rahmen der aktuellen Berichterstattung zu vervielfältigen, zu verbreiten und öffentlich wiederzugeben. Die Schrankenregelung dient also in erster Linie der **mit Bildern oder Tönen unterlegten Information**.[46] Diese liegt regelmäßig sogar im Interesse der Urheber, da sie Aufmerksamkeit generiert.[47] Es ist etwa gestattet, im Fernsehen über eine Ausstellungseröffnung zu berichten und dabei exemplarisch ausgestellte Werke einzublenden. Stets muss die Verwendung dabei aber eine **dienende Funktion zur übergeordneten Berichterstattung** aufweisen; es ist grundsätzlich unzulässig, den vollen Werkgenuss zu ermöglichen. Es besteht keine Vergütungspflicht.

2. Verwendung bei Tagesereignissen wahrnehmbarer Werke

336 Die von der Schrankenregelung erfassten Werke müssen im Rahmen eines Tagesereignisses zumindest teilweise **wahrnehmbar werden**. Das Werk (oder ein durch

---

46 Die Regelung geht in Deutschland auf das Wochenschaugesetz von 1936 zurück, das die Berichterstattung per Film regelte. Zur Verfassungsmäßigkeit vgl. BGH, Urt. v. 11.07.2002 – I ZR 285/99 (Zeitungsbericht als Tagesereignis), GRUR 2002, 1050, 1051.
47 Vgl. BGH, Urt. v. 01.07.1982 – I ZR 118/80 (Presseberichterstattung und Kunstwiedergabe I), GRUR 1983, 25, 27.

verwandte Schutzrechte geschützter Gegenstand) muss also bei dem Ereignis konkret auftauchen, darf nicht etwa nur hiermit im Zusammenhang stehen.[48] Es ist dabei **nicht wesentlich, ob das Werk eine Bedeutung für das Ereignis hat**, bei dessen Gelegenheit es wahrnehmbar geworden ist.[49] Nicht vom Wortlaut der Norm gedeckt ist ein Szenario, in dem allein das Werk das Tagesereignis darstellt, vielmehr muss dieses **im Verlauf des davon trennbaren Ereignisses wahrnehmbar werden**.[50] Praktisch wird es allerdings meist ein übergeordnetes Ereignis geben, das die Wahrnehmung des Werks ermöglicht hat, zB. eine Premiere, in deren Verlauf eben das Stück aufgeführt wird.

Tagesereignisse sind Vorgänge, die aktuell von öffentlichem Interesse sind.[51]   337
Der Allgemeinbezug wird etwa deutlich, wenn bereits medienübergreifend berichtet wird oder wenn politische oder gar staatliche Stellungnahmen erfolgen.[52] Ein Tagesereignis im Sinne der Regelung kann beliebigen Themenbereichen zuzuordnen sein, solange diese eine allgemeine Aufmerksamkeit genießen, zB. im Bereich der Kultur (Ausstellungen, Premieren) oder des Sports (Eröffnungszeremonien). **Auch Fernsehsendungen oder Zeitungsartikel können ihrerseits Tagesereignisse sein.**[53] Abzugrenzen sind solche Tagesereignisse von Vorgängen, die nur einen abgrenzbaren Kreis von besonders Fachkundigen interessieren. Entscheidend ist ein **Gegenwartsbezug in der öffentlichen Wahrnehmung**.[54] Dieser kann bei wichtigen Ereignissen auch mehrere Tage oder länger andauern.

3. Anforderungen an die Nutzung

Der für eine Berichterstattung Verantwortliche darf das in seinen Bericht aufge-   338
nommene Werk in eben diesem Kontext vervielfältigen, verbreiten und öffentlich wiedergeben. Ausdrücklich wird in § 50 UrhG die Berichterstattung im Film, in Zeitungen, Zeitschriften und in anderen Druckschriften oder sonstigen Datenträgern genannt, die im Wesentlichen **Tagesinteressen** Rechnung tragen.[55] Daneben ist die entsprechende Verwendung durch Funk oder durch ähnliche technische Mittel zulässig, was den Kreis der Nutzungsbefugten ausdehnt. **Eine Beschränkung auf bestimmte Medien oder technische Spezifikationen der Verwendung**

---

48 LG Berlin, Beschl. v. 14.03.1989 – 16 S 10/88, ZUM 1989, 473.
49 Wenn dies nicht der Fall sein sollte, wird indes häufig bereits § 57 UrhG einschlägig sein.
50 Vgl. OLG Frankfurt, Urt. v. 20.09.1984 – 6 U 142/83 (Operneröffnung), GRUR 1985, 380, 382.
51 Hierzu siehe oben, Rn. 304.
52 OLG Köln, Urt. v. 30.10.2009 – 6 U 100/09 (Zusammenbruch bei Dieter Bohlen), GRUR-RR 2010, 151.
53 BGH, Urt. v. 11.07.2002 – I ZR 285/99 (Zeitungsbericht als Tagesereignis), GRUR 2002, 1050, 1051; zu den Grenzen der zulässigen Übernahme s. BGH, Urt. v. 27.03.2012 – KZR 108/10 (Elektronischer Programmführer), GRUR 2012, 1062, 1063; zur Anwendung auf Programminformationen von Rundfunksendern *Castendyk*, ZUM 2008, 916.
54 Vgl. BGH, Urt. v. 01.07.1982 – I ZR 119/80 (Presseberichterstattung und Kunstwiedergabe II), GRUR 1983, 28, 29.
55 Hierzu siehe oben, Rn. 312.

würde dem Zweck der Norm zuwiderlaufen. Insbesondere die Verwendung im Rahmen der **Online-Berichterstattung** ist also zulässig.

a) Berichterstattung über Tagesereignisse

339 Die Werkverwendung muss im Rahmen einer Berichterstattung erfolgen, also einer **sachlich-journalistischen Aufarbeitung des Ereignisses**. Der durch diesen Zweck gebotene Umfang der Werkverwendung markiert die Grenze der zulässigen Nutzung, insofern ist eine wertende Interessenabwägung vorzunehmen. Hieraus folgt jedenfalls, dass das Ereignis und nicht das Werk den Gegenstand der Berichterstattung bilden muss. **Gleichwohl kann es in bestimmten Fällen zulässig sein, das Werk vollständig abzubilden**, zB. bei der Versteigerung eines Gemäldes.[56] Dagegen wäre es kaum jemals zulässig, ein Bühnenstück vollständig wiederzugeben.[57] Stets ist aber zu beachten, dass die **Werkverwendung dem Ziel der informativen Berichterstattung dienen muss**. Daher ist es auch nicht zulässig, eine gewinnorientierte Berichterstattung vorzunehmen, die praktisch auf den vollen Werkgenuss ausgerichtet ist. Dies muss der Rechtsinhaber nicht vergütungsfrei unter Bezugnahme auf die Schrankenregelung hinnehmen.[58]

340 Die **Berichterstattung über Tagesereignisse muss wiederum ihrerseits den Tagesinteressen Rechnung tragen**. Nur bei einer kurzfristigen und aktuellen Verwendung in den Medien ist eine Ausnahme vom Grundsatz gerechtfertigt, dass eine Nutzungserlaubnis vom Rechtsinhaber einzuholen ist.[59] Ob der erforderliche Aktualitätsbezug (noch) gegeben ist, kann insbesondere durch die Kontrollfrage beurteilt werden, ob die Berichterstattung auch noch an späteren Tagen bzw. in einer späteren Ausgabe ebenso sinnvoll erfolgen könnte.[60] Hier ist auch relevant, in welchen Intervallen die konkrete Nutzung überhaupt möglich ist. So kann ein Bericht in der nächsten Ausgabe einer monatlich erscheinenden Zeitschrift noch drei Wochen nach dem Ereignis zulässig sein, während man im Rundfunk unter Umständen eine taggleiche Behandlung fordern kann.[61] **Nicht privilegiert sind Formate, die unabhängig von ihrem Intervall keinen Bezug zur Gegenwart aufweisen**, zB. Rückblicke oder Wiederholungen. Problematisch ist die Vorgabe des Aktualitätsbezugs der Berichterstattung mit Blick auf solche Medien, die nicht

---

56 BGH, Urt. v. 01.07.1982 – I ZR 118/80 (Presseberichterstattung und Kunstwiedergabe II), GRUR 1983, 25, 27.
57 OLG Frankfurt, Urt. v. 20.09.1984 – 6 U 142/83 (Operneröffnung), GRUR 1985, 380, 382.
58 *Engels*, in: Ahlberg/Götting, BeckOK UrhG, § 50, Rn. 1.1; ggf. kommt eine Rechtfertigung nach § 51 UrhG (Großzitat) in Betracht.
59 *Nordemann-Schiffel*, in: Fromm/Nordemann, UrhG, § 50, Rn. 4.
60 BGH, Urt. v. 20.12.2007 – I ZR 42/05 (TV Total), GRUR 2008, 693, 696; OLG Köln, Urt. v. 17.09.2004 – 6 U 115/04 (Elektronischer Fernsehprogrammführer), GRUR-RR 2005, 105.
61 *Vogel*, in: Schricker/Loewenheim, UrhG, § 50, Rn. 13 für eine retrospektive Begrenzung auf eine Woche im Rundfunk; vgl. LG Hamburg, Urt. v. 24.06.1988 – 74 S 5/88 (Neonrevier), GRUR 1989, 591, 592.

im weiteren Sinne flüchtig sind wie der Rundfunk oder Tageszeitungen. Im Online-Bereich ist es etwa grundsätzlich nicht zulässig, Berichterstattungen, die eine Werkverwendung unter Rückgriff auf § 50 UrhG enthalten, in das Archiv einzustellen und dauerhaft zum Abruf bereit zu halten.[62] Denn diese Nutzung dient eben nicht (mehr) den Tagesinteressen, sondern der Information über nicht mehr aktuelle Themen. Gleichwohl mag es Fälle geben, in denen eine Abwägung der Interessen für die fortwährende Zulässigkeit der Nutzung spricht, etwa bei besonders herausgehobenen Ereignissen und einer deutlich untergeordneten Nutzung des Schutzgegenstands.

b) Sonstige allgemeine Vorgaben

Es sind das **Änderungsverbot** aus § 62 UrhG[63] und das Gebot der **Quellenangabe** aus § 63 UrhG[64] zu beachten. 341

4. Checkliste mit Beispielen

Bei der Verwendung urheberrechtlich geschützter Werke ohne Zustimmung des Rechtsinhabers zur Berichterstattung ist auf folgende Aspekte zu achten: 342

- Das verwendete Werk, zB. eine Skulptur oder eine Oper, muss **bei einem Ereignis gezeigt oder dargeboten** worden sein, an dem aktuell ein öffentliches Interesse besteht, zB. bei einer Ausstellungseröffnung oder Premiere.

- Die Verwendung des Werks muss **im Rahmen der aktuellen Berichterstattung** über dieses Ereignis erfolgen, zB. in einem bebilderten Artikel über die Ausstellungseröffnung oder Hörfunkbeitrag über die Opernpremiere. Soweit möglich, darf dabei nicht der ganze Werkgenuss vermittelt werden, zB. darf nicht die gesamte Oper im Rahmen des Beitrags gesendet werden.

- Das Werk darf in diesem **Rahmen in aktuellen Medien vervielfältigt und verbreitet** werden, zB. in Tageszeitungen oder Nachrichtenmagazinen. Zudem darf das Werk **öffentlich wiedergegeben** werden, zB. **im Internet oder im Rundfunk**. Da die Verwendung der aktuellen Berichterstattung dienen muss, ist eine dauerhafte Zugänglichmachung in der Regel unzulässig, zB. in einem Online-Archiv.

Randnummern 343–399 [einstweilen frei]

---

62 BGH, Urt. v. 05.10.2010 – I ZR 127/09 (Kunstausstellung im Online-Archiv), GRUR 2011, 415; vgl. auch OLG Köln, Urt. v. 12.06.2015 – 6 U 5/15 zur öffentlichen Zugänglichmachung gesammelter Militärberichte.
63 Hierzu siehe Rn. 28 ff.
64 Hierzu siehe Rn. 16 ff.

E. Begünstigungen des eigenen Gebrauchs

Literatur: *Fischer*, Die neue Speichermedienvergütung nach der UrhG-Novelle 2015, MuR 2015, S. 175–181; *ders.*, Der Network Personal Video Recorder und die Rechteinhaber, MuR 2015, S. 198–201; *Müller*, Die urheberrechtliche Vergütungspflicht von Druckern und PCs nach den §§ 54, 54a UrhG aF., ZUM 2014, S. 863–867; *Peukert*, Copydan/Nokia und die Zukunft des gesetzlichen Vergütungsanspruchs für die digitale Privatkopie, GRUR 2015, S. 452–456; *Rauch*, Technische Schutzmaßnahmen im Urheberrecht – Anmerkungen zum Nintendo-Urteil des EuGH C-355/12, MuR 2014, S. 303–308; *Schaefer/Staats*, Jenseits der „Privatkopie", ZUM 2015, S. 533–538; *Seifert*, Kleine Geschichte(n) des Urheberrechts, 2014; *Stieper*, „Digitalisierung" des Urheberrechts im Wege verfassungskonformer Auslegung, GRUR 2014, S. 1060–1065; *v.Ungern-Sternberg*, Die Rechtsprechung des EuGH und des BGH zum Urheberrecht und zu den verwandten Schutzrechten im Jahre 2014, GRUR 2015, S. 205–221; *Wiebe*, UrhG-Novelle 2015 – eine kritische Durchsicht, MuR 2015, S. 239–251.

I. Allgemeines

400 Die **Privatkopierfreiheit** des § 53 Abs. 1 UrhG ist die **für die Allgemeinheit wichtigste Schranke** innerhalb des UrhG. Die Norm ist im Ergebnis der Abwägung der Interessen der Allgemeinheit in Bezug auf die Herstellung von Privatkopien einerseits und den Interessen der Urheber an der Verwertung ihrer Werke andererseits entstanden. § 53 UrhG regelt, unter welchen Voraussetzungen urheberrechtlich geschützte Werke ohne die Zustimmung des Rechteinhabers zum privaten oder eigenen Gebrauch vervielfältigt werden dürfen.

401 § 53 UrhG regelt aber nicht nur die Privatkopierfreiheit, sondern in den Abs. 2 und 3 auch die **übrigen Vervielfältigungsfreiheiten** zum sonstigen eigenen Gebrauch sowie für Unterricht und Prüfungen. Insofern wird die Norm auch nur als „Kopierfreiheit" bezeichnet.

1. Entstehung der Kopierfreiheit

402 Die Entstehung und Entwicklung der Privatkopieschranke wurde entscheidend **von der Entwicklung der Technik beeinflusst.** Der Verkauf von Tonbandgeräten der Firma *Grundig* im Jahr 1960 eröffnete zum ersten Mal die Möglichkeit, Musikstücke und Hörfunksendungen privat zu vervielfältigen.[1] Es war praktisch unmöglich, eine Genehmigung des Rechteinhabers zu jeder privaten Vervielfältigung einzuholen bzw. ein Verbot von privaten Vervielfältigungen durchzusetzen. Eine **gesetzliche Regelung zum Ausgleich der Interessen der privaten Nutzer und der Berechtigten fehlte,** weil der Gesetzgeber des LUG die technische Entwicklung nicht vorhersehen konnte.

---

1 *Seifert*, S. 262–274.

In der Entscheidung „**Grundig Reporter**"[2] stellte der BGH fest, dass das Vervielfältigen durch Tonaufnahmegeräte dem Ausschließlichkeitsrecht des Urhebers unterliegt.[3] Dem Urheber gebühre im Grundsatz ein **Entgelt für jede Nutzung** seines Werks, mag diese auch keinen unmittelbaren wirtschaftlichen Ertrag abwerfen. Andernfalls werden Urheber, die vorwiegend für den Werkgenuss im privaten Bereich Werke schaffen, kaum noch wirtschaftliche Früchte aus ihrer Arbeit ziehen können, sobald die Technik es dem Einzelnen ermöglicht, Vervielfältigungsstücke im häuslichen Bereich selbst herzustellen. Insoweit verneinte der BGH die Frage, ob das Recht des Urhebers vor dem Interesse des Einzelnen an einer **Freihaltung seiner privaten Sphäre** zurücktreten müsse. Damit war jedoch nicht geklärt, wie ein Ausgleich zwischen den Interessen des Urhebers und denen der Privilegierten aussehen soll.

403

Die *GEMA* versuchte durch Zeitungsanzeigen[4] Besitzer von Tonbandgeräten dazu zu bringen, sich zu melden und eine Erlaubnis für die private Vervielfältigung von Musik einzuholen. Da dieses Vorgehen erfolglos blieb, **verklagte die *GEMA* die Firma *Grundig***. Tonbandgeräte sollten nur verkauft werden, wenn sich der Erwerber verpflichtet, der *GEMA* Namen und Anschrift mitzuteilen. Der BGH wies die Klage ab,[5] nahm jedoch eine **deliktische Haftung** der Herstellerin von Tonbandgeräten an, weil diese durch den Verkauf der Geräte **Beihilfe zu Urheberrechtsverletzungen** leistete.

404

Der Gesetzgeber schuf 1965 die Regelung des § 54 UrhG, der einen **Vergütungsanspruch des Urhebers gegen die Tonbandgerätehersteller** vorsah. Das Inkasso sollte durch die *GEMA* erfolgen. Gerätehersteller und Importeure von Tonbandgeräten sollten eine Abgabe für die Geräte zahlen. Die **Geräteabgabe** dient dazu, einen Ausgleich zwischen der Kopiererlaubnis und einer gerechten Entschädigung der Rechteinhaber für verlorene Einnahmemöglichkeiten herbeizuführen. Sie gilt nicht nur für den analogen, sondern auch für den digitalen Bereich.

405

Das **Geräteabgabesystem wurde auch in anderen EU-Mitgliedstaaten eingeführt**,[6] die eine Privatkopieschranke in deren Urhebergesetz vorsehen (Frankreich, Italien, Österreich[7]). EU-Länder, die keine Speichermedienabgaben haben sind jedoch UK, Irland, Luxemburg.

406

---

2 BGH, Urt. v. 18.05.1955 – I ZR 8/54 (Grundig Reporter), GRUR 1955, 492.
3 BGH, Urt. v. 18.05.1955 – I ZR 8/54 (Grundig Reporter), GRUR 1955, 492, 496.
4 BGH, Urt. v. 22.01.1960 – I ZR 41/58 (Werbung für Tonbandgeräte), GRUR 1960, 340, vgl. dazu weiter BGH, Urt. v. 12.06.1963 – Ib ZR 23/62 (Tonbänder-Werbung), GRUR 1964, 91; sowie BGH, Urt. v. 26.06.1963 – Ib ZR 127/62 (Tonbandgeräte-Händler), GRUR 1964, 94.
5 BGH, Urt. v. 29.05.1964 – Ib ZR 4/63 (Personalausweis), GRUR 1965, 104.
6 *v. Ungern-Sternberg*, GRUR 2015, 205, 213.
7 Seit dem 01.10.2015, vgl. dazu *Fischer*, MuR 2015, 175; *Wiebe*, MuR 2015, 239.

2. Auslegung

a) Enge Auslegung

407 Die Privatkopieschranke ist eine echte **Ausnahmebestimmung**: eine Vervielfältigung zum persönlichen Gebrauch ohne Erlaubnis des Urhebers ist nur zulässig, wenn sie nicht den Zweck hat, eine Einnahme zu erzielen.[8]

408 § 53 UrhG ist **grundsätzlich eng auszulegen**,[9] da der Urheber an der wirtschaftlichen Nutzung seiner Werke angemessen partizipieren muss und die ihm zustehenden Rechte nicht übermäßig eingeschränkt werden dürfen. Eine weite Auslegung stünde hierzu im Widerspruch.[10] Sie ließe sich außerdem nicht mit dem Drei-Stufen-Test vereinbaren.

b) Richtlinienkonforme Auslegung

409 Die Möglichkeit einer Privatkopieschranke findet in Art. 5 Abs. 2 Lit. b) der Informations-Richtlinie[11] ihre Grundlage. Insoweit müssen die §§ 53 ff. UrhG auch richtlinienkonform ausgelegt werden. Die Auslegung muss die **praktische Wirksamkeit der Ausnahme wahren und ihre Zielsetzung beachten**.[12] Besondere Bedeutung kommt der Auslegung des Begriffs „gerechter Ausgleich" zu. Dieser autonome Begriff des Gemeinschaftsrechts ist in allen Mitgliedstaaten einheitlich auszulegen. Jeder Mitgliedstaat kann für sein Gebiet – bei weitem Ausgestaltungsermessen – die Kriterien festsetzen, die am besten geeignet sind, die vom Gemeinschaftsrecht gezogene Grenzen einzuhalten.[13]

c) Drei-Stufen-Test

410 Der Drei-Stufen-Test **soll die Aushöhlung des Ausschließlichkeitsrechts** des Urhebers durch eine Schrankenregelung **verhindern**. Er ist in Art. 9 Abs. 2 RBÜ,[14] Art. 13 TRIPS-Übereinkommen,[15] Art. 10 Abs. 1 WCT,[16] Art. 16 Abs. 2 WPPT,[17] Art. 5 Abs. 3 Informations-Richtlinie[18] kodifiziert.[19] Eine Beschränkung des Vervielfältigungsrechts des Urhebers ist unter drei kumulativen Voraussetzungen möglich: In Sonderfällen, in denen die normale Auswertung des Werks nicht be-

---

8 BGH, Urt. v. 18.05.1955 – I ZR 8/54 (Grundig-Reporter), GRUR 1955, 492; siehe allgemein auch Rn. 11 ff.
9 BGH, Urt. v. 11.07.2002 – I ZR 255/00 (Elektronischer Pressespiegel), GRUR 2002, 963.
10 *Peukert*, GRUR 2015, 452.
11 Siehe Kap. 11, Rn. 238 ff.
12 EuGH, Urt. v. 03.09.2014 – C-201/13 (Deckmyn), GRUR 2014, 972.
13 Schlussantrag Generalanwältin *Trstenjak* vom 11.05.2010 im Fall EuGH, Urt. v. 21.10.2010 – C-467/08 (Padawan/SGAE), BeckEuRS 2010, 513458.
14 Zur RBÜ allgemein siehe Kap. 11, Rn. 202 ff.
15 Zum TRIPS-Übereinkommen allgemein siehe Kap. 11, Rn. 216 ff.
16 Zum WCT allgemein siehe Kap. 11, Rn. 219 ff.
17 Zum WPPT allgemein siehe Kap. 11, Rn. 221 ff.
18 Zur Informations-Richtlinie allgemein siehe Kap. 11, Rn. 238 ff..
19 Hierzu allgemein siehe auch Rn. 15.

einträchtigt wird und die berechtigten Interessen des Rechteinhabers nicht ungebührlich verletzt werden.[20]

3. Verhältnis zu den technischen Schutzmaßnahmen

§ 95a UrhG verbietet die Umgehung von wirksamen technischen Maßnahmen zum Schutz von urheberrechtlich geschützten Inhalten.[21] Der Sinn der Norm ist, dass Zugang und Nutzung kontrolliert werden können, um dadurch die Möglichkeit der Zahlung für den Zugang oder die Nutzungshandlung abzusichern.[22] Das Verbot des § 95a UrhG **erfasst auch die Privatkopie**.[23]

a) Durchsetzung der Vervielfältigungsfreiheit

§ 95b Abs. 1 Nr. 6 UrhG verpflichtet den Rechteinhaber, **die notwendigen Mittel zur Verfügung zu stellen**, um den rechtmäßigen Zugang zum Werk im Falle des § 53 UrhG zu gewährleisten. Vereinbarungen zum Ausschluss der Verpflichtungen zur Ermöglichung der privaten Vervielfältigung sind unwirksam. Dabei wird lediglich die Privatkopie bei Vervielfältigungen auf Papier oder einem ähnlichen Träger mittels beliebiger photomechanischer Verfahren oder anderer Verfahren privilegiert.

Die Privatkopierfreiheit ist insofern eingeschränkt, als dass eine technische Schutzmaßnahme **nur mittels photomechanischer Vervielfältigung** oder auch vergleichbarer Kopiertechniken (wie Reprographie) umgangen werden darf, sodass das Ergebnis der Vervielfältigung **nur in Papierform** oder auf einem ähnlichen Träger fixiert wird. Daraus ergibt sich, dass Träger, die keine vergleichbaren und gleichwertigen Eigenschaften wie Papier aufweisen, nicht in den Anwendungsbereich der in dieser Bestimmung geregelten Ausnahme fallen. Andernfalls könnte nämlich deren praktische Wirksamkeit nicht gewährleistet werden.[24]

§ 95b Abs. 1 Nr. 6 UrhG unterscheidet im Gegensatz zu § 53 UrhG also zwischen analogen und digitalen Kopien. Es besteht **kein Rechtsanspruch** darauf, **digitale Kopien** zum privaten Gebrauch herzustellen. Ein Kopierschutz schränkt daher das Recht auf Privatkopie ein. Nur für die Kopie auf analoge Träger ist der Rechteinhaber verpflichtet, dem Begünstigten Möglichkeiten zu gewähren. Technische Schutzmaßnahmen gegen digitale Privatkopien sind zulässig und dürfen daher auch nicht umgangen werden.

Ein kopiergeschütztes digitales Material kann jedoch analog kopiert werden, ohne dabei die Rechte des Berechtigten zu verletzen (sog. analoge Lücke). Die Herstel-

---

20 OLG Dresden, Urt. v. 28.11.2006 – 14 U 1071/06 (Online Videorecorder), ZUM 2007, 203 [22].
21 Vgl. hierzu ausführlich Kap. 5, Rn. 382 ff.
22 *Wandtke/Ohst*, in: Wandtke/Bullinger, UrhG, § 95a, Rn. 12, 13.
23 LG München I, Urt. v. 13.06.2007 – 21 S. 2042/06, ZUM-RD 2008, 262.
24 EuGH, Urt. v. 27.06.2013 – C-457/11, C-458/11, C-459/11, C-460/11 (VG Wort), GRUR 2013, 812, 815 [66].

lung einer analogen Kopie und die anschließende **Redigitalisierung** eines mit einem Kopierschutz versehenen digitalisierten Werks stellen keine Umgehung einer wirksamen technischen Maßnahme gem. § 95a Abs. 1 UrhG dar.[25] Es ist also möglich, einen kopiergeschützten Film auf DVD auf einer Videokassette zu vervielfältigen. Es ist auch erlaubt, **Kopierprogramme** zu verwenden, die über den Umweg einer analogen Kopie ein digitales Vervielfältigungsstück erstellen.

b) Auswirkungen des Einsatzes auf die Vergütungspflicht

416 Der Einsatz von technischen Maßnahmen bei den zur Vervielfältigung geschützter Werke verwendeten Vorrichtungen, wie bspw. DVD-, CD-, MP3-Geräte oder Computer, hat keinen Einfluss auf den gerechten Ausgleich im Hinblick auf die privaten Vervielfältigungen. Der Einsatz solcher Maßnahmen kann aber Einfluss auf die konkrete Höhe dieses Ausgleichs haben,[26] weil entsprechend weniger kopiert wird.

4. Ausnahmen

417 Die Herstellung einer Privatkopie ist in bestimmten Fällen **nur mit Genehmigung** gestattet, auch wenn die Vervielfältigung nur im privaten Bereich stattfindet.

a) Noten, ganze Bücher und Zeitschriften

418 Nach § 53 Abs. 4 UrhG sind Vervielfältigungen von Noten, ganzen Büchern und im Wesentlichen von vollständigen Zeitschriften nur mit der Einwilligung des Berechtigten erlaubt. Eine **Ausnahme** davon liegt vor, wenn die Vervielfältigung zur Aufnahme in ein eigenes Archiv oder für den eigenen Gebrauch erfolgt und wenn das Werk seit mindestens zwei Jahren vergriffen ist. Eine Vervielfältigung zum eigenen oder privaten Gebrauch ist jedoch zulässig, wenn dies **durch Abschreiben** geschieht. Als Abschreiben wird auch das manuelle Eingeben in einen PC angesehen, nicht aber das Kopieren oder Scannen.[27]

b) Datenbankwerke

419 § 53 Abs. 5 UrhG verbietet weiterhin die Privatkopie von **elektronischen Datenbankwerken**.[28] Die Privatkopie von nicht-elektronischen Datenbankwerken ist zulässig.

420 Ein elektronisches Datenbankwerk, wie zB. elektronische Sammlungen von Zeitschriften oder Online-Sammlungen von Kochrezepten, dürfen nicht kopiert werden. Eine Ausnahme gibt es für Teile von **Datenbanken** (§ 87c Abs. 1 Nr. 3 UrhG),[29] wenn diese **zum Gebrauch im Unterricht** kopiert werden und dies nicht zu gewerblichen Zwecken erfolgt. Eine elektronische Datenbank kann

---

25 LG Frankfurt am Main, Urt. v. 31.05.2006 – 2-06 O 288/06, ZUM 2006, 881.
26 EuGH, Urt. v. 05.05.2015 – C-463/12 (Copydan/Nokia), GRUR 2015, 478.
27 *Loewenheim*, in: Schricker/Loewenheim, UrhG, § 53, Rn. 75.
28 Zu Datenbankwerken allgemein vgl. Kap. 1, Rn. 146 ff.
29 Zu Datenbanken allgemein vgl. Kap. 10, Rn. 263 ff.

also zur Verwendung im Schulunterricht vervielfältigt werden. Gewerblich tätige Unternehmen können sich aber auf diese Ausnahme berufen. Eine Vervielfältigung ist auch zum eigenen wissenschaftlichen Gebrauch unter Angabe der Quelle zulässig, § 87c Abs. 1 Nr. 2 UrhG, wenn keine gewerblichen Zwecke verfolgt werden und die Vervielfältigung im Rahmen des wissenschaftlichen Zweckes geboten erscheint.

c) Öffentliche Veranstaltungen

Die Aufnahme öffentlicher Vorträge, Aufführungen oder Vorführungen eines Werks auf Bild- oder Tonträger ist **nur mit der Einwilligung des Berechtigten** erlaubt (§ 53 Abs. 7 UrhG). Vom Verbot der Aufnahme nicht erfasst ist zB. das Mitschneiden eines im Radio gesendeten Livekonzerts.[30]

421

d) Werke der bildenden Kunst und Bauwerke

Für die Ausführung von Plänen und Entwürfen zu Werken der bildenden Kunst und der Nachbau eines Werks der Baukunst ist stets die Einwilligung der Berechtigten erforderlich (§ 53 Abs. 7 UrhG). Die Vervielfältigung eines **bereits existenten Werks** oder die **alleinige Vervielfältigung der Pläne** ist hingegen von dieser Bestimmung nicht umfasst.[31]

422

e) Software

Auch Software darf nicht ohne die Zustimmung des Berechtigten vervielfältigt werden. Nach § 69c Nr. 1 Satz 1 UrhG bedarf jede Vervielfältigung von geschützten Computerprogrammen der Zustimmung des Berechtigten. Nach § 69d Abs. 1 UrhG ist jedoch die **Herstellung einer einzigen Sicherungskopie zulässig.**[32] Eine Sicherungskopie ist eine Kopie eines Programms auf einem beliebigen Datenträger, auf den zurückgegriffen wird, wenn die Arbeitskopie des Programms beschädigt, versehentlich gelöscht oder zerstört wird, verloren geht oder aus einem anderen Grund nicht mehr einsatzfähig ist.[33] Die Anfertigung von Sicherungskopien **gehört zu der bestimmungsgemäßen Nutzung** einer Software.

423

f) Digitale gewerbliche Nutzung

Es ist heutzutage üblich, dass in Papierform veröffentlichte **Artikel und Aufsätze gescannt und per E-Mail verschickt** werden. Das ist im privaten Bereich auf Grundlage von § 53 UrhG zulässig. Werden dagegen gescannte Artikel **unternehmens- bzw. behördenintern** verschickt, wird diese Nutzungshandlung – mit Ausnahme des elektronischen Pressespiegels gemäß § 49 UrhG[34] und der

424

---

30 *Lüft*, in: Wandtke/Bullinger, UrhG, § 53, Rn. 45.
31 *Lüft*, in: Wandtke/Bullinger, UrhG, § 53, Rn. 46.
32 Hierzu siehe auch Kap. 5, Rn. 361 ff..
33 *Loewenheim*, in: Schricker/Loewenheim, UrhG, § 69d ff., Rn. 16.
34 Hierzu oben, Rn. 330.

Themen Politik, Wirtschaft und Religion – **nicht von der Schrankenregelung erfasst**.[35] Die *VG Wort*[36] und ihre US-amerikanische Schwestergesellschaft *Copyright Clearance Center (CCC)* haben deshalb einen **Vertrag abgeschlossen**. Damit soll die Lizenzierung der gewerblichen und über § 53 UrhG hinausgehenden Nutzung attraktiv gemacht werden.[37] Konzeptionell ist das Anbieten einer Lizenz mit dem Handeln der *Presse-Monitor GmbH*[38] hinsichtlich der über § 49 UrhG hinausgehenden Nutzungsmöglichkeiten vergleichbar. Für potenzielle Lizenznehmer ist dabei beachtlich, dass es bezüglich der digitalen Vervielfältigung **keine gesetzliche Regelung zur Geltendmachung der Vergütungsansprüche**, also auch keine sog. *GEMA*-Vermutung gibt. Das hat zur Folge, dass der Lizenznehmer prüfen muss, ob das angebotene Portfolio die für ihn relevanten Artikel und Aufsätze enthält.

II. Vervielfältigungen zum privaten und sonstigen eigenen Gebrauch

1. Privatkopie

425 Zu den **Voraussetzungen** der Privatkopierfreiheit bestimmt § 53 Abs. 1 UrhG, dass einzelne Kopien eines Werks durch eine natürliche Person zum privaten Gebrauch auf beliebige Träger angefertigt werden dürfen, sofern diese weder unmittelbar noch mittelbar Erwerbszwecken dienen. Darüber hinaus darf zur Anfertigung der Kopie keine offensichtlich rechtswidrig hergestellte oder öffentlich zugänglich gemachte Vorlage verwendet werden. **Keine Voraussetzung** der Privatkopie ist aber, dass ein eigenes Werkstück zur Vervielfältigung benutzt wird. Es können somit **auch fremde Werkstücke** benutzt werden.[39]

a) Privat

426 Privat ist der Gebrauch, wenn er **in der Privatsphäre zur Befriedigung persönlicher Bedürfnisse erfolgt**.[40] Privat ist dabei nur, was sich im häuslichen Bereich oder im Freundeskreis abspielt. Ein starkes Indiz für die Privatheit liegt vor, wenn die Vervielfältigung in der eigenen Wohnung stattfindet.

b) Einzelne Vervielfältigungen

427 Die Privatkopie ist auf einzelne Vervielfältigungsstücke begrenzt. Das bedeutet, dass **nur einige wenige Vervielfältigungen erlaubt** sind. Der BGH legte sich auf

---

35 *Haupt*, in: Mestmäcker/Schulze, § 49, Rn. 7, 68–73.
36 Zur *VG Wort*, siehe Kap. 4, Rn. 419 ff.
37 VG Wort Aktuell, April 2012; *Schaefer/Staats*, ZUM 2015, 533–536.
38 Die Presse-Monitor GmbH wurde im Jahre 2000 von führenden deutschen Zeitungsverlagen gegründet mit dem Ziel, digitale Pressespiegel, welche aus unternehmerischen Gründen angefertigt werden, gegen ein Entgelt zu lizenzieren; http://www.pressemonitor.de (letzter Abruf: 04.01.2016).
39 BGH, Urt. v. 16.01.1997 – I ZR 9/95 – (CB-infobank I), GRUR 1997, 459, 462; BGH, Urt. v. 16.01.1997 – I ZR 38/96 – (CB-infobank II), GRUR 1997, 464, 466.
40 LG Frankfurt am Main, Urt. v. 28.03.2012 – 2-03 O 416/11, BeckRS 2013, 06811.

keine genaue Zahl fest, hielt aber eine Anzahl von mehr als **sieben Kopien** für unzulässig.[41] Man wird betreffend der genauen Zahl auf die Umstände im Einzelfall abstellen müssen.[42] Entscheidend soll dabei sein, wie **viele Exemplare zur Deckung des persönlichen Bedarfs benötigt** werden.

c) *Auf beliebigen Trägern*

§ 53 UrhG gilt für den „Gebrauch auf beliebigen Trägern". Das heißt, dass die Vervielfältigung von Werken im privaten Bereich **auch das elektronische Kopieren** umfasst.[43] *428*

Der einfache **Abruf einer Internetseite** ist allerdings kein Fall des § 53 UrhG, da sich der Abrufende – jedenfalls im Normalfall – auf eine Einwilligung des Urhebers bzw. auf ein Vervielfältigungsrecht berufen kann, das ihm der Urheber (konkludent) eingeräumt hat. Liegen ein Nutzungsrecht oder eine Einwilligung vor, so ist die Frage bedeutungslos, ob die Nutzung auch gemäß § 53 UrhG hätte erfolgen dürfen.[44] *429*

d) *Keine offensichtlich rechtswidrigen Quellen*

Die Vervielfältigung zum privaten Gebrauch darf **nicht von einer offensichtlich rechtswidrig hergestellten oder öffentlich zugänglichen Vorlage** stammen.[45] Diese Voraussetzung ist besonders im Online-Bereich beim Filesharing relevant. *430*

Beim **Filesharing** werden Dateien zwischen Benutzern des Internets unter Verwendung eines Filesharing-Netzwerks übertragen,[46] indem Dateien zum Herunterladen vom eigenen Rechner freigegeben werden. Beispiele für Filesharing-Plattformen sind *BitTorrent*, *eDonkey*, *Gnutella* oder *Fasttrack*. Filesharing-Nutzer laden meist verschiedene Teile einer Datei von verschiedenen Nutzern, die alle die gleiche Datei anbieten. Der Austauschvorgang erfolgt durch Hochladen und Herunterladen. Meist finden diese Prozesse parallel statt. *431*

Das **Hochladen** einer urheberrechtlich geschützten Datei kann **nicht von der Schranke der Privatkopie gedeckt** sein. Die Privatkopie erlaubt Vervielfältigungen ohne die Zustimmung des Rechteinhabers, nicht jedoch die **öffentliche Zugänglichmachung** von Werken. Dateien sind iSd. § 19a UrhG öffentlich zugänglich gemacht, wenn die jeweiligen Share-Links im Rahmen von Downloadlinksammlungen im Internet dritten Personen uneingeschränkt zur Verfügung gestellt werden.[47] Eine öffentliche Zugänglichmachung ohne die Einwilligung des *432*

---

41 BGH, Urt. v. 14.04.1978 – I ZR 111/76 (Vervielfältigungsstücke), GRUR 1978, 474, 476.
42 *Loewenheim*, in: Schricker/Loewenheim, UrhG, § 53, Rn. 14.
43 *Heerma*, in: Wandtke/Bullinger, UrhG, § 53, Rn. 12.
44 BGH, Urt. v. 06.12.2007 – I ZR 94/05 (Drucker und Plotter), GRUR 2008, 245.
45 EuGH, Urt. v. 10.04.2014 – C-435/12 (Differenzierung zwischen rechtmäßiger und unrechtmäßiger Vorlage im Falle der Privatkopieabgabe), GRUR 2014, 546.
46 http://de.wikipedia.org/wiki/Filesharing (letzter Abruf: 17.10.2015).
47 OLG Hamburg, Urt. v. 14.03.2012 – 5 U 87/09 (Haftung eines Share-Hosters), ZUM 2013, 303.

Berechtigten ist nach § 52a Abs. 1 UrhG nur zu Unterrichts- und Forschungszwecken, wenn sie keinen kommerziellen Zwecken dienen, zulässig. Dies kann beim Filesharing idR. nicht angenommen werden.

433 Der **Download** von Inhalten bei der Nutzung einer Online-Tauschbörse stellt hingegen eine Vervielfältigung nach § 16 UrhG dar. Diese **kann durch die Schranke der Privatkopie privilegiert sein**, wenn der Download zum privaten Gebrauch erfolgt und die benutzte Vorlage nicht offensichtlich rechtswidrig hergestellt oder öffentlich zugänglich gemacht worden ist.

434 Es kann grundsätzlich nicht ohne weiteres davon ausgegangen werden, dass bei in Tauschbörsen im Internet kostenlos angebotenen Musikstücken die entsprechenden Vorlagen regelmäßig rechtswidrig hergestellt wurden.[48] Der Download ist nicht rechtmäßig, wenn die Vorlage „**offensichtlich rechtswidrig öffentlich zugänglich gemacht**" worden ist. Dies ist der Fall, wenn die Privatkopie auf einer Vorlage eines urheberrechtlich geschützten Werks beruht, die ihrerseits ohne Zustimmung des Urhebers zum Download durch Dritte bereitgestellt wurde.[49] Beim Erwerb von Musikstücken und Filmen wird kein Recht zur öffentlichen Zugänglichmachung eingeräumt. Die Nutzungsberechtigung des Erwerbers umfasst meist lediglich die Herstellung einer Privatkopie und dies nur, wenn keine technischen Schutzmaßnahmen eingesetzt werden. Es ist daher bei Tauschbörsen, bei denen der Austausch der Dateien überwiegend unter Privatpersonen erfolgt (*Bittorrent*, *eDonkey*), idR. davon auszugehen, dass das Angebot der Datei zum Herunterladen unrechtmäßig ist. Lädt man in solchen Fällen das angebotene Werk herunter, so ist die Vervielfältigung auf dem eigenen Rechner **nicht von der Privatkopieschranke umfasst**.

435 Aber auch wenn man nicht sicher ist, wer an dem Dateienaustausch beteiligt ist, ist davon abzuraten, Musikwerke und Filme kostenlos aus dem Internet herunterzuladen. Es soll für Internetnutzer nämlich **erkennbar** sein, dass Werke, die urheberrechtlich geschützt sind, nur gegen Entgelt genutzt werden können. Dies gilt insbesondere, wenn auf der Tauchbörse aktuelle Filme und Musikstücke kostenlos angeboten wurden. Etwas anderes gilt bei Diensten wie *iTunes*. Werke, die auf *iTunes* angeboten werden, können heruntergeladen werden, weil davon auszugehen ist, dass die erforderlichen Lizenzen von den Berechtigten erteilt wurden.

e) Elektronische Leseplätze

436 § 53 UrhG begründet schließlich die Befugnis, digitalisierte Werke zu kopieren, die im Rahmen des § 52b UrhG an elektronischen Leseplätzen in öffentlichen Bibliotheken, Museen und Archiven bereitgehalten werden.[50]

---

48 OLG Frankfurt, Urt. v. 15.05.2012 – 11 U 86/11 (Bearshare), MMR 2012, 668.
49 vgl. BT-Drucks. 16/1828, S. 26.
50 BGH, Urt. v. 16.04.2015 – I ZR 69/11; zu elektronischen Leseplätzen allgemein siehe Rn. 731 ff.

f) Private Vervielfältigung von unveröffentlichten Werken

Der BGH hat entschieden, dass die **Privatkopierfreiheit** des § 53 Abs. 1 UrhG **nicht auf die Vervielfältigung von bereits veröffentlichten Werken beschränkt** ist.[51] Er begründet seine Entscheidung damit, dass der Gesetzgeber beim § 53 UrhG bewusst darauf verzichtet hat, das Recht auf die Privatkopie durch eine vorausgesetzte Veröffentlichung einzuschränken. Hätte der Gesetzgeber nämlich eine Schranke in Form einer Veröffentlichung vorgesehen, hätte er, wie in anderen Normen auch, ausdrücklich darauf hingewiesen. Zudem mache es für den Urheber keinen Unterschied, ob Private sein Werk nach oder vor seiner Veröffentlichung zum eigenen Gebrauch iSd. § 53 Abs. 1 UrhG vervielfältigen, da § 53 Abs. 6 UrhG ein Verbreiten und öffentliches Wiedergeben verbietet. Das **Veröffentlichungsrecht** der Urheber ist also **nicht bedroht**. Es ist also gestattet, unveröffentlichte Werke zum privaten Gebrauch zu vervielfältigen. „Für den privaten Gebrauch" meint den Gebrauch in der Privatsphäre zur Befriedigung allein persönlicher Bedürfnisse außerberuflicher und auch außerwirtschaftlicher Art.[52]

437

2. Herstellung durch einen anderen

Die Vervielfältigung kann **auch durch einen Dritten** erfolgen, wenn diese **unentgeltlich** geschieht oder es sich um Vervielfältigungen **auf Papier** oder einem ähnlichen Träger mittels beliebiger photomechanischer Verfahren oder anderer Verfahren mit ähnlicher Wirkung handelt (§ 53 Abs. 1 Satz 1 UrhG). Die Erstattung **der reinen Herstellungskosten** (inklusive Materialkosten) führt nicht zur Entgeltlichkeit. Das gilt aber nur im Falle einer analogen Kopie (Reprographie auf Papier). Eine **digitale Kopie** gegen Entgelt ist jedoch wegen der potentiellen Missbrauchsgefahr ohne die Zustimmung des Rechteinhabers nicht zulässig.

438

Die Kopiertätigkeit bleibt urheberrechtlich als Vervielfältigungshandlung nur freigestellt, soweit sie sich auf den technisch-maschinellen Vorgang der Vervielfältigung beschränkt.[53] Deshalb hat der BGH in seiner Entscheidung „CB-Infobank I" angenommen, dass die von der Beklagten angebotene **Dienstleistung**, die im Rahmen einer Rechercheanfrage ermittelten Beiträge dem Kunden in Kopie zu überlassen, **nicht dem Privilegierungstatbestand des § 53 Abs. 2 Nr. 4a UrhG unterfällt**. Ausdrücklich hat der BGH darauf abgestellt, dass das Kopierprivileg nur dann eingreift, wenn der mit der Herstellung des Vervielfältigungsstücks beauftragte Dritte praktisch an die Stelle des Vervielfältigungsgeräts des privilegierten Nutzers tritt. Nur soweit sich der Dritte im Rahmen einer konkreten Anweisung zur Herstellung eines bestimmten Vervielfältigungsstückes für den vom Gesetz

439

---

51 BGH, Urt. v. 19.03.2014 – I ZR 35/13 (Porträtkunst), GRUR 2014, 974.
52 BGH, Urt. v. 14.04.1978 – I ZR 111/76 (Vervielfältigungsstücke), GRUR 1978, 474; *Wirtz*, in: Fromm/Nordemann, UrhG, § 53 Rn. 11; *Loewenheim*, in: Schricker/Loewenheim, UrhG, § 53 Rn. 14; *Dreier*, in: Dreier/Schulze, UrhG, § 53 Rn. 7; *Grübler*, in: Möhring/Nicolini, UrhG, § 53 Rn. 9.
53 BGH, Urt. v. 16.01.1997 – I ZR 9/95 (CB-infobank I), GRUR 1997, 459; BGH, Urt. v. 16.01.1997 – I ZR 38/96 (CB-infobank II), GRUR 1997, 464.

begünstigten Nutzer bewegt und seine **Tätigkeit auf den technisch-mechanischen Vervielfältigungsvorgang beschränkt**, nimmt er als „notwendiges Werkzeug" an der gesetzlichen Freistellung teil.

440 Bei der Feststellung, wer **Hersteller der Kopie** ist, kommt es also allein auf eine technische Betrachtung an. Hersteller der Vervielfältigung ist derjenige, der diese **körperliche Festlegung technisch bewerkstelligt**. Dabei ist es ohne Belang, ob er sich technischer Hilfsmittel bedient, selbst wenn diese von Dritten zur Verfügung gestellt werden. So hat das KG[54] entschieden, dass der Anbieter eines Internetdiensts, durch welchen Nutzern die Möglichkeit eröffnet wurde, mittels einer Client-Software, die **Live-Streams** von Internetradios hörbar macht und **in speicherfähige MP3-Dateien umwandelt**, gezielt ein bestimmtes Musikstück aus dem Internet anzufordern, abzuspielen und abzuspeichern, nicht Hersteller der Vervielfältigung ist, weil er lediglich die technischen Hilfsmittel zur vollautomatischen Fertigung der Kopie liefert.[55]

441 Dagegen verstößt der Betreiber eines **Online-Videorecorders** gegen das Vervielfältigungsrecht der betroffenen Sendeunternehmen.[56] Bei dem sog. Online-Videorecorder[57] werden zur Aufzeichnung von Fernsehsendungen beim Vorliegen mehrerer Kundenaufträge zur Aufnahme einer Sendung zur gleichen Zeit zunächst eine Aufnahme in Form einer „TS-Datei" auf dem Aufnahmeserver gespeichert. Sodann werden von dieser Datei entsprechend den Kundenaufträgen kundenspezifische Auslieferungsdateien erstellt. Diese werden dann auf dem Fileserver in den jeweiligen Kundenverzeichnissen hinterlegt. Diese Vervielfältigung ist **nicht von der Schrankenbestimmung des § 53 Abs. 1 S. 1 UrhG gedeckt**, da es sich dabei nicht um eine Vervielfältigung durch eine natürliche Person zum privaten Gebrauch handelt und die Vervielfältigung darüber hinaus Erwerbszwecken dient.[58] Das UrhG ist im Übrigen auch dann anwendbar, wenn der Online-Videorecorder zielgerichtet zur Nutzung durch deutsche Internetnutzer bestimmt ist. Das gilt auch dann, wenn die betroffenen Server im Ausland stehen.[59]

---

54 KG, Urt. v. 28.03.2012 – 24 U 20/11, juris; OLG München, Urt. v. 19.09.2013 – 29 U 3989/12 (Vervielfältigung mittels Onlinevideorecorders keine Privatkopie), ZUM 2014, 813.
55 KG, Urt. v. 28.03.2012 – 24 U 20/11, juris [21].
56 BGH, Urt. v. 11.04.2013 – I ZR 151/11, ZUM-RD 2013, 314, 316 [18]; OLG Dresden, Urt. v. 05.12.2006 – 14 U 1735/06 (Online Videorecorder), GRUR-RR 2007, 138.
57 *Fischer*, MuR 2015, 198.
58 BGH, Urt. v. 11.04.2013 – I ZR 151/11, ZUM-RD 2013, 314, 316 [19].
59 OLG Dresden, Urt. v. 05.12.2006 – 14 U 1735/06 (Online Videorecorder), GRUR-RR 2007, 138.

3. Sonstiger eigener Gebrauch

a) Aufnahme in ein eigenes Archiv

aa) Archivprivileg ohne Nutzungsmöglichkeiten

Archive sind nach sachlichen Gesichtspunkten vorgenommene **Sammlungen und Aufbewahrungsstellen für Geistesgut jeglicher Art**, seien es Bücher, Zeitungen, Zeitschriften, Filme, Schallplatten, Ton- und Videobänder und dergleichen.[60] Ein **eigenes Archiv** ist im Allgemeinen eine betriebsinterne Einrichtung, die nur **zum internen Gebrauch bestimmt** ist.[61] Der interne Gebrauch ist dann überschritten, wenn die archivierten Vervielfältigungsstücke auch zur Verwendung durch Außenstehende bestimmt sind.[62] Ein Archiv, das durch außenstehende Dritte genutzt werden darf, ist demnach kein eigenes Archiv.[63] Eine Ausnahme hiervon besteht in der gelegentlichen Nutzung durch Dritte, seien es Wissenschaftler oder Journalisten.[64]

442

bb) Zu Archivzwecken gebotene Vervielfältigung

Der Archivzweck besteht in der **Sicherung und internen Nutzung des vorhandenen Bestandes** an geschützten Werken, ohne dass die betreffenden Werke dadurch in zusätzlicher Weise verwertet werden.[65]

443

cc) Eigenes Werkstück als Vorlage

Das zu archivierende Werkstück muss **im Eigentum** des Archivs stehen. Deposita dürfen dafür nicht genutzt werden, da Deposita nicht im Eigentum des Archivs stehen. Es muss sich dabei auch nicht um Schriftgut handeln. Vom Archivbegriff werden Sammlungen von Unterlagen jeglicher Art erfasst. Es darf aber weder ein entliehenes noch ein gemietetes Werkstück zur Vervielfältigung genutzt werden.[66]

444

---

60 *Dreier*, in: Dreier/Schulze, UrhG, § 53, Rn. 27; *Loewenheim*, in: Schricker/Loewenheim, UrhG, § 53, Rn. 45; *Lüft*, in: Wandtke/Bullinger, UrhG, § 53, Rn. 30; *Wirtz*, in: Fromm/Nordemann, UrhG, § 53, Rn. 35; *Grübler*, in: Möhring/Nicolini, UrhG, § 53, Rn. 24.
61 *Wirtz*, in: Fromm/Nordemann, UrhG, § 53, Rn. 35; *Lüft*, in: Wandtke/Bullinger, UrhG, § 53, Rn. 30; *Dreier*, in: Dreier/Schulze, UrhG, § 53, Rn. 27; *Loewenheim, in:* Schricker/Loewenheim, UrhG, § 53, Rn. 45; *Grübler*, in: Möhring/Nicolini, UrhG, § 53, Rn. 24.
62 *Lüft*, in: Wandtke/Bullinger, UrhG, § 53, Rn. 31; *Loewenheim, in:* Schricker/Loewenheim, UrhG, § 53, Rn. 45; *Wirtz*, in: Fromm/Nordemann, UrhG, § 53, Rn. 35; *Dreier*, in: Dreier/Schulze, UrhG, § 53, Rn. 27; *Grübler*, in: Möhring/Nicolini, UrhG, § 53, Rn. 24.
63 *Dreier*, in: Dreier/Schulze, UrhG, § 53, Rn. 27; *Lüft*, in: Wandtke/Bullinger, UrhG, § 53, Rn. 31; *Loewenheim, in:* Schricker/Loewenheim, UrhG, § 53, Rn. 45; *Wirtz*, in: Fromm/Nordemann, UrhG, § 53, Rn. 35; *Grübler*, in: Möhring/Nicolini, UrhG, § 53, Rn. 24.
64 *Wirtz*, in: Fromm/Nordemann, UrhG, § 53, Rn. 35, wird zitiert von *Dreier*, in: Dreier/Schulze, UrhG, § 53, Rn. 27; *Loewenheim, in:* Schricker/Loewenheim, UrhG, § 53, Rn. 45; *Grübler*, in: Möhring/Nicolini, UrhG, § 53, Rn. 24.
65 *Dreier*, in: Dreier/Schulze, UrhG, § 53, Rn. 26, 27; *Lüft*, in: Wandtke/Bullinger, UrhG, § 53, Rn. 30; *Loewenheim*, in: Schricker/Loewenheim, UrhG, § 53, Rn. 44; *Wirtz*, in: Fromm/Nordemann, UrhG, § 53, Rn. 37; *Grübler*, in: Möhring/Nicolini, UrhG, § 53, Rn. 25.
66 *Loewenheim*, in: Schricker/Loewenheim, UrhG, § 53, Rn. 47; *Wirtz*, in: Fromm/Nordemann, UrhG, § 53, Rn. 38; *Dreier*, in: Dreier/Schulze, UrhG, § 53, Rn. 27; *Lüft*, in: Wandtke/Bullinger, UrhG, § 53, Rn. 29; *Grübler*, in: Möhring/Nicolini, UrhG, § 53, Rn. 26.

Das gilt auch dann, wenn der Begünstigte einen Dritten mit der Herstellung beauftragt.[67] Wird ein bestimmtes Werk mehrfach archiviert, so muss jedes Mal ein anderes Werkstück benutzt werden.[68] Daraus folgt, dass ein Archiv nur ein eigenes Werkstück **aus seinem Bestand** vervielfältigen darf.

dd) Öffentliches Interesse

445 Die Vervielfältigung von Werken in digitaler Form ist nur dann zulässig, wenn sie als **fotomechanische Vervielfältigung** oder in einem ähnlichen Verfahren erfolgt oder das Archiv nur in analoger Form benutzt wird. Danach wäre das Einscannen und Überspielen eines Werkstücks auf einen Datenträger nicht von der gesetzlichen Regelung erfasst. Dient das Archiv jedoch weder mittelbar noch unmittelbar wirtschaftlichen oder sonstigen Erwerbszwecken und ist es **im öffentlichen Interesse tätig**, so ist auch die **digitale Speicherung und Nutzung zulässig**.[69] In diesem Fall darf das Archiv ausnahmsweise auch digital angelegt und zum eigenen, d. h. internen wissenschaftlichen Gebrauch, genutzt werden.

446 Im Gegensatz zu § 53 Abs. 2 S. 1 Nr. 2 UrhG ist es nicht erforderlich, dass es sich um ein eigenes Archiv handelt. Im öffentlichen Interesse sind Archive tätig, die der **Erfüllung öffentlicher Aufgaben** dienen.[70] Eine Tätigkeit im öffentlichen Interesse üben sowohl Redaktionsarchive als auch Archivbibliotheken – wie die DNB – und Institutsarchive aus.[71] Ebenso sind Archive gemeinnütziger Stiftungen im öffentlichen Interesse tätig.[72] Letztere sind keine eigenen Archive, dafür allgemein zugänglich.

447 **Nicht öffentlich** sind dagegen **Inhouse-Kommunikationssysteme**, bei denen urheberrechtlich geschützte Werke in einer Datenbank gespeichert werden und in-

---

67 *Wirtz*, in: Fromm/Nordemann, UrhG, § 53, Rn. 38; *Dreier*, in: Dreier/Schulze, UrhG, § 53, Rn. 26; *Lüft*, in: Wandtke/Bullinger, UrhG, § 53, Rn. 29; *Loewenheim*, in: Schricker/Loewenheim, UrhG, § 53, Rn. 47; *Grübler*, in: Möhring/Nicolini, UrhG, § 53, Rn. 26.
68 *Dreier*, in: Dreier/Schulze, UrhG, § 53, Rn. 27; *Lüft*, in: Wandtke/Bullinger, UrhG, § 53, Rn. 29; *Loewenheim*, in: Schricker/Loewenheim, UrhG, § 53, Rn. 47; *Wirtz*, in: Fromm/Nordemann, UrhG, § 53, Rn. 38; *Grübler*, in: Möhring/Nicolini, UrhG, § 53, Rn. 26.
69 *Loewenheim*, in: Schricker/Loewenheim, UrhG, § 53, Rn. 48; *Wirtz*, in: Fromm/Nordemann, UrhG, § 53, Rn. 39; *Lüft*, in: Wandtke/Bullinger, UrhG, § 53, Rn. 31; *Dreier*, in: Dreier/Schulze, UrhG, § 53, Rn. 28; *Grübler*, in: Möhring/Nicolini, UrhG, § 53, Rn. 27.
70 *Lüft*, in: Wandtke/Bullinger, UrhG, § 53, Rn. 31; *Dreier*, in: Dreier/Schulze, UrhG, § 53, Rn. 28; *Wirtz*, in: Fromm/Nordemann, UrhG, § 53, Rn. 39; *Loewenheim*, in: Schricker/Loewenheim, UrhG, § 53, Rn. 48; *Grübler*, in: Möhring/Nicolini, UrhG, § 53, Rn. 27.
71 *Dreier*, in: Dreier/Schulze, UrhG, § 53, Rn. 28; *Lüft*, in: Wandtke/Bullinger, UrhG, § 53, Rn. 31; *Wirtz*, in: Fromm/Nordemann, UrhG, § 53, Rn. 39; *Loewenheim*, in: Schricker/Loewenheim, UrhG, § 53, Rn. 48; *Grübler*, in: Möhring/Nicolini, UrhG, § 53, Rn. 27.
72 *Lüft*, in: Wandtke/Bullinger, UrhG, § 53, Rn. 31; *Dreier*, in: Dreier/Schulze, UrhG, § 53, Rn. 28; *Wirtz*, in: Fromm/Nordemann, UrhG, § 53, Rn. 39; *Loewenheim*, in: Schricker/Loewenheim, UrhG, § 53, Rn. 48; *Grübler*, in: Möhring/Nicolini, UrhG, § 53, Rn. 27.

nerhalb eines geschlossenen, Außenstehenden nicht zugänglichen Netzwerks einer Vielzahl von Nutzern zur Verfügung stehen.[73]

ee) Kein wirtschaftlicher oder Erwerbszweck

Die Vervielfältigung darf **nur zum Zweck der Archivierung** und **nicht des Erzielens von Einnahmen erfolgen**.[74] In der Vervielfältigung darf keine zusätzliche Verwertung des Werks liegen, sodass ein abhanden gekommenes Buch nicht durch eine Kopie des im Archiv befindlichen Zweitexemplars ersetzt werden darf.[75] 448

b) Unterrichtung über Tagesfragen

§ 53 Abs. 2 S. 1 Nr. 3 UrhG erlaubt die **Vervielfältigung von Funksendungen**, wenn diese der eigenen Unterrichtung über Tagesfragen dient. Zulässig ist nur die Herstellung von einzelnen Vervielfältigungsstücken. Dabei soll die Vervielfältigung auf Papier (oder einem ähnlichen Träger) mittels photomechanischer oder ähnlicher Verfahren erfolgen. Von dieser Schranke sind also **nur analog hergestellte Vervielfältigungen** umfasst. Die Funksendung darf also auf Tonband aufgenommen werden, aber nicht auf einem Rechner, CD oder DVD. Funksendungen sind Sendungen im Fernsehen, Kabel, Rundfunk. Sendungen im Internet gehören nicht zu den Funksendungen. Die Unterrichtung soll zu **Tagesfragen** erfolgen. Tagesfragen sind **Themen von aktueller Bedeutung**; für die Aktualität kommt es auf den Zeitpunkt der Funksendung an.[76] Die Vervielfältigung soll weiterhin der eigenen Unterrichtung dienen, also für den betriebs- oder behördeninternen Gebrauch bestimmt sein.[77] Nicht zulässig ist daher die **Weitergabe der Vervielfältigung** an eine externe Person. 449

c) Kleine Teile erschienener Werke

Nach § 53 Abs. 2 S. 1 Nr. 4 lit. a) UrhG ist es zulässig, kleine Teile von erschienen Werken oder einzelnen in Zeitungen oder Zeitschriften erschienen Beiträgen **zum Eigengebrauch** zu vervielfältigen. Dabei muss es sich bei dem vervielfältigten Werkstück nicht um ein eigenes Werkstück handeln. Für die Anwendung des § 53 Abs. 2 S. 1 Nr. 4 UrhG kommt es entscheidend auf den Gebrauchszweck an. Unter Eigengebrauch fällt nicht die Vervielfältigung von kleinen Teilen von erschienen Werken, die ein **Dienstleister gegen Bezahlung** im Rahmen eines Re- 450

---

73 *Loewenheim*, in: Schricker/Loewenheim, UrhG, § 53, Rn. 48; *Wirtz*, in: Fromm/Nordemann, UrhG, § 53, Rn. 39.
74 *Dreier*, in: Dreier/Schulze, UrhG, § 53, Rn. 28; *Loewenheim*, in: Schricker/Loewenheim, UrhG, § 53, Rn. 44; *Lüft*, in: Wandtke/Bullinger, UrhG, § 53, Rn. 30; *Wirtz*, in: Fromm/Nordemann, UrhG, § 53, Rn. 37.
75 *Dreier*, in: Dreier/Schulze, UrhG, § 53, Rn. 26, 27; *Lüft*, in: Wandtke/Bullinger, UrhG, § 53, Rn. 30; *Loewenheim*, in: Schricker/Loewenheim, UrhG, § 53, Rn. 44; *Wirtz*, in: Fromm/Nordemann, UrhG, § 53, Rn. 37.
76 *Loewenheim*, in: Schricker/Loewenheim, UrhG, § 53, Rn. 49.
77 *Loewenheim*, in: Schricker/Loewenheim, UrhG, § 53, Rn. 42.

cherche-Service unter Einsatz eines Kopiergerätes oder elektronisch durch Nutzung eines Speichermediums vornimmt.[78]

451 Die Vervielfältigung soll **auf Papier** (oder einem ähnlichen Träger) mittels photomechanischer oder ähnlicher Verfahren oder eine **ausschließlich analoge Nutzung** stattfinden. Auch hier ist also eine digitale Vervielfältigung, wie zB. durch Scannen oder Überspielen auf CD, Festplatte, USB-Stick unzulässig.

452 Es darf nur ein **kleiner Teil** eines erschienen Werks vervielfältigt werden. Ob es sich um einen kleinen Teil handelt, bestimmt sich nach dem **Verhältnis** sämtlicher vervielfältigten Teile eines Werks zum gesamten Werk.[79] Bei der Beurteilung, ob es sich um einen kleinen Teil des Werks handelt, findet eine **Abwägung** zwischen den Interessen des Urhebers (Beeinträchtigung des Primärmarktes) und dem Nutzer im Einzelfall statt.[80] Ein kleiner Teil des Gesamtwerks ist gegeben, wenn **weniger als 10% des Werks** vervielfältigt werden.[81] Bei der Vervielfältigung von erschienen Beiträgen in Zeitungen und Zeitschriften ist es erlaubt, **ganze Beiträge** zu vervielfältigen, jedoch nicht die ganze Zeitung oder Zeitschrift. Es können auch mehrere Beiträge aus einer Zeitung oder Zeitschrift vervielfältigt werden, jedoch sollen diese einen kleinen Teil der Zeitung oder Zeitschrift darstellen. Machen zwei Beiträge einen großen Teil der Zeitschrift aus, so ist die Vervielfältigung nicht zulässig.[82]

453 Die Vervielfältigung und Verbreitung von Beiträgen und bearbeiteten Entscheidungen aus einer juristischen Fachzeitschrift (hier: GRUR und GRUR Int.),[83] die ein **Dienstleister gegen Bezahlung** im Rahmen eines Recherche-Service für Juristen entweder mechanisch unter Einsatz eines Kopiergerätes oder elektronisch durch Nutzung eines Speichermediums vornimmt, ist **nicht durch das Kopierprivileg** des UrhG § 53 Abs. 2 Nr. 4 Buchst. a UrhG **legitimiert** und stellt eine Urheberrechtsverletzung dar.

d) Vergriffene Werke

454 § 53 Abs. 2 S. 1 Nr. 4 lit. b) UrhG erlaubt die Vervielfältigung von vergriffenen Werken. Auch hier ist **nur eine analoge Vervielfältigung** zulässig, nämlich Kopieren, Ausdrucken als Hardcopy, Überspielen auf Tonband oder Kassette. Es dürfen nur vergriffene Werke kopiert werden. Diese dürfen vollständig vervielfältigt werden. Vergriffene Werke sind dabei solche, die **vom Verlag nicht mehr geliefert** werden können. Zweck dieser Schranke ist, die Vervollständigung der Bestände von Bibliotheken und wissenschaftlichen Instituten zu ermöglichen.

---

78 BGH, Urt. v. 16.01.1997 – I ZR 9/95 (CB-Infobank I), GRUR 1997, 459.
79 *Loewenheim*, in: Schricker/Loewenheim, UrhG, § 53, Rn. 51.
80 *Loewenheim*, in: Schricker/Loewenheim, UrhG, § 53, Rn. 52.
81 *Loewenheim*, in: Schricker/Loewenheim, UrhG, § 53, Rn. 52; OLG Karlsruhe, Urt. v. 27.05.1987 – 6 U 31/86, GRUR 1987, 818, 820.
82 *Loewenheim*, in: Schricker/Loewenheim, UrhG, § 53, Rn. 53.
83 OLG Köln, Urt. v. 14.01.2000 – 6 U 73/99, GRUR 2000, 414.

4. Unterricht und Prüfungen

a) Allgemeines

§ 53 Abs. 3 UrhG erlaubt die Vervielfältigung **von kleinen Teilen eines Werks**, von Werken von geringerem Umfang und von Zeitungs- und Zeitschriftenbeiträgen **in der erforderlichen Anzahl** zu Unterrichtszwecken und zum Prüfungsgebrauch.

455

Es dürfen zunächst nur **kleine Teile** eines Werks, Werke von geringem Umfang oder einzelne Zeitungs- und Zeitschriftenbeiträge vervielfältigt werden. Was einen kleinen Teil eines Werks darstellt, darf nicht nur zahlenmäßig bestimmt werden, sondern es soll im Hinblick auf das konkrete Werk auch eine inhaltliche und **wertende Aussage** stattfinden, ob die Verletzung der berechtigten und von Art. 14 GG geschützten Urheberinteressen hinter den Zwecken der § 53 Abs. 3 UrhG zurücktreten soll.[84] Das OLG Stuttgart hat entschieden, dass bei einem Buchumfang von 533 Seiten, einschließlich Literaturverzeichnis, Namensregister und Sachregister, die öffentliche Zugänglichmachung von 14 Kapiteln mit insgesamt 91 Seiten Umfang, später von 9 Kapiteln mit 70 Seiten im **Intranet einer Fernuniversität** nicht mehr als kleiner Teil angesehen werden[85] kann.

456

Die Vervielfältigung darf **nur zu eigenem Gebrauch** hergestellt werden. Der Gebrauch ist eigen, wenn dieser **innerhalb der Bildungseinrichtung** oder Prüfungsinstitution stattfindet.[86]

457

Die Vervielfältigung von für den Unterrichtsgebrauch **an Schulen** bestimmten Werken, Lehrbüchern, Übungsheften kann nur mit der Einwilligung des Berechtigten stattfinden. Berechtigter ist in diesem Fall grundsätzlich der Verleger.

458

Auch bei § 53 Abs. 3 UrhG kann die Vervielfältigung **von einem Dritten vorgenommen** werden („herstellen lassen"). Dabei gilt die Einschränkung der unentgeltlichen Herstellung **mittels photomechanischer Verfahren** (§ 53 Abs. 1 S. 2 UrhG) nicht. Jedoch darf sich die Tätigkeit des Herstellers nur auf den technisch-maschinellen Vorgang der Vervielfältigung beziehen,[87] wie zB. im **Copy-Shop**.

459

Weiterhin soll die **Vervielfältigung geboten** sein. Eine Herstellung für andere Zwecke als Unterrichtszwecke und Prüfungsgebrauch ist nicht zulässig. **Andere Zwecke** wären zB. Zwecke der Lehrerweiterbildung oder der Schulverwaltung. Ob die Vervielfältigung zu Unterrichts- oder Prüfungszwecken wirklich geboten ist, hängt von der pädagogischen Entscheidung des Unterrichtenden bzw. Prüfenden ab.[88] Die Gebotenheit kann nicht deswegen verneint werden, weil es andere Möglichkeiten gibt, den Unterrichtszweck oder den Prüfungsgebrauch zu errei-

460

---

84 OLG Stuttgart, Urt. v. 04.04.2012 – 4 U 171/11, MMR 2012, 477, nach der Revision vom BGH, Urt. v. 29.11.2013 – I ZR 76/12 (Meilensteine der Psychologie), GRUR 2014, 616, zurückverwiesen.
85 OLG Stuttgart, Urt. v. 04.04.2012 – 4 U 171/11, MMR 2012, 477 [79].
86 *Loewenheim*, in: Schricker/Loewenheim, UrhG, § 53, Rn. 61, 67.
87 *Loewenheim*, in: Schricker/Loewenheim, UrhG, § 53, Rn. 63.
88 *Loewenheim*, in: Schricker/Loewenheim, UrhG, § 53, Rn. 63.

chen. Es genügt, wenn im konkreten Einzelfall die Vervielfältigungen zu Unterrichtszwecken und Prüfungsgebrauch dienen können.

b) Unterrichtszwecke

461 Zu Unterrichtszwecken gilt die Vervielfältigungsfreiheit nur für **nichtgewerbliche Einrichtungen der Aus- und Weiterbildung** und Einrichtungen der Berufsbildung. Darunter fallen öffentliche und öffentlich zugängliche **Privatschulen**, sowie die betriebliche Unterrichtung von Auszubildenden in Betrieben. Vervielfältigungen zu Unterrichtszwecken an **Universitäten** sind von § 53 Abs. 3 S. 1 UrhG nicht umfasst. Auch zu Unterrichtszwecken an Volkshochschulen, Repetitorien, Arbeitskreisen und Arbeitsgruppen können Werke nicht auf Grundlage von § 53 Abs. 3 Nr. 1 UrhG vervielfältigt werden. Zwecks Fernunterricht können Vervielfältigungen hergestellt werden, wenn der Fernunterricht durch fest institutionalisierte Organisationen angeboten wird.[89]

462 Die Vervielfältigung soll in der **für die Unterrichtsteilnehmer erforderlichen Anzahl** hergestellt werden. Es ist grundsätzlich davon auszugehen, dass dem Lehrer und jedem Schüler ein Exemplar zur Verfügung stehen darf.[90]

c) Prüfungen

463 Die Vervielfältigungsfreiheit zum Prüfungsgebrauch gilt nicht nur für nichtgewerbliche **Einrichtungen der Aus- und Weiterbildung** und Einrichtungen der Berufsbildung, sondern auch für **Hochschulen** und allgemeine **staatliche Prüfungen**. Prüfungen sind zB. Zwischenprüfungen, Examen an Hochschulen, Klausuren und Hausarbeiten. Die Anfertigung von Referaten für Seminare stellt jedoch keine Prüfung dar. Prüfungen sind staatlich, wenn sie vom Staat abgenommen oder staatlich anerkannt werden.[91]

d) Kleine Teile eines Werks und Werke geringen Umfangs

464 § 52a und § 53 Abs. 3 UrhG enthalten Regelungen, in welchem Umfang in Schulen bzw. im Unterricht Vervielfältigungshandlungen vorgenommen werden dürfen. Um hier Rechtssicherheit für die Lehrkräfte zu schaffen, wurde am 14. Juli 2010 ein **Gesamtvertrag zur Vergütung von Ansprüchen** nach § 52a UrhG zwischen den Bundesländern, vertreten durch die Kultusministerkonferenz und den Verwertungsgesellschaften, für die Intranetnutzung an Schulen abgeschlossen. Eine inhaltlich vergleichbare Regelung wurde bzgl. der Vervielfältigung für den Unterrichts- und Prüfungsgebrauch auf Grundlage von § 53 UrhG am 19. Januar 2011 abgeschlossen und zum 1. Januar 2011 in Kraft. In § 3 Ziffer 3 ist geregelt, dass die **digitale Nutzung** von diesem Gesamtvertrag **nicht erfasst** wird, weil gem. § 53 UrhG nur die analoge Nutzung gestattet ist. Für die digitale Nutzung an Schulen auf Grundlage von § 52a UrhG galt der Gesamtvertrag vom 14. Juli 2010.

---

89 *Loewenheim*, in: Schricker/Loewenheim, UrhG, § 53, Rn. 59.
90 *Loewenheim*, in: Schricker/Loewenheim, UrhG, § 53, Rn. 62.
91 *Loewenheim*, in: Schricker/Loewenheim, UrhG, § 53, Rn. 66.

Mit der Ergänzungsvereinbarung vom 21. Dezember 2012 wurde eine Erweiterung des Gesamtvertrages vom 21. Dezember 2010 um die digitalen Nutzungsmöglichkeiten sowie eine inhaltliche Harmonisierung vorgenommen. Dort heißt es:

„§ 1 Digitalisierung, Nutzung

1. Die Rechteinhaber gewähren den Lehrkräften an Schulen, soweit nicht bereits gesetzlich erlaubt, das Recht, kleine Teile von Printmedien, die ab 2005 erschienen sind, für ihren eigenen Unterrichtsgebrauch einzuscannen.
2. Die Rechteinhaber gewähren den Lehrkräften an Schulen, soweit nicht bereits gesetzlich erlaubt, das Recht, die nach § 1 Abs. 1 hergestellten Digitalisate für ihren eigenen Unterrichtsgebrauch zu vervielfältigen, indem sie diese Digitalisate
   - digital an ihre Schüler für den Unterrichtsgebrauch (einschließlich der Unterrichtsvor- und -nachbereitung) weitergeben,
   - ausdrucken und die Ausdrucke ggf. an die Schüler verteilen,
   - für ihre Schüler über PCs, Whiteboards und/oder Beamer wiedergeben und
   - im jeweils erforderlichen Umfang abspeichern, wobei auch ein Abspeichern auf mehreren Speichermedien der Lehrkraft gestattet wird (PC, Whiteboard, iPad, Laptop, etc.), jedoch Zugriffe Dritter durch effektive Schutzmaßnahmen verhindert werden müssen (Passwort etc.).

   Diese Rechtseinräumung umfasst keine Änderungen und Bearbeitungen der Werke oder Werkteile.
3. Ein „kleiner Teil" im Sinne von § 1 Abs. 1 sind bis zu 10 % eines Printmediums, maximal jedoch 20 Seiten.
4. Pro Schuljahr und Schulklasse darf ein Printmedium maximal in dem nach Abs. 3 genannten Umfang eingescannt und iSd. vorstehenden Regelungen genutzt werden.

§ 2 Analoges Fotokopieren

Das Fotokopieren aus Werken bleibt entsprechend den Regelungen des Gesamtvertrages gestattet, wobei als ,kleiner Teil eines Werkes' im Sinne des Gesamtvertrages aus Rechts- und Praktikabilitätsgründen fortan ein Umfang von 10% eines Werkes, maximal jedoch 20 Seiten, gilt."[92]

Von großer praktischer Bedeutung ist § 3 des Gesamtvertrags vom 21. Dezember 2010 zu § 53 UrhG[93], der im Gesetz enthaltene unbestimmte Rechtsbegriffe definiert:

„§ 3 Definition, Umfang der Rechteeinräumung

1. Im Sinne des Vertrages gelten als
   a. kleine Teile eines Werks
      maximal 12 % eines Werks, jedoch nicht mehr als 20 Seiten,

---

[92] http://www.mk.niedersachsen.de/download/74377/Ergaenzungsvereinbarung_zum_Gesamtvertrag.pdf (letzter Abruf: 17.10.2015). Für die Jahre 2015–2018 wurde ein inhaltlich gleichlautender Vertrag abgeschlossen, vgl. http://www.lehrerfortbildung-bw.de (letzter Abruf: 04.01.2016).
[93] http://www.schulportal-thueringen.de (letzter Abruf: 04.01.2016).

b. Werke geringen Umfangs
- eine Musikedition mit maximal sechs Seiten;
- ein sonstiges Druckwerk (mit Ausnahme von für den Unterrichtsgebrauch bestimmten Werken) mit maximal 25 Seiten;
- alle vollständigen Bilder, Fotos und sonstigen Abbildungen.

Für den Unterrichtsgebrauch bestimmte Werke dürfen niemals vollständig kopiert werden. Für diese Werke gilt ausschließlich lit. a).

2. Pro Schuljahr und pro Klasse darf ein Werk maximal in dem in Absatz 1 festgelegten Umfang vervielfältigt werden.

3. Eine digitale Speicherung über den Kopiervorgang hinaus und ein digitales Verteilen sind durch diesen Gesamtvertrag nicht erfasst. An den Schulen dürfen Werke über den nach diesen Gesamtvertrag erlaubten Kopiervorgang hinaus nur digitalisiert werden, soweit die entsprechende Genehmigung des Rechteinhabers vorliegt oder die Digitalisierung auf einer gesonderten Rechtsgrundlage möglich ist. Im Rahmen eines Kopiervorgangs gegebenenfalls entstehende Digitalisate sind umgehend zu löschen und in keiner Weise digital zu nutzen oder weiterzuleiten."[94]

467 Somit gab es für die Regelungen in § 52a und § 53 UrhG zwei unterschiedliche gesamtvertragliche Regelungen. § 52a UrhG gestattet eine digitale Nutzung, § 53 UrhG die analoge Nutzung. § 52a und § 53 UrhG haben jedoch nicht alle Vervielfältigungshandlungen legitimiert, die Lehrer ausüben würden. Aus diesem Grund wurde der Gesamtvertrag vom 21. Dezember 2010 am 20. Dezember 2012 modifiziert und damit der „kleine Teil" generell auf 10 % beschränkt.

5. Verbot der öffentlichen Nutzung

468 Auch wenn die Vervielfältigung durch die Privatkopieschranke erlaubt ist, kann diese **weder verbreitet, noch zur öffentlichen Wiedergabe benutzt** werden, § 53 Abs. 6 UrhG. Eine Ausnahme liegt vor, wenn rechtmäßig hergestellte Vervielfältigungsstücke von Zeitungen, vergriffenen Werken und Werkstücke, bei denen kleine beschädigte oder abhanden gekommene Teile durch Vervielfältigungsstücke ersetzt worden sind, verliehen werden.

III. Kopienversand auf Bestellung

1. Allgemeines

469 § 53a UrhG regelt den Kopienversand auf Bestellung. **Nur öffentliche Bibliotheken** sind unter bestimmten Voraussetzungen zum Versand von Kopien berechtigt.

2. Übermittlung per Post oder Fax

470 Im Rahmen der Übermittlung per Post oder per Fax sind lediglich die Vervielfältigung und **die Übermittlung von Beiträgen**, die in Zeitungen und Zeitschriften erschienen sind, sowie kleiner Teile eines erschienenen Werks erlaubt.

---

94 http://www.schulportal-thueringen.de (letzter Abruf: 04.01.2016).

E. Begünstigungen des eigenen Gebrauchs

a) Öffentliche Bibliothek

Die Übermittlung darf nur eine öffentliche Bibliothek vornehmen. Der Begriff der öffentlichen Bibliothek ist wie in § 52b UrhG und § 54c UrhG zu verstehen.[95] Es muss ein systematisch gesammelter und Benutzern zentral zur Verfügung gestellter **Bibliotheksbestand** vorhanden sein, der nach seiner Größe und dem Umfang seiner Benutzung einer **besonderen Verwaltung und Katalogisierung** bedarf.[96] Die Bibliothek muss nicht allgemein zugänglich sein, es reicht die beschränkte Zugänglichkeit für die Öffentlichkeit aus.[97] Es ist unerheblich, ob die Bibliothek in öffentlicher oder in **privater Trägerschaft** steht.[98] 471

Der Begriff der „öffentlichen Bibliothek" entspricht inhaltlich dem des § 52b UrhG.[99] In § 52b UrhG werden neben den öffentlichen Bibliotheken auch **Archive** genannt. Da letztere ausdrückliche Erwähnung finden, können sie nicht unter den Begriff der öffentlichen Bibliotheken subsumiert werden. Das widerspräche dem Willen des Gesetzgebers und der Systematik des Gesetzes. Die Regelung hinsichtlich der privilegierten Einrichtungen nach § 53a UrhG ist vielmehr abschließend.[100] Kopienversanddienste anderer Einrichtungen, die keine öffentlichen Bibliotheken sind, sind nicht durch § 53a UrhG privilegiert.[101] 472

b) Einzelbestellung

Der Kopienversand ist durch die Bibliothek nur auf Grundlage einer **Einzelbestellung** zulässig.[102] Es sind sowohl Papierkopien von analogen (Papier) als auch von digitalen Werken erlaubt. Die Bibliothek muss bei letzterem **Ausdrucke** versenden.[103] Ein digitales Werk muss in der entsprechenden Form vorliegen. Es darf 473

---

95 *Loewenheim*, in: Schricker/Loewenheim, UrhG, § 53a, Rn. 9; *Nordemann-Schiffel*, in: Fromm/Nordemann, UrhG, § 53a, Rn. 5; *Dreier*, in: Dreier/Schulze, UrhG, § 53a Rn 7; *Grübler*, in: Möhring/Nicolini, UrhG, § 53a, Rn. 8.
96 *Loewenheim*, in: Schricker/Loewenheim, UrhG, § 53a, Rn. 9.
97 *Jani*, in: Wandtke/Bullinger, UrhG, § 53a, Rn. 8; *Loewenheim*, in: Schricker/Loewenheim, UrhG, § 53a, Rn. 9; *Grübler*, in: Möhring/Nicolini, UrhG, § 53a, Rn. 8.
98 *Nordemann-Schiffel*, in: Fromm/Nordemann, UrhG, § 53a, Rn. 5; *Grübler*, in: Möhring/Nicolini, UrhG, § 53a, Rn. 8.
99 *Nordemann-Schiffel*, in: Fromm/Nordemann, UrhG, § 53a, Rn. 5; *Loewenheim*, in: Schricker/Loewenheim, UrhG, § 53a, Rn. 9; *Grübler*, in: Möhring/Nicolini, UrhG, § 53a, Rn. 8.
100 *Dreier7*, in: Dreier/Schulze, UrhG, § 53a, Rn. 7; *Nordemann-Schiffel*, in: Fromm/Nordemann, UrhG, § 53a, Rn. 5; *Loewenheim*, in: Schricker/Loewenheim, UrhG, § 53a, Rn. 9; *Jani*, in: Wandtke/Bullinger, UrhG, § 53a, Rn. 8.
101 *Jani*, in: Wandtke/Bullinger, UrhG, § 53a, Rn. 8; *Loewenheim*, in: Schricker/Loewenheim, UrhG, § 53a, Rn. 10; *Grübler*, in: Möhring/Nicolini, UrhG, § 53a, Rn. 8.
102 *Dreier*, in: Dreier/Schulze, UrhG, § 53a, Rn. 3; *Jani*, in: Wandtke/Bullinger, UrhG, § 53a, Rn. 46; *Loewenheim*, in: Schricker/Loewenheim, UrhG, § 53a, Rn. 8; *Nordemann-Schiffel*, in: Fromm/Nordemann, UrhG, § 53a, Rn. 4; *Grübler*, in: Möhring/Nicolini, UrhG, § 53a, Rn. 4.
103 *Nordemann-Schiffel*, in: Fromm/Nordemann, UrhG, § 53a, Rn. 9.

nicht das Ergebnis der digitalen Sicherung eines körperlichen (analogen) Werks sein. Das folgt aus der Bestandsakzessorietät.[104] Das Werkstück muss dem Bestand der Bibliothek angehören. Bei archivierten Werken ist das nicht der Fall, da diese nur gesichert bzw. erhalten werden und nicht der Erweiterung des Bestandes dienen.

c) Privilegierung des Bestellers

474 Der Besteller einer Kopie muss sich auf eine Privilegierung des § 53 UrhG berufen können.[105] Faktisch wird das nur unter Berufung auf den **privaten Gebrauch** gemäß § 53 Abs. 1 UrhG, zum eigenen **wissenschaftlichen Gebrauch** gemäß § 53 Abs. 2 S. 1 Nr. 4 iVm. S. 3 UrhG oder zur **Veranschaulichung des Unterrichts** in Schulen oder ähnlichen Einrichtungen oder zu Prüfungszwecken in Schulen oder ähnlichen Einrichtungen gemäß § 53 Abs. 3 UrhG möglich sein.[106]

475 Gemäß § 53a Abs. 1 S. 1 UrhG gilt die Einschränkung der Vervielfältigung und Übermittlung nur auf einzelne in Zeitungen und Zeitschriften erschienene Beiträge sowie kleine Teile eines erschienenen Werks.[107]

3. Übermittlung in sonstiger elektronischer Form

a) Allgemeines

476 Liegen die Voraussetzungen des § 53a Abs. 1 S. 1 UrhG vor, ist die Übermittlung in sonstiger elektronischer Form **ausschließlich als grafische Datei** und **zur Veranschaulichung des Unterrichts** oder **für Zwecke der wissenschaftlichen Forschung** zulässig, soweit das zur Verfolgung **nicht gewerblicher Zwecke** gerechtfertigt ist.

477 Zudem darf der Zugang zu den Beiträgen oder kleinen Teilen eines Werks den Mitgliedern der Öffentlichkeit nicht offensichtlich von Orten und zu Zeiten ihrer Wahl mittels einer vertraglichen Vereinbarung zu angemessenen Bedingungen er-

---

104 *Nordemann-Schiffel*, in: Fromm/Nordemann, UrhG, § 53a, Rn. 8; *Dreier*, in: Dreier/Schulze, UrhG, § 53a, Rn. 3; *Jani*, in: Wandtke/Bullinger, UrhG, § 53a, Rn. 42; *Loewenheim*, in: Schricker/Loewenheim, UrhG, § 53a, Rn. 11; dazu kritisch *Grübler*, in: Möhring/Nicolini, UrhG, § 53a, Rn. 6.
105 *Jani*, in: Wandtke/Bullinger, UrhG, § 53a, Rn. 10; *Loewenheim*, in: Schricker/Loewenheim, UrhG, § 53a, Rn. 6; *Nordemann-Schiffel*, in: Fromm/Nordemann, UrhG, § 53a, Rn. 10; *Dreier*, in: Dreier/Schulze, UrhG, § 53a, Rn. 6; *Grübler*, in: Möhring/Nicolini, UrhG, § 53a, Rn. 9.
106 *Loewenheim, in:* Schricker/Loewenheim, UrhG, § 53a, Rn. 6; *Dreier*, in: Dreier/Schulze, UrhG, § 53a, Rn. 6; *Nordemann-Schiffel*, in: Fromm/Nordemann, UrhG, § 53a, Rn. 10–11; *Jani*, in: Wandtke/Bullinger, UrhG, § 53a, Rn. 27; *Grübler*, in: Möhring/Nicolini, UrhG, § 53a, Rn. 9.
107 *Nordemann-Schiffel*, in: Fromm/Nordemann, UrhG, § 53a, Rn. 7; *Jani*, in: Wandtke/Bullinger, UrhG, § 53a, Rn. 14; *Loewenheim, in:* Schricker/Loewenheim, UrhG, § 53a, Rn. 4; *Dreier*, in: Dreier/Schulze, UrhG, § 53a, Rn. 6; *Grübler*, in: Möhring/Nicolini, UrhG, § 53a, Rn. 6.

möglicht werden. Diese Voraussetzungen müssen kumulativ vorliegen, um einen elektronischen Kopienversand zuzulassen.[108]

b) Privilegierte Zwecke

Lediglich **wissenschaftliche und schulische oder Prüfungszwecke** sind für den elektronischen Kopienversand privilegiert, sofern sie nicht gewerblichen Zwecken dienen. Andere als die genannten Zwecke sind hierfür ausdrücklich nicht erfasst.[109] Somit scheidet ein elektronischer Kopienversand für den Privatgebrauch aus. Die Bibliotheken dürften aus Gründen der Praktikabilität nicht verpflichtet sein, die Berechtigung des Bestellers nachzuprüfen.[110] Daraus folgt jedoch nicht, dass sie nicht dazu berechtigt sein sollen.

478

c) Subsidiarität zu Verlagsangeboten

Es ist zu beachten, dass der elektronische Kopienversand durch öffentliche Bibliotheken **subsidiär** hinter Verlagsangebote zurücktritt.[111] Wird der Öffentlichkeit der Zugang offensichtlich von Orten und Zeiten ihrer Wahl mittels einer Vereinbarung zu angemessenen Bedingungen ermöglicht, sind diese Angebote vorrangig zu nutzen.[112] Dabei kommt es nur auf die Möglichkeit an, ein solches Angebot in Anspruch nehmen zu können.[113]

479

IV. Vergütungspflicht und Vergütungshöhe

1. Allgemeines

Die §§ 54b und 54e UrhG regeln die Vergütungs-, Melde- und Auskunftspflichten des Händlers und des Importeurs. § 54c UrhG regelt die Vergütungspflicht des Ge-

480

---

108 *Dreier*, in: Dreier/Schulze, UrhG, § 53a, Rn. 9; *Jani*, in: Wandtke/Bullinger, UrhG, § 53a, Rn. 22; *Loewenheim, in:* Schricker/Loewenheim, UrhG, § 53a, Rn. 15; *Nordemann-Schiffel*, in: Fromm/Nordemann, UrhG, § 53a, Rn. 12.
109 *Nordemann-Schiffel*, in: Fromm/Nordemann, UrhG, § 53a, Rn. 13; *Dreier*, in: Dreier/Schulze, UrhG, § 53a Rn.11; *Jani*, in: Wandtke/Bullinger, UrhG, § 53a, Rn. 27; *Loewenheim, in:* Schricker/Loewenheim, UrhG, § 53a, Rn. 15.
110 *Dreier*, in: Dreier/Schulze, UrhG, § 53a, Rn. 6; *Loewenheim, in:* Schricker/Loewenheim, UrhG, § 53a, Rn. 20.
111 *Jani*, in: Wandtke/Bullinger, UrhG, § 53a, Rn. 37; *Dreier*, in: Dreier/Schulze, UrhG, § 53a, Rn. 13; *Nordemann-Schiffel*, in: Fromm/Nordemann, UrhG, § 53a, Rn. 16; *Loewenheim, in:* Schricker/Loewenheim, UrhG, § 53a, Rn. 20; *Grübler*, in: Möhring/Nicolini, UrhG, § 53a, Rn. 14.
112 *Dreier*, in: Dreier/Schulze, UrhG, § 53a, Rn. 13; *Jani*, in: Wandtke/Bullinger, UrhG, § 53a, Rn. 32; *Loewenheim, in:* Schricker/Loewenheim, UrhG, § 53a, Rn. 23; *Nordemann-Schiffel*, in: Fromm/Nordemann, UrhG, § 53a, Rn. 16; *Grübler*, in: Möhring/Nicolini, UrhG, § 53a, Rn. 14.
113 *Nordemann-Schiffel*, in: Fromm/Nordemann, UrhG, § 53a, Rn. 16; *Loewenheim, in:* Schricker/Loewenheim, UrhG, § 53a, Rn. 20; *Dreier*, in: Dreier/Schulze, UrhG, § 53a, Rn. 13; *Grübler*, in: Möhring/Nicolini, UrhG, § 53a, Rn. 14; BGH, Urt. v. 29.11.2013 – I ZR 76/12 (Meilensteine der Psychologie), GRUR 2014, 616.

rätebetreibers. § 54g UrhG gibt dem Urheber die Möglichkeit, Betriebs- und Geschäftsräume des Gerätebetreibers zu Kontrollzwecken zu besuchen. § 54h UrhG stellt klar, dass die Ansprüche nach §§ 54 bis 54c, 54e Abs. 2, §§ 54f und 54g UrhG nur durch eine Verwertungsgesellschaft geltend gemacht werden können.

2. Vergütungspflicht

481 Die Vergütungspflicht für Vervielfältigungen auf Grundlage von § 53 UrhG folgt aus der **Eigentumsgarantie** des Art. 14 Abs. 1 S. 1 GG,[114] denn der Urheber hat einen Anspruch darauf, dass ihm der wirtschaftliche Nutzen seiner Arbeit zuteil wird.[115] Und auch der EuGH hat mehrfach entschieden, dass der Urheber bei der Herstellung von Kopien einen gerechten Ausgleich erhalten muss.[116] Zwischen der Geräte- und Speichermedienabgabe und dem Gebrauch der Geräte und Speichermedien zur Anfertigung von Privatkopien muss ein hinreichend enger Zusammenhang bestehen.[117] Eine etwaige Zustimmung des Rechteinhabers zur Vervielfältigung seines Werks oder eines sonstigen Schutzgegenstands im privaten Bereich hat dabei keine Auswirkung auf die Vergütungspflicht.[118]

a) Vergütungspflichtige Medien und Geräte

482 Eine Übersichtstabelle zur Leermedien- und Geräteabgabe findet sich im Anhang.[119]

b) Nicht vergütungspflichtige Medien und Geräte

483 Zu den nicht vergütungspflichtigen Medien zählen derzeit **Blu-ray-Rohlinge**. Die Tarife wurden durch ein Schreiben der *ZPÜ* wegen Protesten seitens der vergütungspflichtigen Unternehmen aufgehoben. Auf Grundlage einer geplanten empirischen Untersuchung über die Nutzung von Blu-rays wird zukünftig ein neuer Tarif der *ZPÜ*, *VG Wort* und *VG Bild-Kunst* veröffentlicht.

---

114 Hierzu siehe auch Kap. 1, Rn. 29 ff.
115 BVerfG, Beschl. v. 30.08.2010 – 1 BvR 1631/08, GRUR 2010, 999.
116 EuGH, Urt. v. 21.10.2010 – C-467/08 (Padawan/SGAE), GRUR 2011, 50: keine pauschale Urheberrechtsabgabe, Unterscheidung zwischen privater und geschäftlicher Nutzung; EuGH, Urt. v. 16.06.2011 – C-462/09 (Stichting/Opus), GRUR 2011, 909; EuGH, Urt. v. 27.06.2013 – C-457/11, C-458/11, C-459/11, C-460/11 (VG Wort), GRUR 2013, 812; EuGH, Urt. v. 11.07.2013 – C-521/11 (Amazon/Austro-Mechana), GRUR 2013, 1025: unterschiedslose Erhebung von Abgaben auf Leermedien kann mit Unionsrecht vereinbar sein; widerlegbare Vermutung, dass an Privatpersonen verkauftes Trägermaterial für private Zwecke genutzt wird; EuGH, Urt. v. 10.04.2014 – C-435/12 (ACI Adam ua/Thuiskopie) GRUR 2014, 546 zur Differenzierung zwischen rechtmäßiger und unrechtmäßiger Vorlage im Falle der Privatkopieabgabe.
117 Schlussantrag Generalanwältin Trstenjak vom 11.05.2010 im Fall EuGH, Urt. v. 21.10.2010 – C-467/08 (Padawan/SGAE), BeckEuRS 2010, 513458.
118 EuGH, Urt. v. 27.06.2013 – C-457/11, C-458/11, C-459/11, C-460/11 (VG Wort), GRUR 2013, 812.
119 Siehe Anhang, Teil VI.

Für Mobiltelefone[120] existiert ein Tarif, der auf empirischen Untersuchungen zur Nutzung von Mobiltelefonen zu Vervielfältigungen basiert. Der Abschluss eines Gesamtvertrages wird von den Verbänden und vergütungspflichtigen Unternehmen aber dem Grunde nach abgelehnt.

484

3. Schuldner der Vergütung

Schuldner der Vergütung sind die **Hersteller und Importeure** der vergütungspflichtigen Geräte. Der gerechte Ausgleich erfordert gemäß der Padawan-Entscheidung des EuGH,[121] dass Personen, die über Anlagen, Geräte und Medien zur digitalen Vervielfältigung verfügen und sie zu diesem Zweck privaten Nutzern de jure oder de facto zur Verfügung stellen bzw. eine Vervielfältigungsdienstleistung erbringen, Schuldner der Finanzierung des gerechten Ausgleichs sind, da sie die Möglichkeit haben, die tatsächliche Belastung dieser Finanzierung auf die privaten Nutzer abzuwälzen.[122]

485

4. Höhe der Vergütung

Maßgebend für die Vergütungshöhe ist, in welchem Maß die Geräte und Speichermedien **tatsächlich für Vervielfältigungen** nach § 53 Abs. 1 bis 3 UrhG **genutzt** werden. Der BGH[123] hat entschieden, dass die Benutzung von Geräten, die nach ihrer Art oder ihrem Typ jedenfalls auch zur Vornahme von Vervielfältigungen zum privaten oder sonstigen eigenen Gebrauch bestimmt sind, unter die Vergütungspflicht fallen. Werden Geräte in einer Einrichtung im Sinne von § 54a Abs. 2 UrhG aF. bzw. § 54c Abs. 1 UrhG genutzt, löst das eine widerlegbare gesetzliche Vermutung im Sinne des § 292 ZPO aus, dass diese Geräte tatsächlich zur Vornahme von Vervielfältigungen nach § 53 Abs. 1 bis 3 UrhG aF. verwendet werden. Eine solche Nutzung rechtfertigt neben der Vergütungspflicht des Herstellers, Händlers oder Importeurs eine **zusätzliche Vergütungspflicht des Betreibers** dieser Geräte. Die Vermutung kann durch den Nachweis entkräftet werden, dass mit diesen Geräten tatsächlich keine oder nur in einem so geringen Umfang Vervielfältigungen zum privaten oder sonstigen eigenen Gebrauch nach § 53 Abs. 1 bis 3 UrhG angefertigt werden, dass **keine Betreibervergütung** geschuldet wird.[124]

486

Bei der **Bestimmung der Vergütungshöhe** ist zu berücksichtigen, inwieweit technische Schutzmaßnahmen nach § 95a UrhG ergriffen werden. Außerdem sind die **nutzungsrelevanten Eigenschaften der Geräte und Speichermedien**, insbesondere die **Leistungsfähigkeit** von Geräten sowie die Speicherkapazität und Mehrfachbeschreibbarkeit von Speichermedien, zu berücksichtigen. Die Vergütung, die

487

---

120 OLG München, Teilurt. v. 30.10.2014 – 6 Sch 20/12 WG (Musik-Handys), GRUR-RR 2015, 422: Vergütungspflicht gemäß § 54 UrhG aF. für Mobiltelefone.
121 EuGH, Urt. v. 21.10.2010 – C-467/08 (Padawan/SGAE), GRUR 2011, 50.
122 EuGH, Urt. v. 21.10.2010 – C-467/08 (Padawan/SGAE), GRUR 2011, 50 [50].
123 BGH, Urt. v. 09.02.2012 – I ZR 43/11 (Digitales Druckzentrum), GRUR 2012, 1017.
124 BGH, Urt. v. 09.02.2012 – I ZR 43/11 (Digitales Druckzentrum), GRUR 2012, 1017 [13, 19].

als Ersatz für den Schaden geschuldet wird, der dem Urheber am Ende eines einheitlichen Verfahrens entstanden ist, darf nicht substanziell von dem Betrag abweichen, der für die Vervielfältigung mittels nur eines Geräts festgelegt ist.

488 In § 40 RegE VGG vom 30. Oktober 2015 ist vorgesehen, dass sich die Höhe der Vergütung für die Geräte und Speichermedien nach § 54a UrhG bestimmt und dass hierzu auf Grundlage einer empirischen Untersuchung ein Tarif aufgestellt wird, es sei denn der hierfür erforderliche Aufwand steht in keinem Verhältnis zu den erwarteten Einnahmen. § 49 RegE VGG enthält zudem eine gesetzliche Vermutung für gesetzliche Vergütungsansprüche. Macht eine VG Vergütungsansprüche gem. §§ 54 Abs. 1, 54c Abs. 1 UrhG geltend, wird vermutet, dass sie Rechte aller Rechtsinhaber wahrnimmt. Sofern eine VG Zahlungen für Rechtsinhaber erhält, deren Rechte sie nicht wahrnimmt, hat sie den Nutzer gem. § 49 Abs. 3 RegE VGG von Vergütungsansprüchen dieser Rechtsinhaber freizustellen.

Randnummern 488–499 einstweilen frei.

F. Abbildungsfreiheit

Literatur: *Bisges*, Der Öffentlichkeitsbegriff im Urheberrechtsgesetz, UFITA 2014/II, S. 363–380.

I. Unwesentliches Beiwerk

1. Zweck und Inhalt der Regelung

§ 57 UrhG gestattet die Vervielfältigung, Verbreitung und öffentliche Wiedergabe von Werken, wenn sie als **unwesentliches Beiwerk neben dem eigentlichen Gegenstand** der Vervielfältigung, Verbreitung oder öffentlichen Wiedergabe anzusehen sind. In Ergänzung zur Freiheit der Berichterstattung über Tagesereignisse gem. § 50 UrhG soll dasjenige, **das mehr oder weniger zufällig oder nebensächlich bei der Vervielfältigung**, Verbreitung und öffentlichen Wiedergabe anderer Gegenstände auftaucht (Beiwerk), ohne die Zustimmung der Urheberberechtigten vervielfältigt, verbreitet und öffentlich wiedergegeben werden.[1] Wenn anlässlich des Fernsehinterviews eines Politikers im Hintergrund eine Skulptur zu erkennen ist, dann ist dies die Wiedergabe eines unwesentlichen Beiwerks

500

2. Voraussetzungen

Die **Prüfung** der Voraussetzungen der Vorschrift erfolgt in **zwei Stufen**. Zunächst ist der **Hauptgegenstand** der Abbildung zu bestimmen und anschließend ist festzustellen, ob das betroffene Werk im Vergleich zum Hauptgegenstand als **unwesentlich** anzusehen ist.[2] Die Prüfung erfolgt dabei **aus der Sicht eines objektiven Betrachters**, nicht nach den subjektiven Absichten des Abbildenden.[3]

501

a) Bestimmung des Hauptgegenstandes

Bei der **Bestimmung des Hauptgegenstandes** ist von einem **engen Maßstab** auszugehen. Sollte nämlich von einem umfangreichen, weitgehenden Hauptgegenstand ausgegangen werden, so ist der Schutz der darin aufscheinenden urheberrechtlichen Werke umso geringer, je umfangreicher der Hauptgegenstand ist. Dies steht im Widerspruch zu dem Grundsatz, dass alle Schranken des Urheberrechts, also auch § 57 UrhG, generell eng auszulegen sind.[4] Eine solche beschränkende Bestimmung ist auch mit dem Gebot der unionskonformen Auslegung kompatibel, denn sie entspricht dem Drei-Stufen-Test. So ist als Hauptgegenstand die ein-

502

---

1 *Haberstumpf*, UrhR, Rn. 238.
2 BGH, Urt. v. 17.11.2014 – I ZR 177/13 (Möbelkatalog), GRUR 2015, 667 [16].
3 OLG München, Urt. v. 09.06.1988 – 6 U 4132/87, NJW, 1989, 404; *Vogel*, in: Schricker/Loewenheim, UrhG, § 57 Rn 10; *Dreier*, in: Dreier/Schulze, UrhG, § 57, Rn. 3.
4 BGH, Urt. v. 17.11.2014 – I ZR 177/13 (Möbelkatalog), GRUR 2015, 667 [19].

zelne Abbildung, die das Werk wiedergibt, zu untersuchen und nicht der gesamte Möbelkatalog oder Internetauftritt oder sonstige Publikationsumgebung, in dem die Abbildung aufgenommen wurde.[5]

503 **Prüfungsgegenstand** ist also die **konkrete Abbildung,** so wie sie sich aus dem **Kontext der Veröffentlichung** ergibt. Ob ein Werk im Vergleich zum eigentlichen Nutzungsgegenstand als unwesentliches Beiwerk betrachtet werden muss, ist unter Berücksichtigung aller Umstände des Einzelfalles aus der Sicht eines objektiven Durchschnittsbetrachters zu beantworten.[6] Maßgeblich ist dabei der Äußerungszusammenhang, der vom Durchschnittsbetrachter nach den Umständen unschwer als Ganzes wahrgenommen und beurteilt werden kann. Dabei sind die Besonderheiten des Mediums zu berücksichtigen, in dem das urheberrechtlich geschützte Werk benutzt wird. Da die Bewertung als unwesentliches Beiwerk im Sinne von § 57 UrhG die Beurteilung des inhaltlichen Zusammenhanges zwischen dem Werk und dem Hauptgegenstand voraussetzt, hängt der Umfang des Gegenstandes einer einheitlichen Beurteilung des Durchschnittsbetrachters außerdem davon ab, ob und inwieweit im Einzelfall inhaltliche Bezüge den Aussagegehalt des Gegenstandes der Vervielfältigung und Verbreitung oder öffentlichen Wiedergabe bestimmen.[7]

b) Unwesentliches Beiwerk

504 Die **Unwesentlichkeit** eines Werkes setzt voraus, dass es **weggelassen** oder **ausgetauscht** werden könnte, ohne dass dies dem durchschnittlichen Betrachter auffiele oder **ohne dass die Gesamtwirkung** des Hauptgegenstandes in irgendeiner Weise beeinflusst würde. Aber auch ein tatsächlich wahrgenommenes Werk kann als unwesentliches Beiwerk anzusehen sein, wenn nach den Umständen des Einzelfalles keine noch so geringe inhaltliche Beziehung zum Hauptgegenstand der Verwertung besteht, sondern es durch seine Zufälligkeit und Beliebigkeit für diesen ohne jede Bedeutung ist. Es darf also selbst weder eine geringe noch nebensächliche Bedeutung erreichen. Wenn es hingegen erkennbar stil- oder stimmungsbildend ist oder eine bestimmte Wirkung auf die Aussage unterstreicht, ist es in den eigentlichen Gegenstand der Verwertung einbezogen und erfüllt einen dramaturgischen Zweck oder sonstige charakteristische Aufgaben.[8]

505 Ist ein Werk **austauschbar,** so spricht dies für die Annahme der Unwesentlichkeit des Werkes.[9] Nimmt jedoch der Betrachter das Werk als Gesamtkonzept wahr, kommt es auf die Austauschbarkeit des einen urheberrechtlich geschützten Werkes durch ein anderes nicht an.

---

5 BGH, Urt. v. 17.11.2014 – I ZR 177/13 (Möbelkatalog), GRUR 2015, 667 [19 f].
6 BGH, Urt. v. 17.11.2014 – I ZR 177/13 (Möbelkatalog), GRUR 2015, 667 [21]; OLG München, Urt. v. 09.06.1988 – 6 U 4132/87, NJW, 1989, 404; *Dreier,* in: Dreier/Schulze, UrhG, § 57, Rn. 3.
7 BGH, Urt. v. 17.11.2014 – I ZR 177/13 (Möbelkatalog), GRUR 2015, 667 [22].
8 BGH, Urt. v. 17.11.2014 – I ZR 177/13 (Möbelkatalog), GRUR 2015, 667 [27]; *Vogel,* in: Schricker/Loewenheim, UrhG, § 57, Rn. 17 f.; *Dreier,* in: Dreier/Schulze, UrhG, § 57, Rn. 2.
9 BGH, Urt. v. 17.11.2014 – I ZR 177/13 (Möbelkatalog), GRUR 2015, 667 [31].

3. Rechtsfolgen

Wird ein Werk als unwesentliches Beiwerk angesehen, so kann es mit einem anderen Werk, aber auch mit einem urheberrechtlich nicht geschützten Gegenstand **ohne Einwilligung des Rechtsinhabers** vervielfältigt, verbreitet und öffentlich wiedergegeben werden. Die öffentliche Wiedergabe umfasst auch die öffentliche Zugänglichmachung im Sinne von § 19a UrhG.[10] Damit ist jede Verwertungshandlung, ausgenommen der Ausstellung (§ 18 UrhG),[11] zulässig.

506

II. Werke an öffentlichen Plätzen

1. Inhalt und Zweck

§ 59 UrhG gestattet es, Werke, die sich **bleibend im öffentlichen Raum befinden**, mit Mitteln der Malerei oder Graphik, durch Fotografie oder Film **zu vervielfältigen,** zu verbreiten und öffentlich wiederzugeben; bei Bauwerken allerdings nur die äußere Ansicht (Panoramafreiheit).

507

Der Vorschrift liegt die Erwägung zugrunde, dass derjenige, der ein Werk im öffentlichen Raum aufstellt, es der Allgemeinheit widmet, sodass sich die Freiheit der Abbildung für jedermann daraus rechtfertigt.[12]

508

2. Voraussetzungen

a) Öffentliche Wege, Straßen und Plätze

Zunächst muss sich das Werk **im öffentlichen Raum**, also an öffentlichen Straßen, Wegen oder Plätzen befinden. Dies sind Plätze, die für **jedermann frei zugänglich** sind und im Gemeingebrauch stehen.[13] Zu solchen frei zugänglichen Bereichen zählen auch Privatwege, wenn sie für jedermann frei zugänglich sind. Es kommt also nicht auf die öffentlich-rechtliche Widmung an. Zum öffentlichen Raum gehören daher auch Passagen und öffentlich zugängliche Hausdurchgänge und Atrien.

509

Weitere Voraussetzung ist, dass sich die Werke an öffentlichen Wegen und Straßen sowie Plätzen befinden. Daran fehlt es, wenn Hilfsmittel zur Anfertigung der Vervielfältigung erforderlich sind.[14] Daher ist auch dasjenige, was sich hinter Zäunen und Hecken versteckt,[15] nicht dem öffentlichen Raum zuzuordnen. Gleiches gilt für Innenhöfe.[16]

510

---

10 BGH, Urt. v. 17.11.2014 – I ZR 177/13 (Möbelkatalog), GRUR 2015, 667 [15].
11 Zum Ausstellungsrecht siehe Kap. 2, Rn. 235 ff.
12 BT-Drucks. IV/270, zu § 60; BGH, Urt. v. 05.06.2003 – I ZR 192/00 (Hundertwasser-Haus), GRUR 2003, 1035, 1037.
13 *Vogel*, in: Schricker/Loewenheim, UrhG, § 59, Rn. 9; *Dreier*, in: Dreier/Schulze, UrhG, § 59, Rn. 3; *W.Nordemann*, in: Fromm/Nordemann, UrhG, § 59, Rn. 1.
14 *Dreier*, in: Dreier/Schulze, UrhG, § 59, Rn. 4; *W.Nordemann*, in: Fromm/Nordemann, UrhG, § 59, Rn. 2.
15 OLG München, Urt. v. 15.06.2000 – 6 U 5629/99 (Hundertwasser-Haus), ZUM 2001, 76, 78.
16 BGH, Urt. v. 05.06.2003 – I ZR 192/00 (Hundertwasser-Haus), GRUR 2003, 1035, 1037.

b) Bleibend

511 Ferner muss sich das Werk **bleibend** im öffentlichen Raum befinden. Dies bedeutet, dass es dort für **die Dauer der Existenz** unabhängig davon, ob es sich um kurzfristig vergängliche Werke oder ewige Werke handelt, verbleiben soll. **Nicht** bleibend im öffentlichen Raum befinden sich solche Werke, die von Anfang an nur einen **beschränkten Zeitraum** dort aufgestellt werden. Dabei kommt es nicht allein auf die subjektive Bestimmung des Werkschöpfers an, sondern auf die objektive Widmungsbestimmung, die anlässlich der Positionierung des Werkes getroffen wurde.[17]

512 Damit gehören die Pflastermalerei ebenso wie Eisskulpturen im Winter oder Sandskulpturen am Meer zu den bleibenden Werken, wohingegen eine Installation im öffentlichen Raum für eine bestimmte Anzahl von Tagen oder die Präsentation von Schaufenstern[18] nicht dazu zu rechnen ist.

3. Rechtsfolgen

513 Solche im öffentlichen Raum befindlichen Kunstwerke dürfen **mit Mitteln der Malerei, Graphik, Fotografie und des Films vervielfältigt, verbreitet und öffentlich wiedergegeben** werden. Dabei kommt es auf den Zweck der Vervielfältigung und Verbreitung nicht an, sodass auch die gewerbliche Verwertung in Bildbänden, Postkarten, Filmen, Videos, Souvenirartikeln usw. zulässig ist.[19]

514 Von der Vervielfältigung ist allerdings die Vervielfältigung an einem Bauwerk ausgenommen (§ 59 Abs. 2 UrhG).

515 Eine Bearbeitung oder Umgestaltung anlässlich der Verwertung des Werkes ist dagegen nach dem Wortlaut des § 61 Abs. 1 UrhG ausgeschlossen.[20] Ein Fotograf ändert nichts, soweit er verkleinert oder schwarz-weiß abbildet; insofern ist die Änderung gem. § 39 UrhG zulässig. Dagegen lässt sich der Kunstmaler durch das Werk anregen; er sieht es mit seinen Augen, sodass meist von einer freien Benutzung (§ 24 UrhG) auszugehen ist.[21] Die dazwischen liegenden realistischen Vervielfältigungen sind durch den Gesetzeswortlaut gedeckt.[22]

---

17 BGH, Urt. v. 24.01.2002 – I ZR 102/99 (Verhüllter Reichstag), GRUR 2002, 605, 606; *W.Nordemann*, in: Fromm/Nordemann, UrhG, § 59, Rn. 3.
18 *Dreier*, in: Dreier/Schulze, UrhG, § 59, Rn. 5 mwN.; *W.Nordemann*, in: Fromm/Nordemann, UrhG, § 59, Rn. 3.
19 *Dreier*, in: Dreier/Schulze, UrhG, § 59, Rn. 7; *W.Nordemann*, in: Fromm/Nordemann, UrhG, § 59, Rn. 5.
20 *W.Nordemann*, in: Fromm/Nordemann, UrhG, § 59, Rn. 6; zum Änderungsverbot allgemein s. Rn. 28 ff.
21 *W.Nordemann*, in: Fromm/Nordemann, UrhG, § 59, Rn. 6; zur freien Benutzung allgemein s. Rn. 200 ff. u. Kap. 2, Rn. 301 ff.
22 *W.Nordemann*, in: Fromm/Nordemann, UrhG, § 59, Rn. 6.

III. Katalogbildfreiheit

1. Inhalt und Zweck

Die durch § 58 UrhG gewährte sog. **Katalogbildfreiheit** gestattet dem **Veranstalter**, die **öffentlich ausgestellten** oder zur öffentlichen Ausstellung oder zum öffentlichen Verkauf bestimmten **Werke** der bildenden Kunst und Lichtbildwerke zur Werbung zu vervielfältigen, zu verbreiten und öffentlich zugänglich zu machen, soweit dies **zur Förderung der Veranstaltung erforderlich** ist. Darüber hinaus dürfen **öffentlich zugängliche Bibliotheken**, Bildungseinrichtungen oder Museen Werke der bildenden Künste und Lichtbildwerke in **inhaltlichem und zeitlichem Zusammenhang mit einer Ausstellung** oder **zur Dokumentation** der Bestände (Bestandsdokumentation) in Verzeichnissen vervielfältigen und verbreiten, soweit damit kein eigenständiger Erwerbszweck verfolgt wird (§ 58 Abs. 2 UrhG). 516

Zweck der Vorschrift ist, dem Veranstalter einer Ausstellung, für die ein Katalog erstellt wird, zum einen dessen Produktion und zum anderen die Werbung für eine Verkaufsaktion zu erleichtern.[23] Das Interesse an illustrierten Ausstellungs- und Versteigerungskatalogen deckt auch ein Bedürfnis des Urhebers, da solche Kataloge das Bekanntwerden und den Absatz der Werke fördern. 517

Daneben bezweckt Abs. 2 die kulturpolitisch wünschenswerte Dokumentation einzelner Verzeichnisse und von Museumsbeständen. 518

2. Voraussetzungen

a) Ausstellungs- und Verkaufskataloge

Um in den Genuss der Katalogbildfreiheit zu kommen, müssen die **Ausstellungs- und Verkaufskataloge** für die Förderung der Ausstellung und/oder des Verkaufes **erforderlich** sein. Dies setzt eine Werbung für eine **ganz konkrete Veranstaltung** voraus, nicht für die allgemeine Tätigkeit des Veranstalters. Dies erfordert ferner einen **zeitlichen und räumlichen Zusammenhang** mit der jeweiligen Ausstellung. Damit ist die Privilegierung auf die Dauer der jeweiligen Veranstaltung beschränkt.[24] Weiterhin ist die Nutzung räumlich auf den Veranstaltungsort sowie auf den Versand vom Veranstalter zu Werbezwecken beschränkt.[25] 519

b) Verzeichnisse

Öffentlich zugängliche Bibliotheken, Bildungseinrichtungen und Museen dürfen Verzeichnisse, also Kataloge, aber auch **digitale Offlinemedien**[26] entweder im Zu- 520

---

23 BGH, Urt. v. 12.11.1992 – I ZR 194/90 (Katalogbild), GRUR 1993, 822, 823.
24 OLG Köln, Urt. v. 26.09.2008 – 6 U 111/08 (Auktionsportal für Kunstwerke), GRUR-RR 2009, 4, 5.
25 *Dreier*, in: Dreier/Schulze, UrhG, § 58, Rn. 7; *W.Nordemann*, in: Fromm/Nordemann, UrhG, § 58, Rn. 3.
26 *Dreier*, in: Dreier/Schulze, UrhG, § 58, Rn. 9; *W.Nordemann*, in: Fromm/Nordemann, UrhG, § 58, Rn. 4.

sammenhang einer Ausstellung oder im Zusammenhang mit einer Bestandsdokumentation vervielfältigen und verbreiten, wenn sie dadurch keinen eigenständigen Erwerbszweck verfolgen.

521 Auch hier bedarf der Zusammenhang mit einer Ausstellung **dem inhaltlichen und zeitlichen Zusammenhang** mit der jeweiligen Veranstaltung, die einen angemessenen Zeitraum vor und nach der Veranstaltung umfasst. Darüber hinaus sind privilegiert Bestandsdokumentationen zur Erfassung aller Bestände eines Museums. Voraussetzung ist allerdings, dass durch die Vervielfältigung und Verbreitung der Verzeichnisse und Bestandsdokumente keine Gewinnerzielungsabsicht des Herausgebers, also **kein eigenständiger Erwerbszweck**, verfolgt wird.[27]

c) Betroffene Werke

522 Ausdrücklich sind von der Privilegierung **Werke der bildenden Kunst** (§ 2 Abs. 1 Nr. 4 UrhG)[28] und **Lichtbildwerke** (§ 2 Abs. 1 Nr. 5 UrhG)[29] betroffen. Im Hinblick auf die Regelung des § 72 UrhG werden einfache Lichtbilder[30] den Lichtbildwerken gleichgestellt. Trotz des grundsätzlichen Verbots der analogen Anwendung von Schrankenbestimmungen wird die Katalogbildfreiheit auch für **Werke der angewandten Kunst** und **Baukunst** (§ 2 Abs. 1 Nr. 4 UrhG)[31] sowie auch auf **Darstellungen wissenschaftlicher oder technischer Art** (§ 2 Abs. 1 Nr. 7 UrhG) angewandt.[32]

523 Die Werke müssen **öffentlich ausgestellt** oder zur öffentlichen Ausstellung oder zum öffentlichen Verkauf bestimmt sein.[33] Es kommt nicht darauf an, ob die Werke dauernd oder nur vorübergehend ausgestellt sind oder ob sie sich im Depot befinden.[34]

3. Rechtsfolgen

524 Wenn und soweit Ausstellungs- und Verkaufskataloge den Voraussetzungen des § 58 Abs. 1 UrhG entsprechen, dürfen diese **vervielfältigt, verbreitet und öffentlich zugänglich gemacht** werden. Demgegenüber dürfen die Verzeichnisse, die anlässlich von Ausstellungen oder zur Dokumentation von Beständen herausgegeben werden, nur vervielfältigt und verbreitet, nicht hingegen öffentlich zugänglich gemacht werden.

---

27 *Dreier*, in: Dreier/Schulze, UrhG, § 59, Rn. 14; *Vogel*, in: Schricker/Loewenheim, UrhG, § 59, Rn. 26. *Lüft*, in: Wandtke/Bullinger, UrhG, § 59, Rn. 11; *W.Nordemann*, in: Fromm/Nordemann, UrhG, § 58, Rn. 6.
28 Hierzu allgemein s. Kap. 1, Rn. 121 ff.
29 Hierzu allgemein s. Kap. 1, Rn. 128 ff.
30 Hierzu allgemein s. Kap. 10, Rn. 106 ff.
31 BGH, Urt. v. 04.05.2000 – I ZR 256/97 (Parfumflakon), GRUR 2001, 51.
32 *Dreier*, in: Dreier/Schulze, UrhG, § 58, Rn. 3.
33 *Bisges*, UFITA 2014, 363.
34 BGH, Urt. v. 30.06.1994 – I ZR 32/92 (Museumskatalog), GRUR 1994, 800, 802; OLG Frankfurt, Urt. v. 12.12.1991 – 6 U 100/90 (Städel), GRUR 1994, 116, 118.

Zu beachten ist allerdings, dass die **Privilegierung** der Kataloge sich nur auf die jeweils **abgebildeten Werke** bezieht, nicht auf die Lichtbildwerke bzw. Lichtbilder, die erforderlich sind, um die abgebildeten Werke zu vervielfältigen, zu verbreiten bzw. öffentlich zugänglich zu machen. So müssen die **Rechte des Abbildenden**, also beispielsweise der Fotografen, gesondert geprüft bzw. **erworben** werden. 525

Die Privilegierung der Ausstellungskataloge bezieht sich **nicht auf Buchhandelsausgaben** oder die weitere Verbreitung nach Beendigung der jeweiligen Ausstellung. 526

IV. Bildnisse

1. Inhalt und Zweck

§ 60 UrhG gestattet dem **Besteller eines Bildnisses**, dieses **unentgeltlich** zu **vervielfältigen** und zu nicht gewerblichen Zwecken zu **verbreiten**. Er schränkt also die Rechte des Schöpfers zugunsten des Bestellers ein. 527

Die Vorschrift hat in erster Linie für die Porträtfotografie durch Fotohändler Bedeutung, da die Auftraggeber Nachbestellungen bei anderen Fotolabors als den ursprünglichen Fotografen in Auftrag geben, um die danach hergestellten Abzüge zu verschenken. 528

Bei der Vorschrift handelt es sich weniger um eine Schranke als vielmehr um eine **Auslegungsregel**.[35] Die Vorschrift ist als Auslegungsregel abdingbar.[36] 529

2. Voraussetzungen

Zunächst muss es sich um ein Bildnis, also eine Abbildung einer oder mehrerer **Personen**, handeln. Eine solche liegt vor, wenn die **individuellen Züge** der abgebildeten Person für den Betrachter **erkennbar** sind, insbesondere also bei einem Porträt oder Gruppenporträt. Auf die Art der Abbildung (Gemälde, Zeichnung, Fotografie, Skulptur, Relief) kommt es nicht an.[37] 530

Berechtigt sind neben dem **Besteller** selbst seine **Rechtsnachfolger** oder bei einem durch Bestellung geschaffenen Bild auch der Abgebildete selbst und nach seinem Tod seine Angehörigen, also Ehegatten oder Lebenspartner und Kinder, hilfsweise die Eltern (§ 60 Abs. 2 UrhG).[38] 531

---

35 *Vogel*, in: Schricker/Loewenheim, UrhG, § 60, Rn. 6 mwN.; *A.Nordemann*, in: Fromm/Nordemann, UrhG, § 60, Rn. 2.
36 *Dreier*, in: Dreier/Schulze, UrhG, § 60, Rn. 2; *Vogel*, in: Schricker/Loewenheim, UrhG, § 60, Rn. 5; *A.Nordemann*, in: Fromm/Nordemann, UrhG, § 60, Rn. 2.
37 *A.Nordemann*, in: Fromm/Nordemann, UrhG, § 60, Rn. 7.
38 *A.Nordemann*, in: Fromm/Nordemann, UrhG, § 60, Rn. 16.

3. Rechtsfolgen

532 Zulässig ist die **Vervielfältigung** (§ 16 UrhG)[39] und **Verbreitung** (§17 UrhG)[40] des bestellten Bildnisses, also nicht die öffentliche Wiedergabe,[41] insbesondere nicht die öffentliche Zugänglichmachung,[42] soweit sie zum einen unentgeltlich und zum anderen nicht zu gewerblichen Zwecken erfolgt. Dies bedeutet, dass die anlässlich von Firmenfeiern, Jubiläen uÄ. an die Presse verteilten Porträts der Zustimmung des Fotografen bedürfen.[43]

533 Eine weitere Beschränkung besteht für Werke der **bildenden Künste**, welche **nur durch Lichtbilder**, nicht jedoch durch andere Kopierverfahren vervielfältigt werden dürfen. Nicht zulässig ist demgemäß Abmalen oder Abzeichnen oder eine sonstige Vervielfältigung von Plastiken und Skulpturen.

Randnummern 534–599 einstweilen frei.

---

[39] Hierzu allgemein s. Kap. 2, Rn. 203 ff.
[40] Hierzu allgemein s. Kap. 2, Rn. 215 ff.
[41] Zur öffentlichen Wiedergabe allgemein s. Kap. 2, Rn. 241 ff.
[42] *A.Nordemann*, in: Fromm/Nordemann, UrhG, § 60, Rn. 10, 12.
[43] *Vogel*, in: Schricker/Loewenheim, UrhG, § 60, Rn. 28; *A.Nordemann*, in: Fromm/Nordemann, UrhG, § 60, Rn. 11.

G. Verwaiste und vergriffene Werke

Literatur: *De la Durantaye*, Die Nutzung verwaister und vergriffener Werke – Stellungnahme zu dem Gesetzentwurf der Bundesregierung, ZUM 2013, S. 437–445.

I. Verwaiste Werke
1. Anlass, Zweck und Inhalt der Regelung
a) Anlass

Die Digitalisierung und öffentliche Zugänglichmachung der in den öffentlichen Bibliotheken und Archiven vorhandenen urheberrechtlich geschützten Werke sowie der durch die verwandten Schutzrechte geschützten Leistungsergebnisse bedürfen grundsätzlich der Zustimmung der jeweiligen Rechtsinhaber. Für eine ganz erhebliche Zahl von Buchtiteln, Tonträgern, Filmen und Beiträgen in Zeitschriften sind jedoch die aktuellen Rechtsinhaber nicht bekannt oder können nicht ausfindig gemacht werden (sog. verwaiste Werke). Um die **Digitalisierung** und öffentliche Zugänglichmachung dieser Werke **zu ermöglichen** und damit zur Erhaltung der kulturellen Vielfalt und des nationalen kulturellen Erbes erfolgte eine **Einschränkung der Ausschließlichkeitsrechte** der Rechtsinhaber durch die Verwaiste-Werke-Richtlinie.[1]

600

b) Verwaiste-Werke-Richtlinie

Durch die Richtlinie wurde den Mitgliedsstaaten aufgegeben, die Möglichkeit der Nutzung sog. verwaister Werke durch eine Ausnahme oder Beschränkung des Urheberrechts sicherzustellen. Die Richtlinie wurde durch das „Gesetz zur Nutzung verwaister und vergriffener Werke und einer weiteren Änderung des Urheberrechtsgesetzes" vom 1. Oktober 2013[2] mit Wirkung zum 1. Januar 2014 in das deutsche Recht umgesetzt. Der deutsche Gesetzgeber hat in §§ 61 ff. UrhG eine neue Schrankenbestimmung zugunsten der zustimmungslosen und vergütungsfreien Nutzung verwaister Werke implementiert.

601

c) Inhalt

Das Gesetz gestattet **privilegierten Gedächtnisorganisationen**, Bildungseinrichtungen und öffentlich-rechtlichen Rundfunkanstalten die **Vervielfältigung** sowie öffentliche Zugänglichmachung von Bestandsinhalten, bei denen einzelne oder alle **Rechtsinhaber trotz sorgfältiger Suche**, die beim DPMA zu dokumentieren ist, **nicht ermittelbar** oder auffindbar sind.

602

---

1 Siehe Kap. 11, Rn. 244 ff.
2 BGBl I 2013, S. 3728.

2. Voraussetzungen

a) Verwaiste Werke

603 Verwaiste Werke können zunächst nur Werke und sonstige Schutzgegenstände in Büchern, Fachzeitschriften, Zeitungen, Zeitschriften und anderen Schriften, Filmwerke sowie Bild- und Tonträger, auf denen Filmwerke aufgenommen sind und Tonträger aus Sammlungen (Bestandsinhalten) von privilegierten Gedächtnisorganisationen, Bildungseinrichtungen und öffentlich-rechtlichen Rundfunkanstalten (§ 61 Abs. 2 UrhG) sein. Wesentliche Voraussetzung ist also, dass sich die **Werke tatsächlich im Bestand der privilegierten Institution** befinden, die sog. **Bestandsakzessorietät**.[3] Auf den Zeitpunkt der Aufnahme in die Sammlung kommt es nur hinsichtlich unveröffentlichter Bestandsinhalte an. Diese unterliegen der Schranke nur, wenn sie der privilegierten Gedächtnisorganisation vor dem 29. Oktober 2014 überlassen wurden (§ 137n UrhG) bzw. es sich um eine vor dem 1. Januar 2003 hergestellte Eigenproduktion einer öffentlich-rechtlichen Rundfunkanstalt (§ 61c UrhG) handelt.

604 Der Schrankenregelung unterfallen ferner nur solche Bestandsinhalte, die erstmals in einem Mitgliedsstaat der EU veröffentlicht worden sind.[4]

b) Privilegierte Institutionen

605 Die Schrankenbestimmung gilt **nur**[5] **zugunsten** der ausdrücklich genannten **privilegierten Institutionen**. Dies sind öffentlich zugängliche Bibliotheken, Bildungseinrichtungen, Museen, Archive sowie ferner Einrichtungen im Bereich des Film- und Tonerbes, und zwar solche Einrichtungen, deren Auftrag es ist, Bild- und Tonträger aller Art zu sammeln, zu katalogisieren, zu erhalten und zu restaurieren.[6] Da im Unterschied zu § 61c UrhG, der nur die öffentlich-rechtlichen Rundfunkanstalten privilegiert, die öffentlich-rechtliche Organisationsform nicht ausdrücklich genannt ist, gehören auch Gedächtnisorganisationen und Bildungseinrichtungen, die nicht öffentlich-rechtlich organisiert sind, zu den privilegierten Institutionen.[7]

606 **Öffentlich** sind solche Institutionen dann, wenn sie im Rahmen ihrer Benutzungsordnung **jedermann ungehindert zur Benutzung** offenstehen.

607 Zu den privilegierten Organisationen gehören **auch öffentlich-rechtliche Rundfunkanstalten** (§ 61c UrhG), die die von ihnen vor dem 1. Januar 2003 hergestellten, in ihrer Sammlung befindlichen verwaisten Bild- und Tonträger, auf denen verwaiste Werke aufgenommen sind, nutzen dürfen.

---

3 *Spindler/Schuster*, § 61 UrhG, Rn. 13.
4 Erwägungsgrund Nr. 12, Art. 1 Abs. 2 der Verwaiste-Werke-Richtlinie (Kap. 11, Rn. 244 ff.).
5 *Spindler/Schuster*, § 61 UrhG, Rn. 8.
6 *Staats*, in: Wandtke/Bullinger, UrhG, § 61, Rn. 22.
7 *Staats*, in: Wandtke/Bullinger, UrhG, § 61, Rn. 20; *Dreier*, in: Dreier/Schulze, UrhG, § 61, Rn. 16.

c) Sorgfältige Suche

Die Nutzung setzt weiterhin voraus, dass trotz **sorgfältiger Suche die Rechts- 608 inhaber** vor Beginn der Nutzung entweder **nicht ermittelt** werden können oder **nicht auffindbar** sind. Dies gilt auch dann, wenn einzelne von mehreren Rechtsinhabern eines Bestandsinhalts nicht festgestellt oder ausfindig gemacht werden können (§ 61 Abs. 3 UrhG).

Das **Gesetz stellt bestimmte Anforderungen** an die **sorgfältige Suche** und die 609 Dokumentation dieser Suche. Die Anforderungen sind in § 61a UrhG sowie in der dazu ergangenen Anlage, in welcher die **Quellen einer sorgfältigen Suche aufgezählt** sind, zusammengefasst.[8] Die sorgfältige Suche und deren Dokumentation bezieht sich zunächst auf die Mitgliedsstaaten der Europäischen Union, in denen das Werk zuerst veröffentlicht wurde. Wenn sich danach relevante Informationen auf andere Staaten beziehen, sind auch die dort verfügbaren Informationsquellen zu konsultieren (§ 61a Abs. 1 UrhG).

Die privilegierte nutzende Institution darf auch einen Dritten mit der sorgfältigen 610 Suche beauftragen (§ 61a Abs. 1 S. 4 UrhG).[9]

Die nutzende Institution muss die **sorgfältige Suche dokumentieren**[10] und dazu 611 **Informationen an das *Deutsche Patent- und Markenamt (DPMA)*** weiterleiten. Dieses leitet die Informationen an das *Harmonisierungsamt für den Binnenmarkt (HABM)* weiter. Dabei handelt es sich um folgende Informationen:

1. Die genaue Bezeichnung des Bestandsinhalts, der nach den Ergebnissen der sorgfältigen Suche verwaist ist.
2. Die Art der Nutzung des verwaisten Werkes durch die Institution.
3. Jede Änderung des Status eines genutzten verwaisten Werkes, also insbesondere die nachträgliche Ausfindigmachung oder Feststellung des Rechtsinhabers und dessen Erreichbarkeit.
4. Die Kontaktdaten der Institution, wie Name, Anschrift sowie ggf. Telefonnummer, Faxnummer und E-Mail-Adresse.

Eine sorgfältige Suche sowie deren Dokumentation ist nicht erforderlich, wenn der Bestandsinhalt bereits in der Datenbank des *HABM* als verwaist erfasst wurde.

d) Beim Bekanntwerden des Rechtsinhabers

Die privilegierten Institutionen müssen die **Nutzung eines Bestandsinhalts un- 612 verzüglich** einstellen, wenn der **Rechtsinhaber** nachträglich **festgestellt** oder ausfindig gemacht wird und sie davon Kenntnis erlangen (§ 61b S. 1 UrhG).

---

8 *Spindler/Schuster*, § 61a UrhG, Rn. 6 ff.
9 *Spindler/Schuster*, § 61a UrhG, Rn. 13.
10 *Spindler/Schuster*, § 61a UrhG, Rn. 14.

3. Umfang des Nutzungsrechts

a) Öffentliche Zugänglichmachung

613 Für verwaiste Bestandsinhalte, bei denen die Suche nach dem Rechtsinhaber erfolglos geblieben ist und die beim *HABM* dokumentiert wurden, darf die **privilegierte Institution die Nutzung anderen öffentlich zugänglich** machen. Eine andere Nutzung ist der privilegierten Institution indes nicht gestattet.[11]

b) Kostenerstattung

614 Die Institutionen dürfen für den Zugang zu den genutzten verwaisten Werken **kein Entgelt** verlangen; sie dürfen allerdings die **Kosten der Digitalisierung** und der öffentlichen Zugänglichmachung fordern.

c) Vergütungspflicht

615 Wird nachträglich festgestellt, wer der **Rechtsinhaber** des verwaisten Werkes ist, so hat dieser gegen die nutzende Institution einen Anspruch auf **Zahlung einer angemessenen Vergütung** für die erfolgte Nutzung (§ 61b S. 2 UrhG). Die angemessene Vergütung soll einen gerechten Ausgleich für die Nutzung darstellen. Bei der Bemessung könnte auf die angemessene Vergütung gem. §§ 54 f. UrhG und die angemessene Beteiligung im Sinne von §§ 32 f. UrhG zurückgegriffen werden.[12]

II. Vergriffene Werke

1. Anlass und Zweck der Regelung

616 Die EU hat ausdrücklich davon abgesehen, eine Regelung für die Nutzung von sog. „**vergriffenen Werken**" zu treffen.[13] Der deutsche Gesetzgeber hat jedoch hierzu eine Regelung in §§ 13d und 13e UrhWahrnG getroffen. Für die vergriffenen Werke, also solche, die **nicht mehr lieferbar** sind, hat der Gesetzgeber eine **gesetzliche Vermutung zur Wahrnehmungsbefugnis** installiert, die ermöglichen soll, dass die Bestände den Gedächtnisorganisationen und Bildungseinrichtungen zugänglich gemacht werden können.

2. Voraussetzungen

a) Betroffene Werke

617 Zunächst muss es sich um **vergriffene Werke** handeln, die **vor dem 1. Januar 1966** in Büchern, Fachzeitschriften, Zeitungen, Zeitschriften oder in anderen **Schriften veröffentlicht** wurden.

618 Vergriffen sind solche Werke, die **nicht mehr im normalen Handel lieferbar sind**.[14] Die Werke müssen also in Printpublikationen eingebettet oder eingebun-

---

11 *Spindler/Schuster*, § 61 UrhG, Rn. 22 ff.
12 *Dreier*, in: Dreier/Schulze, UrhG, § 61c, Rn. 7.
13 Erwägungsgrund Nr. 4 der Verwaiste-Werke-Richtlinie (Kap. 11, Rn. 244 ff.).
14 BT-Drucks. 17/13423, S. 18.

den sein. Dies können sowohl Schriftwerke sein, aber auch Werke der bildenden Kunst, Grafiken und Illustrationen, Darstellungen wissenschaftlicher oder technischer Art, wie Schaubilder oder Konstruktionszeichnungen, Lichtbildwerke sowie Lichtbilder.

Nicht darunter fallen indes audiovisuelle Werke und Leistungen, die durch verwandte Schutzrechte geschützt sind. 619

b) Bestandsinhalt

Die Werke müssen sich **im Bestand von öffentlich zugänglichen Bibliotheken**, Bildungseinrichtungen, Museen, Archiven und von im Bereich des Film- oder Tonerbes tätigen Einrichtungen befinden. 620

c) Keine gewerblichen Zwecke

Die Vervielfältigung und öffentliche Zugänglichmachung darf **nicht gewerblichen Zwecken** dienen. 621

Diese Voraussetzung ist dann erfüllt, wenn für die **Nutzung keine Vergütung** zu entrichten ist, ausgenommen eine **Erstattung der Kosten** der Digitalisierung, der öffentlichen Zugänglichmachung sowie der Registrierung beim *DPMA*. 622

d) Eintragung in das Register vergriffener Werke

Weitere Voraussetzung ist, dass das Werk in das **Register vergriffener Werke beim** *DPMA* eingetragen ist (§ 13e UrhWahrnG). Dort sind Angaben über den Titel des Werkes, die Bezeichnung des Urhebers, den Verlag, von dem das Werk veröffentlicht worden ist, das Datum der Veröffentlichung des Werkes, die Bezeichnung der Verwertungsgesellschaft sowie die Angabe darüber, ob der Rechtsinhaber der Wahrnehmung seiner Rechte durch die Verwertungsgesellschaft widersprochen hat, vermerkt. 623

e) Kein Widerspruch gegen die Eintragung

Schließlich setzt die Nutzung voraus, dass der **Rechtsinhaber nicht** innerhalb von sechs Wochen nach der Bekanntmachung der Eintragung in das Register dieser Eintragung **widersprochen** hat. 624

3. Rechtsfolgen

Soweit die Voraussetzungen gemäß Ziff. 2. erfüllt sind, **gilt** die **Verwertungsgesellschaft**,[15] die die Rechte der Vervielfältigung und öffentlichen Zugänglichmachung für den jeweiligen Tätigkeitsbereich **wahrnimmt, als berechtigt**, Dritten das **Recht** zur Vervielfältigung bzw. öffentlichen Zugänglichmachung **einzuräumen**. Ziel der Rechtseinräumung ist, die Retrodigitalisierung der vergriffenen Werke zu erreichen, um so das Werk der Allgemeinheit in elektronischer Form zu- 625

---

15 Zur Rechtswahrnehmung durch Verwertungsgesellschaften allgemein s. Kap. 4, Rn. 400 ff.

gänglich zu machen.¹⁶ Die Vervielfältigung und Verbreitung in gedruckter Form ist auf diesem Weg nicht gestattet.¹⁷ Sind mehrere Verwertungsgesellschaften beteiligt, weil verschiedene Werkarten, zB. Text und Bild, betroffen sind, so können diese die Rechte nur gemeinsam wahrnehmen (§ 13d Abs. 3 UrhWahrnG).

626 Soweit die Verwertungsgesellschaft auch für Rechtsinhaber Zahlungen erhält, muss sie den zur Zahlung Verpflichteten von Ansprüchen des Rechtsinhabers freistellen (§ 13d Abs. 4 S. 1 UrhWahrnG). Der Rechtsinhaber selbst hat im Verhältnis zur Verwertungsgesellschaft die gleichen Rechte und Pflichten wie bei einer Übertragung der Rechte zur Wahrnehmung (§ 13d Abs. 4 S. 2 UrhWahrnG).

Randnummern 627–699 einstweilen frei.

---

16 BT-Drucks. 17/13423, S. 18.
17 *De la Durantaye*, ZUM 2013, 437, 444.

H. Sonstige freie Nutzungen

Literatur: *Berger*, Die Erstellung von Fotokopien für den Schulunterricht ZUM 2006, S. 844–853; *Bisges*, Der Öffentlichkeitsbegriff im Urheberrechtsgesetz, UFITA 2014/II, S. 363–380; *ders.*, Der europäische Werkbegriff und sein Einfluss auf die deutsche Urheberrechtsentwicklung, ZUM 2015, S. 357–361; *Dreier*, Elektronische Leseplätze in Bibliotheken – Ein Urteil zum Nachteil von Autoren und Verlagen, NJW 2015, S. 1905–1909; *Jani*, Entscheidung im Musterverfahren zu § 52a UrhG: Plädoyer für eine enge Auslegung der Norm, GRUR-Prax 2012, S. 223–226; *Pflüger/Heeg*, Die Vergütungspflicht nichtkommerzieller Nutzung urheberrechtlich geschützter Werke in öffentlichen Bildungs-, Kultur- und Wissenschaftseinrichtungen, ZUM 2008, 8/9, S. 649–656; *Radmann*, Kino.ko – Filmegucken kann Sünde sein, ZUM 2010, S. 387–392; *Rauer*, Entscheidung im Musterverfahren zu § 52a UrhG: Plädoyer gegen die Abschaffung der Norm durch die richterliche Hintertür, GRUR-Prax 2012, S. 226–229; *Solmecke/Bärenfänger*, Urheberrechtliche Schutzfähigkeit von Dateifragmenten – Nutzlos = Schutzlos, MMR 2011, S. 567–573; *Schäfer/Staats*, Jenseits der „Privatkopie" – Die kollektive Lizensierung von betriebsinternen digitalen Nutzungen, ZUM 2015, S. 533–538; *Stieper*, Rezeptiver Werkgenuss als rechtmäßige Nutzung – Urheberrechtliche Bewertung des Streaming vor dem Hintergrund des EuGH-Urteils in Sachen FAPL/Murphy, MMR 2012, S. 12–17; *Wandtke/König*, Reform der urheberrechtlichen Schrankenbestimmungen zugunsten von Bildung und Wissenschaft, ZUM 2014, 921–930.

I. Übersicht

Zwischen den **ausschließlichen Verwertungsrechten** der Rechteinhaber und dem **Interesse der Allgemeinheit** an einer möglichst unbegrenzten Nutzung verfügbarer Werke besteht ein **Spannungsverhältnis**. Dieses soll durch die Schrankenbestimmungen der §§ 44a ff. UrhG als Ausdruck der **Sozialbindung des Urheberrechts** ausgeglichen werden.[1] Die Anpassung dieser Schrankenbestimmungen an die digitale Welt beruht im Wesentlichen auf der Informations-Richtlinie.[2] Deren Umsetzung in das deutsche Recht hat unter Berücksichtigung des sog. Drei-Stufen-Tests nach Art. 5 Abs. 5 der Richtlinie[3] einige neue **Schrankenregelungen**, namentlich die §§ 44a, 45a und 52a UrhG geschaffen.[4]

700

Systematisch handelt es sich bei den Schrankenbestimmungen um **Ausnahmeregelungen**, die grundsätzlich **eng auszulegen** sind.[5] Für den Rechtsanwender bedeutet dies, dass bei nicht eindeutiger Anwendung einer Schrankenregelung auf je-

701

---

1 *Dreier*, NJW 2015, 1905; *Lüft*, in: Wandtke/Bullinger, UrhG, vor §§ 44a, Rn. 1.
2 Siehe Kap. 11, Rn. 238 ff.
3 Hierzu s. auch oben, Rn. 15.
4 Zu den Einzelheiten: *Dreyer*, in: Dreyer/Kotthoff/Meckel, UrhG, vor §§ 44a ff., Rn. 8 ff; siehe auch oben, Rn. 2 ff.
5 BGH, Urt. v. 11.07.2002 – 1 ZR 255/00 (elektronischer Pressespiegel), NJW 2002, 3393, 3395; vgl. zum Meinungsstand *Dreyer*, in: Dreyer/Kotthoff/Meckel, UrhG, vor §§ 44a ff., Rn. 19 ff.; siehe auch oben, Rn. 11 ff.

den Fall die Zustimmung der Rechtsinhaber einzuholen und eine entsprechende Lizenzvereinbarung zu schließen ist.⁶

702 Im Rahmen der Schrankenbestimmungen ist zwischen der **zustimmungsfreien und vergütungsfreien** Nutzung einerseits und der **zustimmungsfreien, aber vergütungspflichtigen** Nutzung andererseits zu unterscheiden.⁷ Diese Weichenstellung ist auch für die Praxis von wesentlicher Bedeutung, weil sich daraus nicht nur die rechtliche Zulässigkeit, sondern insbesondere auch die wirtschaftlichen Folgen der geplanten Nutzung ergeben.

703 Die gesetzlichen Schranken können von den Rechteinhabern durch den Einsatz von **technischen Schutzmaßnahmen** iSd. § 95a UrhG **unterlaufen** werden. Durch § 95b UrhG wird diese Möglichkeit zugunsten der Berechtigten wiederum eingeschränkt.⁸

704 Als sog. **Schranken-Schranken** werden das **Änderungsverbot** des § 62 UrhG⁹ und die **Quellenangabepflicht** des § 63 UrhG¹⁰ bezeichnet, welche auch im Rahmen der privilegierten Nutzung gem. §§ 44a ff. UrhG zu beachten sind, wobei die Einzelheiten streitig sind.¹¹

705 Neben den eigentlichen Schrankenbestimmungen gibt es noch **weitere Ausnahmen** der zustimmungsfreien Nutzung wie das **Zitatrecht** gem. § 51 UrhG,¹² die **freie Benutzung** iSv. § 24 UrhG¹³ und die freie Nutzung des nicht mehr geschützten Werkes nach **Ablauf der Schutzfrist** gem. § 64 UrhG.¹⁴ Auf die eigenständige Schutzfähigkeit von Bearbeitungen freier Werke iSv. §§ 3, 23 UrhG ist gesondert hinzuweisen.

II. Kirchen-, Schul- und Unterrichtsgebrauch, unentgeltliche Veranstaltungen, behinderte Menschen

1. Sammlungen für Kirchen, Schulen und Unterrichtsgebrauch, § 46 UrhG

706 § 46 Abs. 1 UrhG schränkt das Vervielfältigungsrecht des § 17 UrhG, das Verbreitungsrecht des § 16 UrhG und das Recht zur öffentlichen Zugänglichmachung des § 19a UrhG¹⁵ im Interesse der Allgemeinheit an der Jugenderziehung und Religi-

---

6 Vgl. zum zwingenden Charakter der Schrankenregelungen: *Dreyer*, in: Dreyer/Kotthoff/Meckel, UrhG, vor §§ 44a ff., Rn. 16–18; siehe auch die Übersicht im Anhang, Teil VIII.
7 *Lüft*, in: Wandtke/Bullinger, UrhG, Vorb. vor §§ 44a ff., Rn. 1; s. auch die Übersichtstabelle im Anhang, Teil VIII.
8 Zu den Einzelheiten: *Dreier*, in: Dreier/Schulze, UrhG, vor §§ 44a ff., Rn. 8.
9 Hierzu siehe oben, Rn. 28 ff.
10 Hierzu siehe oben, Rn. 16 ff.
11 Vgl. zum Meinungsstand: *Dietz/Spindler*, in: Schricker/Loewenheim, UrhG, § 63, Rn. 20.
12 Hierzu siehe oben, Rn. 214 ff.
13 Hierzu siehe oben, Rn. 200 ff.
14 *Meckel*, in: Dreyer/Kotthoff/Meckel, UrhG, § 64, Rn. 27.
15 Die öffentliche Zugänglichmachung eines für den Unterrichtsgebrauch an Schulen bestimmten Werks ist gem. § 46 Abs. 1 S. 2 UrhG nur mit Einwilligung des Berechtigten gestattet, also von der Schranke nicht umfasst.

onspflege ein.¹⁶ Nach Veröffentlichung eines Werkes können hiernach ohne Zustimmung des Urhebers Teile eines Werkes, ganze Sprachwerke oder ganze Musikwerke von geringem Umfang¹⁷ und einzelne Werke der bildenden Künste oder einzelne Lichtbildwerke **in Sammlungen aufgenomen** und in diesem Zusammenhang vervielfältigt, verbreitet oder öffentlich zugänglich gemacht werden. Dabei muss es sich um eine Sammlung handeln, die Werke einer größeren Anzahl von Urhebern vereinigt und die nach ihrer Beschaffenheit **ausschließlich für den Unterrichtsgebrauch in Schulen**, in nichtgewerblichen Einrichtungen der Aus- und Weiterbildung oder in Einrichtungen der Berufsbildung oder für den **Kirchengebrauch** (zB. Liedersammlungen für Schulbücher oder Kirchen) bestimmt ist. Hierzu zählen nicht Hochschulen und Fachhochschulen oder Volkshochschulen.¹⁸

Die **Zweckbestimmung** der Nutzung muss gem. § 46 Abs. 1 S. 3 UrhG in den Vervielfältigungsstücken oder der öffentlichen Zugänglichmachung **angegeben** werden und bereits die Absicht der Nutzung zur Vervielfältigung oder öffentlichen Zugänglichmachung muss dem Urheber gem. Abs. 3 mitgeteilt werden. Ohne die **Mitteilung** ist die Nutzung rechtswidrig.¹⁹ — 707

Die jeweilige Nutzung verlangt zudem gem. § 46 Abs. 4 UrhG, dass dem Urheber hierfür eine **angemessene Vergütung** gezahlt wird. Der Anspruch ist nicht im Vorhinein abdingbar. Das gilt allerdings nicht, wenn dieser Anspruch, wie in der Praxis üblich,²⁰ an eine Verwertungsgesellschaft abgetreten wird. Sollte das Werk letztlich nicht mehr der Überzeugung des Urhebers entsprechen, so kann er der Nutzung gem. Abs. 5 widersprechen (sog. **Verbotsrecht**). — 708

Die zulässige Nutzung von **Musikwerken** ist gem. § 46 Abs. 2 UrhG auf den Gebrauch im Musikunterricht in Schulen begrenzt, wobei Musikschulen ausgenommen sind.²¹ — 709

2. Schulfunksendungen, § 47 UrhG

Nach § 47 UrhG wird das Vervielfältigungsrecht gem. § 16 UrhG zu Gunsten der **Förderung des Bildungswesens** und der Jugenderziehung eingeschränkt. Schulen, Einrichtungen der Lehrerbildung, der Lehrerfortbildung, Heime der Jugendhilfe, staatliche Landesbildstellen oder vergleichbare Einrichtungen in öffentlicher Trägerschaft, dürfen ohne Einwilligung Werke, die **innerhalb einer Schulfunksendung gesendet** werden, auf Bild oder Tonträger vervielfältigen. Diese Kopien müssen für den Unterricht verwendet werden (Abs. 2 Satz 1). — 710

---

16 *Dreier*, in: Dreier/Schulze, UrhG, § 46, Rn. 1.
17 Vgl. *Schulz/Hagemeier*, in: Möhring/Nicolini, UrhG, § 46, Rn. 10 ff. zur Ermittlung des Umfangs.
18 *Dustmann*, in: Fromm/Nordemann, UrhG, § 46, Rn. 9.
19 Vgl. *Lüft*, in: Wandtke/Bullinger, UrhG, § 46, Rn. 14 mwN.
20 *Dreier*, in: Dreier/Schulze, UrhG, § 46, Rn. 21.
21 *Dreyer*, in: Dreyer/Kotthoff/Meckel, UrhG, § 46, Rn. 25.

711 Die Nutzung ist dabei **vergütungsfrei**, soweit die Kopien mit Ablauf des auf die Schulfunksendungsübertragung folgenden **Schuljahres** gelöscht werden (sog. „Löschungspflicht").[22] Sonst steht dem Urheber ein gem. § 63a UrhG nicht im Vorhinein abdingbarer Anspruch auf angemessene Vergütung zu (Abs. 2).

712 Den Berechtigten wird damit ermöglicht, Sendungen, die **für den Unterricht produziert** wurden und an der Schule empfangbar sind, zum Teil oder vollständig aufzunehmen, zu speichern und **zeitversetzt für den Unterricht wiederzugeben**. Die Regelung ist aus Sicht der Rechteinhaber problematisch, weil die berechtigten Stellen aus den Mitschnitten häufig ein eigenes Programm anfertigen und damit ein zeitlich begrenztes Archiv erstellen, ohne vergütungspflichtig zu sein.[23]

3. Behinderte Menschen, § 45a UrhG

713 Die Vervielfältigung (§ 16 UrhG) eines Werkes und dessen Verbreitung (§ 17 UrhG) ist nach § 45a UrhG ohne Zustimmung des Urhebers zulässig, wenn diese ausschließlich für und an Personen erfolgt, denen der **Werkzugang** in der derzeit verfügbaren Form **auf Grund einer Behinderung unmöglich** oder erheblich erschwert ist. Eine Nutzung darf dabei keinen Erwerbszwecken[24] dienen und muss **erforderlich** sein, um den verhinderten Zugang zu ermöglichen (zB. Aufnahme eines Literaturwerks auf Tonband für Blinde).[25] Zur Sicherung der Privilegierung besteht nach § 95b Abs. 1 Nr. 2 UrhG ein Anspruch auf **Überwindung** etwa bestehender technischer Schutzmaßnahmen.[26] Außerdem ist das Änderungsverbot nach § 62 UrhG[27] zu beachten, soweit nicht die Bedürfnisse Behinderter eine Änderung erforderlich machen.[28]

714 Der Urheber hat einen im Vorhinein nur an eine Verwertungsgesellschaft abtretbaren **Vergütungsanspruch** für die jeweiligen Nutzungen, es sei denn, es werden nur einzelne Vervielfältigungsstücke[29] hergestellt (Abs. 2).

4. Öffentliche Wiedergabe, § 52 UrhG

715 § 52 UrhG schränkt das Recht zur öffentlichen Wiedergabe (§ 15 Abs. 2 UrhG) eines Werkes **aus sozialen Gründen** ein.[30] Dritten ist danach grundsätzlich erlaubt ein veröffentlichtes Werk im Rahmen einer **Veranstaltung** zustimmungsfrei öffentlich[31] wiederzugeben, wenn dies **nicht zu Erwerbszwecken**[32] erfolgt, die

---

22 *Dreyer*, in: Dreyer/Kotthoff/Meckel, UrhG, § 47, Rn. 15.
23 *Melichar*, in: Schricker/Loewenheim, UrhG, § 47, Rn. 5.
24 Vgl. zum Erwerbszweck: § 52 UrhG.
25 Vgl. amtl. Begr. BT-Drucks 15/38, S. 18.
26 Hierzu siehe Kap. 5, Rn. 395 ff.
27 Hierzu siehe oben, Rn. 28 ff.
28 *Dreyer*, in: Dreyer/Kotthoff/Meckel, UrhG, § 62, Rn. 20.
29 Vgl. zum Umfang: *Dreier*, in: Dreier/Schulze, UrhG, § 53, Rn. 9.
30 *Dustmann*, in: Fromm/Nordemann, UrhG, § 52, Rn. 1.
31 Vgl. zum differenzierten Öffentlichkeitsbegriff bei den Schrankenregelungen der §§ 44a ff. UrhG: *Bisges*, UFITA 2014/II, 375, 379.
32 Vgl. *Dustmann*, in: Fromm/Nordemann, UrhG, § 52, Rn. 12 mit zahlreichen Einzelfällen.

Teilnehmer hierzu **ohne Entgelt** zugelassen sind und die hieran beteiligten ausübenden Künstler (§ 73 UrhG) **keine besondere Vergütung** erhalten. Um eine besondere Vergütung handelt es sich dabei nicht, wenn damit lediglich die Kosten der ausübenden Künstler gedeckt werden, die Künstler im Zuge eines Arbeitsverhältnisses regelmäßige Gehaltszahlungen erhalten oder andere Personen, zB. Techniker oder Hilfspersonen, vergütet werden.[33]

Eingeschlossen in die Erlaubnis ist die öffentliche Wiedergabe eines erschienenen (§ 6 Abs. 2 UrhG), nicht bloß veröffentlichten Werkes (§ 6 Abs. 1 UrhG) bei einem **Gottesdienst** oder einer **kirchlichen Feier** der Kirchen oder Religionsgemeinschaften (Abs. 2). Ausgeschlossen sind allerdings öffentliche **bühnenmäßige Darstellungen**, öffentliche Zugänglichmachungen und **Funksendungen** eines Werkes sowie öffentliche **Vorführungen eines Filmwerkes** (Abs. 3). Daher sind beispielsweise das Einstellen in ein Diskussionsforum, die Nutzung auf einer privaten **Homepage** oder im Rahmen sog. Fileshareserver nicht zulässig.[34] 716

Dem Urheber steht bei einer Wiedergabe ein Anspruch auf **angemessene Vergütung**[35] zu, es sei denn, diese erfolgt auf Veranstaltungen der Jugendhilfe, der Sozialhilfe, der Alten- und Wohlfahrtspflege, der Gefangenenbetreuung sowie auf Schulveranstaltungen, sofern sie nach ihrer sozialen oder erzieherischen Zweckbestimmung nur einem bestimmt abgegrenzten Kreis von Personen zugänglich sind (Abs. 1 S. 2). Die Abgrenzung des Personenkreises dürfte insbesondere bei Veranstaltungen in Schulen oder Seniorenheimen schwierig sein.[36] Dient eine Veranstaltung nach Abs. 1 S. 2 jedoch den Erwerbszwecken eines Dritten, hat der Urheber einen Anspruch gegen diesen auf eine angemessene Vergütung (Abs. 1 S. 3). 717

III. Rechtspflege und öffentliche Sicherheit inkl. amtliche Werke, §§ 5, 45 UrhG

Wo Werke nicht ihrer selbst willen, sondern **als Beweise** oder sonstige **Hilfsmittel in amtlichen Verfahren** verwendet werden, schränkt § 45 UrhG das Urheberrecht ein.[37] Nach Abs. 1 und 3 der Norm ist die Herstellung von einzelnen Vervielfältigungsstücken, die Verbreitung, die öffentliche Ausstellung und die öffentliche Wiedergabe zulässig, wenn die Nutzungen für und in einem Verfahren vor einem **Gericht** (gem. Art. 92 GG), einem **Schiedsgericht** (zB. Organe durch private Schiedsabrede gem. §§ 1025 ff. ZPO oder Vereinssatzung sowie gesetzliche Schiedsinstitutionen, zB. gem. §§ 14 ff. UrhWG) oder einer **Behörde** (gem. § 1 Abs. 4 VwVfG) stattfinden. Berechtigte können **alle Verfahrensbe-** 718

---

33 *Dreier*, in: Dreier/Schulze, UrhG, § 52, Rn. 8; *Melichar*, in: Schricker/Loewenheim, UrhG, § 52, Rn. 19; Waldenberger, in: Möhring/Nicolini, UrhG, § 52, Rn. 14.
34 *Dreier*, in: Dreier/Schulze, UrhG, § 52, Rn. 18.
35 Vgl. *Melichar*, in: Schricker/Loewenheim, UrhG, § 52, Rn. 21 mit Hinweis auf die einschlägigen Tarife der GEMA.
36 *Dreier*, in: Dreier/Schulze, UrhG, § 52, Rn. 14.
37 Vgl. amtl. Begr. BT-Drucks. IV/270.

teiligten sein.[38] Soweit der Nutzung des Werkes technische Schutzmaßnahmen iSv. §§ 95a ff. UrhG entgegenstehen, besteht ein Anspruch des Begünstigten nach § 95b Abs. 1 Nr. 1, Abs. 2 UrhG auf Ermöglichung des Zugangs.

719 Nach § 45 Abs. 2 und 3 UrhG dürfen anders als in Abs. 1 nur Gerichte und Behörden **Bildnisse** (§ 22 KUG) vervielfältigen oder vervielfältigen lassen, verbreiten, öffentlich zugänglich machen und öffentlich wiedergeben, wenn dies für Zwecke der Rechtspflege und der öffentlichen Sicherheit stattfindet.[39]

720 Die Erlaubnis besteht bereits für **nicht veröffentlichte Werke** (§ 6 UrhG) und besteht einwilligungs- und vergütungsfrei.[40]

721 Ebenfalls im besonderen öffentlichen Interesse und daher auch an dieser Stelle behandelt, schränkt § 5 UrhG den urheberrechtlichen Schutz **amtlicher Werke**[41] ein. Amtliche Werke, zB. Normtexte, gem. § 5 Abs. 1 und 2 UrhG sind nicht urheberrechtlich schutzfähig, auch wenn sie der Schöpfungshöhe nach § 2 UrhG genügen.[42]

722 Von diesem Ausschluss ausgenommen sind gem. § 45 Abs. 3 S. 1 UrhG **private Normwerke** (zB. DIN-Normen),[43] die nicht vollständig und wortlautgetreu in amtliche Werke übernommen wurden. Abs. 3 S. 2 und 3 schränken dies weiter ein und verpflichten den Urheber des privaten Normwerks zur **Einräumung einer Zwangslizenz** an Verleger zu angemessenen Bedingungen zur Vervielfältigung und Verbreitung.

IV. Öffentliche Zugänglichmachung für Unterricht und Forschung, § 52a UrhG

723 § 52a UrhG schränkt das Recht der öffentlichen Zugänglichmachung gem. § 19a UrhG[44] ein und setzt Art. 5 Abs. 3 Lit. a) der Informations-Richtlinie[45] um. Unabhängig von einer Einwilligung des Rechteinhabers ist es den berechtigten Institutionen danach erlaubt, veröffentlichte[46] kleine Teile eines Werkes, Werke geringen Umfangs sowie einzelne Beiträge aus Zeitungen oder Zeitschriften einer bestimmten abgegrenzten Gruppe von Personen öffentlich zugänglich zu machen,

---

38 *Dreyer*, in: Dreyer/Kotthoff/Meckel, UrhG, § 45, Rn. 13.
39 Die Vorschrift korrespondiert insoweit mit § 24 KUG.
40 *Dreyer*, in: Dreyer/Kotthoff/Meckel, UrhG, § 45, Rn. 8.
41 Vgl. zum Werkbegriff allgemein: *Bisges*, ZUM 2015, 537, der für einen einheitlichen europäischen Werkbegriff plädiert.
42 Vgl. zur verfassungsrechtlichen Problematik: *Katzenberger*, in: Schricker/Loewenheim, UrhG, § 5, Rn. 17 ff.
43 Der Schutz der DIN Normen war unter anderem der Hintergrund der bereits im Gesetzgebungsverfahren umstrittenen Regelung. Vgl. hierzu umfassend: *Katzenberger*, in: Schricker/Loewenheim, UrhG, § 5, Rn. 78 ff.
44 Zum Recht der öffentlichen Zugänglichmachung siehe Kap. 2, Rn. 260 ff.
45 Siehe Kap. 11, Rn. 238 ff.
46 Vgl. zum differenzierten Öffentlichkeitsbegriff bei den Schrankenregelungen der §§ 44a ff. UrhG: *Bisges*, UFITA 2014/II, 375, 379.

soweit dies **zu Zwecken der Veranschaulichung im Unterricht** oder der Forschung geboten ist und dadurch keine kommerziellen Zwecke verfolgt werden. Es besteht ein Anspruch auf **angemessene Vergütung** der durch eine Verwertungsgesellschaft geltend zu machen ist.[47]

Durch diese Regelung soll insbesondere die **Wettbewerbsfähigkeit der deutschen Hochschulen** im internationalen Vergleich gewährleistet werden.[48] Im Rahmen moderner Forschung und Lehre ist es unverzichtbar über Informationen möglichst frei von rechtlichen oder technischen Barrieren jederzeit verfügen zu können.[49] Dem gegenüber stehen die wirtschaftlichen Interessen der Verlage an der Erstverwertung der Werke.[50] Die umstrittene Regelung war daher zunächst in § 137k UrhG nur bis zum 31. Dezember 2006 befristet und wurde mehrfach verlängert. Die **endgültige Entfristung** erfolgte nach vielfältiger Kritik in der Literatur am 5. Dezember 2014.[51]

724

Besonders umstritten ist der Begriff des „**kleinen Teils**" iSv. § 52a Abs. 1 Nr. 1 UrhG da ein effektives Arbeiten an den Hochschulen nicht über die Maßen eingeschränkt werden soll.[52] Denn in der Lehre ist die digitale Zurverfügungstellung, wie zB. das Einstellen von Texten auf Internetplattformen mittlerweile unverzichtbar damit Studierende sich diese zur weiteren Verwendung in der Veranstaltung abrufen können. Für die eigene wissenschaftliche Forschung[53] ist in § 52a Abs. 1 Nr. 2 UrhG das Merkmal des „kleinen Teils" nicht aufgenommen worden, so dass hier auch große Teile verwendet werden können.[54]

725

Der BGH[55] hat nunmehr entschieden, dass kleine Teile eines Werkes iSv. § 52a Abs. 1 Nr. 1 UrhG **maximal 12%** und **höchstens 100 Seiten** eines Sprachwerkes sein dürfen. Außerdem darf Rechtsinhaber der Hochschule keine angemessene Lizenz für die digitale Nutzung angeboten haben, damit die Anwendung der Schranke iSv. § 52a Abs. 1 UrhG geboten ist. Die Frage des **angemessenen Lizenzangebotes** hatte der BGH zur Entscheidung an das OLG Stuttgart zurückverwiesen ohne konkrete Anhaltspunkte für die Bewertung zu geben.[56] Die Verlage haben daher die Wahl, selbst angemessene Angebote zu unterbreiten oder gem. § 52a

726

---

47 Zum Stand der bisher abgeschlossenen Gesamtverträge zwischen den Verwertungsgesellschaften und den Ländern vgl. *Dreyer*, in: Dreyer/Kotthoff/Meckel, UrhG, § 52a, Rn. 51.
48 Beschlussempfehlung des Rechtsausschusses des deutschen Bundestages, BT-Drucks. 15/837, S. 34.
49 BGH, Urt. v. 25.02.1999 – I ZR 118/96 (Kopienversanddienst), GRUR 1999, 707; *Rauer*, GRUR-Prax 2012, 226, 229; teilweise wird sogar von einem überragend wichtigen Gemeinschaftsgut ausgegangen: *Pflüger/Heeg*, ZUM 2008, 649.
50 *Dustmann*, in: Fromm/Nordemann, UrhG, § 52a, Rn. 2.
51 BGBl. I 2014 I, S. 1974, verkündet am 05.12.2014.
52 So auch *Rauer*, GRUR-Prax 2012, 226, 227.
53 *Loewenheim*, in: Schricker/Loewenheim, UrhG, § 52a, Rn. 11.
54 Vgl. *Dreyer*, in: Dreyer/Kotthoff/Meckel, UrhG, § 52a, Rn. 30.
55 BGH, Urt. v. 28.11.2013 – I ZR 76/12 (Meilensteine der Psychologie), GRUR 2014, 551 f.
56 BGH, Urt. v. 28.11.2013 – I ZR 76/12 (Meilensteine der Psychologie), GRUR 2014, 556; Die Entscheidung des OLG Stuttgart hierzu ist derzeit noch nicht veröffentlicht.

Abs. 4 UrhG die Vergütung über die zuständige Verwertungsgesellschaft geltend machen zu lassen. Zwischenzeitlich hat die *VG Wort* eine **Vergütungsvereinbarung zu Intranetnutzungen an Hochschulen** gemäß § 52a UrhG mit den Ländern getroffen.[57]

727 § 52a Abs. 1 Nr. 1 UrhG privilegiert für die Veranschaulichung im Unterricht neben dem primären Unterrichtsstoff auch **Materialien, die den Lehrstoff vertiefen** oder ergänzen.[58]

728 Der **abgegrenzte Kreis von Unterrichtsteilnehmern** ist unabhängig von der Anzahl gewährleistet, wenn die Teilnehmer zB. durch Benutzernamen und Passwort für ein bestimmtes Fach registriert sind.[59] Vergleichbar dürfte auch der bestimmt abgegrenzte Personenkreis gem. § 52a Abs. 1 Nr. 2 UrhG zu definieren sein.[60]

729 Die öffentliche **Zugänglichmachung von Schulbüchern** ist zum Schutz der Schulbuchverlage nach § 52a Abs. 2 UrhG ausdrücklich zustimmungspflichtig.[61] Zur Sicherung des ungehinderten Ablaufs der wirtschaftlichen Auswertungskette sind **Filmwerke** für zwei Jahre ab Beginn der üblichen Auswertung nur mit Zustimmung gem. § 52a Abs. 2, S. 2 UrhG nutzbar.[62]

730 § 52a Abs. 3 UrhG stellt klar, dass die zur öffentlichen Zugänglichmachung **erforderliche Digitalisierung** erlaubnisfrei ist.[63] Der BGH hat darüber hinaus festgestellt, dass die Möglichkeit sog. **Anschlussvervielfältigungen** beispielsweise durch Studenten zwar nicht von § 52a UrhG gedeckt ist, aber die Anwendung von § 52a UrhG hierdurch nicht ausgeschlossen wird.[64] Vielmehr bedarf es hierfür dann der Anwendbarkeit anderer Schranken wie zB. §§ 53 Abs. 2, 3 UrhG.[65]

V. Elektronische Leseplätze, § 52b UrhG

731 § 52b UrhG stellt eine weitere Einschränkung des Rechts auf öffentliche Zugänglichmachung gem. § 19a UrhG dar.[66] Unabhängig von der Einwilligung des Rechteinhabers darf ein veröffentlichtes **Werk aus dem Bestand** öffentlich[67] zugänglicher Bibliotheken, Museen und Archive **in deren Räumlichkeiten** zu Zwecken der **Forschung** und des **privaten Studiums** zugänglich gemacht werden. Die Zugänglichmachung muss an eigens dafür eingerichteten **Leseplätzen** erfolgen. An

---

57 Zu den Einzelheiten vgl. VG Wort, http://vgwort.kjm1.de/online.php?u=40694b368 (letzter Abruf: 17.10.2015).
58 BGH, Urt. v. 28.11.2013 – I ZR 76/12 (Meilensteine der Psychologie), GRUR 2014, 553.
59 BGH, Urt. v. 28.11.2013 – I ZR 76/12 (Meilensteine der Psychologie), GRUR 2014, 553.
60 *Lüft*, in: Wandtke/Bullinger, UrhG, § 52a, Rn. 14.
61 *Dustmann*, in: Fromm/Nordemann, UrhG, § 52a, Rn. 17.
62 *Dreyer*, in: Dreyer/Kotthoff/Meckel, UrhG, § 52a, Rn. 44f.
63 *Schulz/Hagemeier*, in: Möhring/Nicolini, UrhG, § 52a, Rn. 24.
64 BGH, Urt. v. 28.11.2013 – I ZR 76/12 (Meilensteine der Psychologie), GRUR 2014, 555.
65 BGH, Urt. v. 28.11.2013 – I ZR 76/12 (Meilensteine der Psychologie), GRUR 2014, 555.
66 Zum Recht der öffentlichen Zugänglichmachung siehe Kap. 2, Rn. 260 ff.
67 Zum differenzierten Öffentlichkeitsbegriff bei den Schrankenregelungen der §§ 44a ff. UrhG: *Bisges*, UFITA 2014/II, 375, 379.

diesen dürfen nicht mehr Zugriffe auf ein Werk gleichzeitig ermöglicht werden, als sich **analoge Exemplare** des Werkes im Bestand der Institution befinden. Darüber hinaus ist für die Zugänglichmachung eine angemessene Vergütung zu zahlen, die durch eine Verwertungsgesellschaft geltend zu machen ist.[68]

Die Norm wurde durch das zweite Gesetz zur Regelung des Urheberrechts in der Informationsgesellschaft vom 26. Oktober 2007[69] eingefügt und setzt Art. 5 III n) der Informations-Richtlinie[70] um.[71] Sie soll den **Bildungsauftrag** der öffentlichen Einrichtungen und die **Medienkompetenz der Bevölkerung** fördern.[72]

732

Die Regelung ist in Rechtsprechung[73] und Schrifttum[74] **umstritten**. Praktische Schwierigkeiten ergeben sich durch die Akzessorietät der gleichzeitig möglichen **elektronischen Zugriffe** zur Zahl der analog vorliegenden Werkexemplare[75] bei Engpässen durch periodisch starke Nachfrage einzelner Titel, wie zB. im Hochschulbereich. Fraglich ist auch, ob ein **Lizenzvertrag** nur angeboten oder dieser tatsächlich abgeschlossen sein muss.[76] In der Diskussion stand auch, ob die zulässige Möglichkeit besteht, den Bibliotheksbestand durch die privilegierte Einrichtung zu digitalisieren oder **digitalisieren zu lassen**[77] und ob die Möglichkeit des **Ausdrucks** oder des **Speicherns auf einem USB-Stick** für die Nutzer vorgesehen werden darf.[78] Der BGH hat diese Fragen nunmehr teilweise bejaht[79] und damit den privilegierten Institutionen und ihren Nutzern einen größeren Handlungsspielraum zugestanden.[80]

733

VI. Eigener wissenschaftlicher Gebrauch, § 53 Abs. 2 Nr. 1 UrhG

§ 53 Abs. 2 Nr. 1 UrhG schränkt das Vervielfältigungsrecht im Allgemeininteresse an einer **Förderung der wissenschaftlichen Nutzung** ein. Adressaten sind nicht nur Wissenschaftler sondern auch andere Personen, soweit sie sich wissenschaftlicher Methoden zu eigenen Zwecken bedienen.[81] Es dürfen wie gem. § 53 Abs. 1 UrhG **einzelne Vervielfältigungsstücke,** also höchstens sieben, selbst oder

734

---

68 *Dreyer,* in: Dreyer/Kotthoff/Meckel, UrhG, § 52b, Rn. 15.
69 BGBl. I 2007, S. 2513.
70 Siehe Kap. 11, Rn. 238 ff.
71 Vgl. Entwurfs-Begründung BT-Drucks. 16/1828, S. 21.
72 Vgl. Entwurfs-Begründung BT-Drucks. 16/1828, S. 26.
73 BGH, Urt. v. 16.04.2015 – I ZR 69/11 (Elektronische Leseplätze II), bei Drucklegung noch nicht im Volltext veröffentlicht; BGH, Beschl. v. 29.09.2012 – I ZR 69/11 (Elektronische Leseplätze), GRUR 2013, 503.
74 Vgl. zum Meinungsstand: *Dreier,* NJW 2015, 1905.
75 *Dreyer,* in: Dreyer/Kotthoff/Meckel, UrhG, § 52b, Rn. 4.
76 *Wandtke/König,* ZUM 2014, 925.
77 *Wandtke/König,* ZUM 2014, 927.
78 Vgl. *Dreier,* NJW 2015, 1906, mit Hinweis auf EuGH Urt. v. 11.09.2014 – C-117/13 (Eugen Ulmer), NJW, 2015, 766.
79 BGH, Urt. v. 16.04.2015 – I ZR 69/11 (Elektronische Leseplätze II).
80 Vgl. zu den Bedenken hiergegen: *Dreier,* NJW 2015, 1907.
81 *Grübler,* in: Möhring/Nicolini, UrhG, § 53, Rn. 20.

durch Dritte hergestellt werden.[82] Dies gilt auch, wenn die Werke weder erschienen noch veröffentlicht wurden.[83] Auch die **digitale Vervielfältigung** ist bei eigenem wissenschaftlichen Gebrauch zulässig.[84] Die Verbreitung oder **öffentliche Wiedergabe** ist gem. § 53 Abs. 6 UrhG **ausgeschlossen**.

735 Erfasst von der zustimmungsfreien Nutzung sind grundsätzlich **alle Werkgattungen** wobei gem. § 53 Abs. 4 UrhG **Musiknoten** und im Wesentlichen vollständige Kopien von Büchern oder Zeitschriften nur abgeschrieben und nicht kopiert werden dürfen.

736 Die Nutzung ist nur erlaubt, wenn sie zum wissenschaftlichen Gebrauch geboten ist und **nicht Erwerbszwecken** dient. Hierzu zählt nach Auffassung des BGH auch die Nutzung durch Studenten, die sich über den Forschungstand in ihrem Fachgebiet informieren wollen.[85] Den erforderlichen Umfang muss der wissenschaftlich Tätige letztlich selbst bestimmen. Soweit das Werk unter zumutbarem Aufwand **durch Kauf** oder anderweitig **beschafft werden kann entfällt die Privilegierung**.[86] Erwerbszwecken dient die Nutzung nicht, wenn sie nicht primär auf die berufliche auf **Gewinnerzielung** ausgerichtete Tätigkeit der Person oder des Unternehmens zielt.[87] Damit ist die in der Praxis besonders bedeutsame Nutzung von Werken in einem **Firmen-Intranet**, auch wenn dies zu wissenschaftlichen Zwecken erfolgt, wegen der unternehmensimmanenten kommerziellen Nutzung nicht privilegiert.[88] Das gleiche gilt für wissenschaftliche Betätigung von Angehörigen der freien Berufe im Rahmen der beruflichen Tätigkeit oder für Auftragsforschung.[89]

VII. Nutzung in Geschäftsbetrieben, § 56 UrhG

737 Im **Interesse des Elektrofachhandels** und dessen Kunden gestattet § 56 UrhG die Werknutzung, um Elektrogeräte, welche zur Verwertung von Werken notwendig sind, zu vertreiben oder instand zu halten.[90] Privilegiert sind deshalb Geschäftsbetriebe **jeder Handelsstufe**, die Geräte zur Herstellung oder zur Wiedergabe von Bild- oder Tonträgern, zum Empfang von Funksendungen oder zur elektronischen Datenverarbeitung (ua. DVD-Spieler, Videorekorder, Lautsprecher, Bildschirme, Computer, Mobiltelefone) vertreiben oder instand setzen.[91] **Ausgeschlossen** ist die Werknutzung mit Geräten, die keine Bild- oder Tonfolgen ermöglichen,

---

82 *Dreyer*, in: Dreyer/Kotthoff/Meckel, UrhG, § 53, Rn. 46f.
83 *Dreyer*, in: Dreyer/Kotthoff/Meckel, UrhG, § 53, Rn. 54.
84 *Dreyer*, in: Dreyer/Kotthoff/Meckel, UrhG, § 53, Rn. 139.
85 BGH, Urt. v. 28.11.2013 – I ZR 76/12 (Meilensteine der Psychologie), GRUR 2014, 555.
86 *Lüft*, in: Wandtke/Bullinger, UrhG, § 53, Rn. 28.
87 *Dreier*, in: Dreier/Schulze, UrhG, § 53, Rn. 23.
88 Vgl. *Schäfer/Staats*, ZUM 2015, 534 unter Hinweis auf die VG-Wort-Digitale-Lizenz.
89 *Loewenheim*, in: Schricker/Loewenheim, UrhG, § 53, Rn. 43., aA. *Wirtz*, in: Fromm/Nordemann, UrhG, § 53, Rn. 33.
90 *Grübler*, in: Möhring/Nicolini, UrhG, § 56, Rn. 1.
91 *Melichar*, in: Schricker/Loewenheim, UrhG, § 56, Rn. 9; amtl. Begr. BT-Drucks. 15/38, S. 21.

wie **Kopier- und Faxgeräte**, Readerprinter, **Fotoapparate** und Diaprojektoren.[92] Erlaubt ist den Betrieben die Nutzung der zulässigen Geräte zur Übertragung von Werken auf Bild-, Ton- oder Datenträger und zur **öffentlichen Wahrnehmbarmachung** von Werken mittels Bild-, Ton- oder Datenträger sowie zur öffentlichen Wahrnehmbarmachung von Funksendungen und zur öffentlichen Zugänglichmachungen von Werken.

Die Werknutzung muss allerdings **tatsächlich notwendig** sein, um das Gerät Kunden vorzuführen oder zu reparieren. Damit ist alleine die individuelle Kundenberatung gemeint, während die allgemeine Kundenwerbung, insbesondere das „**Laufenlassen**" **von Musik**, ausgeschlossen ist.[93] 738

Die gesetzliche Freistellung nach § 56 UrhG ist vergütungsfrei, wenn und solange die **Werke nicht werkbezogen genutzt** werden.[94] 739

Der Betrieb ist jedoch zur unverzüglichen Löschung der hergestellte Bild-, Ton- oder Datenträger verpflichtet (Abs. 2). Eine **Mehrfachnutzung** ist nicht zulässig.[95] 740

VIII. Sonstige akzessorische Berechtigungen
1. Vorübergehende Vervielfältigungshandlungen, § 44a UrhG

§ 44a UrhG schränkt das Recht zur Vervielfältigung (§ 16 UrhG), wovon auch vorübergehende Vervielfältigungshandlungen umfasst werden, ein und setzt weitgehend wörtlich Art. 5 Abs. 1 der Informations-Richtlinie[96] um.[97] § 44a UrhG gestattet unter Berücksichtigung des Drei-Stufen-Tests[98] akzessorische Vervielfältigungshandlungen, die **notwendige Begleitnutzungen** eines Werks in den neuen online-Medien darstellen.[99] 741

Zulässig sind danach **vorübergehende Vervielfältigungshandlungen**, die flüchtig oder begleitend sind, einen integralen und wesentlichen Teil eines technischen Verfahrens darstellen, einem bestimmten Zweck dienen und keine eigenständige wirtschaftliche Bedeutung haben. Diese Voraussetzungen müssen kumulativ vorliegen.[100] Die Vervielfältigung muss entweder die Übertragung in einem Netz zwischen Dritten durch einen Vermittler (Nr. 1) oder eine rechtmäßige Nutzung (Nr. 2) eines Werks oder Schutzgegenstandes ermöglichen. Hat diese Vervielfältigung letztlich **keine eigenständige wirtschaftliche Bedeutung**,[101] ist sie ver- 742

---

92 *Dreier*, in: Dreier/Schulze, UrhG, § 56, Rn. 4.
93 *Melichar*, in: Schricker/Loewenheim, UrhG, § 56, Rn. 9.
94 *Dreyer*, in: Dreyer/Kotthoff/Meckel, UrhG, § 56, Rn. 1.
95 *Dreyer*, in: Dreyer/Kotthoff/Meckel, UrhG, § 56, Rn. 16.
96 Siehe Fn. 2.
97 *v. Welser*, in: Wandtke/Bullinger, UrhG, § 44a, Rn. 1.
98 *Dustmann*, in: Fromm/Nordemann, UrhG, § 44a, Rn. 4 mwN.; siehe auch oben, Rn. 15.
99 *v. Welser*, in: Wandtke/Bullinger, UrhG, § 44a, Rn. 1 mwN.
100 *v. Welser*, in: Wandtke/Bullinger, UrhG, § 44a, Rn. 1 mwN.
101 Vgl. *Dustmann*, in: Fromm/Nordemann, UrhG, § 44a, Rn. 21 f., mit zahlreichen Beispielen.

gütungsfrei. Das ist dann der Fall, wenn die vorübergehende Vervielfältigungshandlung **keinen zusätzlichen Gewinn** ermöglicht und zu **keiner Änderung des Werkes** führt.[102] Nr. 2 privilegiert somit alle Vervielfältigungen des Endnutzers, die in Folge einer vom Rechtsinhaber zugelassenen oder vom Gesetz erlaubten (Schrankenbestimmung) Werknutzung entstehen.[103]

743 Vorübergehend **flüchtig** sind Vervielfältigungen, die eine besonders **kurzlebige Speicherung** darstellen oder automatisch nach kurzem Zeitablauf gelöscht werden.[104] Vorübergehend **begleitend** sind Vervielfältigungen, die lediglich beiläufig **während eines technischen Vorgangs** entstehen.[105] Erfasst sind deshalb das Streaming, Update- und Proxy-Caching, nicht jedoch Downloads oder Suchmaschinen- und Content-Caching.[106] Beim **Streaming** ist jedoch darauf zu achten, dass die jeweils zwischengespeicherten Teile des gestreamten Werkes automatisch gelöscht werden.[107]

744 Zweckmäßig privilegiert Nr. 1 den **Vermittler sowie den Netzbetreiber**, jedoch nicht die eigentlichen Nutzer,[108] und zwar auch bei unrechtmäßiger Vermittlung, aber nur soweit die Daten unverändert bleiben.[109] Zulässiges Beispiel ist die Speicherung beim E-Mail-Versand im Arbeitsspeicher des Dienstanbieters.[110]

2. Vervielfältigungen durch Sendeunternehmen, § 55 UrhG

745 Sendeunternehmen (§ 87 UrhG) werden zur **technischen Abwicklung ihres Programmablaufs** durch die Regelung privilegiert.[111] Soweit die Sendeunternehmen zur Funksendung[112] eines Werkes berechtigt sind, dürfen sie Werke mit eigenen Mitteln auf Bild- oder Tonträger übertragen, um diese zur Funksendung über jeden ihrer Sender oder Richtstrahler **je einmal** zu benutzen. Die Einschränkung des Vervielfältigungsrechts (§ 16 UrhG) ist vergütungsfrei, setzt aber voraus, dass die Sendeunternehmen **spätestens einen Monat nach der ersten Funksendung** des Werkes dieses **löschen**. Die Löschpflicht entfällt für Bild- oder Tonträger, die **außergewöhnlichen dokumentarischen Wert** haben und in ein amtliches Archiv[113]

---

102 Vgl. *Dreyer*, in: Dreyer/Kotthoff/Meckel, UrhG, § 44a, Rn. 16.
103 *Dreier*, in: Dreier/Schulze, UrhG, § 44a, Rn. 8 mwN.
104 *Dreier*, in: Dreier/Schulze, UrhG, § 44a, Rn. 4.
105 *Dreier*, in: Dreier/Schulze, UrhG, § 44a, Rn. 4.
106 *Dreier*, in: Dreier/Schulze, UrhG, § 44a, Rn. 4, siehe ausführlich zu Vorschaubildern: BGH, Urt. v. 19.10.2011 – I ZR 140/10 (Vorschaubilder II), GRUR 2012, 604.
107 EuGH, Urt. v. 04.10.2011 – C-403/08, GRUR 2012, 156, 163; siehe hierzu ausführlich *Stieper*, MMR 2012, 12; *Solmecke/Bärenfänger*, MMR 2011, 567.
108 *Dreyer*, in: Dreyer/Kotthoff/Meckel, UrhG, § 44a, Rn. 11.
109 *v. Welser*, in: Wandtke/Bullinger, UrhG, § 44a, Rn. 9 f.; *Radmann*, ZUM 2010, 387, 391.
110 *Dreyer*, in: Dreyer/Kotthoff/Meckel, UrhG, § 44a, Rn. 17.
111 *Dreyer*, in: Dreyer/Kotthoff/Meckel, UrhG, § 55, Rn. 2.
112 *Dreyer*, in: Dreyer/Kotthoff/Meckel, UrhG, § 55, Rn. 3 zu Internet-Radio und On-Demand-Diensten.
113 Zu den amtlichen Archiven zählen laut der amtlichen Begründung auch die Archive öffentlich-rechtlicher Rundfunkanstalten, amtl. Begr BT-Drucks IV/270, 75.

aufgenommen werden. Von dieser Aufnahme ist der Urheber unverzüglich zu benachrichtigen, wobei die Rechtsfolgen der unterlassenen Mitteilung umstritten sind.[114]

Da die **Löschungspflicht** wenig praktisch und **abdingbar** ist, wird diese in der Regel in den Senderverträgen mit einzelnen Rechteinhabern und vor allem mit den Verwertungsgesellschaften entweder ausgeschlossen oder die Frist zumindest verlängert.[115]

746

3. Benutzung eines Datenbankwerks, § 55a UrhG

§ 55a UrhG setzt Art. 6 Abs. 1 der Datenbank-Richtlinie[116] um, wonach die ausschließlichen Rechte des Urhebers zur Vervielfältigung, Übersetzung, Bearbeitung, Umgestaltung und öffentlichen Verbreitung der Datenbank (§ 87a UrhG) soweit eingeschränkt sind, wie dies für den **Zugang zum Inhalt der Datenbank** und der **normalen Benutzung** durch den rechtmäßigen Benutzer **erforderlich** ist.[117] Voraussetzung ist weiter, dass das Vervielfältigungsstück irgendwie mit Zustimmung des Urhebers durch Veräußerung in den Verkehr gebracht worden ist.

747

Berechtigte Personen nach § 55a UrhG sind der Eigentümer eines Vervielfältigungsstücks des Datenbankwerkes, ein in sonstiger Weise zu dessen Gebrauch Berechtigter sowie derjenige, dem ein Datenbankwerk aufgrund eines Vertrags zugänglich gemacht worden ist. § 55a UrhG erfasst sowohl die Offline- als auch die Online-Benutzung des Datenbankwerks.[118]

748

Diese Personen dürfen das Datenbankwerk vervielfältigen (§ 16 UrhG) und bearbeiten (§ 23 UrhG) und zwar je nach ihrer **Zugangsberechtigung** ganz oder hinsichtlich derjenigen Teile, auf die sie berechtigten Zugriff haben, aber nur wenn diese für den Zugang und die **übliche Nutzung** des Datenbankwerks erforderlich sind.[119]

749

Für die Vertragspraxis relevant dürfte insbesondere § 55a S. 3 UrhG sein, wonach **entgegenstehende vertragliche Vereinbarungen** nichtig sind. Vertragliche Zweckbestimmungen seitens des Berechtigten oder technische Schutzmaßnahmen sollen jedoch zulässig sein.[120]

750

---

114 Vgl. zum Meinungsstand: *Grübler*, in: Möhring/Nicolini, UrhG, § 55, Rn. 16.
115 *Dreier*, in: Dreier/Schulze, UrhG, § 55, Rn. 7.
116 Siehe Kap. 11, Rn. 236 f.
117 *Czychowski*, in: Fromm/Nordemann, UrhG, § 55a, Rn. 3.
118 *Dreier*, in: Dreier/Schulze, UrhG, § 55a, Rn. 5.
119 *Dreyer*, in: Dreyer/Kotthoff/Meckel, UrhG, § 55a, Rn. 3.
120 *Czychowski*, in: Fromm/Nordemann, UrhG, § 55a, Rn. 8.

KAPITEL 4
Verwertung des Urheberrechts

Im Urheberrecht wird ebenso wie im gesamten Zivilrecht die grundgesetzlich gewährleitstete Handlungsfreiheit durch die **Privatautonomie** verwirklicht. Jeder soll im Rahmen der Gesetze seine Rechtsbeziehungen selbständig gestalten können. Ein wesentlicher Bestandteil der Privatautonomie ist die **Vertragsfreiheit**. Sie gestattet es zu entscheiden, ob überhaupt ein Vertrag geschlossen werden soll und falls dies geschieht, mit welchem Inhalt er geschlossen wird. Für das Urheberrecht behandeln die §§ 31 ff. UrhG die Möglichkeiten und Voraussetzungen zur privatautonomen Verwertung eines Werks oder eines verwandten Schutzrechts. Die Privatautonomie stößt jedoch dort an ihre Grenzen, wo der einzelne **im Massengeschäft** nicht mehr in der Lage ist, seine Rechte wahrzunehmen. Das Bedürfnis, Musik, Literatur und andere geschützte Gegenstände interessengerecht verwerten zu können, hat die **Verwertungsgesellschaften** entstehen lassen. Gemeinsam mit dem Urheberrechtsgesetz ist 1965 das Gesetz über die Wahrnehmung von Urheberrechten und verwandten Schutzrechten, kurz Wahrnehmungsgesetz (UrhWahrnG) in Kraft getreten.[1] Die Regelung der Aufgaben und Befugnisse der Verwertungsgesellschaften hat zwischenzeitlich einen hohen Grad an Komplexität erreicht, der das Recht der Verwertungsgesellschaften zu einem eigenen Rechtsgebiet hat werden lassen. Die folgende Darstellung geht auf die allgemeinen Regeln des Urhebervertragsrechts, die neuere Entwicklung im Bereich des Open-Content, die Vergütungsansprüche und schließlich auf das Recht der Verwertungsgesellschaften ein.

1

A. Urhebervertragsrecht

Literatur: *Apel*, Keine Anwendung der „UsedSoft"-Rechtsprechung des EuGH jenseits von Computerprogrammen – Eine Bestandsaufnahme zur Erschöpfung bei „gebrauchten" digitalen Gütern, ZUM 2015, S. 640–648; *Czychowski*, Das Gesetz zur Regelung des Urheberrechts in der Informationsgesellschaft – Ein Über- und ein Ausblick, NJW 2003, S. 2409–2412; *Ganzhorn*, Die Wirksamkeit von Weitergabeverboten in Allgemeinen Geschäftsbedingungen für E-Books, CR 2015, S. 525–528; *Götz von Olenhusen*, Der Arbeitnehmer-Urheber im Spannungsfeld zwischen Urheber-, Vertrags- und Arbeitsrecht, ZUM 2010, S. 474–482; *Hoeren*, Die Kündigung von Softwareerstellungsverträgen und deren urheberrechtliche Auswirkungen, CR 2005, S. 773–777; *Hoeren/Jakopp*, Der Erschöpfungsgrundsatz im digitalen Umfeld – Notwendigkeit eines binnenmarktkonformen Verständnisses, MMR 2014, S. 646–649; *Jacobs*, Das neue Urhebervertragsrecht, NJW 2002, S. 1905–1909; *Klass*, Neue Internettechnologien und das Urheberrecht: Die schlichte Einwilligung als Rettungsanker?, ZUM 2013, S. 1–10; *Koreng*, Neues zu Creative Commons-Lizenzen, K&R 2015, S. 99–103; *Mantz*, Open Content-Lizenzen und Verlagsverträge – Die Reichweite des § 33 UrhG, MMR 2006, S. 784–789; *McGuire*, Lizenzen in der Insolvenz: ein neuer Anlauf zu einer überfälligen Reform, GRUR 2012, S. 657–664; *McGuire/Kunzmann*, Sukzessionsschutz und Fortbestand der Unterlizenz nach „M2Trade" und „Take Five", GRUR 2014, S. 28–35; *Nordemann*, AGB-Kontrolle von Nutzungsrechtseinräumungen durch den Urheber, NJW 2012, S. 3121–

---

1 Die VG-Richtlinie bedingt bis April 2016 eine Reform des WahrnG hin zum neuen Verwertungsgesellschaftengesetz (VGG), hierzu siehe Kap. 11, Rn. 245 ff.

3126; *Peifer*, Urhebervertragsrecht in der Reform: Der Kölner Entwurf, ZUM 2015, S. 437–443; *Rauer/Ettig*, Creative Commons & Co., WRP 2015, S. 153–155; *Reich*, Der Designvertrag – zum Inhalt und Vertragsschluss, GRUR 2000, S. 956–959; *Schack*, Neuregelung des Urhebervertragsrechts, ZUM 2001, S. 453–446; *Schulze*, Werkgenuss und Werknutzung in Zeiten des Internet, NJW 2014, S. 721–726; *Spindler*, Reform des Urheberrechts im „Zweiten Korb", NJW 2008, S. 9–16; *ders.*, Lizenzierungen nach M2Trade, Take five und Reifen Progressiv, CR 2014, S. 557–567; *ders.*, Internetplattformen und die Finanzierung der privaten Nutzung, ZUM 2014, S. 91–101; *Srocke*, Das Abstraktionsprinzip im Urheberrecht, GRUR 2008, S. 867–873; *von Fintel*, Tarifverträge für kreative Arbeitnehmer, ZUM 2010, S. 483–492; *Wimmers/Schulz*, Wer nutzt? – Zur Abgrenzung zwischen Werknutzer und technischem Vermittler im Urheberrecht, CR 2008, S. 170–175.

2 Wer das Werk eines anderen in urheberrechtlich relevanter Weise nutzen möchte, bedarf dazu einer **Gestattung**. Die Gestattung kann eine **gesetzliche oder eine rechtsgeschäftliche** sein, die durch den Urheber erfolgt. Mit der rechtsgeschäftlichen Gestattung befasst sich das Urhebervertragsrecht. Gegenstand der Rechtsgeschäfte sind in der Regel Nutzungsrechte, die von den Verwertungsrechten des Urhebers abgespalten werden. Die Befugnis zur Werknutzung wird auch als **Lizenz** bezeichnet. Der Begriff wird zwar seit Neuerem auch durch das UrhG verwendet,[2] ist jedoch in der Praxis unscharf und bedarf im Einzelfall der Konkretisierung.[3]

3 Das Urhebervertragsrecht ist Teil des Zivilrechts, unterscheidet sich aber nach herrschender Ansicht in wichtigen Details von der allgemeinen zivilrechtlichen Dogmatik. Zur Einführung sei an dieser Stelle auf wesentliche, auch die Rechtsprechung prägende **Grundsätze**[4] hingewiesen:

– Das Urheberrecht selbst ist im Allgemeinen nicht übertragbar, nur die vom Urheber abgespaltenen Nutzungsrechte sind verkehrsfähig;
– Die abspaltbaren **Nutzungsrechte sind dingliche Rechte** und haben nicht nur eine bloß schuldrechtliche Wirkung;
– Der Urheber ist nicht frei darin, Nutzungsrechte auszugestalten; Nutzungsrechte können nur für Nutzungsarten eingeräumt werden, die eine **nach der Verkehrsauffassung, technisch und wirtschaftlich eigenständige und damit klar abgrenzbare Nutzungsform** des Werkes darstellen;[5]
– Im Urheberrecht gelten das **Trennungsprinzip** und das **Kausalitätsprinzip**, das **Abstraktionsprinzip gilt** im Urheberrecht **nicht**;[6]
– Für die – grundsätzlich formfreie – **Verfügung** über Nutzungsrechte gelten die allgemeinen Regeln über Rechtsgeschäfte;

---

2 §§ 32a Abs. 2 S. 1, 42a, 69e UrhG.
3 *Kotthoff*, in: Dreyer/Kotthoff/Meckel, UrhG, § 31, Rn. 100.
4 Die Grundsätze geben die herrschende Ansicht in der Rechtsprechung wieder, wobei, wie stets im Recht auf den Einzelfall abgestellt werden muss.
5 Dazu unten, Rn. 21 ff.
6 Dazu unten, Rn. 62 ff.

- Es ist zwischen der konstitutiven **Einräumung** von Nutzungsrechten und deren **Übertragung** zu unterscheiden;[7]
- Nach dem im gesamten Urheberrecht geltenden **Übertragungszweckgedanken** erhält der Erwerber ohne besondere Abrede nicht mehr an Rechten, als er nach dem Vertragszweck benötigt; die **Nutzungsrechte haben die Tendenz, beim Urheber zu verbleiben**;
- Den Erwerber von Nutzungsrechten trifft nach § 31 Abs. 5 UrhG die **Spezifizierungslast**, den Umfang des Rechtserwerbs durch **ausdrückliche Nennung der Nutzungsarten** deutlich erkennbar zu machen;[8]
- Nutzungsrechte können **auf Zeit und auf Dauer** übertragen werden;
- Der Inhaber eines Nutzungsrechts muss dieses grundsätzlich entlang einer ununterbrochenen **Verfügungskette** vom Urheber ableiten können;[9]
- Zum Schutz des Urhebers sieht das Gesetz **Ansprüche auf eine angemessene Vergütung** zur Beteiligung an der Verwertung und den Verwertungsmöglichkeiten seines Werkes vor.[10]

Auf die **verwandten Schutzrechte (Leistungsschutzrechte)** der §§ 70 ff. UrhG[11] finden die Regelungen des Urhebervertragsrechts mit Einschränkungen Anwendung. Die in § 31 UrhG enthaltenen Vorschriften zur Nutzungsrechtsräumung gelten regelmäßig kraft Verweises oder, wenn ein Verweis fehlt, infolge analoger Anwendung.[12]

Das Urhebervertragsrecht wurde in den letzten Jahren **mehrfach reformiert**. Ziel der Reform des Jahres 2002 war die Sicherung einer angemessenen wirtschaftlichen Beteiligung des Urhebers an der Nutzung seiner Werke durch die **Neufassung der Vergütungsregeln**, insbesondere der nunmehr in den §§ 32 und 32a UrhG enthaltenen Ansprüche des Urhebers auf Anpassung bei unangemessener vertraglicher Vergütung und bei einem auffälligen Missverhältnis zwischen der gewährten Vergütung und den Erträgen aus der Werknutzung in § 32a UrhG.[13] Etwa 18 Monate darauf folgte das Gesetz zur Regelung des Urheberrechts in der Informationsgesellschaft, mit dem die Informations-Richtlinie[14] in das deutsche Recht umgesetzt wurde (so genannter „**Erster Korb**"). Die Schrankenregelungen wurden reformiert und das Vertragsrecht der ausübenden Künstler an das der Urheber angenähert.[15] Der sog. „**Zweite Korb**" reformierte im Jahr 2007 das UrhG unter dem Einfluss der Informationsgesellschaft. Für das Urhebervertragsrechts relevant waren die Zulassung des Erwerbs unbekannter Nutzungsarten in § 31a UrhG und

---

7 Dazu unten, Rn. 12 ff.
8 Dazu unten, Rn. 35 ff.
9 Die jüngere Rechtsprechung hilft hier dem Unterlizenznehmer durch eine entsprechende Anwendung des so genannten Sukzessionsschutzes, s. dazu Rn. 85 ff.
10 Dazu siehe Rn. 200 ff.
11 Hierzu siehe Kap. 10.
12 *J.B.Nordemann*, in: Fromm/Nordemann, UrhG, Vor §§ 31 ff., Rn. 217.
13 Dazu *Jacobs*, NJW 2002, 1905 ff.; *Schack*, ZUM 2001, 453 ff.
14 Siehe Kap. 11, Rn. 238 ff.
15 Dazu *Czychowski*, NJW 2003, 2409 ff.

die Schaffung einer gesetzlichen Fiktion, die den Verwertern rückwirkend für den Zeitraum von 1966 bis 2008 unter dem Stichwort „Öffnung der Archive" Nutzungsrechte auch an im Zeitpunkt des Vertragsschlusses unbekannten Nutzungsarten einräumt.[16] Für einen „**Dritten Korb**" sind zwar bereits Regelungsgegenstände identifiziert worden, eine Umsetzung ist indes nicht absehbar.[17] Weiter anstoßen wird die Reformdiskussion auch der „**Kölner Entwurf**" mit Vorschlägen zu kollektiven Vergütungsregeln und deren Durchsetzung, zur AGB-Kontrolle von Buy-out-Verträgen sowie zu Umfang und Dauer der Rechtseinräumung.[18]

I. Allgemeines

1. Grundlagen der Nutzungsrechtsübertragung

6   Entsprechend der durch die Urheberrechtsreform von 1965 im Gesetz verankerten **monistischen Theorie** ist das Urheberrecht ein **einheitliches Recht**, in dem die persönlichkeits- und vermögensrechtlichen Befugnisse untrennbar miteinander verbunden sind.[19] Für den rechtsgeschäftlichen Umgang mit den urheberrechtlichen Befugnissen unterscheidet das Gesetz zwischen den grundsätzlich nicht übertragbaren persönlichkeitsrechtlichen Positionen, zu denen auch die in § 15 UrhG genannten Verwertungsrechte gehören, und den abspaltbaren, dem Rechtsverkehr zugänglichen Nutzungsrechten. Das Urheberrecht selbst kann gem. §§ 28 und 29 UrhG nur von Todes wegen übertragen werden. Dementsprechend steht für das Urhebervertragsrecht der **Rechtsverkehr mit den von den Verwertungsrechten abspaltbaren Nutzungsrechten** an Werken und verwandten Schutzrechten im Vordergrund.

7   Der rechtsgeschäftliche Umgang mit den Nutzungsrechten ist in den §§ 31 bis 43 UrhG geregelt, die im Einzelfall durch spezialgesetzliche Regelungen modifiziert werden. Neben der rechtsgeschäftlichen Verfügung und der gesetzlichen Erbfolge[20] ist eine **Gesamtrechtsnachfolge** nach dem Umwandlungsgesetz (UmwG) möglich.[21] Anders als das Urheberrecht bei den Werken sind die **Leistungsschutzrechte** grundsätzlich frei übertragbar.[22] Ausgenommen sind kraft gesetzlicher Verweisung auf den ersten Teil des Urheberrechtsgesetzes lediglich die dem Urheberrecht stark angenäherten Schutzrechte aus wissenschaftlichen Ausgaben (§ 70 Abs. 1 UrhG) und an Lichtbildern (§ 72 Abs. 1 UrhG).[23]

8   Von der Berechtigung durch die Nutzungsvereinbarung zu unterscheiden sind **die gesetzliche Lizenz** und die in den §§ 44a ff. UrhG enthaltenen **Schrankenrege-**

---

16 Dazu *Spindler*, NJW 2008, 9 ff.
17 S. *Dreier*, in: Dreier/Schulze, UrhG, Einleitung, Rn. 57.
18 S. *Peifer*, ZUM 2015, 437 ff.
19 *Schack*, Rn. 343.
20 Zur Vererbung siehe Kap. 9, Rn. 101 ff.
21 Hierzu eingehend Kap. 9, Rn. 500 ff.
22 §§ 71 Abs. 2, 79 Abs. 1, 85 Abs. 2 S. 1, 87 Abs. 2, 94 Abs. 2 S. 1 UrhG; zu den Leistungsschutzrechten allgemein siehe Kap. 10.
23 *Schack*, Rn. 658; siehe auch Kap. 10, Rn. 101 ff., 106 ff.

lungen.²⁴ Beide sind zwar gleich in ihrem Ergebnis, dass der Urheber bestimmte Nutzungen seines Werkes nicht verhindern kann, die gesetzliche Lizenz unterscheidet sich vor den Schrankenregelungen jedoch dadurch, dass sie zwingend mit einer Vergütungsverpflichtung verbunden ist.²⁵ Nutzt jemand ein Werk aufgrund einer gesetzlichen Lizenz, so wird hierdurch ein gesetzliches Schuldverhältnis nach den §§ 241 ff. BGB begründet.²⁶

2. Verfügung

Nutzungsrechte entstehen und werden übertragen durch eine Verfügung,²⁷ die ein zumindest zweiseitiges **Rechtsgeschäft** ist. Es ist zu unterscheiden zwischen der **konstitutiven Einräumung**, mit der das Nutzungsrecht erst geschaffen wird, und der **translativen Rechtsübertragung**, mit der ein bereits bestehendes Nutzungsrecht auf einen anderen übertragen wird.²⁸ Die konstitutive Einräumung ist in § 31 UrhG geregelt, die übertragende Verfügung in § 34 UrhG. Auf die Verfügung finden die allgemeinen Vorschriften des BGB über Rechtsgeschäfte Anwendung. Die Einigung über die Verfügung kann **formfrei** und grundsätzlich auch stillschweigend erfolgen. An eine **stillschweigende Nutzungsrechtseinräumung** sind jedoch strenge Anforderungen zu stellen.²⁹ Besteht eine Branchenübung hinsichtlich der Einräumung bestimmter Rechte, kann aus dieser Übung nicht auf den Inhalt einer stillschweigenden Einigung geschlossen werden.³⁰

9

Die Rechtsübertragung kann, ähnlich wie beim Eigentumsvorbehalt, auch unter der **aufschiebenden Bedingung** der vollständigen Kaufpreiszahlung oder eines anderen ungewissen zukünftigen Ereignisses erfolgen.³¹ Die Wirkungen der Vereinbarung treten dann erst bei Bedingungseintritt ein. Durch bedingte Verfügungen des Rechtsinhabers kann der Erwerber ein **Anwartschaftsrecht** erwerben.³² Anwartschaftsrechte entstehen ebenfalls bei der Verfügung über ein künf-

10

---

24 Hierzu eingehend Kap. 3.
25 Die Bezeichnung als gesetzliche Lizenz ist allerdings nicht einheitlich.
26 *Dreyer*, in: Dreyer/Kotthoff/Meckel, UrhG, Vor §§ 44a ff., Rn. 40.
27 Nach der allgemeinen zivilrechtlichen Dogmatik ist die Begründung eines Rechts keine Verfügung, für die Voraussetzung ist, dass sie auf ein bestehendes Recht einwirkt; vgl. *Bayreuther*, in: MüKo BGB, § 185 BGB, Rn. 3. Die Abspaltung aus den Verwertungsrechten rechtfertigt aber die Verwendung dieses Begriffs auch hier; vgl. *Schack*, Rn. 594.
28 *Schack*, Rn. 594.
29 BGH, Urt. v. 20.11.1970 – I ZR 50/69 (Kandinsky II), GRUR 1971, 362, 363; OLG Brandenburg, Urt. v. 28.08.2012 – 6 U 78/11 (Onlinearchivierung), GRUR-RR 2012 450, 452.
30 BGH, Urt. v. 22.04.2004 – I ZR 174/01 (Comic-Übersetzungen III), GRUR 2004, 938, 939.
31 BGH, Urt. v. 11.03.2010 – I ZR 18/08 (Klingeltöne für Mobiltelefone II), GRUR 2010 920, 924 [24]; BGH, Urt. v. 17.11.2005 – IX ZR 162/04 (Softwarenutzungsrecht), GRUR 2006, 435, 436; LG München I, Urt. v. 11.11.2004 – 7 O 1888/04, ZUM-RD 2005, 81.
32 Dem steht für die Rechtseinräumung, wie § 40 UrhG zeigt, nicht entgegen, dass das Recht erst noch geschaffen werden muss; siehe auch *Grunert/Wandtke*, in: Wandtke/Bullinger, UrhG, Vor §§ 31 ff., Rn. 34.

tiges Recht nach § 40 UrhG[33] und der Einräumung unbekannter Nutzungsarten nach § 31a UrhG.[34] **Verfügungsbefugt** ist der Urheber oder wer von ihm zur Verfügung ermächtigt wird. Das Urheberrecht kennt mangels Rechtsscheinträger **keinen gutgläubigen Erwerb** von Nutzungsrechten. Soweit nicht der urheberrechtsfreie Werkgenuss betroffen ist, ist der Nutzer eines Werkes, an dem er keine Nutzungsrechte besitzt, den Verbotsrechten des Inhabers der Ausschließlichkeitsrechte ausgesetzt. Eine Kompensation können hier allein schuldrechtliche Ansprüche aus dem zugrundeliegenden Vertragsverhältnis gewähren.

11 Durch die Verfügung geht das Nutzungsrecht vom Veräußerer auf den Erwerber über.[35] Die herrschende Ansicht macht das **Fortbestehen des Rechts** beim Erwerber **von dem der Verfügung zugrunde liegenden Kausalgeschäft abhängig**. Wegen des quasi-dinglichen Charakters sowohl des einfachen wie des ausschließlichen Nutzungsrechts ist diese dem allgemeinen Zivilrecht fremde Konstruktion jedoch nicht erforderlich.[36]

3. Konstitutive Einräumung

12 Grundlage der urheberrechtlichen Verwertung des Werkes ist das **Abspalten von Nutzungsrechten**, die damit erstmalig entstehen. Die Abspaltung erfolgt von den in § 15 UrhG behandelten Verwertungsrechten. Dabei ist die Aufzählung nicht abschließend, wie das „insbesondere" im Wortlaut deutlich macht. Es können sich auch unbenannte Verwertungsrechte bilden,[37] von denen dann ebenso Nutzungsarten abgespalten werden können. Die zentrale Vorschrift hierfür und überhaupt für das Urhebervertragsrecht ist § 31 UrhG.[38] Zur Schaffung eines Nutzungsrechts ist zunächst allein **der Urheber** berechtigt. Nutzungsrechte schaffen kann aber aus § 35 UrhG ersichtlich auch der **Inhaber eines ausschließlichen Nutzungsrechts**. Beide, Urheber und nach § 35 UrhG ausschließlich Berechtigter, werden nachfolgend zur Vereinfachung als **Rechtsinhaber** bezeichnet. Der Inhaber eines ausschließlichen Nutzungsrechts ist nach § 35 UrhG nur mit (vorheriger) Zustimmung des Urhebers berechtigt, weitere Nutzungsrechte einzuräumen.[39] Der Rechtsinhaber kann sich in der Einigung über die Einräumung von Nutzungsrechten gem. § 31 Abs. 3 S. 2 UrhG einfache Rechte zurückbehalten. Ob auch der

---

33 *Wandtke*, in: Wandtke/Bullinger, UrhG, § 40, Rn. 3; OLG München, Urt. v. 20.07.2000 – 29 U 2762/00, ZUM 2000 767, 771.
34 *Grunert/Wandtke*, in: Wandtke/Bullinger, UrhG, Vor §§ 31 ff., Rn. 34.
35 So auch *Schulze*, in: Dreier/Schulze, UrhG, § 34, Rn. 1.
36 *Kotthoff*, in: Dreyer/Kotthoff/Meckel, UrhG, § 34, Rn. 7.; aA. *Schulze*, in: Dreier/Schulze, UrhG, § 34, Rn. 1; s. dazu auch unten, Rn. 63 ff.
37 BGH, Urt. v. 17.07.2003 – I ZR 259/00 (Paperboy), GRUR 203, 958, 962.
38 Die durch die Gesetzesreform 2002 vorgenommenen Änderungen und Ergänzungen haben – mit Ausnahme der Ersetzung des Absatzes durch § 31a UrhG – keine materiell-rechtlichen Änderungen gebracht, *Grunert/Wandtke*, in: Wandtke/Bullinger, UrhG, § 31 ff., Rn. 64 f.
39 OLG München, Urt. v. 21.11.2013 – 6 U 1500/13 (Kippschalter), GRUR 2014-RR 377, 378.

Inhaber eines einfachen Nutzungsrechts berechtigt sein kann, weitere Rechte einzuräumen, ist umstritten. Nach allgemeiner zivilrechtlicher Dogmatik ist dies jedenfalls dann möglich, wenn der Rechtsinhaber eine Verfügung über sein Recht nach § 185 Abs. 1 BGB gestattet hat, so dass der Inhaber des einfachen Nutzungsrechts über ein fremdes Recht, das des Rechtsinhabers, verfügt.[40]

Die **Nutzungsrechte belasten den Urheber** in der Weise, dass er die Nutzung seines Werkes durch den Nutzungsrechtsinhaber im Umfang des Nutzungsrechts **dulden** muss. Diese Belastung des Urheberrechts erledigt sich mit der Aufhebung oder dem sonstigen Wegfall des Nutzungsrechts. Man spricht dann von einem „**Heimfall**" der Rechte. Das Urheberrecht erstarkt insoweit wieder in der Person des Rechtsinhabers. Umstritten ist, welche Wirkungen der Heimfall auf die von dem entfallenen Recht abgeleiteten Rechte hat.[41]

13

4. Translative Verfügung

Das abgespaltene Nutzungsrecht hat nach herrschender Ansicht, gleich ob als ausschließliches oder einfaches, dinglichen Charakter.[42] Über ein Nutzungsrecht kann nach §§ 398, 413 BGB verfügt werden. Es gelten die allgemeinen Wirksamkeitsvoraussetzungen für Rechtsgeschäfte.[43] Nach § 34 Abs. 1 UrhG bedarf die **Übertragung** eines Nutzungsrechts der **Zustimmung** des Rechtsinhabers, die dieser nicht wider Treu und Glauben verweigern darf.[44] Die Zustimmung kann aus Abs. 5 S. 2 ersichtlich auch im Voraus – für den Einzelfall oder generell – erteilt werden. Eine solche Einwilligung kann auch der AGB-Kontrolle standhalten.[45] Hat der Verfügende diese Zustimmung nicht, fehlt ihm die Verfügungsbefugnis und die Verfügung geht ins Leere. Der Rechtsinhaber kann die Verfügung aber nach § 185 Abs. 2 BGB genehmigen. Grundsätzlich ist der Rechtsinhaber nicht zur Zustimmung verpflichtet. **Verweigert** der Rechtsinhaber die **Zustimmung wider Treu und Glauben,** so folgt hieraus ein **Anspruch** desjenigen, der über das Recht verfügen will, **auf Erteilung der Zustimmung.** Eine gesetzliche Ermächtigung zur Verfügung folgt aus der treuwidrigen Zustimmungsverweigerung nicht.

14

Bei einem **Sammelwerk,**[46] an dessen Elementen mehrere Urheber beteiligt sind, **bedarf** der Veräußerer **keiner Zustimmung** dieser Urheber. Es genügt die Zustimmung des Urhebers des Sammelwerkes. Anderenfalls wäre die Übertragung

15

---

40 S auch *Kotthoff*, in: Dreyer/Kotthoff/Meckel, UrhG, § 31, Rn. 102.
41 S. hierzu Rn. 86 ff.
42 *J.B.Nordemann*, in: Fromm/Nordemann, UrhG, § 31, Rn. 87 und 92; *Grunert/Wandtke*, in: Wandtke/Bullinger, UrhG, § 33, Rn. 1; BGH, Urt. v. 26.03.2009 – I ZR 153/06 (Reifen Progressiv), GRUR 2009, 948 [20], aA. *McGuire*, GRUR 2012, 657, 660.
43 Siehe unten, Rn. 75 ff.
44 Wurde das zu übertragende Nutzungsrecht von dem Inhaber eines ausschließlichen Nutzungsrechts eingeräumt, so ist dessen Zustimmung erforderlich *Kotthoff*, in: Dreyer/ Kotthoff/Meckel, UrhG, § 34, Rn. 4.
45 OLG Rostock, Urt. v. 09.05.2012 – 2 U 18/11, ZUM 2012 706, 711; OLG München, Urt. v. 21.04.2011 – 6 U 4127/10, ZUM 2011, 576, 582.
46 Zum Sammelwerk allgemein siehe Kap. 1, Rn. 143 ff.

des Nutzungsrechts wegen der Vielzahl der Beteiligten gefährdet.[47] Ohne Zustimmung des Rechtsinhabers kann ein Nutzungsrecht auch dann übertragen werden, wenn dies gemäß § 34 Abs. 3 S. 1 UrhG im Rahmen der **Veräußerung eines Unternehmens** geschieht. Die Regelung stellt auf den so genannten Asset Deal, dh. die Verfügung über einzelne Vermögensgegenstände eines Unternehmens, ab. Denn bei der Übertragung der Anteile an einem Unternehmen (Share Deal) ändert sich der Inhaber der Nutzungsrechts nicht, diese Rechte stehen weiterhin dem Unternehmen zu. Ebenfalls ohne Zustimmung darf der **Filmhersteller** nach § 90 S. 1 UrhG nach Beginn der Dreharbeiten das Recht zur Verfilmung und das Recht zur Verwertung des Filmwerks übertragen.[48]

16 Als Kompensation für die mangelnde Einflussnahmemöglichkeit auf die Rechtsübertragung im Rahmen eines Asset Deal gewährt § 34 Abs. 3 S. 2 UrhG dem Rechtsinhaber die Möglichkeit, den Rechtsübergang durch **Rückruf** zu verhindern, wenn ihm die Ausübung des Nutzungsrechts durch den Erwerber nach Treu und Glauben nicht zuzumuten ist. Das gilt nach Satz 3 auch für Änderungen in den Beteiligungsverhältnissen, also infolge eines Share Deal. Hatte der Rechtsinhaber bei Vornahme der Transaktion jedoch bereits auf seine Zustimmung verzichtet oder diese erteilt, kann er das Nutzungsrecht nicht zurückrufen.[49]

17 Der **Erwerber** des Nutzungsrechts **haftet** nach § 34 Abs. 4 UrhG **gesamtschuldnerisch** mit dem Veräußerer für dessen vertragliche Pflichten gegenüber dem Urheber. Diese Haftung wird dann praktisch relevant, wenn der Urheber keine Möglichkeit hatte, auf das Rechtsverhältnis zwischen Veräußerer und Erwerber Einfluss zu nehmen,[50] weil die Verfügung über das Nutzungsrecht nach Abs. 3 gestattet war oder der Urheber ursprünglich generell in Verfügungen des Nutzungsrechtsinhabers eingewilligt hatte. In diesen Fällen, in denen die ausdrückliche Zustimmung im Einzelfall und damit die Einflussnahmemöglichkeit des Rechtsinhabers fehlt, will das Gesetz den Urheber schützen und die schuldrechtlichen Verpflichtungen des Ersterwerbers auch den weiteren Erwerbern auferlegen.[51]

18 Auf die übertragende Verfügung von Rechten können die für die **Einräumung von Nutzungsrechten** geltenden Vorschriften im Einzelfall **entsprechend herangezogen** werden. Dies gilt insbesondere für den in § 31 Abs. 5 UrhG zum Ausdruck gebrachten Übertragungszweckgedanken.[52] Nicht anwendbar sind dagegen die Regelungen, die darauf abzielen, den Urheber als strukturell schwächere Partei zu schützen, wie dies die §§ 31a bis 32c, 40 und 41 UrhG bezwecken.[53]

---

47 *Kotthoff*, in: Dreyer/Kotthoff/Meckel, UrhG, § 34, Rn. 9.
48 Siehe auch Kap. 6, Rn. 305.
49 *Kotthoff*, in: Dreyer/Kotthoff/Meckel, UrhG, § 34, Rn. 11.
50 Was indes kartellrechtlich problematisch sein kann, s. *J.B.Nordemann*, in: Fromm/Nordemann, UrhG, § 34, Rn. 38 zum Verbot der Konditionenbindung.
51 *Schulze*, in: Dreier/Schulze, UrhG, § 34, Rn. 41 f.; *Kotthoff*, in: Dreyer/Kotthoff/Meckel, UrhG, § 34, Rn. 7.
52 *Kotthoff*, in: Dreyer/Kotthoff/Meckel, UrhG, § 31, Rn. 1.
53 *Kotthoff*, in: Dreyer/Kotthoff/Meckel, UrhG, § 31, Rn. 1.

5. Duldung

Der Urheber kann, statt Nutzungsrechte einzuräumen, den Gebrauch des Werkes durch den Nutzer auch schlicht dulden.[54] Grundlage der Duldung kann ein **zweiseitiges Rechtsgeschäft**, aber auch die **einseitige Erklärung** die Nutzung zu dulden sein. Nach Ansicht des BGH ist eine Duldung sogar ohne rechtsgeschäftlichen Willen möglich.[55]

19

II. Inhalt der Einräumung von Nutzungsrechten

Zunächst stehen alle Rechte an dem Werk dem Urheber zu. Er kann grundsätzlich **privatautonom** darüber entscheiden, ob er das Werk überhaupt veröffentlicht und welche Rechte er anderen daran einräumt. Der Wortlaut von § 31 Abs. 1 S. 2 UrhG deutet zunächst darauf hin, dass der Urheber **Art und Umfang** der einzuräumenden Nutzungsrechte frei bestimmen kann. Da die Nutzungsrechte als dingliche Rechte aber nicht nur im Verhältnis des Verfügenden zum Erwerber gelten, sondern auch absolute Wirkung entfalten und damit auch Dritten entgegengehalten werden können, müssen sie im Rechtsverkehr **inhaltlich ausreichend bestimmt** sein, um die Reichweite ihrer Wirkung erkennbar werden zu lassen.[56]

20

1. Grundsätze der Beschränkbarkeit

Für die Beschränkung der Nutzungsbefugnis ist die **Unterscheidung zwischen Nutzungsrecht und Nutzungsart** von Bedeutung. Es entspricht allgemeiner Meinung, dass ein Nutzungsrecht nicht für jede mögliche, sondern nur für bestimmte Nutzungsarten eingeräumt werden kann. Nur solche Nutzungsformen, die eine **nach der Verkehrsauffassung, technisch und wirtschaftlich eigenständige und damit klar abgrenzbare Nutzungsform** des Werkes darstellen, sind Nutzungsarten, für die Nutzungsrechte bestehen können.[57] Die in Vereinbarungen häufig anzutreffende **Nennung von Verwertungsrechten aus dem Katalog** des § 15 UrhG **genügt** diesen Anforderungen **nicht**. Die Verwertungsrechte bilden nur das urheberpersönlichkeitsrechtliche Substrat für die Abspaltung von Nutzungsrechten, sie beschreiben jedoch grundsätzlich keine Nutzungsarten. Eine Nutzungsart hat vielmehr eine konkrete Umschreibung der tatsächlichen Nutzung des Werkes zur Grundlage. Die Abgrenzungen sind in der Praxis allerdings schwierig. Insbesondere die Digitalisierung und die Verbreitung digitalisierter Inhalte über Kommunikationsnetze haben **neue Nutzungsformen** hervorgebracht,

21

---

54 Dazu *Dreier*, in: Dreier/Schulze, UrhG, § 97, Rn. 15.
55 BGH, Urt. v. 19.10.2011 – I ZR 140/10 (Vorschaubilder II), GRUR 2012, 602, 604 [18]; kritisch *Klass*, ZUM 2013, 1 ff.
56 *J.B.Nordemann*, in: Fromm/Nordemann, UrhG, § 31, Rn. 11; *Schulze*, in: Dreier/Schulze, UrhG, § 31, Rn. 9.
57 St. Rspr., BGH, Urt. v. 06.07.2000 – I ZR 244/97, GRUR 2001, 153, 154 – OEM-Software; BGH, Urt. v. 12.12.1991 – I ZR 165/89 (Taschenbuch-Lizenz), GRUR 1992, 310, 311; *Schricker/Loewenheim*, in: Schricker/Loewenheim, UrhG, § 31, Rn. 86; *J.B.Nordemann*, in: Fromm/Nordemann, UrhG, § 31, Rn. 59; *Schulze*, in: Dreier/Schulze, UrhG, § 31, Rn. 9.

deren Subsumtion unter die Anforderungen für eine eigenständige Nutzungsart Probleme bereitet.[58]

22 In vielen Klauseln findet sich die Einschränkung, dass die Rechtseinräumung „**unwiderruflich**" ist. Die damit verbundene Intention ist oft unklar. Soweit sie sich auf die gesetzlich normierten **Rückrufsrechte des Urhebers**, wie zB. nach den §§ 41 und 42 UrhG beziehen, sind sie regelmäßig unwirksam, weil die Gestaltungsrechte Ausfluss des Urheberpersönlichkeitsrechts und kraft Gesetzes im Voraus nicht disponibel sind, wie etwa §§ 41 Abs. 4, 42 Abs. 2 und 31a Abs. 4 UrhG zeigen. Sollen Sie jedoch bloß eine **Kündigungsmöglichkeit** ausschließen, ist diese schon wegen der dauernden Übertragung des Rechts in der Regel nicht möglich.

2. Räumlich

23 Nach § 31 Abs. 1 S. 2 UrhG können die Nutzungsrechte räumlich begrenzt eingeräumt werden. Eine räumliche Begrenzung ist grundsätzlich **nur nach Staatsgebieten** zulässig.[59] Als Ausnahme können bei nicht-körperlichen Nutzungsformen zB. das Vortrags- und Aufführungsrecht sowie das Vorführungsrecht **auf einzelne Städte**, Regionen, aber auch Bühnen oder Kinos örtlich begrenzt eingeräumt werden.[60] Für die Verbreitung von Inhalten über das **Internet** ergibt sich die Problematik der weltweiten Verfügbarkeit von Internet-Inhalten, die nicht an Staatsgrenzen halt macht.[61] Es ist zwar möglich, die Verbreitung von Inhalten über das Internet über geographisch zuordenbare IP-Adressen (**Geoblocking**) zu beschränken. Diese Beschränkung ist aber technisch unvollkommen und kann insbesondere durch den Bezug von IP-Adressen über eine VPN-Verbindung aus dem Ausland unterlaufen werden. Zudem ist es jedenfalls für das Gebiet der EU fraglich, ob technische Beschränkungen der Verbreitung gemeinschaftsrechtskonform sind, weil sie die **Grundfreiheiten** beschränken.[62]

3. Zeitlich

24 Zeitliche Beschränkungen der Nutzung von Werken sind **im Rahmen von Dauerschuldverhältnissen** möglich. Bei der urheberrechtlichen Leihe oder Miete kann von vornherein eine bestimmte Nutzungsdauer vereinbart oder die Nutzungsberechtigung durch Kündigung beendet werden. Nutzungsrechte können **auch bedingt eingeräumt** oder übertragen werden. Hierbei ist jedoch darauf zu achten, dass die Grundsätze über die Abgrenzbarkeit von Nutzungsarten nicht unterlaufen werden.[63]

---

58 Hierzu unten, Rn. 130 ff.
59 *Schulze*, in: Dreier/Schulze, UrhG, § 31, Rn. 30.
60 *Wandtke*, in: Wandtke/Bullinger, UrhG, § 31, Rn. 10.
61 *Wandtke*, in: Wandtke/Bullinger, UrhG, § 31, Rn. 10.
62 *Manegold/Czernik*, in: Wandtke/Bullinger, UrhG, Vor §§ 88 ff., Rn. 102.
63 Siehe dazu Rn. 21.

4. Quantitativ

Zulässig und verbreitet sind quantitative Beschränkungen der Werknutzung, insbesondere im Bereich der Vervielfältigungen, aber auch für Ausstrahlungen im Rundfunk oder für Aufführungen.[64]

5. Inhaltlich

Die im Urheberrechtsverkehr wesentlichen Beschränkungen sind inhaltlicher Natur. Der Urheber ist wegen der absoluten Wirkung seines Verbotsrechts, das auch den Inhabern ausschließlicher Nutzungsrechte zusteht, nicht frei darin, die Nutzungsrechte bei der Rechtseinräumung inhaltlich beliebig auszugestalten. Die herrschende Meinung hat hier die Formel entwickelt, dass ein Nutzungsrecht nur für Nutzungsarten eingeräumt werden kann, die eine **nach der Verkehrsauffassung, technisch und wirtschaftlich eigenständige und damit klar abgrenzbare Nutzungsform** des Werkes darstellen.[65] Mit dem Kriterium der wirtschaftlich eigenständigen Verwendungsform wird dem urheberrechtlichen Grundsatz Rechnung getragen, dass der Urheber an der wirtschaftlichen Nutzung seines Werkes tunlichst angemessen zu beteiligen ist.[66] Ein Anhaltspunkt für eine wirtschaftlich eigenständige Verwendungsform ist ein neuer Absatzmarkt. Wird die Verwendungsform lediglich durch eine andere substituiert, ist sie nicht hinreichend eigenständig.[67]

Die von der herrschenden Meinung entwickelte **Formel** ist jedoch in der Praxis **wenig geeignet**, eine hinreichend genaue Prognose über die Eigenständigkeit von Nutzungsformen abzugeben. Oft fehlt es den Entscheidungen an einem kritischen Hinterfragen der Abgrenzbarkeit. Sie müssen sich dem Vorwurf einer gewissen Beliebigkeit gefallen lassen. So hat beispielsweise das OLG Dresden das Nutzungsrecht eines Online-Spiels auf die private Nutzung beschränkt.[68] Wie die private von der gewerblichen Nutzung rechtssicher abgegrenzt werden soll, ist dabei aber völlig offen. Kann etwa Musik im Wege der Music on Demand-Nutzung nach § 19a UrhG nur zur privaten Nutzung lizenziert werden und ist es eine Urheberrechtsverletzung, den Streaming-Dienst bei der Arbeit zu nutzen? Die Rechtsprechung kompensiert die Schwierigkeit der Bestimmung der maßgeblichen Tatbestandsvoraussetzungen „wirtschaftlich" und „technisch" durch ein Abstellen auf die Verkehrsauffassung, was naturgemäß zu keiner größeren Bestimmtheit führt. Das kann weit reichende **Konsequenzen für die Vertragsgestaltung** haben. Erfüllt die Vereinbarung über die Abspaltung von Nutzungsrechten nicht die Anforderungen an eine eigenständige Verwendungsform, erhält der Erwerber nicht das Beabsichtigte, sondern nach dem in § 31 Abs. 5 UrhG enthaltenen Übertragungszweckgrundsatz (nur) die nach dem Vertragszweck erforderlichen Rechte. Das ist

---

64 *Kotthoff*, in: Dreyer/Kotthoff/Meckel, UrhG, § 31, Rn. 130.
65 Siehe oben, Rn. 21.
66 BGH, Urt. v. 19.05.2005 – I ZR 285/02 (Der Zauberberg), GRUR 2005, 937, 939.
67 BGH, Urt. v. 19.05.2005 – I ZR 285/02 (Der Zauberberg), GRUR 2005, 937, 939.
68 OLG Dresden, Urt. v. 20.01.2015 – 14 U 1127/14, ZUM 2015, 336; siehe auch OLG Köln, Urt. v. 31.10.2014 – 6 U 60/14, GRUR 2015, 167 ff.

für den Erwerber vor allem dann riskant, wenn er Rechtsbeziehungen zu Dritten, etwa Unterlizenznehmern, eingeht, die wiederum den Verbotsrechten des Urhebers oder dessen Rechtsnachfolgern ausgesetzt sind. Der Erwerber ist daher gut beraten, sich bei einer etwaigen Inanspruchnahme durch Dritte Regressansprüche gegen den Veräußerer zu sichern.

28 Zulässig ist die **Aufspaltung innerhalb eines Verwertungsrechts**, wobei es aber zB. nicht genügt, das Recht zur „Vervielfältigung" einzuräumen, weil dies eben nur das Verwertungsrecht, noch nicht aber eine konkrete Nutzungsform ist.[69] Nur ausnahmsweise, wenn alle im Rahmen des Verwertungsrechts möglichen Nutzungsarten eingeräumt werden sollen und hierfür nach § 31 Abs. 5 UrhG keine Zweifel verbleiben, brauchen die Nutzungsarten nicht konkret bezeichnet zu sein. Erhält der Nutzer die Berechtigung, das Werk auf mehrere abgrenzbare Arten zu nutzen, so erhält er eine entsprechende **Vielzahl an Nutzungsrechten**.

29 Für den Umgang der Rechtsprechung mit den Anforderungen an eigenständige Nutzungsformen können auch die Entscheidungen zu den unbekannten Nutzungsarten herangezogen werden, die insoweit den gleichen Kriterien folgen.[70] Als eigenständige Nutzungsarten werden angesehen:[71]

- Die Ausgabe eines Buches als **Taschenbuch** gegenüber einer **Hardcoverausgabe**,[72]
- die Ausgabe von **Zeitschriften auf CD-ROM**,[73]
- die **Vermietung** von Werken,[74]
- die **Bearbeitung** von Werken,[75]
- die Verwendung von Musik zu **Werbezwecken**[76] und
- der **Vertriebsweg von Büchern über Online-Händler**.[77]

---

69 *J.B.Nordemann*, in: Fromm/Nordemann, UrhG, § 31, Rn. 64a.
70 So *Schulze*, in: Dreier/Schulze, UrhG, § 31a, Rn. 28; *Spindler*, in: Schricker/Loewenheim, UrhG, § 31a, Rn. 28; *Soppe*, in: BeckOK UrhG, § 31a, Rn. 4; für einen eigenen, engeren Begriffsinhalt in § 31a UrhG *J.B.Nordemann*, in: Fromm/Nordemann, UrhG, § 31a, Rn. 21.
71 Sehr detaillierte Übersicht bei *J.B.Nordemann*, in: Fromm/Nordemann, UrhG, § 31, Rn. 60 ff.
72 BGH, Urt. v. 12.12.1991 – I ZR 165/89 (Taschenbuch-Lizenz), GRUR 1992, 310, 311.
73 BGH, Urt. v. 05.07.2001 – I ZR 311/98 (Spiegel-CD-ROM), GRUR 2002, 248, 251.
74 Richtigerweise ist die Vermietung nur ein Teil des Verwertungsrechts „Verbreitung" und grundsätzlich verschiedenen Nutzungsformen zugänglich, die wiederum eigene Nutzungsarten darstellen können: *J.B.Nordemann*, in: Loewenheim, UrhR, § 27, Rn. 11. Das Verleihrecht ist als Unterfall des Verbreitungsrechts von der Erschöpfungswirkung erfasst.
75 Zum Beispiel mit der Nutzungsart der Übersetzung in die deutsche Sprache: *J.B.Nordemann*, in: Fromm/Nordemann, UrhG, § 31, Rn. 64 und 68; *Schulze*, in: Dreier/Schulze, UrhG, § 37, Rn. 8.
76 BGH, Urt. v. 10.06.2009 – I ZR 226/06 (Nutzung von Musik für Werbezwecke), GRUR 2010, 62, 63 [18].
77 Für Buchclub: BGH, Urt. v. 21.11.1958 I ZR 98/57 (Der Heiligenhof), GRUR 1959, 200, 202.

Keine eigenen Nutzungsarten sind 30

- die Verwertung eines Films auf **DVD** gegenüber dem Recht zur Verwertung auf Videokassette,[78]
- der **Vertrieb von Büchern über Kaffeefilialen**[79] sowie
- die **Satellitenausstrahlung** von Rundfunksendungen im Verhältnis zu den herkömmlichen terrestrischen Rundfunksendungen.[80]

Bei der inhaltlichen Begrenzung der **Software-Nutzung** gelten wegen deren Technizität Besonderheiten.[81] Höchstrichterlich weitgehend noch nicht behandelt worden sind die abspaltbaren Nutzungsarten im Bereich der **digitalen Medien**.[82] 31

6. Einfache und ausschließliche Rechte

Nutzungsrechte können nach § 31 Abs. 1 S. 2 UrhG als einfache oder ausschließliche Rechte eingeräumt werden. Das gilt auch für Leistungsschutzrechte.[83] 32

Der Inhaber eines **einfachen Nutzungsrechts** ist nach Maßgabe des Rechts befugt, das Werk auf die erlaubte Art zu nutzen, muss jedoch nach § 31 Abs. 2 UrhG hinnehmen, dass **auch andere** eine solche inhaltsgleiche Befugnis erhalten. Das einfache Nutzungsrecht ist ein dingliches Recht,[84] das nach § 34 UrhG mit Zustimmung des Rechtsinhabers[85] übertragen werden kann. Der Inhaber eines einfachen Nutzungsrechts kann vom Rechtsinhaber ermächtigt werden, weitere einfache Nutzungsrechte einzuräumen.[86] **Abwehransprüche** wegen Urheberrechtsverletzungen kann der Inhaber eines einfachen Rechts **nicht aus eigenem Recht** geltend machen.[87] Er kann jedoch durch den Rechtsinhaber zur Verfolgung von Urheberrechtsverletzungen ermächtigt werden und so Ansprüche im Wege der gewillkürten Prozessstandschaft geltend machen.[88] 33

Demgegenüber ist der Inhaber eines **ausschließlichen Nutzungsrechts** nach § 31 Abs. 3 UrhG berechtigt, das Werk unter Ausschluss aller anderen auf die ihm erlaubte Nutzungsart zu nutzen. Wegen des dinglichen Charakters des ausschließlichen Nutzungsrechts ist es dem Rechtsinhaber möglich, **gegen Verletzungen** 34

---

78 BGH, Urt. v. 19.05.2005 – I ZR 285/02 (Der Zauberberg), GRUR 2005, 937, 939.
79 BGH, Urt. v. 08.11.1989 – I ZR 14/88 (Bibelreproduktion), GRUR 1990, 669 ff.
80 BGH, Urt. v. 04.07.1996 – I ZR 101/94 (Klimbim), GRUR 1997, 215, 217.
81 Siehe Kap. 5, Rn. 300 ff.
82 Siehe Rn. 130 ff.
83 *J.B.Nordemann*, in: Fromm/Nordemann, UrhG, Vor §§ 31 ff., Rn. 217.
84 *J.B.Nordemann*, in: Fromm/Nordemann, UrhG, § 31, Rn. 87 und 92; *Grunert/Wandtke*, in: Wandtke/Bullinger, UrhG, § 33, Rn. 1; BGH, Urt. v. 26.03.2009 – I ZR 153/06 (Reifen Progressiv), GRUR 2009, 948 [20], aA. *McGuire* GRUR 2012, 657, 660.
85 Rechtsinhaber ist der Urheber oder wer v. Urheber ausschließliche, die hier in Rede stehenden einfachen Rechte umfassenden Nutzungsrechte, erworben hat.
86 *Kotthoff*, in: Dreyer/Kotthoff/Meckel, UrhG, § 31, Rn. 102; *J.B.Nordemann*, in: Fromm/Nordemann, UrhG, § 35, Rn. 5.
87 Siehe auch Kap. 7, Rn. 28.
88 *Kotthoff*, in: Dreyer/Kotthoff/Meckel, UrhG, § 31, Rn. 102.

seiner Rechtsposition aus dem Recht vorzugehen.[89] Er kann auch berechtigt sein, einen Unterlassungsanspruch gegen eine Nutzung geltend zu machen, die ihm selbst nicht gestattet ist, wenn diese Nutzung die wirtschaftliche Verwertung seiner ausschließlichen Nutzungsrechte beeinträchtigt.[90] Daneben kann auch dem Urheber ein selbstständiges Verbotsrecht gegenüber rechtswidrigen Verwertungshandlungen Dritter zustehen, wenn er ein wirtschaftliches Interesse daran hat.[91] Wurden **vor Begründung** seines ausschließlichen Nutzungsrechts inhaltsgleiche **einfache Nutzungsrechte eingeräumt**, so ist sein ausschließliches Recht damit belastet, diese einfachen Rechte zu dulden. Der Sukzessionsschutz in § 33 UrhG stellt dies klar.[92]

7. Übertragungszweckgrundsatz und Auslegungsregeln

35 In § 31 Abs. 5 UrhG hat der Gesetzgeber den bereits seit den zwanziger Jahren im deutschen Urheberrecht geltenden Grundsatz normiert, nach dem im Zweifel davon auszugehen ist, dass der Urheber Rechte nur in dem Umfang überträgt, der für die Erreichung des Vertragszwecks erforderlich ist.[93] Die Rechtsprechung hat hierzu die Umschreibung übernommen, **dass die urheberrechtlichen Befugnisse die Tendenz haben, soweit wie möglich beim Urheber zu verbleiben**, damit dieser an den Erträgnissen seines Werkes in angemessener Weise beteiligt wird.[94] Der so umschriebene **Übertragungszweckgrundsatz** (auch „Zweckübertragungstheorie"[95] genannt) besagt in seinem Kern für Verfügungen des Urhebers, dass im Zweifel keine weitergehenden Rechte eingeräumt werden als dies der Zweck des Nutzungsvertrages erfordert.[96] Damit enthält § 31 Abs. 5 UrhG eine zugunsten des Urhebers wirkende **Auslegungsregel**. Der Übertragungszweckgedanke gilt auch für die Einräumung von **Leistungsschutzrechten**.[97]

36 Die Frage, in welchem **Umfang** ein Urheber nach der Auslegungsregel Nutzungsrechte eingeräumt hat, bestimmt sich nach dem **Vertragsinhalt**. Es ist von dem von den Parteien übereinstimmend verfolgten Vertragszweck und den danach vorausgesetzten Bedürfnissen der Vertragspartner auszugehen und zu fragen, ob und

---

89 Hierzu siehe auch Kap. 7, Rn. 27.
90 BGH, Urt. v. 15.08.2013 – I ZR 85/12, ZUM-RD 2013, 514, 516 [23].
91 BGH, Urt. v. 17.06.1992 I ZR 182/90 (ALF), GRUR 1992, 697, 699; OLG Köln, Beschl. V. 17.04.2015 – 6 W 14/15 (Reasonable Doubt), ZUM-RD 2015, 382, 383; *Kotthoff*, in: Dreyer/Kotthoff/Meckel, UrhG, § 31, Rn. 105.
92 S. dazu Rn. 85.
93 BGH, Urt. v. 28. 10. 2010 – I ZR 18/09 (Der Frosch mit der Maske), GRUR 2011, 714, 716 [20]; *Schricker/Loewenheim*, in: Schricker/Loewenheim, UrhG, § 31, Rn. 64.
94 BGH, Urt. v. 27.03.2013 – I ZR 9/12, GRUR 2013, 1213, 1216 [32] – SUMO; siehe auch *J.B.Nordemann*, in: Fromm/Nordemann, UrhG, § 31, Rn. 109: die angemessene Beteiligung über den Übertragungszweckgrundsatz abzusichern, ist infolge der neuen §§ 32 ff. UrhG überholt.
95 *Schack*, Rn. 615 ff.
96 BGH, Urt. v. 27.09.1995 – I ZR 215/93 (Pauschale Rechtseinräumung), GRUR 1996, 121, 122.
97 BGH, Urt. v. 11.04.2013 – I ZR 151/11, ZUM-RD 2013, 314, 319 [46].

in welchem Umfang die Einräumung von Nutzungsrechten zur Erreichung des Vertragszwecks erforderlich ist.[98] So war beispielsweise Ende der 1980er Jahre die Nutzung von CD-ROM zur Wiedergabe von Beiträgen und insbesondere von Fotografien in Zeitschriften zwar möglich, mangels Üblichkeit war sie aber nicht Vertragszweck. Der Urheber musste nicht damit rechnen, einem Verlag die Nutzungsrechte auch für diese Nutzungsart nach § 31 Abs. 5 UrhG einzuräumen.[99]

In der Praxis relevant wird die Auslegungsregel, wenn der Rechtserwerber Nutzungsrechte für sich beansprucht, die über das nach dem Vertragszweck Erforderliche hinausgehen. So ist bei einem Verlagsvertrag ohne besondere Abrede die Verfilmung des Werkes regelmäßig nicht Vertragszweck. In der Folge würde der Verleger auch keine Verfilmungsrechte erhalten. Beruft er sich aber darauf, diese Rechte erhalten zu haben, muss er die Zweifel zerstreuen, dass ihm nur die nach dem Vertragszweck erforderlichen Rechte eingeräumt wurden. Eine Übertragung von über den Vertragszweck hinausgehenden urheberrechtlichen Nutzungsbefugnissen kann aber grundsätzlich nur angenommen werden, wenn ein dahingehender **Parteiwille** – und sei es nur auf Grund der Begleitumstände und des schlüssigen Verhaltens der Beteiligten – **unzweideutig** zum Ausdruck gekommen ist.[100] Der Übertragungszweckgrundsatz bewirkt so eine **Spezifizierungslast** des Rechtserwerbers. Es ist seine Obliegenheit dafür zu sorgen, dass die Nutzungsarten entsprechend § 31 Abs. 5 UrhG ausdrücklich einzeln bezeichnet werden, um die Anwendung der Auslegungsregel zu verhindern.[101] Obwohl § 31 UrhG primär die konstitutive Rechtseinräumung behandelt, ist der in § 31 Abs. 5 UrhG normierte Übertragungszweckgrundsatz auch für translative Verfügungen nach § 34 Abs. 1 UrhG und die Übertragung von Leistungsschutzrechten anzuwenden.[102] Weil der Verwerter seine Berechtigung im Streitfall beweisen muss, führt die Spezifizierungslast dazu, dass der Erwerber gehalten ist, die Vereinbarung **zu Beweiszwecken schriftlich** zu schließen.[103]

37

Zweifel, die eine Auslegung des Umfangs der Rechtsübertragung anhand des Vertragszwecks erforderlich machen, werden durch eine **genaue Bezeichnung der Nutzungsarten** vermieden. In der Vertragspraxis wird häufig übersehen, dass es für die Rechtsübertragung nicht auf die Bezeichnung der Nutzungsrechte, sondern auf die Nennung der Nutzungsarten ankommt. Aus Sicht des Erwerbers[104] **fehlerhaft** wäre die Regelung:

38

---

98 BGH, Urt. v. 22.01.1998 – I ZR 189/95 (Comic-Übersetzungen), GRUR 1998, 680, 682.
99 Vgl. OLG Hamburg, Urt. v. 05.11.1998 – 3 U 212/97, ZUM 1999, 78, 82.
100 BGH, Urt. v. 27.03.2013 – I ZR 9/12 (SUMO), GRUR 2013, 1213, 1216 [32]; BGH, Urt. v. 28.10.2010 – I ZR 18/09 (Der Frosch mit der Maske), GRUR 2011, 714, 716 [20]; BGH, Urt. v. 22.04.2004 – I ZR 174/01 (Comic-Übersetzungen III), GRUR 2004, 938, 938.
101 *Schricker/Loewenheim*, in: Schricker/Loewenheim, UrhG, § 31, Rn. 69.
102 *J.B.Nordemann*, in: Fromm/Nordemann, UrhG, § 31, Rn. 120.
103 *Schricker/Loewenheim*, in: Schricker/Loewenheim, UrhG, § 31, Rn. 70.
104 Wegen der notwendigen und mit Unschärfen belasteten Auslegung bringt die pauschale Rechtseinräumung für den Urheber regelmäßig Vorteile gegenüber einer Buy-Out-Klausel, die alle Nutzungsarten umfassend aufzählt, siehe unten, Rn. 51.

„Der Lizenzgeber räumt dem Lizenznehmer an dem Werk [...] ein ausschließliches, räumlich, zeitlich und inhaltlich unbeschränktes Nutzungsrecht ein."

39 Bei solchen **pauschalen Vereinbarungen** über die Einräumung von Nutzungsrechten wird, selbst wenn der Wortlaut eindeutig ist, der **Umfang des Nutzungsrechts durch den Vertragszweck bestimmt** und im Allgemeinen beschränkt.[105] Weil in der Klausel keine Nutzungsarten genannt sind, sondern lediglich der Wortlaut des § 31 Abs. 1 UrhG wiedergegeben wurde, erfüllt diese Vereinbarung nicht die Anforderungen des § 31 Abs. 5 UrhG und führt zur **Anwendung des Übertragungszweckgrundsatzes** mit den für beide Vertragsparteien verbundenen Risiken der Auslegung des Vertragszweckes. In der Praxis unterliegen gerade bei Bestellverträgen Auftraggeber häufig dem Irrtum, mit solch pauschalen Klauseln abgesichert zu sein.

40 Für die Bezeichnung der Nutzungsarten kommt es naturgemäß auf die **beabsichtigte Verwendung des Werkes** an. Eine Klausel für Vervielfältigungsrechte an einer Grafik, zB. einem Logo, zur Verwendung im Bereich des Merchandising könnte so gefasst sein:

> Die Auftragnehmerin räumt der Auftraggeberin an der erstellten Grafik (nachfolgend „Grafik" genannt; s. Anhang) – auch für alle zukünftigen Nutzungsarten – die räumlich, zeitlich und inhaltlich unbeschränkten, übertragbaren sowie unterlizenzierbaren ausschließlichen Nutzungsrechte zu Zwecken des Merchandising ein. Dazu zählen insbesondere, aber nicht abschließend,[106]
>
> 1. das Recht zur dauerhaften oder vorübergehenden Vervielfältigung, ganz oder teilweise, mit jedem Mittel und in jeder Form, insbesondere auch durch digitale, fotomechanische oder ähnliche Verfahren, zB. (Digital-)Fotokopie, auf
>   - Gegenständen wie zB. Bekleidung, Mützen und Kappen, Taschen, Becher, Schirme, Büro-Ausstattung (Ordner, Hefter, Ablagen etc.), Kalender usw.;
>   - elektrischen, elektromagnetischen und optischen Speichermedien, wie zB. jede Art von Festplatten, RAM, DVD, CD-ROM, Speicherkarten, SSD, HDD, USB-Sticks etc.
>
> 2. [...]

41 Zur weiteren Illustration der Thematik sei auf die Entscheidung des OLG München in einem Verfahren um Zweitverwertungsrechte aus einer Filmproduktion hingewiesen:[107] Der Fernsehsender *SAT.1* hatte sich **in einer pauschalen Regelung** Rechte übertragen lassen. Aufgrund der Klausel hatte *SAT.1* die Rechte für eine Zweitverwertung des Filmwerkes durch den Videovertrieb auf einen Dritten,

---

105 BGH, Urt. v. 27.09.1995 – I ZR 215/93 (Pauschale Rechtseinräumung), GRUR 1996, 121, 122.
106 Dadurch soll die Möglichkeit gewahrt bleiben, nach § 31 Abs. 5 UrhG noch weitere Nutzungsarten in Anspruch nehmen zu können.
107 OLG München, Urt. v. 12.02.1998 – 29 U 3550/97, ZUM-RD 1998, 101.

die Beklagte, vorgenommen. Gegen die Verwertung wehrte sich der Lieferant des Filmmaterials mit der Begründung, *SAT.1* diese Rechte nicht übertragen zu haben. Das LG München gab der Klage statt, das OLG München wies die dagegen gerichtete Berufung zurück. Ein tragender Grund war, dass die pauschale Rechtsübertragung nicht den Anforderungen des § 31 Abs. 5 UrhG entsprach und daher **nur die nach dem Vertragszweck erforderlichen Rechte** übertragen wurden. Zu dem Vertragszweck gehörte die Videozweitverwertung jedoch nicht.[108]

Das Beispiel zeigt das Risiko, sich auf pauschale Rechteklauseln zu verlassen und zugleich auch, dass eine an den Anforderungen des § 31 Abs. 5 UrhG ausgerichtete Klausel die Nutzungsarten in tatsächlicher Hinsicht **möglichst präzise technisch beschreiben** muss.[109] In der Praxis führt dies dazu, dass zur Absicherung des Erwerbers **alle erdenklichen Nutzungsarten aufgezählt** werden mit der Folge, dass sich der Vertragstypus der „**Buy-Out-Verträge**" herausgebildet hat.[110] Diese Verträge zählen die Nutzungsarten unabhängig vom Vertragszweck umfassend auf und erreichen so das, was mit einer pauschalen Nutzungsrechtsvereinbarung nicht möglich ist. Da sich die Urheber aufgrund ihrer schwächeren Verhandlungsposition diesen Buy-Out-Verträgen regelmäßig nicht entziehen können, läuft der im Übertragungszweckgedanken beinhaltete Urheberrechtsschutz leer. Eine **AGB-Kontrolle findet hier nicht statt.** Die jüngere BGH-Rechtsprechung unterwirft die Rechtsübertragungen in Buy-Out-Verträgen AGB-rechtlich **nur einer Transparenzkontrolle** und verweist den Urheber im Übrigen auf seine Ansprüche auf angemessene Vergütung.[111]

42

Der **Vertragszweck bestimmt** im Rahmen des § 31 Abs. 5 UrhG nicht nur, welche Nutzungsrechte im Einzelnen eingeräumt sind, sondern nach Satz 2 der Vorschrift auch, ob diese nur inhaltlich, räumlich oder zeitlich beschränkt und **als einfache oder ausschließliche** eingeräumt worden sind.[112] Weitere Auslegungsregeln enthält das Gesetz in den §§ 37, 38, 88 I, 89 Abs. 1 UrhG.[113] Sie stehen in einem **Spezialitätsverhältnis** zu § 31 Abs. 5 UrhG und gehen ihm (nur) in ihrem Anwendungsbereich vor.[114]

43

Nach § 37 Abs. 1 UrhG bedeutet die Einräumung eines Nutzungsrechts im Zweifel noch keine Einwilligung des Urhebers zur Veröffentlichung oder Verwertung einer **Bearbeitung** des Werkes.[115] Aus Abs. 2 ersichtlich verbleibt dem Urheber auch im Falle der Einräumung eines Nutzungsrechts zur Vervielfältigung des Wer-

44

---

108 OLG München, Urt. v. 12.02.1998 – 29 U 3550/97, ZUM-RD 1998, 101, 105.
109 Für Softwareverträge s. das Beispiel in Kap. 5, Rn. 203.
110 Beispiele für Buy-Out-Klauseln finden sich bei BGH, Urt. v. 17.10.2013 – I ZR 41/12 (Rechtseinräumung Synchronsprecher), GRUR 2014, 556.
111 S. Rn. 80 ff.
112 BGH, Urt. v. 27.09.1995 – I ZR 215/93 (Pauschale Rechtseinräumung), GRUR 1996, 121, 122.
113 Zu den §§ 88 und 89 UrhG siehe Kap. 6, Rn. 303 ff.
114 BGH, Urt. v. 19.05.2005 – I ZR 285/02 (Der Zauberberg), GRUR 2005, 937, 939.
115 Zur Bearbeitung siehe Kap. 2, Rn. 297 ff.

kes im Zweifel das Recht, das Werk auf Bild- oder Tonträger zu übertragen. Greift die Zweifelsregelung, ist der Urheber dementsprechend berechtigt, sein Werk zu bearbeiten und die Bearbeitung zu verwerten sowie nach Abs. 2 das Werk entsprechend auf Bild- oder Tonträger zu übertragen. Dem Erwerber der genannten Nutzungsrechte steht insoweit kein Verbotsrecht gegen den Urheber zu.[116]

45 Nach § 37 Abs. 3 UrhG bleibt trotz der Einräumung eines Nutzungsrechts zu einer **öffentlichen Wiedergabe** des Werkes die Berechtigung beim Urheber, die Wiedergabe außerhalb der Veranstaltung, für die sie bestimmt ist, durch Bildschirm, Lautsprecher oder ähnliche technische Einrichtungen öffentlich wahrnehmbar zu machen. Obwohl die in Abs. 3 genannten Nutzungsarten zum Teil dem Urheber zustehen, darf dieser das Werk nicht entsprechend verwerten, da der Erwerber insoweit nach hM. ein Verbotsrecht hat.[117] Im Bereich des Films wird die Auslegungsregel des § 37 UrhG durch die spezifischen Auslegungsregeln der §§ 88 ff. UrhG zu Gunsten des Filmherstellers verdrängt.[118]

46 Im **Pressebereich** enthält § 38 Abs. 1 bis Abs. 3 UrhG Auslegungsregeln von praktischer Bedeutung. Die Vorschrift behandelt das Verhältnis zwischen dem Inhaber einer Sammlung, insbesondere Verlegern und Herausgebern, und dem Urheber, der einen Beitrag zu einer solchen Sammlung leistet. Die Auslegungsregeln gelten immer vorbehaltlich einer abweichenden Vereinbarung. Der neu angefügte vierte Absatz enthält keine Auslegungsregel, sondern ist zwingendes Recht zugunsten der Urheber bestimmter wissenschaftlicher Veröffentlichungen.

47 Nach § 38 Abs. 1 UrhG erhält der Verleger oder Herausgeber ein ausschließliches Nutzungsrecht zur Vervielfältigung und Verbreitung des vom Urheber für eine **periodisch erscheinende Sammlung** gelieferten Werkes. Der Urheber ist jedoch berechtigt, das Werk nach Ablauf eines Jahres seit Erscheinen anderweitig zu vervielfältigen und zu verbreiten, soweit nichts anderes vereinbart ist. Die aufgrund der Zweifelsregelung als ausschließliches Nutzungsrecht eingeräumte Befugnis wandelt sich vorbehaltlich einer anderen Regelung nach einem Jahr zu einem einfachen Nutzungsrecht. Eine periodisch erscheinende Sammlung muss fortlaufend, jedoch nicht regelmäßig oder unregelmäßig erscheinen.[119] Die Sammlung selbst muss keine Werkqualität als Sammelwerk nach § 4 UrhG haben und ist begrifflich daher weiter.[120] Für **nicht periodisch** erscheinende Sammlungen wie Lexika, Handbücher oder ähnliches sieht Abs. 2 die gleiche Rechtsfolge vor.

48 Ein einfaches Nutzungsrecht erhält nach § 38 Abs. 3 UrhG der Verleger oder Herausgeber einer periodisch erscheinenden **Zeitung**, der der Urheber ein geschütztes Werk überlässt. Der Urheber ist daher berechtigt, seinen Beitrag verschiedenen Zeitungen anzubieten. Räumt der Urheber dem Verleger oder Herausgeber ein

---

116 *Schulze*, in: Dreier/Schulze, UrhG, § 37, Rn. 2.
117 *Schulze*, in: Dreier/Schulze, UrhG, § 37, Rn. 2.
118 *Schulze*, in: Dreier/Schulze, UrhG, § 37, Rn. 6.
119 *Grunert/Wandtke*, in: Wandtke/Bullinger, UrhG, § 38, Rn. 7.
120 *Grunert/Wandtke*, in: Wandtke/Bullinger, UrhG, § 38, Rn. 7.

ausschließliches Nutzungsrecht ein, darf er nach Erscheinen seines Beitrags diesen anderweitig vervielfältigen und verbreiten.

Durch das Gesetz zur Nutzung verwaister und vergriffener Werke wurde § 38 UrhG mit Wirkung zum 1. Januar 2014 um einen Abs. 4 erweitert, der das Zweitveröffentlichungsrecht der **Urheber wissenschaftlicher Beiträge** behandelt. Der Urheber hat auch dann, wenn er dem Verleger oder Herausgeber ein ausschließliches Nutzungsrecht eingeräumt hat, das Recht, den Beitrag nach Ablauf von 12 Monaten seit der Erstveröffentlichung in der akzeptierten Manuskriptversion **öffentlich zugänglich** zu machen, soweit dies keinem gewerblichen Zweck dient. Dies gilt allerdings nur, wenn der Beitrag im Rahmen einer mindestens zur Hälfte **mit öffentlichen Mitteln geförderten Forschungstätigkeit** entstanden und in einer periodisch mindestens zweimal jährlich erscheinenden Sammlung erschienen ist. Von dieser Befugnis des Urhebers darf zu seinem Nachteil nicht abgewichen werden. Durch die Bezugnahme auf eine mit öffentlichen Mitteln geförderte Forschungstätigkeit sollen Beiträge, die **nicht im Rahmen der universitären Lehre und Forschung** an staatlichen Hochschulen entstanden sind, von der Regelung ausgenommen werden. *49*

III. Besondere Rechtsbeziehungen

Stellt der Urheber das Werk **für einen anderen** her, wird die urheberrechtliche Beziehung zwischen Urheber und Auftraggeber durch das **Auftragsverhältnis** beeinflusst. Obwohl ein wesentlicher Anteil der heute geschaffenen Werke in solchen Auftragsverhältnissen entsteht,[121] sieht das allgemeine Urhebervertragsrecht hierfür keine spezifischen Regelungen vor. Die Rechteverteilung wird daher wegen § 31 Abs. 5 UrhG regelmäßig durch Auslegung der entsprechenden Vereinbarung nach den allgemeinen Regeln bestimmt. *50*

1. Urheber in Arbeits- und Dienstverhältnissen

Die Rechtsbeziehungen der **Arbeitnehmerurheber** zu ihrem Arbeitgeber als Verwerter sind nicht besonders geregelt.[122] Dabei werden die meisten Werke in Arbeits- oder vergleichbaren Rechtsverhältnissen geschaffen. Aus der auf Urheber in Arbeits- oder Dienstverhältnissen zielenden Bestimmung des § 43 UrhG lässt sich nur entnehmen, dass die **allgemeinen urhebervertragsrechtlichen Vorschriften** gelten, soweit sich aus dem Inhalt oder dem Wesen des Arbeits- oder Dienstverhältnisses nichts anderes ergibt. Wann sich „etwas anderes" ergibt, bleibt Rechtsprechung und Lehre überlassen. Eine Sonderregelung für die Erstellung von **Software** enthält jedoch § 69b UrhG.[123] Die Formvorschrift des § 40 Abs. 1 S. 1 UrhG wendet die hM. nicht auf Arbeitsverträge an, so dass eine **formlose Verpflich-** *51*

---

121 Nach *Schack* etwa drei Viertel; *Schack*, Rn. 1113.
122 Zur Urheberschaft im Arbeitsverhältnis siehe auch Kap. 1, Rn. 352 ff.
123 S. dazu Kap. 5, Rn. 305.

tung zur Erstellung von Werken gleichwohl wirksam ist.[124] Dem Arbeitnehmerurheber stehen wie jedem anderen Urheber auch die **Urheberpersönlichkeitsrechte** zur Seite. Er hat ein Recht auf Anerkennung als Urheber nach § 13 UrhG, kann einen Schutz vor Änderungen und Entstellungen nach § 14 UrhG beanspruchen und hat auch ein Recht auf Zugang zu dem von ihm geschaffenen Werk gem. § 25 UrhG. Das **Namensnennungsrecht** aus § 13 S. 2 UrhG ist disponibel, ein stillschweigender Verzicht oder ein Entfallen des Nennungsrechts infolge einer Branchenübung ist möglich.[125]

52 Die in § 43 UrhG angesprochenen Besonderheiten[126] sind nur bei Arbeits- und Dienstverhältnissen anzuwenden. Für freie **Dienstverträge** nach den §§ 611 ff. BGB gilt § 43 UrhG nicht.[127] Unter Arbeitsverhältnisse fallen die Rechtsbeziehungen zwischen Arbeitgeber und Arbeitnehmer im arbeitsrechtlichen Sinne, arbeitnehmerähnliche Personen werden nicht erfasst.[128] In einem öffentlich-rechtlichen Dienstverhältnis stehen Beamte und sonstige Angestellte und Arbeiter im öffentlichen Dienst.[129]

53 Nach dem Wortlaut der Vorschrift muss der Urheber das Werk **in Erfüllung seiner Verpflichtungen** geschaffen haben (sog. „Pflichtwerke"). Soweit der Arbeitgeber dem Urheber im Rahmen des Direktionsrechts Weisungen erteilen darf, sind auch die aufgrund solcher Weisungen geschaffenen Werke erfasst. Nicht ausschlaggebend ist, wann und wo der Urheber tätig geworden ist, solange er in Erfüllung seiner Verpflichtungen gehandelt hat.[130] Werke, die **Hochschullehrer** schaffen, fallen nicht unter § 43 UrhG, soweit Hochschullehrer nicht verpflichtet sind, das Werk zu erstellen. Das gilt insbesondere für die auf ihrer wissenschaftlichen Tätigkeit beruhenden Publikationen.[131] Werden die Werke der Arbeit- und Dienstnehmer nicht in Erfüllung der obliegenden Verpflichtungen, sondern **privat oder bei Gelegenheit** der Pflichterfüllung geschaffen (sog. „freie Werke"), besteht grundsätzlich auch keine Pflicht, die Verwertung dem Arbeitgeber oder Dienstherrn anzudienen.[132] Allerdings kann die Verwertung freier Werke je nach Gegenstand des

---

124 *J.B.Nordemann*, in: Fromm/Nordemann, UrhG, § 40, Rn. 7; *Dreier*, in: Dreier/Schulze, UrhG, § 43, Rn. 19; für die Beachtung des Formzwangs *Schack*, Rn. 630, 1119; *Wandtke*, in: Wandtke/Bullinger, UrhG, § 40, Rn. 4.
125 OLG München, Urt. v. 10.02.2011 – 29 U 2749/10 (Tatort-Vorspann), GRUR-RR 2011, 245, 248.
126 Dazu *Götz von Olenhusen*, ZUM 2010, 474 ff.
127 *Schack*, Rn. 1116.
128 *Kotthoff*, in: Dreyer/Kotthoff/Meckel, UrhG, § 43, Rn. 4.
129 *Kotthoff*, in: Dreyer/Kotthoff/Meckel, UrhG, § 43, Rn. 5 mwN. Angestellte im öffentlichen Dienst als Arbeitnehmer behandelnd: *J.B.Nordemann*, in: Fromm/Nordemann, UrhG, § 43, Rn. 12.
130 *Dreier*, in: Dreier/Schulze, UrhG, § 43, Rn. 10.
131 *A.Nordemann*, in: Fromm/Nordemann, UrhG, § 43, Rn. 21.
132 *Dreier*, in: Dreier/Schulze, UrhG, § 43, Rn. 13; *Wandtke*, in: Wandtke/Bullinger, UrhG, § 43, Rn. 34; *A.Nordemann*, in: Fromm/Nordemann, UrhG, § 43, Rn. 26; *Schack*, Rn. 1117; einen Sonderfall entschied der BGH abweichend: Urt. v. 27.09.1990 – I ZR 244/88 (Grabungsmaterialien), GRUR 1991, 523, 528; ebenso, aber allgemein, Kap. 1, Rn. 357.

Werks gegen die Pflicht verstoßen, in Konkurrenz zu seinem Arbeitgeber zu treten.[133]

Die **Rechtseinräumung** kann bereits im Voraus arbeitsvertraglich geregelt sein, erfolgt aber regelmäßig stillschweigend, spätestens mit der Übergabe des Werkes.[134] Im Bereich von Presse, Film, Rundfunk und Theater gilt es zahlreiche **tarifvertragliche Regelungen** zur Rechtseinräumung zu beachten.[135] So räumt der Redakteur zB. nach § 18 des Manteltarifvertrags für Redakteure und Redakteurinnen an Tageszeitungen das „ausschließliche, zeitlich, räumlich und inhaltlich unbeschränkte Recht ein, Urheberrechte und verwandte Schutzrechte [...], die er/sie in Erfüllung seiner/ihrer vertraglichen Pflichten aus dem Arbeitsverhältnis erworben hat, vom Zeitpunkt der Rechtsentstehung an zu nutzen." Zu beachten ist allerdings, dass die **Tarifverträge** keine Verfügungen, sondern **nur schuldrechtliche Verpflichtungen** enthalten.[136] Die Regelungen in den Tarifverträgen definieren lediglich den Vertragszweck und würden auch regelmäßig den Anforderungen des § 31 Abs. 5 UrhG an eine klare **Benennung der Nutzungsarten** nicht standhalten. Die Verfügung erfolgt vielmehr durch das konkrete Rechtsgeschäft zwischen Urheber und Verwerter, zB. im Arbeitsvertrag. Bei vom Tarifvertrag abweichenden Regelungen in Verträgen mit dem Urheber ist das **Günstigkeitsprinzip** zu beachten.[137]

54

Die **Einräumung unbekannter Nutzungsarten** ist möglich, scheidet aber aus, wenn die in § 31a Abs. 1 S. 1 UrhG vorgesehene Schriftform nicht gewahrt ist.[138] Zudem muss sich der Wille zur Einräumung der Rechte an unbekannten Nutzungsarten hinreichend deutlich ergeben.[139] Bei der Bestimmung des Umfangs der Rechtseinräumung ist dem berechtigten Interesse des Arbeitgebers bzw. Dienstherrn an einer rechtlich gesicherten Verwertung der Werke Rechnung zu tragen. Deshalb ist davon auszugehen, dass ein Urheber, der in Erfüllung seiner Pflichten ein Werk geschaffen hat, seinem Arbeitgeber bzw. Dienstherrn stillschweigend **sämtliche Nutzungsrechte** einräumt, die dieser zur Erfüllung seiner Aufgaben benötigt.[140] Zu den Besonderheiten des Wesens von Arbeits- und Dienstverhältnissen gehört, dass der Urheber **im Zweifel ausschließliche Nutzungsrechte** einräumt.[141] Gehört es zum Geschäftsbetrieb, die Nutzungsrechte unterzulizenzieren

55

---

133 Dazu *Rehbinder/Peukert*, UrhR, Rn. 1013.
134 *Schack*, Rn. 1118; *Wandtke*, in: Wandtke/Bullinger, UrhG, § 43, Rn. 50 und § 43, Rn. 48.
135 Übersicht bei *von Fintel*, ZUM 2010, 483 ff.; *Wandtke*, in: Wandtke/Bullinger, UrhG, § 43, Rn. 121 ff.
136 Str., zum Meinungsstand *Wandtke*, in: Wandtke/Bullinger, UrhG, § 43, Rn. 127 f.
137 *Wandtke*, in: Wandtke/Bullinger, UrhG, § 43, Rn. 126.
138 *Wandtke*, in: Wandtke/Bullinger, UrhG, § 43, Rn. 50 und 67 ff.; für – auch stillschweigende – Abdingbarkeit *J.B.Nordemann*, in: Fromm/Nordemann, UrhG, § 31a, Rn. 79.
139 *J.B.Nordemann*, in: Fromm/Nordemann, UrhG, § 31a, Rn. 53.
140 Vgl. BGH, Urt. v. 12.05.2010 – I ZR 209/07 (Lärmschutzwand), GRUR 2011 59, 60 [12].
141 BGH, Urt. v. 02.02.1974 – I ZR 128/72 (Hummelrechte), GRUR 1974, 480, 481; LG Düsseldorf, Urt. v. 19.03.2008 – 12 O 416/06, ZUM-RD 2008, 556, 558; *Wandtke*, in: Wandtke/Bullinger, UrhG, § 43, Rn. 73.

oder zu übertragen, umfasst die Rechtseinräumung auch diese Gestattung nach §§ 34 und 35 UrhG.[142] Schließlich benötigt der Arbeitgeber auch die Befugnis zur **Veröffentlichung des Werkes** gem. § 12 UrhG.

56 Die **Vergütung des Arbeitnehmers** richtet sich in erster Linie nach dem Arbeitsvertrag. Umstritten ist, inwieweit die Vergütungsregeln der §§ 32 ff. auf das Arbeitsverhältnis Anwendung finden.[143] Wie § 32 Abs. 5 UrhG zeigt, hat der Urheber auch als Arbeitnehmer (Arbeitnehmerurheber) oder arbeitnehmerähnliche Person[144] bei Fehlen einer tarifvertraglichen Regelung nach Abs. 1 der Vorschrift **Anspruch auf** eine **angemessene Vergütung** und einen Anpassungsanspruch, sollte die vereinbarte Vergütung dahinter zurückbleiben.[145] Die urheberrechtlichen Vergütungsregeln gelten daher auch für Arbeitnehmer und arbeitnehmerähnliche Personen.[146]

57 Die **Rückrufsrechte** der §§ 41 und 42 UrhG dürften für den Arbeitnehmerurheber nur in Ausnahmefällen in Betracht kommen. Da er für sein Werk durch das Gehalt entgolten wird, scheidet eine unzureichende Nutzung des Werks als Rückrufgrund aus. Bei der Annahme einer gewandelten Überzeugung sind im Arbeitsverhältnis strenge Maßstäbe anzulegen.[147] Das Rückrufsrecht **bei Unternehmenstransaktion** nach § 34 Abs. 3 S. 2 UrhG steht dem Arbeitnehmerurheber jedenfalls dann nicht zu, wenn er dem Verwerter ein Recht zur Weiterübertragung eingeräumt hat.

2. Freie Mitarbeiter und Organe juristischer Personen

58 Für die Schaffung von Werken durch freie Mitarbeiter und Organe einer Gesellschaft gilt § 43 UrhG nicht.[148] Hat der Auftraggeber mit ihnen keine den Anforderungen des § 31 Abs. 5 UrhG entsprechende Vereinbarung getroffen, erhält er gemäß dem in der Vorschrift zum Ausdruck kommenden Übertragungszweckgedanken **nur die nach dem Vertragszweck erforderlichen Rechte**. Das gilt auch, wenn im Rahmen des Vertrages über eine freie Mitarbeit die Rechtsübertragung nur stillschweigend erfolgt.[149] Ob bei Fehlen einer Vereinbarung zur Rechtseinräumung eine stillschweigende schuldrechtliche Verpflichtung zur Übertragung

---

142 Gegen ein Recht zur Unterlizenzierung und Übertragung bei Gestaltung einer Lärmschutzwand durch einen Beamten BGH, Urt. v. 12.05.2010 – I ZR 209/07 (Lärmschutzwand), GRUR 2011 59, 60 [13].
143 Dazu *Wandtke*, in: Wandtke/Bullinger, UrhG, § 43, Rn. 134 ff.
144 Vgl. § 12a TVG.
145 Dazu unten, Rn. 200 ff..
146 *Wandtke*, in: Wandtke/Bullinger, UrhG, § 43, Rn. 139.
147 *Wandtke*, in: Wandtke/Bullinger, UrhG, § 43, Rn. 114 ff.
148 Vgl. OLG Jena, Urt. v. 08.05.2002 – 2 U 764/01 (Rudolstädter Vogelschießen), GRUR-RR 2002, 379, 380; *Wandtke*, in: Wandtke/Bullinger, UrhG, § 43, Rn. 5; aA. *A. Nordemann*, in: Fromm/Nordemann, UrhG, § 43, Rn. 10: wegen der finanziellen Absicherung wie Arbeitnehmer zu behandeln.
149 BGH, Urt. v. 03.03.2005 – I ZR 111/02 (fash 2000), GRUR 2005, 860, 862.

der Rechte besteht, ist eine Frage des Einzelfalls,[150] die unter Berücksichtigung der Wertung des § 31 Abs. 5 UrhG zu beantworten ist. Die schuldrechtliche Verpflichtung kann jedenfalls nicht zu einer umfangreicheren Rechtseinräumung führen als eine Rechtseinräumung nach § 31 Abs. 5 UrhG.

Die Problematik der **unbekannten Nutzungsarten** zeigt sich hier genauso wie im Anwendungsbereich des § 43 UrhG. Gerade im **Bereich der digitalen Werke** entwickeln sich die Nutzungsarten schnell weiter mit der Folge, dass Vereinbarungen, die unbekannte Nutzungsarten nicht einbeziehen, den Verwerter über kurz oder lang vor erhebliche Probleme stellen. Nur wenn nach § 31a Abs. 1 UrhG eine **schriftliche Vereinbarung** vorliegt, die unbekannte Nutzungsarten erkennbar einbezieht, können diese auch auf den Auftraggeber übertragen werden.   59

3. Miturheber

Erstellen mehrere Urheber gemeinschaftlich ein Werk, steht ihnen nach § 8 UrhG die Verwertung des Werkes zur gesamten Hand zu.[151] Keiner der Miturheber hat einen Anteil an den Verwertungsrechten, über den er allein verfügen kann. Die **gemeinschaftliche Verfügung** muss nicht gleichzeitig oder abgestimmt erfolgen. Es genügt, wenn alle Miturheber gegenüber dem Verwerter in gleicher Weise, auch unabhängig voneinander, verfügen. In diesem Fall liegt ein Gesamthandeln der Gemeinschaft vor, das für die gemeinschaftliche Verfügung ausreichend ist.   60

Probleme ergeben sich, wenn **Miturheber** (unabhängig voneinander) **abweichende Vereinbarungen mit dem Verwerter** treffen. Gestalten beispielsweise Arbeitnehmer und freie Mitarbeiter gemeinsam ein Werbeplakat und liegen keine gleichlaufenden Rechtsübertragungsvereinbarungen mit dem Arbeitgeber bzw. Auftraggeber vor, begrenzt die Vereinbarung mit dem geringsten Umfang der Rechtseinräumung die Verwertungsbefugnis. Der Übertragungszweckgedanke hilft nur dann weiter, wenn die Vertragszwecke der Arbeitnehmer und der freien Mitarbeiter zum gleichen Ergebnis führen. Es sollte daher bei Miturhebern durch entsprechende vertragliche Vereinbarungen ein **Gleichlauf der Rechtseinräumungen** sichergestellt werden.[152]   61

IV. Kausalitätsprinzip

Das deutsche Zivilrecht ist geprägt von dem Grundsatz, dass schuldrechtliche **Verpflichtungsgeschäfte** in ihrem Zustandekommen **zu trennen** sind von der Erfüllung der eingegangenen Verpflichtung, insbesondere durch **Verfügungsgeschäfte** wie die Übertragung des Eigentums oder die Abtretung von Forderungen. Dieses als **Trennungsprinzip** bezeichnete Verhältnis der Rechtsgeschäfte zueinander wird ergänzt durch das **Abstraktionsprinzip**, nach dem das rechtliche   62

---

150 Zu Geschäftsführern: BGH, Urt. v. 11.04.2000 X ZR 185/97 (Gleichstromsteuerschaltung), GRUR 2000, 788, 790; BGH, Urt. v. 22.10.1964 Ia ZR 8/64 (Schellenreibungskupplung), GRUR 1965, 302, 304.
151 Hierzu siehe auch Kap. 1, Rn. 310 ff.
152 S. zur gemeinschaftlichen Softwareentwicklung Kap. 5, Rn. 315 ff.

Schicksal des Verfügungsgeschäfts unabhängig ist von dem des Verpflichtungsgeschäfts. Eine durch das Fehlen des Verpflichtungsgeschäfts und damit ohne rechtlichen Grund erfolgte Vermögensverschiebung wird durch das Bereicherungsrecht kompensiert.

1. Kausalitätsprinzip

63 **Für das Urheberrecht soll** nach herrschender Meinung **das Abstraktionsprinzip nicht gelten,** sondern das Kausalitätsprinzip zur Anwendung kommen. Nach diesem Prinzip teilen Verpflichtungs- und Erfüllungsgeschäft das gleiche Schicksal. In der Folge verliert der Erwerber eines Nutzungsrechts dieses mit Wegfall des zu Grunde liegenden Schuldrechtsverhältnisses.

64 Begründet wird die Maßgeblichkeit des Kausalitätsprinzips mit einer Analogie zu § 9 Abs. 1 VerlG und der auf dem Übertragungszweckgedanken beruhenden Bindung der urheberrechtlichen Befugnisse an das Schuldrechtsverhältnis, dem die **Zweckbindung** entnommen wird.[153] Zudem gebiete der Sinn und Zweck des Urheberrechtsgesetzes, dem Urheber gemäß § 11 S. 2 UrhG eine **angemessene Vergütung** zu verschaffen und ihn tunlichst an den wirtschaftlichen Erträgen seines Werkes zu beteiligen, eine **Verbindung des schuldrechtlichen Grundgeschäfts mit dem urheberrechtlichen Verfügungsgeschäft.**[154] Nach Ansicht des BGH ist dies Kennzeichen eines allgemeinen Prinzips des Urheber- und generell des Immaterialgüterrechts und gilt daher auch für Leistungsschutzrechte.[155] Mit Beendigung des Grundgeschäfts findet ein **automatischer Heimfall** statt, die Rechte stehen wieder dem Rechtsinhaber zu, der sie eingeräumt oder übertragen hatte.[156] Ein Teil der Literatur will die Ausnahme vom Abstraktionsprinzip nur für die konstitutive Einräumung eines Nutzungsrechts gelten lassen. Für die Weiterübertragung eines bereits entstandenen Rechts soll das Abstraktionsprinzip uneingeschränkt gelten.[157]

65 Die Argumente gegen die Geltung des Abstraktionsprinzips im Bereich des Urheberrechtsgesetzes sind nicht überzeugend. Richtigerweise ist von **einer Geltung des Abstraktionsprinzips im gesamten Urheberrecht** auszugehen mit den gesetzlichen Ausnahmen in Einzelregelungen wie § 9 Abs. 1 VerlG oder Ausnahmebestimmungen der §§ 41 Abs. 5 und 42 Abs. 5 UrhG.[158] Die Nutzungsrechte ha-

---

153 BGH, Urt. v. 19.07.2012 – I ZR 70/10 (M2Trade), GRUR 2012, 916, 917 [19]; *Schricker/ Loewenheim,* in: Schricker/Loewenheim, UrhG, Vor § 28, Rn. 100; *Schulze,* in: Dreier/ Schulze, UrhG, § 31, Rn. 18.
154 *J.B.Nordemann,* in: Fromm/Nordemann, UrhG, § 31 Rn. 32.
155 BGH, Urt. v. 19.7. 2012 – I ZR 70/10 (M2Trade), GRUR 2012, 916, 917 [19]; aA. *J.B.Nordemann,* in: Fromm/Nordemann, UrhG, Vor §§ 31 ff., Rn. 217.
156 BGH, Urt. v. 19.7. 2012 – I ZR 70/10 (M2Trade), GRUR 2012, 916, 917 [17].
157 *Schricker/Loewenheim,* in: Schricker/Loewenheim, UrhG, Vor § 28, Rn. 101; auf den Sukzessionsschutz abstellend *J.B.Nordemann,* in: Fromm/Nordemann, UrhG, Vor §§ 31 ff., Rn. 233.
158 *Schack,* Rn. 590 f.; *Berger,* in: Berger/Wündisch, UrhR, § 1, Rn. 33; *Hoeren,* CR 2005 773 ff.; *Schwarz/Klingner,* GRUR 1998, 103 ff.; BGH, Urt. v. 15.04.1958 I ZR 31/57 (Die Privatsekretärin), GRUR 1958, 504, 506; wohl auch *Srocke,* GRUR 2008, 867.

ben dinglichen Charakter und bestehen unabhängig vom Kausalgeschäft, das nur als Auslegungshilfe im Fall des § 31 Abs. 5 UrhG[159] bedeutsam ist, um den Inhalt des Nutzungsrechts zu bestimmen. Dem dinglichen Charakter steht nicht entgegen, dass einfache Nutzungsrechte, anders als beispielsweise die dinglichen Rechte des Sachenrechts, keine absolute Wirkung entfalten. Ausreichend ist die Unabhängigkeit einer vertraglichen Beziehung zum Rechtsinhaber.[160]

Der **BGH hat** in jüngeren Entscheidungen **der Geltung des Abstraktionsprinzips** jedenfalls **auf der Stufe der konstitutiven Einräumung** eines Nutzungsrechts unter Berufung auf die herrschende Ansicht in der Literatur eine **Absage erteilt**. Die stärkere kausale Verknüpfung von Verpflichtungs- und Verfügungsgeschäft entspreche der für das Urheber- und generell für das Immaterialgüterrecht geltenden Besonderheit, dass der Inhalt des Rechts, auf das sich die Verfügung bezieht, im Hinblick auf die Vielfalt der Gestaltungsmöglichkeiten und das Fehlen vorgeformter gesetzlicher Typen erst durch den schuldrechtlichen Vertrag seine nähere Bestimmung und Ausformung erfahre.[161] Über die Geltung des Abstraktionsprinzips auf den nachgelagerten Stufen der **translativen Rechteübertragung** hat er keine Entscheidung getroffen. Die zitierte Entscheidung behandelt für die Unterlizenzen lediglich die Frage der Auswirkungen des Erlöschens der Hauptlizenz. Hierfür hat der BGH auf die Regelung zum Sukzessionsschutz in § 33 UrhG abgestellt. Die vom BGH gemachten Äußerungen zum Abstraktionsprinzip auf der Stufe des Ersterwerbs und des Sukzessionsschutzes auf den nachfolgenden Erwerbsstufen dürfen nicht vermengt werden. Abstraktionsprinzip und Sukzessionsschutz[162] behandeln zwei unterschiedliche Problemkreise.[163] Während das Abstraktionsprinzip dazu führt, dass ein Nutzungsrecht unabhängig von einem zu Grunde liegenden Schuldverhältnis bestehen kann, geht es bei der entsprechenden Anwendung des Sukzessionsschutzes um die Frage, ob nachfolgende Rechtseinräumungen vom Bestand der vorausgegangenen Verfügungen abhängig sind. Damit behandeln zwar beide Grundsätze den Bestand von Nutzungsrechten, blicken dabei jedoch auf unterschiedliche Abhängigkeitsverhältnisse.

66

2. Schuldrechtliches Grundgeschäft

Nach allgemeiner Ansicht gilt im Urhebervertragsrecht das **Trennungsprinzip**.[164] Schuldrechtliches Verpflichtungsgeschäft und dingliches Verfügungsgeschäft sind zunächst rechtlich getrennt zu behandeln. Das gilt selbst dann, wenn man der Ansicht ist, dass nicht das Abstraktionsprinzip, sondern das Kausalitätsprinzip Anwendung findet.

67

---

159 Ähnlich wie für den Kaufvertrag § 449 BGB als Vermutungsregel für die aufschiebend bedingte dingliche Einigung nach § 929 BGB.
160 Vgl. *Berger*, in: Berger/Wündisch, UrhR, § 1, Rn. 45.
161 BGH, Urt. v. 19.7.2012 – I ZR 70/10 (M2Trade), GRUR 2012, 916, 917 [19].
162 Dazu unten, Rn. 85.
163 *Kotthoff*, in: Dreyer/Kotthoff/Meckel, UrhG, § 33, Rn. 1.
164 *Grunert/Wandtke*, in: Wandtke/Bullinger, UrhG, Vor §§ 31 ff., Rn. 6.; *Kotthoff*, in: Dreyer/Kotthoff/Meckel, UrhG, § 31, Rn. 18.

68 Das **schuldrechtliche Grundgeschäft legt die Pflichten der Parteien im Verhältnis zueinander fest** und richtet sich regelmäßig nach den Bestimmungen des BGB, ergänzt durch sonderprivatrechtliche Regelungen, etwa des HGB. Schuldrechtliche Verpflichtungen kann zunächst der Urheber gegenüber einem Verwerter bzw. Nutzer eingehen, indem er in einem Vertrag verspricht, ein Werk zu erstellen (Herstellungspflicht) und dem Vertragspartner bestimmte Rechte an dem zu erstellenden oder bereits erstellten Werk einzuräumen (Rechtsverschaffungspflicht). Dieses Versprechen erfüllt der Urheber dann in einem zweiten Vertrag durch die Einräumung von Nutzungsrechten.

69 Das **Verpflichtungsgeschäft** wird **häufig auch als Nutzungsvertrag oder Lizenz bezeichnet,** was die Abgrenzung zum dinglichen Verfügungsgeschäft erschwert und dazu führt, dass die beiden Rechtsgeschäfte häufig nicht mit der gebotenen Klarheit auseinandergehalten werden. Für die Anhänger des Kausalitätsprinzips ist diese scharfe Trennung von untergeordneter Bedeutung, weil hier Wirksamkeitsmängel des Grundgeschäftes regelmäßig auf das Verfügungsgeschäft durchschlagen. Dennoch sollte, wie stets **bei der Vertragsgestaltung**, auf eine möglichst unzweideutige Regelung hingearbeitet werden.

70 Die Pflicht des Urhebers zur Erstellung eines Werkes folgt regelmäßig aus einem Werk- oder Werklieferungsvertrag[165] oder aus einem Arbeitsvertrag. Verfügt der Ersterwerber über die eingeräumten Nutzungsrechte, geschieht auch dies auf der Grundlage einer schuldrechtlichen Verpflichtung, etwa eines Kauf- oder Pachtvertrages.[166]

71 **Zwischen** dem schuldrechtlichen **Grundgeschäft** und der **Rechtsübertragung** können trotz des Trennungsprinzips **vielfältige Verschränkungen** bestehen. Auf das Kausalitätsprinzip wurde bereits hingewiesen. Wird das wirksam entstandene Grundgeschäft gekündigt, durch Vereinbarung oder kraft Gesetzes aufgehoben oder angefochten, entfällt unter der Geltung des Kausalitätsprinzips auch die Rechtsübertragung. Bei Anwendung des Abstraktionsprinzips hätte der Verfügende idR. einen Bereicherungsanspruch gegen den Erwerber. Bei einer Verletzung der Pflichten aus dem zu Grunde liegenden Schuldverhältnis gelten die entsprechenden Leistungsstörungsregeln des BGB.[167]

3. Haftung

72 Aus dem Grundgeschäft ergibt sich die **Rechtsverschaffungspflicht** des Verfügenden. Gelingt ihm dies nicht, weil er etwa bei einer Weiterübertragung die Rechte selbst nicht erworben hat oder sie als Rechtsinhaber nicht einräumen konnte, begründet dies die **Haftung wegen Nichterfüllung** nach den allgemeinen Regeln. Schadensersatz kann der Erwerber nach §§ 280 ff. BGB nur bei Verschulden

---

165 Beispielsweise bei der Erstellung von Software.
166 Die Miete von Rechten scheidet aus, weil nur Sachen Gegenstände eines Mietvertrages sein können; die meisten mietrechtlichen Vorschriften finden aber über § 581 Abs. 2 BGB auch auf den Pachtvertrag Anwendung.
167 *Grunert/Wandtke*, in: Wandtke/Bullinger, UrhG, Vor §§ 31 ff. UrhG 123 ff.

verlangen. Die Nichterfüllungshaftung kann insbesondere Verwerter treffen, die von den Urhebern (Arbeitnehmer, freie Mitarbeiter und sonstige Auftragnehmer) mangels ausreichender Vereinbarung nicht die erforderlichen Rechte erworben haben. Die Nichtexistenz des zu verschaffenden Rechts begründet wegen § 311a Abs. 1 BGB keine Unwirksamkeit des Vertrages und lässt nach Ansicht des BGH entgegen § 326 Abs. 1 S. 1 BGB den Vergütungsanspruch des Veräußerers unberührt, wenn der Erwerber einen wirtschaftlichen Vorteil aus dem Geschäft ziehen kann.[168] Ist beim Kauf-, Werk- oder Werklieferungsvertrag der veräußerte Gegenstand mit dem Recht eines Dritten belastet, greift die **Mängelhaftung** des Verfügenden nach den §§ 435, 633 Abs. 3 BGB.[169] Eine effektive **Haftungsbeschränkung ist in AGB nicht möglich.**[170]

In Verträgen zur Rechtsverschaffung finden sich häufig **Rechtegarantien**, nach denen der Verfügende für den Bestand des Rechts einstehen soll: 73

> Der Lizenzgeber garantiert, dass er Inhaber der übertragenen Rechte ist und dass es ihm möglich ist, die dem Lizenznehmer genannten Rechte wirksam einzuräumen. Der Lizenzgeber garantiert außerdem, dass die Werke frei von Rechten Dritter sind.

Regelmäßig werden solche **Garantien** in AGB der Verwerter verwendet und **unterliegen** dann zugunsten des Rechtsinhabers **der Inhaltskontrolle** nach § 307 BGB. Das besondere an Garantieklauseln ist, dass der Rechtsinhaber aus der Garantie verschuldensunabhängig haften soll. Da aus Pflichtverletzungen regelmäßig nur verschuldensabhängig gehaftet wird, weicht die Garantie damit von der gesetzlichen Leitlinie ab. Dementsprechend hat der BGH eine Garantiehaftung für Rechtsmängel in Einkaufs-AGB für unwirksam nach § 307 Abs. 2 Nr. 1 BGB erachtet.[171] Demgegenüber hat das OLG Hamburg die Garantie eines Fotografen, über Rechte nicht bereits anderweitig verfügt zu haben und auch nicht zu verfügen, für wirksam gehalten.[172] Es spricht jedoch mehr dafür, Garantien in AGB als unangemessene Benachteiligung des Vertragspartners zu werten.

Verbreitet sind auch **Freistellungsklauseln**, wie zB.: 74

„Der Fotograf stellt den Verlag von allen Kosten und Forderungen auf erstes Anfordern frei, die von Dritten mit der Behauptung erhoben werden, die Nutzung der Werke durch den Verlag oder Dritte verletze Rechte Dritter."

---

168 BGH, Urt. v. 02.02.2012 – I ZR 162/09 (Delcantos Hits), GRUR 2012 910, 912 [17 f.].
169 Zu ästhetischen Mängeln siehe unten, Rn. 120, unter „Bestellverträge".
170 LG Bielefeld, Urt. v. 01.10.2014 – 22 S 130/14, ZUM 2014, 343; BGH, Urt. v. 14.11.2000 – X ZR 211/98, NJW 2001, 342, 343; BGH, Urt. v. 11.11.1992 – VIII ZR 238/91, NJW 1993, 335.
171 BGH, Urt. v. 05.10.2005 – VIII ZR 16/05, NJW 2006, 47, 49 [28 ff.].
172 OLG Hamburg, Urt. v. 01.06.2011 – 5 U 113/09, GRUR-RR 2011, 293, 302.

Diese Klausel hat das OLG Hamburg für allerdings **AGB-widrig** erachtet. Zu Recht hat es darauf abgestellt, dass hier eine verschuldensunabhängige Haftung begründet werden soll.[173]

V. Wirksamkeit

75 Die Wirksamkeit von Urheberrechtsverträgen richtet sich zunächst nach den allgemeinen Regeln des BGB. Das gilt sowohl für das der Verfügung zugrundeliegende Schuldverhältnis wie die Verfügung selbst. Das Urhebervertragsrecht hat aber gegenüber den BGB-Regeln einige spezialgesetzlich ausgeprägte oder aus den urheberrechtlichen Vorschriften abgeleitete Besonderheiten, die zu beachten sind.

1. Allgemeine Wirksamkeitshindernisse

a) Gesetzes- und Sittenwidrigkeit

76 Nach § 134 BGB sind Rechtsgeschäfte, die gegen ein **gesetzliches Verbot** verstoßen, nichtig. Bei Verträgen über urheberrechtlich geschützte Werke kann der Gesetzesverstoß regelmäßig **nur im schuldrechtlichen Geschäft** begründet sein.[174] Die Rechtsübertragung selbst ist, ähnlich wie im Sachenrecht, grundsätzlich nicht Gegenstand gesetzlicher Verbote. Infolge der Fehleridentität bei dem Verpflichtungs- und Verfügungsgeschäft können Nichtigkeit des zu Grunde liegenden Schuldverhältnisses und Unwirksamkeit des Verfügungsgeschäfts zusammenfallen. Geht man mit der herrschenden Meinung von der Geltung des Kausalitätsprinzips aus, ergibt sich das bereits hieraus.

77 Die gleichen Grundsätze gelten für die **Sittenwidrigkeit** urheberrechtlicher Rechtsgeschäfte.[175] Die Sittenwidrigkeit begründen kann insbesondere eine **unangemessen niedrige Vergütung** des Urhebers und dessen überlange Bindung an den Vertrag.[176] Dass solche Konditionen branchenüblich sind, ändert nichts an der Sittenwidrigkeit.[177] Zur Sittenwidrigkeit führen kann auch, dass der Verwerter, der sich alle Rechte zur kommerziellen Verwertung übertragen lässt, nicht die typischen Risiken einer solchen Verwertung zu tragen hat, nämlich das **Produktionsrisiko** und das **Risiko einer fehlschlagenden Promotion**.[178]

b) Geschäftsfähigkeit

78 Solange der **Werkgenuss** urheberrechtsfrei ist, ist die Geschäftsfähigkeit des Nutzers ohne Bedeutung, weil er keiner Gestattung bedarf. Bei digitalisierten Wer-

---

173 OLG Hamburg, Urt. v. 01.06.2011 – 5 U 113/09, GRUR-RR 2011, 293, 302.
174 Beispielsweise bei der Verpflichtung, das „Urheberrecht" zu übertragen, die nach § 140 BGB und § 31 Abs. 5 UrhG regelmäßig in die Übertragung ausschließlicher Nutzungsrechte umzudeuten ist, vgl. *Kotthoff*, in: Dreyer/Kotthoff/Meckel, UrhG, § 29, Rn. 4.
175 Die AGB-Kontrolle ist grundsätzlich vorrangig vor der Prüfung der Sittenwidrigkeit.
176 Sa. BVerfG, Beschl. v. 27.07.2005 – 1 BvR 2501/04 (Xavier Naidoo), GRUR 2005, 880, 882.
177 OLG Karlsruhe, Urt. v. 09.07.2003 – 6 U 65/02, BeckRS 2003, 31056005.
178 BGH, Urt. v. 01.12.1988 – I ZR 190/87 (Künstlerverträge), GRUR 1989 198, 201.

ken ist aber außerhalb der Schrankenregelungen der §§ 53 und 44a UrhG zum Werkgenuss oft eine Vervielfältigung erforderlich, die regelmäßig den Erwerb entsprechender Vervielfältigungsrechte voraussetzt. In ihrer Geschäftsfähigkeit beschränkte **Minderjährige** können zur Nutzung erforderliche Verträge nur dann ohne die Zustimmung ihrer gesetzlichen Vertreter abschließen, wenn sie dadurch keine Rechte aufgeben und **keine Pflichten begründen**. Geht es lediglich um den Erwerb von Nutzungsrechten, steht dem Abschluss eines entsprechenden Nutzungsvertrages der Minderjährigenschutz damit nicht entgegen. Sofern aber in dem abzuschließenden Rechtsgeschäft auch Pflichten des Minderjährigen begründet werden sollen oder die Haftung des Vertragspartners beschränkt werden soll, wie dies beispielsweise bei den meisten Creative Commons oder Open Source Software Lizenzen der Fall ist, **bedarf der Vertrag der Zustimmung der gesetzlichen Vertreter.** Entsprechendes gilt für den Fall, dass der Minderjährige Rechte überträgt, beispielsweise durch die Teilnahme an **Social Media-Angeboten** wie Facebook oder instagram. Ist er **als Urheber** an dem Vertrag beteiligt, was im Open-Content-Bereich durch Beiträge zu zB. Wikipedia relevant werden kann, benötigt er ebenfalls die Zustimmung seiner gesetzlichen Vertreter.

c) Form

Urheberrechtliche Vereinbarungen bedürfen in der Regel keiner Form. In § 40 UrhG wird als Ausnahme bestimmt, dass ein Vertrag, durch den sich der Urheber zur Einräumung von **Nutzungsrechten an künftigen Werken** verpflichtet, die überhaupt nicht näher oder nur der Gattung nach bestimmt sind, der schriftlichen Form bedarf. Nach § 31a Abs. 1 S. 1 UrhG bedarf ein Vertrag, durch den sich der Urheber verpflichtet, Rechte an **unbekannten Nutzungsarten** einzuräumen oder sich dazu verpflichtet, ebenfalls der Schriftform. Mit Schriftform ist die Einhaltung der Anforderungen des § 126 Abs. 1 BGB gemeint. Wird eine Vertragspartei durch Vertreter mit Gesamtvertretungsbefugnis vertreten, muss zur Wahrung der Schriftform grundsätzlich die Gesamtvertretung erkennbar werden.[179] Eine so genannte „doppelte Schriftformklausel" kann in Individualvereinbarungen – anders als AGB[180] – eine formlose Nutzungsrechtsübertragung nicht verhindern.[181]

79

2. AGB-Kontrolle

Viele urheberrechtliche Vereinbarungen enthalten **Klauseln, die** für eine Vielzahl von Fällen **vorformuliert sind** und damit der AGB-Kontrolle **zugunsten der Urheber** unterfallen. Da es Urhebern regelmäßig schwer fällt, ihre Interessen gegenüber den wirtschaftlich häufig stärkeren Verwertern in Vertragsverhandlungen durchzusetzen, bleibt ihnen nach einem Vertragsschluss oft nur die Überprüfung der Verträge auf ihre rechtliche Wirksamkeit. Neben der Unwirksamkeit we-

80

---

179 BGH, Urt. v. 04.11.2009 – XII ZR 86/07, NZG 2010, 105; BGH, Urt. v. 22.04.2015 – XII ZR 55/14, NJW 2015, 2034.
180 BAG, Urt. v. 20.05.2008 – 9 AZR 382/07, NJW 2009, 316, 317 [27 ff.].
181 BGH, Urt. v. 17.09.2009 – I ZR 43/07 (Der Name der Rose), ZUM 2010, 431 [21].

gen Sittenwidrigkeit kommt dabei vor allem – und vorrangig[182] – die Unwirksamkeit von Klauseln nach § 306 BGB in Betracht.[183] Der BGH hat in seiner jüngeren Rechtsprechung jedoch deutlich gemacht, dass in den praktisch relevanten Fällen des **Rechte-Buy-out** und der (nur) **pauschalen Vergütung** die Klauseln **nicht der Angemessenheitskontrolle nach § 307 BGB unterliegen**. Die vor dieser Rechtsprechung ergangene instanzgerichtliche Judikatur ist nunmehr oft überholt. Der BGH lässt sich bei der Verneinung einer Inhaltskontrolle nach § 307 Abs. 2 BGB von folgenden Überlegungen leiten:

81 Bestimmungen in **AGB sind unwirksam, wenn sie** den Vertragspartner des Klauselverwenders entgegen den Geboten von Treu und Glauben **unangemessen benachteiligen**. Das ist im Zweifel dann der Fall, wenn die Klausel von der gesetzlichen Leitlinie abweicht. Der **Übertragungszweckgedanke** des § 31 Abs. 5 UrhG hat nach dem BGH jedoch **keinen Leitbildcharakter** im Rahmen einer AGB-rechtlichen Inhaltskontrolle. Eine Kontrolle von Buy-out-Klauseln, durch die der Erwerber mehr Rechte erhält, als er nach Vertragszweck benötigt, scheidet damit aus. Das folgt daraus, dass die Vereinbarung der Übertragung urheberrechtlicher Nutzungsrechte den Umfang der vertraglichen **Hauptleistungspflicht** bestimmt und dies zum **Kernbereich privatautonomer Vertragsgestaltung** gehört. Zudem enthält § 31 Abs. 5 UrhG einen konkret-individuellen Prüfungsmaßstab, während bei der Inhaltskontrolle nach § 307 BGB ein abstrakt-genereller Maßstab zu Grunde zu legen ist.[184] Eine Leitbildfunktion hat der BGH auch dem Verfilmungsrecht des § 88 UrhG abgesprochen, weil ebenso wie § 31 Abs. 5 UrhG, zu der § 88 UrhG eine Sonderregelung ist, auch dieser Vorschrift eine gesetzliche Grundentscheidung im Sinne eines Gerechtigkeitsgebots fehle.[185]

82 Auch eine **pauschale Vergütung** kann nicht zur Unangemessenheit führen. Es gilt auch hier die Kontrollfreiheit der Leistungsabreden. Die Vertragsparteien sind nach dem im bürgerlichen Recht geltenden Grundsatz der Vertragsfreiheit frei, Leistung und Gegenleistung zu regeln. Daran änderte auch die Einführung des § 11 S. 2 UrhG nichts, wonach das Urheberrecht auch der Sicherung einer **angemessenen Vergütung** für die Nutzung des Werkes dient. Dieses Prinzip hat keine Auswirkungen auf die vertragliche Gegenleistung, insbesondere den Umfang der Rechtseinräumung.[186]

---

182 Die AGB-Kontrolle ist lex specialis, s. *Armbrüster*, in: MüKo BGB, § 138 BGB, Rn. 5.
183 Zur AGB-Kontrolle *J.B.Nordemann*, NJW 2012, 3121.
184 BGH, Urt. v. 17.10.2013 – I ZR 41/12 (Rechtseinräumung Synchronsprecher), GRUR 2014, 556, 557 [12] –.
185 BGH, Urt. v. 17.10.2013 – I ZR 41/12 (Rechtseinräumung Synchronsprecher), GRUR 2014, 556, 558 [13]; kritisch *Grunert/Wandtke*, in: Wandtke/Bullinger, UrhG, Vor §§ 31 ff., Rn. 109; *Schulze*, in: Dreier/Schulze, UrhG, § 31, Rn. 115 mwN.
186 BGH, Urt. v. 17.10.2013 – I ZR 41/12 (Rechtseinräumung Synchronsprecher), GRUR 2014, 556, 559 [34]; BGH, Urt. v. 31.05.2012 – I ZR 73/10 (Honorarbedingungen Freie Journalisten), GRUR 2012, 1031, 1036 [29].

Der Urheber wird nach Ansicht des BGH durch die Ansprüche auf eine **angemessene Vergütung** aus §§ 32 und 32a UrhG **vor einer finanziellen Benachteiligung geschützt**.[187] Eine AGB-rechtliche Unwirksamkeit kann sich aber nach § 307 Abs. 3 S. 2 BGB durch eine **Intransparenz** der Bedingungen ergeben.[188] Die Urteile stellen die Urheber nicht schutzlos, geben ihnen aber mit dem Verweis auf die §§ 32 und 32a UrhG Steine statt Brot.[189] Die Begründung des BGH ist gut nachvollziehbar, wenn auch nicht zwingend. Im Ergebnis bedeutet diese Rechtsprechung für Urheber, dass sie dem Buy-Out ihrer Rechte schutzlos ausgeliefert sind, solange die Transparenz gewahrt ist. Dass sie diesen Buy-out nur gegen eine angemessene Vergütung hinnehmen müssen, hilft wenig, da die Verfolgung der Zahlungsansprüche für die wirtschaftlich schwächeren Urheber regelmäßig schwierig sein dürfte.[190] Die Unwirksamkeit der Rechtsübertragung wäre demgegenüber das wirksamere Mittel zum Schutz der Urheberinteressen gewesen.

83

Abseits der Buy-Out-Problematik und der pauschalen Vergütung ist die **Rechtsprechung zur AGB-Kontrolle** urheberrechtlicher Vereinbarungen **überschaubar**.[191] Entgegen der verbreitet äußerst kritischen Kontrolle Allgemeiner Geschäftsbedingungen hielt das OLG Köln eine Klausel von *Amazon* zur vergütungsfreien, zeitlich unbegrenzten Einräumung von Nutzungsrechten insbesondere an Fotos für wirksam, weil bei der Bewertung die Grundprinzipien der Plattform zu beachten seien.[192] In einer anderen Entscheidung hat das OLG Köln eine unklare Regelung in einem Lizenzvertrag nach § 305c Abs. 2 BGB zu Lasten des Klauselverwenders ausgelegt. Es ging um die Frage, ob eine öffentlich-rechtliche Rundfunkanstalt ein Bild abredewidrig kommerziell genutzt hat. Die kommerzielle Nutzung war nach den Bedingungen verboten. Das Gericht hat die Unklarheit des Begriffs der kommerziellen Nutzung als Risiko des Klauselverwenders gesehen und im Wege der Vertragsauslegung zugunsten des Nutzers den weitest möglichen Umfang der Rechtsübertragung zugrunde gelegt.[193]

84

---

187 BGH, Urt. v. 31.05.2012 – I ZR 73/10 (Honorarbedingungen Freie Journalisten), GRUR 2012, 1031, 1036 [29].
188 OLG Dresden, Urt. v. 12.03.2013 – 11 U 1493/12, ZUM-RD 2013, 245, 248; BGH, Urt. v. 31.05.2012 – I ZR 73/10 (Honorarbedingungen Freie Journalisten), GRUR 2012, 1031, 1037 [34]; OLG Hamm, Urt. v. 31.01.2013 – I-22 U 8/12, ZUM-RD 2013, 333, 337.
189 Kritisch *Hoeren*, GRUR-Prax 2012, 402.
190 *Schulze*, GRUR 2012, 993, 995; *Peifer*, AfP 2012 510 ff.; so auch OLG Jena, Urt. v. 09.05.2012 – 2 U 61/12, ZUM-RD 2012, 393, 394.
191 Häufig mussten sich die Gerichte mit Weitergabeverboten in AGB zum Vertrieb von E-Books und Hörbüchern. befassen, vgl. OLG Hamburg, Beschl. v. 04.12.2014 – 10 U 5/11, GRUR-RR 2015, 361; OLG Hamm, Urt. v. 15.05.2014 – 22 U 60/13, GRUR 2014, 853, dazu unten, Rn. 141; s. auch *Schulze*, in: Dreier/Schulze, UrhG, Vorb. § 31, Rn. 14 ff.
192 OLG Köln, Urt. v. 19.12.2014 – 6 U 51/14, ZUM 2015, 511.
193 OLG Köln, Urt. v. 31.10.2014 – 6 U 60/14 (Creative-Commons-Lizenz), GRUR 2015, 167, 171.

3. Sukzessionsschutz

85 Unter Sukzessionsschutz wird der **Schutz von abgeleiteten Nutzungsrechten** vor der konstitutiven Einräumung gleicher Nutzungsrechte, der Verfügung über die vorgelagerten Rechte oder deren Verzicht verstanden. Die Bestimmung des § 33 UrhG stellt dazu lediglich klar, was bereits nach allgemeinen Prinzipien gilt:[194] Der **Rechtsinhaber kann durch spätere Verfügungen früher vorgenommene Verfügungen nicht beeinträchtigen.** Wer ein einfaches Nutzungsrecht erhalten hat, muss jederzeit damit rechnen, dass der Rechtsinhaber weitere einfache Nutzungsrechte einräumt. Der Inhaber eines ausschließlichen Nutzungsrechts kann durch die Einräumung weiterer Nutzungsrechte schon deswegen nicht beeinträchtigt werden, weil der Urheber kein inhaltsgleiches weiteres ausschließliches Nutzungsrecht einräumen kann. Er hat sich durch die zeitlich erste Einräumung seines Verfügungsrechts begeben. Die Einräumung einfacher Nutzungsrechte ist gegenüber dem Inhaber eines ansonsten inhaltsgleichen ausschließlichen Nutzungsrechts nur mit dessen ursprünglicher oder späterer Zustimmung möglich.

4. Abhängigkeit abgespaltener Nutzungsrechte

86 Es ist viel darüber diskutiert worden, welches Schicksal ein von einem ausschließlichen Nutzungsrecht (Hauptlizenz) abgespaltenes einfaches oder ausschließliches Nutzungsrecht (**Unterlizenz**) erfährt, **wenn die Hauptlizenz entfällt.** Der Entfall der Hauptlizenz kann durch Ausübung von nicht beschränkbaren Rückrufsrechten oder unter Geltung des Kausalitätsprinzips durch den Heimfall der Hauptlizenz wegen Beendigung des schuldrechtlichen Vertrages geschehen. Die Frage könnte dann, zB. für Rechte an Fotografien, lauten: Verliert der Nutzer einer Fotografie, zu der er Rechte von einer Fotoagentur erworben hat, diese Rechte wieder, wenn der Fotograf der Agentur die ursprünglich gewährte Rechtsposition entzieht? Der Gesetzgeber hat die **Streitfrage**, ob Nutzungsrechte späterer Stufe bestehen bleiben, wenn das Nutzungsrecht früherer Stufe erlischt, bewusst nicht selbst beantwortet, sondern **der Rechtsprechung zur Klärung überlassen.**[195]

87 Nach der hier vertretenen Auffassung gelten im Bereich des Urheberrechtsgesetzes die allgemeinen zivilrechtlichen Grundsätze mit der Folge, dass aufgrund der dinglichen Natur der Nutzungsrechte eine zeitlich unbeschränkte, übertragende **Verfügung Bestand hat.** Räumt der Urheber ein ausschließliches Nutzungsrecht (Hauptlizenz) ein, aufgrund dessen der Erwerber einen Teil als ausschließliches Nutzungsrecht (Unterlizenz) abspaltet, so hat der letzte Erwerber eine vom Urheber abgeleitete, dingliche und damit beständige Rechtsposition erlangt.[196] Dieses Recht kann ihm nicht mehr entzogen werden. Zu dem gleichen Ergebnis, jedoch auf anderer Grundlage, kommt auch die Rechtsprechung des BGH. Der **BGH geht** mit der hM. **von einer grundsätzlichen Abhängigkeit der Unterlizenzen von der Hauptlizenz aus.** Er **hält es** unter Berücksichtigung des Grund-

---

194 *Grunert/Wandtke*, in: Wandtke/Bullinger, UrhG, § 33, Rn. 1.
195 BGH, Urt. v. 19.07.2012 – I ZR 70/10 (M2Trade), GRUR 2012, 916, 918 [22].
196 So zutreffend *Schwarz/Klingner*, GRUR 1998, 103, 110 ff.

satzes des Sukzessionsschutzes und unter Abwägung der typischerweise betroffenen Interessen des Hauptlizenzgebers und des Unterlizenznehmers **jedoch** in aller Regel **für angemessen und interessengerecht, dass das Erlöschen der Hauptlizenz nicht zum Erlöschen der Unterlizenz führt.**[197] Hervorzuheben ist dabei der **Sonderfall**, dass das weitere Nutzungsrecht gegen eine **fortlaufende Lizenzzahlung** eingeräumt wurde. Auch für diesen Fall gesteht der BGH den Sukzessionsschutz zu. Der Rechtsinhaber kann allerdings nach § 812 Abs. 1 S. 1 Fall 2 BGB von dem Hauptlizenznehmer die Abtretung der Entgeltansprüche gegen den Unterlizenznehmer sowie die Herausgabe der nach Beendigung des Hauptlizenzvertrages erhaltenen Lizenzzahlungen verlangen.[198] Bei der Konstruktion des BGH ist zu beachten, dass ein Wegfall der Hauptlizenz nicht nur durch die spezialgesetzlich geregelten Fälle, sondern auch infolge der Anwendung des Kausalitätsprinzips grundsätzlich bei Unwirksamwerden des schuldrechtlichen Verpflichtungsgeschäfts möglich ist. Das hat insbesondere Folgen in der **Insolvenz des Lizenzgebers.**[199]

5. Anpassung und Beendigung von Verträgen

Verträge können auf vielfache Weise in ihrem Inhalt geändert oder gar beendet werden. Für die schuldrechtlichen Verpflichtungsgeschäfte gelten die allgemeinen Regeln des BGB. Auf die Vereinbarungen zur Rechtsübertragung sind sie jedoch nur sehr eingeschränkt anwendbar, wenn sie wie überwiegend auf Leistungsstörungen aus Verpflichtungsgeschäften abstellen. In der Literatur wird dazu **oft nicht hinreichend zwischen der schuldrechtlichen und der dinglichen, urheberrechtlichen Seite differenziert.** Das scheint unter dem nach hM. geltenden Kausalitätsprinzip entbehrlich zu sein, ist aus Gründen der differenzierteren Betrachtung von Tatbestandsvoraussetzung und Rechtsfolge jedoch geboten. Das Urheberrechtsgesetz enthält ergänzend zu den allgemeinen Regelungen besondere Bestimmungen, etwa zum Rückruf von Nutzungsrechten.[200]

88

Ohne weiteres zulässig ist es, die Rechtsübertragung zeitlich zu befristen, so dass der Erwerber das Recht, etwa bei der Miete, mit **Zeitablauf** verliert. Möglich ist bei Dauerschuldverhältnissen wie der Miete auch die **Kündigung**.[201] In einigen Vorschriften des Urheberrechts gibt es zudem Sonderkündigungsrechte.[202]

89

---

197 BGH, Urt. v. 19.7. 2012 – I ZR 70/10 (M2Trade), GRUR 2012, 916, 918 [23]; BGH, Urt. v. 19.07.2012 – I ZR 24/11 (Take Five), GRUR 2012, 914, 915 [15]; BGH, Urt. v. 26.03.2009 – I ZR 153/06 (Reifen Progressiv), GRUR 2009, 946 [17]; OLG München, Urt. v. 20.01.2011 – 29 U 4446/10, GRUR-RR 2011, 303, 304 – Blu-ray Disc; kritisch hierzu *McGuire/Kunzmann*, GRUR 2014, 28; *Spindler*, CR 2014, 557, 559 ff.
198 BGH, Urt. v. 19.07.2012 – I ZR 70/10 (M2Trade), GRUR 2012, 916, 918 [30]; kritisch hierzu *Spindler*, CR 2014, 557, 561 f.
199 Dazu Kap. 8, Rn. 101 ff.
200 *Grunert/Wandtke*, in: Wandtke/Bullinger, UrhG, Vor §§ 31 ff., Rn. 69 ff.
201 *Kotthoff*, in: Dreyer/Kotthoff/Meckel, UrhG, § 31, Rn. 44.
202 Vgl. §§ 40 und 79 Abs. 3.

90 Bei verfügenden Verträgen nicht anwendbar sind die Normen, die eine rechtsgestaltende Wirkung in Abhängigkeit von einer Pflichtverletzung vorsehen, wie dies beim **Rücktritt** der Fall ist. Aus der Rechtsübertragung selbst erwachsen den Parteien keine Pflichten, die verletzt werden könnten. Bei dem nach hM. geltenden Kausalitätsprinzip ist für den Rücktritt zu beachten, dass er zum Heimfall der Nutzungsrechte führt.[203] Bei Geltung des Abstraktionsprinzips würde lediglich die Umgestaltung in ein Rückgewährschuldverhältnis bewirkt, ohne einen Entfall des Nutzungsrechts.[204] **Sonderregelungen** zum Rücktritt enthält das Verlagsgesetz in den §§ 17, 32 iVm. § 30 VerlG,[205] die den Vertrag beenden und wegen § 9 VerlG zum Heimfall der Nutzungsrechte führen.

91 Das Nutzungsrecht kann auch inhaltlich in der Weise beschränkt werden, dass nur eine bestimmte **Anzahl von Vervielfältigungen** gestattet ist. Ist die Zahl der Vervielfältigungen erreicht, entfällt das Nutzungsrecht. Bei Verträgen, die eine **Übertragung** des Nutzungsrechts **auf Dauer** vorsehen, wie etwa der Kauf oder der Werk-/Werklieferungsvertrag, ist eine **Kündigung nicht möglich**.[206] Die Regelungen zur **Störung der Geschäftsgrundlage** in § 313 BGB dürften in der Regel auf Verfügungsgeschäfte nicht anwendbar sein. Die Anpassung muss auf schuldrechtlicher Ebene erfolgen.[207]

6. Schrankenregelungen

92 Das Urheberrecht schützt den Urheber in seinen geistigen und persönlichen Beziehungen zum Werk und in der Nutzung des Werkes, indem es ihm insbesondere Verbotsrechte gegen Nutzungen gewährt, die nicht durch ihn autorisiert sind. Diese Monopolstellung durchbricht das Gesetz aus Gründen des übergeordneten Interesses der Allgemeinheit oder schutzwürdiger Gruppen durch Regeln, die den Urheber in der Durchsetzung seiner Rechte einschränken. Für die Vertragspraxis ist von Interesse, ob und inwieweit **Schranken** bei der Einräumung von Nutzungsrechten **abdingbar** sind.[208] In Einzelfällen erklärt das Gesetz selbst Schrankenregelungen für unabdingbar, wie etwa in §§ 55a S. 3, 69g Abs. 2 und 87e UrhG. Dies gilt nach hM. sowohl für die dingliche als auch für eine schuldrechtliche Regelung.[209] Im Übrigen bestehen keine durchgreifenden Bedenken gegen eine **schuldrechtliche Aufhebung** der Schranken.[210] Die Regelung wirkt nur

---

203 *Schulze*, in: Dreier/Schulze, UrhG, Vorb. § 31, Rn. 115.
204 Vgl. die Darstellung bei *J.B.Nordemann*, in: Fromm/Nordemann, UrhG, § 31, Rn. 30 ff.
205 S. *Grunert/Wandtke*, in: Wandtke/Bullinger, UrhG, Vor §§ 31 ff., Rn. 16.
206 *Kotthoff*, in: Dreyer/Kotthoff/Meckel, UrhG, § 31, Rn. 45.
207 *Finkenauer*, in: MüKo BGB § 313 BGB, Rn. 47; s. auch OLG München, Urt. v. 13.12.2001 – 6 U 4021/00, ZUM-RD 2002, 77, 83 – Kehraus; anders wohl *Kotthoff*, in: Dreyer/Kotthoff/Meckel, UrhG, § 31, Rn. 48.
208 Dazu *Gräbig*, GRUR 2012, 331 ff.; *Dustmann*, in: Fromm/Nordemann, UrhG, Vor §§ 44a ff., Rn. 14; *Dreyer*, in: Dreyer/Kotthoff/Meckel, UrhG, Vor §§ 44a, Rn. 17.
209 *Dreier*, in: Dreier/Schulze, UrhG, §§ 55a, Rn. 1 und § 87e, Rn. 1.
210 KG, Urt. v. 22.09.2011 – 23 U 178/09, BeckRS 2012, 17417; *Gräbig*, GRUR 2012, 331, 337.

zwischen den Parteien und ist der AGB-Kontrolle unterworfen,[211] was ein Abweichen von der gesetzlichen Leitlinie erschwert. Eine dingliche Wirkung ist jedoch mit der Verkehrsfähigkeit der Nutzungsrechte nicht vereinbar.

Gesetzliche Lizenzen sind Schranken, die die Nutzung eines Werkes ohne rechtsgeschäftliche Zustimmung des Urhebers gestatten. Im Gegenzug sieht das Gesetz eine Vergütungspflicht der Begünstigten vor, die diese in der Regel mittelbar über Abgaben erfüllen.[212] Der Nutzer kann mit der Nutzung bereits vor der Zahlung beginnen. Zu beachten ist, dass die in den §§ 52b und 53a UrhG enthaltenen gesetzlichen Lizenzen nach Maßgabe des § 52b S. 1 UrhG sowie des § 53a Abs. 1 S. 3 UrhG nur beim Fehlen vertraglicher Vereinbarungen greifen.[213] Von der gesetzlichen Lizenz unterscheidet sich die **Zwangslizenz** dadurch, dass eine Lizenz erst noch rechtsgeschäftlich begründet werden muss, der Urheber bei Vorliegen der gesetzlichen Tatbestandsvoraussetzungen dazu aber verpflichtet ist. Es besteht insoweit ein Kontrahierungszwang.[214]

93

Zwangslizenzen sieht das Gesetz in den §§ 42a und 5 Abs. 3 UrhG vor. Der praktisch wichtigere[215] Anwendungsfall des § 42a UrhG erfasst Werke und damit verbundene Texte. Der Urheber soll nach der Intention des Gesetzgebers auf dem als wichtig angesehenen **Musikmarkt** nicht berechtigt sein, durch Lizenzierungen Monopole zu bilden und so einige Verwerter zu begünstigen, andere auszuschließen. Ein **Anspruch auf eine Zwangslizenz besteht** dann, wenn der Urheber ein Nutzungsrecht an einem Musikwerk oder einen Text, der mit diesem Musikwerk verbunden ist, zur Übertragung auf Tonträger sowie zu deren Vervielfältigung und Verbreitung einem Tonträgerhersteller iSd. § 85 UrhG eingeräumt hat. Räumt der Urheber einem anderen, insbesondere einem Tonträgerhersteller entsprechende ausschließliche Nutzungsrechte ein, so ist nach Abs. 4 dieser verpflichtet, anderen Tonträgerherstellern die Zwangslizenz zu gewähren. Ein Anspruch auf Zwangslizenz **besteht nicht**, wenn der Urheber die Nutzungsrechte einer Verwertungsgesellschaft einräumt, da diese nach § 11 Abs. 1 UrhWahrnG selbst einem Abschlusszwang unterliegt. Ein Anspruch besteht ebenfalls nicht, wenn die Rechte keinem Tonträgerhersteller eingeräumt werden, etwa weil der Urheber das Werk selbst verwertet.[216] Der Anspruch auf die Lizenz steht nach Abs. 2 nur solchen Tonträgerherstellern zu, die ihre Hauptniederlassung oder ihren Wohnsitz im Inland oder im Hoheitsgebiet eines Staates haben, in dem nach einer Bekanntmachung des Bundesministers der Justiz ein entsprechendes Recht gewährt wird. Die **Zwangslizenz ist zu angemessenen Bedingungen einzuräumen**, wozu insbesondere eine angemessene Vergütung des Rechtsinhabers gehört. Durchgesetzt

94

---

211 Dazu *Gräbig*, GRUR 2012, 331, 334 ff.
212 *Schack*, Rn. 486; *Schulze*, in: Dreier/Schulze, UrhG, Vor §§ 44a ff., Rn. 14.
213 *Schulze*, in: Dreier/Schulze, UrhG, Vor §§ 44a ff., Rn. 14.
214 *Schack*, Rn. 481; *Schulze*, in: Dreier/Schulze, UrhG, § 42a, Rn. 2.
215 Da die Rechte in der Regel von der GEMA wahrgenommen werden, ist die praktische Relevanz des § 42a UrhG gering, vgl. *Schulze*, in: Dreier/Schulze, UrhG, § 42a, Rn. 3.
216 *Dreyer*, in: Dreyer/Kotthoff/Meckel, UrhG, § 42a, Rn. 9.

wird der in § 42a UrhG enthaltene Anspruch vor den ordentlichen Gerichten, § 105 UrhG ist für die Zuständigkeit zu beachten.

VI. Verträge über unbekannte Nutzungsarten und künftige Werke

95 Urheber können Verträge über die Verwertung Ihrer Werke schließen, auch wenn die Nutzungsart noch unbekannt oder das Werk noch gar nicht geschaffen ist. Da die **zukünftige Entwicklung mit Unsicherheiten belastet** ist, die der Urheber vielfach nicht übersehen und erst recht nicht steuern kann, schützt ihn das Gesetz in § 31a UrhG hinsichtlich der Einräumung von Rechten an unbekannten Nutzungsarten und in § 40 UrhG vor der Verpflichtung zur Einräumung von Nutzungsrechten an noch unbestimmten künftigen Werken.

1. Verträge über unbekannte Nutzungsarten

96 Ein Nutzungsrecht basiert auf einer Nutzungsart, die eine nach der Verkehrsauffassung, technisch und wirtschaftlich eigenständige und damit klar abgrenzbare Nutzungsform des Werkes darstellt. Wie gezeigt, müssen in Rechtevereinbarungen die Nutzungsarten einzeln bezeichnet werden, um die Anwendung der Auslegungsregel in § 31 Abs. 5 UrhG zu vermeiden. Der Rechtserwerber, der sich nach diesen Kriterien Nutzungsrechte für im Zeitpunkt der Verfügung noch nicht bekannte, zukünftige Nutzungsarten einräumen lassen wollte, würde bereits **an der Spezifizierungslast scheitern**. Bis zum 1. Januar 2008 war dementsprechend gemäß § 31 Abs. 4 UrhG aF. der Erwerb von Nutzungsrechten für unbekannte Nutzungsarten nicht möglich. Seit diesem Zeitpunkt sieht § 31a UrhG den Erwerb von Rechten an unbekannten Nutzungsarten vor und lässt hierfür eine **pauschale Rechtseinräumung genügen**. Der Urheber hat aber die Möglichkeit, die Verfügung zu widerrufen. In § 137l UrhG hat der Gesetzgeber für die Zeit zwischen dem 1. Januar 1966 und dem 1. Januar 2008 eine fiktive Einräumung von Rechten an unbekannten Nutzungsarten für bestimmte Fälle geregelt.

97 **Keine Anwendung** findet § 31a UrhG auf die Leistungsschutzrechte der §§ 81, 85, 87, 87a und 94 UrhG.[217] **Filmhersteller** werden in § 88 Abs. 1 UrhG privilegiert, weil zu ihren Gunsten vermutet wird, dass sie Rechte auch an unbekannten Nutzungsarten erhalten und der Urheber kein Widerrufsrecht hat. Eine dagegen gerichtete Verfassungsbeschwerde von Filmurhebern hat das BVerfG als unzulässig abgewiesen.[218]

a) Vereinbarungen ab 2008

98 Der Anwendungsbereich des § 31a UrhG erfasst sowohl die **Verfügung** über Nutzungsrechte für unbekannte Nutzungsarten als auch die **Verpflichtung** hierzu. Die Verfügung über die Nutzungsrechte erfolgt mit Vornahme des formgültigen dinglichen Rechtsgeschäfts. Der Urheber hat sich mit der Einigung der Verfügungsbe-

---

217 *Soppe*, in: BeckOK UrhG, § 31a, Rn. 2.
218 BVerfG, Beschl. v. 24.11.2009 – 1 BvR 213/08 (Filmurheberrecht), GRUR 2010 332.

fugnis über die entsprechenden Rechte begeben und kann insoweit nicht nochmals verfügen.[219] Wegen der Widerrufsmöglichkeit entfaltet die Verfügung jedoch nur eine bedingte Wirkung. Die Vereinbarung muss **deutlich machen**, dass die Rechtsübertragung auch unbekannte Nutzungsarten erfasst. Eine pauschale Einräumung „aller Rechte" genügt nicht.[220] Die Parteien können die **Wirkung** der Einräumung inhaltlich abstrakt **beschränken**, etwa auf „Online-Rechte" oder Rechte im privaten Bereich, so dass nicht alle Rechte an allen unbekannten Nutzungsarten übergehen müssen.[221] Auch bei einer Übertragung der Rechte für unbekannte Nutzungsarten findet der **Übertragungszweckgedanke** Anwendung, so dass nur die nach dem Vertragszweck erforderlichen Nutzungsrechte eingeräumt werden. Dabei ist auf den bei Vertragsschluss ermittelten Vertragszweck abzustellen.

Um den Urheber[222] vor einer voreiligen Verfügung zu schützen, bedarf eine Vereinbarung über unbekannte Nutzungsarten der **Schriftform**. Der Schutz wird ergänzt durch die Regelung des § 32c UrhG, der dem Urheber einen Anspruch auf eine gesonderte **angemessene Vergütung** verschafft, wenn der Verwerter eine neue Art der Werknutzung nach § 31a UrhG aufnimmt.[223] Eine Sonderregelung sieht § 31a Abs. 1 S. 2 UrhG für die Einräumung eines unentgeltlichen einfachen Nutzungsrechts für jedermann vor. Diese Regelung steht im Zusammenhang mit § 32 Abs. 3 S. 3 UrhG, der so genannten **Linux-Klausel**, um den Rechtsverkehr mit „freien" Werken erleichtern.

99

Umstritten ist, ob der **Begriff der Nutzungsart** in § 31a UrhG dem in § 31 UrhG entspricht.[224] Das ist mit der hM. zu bejahen,[225] um keine Lücke in der Anwendung zwischen den Vorschriften entstehen zu lassen. Der Unterschied zwischen den §§ 31a und 31 UrhG ist lediglich, ob die Nutzungsart bekannt oder unbekannt ist. **Unbekannt** ist eine Nutzungsart dann, wenn sie im Zeitpunkt der Vereinbarung als wirtschaftlich und technisch abgrenzbare Nutzungsform **nicht bestimmbar** war, sie **aber später** als solche **erkennbar und relevant wird**.[226] Dabei genügt es, wenn entweder die technische oder wirtschaftliche Neuartigkeit bei der Einigung

100

---

219 Das ist vergleichbar mit der Abtretung einer künftigen Forderung, vgl. auch *Grunert/Wandtke*, in: Wandtke/Bullinger, UrhG, § 31, Rn. 9; *Schulze*, in: Dreier/Schulze, UrhG, § 31a, Rn. 80.
220 *J.B.Nordemann*, in: Fromm/Nordemann, UrhG, § 31a, Rn. 53; *Schulze*, in: Dreier/Schulze, UrhG, § 31a, Rn. 67; zu weitgehend LG Hamburg 04.05.2010 – 312 O 703/09, ZUM 2010, 818, 824.
221 *Schulze*, in: Dreier/Schulze, UrhG, § 31a, Rn. 68 ff.; *Grunert/Wandtke*, in: Wandtke/Bullinger, UrhG, § 31, Rn. 12.
222 Nur dieser ist geschützt, auf nachgelagerten Verwertungsstufen gilt § 31a UrhG nicht, vgl. *Spindler*, in: Schricker/Loewenheim, UrhG, § 31a, Rn. 20.
223 Siehe unten, Rn. 218.
224 *J.B.Nordemann*, in: Fromm/Nordemann, UrhG, § 31a, Rn. 21.
225 vgl. *Spindler*, in: Schricker/Loewenheim, UrhG, § 31a, Rn. 28; *Kotthoff*, in: Dreyer/Kotthoff/Meckel, UrhG, § 31a, Rn. 8; *Soppe*, in: BeckOK UrhG, § 31a, Rn. 4.
226 Vgl. BGH, Urt. v. 11.10.1990 – I ZR 59/89 (Videozweitauswertung I), GRUR 1991, 133, 136; s. auch *Grunert/Wandtke*, in: Wandtke/Bullinger, UrhG, § 31a, Rn. 21 ff.

unbekannt war.²²⁷ Das gilt beispielsweise für die Video-on-Demand-Nutzung, die erst mit der Verbreitung des Internet möglich und dann bekannt wurde.²²⁸

101 Die Rechtsübertragung steht unter der **auflösenden Bedingung des Widerrufs** nach § 31a Abs. 1 S. 3 UrhG. Der **Widerruf** ist sofort nach Vertragsschluss²²⁹ bis zu dem Zeitpunkt möglich, in dem das Widerrufsrecht kraft Gesetzes entfällt. Das Widerrufsrecht entfällt nach Abs. 1 S. 4, wenn der Verwerter dem Urheber die Mitteilung über die beabsichtigte Aufnahme der neuen Art der Werknutzung an die ihm zuletzt bekannte Anschrift des Urhebers absendet und seitdem drei Monate vergangen sind. Das Zugangsrisiko des Widerrufs trägt der Urheber. Das Widerrufsrecht entfällt ebenfalls im Falle des Todes des Urhebers sowie dann, wenn der Urheber eine Vergütung im Wege der Einigung nach § 32c Abs. 1 UrhG oder nach einer gemeinsamen Vergütungsregel erhält. Im Übrigen kann der Urheber gem. Abs. 4 auf das Widerrufsrecht im Voraus nicht verzichten.²³⁰ Die Ausübung des Widerrufsrechts lässt das **Nutzungsrecht** zum Schutz des Erwerbers nur für die Zukunft (**ex nunc**) **entfallen**.²³¹ Eine auf den Zeitpunkt der Vornahme der Verfügung zielende ex tunc-Wirkung ist wegen der Gefahr der – wenn auch nur verschuldensunabhängigen – Inanspruchnahme des verfügenden Erwerbers infolge der Nichtverschaffung des Rechts nicht vereinbar.

102 Um zu verhindern, dass ein **Mitberechtigter** die Verwertung von Werken oder Werkbeiträgen **blockiert**, die zu einer Gesamtheit zusammengefasst sind, die sich in der neuen Nutzungsart nur unter Verwendung sämtlicher Werke oder Werkbeiträge in angemessener Weise verwerten lässt, kann der Urheber nach Abs. 3 das Widerrufsrecht nicht wider Treu und Glauben ausüben. Eine solche Gesamtheit kann insbesondere bei Miturheberschaft nach § 8 UrhG oder bei verbundenen Werken nach § 9 UrhG vorliegen.²³²

b) Vereinbarungen zwischen 1966 und 2008

103 Durch die Fortschritte in der Kommunikationstechnik und der Digitalisierung von Werken haben sich in den vergangenen zwei Jahrzehnten **Nutzungsarten** neu herausgebildet, die im Zeitpunkt früherer Rechtevereinbarungen noch unbekannt waren und wegen der seinerzeit geltenden Verbotsregelung nach § 31a Abs. 4 UrhG aF. auch **nicht Gegenstand des Rechtsverkehrs sein konnten**. Mit dem Zunehmen neuer Nutzungsarten gerieten die Verwerter ins Hintertreffen, die nicht in der Lage waren, jetzt noch eine Vereinbarung hierüber mit dem Urheber

---

227 *Grunert/Wandtke*, in: Wandtke/Bullinger, UrhG, § 31a, Rn. 22.
228 *Grunert/Wandtke*, in: Wandtke/Bullinger, UrhG, § 31a, Rn. 43 ff.
229 *Schack*, Rn. 621.
230 Dazu *J.B.Nordemann*, in: Fromm/Nordemann, UrhG, § 31a, Rn. 77 ff.
231 So *Kotthoff*, in: Dreyer/Kotthoff/Meckel, UrhG, § 31a, Rn. 15; *Soppe*, in: BeckOK UrhG, § 31a Rn.; aA. *Spindler*, in: Schricker/Loewenheim, UrhG, § 31a, Rn. 81; *Schulze*, in: Dreier/Schulze, UrhG, § 31a Rn.96; *Grunert/Wandtke*, in: Wandtke/Bullinger, UrhG, § 31a, Rn. 75; *Wiebe*, in: Spindler/Schuster § 31a, Rn. 11.
232 *Kotthoff*, in: Dreyer/Kotthoff/Meckel, UrhG, § 31a, Rn. 23.

herbeizuführen. Die Schwierigkeit ist oft auch darin begründet, dass der Urheber oder dessen Rechtsnachfolger nicht ausfindig gemacht werden können, wie beispielsweise im Massengeschäft des Pressebereichs.

Der Gesetzgeber hat für diese Verwerter durch die Übergangsregelung in § 137l UrhG eine **fiktive Übertragung** der Rechte an bis zum 1. Januar 2008 unbekannten Nutzungsarten geschaffen, die unter dem Stichwort „**Öffnung der Archive**" bekannt wurde. Von dieser Regelung profitieren Vertragspartner des Urhebers, denen zwischen dem 1. Januar 1966 und dem 31. Dezember 2007 alle wesentlichen Nutzungsrechte ausschließlich sowie räumlich und zeitlich unbegrenzt übertragen wurden. Sie erwerben nach der Vorschrift auch die Nutzungsrechte für zum Zeitpunkt des Vertragsschlusses unbekannte Nutzungsarten. Das gleiche gilt für diejenigen, die vom Ersterwerber die Rechte vollständig erworben haben.[233] Obwohl dies im Gesetz nicht geregelt ist, ergibt sich aus der Tatbestandsvoraussetzung der Übertragung ausschließlicher Nutzungsrechte, dass auch der fiktive Erwerb ausschließliche Nutzungsrechte beinhaltet.[234] Der Vertragspartner des Urhebers **erwirbt die Rechte** an den seinerzeit unbekannten Nutzungsarten **nach Maßgabe des Übertragungszweckgrundsatzes**[235] dann, wenn sie bekannt geworden sind. 104

Die Vorschrift verlangt im Tatbestand die **Übertragung aller wesentlichen Nutzungsrechte**. Nicht erforderlich ist die Übertragung aller Nutzungsrechte. Welche Nutzungsrechte wesentlich sind, ist nur im Einzelfall festzustellen, was bis zu einer gesicherten Rechtsprechungspraxis den durch die Fiktion begünstigten Erwerber mit einer nicht unerheblichen Rechtsunsicherheit belastet.[236] Die Gesetzesbegründung stellt darauf ab, ob im konkreten Einzelfall alle diejenigen Rechte übertragen wurden, die für eine umfassende Verwertung nach dem jeweiligen Vertragszweck notwendig sind.[237] Maßgeblicher Zeitpunkt hierfür ist der Vertragsschluss.[238] Als negatives Tatbestandsmerkmal verlangt § 137l Abs. 1 S. 4 UrhG, dass der Urheber zwischenzeitlich bekannt gewordene Rechte **nicht bereits einem Dritten eingeräumt** haben darf. Die Rechte müssen seinerzeit vom Urheber **räumlich und zeitlich unbegrenzt** eingeräumt worden sein. Dabei bedeutet räumlich nicht weltweit. Die Einräumung der Rechte **für das Inland genügt**.[239] Die ausschließliche 105

---

[233] Das erfasst nicht nur die translative, sondern auch die konstitutive Rechtsverschaffung, str., vgl. *J.B.Nordemann*, in: Fromm/Nordemann, UrhG, § 137l, Rn. 32a.
[234] *Kotthoff*, in: Dreyer/Kotthoff/Meckel, UrhG, § 137l, Rn. 4.
[235] *Jani*, in: Wandtke/Bullinger, UrhG, § 137l, Rn. 23; aA. *Katzenberg*, in: Schricker/Loewenheim, UrhG, § 137l, Rn. 57, der eine Orientierung am Katalog der bei Vertragsschluss eingeräumten Rechte befürwortet.
[236] *Kotthoff*, in: Dreyer/Kotthoff/Meckel, UrhG, § 137l, Rn. 6.
[237] BT-Drucks. 16/1828, S. 33.
[238] *Kotthoff*, in: Dreyer/Kotthoff/Meckel, UrhG, § 137l, Rn. 6; nach Ansicht des LG München braucht das Werk zu diesem Zeitpunkt noch nicht geschaffen zu sein, Urt. v. 12.02.2014 – 21 O 7543/12, ZUM 2014, 596, 600.
[239] *J.B.Nordemann*, in: Fromm/Nordemann, UrhG, § 137l, Rn. 10; *Kotthoff*, in: Dreyer/Kotthoff/Meckel, UrhG, § 137l, Rn. 7.

Nutzungsrechtseinräumung muss zudem nur insoweit wirksam sein, wie dies der Übertragungszweckgrundsatz fordert. Die Unwirksamkeit einer darüber hinausgehenden Rechtseinräumung ist für die Fiktion unschädlich.[240]

106 Dem fingierten Rechtsübergang kann durch den Urheber **widersprochen** werden.[241] Die Wirkung des Widerspruchs ist die gleiche wie bei § 31a UrhG, bewirkt also den Entfall der entstandenen Nutzungsrechte mit Wirkung ex nunc. Das Widerspruchsrecht erlischt nach Ablauf von drei Monaten, nachdem der Erwerber die Mitteilung über die beabsichtigte Aufnahme der neuen Art der Werknutzung an die ihm zuletzt bekannte Anschrift des Urhebers abgesendet hat. Bei Nutzungsarten, die am 1. Januar 2008 bereits bekannt sind, kann der Widerspruch nur innerhalb eines Jahres erfolgen. Das Widerspruchsrecht besteht nicht mehr, wenn zwischen Urheber und Vertragspartner eine Vereinbarung über die Rechte an den unbekannten Nutzungsarten getroffen wurde. Hatte der Urheber einen Beitrag zu einer Gesamtheit von Werken geleistet, kann der Urheber nach Abs. 4 das Widerspruchsrecht nicht wider Treu und Glauben ausüben.

107 Werden im Zeitpunkt des Vertragsschlusses noch unbekannte Nutzungsarten später verwertet, hat der Urheber gegen den Verwerter nach Abs. 5 einen **Anspruch auf angemessene Vergütung**, der jedoch nur durch eine Verwertungsgesellschaft geltend gemacht werden kann.[242]

2. Verträge über künftige Werke

108 Verpflichtet sich der Urheber, ein **Werk zu schaffen**, liegt schuldrechtlich typischerweise ein Werkvertrag vor, wenn die Verpflichtung nicht im Rahmen eines Arbeitsverhältnisses[243] begründet wird. Ist die Verpflichtung nicht auf ein bestimmtes Werk gerichtet, kann der Urheber nicht absehen, welche wirtschaftlichen Folgen die Verpflichtung für ihn mitbringt. Das Gesetz schützt den Urheber, der sich zur Einräumung von Nutzungsrechten an künftigen Werken verpflichtet, die überhaupt nicht näher oder nur der Gattung nach bestimmt sind in § 40 UrhG durch ein **Schriftformerfordernis**.[244] Die Schriftform gilt nur für die Verpflichtung, die daneben mögliche Verfügung über die Nutzungsrechte ist formfrei möglich. Das Verpflichtungsgeschäft kann von beiden Teilen **nach Ablauf von fünf Jahren gekündigt** werden. Auf das Kündigungsrecht kann im Voraus auch nicht verzichtet werden. Hat der Urheber bereits Nutzungsrechte eingeräumt und wird der Vertrag vor Fertigstellung des Werkes beendet, so wird die Verfügung **hinsichtlich der noch nicht abgelieferten Werke** nach § 40 Abs. 3 UrhG **unwirksam**.

---

240 *J.B.Nordemann*, in: Fromm/Nordemann, UrhG, § 137l, Rn. 10.
241 Hat der Erwerber die Rechte an einen Dritten weitergegeben, so muss diesem gegenüber widersprochen werden, vgl. *J.B.Nordemann*, in: Fromm/Nordemann, UrhG, § 137l, Rn. 32c.
242 S. hierzu u. Rn. 218.
243 Nach hM. findet § 40 auf Arbeitsverträge keine Anwendung, vgl. *Dreier*, in: Dreier/Schulze, UrhG, § 43, Rn. 19.
244 Zur Entbehrlichkeit des Schutzes nach der Reform der §§ 32 ff. *A. Nordemann*, in: Fromm/Nordemann, UrhG, § 40, Rn. 1.

VII. Rückrufsrechte

Das Gesetz gewährt dem Urheber in den §§ 34 Abs. 3 S. 2, 41 und 42 UrhG ein **einseitiges Gestaltungsrecht zum Rückruf von Nutzungsrechten**. Dadurch soll der Urheber in seinem Urheberpersönlichkeitsrecht hinsichtlich der angemessenen Verwertung seines Werkes, aber auch in seinen materiellen Interessen geschützt werden. Die Ausübung des Rückrufsrechts aus den §§ 41 und 42 UrhG ist allein dem Urheber vorbehalten und auch **nur hinsichtlich ausschließlicher Nutzungsrechte möglich**. Das Rückrufsrecht besteht auch für die verwandten Schutzrechte nach §§ 70 Abs. 1, 72 und 79 Abs. 2 UrhG.[245] Im Bereich der Filmwerke schränkt § 90 UrhG die Rückrufsrechte ein. Die Rückrufe können auch auf einen Teil der eingeräumten Nutzungsrechte beschränkt ausgeübt werden.[246]

109

Voraussetzung für die Ausübung des **Rückrufrechts wegen Nichtausübung nach § 41 UrhG** ist, dass der Inhaber das Nutzungsrecht nicht oder nur unzureichend ausübt und dadurch die berechtigten **Interessen des Urhebers erheblich verletzt** werden. Ist dem Urheber zumutbar, die Umstände, die Anlass zum Rückruf geben, zu beheben, steht ihm das Rückrufsrecht nicht zu. Bevor der Urheber zum Rückruf berechtigt ist, muss er eine **Schonfrist von zwei Jahren abwarten**, es sei denn, dass nach Abs. 2 S. 2 die genannten kürzeren Fristen gelten. Zudem hat er dem Nutzungsrechtsinhaber unter **Fristsetzung** Gelegenheit zur Abhilfe zu geben, sofern dies Erfolg versprechend ist. Die Nachfrist muss so bestimmt sein, dass der Inhaber des Nutzungsrechts in der Lage ist, seiner Ausübungspflicht nachzukommen.[247] Ein **Verzicht auf das Rückrufsrecht** ist **nicht möglich**, es kann jedoch für eine Maximalfrist von fünf Jahren ausgeschlossen werden.

110

Die **Rechtsfolge** des Rückrufs ist nach § 41 Abs. 5 UrhG das **Erlöschen des Nutzungsrechts**. Folgt man der Ansicht, dass abhängige Tochterrechte beziehungsweise Unterlizenzen ebenfalls erlöschen,[248] hätte der Rückruf für alle Nutzungsrechtsinhaber in der Rechtekette einschneidende Folgen. Der BGH hat diese Folgen durch eine entsprechende Anwendung des Sukzessionsschutzes abgemildert und lässt im Falle eines Rückrufs nach § 41 UrhG abgeleitete Rechte in analoger Anwendung des § 33 UrhG bestehen.[249] Das Gesetz sieht in Abs. 6 eine **Entschädigungspflicht** des Urhebers vor, die jedoch praktisch von untergeordneter Bedeutung ist, da der Nutzungsrechteinhaber in dem Moment, in dem das Rückrufsrecht wirksam ausgeübt werden kann, wegen seines den Rückruf auslösenden Verhaltens kaum noch schutzwürdig ist.[250]

111

Entspricht das Werk nicht mehr der Überzeugung des Urhebers, kann er die hier zu eingeräumten Nutzungsrechte nach § 42 UrhG zurückrufen. Der **Rückruf we-**

112

---

245 *Schulze*, in: Dreier/Schulze, UrhG, § 41, Rn. 6.
246 *Kotthoff*, in: Dreyer/Kotthoff/Meckel, UrhG, § 41, Rn. 17 und § 42, Rn. 2.
247 *Schulze*, in: Dreier/Schulze, UrhG, § 41, Rn. 27.
248 Dazu oben, Rn. 86 f.
249 BGH, Urt. v. 26.03.2009 – I ZR 153/06 (Reifen Progressiv), GRUR 2009, 946 [17]; bestätigt durch BGH, Urt. v. 19.07.2012 – I ZR 24/11 (Take Five), GRUR 2012, 914, 915 [15].
250 *Kotthoff*, in: Dreyer/Kotthoff/Meckel, UrhG, § 41, Rn. 18.

gen gewandelter **Überzeugung** ist möglich, wenn das Werk der Überzeugung des Urhebers nicht mehr entspricht und ihm deshalb die **Verwertung des Werkes** durch einen anderen **nicht mehr zugemutet** werden kann. Die Voraussetzungen des Rückrufs knüpfen, anders als in § 41 UrhG, nicht an ein Verhalten des Nutzungsrechtsinhabers an. Dementsprechend ist der Urheber nach Abs. 3 verpflichtet, den Inhaber des Nutzungsrechts **angemessen zu entschädigen**. Wandelt sich die Überzeugung des Urhebers erneut und will er das Werk nach dem Rückruf wieder verwerten, so ist er nach Abs. 4 verpflichtet, dem früheren Inhaber des Nutzungsrechts ein entsprechendes Angebot zu unterbreiten. Die übrigen Rechtsfolgen des Rückrufs entsprechen denen des § 41 UrhG.

VIII. Besonderes Urhebervertragsrecht

113 Viele urheberrechtliche Verträge lassen sich anhand ihres Gegenstandes und der inhaltlichen Gestaltung typisieren. Der einzige dieser Verträge, der gesetzlich ausgeprägt ist, ist der im Verlagsgesetz geregelte Verlagsvertrag.[251]

1. Verlagsvertrag

114 Durch Abschluss des Verlagsvertrages verpflichtet sich der Urheber, sein Werk dem Verleger zur Vervielfältigung und Verbreitung **zu überlassen**. Dem steht die Verpflichtung des Verlegers gegenüber, das Werk **zu verwerten**. Nach § 8 VerlG werden die Rechte zur Vervielfältigung und Verbreitung grundsätzlich als ausschließliche eingeräumt. Dieses **Verlagsrecht** entsteht nach § 9 Abs. 1 VerlG mit der **Ablieferung des Werkes an den Verleger** und ist an den Bestand des Verlagsvertrages geknüpft.[252] Neben dem Verlagsrecht benötigt der Verleger regelmäßig auch das **Veröffentlichungsrecht** nach § 12 UrhG.

115 Ohne abweichende Vereinbarung bleiben dem Verfasser die in § 2 Abs. 2 und Abs. 3 VerlG genannten Befugnisse, insbesondere das **Recht zur Übersetzung** in eine andere Sprache. Die in § 5 Abs. 1 S. 1 VerlG enthaltene Beschränkung des Verlegers auf **lediglich eine Auflage** wird regelmäßig abbedungen, so dass dem Verleger das Recht **für alle Auflagen** zusteht. Zu weiteren als der ersten Auflage ist der Verleger lediglich berechtigt, in der Regel aber nicht verpflichtet.[253] Verleger erwerben häufig neben den genannten Rechten auch das Recht für Taschenbuchausgaben, Verfilmungsrechte, Tonträgerrechte etc.[254] Dem Verfasser steht nach § 22 Abs. 2 VerlG mangels einer konkreten Vereinbarung eine angemessene Vergütung zu.

116 Auch die Verwertung eines **E-Book** fällt unter das Verlagsgesetz.[255] Im Unterschied zum gedruckten Werk, das vom Verleger in körperlicher Form vervielfältigt und verbreitet wird, erfolgt beim E-Book die Distribution in elektronischer Form, so

---

251 Einen guten Überblick zu den Verlagsverträgen bietet *Schack*, Rn. 1127 ff.
252 *Schack*, Rn. 1132.
253 *Schulze*, in: Dreier/Schulze, UrhG, Vorb. § 31, Rn. 194.
254 Details bei *Kotthoff*, in: Dreyer/Kotthoff/Meckel, UrhG, § 31, Rn. 53 f.
255 *Rehbinder/Schmaus*, ZUM 2002, 167, 169.

dass der Verleger das Recht der öffentlichen Zugänglichmachung nach § 19a UrhG benötigt.[256] Erfordert das Lesen des E-Book eine Vervielfältigung durch den Nutzer, muss der Verleger berechtigt sein, ein entsprechendes Vervielfältigungsrecht weiterzugeben.[257] Für **Zeitungen und Zeitschriften** enthalten die §§ 38 ff. VerlG das allgemeine Verlagsrecht modifizierende Bestimmungen. Soweit das Verlagsgesetz keine besonderen Bestimmungen enthält, gelten die allgemeinen urheberrechtlichen Regelungen.

In der **Musikbranche** findet das Verlagsgesetz auf die Vervielfältigung und Verbreitung von Noten Anwendung. Wirtschaftlich wichtiger ist inzwischen die Auswertung der Rechte zur Wiedergabe in unkörperlicher Form. Die Verleger lassen sich entsprechende Rechte (Nebenrechte) einräumen, die sie zur Wahrnehmung in die zuständige Verwertungsgesellschaft (zB. GEMA) einbringen (so genannte kleine Rechte) oder durch Lizenzvergabe selbst verwerten (so genannte große Rechte).[258]

117

2. Sonstige Verträge

Von den weiteren, nicht spezialgesetzlich geregelten Typen von Urheberrechtsverträgen sei noch auf folgende hingewiesen.

118

Durch den **Wahrnehmungsvertrag** überträgt der Urheber bestimmte Verwertungsrechte treuhänderisch an Verwertungsgesellschaften, die diese Rechte gegenüber den Verwertern wahrnehmen. Die Verwertungsgesellschaften setzen die den Urhebern zustehenden Vergütungsansprüche durch und schütten die Erträge nach festgelegten Verteilungsschlüsseln an die Berechtigten aus.[259]

119

Der **Bestellvertrag** ist kein Vertragstypus, der durch den Gegenstand der schöpferischen Tätigkeit geprägt wird, sondern dadurch, dass der Urheber nicht frei, von sich aus tätig wird, sondern durch ein Schuldverhältnis verpflichtet ist, ein (nicht zwingend urheberrechtlich geschütztes) **Werk zu erstellen**.[260] Schuldrechtlich wird regelmäßig ein **Werkvertrag** vorliegen, da der Urheber einen definierten Erfolg schuldet, auch wenn das Werk bei Vertragsschluss noch nicht endgültig festgelegt ist. Für die Vertragsgestaltung ist zur Vermeidung von Differenzen zu klären, welche künstlerischen Freiheiten dem Auftragnehmer zustehen.[261] Das **ästhetisch begründete Nichtgefallen** des Auftraggebers kann nur ausnahmsweise einen Pflichtenverstoß des Urhebers begründen. **Nutzungsrechte** muss der Urheber aufgrund des Bestellvertrages nur einräumen, wenn dies – auch stillschweigend – vereinbart ist. Ohne ausdrückliche Vereinbarung gilt die Auslegungsregel

120

---

256 *Rehbinder/Schmaus*, ZUM 2002, 167, 169.
257 S. hierzu auch unten, Rn. 134.
258 *Schack*, Rn. 1204.
259 Siehe dazu Kap. 4, Rn. 400 ff.
260 Bei einer Verpflichtung zur Erstellung eines nicht näher bestimmten Werkes ist § 40 UrhG zu beachten.
261 BGH, Urt. v. 24.01.1956 – VI ZR 147/54 (Kirchenfenster), GRUR 1954, 234; OLG Dresden, Urt. v. 16.05.2000 – 14 U 729/00, ZUM 2000, 955, 958; *Braun*, NJW 1988, 297 ff.

des § 44 Abs. 1 UrhG, wonach der Auftragnehmer lediglich das Sacheigentum erhält, jedoch keine Nutzungsrechte. Wird eine Rechtseinräumung vereinbart und ist das Werk zumindest bestimmbar, erwirbt der Besteller ein **Anwartschaftsrecht** bezüglich des Nutzungsrechts.[262]

121 Zur Übertragung von Nutzungsrechten aus der Natur des Vertrages heraus verpflichtet ist dagegen der Designer.[263] Er schließt regelmäßig einen Werkvertrag (**Designvertrag**) mit dem Verwerter. In der konkreten Ausgestaltung kann der Vertrag auch kaufrechtliche oder dienstvertragliche Elemente enthalten.[264] Der Designer muss nicht nur das Werkstück abliefern, sondern seinem Auftraggeber auch die Vervielfältigung, Verbreitung, Änderung und Vermarktung seines Werkes erlauben. Wenn der Designer Mitglied in der *VG Bild-Kunst* ist, nimmt diese insbesondere die gesetzlichen Vergütungsansprüche für ihn wahr. Statt dem urheberrechtlichen Schutz kommt auch ein Schutz nach dem Designgesetz in Betracht. In der Praxis hat sich ein **zweistufiges Vertragsmodell** entwickelt.[265] Auf der ersten Stufe wird der Entwurf oder die sonstige Vorlage, die später genutzt werden soll, erarbeitet und vorgelegt. Die Vorstufen zum Werk sind bereits urheberrechtlich geschützt. Auf der Grundlage dieses Vertragsverhältnisses ist der Auftraggeber noch nicht zur Verwertung des Werkes berechtigt. Erst mit dem auf der zweiten Stufe geschlossenen **Lizenzvertrag** werden dem Auftraggeber die entsprechenden Rechte eingeräumt. Hierbei handelt es sich bei einer dauerhaften Rechtseinräumung um einen kaufrechtlich geprägten Vertrag, bei einer Einräumung auf Zeit um einen Pachtvertrag. Tarifrechtlich ist der AGD Vergütungstarifvertrag (VTV) Design zu beachten.

122 Der **Architektenvertrag** ist schuldrechtlich ein Werkvertrag,[266] der auf die Bauplanung und eine Vielzahl damit im Zusammenhang stehende Leistungen gerichtet ist.[267] Die Bauplanung kann zu einem urheberrechtlich geschützten Werk führen.[268] Der Schutz beginnt bei den Vorleistungen zum Bauwerk, Skizzen, Pläne und Entwürfe sind geschützt, wenn das darin wiedergegebene Werk individuell ist und diese Individualität aus dem Entwurf erkennbar wird. Dabei ist auch die kleine Münze[269] geschützt. Abwandlungen führen in solchen Fällen der geringen Schöpfungshöhe schnell dazu, dass eine freie Benutzung nach § 24 UrhG vorliegt, wenn ein ähnliches Bauwerk errichtet wird. Der Architekt ist aus dem Architektenvertrag **nicht verpflichtet**, die ihm zustehenden **Nutzungsrechte** ganz oder teilweise dem Bauherrn **einzuräumen**. Auch aus § 31 Abs. 5 UrhG lässt sich dies

---

262 *Grunert/Wandtke*, in: Wandtke/Bullinger, UrhG, Vor §§ 31 ff., Rn. 34.
263 Zu Designverträgen s. *Schulze*, in: Loewenheim, UrhR, § 70, Rn. 97 ff.
264 Vgl. OLG Hamburg, Urt. v. 21.02.1980 – 3 U 110/79, GRUR 1980, 909, 910; BGH, Urt. v. 31.01.1966 – VII ZR 43/64 (Werbefilm), GRUR 1966, 390, 391.
265 *Reich*, GRUR 2000, 956 ff.; *Schulze*, in: Loewenheim, UrhR, § 70, Rn. 97 ff.
266 BGH, Urt. v. 26.11.1959 – VII ZR 120/58 NJW 1960, 431.
267 *Busche*, in: MüKo BGB, § 631, Rn. 198 ff.; *Grunert/Wandtke*, in: Wandtke/Bullinger, UrhG, Vor §§ 31 ff., Rn. 93 ff.
268 S. dazu *Schulze*, NZBau 2007, 537 ff.; *ders.* NZBau 2007, 611 ff.
269 Dazu oben Kap. 1, Rn. 167 ff.

ohne besondere Einigung nur in Ausnahmefällen ableiten. Es bedarf daher einer Einigung auf die Rechtseinräumung, die zudem – wie stets – den Anforderungen des § 31 Abs. 5 UrhG genügen muss.[270] Das ist insbesondere für Vervielfältigungen (Nachbaurecht[271]) und Änderungen relevant. Allerdings berechtigt die Eigentümerstellung den Eigentümer eines Bauwerkes aus § 903 BGB und Art. 14 GG dazu, Änderungen auch ohne ein Nutzungsrecht vorzunehmen, wenn dies interessengerecht ist.[272]

Für **Softwareverträge** enthält das Urheberrechtsgesetz in den §§ 69a ff. UrhG Sonderregelungen, die das allgemeine Urhebervertragsrecht ergänzen.[273] Auf Vereinbarungen zur **Erstellung von Software** finden die Regelungen über das Werk-/Werklieferungsvertragsrecht Anwendung. Die **Überlassung von Standardsoftware** auf Dauer unterfällt dem Kaufrecht, die Überlassung auf Zeit dem Miet- oder Leasingrecht. Die Pflege von Software kann in einem gemischttypischen Vertrag mit Elementen des Kauf-, Dienst- und Werkvertragsrecht geregelt werden.[274]

123

Besonders komplex sind die zur Herstellung und Verwertung von Filmen geschlossenen **Filmverträge**, weil bei ihnen eine Vielzahl verschiedener Beteiligter in unterschiedlichsten Rechtsverhältnissen zu berücksichtigen ist.[275] Ist die Filmproduktion und -verwertung urheberrechtlich nicht lückenlos abgesichert, kann dies die Amortisation der erheblichen Investitionen gefährden. Der Filmhersteller braucht die Rechte an den zu verfilmenden Werken, er muss Verträge mit den Mitwirkenden schließen und sich auch deren Zustimmung zur Verwertung einholen. Der Film muss in den Filmverleih und auch die Verwertung durch das **Merchandising** muss berücksichtigt werden.[276] Zur Erleichterung des Umgangs mit der Rechtssituation hat der Gesetzgeber in den §§ 88 ff. UrhG Regelungen geschaffen, die Rechtsübertragungsvermutungen enthalten, urheberpersönlichkeitsrechtliche und andere Befugnisse beschränken und dem Filmhersteller ein originäres Schutzrecht verschaffen.

124

Für die **Verwertung von Fotografien** unterscheidet das UrhG zwischen Lichtbildwerken nach § 2 Abs. 1 Nr. 5 UrhG, die als Werke geschützt sind, und Lichtbildern nach § 72 UrhG, die zu den verwandten Schutzrechten gehören. Wegen

125

---

270 BGH, Urt. v. 27.09.1995 – I ZR 215/93 (Pauschale Rechtseinräumung), GRUR 1996, 121, 122.
271 OLG Frankfurt, Urt. v. 05.12.2006 – 11 U 9/06 (Mehrfamilienhaus), GRUR 2007, 307.
272 *Schulze*, NZBau 2007, 611, 612; *Wandtke/Czernik*, GRUR 2014, 835 ff.; s. auch BGH, Beschl. v. 09.11.2011 – I ZR 216/10 (Stuttgart 21), GRUR 2012, 172; OLG Dresden, Urt. v. 13.11.2012 – 11 U 853/12 (Kulturpalast Dresden), GRUR-RR 2013, 51.
273 S. dazu Kapitel 5.
274 Einzelheiten bei *von dem Bussche/Schelinski*, in: Leupold/Glossner, IT-Recht, Teil 1; für Vertragsmuster s. Weitnauer, IT-Formularbuch, Teil B.
275 Übersicht bei *Schack*, Rn. 1229 ff.; siehe auch Kap. 6, Rn. 300 ff. sowie Musterverfilmungsvertrag im Anhang, Teil IX.
276 *Schwarz/Reber*, in: Loewenheim, UrhR, § 73, Rn. 1 ff.; *Manegold/Czernik*, in: Wandtke/Bullinger, UrhG, Vor §§ 88 ff., Rn. 86 ff.; zum Merchandising s. *Schulze*, in: Dreier/Schulze, UrhG, Vor §§ 31 ff., Rn. 186 ff.

des Verweises auf die allgemeinen Regeln in § 72 Abs. 1 UrhG ist die Zuordnung von Fotografien zu der einen oder anderen Kategorie ohne Bedeutung. Allein die Schutzdauer ist unterschiedlich. Neben den Anforderungen an die genaue Bestimmung der Nutzungsart sind für die Verwertung von Fotografien insbesondere die Regeln über das im KUG reglementierte **Recht am eigenen Bild** zu beachten. Der Verwerter braucht dementsprechend nicht nur die urheberrechtliche Befugnis durch den Fotografen, sondern auch die Zustimmung der abgebildeten Personen, wenn dies nach §§ 22 f. KUG erforderlich ist.

126 Sollen Werke über Rundfunk oder ähnliche Kommunikationsmittel zugänglich gemacht werden, benötigt der Verwerter das Senderecht nach den §§ 20 ff. UrhG. Durch die Möglichkeit der interaktiven Kommunikation mit dem Konsumenten über das Internet erlangt im Bereich der **Sendeverträge** auch das Recht auf öffentliche Zugänglichmachung nach § 19a UrhG Bedeutung. Diese Rechte erwerben die Sendeunternehmen oder Filmproduzenten durch Sendeverträge, die sie entweder mit den Urhebern direkt oder einem Verwerter, etwa einem Verlag, einem Filmunternehmer oder einer Verwertungsgesellschaft abschließen.[277] Neben der Einräumung von Nutzungsrechten an bestehenden Werken können Sendeverträge auch die Pflicht der Urheber oder eines Filmproduzenten enthalten, ein zu sendendes Werk zu erstellen. Eine Sendeverpflichtung begründet ein Sendevertrag in der Regel nicht.

IX. Digitale Medien

127 Die **Digitalisierung von Werken** stellt das Urheberrecht vor erhebliche Herausforderungen. Digitalisierte Werke der Musik, des Films, der Literatur oder Mischformen hiervon einschließlich Software können auf Datenträgern wie DVD, Blu-ray, CD oder Flash-Speichern verkörpert sein oder wie beim Streaming datenträgerlos über Datennetze übertragen werden. Urheberrechtsschutz können auch **virtuelle Gegenstände** genießen, die beispielsweise für Spielwelten oder ähnliches geschaffen werden.[278]

128 Digitale Werke lassen sich speichern und anderweitig kopieren, ohne dass ein qualitativer Unterschied zwischen der Ausgangsdatei und der Kopie besteht. Von den herkömmlichen analogen Werken unterscheiden sie sich oft dadurch, dass Voraussetzung des Werkgenusses eine Vervielfältigung des Werkes im Wiedergabegerät ist, die nach § 15 Abs. 1 Nr. 1 UrhG grundsätzlich der Zustimmung des Rechtsinhabers bedarf. Der **Werkgenuss** ist bei digitalen Inhalten damit **nicht mehr schlechthin urheberrechtsfrei**.[279] Als weitere rechtliche Herausforderung kommt die grenzüberschreitende Kommunikation über das Internet hinzu. Sie wirft Fragen nach dem anwendbaren Recht und in der Rechtspraxis der Durchsetzung des Rechts auf. Die Schnelllebigkeit der Entwicklung lässt Nutzungen urheberrechtlich als neu erscheinen, die kurze Zeit später schon keine praktische Bedeutung

---

277 Überblick bei *Schack*, Rn. 1213 ff.
278 OLG Köln, 21.04.2008 – 28 O 124/08 (Virtueller Dom), MMR 2008, 556.
279 Hierzu siehe auch Kap. 5, Rn. 392 ff.

mehr haben, wie das Beispiel der Klingeltöne für Handys zeigt. Die mit den digitalen Medien verbundenen komplexen Urheberrechtsfragen stellen nicht nur Fachleute vor Herausforderungen. Sie belasten insbesondere den Nutzer damit zu erkennen, was urheberrechtlich erlaubt ist und was nicht. In der analogen Welt tauchten diese Fragen kaum auf. Mit der Digitalisierung geht die Krise des Urheberrechts einher, den Nutzer nicht mehr zu erreichen.

Die Internetkommunikation stellt die **angemessene Beteiligung der Urheber an ihren Werken in Frage**. Aus der Weiterverbreitung von Werken kann der Urheber keine weitere Vergütung erlangen, wenn sich das Verbreitungsrecht nach § 17 Abs. 2 UrhG erschöpft hat.[280] Über elektronische Plattformen wie *eBay* oder *Amazon Marketplace* konnten sich so **Zweitmärkte** bilden, die den gezielten Bezug von Werken wie insbesondere Büchern und audiovisuellen Medien ermöglichen und es dem Erwerber erlauben, die Werke ohne eine wirtschaftliche Beteiligung des Urhebers zu nutzen („**Share Economy**"). Verschärft wird das Problem durch die – umstrittene – **Erschöpfung des Verbreitungsrecht** an datenträgerlos, insbesondere per Download, übermittelten Werken und das Streaming geschützter Inhalte aus dem Ausland. Im Folgenden sollen einige Aspekte der Digitalisierung schlaglichtartig aufgezeigt werden, ohne die Themen jedoch auch nur ansatzweise in der gegebenen Komplexität behandeln zu können. 129

1. Eigenständige Nutzungsarten

Allein die Digitalisierung eines Werkes führt noch nicht zu einer eigenen Nutzungsart.[281] Nur Nutzungsformen, die eine nach der Verkehrsauffassung, technisch und wirtschaftlich eigenständige und damit klar abgrenzbare Nutzungsform des Werkes darstellen, sind Nutzungsarten, für die Nutzungsrechte bestehen können.[282] Als **eigenständige Nutzungsarten** werden diskutiert: 130

– Multimedialität von Werken,[283]
– der Vertrieb von Büchern und Tonträgern über das Internet,[284]
– das E-Book[285] und das E-Paper,[286]
– Online-Zeitschriften und -Zeitungen,[287]
– die Online-Nutzung von Fotos,[288]

---

280 Beachte die Ausnahme in § 27 Abs. 2 UrhG.
281 AA. *Schulze*, in: Dreier/Schulze, UrhG, § 31, Rn. 46.
282 St. Rspr., BGH, Urt. v. 06.07.2000 – I ZR 244/97 (OEM-Software), GRUR 2001, 153, 154; BGH, Urt. v. 12.12.1991 – I ZR 165/89 (Taschenbuch-Lizenz), GRUR 1992, 310, 311; *Schricker/Loewenheim*, in: Schricker/Loewenheim, UrhG, § 31, Rn. 86; *J.B.Nordemann*, in: Fromm/Nordemann, UrhG, § 31, Rn. 59; *Schulze*, in: Dreier/Schulze, UrhG, § 31, Rn. 9.
283 *J.B.Nordemann*, in: Fromm/Nordemann, UrhG, § 31, Rn. 85.
284 *Kotthoff*, in: Dreyer/Kotthoff/Meckel, UrhG, § 31, Rn. 111 und 115.
285 *Kotthoff*, in: Dreyer/Kotthoff/Meckel, UrhG, § 31, Rn. 112.
286 LG Frankenthal, 13.11.2012 – 6 O 258/10, ZUM-RD 2013, 138.
287 OLG Hamburg, Urt. v. 24.02.2005 – 5 U 62/04, ZUM 2005, 833.
288 OLG Zweibrücken, Urt. v. 03.04.2014 – 4 U 208/12, MMR 2015, 54.

- der Download von Musikdateien,[289]
- Video-on-Demand[290] und Podcasting,
- Versenden digitaler Werke per Mail[291] oder
- Online-Videorekorder.[292]

131 **Keine eigenständigen Nutzungsarten** sollen sein:

- Hörbücher auf CD,[293]
- Musik auf CD im Verhältnis zu analogen Trägern wie Schallplatte etc.,[294]
- die Live-Übertragung über das Internet gegenüber dem Rundfunk,[295]
- die Zweitverwertung von Filmen auf DVD[296] im Verhältnis zur Videokassette und Blu-ray zur DVD,[297]
- Cloud Computing[298] oder
- Fernsehen über das Internet (IP-TV),[299] soweit dies nicht interaktiv erfolgt.[300]

132 Weiterhin wird diskutiert, ob **Nutzungshandlungen**, die erst gemeinsam das gewünschte Ziel erreichen, in selbständige Nutzungsrechte aufgetrennt werden können. Für das Musikstreaming hat das OLG München angenommen, dass die der öffentlichen Wiedergabe vorausgehende Vervielfältigung auf den Server (Upload) nicht getrennt lizenziert werden kann.[301] Das ist jedoch abzulehnen, weil die Nutzungsrechte von den Verwertungsrechten abgespalten werden. Da Nutzungsrechte wiederum auf einer Nutzungsart beruhen, kann auf der Ebene der Nutzungsarten nicht eine Nutzungsart zwei Verwertungsrechten zugeordnet werden.[302]

2. Erschöpfung des Verbreitungsrechts

133 Für die Urheber ist von erheblicher wirtschaftlicher Bedeutung, ob Werke oder Vervielfältigungsstücke davon **auf Zweitmärkten** wie *eBay*, *Amazon Marketplace*

---

289 *Kotthoff*, in: Dreyer/Kotthoff/Meckel, UrhG, § 31, Rn. 115.
290 *Wandtke*, in: Wandtke/Bullinger, UrhG, § 31a, Rn. 49.
291 KG, Urt. v. 23.11.2001 – 5 U 188/01, ZUM 2002, 828, 832.
292 OLG München, Urt. v. 18.10.2010 – 29 U 3792/10 MMR 2011, 106 f.
293 *Kotthoff*, in: Dreyer/Kotthoff/Meckel, UrhG, § 31, Rn. 112; aA. *Schulze*, in: Dreier/Schulze, UrhG, § 31, Rn. 46.
294 OLG Hamburg, Urt. v. 21.11.2001 – 5 U 23/01 ZUM 2002, 297.
295 *Kotthoff*, in: Dreyer/Kotthoff/Meckel, UrhG, § 31, Rn. 115.
296 BGH, Urt. v. 19.05.2005 – I ZR 285/02 (Der Zauberberg), GRUR 2005, 937; aA. *Schulze*, in: Dreier/Schulze, UrhG, § 31, Rn. 45.
297 OLG München, Urt. v. 20.01.2011 – 29 U 4446/10 (Blu-ray Disc), GRUR-RR 2011, 303.
298 Wegen der Vergleichbarkeit zum ASP, s. Kap. 5, Rn. 331; zweifelnd *Schulze*, in: Dreier/Schulze, UrhG, § 31, Rn. 46.
299 *Manegold/Czernik*, in: Wandtke/Bullinger, UrhG, Vor §§ 88 ff., Rn. 98 mit zutreffendem Hinweis auf BGH, Urt. v. 04.07.1996 – I ZR 101/94 (Klimbim), GRUR 1997, 215, 217; aA. *J.B.Nordemann*, in: Fromm/Nordemann, UrhG, § 31, Rn. 78.
300 Dazu *Hoeren*, MMR 2008, 139, 143.
301 OLG München, Urt v. 29.04.2010 – 29 U 3698/09, GRUR-RR 2011, 1.
302 Die Auffassung des OLG München zu Recht ablehnend *Wandtke*, in: Wandtke/Bullinger, UrhG, § 31, Rn. 18 mit Überblick zum Streitstand.

etc. angeboten werden oder anderweitig weitergegeben werden dürfen. Für Software ist anerkannt, dass sich das **Verbreitungsrecht auch bei datenträgerlos vertriebener Software erschöpft**.[303] Umstritten ist, ob die durch den EuGH und den BGH in den Used-Soft-Entscheidungen für heruntergeladene Software aufgestellten Grundsätze auch auf **andere digitale Inhalte** übertragen werden können. Die Folge wäre, dass eine heruntergeladene **mp3-Datei** oder ein **E-Book** infolge der Erschöpfung des Verbreitungsrechts ohne Zustimmung des Rechtsinhabers weitergegeben werden dürften. Entgegenstehende technische Beschränkungen oder Vereinbarungen stünden in Widerspruch zu § 17 Abs. 2 UrhG. Überwiegend wird die **Anwendung des Erschöpfungsgrundsatzes auf andere digitale Inhalte als Software abgelehnt**.[304] Zur Begründung wird auf Erwägungsgrund Nr. 29 der Informations-Richtlinie[305] hingewiesen. Danach stelle sich die Frage der Erschöpfung weder bei Dienstleistungen allgemein noch bei Online-Diensten im Besonderen. Weiterhin wird angeführt, dass der **Download** unter das Recht der **öffentlichen Zugänglichmachung** gem. § 19a UrhG falle und damit **keine Verbreitung** darstelle, folgerichtig auch keine Erschöpfung eintreten könne. Die Argumente sind jedoch rechtlich nicht stichhaltig.[306] Die Diskussion verliert sich in feinsinnigen Interpretation des Willens des Richtlinien- und Gesetzgebers, ohne auf die Stringenz einer Lösung zu achten, die auch juristisch nicht Geschulten[307] vermittelbar ist. Die Kernfrage ist, warum eine CD weitergegeben werden darf, ein Download des gleichen Inhalts aber nicht. Der Urheber hat mit dem erstmaligen Inverkehrbringen seines Werkes oder Kopien davon die Möglichkeit, eine angemessene Vergütung im Sinne des § 11 S. 2 UrhG zu erlangen. Das erfasst E-Books ebenso wie andere audiovisuelle Inhalte.[308] Eine vernünftige Auslegung muss zur **Erschöpfung des Verbreitungsrechts auch für Downloads** führen.

3. Vervielfältigungshandlungen

Digitalisierte Informationen sind nur über Wiedergabegeräte wahrnehmbar. Dazu müssen Informationen technisch verarbeitet und regelmäßig vervielfältigt werden. Entsprechend den Vervielfältigungen zur Nutzung eines Computerprogramms[309] müssen auch Wiedergabeprogramme auf Computern, MP3-Player, E-Books, Festplattenrekorder etc. die gespeicherten Informationen **aus dem Speicher**

134

---

303 S. dazu Kap. 5, Rn. 222 ff.
304 OLG Hamm, Urt. v. 15.05.2014 – 22 U 60/13 (Hörbuch AGB), GRUR 2014 853; OLG Hamburg, Beschl. v. 24.03.2015 – 10 U 5/11, GRUR-RR 2015, 361; OLG Stuttgart, Urt. v. 03.11.2011 – 2 U 49/11 (Hörbuch AGB), GRUR-RR 2012, 243; *Schulze*, NJW 2014, 721, 724; *S. Apel*, ZUM 2015, 640 ff.
305 Siehe Kap. 11, Rn. 238 ff.
306 Vgl. *Hoeren/Jakopp*, MMR 2014, 646 ff.
307 Manchmal ändert sich eine jahrzehntelange Rechtsprechung, um auch den juristisch nicht geschulten Menschen zu erreichen, vgl. BGH, Urt. v. 14.07.2004 – XII ZR 68/02 NJW 2004, 2969, 2964.
308 Zutreffend mit Überblick zum Streitstand *Dreier*, in: Dreier/Schulze, UrhG, § 69c, Rn. 24a; *Ganzhorn*, CR 2015, 525 ff.
309 S. dazu Kap. 5, Rn. 201.

auslesen, um sie verarbeiten zu können. Dadurch kann das Vervielfältigungsrecht des Rechtsinhabers aus § 16 UrhG berührt werden, wenn diese Vorgänge nach Maßgabe ihrer Dauer als Vervielfältigungen gewertet werden. Geht man im Einzelfall von einer Vervielfältigung aus, bedarf sie entweder der **Zustimmung des Rechtsinhabers oder einer gesetzlichen Gestattung.** Neben § 53 UrhG für die Privatkopie kann § 44a UrhG für flüchtige oder die Nutzung begleitende Vervielfältigungen in Wiedergabegeräten eine Rechtfertigungsgrundlage bilden mit der Folge, dass es zur Nutzung dieser Inhalte nicht der Übertragung von Nutzungsrechten bedarf. Der **Werkgenuss** ist damit auch hier **urheberrechtsfrei.**

135 Erhebliche Bedeutung erhält die Schrankenregelung des § 44a UrhG beim Streaming von Inhalten wie Musik und Filmen. Das **Streaming** hat primär den Werkgenuss zum Ziel, eine Vervielfältigung erfolgt allenfalls flüchtig oder begleitend, indem der Inhalt, ganz oder teilweise, im so genannten Cache abgelegt wird. Grundsätzlich ist das Speichern im Cache zulässig.[310] Es kann dabei nicht darauf ankommen, dass der Rechtsinhaber dem Streaming zugestimmt hat, weil ansonsten § 44a UrhG leer laufen würde.[311] Dem PRCA/NLA-Urteil des EuGH kann entnommen werden, dass die berechtigten Interessen der Rechtsinhaber bei Anwendung der Vorschrift auf Streaming-Fälle gewahrt werden, weil die Herausgeber der Internetseiten, die die Werke den Internetnutzern zugänglich machen, die Zustimmung der betreffenden Rechtsinhaber einholen müssen.[312] Die Anbieter der Streaming-Inhalte sind damit den Rechtsinhabern verantwortlich, nicht der Nutzer.[313]

4. Social Media

136 Bei der Nutzung sozialer Netzwerke, wie bei der **Internet-Kommunikation** überhaupt, kommt der meist private Nutzer in vielfältiger Weise mit dem Urheberrecht in Kontakt. In diesem Bereich zeigen sich die Defizite der urheberrechtlichen Normgeltung deutlich. Wer bei *Facebook, instagram, YouTube,* blogs oder sonstigen Plattformen urheberrechtlich geschützte Inhalte einstellt, braucht regelmäßig das Recht zur **öffentlichen Zugänglichmachung** nach § 19a UrhG. Zwar gilt dies nur, wenn die Inhalte an eine Öffentlichkeit iSd. § 15 Abs. 3 UrhG gerichtet sind. Zur Öffentlichkeit können jedoch auch die „Freunde" bei *Facebook* gehören, wenn die geforderte Verbundenheit nicht gegeben ist. Wegen der weltweiten Wirkung des Internet benötigt der Nutzer dieses Recht dann weltweit. Das **Verlinken** auf urheberrechtlich geschützte Inhalte ist grundsätzlich gestattet, wenn die verlinkten Inhalte für die Öffentlichkeit vorgesehen sind.[314] Auch das Einbinden von (Video-)Inhalten in die eigene Web-Seite im Wege des **Framing** stellt kei-

---

310 EuGH, Urt. v. 05.06.2014 – C-360/13 (PRCA/NLA), GRUR 2014, 654, Rn. 47 ff.; LG Köln, Beschl. v. 24.01.2014 – 209 O 188/13 (The Archive), GRUR 2014, 114, 115.
311 Anders *Wandtke/von Gerlach*, GRUR 2013, 676, 680; *v.Welser*, in: Wandtke/Bullinger, UrhG, § 44a, Rn. 21.
312 EuGH, Urt. v. 05.06.2014 – C-360/13 (PRCA/NLA), GRUR 2014, 657, Rn. 56 ff.
313 So auch *Dustmann*, in: Fromm/Nordemann, UrhG, § 44a, Rn. 27.
314 BGH, Urt. v. 17.07.2003 – I ZR 259/00 (Paperboy), GRUR 2003, 958, 962.

ne Urheberrechtsverletzung dar. Voraussetzung ist aber, dass das Framing gegenüber dem Ursprungsangebot keine andere Technik nutzt, den Adressatenkreis nicht erweitert und das Wort mit Zustimmung des Rechtsinhabers frei zugänglich ist.[315] Vervielfältigungen nimmt der Besucher der Web-Seite vor[316] und ist hier meist nach § 53 UrhG privilegiert. In der Folge braucht der Anbieter kein Vervielfältigungsrecht.

Anbieter von Social-Media-Plattformen lassen sich in AGB häufig **Nutzungsrechte** einräumen, die es ihnen erlauben, die geschützten Gegenstände zu vervielfältigen, zu bearbeiten, weiterzugeben und uU. auch Unterlizenzen zu erteilen. Eine typische Klausel lautet beispielsweise 137

„Stattdessen gewährst du [...] hiermit eine nicht-exklusive, vollständig bezahlte und gebührenfreie, übertragbare, unterlizenzierbare, weltweite Lizenz für die Nutzung der Inhalte, die du auf dem oder durch den Dienst postest."

Solche Bedingungen unterliegen der **Abschluss- und Inhaltskontrolle** nach den §§ 305 ff. BGB. Dass solche Klauseln nach § 305c Abs. 1 BGB überraschend sind und schon deswegen nicht Vertragsbestandteil werden, kann angesichts dessen, was den Plattformbetreibern zugetraut wird, bezweifelt werden. Nach der jüngeren Rechtsprechung des BGH bleibt die AGB-Kontrolle nach § 307 Abs. 2 BGB am Leitbild des Übertragungszweckgedankens des § 31 Abs. 5 UrhG verschlossen.[317] Lediglich eine **Intransparenz** kann vom Vertragspartner des Verwenders der AGB geltend gemacht werden. Es erscheint indes **nicht richtig, diese Grundsätze auch auf Social-Media-Angebote zu übertragen**. Denn hier übertragen die Nutzer die Rechte unentgeltlich, so dass der Verweis des BGH auf die Kompensation über die §§ 32 ff. UrhG leer läuft. Richtigerweise unterliegen daher Rechtsübertragungen **auf unentgeltlicher Basis** der Inhaltskontrolle nach §§ 307 ff. BGB. So hat das Kammergericht eine Klausel zur Übertragung von Nutzungsrechten in den *Facebook*-AGB für unwirksam erklärt, gerade weil sie unentgeltlich, im Übrigen aber auch intransparent war.[318] Demgegenüber hat das OLG Köln eine Klausel in den Nutzungsbedingungen von *Amazon* für wirksam gehalten, obwohl unentgeltlich dauerhaft Nutzungsrechte eingeräumt werden sollten.[319] Die Erlaubnis zur Weitergabe von Fotos an Dritte in den *Facebook*-AGB hat das LG Berlin für eine unangemessene Benachteiligung nach § 307 BGB gehalten.[320] 138

Die in diesem Zusammenhang zentrale Frage wird häufig gar nicht gestellt. **Brauchen die Plattformbetreiber** überhaupt **Nutzungsrechte**, um ihren Dienst anbieten zu können? Das wäre nur dann der Fall, wenn sie urheberrechtlich relevante 139

---

315 BGH, Urt. v. 09.07.2015 – I ZR 46/12 (Die Realität II), BeckRS 2015, 20724; EuGH, Beschl. v. 21.10.2014 – C-348/13 (Die Realität), GRUR 2014, 1196, 1197 [14].
316 BGH, Urt. v. 17.07.2003 – I ZR 259/00 (Paperboy), GRUR 2003, 958, 961.
317 BGH, Urt. v. 17.10.2013 – I ZR 41/12 (Rechtseinräumung Synchronsprecher), GRUR 2014, 556, 557 [12].
318 KG, Urt. v. 24.01.2014 – 5 U 42/12, ZD 2014, 412, 417.
319 OLG Köln, Urt. v. 19.12.2014 – 6 U 51/14 ZUM 2015, 511.
320 LG Berlin, Urt. v. 28.10.2014 – 16 O 60/13 ZD 2015, 133, 135.

Nutzungshandlungen vornehmen würden. Richtigerweise macht aber **der Nutzer** die von ihm eingestellten Inhalte öffentlich zugänglich.[321] Anderenfalls würden die Plattformbetreiber auch stets die Verantwortung für die Inhalte als eigene übernehmen müssen. Das ist aber nur dann so, wenn sie sich die von ihren Nutzern hochgeladenen Inhalte **zu eigen machen**.[322] Ein solches Zu-eigen-machen der Inhalte Dritter ist dann gegeben, wenn der Plattformbetreiber die Inhalte vor dem Online-stellen prüft. Für die Video-Plattform *YouTube* hat das LG Hamburg daher konsequenterweise eine Haftung als Täter für urheberrechtswidrige Inhalte abgelehnt.[323] Die von den Gerichten angenommene Störerhaftung wird jedoch nicht durch eine Rechtsübertragung des Nutzers, der die Inhalte hochlädt, beseitigt. Denn sie knüpft daran an, dass der Nutzer diese Rechte gar nicht hat. In der Folge **benötigt der Plattformbetreiber vom Nutzer Rechte nur für eigene Verwertungshandlungen**, die mit der öffentlichen Zugänglichmachung gerade nicht identisch sind. Das dürfte in der Regel die Vervielfältigung der Inhalte zum Zweck der Datensicherung sein. Sollte wegen der weltweiten Wirkung der Angebote eine andere Rechtsordnung weitere Befugnisse verlangen, ist dies durch den Anbieter deutlich zu machen. Eine pauschale, weltweite Rechtseinräumung ist jedenfalls ohne Begründung der Erforderlichkeit unangemessen.

Randnummern 140–199 einstweilen frei.

---

321 *Wimmers/Schulz*, CR 2008, 170, 175.
322 BGH, Urt. v. 12.11.2009 – I ZR 166/07 (Marions Kochbuch), GRUR 2010, 616, 618 [25 ff.]; BGH, Urt. v. 04.07.2013 – I ZR 39/12 GRUR 2014, 180, 181 [20]; BGH, Urt. v. 12.07.2012 – I ZR 18/11 (Alone in the Dark), GRUR 2013, 370, 317 [16 f.].
323 LG Hamburg, Urt. v. 20.04.2012 – 310 O 461/10, MMR 2012, 404, 405.

B. Vergütung
I. Grundlagen

Durch die **Reform der Vergütungsregeln** zum 1. Juli 2002 hat der Gesetzgeber in § 11 S. 2 UrhG klargestellt, dass das Urheberrecht nicht nur dem Schutz des Urhebers in seinen geistigen und persönlichen Beziehungen zum Werk und in der Nutzung des Werkes dient, sondern zugleich auch der **Sicherung einer angemessenen Vergütung** für die Nutzung des Werkes. Der Gesetzgeber berücksichtigt diesen Schutzzweck im Urhebervertragsrecht bei vertraglichen Vergütungsvereinbarungen durch Ansprüche des Urhebers auf **Anpassung und Ergänzung** der vereinbarten Vergütung und im Übrigen regelmäßig durch Bestimmungen zur **Beteiligung über Verwertungsgesellschaften**. Für Leistungsschutzberechtigte gibt es in Einzelfällen Verweise auf die für Urheber geltenden Beteiligungsregeln.

200

Zur Umsetzung des Schutzes wurde das **Urhebervertragsrecht** in den §§ 32 bis 32c UrhG geändert und ergänzt. Mit dem neu gefassten § 32 Abs. 1 UrhG wurde für die Urheber ein **Anspruch auf Gewährung der angemessenen Vergütung** für die Einräumung von Nutzungsrechten und die Erlaubnis zur Werknutzung eingeführt.[1] Neu ist auch die Beteiligung bei der Verwertung von **unbekannten Nutzungsarten** in den §§ 32c und 137l Abs. 5 UrhG durch den „Zweiten Korb" im Jahr 2008 hinzugekommen. Von diesen Bestimmungen profitieren neben den Urhebern nach den §§ 70 Abs. 1, 72 Abs. 1 und 79 Abs. 2 S. 2 UrhG auch **Leistungsschutzberechtigte**, für die das Gesetz die Anwendbarkeit der urhebervertraglichen Regeln vorsieht.[2]

201

Zum Schutz des Urhebers hat das Gesetz die Ansprüche auf eine **angemessene Beteiligung** als **zwingend** ausgestaltet. Auf die weitere Beteiligung des Urhebers und die Vergütung für später bekannte Nutzungsarten kann nach den §§ 32a Abs. 3 S. 3 und 32c Abs. 3 UrhG **nur nachträglich verzichtet** werden, die angemessene Vergütung kann gem. § 32 Abs. 3 UrhG nicht zum Nachteil des Urhebers geändert werden. Ob der den § 32c UrhG ergänzende Vergütungsanspruch aus § 137l Abs. 5 UrhG verzichtbar ist, ist nicht ausdrücklich geregelt. Die Auslegung spricht aber wegen der Schutzbedürftigkeit des Urhebers und der Wahrnehmung seiner Rechte durch Verwertungsgesellschaften dafür.[3] **Bei grenzüberschreitenden Sachverhalten** gelten die §§ 32 und 32a UrhG über § 32b UrhG auch, wenn

202

---

1 Die Bestimmungen der §§ 32 Abs. 1 S. 3, Abs. 2 S. 2 UrhG sind verfassungsgemäß: BVerfG, Beschl. v. 23.10.2013 – 1 BvR 1842/11, 1 BvR 1843/11 (Übersetzerhonorare), GRUR 2014, 169.
2 § 137l Abs. 5 UrhG gilt (nur) für wissenschaftliche Ausgaben (§ 70 UrhG) und Lichtbilder (§ 72 UrhG) analog, vgl. *J.B.Nordemann*, in: Fromm/Nordemann, UrhG, § 137l, Rn. 6.
3 So *Schulze*, in: Dreier/Schulze, UrhG, § 137l, Rn. 105.

die Parteien die Anwendbarkeit des Rechts eines anderen Staates gewählt haben, ohne diese Wahl aber deutsches Recht anzuwenden wäre oder wenn Nutzungshandlungen vereinbart werden, die in Deutschland stattfinden.

203 Die **Vergütungsansprüche** des Urhebers sind nicht an sein Urheberpersönlichkeitsrecht gebunden und nach den allgemeinen Regeln **abtretbar**. Das gilt für künftige Vergütungsansprüche mit der Einschränkung aus § 63a UrhG. Danach sind sämtliche in den §§ 44a ff. UrhG erfassten gesetzlichen Vergütungsansprüche im Voraus nur an eine Verwertungsgesellschaft abtretbar. Nach Entstehen der Ansprüche ist der Urheber in der Verfügung nicht mehr gebunden.[4] Vergütungsansprüche unterliegen der regelmäßigen **Verjährung** nach § 195 BGB.[5]

II. Vergütungsansprüche aus Vertragsverhältnissen

204 Die Vergütung wird nicht für die erbrachte Leistung und für die damit verbundene Arbeit, sondern **für die Einräumung von Nutzungsrechten** und die Erlaubnis zur Werknutzung geschuldet.[6] Hat der Urheber oder ein Leistungsschutzberechtigter einem anderen die Nutzung seines Werkes gestattet und haben die Parteien hierfür eine Vergütung vereinbart, muss die vereinbarte Vergütung nach § 32 Abs. 1 S. 3 UrhG angemessen sein. Eine **Ausnahme** gestattet das Gesetz zum einen nach Abs. 3 S. 3 bei der unentgeltlichen Einräumung eines einfachen Nutzungsrechts für jedermann, womit die Open-Content-Sachverhalte begünstigt werden sollen. Zum anderen nach Abs. 4 dann, wenn die Vergütung tarifvertraglich bestimmt ist.[7] Im Übrigen ist der Anspruch auf angemessene Beteiligung nach Abs. 3 S. 1 unabdingbar. Daneben hat der Urheber Anspruch auf eine weitere Beteiligung nach § 32a UrhG (Fairnessparagraf).[8] Aus der Inbezugnahme tarifvertraglicher Regelungen wird erkennbar, dass auch **Arbeitnehmer-Urheber** durch die Vergütungsregelung begünstigt werden.[9]

1. Angemessene Vergütung

205 **Angemessen** ist die Vergütung nach § 32 Abs. 2 UrhG dann, wenn sie nach einer gemeinsamen **Vergütungsregel** gemäß § 36 UrhG ermittelt ist. Im Übrigen ist die Angemessenheit der Vergütung **im Einzelfall festzustellen**. Die Angemessenheit der Vergütung wird **ex ante** nach den zum Zeitpunkt des Vertragsschlusses maßgeblichen Umständen bestimmt.

206 Wenn die vereinbarte Vergütung unangemessen ist, hat der Urheber nach § 32 Abs. 1 S. 3 UrhG gegen seine Vertragspartner einen Anspruch auf Einwilligung in die **Vergütungsanpassung**. Voraussetzung für den Anpassungsanspruch aus

---

4 *Schulze*, in: Dreier/Schulze, UrhG, § 63a, Rn. 7 ff.
5 *Dreier*, in: Dreier/Schulze, UrhG, Vor §§ 44a ff., Rn. 16.
6 BGH, Urt. v. 07.10.2009 – I ZR 38/07 (Talking to Addison), GRUR 2009, 1148, 1154 [55].
7 Der Tarifvertrag muss auf das konkrete Vertragsverhältnis Anwendung finden; LG Stuttgart, Urt. v. 28.10.2008 – 17 O 710/06, ZUM 2009, 77, 80 f.
8 S. Rn. 210.
9 *Schack*, Rn. 1097.

§ 32 UrhG ist, dass die gewährte Vergütung niedriger als die angemessene Vergütung ist. Der Anspruch auf Einwilligung in die Vertragsänderung setzt allerdings nicht voraus, dass die vereinbarte Vergütung die angemessene Vergütung wesentlich – beispielsweise um mehr als 10% – unterschreitet.[10]

Hat der Vertragspartner die **Rechte einem Dritten übertragen**, bleibt er dennoch, anders als etwa nach § 32a Abs. 2 UrhG, verpflichtet. Das Gesetz geht davon aus, dass er dann Erträge aus der Übertragung der Rechte erzielt. Das **Insolvenzrisiko** des Vertragspartners sollte der Urheber jedoch nicht tragen. Anderenfalls würde der Urheber keine angemessene Vergütung erhalten, während sein Werk gleichwohl durch den Dritten verwertet wird. Hier scheint eine analoge Anwendung des § 32a Abs. 2 S. 1 UrhG geboten. 207

a) Gemeinsame Vergütungsregeln

Durch den neu gefassten § 36 UrhG ist den **Interessenvertretern** der jeweiligen Marktseiten gestattet, miteinander **kollektive Vergütungsregeln** aufzustellen, soweit nicht bereits bindende tarifvertragliche Regelungen bestehen. Interessenvertreter der Urheber und ausübenden Künstler sind Vereinigungen wie beispielsweise der *Bund Deutscher Grafik-Designer e.V.* oder der der *Freie Deutsche Autorenverband e.V.* Auf der anderen Seite, also seitens der Verwerter sind dies zB. der *Bundesverband Deutscher Zeitungsverleger*, der *Verband Deutscher Zeitschriftenverleger e.V.* oder der *Deutsche Bühnenverein e.V.*[11] Die Vereinigungen müssen nach Abs. 2 **repräsentativ**, unabhängig und zur Aufstellung gemeinsamer Vergütungsregeln ermächtigt sein. Wegen des Gebots der Unabhängigkeit scheidet eine Beteiligung der **Verwertungsgesellschaften** aus.[12] Bei der Festlegung der angemessenen Vergütung sind nach § 36 Abs. 1 S. 2 UrhG die Umstände des jeweiligen Regelungsbereichs zu berücksichtigen, insbesondere die Struktur und die Größe der Verwerter. Den Vergütungsregeln kommt nach Ansicht des OLG Karlsruhe auch für zeitlich vor ihrem eigentlichen Wirksamwerden eine starke **Indizwirkung für die Angemessenheit** der Vergütung zu.[13] Kommt es zu keiner Einigung, haben die Parteien die Möglichkeit, ein Schlichtungsverfahren nach Maßgabe des § 36a UrhG einzuleiten. 208

b) Einzelfallbewertung

Besteht weder eine tarifvertragliche Regelung noch eine gemeinsame Vergütungsregel, ist die Angemessenheit der Vergütung **im Einzelfall** nach § 32 Abs. 2 209

---

10 BGH, Urt. v. 20.01.2011 – I ZR 19/09 (Destructive Emotions), GRUR 2011, 328, 334 [44].
11 Vgl. *Wandtke/Grunert*, in: Wandtke/Bullinger, UrhG, § 36, Rn. 12.
12 *Wandtke/Grunert*, in: Wandtke/Bullinger, UrhG, § 36, Rn. 13; *Kotthoff*, in: Dreyer/Kotthoff/Meckel, UrhG, § 36, Rn. 15; aA. *Schulze*, in: Dreier/Schulze, UrhG, § 36, Rn. 26: Mitwirkung der Verwertungsgesellschaften, soweit sie nicht schon im Wahrnehmungsvertrag die Verwertung der Rechte wahrnehmen.
13 OLG Karlsruhe, Urt. v. 11.02.2015 – 6 U 115/13, ZUM 2015, 504, 508: etwa 1 Jahr.

S. 2 UrhG zu bestimmen. Nach den allgemeinen Grundsätzen der **Beweislastverteilung** muss der Anspruchsteller, hier also der Urheber, die für ihn günstigen Tatsachen darlegen und im Streitfall beweisen, dass die vereinbarte Vergütung unangemessen und welche Umstände für eine höhere Vergütung gegeben sind.[14]

210 Wie aus § 32 Abs. 2 S. 2 UrhG ersichtlich, ist die Vergütung angemessen, wenn sie **bei Vertragsschluss** dem entspricht, was im Geschäftsverkehr nach Art und Umfang der eingeräumten Nutzungsmöglichkeit, insbesondere nach Dauer und Zeitpunkt der Nutzung, unter Berücksichtigung aller Umstände **üblicher- und redlicherweise** zu leisten ist. Da der Urheber typischerweise in der schwächeren Verhandlungsposition ist, sind die Vergütungsvereinbarungen häufig unangemessen, was den Gesetzgeber gerade zur Reform der Vergütungsregeln bewogen hat. Dementsprechend kann die **übliche Vergütung für sich kein Maßstab** für die Angemessenheit sein.[15] In Betracht zu ziehen sind weiterhin die Marktverhältnisse, Investitionen, Risikotragung, Kosten, die Zahl der hergestellten Werkestücke oder öffentlichen Wiedergaben und die Höhe der zu erzielenden Einnahmen sowie Umstände, die, wie die in § 36 Abs. 1 S. 2 UrhG genannten, eine geringere Beteiligung rechtfertigen.[16] **Im Streitfall** bestimmt das Gericht die angemessene Vergütung nach § 287 Abs. 2 ZPO unter Würdigung aller Umstände nach freier Überzeugung und billigem Ermessen.[17]

211 Die Angemessenheit muss die **Interessen beider Parteien** berücksichtigen, wobei die Interessen des Urhebers bei einer fortlaufenden Nutzung des Werkes am besten durch eine erfolgsabhängige Vergütung gewahrt werden, denkbar sind aber auch Pauschalvergütungen oder Kombinationen hiervon.[18] Bei einer **zeitlich unbeschränkten und inhaltlich umfassenden Einräumung** von Rechten ist eine vom Umfang der Nutzung unabhängige **Pauschalvergütung** jedoch grundsätzlich **unangemessen**. Denn eine für die Angemessenheit erforderliche ex ante-Prognose ist für lange Zeiträume, die im Extremfall die gesamte Nutzungsdauer bis zu siebzig Jahre nach dem Tod des Urhebers umfassen, nicht möglich.[19]

2. Nachforderungsrecht

212 Das in § 32a UrhG („Fairnessparagraf") durch die Reform 2002 neu eingeführte Nachforderungsrecht ersetzt den bis dahin geltenden „Bestsellerparagrafen"

---

14 Vgl. hierzu *Schulze*, in: Dreier/Schulze, UrhG, § 32, Rn. 43 ff.
15 *Schack*, Rn. 1095; BGH, Urt. v. 07.10.2009 – I ZR 38/07 (Talking to Addison), GRUR 2009, 1148, 1150 [22].
16 BGH, Urt. v. 07.10.2009 – I ZR 38/07 (Talking to Addison), GRUR 2009, 1148, 1153 [54 f.]; BGH, Urt. v. 21.05.2015 – I ZR 62/14 (angemessene Vergütung für freie Journalisten – GVR Tageszeitungen I), GRUR 2016, 62, 63 [16]: Es können auch bei der Anwendung des § 32 Abs. 2 S. 2 UrhG gemeinsame Vergütungsregeln herangezogen werden, deren Anwendungsvoraussetzungen nicht (vollständig) erfüllt sind.
17 BGH, Urt. v. 07.10.2009 – I ZR 38/07 (Talking to Addison), GRUR 2009, 1148, 1151 [31 ff.].
18 BGH, Urt. v. 07.10.2009 – I ZR 38/07 (Talking to Addison), GRUR 2009, 1148, 1150 [23].
19 BGH, Urt. v. 07.10.2009 – I ZR 38/07 (Talking to Addison), GRUR 2009, 1148, 1150 [26].

§ 36 UrhG aF.²⁰ Auch das Nachforderungsrecht ist auf eine Anpassung des Vertrages gerichtet, auf die der Urheber einen gesetzlichen Anspruch hat. Ein Miturheber, der einen eigenen Vertrag mit dem Verwerter geschlossen hat, kann diesen Anspruch ebenfalls geltend machen.²¹ Voraussetzung des Anspruchs ist ein **auffälliges Missverhältnis** der vereinbarten Vergütung zu den Erträgen aus der Nutzung des Werkes.

Die **Feststellung eines solchen Missverhältnisses** setzt zunächst die Feststellung der mit dem Urheber vereinbarten Vergütung und der vom Verwerter erzielten Erträge und Vorteile voraus. Dann ist die Vergütung zu bestimmen, die – im Nachhinein betrachtet – insbesondere unter Berücksichtigung der erzielten Erträge und Vorteile angemessen iSd. § 32 Abs. 2 S. 2 UrhG ist. Schließlich ist zu prüfen, ob die vereinbarte Vergütung im Blick auf diese angemessene Vergütung in einem auffälligen Missverhältnis zu den Erträgen und Vorteilen steht. Der BGH sieht ein **auffälliges Missverhältnis** jedenfalls dann, wenn die **vereinbarte Vergütung nur die Hälfte der angemessenen Vergütung** beträgt. Da jedoch die gesamten Beziehungen des Urhebers zum Verwerter zu berücksichtigen sind, können im Einzelfall auch bereits geringere Abweichungen ein auffälliges Missverhältnis begründen.²² Ausschüttungen von Verwertungsgesellschaften sind nicht als Teil der Gegenleistung des Verwerters zu berücksichtigen.²³ 213

Umstritten ist, wie die Vorteile **auf Seiten des Verwerters** zu bestimmen sind, insbesondere, ob und in welchem Umfang dieser von seinen Einnahmen **Aufwendungen abziehen** kann. Nach Auffassung des BGH ist nicht auf den Gewinn, sondern auf den **Bruttoerlös** des Verwerters abzustellen, es müssen aber gleichwohl die gesamten Beziehungen zwischen Urheber und Verwerter und damit auch den Gewinn des Verwerters schmälernde Aufwendungen berücksichtigt werden.²⁴ Vorteile müssen jedenfalls nicht nur als Geldzuflüsse verstanden werden, auch geldwerte, zB. unternehmensinterne wirtschaftliche Vorteile reichen aus.²⁵ 214

Überwiegend wird davon ausgegangen, dass die **weitere Vergütung** nach § 32a UrhG auch die **angemessene Vergütung** aus § 32 UrhG **umfasst**, soweit beide Ansprüche nebeneinander bestehen. Der Urheber muss also nicht erst auf Zustimmung zur Vertragsänderung nach § 32 UrhG und dann auf die weitere Be- 215

---

20 Auf die Rechtsprechung zu § 36 UrhG aF. kann zur Auslegung des § 32a UrhG zurückgegriffen werden, BGH, Urt. v. 10.05.2012 – I ZR 145/11 (Fluch der Karibik), GRUR 2012, 1248, 1251 [42].
21 BGH, Urt. v. 22.09.2011 – I ZR 127/10 (Das Boot), GRUR 2012, 496, 497 [17].
22 BGH, Urt. v. 22.09.2011 – I ZR 127/10 (Das Boot), GRUR 2012, 496, 498 [25]; BGH, Urt. v. 10.5. 2012 – I ZR 145/11 (Fluch der Karibik), GRUR 2012, 1248, 1252 [55].
23 BGH, Urt. v. 22.09.2011 – I ZR 127/10 (Das Boot), GRUR 2012, 496, 499 [29].
24 BGH, Urt. v. 22.09.2011 – I ZR 127/10 (Das Boot), GRUR 2012, 496, 497 [33]; *Schulze*, in: Dreier/Schulze, UrhG, § 32a, Rn. 28; *Grunert/Wandtke*, in: Wandtke/Bullinger, UrhG, § 32a, Rn. 11; aA. *Schricker/Haedicke*, in: Schricker/Loewenheim, UrhG, § 32a, Rn. 17.
25 *Schulze*, in: Dreier/Schulze, UrhG, § 32a, Rn. 28f.

teiligung klagen, sondern kann über § 32a UrhG die gesamte, angemessene und weitere, Vergütung geltend machen.[26]

216 Hat der Vertragspartner des Urhebers die ihm eingeräumten Rechte **an einen Dritten** weiter **übertragen**, so haftet dieser Dritte nach Abs. 2 dem Urheber unmittelbar unter Berücksichtigung der vertraglichen Beziehungen in der Lizenzkette. Der ursprüngliche Vertragspartner wird aus der Haftung entlassen. Da der Urheber mit dem Dritten keinen Vertrag hat, ist der Anspruch nicht auf Vertragsanpassung sondern unmittelbar auf Zahlung gerichtet. Unklar ist hierbei, was auf Seiten des Dritten der Ertrag ist, der im Verhältnis zur Vergütung gesetzt wird. Kann also der Dritte die Aufwendungen für den Erwerb der Nutzungsrechte bei der Feststellung des auffälligen Missverhältnisses mindernd geltend machen?[27]

217 Um seinen Anspruch durchzusetzen hat der Urheber einen **Auskunftsanspruch** aus § 32a UrhG iVm. § 242 BGB gegen den Verwerter, wenn Anhaltspunkte für ein auffälliges Missverhältnis gegeben sind.[28]

3. Vergütung für unbekannte Nutzungsarten

218 Wird das Werk des Urhebers nach § 31a UrhG[29] später **auf eine bei Vertragsschluss noch nicht absehbare Weise genutzt**, hat er auch Anspruch auf eine **angemessene Beteiligung** an dieser Nutzung seines Werkes. Die vom Urheber eingeräumte Möglichkeit, das Werk auf zum Zeitpunkt des Vertragsschlusses noch unbekannte Nutzungsarten verwerten zu können, kann allerdings frühestens dann wirtschaftlich bewertet werden, wenn die entsprechenden **Nutzungsarten bekannt geworden** sind. Das Gesetz gewährt dem Urheber zur Beteiligung an diesen Werten in § 32c UrhG Vergütungsansprüche für neue Nutzungsarten, an denen er die Rechte **nach dem 1. Januar 2008 eingeräumt** hat. Für die Vergütung nach § 32c Abs. 1 UrhG ist auf den Zeitpunkt abzustellen, in dem der Nutzungsberechtigte die neue Art der Werknutzung nach § 31a UrhG aufnimmt.[30] Der Vertragspartner hat **den Urheber über die Aufnahme der Werknutzung** unverzüglich **zu unterrichten**. Hat der Ersterwerber das Nutzungsrecht einem Dritten übertragen, haftet dieser nach Abs. 2, die Haftung des Ersterwerbers entfällt. An der Regelung des Nachforderungsrechts wird kritisiert, dass die Beweislast beim Urheber liegt, der ihr nur mit hohem Aufwand nachkommen kann. Zudem ist die unterlassene Information über die Aufnahme der neuen Art der Werknutzung mit keinen gesetzlichen Sanktionen verbunden.[31]

---

26 OLG Nürnberg, Urt. v. 27.02.2015 – 3 U 1454/14, ZUM 2015, 515, 518 mwN.
27 Dazu *Kotthoff*, in: Dreyer/Kotthoff/Meckel, UrhG, § 32a Rn 31 ff.; *Schulze*, in: Dreier/Schulze, UrhG, § 32a, Rn. 50 ff.; *Schack*, Rn. 1100.
28 OLG Köln, Urt. v. 17.01.2014 – 6 U 86/13 (Alarm für Cobra 11), GRUR 2014, 323.
29 Dazu oben, Rn. 95 ff.
30 *J.B.Nordemann*, in: Fromm/Nordemann, UrhG, § 32c, Rn. 7; *Schulze*, in: Dreier/Schulze, UrhG, § 32c, Rn. 27.
31 *Schulze*, in: Dreier/Schulze, UrhG, § 32c, Rn. 2.

Für **Nutzungsrechte an bei Vertragsschluss unbekannten Nutzungsarten**, die aufgrund der Fiktion des § 137l Abs. 1 S. 1 UrhG dem Vertragspartner für **zwischen 1966 und 2007 abgeschlossene Verträge** kraft Gesetzes eingeräumt werden, erhält der Urheber eine angemessene Vergütung nach § 137l Abs. 5 UrhG. Gegenstand der Vergütung sind die kraft fiktiver Rechtseinräumung vermittelten Vorteile. Um die Durchsetzung der Ansprüche praktikabel zu machen, kann der Anspruch nur durch eine Verwertungsgesellschaft geltend gemacht werden.

219

4. Zeitlicher Anwendungsbereich

Der zeitliche Anwendungsbereich für die aus Verträgen folgenden Vergütungen ist in § 132 UrhG bestimmt. Danach gelten die Bestimmungen ab dem 1. Juli 2002 unbeschränkt. Auf Verträge, die seit dem 1. Juni 2001 und bis zum 30. Juni 2002 geschlossen worden sind, findet **§ 32 UrhG** Anwendung, sofern von dem eingeräumten Recht oder der Erlaubnis nach dem 30. Juni 2002 Gebrauch gemacht wurde. Auf alle anderen Verträge ist § 32 UrhG nF. nicht anwendbar. Der Fairnessparagraf (**§ 32a UrhG**)[32] findet Anwendung, wenn das Missverhältnis durch Verwertungshandlungen nach dem 28. März 2002 entstanden ist, auch wenn die Vergütungsvereinbarung davor getroffen wurde.[33] Für die Zeit bis zum 28. März 2002 gilt die Regelung in § 36 UrhG aF.[34] Der Vergütungsanspruch für später bekannt gewordene neue Nutzungsarten aus **§ 32c UrhG** gilt erst für die nach dem Inkrafttreten der Regelung am 1. Januar 2008 erfolgte Einräumung von Nutzungsrechten an unbekannten Nutzungsarten nach § 31a UrhG.[35]

220

Erfassen die vertraglichen Beziehungen und Verwertungshandlungen einen Zeitraum, in dem die §§ 36 aF., 32 und 32a UrhG anwendbar sind, können **Ansprüche** auf alle Vorschriften gestützt werden, die anwendbar sind und deren Tatbestand erfüllt ist. Erträge, die zur Entstehung des früheren Anspruchs beigetragen haben, sind jedoch verbraucht und **können nicht** mit Ansprüchen aus anderen Vorschriften **kumuliert werden**.[36]

221

5. Vergütung bei Leerübertragung

Räumt der Urheber nur **scheinbar ein Recht** ein, spricht man von einer so genannten Leerübertragung. Diese war vor der Schuldrechtsreform mit der möglichen Unwirksamkeit des Vertrages nach § 306 BGB aF. und damit des Wegfalls der Vergütungsansprüche belastet. Der BGH hatte zur Vermeidung dieser Folge bei einer Leerübertragung die Unmöglichkeit der Leistung verneint, wenn der Erwerber aus der Übertragung wirtschaftliche Vorteile ziehen konnte. Dementsprechend blieb auch die **Vergütungspflicht** bestehen. Das hat der BGH nun unter der Geltung des modernisierten Schuldrechts bestätigt. Da das **Interesse des**

222

---

32 Siehe Rn. 212.
33 BGH, Urt. v. 22.09.2011 – I ZR 127/10 (Das Boot), GRUR 2012, 496, 501 [58].
34 Zur früheren Rechtslage *Wandtke/Grunert*, in: Wandtke/Bullinger, UrhG, § 32a, Rn. 37 ff.
35 *Wandtke/Grunert*, in: Wandtke/Bullinger, UrhG, UrhG § 31a, Rn. 11.
36 BGH, Urt. v. 22.09.2011 – I ZR 127/10 (Das Boot), GRUR 2012, 496, 501 [59 ff.]

Lizenznehmers regelmäßig nicht so sehr auf die Zusage des Rechtsbestands des Schutzrechts, sondern eher **auf die Erlaubnis zur Benutzung des Schutzgegenstands gerichtet** ist, ist ein urheberrechtlicher Lizenzvertrag über die Einräumung oder Übertragung von Nutzungsrechten an einem vermeintlichen Werk nicht deshalb unwirksam, weil das vermeintliche Werk tatsächlich keinen Urheberrechtsschutz genießt. Der Lizenzgeber eines solchen Lizenzvertrags kann grundsätzlich die vereinbarte Vergütung beanspruchen, solange der Lizenzvertrag besteht und dem Lizenznehmer eine wirtschaftliche Vorzugsstellung verschafft.[37] Ist dies nicht der Fall, richten sich die Rechtsfolgen heute wegen § 311a Abs. 1 BGB nach den allgemeinen Regeln.

6. Pflichtverletzungen des Zahlungspflichtigen

223 Zahlt der Verwerter oder Nutzer dem Rechtsinhaber **nicht oder verspätet** die vereinbarte Vergütung, kann der Rechtsinhaber von den allgemeinen Leistungsstörungsrechten Gebrauch machen und neben der Mahnung mit der Folge des Verzugs insbesondere eine Frist zur Zahlung setzen und nach erfolglosem Ablauf der Frist **von dem Vertrag zurücktreten** oder ein **Dauerschuldverhältnis kündigen** und Schadensersatz statt der Leistung verlangen. Folgt man der herrschenden Ansicht der kausalen Verknüpfung von schuldrechtlicher Verpflichtung und Rechtsübertragung, führt die Beendigung des Schuldverhältnisses zum Entfall der Berechtigung des Verwerters.[38] Damit hat der Rechtsinhaber ein **wirksames Druckmittel gegen den Zahlungspflichtigen** in der Hand, der insbesondere bei einer Unterlizenzierung den Heimfall der Unterlizenz befürchten muss.[39]

III. Gesetzlich begründete Vergütungen

224 Muss der Urheber die Nutzung seines Werkes aufgrund einer gesetzlichen Regelung dulden, ist dies meistens, aber nicht immer mit einer **Vergütungspflicht des Nutzers** verbunden. Gewährt das Gesetz eine Vergütung, ist sie kein Surrogat für das aufgrund der gesetzlichen Regelung fehlende Verbotsrecht,[40] sondern ein selbständiger Anspruch eigener Art.[41]

225 **Gesetzliche Vergütungsansprüche** finden sich an verschiedensten Stellen des UrhG. Regelmäßig ist das **bei den Schrankenregelungen** der §§ 44a ff. UrhG der Fall.[42] Aber nicht alle Schranken der urheberrechtlichen Befugnisse werden kom-

---

37 BGH, Urt. v. 02.02.2012 – I ZR 162/09 (Delcantos Hits), GRUR 2012 910, 912 [17 f.].
38 Bei Geltung des Abstraktionsprinzips würden die §§ 346 ff. oder 812 ff. BGB Anwendung finden.
39 Vgl. *J.B.Nordemann*, in: Fromm/Nordemann, UrhG, Vor §§ 31, Rn. 189.
40 In der Folge kann der Urheber bei Nichtzahlung der Vergütung keine deliktischen Ansprüche aus den §§ 97 ff. UrhG geltend machen, *Dreyer*, in: Dreyer/Kotthoff/Meckel, UrhG, Vor §§ 44a ff., Rn. 39.
41 *Melichar*, in: Schricker/Loewenheim, UrhG, Vor §§ 44 a ff., Rn. 24.
42 Siehe §§ 45a Abs. 2 S. 1, 46 Abs. 4, 47 Abs. 2 S. 2, 49 Abs. 1 S. 2, 52 Abs. 1 S. 2 und Abs. 2 S. 2, 52a Abs. 4 S. 1, 52b S. 3, 53a Abs. 2, 54, 61b S. 2, 61c S. 2 UrhG.

pensiert.⁴³ Im Falle einer **Kompensation** gewährt der Gesetzgeber dem Urheber regelmäßig eine „angemessene Vergütung", wobei das Gesetz jedoch keine Maßgaben zur Angemessenheit der Ausgleichsvergütungen enthält.⁴⁴ Die meisten für die Kompensation von Schrankenregelungen gewährten Vergütungsansprüche können **nur durch Verwertungsgesellschaften geltend gemacht** werden.⁴⁵ Auch können alle Vergütungsansprüche des 6. Abschnitts des UrhG nach § 63a UrhG im Voraus nur an Verwertungsgesellschaften abgetreten werden. Der Urheber kann auf sie im Voraus nicht verzichten.

Einen besonderen Schutz des Urhebers enthält § 20b Abs. 2 UrhG. Der Urheber, der das **Kabelweitersenderecht** nach § 20b Abs. 1 UrhG einem Sendeunternehmen übertragen hat, erhält einen eigenen, **von Verwertungsgesellschaften wahrzunehmenden** Vergütungsanspruch gegen das Kabelunternehmen, um – ungeachtet der Bestimmungen in den §§ 32 ff. UrhG⁴⁶ – einer unzureichenden Vergütung durch das Sendeunternehmen als seinem Vertragspartner entgegen zu wirken.⁴⁷ 226

Den größten Anteil an den gesetzlichen Vergütungen haben die Zahlungen im Zusammenhang mit der Schranke für **Privatkopien**. So erhält der Urheber nach § 54 UrhG **gegen den Hersteller von Geräten und von Speichermedien**, deren Typ allein oder in Verbindung mit anderen Geräten, Speichermedien oder Zubehör zur Vornahme solcher Vervielfältigungen benutzt wird, einen Zahlungsanspruch zum Ausgleich für die in § 53 Abs. 1 bis Abs. 3 UrhG erlaubtem Vervielfältigungen. Die Maßgaben für die **Bestimmung der Angemessenheit** der Kompensation für Privatkopien sind in § 54a UrhG enthalten, während das Verfahren zu deren Feststellung in § 13a UrhWahrnG geregelt ist. Danach verhandeln zunächst auf der einen Seite die Verwertungsgesellschaft und auf der anderen Seite die Verbände der betroffenen Hersteller miteinander.⁴⁸ Scheitern die Gesamtvertragsverhandlungen, müssen nach § 13a Abs. 1 S. 3 UrhWahrnG empirische Untersuchungen durchgeführt werden. 227

Die **Werke bildender Künstler und** der **Fotografen** erfahren oft im Laufe der Zeit, mit der zunehmenden Berühmtheit ihres Urhebers, einen erheblichen Wertzuwachs, an dem der Urheber aufgrund des Erschöpfungsgrundsatzes bei nach- 228

---

43 Vergütungsfrei sind die Nutzungen nach den §§ 44a UrhG (Vorübergehende Vervielfältigung), § 45 UrhG (Rechtspflege und öffentliche Sicherheit), § 48 UrhG (Öffentliche Reden), § 50 UrhG (Bild- und Tonberichterstattung), § 51 UrhG (Zitatrecht), § 55 UrhG (Vervielfältigung durch Sendeunternehmen), § 55a UrhG (Benutzung eines Datenbankwerkes), § 56 UrhG (Vervielfältigung und öffentliche Wiedergabe durch Geschäftsbetriebe), § 57 UrhG (Unwesentliches Beiwerk), § 58 UrhG (Katalogbilder), § 59 UrhG (Werke an öffentlichen Plätzen), § 60 UrhG (Bildnisse), § 62 UrhG (Änderungsverbot).
44 Kritisch dazu *Schack*, Rn. 495.
45 Ausgenommen sind die Ansprüche aus §§ 46 Abs. 4 und 52 Abs. 1 S. 3 UrhG.
46 Dazu kritisch *Dreier*, in: Dreier/Schulze, UrhG, § 20b, Rn. 14.
47 Die Regelung findet auch Anwendung nach §§ 71 Abs. 1 S. 1, 78 Abs. 4, 94 Abs. 4 und 95 iVm. § 94 Abs. 4 UrhG.
48 *Schulze*, in: Dreier/Schulze, UrhG, § 13a UrhWahrnG, Rn. 9.

folgenden Verfügungen über das Werk nicht mehr partizipiert. Der Gesetzgeber gleicht dies durch eine Sonderregelung in § 26 UrhG aus, indem der Veräußerer dem Urheber **einen Anteil des Veräußerungserlöses zu entrichten** hat, wenn an der Veräußerung ein Kunsthändler oder Versteigerer als Erwerber, Veräußerer oder Vermittler beteiligt ist. Der Anspruch auf diese Beteiligung wird als **Folgerecht** bezeichnet[49] und ist in seiner Höhe in § 26 Abs. 2 UrhG gesetzlich normiert. Der Urheber kann nach § 26 Abs. 3 UrhG auf das Folgerecht im Voraus nicht verzichten und es auch nicht abtreten. Um dem Künstler die Durchsetzung seiner Ansprüche zu erleichtern, sieht § 26 Abs. 4 UrhG einen **Auskunftsanspruch gegen Kunsthändler und Versteigerer** vor.

229 Hat der Urheber einem Tonträger- oder Filmhersteller **Rechte an einem Bild- oder Tonträger** eingeräumt, so steht ihm hierfür nach § 27 Abs. 1 UrhG eine im Voraus unverzichtbare und nicht abtretbare Vergütung zu. Entsprechendes gilt nach Absatz 2 für den Fall, dass Werke unentgeltlich verliehen werden, soweit dies durch eine in der Öffentlichkeit zugängliche Einrichtung erfolgt (so genannte **Bibliothekstantieme**). Die Regelung gilt nach § 77 Abs. 2 S. 2 UrhG entsprechend für ausübende Künstler.

230 Vergütungsansprüche sind auch für einige **Leistungsschutzberechtigte** vorgesehen.[50] Für die **ausübenden Künstler** nimmt die *Gesellschaft zur Verwertung von Leistungsschutzrechten (GVL)* die Rechte der Zweitverwertung aus § 78 Abs. 2 wahr. Für die Verwertung seiner Darbietungen auf Bild- und Tonträgern im Wege des Vermietens und Verleihens verweist § 77 Abs. 2 UrhG auf § 27 UrhG. Nach § 78 Abs. 4 UrhG findet für die Kabelweitersendung § 20b UrhG entsprechende Anwendung. Der Verlängerung der Schutzfrist auf siebzig Jahre hat der Gesetzgeber durch eine Anpassung der Vergütungsansprüche in § 79a UrhG Rechnung getragen.

Randnummern 231–299 einstweilen frei.

---

49 Hierzu ausführlich Kap. 2, Rn. 336 ff.
50 Vgl. §§ 78 Abs. 2 bis 4, 85 Abs. 3, 86, 94 Abs. 4 und 95 UrhG.

C. Open Content

Literatur: *Koreng*, Neues zu Creative Commons-Lizenzen, K&R 2015, S. 99–103; *Mantz*, Open Content-Lizenzen und Verlagsverträge – Die Reichweite des § 33 UrhG, MMR 2006, S. 784–789; *Rauer/Ettig*, Creative Commons & Co, WRP 2015, S. 153–157.

Die Open Content-Bewegung hat ihre Wurzeln in der Open Source Software-Initiative von *Richard Stallman*, dem Gründer der *Free Software Foundation*. Die zugrundeliegende Idee ist, die **Monopolisierungsfunktion des Urheberrechts zu nutzen**, um geschützte Inhalte frei („open") zugänglich, aber nicht beliebig verwertbar zu machen. Die Nutzung soll von der **Einhaltung bestimmter**, in den Lizenzbedingungen geregelter **Voraussetzungen** abhängig sein. So dürfen Werke beispielsweise verändert werden, wenn das Ergebnis der Bearbeitung wiederum unter den rechtlichen Bedingungen des Ursprungswerks zugänglich gemacht wird (so genannter „Copy Left-Effekt"). 300

Die hierzu verwendeten **Open Content-Lizenzen** (Lizenzbedingungen) haben ihren Ursprung vorwiegend in den USA. Zu ihnen zählen im Bereich der Software die GNU Public Licence (GPL) für Open Source Software, die GNU Free Documentation License für die Dokumention solcher Software und die Creative Commons Licences (Creative Commons- oder kurz CC-Lizenzen) für audiovisuelle Werke und Texte. Die zuletzt genannten Lizenzbedingungen haben außerhalb der Bedingungen für Software[1] die größte Verbreitung gefunden. Im Folgenden sollen daher die wesentlichen rechtlichen Aspekte der Open Content-Lizenzen am Beispiel der Creative Commons-Lizenzen erörtert werden. Populäre Beispiele für die Anwendung der Creative Commons-Lizenzen sind *Wikipedia* und *flickr*. 301

Die **Creative Commons-Lizenzen** kommen in sechs verschiedenen **Ausprägungen** vor. Sie unterteilen sich in kommerzielle und nicht kommerzielle Nutzungen und dabei weiter in Gestattungen zur Bearbeitung und zur Weitergabe – auch bearbeiteter Werke – nur unter den gleichen Lizenzbedingungen. Die Bedingungen sind im Gegensatz zu den meisten Open Source Software-Lizenzen **länderspezifisch angepasst** („portiert"), so dass es auch besondere Ausformungen für Deutschland gibt. Für die jüngste Variante der Version 4.0 ist die Portierung zurzeit noch in Arbeit. Die bereits für das deutsche Recht portierte Version 3.0 basiert schon nicht mehr auf dem US-amerikanischen Urheberrecht, sondern auf der Berner Konvention und dem Rom-Abkommen.[2] Es liegt jedoch beim Rechtsinhaber, die für ihn passende **Version zu wählen**. Dabei kann auch eine nicht portierte Version Grundlage der Rechtseinräumung in Deutschland werden.[3] 302

---

[1] Zu Open Source Software s. Kap. 5, Rn. 326 ff.
[2] *Wiebe*, in: Spindler/Schuster, § 31 UrhG, Rn. 20.
[3] So im Fall der Entscheidung des OLG Köln, Urt. v. 31.10.2014 – 6 U 60/14 (Creative-Commons-Lizenz), GRUR 2015, 167, 170.

Imhof

I. Kennzeichen der Lizenzbedingungen

303 Für Open Content-Lizenzen können typische Merkmale hervorgehoben werden, die auch für die Creative Commons-Bedingungen gelten.[4] Aus deutscher Sicht ist bedeutsam, dass die Lizenzen **Allgemeine Geschäftsbedingungen** darstellen, die der Abschluss- und Inhaltskontrolle nach den §§ 305 ff. BGB unterliegen.[5]

1. Vertragsschluss

304 Ebenso wie bei den Open Source Software-Bedingungen leitet der Nutzer bei den Creative Commons-Lizenzen seine **Berechtigung** stets **unmittelbar von dem Rechtsinhaber** ab. Das in den Lizenzbedingungen enthaltene Angebot wird gegenüber jedermann abgegeben, so dass der **Kreis der potenziellen Lizenznehmer unbeschränkt** ist. Mit der Annahme des Angebots erhält der Endnutzer Nutzungsrechte an dem ursprünglichen Werk. Wurde das Werk bearbeitet, kann der Endnutzer Nutzungsrechte nur erhalten, wenn der Rechtsinhaber dem zustimmt, also eine Lizenzvariante verwendet, die eine Bearbeitung zulässt.[6] Eine **Weiterlizenzierung** durch den Ersterwerber **ist nicht möglich**. Wird ein Werk vom Lizenznehmer weitergegeben, muss er grundsätzlich auch die Lizenzbedingungen weitergeben. Zum Vertragsschluss unter Beteiligung Minderjähriger wurde schon oben ausgeführt.[7]

305 **Problematischer Inhalt der Bedingungen** ist im Falle der Creative Commons-Lizenzbedingungen nach Ziff. 8 lit. a ebenda das Angebot des Rechtsinhabers an den Endnutzer zum Abschluss des Lizenzvertrages. Dieses Angebot kann nach § 151 BGB angenommen werden, ohne dass die Annahmeerklärung dem Lizenzgeber zuzugehen braucht. Das Lizenzmodell basiert dabei auf der Vorstellung, dass das in dem Lizenztext enthaltene **Angebot** eine **zeitliche unbegrenzte Wirkung** hat. Damit weicht die Regelung von § 151 S. 2 BGB ab, nach der ein Angebot nur für eine gewisse Zeit bindend ist. Diese **lebenslang wirkende Bindung** ist für den Lizenzgeber von erheblichem Nachteil. Der Lizenzgeber wird durch die unbegrenzte Bindung gehindert, über die ihm zustehenden Ausschließlichkeitsrechte zu verfügen, weil er nach einer solchen Verfügung nicht mehr in der Lage wäre, die später geschlossenen Lizenzverträge zu erfüllen.[8] Ihm fehlte die Verfügungsbefugnis über die einzuräumenden einfachen Rechte. Er wäre gezwungen, Verträge unter den Creative Commons-Lizenzen zu schließen, ohne sie erfüllen zu können. Im Ergebnis läuft die Klausel daher auf eine **Verpflichtung** hinaus, **nicht mehr länger über die Ausschließlichkeitsrechte zu verfügen**. Es ist einem Lizenzgeber zwar möglich, seine Verfügungsbefugnis gem. § 137 S. 2 BGB zu beschränken. Die Bedeutung dieser Beschränkung wird ihm aus den Lizenzbedingungen jedoch nicht deutlich. Zwar kann sich der Lizenzgeber als Verwender der Bedingungen

---

4 Zur Einführung vgl. *Rauer/Ettig*, WRP 2015, 153 ff.
5 OLG Köln, Urt. v. 31.10.2014 – 6 U 60/14, GRUR 2015, 167, 170.
6 OLG Köln, Urt. v. 31.10.2014 – 6 U 60/14, GRUR 2015, 167, 169.
7 S. oben, Rn. 78.
8 Dazu unten, Rn. 312 ff.

gegenüber dem Lizenznehmer nicht auf eine unangemessene Benachteiligung nach § 307 BGB berufen. Jedoch hat die Regelung knebelnden Charakter und ist damit **sittenwidrig**.[9] Wegen § 306 Abs. 1 BGB ist nur die Bestimmung in Ziff. 8 lit. a unwirksam.[10] Die Unwirksamkeit erfasst die Wirkungen des unbefristeten Angebots an unbestimmte Vertragspartner. Unberührt bleiben die Verträge, die auf einem eigenen, nicht durch die unwirksame Textpassage begründeten Angebot des Lizenzgebers beruhen.

Des Weiteren ist wegen § 305 Abs. 2 BGB problematisch, dass die vollständigen **Nutzungsbedingungen** über den einzubindenden Link **nicht direkt zugänglich** sind. Der Nutzer landet zunächst auf einer Web-Seite, die ein „Summary" in englischer Sprache enthält und gelangt von dort erst über einen Link auf die Seite mit den vollständigen Bedingungen.[11] Der auf der Summary-Seite unter dem Begriff „license" hinterlegte Link ist nicht leicht zu finden, insbesondere, weil die Seite in Englisch gehalten ist.

306

2. Rechtseinräumung

a) Nutzungsrechte

Der Nutzer des Werks erhält **je nach Variante** der Creative Commons-Lizenzen Rechte zur Verbreitung, zum „öffentlichen Zeigen", zur Bearbeitung oder kommerziellen Nutzung. Soweit sich das Verbreitungsrecht bei digitalen Werken erschöpft hat,[12] ist die Befugnis zur Weitergabe entbehrlich. Die **Unterscheidung zwischen kommerzieller und nicht kommerzieller Nutzung ist allerdings fragwürdig**.[13] Auch werden in den Bedingungen keine konkreten Nutzungsarten genannt. Zur Vervielfältigung heißt es lediglich, dass der Berechtigte den Schutzgegenstand in beliebiger Form und Menge vervielfältigen darf. Da dies aber erkennbar uneingeschränkt zu verstehen ist, genügt hier ausnahmsweise die Nennung des Verwertungsrechts. Eine Auslegung nach dem Übertragungszweckgedanken des § 31 Abs. 5 UrhG müsste zum gleichen Ergebnis kommen.

307

b) Auflösend bedingte Rechtseinräumung

Ein verbreitetes Kennzeichen der Open Content-Lizenzen ist die Verknüpfung der Rechtseinräumung mit der Beachtung von Lizenzbedingungen durch **auflösende Bedingungen**. So heißt es in Ziff. 7 der für Deutschland portierten Version 3.0 der Creative Commons-Lizenzen:

308

„Diese Lizenz und die durch sie eingeräumten Nutzungsrechte erlöschen mit Wirkung für die Zukunft im Falle eines Verstoßes gegen die Lizenzbedingungen."

---

9 Vgl. BGH, Urt. v. 06.07.2012 – V ZR 122/11, NJW 2012, 3162, 3163 [31], zur Nichtigkeit einer Unterlassungsverpflichtung zur Verfügung über ein Recht.
10 *Grüneberg*, in: Palandt, BGB, § 306 BGB, Rn. 5: § 306 BGB erfasst auch andere Nichtigkeitsgründe als die nach den §§ 305 ff. BGB.
11 http://www.creativecommons.org/licenses/by-sa/3.0 (letzter Abruf: 17.10.2015).
12 Dazu oben, Rn. 133 ff.
13 Siehe oben, Rn. 27 und OLG Köln, Urt. v. 31.10.2014 – 6 U 60/14, GRUR 2015, 167, 170.

309 Der Vorteil des Entfalls der Nutzungsrechte liegt in der Beweislastverteilung. Kann sich der Rechtsinhaber auf einen **Urheberrechtsverstoß** stützen, muss der Anspruchsgegner seine Berechtigung nachweisen. Überwiegend wird eine auflösende Bedingung in Open Content- bzw. Open Source-Lizenzen für wirksam gehalten.[14] Es ist aber bereits an anderer Stelle darauf hingewiesen worden, dass solche auflösende Bedingungen unwirksam sind, wenn durch sie das Gebot, Nutzungsrechte nur aus technisch und wirtschaftliche abgrenzbaren Nutzungsarten abzuleiten unterlaufen wird.[15] Gerade die Verknüpfung schuld- und urheberrechtlicher Aspekte führt zu einer Verwässerung der Nutzungsrechte. Eine aus einer bedingten Gestattung **entstehende Rechtsunsicherheit** mag hinzunehmen sein, wenn nur der Rechtsinhaber und der Lizenznehmer betroffen sind. Bei einer direkten Rechtsbeziehung zum Lizenznehmer ist der Rechtsinhaber allerdings auf eine solche Bedingung zur Durchsetzung seiner Interessen nicht unbedingt angewiesen.

3. Urhebernennung

310 Die Creative Commons-Lizenzen sehen vor, dass der **Rechtsinhaber**, der **Titel** des Inhalts und ein **Link zu den Lizenzbedingungen** genannt werden und gegebenenfalls einen Hinweis darauf erteilt wird, dass das **Ursprungswerk abgewandelt** wurde. Werden diese Anforderungen nicht erfüllt, entfällt die Berechtigung zur Nutzung gem. Ziff. 7 lit. a der Creative Commons-Bedingungen.

4. Haftungsbegrenzung

311 Wie Open Source Software-Bedingungen auch, enthalten die Creative Commons-Lizenzen **Haftungsbeschränkungen**. Die Haftung ist im Rahmen der Nacherfüllung auf Vorsatz und im Rahmen des Schadensersatzes auf die in § 309 Nr. 7 BGB behandelten Haftungsfälle beschränkt. Für leicht fahrlässige Vermögensschäden, die nicht auf einer Verletzung des Lebens, des Körpers oder der Gesundheit beruhen, soll nicht gehaftet werden. Das ist **im Falle der unentgeltlichen Rechtseinräumung wirksam**.

II. Einräumung ausschließlicher Rechte

312 Naturgemäß sind **nur einfache Nutzungsrechte**[16] Gegenstand der Open Content-Lizenzen. Das erlaubt dem Rechtsinhaber, später einem Dritten ausschließliche Rechte einzuräumen. Für das Lizenzmodell bedeutet dies jedoch, dass der Lizenzgeber bei einem nach diesem Zeitpunkt geschlossenen Vertrag nicht mehr verfügungsbefugt ist. Denn durch die Übertragung der ausschließlichen Rechte an einen Dritten ist er insoweit nicht mehr berechtigt, einfache Nutzungsrechte ein-

---

14 OLG Köln, Urt. v. 31.10.2014 – 6 U 60/14 (Creative-Commons-Lizenz), GRUR 2015, 167, 172; LG München, Urt. v. 19.05.2004 – 21 O 6123/04, GRUR-RR 2004, 350 ff.; *Schulze*, in: Dreier/Schulze, UrhG, § 31, Rn. 19; *Wiebe*, in: Spindler/Schuster, § 69c UrhG, Rn. 49.
15 Siehe Kap. 5, Rn. 303.
16 Zu einfachen Nutzungsrechten allgemein siehe Rn. 32 ff.

zuräumen. Eine Lösung des Problems über den Sukzessionsschutz scheidet aus, weil dieser nur für im Zeitpunkt der Verfügung über das ausschließliche Recht bereits eingeräumte einfache Rechte gilt.[17]

Eine Lösung kann hier nur rechtsgeschäftlich gefunden werden, indem der verfügende Rechtsinhaber bei der Einräumung ausschließlicher Rechte mit dem Erwerber vereinbart, dass er berechtigt ist, für den erwerbenden Rechtsinhaber im Wege einer **Verfügungsermächtigung** nach § 185 BGB weiterhin einfache Rechte einzuräumen. Eine solche Vereinbarung kann, wenn dem Erwerber die Geltung der Creative Commons-Lizenz bekannt ist, **auch stillschweigend** angenommen werden. Die Weiterübertragung der ausschließlichen Rechtsposition ist dann nur unter der Bedingung zulässig, dass der Zweiterwerber dieser Vereinbarung beitritt. *313*

Diese mehr theoretische denn praktische Lösung versagt, wenn der Rechtsinhaber ausschließliche Rechte an eine **Verwertungsgesellschaft** einräumt. So werden der GEMA beispielsweise ausschließliche Nutzungsrechte eingeräumt.[18] Dementsprechend **hält die GEMA** selbst **das Creative Commons-Lizenzmodell für unvereinbar mit dem derzeit geltenden Berechtigungsvertrag**.[19] *314*

III. Public Domain

Die inhaltlich klarste Variante einer Open Content-Lizenz stellen die Public Domain-Lizenzen dar. Sie enthalten Erklärungen, die das Werk gemeinfrei stellen sollen. So erklärt der Rechtsinhaber nach der Creative Commons-Lizenz „CC0" (Public Domain): *315*

„So weit wie es rechtlich möglich ist, gebe ich hiermit alle Urheberrechte, Leistungsschutzrechte und verwandten Schutzrechte zusammen mit allen damit verbundenen Ansprüchen und Einreden an diesem Werk auf."[20]

Rechtsdogmatisch stellt sich die Frage, welche Rechte aufgegeben werden sollen und dann auch aufgegeben werden können. Sicher ist, dass unter der Geltung des deutschen Rechts das Urheberrecht selbst als Persönlichkeitsrecht nicht aufgegeben werden kann.[21] Denkbar wäre ein Verzicht auf die Verwertungsrechte. Allerdings sind auch diese nicht dem Rechtsverkehr zugänglich.[22] Eine der eigentumsrechtlichen Dereliktion ähnliche Aufgabe von Rechten sieht das Urheberrecht auch nicht vor. Ein denkbarer Erlassvertrag kommt nicht in Betracht, da (noch) keine Nutzungsrechte eingeräumt wurden, über die eine solche Vereinbarung getroffen werden könnte. Sachgerechter ist die Annahme einer an die Allge- *316*

---

17 Dazu *Mantz*, MMR 2006, 784 ff.
18 Siehe Rn. 453.
19 http://www.telemedicus.info/uploads/Dokumente/Stellungnahme_GEMA_Creative-Commons-01-2012.pdf (letzter Abruf: 12.01.2016).
20 http://www.creativecommons.org/choose/zero/waiver?lang=de (letzter Abruf: 12.01.2016).
21 *Schricker/Loewenheim*, in: Schricker/Loewenheim, UrhG, § 29, Rn. 22.; *Schack*, Rn. 348.
22 Str., vgl. Kap. 1, Rn. 360; *Schulze*, in: Dreier/Schulze, UrhG, § 29, Rn. 10; *Spautz/Götting*, in: BeckOK UrhG, § 29, Rn. 5.

meinheit gerichteten **Erklärung, urheberrechtliche Positionen nicht durchsetzen zu wollen.**

IV. Vergütung

317 Die **Lizenzierung** erfolgt regelmäßig **ohne Gegenleistung.** Die Creative Commons-Lizenzen sehen vor, dass zwar gesetzliche unverzichtbare Entgelte über Verwertungsgesellschaften vereinnahmt werden dürfen. Die Vereinbarung eines Entgelts für die vertragsgemäße Nutzung ist jedoch ausgeschlossen. Dieser Ausschluss von Vergütungsansprüchen für die Übertragung von Nutzungsrechten an den Lizenznehmer wird durch die so genannte „Linux-Klausel" in § 32 Abs. 4 S. 4 UrhG möglich. Entgegen der in § 32 UrhG normierten allgemeinen Zielsetzung, den Urheber an den Erträgen der Verwertung seines Werkes angemessen zu beteiligen, sieht der Gesetzgeber für denjenigen, der sein Werk bewusst kostenfrei zur Verfügung stellt, einen solchen Schutz nicht vor, um Open Content-Modelle zu ermöglichen. Soweit mit der Rechtseinräumung auch **unbekannte Nutzungsarten** erfasst werden, bedarf es nach § 31a Abs. 1 S. 2 UrhG für die unentgeltliche Einräumung nicht der Schriftform.

V. Schadensersatz

318 **Schuldhafte Verstöße**[23] gegen geschützte Positionen verpflichten den Verletzer, den bei dem Rechtsinhaber eingetretenen Schaden zu kompensieren. Der Schaden wird dabei regelmäßig nach § 97 Abs. 2 S. 3 UrhG im Wege der **Lizenzanalogie** berechnet. Der Verletzer muss als Schadensersatz dasjenige leisten, was er bei Abschluss einer Lizenz hätte entrichten müssen.[24] Diese Berechnungsmethode wirft bei den unentgeltlichen Open Content-Lizenzen im Falle von Verstößen gegen die Lizenzbedingungen die Frage auf, **ob ein Schadensersatzanspruch an der Unentgeltlichkeit scheitert.**[25] Grundsätzlich kann ein solcher Anspruch nicht deswegen verneint werden, weil der Rechtsinhaber eine unentgeltliche Lizenz gewährt hat. Diesen Vorteil der Unentgeltlichkeit hat der Nutzer nur, wenn er sich an die Lizenzbedingungen hält. Im Falle eines Verstoßes muss er den daraus folgenden Vermögensnachteil des Lizenzgebers kompensieren. Dabei dürfte aber nicht stets das Lizenzentgelt gefordert werden können, das ein auf Gewinnerzielung bedachter Rechtsinhaber hätte erzielen können. Denn in der Regel wird der Lizenzverstoß darin begründet liegen, dass eine Bedingung der Open Content-Lizenz nicht eingehalten wurde, was zum vollständigen Entfall der Berechtigung führt. Richtigerweise **kommt es** daher für die Berechnung im Einzelfall **darauf an, was der Nutzer des Werkes hätte zahlen müssen, wenn er die konkrete, von der Open Content-Lizenz abweichende Nutzung lizenziert hätte.** Der Wert der Abwei-

---

23 Zum Verschulden siehe Kap. 7, Rn. 93 f.
24 Siehe hierzu Kap. 7 Rn 100 ff.
25 So das OLG Köln, Urt. v. 31.10.2014 – 6 U 60/14 (Creative-Commons-Lizenz), GRUR 2015, 167, anders LG München, Urt. v. 17.12.2014 – 37 O 8778/14, MMR 2015, 467; kritisch dazu *Koreng*, K&R 2015, 99, 102.

chung ist der Schaden des Rechtsinhabers. Bei den vom OLG Köln und LG München entschiedenen Fällen war Grund der Rechtsverletzung die fehlende Nennung des Namens gewesen. Den Wert der Berechtigung, den Namen nicht nennen zu müssen, haben die Inanspruchgenommenen im Wege der Lizenzanalogie zu leisten. Der Rechtsinhaber erhält damit nicht nichts, aber auch nicht eine der gewerblichen Nutzung entsprechende Kompensation.

Randnummern 319–399 einstweilen frei.

D. Verwertungsgesellschaften

Literatur: *Alich*, Neue Entwicklung auf dem Gebiet der Lizenzierung von Musikrechten durch Verwertungsgesellschaften in Europa, GRUR Int. 2008, S. 996–1007; *Augenstein*, Rechtliche Grundlagen des Verteilungsplans urheberrechtlicher Verwertungsgesellschaften, 2004; *Becker*, Musik im Film, 1993; Bergmann (Hrsg.): Handlexikon der Europäischen Union, 5. Aufl., 2015; *Brandhorst*, Musik im Film und die Rechtewahrnehmung durch die GEMA, GEMA-Nachrichten, November 2006, S. 136; *Davis/Troupe*, Miles, the Autobiography, 1989; *Denga*, Legitimität und Krise urheberrechtlicher Verwertungsgesellschaften, Diss. Berlin 2014; *Fellerer*, Bearbeitung und Elektronik als musikalisches Problem im Urheberrecht, Diss. Berlin, 1965; *Flechsig*, Verteilungspläne von Wahrnehmungsgesellschaften, ZUM 2013, 745; *Goldmann*, Die kollektive Wahrnehmung musikalischer Rechte in den USA und Deutschlands, 2001; *Grohmann*, In der EU spielt die Musik: Richtlinie über kollektive Rechtewahrnehmung und Mehrgebietslizenzen für die Online-Nutzung von Musikwerken verabschiedet, GRUR-Prax 2014, S. 145–147; *Häuser*, Sound und Sampling, Der Schutz der Urheber, ausübender Künstler und Tonträgerhersteller gegen digitales soundsampling nach deutschem und US-amerikanischem Recht, Diss. München 2002; *Hanewinkel*, Urheber versus Verleger – Zur Problematik des § 63a S. 2 UrhG und dessen geplanter Änderung im Zweiten Korb, GRUR 2007, S. 373–381; *Hertin*, Die Subventionierung der E-Musik durch Einkünfte aus anderen Sparten der Musikverwertung, GRUR 2013, S. 469–476; *ders.*, Die Rechtsprechung zum Umgang der GEMA mit der Tantiemenverteilung im Live-Bereich – Eine lange Geschichte von Selbstbedienung und deren prozessualer Aufarbeitung, ZUM 2015, S. 211–225; *Heyde*, Die grenzüberschreitende Lizenzierung von Online-Musikrechten in Europa, 2011; *Hoeren*, Der Zweite Korb – Eine Übersicht zu den geplanten Änderungen im Urheberrechtsgesetz, MMR 2007, S. 615–620; *Holzmüller*, Der Entwurf der Richtlinie über die kollektive Wahrnehmung von Urheberrechten und verwandten Schutzrechten, ZUM 2013, S. 168–174; *ders.*, Umsetzung der EU-Richtlinie für Verwertungsgesellschaften in deutsches Recht, ZUM 2014, S. 468–470; *Homann*, Praxishandbuch Musikrecht, 2007; *Janik/Tiwisina*, Neuer europäischer Rechtsrahmen für Verwertungsgesellschaften – Einstieg in den Ausstieg aus dem System des „collective rights managements"? ZUM 2013, S. 177–180; *Katzenberger/Nérisson*, Kulturförderung, Solidarität und Verteilungsgerechtigkeit in Recht und Praxis urheberrechtlicher Verwertungsgesellschaften, GRUR Int. 2011, S. 283–295; *Kreile/Becker/Riesenhuber*, Recht und Praxis der GEMA, 2. Aufl., 2008; *Koch/Druschel*, Entspricht die Bestimmung der angemessenen Vergütung nach §§ 54, 54a UrhG dem unionsrechtlichen Konzept des gerechten Ausgleichs? GRUR 2015, S. 957–968; *Landfermann*, Handy-Klingeltöne im Urheber- und Markenrecht, Diss. Göttingen 2006; *Melichar*, Die Wahrnehmung von Urheberrechten durch Verwertungsgesellschaften, München 1983; *ders.*, § 63a UrhG – die Chronik eine Panne, in: FS Wandtke, 2013, S. 243; *Mestmäcker/Schweitzer*, Europäisches Wettbewerbsrecht, 3. Aufl., 2014; *Moser*, Tonträgerrechte, ZUM Sonderheft 1996, S. 1025–1033; *Moser/Scheuermann*, Handbuch der Musikwirtschaft, 6. Aufl., 2003; *Müller*, Rechtewahrnehmung durch Verwertungsgesellschaften bei der Nutzung von Musikwerken im Internet, ZUM 2009, S. 121–131; *ders.*, Die Beteiligung von Print- und Musikverlegern an den Ausschüttungen von VG WORT und GEMA, ZUM 2014, S. 781–792; *Nordemann*, Der Begriff der „angemessenen Bedingungen" in § 6 Absatz 1 Wahrnehmungsgesetz, GRUR Int. 1973, S. 306–310; *Peifer*, Umsetzung der EU-Richtlinie für Verwertungsgesellschaften in deutsches Recht, ZUM 2014, S. 453–468; *ders.*, Die Zukunft der kollektiven Rechtewahrnehmung, GRUR 2015, S. 27–35; *Peukert*, „Copydan/Nokia" und die Zukunft des gesetzlichen Vergütungsanspruchs für die digitale Privatkopie, GRUR 2015, S. 452–456; *Poll*, Anmerkung zum Urteil des OLG München vom 5. Dezember 2002 – 29 U 3069/02, ZUM 2003, S. 237–239; *ders.*, Musik in der Werbung, WRP 2008, S. 1170–1174; *ders.*, Zur Bedeutung und Reichweite des „Filmherstellungsrechts" an der Musik bei der Produktion von TV-Shows, ZUM

2014, S. 877–882; *Reber*, Aktuelle Fragen zu Recht und Praxis der Verwertungsgesellschaften, GRUR 2000, S. 203–211; *Riesenhuber*, Nutzung von Musik für Werbezwecke, ZUM 2010, S. 137–145; *ders.*, Priorität als Verteilungsprinzip, ZUM 2012, S. 746–758; *ders.*, Grundlagen der angemessenen Vergütung, GRUR 2013, S. 582–590; *ders.*, Autonomie und Beurteilungsspielräume der Verwertungsgesellschaft, GRUR 2014, S. 443–448; *Schmieder*, Werkintegrität und Freiheit der Interpretation, NJW 1990, S. 1945–1951; *Schulze*, Zur Beschränkung des Filmherstellungsrechts bei Musikwerken, GRUR 2001, S. 1084–1087; *ders.*, Teil-Werknutzung, Bearbeitung und Werkverbindung bei Musikwerken – Grenzen des Wahrnehmungsumfangs der GEMA, ZUM 1993, S. 255–269; *Schunke*, das Bearbeitungsrecht in der Musik und dessen Wahrnehmung durch die GEMA, Diss. Berlin 2008; *ders.*, Die Verteilungspraxis der Verwertungsgesellschaft auf dem Prüfstand, ZUM 2015, S. 37–47; *Spohn*, Das zweistufige Verfahren im Bereich der Lizenzierung von Musikwerken, GRUR 2012, S. 780–785; Staudinger, BGB, §§ 397–432, 2012; *Staats*, Umsetzung der EU-Richtlinie für Verwertungsgesellschaften in deutsches Recht, ZUM 2014, S. 470–473; *ders.*, „O Fortuna" – Zur Wahrnehmungsbefugnis der GEMA, Anmerkung zu LG München I, Urteil vom 5. August 2004 – 7 O 15 374/02, ZUM 2005, S. 789–794; *Tenschert*, Ist der Sound urheberrechtlich schützbar?, ZUM 1987, S. 612–622; *Ventroni*, Das Filmherstellungsrecht, Diss. Baden-Baden 2001; *Ventroni/Poll*, Musiklizenzerwerb durch Online-Dienste, MMR 2002, S. 648–653; *Vogel*, Wahrnehmungsrecht und Verwertungsgesellschaften in der Bundesrepublik Deutschland – Eine Bestandsaufnahme im Hinblick auf die Harmonisierung des Urheberrechts in der Europäischen Gemeinschaft, GRUR 1993, S. 513–531; *Wandtke*, Rechtsprechung zum Urheberrecht, 2011; *Weber*, Umsetzung der EU-Richtlinie für Verwertungsgesellschaften in deutsches Recht, ZUM 2014, S. 476–479.

I. Allgemeines

1. Zweck und Aufgabe von Verwertungsgesellschaften

Die **Kultur- und Kreativwirtschaft** leistet einen erheblichen Beitrag zum europäischen Bruttoinlandsprodukt, sowie zum Wachstum und der Beschäftigung in der Europäischen Union.[1] Im Jahr 2013 erzielte sie einen Umsatz von 145,3 Mrd. EUR.[2] Grundlage dieser Kulturwirtschaft ist die urheberrechtliche Werkschöpfung. Die Verbreitung von urheberrechtlich geschützten Waren und Dienstleistungen ist grundsätzlich nur mit Erlaubnis des Rechteinhabers zulässig.[3] Es ist für den Urheber aber in der Regel unmöglich, die ihm zustehenden originären Urheberrechte an seinen Werken selbst zu kontrollieren, weltweit wahrzunehmen und wirtschaftlich zu verwerten. Die **kollektive Wahrnehmung** durch eine Verwertungsgesellschaft erfolgt von daher zu dem primären Zweck, die Verwertung der Werke der Urheber **treuhänderisch** zu übernehmen, zu kontrollieren und den Rechtserwerb für den Nutzer zu erleichtern. Gerade im digitalen Zeitalter, in der

400

---

[1] Europäische Kommission, Zusammenfassung der Folgeabschätzung begleitend zu dem Vorschlag für eine Richtlinie des Europäischen Parlaments und des Rates über die kollektive Wahrnehmung von Urheber- und verwandten Schutzrechten und die Vergabe von Mehrgebietslizenzen für die Online-Nutzung von Rechten an Musikwerken im Binnenmarkt, v. 11.07.2012, Pkt. 1, Europäische Kommission, SWD (2012) 205, http://edz.bib.uni-mannheim.de/edz/pdf/swd/2012/swd-2012-0205-de.pdf (letzter Abruf: 17.10.2015).

[2] *Statista*, Umsatzentwicklung in der Kultur- und Kreativwirtschaft in Deutschland von 2003 bis 2013, http://de.statista.com/statistik/daten/studie/165765/umfrage/umsatzentwicklung-in-der-kultur--und-kreativwirtschaft-seit-2003 (letzter Abruf: 17.10.2015).

[3] Europäische Kommission, siehe Fn. 1.

massenhafte Verwendung von urheberrechtlich geschützten Gütern noch viel einfacher erfolgt als im analogen Zeitalter, kommt Verwertungsgesellschaften eine erhöhte Bedeutung zu.

401 Die Rechtswahrnehmung durch Verwertungsgesellschaften erfolgt im Außenverhältnis durch **Einzel- oder Pauschalverträge**. Es steht dem Urheber frei, ob er Mitglied einer Verwertungsgesellschaft werden und durch diese treuhänderisch seine Rechte wahrnehmen lassen möchte. Bestimmte Nutzungen werden zudem im Wege der gesetzlichen Lizenz ermöglicht, deren Vergütungsansprüche überwiegend ausschließlich durch Verwertungsgesellschaften geltend gemacht werden können.[4]

402 Die **Ausschüttung an die Mitglieder** bestimmt sich nach **Verteilungsplänen**, die durch die Verwertungsgesellschaften selbstständig aufgestellt werden.[5] Die nationalen Verwertungsgesellschaften schließen mit ausländischen Verwertungsgesellschaften **Gegenseitigkeitsverträge**, in denen sich die Gesellschaften jeweils die Nutzungsrechte an den von ihnen wahrgenommenen Werken für das jeweilige Land einräumen.[6] Dadurch entsteht faktisch eine nationale **Monopolstellung** der Verwertungsgesellschaft.[7]

403 Neben der treuhänderischen Inkassofunktion, die aus der Wahrnehmung der Rechte und Ansprüche der Urheber resultiert, erfüllen urheberrechtliche Verwertungsgesellschaften vielfach auch **kulturfördernde und soziale Funktionen**.[8]

404 Gerade im Digitalzeitalter richtet sich das Augenmerk auf die Frage der **Legitimität der Verwertungsgesellschaften** und damit dem Zweck und der Aufgabe der Verwertungsgesellschaft im neuen Jahrtausend. Dies hängt vor allem damit zusammen, dass das Digitalzeitalter von zwei rivalisierenden Denkrichtungen bestimmt wird: diejenige, die von einem Zeitalter des Zugangs spricht und diejenige, die ein Zeitalter der Inhaltsveredelung sieht.[9] Die Internetdienstleister und auch viele Nutzer setzen auf technisch offene, jederzeit zugängliche Informationen und Inhalte, wozu auch der möglichst unentgeltliche und unbeschränkte Werkgenuss urheberrechtlich geschützter Güter zählt. Verwertungsgesellschaften stehen demgegenüber traditionell auf der Seite der Rechteinhaber und damit auf der Seite der Kontrolle der Nutzung der urheberrechtlich geschützten Güter in Verbindung mit der Generierung einer angemessenen Vergütung. Gestützt wird die Position der Verwertungsgesellschaft durch das aktuelle System des Urheberrechts, das aufgrund des Ausschließlichkeitsprinzips nahezu alle Nutzungsvorgänge im Internet vom Grunde her erfasst. Dennoch besteht die große Herausforderung der Zukunft der Verwertungsgesellschaft darin, diese rivalisierenden Systeme zu vereinen, so

---

4 Vgl. §§ 20b Abs. 2 S. 3, 26 Abs. 5, 27 Abs. 3, 54 UrhG, sowie die Änderungen bezüglich des § 54a UrhG nF. im Rahmen des Korb II.
5 *Schunke*, in: Wandtke, UrhR, Kap. 6, Rn. 2.
6 Hierzu siehe Rn. 438 ff.
7 Vgl. dazu EuGH, Urt. v. 12.04.2013 – T-442/08 (Kommission/CISAC), ZUM-RD 2013, 293; *Alich*, GRUR Int. 2008, 996, 997 f.
8 Die gesetzliche Grundlage dazu findet sich in §§ 7, 8 UrhWahrnG; *Katzenberger/Nérisson*, GRUR Int. 2011, 283.
9 So zu Recht *Peifer*, GRUR 2015, 27.

dass die Interessen der Nutzer, Verwerter und Rechteinhaber angemessen berücksichtigt werden.[10]

2. Nationale gesetzliche Vorgaben und Europäischer Rahmen

Die Voraussetzungen für das Betreiben einer Verwertungsgesellschaft sowie die Pflichten und Aufgaben der Verwertungsgesellschaften bestimmen sich im Wesentlichen durch das **Urheberrechtswahrnehmungsgesetz** (UrhWahrnG), welches im Zuge der Urheberrechtsreform von 1965 entstand und insbesondere durch die Urheberrechtsnovelle von 1985 geändert und erweitert wurde.[11]

Seit langem beschäftigt das Thema der **kollektiven Musikrechtswahrnehmung** die Wissenschaft und die Musikwirtschaft in Bezug auf die grenzüberschreitende Verwertung von Online-Musikrechten in der Europäischen Union sowie ihre Folgen für die alltägliche Lizenzierungspraxis.[12] Das Europäische Parlament und der Rat der Europäischen Union haben am 26. Februar 2014 die Verwertungsgesellschafts-Richtlinie (kurz: **VG-Richtlinie**)[13] erlassen. In Kraft ist sie am 10. April 2014 getreten. Die Mitgliedstaaten haben gemäß Art. 43 Abs. 1 der Richtlinie bis zum 10. April 2016 Zeit die Richtlinie in nationales Recht umzusetzen. In der Europäischen Union existieren bis heute ca. 250 Verwertungsgesellschaften im Bereich des Urheberrechts und 13 davon mit Sitz in Deutschland.[14]

Das Primäre Ziel der Richtlinie ist die Arbeit der Verwertungsgesellschaften in der Informationsgesellschaft zu regeln, einheitliche Voraussetzungen für die Anerkennung von Verwertungsgesellschaften festzusetzen und die Rechte der Inhaber von Urheberrechten gegenüber Verwertungsgesellschaften zu bestimmen.[15] Sie regelt darüber hinaus den Einzug von Lizenzgebühren und die Verteilung dieser an die Rechtsinhaber.[16] Das sekundäre Ziel der Richtlinie ist die Erteilung von **Mehrgebietslizenzen für Online-Musik**.[17] Die Verwertungsgesellschaften sollen angehalten werden, Lizenzen zu erteilen, die sich auf mehr als einen Mitgliedstaat erstrecken, so dass es insofern nicht mehr zu Monopolstellungen der Verwertungsgesellschaften kommen kann.[18] Die Vorgaben der Richtlinien sollen durch das zu erwartende **Verwertungsgesellschaftengesetz (VGG)** umgesetzt werden, welches das bisherige Urheberrechtswahrnehmungsgesetz ersetzen wird.[19]

---

10 Lehrreich zum Ganzen *Peifer*, GRUR 2015, 27 ff.
11 *Schulze*, in: Dreier/Schulze, UrhG, Vorb. UrhWahrnG, Rn. 3.
12 *Heyde*, Die grenzüberschreitende Lizenzierung von Online-Musikrechten in Europa, 2011, S. 25.
13 Siehe Kap. 11, Rn. 245 ff.
14 *Bergmann*, Mitteilung über die kollektive Rechtewahrnehmung (Verwertungsgesellschaften), in: Bergmann, Spalte Urheberrecht, 10; *Janik/Tiwisina*, ZUM 2013, 177, 180.
15 Erwägungsgründe Nr. 8, 9, 55 der VG-Richtlinie (Kap. 11, Rn. 245 ff).
16 Erwägungsgründe Nr. 31, 32 der VG-Richtlinie (Kap. 11, Rn. 245 ff).
17 Erwägungsgründe Nr. 37, 38, 39, 40 der VG-Richtlinie (Kap. 11, Rn. 245 ff).
18 *Müller*, ZUM 2009, 121, 126.
19 Am 09.06.2015 wurde der Referentenentwurf des Bundesministeriums der Justiz und für Verbraucherschutz (BMJV) für ein Gesetz zur Umsetzung der VG-Richtlinie vorgelegt

3. Wahrnehmungsgrundsätze

408 Die Verwertungsgesellschaften sind bestimmten **Wahrnehmungsgrundsätzen** unterworfen. Das Verhältnis der Rechtsinhaber zu den Verwertungsgesellschaften wird maßgeblich durch den für die Verwertungsgesellschaften geltenden Wahrnehmungszwang bestimmt. Der Wahrnehmungszwang korrespondiert mit der Tatsache, dass der Berechtigte aus faktischen und rechtlichen Gründen zwingend auf die Existenz eines Treuhänders angewiesen ist.[20] Gemäß § 6 Abs. 1 UrhWahrnG (vgl. § 9 RegE VGG) ist die Verwertungsgesellschaft verpflichtet, die zu ihrem Tätigkeitsbereich gehörenden Rechte und Ansprüche auf Verlangen der Berechtigten zu angemessenen Bedingungen wahrzunehmen. Der Begriff der **angemessenen Bedingungen** wird nicht näher definiert.[21] Dies schließt die Verpflichtung ein, die Nutzung der wahrgenommenen Rechte durch diejenigen, denen sie Nutzungsrechte eingeräumt hat, möglichst effektiv zu kontrollieren.[22] Der **Wahrnehmungszwang** geht einher mit der **faktischen Monopolstellung** der meisten Verwertungsgesellschaften und dem Abschlusszwang nach § 11 WahrnG (vgl. § 34 RegE VGG).[23] Ohne Wahrnehmungszwang stünde es den Verwertungsgesellschaften frei, bei gewissen Rechten oder den Rechten bestimmter Urheber nach eigenem Ermessen die Wahrnehmung zu verweigern.[24] Sowohl für die Rechte, die zwingend verwertungsgesellschaftspflichtig sind,[25] als auch für eine Vielzahl urheberrechtlicher Positionen, die individuell nur schwer durchsetzbar sind, wäre dem Urheber im Einzelfall die Durchsetzung seiner finanziellen Beteiligungsrechte verwehrt.[26]

409 Gemäß § 11 Abs. 1 UrhWahrnG ist die Verwertungsgesellschaft verpflichtet, auf Grund der von ihr wahrgenommenen Rechte jedermann auf Verlangen zu angemessenen Bedingungen Nutzungsrechte einzuräumen.[27] Sie ist gemäß § 10

(RefE VGG), http://www.bmjv.de/SharedDocs/Downloads/DE/pdfs/Gesetze/RefE_Richtlinie_Umsetzungsgesetz.pdf (letzter Abruf: 17.10.2015); es folgte am 30.10.2015 ein Gesetzentwuf der Bundesregierung (RegE VGG), http://www.bmjv.de/SharedDocs/Gesetzgebungsverfahren/Dokumente/RegE_VG_Richtlinie_Umsetzung.pdf (letzter Abruf: 20.01.2016), über den am 15.01.2016 in 1. Lesung im Bundestag beraten wurde, der beschloss, die Sache an die zuständigen Ausschüsse zu überweisen.

20 *Schack*, UrhR, Rn. 1345.
21 *Gerlach*, in: Wandtke/Bullinger, UrhG, § 11 UrhWahrnG, Rn. 3; vgl. zur Frage der Angemessenheit *W. Nordemann*, in: Fromm/Nordemann, UrhG, § 6 UrhWahrnG, Rn. 5, 6.
22 BGH, Urt. v. 14.10.2010 – I ZR 11/08 (Gesamtvertrag Musikabrufdienste), GRUR 2011, 61, 64.
23 *Gerlach*, in: Wandtke/Bullinger, UrhG, § 6 UrhWahrnG, Rn. 2; *Goldmann*, S. 185.
24 *Goldmann*, S. 185; *Gerlach*, in: Wandtke/Bullinger, UrhG, § 6 UrhWahrnG, Rn. 2.
25 Vgl. §§ 20b Abs. 2 S. 3, 26 Abs. 5, 27 Abs. 3, 54 UrhG.
26 v. Wahrnehmungsumfang nicht umfasst ist das Verhältnis der einzelnen Verwertungsgesellschaften zueinander. Eine ausländische Verwertungsgesellschaft hat keinen Anspruch gegenüber der GEMA auf Abschluss eines Gegenseitigkeitsvertrages, vgl. *Goldmann*, S. 185.
27 BGH, Urt. v. 14.10.2010 – I ZR 11/08 (Gesamtvertrag Musikabrufdienste), GRUR 2011, 61, 64. Das Urheberrechtswahrnehmungsgesetz bildet das Kernstück der gesetzlichen Regulierung und erkennt positivrechtlich die deutschen Verwertungsgesellschaften an. Es wurde gleichzeitig mit dem Urheberrechtsgesetz in der Reform von 1965 erlassen, vgl.

WahrnG im Vorfeld zur Auskunft über ihren Rechtskatalog verpflichtet.[28] Aufgrund dieses **Abschlusszwangprinzips** verliert der Urheber bezüglich der der Verwertungsgesellschaft eingeräumten Nutzungsrechte die Kontrolle darüber, von wem das Werk genutzt werden darf. Zur Garantie der Angemessenheit und Gleichförmigkeit der Lizenzbedingungen ist die Verwertungsgesellschaft gemäß § 13 Abs. 1 UrhGWahrnG (vgl. § 38 ff. RegE VGG) verpflichtet, feste Tarife für die einzelnen Nutzungsarten zu erstellen.[29]

4. Aufsicht über die Verwertungsgesellschaften

Die **faktische Monopolstellung** der Verwertungsgesellschaften birgt die Gefahr des Missbrauchs in sich.[30] Weitere Gefahren können sich aus der Treuhandstellung der Verwertungsgesellschaften ergeben. Die Urheber vertrauen der Verwertungsgesellschaft einen wesentlichen Teil ihres Vermögens an. Der Gesetzgeber hat zur Vermeidung eines Missbrauchs Regeln erlassen. Die Tätigkeit einer Verwertungsgesellschaft ist gemäß § 1 UrhWahrnG erlaubnispflichtig. In Korrelation zu den durch das UrhWahrnG auferlegten Pflichten bildet die **Aufsicht** des *Deutschen Patent- und Markenamts (DPMA)* über Verwertungsgesellschaften nach § 18 Abs. 1 UrhWahrnG (vgl. § 75 RegE VGG) den zweiten Grundpfeiler der Kontrolle kollektiver Wahrnehmung. Im Einvernehmen mit dem *Bundeskartellamt* (§ 18 Abs. 3 UrhWahrnG) entscheidet das *DPMA* (§ 19 Abs. 2 UrhWahrnG) über Erteilung und Widerruf. Zum Zwecke der Aufsicht über die Verwertungsgesellschaften erhält das *Deutsche Patent- und Markenamt* Zugang zu den Mitgliederversammlungen und anderen Sitzungen sowie Einsicht in die Geschäftsbücher und andere geschäftliche Unterlagen der Verwertungsgesellschaft (§§ 18, 19 UrhWahrnG).[31] Zweck der Aufsicht ist es zu gewährleisten, dass die Verwertungsgesellschaft ihren Verpflichtungen ordnungsgemäß gegenüber ihren Berechtigten und den Nutzern nachkommt. Die Aufsicht wird von der Behörde im Interesse der Allgemeinheit ausgeübt.[32]

5. Rechtsverfolgung durch die Verwertungsgesellschaften

Streitigkeiten zwischen den Verwertungsgesellschaften und den Nutzern urheberrechtlich geschützter Werke fallen in die Zuständigkeit der **ordentlichen Gerichtsbarkeit**. Mit dem Urheberrechtswahrnehmungsgesetz wurde beim *Deutschen Patent- und Markenamt* eine Schiedsstelle eingerichtet.[33]

Goldmann, S. 182; zur Geschichte des Kontrahierungszwanges vgl. *W.Nordemann*, in: Fromm/Nordemann, UrhG, § 11 UrhWahrnG, Rn. 1.
28 Nur in besonderen Fällen ist eine Ausnahme von dem Abschlusszwangprinzip zulässig, vgl. *Goldmann*, S. 191.
29 Vgl. *Goldmann*, S. 193; *Melichar*, S. 39.
30 *Schulze*, in: Dreier/Schulze, UrhG, Vorb. UrhWahrnG, Rn. 12.
31 *Schulze*, in: Dreier/Schulze, UrhG, Vorb. UrhWahrnG, Rn. 15.
32 *Schunke*, in: Wandtke, UrhR, Kap. 6, Rn. 27.
33 *Melichar*, in: Loewenheim, UrhR, § 49, Rn. 1.

412 Im Allgemeinen ist das **Schiedsstellenverfahren** gem. § 14 UrhWahrnG fakultativ. § 16 UrhWahrnG bestimmt jedoch Fälle, in denen ein vorausgegangenes Schiedsstellenverfahren Prozessvoraussetzung für eine Klage vor den Zivilgerichten ist.[34] Wer den Abschluss oder die Änderung eines Gesamtvertrages verlangt, muss in jedem Falle das Schiedsgerichtsverfahren durchführen, bevor er klagt (§ 14 Abs. 1 Nr. 1 lit. c) UrhWahrnG).[35] Dasselbe gilt für Pauschalverträge zur Kabelweitersendung (§ 14 Abs. 1 Nr. 2 UrhWahrnG).

413 Bei **Streitfällen über die Vergütungspflicht** nach §§ 54, 54c UrhG Abs. 1 Nr. 1 lit. b) UrhG kommt es darauf an, ob für die Geräte- und Speichermedienvergütung ein Tarif erst noch aufgestellt werden muss. Gibt es noch keinen Tarif, ist ein Schiedsstellenverfahren durchzuführen. Besteht bereits ein Tarif, muss ein Schiedsstellenverfahren durchgeführt werden, wenn dessen Anwendbarkeit oder Angemessenheit in Streit steht.[36] Das Schiedsstellenverfahren im Zusammenhang mit der Vergütungspflicht nach den §§ 54, 54c UrhG wird durch das zu erwartende VGG in den §§ 92, 93 RegE VGG geändert.

414 Häufig treten Verwertungsgesellschaften Forderungen an Inkassounternehmen zur Einziehung ab. Das **Inkassounternehmen** darf diese Forderungen auch gerichtlich geltend machen.[37]

II. Die einzelnen Verwertungsgesellschaften
1. GEMA

415 Bei der *Gesellschaft für musikalische Aufführungsrechte und mechanische Vervielfältigungsrechte eV. (GEMA)* handelt es sich um einen rechtskräftigen Verein kraft staatlicher Verleihung iSd. § 22 BGB. Gemäß § 2 GEMA-Satzung obliegt der *GEMA* die treuhänderische Verwaltung musikalischer Nutzungsrechte von **Komponisten** und **Textdichtern**. Die **Musikverlage** sind ebenfalls Mitglieder der *GEMA*. In § 1 des *GEMA*-Berechtigungsvertrages (GEMA-BV) werden der *GEMA* die Rechte als „Treuhänderin" übertragen. Der GEMA-BV legt in § 3 fest, dass die *GEMA* berechtigt ist, die Ausübung der ihr übertragenen Rechte „im eigenen Namen" durchzuführen. Damit finden die §§ 164 ff. BGB keine Anwendung.[38]

416 Zweck der *GEMA* ist die **umfängliche Rechtswahrnehmung** für die Berechtigten.[39] Es wäre ansonsten für den Nutzer sehr schwer, Musik in größerem Umfang legal zu nutzen, da es ihm nicht möglich wäre, zB. bei Radio- oder Konzertveranstaltungen die einzelnen Komponisten zu kontaktieren und in Vertragsverhand-

---

34 *Melichar*, in: Loewenheim, UrhG, § 49, Rn. 3.
35 Ausführlich dazu *Schulze*, in: Dreier/Schulze, UrhG, § 16 UrhWahrnG, Rn. 3.
36 *Schulze*, in: Dreier/Schulze, UrhG, § 16 UrhWahrnG, Rn. 5a.
37 *Melichar*, in: Loewenheim, UrhR, § 49, Rn. 10.
38 *Ellenberger*, in: Palandt, BGB, Einf. v. § 164 BGB, Rn. 6; *Ventroni*, Diss. Baden-Baden 2001, S. 177.
39 *Schulze*, ZUM 1993, 255, 258.

lungen zu treten. Gleichzeitig wäre eine Kontrolle der Werknutzung durch den Urheber alleine nicht zu bewältigen.[40]

Die *GEMA* nimmt zur Erreichung dieses Zwecks als einzige Verwertungsgesellschaft nicht nur die sogenannten Zweitverwertungsrechte wahr, sondern lässt sich in dem Berechtigungsvertrag auch die **Erstverwertungsrechte** für die meisten Nutzungsarten einräumen. Dadurch ist die *GEMA* im Bereich der Nutzung von Musik umfassend zuständig. 417

Die *GEMA* unterscheidet in ihrer Satzung zwischen ordentlichen, außerordentlichen und angeschlossenen **Mitgliedern**. Nur den ordentlichen Mitgliedern kommt eine volle vereinsrechtliche Mitgliederstellung zu.[41] 418

2. VG Wort

Die *Verwertungsgesellschaft der Wortautoren eV.* (*VG Wort*) ist rechtskräftiger Verein kraft staatlicher Verleihung gemäß § 22 BGB. Die *VG Wort* wurde 1958 auf Betreiben des damaligen „Verbandes deutscher Schriftsteller" gegründet. Berechtigte sind Autoren, Übersetzer und Verleger von schöngeistigen und dramatischen, journalistischen und wissenschaftlichen Texten, die der Urheber der *VG Wort* per Meldekarte oder per Onlineverfahren angezeigt hat. 419

Die *VG Wort* nimmt die sog. **Zweitverwertungsrechte** wahr, die nicht von den Verlegern und Bühnenvertrieben selbst lizenziert werden.[42] Das ist zunächst die Reprografievergütung und die Leerkassetten-, Betreiber- und Gerätevergütung aus §§ 54, 54c UrhG.[43] Letzteren Anspruch hat die *VG Wort* an die **Zentralstelle für private Überspielungen** *(ZPÜ)* zur Wahrnehmung als Gesellschafter eingebracht. Daneben ist die *VG Wort* für die Bibliothekstantieme (§ 27 Abs. 2 UrhG) zuständig. Weiter nimmt sie das kleine Senderecht (§ 20 UrhG), die Vergütungsansprüche aus der Kabelweitersendung (§ 20b Abs. 2 UrhG) sowie den Vergütungsanspruch für Pressespiegel (§ 49 Abs. 1 S. 2 UrhG), den Kopienversand auf Bestellung (§ 53a UrhG) und die Intranet-Nutzungen für Unterricht und Forschung (§ 52a UrhG) wahr.[44] 2008 kam die Wiedergabe an elektronischen Leseplätzen in öffentlichen Bibliotheken hinzu (§ 52b UrhG).[45] Daneben nimmt die *VG Wort* teilweise die Leistungsschutzrechte von Verlagen als Tonträgerproduzenten gemäß § 85 UrhG bspw. im Bereich von Hörbüchern wahr, wie auch bestimmte Rechte aus dem amerikanischen Googlesettlement.[46] 420

---

40 *Schulze*, ZUM 1993, 255, 258.
41 *Schunke*, in: Wandtke, UrhR, Kap. 6, Rn. 30.
42 *Gerlach*, in: Wandtke/Bullinger, UrhG, Vor §§ 1 ff. UrhWahrnG, Rn. 6.
43 *Lüft*, in: Wandtke/Bullinger, UrhG, § 54h, Rn. 3.
44 *Gerlach*, in: Wandtke/Bullinger, UrhG, Vor §§ 1 ff. UrhWahrnG, Rn. 6.
45 Vgl. zum Ganzen *Melichar*, in: Loewenheim, UrhR, § 46, Rn. 6.
46 *Melichar*, in: Loewenheim, UrhR, § 46, Rn. 6.

3. GVL

421 Zweitgrößte Verwertungsgesellschaft nach der *GEMA* ist die **Gesellschaft zur Verwertung von Leistungsschutzrechten mbH (GVL)**. Sie ist eine gemeinsame Gründung der *Deutschen Orchestervereinigung e V.*, Berlin, und des *Bundesverbands Musikindustrie e V.*, Berlin.[47] Die *GVL* nimmt seit 1959 die Rechte der ausübenden Künstler, Veranstalter und Tonträgerhersteller wahr.

422 Der Künstler überträgt der *GVL* das Recht aus § 77 Abs. 1 UrhG, dh., das Recht, seine Darbietung auf Bild- oder Tonträger aufzunehmen. Ebenso überträgt er das Recht, seine Darbietung öffentlich zugänglich zu machen (§ 78 Abs. 1 Nr. 1 iVm. § 19a UrhG), seine Darbietung zu senden (§ 78 Abs. 1 Nr. 2 UrhG), und seine Darbietung außerhalb des Raumes, in dem sie stattfindet, durch Bildschirm, Lautsprecher oder ähnliche technische Einrichtungen öffentlich wahrnehmbar zu machen (§ 78 Abs. 1 Nr. 3 UrhG). Diese im Allgemeinen als **Erstverwertungsrecht** bezeichnete Befugnis kann der ausübende Künstler daneben selbstständig wahrnehmen und tut dieses im Regelfall auch.[48]

423 Für den Bereich der **Zweit- und Drittverwertung** stellt das UrhG den Künstlern und Tonträgerherstellern keine Verbotsrechte, sondern einen Anspruch auf angemessene Vergütung zur Verfügung.[49] Diese Vergütungsansprüche werden von der *GVL* treuhänderisch wahrgenommen. Darunter fällt vor allem der Vergütungsanspruch für das Recht, seine erlaubterweise auf einen Tonträger aufgenommene Darbietung zu senden (§§ 78 Abs. 1 iVm. 78 Abs. 2 Nr. 1 UrhG – Tonträgersendung; vgl. Abs. 1 Nr. 2a des Wahrnehmungsvertrages), das Recht die Darbietung mittels Bild- oder Tonträger öffentlich wahrnehmbar zu machen (§ 78 Abs. 2 Nr. 2 UrhG; Abs. 2 Nr. 2b Wahrnehmungsvertrag) und das Recht die Sendung oder die auf öffentlicher Zugänglichmachung beruhende Wiedergabe der Darbietung öffentlich wahrnehmbar zu machen (§ 78 Abs. 2 Nr. 3 UrhG; Abs. 2 Nr. 2c Wahrnehmungsvertrag). Bei der Tonträgersendung wird von den Fernsehanstalten ein prozentualer Anteil an den Rundfunkgebühren und Werbeeinnahmen direkt an die *GVL* bezahlt.[50]

4. VG Bild-Kunst

424 Die **VG Bild-Kunst eV.**[51] nimmt die Rechte und Ansprüche der Urheber im gesamten visuellen Bereich wahr.[52] Sie erwirbt umfassend die von ihr wahrzunehmenden Rechte und Vergütungsansprüche durch Wahrnehmungsverträge, die sie mit den einzelnen Berechtigten abschließt oder die ihr aufgrund der Schrankenregelungen zugesprochen werden. Die *VG Bild-Kunst* teilt ihre Mitglieder in

---

47 *Gerlach*, in: Wandtke/Bullinger, UrhG, Vor §§ 1 ff. UrhWahrnG, Rn. 5.
48 *Schunke*, in: Wandtke, UrhR, Kap. 6, Rn. 11.
49 *Dünnwald/Gerlach*, in: Moser/Scheuermann, S. 708, 710.
50 *Dünnwald/Gerlach*, in: Moser/Scheuermann, S. 708, 710; *Schunke*, in: Wandtke, UrhR, Kap. 6, Rn. 12.
51 Zum Wahrnehmungsvertrag vgl. http://www.bildkunst.de (letzter Abruf: 17.10.2015).
52 *Schulze*, in: Dreier/Schulze, UrhG, Vorb. §§ 31–44, Rn. 139.

drei Berufsgruppen ein: bildende Künstler und Architekten; Bildautoren (Fotografen, Designer etc.) und deren Bevollmächtigte (Bildagenturen) und schließlich Rechtsinhaber aus dem Bereich Film/Fernsehen/Audiovision (Filmregisseure, Kameraleute).[53]

Bei den **Filmurhebern** beschränkt sich die Rechtswahrnehmung vor allem auf die gesetzlichen Vergütungsansprüche. Außerdem nimmt sie das Recht der öffentlichen Wiedergabe durch Bild- oder Bild-/Tonträger iSd. § 21 UrhG sowie das Recht der öffentlichen Wiedergabe von Fernsehsendungen (§ 22 UrhG) wahr, und zwar auch an Teilen, Ausschnitten, Bearbeitungen und Umgestaltungen. Zu letzteren muss die Einwilligung des Berechtigten eingeholt werden.[54]

425

Die für die **bildenden Künstler** und **Bildautoren** wahrgenommenen Rechte erstrecken sich neben den gesetzlichen Vergütungsansprüchen auch auf die Vorführung (§ 19 Abs. 4 UrhG), die Sendung (§ 20 UrhG), das Folgerecht (§ 26 UrhG), das Vermiet- und Verleihrecht (§ 27 UrhG) sowie teilweise auf das Vervielfältigungs- und Verbreitungsrecht (§§ 16, 17 UrhG).[55] Für bildende Künstler nimmt sie auch das Folgerecht (§ 26 UrhG) wahr.[56]

426

Der Berechtigte kann verlangen, dass ihm für die Wahrnehmung in einem bestimmten Einzelfall die **Rechte zurückübertragen** werden. Dies gilt nicht für die gesetzlichen Vergütungsansprüche.[57]

427

5. Weitere Verwertungsgesellschaften

Weitere Verwertungsgesellschaften sind in Deutschland insbesondere die Film-Verwertungsgesellschaften, die *VG Musikedition*, die *VG Media* und die *VG Werbung*.[58]

428

Die *Verwertungsgesellschaft zur Wahrnehmung von Nutzungsrechten an Editionen von Musikwerken* (*VG Musikedition*) nimmt die Verwertungsrechte vor allem an wissenschaftlichen, insbesondere musikwissenschaftlichen Ausgaben, sowie an Ausgaben nachgelassener Werke wahr (§§ 70, 71 UrhG).[59]

429

Im **Bereich des Films** sind neben der *VG Bild-Kunst* konkurrierend mehrere Verwertungsgesellschaften tätig. Die *Verwertungsgesellschaft für Nutzungsrechte an Filmwerken mbH* (*VGF*) nimmt in erster Linie die Rechte der Filmproduzenten wahr. Zum Wahrnehmungsumfang der *VGF* zählen unter anderem das Recht der öffentlichen Wiedergabe von Fernsehsendungen (§ 22 UrhG), Vergütungsansprü-

430

---

53 *Schulze*, in: Dreier/Schulze, UrhG, Vorb. §§ 31–44, Rn. 139.
54 *Schulze*, in: Dreier/Schulze, UrhG, Vorb. §§ 31–44, Rn. 140.
55 *Schulze*, in: Dreier/Schulze, UrhG, Vorb. §§ 31–44, Rn. 141.
56 *Gerlach*, in: Wandtke/Bullinger, UrhG, Vor §§ 1 ff. UrhWahrnG, Rn. 7.
57 *Schunke*, in: Wandtke, UrhR, Kap. 6, Rn. 13.
58 *Schunke*, in: Wandtke, UrhR, Kap. 6, Rn. 16; *Gerlach*, in: Wandtke/Bullinger, UrhG, Vor §§ 1 ff. UrhWahrnG, Rn. 8 ff.
59 *Schulze*, in: Dreier/Schulze, UrhG, Vorb. §§ 31–44, Rn. 138; http://www.vg-musikedition.de (letzter Abruf: 17.10.2015).

che (§§ 27, 46 Abs. 4, 53, 54 UrhG) und das Recht, einen ausgestrahlten Film im Kabel- oder Satellitensystem weiterzuverbreiten (§ 20b UrhG). Die *Gesellschaft zur Wahrnehmung von Film- und Fernsehrechten mbH (GWFF)* nimmt vor allem die Rechte der ausländischen Filmproduzenten wahr, und zwar grundsätzlich in dem Umfang wie die *VGF*. Die *Verwertungsgesellschaft der Film- und Fernsehproduzenten mbH (VFF)* lässt sich von den Film- und Fernsehproduzenten die Rechte aus den §§ 85, 87, 94, 95 UrhG zur Wahrnehmung einräumen. Zum Wahrnehmungsumfang zählen ua. die Vergütungsansprüche gemäß §§ 27 Abs. 2, 54, 54a, 54d UrhG, das Recht zur Vervielfältigung und öffentlichen Wiedergabe durch Geschäftsbetriebe (§ 56 UrhG) sowie das Recht zur Kabelweiterübertragung in Deutschland. Die *Gesellschaft zur Übernahme und Wahrnehmung von Filmaufführungsrechten mbH (GÜFA)* nimmt vorwiegend die Rechte der Filmhersteller pornografischer Filme wahr.[60]

6. Inkassostellen

431 Keine Verwertungsgesellschaften sondern nur **Inkassostellen** im Falle gemeinsamer Zuständigkeiten von Verwertungsgesellschaften sind die *ZPÜ (Zentralstelle für private Überspielungsrechte,* angesiedelt bei der *GEMA),* die *ZBT (Zentralstelle Bibliothekstantieme,* angesiedelt bei der *VG Wort),* die *ZFS (Zentralstelle Fotokopieren an Schulen,* angesiedelt bei der *VG Wort),* die *ZVV (Zentralstelle für Video-Vermietung,* angesiedelt bei der *GEMA),* die *ZWF (Zentralstelle für die Wiedergabe von Fernsehsendungen)* und die *ARGE DRAMA (Arbeitsgemeinschaft zur Geltendmachung von Kabelweitersenderechten an Bühnenwerken von GEMA und VG Wort in gemeinschaftlicher Geschäftsführung).*[61]

III. Verwertungsgesellschaften im europäischen und internationalen Kontext

1. Europäischer Rechtsrahmen

432 Die Verwertungsgesellschaften werden in der Zukunft geprägt sein von der **VG-Richtlinie**.[62] Die Richtlinie muss gem. Art. 43 bis zum 10. April 2016 in nationales Recht umgesetzt werden. Hintergrund der Richtlinie ist zum einen, dass die nationalen Regelungen über die Funktionsweise von Organisationen für die kollektive Rechtewahrnehmung stark voneinander abweichen.[63] Dies hat gerade bei ausländischen Rechteinhabern zu Schwierigkeiten in der Rechtsausübung geführt und letztlich zu einer mangelhaften Verwaltung des Aufkommens.[64]

433 Ziel der Richtlinie ist deshalb die **Koordinierung nationaler Vorschriften**, die sich auf die Aufnahme der Tätigkeit einer Verwertungsgesellschaft, die Modalitäten ihrer Funktionsweise und auf ihre Beaufsichtigung beziehen. Dabei sollen

---

60 Zum Ganzen *Schulze,* in: Dreier/Schulze, UrhG, Vorb. §§ 31–44, Rn. 143–148.
61 *Schunke,* in: Wandtke, UrhR, Kap. 6, Rn. 17.
62 Siehe Kap. 11, Rn. 245 ff.
63 Erwägungsgrund Nr. 5 der VG-Richtlinie (Kap. 11, Rn. 245 ff).
64 Erwägungsgrund Nr. 5 der VG-Richtlinie (Kap. 11, Rn. 245 ff).

hohe Standards für die Leistungsstrukturen, das Finanzmanagement, die Transparenz und das Berichtswesen hergestellt werden.[65] Eine wichtige Bestimmung ist insbesondere Art. 5 Abs. 2 der Richtlinie und Erwägungsgrund Nr. 19, der den Rechtsinhabern das Recht gibt, eine Verwertungsgesellschaft ihrer Wahl mit der Wahrnehmung zu beauftragen. Die Wahlfreiheit betrifft nicht nur den Geschäftspartner, sondern auch die Art, Anzahl und Kategorien von Rechten, mit deren Wahrnehmung die Gesellschaft beauftragt wird. Damit greift das Europäische Recht erheblich in das bisherige System der Rechtewahrnehmung durch Verwertungsgesellschaften ein.[66]

Ein weiterer wesentlicher Regelungsinhalt ist die Wahrnehmung von Rechten im Bereich der **Online-Verbreitung von Musikwerken**. Die Richtlinie hat das Ziel im Online-Musiksektor, wo die kollektive Wahrnehmung von Urheberrechten auf Länderbasis nach wie vor die Norm ist, die Voraussetzung für eine möglichst effektive Lizenzierungsmethode in einem länderübergreifenden Kontext zu schaffen.[67] Dies soll darüber erreicht werden, dass es Verwertungsgesellschaften möglich sein soll, Mehrgebietslizenzen für Musikwerke zu vergeben.[68] Die Richtlinie soll durch das Verwertungsgesellschaftsgesetz (VGG) umgesetzt werden. Damit wird die Praxis der Verwertungsgesellschaften in der Zukunft erheblich durch die Rechtsprechung des EuGH beeinflusst werden. 434

Bisher wurde die Praxis der Verwertungsgesellschaften lediglich am Rande durch europäische Vorgaben beeinflusst. Insbesondere die **Informations-Richtlinie**[69] hat dazu beigetragen, dass der EuGH Einfluss auf die Verwertungsgesellschaften in Deutschland genommen hat. Dies liegt vor allem an **Art. 5 Abs. 2 der Informations-Richtlinie**, in dem es um die Ausnahmen vom Vervielfältigungsrecht geht und damit die Grundlage des gesetzlichen Vergütungsanspruchs darstellt, der in Deutschland überwiegend durch Verwertungsgesellschaften ausschließlich wahrgenommen wird. Die Verwertungsgesellschaften müssen sich vor allem an dem Tatbestandsmerkmal des „gerechten Ausgleichs" messen lassen.[70] 435

Einen weiteren europäischen Rechtsrahmen gibt das **europäische Kartellrecht** vor, da durch die Monopolstellung der Verwertungsgesellschaften grundsätzlich Missbrauchsgefahr besteht.[71] 436

---

65 Erwägungsgrund Nr. 8, 9 der VG-Richtlinie (Kap. 11, Rn. 245 ff).
66 Dazu *Peifer*, ZUM 2014, 453, 459.
67 Erwägungsgrund Nr. 40 der VG-Richtlinie (Kap. 11, Rn. 245 ff).
68 Erwägungsgrund Nr. 44 der VG-Richtlinie (Kap. 11, Rn. 245 ff).
69 Siehe Kap. 11, Rn. 238 ff.
70 EuGH, Urt. v. 21.10.2010 – C-467/08 (Padawan/SGAE), GRUR 2011, 50, 53; EuGH, Urt. v. 10.04.2014 – C-435/12 (ACI/Stichting), GRUR Int. 2014, 605, 609, 610; EuGH, Urt. v. 12.11.2015 – C-572/13 (Hewlett-Packardt/Reprobel), GRUR 2016, 55, 56 ff.
71 *Müller*, in: Hoeren/Sieber/Holznagel, Teil 7.5, Rn. 17–21; *Mestmäcker/Schweitzer*, Rn. 26, 27.

2. Internationaler Rechtsrahmen

437 In den internationalen Urheberrechtsverträgen gibt es keine konkreten Vorgaben für die Funktionsweise von Verwertungsgesellschaften.

3. Gegenseitigkeitsverträge

438 Der Tätigkeitsbereich der nationalen Verwertungsgesellschaften beschränkt sich grundsätzlich auf das jeweilige Land.[72] Zahlreiche Werke insbesondere im Bereich der Musik, Film, bildenden Kunst und Fotografie kennen bei der Nutzung aber keine nationalen Grenzen. Die kollektive Wahrnehmung wäre unzureichend, wenn sie auf das Inland beschränkt bliebe.[73] Die grenzüberschreitende Wahrnehmung von Urheber- und Leistungsschutzrechten hat bis dato über **Gegenseitigkeitsverträge** zwischen den Verwertungsgesellschaften stattgefunden. In den Gegenseitigkeitsverträgen tauschen in- und ausländische Verwertungsgesellschaften die von ihnen wahrzunehmenden Rechte an Werken zur gegenseitigen Wahrnehmung im jeweiligen Land aus.[74]

439 Die aus dem Prinzip der Gegenseitigkeitsverträge resultierende **Monopolstellung** wurde von der **Europäischen Kommission** vor dem Hintergrund des Wettbewerbsrechts kritisiert. Dies galt vor allem für den Bereich der Lizenzierung im Online-Bereich.[75] Diese Praxis der Verwertungsgesellschaften wird sich im **Online-Musikverwertungsbereich** durch die VG-Richtlinie und der damit verbundenen Einführung der Mehrgebietslizenzen erheblich ändern.

440 Für Gegenseitigkeitsverträge gab es bisher keine eindeutigen gesetzlichen Vorgaben. **Art. 14 der VG-Richtlinie**[76] regelt nunmehr die Zulässigkeit solcher Verträge und nennt sie „Repräsentationsvereinbarungen". Dadurch ändert sich allerdings nichts im Verhältnis zum deutschen Verständnis von Gegenseitigkeitsverträgen.[77] Die ausdrückliche Anerkennung dieser Form der Vereinbarung ist aus kartellrechtlicher Sicht relevant.[78] Erwägungsgrund 11 der VG-Richtlinie stellt klar, dass auch außerhalb des Musik-Online-Bereichs Verwertungsgesellschaften Gegenseitigkeitsverträge mit dem Ziel der Vergabe von Mehrgebietslizenzen abschließen können.[79]

---

72 *Schunke*, in: Wandtke, UrhR, Kap. 6, Rn. 7.
73 *Schulze*, in: Dreier/Schulze, UrhG, Vorb. UrhWahrnG, Rn. 18.
74 *Schulze*, in: Dreier/Schulze, UrhG, Vorb. UrhWahrnG, Rn. 18.
75 *Kommission*, Beschl. 16.07.2008 – COMP/C2/38698, ABl. 2008 C 323, ABL EU Jahr 323 C S. 12 – CISAC; Schunke, in: Wandtke, UrhR, Kap. 6, Rn. 7.
76 Siehe Kap. 11, Rn. 245 ff.
77 *Peifer*, ZUM 2014, 453, 461, 463.
78 *Peifer*, ZUM 2014, 453, 461, 463.
79 *Staats*, ZUM 2014, 470, 472.

IV. Rechtseinräumung an die Verwertungsgesellschaft

1. Vorgaben durch das UrhWahrnG

Bezogen auf die unmittelbare Rechtseinräumung die zwischen dem Urheber und der Verwertungsgesellschaft und/oder dem Verlag und der Verwertungsgesellschaft stattfindet, gibt das Urheberrechtswahrnehmungsgesetz **keine unmittelbaren Vorgaben**. 441

Dies ändert sich mit der **VG-Richtlinie**[80] und dem zu erwartenden **VGG** teilweise. In § 11 RegE VGG und Art. 5 Abs. 3 der Richtlinie haben die Rechtsinhaber das Recht, Lizenzen für die **nicht kommerzielle Nutzung** von Rechten, von Kategorien von Rechten oder von Arten von Werken und sonstigen Schutzgegenständen ihrer Wahl zu vergeben. Damit verbleibt auch bei der Einräumung von ausschließlichen Nutzungsrechten an die Verwertungsgesellschaft zumindest ein einfaches Nutzungsrecht im Sinne des § 31 Abs. 2 UrhG für die nicht-kommerzielle Nutzung des Werkes beim Urheber.[81] Schon jetzt stellt sich die wesentliche Frage, was unter nicht-kommerzieller Nutzung zu verstehen ist. Gerade in kreativen Nischenbereichen, in denen Formate, Veranstaltungen und Produktionen oft von einem wirtschaftlichen Verlust von vornherein ausgehen müssen, könnte man diese Bestimmung als Privilegierung anwenden. Dies wäre ein wünschenswertes Ergebnis. 442

Ebenso enthält die Richtlinie in Art. 5 Abs. 4 Angaben zur **Beendigung der Laufzeit** eines Wahrnehmungsvertrages. Gemäß Art. 5 Abs. 4 der Richtlinie haben die Rechtsinhaber das Recht, unter Einhaltung einer angemessenen Frist von höchstens sechs Monaten für die Gebiete ihrer Wahl den einer Organisation für die kollektive Rechtewahrnehmung erteilten Auftrag zur Wahrnehmung von Rechten zu beenden. 443

2. Zivilrechtliche und urheberrechtliche Vorgaben

Beim **Wahrnehmungsvertrag** handelt es sich um einen **urheberrechtlichen Nutzungsvertrag sui generis**.[82] Die sich aus dem Wahrnehmungsvertrag ergebenden Rechtsbeziehungen betreffend die Einräumung oder Übertragung von Nutzungsrechten und Abtretung von Ansprüchen an die Verwertungsgesellschaft sind dem individualrechtlichen Bereich zuzuordnen. Sie regeln nicht das mitgliedschaftliche Verhältnis sondern die schuldrechtlich-treuhänderische Beziehung.[83] Die §§ 133, 157 BGB finden Anwendung, wie auch alle Bestimmungen zum Urhebervertragsrecht, insbesondere auch der § 31 Abs. 5 UrhG.[84] 444

---

80 Siehe Kap. 11, Rn. 245 ff.
81 Dies war bspw. nach dem bisherigen GEMA-BV nicht möglich.
82 *Landfermann*, Handy-Klingeltöne im Urheber- und Markenrecht, Diss. Göttingen 2006, S. 130.
83 BGH, Urt. v. 19.05.2005 – I ZR 299/02 (PRO-Verfahren), GRUR 2005, 757, 759; *Schunke*, Diss. Berlin 2008, S. 181.
84 BGH, Urt. v. 14.10.1999 – I ZR 117/97 (Musical-Gala), ZUM 2000, 234, 236; *Staats*, ZUM 2005, 789, 791.

445 Das **AGB-Recht** findet Anwendung, da es sich um bundesweit angewandte Allgemeine Geschäftsbedingungen handelt.[85] So war bspw. die Regelung im GEMA-BV nach § 307 Abs. 1 S. 1 BGB unwirksam, die bezogen auf Änderungen des Vertrages kein ausdrückliches Widerspruchsrecht vorsah.[86] Gleiches gilt für die Neuregelung zumindest insoweit, als dass ein Mitglied nicht ausdrücklich der Neufassung des § 6a Abs. 2 GEMA-BV zugestimmt hat.[87]

446 Sind **Allgemeine Geschäftsbedingungen** grundsätzlich als Vertragsbedingungen nach den Regeln der **§§ 133, 157 BGB auszulegen**, so ergeben sich wegen der Standardisierung Besonderheiten. Die Bestimmungen sind objektiv auszulegen, die individuellen Umstände des Einzelfalles sind vorrangig nicht zu berücksichtigen. Bei unklaren Regelungen des Berechtigungsvertrages ist nicht der geäußerte Wille der individuellen Vertragspartner bedeutend; entscheidend ist vielmehr, wie die Regelung bei einer **typisierten, vom Einzelfall losgelösten Betrachtung** unter Einbeziehung teleologischer Erwägungen zu verstehen ist.[88] Bei den teleologischen Betrachtungen ist zu beachten, dass dem Wahrnehmungsvertrag der Zweck zu kommt, dem Urheber über die kollektive Verwertung durch die Verwertungsgesellschaft die für sie erforderliche Position gegenüber den wirtschaftlich in der Regel wesentlich stärkeren Verwertern zu verschaffen.[89] Gleichzeitig sollen der Verwertungsgesellschaft vom Sinn und Zweck her die Rechte eingeräumt werden, deren individuelle Wahrnehmung dem einzelnen Urheberberechtigten nicht möglich ist, während Rechte, die der Urheberberechtigte individuell verwerten kann, diesem verbleiben sollen.[90]

447 Die **Rechtseinräumung an die Verwertungsgesellschaften** ist häufig geprägt von dem **Dreiecksverhältnis**, welches zwischen der Verwertungsgesellschaft, dem Urheber und dem Verlag besteht. Urheber und Verwertungsgesellschaft sowie Verlag und Verwertungsgesellschaft schließen einen Wahrnehmungsvertrag ab. Verlag und Urheber schließen einen Verlagsvertrag ab. Allerdings haben eine falsche Rechtsauffassung und damit einhergehende unzulässige Branchenübung das Verhältnis von Verlag, Verwertungsgesellschaft und Urheber in den letzten Jahren offensichtlich bestimmt.[91] Auf dieser Grundlage wurden Wahrnehmungsverträge und Verlagsverträge abgeschlossen. Fraglich ist, was aus dieser Vertragspraxis rechtlich abgeleitet werden kann.

---

85 BGH, Urt. v. 05.12.2012 – I ZR 23/11 (Missbrauch des Verteilungsplans), GRUR 2013, 375; BGH, Urt. v. 19.01.2006 – I ZR 5/03 (Alpensinfonie), GRUR 2006, 319, 321; *Schunke*, Diss. Berlin 2008, S. 181.
86 BGH, Urt. v. 18.12.2008 – I ZR 23/06 (Klingeltöne für Mobiltelefone), GRUR 2009, 395, 400.
87 BGH, Urt. v. 18.12.2008 – I ZR 23/06 (Klingeltöne für Mobiltelefone), GRUR 2009, 395, 400; aA. *Staudt*, in: Kreile/Becker/Riesenhuber, Kap. 10, Rn. 338 f.
88 *Schunke*, Diss. Berlin 2008, S. 182.
89 *Gerlach*, in: Wandtke/Bullinger, UrhG, § 6 UrhWahrnG, Rn. 5.
90 BGH, Urt. v. 14.10.1999 – I ZR 117/97 (Musical Gala), ZUM 2000, 234, 236, 237: für den GEMA-BV.
91 *Schunke*, ZUM 2015, 37, 44 f.

Der Urheber räumt dem Verleger in dem **Verlagsvertrag** neben den Rechten zur Vervielfältigung und Verbreitung (§§ 1, 8, 9 VerlG) häufig auch **weitere Nutzungsrechte** ein und tritt gesetzliche Vergütungsansprüche ab.[92] Die Ausgestaltungen dieser Verträge können sehr unterschiedlich sein.[93] Auf der anderen Seite schließen Urheber und Verlage mit den Verwertungsgesellschaften Wahrnehmungsverträge ab, in denen ebenfalls inhaltsgleiche Rechte und Ansprüche ausschließlich übertragen werden. Es stellt sich also die Frage, wer überhaupt eine wirksame Rechtseinräumung und Anspruchsabtretung vornimmt.

448

Nach richtiger Auffassung gilt im Urheberrecht wie auch im Zivilrecht bei der Einräumung von Nutzungsrechten und gesetzlichen Vergütungsansprüchen das **Prioritätsprinzip**.[94] Das Prioritätsprinzip ist wegen §§ 413, 398 BGB auch im Urheberrecht vollständig anwendbar. Denn mit Abschluss des ersten Abtretungs-/Einräumungsvertrages sind die Ansprüche und Rechte endgültig aus dem Vermögen des alten Gläubigers ausgeschieden, hat dieser seine Verfügungsbefugnis verloren.[95] Aufgrund des Prioritätsprinzips ist die spätere Abtretung bzw. Rechtseinräumung gem. §§ 398, 413 BGB unwirksam, so dass entweder der Urheber oder der Verleger ausschließlicher dinglicher Rechteinhaber ist.[96] Ein gutgläubiger Erwerb scheidet aus.[97]

449

3. Besonderheiten bei der GEMA

a) Der Berechtigungsvertrag der GEMA

Im **Berechtigungsvertrag** der *GEMA* übertragen die Mitglieder die von der *GEMA* wahrzunehmenden **Nutzungsrechte**.[98] Da Mitglieder neben den Komponisten und Textdichtern auch die Verlage sind, schließt die *GEMA* mit allen Beteiligten Berechtigungsverträge ab, so dass es auch bei der Verwendung von Musik zu einem besonderen vertraglichen Dreiecksverhältnis Verlag-Urheber-*GEMA* kommen kann, wenn der Urheber verlagsmäßig gebunden ist. Der Berechtigungsvertrag **bestimmt den Umfang der übertragenen Rechte** (§ 1 GEMA-BV). Die Mitglieder erkennen die Geltung des Verteilungsplanes und der Satzung an.[99] Ein-

450

---

92 *Riesenhuber*, ZUM 2012, 746, 750.
93 *Riesenhuber*, ZUM 2012, 746, 751.
94 OLG München, Urt. v. 17.10.2013 – 6 U 2492/12, ZUM 2014, 52, 61; *Schunke*, ZUM 2015, 37, 43.
95 BGH, Urt. v. 09.06.1960 – VII ZR 229/58, BGHZ 32, 367, 370; *Busche*, in: Staudinger, § 398, Rn. 32.
96 BGH, Urt. v. 30.04.1959 – VII ZR 19/58, NJW 1959, 1533, 1535 f.; *Busche*, in: Staudinger, § 398, Rn. 32, § 513, Rn. 19; *Melichar*, in: FS Wandtke, 2013, S. 247; *Hoeren*, MMR 2007, 615, 619; *Loewenheim*, in: Schricker/Loewenheim, UrhG, § 63a, Rn. 7.
97 *Schunke*, ZUM 2015, 37, 43; *Busche*, in: Staudinger, § 398, Rn. 32.
98 GEMA-BV in der Fassung v. 25./26.06.2013 unter http://www.gema.de/fileadmin/user_upload/Musikurheber/Informationen/Berechtigungsvertrag.pdf (letzter Abruf: 17.10.2015).
99 In § 6a GEMA-BV erfolgt ein dynamischer Verweis auf den Verteilungsplan und die Satzung in seiner jeweils gültigen Form; vgl. *Goldmann*, S. 300.

zelne **Nutzungsarten** können mittels Individualvereinbarung aus dem Wahrnehmungsumfang der *GEMA* herausgenommen werden. Dies ist aber in der Praxis selten der Fall.[100]

451 Der **Standard-Berechtigungsvertrag** der *GEMA* zielt auf eine umfassende Rechtseinräumung durch den berechtigten Urheber oder Verleger. Es gibt aber **nicht nur eine gültige Version** des Standard-Berechtigungsvertrages. Grund ist, dass die entsprechende Regelung im GEMA-BV nach § 307 Abs. 1 S. 1 BGB unwirksam war, da der damalige Berechtigungsvertrag, bezogen auf Änderungen des Vertrages, kein ausdrückliches Widerspruchsrecht vorsah.[101] So sind Neuregelung und damit Änderungen des Berechtigungsvertrages nur wirksam, wenn ein Mitglied ausdrücklich der neuen **Einbeziehungsklausel** des § 6a Abs. 2 GEMA-BV zugestimmt hat.[102] Da viele Mitglieder weder der neuen Einbeziehungsklausel zugestimmt haben, noch den Aufforderungen der *GEMA*, der Aktualisierung des Berechtigungsvertrages zuzustimmen, gibt es sehr viele geltende unterschiedliche Versionen von gültigen GEMA-Berechtigungsverträgen. Im Grunde muss man deshalb bei jedem Berechtigten genau hinschauen, welche Version für ihn gilt.

452 Übertragen wird das **Aufführungs- und Senderecht** nebst aller Wiedergabemöglichkeiten von Musik durch Fernsehen, Lautsprecher und Tonträger.[103] Die *GEMA* lässt sich die Rechte übertragen, die Werke mittels **Multimedia-Datenträger** wahrnehmbar zu machen und Werke **der Tonkunst elektronisch** zu übermitteln, wie auch die Rechte zur **mechanischen Vervielfältigung** auf Ton-, Bild-, Multimedia- und anderen Datenträgern sowie die Vervielfältigungs- und Verbreitungsrechte an diesen, wozu die Einspeicherung von Werken der Tonkunst in Datenbanken oder Speicher ähnlicher Art gehört. Des Weiteren werden im Wahrnehmungsvertrag die **gesetzlichen Vergütungsansprüche** „abgetreten". Dies korrespondiert mit der gesetzlichen Ausgestaltung dieser Rechte als verwertungsgesellschaftspflichtige Ansprüche, die nur über Organisationen der kollektiven Rechtswahrnehmung geltend gemacht werden können und auch erst dann entstehen.[104]

453 Die Rechte werden der *GEMA* **ausschließlich und weltweit** zur Rechtsausübung übertragen.[105] Bei dem Berechtigten selbst verbleibt kein einfaches Nutzungsrecht. Dies muss sich nach Umsetzung der **VG-Richtlinie**[106] jedoch ändern. Zumindest

---

100 Die Rechtsübertragung erfolgt auch nicht erst mit der Anmeldung des Werkes bei der GEMA, so aber überraschenderweise das OLG Frankfurt, Urt. v. 06.12.2005 – 11 U 26/05, GRUR 2006, 578, 580.
101 BGH, Urt. v. 18.12.2008 – I ZR 23/06 (Klingeltöne für Mobiltelefone), GRUR 2009, 395, 400.
102 BGH, Urt. v. 18.12.2008 – I ZR 23/06 (Klingeltöne für Mobiltelefone), GRUR 2009, 395, 400; aA. *Staudt*, in: Kreile/Becker/Riesenhuber, Kap. 10, Rn. 338 f.
103 Vgl. § 1 GEMA-BV.
104 *Goldmann*, S. 298.
105 Die Vertragslaufzeit beträgt drei Jahre und verlängert sich automatisch um jeweils drei Jahre falls keine Kündigung erfolgt, vgl. § 10 GEMA-BV.
106 Siehe Kap. 11, Rn. 245 ff.

das Recht das Werk **nicht-kommerziell** zu nutzen muss nach Art. 5 Abs. 3 der Richtlinie bei dem Urheber verbleiben. Eine Änderung muss sich auch bei den **Online-Rechten** ergeben. Gemäß Art. 29 der Richtlinie müssen die Mitgliedstaaten sicherstellen, dass die Online-Rechte an Musikwerken nicht-exklusiver Natur sind.[107]

Sinn und Zweck der umfänglichen Rechtseinräumung durch den *GEMA*-BV ist es, dass die Werke für jedermann nutzbar gemacht werden. Die Rechte an **zukünftigen Werken** werden im Voraus an die *GEMA* abgetreten, so dass man nur bezüglich all seiner Werke *GEMA*-Mitglied sein kann – ein Komponieren unter einem Pseudonym lässt diese Werke nicht zu GEMA-freien Werken werden.[108] Der *GEMA*-Komponist, der ausschließlich eigene Werke auf CD aufnimmt oder diese aufführt,[109] bedarf damit ebenso einer *GEMA*-Lizenz, als wenn ein Künstler fremde Werke zur Aufführung bringt. Problematisch ist diese Bestimmung sicherlich im Zusammenhang mit Werken, die mehrere Komponisten gemeinsam geschaffen haben im Sinne von § 8 UrhG, also **Miturheber** sind. Ist nur einer der Miturheber *GEMA*-Mitglied, ist es fraglich, ob insofern die zukünftige Rechteinräumung wirksam ist, denn gemäß § 8 Abs. 2 UrhG steht das Recht zur Verwertung des Werkes den Miturhebern zur gesamten Hand zu.

454

b) GEMA-Vermutung

Aufgrund der **GEMA-Vermutung** obliegt dem Verwender von musikalischen Werken der Nachweis, dass es sich bei der benutzten Komposition nicht um von der *GEMA* wahrgenommene Werke handelt, sondern um *GEMA*-freie Werke.[110] Aufgrund des umfassenden In- und Auslandrepertoires der *GEMA* erkennt die Rechtsprechung eine **tatsächliche Vermutung ihrer Wahrnehmungsbefugnis** für die Aufführungsrechte an in- und ausländischer Tanz- und Unterhaltungsmusik an sowie im Bereich der mechanischen Rechte.[111] Die Vermutung erstreckt sich auch darauf, dass die Werke urheberrechtlich geschützt sind.[112] Wegen der VG-Richtlinie[113] kann die *GEMA*-Vermutung nach deren Umsetzung ins deutsche Recht aber nicht für die Online-Rechte und für die nicht-kommerzielle Nutzung von Musikwerken gelten.[114]

455

---

107 Kritsch dazu *Holzmüller*, ZUM 2013, 168, 173; *Holzmüller*, ZUM 2014, 468, 469.
108 *Homann*, Praxishandbuch Musikrecht, 2007, S. 91.
109 Dem Komponisten steht, sofern 80 Prozent der aufgeführten Werke Eigenkompositionen sind, die Möglichkeit der Netto-Einzelverrechnung zu, welches sich bei der *GEMA*-Ausschüttung positiv bemerkbar macht.
110 BGH, Urt. v. 15.10.1987 – I ZR 96/85 (GEMA-Vermutung IV), NJW 1988, 1847; *Homann*, Praxishandbuch Musikrecht, 2007, S. 92.
111 BGH, Urt. v. 05.06.1985 – I ZR 53/83 (GEMA-Vermutung I), GRUR 1986, 62, 63; BGH, Urt. v. 31.01.1991 – I ZR 101/89 (GEMA-Vermutung II), GRUR 1991, 595, 596; *Schulze*, in: Dreier/Schulze, UrhG, §10, Rn. 19.
112 BGH, Urt. v. 05.06.1985 – I ZR 53/83 (GEMA-Vermutung I), GRUR 1986, 62, 63.
113 Siehe Kap. 11, Rn. 245 ff.
114 Noch weitergehender *Peifer*, ZUM 2014, 453, 459.

456 Im Verhältnis zu den Nutzern ist die *GEMA* verpflichtet, **Tarife** über die Höhe der Vergütung aufzustellen (§ 13 Abs. 1 UrhWahrnG). Meldet ein Nutzer die Werknutzung nicht bei der *GEMA* an und zahlt nicht den entsprechenden Tarif, verletzt der Nutzer die Urheberrechte und macht sich nach § 97 Abs. 1 UrhG schadensersatzpflichtig. In Erweiterung der Grundsätze zur **Lizenzanalogie**[115] hat der BGH der *GEMA* bei manchen Rechtsverletzungen einen 100 Prozent *GEMA*-**Zuschlag** zugesprochen.[116] Damit muss der Verletzer nachträglich nicht den einfachen Tarif zahlen, sondern ist zur Zahlung des **doppelten Tarifs** verpflichtet.[117]

c) Dreiecksverhältnis GEMA-Verlag-Berechtigter

457 Die Musikrechtsverwertung ist bestimmt von dem Verhältnis *GEMA*-Verlag und Urheber. In der Praxis stellt sich regelmäßig die Frage, wer tatsächlicher Rechtsinhaber in Bezug auf eine Nutzungsart ist – ob also neben einer möglichen *GEMA*-Lizenz zusätzlich der Verlag /bzw. der Urheber in die entsprechende Nutzung einwilligen muss. Deshalb wird gemein hin unterschieden zwischen den ***GEMA*-Rechten**, den **„*GEMA*-freien" Nutzungsarten/-rechten** und schließlich den Nutzungsarten bei denen die *GEMA* das sogenannte **zweistufige Lizenzverfahren** verfolgt, wo man also für einen Nutzungsvorgang sowohl von dem Verlag, als auch von der *GEMA* eine entsprechende Lizenz erwerben muss.

458 Die „*GEMA*-freien" Nutzungsarten sind nur sehr eingeschränkter Natur, da die meisten Rechte der *GEMA* in dem Berechtigungsvertrag eingeräumt wurden, so dass in der Regel die *GEMA* und nicht der Urheber bzw. sein Verlag zuständig ist für Fragen des Rechtserwerbs. In vielen Bereichen verfolgt die *GEMA* aber auch ein zweistufiges Lizenzmodell. Das Urheberpersönlichkeitsrecht verbleibt beim Urheber. Inwiefern die *GEMA* auch urheberpersönlichkeitsrechtliche Befugnisse wahrnehmen kann ist strittig.[118]

459 In dem **Musikverlagsvertrag** räumt der Komponist dem Verlag die Nutzungsrechte an seinen Kompositionen ein.[119] Man spricht bereits dann von einem Musikverlagsvertrag, wenn der Urheber dem Verlag das sogenannte Verlagsrecht nach § 1 VerlG einräumt. Dieses Notendruckrecht ist in der Praxis jedoch von untergeordneter Bedeutung. Dennoch wird der Verlag bereits dann nach dem geltenden Verteilungsplan der *GEMA* an allen Ausschüttungen an dem Werk umfänglich beteiligt. Diese Verteilungspraxis ist nunmehr zu Recht in die Kritik geraten.[120] Daneben lässt sich der Verlag in dem Musikverlagsvertrag regelmäßig auch die „*GEMA*-freien" Nutzungsarten und Rechte einräumen, wie das sogenannte „große Recht", bzw. die Rechte, für die die *GEMA* ein zweistufiges Lizenzmodell vor-

---

115 Zur Lizenzanalogie siehe Kap. 7, Rn. 100 ff.
116 BGH, Urt. v. 10.03.1972 – I ZR 160/70 (Doppelte Tarifgebühr), GRUR 1973, 379; zum Ganzen *Melichar*, in: Loewenheim, UrhR, § 48, Rn. 33 ff.; siehe auch Kap. 7, Rn. 102.
117 *Schunke*, in: Wandkte, UrhR, Kap. 6, Rn. 31.
118 *Schunke*, Diss. Berlin 2008, S. 184 ff.
119 Ausführlich zum Musikverlagsvertrag *Schulze*, in: Dreier/Schulze, UrhG, Vorb. §§ 31–44, Rn. 221–227.
120 Siehe Rn. 519.

sieht: Klingeltonnutzung, Nutzung der Musik in der Werbung und Nutzung der Musik im Film.

Oft erfolgt darüber hinaus auch die Einräumung von den sogenannten **GEMA-Rechten**. Im Regelfall ist der Komponist als Urheber auch Mitglied der *GEMA*, so dass sich insoweit die Rechtseinräumung in dem Berechtigungsvertrag und in dem Musikverlagsvertrag auf dieselben Rechte und Ansprüche bezieht. Insofern gilt nach richtiger Auffassung das **Prioritätsprinzip**. Ist der Urheber schon Mitglieder der *GEMA* kann er dem Verlag bezüglich der *GEMA*-Rechte seiner verlagsvertraglichen Verpflichtung gar nicht mehr nachkommen. Die rechtliche Auswirkung dieser unzulässigen und zu kritisierenden Branchenübung ist zweifelhaft. Zum einen wäre eine Schadensersatzpflicht des Komponisten vorstellbar, wenn er seine *GEMA*-Mitgliedschaft verschwiegen hat und er damit die Unmöglichkeit der Rechtseinräumung zu vertreten hat. Weiter wäre an eine Einigung unter einer aufschiebenden Bedingung iSd. §§ 398, 158 BGB zu denken. Letztlich wäre an einen offenen Einigungsmangel zu denken.[121] Abzulehnen ist die Möglichkeit, eine gescheiterten Rechtseinräumung in eine Beteiligungsabsprache umzudeuten gemäß § 140 BGB.

460

Gerade wegen der Unschärfe der *GEMA*-freien Rechte, der nicht überzeugenden Branchenübung[122] von Verlagen und *GEMA* bei der Ausgestaltung der Verträge, der Rechtsnatur des Bearbeitungs- und Urheberpersönlichkeitsrechts gibt es viele **Grauzonen der Rechtseinräumung** durch den Urheber an die *GEMA* und daraus resultierend der Rechtswahrnehmung durch die *GEMA* im Verhältnis zum Nutzer.[123]

461

d) Coverversionen

Schon bei der scheinbar reinsten Form der Darstellung von Musik können Zweifel aufkommen, ob die *GEMA* allein zuständig ist oder nicht doch vielleicht der Verlag. **Coverversion** ist kein geschützter Rechtsbegriff. Die Verwendung von Coverversionen kommt vor allem bei Tonträgereinspielungen und bei Live-Konzerten sehr häufig vor. Der jeweilige Künstler oder Produzent muss sich dann die Frage stellen, wann bei der Verwendung von vorstehenden Kompositionen eine „*GEMA*-Lizenz" ausreichend ist, oder aber zusätzlich der Urheber oder der Verlag gefragt werden muss. So wird eine Coverversion dann natürlich in den ausschließlichen Zuständigkeitsbereich der *GEMA* fallen, wenn die zugrundeliegende Komposition eins zu eins in der Coverversion dargestellt wird, dies ist aber in der musikalischen Realität meist nicht der Fall. Erfolgen in der Coverversion Reharmonisierungen, andere Grooves, Outros oder Intros, andere Instrumentierungen oder die besondere Interpretationsgabe eines ausübenden Künstlers, so stellt sich bereits die Frage, ob es sich rechtlich gesehen auch um eine Bearbeitung nach

462

---

121 *Schunke/Hensel*, in: Wandkte/Ohst, Medienrecht, Bd. 2, Kap. 3, Rn. 43.
122 Vgl. nur das Vertragsmuster des deutschen Komponistenverbandes und des deutschen Musikverlegerverbandes auf http://www.dmv-online.com (letzter Abruf: 17.10.2015).
123 Ausführlich dazu: *Schunke*, Diss. Berlin 2008, S. 184 ff.

§ 23 UrhG handelt. Wird dieses Bearbeitungsrecht nach § 23 UrhG vom Urheber/Verlag oder von der *GEMA* wahrgenommen? Ob dann allein die *GEMA* zuständig ist oder auch schon der Verlag ist zweifelhaft und ein rechtlicher Graubereich – unbefriedigend für die Praxis und die Fortentwicklung der Musik. Diese Frage kann nur beantwortet werden, wenn man im Sinne einer Vorfrage klärt, welche Rechte durch eine Coverversion betroffen werden und ob diese Rechte durch die Urheber an die *GEMA* übertragen werden.

463 In der **Coverversion-Entscheidung**[124] vertritt der BGH die Auffassung, dass die Darbietung eines Liedes nur eine Vervielfältigung des Ursprungswerkes iSd. § 16 UrhG und nicht zugleich eine Bearbeitung nach § 23 S. 1 UrhG darstelle.[125] In der **Alpensinfonie-Entscheidung**[126] bestätigt der BGH indirekt diese Einschätzung, dass Werkinterpretationen bei **notengetreuer** Aufführung keine Bearbeitung nach § 23 UrhG darstellen. Diese Auffassung wird von Teilen der Literatur geteilt.[127] Der geistig-ästhetische Gesamteindruck sei bei Darbietungen von Musikwerken nicht verändert.[128] Die **Werkinterpretation** sei keine urheberrechtlich relevante Änderung.[129] Betrachtet man allein diesen Ansatz liegen die Abgrenzungsprobleme bereits auf der Hand. Wann liegt eine solche **notengetreue Einspielung** vor und wann ist das zugrundeliegende Notenmaterial wirklich identisch mit der „Originalkomposition" des Komponisten? Gerade in Genrebereichen wie der Pop oder Rockmusik, ganz zu schweigen von Jazzproduktionen, hilft diese Definition und Einordnung des BGH nicht weiter.

464 Einziger Ausweg ist, dass man in der Interpretation des vom Komponisten vorgegebenen Materials regelmäßig eine **Bearbeitung** iSd. § 23 UrhG[130] sieht. Nur so lassen sich Abgrenzungsschwierigkeiten vermeiden.[131] Die Begrifflichkeit **Interpretation**, sowie die Natur des Menschen bringen es notwendig mit sich, dass jede von Menschenhand gespielte Musiknote zwangsläufig eine Änderung des geistig-ästhetischen Gesamtausdrucks eines Musikwerkes ist.[132] Die ausübenden Künstler prägen entscheidend den vom Hörer wahrgenommenen klanglichen Eindruck der Komposition. Durch seine Phrasierung, Dynamikauffassung, Anschlags- bzw. Blastechnik gibt der ausübende Künstler dem Werk sein besonderes Gepräge.[133]

---

124 BGH, Urt. v. 11.12.1997 – I ZR 170/95 (Coverversion), GRUR 1998, 376; nicht ganz eindeutig OLG Hamburg, Urt. v. 04.02.2002– 5 U 106/01, ZUM 2002, 480, 482.
125 BGH, Urt. v. 11.12.1997 – I ZR 170/95 (Coverversion), GRUR 1998, 376, 378.
126 BGH, Urt. v. 19.01.2006 – I ZR 5/03 (Alpensinfonie), GRUR 2006, 319, 321.
127 *Schulze*, ZUM 1993, 255, 256; *Loewenheim*, in: Schricker/Loewenheim, UrhG, § 23, Rn. 8; *Czychowski*, in: Loewenheim, UrhR,§ 9, Rn. 79.
128 *Schulze*, ZUM 1993, 255, 256.
129 *Schmieder*, NJW 1990, 1945, 1947.
130 Zur Bearbeitung siehe Kap. 2, Rn. 297 ff.
131 Vgl. *Schunke*, Diss. Berlin 2008, S. 52 ff.
132 *Schmieder*, NJW 1990, 1945, 1947.
133 *Häuser*, S. 32; *Fellerer*, S. 15; *Tenschert*, ZUM 1987, 612, 618; wie sehr ausübende Künstler die Darbietung einer Komposition beeinflussen, zeigt sich besonders in der Stilrichtung des Jazz. *Miles Davis* beschreibt dies sehr treffend in seiner Autobiografie: „I had to

Will die *GEMA* alleiniger Lizenzpartner bei Einspielungen von Musikwerken auf Tonträgern sein, so muss auch das Bearbeitungsrecht nach § 23 UrhG der *GEMA* im Rahmen des Berechtigungsvertrages durch die Berechtigten eingeräumt worden sein. Sowohl bei der Rechtseinräumung nach § 1h Abs. 1 GEMA-BV (Aufnahme auf Tonträgern) als auch nach § 1a GEMA-BV (Aufführungsrechte) fehlt eine ausdrückliche Erwähnung des Bearbeitungsrechts. Damit liegt zumindest **keine ausdrückliche Einräumung eines Bearbeitungsrechts** und urheberpersönlichkeitsrechtlicher Änderungsbefugnisse durch den GEMA-BV bei Werkinterpretationen im Rahmen von Aufnahmen und Aufführungen vor.[134] Es liegt jedoch eine **konkludente Einräumung**[135] des Bearbeitungsrechts und der urheberpersönlichkeitsrechtlichen Änderungsbefugnisse vor. Will ein Urheber das Bearbeitungsrecht nicht mit übertragen, obwohl die entsprechende Nutzungsart notwendigerweise ein solches mit umfasst, muss der Urheber einen entsprechenden ausdrücklichen Vorbehalt deutlich machen.[136] Die Nutzungsart der **Werkinterpretation** beinhaltet eine Bearbeitung nach § 23 UrhG. In dem Berechtigungsvertrag ist kein ausdrücklicher Vorbehalt gegeben, so dass von der Einräumung des Bearbeitungsrechts an die *GEMA* auszugehen ist. Dies ergibt sich auch aus teleologischer Sicht. Sinn und Zweck der *GEMA* ist die umfassende Rechtswahrnehmung. Nur so kann ein reibungsloser weltweiter Umgang mit Musik und dessen Kontrolle garantiert werden. Dieses ist sowohl im Interesse des Urhebers, als auch der Verwertungsgesellschaft. Ansonsten würde bei jeder Live-Einspielung eines musikalischen Werkes die Unsicherheit herrschen, ob die aktuelle Interpretation zusätzlich einer Einwilligung des Berechtigten bedarf. Ein mit der Musikpraxis nicht zu vereinbarendes Ergebnis.[137]

465

Die **Rechtsprechung**[138] lässt allerdings **kein einheitliches Bild** bei der Frage erkennen, ob der *GEMA* das Recht zukommen soll, das Bearbeitungsrecht nach § 23 S. 1 UrhG und die Urheberpersönlichkeitsrechte nach § 14 UrhG wahrzunehmen. Der BGH geht in mehreren Entscheidungen zumindest inzident von einem Wahrnehmungsumfang der *GEMA* aus, der auch das Musikbearbeitungsrecht nach § 23 S. 1 UrhG mit umfasst.[139]

466

---

    change the way the band sounded again for Bill's (Bill Evans, Jazzpianist) style by playing different tunes, softer ones at first. Bill played underneath the rhythm and I liked the way he played scales with the band." *Davis/Troupe*, S. 226.
134 So auch *Staudt*, in: Kreile/Becker/Riesenhuber, Kap. 10, Rn. 157.
135 *Wandtke/Grunert*, in: Wandtke/Bullinger, UrhG, § 31, Rn. 76.
136 BGH, Urt. v. 15.03.1984 – I ZR 218/81 (Bestellvertrag), GRUR 1984, 528, 529; *Wandtke/Grunert*, in: Wandtke/Bullinger, UrhG, § 31, Rn. 76.
137 *Schunke/Hensel*, in: Wandtke/Ohst, Medienrecht, Kap. 3, Rn. 75.
138 Vgl. BGH, Urt. v. 14.10.1999 – I ZR 117/97 (Musical Gala), ZUM 2000, 234, 237; BGH, Urt. v. 26.11.1954 – I ZR 266/52 (Cosima Wagner), BGHZ 15, 249, 255 f.
139 Vgl BGH, Urt. v. 14.10.1999 – I ZR 117/97 (Musical Gala), ZUM 2000, 234, 237; BGH, Urt. v. 26.11.1954 – I ZR 266/52 (Cosima Wagner), BGHZ 15, 249, 255 f.

467 Zumindest **das OLG Hamburg**[140] sieht über § 1h GEMA-BV die Möglichkeit der veränderten Einspielung durch den ausübenden Künstler gegeben, ohne dieses jedoch rechtlich näher zu begründen. Der Musikinterpret solle nicht gehindert sein, ein von der GEMA wahrgenommenes Musikwerk ganz anders – oder überhaupt nicht – arrangiert unter seinem Namen neu einzuspielen und zu nutzen, solange dies **nicht eklatant werkentstellend** sei. In der **Literatur** wird zum großen Teil die Möglichkeit der Wahrnehmung des Bearbeitungsrechts und urheberpersönlichkeitsrechtlichen Änderungsbefugnisse durch die *GEMA* zu Unrecht verneint.[141]

468 Ebenso uneindeutig sind die Ausgestaltung der entsprechenden Tarife durch die *GEMA*. Der **Tarif VR-T-H 1** stellt die Grundlage für die Vergütungsberechnung bei Tonträgereinspielungen dar.[142] Der **Lizenzwert** berechnet sich entweder aus dem Endverkaufspreis netto (Vergütungssatz 10 %) oder Händlerabgabepreis netto (Vergütungssatz 13,75 %).[143] Aus den Allgemeinen Bestimmungen zum **Tarif VR-T-H 1** folgt nicht, dass die *GEMA* das Bearbeitungsrecht und die dadurch betroffenen urheberpersönlichkeitsrechtlichen Änderungsbestimmungen mit einräumen möchte. Gleiches gilt für die Tarife U und U-VK die für das Aufführungsrecht einschlägig sind.[144] Eine Nichteinräumung würde aber gegen §§ 6, 11 **UrhWahrnG** verstoßen.[145] Diese Nichterwähnung ist wenig erfreulich und führt in der Praxis bei vielen Produzenten und ausübenden Künstlern zu erheblicher Rechtsunsicherheit, die von der *GEMA* klargestellt werden muss zugunsten der Wahrnehmung eines umfänglichen Bearbeitungsrechts.[146]

e) Instant Composing und improvisierte Musik

469 Sowohl beim **Instant Composing**, als auch bei anderen Formen der **improvisierten Musik** stoßen das Konzept der *GEMA* und auch das Urheberrecht an seine Grenzen. Wird Musik improvisiert, gibt es für diesen musikalischen Augenblick keine festgelegte Komposition, die nur interpretiert wird. Passiert die Komposition im Rahmen eines vorgegebenen Songs, so gibt es für den improvisierenden ausübenden Künstler zumindest ein harmonisches Gerüst, an dem der Künstler sich orientieren sollte, aber natürlich nicht muss. **Improvisationen** gibt es **vor allem im Jazz, aber auch in Pop- und Rockmusik**. Wendet man den § 2 Abs. 2 UrhG auf den Vorgang der Improvisation an, den ein Künstler im Rahmen der Darbietung eines vorgegebenen Musikwerkes darbietet, so kommt man zweifelsohne zu einem

---

140 OLG Hamburg, Beschl. v. 04.02.2002 – 5 U 106/01, ZUM 2002, 480, 482.
141 *Ventroni/Poll*, MMR 2002, 648, 650; ausführlich dazu *Schunke*, Diss. Berlin 2008, S. 191 ff.
142 http://www.gema.de/fileadmin/user_upload/Musiknutzer/Tarife/Tarife_VRA/tarif_vr_t_h1.pdf (letzter Abruf: 17.10.2015).
143 Siehe Fn. 141.
144 *Schunke*, Diss. Berlin 2008, S. 194 ff; siehe auch Fn. 141.
145 § 11 UrhWahrnG führt nicht zur Unwirksamkeit eines derartigen Vorbehalts.
146 *Schunke*, Diss. Berlin 2008, S. 194 ff.; *Schunke/Hensel*, in: Wandtke/Ohst, Medienrecht, Kap. 3, Rn. 72 ff.

Werkcharakter dieser Darbietung. Dieser Fall ist **urheberrechtlich und verwertungsrechtlich nicht erfassbar**. Denn es stellen sich dann zum einen Fragen der Bearbeitung nach § 3 UrhG, die aber vom Grunde her unter dem Einwilligungsvorbehalt des Urhebers der zugrundeliegenden Komposition nach § 23 UrhG steht, die in der Praxis fast nie eingeholt wird. In der Praxis wird der improvisierte Teil regelmäßig nicht beachtet und sowohl ausübende Künstler, *GEMA* und Urheber behandeln diesen Fall als Coverversion.

Instant Composing stellt eine moderne Form des Verständnisses im Umgang mit Musik dar und eine Sonderform improvisierter Musik. Die Interpreten begreifen sich nicht mehr nur als ausübende Künstler sondern denken bewusst in kompositorischen Dimensionen. Ein bekannter Vertreter davon ist bspw. im Bereich des Jazz der Saxophonist *Steve Coleman*. Das besondere an der Kunstform ist, dass mehrere ausübende Künstler basierend auf gleichen musikalischen Ideen **im Live-Konzert Kompositionen** schaffen. Oft werden diese Live-Kompositionen auch **mit anderen Kunstformen** wie Tanz, Licht, bildende Kunst oder Videoinstallationen **verbunden**. Leider wird an diesem Beispiel bewusst, dass die Konzeption des Urheberrechts in Verbindung mit dem Verwertungsgesellschaftsprinzip in der derzeitigen Ausgestaltung überfordert ist. Zuzugeben ist, dass es schwierig ist geeignete Lösungen für diese Kunstform zu finden. Wenn aber das Urheberrecht und die Verwertungsgesellschaften den Anspruch erheben, auch vor allem der künstlerischen Vielfalt und der Fortentwicklung der Kultur zu dienen, müssen sie sich gerade an solchen höchst kreativen Kunstformen messen lassen. Zum einen ist die **urheberrechtliche Einordnung des Vorgangs schwierig**. Es stellen sich Fragen der Werkschöpfung nach § 2 Abs. 2 UrhG und der Miturheberschaft nach § 8 UrhG. Auf verwertungsrechtlicher Ebene ist zunächst zu erwähnen, dass diese Werke vom Grunde her vom Berechtigungsvertrag mit umfasst sind. Weiter besteht das Problem, dass es den Künstlern vorher gar nicht möglich ist, das konkrete Werk anzumelden, da es erst in dem Moment der Aufführung entsteht. Damit wird den Künstlern die Möglichkeit genommen, dass Werk rechtzeitig anzumelden und einstufen zu lassen, so dass eine angemessene Ausschüttungsbeteiligung nach dem Verteilungsplan der *GEMA* nicht gegeben ist.

470

f) Klingelton

Lange Zeit war umstritten, ob die **GEMA allein zuständig** ist für die Rechtswahrnehmung im Bereich der Herstellung und des Vertriebs von **Klingeltönen** ist. Die Hamburger Gerichte[147] folgten der Auffassung der Verlage, wonach neben dem *GEMA*-Tarif aufgrund der Einräumung in § 1h GEMA-BV eine zusätzliche Lizenz an den Urheber bzw. seinen Verlag zu leisten sei, um Klingeltöne von vorgegebenen Kompositionen herzustellen und verwenden zu dürfen. Grund sei, dass die durch die Verwendung des Musikwerkes als Klingelton verletzten §§ 23,

471

---

147 OLG Hamburg, Urt. v. 18.01.2006 – 5 U 58/05 (Handyklingeltöne II), ZUM 2006, 335; OLG Hamburg, Urt. v. 19.12.2007 – 5 U 15/07 (Anita), ZUM 2008, 438.

14 UrhG nicht von der *GEMA* eingeräumt würden. In § 1k GEMA-BV hat die *GEMA* im Jahr 2005 diesen Vorbehalt aufgenommen.

472 Der Auffassung des OLG Hamburg ist zu widersprechen. Die Regelung in **§ 1k GEMA-BV** ist unwirksam.[148] Ein **dinglicher Vorbehalt**, der auf der Nichteinräumung des Bearbeitungsrechts und urheberpersönlichkeitsrechtlicher Änderungsbefugnisse trotz der gleichzeitigen Einwilligung in die Klingeltonnutzungsart resultieren soll, ist wegen §§ 133, 157 BGB unbeachtlich. Gelangt man nicht über die Auslegung zu einer umfänglichen Wahrnehmung durch die *GEMA*, ergibt sich dasselbe Ergebnis über die Unwirksamkeit von § 1k GEMA-BV aus Gesichtspunkten von Treu und Glauben, § 242 BGB (venire contra factum propium), bzw. § 134 BGB iVm. §§ 11, 13 und 14 UrhWahrnG.[149] Richtigerweise ist damit die *GEMA* allein zuständig für die Lizenzierung der Klingeltonnutzung.

473 Der BGH hat sich dieser Meinung im Ergebnis zumindest für die Wahrnehmungsverträge der Jahre 2002 und 2005 angeschlossen.[150] In einer Folgeentscheidung des BGH ist aber zu erkennen, dass er grundsätzlich ein **zweistufiges Lizenzierungssystem** für rechtlich zulässig erachtet.[151] Dieses versucht die *GEMA* nunmehr zumindest für die neuen Wahrnehmungsverträge ab März 2010 zu etablieren. Dem ist aus den oben genannten Gründen entschieden zu widersprechen und es führt darüber hinaus zu erheblicher Rechtsunsicherheit, da je nach Wahrnehmungsvertrag unterschiedliche Rechtssituationen bestehen.[152]

474 Eine ganz **andere Rechtssituation** ergibt sich **für Verwendungen vor dem Jahr 2002**, da die Bestimmungen des aus dem Jahr 1996 geltenden Berechtigungsvertrages die Klingeltonnutzung wegen § 31 Abs. 4 UrhG aF. nicht mit umfasste.[153]

g) Werbung

475 Ähnlich wie bei der Klingeltonnutzung verfolgen die *GEMA* und Verlage bei der Nutzung von *GEMA*-Musik im Bereich der Werbung ein **zweistufiges Lizenzsystem**. Nach § 1k Abs. 1 des GEMA-Berechtigungsvertrages a.F. blieb die Befugnis, die Einwilligung zur Benutzung eines Werkes zur Herstellung von Werbespots der Werbung betreibenden Wirtschaft zu erteilen, dem Berechtigten vorbehalten. Damit war es fraglich, ob § 1k GEMA-BV einen Einwilligungsvorbehalt des Urhe-

---

148 Ausführlich *Schunke*, Diss. Berlin 2008, S. 219 ff.
149 *Schunke*, Diss. Berlin 2008, S. 230 ff.
150 BGH, Urt. v. 18.12.2008 – I ZR 23/06 (Klingeltöne für Mobiltelefone), GRUR 2009, 395, 398 f.: Der BGH kommt allein über die Auslegung zur ausschließlichen Zuständigkeit der GEMA.
151 BGH, Urt. v. 11.03.2010 – I ZR 18/08 (Klingeltöne für Mobiltelefone II), GRUR 2010, 920, 923.
152 Vgl. dazu ausführlich *Schunke*, in: Wandtke, Rechtsprechung zum UrhR, S. 47 ff.; aA. *Spohn*, GRUR 2012, 780 ff.
153 BGH, Urt. v. 18.12.2008 – I ZR 23/06 (Klingeltöne für Mobiltelefone), GRUR 2009, 395, 398 f.

bers bezüglich der Herstellung von Werbespots zugunsten des Urhebers bzw. des Verlages enthält.[154]

Zunächst stellt sich die Frage, ob durch diesen **Einwilligungsvorbehalt** überhaupt eine teilweise Rechtseinräumung an die *GEMA* wirksam vereinbart wurde. Der BGH hat dieses verneint.[155] Er führt aus, dass selbst eine stillschweigende Rechtseinräumung an die *GEMA* bezüglich der Verwertung eines hergestellten Werbespots nicht aus einem Umkehrschluss aus dem Einwilligungsvorbehalt zugunsten der Urheber bezüglich der Herstellung eines Werbespots geschlossen werden kann.[156] Wendet man die zivilrechtlichen Auslegungsgrundsätze der §§ 133, 157 BGB und insbesondere die **Zweckübertragungsregel** des § 31 Abs. 5 UrhG an, so ist die Argumentation des BGH nachzuvollziehen, da die einzelnen Nutzungsarten grundsätzlich ausdrücklich benannt werden müssen.[157] Die Entscheidung ist von weitreichender praktischer Bedeutung, da dadurch die Lizenzierung der *GEMA* der letzten Jahre im Bereich der Werbung in vielen Fällen unzulässig war.[158] 476

Die *GEMA* probiert nunmehr mit einer Änderung des Berechtigungsvertrages die **Zweistufigkeit des Lizenzsystems** im Bereich der Werbung herzustellen. In diesem Zusammenhang muss jedoch untersucht werden, ob ein solcher von der *GEMA* vorgesehener Vorbehalt rechtlich überhaupt zulässig ist. Eine zulässige ausschließliche Wirkung käme einem solchen Vorbehalt nur zu, wenn die Herstellung von Werbespots eine von den darauffolgenden Verwertungen abgrenzbare Nutzungsart iSd. § 31 UrhG wäre.[159] Dass die Herstellung eines Werbespots eine technisch und wirtschaftlich eigenständige Verwendungsform des Werkes in Abgrenzung zu der anschließenden Verwertung umfasst, wird zu Recht kritisiert, wie auch die ausschließliche Wirkung des Vorbehalts.[160] Die Auffassung 477

---

154 *Staudt*, in: Kreile/Becker/Riesenhuber, Kap. 10, Rn. 282; *Schunke*, Diss. Berlin 2008, S. 216 ff.
155 BGH, Urt. v. 10.06.2009 – I ZR 226/06 (Nutzung von Musik für Werbezwecke), GRUR 2010, 62 ff.; aA. wohl KG, Urt. v. 29.09.2010 – 24 U 93/09 (Musik für Werbespots), GRUR-RR 2011, 354, 355.
156 BGH, Urt. v. 10.06.2009 – I ZR 226/06 (Nutzung von Musik für Werbezwecke), GRUR 2010, 62, 64; KG, Urt. v. 29.09.2010 – 24 U 93/09, ZUM 2012, 248, 249.
157 BGH, Urt. v. 10.06.2009 – I ZR 226/06 (Nutzung von Musik für Werbezwecke), GRUR 2010, 62, 64. Die Auffassung des BGH mit dem Argument widerlegen zu wollen, es handele sich doch insoweit um eine etablierte Praxis, der der BGH nicht als Marktregulierer beggenen dürfe, ist mit den vom BGH zu beachtenden Auslegungskriterien nicht vereinbar und entbehrt jeglicher rechtlichen Grundlage. Es handelt sich um eine bedenkliche Rechtsauffassung, so aber *Riesenhuber*, ZUM 2010, 137, 142.
158 BGH, Urt. v. 24.09.2013 – I ZR 187/12 (Verrechnung von Musik in Werbefilmen), GRUR 2014, 479, 480. Die Verwertungsgesellschaft kann sich nicht auf eine Haftungsmilderung berufen.
159 So wohl OLG Hamburg, Urt. v. 01.03.1990 – 3 U 210/89, GRUR 1991, 599, 560 – The Think Panther Theme; aA. *Poll*, WRP 2008, 1170, 1172 f.
160 *Poll*, WRP 2008, 1170, 1172; *Staats*, Diss. Baden-Baden, 2003, S. 128; aA. *Riesenhuber*, ZUM 2010, 137, 142.

des BGH ist insoweit nicht eindeutig.¹⁶¹ Meines Erachtens geht der BGH davon aus, dass die Verwendung von Musik in der Werbung insgesamt als eigenständige Nutzungsart anzusehen sei, es sich damit bei der Herstellung und der anschließenden Verwertung nicht um zwei voneinander zu trennende Nutzungsarten handele.¹⁶²

478 Gegen die **Aufspaltung des einheitlichen Vorgangs** der Verwertung von Musik zu Werbezwecken in zwei Nutzungsarten spricht, dass der Berechtigte bei der Einwilligung in die Herstellung des Werbespots immer auch die Verwertung gleichzeitig mit im Blick hat. Im Ergebnis wäre eine Aufspaltung der Verwertung bei der Nutzung von Musik im Rahmen der Werbung nur aus urheberpersönlichkeitsrechtlicher Sicht zu rechtfertigen. Diesem Zweck dient § 1k GEMA-BV jedoch offensichtlich nicht. Im Fokus ist bei der Regelung ausschließlich ein zusätzliches Vergütungsinteresse des Urhebers bzw. der Verlage. Die Aufspaltung erscheint darüber hinaus aus Gründen der Rechtssicherheit und der Verpflichtung aus § 11 UrhGWahrnG äußerst zweifelhaft. Eine einheitliche Lizenzierung durch die *GEMA* wäre rechtlich eindeutig und praktisch möglich und bei Erhöhung der entsprechenden Tarife auch angemessen.¹⁶³

479 Trotz dieser Bedenken stellt § **1k *GEMA-BV* 2015** klar, dass es bei der Nutzung von Werken der Tonkunst zu Werbezwecken einer separaten Rechtewahrnehmung durch den Berechtigten einerseits und der *GEMA* andererseits bedarf. Nach § 1k Abs. 2 GEMA-BV werden der *GEMA* die Aufführungsrechte, die Rechte der Aufnahme auf Bild- und Tonträger an dem Werbespot unter einer auflösenden Bedingung eingeräumt. Das Herstellungsrecht soll nach § 1k Abs. 1 GEMA-BV bei dem Berechtigten verbleiben. Da dieser GEMA-BV 2015 aber nicht automatisch für alle GEMA-Mitglieder gilt, muss in jedem Einzelfall geprüft werden, wer tatsächlich die Rechte iSd. § 1k Abs. 2 GEMA-BV innehat: die *GEMA* oder der Berechtigte.

480 Eine besondere Schwierigkeit liegt dem Fall des OLG München¹⁶⁴ zugrunde, in dem das Chorstück „O Fortuna" für einen **Filmtrailer** im Fernsehen verwendet wurde. Die Musik erklingt nur in dem Trailer, nicht jedoch in dem beworbenen Film. Das OLG vertrat die Ansicht, dass es sich nicht um einen Fall des § 1i Abs. 2 GEMA-BV handelte, sondern § 1k GEMA-BV einschlägig sei und damit eine gesonderte Einwilligung des Urhebers erforderlich gewesen wäre.¹⁶⁵ Hier zeigen sich die Abgrenzungsschwierigkeiten zweier Ausnahmevorschriften des GEMA-BV. § 1k GEMA-BV soll das Urheberpersönlichkeitsrecht schützen. Dieses soll nun aber gerade durch die Fernsehanstalten gewährleistet werden, so dass es gem § 1i

---

161 Vgl. dazu *Riesenhuber*, ZUM 2010, 137, 138.
162 BGH, Urt. v. 10.06.2009 – I ZR 226/06 (Nutzung von Musik für Werbezwecke), GRUR 2010, 62, 63.
163 Vgl. *Schunke*, Diss. Berlin 2008, S. 230 ff.; *Schunke*, in: Wandtke, Rechtsprechung zum UrhR, S. 250 ff.
164 OLG München, Urt. v. 28.11.1996 – 6 U 2551/96, NJW 1998, 1413.
165 OLG München, Urt. v. 28.11.1996 – 6 U 2551/96, NJW 1998, 1413, 1414.

Abs. 2 GEMA-BV keiner gesonderten Einwilligung der Urheber bedarf.[166] Warum nun ausgerechnet bei einem Musikwerk im Rahmen eines Trailers die Fernsehanstalten die Wahrung urheberpersönlichkeitsrechtliche Befugnisse nicht genauso gewährleisten können wie bei Spielfilmen, vermag nicht einzuleuchten.[167] Hält man sich aber an den Wortlaut von § 1k GEMA-BV, so ist die Auslegung des OLG München nicht fernliegend, da man einen „Trailer" in der Tat unter den Begriff „Werbespot" subsumieren kann.[168] Dieser Zuordnung ist aber aus teleologischer Sicht mit Bedenken zu begegnen, da der Rechtswahrnehmung über § 1i Abs. 3 GEMA-BV zur Genüge Rechnung getragen wird. Verfolgt man die Argumentation der Rechtsprechung konsequent, würde daraus folgen, dass bei allen Filmtrailern eine gesonderte Einwilligung des Urhebers erforderlich ist. Dieses kann durch die Fernsehanstalten nur schwer durchgeführt werden.[169]

Der neue **GEMA-BV 2015** regelt von daher ausdrücklich in § 1i Abs. 2 GEMA-BV, dass die GEMA das Herstellungsrecht auch für Fernsehproduktionen zu Zwecken der Programmankündigungen (Trailer) insoweit vergibt, als es sich um Eigen- oder Auftragsproduktionen für eigene Sendezwecke und Übernahmesendungen handelt. Das hat aber auch zur Folge, dass diese Trailer bei der Ausschüttung mit beachtet werden müssen.[170]   481

h) Filmmusik

Die derzeitigen Regelungen zur Verwendung von Musik im Zusammenhang mit Filmwerken sind von dem Prinzip getragen, dass die betroffenen **Nutzungsrechte durch verschiedene Personen**, nämlich auf der einen Seite durch die *GEMA* und auf der anderen Seite durch die Verlage bzw. die Urheber, **wahrgenommen** werden können, sofern sie von dem Rückrufsrecht Gebrauch machen.[171] Grund für die **Zweigleisigkeit der Rechtseinräumung** sollen vor allem wirtschaftliche und urheberpersönlichkeitsrechtliche Erwägungen der Verlage und Urheber sein.[172] Eine ähnliche Problematik stellt sich bei Multimediaprodukten, bei denen Musik regelmäßig mit Bildmaterial verbunden wird.[173]   482

Werden Musikurheber damit beauftragt, für den Film die Filmmusik exklusiv zu komponieren, handelt es sich um eine sogenannte **Auftragskomposition**. Der dem Auftrag zugrunde liegende **Kompositionsvertrag** ist eine Mischung aus   483

---

166 *Schunke*, Diss. Berlin 2008, S. 205 ff.
167 *Schunke*, Diss. Berlin 2008, S. 216 ff.
168 Vgl. ausführlich. zur Subsumtion unter § 1k GEMA-BV: OLG München, Urt. v. 28.11.1996 – 6 U 2551/96, NJW 1998, 1413, 1414 ff.
169 *Schunke*, Diss. Berlin 2008, S. 218; zum Ganzen: *Schunke/Hensel*, in: Wandtke/Ohst, Medienrecht, Bd. 2, Kap. 3, Rn. 105–108.
170 OLG München, Urt. v. 08.06.2015 – 24 U 89/14 (noch nicht veröffentlicht) hat festgestellt, dass diese Pflicht bereits für das Geschäftsjahr 2016 gilt.
171 *Schulze*, GRUR 2001, 1084.
172 *Staudt*, in: Kreile/Becker/Riesenhuber, Kap. 10, Rn. 259; *Brandhorst*, S. 136, 137.
173 *Ventroni/Poll*, MMR 2002, 648, 649; Zum Ganzen: *Schunke/Hensel*, in: Wandtke/Ohst, Medienrecht, Bd. 2, Kap. 3, Rn. 79–93.

Werk- und Lizenzvertrag, wobei die Vorausübertragung der Verwertungsrechte an die *GEMA* zur Folge hat, das Lizenzvereinbarung im Filmmusikbereich **lediglich schuldrechtliche Bedeutung** haben.[174]

484 In der Regel ist davon auszugehen, dass der **Filmkomponist Mitglied der *GEMA*** ist, so dass die ***GEMA*-Besonderheiten** bei den Vertragsverhandlungen mit **zu berücksichtigen** sind. Problematisch wird es allerdings, wenn die Musik im Ausland hergestellt wird und in diesem Land, wie in den bspw. USA, das work-made-for-hire-Prinzip gilt.[175]

aa) § 1i Abs. 1 GEMA-BV

485 Gem § 1i Abs. 1 GEMA-BV liegen die **Rechte** zur Benutzung eines Werkes zur Herstellung von Filmwerken **bei der *GEMA***. Die Rechtseinräumung erfolgt nach § 1i Abs. 1 S. 2 GEMA-BV unter einer auflösenden Bedingung iSd. § 158 Abs. 2 BGB.[176] Damit kann der Urheber das Filmherstellungsrecht **zurückrufen**, nicht jedoch die Rechte der Fernsehsendung oder die Filmvorführungsrechte. Diese werden gemäß § 1e, f, h GEMA-BV ausschließlich der *GEMA* übertragen. Der Rechterückfall schließt das Recht zur Vervielfältigung und Verbreitung ein, soweit es sich um Werke handelt, die zur öffentlichen Vorführung in Lichtspieltheatern oder zur Sendung bestimmt sind.

486 Der Rechtsrückfall vollzieht sich durch eine auf einen **konkreten Fall bezogene schriftliche Mitteilung** des Berechtigten an die *GEMA*, dass er die Rechte im eigenen Namen selbst wahrnehmen möchte.[177] Nach § 1i Abs. 1 S. 4 GEMA-BV muss diese Mitteilung innerhalb einer Frist von vier Wochen erfolgen; bei subverlegten Werken beträgt die Frist drei Monate. Der Rückruf des Filmherstellungsrechts bildet in der Praxis den Regelfall, insbesondere, wenn Verlage die Rechte der Urheber wahrnehmen.[178] Hat der Urheber oder Verlag von seinem Rückrufsrecht Gebrauch gemacht, muss der Verwender dem Verlag eine Gebühr für die Nutzung der Musik zur Herstellung des Films zahlen.[179] Diese Gebühr ist frei verhandelbar.

---

174 *Manegold/Czernik*, in: Wandtke/Bullinger, UrhG, § 88, Rn. 43.
175 *Manegold/Czernik*, in: Wandtke/Bullinger, UrhG, § 88, Rn. 47. Allerdings kann mit guten Gründen angezweifelt werden, dass bei deutsch-amerikanischen Sachverhalten das work made for hire Prinzip Geltung erlangt.
176 *Staudt*, in: Kreile/Becker/Riesenhuber, Kap. 10, Rn. 259; vgl. die Deutungsvarianten bei *Schunke*, Diss. Berlin 2008, S. 201 ff.
177 § 1i Abs. 1 S. 3 GEMA-BV. In der Praxis vergisst der Urheber/Verlag in vielen Fällen, dieser schriftlichen Mitteilungspflicht nachzukommen. Die daraus resultierende Nichtberechtigung des Urhebers, wird von der *GEMA* nach bekannt werden grundsätzlich bewilligt, was als Verfügungsermächtigung iSd. § 185 Abs. 2 BGB zu verstehen ist.
178 *Ventroni/Poll*, MMR 2002 648, 649; meistens haben die Komponisten bzgl. ihrer Werke einen Verlagsvertrag abgeschlossen, in: dem sie umfänglich alle Rechte an dem Werk dem Verlag einräumen. Komponist und Verlag wiederum sind Mitglieder der *GEMA*; vgl. *Schulze*, GRUR 2001, 1084. In den Verlagsverträgen lässt sich der Verleger die Ausübung dieses Rückrufsrechts grundsätzlich übertragen. Ob dieses allerdings zulässig ist, ist zweifelhaft.
179 *Schulze*, GRUR 2001, 1084.

Die weiteren Nutzungsrechte, die bei der Verwendung des hergestellten Films betroffen sind, wie das Vervielfältigungs- und Senderecht, verbleiben bei der *GEMA*.

Alle Verfügungen der *GEMA* die vor Ausübung des Rückrufsrechts getätigt werden, sind gem. **§ 161 BGB unwirksam**, sofern sie die von der Bedingung abhängige Wirkung vereiteln oder beeinträchtigen würde. Damit kann der Urheber unmittelbar und einzelfallbezogen auf die Rechtswirkung Einfluss nehmen.[180] 487

§ 1i Abs. 1 GEMA-BV spricht vom „Recht zur Benutzung eines Werkes zur Herstellung von Filmwerken oder jeder anderen Verbindung von Werken der Tonkunst mit Werken anderer Gattungen". Diese Vorschrift ist in Abgrenzung zu § 1h GEMA-BV zu verstehen, in der ohne an eine auflösende Bedingung gebunden zu sein, dass Recht der Aufnahme auf Ton- und Bildtonträger sowie die Vervielfältigungs- und Verbreitungsrechte an diesen Trägern der *GEMA* zur treuhänderischen Wahrnehmung eingeräumt werden.[181] 488

bb) Filmherstellungsrecht

Das **Filmherstellungsrecht**[182] umschreibt eine **Nutzungsart** iSd. §§ 31ff UrhG.[183] Die Nutzungsart der Filmherstellung ist von der anschließenden Verwertung zu trennen. Die Frage nach dem **Umfang der Einräumung von Nutzungsrechten** im Rahmen von § 1i Abs. 1 GEMA-BV hat sich nach den Grundsätzen der urheberrechtlichen Vertragsauslegung zu richten.[184] Aufgrund der treuhänderischen Funktion der *GEMA* ist von einer umfangreichen ausschließlichen Rechtseinräumung von Nutzungsrechten auszugehen, sofern sich nichts Gegenteiliges aus dem Berechtigungsvertrag ergibt. Damit nimmt die *GEMA* für den Fall, dass das Rückrufsrecht nicht von dem Urheber bzw. Verlag ausgeübt wird, neben dem **Vervielfältigungsrecht des § 16 UrhG** sowohl das **Bearbeitungsrecht nach § 23 UrhG**, als auch die dadurch betroffenen **urheberpersönlichkeitsrechtlichen Änderungsbefugnisse** umfänglich wahr.[185] 489

---

180 Vgl. *Ellenberger*, in: Palandt, BGB, § 161, Rn. 1.
181 *Schunke/Hensel*, in: Wandkte/Ohst, Medienrecht, Bd. 2, Kap. 3, Rn. 80 f.
182 Das Filmherstellungsrecht wird auch oft als Synchronisationsrecht bezeichnet, vgl. *Brandhorst*, S. 136, 137.
183 *Manegold/Czernik*, in: Wandtke/Bullinger, UrhG, § 88, Rn. 5.
184 Lange umstritten war die Frage, ob bei der Videozweitauswertung eines Kinofilms erneut das Filmherstellungsrecht iSd. § 1i GEMA-BV betroffen sei, welches zusätzlich nach Rückruf hätte erworben werden müssen. Es bedarf jedoch keiner gesonderten abspaltbaren Einräumung eines NutzungsrechtS. Vielmehr handelt es sich um eine Lizenzierung des Vervielfältigungs- und Verbreitungsrechts nach §§ 16, 17 UrhG vgl. BGH, Urt. v. 08.07.1993 – I ZR 196/91 (Videozweitauwertung), GRUR 1994, 41, 42; *Staudt*, in: Kreile/Becker/Riesenhuber, Kap. 10, Rn. 257. Etwas anderes ergibt sich, sofern es sich um eine Videoersterstellung handelt, da insofern die unter § 31 ff. UrhG fallende Nutzungsart der erstmaligen Verbindung von Film und Musik betroffen ist; *Staudt*, in: Kreile/Becker/Riesenhuber, Kap. 10, Rn. 258.
185 *Schunke/Hensel*, in: Wandkte/Ohst, Medienrecht, Bd. 2, Kap. 3, Rn. 83 f.

cc) Tarife im Filmbereich

490 Die **Einräumung an Dritte** bestimmt sich bei der Filmherstellung mit Kinoauswertung nach dem Tarif VR-TH-F 1, während die Filmherstellung ohne Kinoauswertung gemäß des Tarifs VR-TH-F 2 lizenziert wird.[186]

dd) Ausnahme für Fernsehproduktionen

491 Eine Ausnahme zu der auflösend bedingten Einräumung iSd. § 1i Abs. 1 GEMA-BV bildet § 1i Abs. 2 GEMA-BV. Danach liegen die Filmherstellungsrechte ohne Vorbehalt bei der *GEMA*, sofern es sich um Fernsehproduktionen handelt und diese **Eigen- oder Auftragsproduktionen** von **Fernsehanstalten** darstellen.[187] Bei diesen TV-Produktionen wird das Filmherstellungsrecht den TV-Veranstaltern grundsätzlich von der *GEMA* im Rahmen der zwischen ihr und den TV-Veranstaltern bestehenden Pauschalverträge eingeräumt.[188]

492 Der **Begriff der Fernsehproduktion** umfasst dabei nicht nur Fernsehspielfilme, sondern den gesamten Bereich der filmischen Produktion im Fernsehen, also auch Fernsehshows und Nachrichtensendungen.[189] Dadurch wird es der *GEMA* ermöglicht im Rahmen ihrer Pauschalverträge den Fernsehsendern das Recht zur Herstellung von Filmwerken einzuräumen. Hintergrund dieser Ausnahmeregelung ist die umfangreiche Musiknutzung bei fernseheigenen Produktionen, so dass eine Einzellizenzierung nur schwer möglich wäre.[190]

493 Die Ausnahmeregelung des **§ 1i Abs. 2 GEMA-BV** bringt in der Praxis erhebliche Abgrenzungsschwierigkeiten mit sich:[191]

494 Für die Lizenzierung des Filmherstellungsrechts ist es wegen der Differenzierung in § 1i Abs. 3 GEMA-BV von weitreichender wirtschaftlicher und rechtlicher Bedeutung, wann eine **Eigen- bzw. Auftragsproduktion in Abgrenzung zur Koproduktion** vorliegt. Der Begriff der Eigen-, Auftrags- und Koproduktion ist weder durch den Berechtigungsvertrag noch durch das UrhG definiert. Damit hängt die Unterscheidung allein von Wertungsgesichtspunkten ab, was zum einen zu erheblicher Rechtsunsicherheit auf Seiten der Sender und Verwerter führt. Auf der anderen Seite ist es nicht nachvollziehbar, wieso aufgrund kleiner Wertungsunterschiede plötzlich die Wahrnehmung von Bearbeitungsrechten und Urheberpersönlichkeitsrechten unproblematisch durch die *GEMA* erfolgen können soll.[192]

---

186 Vgl. *Brandhorst*, S. 136, 139.
187 Eine Ausnahme von diesem Verfahren ist bei Bühnenaufführungen von dramatisch-musikalischen Werken gegeben; vgl. *Brandhorst*, S. 136, 138.
188 *Poll*, ZUM 2014, 877.
189 *Staudt*, in: Kreile/Becker/Riesenhuber, Kap. 10, Rn. 263.
190 *Ventroni*, Diss. Baden-Baden 2001, S. 62; *Staudt*, in: Kreile/Becker/Riesenhuber, Kap. 10, Rn. 263; *Brandhorst*, S. 136, 138.
191 Zum Ganzen: *Schunke/Hensel*, in: Wandkte/Ohst, Medienrecht, Bd. 2, Rn. 86–93.
192 *Schunke/Hensel*, in: Wandtke/Ohst, Medienrecht, Rn. 87.

Eine **Eigenproduktion** liegt vor, wenn der Sender den Film selbst herstellt.[193] Gerade bei der vielschichtigen Filmproduktion und den unterschiedlich ausgestalteten Vertrags- und Herstellungsmodellen ist damit der Rechtsunsicherheit Tür und Tor geöffnet. Die erste Hürde bildet schon die Frage des Bildmaterials. Liegt ein eigene Herstellung vor, wenn auf **fremdes Bildmaterial** zurückgegriffen wird?[194] Zumindest liegt wohl keine Eigenproduktion iSd. § 1i Abs. 2 GEMA-BV vor, wenn es sich um einen **Werbespot** iSd. § 1k GEMA-BV handelt, da ansonsten die Ausnahmevorschrift des § 1k GEMA-BV leer liefe.[195]

Auftragsproduktionen der Sender fallen wie die Eigenproduktion unbeschränkt in den Wahrnehmungsbereich der *GEMA*. Nach dem **OLG München**[196] liegt eine **Auftragsproduktion** bei **Weisungsbindung** und eine Koproduktion bei gleichberechtigter Partnerschaft vor, welche jedem Vertragspartner in seinem jeweiligen „natürlichen" Interessengebiet die Federführung zubillige. Andere wiederum sprechen sich gegen ein inhaltliches Mitbestimmungsrecht bzw. eine Weisungsbefugnis als Abgrenzungskriterium aus.[197] Zum Teil wird angenommen, dass es unerheblich für das Vorliegen einer Auftragsproduktion im Sinne des GEMA-BV sei, ob der Auftragsproduzent Rechte als Filmhersteller iSd. § 94 UrhG erlangt oder ob Dritte iSd. § 1i Abs. 2 S. 2 GEMA-BV beteiligt sind, da eine Drittbeteiligung der Auftragsproduktion immanent sei.[198] Die unterschiedlichen Definitionen veranschaulichen, dass eine verlässliche Abgrenzung der Koproduktion zur Auftragsproduktion nicht möglich ist.

Selbst bei Eigen- und Auftragsproduktionen ist die *GEMA* **nicht mehr zuständig**, sofern Dritte an der Herstellung beteiligt sind oder wenn die Fernsehproduktionen **von Dritten genutzt** werden sollen. Insoweit bedarf es gem § **1i Abs. 2 S. 2 GEMA-BV** der gesonderten Einwilligung des Berechtigten.

Diese **Ausnahme der Ausnahme** hat ebenfalls erheblichen Einfluss auf die Frage der Lizenzierung des Filmherstellungsrechts. Der Berechtigungsvertrag sagt nichts darüber aus, wann es sich um Dritte im Sinne der Vorschrift handelt. Eine **Nutzung durch „Dritte"** könnte bspw bereits bei der **DVD-Produktion** einer Fernsehsendung durch Videohersteller angenommen werden.[199] Die **Wirkung des Einwilligungsvorbehalts** des § 1i Abs. 2 GEMA-BV ist ebenfalls umstritten. Diesem könnte lediglich eine **schuldrechtliche**[200] oder eine **dingliche Wirkung** zwischen

---

193 *Staudt*, in: Kreile/Becker/Riesenhuber, Kap. 10, Rn. 264.
194 Dafür *Staudt*, in: Kreile/Becker/Riesenhuber, Kap. 10, Rn. 264; dagegen OLG München, Urt. v. 28.11.1996 – 6 U 2551/96, ZUM 1997, 275, 279.
195 Vgl. ausführlich OLG München, Urt. v. 28.11.1996 – 6 U 2551/96, ZUM 1997, 275, 278; trotz allem ist auch der Sinn und Zweck dieser Ausnahmevorschrift durchaus fragwürdig.
196 OLG München, Urt. v. 05.12.2002 – 29 U 3069/02, ZUM 2003, 235, 237.
197 *Ventroni*, Diss. Baden-Baden 2001, S. 224 ff., 232.
198 Staudt, in: Kreile/Becker/Riesenhuber, Kap. 10, Rn. 265.
199 So OLG München, Urt. v. 05.12.2002 – 29 U 3069/02, ZUM 2003, 235; OLG Hamburg, Urt. v. 18.04.1991 – 3 U 146/90 (Piccolo Bolero), ZUM 1992, 303 ff.
200 Dafür LG Hamburg, Urt. v. 19.11.1996 – 308 O 302/95, ZUM-RD 1997, 256 ff; *Poll*, ZUM 2003, 237, 238.

den Urhebern und der *GEMA* zukommen.[201] Für eine schuldrechtliche Wirkung spricht der Kontrahierungszwang der *GEMA*, da § 11 Abs. 1 WahrnG ansonsten umgangen würde.[202]

499 Fernsehanstalten iSd. § 1i Abs. 2 GEMA-BV sollen nur **inländische Sendeanstalten** sein.[203] Andere wiederum lassen auch **ausländische Sendeanstalten** unter das Senderprivileg des § 1i Abs. 3 GEMA-BV fallen.[204] Vom **Wortlaut** sind beide Deutungsalternativen zulässig. Würde § 1i Abs. 3 GEMA-BV einen sinnvollen Schutz des Urheberpersönlichkeitsrechts beinhalten, wäre es zu unterstützen, dass das Senderprivileg solchen Sendeanstalten vorzubehalten, die wegen § 41 Abs. 1 RStV Urheberpersönlichkeitsrechte zu beachten haben. Da jedoch die Regelung des § 1i Abs. 3 GEMA-BV ohnehin nicht geeignet ist, verlässliche Abgrenzungskriterien zu geben, erscheint eine Beschränkung des § 1i Abs. 3 GEMA-BV auf inländische Sender[205] nicht gerechtfertigt.[206]

ee) Live-Sendungen

500 Problematisch ist daneben ob es bei **Live-Sendungen**, bei denen das Programm im Rahmen von öffentlichen Veranstaltungen vor einem größeren Publikum produziert und zeitgleich gesendet wird, die Pauschallizenz der *GEMA* ausreichend ist, oder ob in diesen Fällen eine zusätzliche Lizenzt für die im Zusammenhang mit der Veranstaltung erfolgende Darbietung bzw. Aufführung der Musik am Ort der Veranstaltung erforderlich ist.[207] Gemäß § 1i Abs. 3 aa) GEMA-BV sind **Bühnenaufführungen dramatisch-musikalischer Werke** nicht vom Senderprivileg umfasst und gemäß § 1i Abs. 3 cc) gilt dieses auch für die Verwendung von Konzertliedern oder Einlagen aus dramatisch-musikalischen Werken in Fernsehproduktionen, die eine Verbindung mehrere Musiktitel unter einem Leitgedanken und mit einem Handlungsfaden darstellen.

501 Um für die **Sendung von Teilen oder Ausschnitten aus Werken** des „Großen Rechts"[208] den Zugriff auf das Filmherstellungsrecht zu erleichtern, wurde zwischen der *GEMA* und den Rundfunkanstalten die sog „**Abgrenzungsvereinbarung**" getroffen.[209] Betrachtet man die Regelung der Abgrenzungsvereinbarung, wird der Wahrnehmungsumfang der *GEMA* noch weiter verschleiert, da sich in

---

201 So OLG Hamburg, Urt. v. 18.04.1991 – 3 U 146/90 (Piccolo Bolero), ZUM 1992, 303 ff.; zum Ganzen *Ventroni*, Diss. Baden-Baden 2001, S. 243. ff.
202 *Poll*, ZUM 2003, 237, 238.
203 *Moser*, Musik im Film aus wirtschaftlicher und rechtlicher Sicht, in: Becker, S. 29, 53, 75; *Moser*, ZUM Sonderheft 1996, 1025, 1027.
204 *Ventroni*, Diss. Baden-Baden 2001, S. 235.
205 Gerade bei bestehenden und zu erwartenden Senderfusionen ist es ohnehin fraglich, was unter inländischen Sendern zu verstehen ist.
206 Eine Unterscheidung ist auch nur schwer mit europäischem Recht zu vereinbaren.
207 *Poll*, ZUM 2014, 877.
208 Hierzu siehe auch Kap. 2, Rn. 256 f.
209 *Brandhorst*, S. 136, 138; der Text der Abgrenzungsvereinbarung ist teilweise in dem *GEMA*-Jahrbuch abgedruckt.

der Abgrenzungsvereinbarung viele auslegungsbedürftige Begriffe befinden. So bestimmt die Abgrenzungsvereinbarung bspw, dass das szenische Geschehen des ganzen Werks nicht in seinen wesentlichen Zügen dargeboten werden darf oder das fernseheigene Choreographien konzertanter Werke gezeigt werden dürfen. Die Abgrenzungsvereinbarung nennt weder, was unter wesentlichen Zügen eines Werkes gemeint ist, noch wie der Begriff „fernseheigene Choreographie konzertanter Werke" zu verstehen ist. Insgesamt ist bei Fernsehproduktionen sachgerecht, die Pauschallizenz als möglichst umfassen danzusehen, um Abgrenzungsschwierigkeiten zu vermeiden.[210]

i) Bühnenwerke

Im Zusammenhang mit **Bühnenwerken** stellt sich häufig die Frage der Zuständigkeit der *GEMA*. Der Berechtigte überträgt der *GEMA* gemäß § 1 lit. a) GEMA-BV die Wahrnehmung der Aufführungsrechte an Werken der Tonkunst, jedoch unter Ausschluss der bühnenmäßigen Aufführung dramatisch-musikalischer Werke. Damit stellt sich regelmäßig die Frage, ob bei Verwendungen von Musik im Zusammenhang mit schauspielerischen Elementen eine bühnenmäßige Aufführung eines dramatisch-musikalischen Werkes vorliegt und folglich nicht die *GEMA* sondern der Urheber selbst zuständig für die Rechtseinräumung ist. 502

Nach Auffassung des BGH[211] sind der Begriff der bühnenmäßigen Aufführung und der in § 19 Abs. 2 UrhG verwendete Begriff der **bühnenmäßigen Darstellung** inhaltsgleich zu verstehen.[212] Bei bühnenmäßig integrierten Musikwerken verneint der BGH teilweise eine bühnenmäßige Aufführung, wenn einfache Musikwerke wie Schlager benutzt werden, da diese Werke in der Regel nicht in Szene gesetzt werden, obwohl sie als Teil des Bühnengeschehens wahrgenommen werden.[213] Operetten im Rahmen von Eisrevuen versagt der BGH gleichfalls das Kriterium der bühnenmäßigen Aufführung, zumindest sofern sich die allgemeinen Handlungsführungen der Operetten nicht erkennen lassen.[214] In diesen Fällen ist somit die *GEMA* Rechtsinhaberin. Anders hat der BGH bei einer Musical Show entschieden, bei der einzelne Schlüsselszenen aus bekannten Musicals mit den bekanntesten Songs im Rahmen einer Bühnenshow wiedergegeben wurden. Hier sei ein sinnvoller Handlungsablauf erkennbar gewesen.[215] Die Songtexte („Die Schöne und das Biest", „Der Glöckner von Notre Dame", „Der König der Löwen" und 503

---

210 In diesem Sinn *Poll*, ZUM 2014, 877, 881 f.
211 BGH, Urt. v. 14.10.1999 – I ZR 117/97 (Musical Gala), ZUM 2000, 234, 237, bestätigt in BGH, Urt. v. 03.07.2008 – I ZR 204/05 (Musical Starlights), GRUR 2008, 1081, 1083.
212 BGH, Urt. v. 14.10.1999 – I ZR 117/97 (Musical Gala), ZUM 2000, 234, 237; BGH, Urt. v. 03.07.2008 – I ZR 204/05 (Musical Starlights), GRUR 2008, 1081, 1083; *Schunke*, Diss. Berlin 2008, S. 210.
213 BGH, Urt. v. 14.10.1999 – I ZR 117/97 (Musical Gala), ZUM 2000, 234, 236.
214 BGH, Urt. v. 18.03.1960 – I ZR 121/58 (Eisrevue I), GRUR 1960, 604, 605.
215 BGH, Urt. v. 03.07.2008 – I ZR 204/05 (Musical Starlights), GRUR 2008, 1081, 1082.

"Aida") seien unmittelbar auf den Handlungsabschnitt zugeschnitten.[216] Folglich verneint der BGH die Zuständigkeit der *GEMA*.

504 Dieser **Graubereich** ist für die Praxis wenig befriedigend. Eine **einheitliche Lizenzierung** durch die *GEMA* wäre sicherlich möglich. Ob das allerdings im Sinne der Fortentwicklung der kreativen Szene ist, ist mehr als fraglich. Gerade in der **freien Szene** werden neue Formen der Kunstdarbietung mehr und mehr ausprobiert. Site-Specific Performances, in den denen sich Instant-Composing mit modernem Tanz inspiriert durch die Architektur moderner Gebäude in Verbindung mit Lichtdesign zu neuen Werkformen verbinden, können glücklicherweise entstehen, ohne dass die *GEMA* gleich zuständig ist. Es ist damit jungen Komponisten möglich sich in diesen neuen Strukturen auszuleben ohne gleich als großer Kostenfaktor wegen der *GEMA*-Gebühren zu gelten. Natürlich kann man dem entgegenhalten, dass dieses kurzfristig gedacht ist, und auch diese Komponisten Anspruch auf eine angemessene Vergütung haben, da sie bei der „Vertanzung" ihres Werkes in den meisten Fällen auf eine Vergütung für die konkludent stattfindende Rechtseinräumung praktisch verzichten.

V. Verteilung der Einnahmen
1. Vorgaben durch das UrhWahrnG, das UrhG und das BGB

505 Mit dem **doppelten Kontrahierungszwang** wird die Verwertungsgesellschaft verpflichtet, einerseits Rechte und Ansprüche der Berechtigten treuhänderisch wahrzunehmen (§ 6 UrhWahrnG) und andererseits den Nutzern diese Rechte einzuräumen (§ 11 UrhWahrnG). Gleichzeitig hat sie Tarife aufzustellen (§13 UrhWahrnG), um die hieraus anfallenden Vergütungen bei den Nutzern einzuziehen, und anschließend die eingezogenen Vergütungen an die Berechtigten zu verteilen. So wie bei den Tarifen nach sachlichen Kriterien einheitliche Maßstäbe für die jeweiligen Werke und die jeweiligen Nutzungen anzusetzen sind, muss auch bei der Verteilung sachlich differenziert, im Übrigen aber einheitlich vorgegangen werden.[217]

506 Die Verwertungsgesellschaft arbeitet **nicht mit Gewinnerzielungsabsicht**, sondern für fremde Rechnung. Deshalb sind grundsätzlich sämtliche Einnahmen zu verteilen. Vorab werden jedoch die Kosten abgezogen, die für die Wahrnehmung der Rechte erforderlich sind. Die Verwertungsgesellschaft hat darauf zu achten, diese Kosten gering zu halten.[218]

507 Aus dem Wahrnehmungsgesetz ergeben sich wesentliche Vorgaben für die **Verteilung der Einnahmen** von der Verwertungsgesellschaft an die Berechtigten. Von Bedeutung sind die §§ 6, 7, 8 UrhWahrnG.

508 Gemäß § 7 S. 1 **UrhWahrnG** sind für die Verteilung feste Regeln in Form eines Verteilungsplanes aufzustellen, die ein willkürliches Vorgehen ausschließen. So-

---

216 BGH, Urt. v. 03.07.2008 – I ZR 204/05 (Musical Starlights), GRUR 2008, 1081, 1082.
217 *Schulze*, in: Dreier/Schulze, UrhG, § 7 UrhWahrnG, Rn. 1.
218 *Schulze*, in: Dreier/Schulze, UrhG, § 7 UrhWahrnG, Rn. 2.

mit sind die Verwertungsgesellschaften verpflichtet **Verteilungspläne** aufzustellen, die eindeutig regeln, wie die eingenommenen Vergütungen an die Berechtigten verteilt werden. Nach § 7 S. 3 UrhWahrnG sind die Grundsätze des Verteilungsplans in die Satzung der Verwertungsgesellschaft aufzunehmen. Kulturförderungen und Sozialförderung sind möglich und richten sich nach § 7 S. 2 UrhWahrnG und § 8 UrhWahrnG.

Für Streitigkeiten sorgt regelmäßig das Verständnis des **Willkürverbots** nach § 7 UrhWahrnG. Die **Verteilungspläne** unterliegen gemäß §§ 18, 19 UrhWahrnG (vgl. §§ 75 ff. RegE VGG) der **Kontrolle des *DPMA*.** Gerade das Willkürverbot sorgt für eine Überprüfung der bestehenden Verteilungspläne. Als Verstoß gegen das Willkürverbot hat die Aufsichtsbehörde bspw. eine 50-prozentige Beteiligung der Verleger an den Einnahmen aus mechanischen Vervielfältigungsrechten an Musikwerken angesehen.[219] Aber selbst dann, wenn die Aufsichtsbehörde den Verteilungsplan gebilligt hat, ist das Gericht daran nicht gebunden, wenn die Grenzen der Willkür durch die Verteilungspläne der Verwertungsgesellschaft überschritten sind.[220]

509

Das **Willkürverbot** ist im UrhWahrnG nicht definiert.[221] Der Inhalt des Willkürverbots leitet sich aus dem **allgemeinen Gleichheitssatz** des Art. 3 Abs. 1 GG ab.[222] Umstritten ist, in welcher Relation das Willkürverbot zum **Gebot der Angemessenheit nach § 6 UrhWahrnG** steht.[223] Gemäß § 6 Abs. 1 UrhWahrnG ist die Verwertungsgesellschaft verpflichtet, die zu ihrem Tätigkeitsbereich gehörenden Rechte und Ansprüche der Berechtigten zu angemessenen Bedingungen wahrzunehmen. Es wird zum Teil die Auffassung vertreten, dass § 7 S. 1 UrhWahrnG in enger Auslegung des Wortlauts und wegen nicht hinnehmbarer Mehrbelastung der Aufsichtsbehörde das Angemessenheitsgebot auf ein bloßes Willkürverbot reduziert wird.[224] Auch der BGH scheint dieser Auffassung zugeneigt.[225] Dem kann nicht gefolgt werden. Richtigerweise muss der Verteilungsplan auch dem Ange-

510

---

219 DPA, Beschl. v. 06.06.1977, UFITA 1978, 348, 369; vgl. dazu auch *Gerlach*, in: Wandtke/Bullinger, UrhG, § 7 UrhWahrnG, Rn. 5.
220 BGH, Urt. v. 24.09.2013 – I ZR 187/12 (Verrechnung von Musik in Werbefilmen), GRUR 2014, 479 [26].
221 *Schunke*, in: Wandtke, UrhR, Kap. 6, Rn. 20; *Gerlach*, in: Wandtke/Bullinger, UrhG, § 7 UrhWahrnG, Rn. 2.
222 BGH, Urt. v. 24.09.2013 – I ZR 187/12 (Verrechnung von Musik in Werbefilmen), GRUR 2014, 479, 481; *Reinbothe*, in: Schricker/Loewenheim, UrhG, § 7 UrhWahrnG, Rn. 3; vgl. zu Art. 3 GG auch BVerfG, Urt. v. 16.03.1955 – 2 BvK 1/54, NJW 1955, 625.
223 *Gerlach*, in: Wandtke/Bullinger, UrhG, § 7 UrhWahrnG, Rn. 4; *Melichar*, in: Loewenheim, UrhR, § 47, Rn. 32; *Augenstein*, S. 59 ff.
224 *Gerlach*, in: Wandtke/Bullinger, UrhG, § 7 UrhWahnrG, Rn. 4; Melichar, in: Loewenheim, UrhG, § 47, Rn. 32; *Reinbothe*, in: Schricker/Loewenheim, UrhG, § 7 UrhWahrnG, Rn. 5.
225 BGH, Urt. v. 24.09.2013 – I ZR 187/12 (Verrechnung von Musik in Werbefilmen), GRUR 2014, 479, 481.

messenheitsgrundsatz aus § 6 UrhWahrnG genügen.[226] Die Auslegung der Norm darf sich nicht nur am Wortlaut orientieren, der überdies nicht eindeutig ist.[227] Es kann nicht sein, dass die Verwertungsgesellschaften als Treuhänderinnen nicht den Vorgaben aus § 6 UrhWahrnG im Verhältnis zum Berechtigten genügen müssen. Die Wahrnehmung durch die Verwertungsgesellschaft würde den Berechtigten wenig nützen, wenn diese nicht auch einen angemessenen Anteil am Vergütungsaufkommen erhalten würden. Der Gesetzgeber hätte dann zwar die Verwertungsgesellschaft zur Rechtewahrnehmung unter angemessenen Bedingungen verpflichtet, andererseits aber gerade bei der für die Berechtigten so besonders wichtigen Verteilung, ein bloßes Willkürverbot gelten lassen. Um diesen gesetzlichen Wertungswiderspruch zu vermeiden muss § 7 UrhWahrnG zwangsläufig der Angemessenheit nach § 6 UrhWahrnG genügen.[228] Auch das Bundesverfassungsgericht ist wohl in dieser Weise zu verstehen.[229] Gleiches ergibt sich auch aus der Gesetzesbegründung, die ausdrücklich von der Gewährleistung eines angemessenen Vergütungsanteils spricht.[230]

511 Der Gesetzgeber hat es bisher leider unterlassen, die Probleme im Zusammenhang mit dem Willkürverbot im Rahmen des zu erwartenden VGG zu lösen. Die entsprechenden Regelungen der **§§ 9 aE., 27 RegE VGG** sind vom Grunde her inhaltsgleich. Die VG-Richtlinie[231] schafft insoweit ebenfalls keine Klarheit.

512 Aus dem Urheberrechtsgesetz ergeben sich insbesondere aus den Schrankenregelungen der §§ 44a ff. UrhG Vorgaben bezüglich der Wahrnehmung von **gesetzlichen verwertungsgesellschaftspflichtigen Vergütungsansprüchen**. § 54h Abs. 1, § 52b S. 4 und § 52a Abs. 4 S. 2 UrhG legen fest, dass diese gesetzlichen Vergütungsansprüche nur durch eine Verwertungsgesellschaft geltend gemacht werden können. § 63a UrhG kommt insoweit eine sehr zweifelhafte Rolle zu. Gemäß § 63a S. 2 UrhG kann der gesetzliche Vergütungsanspruch im Voraus nur an eine Verwertungsgesellschaft oder zusammen mit der Einräumung des Verlags-

---

226 *Schunke*, ZUM 2015, 37, 42; *Schunke*, in: Wandtke, UrhR, Kap. 6, Rn. 20; *Reber*, GRUR 2000, 203, 208; *Nordemann*, GRUR Int. 1973, 306, 308; *Schulze*, in: Dreier/Schulze, UrhG, § 7 UrhWahrnG, Rn. 5.
227 *W.Nordemann/Wirtz*, in: Fromm/Nordemann, UrhG, § 7 UrhWahrnG, Rn. 5; *Nordemann* sieht den Wortlaut in § 7 UrhWahrnG als missglückt an. Die Norm hätte ursprünglich eine erneute Betonung des Angemessenheitsgebots aus § 6 UrhWahrnG zum Ziel gehabt; *Nordemann*, GRUR Int. 1973, 306, 308.
228 *Vogel*, GRUR 1993, 513, 521; *Schack*, UrhR, Rn. 1335, 1368; *Schulze*, in: Dreier/Schulze, UrhG, § 7 UrhWahrnG, Rn. 5.
229 BVerfG, Beschl. v. 10.12.1996 – 1 BvR 1858/96, ZUM 1997, 555, 556: „Allerdings setzt das Gesetz in § 7 UrhWG zugleich die Grenzen der zulässigen Typisierung. Sie muss zu einer angemessenen Vergütung führen." BVerfG, Beschl. v. 11.10.1988 – 1 BvR 777/85, NJW 1992, 1303, 1304: „Frei von jeder Willkür im Sinne [des § 7 UrhWG] ist eine Verteilungsregelung, die, wie § 6 Abs. 1 UrhWahrnG bestimmt, ,angemessen' ist."
230 *Schunke*, ZUM 2015, 37, 42 f.; BT-Drucks. 14/6433, S. 10.
231 Siehe Kap. 11, Rn. 245 ff.

rechts dem Verleger abgetreten werden. Bedeutung und Inhalt dieser Vorschrift sind umstritten.[232]

Aus dem BGB ist § 315 BGB zu nennen. Die Rechtsprechung erkennt der Verwertungsgesellschaft innerhalb der Grenzen des Willkürverbots einen auf § 315 BGB weitreichenden Beurteilungsspielraum zu.[233] Die Verwertungsgesellschaft hat gemäß § 315 BGB die Erlösverteilung nach billigem Ermessen durchzuführen. Dabei ist nicht nur ein einziges „richtiges" Ergebnis denkbar. Die Bestimmung ist erst dann durch das Gericht zu ersetzen, wenn die durch § 315 Abs. 3 BGB – mit dem Hinweis auf die Billigkeit – gezogenen Grenzen überschritten sind, nicht dagegen schon dann, wenn das Gericht eine andere Festsetzung für richtig hält.[234] Daneben unterfallen die Bestimmungen des Verteilungsplanes auch teilweise der AGB-Kontrolle gemäß §§ 305 ff. BGB.[235]

513

2. Verteilungsgerechtigkeit

Eine große Herausforderung für die Verwertungsgesellschaften im modernen Zeitalter und auch ein Grundpfeiler für die Berechtigung der Verwertungsgesellschaften ist die Frage der **Verteilungsgerechtigkeit**. Nur wenn die Verwertungsgesellschaft nachvollziehbar und gerecht an die eigentlichen Werkschöpfer Ausschüttungen vornimmt kann sie von einer Berechtigung auch im digitalen Zeitalter ausgehen.

514

a) Pauschale Verteilungen

Pauschalierungen und Schätzverfahren verstoßen nicht grundsätzlich gegen das Willkürverbot nach § 7 UrhWahrnG und können zulässig sein.[236] Es kann bspw. nur unter unverhältnismäßigem Aufwand überprüft werden, in welchem Umfang wissenschaftliche Werke kopiert wurden und wie dementsprechend die Fotokopiergebühren von der *VG Wort* zu verteilen sind.[237] Ebenso hatte der BGH das umstrittene **PRO-Verfahren** der *GEMA* als zulässig erachtet. Angesichts der Vielzahl von Werknutzern könne das Aufführungsrecht im Allgemeinen wirksam nur kollektiv für die Gesamtheit der Berechtigten und mit pauschalierten Vergütungssystemen wahrgenommen werden.[238] Der BGH hat weiter entschieden, dass ein Ausschluss oder die Zurückstellung eines Programms von der Verrechnung

515

---

232 *Schunke*, ZUM 2015, 37, 39, 40.
233 BGH, Urt. v. 24.09.2013 – I ZR 187/12 (Verrechnung von Musik in Werbefilmen), GRUR 2014, 479, 481; BGH, Urt. v. 19.05.2005 – I ZR 299/02 (PRO-Verfahren), GRUR 2005, 757 760; OLG München, Urt. v. 21.01.2010 – 29 U 3700/09, ZUM 2010, 459, 460.
234 BGH, Urt. v. 19.05.2005 – I ZR 299/02 (PRO-Verfahren), GRUR 2005, 757, 760.
235 BGH, Urt. v. 05.12.2012 – I ZR 23/11 (Missbrauch des Verteilungsplans), GRUR 2013, 375, 376; *Schulze*, in: Dreier/Schulze, UrhG, Vorb. §§ 31–44, Rn. 19.
236 BVerfG, Beschl. v. 10.12.1996 – 1 BvR 1858/96, ZUM 1997, 555, 556.
237 Vgl. OLG München, Urt. v. 16.05.2002 – 6 U 3722/01 (Verteilungsplan Fotokopiergebühren), GRUR 2002, 877, 878.
238 BGH, Urt. v. 19.05.2005 – I ZR 299/02 (PRO-Verfahren), GRUR 2005, 757, 760; OLG München, Urt. v. 21.01.2010 – 29 U 3700/09, ZUM 2010, 459, 461; vgl. auch *Schunke*, in: Wandtke, Rechtsprechung zum UrhR, S. 247 ff.

nach dem Verteilungsplan der *GEMA* möglich ist, wenn begründete Zweifel an der Richtigkeit sämtlicher Bestandteile dieses Programms bestehen.[239]

b) Verteilung der Einnahmen aus dem gesetzlichen Vergütungsanspruch

516 Schwierigkeiten bereitet vor dem Hintergrund der Willkür und erst Recht vor dem Hintergrund des § 6 UrhWahrnG bzw. dem Grundsatz der Angemessenheit die Verteilung der im Rahmen der gesetzlichen Vergütung geflossenen **Einnahmen**. Zu den Einnahmen aus der gesetzlichen Vergütung zählen ua. die Entgelte aus der privaten Vervielfältigung.

517 Der **gesetzliche Vergütungsanspruch** ergibt sich aus § 54 Abs. 1 UrhG. Der Anspruch kompensiert die Möglichkeit der erlaubnisfreien privaten Vervielfältigung aus § 53 Abs. 1 bis 3 UrhG. *GEMA*, *GVL* und *VG Wort* haben diesen Anspruch der *Zentralstelle für private Überspielungen (ZPÜ)* übertragen.

518 Die von den Geräte- und Speichermedienherstellern, bspw. den Herstellern von CD- oder DVD-Rohlingen, eingehenden Beträge werden nach dem Verteilungsplan der GEMA nach Audio und Video getrennt.[240] **75 Prozent** der dem Audio zugeordneten Einnahmen werden im Grunde danach verteilt, **wie oft ein Werk im Radio gespielt wird.**[241] Es wird also gar nicht tatsächlich erfasst wie oft ein Werk privat tatsächlich vervielfältigt wurde, sondern es wird vermutet, dass ein Werk, welches oft im Radio gespielt wird, auch oft privat vervielfältigt wird. **25 Prozent** wird in Entsprechung der **Tantiemen aus der Tonträgervervielfältigung** ausgeschüttet.[242] Je öfter ein Werk auf eine CD gepresst wurde, unabhängig von dem tatsächlichen Verkauf, desto höher sind die zusätzlichen Ausschüttungen aus der privaten Vervielfältigung. Es wird damit in diesen Bereichen nicht nach der tatsächlichen privaten Nutzung ausgeschüttet – die Ausschüttung **beruht auf bloßer Vermutung**. Gleiches gilt für die Einnahmen aus der Vermietung und dem Verleih von Tonträgern iSd. § 27 Abs. 1 UrhG.[243]

c) Verhältnis Verleger-Urheber bei der Verteilung

519 Von grundsätzlicher Bedeutung ist die Frage der **Aufteilung** der Einnahmen der Verwertungsgesellschaft **zwischen dem Urheber und dem Verlager**.[244] Insoweit sind die Entscheidungen des OLG München, des LG München und des LG Berlin von Bedeutung.[245] Auslöser waren Rechtsstreite zwischen einem Autor und der

---

239 BGH, Urt. v. 22.01.2014 – I ZR 110/12 (ausgeschlossene Musikfolgen), GRUR 2014, 769, 770.
240 *Müller*, in: Kreile/Becker/Riesenhuber, Kap. 11.2, Rn. 71.
241 Ganz so einfach ist die Formel nicht, vgl. *Müller*, in: Kreile/Becker/Riesenhuber, Kap. 11.1, Rn. 288 ff.; im Ergebnis läuft es aber darauf hinaus.
242 *Müller*, in: Kreile/Becker/Riesenhuber, Kap. 11.2, Rn. 72.
243 *Schunke*, in: Wandtke, UrhR, Kap. 6, Rn. 22.
244 *Schunke*, ZUM 2015, 37 ff.
245 OLG München, Urt. v. 17.10.2013 – 6 U 2492/12, ZUM 2014, 52; LG München I, Urt. v. 24.05.2012 – 7 O 28640/11, ZUM-RD 2012, 410; LG Berlin, Urt. v. 13.05.2014 – 16 O 75/13, ZUM 2014, 818 ff.

VG Wort, bzw. zwischen einem Komponisten bzw. Textdichter und der *GEMA*. Sowohl der Verteilungsplan der *VG Wort*, als auch der Verteilungsplan der *GEMA* sehen eine **pauschale Aufteilung** des Vergütungsaufkommens zwischen Verlegern und Urhebern **nach festen Quoten** vor. Die Münchner Gerichte urteilten, dass die Verteilungspläne der VG Wort als nicht rechtmäßig angesehen würden, weil die Ausschüttung losgelöst von der tatsächlichen Rechtseinräumung an die Verwertungsgesellschaft vorgenommen wurde und somit gegen das **Willkürverbot** von § 7 UrhWahrnG verstießen.[246] Anders als die *VG Wort* war die *GEMA* in dem Verfahren vor dem Berliner Landgericht jedoch nicht unterlegen. Das LG Berlin sieht in der Verteilung der Ausschüttung an die Urheber und die Verleger unabhängig von der tatsächlichen Rechtseinräumung keinen Verstoß gegen das Willkürverbot nach § 7 UrhWahrnG.[247]

aa) Prioritätsprinzip

Es stellt sich vor dem Hintergrund der Urteile grundsätzlich die Frage, ob eine Aufteilung der Vergütungen sowohl aus dem gesetzlichen Vergütungsanspruch als auch aus ausschließlichen Nutzungsrechten unabhängig von der materiellen Rechtslage erfolgen kann oder ob ein solcher pauschaler Verteilungsplan gegen das Willkürverbot aus § 7 UrhWahrnG verstößt. Da bei § 7 UrhWahrnG wegen § 6 UrhWahrnG auch die Angemessenheit zu berücksichtigen ist, orientiert sich die Frage danach, ob pauschale Verteilungsquoten zu Gunsten von Verlegern und Urhebern dem Kriterium der Angemessenheit genügen.[248]

520

Fraglich ist demnach, wie der **Begriff der Angemessenheit** und damit der der Willkür nach § 7 UrhWahrnG ausgestaltet ist. Der Begriff der Angemessenheit des § 6 UrhWahrnG ist im Gesetz nicht definiert.[249] Da die Angemessenheit ihren Ursprung in § 11 S. 2 UrhG hat, muss vor allem die **materiell-rechtliche Lage** bei der Frage der Angemessenheit mit einfließen.[250] Bei der Rechteeinräumung bzw. der Anspruchsabtretung gilt das **Prioritätsprinzip**.[251] Hat der Urheber zuerst mit der Verwertungsgesellschaft einen Wahrnehmungsvertrag abgeschlossen und anschließend mit dem Verlag, kann der Verlag keine Rechte und Ansprüche erwerbe und in die Verwertungsgesellschaft im Rahmen seines Wahrnehmungsvertrages einbringen. Danach ist er nicht materiell-berechtigter und dürfte danach keinen Anspruch auf Ausschüttungen aus der Verwertung des entsprechenden Werkes haben. Dem widersprechende pauschale Quotelungen verstoßen nach richtiger

521

---

246 OLG München, Urt. v. 17.10.2013 – 6 U 2492/12, ZUM 2014, 52, 61; LG München I, Urt. v. 24.05.2012 – 7 O 28640/11, ZUM-RD 2012, 410 f.
247 LG Berlin, Urt. v. 13.05.2014 – 16 O 75/13, ZUM 2014, 818, 819 ff.
248 *Schunke*, ZUM 2015, 37, 43 ff.
249 *Gerlach*, in: Wandtke/Bullinger, UrhG, § 6 UrhWahrnG, Rn. 16.
250 *Hanewinkel*, GRUR 2007, 373, 376.
251 OLG München, Urt. v. 17.10.2013 – 6 U 2492/12, ZUM 2014, 52, 61; *Schunke*, ZUM 2015, 37, 42; dagegen *Riesenhuber*, ZUM 2012, 746, 749 f.; *Flechsig*, ZUM 2013, 745, 746; *Müller*, ZUM 2014, 781, 784.

Auffassung gegen das Willkürverbot des § 7 UrhWahrnG.[252] Im umgekehrten Fall kann man wegen der besonderen Schutzbedürftigkeit des Urhebers vertretbar zu einem anderen Ergebnis gelangen.[253]

bb) Vertragliche Absprachen

522 Vertragliche Absprachen in den Verlagsverträgen können aber Einfluss auf die Frage der gerechten Verteilung der Einnahmen haben.[254] Teilweise enthalten die Verlagsverträge ausdrücklich Beteiligungsabsprachen mit oder ohne Bezugnahme auf die Verteilungsschlüssel der Verwertungsgesellschaften. Genauso kommen aber auch Verlagsverträge ohne solche Beteiligungsabsprachen bezüglich der „Verwertungsgesellschaftsrechte" zustande. Im Kern geht es um die Frage, ob gescheiterten Anspruchsabtretungen und Nutzungsrechtseinräumungen oder aber bestimmten Beteiligungsabsprachen zwischen Verlag und Urheber im Verhältnis zur Verwertungsgesellschaft eine rechtliche Wirkung zukommen kann, die pauschale Verteilungen rechtfertigen. Nicht wirksame Rechtseinräumungen können nach §§ 133, 157, 140 BGB nicht in einen Beteiligungsanspruch gegenüber der Verwertungsgesellschaft umgedeutet werden. Das LG Berlin verneinte einen Verstoß gegen das Willkürverbot.[255] Dem kann nicht zugestimmt werden.[256] Die materiellrechtliche Rechtslage wäre wegen der Nutzungsrechtseinräumung durch den Urheber an die Verwertungsgesellschaft in erheblichem Maße missachtet.

523 Etwas anderes ergibt sich für den Fall, dass es im Verlagsvertrag eindeutige Beteiligungsabsprachen gibt. Sieht man bspw. in den Beteiligungsabsprachen eine Abtretung des dem Urheber zustehenden Ausschüttungsanspruchs gegenüber der *GEMA* nach §§ 398 ff. BGB stellt sich allerdings das Problem der Abtretungseinschränkung nach § 399 2. Fall BGB, die sich regelmäßig in den Wahrnehmungsverträgen der Verwertungsgesellschaften finden.[257] Es wird deutlich, dass erheblicher gesetzgeberischer Bedarf besteht, um Fragen der Verteilungsgerechtigkeit zufriedenstellend zu lösen. Daneben sollten für die Zukunft Verlage, Urheber und Verwertungsgesellschaften dazu kommen, eindeutige und rechtswirksame Beteiligungsabsprachen zu treffen.[258]

d) *Kulturförderung und Solidarität*

524 Ebenfalls unter dem Oberbegriff der Verteilungsgerechtigkeit wird die in § 7 und § 8 UrhWahrnG verankerte Kulturförderung und Solidarität diskutiert, die sich

---

252 *Schunke*, ZUM 2015, 37, 43 f.; aA. *Riesenhuber*, ZUM 2012, 746, 750.
253 *Schunke*, ZUM 2015, 37, 46, 47; so wohl auch EuGH, Urt. v. 12.11.2015 – C-572/13 (Hewlett-Pachard/Reprobel), GRUR 2016, 55, 57, 58.
254 Ausführlich dazu *Schunke*, ZUM 2015, 37, 44 ff.
255 LG Berlin, Urt. v. 13.05.2014 – 16 O 75/13, ZUM 2014, 818, 820.
256 *Schunke*, ZUM 2015, 37, 45.
257 Zu den verschiedenen Fallkonstellationen ausführlich *Schunke*, ZUM 2015, 37, 45 ff. Sowohl in § 9 Wahrnehmungsvertrag der *VG Wort*, als auch in § 4 des Berechtigungsvertrages der *GEMA* gibt es diese Abtretungseinschränkungen im Sinne des § 399 BGB.
258 Ausführlich dazu *Schunke*, ZUM 2015, 37, 47.

in den Verteilungsplänen der Verwertungsgesellschaften wiederfindet.[259] Nach § 7 S. 2 UrhWahrnG sollen **kulturell bedeutende Werke** und Leistungen zu fördern sein. § 8 UrhWahrnG soll Vorsorge- und Unterstützungseinrichtungen für die Inhaber der von ihr wahrgenommenen Rechte oder Ansprüche einrichten. Diese kulturfördernde und soziale Funktion sind mit finanziellen Aufwendungen verbunden. Da urheberrechtliche Verwertungsgesellschaften keine Tätigkeiten ausüben, die auf Gewinnerzielung ausgerichtet sind und auch sonst keine Subventionen erhalten, müssen diese Aufwendungen **aus den Einnahmen bestritten** werden, welche die Verwertungsgesellschaften aus der treuhänderischen Wahrnehmung der ihr anvertrauten Rechte erzielen. Weiter werden durch diese Maßnahmen regelmäßig nicht alle Rechteinhaber gleichermaßen gefördert.[260] Dies führt unweigerlich dazu, dass es zu **Ungleichbehandlungen** kommt, die gerade vor dem Hintergrund der **Verteilungsgerechtigkeit** problematisch erscheinen. Die *GEMA* hat bspw. im Geschäftsjahr 2014 etwa 43 Mio. EUR für kulturelle und soziale Zwecke bereitgestellt.[261] Dies ist kein unerheblicher Betrag. Die **VG-Richtlinie**[262] enthält bis auf Erwägungsgrund Nr. 3 der Richtlinie **keine ausdrückliche Regelung zu Fragen der Erhaltung kultureller Vielfalt.** Allerdings bleiben nach Art. 12 Abs. 5 der Richtlinie Kultur- und Sozialabgaben zulässig. Die Nennung von Kultur- und Sozialabgaben in der Richtlinie führt nunmehr dazu, dass der EuGH über Fragen entscheidet, welche Art von Abzügen richtlinienkonform sind.[263] Es ist nicht zu unterschätzen, dass sich dadurch erheblich neue Fragen der Zulässigkeit von bestehenden Regelungen aus Sicht der Verteilungsgerechtigkeit ergeben.

Vor diesem Hintergrund gewinnt der seit Jahren bestehende Streit bezüglich der Unterscheidung von Unterhaltungsmusik (**U-Musik**) und Ernster Musik (**E-Musik**) bei der Verteilung der *GEMA*-Einnahmen an neuer Brisanz.[264] Der Verteilungsplan unterscheidet zwischen Werken der E-Musik und der U-Musik in nicht unerheblicher Weise. Gerade im Wertungsverfahren führt dieses unzweifelhaft zur **Bevorteilung von Komponisten der E-Musik**.[265] Bei einem solch privilegierenden System ist die Gefahr des Missbrauchs sehr groß. Es stellt sich das Problem der Objektivität bei der Frage der **Einordnung von Werken** durch den Werkausschuss. Die mangelnde Transparenz ist gleichfalls zu beanstanden.[266] Es ist zweifelhaft, ob die Unterscheidung von E- und U-Musik noch haltbar ist. Betrachtet man

525

---

259 *Katzenberger/Nérisson*, GRUR Int. 2011, 283 ff.
260 *Katzenberger/Nérisson*, GRUR Int. 2011, 283.
261 http://www.gema.de/uploads/media/gema_geschaeftsbericht_2014.pdf (letzter Abruf: 17.10.2015),
262 Siehe Kap. 11, Rn. 245 ff.
263 *Peifer*, GRUR 2015, 27, 34.
264 *Katzenberger/Nérisson*, GRUR Int. 2011, 283; *Hertin*, GRUR 2013, 469; *Riesenhuber*, GRUR 2014, 443.
265 Im Einzelnen dazu *Hertin*, GRUR 2013, 469 f.; *Riesenhuber*, GRUR 2014, 443 f.
266 *Hertin*, GRUR 2013, 469, 470, 472 f); dagegen allerdings nicht wirklich überzeugend *Riesenhuber*, GRUR 2014, 443 ff. Viele Mitglieder wissen von dieser Unterscheidung und den Möglichkeiten auch gar nicht.

viele aufwendige Pop- und Rockproduktionen gerade in den Nischenbereichen, ist aus musikwissenschaftlicher Sicht eine Unterscheidung wohl nicht mehr zeitgemäß.[267] Fakt ist, dass es die Unterscheidung von E- und U-Musik bei der *GEMA* gibt und dies sich **bei den Ausschüttungen bemerkbar** macht, so dass der Rechteinhaber bei der Anmeldung seiner Werke sorgsam vorgehen sollte.

e) Live-Aufführungen von Musik

526 Anfällig für einen Missbrauch bei der Verteilung der Einnahmen ist auch der Verteilungsplan der *GEMA* in Bezug auf die Verteilung der Einnahmen aus dem Aufführungsrecht im Zusammenhang mit **Live-Aufführungen von Musik**.[268] Der BGH hat der *GEMA* den Rücken gestärkt, insofern, als dass es zulässig ist, dass die *GEMA* Bezugsberechtigte bei der Verrechnung ausschließen darf, sofern diese Falschangaben gemacht haben.[269]

VI. Verhältnis der Verwertungsgesellschaft zu den Nutzern

1. Vorgaben durch das WahrnG

527 Das **Verhältnis der Nutzer** zu den Verwertungsgesellschaften wird wesentlich durch das Wahrnehmungsgesetz geprägt. Zum einen gilt gemäß § 11 UrhWahrnG das **Abschlusszwangprinzip**. Ausnahmsweise ist die Verwertungsgesellschaft von dem unbeschränkten Abschlusszwang befreit, sofern der Einräumung von Nutzungsrechten vorrangige berechtigte Interessen des Urhebers entgegenstehen.[270] Aus der Konzeption des § 11 UrhWahrnG folgt, dass die Verwertungsgesellschaft **einfache Nutzungsrechte** iSd. § 31 UrhG einräumt, da sie ansonsten dem Abschlusszwang bei erneuter identischer Nutzung desselben Werkes nicht nachkommen könnte.[271]

528 Weiter ist die Verwertungsgesellschaft gemäß § 13 Abs. 1 UrhWahrnG **verpflichtet, Tarife aufzustellen** über die Vergütung, die sie auf Grund der von ihr wahrgenommenen Rechte und Ansprüche fordert.[272] Gemäß § 13 Abs. 2 UrhWahrnG ist die Verwertungsgesellschaft verpflichtet, die Tarife und jede Tarifänderung **im Bundesanzeiger zu veröffentlichen**. Zweck des § 13 UrhWahrnG ist zum einen die Gleichbehandlung aller gleich gelagerten Fälle im Interesse der Allgemeinheit, zum anderen soll den Verwertungsgesellschaften durch die veröffentlichten Tarife erspart werden, in jedem Einzelfall langwierige Verhandlungen über die zu zahlende Vergütung zu führen.[273]

---

267 In diesem Sinn auch *Hertin*, GRUR 2013, 469, 476.
268 *Hertin*, ZUM 2015, 211 ff.
269 BGH, Urt. v. 14.10.1999 – I ZR 117/97 (Missbrauch des Verteilungsplans), GRUR 2013, 375, 377.
270 Lesenswert BGH, Urt. v. 22.04.2009 – I ZR 5/07 (Seeing is Believing), GRUR 2009, 1052, 1053; vgl. dazu auch *Schunke*, in: Wandtke, Rechtsprechung zum Urheberrecht, 2011, S. 244 ff.
271 *Riesenhuber/v.Vogel*, in: Kreile/Becker/Riesenhuber, Kap. 14, Rn. 41.
272 Vgl. *Goldmann*, S. 193; *Melichar*, S. 39.
273 *Gerlach*, in: Wandtke/Bullinger, UrhG, § 13 UrhWahrnG, Rn. 1.

Die Verwertungsgesellschaft ist im Rahmen von §§ 12, 13 Abs. 1 S. 2 UrhWahrnG verpflichtet mit Vereinigungen, deren Mitglieder nach dem Urheberrechtsgesetz geschützte Werke oder Leistungen nutzen oder zur Zahlung von Vergütungen nach dem Urheberrechtsgesetz verpflichtet sind, über die von ihr wahrgenommenen Rechte und Ansprüche **Gesamtverträge** zu **angemessenen Bedingungen** abzuschließen. Jedoch ist die Verwertungsgesellschaft nicht verpflichtet einen Gesamtvertrag nach §§ 11, 12 Halbs. 2 UrhWahrnG abzuschließen, wenn die **Mitgliederzahl der Vereinigung zu gering** ist. Daneben hat eine Verwertungsgesellschaft die von ihr wahrgenommenen Nutzungsrechte nach §§ 11 Abs. 1, 12 WahrnG nur denjenigen zu angemessenen Bedingungen einzuräumen, die diese zumindest auch **für eigene Nutzungshandlungen benötigen**. Sie muss die Nutzungsrechte dagegen nicht denjenigen einräumen, die diese ausschließlich auf Dritte weiterübertragen möchten. Ansonsten wäre der Verwaltungsaufwand zu hoch und eine effektive Kontrolle der Nutzung durch die Verwertungsgesellschaft nicht möglich.[274]

529

Die **Festlegung der Tarife** für den gesetzlichen Vergütungsanspruch nach §§ 54, 54a UrhG erfolgt nach dem in § 13a UrhWahrnG vorgeschriebenen Verfahren, welches durch das VGG geändert werden soll, vgl. §§ 40 Abs. 1, 93 RegE VGG.

530

Gemäß § 13b UrhWahrnG hat der **Veranstalter** bei der öffentlichen Wiedergabe von urheberrechtlich geschützten Werken bestimmte Pflichten. Zunächst ist gemäß § 13b Abs. 1 UrhWahrnG vor der Veranstaltung die **Einwilligung durch die Verwertungsgesellschaft** einzuholen. Nach der Veranstaltung hat der Veranstalter gemäß § 13b Abs. 2 UrhWahrnG der Verwertungsgesellschaft eine **Aufstellung** über die bei der Veranstaltung benutzten Werke zu übersenden. Veranstalter im Sinne der Vorschrift sind im Bereich der Musik nicht allein die Organisatoren von Live-Aufführungen im Sinne von § 81 UrhG, sondern darüber hinaus auch **Gastwirte, Kino- und Diskothekenbetreiber sowie Rundfunkveranstalter**.[275] Der Veranstaltereigenschaft kommt damit eine wichtige Rolle zu. Gerade in der modernen Zeit, in der Künstlergruppen dazu neigen, Veranstaltungsräume anzumieten, stellt sich regelmäßig die Frage, wer Verantwortlicher in Bezug auf die Verwertungsgesellschaft im Sinne des § 13b UrhWahrnG ist.

531

2. Angemessenheit der Tarife

Problematisch ist der Begriff der Angemessenheit der Tarife, der sich aus den §§ 11, 12 iVm. mit § 13 UrhWahrnG ergibt. Die von der Verwertungsgesellschaft autonom aufgestellten **Tarife sind für die Werknutzer nicht bindend**. Hält ein Nutzern einen Tarif für unangemessen oder unanwendbar, kann er nach **Zahlung unter Vorbehalt oder Hinterlegung** (§ 11 Abs. 2 UrhWahrnG) das Werk nut-

532

---

[274] BGH, *Urt.* v. 14.10.2010 – I ZR 11/08 (Gesamtvertrag Musikabrufdienste), GRUR 2011, 61, 64; vgl. dazu auch *Schunke*, in: Wandtke, Rechtsprechung zum UrhR, S. 253 ff.
[275] Ausführlich hierzu für den Musikbereich: *Riesenhuber/Vogel*, in: Kreile/Becker/Riesenhuber, Kap. 14, Rn. 66 ff.

zen.²⁷⁶ Nach Durchführung des Schiedsstellenverfahren nach den §§ 14 ff. UrhWahrnG können Angemessenheit und Anwendbarkeit **durch die ordentlichen Gerichte überprüft** (vgl. § 92 RegE VGG) werden (§ 16 Abs. 1 UrhWahrnG). Stellt die Schiedsstelle oder das Gericht die Unangemessenheit eines aufgestellten Tarifs fest, so ist stattdessen entsprechend § 287 ZPO ein angemessener Betrag festzusetzen.²⁷⁷

533 **Berechnungsgrundlage** für die Tarife ist nach § 13 Abs. 3 S. 1 UrhWahrnG (vgl. § 39 Abs. 1 RegE VGG) in der Regel der **geldwerte Vorteil**, der durch die Verwertung der geschützten Werke oder Leistungen erzielt wird.²⁷⁸ Damit gilt auch für die Vergütungshöhe der **urheberrechtliche Beteiligungsgrundsatz**, nach dem der Berechtigte an jeder wirtschaftlichen Nutzung seiner Werke oder Leistungen tunlichst angemessen zu beteiligen ist. Die Vergütung richtet sich nach dem Verhältnis von Leistung und Gegenleistung.²⁷⁹ Eine Obergrenze von 10 % der Bruttoeinnahmen für die Urheberrechte besteht nicht.²⁸⁰

534 So darf die *GEMA* die angemessene Vergütung für Musikaufführungen bei Freiluftveranstaltungen wie Straßenfesten oder Stadtfesten **nach der Größe der Veranstaltungsfläche** bemessen. Das gilt auch dann, wenn die Musik nicht auf der gesamten Veranstaltungsfläche wahrnehmbar ist.²⁸¹ Eine **Mindestvergütungsregelung** ist erforderlich, um die Berechtigten vor einer Entwertung ihrer Rechte zu schützen. Eine solche Regelung darf aber nach Auffassung des BGH nicht so weit gehen, dass dieser Grundsatz zu Lasten des Verwerters in einem unangemessenen Verhältnis überschritten wird.²⁸²

535 Es lohnt sich als Nutzer vor der Verwendung von urheberrechtlich geschützten Musikwerken mit dem Tarifsystem der *GEMA* auseinanderzusetzen, um nicht in die **Kostenfalle** zu geraten.

3. Besonderheiten beim Tarif für Geräte und Speichermedien

536 Gemäß § 13a UrhWahrnG bestimmt sich die **Höhe der Vergütung für Geräte und Speichermedien** nach § 54a UrhG.²⁸³ Nach § 13a S. 2 UrhWahrnG hat die Verwertungsgesellschaft vor Aufstellung der Tarife für Geräte und Speichermedien mit den Verbänden der betroffenen Hersteller **über die angemessene Vergütungshöhe** und den Abschluss eines Gesamtvertrages **zu verhandeln**. Scheitern

---

276 Ausführlich hierzu *Melichar*, in: Loewenheim, UrhG,§ 48, Rn. 26 ff.; BGH, Urt. v. 27.10.2011 – I ZR 125/10 (Bochumer Weihnachtsfest), ZUM-RD 2012, 316, 317, Rn. 12.
277 *Gerlach*, in: Wandtke/Bullinger, UrhG, § 13 UrhWahrnG, Rn. 15.
278 BGH, Urt. v. 27.10.2011 – I ZR 125/10 (Barmen Live), ZUM-RD 2012, 311, 313 [20].
279 BGH, Urt. v. 01.12.2010 – I ZR 70/09 (Multimediashow), GRUR 2011, 720, 722.
280 BGH, Urt. v. 29.01.2004 – I ZR 135/00 (Mehrkanaldienste), GRUR 2004, 669, 671; im Einzelnen *Gerlach*, in: Wandtke/Bullinger, UrhG, § 13 UrhWahrnG, Rn. 7.
281 BGH, Urt. v. 27.10.2011 – I ZR 125/10 (Barmen Live), ZUM-RD 2012, 311, 313 [36].
282 BGH, Urt. v. 27.10.2011 – I ZR 125/10 (Barmen Live), ZUM-RD 2012, 311, 313 [20]; BGH, Urt. v. 01.12.2010 – I ZR 70/09 (Multimediashow), GRUR 2011, 720, 722.
283 Eine Übersichtstabelle hierzu findet sich im Anhang, Teil VI.

die Gesamtverhandlungen, so können Verwertungsgesellschaften in Abweichung von § 13 UrhWahrnG Tarife über die Vergütung nach § 54a UrhG erst nach Vorliegen der empirischen Untersuchungen gemäß § 14 Abs. 5a UrhWahrnG aufstellen. Dieses Verfahren soll nach den §§ 40, 93 RegE VGG geändert werden. Gemäß § 40 RegE VGG entfällt die Pflicht vor Aufstellung der Tarife mit den Verbänden zu verhandeln. Dennoch wird es dabei bleiben, dass die Frage der Angemessenheit der Tarife bei den Speicher und Gerätevergütungen Gegenstand heftiger Kontroversen sein wird.

Mit der Umsetzung des Korbs II gibt es **keine gesetzlich festgelegte Vergütung** mehr. § 54a UrhG gibt lediglich **Kriterien für die Vergütungshöhe** vor. Gemäß § 54a Abs. 1 S. 1 UrhG soll maßgeblich für die Vergütungshöhe sein, in **welchem Maße die Geräte und Speichermedien** als Typen **tatsächlich** für Vervielfältigungen nach § 53 Abs. 1 bis 3 UrhG **genutzt** werden. 537

§ 54a Abs. 2–4 UrhG ergänzen diese Regelung zur Vergütungshöhe.[284] Nach § 54a Abs. 2 UrhG ist **die Vergütung für Geräte so zu gestalten**, dass sie auch mit Blick auf die Vergütungspflicht für in diesen Geräten enthaltene Speichermedien oder andere, mit diesen funktionell zusammenwirkende Geräte oder Speichermedien **insgesamt angemessen** ist. Gemäß Abs. 3 der Vorschrift sind die nutzungsrelevanten Eigenschaften der Geräte und Speichermedien, insbesondere die **Leistungsfähigkeit** von Geräten sowie die **Speicherkapazität** und **Mehrfachbeschreibbarkeit** von Speichermedien, mit zu berücksichtigen. Nach § 54a Abs. 4 UrhG darf die Vergütung die Hersteller von Geräten und Speichermedien nicht unzumutbar beeinträchtigen; sie muss in einem wirtschaftlich angemessenen Verhältnis zum Preisniveau des Geräts oder des Speichermediums stehen. 538

Wegen Art. 5 Abs. 2 lit. b) der Informations-Richtlinie[285] muss § 54a UrhG insgesamt **europarechtskonform ausgelegt** werden. Folgende Grundsätze hat der EuGH zum Verständnis der Vergütungshöhe als Bestandteil der Gewährung eines „gerechten Ausgleichs" festgesetzt. Der Begriff des „gerechten Ausgleichs" meint wegen der Erwägungsgründe Nr. 35 und 38 der Richtlinie eine **angemessen Vergütung** des Urhebers. Bei der Festlegung der Höhe dieses Ausgleichs ist als brauchbares Kriterium nach Auffassung des EuGH der sich für den Urheber durch die fragliche Vervielfältigungshandlung ergebende **etwaige Schaden** zu berücksichtigen. Der gerechte Ausgleich ist als Gegenleistung für den dem Urheber entstandenen Schaden zu sehen.[286] Bei der Berechnung des Schadens müssen die nationalen Rechtsvorschriften danach unterscheiden, ob die Quelle, auf deren Grundlage eine Vervielfältigung zum privaten Gebrauch angefertigt wurde, rechtmäßig oder unrechtmäßig ist.[287] 539

---

284 *Schunke*, in: Wandtke, UrhR, Kap. 5, Rn. 75, 76.
285 Siehe Kap. 11, Rn. 238 ff.
286 EuGH, Urt. v. 21.10.2010 – C-467/08 (Padawan/SGAE), GRUR 2011, 50, 53.
287 EuGH, Urt. v. 10.04.2014 – C-435/12 (ACI/Stichting), GRUR Int. 2014, 605, 609, 610.

540 Dieser **Schadenskompensationsgedanke** des EuGH ist wenig überzeugend. Er findet sich auch nur mittelbar in den § 54a Abs. 1–4 UrhG und ist in der Tat **sehr schwer zu bemessen** und stellt die Verwertungsgesellschaften vor große **praktische Schwierigkeiten** bei der Festlegung der Tarife. Bei der Höhe des gerechten Ausgleichs ist ebenfalls zu beachten, ob es sich bei der **Speichermöglichkeit um eine primäre oder sekundäre Funktion** handelt.[288]

541 Entrichten Gerätehersteller, die als **Teil einer Kette** von Geräten in nicht eigenständiger Weise zur Vervielfältigung beitragen ebenfalls Vergütungen, so ist zu beachten, dass der **Gesamtbetrag des gerechten Ausgleichs**, der als Ersatz für den Schaden geschuldet wird, nicht substanziell von demjenigen abweichen darf, der für die Vervielfältigung mittels nur eines Geräts festgelegt ist.[289] Dies entspricht der Regelung des § 54a Abs. 2 BGB, wonach die Vergütung für die Geräte so zu gestalten ist, dass sie auch mit Blick auf die Vergütungspflicht für in diesen Geräten enthaltenen Speichermedien oder andere, mit diesen funktionell zusammenwirkenden Geräten oder Speichermedien, insgesamt angemessen ist.[290]

542 Teilweise wird vor dem europäischen Hintergrund die Bestimmung des § 54a Abs. 4 UrhG als problematisch angesehen, wonach die Vergütung **den Hersteller von Geräten und Speichermedien nicht unzumutbar beeinträchtigen darf**.[291] Das OLG München sieht dieses anders und betrachtet die Regelung des § 54a Abs. 4 UrhG als europarechtskonform.[292]

543 In jedem Fall hat es der Gesetzgeber nicht geschafft, die unionsrechtlichen Vorgaben in den §§ 54, 54a UrhG, § 13a UrhWahrnG ausreichend umzusetzen. Dass durch die Informations-Richtlinie[293] vorgegebene Konzept des gerechten Ausgleichs und die damit entwickelten Bemessungskriterien finden sich in den deutschen Bestimmungen nicht eindeutig wieder. Teilweise wird die konkrete Anwendung durch die Verwertungsgesellschaften, als **nicht mehr unionsrechtskonform angesehen**.[294] Vor allem die Berechnung der angemessenen Vergütung durch die Verwertungsgesellschaften wird teilweise als unionswidrig angesehen, mit dem Argument, dass den Rechtsinhaber eine Vergütung zugebilligt würde, die über den gerechten Ausgleich hinausgehe. Dies gelte insbesondere für die Berechnung der angemessenen Vergütung anhand des Kriteriums der geldwerten Vorteile der Werknutzer, wie es in § 13 UrhWahrnG vorgesehen ist, bzw. im Wege der Lizenzana-

---

288 EuGH, Urt. v. 05.03.2015 – C-463/12 (Copydan/Nokia), GRUR 2015, 478, 481; dazu *Peukert*, GRUR 2015, 452 ff.
289 EuGH, Urt. v. 27.06.2013 – C-457/11, C-458/11, C-459/11, C-460/11, GRUR 2013, 812 ff.; BGH, Beschl. v. 21.07.2011 – I ZR 28/11 (Drucker und Plotter II), GRUR 2011, 1007; BGH, Beschl. v. 21.07.2011 – I ZR 30/11 (PC II), GRUR 2011, 1012.
290 *Schunke*, in: Wandtke, UrhR, Kap. 5, Rn. 76 ff.
291 Ausführlich hierzu *Riesenhuber*, GRUR 2013, 582, 588 f.
292 OLG München, Urt. v. 15.01.2014 – 6 Sch 2/13, GRUR 2015, 989, 999 f.
293 Siehe Kap. 11, Rn. 238 ff.
294 *Koch/Druschel*, GRUR 2015, 957, 968.

logie, soweit dabei auf die üblichen Lizenzsätze und nicht auf den konkret entstandenen Schaden abgestellt werde.²⁹⁵

VII. Zukunft der Verwertungsgesellschaft im modernen Zeitalter

1. Legitimation und Krise von Verwertungsgesellschaften

Das **Recht der Verwertungsgesellschaft** steht einem erheblichen **Systemwandel** bevor und wird konfrontiert mit Fragen der grundsätzlichen Legitimität dieses Systems der Durchsetzung von urheberrechtlichen und leistungsschutzrechtlichen Vergütungsansprüchen.²⁹⁶ Die Zukunft der kollektiven Rechtewahrnehmung ist immer wieder Gegenstand von Diskussionen.²⁹⁷ Dennoch ist eine effektive Rechtswahrnehmung **ohne Verwertungsgesellschaften nicht vorstellbar**. Die Verwertungsgesellschaft muss sich aber daran messen lassen, ob sie ihrer Aufgabe der treuhänderischen Wahrnehmung der Rechte im modernen Zeitalter noch gerecht wird. Damit gewinnen Fragen der Verteilungsgerechtigkeit, der globalen Lizenzierung und der Beachtung von neuen Konsumentenverhalten erhöhte Aufmerksamkeit.

544

2. Herausforderungen durch das digitale Zeitalter

Für die **Verwertungsgesellschaften** ergeben sich große **Herausforderungen** durch das digitale Zeitalter.

545

Gerade die **weltweite Nutzung** von urheberrechtlich geschützten Werken über das **Internet**, macht diese Werknutzung zu einer globalen, denen die **national agierenden Verwertungsgesellschaften** bisher nicht in ausreichendem Maß gerecht geworden sind. Bisher konnte eine Verwertungsgesellschaft nach dem ursprünglichen System der Gegenseitigkeitsverträge nur ihr eigenes Repertoire weltweit lizenzieren.²⁹⁸ Das Repertoire von Verwertungsgesellschaften anderer Mitgliedsstaaten wurde nationalen Verwertungsgesellschaften nur für die Lizenzierung im jeweiligen Verwaltungsgebiet übertragen.²⁹⁹ Um den Download oder ähnliche Nutzungsformen von urheberrechtlich geschützten Werken zu ermöglichen, muss man die jeweiligen Lizenzen für alle Abrufstaaten erwerben.³⁰⁰

546

Dieses Problem war auch ein Grund für den Erlass der **VG-Richtlinie**.³⁰¹ Die Richtlinie regelt unter anderem die Vergabe von Mehrgebietslizenzen an **Online-Musikanbieter**. Es soll durch die Richtlinie eine effektive Lizenzierungsmethode in einem länderübergreifenden Kontext geschaffen werden.³⁰² Dieser wichtige und gute Schritt wird gleichzeitig als unzureichend kritisiert. Zu Recht wird bedauert,

547

---

295 *Koch/Druschel*, GRUR 2015, 957, 968.
296 *Denga*, Diss. Berlin 2014.
297 *Peifer*, GRUR 2015, 27.
298 *Heyde*, S. 93.
299 *Alich*, GRUR Int. 2008, 996.
300 *Alich*, GRUR Int. 2008, 996.
301 Siehe Kap. 11, Rn. 245 ff.
302 Erwägungsgrund Nr. 40 der VG-Richtlinie (Kap. 11, Rn. 245 ff)

dass die **Mehrgebietslizenzen** sich lediglich auf den Bereich der Musik beschränken. Das inzwischen an erheblicher Bedeutung erlangte **Internetangebot von Filmen und Computerprogrammen wird außer Acht** gelassen.[303] Neu ist in diesem Zusammenhang auch die Beschränkung der Mandatserteilung in Art. 29 der VG-Richtlinie auf eine **nicht-exklusive Rechtseinräumung.** Bisher wurden in den Wahrnehmungsverträgen den Verwertungsgesellschaften die Nutzungsrechte im Bereich der Musik ausschließlich eingeräumt. Diese Neuregelung wird kritisiert.[304] Eingewendet wird, dass der Rechtsinhaber, der seine Rechte nicht exklusiv eingeräumt hat, unter Druck gesetzt werden könne, die Nutzung seiner Rechte zu weniger guten Bedingungen zu gewähren. Weiter werden Abrechnungs- und Lizenzschwierigkeiten genannt.[305] Auch wenn diese Bedenken berechtigt sind, ist der Übergang von Exklusivität zu Nicht-Exklusivität im Musikbereich dennoch zu unterstützen, da es dem zeitgemäßen Umgang mit dieser Werkform entspricht.

548 Die Digitalisierung hat auch bewirkt, dass urheberrechtliche Inhalte anders genutzt werden. Vielfach spricht man vom **Prosumenten**, der im Rahmen von **Social-Media**-Seiten oder im Internetblog vermehrt auf urheberrechtlich geschützte Inhalte zurückgreift, um sich mitzuteilen. Dieser Prosument wird durch das System der Verwertungsgesellschaften vielfach nicht genügend berücksichtigt. Dem begegnet die VG-Richtlinie durch die Vorgabe in **Art. 5 Abs. 3 der Richtlinie.** Darin wird den Rechtsinhabern das Recht eingeräumt, Lizenzen für die **nicht-kommerzielle Nutzung** von Rechten ihrer Wahl zu vergeben. Die neuen Nutzungsformen bewegen sich vielfach in diesem nicht-kommerziellen Bereich. Ob dadurch allerdings Rechtssicherheit geschaffen wird in dem Bereich der Social-Media ist zweifelhaft. Die Regelung des Art. 5 Abs. 3 der VG-Richtlinie wird in der Zukunft für viel Diskussion sorgen.[306] Gerade der Umfang dieser Ausnahmevorschrift wird für die Praxis von erheblicher Bedeutung sein im Bereich von: privaten Web-Sites, Filesharing, Blogs, Social-Media wie Facebook und Youtube, Konzerte und Rundfunkveranstaltungen.[307] Vom Grunde her ist es aber der richtige Weg, aus dem starren Verwertungssystem der Verwertungsgesellschaften ein flexibles zu machen, was den neuen Nutzungsmethoden gerecht wird.

---

303 *Weber*, ZUM 2014, 476, 477; *Müller*, in: Hoeren/Sieber/Holznagel, Teil 7.5, Rn. 69.
304 *Holzmüller*, ZUM 2013, 168, 173; *Holzmüller*, ZUM 2014, 468, 469.
305 *Holzmüller*, ZUM 2013, 168, 173; *Holzmüller*, ZUM 2014, 468, 469.
306 *Grohmann*, GRUR-Prax 2014, 146.
307 *Holzmüller*, ZUM 2014, 468, 469.

KAPITEL 5
Softwareurheberrecht und technische Schutzmaßnahmen

Literatur: *Apel/Biehler*, Anmerkung zu OLG Dresden, Urteil vom 20. Januar 2014 – 14 U 1127/14 – Inhaltliche Beschränkung von Nutzungsrecht auf private Zwecke, ZUM 2015, S. 339–343; *Bisges*, Urheberrechtliche Aspekte des Cloud Computing – Wirtschaftlicher Vorteil gegenüber herkömmlicher Softwareüberlassung?, MMR 2012, S. 574–578; *Bullinger/Czychowski*, Digitale Inhalte: Werk und/oder Software? – Ein Gedankenspiel am Beispiel von Computerspielen, GRUR 2011, S. 19–26; *Diedrich*, Nutzungsrechte für Systemsicherungen nach § 69d UrhG, CR 2012, S. 69–73; *ders.*, ASP – öffentliche Zugänglichmachung oder unbenannte Nutzungsart?, ZUM 2010, S. 567–572; *Geiger*, Der urheberrechtliche Interessenausgleich in der Informationsgesellschaft – Zur Rechtsnatur der Beschränkungen des Urheberrechts, GRUR Int. 2004, 815–821; *Hilgert*, Keys und Accounts beim Computerspielvertrieb, CR 2014, S. 354–360; *Hoeren/Schumacher*, Verwendungsbeschränkungen im Softwarevertrag, CR 2000, S. 137–146; *Hofmann*, Die Schutzfähigkeit von Computerspielen nach Urheberrecht, CR 2012, S. 281–288; *Hoppen/Thalhofer*, Der Einbezug von Open Source-Komponenten bei der Erstellung kommerzieller Software, CR 2010, S. 275–280; *Jaeger/Metzger*, Open Source Software, 3. Aufl., 2011; *Kilian*, Entwicklungsgeschichte und Perspektiven des Rechtsschutzes von Computersoftware in Europa, GRUR Int. 2011, S. 895–901; *Koch, Frank A.*, Begründung und Grenzen des urheberrechtlichen Schutzes objektorientierter Software, GRUR 2000, S. 191–202; *Koehler/Ludwig*, Die Behandlung von Lizenzen in der Insolvenz, NZI 2007, S. 79–84; *Kotthoff/Wieczorek*, Rechtsrahmen von Softwarelizenzaudits – Zulässigkeit und Grenzen, MMR 2014, S. 3–10; *Kreutzer*, Schutz technischer Maßnahmen und Durchsetzung von Schrankenbestimmungen bei Computerprogrammen, CR 2006, S. 804–810; *Marly*, Praxishandbuch Softwarerecht, 6. Aufl., 2014; *Metzger*, Der Einfluss des EuGH auf die gegenwärtige Entwicklung des Urheberrechts, GRUR 2012, S. 118–126; *Möhring*, Die Schutzfähigkeit von Programmen für Datenverarbeitungsmaschinen, GRUR 1967, 269–278; *Öhlschlegel*, Sollen und können Rechenprogramme geschützt werden?, GRUR 1965, S. 465–468; *Rauda*, Recht der Computerspiele, 2013; *Redeker*, IT-Recht, 5. Aufl., 2012, *Schneider*, Software als handelbares verkehrsfähiges Gut – „Volumen-Lizenzen" nach BGH, CR 2015, S. 413–423; *Schneider*, Software als handelbares verkehrsfähiges Gut – „Volumen-Lizenzen" nach BGH, CR 2015, S. 413–423; Schneider/von Westphalen (Hrsg.), Software-Erstellungsverträge, 2. Aufl., 2014; *Schulz*, Der Bedeutungswandel des Urheberrechts durch Digital Rights Management – Paradigmenwechsel im deutschen Urheberrecht?, GRUR 2006, S. 470–477; *Schulze*, Werkgenuss und Werknutzung in Zeiten des Internets, NJW 2014, S. 721–726; *Spindler*, Grenzen des Softwareschutzes, CR 2012, S. 417–422; *Vander*, Urheberrechtliche Implikationen des EDV-Leasings – „Rental Rights" im Blickpunkt, CR 2011, S. 77–85; *Vianello*, Handel mit gebrauchter Software für Schüler, Studenten und Lehrkräfte – Die aktuelle Rechtsprechung des BGH, MMR 2012, S. 139–144.

Digitale Inhalte haben heute einen bestimmenden Einfluss auf das Urheberrecht und stellen es vor **neue Herausforderungen**. Ihren Ausgang nahm diese Entwicklung mit der Verbreitung von Software als erstem digitalem Gut. Später kamen die CD mit musikalischen, die DVD mit audio-visuellen und das E-Book mit literarischen Inhalten dazu. Die Möglichkeit, digitale Inhalte verlustfrei kopieren zu können führte zu **technischen Schutzmaßnahmen**, die unter dem Begriff des Digital Rights Management (DRM) zusammengefasst werden. Im Urheberrechtsgesetz wird die Software in den §§ 69a ff. UrhG und das DRM im Wesentlichen in den §§ 95a ff. UrhG geschützt. Beide Schutzinstitute basieren auf der Umsetzung

1

von EU-Richtlinien und werden daher in der Anwendung maßgeblich durch die Rechtsprechung des EuGH geprägt. Nachfolgend werden die Regelungen im Einzelnen dargestellt.

A. Allgemeines

2   Der Urheberrechtsschutz für Software ist **seit 1993** in den §§ 69a ff. UrhG normiert. Die Bestimmungen bilden gemeinsam mit den allgemeinen Regelungen des Urhebervertragsrechts einen wesentlichen Teil des für die Entwicklung und die Überlassung von Software maßgeblichen Rechts.

I. Entwicklung des Softwareurheberrechts

3   Die **Schutzfähigkeit** von Software war **lange Zeit äußerst umstritten**. Zwar wurde bereits in den sechziger Jahren der Urheberrechtsschutz für Software diskutiert,[1] aber noch 1981 urteilte das Landgericht Mannheim, dass Software in der Regel jeglicher geistig-ästhetische Gehalt fehle, der auf eine schöpferische Leistung hindeuten könnte.[2] Das Urteil bildete den Ausgangspunkt für ein Verfahren, an dessen Ende die Inkasso-Entscheidung des BGH stand, mit der 1985 erstmals höchstrichterlich die urheberrechtliche Schutzfähigkeit von Software festgestellt wurde.[3]

4   1985 führte der Gesetzgeber durch Ergänzung der nach § 2 Abs. 1 Nr. 1 UrhG geschützten Werke um „Programme für die Datenverarbeitung" den **Softwareschutz in das Gesetz** ein. Die §§ 69a ff. UrhG wurden aufgrund der Computerprogramm-Richtlinie[4] in das UrhG aufgenommen. Die Richtlinie wurde 2009 ersetzt,[5] wobei lediglich der Richtlinientext des Jahres 1991 unter Kürzungen und Zusammenfassungen in den Erwägungsgründen umgestellt wurde, ohne materiellrechtliche Änderungen zu beinhalten. Der Gesetzgeber hat die durch die Richtlinie vorgegebenen Formulierungen unverändert in das Gesetz übernommen, um Umsetzungsmängeln vorzubeugen. Das führte dazu, dass der in den §§ 69a ff. UrhG enthaltene Regelungsblock nicht immer mit der Dogmatik und den Begrifflichkeiten des Urheberrechtsgesetzes im Übrigen übereinstimmt. Die hieraus resultierenden **Unsicherheiten bei der Rechtsanwendung** sind in den vergangenen über zwanzig Jahren nur zum Teil durch die Rechtsprechung beantwortet worden. Vor diesem Hintergrund ist das Rechtsgebiet noch mit erheblichen Unwägbarkeiten in der praktischen Anwendung belastet.

---

1   *Öhlschlegel*, GRUR 1965, 465; *Möhring*, GRUR 1967, 269; *Kilian*, GRUR Int. 2011, 895.
2   LG Mannheim, Urt. v. 12.06.1981 – 7 O 143/81, BB 1981, 1543 ff.
3   BGH, Urt. v. 09.05.1985 – I ZR 52/83 (Inkasso-Programm), GRUR 1985, 1041 ff.
4   Richtlinie 91/250/EWG des Europäischen Parlaments und des Rates v. 14.05.1991 über den Rechtsschutz von Computerprogrammen, Amtsbl. EG Nr. L 122 v. 17.05.1991, S. 42.
5   Durch die Richtlinie 2009/24/EG des Europäischen Parlaments und des Rates v. 23.04.2009 über den Rechtsschutz von Computerprogrammen (Computerprogramm-Richtlinie), Amtsbl. EG Nr. L 111/16 v. 05.05.2009; vgl. hierzu auch Kap. 11, Rn. 228 ff.

II. Verhältnis zum allgemeinen Urheberrecht und anderen Schutzregelungen

Computerprogramme sind als Werke geschützt, auf die über § 69a Abs. 4 UrhG die allgemeinen Vorschriften anwendbar sind,[6] soweit in den §§ 69a ff. UrhG keine **abweichenden Regelungen** enthalten sind. Dies betrifft vor allem die Anforderungen an die Schöpfungshöhe (§ 69a Abs. 3 UrhG) und die Vorschriften zum Urheberrecht in Arbeits- und Dienstverhältnissen (§ 69b UrhG) sowie den Vernichtungsanspruch nach § 98 UrhG, der durch § 69e UrhG verdrängt wird.

Der **Schutz von Software** durch das Urheberrechtsgesetz wird oft **als fehl platziert angesehen**, weil das Urheberrecht grundsätzlich die Form schützt und weniger die Funktionalität. Der technische Rechtsschutz des Patentrechts wird verbreitet als für den Schutz von Software geeigneter angesehen.[7] Der Gesetzgeber hat sich jedoch schon vor Umsetzung der entsprechenden EU-Richtlinie für den Schutz durch das Urheberrecht entschieden. **Patentschutz** kann Software nur in Ausnahmefällen erlangen.[8] Nach § 1 Abs. 3 Nr. 3 und Abs. 4 PatG werden Programme „als solche" zwar nicht geschützt. Ein patentrechtlicher Schutz von Software ist in Ausnahmefällen aber möglich, wenn die Software eine entsprechende Technizität aufweist.[9] Der Patentschutz tritt dann nach § 69g Abs. 1 UrhG neben den Urheberrechtsschutz,[10] ebenso wie der Schutz von Topographien von Halbleitererzeugnissen, Marken und der Schutz gegen unlauteren Wettbewerb einschließlich des Schutzes von Geschäfts- und Betriebsgeheimnissen.

Keine Anwendung auf Software finden nach § 69a Abs. 5 UrhG die Regelungen der **technischen Schutzmaßnahmen** gem. §§ 95a bis 95d UrhG.[11] Anders als zB. bei der **Privatkopierfreiheit** nach § 53 UrhG, die für Software nicht gilt,[12] bedarf es allerdings rechtlich keiner Verstärkung der Position des Rechtsinhabers. Die Unterstützung rechtsverletzender Handlungen durch Software zum Vervielfältigen von kopiergeschützter Software wird in § 69e und 69f speziell behandelt.[13] Bei Computerspielen, die mit grafischen oder klanglichen Bestandteilen verbunden sind, kann allerdings das Gesamtwerk durch technische Maßnahmen vor rechtsverletzenden Handlungen geschützt werden, die wiederum den Schutz der §§ 95a ff. UrhG genießen.[14]

---

6 Hierzu allgemein siehe Kap. 1, Rn. 108.
7 *Dreier*, in: Dreier/Schulze, UrhG, § 69a, Rn. 2.
8 Siehe auch Kap. 1, Rn. 13.
9 *Dreier*, in: Dreier/Schulze, UrhG, § 69a, Rn. 6f.
10 Dazu *Dreier*, in: Dreier/Schulze, UrhG, § 69a, Rn. 6f.
11 Bildet die Software nur einen Teil des Schutzgegenstandes, wie zB. bei Video-Spielen, finden die §§ 95a ff. UrhG gleichwohl Anwendung, EuGH, Urt. v. 23.01.2014 – C-355/12 (Nintendo), GRUR 2014, 255, 256 [23]; BGH, Urt. v. 27.11.2014 – I ZR 124/11 (Videospiel-Konsolen II), GRUR 2015, 672, 675 [40 f.].
12 Siehe auch Kap. 3, Rn. 423.
13 *Dreier*, in: Dreier/Schulze, UrhG, § 69a, Rn. 35.
14 BGH, Urt. v. 27.11.2014 – I ZR 124/22 (Videospiel-Konsolen II), GRUR 2015, 672, 675 [40 ff.].

III. Lizenzbegriff

8 In der Praxis werden Vereinbarungen über die Nutzung von Software regelmäßig als „**Lizenzen**" bezeichnet. Auch wenn das Urheberrechtsgesetz den Begriff der Lizenz inzwischen an verschiedenen Stellen verwendet, ist sein Inhalt im Kontext von Softwareüberlassungsverträgen **nicht hinreichend bestimmt**. Oft wird unter einer Lizenz ein Dauerschuldverhältnis verstanden und nicht immer mit der erforderlichen Schärfe zwischen den schuldrechtlichen und den urheberrechtlichen, verfügenden, Vereinbarungen unterschieden. Im Folgenden wird der Begriff der Lizenz gleichbedeutend mit dem der **Übertragung von Nutzungsrechten** verwendet.

Randnummern 9–99 einstweilen frei.

B. Geschützte Gegenstände

Die Entwicklung von Software ist ein Prozess, der von der Konzeption bis zur ablauffähigen Software **viele Entwicklungsschritte** umfasst. Das Urheberrecht wird hierdurch vor die Frage gestellt, welche dieser Schritte geschützt werden und wie das Verhältnis der einzelnen Entwicklungsstufen zueinander ist. Nur auf wenige dieser Fragen gibt es bisher verlässliche Antworten. Insbesondere das Verhältnis zwischen **Pflichtenheft, Quellcode und Maschinencode** (Objektcode) ist unklar. Das Gesetz verwendet nicht den in der Praxis gängigen Begriff der Software, sondern den des Computerprogramms, der auch das **Entwurfsmaterial mit umfasst**. Nach § 69a Abs. 1 UrhG wird das Computerprogramm in jeder Gestalt geschützt. Das umfasst in jedem Fall neben dem Quellcode auch den Maschinencode. Daraus folgt aber nicht, dass diese Ausprägungen der Software auch stets gleich und zugunsten der gleichen Person geschützt sind. An allen geschützten Gegenständen kann der Rechtsinhaber verschiedenen Personen unterschiedliche Rechte einräumen. Das gilt selbstverständlich auch für Quell- und Maschinencode und folgt bereits aus der Natur der Sache. So können zwar Rechte zur Vervielfältigung des Maschinencodes zum Ablaufenlassen innerhalb eines Computers eingeräumt werden. Für den Quellcode wäre dies aber keine sinnvolle oder überhaupt mögliche Nutzungsart.

100

I. Software

Nach den §§ 69a ff. UrhG werden als Computerprogramme **Programme in jeder Gestalt** geschützt. Was ein Computerprogramm ist und ob die Begriffe Computerprogramm und Software unterschiedliche Inhalte haben, ist im Einzelnen umstritten.[1] In der Rechtspraxis ist eine inhaltliche Unterscheidung der Begriffe nicht zu erkennen. In diesem Kapitel werden sie synonym verwendet.

101

Der BGH stützte sich in seiner Inkasso-Programm-Entscheidung zur **Definition** des Begriffs „Programm" noch auf die DIN 44300: „Das fertige Computerprogramm wird als eine Folge von Befehlen definiert, die nach Aufnahme in einen maschinenlesbaren Träger fähig sind zu bewirken, dass eine Maschine mit informationsverarbeitenden Fähigkeiten eine bestimmte Funktion oder Aufgabe oder ein bestimmtes Ergebnis anzeigt, ausführt oder erzielt."[2] Die DIN 44300 wurde zwar bereits vor einigen Jahren zurückgezogen, dennoch findet die Definition weiterhin Verwendung. Nach der Nachfolgeregelung ISO/IEC 2382:2015(en) ist Software „all or part of the programs, procedures, rules, and associated documentation of an information processing system." Ein Programm wird wiederum definiert als „syntactic unit that conforms to the rules of a particular programming language and

102

---

1 *Grützmacher*, in: Lehmann/Meents, Kap. 18, Rn. 101; *Marly*, Rn. 79.
2 BGH, Urt. v. 09.05.1985 – I ZR 52/83 (Inkasso-Programm), GRUR 1985, 1041, 1047.

that is composed of declarations and statements or instructions needed to solve a certain function, task, or problem". Das Charakteristikum von Software ist damit kurz gesagt **die Lösung eines** – wie auch immer gearteten – **Problems durch Anweisungen an eine Maschine.** In der Praxis besteht abseits der Schwierigkeiten, abstrakt genau zu bestimmen, was Software ist, regelmäßig Einvernehmen darüber, wann Software vorliegt. Zur Software gehören nicht nur die auf herkömmlichen Computern ablaufende Software, sondern auch Apps für Smartphones und Fernseher, embedded Software, Computerspiele[3] und Ähnliches.

103 Urheberrechtlich von Bedeutung ist die **Schöpfungshöhe**.[4] Software muss nach § 69a Abs. 3 UrhG als individuelles Werk das Ergebnis einer eigenen geistigen Schöpfung des Urhebers sein, um Schutz zu genießen. Gegenüber § 2 Abs. 2 UrhG, nach dem ein Werk eine persönliche geistige Schöpfung voraussetzt, sind damit die Anforderungen an Software herabgesetzt. Der Softwareschutz darf **nicht von einer besonderen Gestaltungshöhe abhängig** gemacht werden.[5] Auch die kleine Münze wird geschützt.[6] Das Gesetz lässt lediglich die einfache, routinemäßige Programmierleistung, die jeder Programmierer auf dieselbe oder ähnliche Weise erbringen würde, schutzlos.[7] Es dürfte sich daher heute keine wirtschaftlich verwertbare Software mehr finden lassen, die keinen Urheberrechtsschutz genießt. Eine Grenze stellt allein ein etwaig fehlender Gestaltungsspielraum bei funktional bedingten Lösungen dar, die nur auf eine einzige Weise programmtechnisch zu finden sind. Aufgrund der in der Praxis regelmäßig gegebenen Komplexität der Software wird die **Schutzfähigkeit** zu Gunsten des Urhebers **vermutet**. Es ist dann an demjenigen, der die Schutzfähigkeit bestreitet, darzutun, dass das Programm, für das Schutz beansprucht wird, nur eine gänzlich banale Programmierleistung ist oder lediglich das Programmschaffen eines anderen Programmierers übernimmt.[8] Teile eines Programms nehmen nach Ansicht des OLG Frankfurt jedoch nicht an dieser Vermutung teil.[9] Das ist jedoch insoweit problematisch, als allein durch die Funktion auf die Schöpfungshöhe geschlossen werden soll.

104 Die geforderte **Individualität** ist dann gegeben, wenn der Software-Entwickler einen bestehenden **Gestaltungsspielraum** nutzt. Ist die Programmierung aus der Natur der Sache vorgegeben, scheidet ein individuelles Werk und damit die Schutzfähigkeit der Programmierung aus.[10] Nicht als Software geschützt sind

---

3 Dazu *Rauda*, Rn. 70 ff.; *Hofmann*, CR 2012, 281 ff.
4 Siehe hierzu allgemein Kap. 1, Rn. 166 ff., 182.
5 BGH, Urt. v. 13.11.2013 – I ZR 143/12 (Geburtstagszug), GRUR 2014, 175, 178 [30].
6 BGH, Urt. v. 03.03.2005 – I ZR 111/02 (fash 2000), GRUR 2005, 860, 861; s. zur Problematik eines harmonisierten Werkbegriffes *Metzger*, GRUR 2012, 118, 121; *Bisges*, ZUM 2015, 357 ff.
7 BGH, Urt. v. 20.09.2012 – I ZR 90/09 (UniBasic-IDOS), GRUR 2013, 509, 510 [24].
8 BGH, Urt. v. 03.03.2005 – I ZR 111/02 (fash 2000), GRUR 2005, 860, 861; OLG Frankfurt, Urt. v. 27.01.2015 – 11 U 94/13 (Maschinencode), GRUR 2015, 784.
9 OLG Frankfurt, Urt. v. 29.10.2013 – 11 U 47/13, MMR 2014, 661, 662.
10 *Dreier*, in: Dreier/Schulze, UrhG, § 69a, Rn. 27; sehr kritisch zu den bisher angewandten Kriterien zur Feststellung der Werkqualität *Marly*, Rn. 104 ff.

Funktionalitäten, Dateiformate und Programmiersprachen.[11] Bei **Schnittstellen** ist ein urheberrechtlicher Schutz möglich,[12] aufgrund des technisch bedingt fehlenden Gestaltungsspielraums aber regelmäßig nicht gegeben.[13] Das Programmieren des gleichen Programms **in einer anderen Programmiersprache** führt nicht zu einem separat geschützten eigenen Werk, sondern kann eine Bearbeitung oder Vervielfältigung des Ursprungswerks sein.[14] **Algorithmen** als solche nehmen am Urheberrechtsschutz nicht teil, können aber in der Art und Weise der Implementierung und Zuordnung zueinander urheberrechtsschutzfähig sein.[15]

Software **muss nicht lauffähig sein**, um Urheberrechtsschutz zu genießen. Die Lauffähigkeit ist zunächst eine Frage der nach dem Schuldverhältnis zu klärenden Pflichtenerfüllung des Softwareherstellers. Zwar ist Software als Anweisung an eine Maschine zur Lösung eines Problems definiert. Für den rechtlichen Schutz kann jedoch nicht gefordert werden, dass die Lösung gefunden wird. Anderenfalls würde die Funktionalität geschützt und nicht die Individualität. Software muss auch nicht vollständig geschützt sein. Computerprogramme können sich aus verschiedenen Komponenten zusammensetzen, die nicht sämtlich auf eine individuelle Schöpfung des Programmierers zurückgehen müssen. Daher steht der fehlende Urheberrechtsschutz von **Teilen eines Computerprogramms** der Schutzfähigkeit der anderen Teile nicht entgegen.[16] Schutzfähig ist auch in Hardware eingebettete Software (Firmware).[17] **Embedded Software** ist außerhalb der Hardware regelmäßig nicht verwendbar, ihre wirtschaftliche Verwertung fällt dann notwendig mit der Hardware zusammen. Das rechtfertigt in Einzelfällen die Anwendbarkeit der für die Hardware maßgeblichen, insbesondere sachenrechtlichen, vor den urheberrechtlichen Vorschriften, etwa hinsichtlich der Verbreitung oder der Verwertung in der Insolvenz.

Von der Software zu trennen sind die durch die Software erst wahrnehmbar gemachten Eindrücke wie die **Darstellung am Bildschirm**[18] und die Ausgabe von Tönen und Geräuschen. Diese nehmen nicht an dem Softwareschutz teil, sondern unterliegen jeweils einer eigenen Bewertung hinsichtlich ihrer urheberrechtlichen Schutzfähigkeit.[19]

---

11 EuGH, Urt. v. 02.05.2012 – C-406/10 (SAS Institute), GRUR 2012, 814, 815 [39].
12 *Dreier*, in: Dreier/Schulze, UrhG, § 69a, Rn. 23.
13 *Marly*, Rn. 101.
14 EuGH, Urt. v. 02.05.2012 – C-406/10 (SAS Institute), GRUR 2012, 814, 815 [43].
15 BGH, Urt. v. 04.10.1990 – I ZR 139/89 (Betriebssystem), GRUR 1991, 449, 453; BGH, Urt. v. 09.05.1985 – I ZR 52/83 (Inkasso-Programm), GRUR 1985, 1041, 1047.
16 BGH, Urt. v. 20.09.2012 – I ZR 90/09 (UniBasic-IDOS), GRUR 2013, 509, 511 [30].
17 EuGH, Urt. v. 22.12.2010 – C-393/09 (BSA/Kulturministerium), GRUR 2011, 220, 222 [32].
18 Zur Benutzeroberfläche EuGH, Urt. v. 22.12.2010 – C-393/09 (BSA/Kulturministerium), GRUR 2011, 220, 222 [41 f.]; OLG Karlsruhe, Urt. v. 14.04.2010 – 6 U 46/09, GRUR-RR 2010, 234 ff.
19 Vgl. OLG Rostock, Beschl. v. 27.06.2007 – 2 W 12/07, GRUR-RR 2008, 1 f.; LG Köln, Urt. v. 12.08.2009 – 28 O 396/09, ZUM-RD 2010, 359, 361 f.

107 Software, die auf einer **objektorientierten Programmierung** beruht, bspw. PHP oder JAVA, kann urheberrechtlich geschützt sein. Das ergibt sich hinsichtlich der verwendeten Objekte nach allgemeinen Regeln und hinsichtlich der Zusammenstellung dieser Objekte dann, wenn die Zusammenstellung selbst, zum Beispiel nach § 4 UrhG oder § 87a UrhG, geschützt ist.[20] Da ein urheberrechtlicher Schutz ausscheidet, wenn es an der individuellen Gestaltungsmöglichkeit fehlt, nehmen allerdings bloße Anweisungen zur Gestaltung von Web-Seiten, die in einer **Seitenbeschreibungssprache** wie HTML geschrieben sind, regelmäßig nicht an dem Softwareschutz teil.[21]

II. Entwurfsmaterial

108 Urheberrechtlich geschützt ist nach § 69a Abs. 1 UrhG auch das Entwurfsmaterial. Hierzu zählen **alle Materialien, die Grundlage der Software sind**. Dazu gehören Vor- und Zwischenstufen der Programmentwicklung, sofern die vorbereitende Arbeit die spätere Entstehung eines Computerprogramms zulässt.[22] Umstritten ist, ob auch das **Pflichtenheft** als Entwurfsmaterial geschützt ist. Überwiegend wird der Schutz mit der Begründung abgelehnt, dass rein konzeptionelle Vorgaben nicht schutzfähig sind.[23] Richtigerweise ist aber auch das Pflichtenheft als Grundlage der zu entwickelnden Software geschützt, weil es Detailanweisungen zur Erstellung enthält, die das geschützte Programm in einer über die bloße Konzeption hinausgehenden, detaillierten Form beschreiben.[24] In jedem Fall ist ein Schutz des Pflichtenhefts als Sprachwerk nach § 2 Abs. 1 Nr. 1 UrhG möglich.[25]

III. Quellcode

109 Die in einem Computer ablaufende Software (Maschinencode oder Objektcode) basiert regelmäßig auf dem in einer Programmiersprache codierten Quellcode (Sourcecode). Der Quellcode wird durch ein eigenes Programm in den Maschinencode übersetzt. Während die Programmiersprache die Anweisungen der Software an den Computer erkennbar macht, können dem Maschinencode regelmäßig **keine Befehle und Strukturen** mehr entnommen werden. Das ist für die Softwarehersteller von besonderer Bedeutung, weil auf diese Weise der Anwender nicht in der Lage ist nachzuvollziehen, wie das Programm aufgebaut ist, und so das im Quellcode enthaltene **Programm-Know-how geheim gehalten** wird.

---

20 *Grützmacher*, in: Wandtke/Bullinger, UrhG, § 69a, Rn. 19; OLG Hamburg, Urt. v. 29.11.2001 – 3 U 288/00 (CT-Klassenbibliothek), GRUR-RR 2002, 217, 218; kritisch zum Schutz: *Koch*, GRUR 2000, 191 ff.
21 Für HTML s. OLG Frankfurt, Urt. v. 22.03.2005 – 11 U 64/04, GRUR-RR 2005, 299, 300.
22 *Dreier*, in: Dreier/Schulze, UrhG, § 69a, Rn. 14.
23 OLG Köln, Urt. v. 08.04.2005 – 6 U 194/04 (Entwurfsmaterial), GRUR-RR 2005, 303; *Dreier*, in: Dreier/Schulze, UrhG, § 69a, Rn. 14; *Czychowski*, in: Fromm/Nordemann, UrhG, § 69d, Rn. 24.
24 *Redeker*, Rn. 4; *Karger*, in: Schneider/v.Westphalen, A 27.
25 BGH, Urt. v. 09.05.1985 – I ZR 52/83 (Inkasso-Programm), GRUR 1985, 1041, 1045.

Rechtlich bedeutet die Übersetzung der Software aus der Form „Quellcode" in die Form „Maschinencode" eine **Umarbeitung**, die nach § 69c Nr. 2 UrhG **dem Urheber vorbehalten** ist. Da das Ergebnis der Umarbeitung, die ablauffähige Software, urheberrechtlich geschützt ist, muss dies auch für die Vorstufe, den Quellcode gelten, ohne den die Urheberrechtsfähigkeit der Software auch gar nicht erkennbar werden könnte.[26] 110

Bei der **Vertragsgestaltung** wird oft nicht hinreichend auf die Betrachtung von Quellcode und Maschinencode geachtet. Für die Verwendung des Quellcodes ist nicht nur das Recht zur Änderung des Codes selbst, sondern auch das zur Übersetzung in den Maschinencode erforderlich. Wird der Maschinencode durch andere Software beeinflusst, ohne dass die Software selbst geändert wird, kann auch hierzu eine Gestattung erforderlich sein.[27] Entsprechendes gilt für das Einspielen von Updates durch den Nutzer, durch die Software geändert wird. 111

IV. Dokumentation

Nicht zum nach § 69a Abs. 1 UrhG geschützten Entwurfsmaterial gehört die mit der Software ausgelieferte Dokumentation (Benutzerdokumentation, Installationsanweisung etc.), die jedoch **nach allgemeinen Grundsätzen urheberrechtlich geschützt** sein kann.[28] Dementsprechend muss bei der Erstellung von Individualsoftware daran gedacht werden, dem Auftraggeber gegebenenfalls Rechte zur Umarbeitung, Vervielfältigung und Verbreitung einzuräumen. Das gilt insbesondere **im Rahmen von Arbeitsverhältnissen**. Zwar erhält der Arbeitgeber nach § 69b Abs. 1 UrhG alle Vermögensrechte an dem vom angestellten Entwickler erstellten Werk. Die Vorschrift nimmt aber nur Computerprogramme nach § 69a Abs. 1 UrhG in Bezug. Die vom Arbeitnehmer erstellte Dokumentation ist konsequenterweise nicht erfasst.[29] 112

Randnummern 113–199 einstweilen frei.

---

26 EuGH, Urt. v. 22.12.2010 – C-393/09 (BSA/Kulturministerium), GRUR 2011, 220, 222 [34].

27 OLG Hamburg, Urt. v. 13.04.2012 – 5 U 11/11 (Replay PSP), GRUR-RR 2013, 13, 15; kritisch dazu *Spindler*, CR 2012, 417, 420.

28 Vgl. BGH, Urt. v. 10.10.1991 – I ZR 147/89 (Bedienungsanweisung), GRUR 1993, 34, 35; BGH, Urt. v. 11.04.2002 – I ZR 231/99 (Technische Lieferbedingungen), GRUR 2002, 958, 959.

29 AA. *Kaboth*, in: Ahlberg/Götting, BeckOK UrhG, § 69b, Rn. 15.

C. Zustimmungsbedürftige Handlungen

200 Aus der Erstellung des Werkes steht dem Urheber dessen umfassende Verwertung ausschließlich zu. Soweit keine gesetzlichen Schranken bestehen, bedarf die **Verwertung** des Werkes der **Zustimmung des Urhebers**. Dies folgt bereits aus allgemeinen urheberrechtlichen Grundsätzen. Sofern in § 69c UrhG die dort genannten Handlungen ausschließlich dem Rechtsinhaber zugewiesen werden, ist dies nur eine Bestätigung des zuvor Gesagten. Mit dem Begriff des „Rechtsinhabers" meint das Gesetz den Urheber oder denjenigen, der vom Urheber ausschließliche Rechte ableitet.

I. Vervielfältigung

201 Vervielfältigungen von Software sind grundsätzlich **nur mit Zustimmung des Rechtsinhabers** gestattet. Im Gegensatz zu vielen anderen geschützten Werken, deren Genuss urheberrechtsfrei ist, weil keine relevante Verwertungshandlung vorliegt und der Urheber in der Folge kein Verbotsrecht besitzt, bedarf die **Nutzung von Software** regelmäßig einer Vervielfältigung und damit der Gestattung durch den Rechtsinhaber. In der Folge kommt dem Vervielfältigungsrecht für die Nutzung von Software eine zentrale Bedeutung zu. Nutzungsbeschränkungen sind oftmals rechtlich nur möglich, wenn sie über eine Beschränkung des Vervielfältigungsrechts durchsetzbar sind. Die Anforderungen an eine wirksame **Nutzungsrechtevereinbarung** sind dabei hoch und für die Praxis noch keinesfalls ausreichend durch Rechtsprechung abgesichert.

202 Der **Vervielfältigungsbegriff** des § 69c Nr. 1 UrhG entspricht dem des § 16 Abs. 1 UrhG und ist weit zu verstehen.[1] Das Erstellen einer identischen **Kopie der Software** ist eine Vervielfältigung, aber auch das **Installieren der Software** auf die Festplatte eines Rechners stellt eine Vervielfältigung dar, obwohl keine identische Kopie angefertigt, sondern die Software zB. in das Betriebssystem integriert wird.[2] Ebenso fällt unter den Vervielfältigungsbegriff das **Laden der Software** im Ganzen oder in Teilen in den Hauptspeicher. Dem steht nicht entgegen, dass es sich hierbei um keine dauerhafte Vervielfältigung handelt, da § 69c Nr. 1 UrhG auch die **vorübergehende Vervielfältigung** erfasst. Das Auslesen der Programmbefehle durch die CPU – das **Ablaufenlassen der Software** – ist dagegen wegen ihrer Flüchtigkeit und weil nur kleinste Teile des Programms vervielfältigt werden, keine Vervielfältigung.[3] Dem stünde auch nicht entgegen, dass dann mehrere CPU auf

---

1 *Dreier*, in: Dreier/Schulze, UrhG, § 69c, Rn. 6.
2 Vgl. BGH, Urt. v. 20.01.1994 – I ZR 267/91 (Holzhandelsprogramm), GRUR 1994, 363, 365.
3 *Kotthoff*, in: Dreyer/Kotthoff/Meckel, UrhG, § 69c, Rn. 10; *Marly*, Rn. 163; *Loewenheim*, in: Schricker/Loewenheim, UrhG, § 69c, Rn. 8 mwN.; aA. *Wiebe*, in: Spindler/Schuster, § 69c, Rn. 4.

einen Hauptspeicher zugreifen und das dort vorhandene Programm mehrfach nutzen können. Eine solche Nutzung würde unter das unbenannte Verwertungsrecht der „**Netzwerknutzung**" fallen und wäre zustimmungspflichtig.[4]

Das Vervielfältigungsrecht ist der – oft einzige – Hebel zur inhaltlichen **Begrenzung der Berechtigung des Nutzers**. Das setzt aber die Beachtung der zu § 31 Abs. 1 UrhG entwickelten Grundsätze einer inhaltlichen Beschränkung, insbesondere das Vorliegen einer wirtschaftlich und technisch eigenständigen **Nutzungsart** voraus. Nur dann, wenn das Vervielfältigungsrecht inhaltlich gemäß § 31 Abs. 1 UrhG beschränkt werden kann, ist eine Nutzungsbegrenzung bei Software in relevantem Umfang überhaupt möglich. Eine eindeutige inhaltliche Beschränkung ist aber in Verträgen nur bei Nennung der Nutzungsarten wirksam.

203

Die Relevanz des Vervielfältigungsrechts für die Begrenzung der Berechtigung des Anwenders zur Nutzung der Software wird **in der Praxis** oft verkannt. Es finden sich dann in Lizenzbedingungen Regelungen wie „Der Lizenznehmer erhält ein einfaches, zeitlich unbefristetes, nicht ausschließliches Nutzungsrecht am Vertragsgegenstand (nachfolgend ‚Lizenz' genannt)". Diese Klausel ist bereits deswegen mangelhaft, weil sie entgegen den Anforderungen des § 31 Abs. 5 UrhG die Nutzungsarten nicht einzeln und ausdrücklich nennt. In der Folge gelangt die in der Vorschrift behandelte **Übertragungszweckregel** zur Anwendung. Die Regel besagt in ihrem Kern, dass der Urheber bei Verfügungen über Nutzungsrechte im Zweifel keine weitergehenden Rechte einräumt als dies der Zweck des Nutzungsvertrages erfordert.[5] Damit enthält § 31 Abs. 5 UrhG eine zugunsten des Urhebers wirkende Auslegungsregel. Unklare Regelungen gehen zu Lasten des Erwerbers. Nur die Nennung der Nutzungsarten kann die Zweifel beseitigen. Nutzungsarten sind aber nicht die Bezeichnungen der Verwertungsrechte wie „Vervielfältigung", Verbreitung" etc., sondern die konkreten Nutzungsformen der Software. Dementsprechend bringt die folgende, in Verträgen häufig anzutreffende, Regelung keinen Vorteil gegenüber der Übertragungszweckregel: „Der Kunde ist berechtigt, die Software zu vervielfältigen, soweit die jeweilige Vervielfältigung für die vertraglich vorgesehene Nutzung der Software einschließlich der Fehlerbeseitigung notwendig ist." Mit dieser Klausel wird nicht mehr erreicht, als durch § 31 Abs. 5 UrhG sowieso schon gesetzlich gewährt wird. Notwendig ist vielmehr, dem Nutzer ein Vervielfältigungsrecht einzuräumen, das **die konkrete Nutzungsarten** beschreibt:

204

---

4   Siehe dazu unten, Rn. 234.
5   BGH, Urt. v. 27.09.1995 – I ZR 215/93, GRUR 1996, 121, 122 – Pauschale Rechtseinräumung.

Imhof

> Der Kunde ist berechtigt, die Software zur Nutzung auf einem Computer zu vervielfältigen. Zu den gestatteten Vervielfältigungshandlungen gehören die Installation auf einen Datenträger des Computers, das Übertragen der Software ganz oder in Teilen von diesem Datenträger in den Arbeitsspeicher und in der Folge in die CPU[6] und Grafikkarte[7] des Computers. Das Recht zum Erstellen einer Sicherungskopie gem. § 69d Abs. 2 UrhG bleibt unberührt.

Soll ein **umfassendes Vervielfältigungsrecht** eingeräumt werden, zum Beispiel für einen Verwerter der Software, kann vereinbart werden:

> Der Rechtsinhaber räumt dem Verwerter an der vom Rechtsinhaber erstellten Software, auch für alle zukünftigen Nutzungsarten, räumlich, zeitlich und inhaltlich unbeschränkte und übertragbare ausschließliche Nutzungsrechte ein. Dazu zählt insbesondere das weltweite Recht zur dauerhaften oder vorübergehenden Vervielfältigung, ganz oder teilweise, mit jedem Mittel und in jeder Form, beispielsweise zur dauerhaften und/oder flüchtigen Speicherung auf elektrischen, elektromagnetischen und optischen Speichermedien, wie jeder Art von Festplatten einschließlich HDD und SSD, RAM, ROM, CD-ROM, DVD, Bluray Discs, Speicherkarten, USB-Sticks etc.

205 Die Vereinbarung bezieht sich nur auf den Maschinencode. Je nach Sachlage ist die **Einbeziehung der Dokumentation und des Quellcodes in die Nutzungsbefugnis** sinnvoll. Da es keinen gutgläubigen Erwerb von Nutzungsrechten gibt, kann der Softwareanwender dementsprechend auf der Grundlage einer Lizenz nie sicher sein, zur Nutzung der Software in dem erwarteten Umfang oder schlimmstenfalls überhaupt berechtigt zu sein. Vertraglich kann sich der Erwerber von Vervielfältigungsrechten nur über die schuldrechtliche Haftung des Veräußerers absichern. Gesetzlich steht das Urheberrecht den Nutzern von Software durch die Regelung in § 69d Abs. 1 UrhG zur Seite.[8]

II. Umarbeitung

206 Die Umarbeitung ist nach § 69c Nr. 2 UrhG der **Oberbegriff** für die Übersetzung, die Bearbeitung und das Arrangement eines Computerprogramms. Für den wichtigsten Fall der Änderung von Software hat sich in der Praxis der Begriff der **Bearbeitung** etabliert. Da Software in der Regel nur über den Quellcode bearbeitet werden kann, ist das Recht für die Softwareanwender von nur untergeordneter Bedeutung.

---

6 Da umstritten ist, ob das Laden in die CPU eine Vervielfältigung darstellt, muss durch die Klauselgestaltung Sicherheit gewonnen werden.
7 Je nach technischer Nutzung der Software sind weitere Ausgabe- und Peripheriegeräte einzubeziehen.
8 Siehe Rn. 350 ff.

1. Grundlagen

Im Gegensatz zu § 23 UrhG, der die Bearbeitung nur dann zustimmungspflichtig 207 macht, wenn eine Verwertung des bearbeiteten Werkes erfolgt,[9] **untersagt** § 69c Nr. 2 UrhG **jede Form der Umarbeitung**.[10] Sofern die Software nicht auf der Basis des Quellprogramms interpretiert, also direkt ausgeführt wird, findet die Verwertung des Quellcodes durch eine Übersetzung in die Maschinensprache, dh. den Maschinencode, statt. Diese Übersetzung fällt unter § 69c Nr. 2 UrhG und ist damit zustimmungspflichtig. Ungeachtet der rechtlichen Unzulässigkeit einer jeden Umarbeitung ohne Zustimmung des Rechtsinhabers ist bereits aus tatsächlichen Gründen eine **Änderung der Software für Dritte praktisch kaum möglich**. Die beim Anwender regelmäßig im Maschinencode vorliegende Software kann nur über den Quellcode geändert werden, der dann in geänderter Form in den Maschinencode übersetzt wird. Den Quellcode hat jedoch regelmäßig nur derjenige, der auch die Umarbeitungsrechte hat. Nach Ansicht des OLG Hamburg ist ein Eingriff in den Quellcode für eine Verletzung des Umarbeitungsrechts nicht erforderlich. Es sei ausreichend, dass durch externe Befehle in den Programmablauf eingegriffen wird. Eine Änderung des Programms sei nicht erforderlich.[11]

Der **Bearbeiter** der Software **erhält** an den von ihm erstellten Software-Teilen eine 208 **eigene Rechtsposition**, wenn die für den Softwareschutz vorausgesetzten Bedingungen erfüllt sind. Die bearbeitete Software kann **nur** vom Inhaber der Rechte an der ursprünglichen Software und dem Bearbeiter **gemeinsam verwertet** werden. Für die Pflege von Software ergibt sich hieraus, dass derjenige, der im Rahmen der Software-Pflege Software verändert ein Bearbeitungsrecht benötigt und der Kunde, in dessen Auftrag die Bearbeitung erfolgte, die Software nur nutzen kann, wenn er die entsprechende Zustimmung des Bearbeiters und des ursprünglichen Rechtsinhabers hat.

2. Software-Pflege

Die Pflege von Software umfasst insbesondere die **Beseitigung von Fehlern** und 209 die **Weiterentwicklung** der Software. Diese Handlungen stellen immer auch eine Umarbeitung der Software dar und bedürfen daher regelmäßig der **Zustimmung des Rechtsinhabers**. Eine Ausnahme ist nur dann gegeben, wenn der Softwarenutzer nach § 69d Abs. 1 UrhG zur Fehlerbeseitigung berechtigt ist.[12] Da nicht nur der Quellcode, sondern auch der daraus abgeleitete Maschinencode urheberrechtlich geschützt ist, ist für die Bearbeitung, die regelmäßig am Quellcode erfolgt, neben dem Recht zur Bearbeitung und Übersetzung des Quellcodes in den Maschinencode auch erforderlich, dass der Bearbeiter das Recht zur Bearbeitung der im

---

9 Hierzu siehe Kap. 2, Rn. 297 f.
10 *Loewenheim*, in: Schricker/Loewenheim, UrhG, § 69c, Rn. 14; *Dreier*, in: Dreier/Schulze, UrhG, § 69c, Rn. 14.
11 OLG Hamburg, Urt. v. 13.04.2012 – 5 U 11/11 (Replay PSP), GRUR-RR 2013, 13, 15; *Dreier*, in: Dreier/Schulze, UrhG, § 69c, Rn. 16; dagegen *Spindler*, CR 2012, 417, 420.
12 Zu den Voraussetzungen siehe Rn. 358 ff.

Maschinencode vorliegenden Software hat. Im Weiteren muss der Bearbeiter befugt sein, dem Nutzer die zur Nutzung der geänderten Software erforderlichen Rechte, insbesondere zur Vervielfältigung, verschaffen zu können. Damit wird für die Software-Pflege ein **Bündel an Rechten** erforderlich, was in der **Vertragsgestaltung** oft übersehen wird: Das die Software pflegende Unternehmen benötigt ein Umarbeitungsrecht für die Änderung des Quellcodes, die Übersetzung des Quellcodes in den Maschinencode und für die Änderung des Maschinencodes selbst. Es muss auch berechtigt sein, dem Auftraggeber die zur Nutzung der Software erforderlichen Rechte hinsichtlich der geänderten Teile einräumen zu können. In der Regel dürfte derjenige, der zur Änderung und Übersetzung des Quellcodes berechtigt ist, zumindest nach § 31 Abs. 5 UrhG auch zur Änderung des Programms im Maschinencode berechtigt sein. Sind an der Erstellung und Pflege der Software verschiedene Personen beteiligt, bedarf es regelmäßig eines entsprechenden Einvernehmens dieser Personen.

210 Häufig erfolgt die Pflege in der Weise, dass nicht die bereits genutzte Software beim Anwender geändert, sondern eine **vollständige Softwareversion** mit den Änderungen **überlassen** wird. Der Anwender erhält dann im Laufe der Zeit eine Vielzahl solcher vollständigen Softwareversionen, die für sich betrachtet technisch lauffähig sind und an denen er auch Nutzungsrechte hat. Um dieses für den Rechtsinhaber ungünstige Ergebnis zu vermeiden, müsste entweder der aufwändige Weg der Rückgabe der ersetzten Softwarestände gewählt werden oder die Lösung erfolgt rechtlich über eine auf den Fall der Überlassung einer neuen Version **auflösend bedingten Rechteeinräumung**.[13]

211 Eine Rechteklausel in Pflegeverträgen könnte beispielsweise so gefasst sein:

> (1) Stellt der Auftragnehmer dem Auftraggeber nach diesem Vertrag im Rahmen der Pflege Software auf Dauer zur Verfügung, räumt er dem Auftraggeber hieran Nutzungsrechte in dem Umfang ein, wie sie vom Auftragnehmer an der ursprünglich überlassenen und in Anlage 1 bezeichneten Software von ihm eingeräumt wurden.
> (2) Ersetzt der Auftragnehmer die Software vertragsgemäß mit der Folge, dass der Auftraggeber mehr als eine Softwareversion erhalten hat, erhält der Auftraggeber an den im Rahmen dieses Pflegevertrages überlassenen Softwareständen das auflösend bedingte Recht zur Nutzung nach dem in Absatz 1 bestimmten Umfang. Mit der Überlassung jeder weiteren Softwareversion im Rahmen dieses Pflegevertrages erlöschen die Rechte an der zuvor überlassenen Version. Bis zu der Installation der überlassenen Software duldet der Auftragnehmer die Nutzung der Vorversion in dem in Absatz 1 beschriebenen Umfang.
> (3) Der Auftraggeber ist verpflichtet, die überzählige Software dauerhaft zu deinstallieren, diese Deinstallation schriftlich zu bestätigen und etwaig hierzu vorhandene Original-Datenträger einschließlich Sicherungskopien an den Auftraggeber zurückzugeben.

---

13 S. a. *Grützmacher*, in: Wandtke/Bullinger, UrhG, § 69c, Rn. 43.

(4) Die Regelungen der Absätze 1 bis 3 gelten auch für Leistungen, die vom Auftragnehmer im Rahmen der Nacherfüllung erbracht werden.

III. Verbreitung

Das Recht, die Verbreitung der Software zu reglementieren, bietet dem Rechtsinhaber im Ansatz die Möglichkeit, die von ihm **bevorzugten Vertriebswege** zu eröffnen und andere zu verschließen. Durch den Erschöpfungsgrundsatz wird dieses Recht indes stark beschränkt. 212

1. Grundlagen

Die Zuweisung des Verbreitungsrechts an den Rechtsinhaber durch § 69c Nr. 3 UrhG ist eines der wesentlichen Elemente im Softwareurheberrecht. Soweit der Rechtsinhaber die Verbreitung der Software steuern kann ist er in der Lage, sie wirtschaftlich zu verwerten und Zweitmärkte zu verhindern, so dass die Software nur über ihn bezogen werden darf. Der Monopolisierung des Softwarevertriebs und dem Ausschluss von Zweitmärkten steht urheberrechtlich jedoch der, bereits allgemein in § 17 UrhG geregelte, **Erschöpfungsgrundsatz** entgegen.[14] Dem Rechtsinhaber soll zwar die Möglichkeit eröffnet werden, am wirtschaftlichen Wert der Software als geschütztem Werk zu partizipieren. Hat er jedoch die Möglichkeit dazu gehabt, steht die **Verkehrsfähigkeit der Software** im Vordergrund und deren Weitergabe ist auch ohne Zustimmung des Rechtsinhabers zulässig.[15] Die **Weitergabe** ist dabei **im weitesten Sinne zu verstehen** und erfasst auch die datenträgerlose Übermittlung der Software, beispielsweise über Kommunikationsnetze.[16] 213

Schuldrechtlich ist die Weitergabe als Kauf einzuordnen, wenn sie auf Dauer erfolgt. Ob Software eine Sache iSd. § 90 BGB ist, ist dabei von untergeordneter Bedeutung, weil über § 453 BGB die Vorschriften des **Sachkaufs** auch auf den Erwerb sonstiger Gegenstände Anwendung finden. Die Überlassung von Software auf Zeit wird als **Miete** nach den §§ 535 ff. BGB betrachtet. Zwar können nur Sachen vermietet werden, die hM. weist der Software insofern aber Sachqualität zu.[17] 214

2. Erschöpfung des Verbreitungsrechts

Durch die gesetzlich normierte Erschöpfung des Verbreitungsrechts[18] verliert der Rechtsinhaber die urheberrechtliche Kontrolle über die Weitergabe der Software. Dies ermöglicht den **Erwerb der Software durch Dritte** unter Ausschluss der Beteiligung des Rechtsinhabers. Die Erschöpfungswirkung tritt mit der erstmaligen dauerhaften Weitergabe der Software durch den Rechtsinhaber oder mit des- 215

---

14 Hierzu siehe Kap. 2, Rn. 215 ff., insb. Rn. 222 ff.
15 BGH, Urt. v. 11.12.2014 – I ZR 8/13 (UsedSoft III), GRUR 2015, 772, 776 [39 f.].
16 Dazu unten, Rn. 223 ff.
17 BGH, Urt. v. 15.11.2006 – XII ZR 120/04, NJW 2007, 2349, 2394 [15] mwN.
18 Hierzu allgemein siehe Kap. 2, Rn. 222 ff.

sen Zustimmung ein. Die Einschränkung des Nutzerkreises (zB. auf Bildungseinrichtungen) oder der inhaltlichen Nutzungsbefugnis (auf bestimmte Hardware) in dem Überlassungsvertrag mit dem Ersterwerber hat keine Beschränkung der Erschöpfungswirkung zur Folge. Ist die Software beispielsweise erstmalig an eine Bildungseinrichtung mit der Maßgabe überlassen worden, dass nur diese Einrichtung die Software nutzen darf, steht diese inhaltliche Nutzungsbeschränkung einer rechtmäßigen Weitergabe nicht entgegen. Die **Erschöpfungswirkung tritt umfassend ein**.[19] Sie tritt auch selbst dann ein, wenn der Erwerb lediglich der Umgehung der Nutzungsbeschränkungen gegenüber dem Ersterwerber dient.[20] In der Folge kann die Verbreitung von Software im Wege der Veräußerung nicht urheberrechtlich beschränkt werden.

216 Nach dem Gesetz ist eine **Verbreitung** im Wege der Veräußerung erforderlich. Überlässt der Rechtsinhaber die Software lediglich **auf Zeit**, zum Beispiel im Rahmen eines Mietverhältnisses, tritt keine Erschöpfung ein. Der Begriff der **Veräußerung** wird vom EuGH mit dem des „**Verkaufs**" gleichgesetzt. Der EuGH definiert den Verkauf auf der Grundlage der Computerprogramm-Richtlinie[21] als Vereinbarung, nach der eine Person ihre Eigentumsrechte an einem ihr gehörenden körperlichen oder nichtkörperlichen Gegenstand gegen Zahlung eines Entgelts an eine andere Person abtritt.[22] Nach Ansicht des EuGH ist als Verkauf im Sinne der Richtlinie **auch die Lizenzierung** zu verstehen.[23] Diese Begrifflichkeiten passen erkennbar nicht in das Rechtssystem des deutschen Zivilrechts, in dem es Eigentum an nicht körperlichen Gegenständen nicht gibt. Dementsprechend wirft das EuGH-Urteil eine Reihe von Fragen auf, die erst zum Teil durch die Rechtsprechung beantwortet wurde. Der BGH versteht den Begriff des Verkaufs dahingehend, dass der Urheberrechtsinhaber dem Ersterwerber ein Recht eingeräumt haben muss, die Software **ohne zeitliche Begrenzung** zu nutzen.[24]

217 Die Verbreitung muss unmittelbar durch den Rechtsinhaber oder mit dessen Zustimmung erfolgt sein. **Raubkopierte** oder vor der Erstverbreitung entwendete **Software** nimmt dementsprechend an der Erschöpfungswirkung nicht teil. Hat der Nutzer die Befugnis, Vervielfältigungsstücke der Software herzustellen, ist er nur bei einer entsprechenden – auch impliziten – Gestattung befugt, diese Vervielfältigungsstücke auch weiterzugeben.[25] Für den Eintritt der Erschöpfungswirkung ist nicht darauf abzustellen, ob der Rechtsinhaber eine dem wirtschaftlichen Wert der Kopie seines Werkes entsprechende Vergütung erhalten hat. Ausreichend ist,

---
19 BGH, Urt. v. 11.12.2014 – I ZR 8/13 (UsedSoft III), GRUR 2015, 772, 778 [62] unter Bekräftigung von BGH, Urt. v. 06.07.2000 – I ZR 244/97 (OEM), GRUR 2001, 153, 154.
20 BGH, Urt. v. 11.12.2014 – I ZR 8/13 (UsedSoft III), GRUR 2015, 772, 777 [50].
21 Siehe Kap. 11, Rn. 228 ff.
22 EuGH, Urt. v. 03.07.2012 n– C-128/11 (UsedSoft), GRUR 2012, 904, 905 [42].
23 EuGH, Urt. v. 03.07.2012 – C-128/11 (UsedSoft), GRUR 2012, 904, 905 [49].
24 BGH, Urt. v. 17.07.2013 – I ZR 129/08 (UsedSoft II), GRUR 2014, 264, 269 [61]; zweifelhaft daher die Entscheidung des BGH, Urt. v. 19.03.2015 – I ZR 4/14 (Green-IT), GRUR 2015, 1108, 1111 [37].
25 BGH, Urt. v. 11.12.2014 – I ZR 8/13 (UsedSoft III), GRUR 2015, 772, 775 [30].

dass er beim Erstverkauf der betreffenden Kopie die Möglichkeit hatte, eine angemessene Vergütung zu erzielen.[26] Das ist immer der Fall, wenn der Rechtsinhaber der Erstverbreitung zugestimmt hat. Die **Erschöpfungswirkung** ist **räumlich beschränkt**. Aufgrund der EU-rechtlichen Harmonisierung erfasst sie den Bereich der Mitgliedstaaten der EU und der Gebiete von Liechtenstein, Norwegen und Island (EWR). So kann in Deutschland erworbene Software zwar in die vorgenannten Länder weitergegeben werden, nicht jedoch ohne Zustimmung des Rechtsinhabers in weitere Staaten wie die USA, die Schweiz etc.[27]

Vermietung und Leihe sind Unterfälle der Verbreitung.[28] Die Erschöpfungswirkung erfasst daher nicht nur die dauerhafte Weitergabe der Software, sondern auch die zeitweise Verbreitung, allerdings nur bei unentgeltlicher Überlassung im Wege der **Leihe**. Die Vermietung als **entgeltliche zeitweise Überlassung** ist dem Erwerber nicht gestattet, weil die Erschöpfungswirkung nach § 69c Nr. 3 die Vermietung ausdrücklich nicht erfasst. Will der Verwerter Software vermieten, braucht er herzu eine **Gestattung des Rechtsinhabers**. Die Erschöpfungswirkung erstreckt sich nur auf das Verbreitungsrecht, andere zustimmungspflichtige Handlungen des § 69c UrhG bleiben von der Erschöpfungswirkung ausgenommen. Die Software kann damit zwar durch den Ersterwerber weiterveräußert werden. Der Erwerber der Software ist jedoch nicht etwa bereits aufgrund der Erschöpfung des Verbreitungsrechts befugt, die Software zu vervielfältigen. Hierzu bedarf er weiterhin des Vervielfältigungsrechts nach § 69c Nr. 1 UrhG. Kann er dieses Recht nicht vom Rechtsinhaber ableiten, ist er zur Nutzung der Software nur unter den Voraussetzungen des § 69d Abs. 1 UrhG berechtigt.

218

Aus dem Erschöpfungsgrundsatz folgt kein Anspruch auf Nutzung der Software. Der BGH hat daher zu Recht geurteilt, dass die vereinbarte **Abhängigkeit der Softwarenutzung von einem Online-Account**, die nicht zusammen mit der Software weitergegeben werden darf, keine Aushöhlung des Erschöpfungsgrundsatzes darstellt.[29] Im entschiedenen Fall hatte der Anbieter eines Computerspiels die Nutzung dieses und anderer von ihm angebotener Spiele an das Bestehen einer Internet-Verbindung zu seiner Spiele-Plattform abhängig gemacht. Der Nutzer konnte zwar die Spiele-Software weitergeben. Der Erwerber war aber nur in der Lage, das Programm zu nutzen, wenn er auch diese **zugangsgeschützte Online-Verbindung** herstellen konnte. Die Weitergabe der Zugangsdaten war weder zulässig noch attraktiv, weil der Zugang nicht nur für das eine Spiel, sondern für alle Angebote des Plattformbetreibers gegenüber dem Nutzer relevant war. Der Ersterwerber kann also nur dann einem Zweiterwerber die Nutzung der Software

219

---

26 EuGH, Urt. v. 03.07.2012 – C-128/11 (UsedSoft), GRUR 2012, 904 [72]; BGH, Urt. v. 11.12.2014 – I ZR 8/13 (UsedSoft III), GRUR 2015, 772, 776 [39 f.]; BGH, Urt. v. 17.07.2013 – I ZR 129/08 (UsedSoft II), GRUR 2014, 264 [60].
27 *Grützmacher*, in: Wandtke/Bullinger, UrhG, § 69c, Rn. 32.
28 Siehe auch Kap. 2, Rn. 233 ff.
29 BGH, Urt. v. 11.02.2010 – I ZR 178/08 (Half-Life 2), GRUR 2010, 822, 824 (mit fehlerhafter Überschrift); s.a. auch *Schneider*, CR 2015, 413, 421.

ermöglichen, wenn er entgegen der Vereinbarung mit dem Anbieter dem Zweiterwerber die Zugangsdaten zu seinem Account gibt und dadurch Gefahr läuft, alle seine unter diesem Account vorhandenen Spiele nicht mehr nutzen zu können. Dadurch ist es dem Softwareanbieter möglich, einen **Zweitmarkt faktisch auszuschließen**. An dieser Bewertung hat sich auch durch die UsedSoft-Entscheidungen des BGH nichts geändert.[30] Dort ging es um den Einsatz technisch lauffähiger Software nach der Verbreitung. Ist die Software nicht lauffähig, kann aus dem UrhG kein Anspruch auf die Herstellung der Lauffähigkeit abgeleitet werden. Auch wenn urheberrechtlich die Weitergabe der Software aufgrund der Erschöpfungswirkung nicht untersagt werden kann, bleibt doch eine **schuldrechtliche Vereinbarung** möglich, die Software nicht weiterzugeben. Die Wirksamkeit einer solchen Vereinbarung ist an den Regeln der AGB-Kontrolle und den Bestimmungen über Wettbewerbsbeschränkungen zu messen.[31] Bei der **unentgeltlichen Überlassung von Software**, wie zB. im Rahmen von Campus-Lizenzen für Hochschulen, dürfte ein schuldrechtlicher Ausschluss der Weitergabe nicht grundsätzlich unangemessen sein.

220 Mangels eines gutgläubigen Erwerbs von Nutzungsrechten kann der Erwerber **nicht darauf vertrauen**, mit dem urheberrechtlich zulässigen Erwerb der Software überhaupt oder **die gewünschten Nutzungsrechte zu erhalten**. Allerdings steht dem Erwerber regelmäßig die Befugnis zur Nutzung nach § 69d Abs. 1 UrhG zu Seite.[32]

3. Nutzung über Kommunikationsnetze

221 Nach umstrittener, jedoch richtiger Ansicht setzt die Verbreitung die **Weitergabe der Software** oder zumindest Teilen hiervon voraus. Das Erfordernis der Verbreitung unterscheidet die urheberrechtliche von der schuldrechtlichen Miete, die eine körperliche Überlassung nicht verlangt.[33] Die Überlassung von Software zur Nutzung ohne Übermittlung der Software selbst, beispielsweise im Rahmen des Application Service Providing (**ASP**) oder des **Cloud Computing** bzw. Software as a Service (**SaaS**), ist mangels Übertragung der Software **keine Verbreitung** im Sinne des § 69c Nr. 3 UrhG. In der Folge benötigt der Anbieter dieser Leistungen auch kein Recht zur Vermietung der Software, unter Umständen aber zur öffentlichen Wiedergabe.[34] Die Überlassung von Software zur Nutzung im Rahmen dieser Angebote hat für Softwareanbieter somit den Vorteil, einen **Zweitmarkt ausschließen** zu können.[35]

---

30 Vgl. *Wandtke/Grunert*, in: Wandtke/Bullinger, UrhG, § 31, Rn. 26.
31 LG Hamburg, Urt. v. 25.10.2013 – 315 O 449/12 (Gebrauchte Software), GRUR-RR 2014, 221, 222 f.; OLG Hamburg, Beschl. v. 30.04.2013 – 5 W 35/13, ZUM-RD 2014, 290 f.
32 Das übersieht LG Frankfurt am Main, Urt. v. 31.03.2011 – 2-03 O 331/10, MMR 2011, 683.
33 *Grützmacher*, in: Wandtke/Bullinger, UrhG, § 69c, Rn. 43; zum Schuldrecht BGH, Urt. v. 15.11.2006 – XII ZR 120/04, NJW 2007, 2349, 2395 [18]; BGH, Beschl. v. 28.10.1992 – XII ZR 92/91, NJW-RR 1993, 178.
34 *Czychowski*, in: Fromm/Nordemann, UrhG, § 69c, Rn. 30.
35 Ebenso *Bisges*, MMR 2012, 574.

4. Datenträgerlose Überlassung

Lange Zeit war umstritten, ob die Erschöpfungswirkung auch datenträgerlos, zB. im Wege des **Downloads**, überlassene Software erfasst. Zumindest höchstrichterlich ist dieser Streit nun durch Entscheidungen des EuGH und des BGH geklärt. Der EuGH hat geurteilt, dass das Recht auf die Verbreitung der Kopie eines Computerprogramms erschöpft ist, wenn der Inhaber des Urheberrechts dem Herunterladen aus dem Internet zugestimmt und gegen Zahlung eines Entgelts ein Recht eingeräumt hat, diese Kopie ohne zeitliche Begrenzung zu nutzen.[36] Der BGH hat daraufhin für das nationale Recht festgestellt, welche **Anforderungen an die Erschöpfung des Verbreitungsrechts** einer datenträgerlos weitergegebenen Software bestehen:[37]

222

– Der Urheberrechtsinhaber muss seine Zustimmung zur Erstverbreitung gegen Zahlung eines Entgelts erteilt haben, das es ihm **ermöglichen** soll, eine dem **wirtschaftlichen Wert** der Kopie seines Werkes entsprechende Vergütung **zu erzielen**;
– der Urheberrechtsinhaber muss dem **Ersterwerber** ein **Recht** eingeräumt haben, die **Kopie** ohne zeitliche Begrenzung **zu nutzen**;
– Verbesserungen und Aktualisierungen, die das vom Nacherwerber heruntergeladene Computerprogramm gegenüber dem vom Ersterwerber heruntergeladenen Computerprogramm aufweist, müssen von einem zwischen dem Urheberrechtsinhaber und dem Ersterwerber abgeschlossenen Pflegevertrag gedeckt sein;
– der Ersterwerber muss seine **Kopie unbrauchbar gemacht** haben.

Gerade das letztgenannte Erfordernis der **Unbrauchbarmachung** stellt den Erwerber vor erhebliche Herausforderungen, trifft ihn doch in einem etwaigen Gerichtsverfahren die (sekundäre) **Beweislast**. Der Rechtsinhaber, der eine rechtswidrige Nutzung behauptet, kann sich hinsichtlich der Frage, ob der Veräußerer seine Kopie unbrauchbar gemacht hat, auf ein Bestreiten mit Nichtwissen beschränken. Dementsprechend reicht die **Vernichtungserklärung** des Ersterwerbers im Regelfall zum Nachweis nicht aus, wenn der Rechtsinhaber einen entsprechenden Vorgang bestreitet.[38]

223

Umstritten ist allerdings, ob diese Erschöpfungswirkung auch beim Herunterladen von **Computerspielen** eingreift, soweit sie nach den allgemeinen Regeln geschützte Elemente wie Videosequenzen, Musik, Texte etc. enthalten.[39] Das ist zu bejahen.[40]

224

Unter dem Gesichtspunkt der Verkehrsfähigkeit der Software im Rahmen der Erschöpfung des Verbreitungsrechts ist es konsequent, dass der EuGH und in der

225

---

36 EuGH, Urt. v. 03.07.2012 – C-128/11, GRUR 2012, 904, 907 [72] – UsedSoft.
37 BGH, Urt. v. 17.07.2013 – I ZR 129/08 (UsedSoft II), GRUR 2014, 264 ff., s.a. OLG München Beschl. v. 02.03.2015 – 6 U 2759/07, MMR 2015, 397, 400.
38 BGH, Urt. v. 11.12.2014 – I ZR 8/13 (UsedSoft III), GRUR 2015, 772, 777 [49]; s.a. BGH, Urt. v. 19.03.2015 – I ZR 4/14 (Green-IT), GRUR 2015, 1108, 1113 [51].
39 Dazu *Hilgert*, CR 2014, 354 ff.
40 Siehe hierzu Kap. 4, Rn. 133.

Folge auch der BGH die Erschöpfungswirkung auch dann eingreifen lassen, wenn die im Rahmen der ersten Veräußerung erworbene Software durch vom Rechtsinhaber autorisierte **Pflegemaßnahmen** verändert, insbesondere erweitert wurde. War der Veräußerer berechtigt, diese Änderungen zu beziehen, ist ein Erwerber berechtigt, die Software direkt beim Hersteller in der aktuellen, dh. durch die Pflegemaßnahmen erweiterten Form herunterzuladen.[41]

226 Bei der Frage, ob das Verbreitungsrecht auch die **Aufspaltung einer Lizenz** erlaubt, ist zu differenzieren.[42] Ist die Lizenz auf die einheitliche Nutzung der Software, zum Beispiel in einer Client-Server-Umgebung gerichtet, scheidet eine Aufspaltung aus. Der Lizenznehmer kann daher von einer Lizenz, die ihm gestattet, die Software auf vierzig Arbeitsplätzen in Abhängigkeit von der Installation **auf einem Server** zu nutzen, keine Berechtigungen abspalten und weiterübertragen.[43] Beinhaltet die Lizenz jedoch die Installation auf vierzig **Arbeitsplatzrechnern**, ist die Weitergabe einzelner Berechtigungen zulässig. Der Lizenznehmer könnte im letzteren Fall bis zu vierzig Nutzungsberechtigungen an eine entsprechende Anzahl von Erwerbern weitergeben.[44] Das gilt auch in dem Fall, dass der Anwender nur eine Kopie herunterlädt, die er dann selbst im erlaubten Umfang vervielfältigt. Für die Erschöpfung des Verbreitungsrechts ist es nach der durch die Rechtsprechung des EuGH gebotenen wirtschaftlichen Betrachtungsweise unerheblich, ob dem Ersterwerber die Kopie des Programms auf einem Datenträger ausgehändigt wird oder ob er die Kopie des Programms selbst anfertigt.[45]

5. Vermietung

227 Die Erschöpfung des Verbreitungsrechts erlaubt es dem Erwerber nicht, die Software zu vermieten. Hierfür benötigt er die **Zustimmung des Rechtsinhabers**. Dabei ist, wie oben ausgeführt, eine Erlaubnis zur Vermietung nur dann erforderlich, wenn die Software – zeitweise – **entgeltlich** weitergegeben wird. Bleibt die Software dagegen beim Anbieter, wie dies beispielsweise beim **Application Service Providing** oder auch beim **Cloud Computing** der Fall sein kann, liegt keine Verbreitung und damit auch kein Erfordernis einer Zustimmung nach § 69c Nr. 3 UrhG vor. Unter Umständen handelt es sich dann um eine öffentliche Wiedergabe nach § 69c Nr. 4 UrhG.[46]

228 Softwareanbieter nutzen vermehrt den urheberrechtlichen Vorteil, dass keine Erschöpfung des Verbreitungsrechts eintritt und der Nutzer dementsprechend trotz Überlassung der Software nicht berechtigt ist, diese Software weiterzugeben, zur

---

41 BGH, Urt. v. 17.07.2013 – I ZR 129/08 (UsedSoft II), GRUR 2014, 270 [62]; BGH, Urt. v. 19.03.2015 – I ZR 4/14 (Green-IT), GRUR 2015, 1108, 1112 [40].
42 Vgl. *Schneider*, CR 2015, 413, 417.
43 BGH, Urt. v. 11.12.2014 – I ZR 8/13 (UsedSoft III), GRUR 2015, 772, 776 [45]; BGH, Urt. v. 17.07.2013 – I ZR 129/08 (UsedSoft II), GRUR 2014, 270 [63].
44 BGH, Urt. v. 11.12.2014 – I ZR 8/13 (UsedSoft III), GRUR 2015, 772, 776 [45]; *Marly*, Rn. 218 ff.
45 BGH, Urt. v. 11.12.2014 – I ZR 8/13 (UsedSoft III), GRUR 2015, 772, 776 [33].
46 Siehe dazu auch Rn. 303 ff.

Verhinderung von Zweitmärkten. Software wird über Kommunikationsnetze „aus der Cloud" angeboten. Die Software wird dabei nur noch über eine Steuerungssoftware vom Rechner des Anwenders aus bedient. Einen physischen Zugriff auf die Software selbst hat der Anwender nicht. Da die zeitweise entgeltliche Überlassung von Software schuldrechtlich als Miete anzusehen ist, muss der Softwareanbieter allerdings die während der gesamten Mietdauer bestehenden Vermieterpflichten und hierbei insbesondere die Pflicht zur Überlassung der Software in einem zum vertragsgemäßen Gebrauch geeigneten Zustand erfüllen. Bei einem klassischen Kaufmodell wären die Nacherfüllungsansprüche des Käufers spätestens nach zwei Jahren regelmäßig nicht mehr durchsetzbar.

Ähnlich ist dies beim **Leasing von Software**, das urheberrechtlich als Miete einzuordnen ist, gewährleistungsrechtlich aber dem Kauf entspricht. Der Leasinggeber muss daher über eine entsprechende Gestattung des Rechtsinhabers zur Vermietung verfügen.[47] 229

Embedded Software ist grundsätzlich untrennbar mit der Hardware verbunden, was es notwendig macht, Hard- und Software weitestgehend einheitlich zu betrachten. Die Vermietung von Hardware, die von dieser untrennbare Software enthält, ist daher urheberrechtlich auch ohne Zustimmung des Rechtsinhabers zulässig, wenn hinsichtlich der Software eine Erschöpfung des Verbreitungsrechts eingetreten ist. 230

IV. Öffentliche Wiedergabe

Dem Rechtsinhaber steht nach § 69c Nr. 4 UrhG die drahtgebundene oder drahtlose öffentliche Wiedergabe eines Computerprogramms einschließlich der öffentlichen Zugänglichmachung in der Weise zu, dass es Mitgliedern der Öffentlichkeit von Orten und zu Zeiten ihrer Wahl zugänglich ist. Die Regelung entspricht hinsichtlich des Begriffs der öffentlichen Zugänglichmachung der des § 19a UrhG.[48] Die öffentliche Zugänglichmachung ist ein Unterfall der öffentlichen Wiedergabe. Dabei bedeutet öffentliche Wiedergabe die öffentliche Wahrnehmbarkeit, das heißt **online-Nutzung**, deren Unterfall die Zugänglichmachung als Vorbereitung des Downloads ist. Es genügt das Bereitstellen zum Abruf, ein Download muss nicht erfolgen.[49] Der Begriff der **öffentlichen Wiedergabe** ist **weit zu verstehen**, um es dem Rechtsinhaber zu ermöglichen, eine angemessene Vergütung zu erhalten.[50] 231

Wer zu den **Mitgliedern der Öffentlichkeit** gehört, ist in § 15 Abs. 3 UrhG weiter spezifiziert. Danach muss die Wiedergabe für eine Mehrzahl von Mitgliedern der Öffentlichkeit bestimmt sein. Zur Öffentlichkeit gehört jeder, der nicht mit demjenigen, der das Werk verwertet, oder mit den anderen Personen, denen das Werk 232

---

47 *Redeker*, Teil A, Rn. 53; ablehnend für das Finanzierungsleasing *Vander*, CR 2011, 77, 83.
48 *Marly*, Rn. 225; hierzu siehe auch allgemein Kap. 2, Rn. 260 ff.
49 *Marly*, Rn. 1131.
50 EuGH, Urt. v. 07.03.2013 – C-607/11 (ITV Broadcasting/TVC), GRUR 2013, 500, 501[20].

in unkörperlicher Form wahrnehmbar oder zugänglich gemacht wird, durch persönliche Beziehungen verbunden ist.[51] In Auslegung der Informations-Richtlinie[52] hat der EuGH geurteilt, dass der Begriff der Öffentlichkeit eine bestimmte **Mindestschwelle** beinhaltet, womit dieser Begriff eine allzu kleine oder gar unbedeutende Mehrzahl betroffener Personen ausschließt. Eine bloß zufällige Wahrnehmung des geschützten Werks fällt nicht unter die öffentliche Wiedergabe.[53] Daraus dürfte folgen, dass (weit) mehr als zwei Personen erforderlich sind, um eine Öffentlichkeit zu bilden.[54] Das Zurverfügungstellen einer Software zum Download auf der **Intranet-Seite einer Hochschule** stellt jedenfalls eine öffentliche Zugänglichmachung dar.[55]

233 Für die Nutzung von Software hat die öffentliche Wiedergabe vor allem dann Bedeutung, wenn die Software zum Download angeboten oder im Rahmen eines Nutzungsvertrages, beispielsweise im Wege des **Application Service Providing** (ASP), überlassen wird.[56] ASP setzt regelmäßig keine Übermittlung von Softwarecode voraus, so dass eine Verbreitung ausscheidet. Eine öffentliche Wiedergabe ist dennoch möglich.[57] Richtet sich das Angebot in diesen Fällen nur an eine einzige Person, liegt kein an eine **Öffentlichkeit** gerichtetes Angebot vor. Eine Öffentlichkeit ist auch dann nicht gegeben, wenn sich die Personen, die das Angebot nutzen unter einander oder mit dem Verwerter persönlich verbunden fühlen. Das kann in kleineren Betrieben, insbesondere Familienunternehmen, zum Ausschluss der Öffentlichkeit führen. Ist in einem solchen Fall auch keine Verbreitung im Sinne des § 69c Nr. 3 UrhG gegeben, weil keine Softwareteile übermittelt werden, hat der Rechtsinhaber kein Verbotsrecht gegen den Verwerter, solange sich die Vervielfältigungshandlungen im Rahmen des Zulässigen halten. Um diese Lücke zu schließen wird teilweise angenommen, dass ASP eine eigene Nutzungsart ist.[58] Es spricht aber mehr dafür, über das reine **ASP** hinaus ein **unbenanntes Verwertungsrecht** der Netzwerknutzung in den Katalog des § 69c UrhG aufzunehmen.[59]

---

51 *Schulze*, in: Dreier/Schulze, UrhG, § 15, Rn. 43.
52 Siehe Kap. 11, Rn. 238 ff.
53 EuGH, Urt. v. 15.03.2012 – C-135/10, GRUR 2012, 593, 596 [83 ff.] – Keine „öffentliche Wiedergabe" durch Verbreiten von Tonträger in Zahnarztpraxis.
54 *Heerma*, in: Wandtke/Bullinger, UrhG, § 15, Rn. 20; weiterführend Kap. 2, Rn. 6 ff.
55 BGH, Urt. v. 20.05.2009 – I ZR 239/06 (CAD-Software), GRUR 2009, 864, 866 [29].
56 Zum vergleichbaren Cloud Computing: *Bisges*, MMR 2012, 574 ff.
57 So zutreffend OLG München, Urt. v. 07.02.2008 – 29 U 3520/07, GRUR-RR 2009, 91 f.; OLG Frankfurt, Urt. v. 27.01.2015 – 11 U 94/13, GRUR 2015, 784, 789 [47]; *Leupold*, in: Leupold/Glossner, IT-Recht, Teil 4, Rn. 117 f.; aA. *Czychowski*, in: Fromm/Nordemann, UrhG, § 69c, Rn. 75.
58 So *Czychowski*, in: Fromm/Nordemann, UrhG, § 69c, Rn. 75; *Dietrich*, ZUM 2010, 567, 570 ff.
59 Ablehnend *Grützmacher*, in: Wandtke/Bullinger, UrhG, § 69c, Rn. 63, der zwar die Nutzung in Netzwerken als eine eigenständige Nutzungsart, jedoch im Rahmen des Vervielfältigungsrechts annimmt. Findet keine spezifische Vervielfältigung statt, soll die Nutzung in Netzwerken urheberrechtsfrei sein.

V. Netzwerknutzung

Mit dem vorigen Beispiel wird deutlich, dass die zustimmungspflichtigen Handlungen in § 69c UrhG Lücken lassen, wenn Software in einem Netzwerk eingesetzt wird, so dass sie von vielen Arbeitsplätzen genutzt werden kann, jedoch keine über den gestatteten Umfang hinausgehende Vervielfältigung, Verbreitung und öffentliche Wiedergabe erfolgt. Um den Softwarehersteller hier vor einer Nutzung der Software zu schützen, an der er wirtschaftlich nicht angemessen partizipiert, ist es richtig, die **Netzwerknutzung als unbenanntes Verwertungsrecht**[60] (gleichsam eine Nr. 5 zu § 69c UrhG) zu betrachten und hierfür eine Zustimmung zu verlangen.[61] Dabei kann innerhalb dieses Verwertungsrecht für die Nutzungsarten beispielsweise **auf die Anzahl der Nutzer abgestellt** werden („Concurrent User-Lizenz").[62] Eine Differenzierung nach den Namen der Nutzer („Named User-Lizenz") ist dagegen nicht möglich, da hierdurch keine abgrenzbare Nutzungsart begründet wird.

234

Randnummern 235–299 einstweilen frei.

---

60 Dazu *Heerma*, in: Wandtke/Bullinger, UrhG, § 15, Rn. 16.
61 *Wiebe*, in: Spindler/Schuster, § 69c, Rn. 39; *Grützmacher*, in: Wandtke/Bullinger, UrhG, § 69d, Rn. 10; aA. *Dreier*, in: Dreier/Schulze, UrhG, § 69c, Rn. 35.
62 Im Ergebnis auch *Frank/Schulz*, in: Berger/Wündisch, UrhR, § 22, Rn. 135.

D. Einräumung von Nutzungsrechten

300 Die Einräumung und Übertragung von Nutzungsrechten an Software richtet sich über § 69a Abs. 4 UrhG nach den Bestimmungen der §§ 31 ff. UrhG.[1] Die Vereinbarung über die Rechtezuordnung („Lizenz") kommt nach allgemeinen rechtsgeschäftlichen Grundsätzen zu Stande. Häufig werden solche Lizenzierungen durch „**Echtheitszertifikate**" begleitet. Diese können aber allenfalls als Beweiszeichen dienen, stellen jedoch selbst keine Lizenz dar.[2] Markenrechtlich können sie Kennzeichnungsmittel iSd. § 14 MarkenG sein.[3]

301 Praktisch schwierig gestaltet sich beim massenhaften Vertrieb von Software über Distributoren wie zB. Elektronikmärkte die Abbildung einer **Rechtekette vom Rechtsinhaber zum Softwareanwender**. Die Rechtsinhaber versuchen sich in diesen Fällen mit so genannten „**End User Licence Agreements**" (**EULA**) zu behelfen. Der Abschluss eines solchen Vertrages wird dem Anwender vor der Installation der Software angeboten mit der Besonderheit, dass die Installation regelmäßig nur möglich ist, wenn der Anwender dem EULA zustimmt. Dem Anwender dürfte allerdings regelmäßig der Wille fehlen, zusätzlich zu dem bereits geschlossenen Überlassungsvertrag (regelmäßig ein Kaufvertrag) einen weiteren Vertrag mit belastenden Regelungen zu schließen. Dementsprechend ist es richtig, das durch die Installation objektiv erklärte Einverständnis mit dem EULA **mangels erkennbarem Rechtsbindungswillen**[4] für einen Vertragsschluss als unzureichend zu betrachten. Selbst wenn eine wirksame Vereinbarung im Einzelfall zu Stande käme, würden doch viele Vereinbarungen der **AGB-Kontrolle** nicht standhalten. Das gilt insbesondere für Vereinbarungen in englischer Sprache.

302 **Nutzungsrechte** können, ähnlich wie beim Eigentumsvorbehalt, auch **aufschiebend bedingt** auf den Zeitpunkt der vollständigen Entgeltherbringung **eingeräumt** und übertragen werden. Hierbei ist jedoch zu beachten, dass der Anwender möglicherweise auch ohne Lizenz nach § 69d Abs. 1 UrhG berechtigt ist, die Software zu nutzen. Wenn der Anwender die Software bereits vor Bedingungseintritt nutzt, kann der Rechtsinhaber dies dulden mit dem Vorteil, dass die Duldung als einseitig widerruflich vereinbart werden kann.[5]

303 In vielen Vereinbarungen findet sich eine Regelung, nach der der Lizenzgeber im Falle eines Verstoßes gegen die Lizenzbedingungen die **Nutzungsrechte** an der Software **widerrufen** kann („widerrufliches Recht"). Gemeint ist damit re-

---

1 Hierzu allgemein siehe Kap. 4, Rn. 6 ff.
2 Zutreffend LG Frankfurt, Urt. v. 06.07.2011 – 2-06 O 576/09, ZUM 2012 162, 165; aA. OLG Frankfurt, Beschl. v. 12.05.2009 – 11 W 15/09, MMR 2009, 544, 545.
3 BGH, Urt. v. 06.10.2011 – I ZR 6/10 (Echtheitszertifikat), GRUR 2012, 392.
4 Vgl. BGH, Urt. v. 12.10.1999 – XI ZR 24/99, NJW 2000, 276, 277.
5 *Grunert/Wandtke*, in: Wandtke/Bullinger, UrhG, § 31, Rn. 37.

gelmäßig nicht der Widerruf wegen einer Verletzung des Urheberpersönlichkeitsrechts, sondern eine **Kündigung der Lizenz**. Sofern die Lizenzierung aber nicht im Rahmen eines Dauerschuldverhältnisses wie der Miete erfolgt, handelt es sich bei der Lizenzvereinbarung um eine auf die dauerhafte Rechtsverschaffung gerichtete Verfügung, bei der eine Kündigung nicht möglich ist.[6] Denkbar wäre zwar eine **auflösend bedingte Rechtsverschaffung**, die bei Eintritt der Bedingung die Wirkungen der Verfügung entfallen ließe (wie dies beispielsweise bei der GPL im Bereich der Open-Source-Software der Fall ist). Gegen eine solche Konstruktion bestehen jedoch aus Gründen der Rechtssicherheit erhebliche Bedenken.[7] Da die Bedingung, deren Eintritt zum Wegfall der Berechtigung führen würde beliebig ausgestaltet werden könnte, bestünde die Möglichkeit, die nur beschränkte Aufspaltbarkeit von Nutzungsrechten zu unterlaufen. Das ist **bei absolut wirkenden Rechten problematisch**. Würde beispielsweise das Vervielfältigungsrecht weiterübertragen, müsste sich der Erwerber die Bedingung ebenfalls entgegenhalten lassen, da es im Urheberrecht keinen gutgläubigen lastenfreien Erwerb wie beim Sacheigentum gibt.[8] Weniger bedenklich wäre es, wenn die Bedingung nur inter partes wirken würde, wie dies wegen der besonderen Lizenzsituation im Open-Source-Bereich oft der Fall ist.

I. Entwicklung von Software durch Angestellte und Dritte

Das deutsche Urheberrecht weist die mit der Wertschöpfung verbundenen Rechtspositionen natürlichen Personen zu. Juristische Personen können nur abgeleitete Rechte erwerben. Dieser **Rechtserwerb** erfolgt nach den allgemeinen Regeln der §§ 31 ff. UrhG, soweit nicht die besondere Bestimmung des § 69b UrhG greift. Schuldrechtlich wirft die Entwicklung von Software seit der Reform 2002 die Frage auf, ob nach § 651 S. 3 BGB eine nicht vertretbare Sache neu hergestellt wird, also ein **Werklieferungsvertrag** vorliegt, und in der Folge Kaufrecht anzuwenden ist, oder ob es bei einem rein werkvertraglichen Vertragsverhältnis bleibt.[9] Urheberrechtlich ist diese Diskussion allerdings ohne Relevanz.

1. Rechtserwerb nach § 69b UrhG

Für die Erstellung von Software durch **Arbeitnehmer** und im Rahmen von Dienstverhältnissen bestimmt § 69b UrhG eine **gesetzliche Vollrechtsübertragung**.[10] Dienstverhältnisse meint die öffentlich-rechtlichen Dienstverhältnisse der Beamten und sonstiger in einem öffentlich-rechtlichen Dienstverhältnis stehender Personen,

---

6 Der unglückliche, aber gängige Begriff der Lizenz suggeriert hier etwas anderes.
7 Dies gilt nicht für die aufschiebende Bedingung, weil es um eine dem Nutzer günstige Regelung geht.
8 Kritisch auch *Hoeren*, Anmerkung zu OLG München, Urt. v. 19.05.2004 – 21 O 6123/04, CR 2004, 774, 777; *Marly*, Rn. 958; aA. OLG München, Urt. v. 19.05.2004 – 21 O 6123/04 (GPL-Verstoß), GRUR-RR 2004, 350, 351; *Jaeger/Metzger*, Rn. 154; *Grützmacher*, in: Wandtke/Bullinger, UrhG, § 69c, Rn. 78.
9 Vertragsmuster bei *Imhof*, in: Weitnauer, IT-Formularbuch, Formular B, Nr. 3.
10 Zur Rechtsnatur vgl. *Loewenheim*, in: Schricker/Loewenheim, UrhG, § 69b, Rn. 11.

die keine Beamten sind.[11] Für die in der Praxis häufig anzutreffende Entwicklung von Software durch **freie Mitarbeiter** oder arbeitnehmerähnliche Personen gilt § 43 UrhG mit der Folge, dass eine rechtsgeschäftliche Regelung der Rechtsübertragung erforderlich ist.[12] Da es hier oft an einer den urheberrechtlichen Anforderungen genügenden Vereinbarung fehlt, richtet sich die Rechteübertragung nach § 31 Abs. 5 UrhG, die im Lichte des § 43 UrhG allerdings sehr weit reicht.[13]

306 Erfolgt die Softwareentwicklung durch einen Arbeitnehmer, wird der **Arbeitgeber** kraft Gesetzes **Inhaber aller Ausschließlichkeitsrechte**, auch hinsichtlich noch nicht bekannter Nutzungsarten.[14] Die Programmierung muss in Wahrnehmung der Aufgaben des Arbeitnehmers oder nach der Anweisung seines Arbeitgebers erfolgt sein. Der Arbeitnehmer braucht jedoch nicht als Entwickler eingestellt zu sein, es genügt, wenn es zu seinem Aufgabenbereich gehört, Software zu entwickeln. Es ist auch irrelevant, ob der **Arbeitnehmer** das Computerprogramm in seiner Freizeit oder während der regulären Arbeitszeit geschaffen hat, sofern nur feststeht, dass er **in Erfüllung seiner dienstlichen Aufgaben** und Weisungen handelt.[15]

307 Der in § 69b UrhG angeordnete Rechtsübergang beschränkt die Urheberpersönlichkeitsrechte des Arbeitnehmers nicht. Das **Namensnennungsrecht** des Entwicklers aus § 13 S. 2 UrhG[16] kann aber ausgeschlossen werden, sofern ausnahmsweise hierfür ein Bedürfnis besteht.[17] Die weiteren Urheberpersönlichkeitsrechte wie die Rückrufrechte oder das Änderungsverbotsrecht sind im Bereich der Software ohne Relevanz.[18]

308 Umstritten ist, ob hinsichtlich der Vergütung des Entwicklers die Vorschriften der §§ 32 und 32a UrhG gelten, wonach der Urheber **Anspruch auf angemessene Vergütung** hat.[19] Ein Ausschluss der Anwendbarkeit wäre nach § 69a Abs. 4 UrhG nur zu begründen, wenn § 69b UrhG eine Sonderregelung zu den allgemeinen Regeln enthalten würde.[20] Das ist jedoch hinsichtlich der Vergütung nicht der Fall, da sich die Lizenz nur auf die Nutzungsrechte und nicht auf die Vergütung erstreckt.[21] Es erscheint unter Arbeitnehmerschutzgesichtspunkten

---

11 *Dreier*, in: Dreier/Schulze, UrhG, § 43, Rn. 7 und § 69b, Rn. 12.
12 Hierzu siehe allgemein Kap. 1, Rn. 352 ff. sowie Kap. 4, Rn. 51 ff.
13 *A.Nordemann*, in: Fromm/Nordemann, UrhG, § 43, Rn. 1.
14 *Grützmacher*, in: Wandtke/Bullinger, UrhG, § 69b, Rn. 19.
15 OLG Hamm, Urt. v. 25.02.2005 – 6 U 132/04, GRUR-RR 2005, 302.
16 Hierzu siehe Kap. 2, Rn. 52 ff.
17 *Grützmacher*, in: Wandtke/Bullinger, UrhG, § 69b, Rn. 41; *Czychowski*, in: Fromm/Nordemann, UrhG, § 69b, Rn. 15; für strenge Anforderungen an Ausschluss OLG Hamm, Urt. v. 07.08.2007 – 4 U 14/07, GRUR-RR 2008, 154, 155.
18 Im Einzelnen dazu *Grützmacher*, in: Wandtke/Bullinger, UrhG, § 69b, Rn. 42 ff.
19 Hierzu allgemein Kap. 4, Rn. 205 ff.
20 Dafür *Marly*, Rn. 123 unter Hinweis auf die Anwendung der §§ 32 f. UrhG auf rechtsgeschäftliche Rechteübertragungen, während § 69b UrhG eine gesetzliche Lizenz enthält.
21 BGH, Urt. v. 23.10.2001 – X ZR 72/98 (Wetterführungspläne II), GRUR 2002, 149, 152; ebenso *Czychowski*, in: Fromm/Nordemann, UrhG, § 69b, Rn. 25.

nicht richtig, dem angestellten Urheber den Schutz zu versagen, der im Übrigen allen gewährt wird. Anderenfalls würde im Urheberrecht gerade der ansonsten besonders geschützte Arbeitnehmer schlechter stehen.[22] Eine zusätzliche Vergütung nach dem ArbNErfG schuldet der Arbeitgeber jedoch nicht.[23]

Der Arbeitgeber bzw. Dienstherr erhält die Rechte nach § 69b UrhG, „**sofern nichts anderes vereinbart** ist". Damit wird Arbeitnehmern die Möglichkeit eröffnet, sich Rechte vorzubehalten. Arbeitgeber müssen bei der Gestaltung der Arbeitsverträge darauf achten, dass sie nicht unbedacht eine Rechteregelung in den Arbeitsvertrag aufnehmen, die hinter der gesetzlichen Vollrechtsübertragung zurückbleibt. Findet sich in einem Arbeitsvertrag beispielsweise die Klausel 309

„Für alle Arbeitsergebnisse aus der Tätigkeit des Mitarbeiters für den Arbeitgeber räumt der Mitarbeiter dem Arbeitgeber das ausschließliche, zeitliche, inhaltliche und örtlich uneingeschränkte Nutzungsrecht ein."

stellt dies eine andere Vereinbarung nach § 69b UrhG dar. In diesem Fall läuft die intendierte Vollrechtsübertragung wegen § 31 Abs. 5 UrhG leer und der Arbeitgeber erhält nur die Rechte, die er nach dem Vertragszweck benötigt. In der Regel ist der Arbeitgeber gut beraten, mit Arbeitnehmern **keine Regelungen zu Rechten an Software zu treffen**. Das gilt jedoch nicht für die Entwicklung von Computerspielen. Denn § 69b UrhG erfasst nicht die zu den Computerspielen geschaffenen Videosequenzen, Soundstücke und Texte.

Für Auseinandersetzungen über die Anwendbarkeit und Reichweite des § 69b UrhG ist der **Rechtsweg** zu den ordentlichen Gerichten gegeben. Die Gerichte für Arbeitssachen sind nach §§ 2 Abs. 2b ArbGG, 104 S. 2 UrhG nur für solche urheberrechtlichen Streitigkeiten aus Arbeitsverhältnissen zuständig, die ausschließlich Ansprüche aus Leistungen einer vereinbarten Vergütung zum Gegenstand haben.[24] 310

2. Freie Mitarbeiter und Organe

Für die Erstellung von Software durch freie Mitarbeiter und Organe der Gesellschaft gilt § 69b UrhG nicht, auch nicht § 43 UrhG.[25] Hat der Auftraggeber mit ihnen keine den Anforderungen des § 31 Abs. 5 UrhG entsprechende Vereinbarung getroffen, erhält er gemäß dem in der Vorschrift zum Ausdruck kommenden Übertragungszweckgedanken **nur die nach dem Vertragszweck erforderlichen Rechte**. 311

In der **Vertragspraxis** bestehen in diesem Bereich erhebliche Defizite, weil oftmals unzureichende, insbesondere **pauschale Rechteklauseln** verwendet werden. 312

---

22 Im Ergebnis auch *Dreier*, in: Dreier/Schulze, UrhG, § 69b, Rn. 10; s.a. zum vergleichbaren § 43 UrhG *A.Nordemann*, in: Fromm/Nordemann, UrhG, § 43, Rn. 59.
23 BGH, Urt. v. 23.10.2001 – X ZR 72/98 (Wetterführungspläne II), GRUR 2002, 149.
24 BAG, Urt. v. 12.03.1997 – 5 AZR 669/95, NZA 1997, 765; LAG Baden-Württemberg, Beschl. v. 22.08.2006 – 18 Ta 9/06, BeckRS 2011, 65848; siehe auch Kap. 7, Rn. 146 f.
25 *Wiebe*, in: Spindler/Schuster, § 43, Rn. 3.

Ein typisches Beispiel ist folgende Klausel: „Der Auftragnehmer räumt dem Auftraggeber an den von ihm zur Vertragserfüllung erzielten Leistungsergebnissen ein ausschließliches, räumlich, zeitlich und inhaltlich unbeschränktes Nutzungsrecht ein." Eine ähnliche Klausel hat der BGH bereits in einem Architektenvertrag für **unzureichend** erachtet.[26] Auch die bloße Nennung von Verwertungsrechten wie „unbeschränkte Vervielfältigung und Verbreitung" ist in der Regel unzureichend.[27] Nicht ausreichend ist auch eine Klausel, nach der der Arbeitnehmer dem Arbeitgeber die Rechte „entsprechend § 69b UrhG" überträgt. Erforderlich ist vielmehr, dass die **Nutzungsarten einzeln aufgeführt** werden. Für die Vervielfältigung bedeutet dies beispielsweise, dass zwischen der Vervielfältigung der Software für den Vertrieb und der Vervielfältigung für die Installation auf dem Computer zu unterscheiden ist. Die bloße Übertragung des Vervielfältigungsrechts würde dies mit Blick auf § 31 Abs. 5 UrhG nicht leisten.

313 Kommt es aufgrund einer unzureichenden Nutzungsrechteklausel zur **Anwendung des Übertragungszweckgedankens** des § 31 Abs. 5 UrhG,[28] bestehen für beide Vertragsseiten erhebliche Unsicherheiten, in welchem Umfang die Rechtsübertragung erfolgte. Dieser Mangel kann durch eine spätere, jedoch urheberrechtlich nicht **rückwirkende Vereinbarung** gemildert werden. Wegen der fehlenden Rückwirkungsmöglichkeit ist zu empfehlen, die Rückwirkung schuldrechtlich zu vereinbaren so dass sich die Parteien so zu stellen haben wie sie stünden, wenn die Rechtsübertragung bereits zu dem früheren Zeitpunkt erfolgt wäre.

314 Auch für **Geschäftsführer und Vorstände** gibt es keine Regel nach der sie verpflichtet wären, entsprechend § 69b UrhG alle Rechte auf die Gesellschaft zu übertragen. Maßgeblich ist auch hier allein der Vertragszweck.[29]

3. Miturheber

315 **Komplexe Software** wird heute regelmäßig durch **Entwicklerteams** erstellt. Die Beteiligung Mehrerer an der Softwareerstellung führt, auch wenn die Beiträge sukzessive erfolgen, zu einer Miturhebergemeinschaft nach § 8 UrhG.[30] Für eine Miturheberschaft ist kein Zugriff auf den Quellcode erforderlich, es genügt eine Beteiligung an einer Vorstufe zum Quellcode.[31] Die Miturhebergemeinschaft ist nach herrschender Ansicht eine **Gesamthandsgemeinschaft**.[32] In der Folge hat

---

26 BGH, Urt. v. 27.09.1995 – I ZR 215/93 (Pauschale Rechtseinräumung), GRUR 1996, 121, 122.
27 *J.B.Nordemann*, in: Fromm/Nordemann, UrhG, § 31, Rn. 123.
28 Hierzu allgemein siehe Kap. 4, Rn. 35 ff.
29 Vgl. OLG Jena, Urt. v. 08.05.2002 – 2 U 764/01 (Rudolstädter Vogelschießen), GRUR-RR 2002, 379, 380; *Wandtke*, in: Wandtke/Bullinger, UrhG, § 43, Rn. 5; aA *A.Nordemann*, in: Fromm/Nordemann, UrhG, § 43, Rn. 10: wegen der finanziellen Absicherung wie Arbeitnehmer zu behandeln.
30 Siehe allgemein Kap. 1, Rn. 310 ff.
31 AA. OLG Frankfurt, Urt. v. 27.01.2015 – 11 U 94/13, GRUR 2015, 784, 788 [38].
32 *Wirtz*, in: Fromm/Nordemann, UrhG, § 8, Rn. 16; siehe auch Kap. 1, Rn. 315.

kein Miturheber einen Anteil an den Verwertungsrechten, über den er allein verfügen könnte. Der Verwerter erhält daher nur dann Nutzungsrechte, wenn eine gemeinschaftliche Verfügung der Miturheber gegeben ist.[33] Eine solche gemeinschaftliche Verfügung dürfte in der Praxis kaum anzutreffen sein; sie bleibt regelmäßig ungeregelt.

Die häufig anzutreffende Konstellation, dass in einem Entwicklerteam Arbeitnehmer, freie Mitarbeiter sowie Organe als **Miturheber mit verschiedenen Rechtseinräumungsregeln** tätig sind, führt zu erheblichen Problemen bei der Verfügung über die gesamthänderisch gebundenen Rechte. Zwar ist eine gesamthänderische Verfügung auch möglich, wenn die Einzelverfügungen eines jeden Miturhebers auf das gleiche Ergebnis gerichtet sind. Das wäre bei Beteiligung von Arbeitnehmern wegen der umfassenden Wirkung des § 69b UrhG aber nur dann der Fall, wenn auch mit den freien Mitarbeitern und Organen im Ergebnis eine umfassende Rechtsübertragung vereinbart wäre. Dies scheitert in der Praxis aber häufig an der fehlenden Benennung der Nutzungsarten und führt zur Anwendung Übertragungszweckregel des § 31 Abs. 5 UrhG.

316

Um zu verhindern, dass der Verwerter in der Konsequenz gar keine Rechte erhält, ist auf die den Rechtsübertragungen zu Grunde liegende **kleinste Einheit**, nämlich die einzelne Nutzungsart, die Grundlage für ein Nutzungsrecht sein kann, abzustellen. In dem Maße, wie aufgrund der Rechtsbeziehungen des Verwerters zu den einzelnen Entwicklern diese übereinstimmend die gleichen Nutzungsarten betreffen und damit Nutzungsrechte einräumen, erlangt der Verwerter durch gleichlaufende Verfügungen der einzelnen Miturheber eine entsprechende Rechtsposition. Im Ergebnis gibt derjenige Miturheber, der aufgrund seiner Vereinbarung die wenigsten Nutzungsrechte einräumt, den Gesamtumfang der Berechtigung des Verwerters vor. Räumen beispielsweise der angestellte Entwickler kraft Gesetzes und der Geschäftsführer durch Vereinbarung dem Verwerter Rechte für unbekannte Nutzungsarten ein, der freie Mitarbeiter jedoch nicht,[34] scheitert bei einer Miturhebergemeinschaft die Rechtseinräumung für unbekannte Nutzungsarten. Der Verwerter erhält diese Rechte nicht, auch nicht vom Arbeitnehmer, weil dieser wegen der gesamthänderischen Bindung keinen Anteil hat, über den er allein verfügen kann.

317

Das Ergebnis lässt sich nur durch eine **entsprechende Vereinbarung** vermeiden, unter Umständen auch dadurch, dass ein Miturheber auf seinen Miturheberrechtsanteil nach § 8 Abs. 4 S. 1 UrhG verzichtet. Ob der Verwerter einer unzureichenden Rechtseinräumung dadurch beggnen kann, dass er später Teile einzelner oder mehrerer Miturheber neu programmieren lässt, ist fraglich. Die **Neuprogrammierung** ist eine Umarbeitung nach § 69c Nr. 2 UrhG, die wiederum der Zustimmung der gesamten Miturhebergemeinschaft bedarf. Zumindest hierauf sollte in einer Vereinbarung geachtet werden.

318

---

33 HM.; vgl. *Wirtz*, in: Fromm/Nordemann, UrhG, § 8, Rn. 16 mwN.
34 Vgl. zu den Schwierigkeiten der Rechtseinräumung *Wandtke*, in: Wandtke/Bullinger, UrhG, § 43, Rn. 68.

II. Besonderheiten bei der Softwareüberlassung

1. Benutzerdokumentation

319 Schuldrechtlich hat der Softwarenutzer regelmäßig einen Anspruch auf Überlassung einer Benutzerdokumentation. Die Benutzerdokumentation ist als **Schriftwerk** nach § 2 Abs. 1 Nr. 1 UrhG geschützt, die §§ 69a ff. UrhG finden auf die Benutzerdokumentation keine Anwendung, es gelten die **allgemeinen Regeln**. Damit hat der Verwerter einer Software nicht nur darauf zu achten, dass er die Rechte an der Software erhält, sondern auch, dass er in entsprechender Weise berechtigt ist, die Benutzerdokumentation zu vervielfältigen, zu verbreiten, zu ändern sowie gegebenenfalls öffentlich wiederzugeben.

2. Quellcode-Hinterlegung

320 Weil der Erwerb von Software häufig mit hohen Investitionen verbunden ist, suchen die Erwerber nach einer langfristigen Nutzungsmöglichkeit, die ihnen der Softwareanbieter regelmäßig durch den **Abschluss von Pflegeverträgen** sichern soll. Der Anwender selbst wäre hierzu nur in Lage, wenn er den Quellcode und die erforderlichen Nutzungsrechte besitzen würde. Der Quellcode, der das in der Software steckende Know-how enthält, wird von den Softwareherstellern jedoch nur gegen ein hohes Entgelt, wenn überhaupt, zur Verfügung gestellt. Als Mittelweg hat sich in der Praxis die **Hinterlegung des Quellcodes bei einem Dritten** (sog. **Escrow Agent**) herausgebildet. Kunde, Softwarehersteller und Dritter schließen Vereinbarungen über die Hinterlegung des Quellcodes ab, in denen die Modalitäten der Hinterlegung, insbesondere die Herausgabefälle geregelt werden.[35]

321 Urheberrechtlich steht bei einer Hinterlegungsvereinbarung die **Sicherung der Verwendbarkeit des Quellcodes** durch den Softwarenutzer oder von diesem beauftragten Dritten im Vordergrund. Dabei ist ein zentrales Anliegen, die Nutzungsrechte auch im Falle der **Insolvenz des Softwareherstellers** zu erhalten. Trotz vieler Bemühungen, eine dem Anliegen gerecht werdende, insolvenzfeste Hinterlegungsvereinbarung zu gestalten, muss festgestellt werden, dass es **derzeit keine verlässliche Regelung** gibt.[36] Auch dem in diesem Zusammenhang oft herangezogenen Urteil des BGH zur Insolvenzfestigkeit einer aufschiebend bedingten Verfügung[37] kann nicht entnommen werden, ob gerade – nur – die Übertragung des Quellcodes für den Fall der Insolvenz Bestand hat.[38]

322 Der Quellcode allein ist für den Softwareanwender regelmäßig ohne Wert. Quellcode ist nach § 69a UrhG geschützt und darf nur mit Zustimmung des Rechtsinhabers bearbeitet, das heißt geändert und in den Maschinencode übersetzt werden. Dazu benötigt er das **Recht zur Umarbeitung** nach § 69c Nr. 2 UrhG. Unter Umständen ist es auch erforderlich, mehrere Entwickler an dem Quellcode ar-

---

35 Vertragsbeispiel bei *Imhof*, in: Weitnauer, IT-Formularbuch, Formular E, Nr. 8.
36 *von dem Bussche/Schelinski*, in: Leupold/Glossner, IT-Recht, Teil 1, Rn. 336 ff.
37 BGH, Urt. v. 17.11.2005 – IX ZR 162/04 (Softwarenutzungsrecht), GRUR 2006, 435 ff.
38 Kritisch auch *Marly*, Rn. 1828 ff.

beiten zu lassen. Dann muss der Quellcode insgesamt oder in Teilen vervielfältigt werden. Dementsprechend ist dem Auftraggeber ein **Vervielfältigungsrecht** einzuräumen. Eine unaufwändige Bearbeitung des Quellcodes ist nur bei Vorliegen einer ausreichenden **Dokumentation** möglich.

Die Berechtigung, den Quellcode ändern und hieraus die ablauffähige Software übersetzen zu dürfen, sagt noch nichts über die **Befugnis hinsichtlich der übersetzten Software** aus. Ohne besondere Abrede stünden dem Anwender jedenfalls die Rechte nach § 69d UrhG zu. Das Interesse des Softwareanwenders wird jedoch nur dann befriedigt, wenn er an der kompilierten Software die gleichen Rechte hat wie sie ihm ursprünglich im Überlassungsvertrag eingeräumt wurden. Der Kunde sollte sich daher bei einem Hinterlegungsvertrag im Minimum das Recht zur Umarbeitung des Quellcodes einschließlich der Übersetzung in den Maschinencode und die Befugnis zur Umarbeitung des Maschinencodes und zu dessen Vervielfältigung im Rahmen der bestimmungsgemäßen Nutzung übertragen lassen. Für die Benutzerdokumentation sind entsprechende Bearbeitungs- und Vervielfältigungsrechte erforderlich. Eine **Rechteregelung** kann so aussehen:[39]

323

(1) Mit Eintritt des Herausgabefalls geht das Eigentum an den hinterlegten Gegenständen (Datenträger und sonstige Materialien) an den Auftraggeber über (§§ 929, 931 BGB).
(2) Ebenso überträgt der Auftragnehmer dem Auftraggeber aufschiebend bedingt auf den Eintritt des Herausgabefalls das einfache, nicht übertragbare und nicht-ausschließliche Recht, den herauszugebenden Quellcode nebst Dokumentation und die weiteren hinterlegten und urheberrechtlich geschützten Hinterlegungsgegenstände nach Maßgabe dieses Vertrages zu nutzen. Das umfasst zumindest das Recht,
a) den Quellcode zu übersetzen, zu bearbeiten, zu arrangieren und sonst wie umzuarbeiten, insbesondere über Änderungen des Quellcodes Fehler der Software zu beseitigen und die Software weiter zu entwickeln, Schnittstellen herzustellen und die Software nach dem Stand der Technik an geänderte Systemumgebungen anzupassen,
b) den Quellcode in den Maschinencode zu übersetzen und
c) den aus dem ursprünglichen Quellcode abgeleiteten Maschinencode umzuarbeiten und in der umgearbeiteten Form zu vervielfältigen.[40]

3. Lizenzschlüssel

Softwarehersteller versehen ihre Produkte häufig mit einer **Nutzungssperre**, die durch Eingabe einer Seriennummer, häufig als Lizenzschlüssel oder Lizenzcode bzw. Product-Key bezeichnet, beseitigt werden muss. Diese Seriennummer hat regelmäßig nur die Funktion eines **Zugangsschlüssels**, ihr kommt keine weiter-

324

---

39 Vgl. *Imhof*, in: Weitnauer, IT-Formularbuch, Formular E, Nr. 8.
40 Für die Vervielfältigung sind die erforderlichen Nutzungsformen zu nennen.

gehende rechtliche Bedeutung zu.[41] Insbesondere bedeutet der Besitz einer Seriennummer **nicht die Berechtigung zur Softwarenutzung**. Insoweit gilt für Seriennummern das Gleiche wie für Echtheitszertifikate.[42] Die Seriennummer ist jedoch mangels Kennzeichnungskraft nicht markenrechtlich geschützt. Rechtliche Bedeutung kann der Seriennummer insoweit zukommen, dass sie die **Bedingung für eine Lizenzvereinbarung** ist. Der Rechtsinhaber macht dem Software-Nutzer das unter der Bedingung der Verwendung einer autorisierten Seriennummer stehende Angebot zum Abschluss eines Nutzungsvertrages.

325 Die **Aktivierungspflichten** bei (wiederholter) Installation, auch bei geänderter Hardware stehen jedenfalls (bei Weitergabe) nicht in Widerspruch zum Erschöpfungsgrundsatz.[43] Sie könnten aber gegen § 69d Abs. 1 UrhG verstoßen, wenn die Mindestnutzungsrechte beeinträchtigt werden, weil kein Lizenzschlüssel geliefert wird. Der Zwang zur Nutzung von Lizenzschlüsseln hätte eine den „besonderen vertraglichen Bestimmungen" gleiche Wirkung. Fraglich ist dann nur die Rechtsgrundlage für einen Beseitigungsanspruch des Nutzers. Da eine schuldrechtliche Beziehung zwischen Rechtsinhaber bzw. Hersteller und Nutzer nicht immer besteht, ist die Inanspruchnahme des Rechtsinhabers bzw. Herstellers wegen einer Pflichtverletzung nur begrenzt möglich. Dem Nutzer müsste ein subjektives dem Urheberrechtsgesetz entspringendes Recht zuerkannt werden, um ihn nicht schutzlos zu stellen.[44] Ausnahmsweise sollte dem Inhaber einfacher Rechte ein Beseitigungsanspruch gegen den Lizenzgeber aus § 97 Abs. 1 UrhG gewährt werden.[45] Beschränkungen wie das Erfordernis der Eingabe von Seriennummern können auch schuldrechtlich unzulässig sein, wenn sie die Nichterfüllung einer Leistungspflicht, insbesondere einen Mangel darstellen. Der Anbieter kann hier jedoch durch eine entsprechende Beschaffenheitsvereinbarung vorbeugen. Dabei sind die AGB-rechtlichen Vorgaben hinsichtlich der Einbeziehung und inhaltlichen Transparenz zu beachten.

4. Open-Source-Software

326 Der Grundgedanke bei Open-Source-Software (OSS) ist, das in der Software steckende Know-how nicht wie üblich durch das Urheberrecht zu monopolisieren, sondern das Urheberrecht dazu einzusetzen, die Software jedem Interessierten zugänglich zu machen und gleichzeitig gegen eine ausschließlich eigennützige Verwendung zu schützen.[46] Zu diesem Zweck sind verschiedene Lizenzmodelle entwickelt worden, deren bekanntestes das der General Public Licence (GPL) in der

---

41 Vgl. BGH, Urt. v. 11.12.2014 – I ZR 8/13 (UsedSoft III), GRUR 2015, 772, 776 [47]; BGH, Urt. v. 19.03.2015 – I ZR 4/14 (Green-IT), GRUR 2015, 1108, 1109 [21]; aA. LG Frankfurt am Main, Urt. v. 31.03.2011 – 2-03 O 331/10, MMR 2011, 683, 684.; *Hilgert*, CR 2014, 354, 356 ff.
42 Siehe oben, Rn. 300.
43 Vgl. BGH, Urt. v. 11.02.2010 – I ZR 178/08 (Half-Life 2), GRUR 2010, 822, 824.
44 S. dazu *Geiger*, GRUR Int. 2004, 815, 818.
45 Vgl. *Kotthoff*, in: Dreyer/Kotthoff/Meckel, UrhG, § 69d, Rn. 14, 18.
46 Zur Entwicklung des Open Source-Gedankens vgl. *Jaeger/Metzger*, Rn. 12 ff.

aktuell dritten Version ist. Kennzeichen der GPL und – mit Abweichungen im Detail – vieler anderer OSS-Lizenzen sind:

- Es wird ein **ungehinderter Zugang zum Quellcode** gewährt,
- **Weiterbearbeitungen** des Quellcodes müssen der Geltung der GPL unterstellt werden (so genanntes Copy-Left-Prinzip),[47]
- **Verbindungen mit proprietärer Software** sind in Folge des Copy-Left-Prinzips nur zulässig, wenn die proprietäre (also nicht offene) Software auch der GPL unterstellt wird,[48]
- eine **Haftung für Schäden** wird weitgehend **ausgeschlossen**,[49]
- eine **Weitergabe**, gleich, ob körperlich oder unkörperlich, ist zulässig, wenn gleichzeitig die – unveränderte – GPL mit übergeben und der Quellcode zugänglich gemacht wird[50] und
- die **Berechtigung zur Nutzung** leitet der Anwender unmittelbar aus der mit den Urhebern geschlossenen Lizenzvereinbarung ab.[51]

Die Wirksamkeit bzw. **Geltung der GPL** unter deutschem Zivil- und insbesondere Urheberrecht ist in vielerlei Hinsicht **problematisch**. Unklar, weil kaum bestimmbar, ist bereits, wer Rechtsinhaber ist und, falls er zu identifizieren sein sollte, welche Rechte er inne hatte und übertragen konnte. Das ist dann besonders schwer zu beantworten, wenn eine **Vielzahl von Miturhebern aus verschiedenen Staaten** beteiligt ist. Fraglich kann etwa sein, ob überhaupt eine Nutzungsvereinbarung zustande gekommen ist. Alle Entwickler sind regelmäßig Miturheber und bei der Anwendung deutschen Rechts nach § 8 UrhG nur gemeinsam zur Verfügung über Nutzungsrechte befugt. Nutzungsrechte können also nur eingeräumt werden, wenn es einen dahingehenden Willen aller Beteiligten gibt. Gehören zu der Entwicklergruppe Minderjährige, Geschäftsunfähige oder bestehen andere Wirksamkeitshindernisse, scheitert eine Einigung. Die bei OSS häufig gegebene Miturhebergemeinschaft kann so zu einer erheblichen Rechtsunsicherheit führen. Aber auch, wenn eine Einigung wirksam zustande gekommen ist, bestehen hinsichtlich der **AGB-rechtlichen Wirksamkeit** vieler Klauseln Zweifel.[52] Auch das Zusammenwirken von proprietärer mit Open-Source-Software führt zu Problemen, wenn die Software insgesamt weitergegeben werden soll. Dann muss nach vielen OSS-Lizenzbedingungen das Software-Gesamt unter die OSS-Lizenz gestellt werden, was vom Verbreitenden entweder nicht gewünscht oder was ihm, weil er nicht über die entsprechenden Rechte verfügt, nicht möglich ist.

327

Schwer zu bestimmen ist schließlich der **Umfang der Nutzungsrechte** bei einer Mischung verschiedener Open-Source-Lizenzen. Da der Inhalt der Lizenzierung

328

---

47 *Jaeger/Metzger*, Rn. 24 ff., 45 f.
48 *Jaeger/Metzger*, Rn. 47 f., 57 ff.; *von dem Bussche/Schelinski*, in: Leupold/Glossner, IT-Recht, Teil 1, Rn. 230 ff.; LG Köln, Urt. v. 17.07.2014 – 14 O 463/13, CR 2014, 704.
49 *Jaeger/Metzger*, Rn. 219 ff.
50 *Jaeger/Metzger*, Rn. 34 ff.
51 *Jaeger/Metzger*, Rn. 175.
52 *Jaeger/Metzger*, Rn. 179 ff.

nicht beeinflusst werden kann, erhält der Kunde an der Gesamtsoftware nur die Befugnisse, die in allen Lizenzen gleichermaßen enthalten ist. Dazu muss der Kunde aber überhaupt erst einmal wissen, welche OSS unter welcher Lizenz in der Gesamt-Software enthalten ist. **In der Praxis** gibt es gleichwohl viele Unternehmen, die ungeachtet der rechtlichen Probleme eigene Software mit OSS zusammen vertreiben, weil die OSS regelmäßig kostenfrei zugänglich ist und das Erstellen eigener Software zu nicht wettbewerbsfähigen Preisen führen würde.[53]

329 Für Anbieter und Kunden bedeutet der Einsatz von OSS damit ein zumindest **abstraktes rechtliches Risiko**. Relativiert wird das Risiko allerdings dadurch, dass Schadensersatzansprüche nach § 8 UrhG nur durch alle Miturheber gemeinsam geltend gemacht werden können.[54] Damit bleiben als – nicht unbedeutendes – Risiko jedoch **Unterlassungsansprüche**, die auch ein einzelner Miturheber verfolgen kann. Für Unternehmen empfiehlt sich daher sowohl auf Erwerber- wie Veräußererseite eine klare Zuordnung der Verantwortlichkeiten, insbesondere im Bereich der **Rechtsmängelhaftung** nach § 435 BGB. Die oft anzutreffende Lizenz-Variante, dass der Anbieter seine eigene Software lizenziert und der Kunde selbst eine Vereinbarung mit den Lizenzgebern der Open-Source-Software trifft, beseitigt die Probleme des Copy-Left-Effekts nicht und dürfte viele **Kunden** auch hinsichtlich der Komplexität und Folgenabschätzung **überfordern**.

5. Computerspiele

330 Computerspiele sind **im Kern Software** und als solche nach den allgemeinen Regeln urheberrechtlich zu behandeln. Da Kennzeichen von Computerspielen aber nicht nur die Funktionalität der Software ist, sondern auch die grafische Gestaltung, die eingesetzte Musik, die Figuren und Charaktere sowie uU. der Erzählstoff, ist eine **Vielzahl von Schutzrechten betroffen**.[55] Umstritten ist, ob die Erschöpfungswirkung wie bei Software auch bei einer datenträgerlosen Übermittlung greift oder wie bei anderen digitalen Medien nach der allgemeinen instanzgerichtlichen Rechtsprechung zu verneinen ist. Der BGH hat die Geltung der §§ 95a ff. UrhG über den Schutz technischer Maßnahmen für ein Gesamtwerk aus Software und anderen Inhalten angenommen.[56]

6. SaaS, ASP und Cloud Computing

331 Software wird zunehmend in der Weise genutzt, dass sie **auf dem Rechner des Anbieters** abläuft und der Anwender lediglich die Steuerung der Software einschließlich der Eingabe von Daten übernimmt, die ihm verarbeitet zurückgespielt werden. In der Regel hat dann der Anwender nur noch einen so genannten „Thin Client", auf dem lediglich noch die Kommunikationssoftware abläuft, die Anwen-

---

53 *Hoppen/Thalhofer*, CR 2010, 275 ff.
54 *Schulze*, in: Dreier/Schulze, UrhG, § 8, Rn. 21.
55 Im Einzelnen *Rauda*, Rn. 81 ff.; *Bullinger/Czychowski*, GRUR 2011, 19 ff.
56 BGH, Urt. v. 27.11.2014 – I ZR 124/11 (Videospiel-Konsolen II), GRUR 2015, 672, 675 [40 f.].

dungs-Software selbst jedoch nicht mehr. Diese Nutzungsform findet sich unter den Begriffen Software as a Service (SaaS), Application Service Providing (ASP) und Cloud Computing, ohne dass die Begrifflichkeiten wesentliche Unterschiede in den Nutzungsformen erkennen lassen.[57]

Urheberrechtlich unterscheiden sich diese Dienste von der Software-Nutzung auf eigenen Rechnern vor allem durch das **Fehlen der Verbreitung** und unter den Gesichtspunkten der grenzüberschreitenden Leistung und der Frage, ob sie eine eigenständige Nutzungsart darstellen. Insbesondere das Cloud Computing erhält dadurch rechtliche Relevanz, dass die Anbieter die **Auslastung** ihrer international verteilten Rechenzentren **optimieren** wollen und der Nutzer daher nicht zwingend immer auf die Software und die Daten in einem bestimmten Rechenzentrum zugreift. Neben den daraus resultierenden **datenschutzrechtlichen Aspekten** muss der Anbieter prüfen, ob er in dem Land, in dem die Software abläuft und in dem Land, in dem der Anwender die Software nutzt über die erforderlichen urheberrechtlichen Befugnisse verfügt.[58] Schuld- und urheberrechtlich liegt eine **Vermietung** und gegebenenfalls eine **öffentliche Wiedergabe** vor, die Annahme einer eigenen Nutzungsart, aus der ein entsprechendes Nutzungsrecht resultiert, ist nicht geboten.[59] *332*

III. Nutzungsbeschränkungen

Es ist ein Merkmal des urheberrechtlichen Werkschutzes, dass eine nach dem Urheberrechtsgesetz relevante Nutzung des Werkes der **Zustimmung des Rechtsinhabers** bedarf, sofern nicht eine gesetzliche Ausnahme greift. Die Rechtsinhaber sind in der Lage, ihr Werk auf verschiedene Weise zu verwerten, indem sie in unterschiedlichem Umfang **Nutzungsrechte einräumen** oder übertragen. Wegen der absoluten Wirkung des Urheberrechts ist eine solche **Aufspaltung von Nutzungsrechten** aber nur dann möglich, wenn eine nach der Verkehrsauffassung **wirtschaftlich und technisch eigenständige und von anderen Nutzungsformen klar abgrenzbare Nutzungsart** zu Grunde liegt.[60] *333*

Die Aufspaltung von Nutzungsrechten bereitet **im Bereich der Softwarenutzung** allerdings nicht unerhebliche **Probleme**. Das hängt mit der Technizität der Softwarenutzung zusammen, die grundsätzlich immer an die Vervielfältigung der Software in einem Rechner anknüpft. Wenn die herrschende Meinung verlangt, dass die Nutzungsart wirtschaftlich und technisch eigenständig sein muss, ist dies bei Software nur schwer in der nötigen Eindeutigkeit zu erreichen. Der BGH scheint hier leider wenig selbstkritisch zu sein. So unterscheidet sich beispielsweise die *334*

---

57 *Czychowski*, in: Fromm/Nordemann, UrhG, § 69c, Rn. 76a.
58 *Dreier*, in: Dreier/Schulze, UrhG, § 69c, Rn. 36a.
59 Zum Cloud Computing: *Bisges*, MMR 2012, 574; *Leupold*, in: Leupold/Glossner, IT-Recht, Teil 4, Rn. 111 ff.; zu ASP: *Dietrich*, ZUM 2010, 567; für eigene Nutzungsart *Wiebe*, in: Spindler/Schuster, § 31, Rn. 10; *Grützmacher*, in: Wandtke/Bullinger, UrhG, § 69d, Rn. 13.
60 Siehe dazu Kap. 4, Rn. 21.

private Nutzung einer Software von der kommerziellen technisch nicht. Wirtschaftlich unterscheidet sie sich nur, weil Private weniger zu zahlen bereit oder in der Lage sind. Würde das für eine „klare Abgrenzung" genügen, ließe sich fast jede beliebige Unterscheidung rechtfertigen, zB. Software für Existenzgründer, kleine Unternehmen etc. Der BGH hatte der urheberrechtlichen Differenzierung nach dem Preis zwar eine Absage erteilt,[61] scheint in der UsedSoft-III-Entscheidung nun aber die **Unterscheidung nach der Wirtschaftlichkeit der Nutzung** zuzulassen.[62] Im Lichte dieses Urteils scheinen Nutzungsbeschränkungen in weiterem Umfang zulässig zu sein als dies die vom BGH selbst verfolgte Linie der „klaren Abgrenzbarkeit" rechtfertigen kann. Der zentralen Idee einer aus der absoluten Wirkung des Urheberrechts abgeleiteten Erforderlichkeit deutlichen Abgrenzung der Nutzungsformen wird damit kein Dienst erwiesen.

335 Da die wesentliche Nutzungsform bei Software die Vervielfältigung ist, muss eine Aufspaltung von Nutzungsrechten regelmäßig an diese Nutzungsform anknüpfen. Eine Nutzungsart, die sich keiner der in § 69c UrhG aufgezählten Handlungen zuordnen lässt, kann nur als unbenannte Verwertung Relevanz erlangen. Die auf die Erstüberlassung begrenzte **Wirkung der Nutzungsbeschränkung endet** infolge der Erschöpfung des Verbreitungsrechts mit der Weitergabe der Software und der nach § 69d Abs. 1 UrhG dem Erwerber zustehenden **Mindestnutzungsrechte**.[63] Dadurch werden Nutzungsbeschränkungen weitgehend relativiert. Sie sind bei einer Weitergabe der Software nur noch insoweit relevant, wie die vertraglich eingeräumten Nutzungsbefugnisse über die nach § 69d Abs. 1 UrhG unabdingbaren Rechte hinausgehen. Zur Absicherung kann es sich empfehlen, zusätzlich zu der urheberrechtlichen Nutzungsrechteregelung eine Regelung aufzunehmen, dass die Nutzungsvereinbarung die Parteien auch **schuldrechtlich** bindet, um etwaigen unwirksamen urheberrechtlichen Beschränkungen im Verhältnis der Parteien zumindest schuldrechtliche Wirkung geben zu können.[64]

336 Da der Anwender zur **Übertragung seiner Nutzungsbefugnisse** stets der Zustimmung des Rechtsinhabers nach § 34 Abs. 1 UrhG bedarf, verbleiben dem Zweiterwerber ohne diese Zustimmung regelmäßig nur die Befugnisse nach § 69d Abs. 1 UrhG. Der Ersterwerber kann sich neben § 69d Abs. 1 UrhG auch auf auf den Übertragungszweckgedanken des § 31 Abs. 5 UrhG stützen, was jedoch – allerdings in Abhängigkeit der Auslegung des „bestimmungsmäßen Gebrauchs" – im Ergebnis auf das Gleiche hinauslaufen dürfte. Bei den nachfolgenden Beispielen wird zwischen der urheberrechtlichen und der schuldrechtlichen Beschränkung unterschieden. Die **schuldrechtliche Beschränkung** ist zwar weitergehend möglich, weil die strengen Anforderungen des § 31 UrhG nicht gelten. Auf der anderen Seite wirken solche Beschränkungen **nur zwischen den Vertragsparteien**. Zudem dürften sie regelmäßig einer AGB-Kontrolle unterfallen, bei der zu prü-

---

61 BGH, Urt. v. 12.12.1991 – I ZR 165/89 (Taschenbuch-Lizenz), GRUR 1992, 310, 312.
62 BGH, Urt. v. 11.12.2014 – I ZR 8/13 (UsedSoft III), GRUR 2015, 772, 776 [38].
63 BGH, Urt. v. 11.12.2014 – I ZR 8/13 (UsedSoft III), GRUR 2015, 772, 778 [62].
64 Vgl. BGH, Urt. v. 24.10.2002 – I ZR 3/00 (CPU-Klausel), GRUR 2003, 416, 418.

fen ist, inwieweit die urheberrechtlichen Regelungen Leitbildcharakter haben und eine schuldrechtliche Vereinbarung, die urheberrechtlich nicht möglich wäre, als unangemessen im Sinne des § 307 Abs. 2 Nr. 1 BGB anzusehen ist.[65]

1. Urheberrechtliche Beschränkungen

a) Nutzerkreis

Im Rahmen einer Erstveräußerung ist es grundsätzlich möglich, den Kreis der zur Nutzung einer Software Berechtigten **mit urheberrechtlicher Wirkung zu begrenzen**. Die Begrenzung kann nach Ansicht des BGH auf bestimmte Tätigkeiten erfolgen, so dass die Software zB. nur durch Bildungseinrichtungen oder für Ausbildungszwecke genutzt werden darf.[66] Das eröffnet die Möglichkeit, so genannte **„field of use"-Klauseln** zu vereinbaren, die den zulässigen Einsatzbereich der Software beschreiben.[67] 337

Fraglich ist eine Beschränkung der Nutzung auf **Studenten, Schüler und Lehrer**. Die Software **unterscheidet** sich technisch nicht von anderen Versionen, zudem ist der Begriff des Schülers, Studenten und Lehrers unklar.[68] Wenn die Beschränkung auf eine Tätigkeit möglich ist,[69] muss auch die Beschränkung auf ein Unternehmen möglich sein und in der Folge auch auf einen **Konzern**. Die Weiterverbreitung der Software an die konzernverbundenen Unternehmen ist jedoch auch hier wegen der Erschöpfung des Verbreitungsrecht möglich und führt zur Anwendung des § 69d Abs. 1 UrhG. 338

Eine Beschränkung auf eine bestimmte **Zahl von Nutzern** (concurrent user) ist möglich, weil hier die Anzahl der zulässigen Arbeitsplätze und damit der Vervielfältigungen festgelegt wird. Zudem ist richtigerweise die Netzwerknutzung als eigenständiges Verwertungsrecht anerkannt. Die Beschränkung auf **benannte Nutzer** (named user) ist im Gegensatz dazu urheberrechtlich unwirksam, da die Eigenständigkeit erst durch die Benennung der Nutzer erfolgt, die Software sich aber im Übrigen technisch nicht von der concurrent-user-Version unterscheidet. 339

b) Nutzungsweise

Der BGH hat angedeutet, dass es zulässig ist, die **Nutzung** der Software so zu beschränken, dass sie **nicht für Dritte** eingesetzt werden darf.[70] Software wird häufig getrennt für die nicht kommerzielle bzw. **private Nutzung** und die kommerzielle bzw. **gewerbliche Nutzung** vertrieben. Es ist zweifelhaft, ob eine solche Ein- 340

---

65 Vgl. BGH, Urt. v. 24.10.2002 – I ZR 3/00 (CPU-Klausel), GRUR 2003, 416, 418.
66 BGH, Urt. v. 11.12.2014 – I ZR 8/13 (UsedSoft III), GRUR 2015, 772, 776 [35].
67 Vgl. *Lehmann*, in: Loewenheim, UrhR, § 76, Rn. 28; *Grützmacher*, in: Wandtke/Bullinger, UrhG, § 69d, Rn. 39.
68 *Vianello*, MMR 2012, 139, 141; *Grützmacher*, in: Wandtke/Bullinger, UrhG, § 69c, Rn. 88.
69 BGH, Urt. v. 11.12.2014 – I ZR 8/13 (UsedSoft III), GRUR 2015, 772, 776 [35].
70 BGH, Urt. v. 22.11.2007 – I ZR 12/05 (Planfreigabesystem), GRUR 2008, 357 [35].

teilung den Kriterien der selbständigen Nutzungsart standhält, da kaum sicher zu entscheiden ist, wann eine Nutzung kommerziell und wann sie nicht kommerziell ist.[71] Dass das Gesetz selbst an vielen Stellen auf die private (zB. §§ 52b, 53 UrhG) und gewerbliche (§§ 87c Abs. 1 Nr. 2, 101 Abs. 1 UrhG) Nutzung abstellt, spricht nicht zwingend für eine Eigenständigkeit der entsprechenden Nutzungsart. Denn hierbei geht es nur um Ausnahmen, die im Einzelfall festzustellen sind. Bei der Nutzungsart und dem darauf basierenden Nutzungsrecht steht aber die abstrakt-generelle, erga omnes wirkende Nutzungsbeschränkung im Zentrum.

341 **CPU-Klauseln** sollen erreichen, dass die Software nur mit einem bestimmten Rechner genutzt werden kann. Ein Betrieb mit einer anderen CPU, was auf einen anderen Rechner hindeutet, soll unzulässig sein. Eine solche Klausel kann das Vervielfältigungsrecht aber nicht in der Weise beschränken, dass die Software nur von einer bestimmten CPU vervielfältigt werden darf.[72]

342 Verbreitet findet sich, vor allem für Privatnutzer, die Gestattung, die Software **auf mehreren Rechnern** einzusetzen, jedoch **nicht zur gleichen Zeit**:

„[...] darf der Hauptbenutzer eines Computers [...] eine zweite Kopie der Software zur ausschließlichen Verwendung auf einem tragbaren oder Heimcomputer installieren, vorausgesetzt, dass die Software [...] nicht zur selben Zeit verwendet wird."

Das dürfte **mit urheberrechtlicher Wirkung nicht möglich** sein, weil das Vervielfältigungsrecht zur Nutzung auf einem Rechner von einem Umstand außerhalb des Einflussbereiches des Nutzers abhängt und damit nicht klar abgrenzbar ist.

343 **Demo-Software** ist gegenüber der Vollversion technisch eigenständig und daher als eine eigene Nutzungsart abgrenzbar, wenn sie einen eingeschränkten Funktionsumfang hat.[73] Liegt lediglich eine zeitliche Begrenzung auf einen Testzeitraum vor, handelt es sich um Leihe, bei der mit Zeitablauf die Nutzungsbefugnis erlischt.

344 **OEM-Software**, die nur mit einer bestimmten Hardware verbreitet werden darf, unterfällt dem Erschöpfungsgrundsatz. Eine Weiterverbreitung ist damit auch ohne Hardware möglich.[74]

345 **Updates und Upgrades** bereiten bei der Anerkennung als eigene Nutzungsart Probleme, wenn sie Vollversionen umfassen, sich also technisch nicht von ande-

---

71 Eine eigenständige Nutzungsart zu Recht ablehnend *Wiebe*, in: Spindler/Schuster, § 69c, Rn. 35 f.; anders jetzt BGH, Urt. v. 11.12.2014 – I ZR 8/13 (UsedSoft III), GRUR 2015, 772, 776 [38]; s. a. BGH, Urt. v. 11.10.1990 – I ZR 59/89 (Videozweitauswertung), GRUR 1991, 133; OLG Dresden, Urt. v. 20.01.2015 – 14 U 1127/14, MMR 2015, 402; *Apel/Biehler*, ZUM 2015, 339, Anmerkung zu OLG Dresden, Urt. v. 20.01.2014 – 14 U 1127/14.
72 BGH, Urt. v. 24.10.2002 – I ZR 3/00 (CPU-Klausel), GRUR 2003, 416, 418.
73 *Grützmacher*, in: Wandtke/Bullinger, UrhG, § 69c, Rn. 88.
74 BGH, Urt. v. 11.12.2014 – I ZR 8/13 (UsedSoft III), GRUR 2015, 772, 778 [62]; BGH, Urt. v. 06.07.2000 – I ZR 244/97 (OEM), GRUR 2001, 153, 154.

ren Versionen unterscheiden und eine wirtschaftliche Eigenständigkeit auch nicht klar erkennbar ist. Der Preis soll jedenfalls nicht für eine eigene Nutzungsart ausschlaggebend sein.[75] Es ist daher richtig, den Vertrieb dieser Versionen nicht als eigene Nutzungsart anzusehen.[76]

Wird die Software in einem **Netzwerk** eingesetzt, ist dies eine eigenständige Nutzungsart im Rahmen des unbenannten Verwertungsrechts „Netzwerknutzung".[77] 346

2. Schuldrechtliche Beschränkungen

Schuldrechtliche Beschränkungen begegnen keinen Bedenken, wenn sie bei vorformulierten Klauseln den **Anforderungen der AGB-Kontrolle** standhalten.[78] So ist es beispielsweise möglich, den Einsatz der Software aus Gründen der Qualitätssicherung nur in einer **bestimmten Hardwareumgebung** zu vereinbaren. Urheberrechtlich wäre dies nicht abbildbar. Die Vereinbarung, die Software nicht oder nur an bestimmte Personen weiterzugeben, ist AGB-rechtlich nach § 307 Abs. 2 Nr. 1 BGB grundsätzlich unangemessen, weil so der Erschöpfungsgrundsatz unterlaufen würde. In Individualvereinbarungen wäre eine solche Regelung aber grundsätzlich wirksam.[79] Zulässig ist aber, jedenfalls bei Mietverträgen, in AGB die schuldrechtliche Bindung an einen **Rechner mit einer bestimmten Rechenleistung**.[80] 347

Erfolgt die Überlassung der Software unentgeltlich, kann ein schuldrechtliches **Weitergabeverbot** AGB-rechtlich wirksam sein, weil der unentgeltliche Nutzer weniger schutzwürdig ist als derjenige, der die Software entgeltlich erworben hat. So können Studierende, die die Software über ihre Hochschule ohne eigene Gegenleistung bezogen haben, verpflichtet sein, die Software nicht weiterzugeben. 348

IV. Schranken und gesetzliche Gestattung

Der Rechtsinhaber unterliegt über § 69a Abs. 4 UrhG (nachfolgend dargestellt) grundsätzlich den allgemeinen Schrankenregelungen, von denen jedoch nur die Erlaubnis zu **vorübergehenden Vervielfältigungshandlungen** des § 44a UrhG[81] relevant ist. Die Beschränkung des Rechtsinhabers durch § 53 UrhG hinsichtlich der Privatkopie ist wegen der Sonderregelungen in § 69d Abs. 1 UrhG nicht anwendbar.[82] 349

---

75 BGH, Urt. v. 12.12.1991 – I ZR 165/89 (Taschenbuch-Lizenz), GRUR 1992, 310, 312.
76 Zu Updates: OLG Frankfurt, Urt. v. 12.08.2003 – 11 U 15/03, NJOZ 2004, 874, 880; zu Upgrades LG München I, Urt. v. 01.10.1997 – 21 O 15510/97, CR 1998, 141 f.; *Grützmacher*, in: Wandtke/Bullinger, UrhG, § 69c, Rn. 86.
77 *Grützmacher*, in: Wandtke/Bullinger, UrhG, § 69d, Rn. 10; *Wiebe*, in: Spindler/Schuster, § 69d, Rn. 38; aA. *Dreier*, in: Dreier/Schulze, UrhG, § 69c, Rn. 35.
78 Hierzu allgemein s. Kap. 4, Rn. 80 ff.
79 *Grützmacher*, in: Wandtke/Bullinger, UrhG, § 69c, Rn. 92.
80 BGH, Urt. v. 24.10.2002 – I ZR 3/00 (CPU-Klausel), GRUR 2003, 416, 418 f.
81 Hierzu allgemein s. Kap. 3, Rn. 741 f.
82 Vgl. *Dreyer*, in: Dreyer/Kotthoff/Meckel, UrhG, § 53, Rn. 138; *Lüft*, in: Wandtke/Bullinger, UrhG, § 53, Rn. 14; *Kaboth*, in: Ahlberg/Götting, BeckOK UrhG, § 69d, Rn. 1 f.

1. Mindestrechte zur Nutzung

350 Die für das Softwareurheberrecht **bedeutendste Schrankenregelung** enthält § 69d Abs. 1 UrhG der unter bestimmten Voraussetzungen **Vervielfältigungen** nach § 69c Nr. 1 UrhG und **Umarbeitungen** nach § 69c Nr. 2 UrhG gestattet.

351 Die Bestimmung muss als **misslungen** bezeichnet werden. Dem Wortlaut nach regelt sie, dass der zur Verwendung der Software Berechtigte zur Verwendung berechtigt ist. Verkürzt gesagt werden hier Tatbestand und Rechtsfolge gleichgesetzt. Der unklaren Regelung entsprechend umstritten ist die dogmatische Grundlage der Norm. Dabei liegt der Fokus der Betrachtung auf der Ausnahme zum Zustimmungsvorbehalt für die Vervielfältigung von Computerprogrammen. Die dogmatische Grundlage für die Berechtigung zur Fehlerbeseitigung wird nicht diskutiert.

352 Im Wesentlichen werden die Ansichten vertreten, dass es sich um eine Ausprägung des Übertragungszweckgedankens aus § 31 Abs. 5 UrhG,[83] eine gesetzliche Lizenz[84] oder eine Mischform[85] handelt. Jeder dieser Standpunkte hat Vor- und Nachteile, die an dieser Stelle nicht vertieft behandelt werden sollen, weil die Rechtsprechung bereits unabhängig von der dogmatischen Grundlage maßgebliche Leitlinien zur Anwendung der Vorschrift geschaffen hat. Im Ergebnis läuft das derzeitige Verständnis der Vorschrift auf die Übertragung des im allgemeinen Urheberrecht geltenden Grundsatzes der **Urheberrechtsfreiheit des Werkgenusses** auf das Softwareurheberrecht hinaus.[86] Das ist sachgerecht und führt zur Angleichung der urheberrechtlichen Zulässigkeit der Nutzung mit anderen Werken.

353 Für die Anwendung der Norm ist darauf hinzuweisen, dass die im Wortlaut enthaltene Möglichkeit zur Beschränkung der Nutzungsberechtigung nur dann greift, wenn dem Berechtigten ein **Minimum an Nutzungsbefugnis** verbleibt. Die Bestimmung enthält einen **vertraglich nicht abdingbaren zwingenden Kern**.[87] Entgegen dem Wortlaut der Bestimmung ist es nicht zulässig, durch „besondere vertragliche Bestimmungen" zu regeln, dass der Berechtigte bestimmte Handlungen nicht vornehmen kann, wenn dies zur bestimmungsgemäßen Nutzung der Software notwendig ist. Da der nach § 69d Abs. 1 UrhG Berechtigte die Software sowieso nur bestimmungsgemäß nutzen darf, ist es schwer vorstellbar, dass es Handlungen gibt, die dazu nicht notwendig sind.

---

83 So *Wiebe*, Spindler/Schuster, § 69d, Rn. 4; wohl auch *Kotthoff*, in: Dreyer/Kotthoff/Meckel, UrhG, § 69d, Rn. 1, eine gesetzliche Schranke nimmt an *Loewenheim*, in: Schricker/Loewenheim, UrhG, § 69d, Rn. 1; *Kaboth*, in: Ahlberg/Götting, BeckOK UrhG, § 69d, Rn. 1.
84 FG Köln, Urt. v. 29.09.2000 – 7 K 1119/99, CR 2001, 300.
85 So *Czychowski*, in: Fromm/Nordemann, UrhG, § 69d, Rn. 4; *Dreier*, in: Dreier/Schulze, UrhG, § 69d, Rn. 2.
86 So auch *Lehmann*, in: Lehmann/Meents, Kap. 3, Rn. 75.
87 BGH, Urt. v. 24.02.2000 – I ZR 141/97 (Programmfehlerbeseitigung), GRUR 2000, 866, 868; BGH, Urt. v. 24.10.2002 – I ZR 3/00 (CPU-Klausel), GRUR 2003, 416, 419.

a) Vervielfältigung

Die Vorschrift erlaubt es dem Berechtigten, die zur Nutzung notwendigen Vervielfältigungen vorzunehmen. **Berechtigter** ist, wer die Software ohne Verstoß gegen das Verbreitungsrecht erlangt hat.[88] Unzutreffend ist dagegen die Auffassung, dass berechtigter Nutzer nur derjenige ist, der ein Nutzungsrecht erworben hat.[89] Auch wer nicht über ein vertragliches, vom Rechtsinhaber herrührendes Nutzungsrecht verfügt, kann seine Befugnis zur Nutzung aus § 69d Abs. 1 UrhG herleiten.[90] Eine vom Rechtsinhaber abgeleitete Nutzungsbefugnis ist somit nicht erforderlich, um als Berechtigter zu gelten.

354

Die Berechtigung besteht allerdings nur, wenn alle Vor-Nutzer in der Weitergabekette die Software **auf ihren Rechnern gelöscht** haben.[91] In der Folge ist auch derjenige Berechtigter, der einen Datenträger findet, sofern das Verbreitungsrecht daran erloschen ist.

355

Dem Berechtigten steht die **bestimmungsgemäße Benutzung** des Computerprogramms zu. Was die bestimmungsgemäße Nutzung des Computerprogramms ist, ergibt sich nach Auffassung des BGH aus dem zwischen dem Rechtsinhaber und dem Ersterwerber geschlossenen Lizenzvertrag.[92] Allerdings regeln Bestimmungen eines Lizenzvertrages, die den Einsatz der Software auf einen bestimmten Nutzerkreis oder einen bestimmten Verwendungszweck eingrenzen und damit die infolge der Erschöpfung des Verbreitungsrechts eingetretene freie Verkehrsfähigkeit des Computerprogramms beschränken, nicht die bestimmungsgemäße Nutzung des Computerprogramms im Sinne von § 69d Abs. 1 UrhG, wenn dadurch die Verkehrsfähigkeit beschränkt wird.[93] Der Ansicht des BGH ist nur im Ansatz zuzustimmen. Bei Umsetzung des Gedankens des urheberrechtsfreien Werkgenusses kann es nicht auf die für den Zweiterwerber nicht erkennbaren Vereinbarungen zwischen Rechtsinhaber und Ersterwerber ankommen. Dadurch würde die Verkehrsfähigkeit unangemessen eingeschränkt. Jedenfalls ist durch die UsedSoft-III-Entscheidung die Ansicht des OLG München[94] überholt, der Erwerber habe im jeweiligen Einzelfall sicherzustellen, dass der Nacherwerber die

356

---

88 BGH, Urt. v. 11.12.2014 – I ZR 8/13 (UsedSoft III), GRUR 2015, 772, 777 [56].
89 So aber *Frank/Schulz*, in: Berger/Wündisch, UrhR, § 22, Rn. 26; *Kaboth*, in: Ahlberg/Götting, BeckOK UrhG, § 69d, Rn. 4.
90 BGH, Urt. v. 11.12.2014 – I ZR 8/13 (UsedSoft III), GRUR 2015, 772, 778 [60]; *Dreier*, in: Dreier/Schulze, UrhG, § 69d, Rn. 6; *Czychowski*, in: Fromm/Nordemann, UrhG, § 69c, Rn. 10; *Grützmacher*, in: Wandtke/Bullinger, UrhG, § 69d, Rn. 24 ff.
91 BGH, Urt. v. 11.12.2014 – I ZR 8/13 (UsedSoft III), GRUR 2015, 772, 775 [27].
92 BGH, Urt. v. 11.12.2014 – I ZR 8/13 (UsedSoft III), GRUR 2015, 772, 778 [60]; BGH, Urt. v. 17.07.2013 – I ZR 129/08 (UsedSoft II), GRUR 2014, 264 [68]; OLG Düsseldorf, Urt. v. 27.03.1997 – 20 U 51/96, CR 1997, 337 339; *Dreier*, in: Dreier/Schulze, UrhG, § 69d, Rn. 7.
93 BGH, Urt. v. 11.12.2014 – I ZR 8/13 (UsedSoft III), GRUR 2015, 772, 778 [62]; BGH, Urt. v. 17.07.2013 – I ZR 129/08 (UsedSoft II), GRUR 2014, 264 [32].
94 OLG München, Beschl. v. 02.03.2015 – 6 U 2759/07 (UsedSoft), MMR 2015, 397, 400.

Programmkopie nur in dem dem Ersterwerber vertraglich gestatteten – bestimmungsgemäßen – Umfang nutzt.

357 Ungeklärt ist aber, wie der Gedanke der **Verkehrsfähigkeit** und die zwischen Rechtsinhaber und Ersterwerber vereinbarte Nutzungsbefugnis in Einklang gebracht werden kann. Die Nutzungsbefugnis des Ersterwerbers ist für Zweit- und Dritterwerber nicht erkennbar. Zudem sind die rechtlichen **Anforderungen an eine wirksame Nutzungsrechtevereinbarung** so hoch, dass sie in der Praxis nur selten erfüllt werden und in der Folge der Übertragungszweckgrundsatz aus § 31 Abs. 5 UrhG greift. Der dann maßgebliche Zweck des zwischen Rechtsinhaber und Ersterwerber geschlossenen Vertrages ist den weiteren Erwerbern aber ebenfalls nicht erkennbar. Richtig dürfte daher sein, das Risiko der Erkennbarkeit der Nutzungsbefugnisse des Ersterwerbers dem Rechtsinhaber zuzuweisen und den Umfang der Berechtigung aus Sicht des Anwenders nach § 69d Abs. 1 UrhG objektiv unter Berücksichtigung der Verkehrsauffassung zu bestimmen.

b) Fehlerbeseitigung

358 Von der bestimmungsgemäßen Benutzung erfasst ist auch die Berichtigung von Fehlern. Wie der **Fehlerbegriff** inhaltlich zu bestimmen ist, ist unklar. Im Zweifel dürfte entsprechend §§ 434 Abs. 1 S. 2 Nr. 2 BGB bzw. § 633 Abs. 2 S. 2 Nr. 2 BGB auf die **übliche Beschaffenheit** abzustellen sein, jedoch ohne dass es für das Vorliegen des Fehlers auf einen bestimmten Zeitpunkt ankommt oder der Fehler dem Hersteller zuzurechnen sein muss. Verbesserungen und Erweiterungen fallen nicht unter den Fehlerbegriff.[95]

359 Die Fehlerbeseitigung setzt regelmäßig einen **Eingriff in den Quellcode** voraus, der damit ebenfalls durch § 69d Abs. 1 UrhG gerechtfertigt ist. In der Praxis dürfte die Rechtsposition des Anwenders allerdings dadurch weit gehend entwertet werden, dass er regelmäßig **nicht über den Quellcode verfügt** und damit auch nicht in der Lage ist, die Software zu ändern. Ob der Anwender durch § 69d Abs. 1 UrhG befugt wird, die Software zum Zwecke der Fehlerberichtigung zu dekompilieren, also aus dem Maschinencode den Quellcode abzuleiten (was selten ohne Weiteres möglich ist), ist umstritten. Gegen eine Befugnis wird auf die abschließende Regelung zur **Dekompilierung** in § 69e UrhG verwiesen.[96] Richtig dürfte es sein, eine solche Befugnis anzunehmen,[97] weil anderenfalls die Vorschrift ohne praktischen Anwendungsbereich wäre. Denn der Nutzer, der über den Quellcode verfügt, hat regelmäßig auch das vom Rechtsinhaber abgeleitete Recht zur Umarbeitung und darf Fehler aufgrund dieser Berechtigung beseitigen. Derjenige, der die Berechtigung und damit den Quellcode nicht hat, muss die Software dekompilieren.

---

95 Vgl. *Kaboth*, in: Ahlberg/Götting, BeckOK UrhG, § 69d, Rn. 7.
96 *Grützmacher*, in: Wandtke/Bullinger, UrhG, § 69d, Rn. 22; *Loewenheim*, in: Schricker-Loewenheim, § 69d, Rn. 3; *Dreier*, in: Dreier/Schulze, UrhG, § 69d, Rn. 10.
97 So auch *Kotthoff*, in: Dreyer/Kotthoff/Meckel, UrhG, § 69d, Rn. 7; *Lehmann*, in: Lehmann/Meents, Kap. 3, Rn. 76; *Hoeren/Schuhmacher*, CR 2000, 137, 140.

Zudem ist die Befugnis **auf das Notwendige** beschränkt, was dahingehend zu verstehen ist, dass kein Recht zur Fehlerbeseitigung besteht, wenn eine **entgeltliche Fehlerbeseitigung** zu angemessenen Konditionen zu erlangen ist.[98] Auch darf die Dekompilierung durch den Anwender nicht weiter gehen als erforderlich. Die Berechtigung zur Fehlerbeseitigung gehört zu den Kernbefugnissen des Anwenders und kann vertraglich nicht abbedungen werden, auch dann nicht, wenn der Fehler durch einen Dritten beseitigt werden soll.[99]

360

2. Sicherungskopien

Nach § 69d Abs. 2 UrhG ist der zur Benutzung Berechtigte befugt, **eine Sicherungskopie** zu erstellen, wenn dies zur Sicherung der künftigen Benutzung erforderlich ist. Damit soll der Benutzer in die Lage versetzt werden, die Software dauerhaft nutzen zu können, selbst wenn der Original-Datenträger beschädigt oder untergegangen ist.

361

Das Recht zur Erstellung einer solchen Sicherungskopie kann **vertraglich nicht ausgeschlossen** werden. Entgegenstehende Vereinbarungen sind nach § 69g Abs. 2 UrhG unwirksam. Ist die Software mit einem **Kopierschutz** versehen, ist umstritten, ob der Anwender diesen Kopierschutz umgehen darf.[100] Dem Anwender kann die Befugnis zur Erstellung einer Sicherungskopie nicht mit dem Argument abgesprochen werden, der Softwareanbieter würde bei Bedarf einen Datenträger oder einen Download der Software zur Verfügung stellen. Denn dadurch würde der Anwender von der Bereitschaft und Fähigkeit des Anbieters abhängig, eine Kopie der Software zur Verfügung zu stellen. Auch hätte der Anwender keinen Einfluss auf den Zeitpunkt einer solchen Lieferung.[101] Die Gestattung zum Erstellen einer Sicherungskopie bezieht sich auch nicht nur auf eine Kopie des Datenträgers, sondern auch auf eine Kopie der installierten Software, beispielsweise bei einer **Sicherung des IT-Systems**.[102]

362

Zum Teil wird der Kreis der zur Anfertigung einer Sicherungskopie **Berechtigten** enger gezogen als in Abs. 1 der Vorschrift und verlangt, dass der die Sicherungskopie Anfertigende seine Befugnis vom Rechtsinhaber ableitet und nicht lediglich

363

---

98 *Lehmann*, in: Lehmann/Meents, Kap. 3, Rn. 76. Der BGH hat dies in einem obiter dictum jedoch nicht zur Voraussetzung gemacht, vgl. BGH, Urt. v. 24.02.2000 – I ZR 141/97 (Programmfehlerbeseitigung), GRUR 2000, 866, 868.
99 Vgl. BGH, Urt. v. 24.02.2000 – I ZR 141/97 (Programmfehlerbeseitigung), GRUR 2000, 866, 868.
100 Dafür *Kaboth*, in: Ahlberg/Götting, BeckOK UrhG, § 69f, Rn. 4; *Kreutzer*, CR 2006, 804, 807; wohl auch *Grützmacher*, in: Wandtke/Bullinger, UrhG, § 69f, Rn. 7; auf einen Beseitigungsanspruch gegen den Rechtsinhaber verweist den Anwender *Kotthoff*, in: Dreyer/Kotthoff/Meckel, UrhG, § 69d, Rn. 18; wohl auch *Czychowski*, in: Fromm/Nordemann, UrhG, § 69f, Rn. 8.
101 *Grützmacher*, in: Wandtke/Bullinger, UrhG, § 69d, Rn. 54; aA *Dreier*, in: Dreier/Schulze, UrhG, § 69d, Rn. 16.
102 *Diedrich*, CR 2012, 69 ff.

über Abs. 1 berechtigt ist.[103] Das ist aber mit dem Verständnis des bestimmungsgemäßen Gebrauchs nach § 69d Abs. 1 UrhG nicht vereinbar. Der Rechtsinhaber muss diesen Gebrauch dulden, gleich, ob aufgrund des Besitzes eines Originaldatenträgers oder einer Sicherungskopie. Beides ist rechtlich gleichwertig.

364 Installiert der Anwender die Software über die Sicherungskopie, so ist er hierzu berechtigt, wenn er eine entsprechende Gestattung durch den Rechtsinhaber hat oder § 69d Abs. 1 UrhG eingreift. Darauf, dass der **Originaldatenträger** tatsächlich unbrauchbar oder eventuell nur unauffindbar ist, kommt es nicht an. Allerdings sind er und jeder Rechtsnachfolger dann nicht mehr berechtigt, den wiederaufgefundenen Original-Datenträger für weitere Installationen zu nutzen.

365 Obwohl sich an der Sicherungskopie das Verbreitungsrecht nach § 69c Nr. 3 UrhG nicht erschöpft haben kann, weil diese Kopie nicht mit Zustimmung des Rechtsinhabers in den Verkehr gebracht wurde, ist der Anwender **berechtigt**, die **Sicherungskopie weiterzugeben**. Denn die Sicherungskopie soll an die Stelle des Originaldatenträgers treten, um dem Anwender die Nutzungsmöglichkeit der Software und damit auch deren Wert zu erhalten. In der Folge muss die Weitergabe aus § 69d Abs. 2 UrhG heraus möglich sein.[104] Der Erwerber der Sicherungskopie ist aber nur dann berechtigt, die Software einzusetzen, wenn der Originaldatenträger zerstört oder unauffindbar ist. Hier muss das gleiche gelten wie bei der Weitergabe heruntergeladener Software.[105]

3. Schnittstellen

366 Software muss in der Regel mit anderer Software (zB. einem Betriebssystem) interagieren können, um nutzbar zu sein. Diese **Interoperabilität** der Programme wird durch Schnittstellen (Interfaces) hergestellt. Schnittstellen sind urheberrechtlich dann geschützt, wenn sie nach allgemeinen Kriterien eine eigene geistige Schöpfung darstellen. Da Schnittstellen aufgrund ihrer vorgegebenen funktionalen Anforderungen, eine Interoperabilität zwischen Programmen herzustellen, wenig Gestaltungsspielraum lassen, ist der **urheberrechtliche Schutz oft** fraglich.[106]

367 Der Quellcode von Schnittstellen ist **bei proprietärer Software** regelmäßig nicht zugänglich, was zu einem Ausschluss der Anbindungsmöglichkeit an eine Software führen und den Wettbewerb auf dem Softwaremarkt beeinträchtigen oder sogar ausschließen könnte. Ein Weg, ohne Mitwirkung des Herstellers der anderen Software eine Anbindung an die Schnittstelle zu programmieren, ist die **Dekompilierung** der anderen Software. Das kann wegen der erforderlichen Umarbeitung rechtlich unzulässig sein, wenn die Schnittstelle urheberrechtlich geschützt ist. Zudem kann der maßgebliche Quellcode – wenn überhaupt – nur mit erheblichen Unschärfen in einem Programm identifiziert werden, was wiederum mit der **Ge-**

---

103 *Dreier*, in: Dreier/Schulze, UrhG, § 69d, Rn. 14.
104 So wohl auch BGH, Urt. v. 06.10.2011 – I ZR 6/10 (Echtheitszertifikat), GRUR 2012, 392, 394, Rn. 25.
105 Vgl. BGH, Urt. v. 11.12.2014 – I ZR 8/13 (UsedSoft III), GRUR 2015, 772, 775 [33].
106 *Kaboth*, in: Ahlberg/Götting, BeckOK UrhG, § 69a, Rn. 11; *Marly*, Rn. 101 f.

fahr der **übermäßigen Dekompilierung** geschützter Programmteile verbunden ist.

Der Richtliniengeber wollte aus marktpolitischen Gründen die Interoperabilität fördern und hat daher die Dekompilierung unter bestimmten, in § 69e Abs. 1 UrhG definierten Umständen gestattet. Die praktische Relevanz dieser Vorschrift ist gering. Die Software-Hersteller bieten regelmäßig Informationen zu den Schnittstellen ihrer Software an, so dass eine **Dekompilierung nicht erforderlich** ist. Es ist für die Hersteller kaum möglich, die Dekompilierung zu verhindern und nachzuweisen.[107] Falls sie doch geschieht, schränkt Abs. 2 der Norm die Verwendung der aus der Dekompilierung gewonnenen Erkenntnisse ein. Eine von den gesetzlichen Bestimmungen nachteilig abweichende Vereinbarung ist nach § 69g Abs. 2 UrhG nichtig. 368

Einige Stimmen in der Literatur wollen § 69e UrhG auch auf die Herstellung der **Interoperabilität von Hardware** anwenden.[108] Das ist aber nur scheinbar ein Streitpunkt, weil es bei der Interoperabilität von Hardware auch wiederum nur um dort eingesetzte Software geht.[109] 369

4. Experimentierklausel

Die „Experimentierklausel" in § 69d Abs. 3 UrhG erlaubt das, was ohnehin nicht verboten werden kann, weil **Ideen und Grundsätze** urheberrechtlich ungeschützt sind.[110] 370

V. Software in der Insolvenz

Wie sich die **Insolvenz des Softwareherstellers** auf die Nutzungsbefugnis des Anwenders auswirkt, hat die Rechtsprechung bisher nur in Einzelfällen beschäftigt, während die Literatur dieses Thema ausgiebig behandelt hat. Die Auswirkungen einer Insolvenz auf die urheberrechtlichen Befugnisse werden an anderer Stelle eingehender behandelt.[111] Hier soll nur auf einige für die Nutzung von Software wesentliche Aspekte eingegangen werden. 371

Die **Eröffnung des Insolvenzverfahrens** führt nicht per se zur Beendigung von Nutzungsrechtsvereinbarungen. Nach § 103 InsO hat der Insolvenzverwalter jedoch ein **Wahlrecht** mit dem Inhalt, dass er die Erfüllung beidseitig noch nicht vollständig erfüllter Verträge verweigern kann. Das würde aber noch ohne Auswirkungen auf Lizenzvereinbarungen sein, weil die **schuldrechtlichen Verträge** nicht entfallen und daher – bei Ablehnung des Abstraktionsprinzips – auch die Lizenz nicht.[112] Erst, wenn der schuldrechtliche Vertrag durch Kündigung, Rücktritt 372

---

107 *Dreier*, in: Dreier/Schulze, UrhG, § 69e, Rn. 7.
108 So etwa *Dreier*, in: Dreier/Schulze, UrhG, § 69e, Rn. 11; *Marly*, Rn. 265 f.; gegen eine Anwendung auf Hardware *Grützmacher*, in: Wandtke/Bullinger, UrhG, § 69e, Rn. 27.
109 *Dreier*, in: Dreier/Schulze, UrhG, § 69e, Rn. 11.
110 *Marly*, Rn. 240.
111 Siehe Kap. 8, Rn. 101 ff.
112 Anders LG Mannheim, Urt. v. 27.06.2003 – 7 O 127/03, CR 2004, 811, mit kritischer Anmerkung *Grützmacher*.

oder ähnliche rechtsgestaltende Maßnahmen entfiele, würde das nach dem Kausalitätsprinzip auf die urheberrechtliche Situation durchschlagen. Der Lizenzvertrag würde auch entfallen, wenn der Lizenzgeber ohne Rechtsnachfolger aufhört zu existieren, zB. bei einer Beendigung infolge einer Insolvenz. Bei einer Lizenzierung auf zweiter oder weiterer Stufe, würde jedoch nach der jüngeren BGH-Rechtsprechung der Sukzessionsschutz greifen.[113]

373 **Entfällt die Lizenzierung**, steht dem Anwender § 69d Abs. 1 UrhG zur Seite. Da er ursprünglich durch eine Lizenz zur Nutzung berechtigt war und die Software nicht durch Verstoß gegen das Verbreitungsrecht erlangt hat, steht ihm der bestimmungsgemäße **Gebrauch auch ohne Zustimmung des Rechtsinhabers** zu.[114]

374 Der BGH hat bestätigt, dass Nutzungsrechte unter bestimmten Voraussetzungen **aufschiebend bedingt** in dem Fall übertragen werden können, dass über das Vermögen des Rechtsinhabers das Insolvenzverfahren eröffnet wird. Das eröffnet dem Lizenznehmer die Möglichkeit, sich schon **vor Insolvenzeröffnung abzusichern**, um die vorstehend genannten Problemfälle zu vermeiden und die eigene Rechtssituation abzusichern oder zu verstärken. Es müssen dazu nach Ansicht des BGH folgende Voraussetzungen gegeben sein:[115]

– Das zu übertragende Recht muss bereits **vor Insolvenzeröffnung entstanden** sein,
– das **Kündigungsrecht** muss beiden Parteien zustehen und
– es darf **nicht allein auf den Fall der Kündigung** anlässlich der Insolvenz eines Vertragspartners **ausgerichtet** sein.

375 In dem entschiedenen Fall hatte der Insolvenzverwalter die Fortsetzung eines Pflegevertrages gemäß § 103 InsO verweigert. Dies nahm die Lizenznehmerin zum Anlass, den Vertrag gemäß der Vereinbarung aus wichtigem Grund fristlos zu kündigen, wodurch als Rechtsfolge der Quellcode und Nutzungsrechte auf die Lizenznehmerin übergingen. Der BGH hielt dies für wirksam und sah darin auch **keine Umgehung des Wahlrechts des Insolvenzverwalters gem. § 103 InsO**. Obwohl die Lizenznehmerin nun gerade wegen der Erfüllungsverweigerung des Verwalters mehr an Rechten bekommen hat – nämlich die unbefristeten Nutzungsrechte und den Quellcode – als sie zuvor bei Erfüllung des Vertrages beanspruchen konnte, sah der BGH dies durch die insolvenzrechtlichen Regelungen als gerechtfertigt an. Für die Praxis wird aber darauf zu achten sein, dass nicht jede aufschiebend bedingte Übertragung von Nutzungsrechten insolvenzrechtlich wirksam ist. Neben der angreifbaren Begründung des BGH zur Nichtanwendbarkeit des § 119 InsO (Unwirksamkeit der hinsichtlich des Wahlrechts abweichender Vereinbarungen) ist auch die Möglichkeit der Insolvenzanfechtungen nach den §§ 129 ff. InsO in Betracht zu ziehen.

---

113 BGH, Urt. v. 19.07.2012 – I ZR 70/10 (M2Trade), GRUR 2012, 916, 918 [23], m.w.N.
114 Siehe oben, Rn. 350 ff.
115 BGH, Urt. v. 17.11.2005 – IX ZR 162/04 (Softwarenutzungsrecht), GRUR 2006, 435; hierzu kritisch *Koehler/Ludwig*, NZI 2007, 79.

Ein Sonderfall stellt **in Hardware eingebundene Software** (embedded Software) 376
dar. Sie kann ohne die Hardware nicht verwertet werden und wird in ihrer wirtschaftlichen Verwertung durch die Hardware überlagert, wie etwa die in Autos eingesetzte Software zeigt. Das rechtfertigt es, embedded Software in der Insolvenz des Hardware-Eigentümers nach den **für Sachen geltenden Bestimmungen** zu behandeln.

Randnummern 377–399 einstweilen frei.

E. Rechtsverletzungen

I. Vernichtungsanspruch

400 Das Softwareurheberrecht beinhaltet in § 69f Abs. 1 UrhG eine **Sonderregelung** zu § 98 UrhG.[1] Im Gegensatz zu der allgemeinen Regelung, bei der der Anspruchsgegner Verletzer des Urheberrechts sein muss, gewährt § 69f Abs. 1 UrhG dem Rechtsinhaber einen Vernichtungsanspruch **gegen jeden Eigentümer oder Besitzer** eines rechtswidrig hergestellten, verbreiteten oder zur rechtswidrigen Verbreitung bestimmten Vervielfältigungsstücks. Durch Verweis auf § 98 Abs. 3 UrhG kann der Rechtsinhaber auch Überlassung der Vervielfältigungsstücke gegen eine angemessene Vergütung verlangen. Schließlich hat der Rechtsinhaber die Ansprüche auch gegen die Eigentümer oder Besitzer von Software oder anderen Mitteln, die allein dazu bestimmt sind, die unerlaubte Beseitigung oder Umgehung technischer Programmschutzmechanismen zu erleichtern.[2] Der Gesetzgeber hat den Anspruch **verschuldensunabhängig** ausgestaltet. Hat der Anspruchsgegner das Eigentum oder den Besitz erlangt, ohne die Urheberrechtsverletzung zu vertreten zu haben, kann er nach richtiger Ansicht in analoger Anwendung des § 100 UrhG den Rechtsinhaber in Geld entschädigen.[3]

II. Besichtigungsansprüche

401 Der **Nachweis einer unzulässigen Übernahme** von Software fällt dem Rechtsinhaber regelmäßig deswegen besonders schwer, weil die angegriffene Software üblicherweise nur im Maschinencode vertrieben wird. Insofern kann sich der Rechtsinhaber nur an den urheberrechtlich nicht geschützten Funktionalitäten der Software orientieren. Für den Nachweis der Rechtsverletzung bedarf es des **Einblicks in den Quellcode**.[4] Einen entsprechenden Anspruch vermittelt unter strengen Voraussetzungen § 101a UrhG,[5] der die in solchen Fällen früher herangezo-

---

1 Nach allgemeiner Ansicht verdrängt § 69f Abs. 1 UrhG als Spezialregelung den Anspruch aus § 98 Abs. 1 UrhG, vgl. *Czychowski*, in: Fromm/Nordemann, UrhG, § 69f, Rn. 2; *Marly*, Rn. 276; vgl. auch Kap. 7, Rn. 62; zum Vernichtungsanspruch allgemein vgl. Kap. 7, Rn. 60.
2 S. a. BGH, Urt. v. 27.11.2014 – I ZR 124/11 (Videospiel-Konsolen II), GRUR 2015, 672, 681 [108]; zu der Problematik der Umgehung eines Kopierschutzes zur Erstellung einer Sicherungskopie siehe oben, Rn. 362.
3 So *Grützmacher*, in: Wandtke/Bullinger, UrhG, § 69f, Rn. 7; *Dreier*, in: Dreier/Schulze, UrhG, § 69f, Rn. 9; dagegen *Czychowski*, in: Fromm/Nordemann, UrhG, § 69f, Rn. 6.
4 Vgl. BGH, Urt. v. 02.05.2002 – I ZR 45/01 (Faxkarte), GRUR 2002, 1046, 1049.
5 Zum Interessenausgleich beim vergleichbaren § 809 BGB vgl. BGH, Urt. v. 02.05.2002 – I ZR 45/01 (Faxkarte), GRUR 2002, 1046, 1049.

genen §§ 809, 810 BGB verdrängt.⁶ Die Einsichtnahme ist auch im Eilverfahren möglich.⁷

Dem Anspruchsteller darf bei dem Verdacht unbefugter Softwarebenutzung jedoch **nicht bereits für die Begründung des Besichtigungsanspruchs** der Nachweis oder die Glaubhaftmachung abverlangt werden, welcher Quelltext bei der von dem mutmaßlichen Verletzer benutzten Software verwendet worden ist.⁸

402

III. Besonderheiten beim Schadensersatz

Der Rechtsinhaber kann bei einer schuldhaften Verletzung seiner Rechte Schadensersatz nach den allgemeinen Regeln verlangen.⁹ In der Praxis wird bei der Verletzung von Rechten an Software regelmäßig die **Lizenzanalogie**¹⁰ gewählt. Hat der Verletzte Preislisten, können diese zugrunde gelegt werden.¹¹ Wer gefälschte OEM-Versionen vertreibt, muss nicht den Preis einer Vollversion, sondern nur den einer OEM-Version als Schadensersatz leisten.¹² Schadensersatz kann auch von einem Geschäftsführer verlangt werden, der Organisationsmaßnahmen zur Verhinderung der Nutzung nicht lizenzierter Software unterlassen hat.¹³

403

IV. Prozessuales

Schwierigkeiten bereitet in Prozessen immer wieder die **genaue Bezeichnung von Software**. Soweit die Parteien von der gleichen Software ausgehen, so dass diese unzweifelhaft feststeht, ist eine Bezugnahme auf den Software-Titel ausreichend.¹⁴ In anderen Fällen muss die streitgegenständliche Software so **individualisierbar** sein, dass die Bezeichnung **Grundlage einer Zwangsvollstreckung** sein kann.¹⁵ Das kann am besten durch die **Vorlage eines Datenträgers** erfolgen,¹⁶ was jedoch bei großvolumiger Software schnell an Grenzen stößt. Die gebotene Individualisierung des Computerprogramms kann (und muss) mit Rücksicht darauf, dass der Inhalt eines Computerprogramms mit Worten oft nicht eindeutig zu beschreiben sein wird, auch durch **Bezugnahme auf Programmausdrucke oder Programmträger** erfolgen.¹⁷ Dazu ist es jedoch nicht ausreichend, wenn auf Anlagen ver-

404

---

6 *Czychowski*, in: Fromm/Nordemann, UrhG, § 101a, Rn. 39; *Kotthoff/Wieczorek*, MMR 2014, 3, 5.
7 OLG Frankfurt, Beschl. v. 17.01.2006 – 11 W 21/05, GRUR-RR 2006, 295, 296.
8 KG, Beschl. v. 17.06.2011 – 24 U 195/10, BeckRS 2012, 09120.
9 Siehe dazu Kap. 7, Rn. 92 ff.
10 Hierzu allgemein s. Kap. 7, Rn. 100 ff.
11 *Marly*, Rn. 302.
12 OLG Düsseldorf, Urt. v. 15.02.2005 – 20 U 126/04, GRUR-RR 2005, 213, 214.
13 OLG Karlsruhe, Urt. v. 23.04.2008 – 6 U 180/06, BeckRS 2009, 13982.
14 BGH, Urt. v. 22.11.2007 – I ZR 12/05 (Planfreigabesystem), GRUR 2008, 357, 359 [22].
15 OLG Frankfurt, Urt. v. 27.01.2015 – 11 U 94/13, GRUR 2015, 784, 786 [24].
16 S. a. OLG Hamburg, Urt. v. 31.10.2013 – 3 U 171/12, GRUR-RR 2014, 121.
17 BGH, Urt. v. 22.11.2007 – I ZR 12/05 (Planfreigabesystem), GRUR 2008, 357 [23].

wiesen wird, die lediglich allgemeine Anforderungen an das zu entwickelnde Programm beschreiben.[18]

Randnummern 405–499 einstweilen frei.

---

[18] BGH, Urt. v. 22.11.2007 – I ZR 12/05 (Planfreigabesystem), GRUR 2008, 357, 359 [25].

F. Digital Rights Management

Digitalisierte Werke werden nach den allgemeinen Regeln urheberrechtlich geschützt.[1] Insbesondere die Vervielfältigung bedarf der Zustimmung des Rechtsinhabers oder einer gesetzlichen Gestattung. Die verlustfreie Kopiermöglichkeit macht digitale Medien indes besonders anfällig für Urheberrechtsverletzungen. Die Rechtsinhaber versuchen die Vervielfältigung durch **Kopierschutzmaßnahmen** zu beschränken. Dabei kann das Kopieren zB. technisch vollständig ausgeschlossen oder auf eine bestimmte Anzahl von Kopien begrenzt werden. Hierfür hat sich die Bezeichnung Digital Rights Management (DRM) etabliert. Solche DRM-Systeme können darauf ausgelegt sein, eine Nutzung digitaler Inhalte technisch **zu verhindern** oder zumindest **zu erschweren**, aber auch, die Kopie eines digitalisierten Guts lediglich **nachweisbar zu machen**, indem in die Datei eine Kennung („Wasserzeichen") eingearbeitet wird.[2] Dabei bedeutet „Digital Rights" nicht, dass überhaupt Rechte an einem Inhalt bestehen müssen. Auch – und gerade – **Inhalte, die rechtlich nicht geschützt sind**, können einem solchen DRM-System unterworfen werden, um den fehlenden rechtlichen Schutz zu kompensieren und auf technischem Wege eine Monopolisierung der Verwertung zu erreichen.

500

I. Grundlagen

Da jede technische Sicherungsmaßnahme mit mehr oder minder großem Aufwand **zu überwinden** ist, wurde mit der Informations-Richtlinie[3] ein rechtlicher Schutz technischer Schutzmechanismen eingeführt. Die Umsetzung erfolgte ab 2003 in den §§ 95a ff. UrhG. Erfasst werden nur technische Maßnahmen zum Schutz von Gegenständen, die urheberrechtlichen Schutz beanspruchen können. Nicht geschützt ist dabei die **Redigitalisierung** der in analoger Form, bei Musik beispielsweise am analogen Ausgang des Verstärkers, abgegriffenen Inhalte. Die Umwandlung eines analogen Signals in ein digitales ist keine Umgehung einer technischen Schutzmaßnahme.[4] Ebenfalls nicht erfasst werden **reine Computerprogramme**, für die § 69f UrhG eine Sonderregelung enthält. Sind mit den Programmen aber akustische und optische Inhalte verbunden, die ihrerseits Urheberrechtsschutz genießen, wie dies typischerweise bei Computerspielen der Fall ist, so unterfallen technische Maßnahmen zum Schutz des Gesamtwerks den §§ 95a ff. UrhG.[5]

501

---

1 Zur Verwertung digitalisierter Werke vgl. Kap. 4, Rn. 127 ff.
2 Vgl. hierzu *Ohst/Wandtke*, in: Wandtke/Bullinger, UrhG, § 95a, Rn. 12 ff.
3 Siehe Kap. 11, Rn. 238 ff.
4 LG Frankfurt am Main, Urt. v. 31.05.2006 – 2-06 O 288/06, MMR 2006, 776; aA *Dreyer*, in: Dreyer/Kotthoff/Meckel, UrhG, § 95a, Rn. 24.
5 BGH, Urt. v. 27.11.2014 – I ZR 124/22 (Videospiel-Konsolen II), GRUR 2015, 672, 675 [40 ff.].

502 Der Schutz nach den §§ 95a ff. UrhG hat auch eine Wirkung auf die **Vergütung der Rechtsinhaber**. Nach den §§ 54a Abs. 1 S. 2 und 54h Abs. 2 UrhG werden Werke mit technischen Schutzmaßnahmen bei der Verteilung der verwertungsgesellschaftspflichtigen Einnahmen nicht berücksichtigt.[6]

II. Schutz technischer Maßnahmen

503 Die Regelung des § 95a UrhG schützt wirksame technische Schutzmaßnahmen, die ihrerseits ein nach dem Urheberrechtsgesetz geschütztes Werk oder einen anderen nach dem Urheberrechtsgesetz geschützten Schutzgegenstand schützen. Derartige Schutzmaßnahmen dürfen ohne Zustimmung des Rechtsinhabers **nicht umgangen** werden, Mittel oder Dienstleistungen zur Umgehung dieser Schutzmaßnahmen dürfen nach § 95a Abs. 3 UrhG nicht in den Verkehr gebracht werden.[7] Der rechtliche Schutz technischer Maßnahmen zur Vermeidung von Urheberrechtsverletzungen ist nur deswegen erforderlich, weil diese **technischen Maßnahmen nicht hinreichend zuverlässig** sind. Wären sie dies, bedürfte es des rechtlichen Schutzes nicht. Völlig unsichere technische Schutzmaßnahmen verdienen dagegen keinen Rechtsschutz. Die Maßnahmen sind auch dann geschützt, wenn sie Handlungen verhindern, zu denen der Nutzer aufgrund einer Urheberrechtsschranke durchaus befugt wäre. So ist es zulässig, die Möglichkeit einer Vervielfältigung digitaler Inhalte zu privaten Zwecken nach § 53 Abs. 1 UrhG (**Privatkopien**)[8] zu verhindern. Für bestimmte Schranken sieht das Gesetz in § 95b UrhG zwar Ausnahmen vor, die private Digitalkopie ist hier aber nicht erfasst. Das hat in der Folge Auswirkungen auf die Vergütung, da die Verwertungsgesellschaften die technisch geschützten Werke nach § 54h Abs. 2 S. 2 UrhG nicht berücksichtigen dürfen.

504 § 95a UrhG ist Schutzgesetz iSd. §§ 823 Abs. 2, 1004 Abs. 1 BGB.[9] Neben den urheberrechtlichen Bestimmungen kann das Zugangskontrolldiensteschutz-Gesetz (ZKDSG) zur Anwendung kommen. Durch das Gesetz werden Rundfunkdarbietungen, **Teledienste und Mediendienste** geschützt, wenn sie über technische Vorrichtungen gegen unbefugte Kenntnisnahme verfügen. Die Bestimmungen zielen vor allem auf verschlüsselte Pay-TV-Angebote.[10]

505 Rechtstatsächlich ist zu beobachten, dass die ursprünglich eingeführten technischen Maßnahmen **im Bereich der Musikindustrie weitgehend wieder aufgehoben** wurden. So gibt es kaum noch Musik-CDs oder MP3-Dateien, die einem Kopierschutz unterliegen. Auch im Bereich der E-Books ist ein entsprechender

---

6 *Schack*, UrhR, Rn. 840; s.a. *Dreyer*, in: Dreyer/Kotthoff/Meckel, UrhG, § 54h, Rn. 7, die im Gegensatz zu *Schack* einen effektiven Schutz der Maßnahmen als Voraussetzung für den Ausschluss der Teilhabe ansieht.
7 BGH, Urt. v. 17.07.2008 – I ZR 219/05 (Clone-CD), GRUR 2008, 996.
8 Hierzu siehe Kap. 3, Rn. 425 ff.
9 BGH, Urt. v. 27.11.2014 – I ZR 124/22 (Videospiel-Konsolen II), GRUR 2015, 672, 675 [39].
10 Dazu *Dreyer*, in: Dreyer/Kotthoff/Meckel, UrhG, Vor §§ 95a ff., Rn. 12 ff.; *Ohst/Wandtke*, in: Wandtke/Bullinger, UrhG, § 95a, Rn. 7.

Wandel feststellbar.[11] Lediglich **DVDs und Blu-rays** weisen nach wie vor einen Kopierschutz auf. Im Bereich des Streaming entwickeln sich DRM-Systeme wie UltraViolet. Nutzer sollen Filme, die sie auf DVD oder Blu-ray erworben haben auf mobilen Geräte betrachten können, ohne dafür den Kopierschutz umgehen zu müssen. Um dies zu ermöglichen halten die Rechteinhaber autorisierten Nutzern die **Filme in einer Cloud** zum Abruf bereit.

Eine technische Maßnahme fällt unter den Begriff der „wirksamen technischen Maßnahmen" wenn sie bezweckt, Handlungen zu verhindern oder zu beschränken, die geschützte Rechte des Betroffenen verletzen.[12] **Technische Maßnahmen** sind nach § 95a Abs. 2 UrhG Technologien, Vorrichtungen und Bestandteile, die im normalen Betrieb dazu bestimmt sind, Handlungen zu verhindern, die geschützte Werke oder andere nach dem Urheberrechtsgesetz geschützte Schutzgegenstände betreffen und die vom Rechtsinhaber nicht genehmigt sind. Dazu zählen beispielsweise Verschlüsselungen, Schreibsperren und Ländercodes.[13] Damit technische Maßnahmen den Schutz vor Umgehung genießen, müssen sie **verhältnismäßig** sein. Das sind sie dann, wenn sie zur Verwirklichung des Zieles, den Rechtsinhaber vor der Verletzung seiner urheberrechtlich geschützten Position zu bewahren geeignet sind und nicht über das hierzu erforderliche Maß hinausgehen.[14] Die Darlegungs- und Beweislast hierfür liegt beim Rechtsinhaber, den Anspruchsgegner trifft jedoch eine sekundäre Darlegungslast für die Gründe der Unverhältnismäßigkeit.[15]

506

Technische Maßnahmen **müssen wirksam sein**. Ein absoluter Schutz vor ungewollten Nutzungen wird nicht verlangt. Die Wirksamkeit ist insbesondere gegeben, soweit der Rechtsinhaber mit Hilfe der Maßnahmen die Nutzung eines geschützten Werkes oder eines anderen nach dem Urheberrechtsgesetz geschützten Gegenstands durch einen Mechanismus kontrolliert, der die Erreichung des Schutzziels sicherstellt. Sichergestellt ist die Erreichung des Schutzziels dann, wenn die Maßnahme den Zugang zur Nutzung beschränkt oder ausschließt.[16] Dabei ist für die Bewertung der Möglichkeit zur Umgehung dieser Maßnahmen auf einen **durchschnittlichen Benutzer** abzustellen.[17] Ist der Schutz nicht wirksam, ist auch eine Umgehung der Schutzmaßnahmen nicht durch die §§ 95a ff. UrhG erfasst. So stellt beispielsweise eine Session-ID, die die Verbindung zu einer Web-

507

---

11 http://www.boersenblatt.net/artikel-wechsel_zu_soft-drm.1018508.html (letzter Abruf: 14.01.2016).
12 BGH, Urt. v. 27.11.2014 – I ZR 124/22 (Videospiel-Konsolen II), GRUR 2015, 672, 676 [47 ff.].
13 Vgl. *Schulz*, GRUR 2006, 470 ff.
14 BGH, Urt. v. 27.11.2014 – I ZR 124/22 (Videospiel-Konsolen II), GRUR 2015, 672, 677 [57].
15 BGH, Urt. v. 27.11.2014 – I ZR 124/22 (Videospiel-Konsolen II), GRUR 2015, 672, 681 [107].
16 *Dreyer*, in: Dreyer/Kotthoff/Meckel, UrhG, § 95a, Rn. 21.
17 OLG Hamburg, Urt. v. 24.06.2009 – 5 U 165/08 (FTA-Receiver), GRUR-RR 2010, 153, 154.

Seite zeitlich begrenzt, um den Server vor einer Überlastung zu schützen, keine wirksame Maßnahme nach § 95a UrhG dar.[18] Lässt sich eine Datei samt Kopierschutz vervielfältigen, so dass die Kopie vom Wiedergabegerät nicht bemerkt wird (1:1 Kopie), liegt keine wirksame Maßnahme vor.[19] Die Wirksamkeit oder Unwirksamkeit einer technischen Maßnahme beeinflusst allerdings in keiner Weise die **Bewertung des Umfangs des urheberrechtlichen Schutzes** eines Werkes nach dem UrhG im Übrigen.[20]

508 In § 95a Abs. 3 UrhG werden in weitem Umfang **Vorbereitungshandlungen** zur Umgehung der technischen Maßnahmen verboten. Der **Besitz** selbst ist jedoch nur insoweit erfasst, wie er gewerblichen Zwecken dient. Der privaten Zwecken dienende Besitz ist dagegen erlaubt.[21] **Werbung** ist dabei bereits das Angebot zum Verkauf auch nur eines einzelnen Gegenstandes, beispielsweise über eine Internet-Plattform.[22] Die Beurteilung, ob Vorrichtungen, Erzeugnisse oder Bestandteile iSd. § 95a Abs. 3 Nr. 3 UrhG „hauptsächlich" zum Zweck der Umgehung technischer Maßnahmen **entworfen oder hergestellt** worden sind, liegt nach Ansicht des BGH weitgehend auf tatsächlichem Gebiet. Es kommt dabei insbesondere darauf an, in welcher Weise diese Vorrichtungen von Dritten tatsächlich verwendet worden sind. Dagegen sind die Absichten des Entwicklers oder Herstellers nicht maßgeblich, sondern vielmehr die objektive Zweckbestimmung, wie sie sich nach der Lebenserfahrung in der tatsächlichen Verwendung der Vorrichtung zeigt.[23] Der Handelnde muss im Zeitpunkt der Umgehung **bösgläubig** gewesen sein. Das ist er dann, wenn ihm bekannt war oder bekannt sein musste, dass die Umgehung erfolgt, um den Zugang zu einem technisch geschützten Werk oder Schutzgegenstand oder dessen Nutzung zu ermöglichen.[24] Ein schuldhaftes Handeln ist für die Verwirklichung des Tatbestandes des § 95a Abs. 3 UrhG nicht erforderlich.[25]

509 Die **Umgehung** technischer Schutzmaßnahmen selbst ist **keine Urheberrechtsverletzung** und löst über die in den §§ 95a ff. UrhG behandelten Folgen und deren Wirkungen als Schutzgesetze hinausgehende urheberrechtliche Ansprüche, insbesondere auf Vernichtung der Umgehungsvorrichtungen, nicht aus.[26] Der Schutz erfolgt über die §§ 823 Abs. 2 und 1004 Abs. 1 BGB.[27] Ein Verstoß gegen

---

18 OLG Hamburg, Urt. v. 20.02.2009 – 5 U 68/07 (Session-ID), CR 2010, 125, 128.
19 *Dreyer*, in: Dreyer/Kotthoff/Meckel, UrhG, § 95a, Rn. 24.
20 BGH, Urt. v. 29.04.2010 – I ZR 39/08 (Session-ID), GRUR 2011, 56, 58 [28].
21 BGH, Urt. v. 17.07.2008 – I ZR 219/05 (Clone-CD), GRUR 2008, 996, 997 [22].
22 BGH, Urt. v. 17.07.2008 – I ZR 219/05 (Clone-CD), GRUR 2008, 996, 998 [23].
23 BGH, Urt. v. 27.11.2014 – I ZR 124/22 (Videospiel-Konsolen II), GRUR 2015, 672, 676 [51 ff.].
24 *Dreyer*, in: Dreyer/Kotthoff/Meckel, UrhG, § 95a, Rn. 30.
25 BGH, Urt. v. 17.07.2008 – I ZR 219/05 (Clone-CD), GRUR 2008, 996, 998 [25 ff.].
26 BGH, Urt. v. 27.11.2014 – I ZR 124/22 (Videospiel-Konsolen II), GRUR 2015, 672, 678 [68].
27 BGH, Urt. v. 27.11.2014 – I ZR 124/22 (Videospiel-Konsolen II), GRUR 2015, 672, 675 [39].

das Verbot des § 95a UrhG ist nach § 108b UrhG mit Strafe bewehrt.[28] Ausgenommen sind lediglich Handlungen zum eigenen privaten Gebrauch oder zu Gunsten der mit dem Handelnden persönlich verbundenen Personen.

III. Beschränkung des Werkgenusses

Eine erst im Zusammenhang mit der Digitalisierung aufgekommene Frage ist die, ob es sein soll, dass auch der **Werkgenuss reglementiert** werden kann. Ursprünglich hatte der Rechtsinhaber bei analogen Werken keine Handhabe, den Werkgenuss zu unterbinden. Das Lesen eines Buches, das Hören einer Schallplatte und das Anschauen eines Bildes oder eines Films waren **urheberrechtsfrei**. Das Gesetz sah in § 15 UrhG keinen Schutz zugunsten des Urhebers vor, den Werkgenuss unterbinden zu können.[29] Durch die Digitalisierung ist das zum einen rechtlich anders, wenn der Werkgenuss eine Vervielfältigung erfordert.[30] Das ist regelmäßig bei Software, in gewissem, wenn auch häufig kurzzeitigen Umfang, aber auch beim Streaming von Videos und Musik zur Überbrückung von Leitungsstörungen („Buffering") oder der Verarbeitung in einem Wiedergabegerät der Fall. DRM-Systeme können diese Rechtsposition technisch absichern. Es kommt aber hinzu, dass DRM-Systeme zum anderen den Werkgenuss auch dann unterbinden können, wenn keine urheberrechtlichen Befugnisse berührt sind, weil eine Vervielfältigung nicht erfolgt oder Schranken, die diesen Werkgenuss ermöglichen sollen, von Schutzmaßnahmen nicht befreit sind. Dann kann der urheberrechtsfreie Werkgenuss **durch DRM-Systeme ausgehebelt** werden.[31] Darüber hinaus kann natürlich durch DRM-Systeme die Nutzung urheberrechtsfreier Werke beschränkt werden. Solche Systeme genießen jedoch keinen Umgehungsschutz nach den §§ 95a ff. UrhG.

510

Ob der **freie Werkgenuss** auch unter den Bedingungen der Digitalisierung von Werken **gewährleistet bleiben muss**, ist umstritten.[32] Richtigerweise ist dies zu bejahen. Zum einen begründet sich dies mit der ursprünglichen gesetzgeberischen Intention, wonach es nicht möglich ist, das Vervielfältigungs- und Verbreitungsrecht dahingehend einzuschränken, dass rechtmäßig hergestellte und verbreitete Vervielfältigungsstücke nur in bestimmter Weise benutzt werden dürfen. Die Verwendung rechtmäßig hergestellter und verbreiteter Vervielfältigungsstücke soll nicht überwacht werden dürfen.[33] Zum anderen besteht unter Berücksichtigung der nach § 11 UrhG schutzwürdigen Urheberinteressen hierzu auch keine Notwendigkeit. Der Urheber hat regelmäßig die Möglichkeit, **im Vorfeld**

511

---

28 Hierzu Kap. 7, Rn. 209.
29 BGH, Urt. v. 04.10.1990 – I ZR 139/89 (Betriebssystem), GRUR 1991, 449, 453.
30 *Rehbinder/Peukert*, UrhR, Rn. 437.
31 Dazu *Rehbinder/Peukert*, UrhR, Rn. 1246.
32 Dafür wohl *Schulze*, in: Dreier/Schulze, UrhG, § 15, Rn. 20; s. a. *Schulze*, NJW 2014, 721; kritisch *Sosnitza*, in: Berger/Wündisch, UrhR, § 5, Rn. 27 ff.
33 BT-Drucks. IV/270, S. 56, zu § 32 UrhG.

des **Werkgenusses** durch den Endnutzer seine **monetären Interessen** durchzusetzen.³⁴

512 Daraus folgt für DRM-Systeme, dass ihnen der rechtliche Schutz nach den §§ 95a ff. UrhG versagt bleiben muss, soweit sie dazu dienen, den Werkgenuss durch den Endnutzer zu beschränken. Dem steht auch § 95b UrhG soweit nicht entgegen, wie der freie Werkgenuss nicht durch eine Schranke gewährleistet wird, sondern dadurch, dass das Gesetz dem Urheber insoweit **kein Verbotsrecht** zuweist. Erfordert also der Werkgenuss eines digitalen, nach dem Urheberrecht geschützten Guts keine in § 15 UrhG genannte Verwertungshandlung und verhindert ein DRM-System gleichwohl den Werkgenuss, ist der Endnutzer berechtigt, die technische Maßnahme ohne Verstoß gegen § 95a UrhG zu umgehen. Dem steht die Informations-Richtlinie³⁵ nicht entgegen. Denn nach Erwägungsgrund Nr. 48 sollen die Rechtsinhaber (nur) von technischen Maßnahmen Gebrauch machen können, die dazu bestimmt sind, die Verhinderung oder Einschränkung von Handlungen zu erreichen, die von ihnen nicht genehmigt worden sind. Das erlaubt die Auslegung, dass technische Maßnahmen nur vor Umgehung geschützt sind, wenn sie Handlungen verhindern, die nach dem Urheberrecht eine Gestattung des Rechtsinhabers benötigen.

IV. Gesetzlich privilegierte Nutzung

513 Die im Gesetz behandelten technischen Maßnahmen dienen nicht nur dem Schutz vor unbefugten Nutzungshandlungen. Sie sind auch geeignet und hierfür erlaubt, gesetzliche Schranken aufzuheben. Das betrifft insbesondere die Möglichkeit der Privatkopie digitaler Werke nach § 53 UrhG. Allerdings werden bestimmte **Schrankenbestimmungen** in § 95b UrhG privilegiert mit der Folge, dass der Rechtsinhaber den durch die Schrankenbestimmungen Begünstigten Möglichkeiten zur Nutzung des Werkes eröffnen muss. Die insoweit bereitgestellten technischen Mittel sind wiederum nach § 95b Abs. 4 UrhG geschützt.

514 Zu beachten ist, dass die Verpflichtung zur Bereitstellung technischer Mittel dann nicht besteht, wenn der urheberrechtlich geschützte Gegenstand der **Öffentlichkeit** aufgrund einer vertraglichen Vereinbarung in einer Weise **zugänglich** gemacht wird, dass er Mitgliedern der Öffentlichkeit von Orten und zu Zeiten ihrer Wahl zugänglich ist. Dann gelangt der Gegenstand nur über eine direkte Verbindung des Verwerters zum Nutzer an diesen. Da hierbei die Möglichkeit besteht, freiwillige Vereinbarungen zu treffen, kann insoweit die Privilegierung der Nutzer nach Abs. 1 in den Hintergrund treten. Nach Abschluss des Zugänglichmachens unterliegt die Nutzung der übermittelten Kopie wieder den Regeln des § 95b Abs. 1 UrhG.³⁶

---

34 *Schack*, UrhR, Rn. 412; *v.Ungern-Sternberg*, in: Schricker/Loewenheim, UrhG § 15, Rn. 11 ff.
35 Siehe Kap. 11, Rn. 238 ff.
36 *Czychowski*, in: Fromm/Nordemann, UrhG, § 95b, Rn. 27; *Obst/Wandtke*, in: Wandtke/Bullinger, UrhG, § 95b, Rn. 45.

Verstöße gegen § 95b UrhG können nach § 2a UKlaG auch im Wege der **Verbandsklage** durch insbesondere Behindertenverbände verfolgt werden. Inhalt des Anspruchs ist ein Unterlassungsanspruch in Form des Beseitigungsanspruchs. Ein Verstoß setzt allerdings voraus, dass es um den Zugang zu einem urheberrechtlich geschützten Gegenstand geht.[37]

V. Schutz von Informationen und Kennzeichnungspflichten

Ein DRM-System kann regelmäßig nur funktionieren, wenn mit der urheberrechtlich geschützten Datei **Informationen** verbunden werden, die Auskunft über die Art des Schutzes und eine etwa bereits erfolgte Anzahl von Kopien geben. Diese Daten dürfen nach § 95c Abs. 1 UrhG nicht entfernt oder verändert werden. Die Entfernung oder Veränderung muss allerdings **wissentlich** unbefugt **erfolgen**. Das ist der Fall, wenn dem Handelnden bekannt ist oder nach den Umständen bekannt sein muss, dass er dadurch die Verletzung von Urheberrechten oder verwandten Schutzrechten veranlasst, ermöglicht, erleichtert oder verschleiert. Keine unerlaubte Entfernung liegt vor, wenn die Informationen in analoge Daten umgewandelt werden.

Damit sich die Erwerber geschützter Dateien hierauf einstellen können, muss ihnen der Schutz durch technische Maßnahmen nach § 95d Abs. 1 UrhG **deutlich gemacht** werden. Sind dem Erwerber die technischen Beschränkungen nicht klar, stehen ihm die schuldrechtlichen Erfüllungsansprüche aus den Überlassungs- und Zugangsverträgen zu. Soweit die Nutzer nach § 95b UrhG privilegiert sind, muss ihnen durch bestimmte Angaben Gelegenheit gegeben werden, ihre Rechte gegen den Verpflichteten durchzusetzen. Dazu hat dieser seine zustellungsfähige Anschrift und seinen Namen bzw. seine Firma anzugeben.

VI. Verwertungsverbot

Grundsätzlich bedingt eine unerlaubte Vervielfältigung das Verbot, die Vervielfältigungsstücke zu verbreiten. Für den Fall, dass jemand das Recht zur Verbreitung hat, ohne selbst rechtswidrige Vervielfältigungsstücke hergestellt zu haben, stellt § 96 Abs. 1 UrhG klar, dass sich das **Verbreitungsrecht** grundsätzlich nicht auf rechtswidrig hergestellte Vervielfältigungsstücke erstreckt. Entsprechendes gilt nach Abs. 2 für rechtswidrig veranstaltete Funksendungen, die nicht auf Bild- oder Tonträger aufgenommen oder öffentlich wiedergegeben werden dürfen.

---

37 *Dreyer*, in: Dreyer/Kotthoff/Meckel, UrhG, § 95b, Rn. 7.

KAPITEL 6
Filmurheberrecht

Literatur: *Brehm*, Filmrecht – Das Handbuch für die Praxis, 2. Aufl. 2008; *Hertin*, Das Musikzitat im deutschen Urheberrecht, GRUR 1989, S. 159–167.

A. Geschützte Werke
I. Filmwerke

Ein Film ist eine bestimmungsgemäß **bewegte Bild- und Tonfolge**, die für den Zuschauer den Eindruck eines bewegten Geschehensablaufs erweckt; eine körperliche Fixierung ist dafür nicht erforderlich.[1] Unter den Begriff Film fallen alle Arten von Aufnahmen, **unabhängig von der Aufnahmetechnik**, dem Format (zB. 35 mm, 16 mm, Computerspeicher) und dem Aufnahmezweck (zB. Kino, TV). Auch **Computerspiele** und **Videospiele** sind als Filmwerke iSv. § 88 UrhG anzusehen, denn auch bei ihnen handelt es sich um eine mit Ton unterlegte bewegte Bildreihe.[2]   1

Ein Film wird zum urheberrechtlich geschützten Filmwerk (§ 2 Abs. 1 Nr. 6 UrhG), wenn er Werkcharakter besitzt, also eine persönliche geistige Schöpfung darstellt (§ 2 Abs. 2 UrhG). Maßgeblich ist dafür die sog. **Schöpfungshöhe**. Filmaufnahmen bedürfen danach eines Mindestmaßes an Individualität und Kreativität. An die individuelle geistige Schöpfungsleistung sind **keine allzu hohen Anforderungen** zu stellen.[3] Es besteht daher kein Grund, der „kleinen Münze" im Bereich des Filmrechts den Schutz zu versagen.[4] Klassische Filmwerke sind bspw. Spiel- und Dokumentarfilme, Doku-Soaps und Musik- und Werbespots.   2

Schwieriger einzuordnen ist der urheberrechtliche Schutz von Aufnahmen von **Sportveranstaltungen**, Fernsehmagazinen, **Spielshows** und **Talkshows** und Aufzeichnungen von anderen Veranstaltungen wie Theateraufführungen und Konzerten. Solchen Aufnahmen wird man urheberrechtlichen Schutz dann absprechen müssen, wenn sie keine schöpferischen filmisch-stilistischen Merkmale (Schnitt, Musikunterlegung, Kommentare, Zeitlupen, Perspektivwechsel etc.) aufweisen, also ein Ereignis mehr oder weniger „abgefilmt" wird. Dann verbleibt ihnen allerdings der leistungsrechtliche Schutz als Laufbilder nach § 95 UrhG.[5] Demnach   3

---

1   *Manegold/Czernik*, in: Wandtke/Bullinger, Vor §§ 88 ff., Rn. 52; Siehe dazu allgemein: Kap. 1, Rn. 132 ff.
2   *Manegold*/Czernik, in: Wandtke/Bullinger, UrhG, Vor §§ 88 ff., Rn. 61; *U.Reber*, in: v.Hartlieb/Schwarz, Filmrecht, S. 286; OGH, Beschl. v. 06.07.2004 – 4 Ob 133/04, ZUM-RD 2005, 11; OLG Köln, Urt. v. 18.10.1991 – 6 U 58/91 (Amiga Club), GRUR 1992, 312, 313; OLG Hamburg, Urt. v. 12.10.1989 – 3 U 75/89 (Super Mario III), GRUR 1990, 127, 128; BayObLG, Urt. v. 12.05.1992 – 4 St RR 64/92, GRUR 1992, 508.
3   Siehe Kap. 1, Rn. 188 f.
4   BGH, Urt. v. 24.11.1983 – I ZR 147/81 (Filmregisseur), GRUR 1984, 730, 732.
5   Hierzu siehe Rn. 414 ff.

sind bspw. Videoaufnahmen von Überwachungskameras ohne gestalterische Elemente (nur) als Laufbilder iSv. § 95 UrhG, nicht jedoch als Filmwerke geschützt.

II. Ausschnitte von Filmen

4 Urheberrechtlichen Schutz genießen auch **Teile eines Filmwerkes**, wenn diese ihrerseits eine urheberrechtlich relevante Gestaltungshöhe erreichen.[6] Voraussetzung ist, dass diese Teile selbst und für sich betrachtet die für einen Urheberrechtsschutz **erforderliche Eigenart** besitzen.[7] Je kürzer der Ausschnitt ist, umso geringer ist die Wahrscheinlichkeit urheberrechtlichen Schutzes dieses Ausschnitts. Dabei ist auch zu beachten, dass nicht von der Bekanntheit oder Originalität des Hauptwerkes (Gesamtfilm) auf die Schutzfähigkeit des Werkteils (Ausschnitt) geschlossen werden darf.[8] Daneben genießen Film- oder Fernsehausschnitte „unabhängig von der Größe oder der Länge des Filmausschnitts **Leistungsschutz** nach den §§ 95, 94 UrhG".[9]

III. Titelschutz

5 **Filmtitel** sind – schon wegen ihrer Kürze – **in den seltensten Fällen urheberrechtlich geschützt**. Praxisrelevant ist vielmehr der Schutz als Werktitel nach §§ 5, 15 MarkenG.[10]

6 Voraussetzung für einen **Werktitelschutz nach § 5 MarkenG** ist die Existenz eines titelschutzfähigen Werkes iSv. § 5 Abs. 3 MarkenG sowie ein **kennzeichnungskräftiger Titel**, der geeignet ist, das Werk von anderen Werken zu unterscheiden. Der Titel muss für das Werk im geschäftlichen Verkehr genutzt werden.[11] Titelschutzfähig sind danach Filmtitel,[12] Titel von Fernsehsendungen,[13] Nachrichtensendungen,[14] Fernsehformaten[15] und Computerspielen.[16] Titelschutz erfordert im Unterschied zum sonstigen Markenrecht keine Formalitäten wie die

---

6 BGH, Urt. v. 06.02.2014 – I ZR 86/12 (Peter Fechter), GRUR 2014, 363, 365; BGH, Urt. v. 21.04.1953 – I ZR 110/52 (Lied der Wildbahn), GRUR 1953, 299; BGH, Urt. v. 17.10.1958 – I ZR 180/57 (Straßenverkehrslied), GRUR 1959, 197; OLG Hamburg, Urt. v. 15.05.1997 – 3 U 153/95 (Edgar-Wallace Filme), GRUR 1997, 822.
7 BGH, Urt. v. 17.10.1958 – I ZR 180/57 (Verkehrs-Kinderlied), GRUR 1959, 197; siehe auch Kap. 1, Rn. 229.
8 vgl. LG Frankfurt, Urt. v. 02.12.1993 – 2/3 O 736/92, GRUR 1996, 125.
9 BGH, Urt. v. 20.12.2007 – I ZR 42/05 (TV Total), GRUR 2008, 693, 694.
10 Hierzu allgemein siehe Kap. 1, Rn. 228.
11 *Peschel-Mehner*, in: v.Hartlieb/Schwarz, Filmrecht, S. 328.
12 BGH, Urt. v. 15.11.1957 – I ZR 83/56 (Sherlock Holmes), GRUR 1958, 354, 356.
13 BGH, Urt. v. 25.02.1977 – I ZR 165/75 (Der 7. Sinn), GRUR 1977, 543, 545.
14 BGH, Urt. v. 01.03.2001 – I ZR 205/98 (Tagesreport), GRUR 2001, 1054, 1055.
15 OLG Hamburg, Urt. v. 27.08.1998 – 3 U 16/98 (Aber Hallo), ZUM-RD 1999, 96 ff.
16 BGH, Urt. v. 24.04.1997 – I ZR 44/95 (PowerPoint), GRUR 1998, 155; BGH, Urt. v. 24.04.1997 – I ZR 233/94 (FTOS), GRUR 1997, 902; BGH, Urt. v.15.01.1998 – I ZR 282/95 (WINCAD), GRUR 1998, 1010.

Eintragung in ein Register, vielmehr genügt die tatsächliche Verwendung des Titels zur Bezeichnung eines „Werkes" (Film, Sendung etc.) im geschäftlichen Verkehr.

Titelschutz entsteht mit der ersten tatsächlichen Ingebrauchnahme eines Titels für ein bestehendes Werk. Als ein solches „Werk" entsteht der Film aber erst mit der **Erstellung der Nullkopie**, so dass der unter Umständen sehr viel früher feststehende Titel während der gesamten Produktionsphase ungeschützt wäre. Die Rechtsprechung hat hier geholfen und gewohnheitsrechtlich anerkannt, dass der Beginn des Titelschutzes auf den **Zeitpunkt einer Titelschutzanzeige** vorverlagert werden kann.[17] Mit einer Titelschutzanzeige kündigt der Produzent den geplanten Werktitel in branchenüblichen Zeitschriften (zB. *Titelschutzanzeiger, Blickpunkt Film*) der Öffentlichkeit an. Entscheidend ist, dass die betreffenden Verkehrskreise die Anzeige wahrnehmen können und eine **möglichst breite Kenntnisnahme** erreicht wird.[18] Eine solche Titelschutzanzeige bewirkt eine Vorverlagerung des Schutzes allerdings nur, wenn der Film in einem angemessenen Zeitraum **tatsächlich fertiggestellt** wird und zum Zeitpunkt der Titelschutzanzeige bereits hinreichende Maßnahmen für die Herstellung des Films ergriffen und mit der Herstellung des Films begonnen wurde.[19]

7

Unabhängig vom Titelschutz kann ein Filmtitel, wenn er die formalen Voraussetzungen für eine Eintragung als Marke erfüllt, insbesondere also Unterscheidungskraft besitzt, zu überschaubaren Kosten **als Wortmarke oder Wort-/Bildmarke** im Markenregister beim Deutschen Patent- und Markenamt eingetragen werden.

8

Bei der **Auswahl eines Titels** ist in allen Fällen darauf zu achten, dass keine **Rechte Dritter** verletzt werden. In Betracht kommen insoweit insbesondere prioritätsältere Namens-, Titel- oder Markenrechte Dritter, die mit dem in Aussicht genommenen neuen Titel identisch oder verwechslungsfähig sind. Da es für solche entgegenstehenden Rechte Dritter kein einheitliches Register gibt, haben sich **Rechercheunternehmen** (zB. *EuCor*) auf entsprechende Dienstleistungen spezialisiert. Zwar geben auch sie keine Garantie für die Verwendbarkeit eines bestimmten Titels, verschaffen aber dem Filmhersteller die Gewissheit, alle ihm zumutbaren Anstrengungen unternommen zu haben, was ihn uU. haftungsrechtlich besser stellt.

9

IV. Formatschutz

Nicht nur der Film selbst, sondern auch das einer Filmreihe, TV-Serie oder TV-Show **zugrundeliegende Konzept** kann unter bestimmten Voraussetzungen seinerseits als „Format" geschützt sein.

10

Der **Begriff des Formats** wird vom Bundesgerichtshof für eine TV-Show definiert als „die Gesamtheit aller ihrer charakteristischen Merkmale, die geeignet sind, auch Folgen der Show ungeachtet ihres jeweils unterschiedlichen Inhalts als

11

---

17 Ausführlich zur Titelschutzanzeige *Peschel-Mehner/Schwarz/Hansen*, in: v.Hartlieb/Schwarz, Filmrecht, S. 334 ff.
18 *Peschel-Mehner/Schwarz/Hansen*, in: v.Hartlieb/Schwarz, Filmrecht, S. 337.
19 *Brehm*, Filmrecht, S. 82.

12 Grundstruktur zu prägen und damit zugleich dem Publikum zu ermöglichen, sie ohne weiteres als Teil einer Sendereihe zu erkennen."[20] Zu diesen Merkmalen gehören ua. die dem Format zugrundeliegende Handlung, Spielregeln, dramaturgischer Aufbau und Ablauf, Dekoration, Titel, Logo und Musik.[21]

12 Mit dem Begriff des Formats ist aber **nicht automatisch auch urheberrechtlicher Schutz** verbunden. Vielmehr sind auch Formate am Kriterium der gestalterischen Schöpfungshöhe und der individuellen Eigenart nach § 2 Abs. 2 UrhG zu messen. Daran scheitert der urheberrechtliche Schutz in vielen Fällen, weil die jeweiligen Formate nicht die **erforderliche Schöpfungshöhe** erreichen.[22] So war der Bundesgerichtshof der Ansicht, dass es bei einer Unterhaltungssendung, die aus einer schlichten „Zusammenfügung von Musik- und Gesangsdarbietungen, Bühnenszenen, Reportagen, Interviews, Ansage- und Spielleitertätigkeit" besteht, an einer „formgebenden Einheit" fehlt.[23] Hingegen hat das OLG München die „konkrete Verwirklichung der Idee eines Fernseh-Ratespiels auf der Grundlage von Werbespots durch detaillierte Ausarbeitung der Spielgestaltung mit den einzelnen Spielabläufen und den verbindenden Elementen" als ein Werk iSv. § 2 Abs. 2 UrhG angesehen.[24] Sofern diese oder vergleichbar individuell schöpferische Voraussetzungen erfüllt sind, ist also durchaus denkbar, dass ein Format urheberrechtlichen Schutz genießen kann.

13 Die vorstehend beschriebenen, evtl. schutzfähigen Formate sind abzugrenzen von den **nicht schutzfähigen Konzepten**. Denn auch im Filmrecht gilt der allgemeine urheberrechtliche Grundsatz, dass das Urhebergesetz keinen **Ideenschutz** gewährt.[25] So erreichen allgemeine Konzepte oder Ideenaufrisse für Filme oder Serien (zB. die allgemeine Idee für eine Försterserie, Arztserie etc.) nicht die erforderliche geistige Schöpfungshöhe, so dass sie **mangels Werkcharakter** keinen urheberrechtlichen Schutz genießen.[26] Dasselbe gilt für ggfls. auch mit erheblichem Aufwand recherchierte **historische Fakten**, die gemeinfrei sind und von jedermann erneut dargestellt werden können. Das Urheberrecht schützt die geistige schöpferische Leistung, nicht jede sonstige Leistung.

Randnummern 14–99 einstweilen frei.

---

20 BGH, Urt. v. 26.06.2003 – I ZR 176/01 (Sendeformat), GRUR 2003, 876, 877.
21 *Dobberstein/U.Reber*, in: v.Hartlieb/Schwarz, Filmrecht, S. 179.
22 BGH, Urt. v. 26.06.2003 – I ZR 176/01 (Sendeformat), GRUR 2003, 876 ff.; OLG Hamburg, Urt. v. 02.03.1995 – 3 U 293/94 (Goldmillionen), ZUM 1996, 245; OLG München, Urt. v. 15.03.1990 – 29 U 4346/89 (Forsthaus Falkenau), GRUR 1990, 674.
23 BGH, Urt. v. 14.11.1980 – I ZR 73/78, GRUR 1981, 419, 420.
24 OLG München, Urt. v. 21.01.1999 – 29 W 3422/98, ZUM 1999, 244, 246.
25 Hierzu siehe Kap. 1, Rn. 222 ff.
26 OLG München, Urt. v. 15.03.1990 – 29 U 4346/89 (Forsthaus Falkenau), GRUR 1990, 674; *Dobberstein/Schwarz*, in: v.Hartlieb/Schwarz, Filmrecht, S. 176.

B. Rechteinhaber und Urheberrecht
I. Urheber vorbestehender Werke und Rechteklärung

Die Filmurheberschaft ist zu unterscheiden von der Urheberschaft an den vor Beginn der Filmarbeiten bereits bestehenden fertigen Werke, den sog. **vorbestehenden Werken** (wie zB. der Romanvorlage, dem **Drehbuch** oder der Musik).[1] Viele Filme beruhen auf einem vorbestehenden Werk als Vorlage. Diese vorbestehenden Werke besitzen in der Regel ebenfalls urheberrechtlichen Schutz. Da Filmwerke eine **Bearbeitung dieser Vorlagen** darstellen, müssen zunächst die entsprechenden Rechte beim betreffenden Urheber eingeholt werden.[2] Soll auf der Grundlage eines Romans ein Film hergestellt werden, ist das eine Bearbeitung des Romans, so dass der Filmhersteller sich vom Romanautor diejenigen Rechte einräumen lassen muss, die für die Herstellung des Films auf der Grundlage des Romans erforderlich sind.

100

Bei den vorbestehenden Werken wird weiter differenziert zwischen **filmunabhängigen und filmbestimmten Werken**. Exemplarisch für filmunabhängige vorbestehende Werke sind Romane, Zeichnungen, Werke der bildenden Kunst und Theaterstücke.[3] Sie werden zwar zur Herstellung des Films genutzt, wurden aber bereits unabhängig vom Film wirtschaftlich verwertet.[4] Hingegen zählen zu den filmbestimmt geschaffenen, vorbestehenden Werken vor allem das Drehbuch, Filmtreatment, Filmbauten, Kostüme, Dekorationen und Filmkompositionen.[5]

101

An den vorbestehenden Werken bestehen **eigenständige Urheberrechte**. Ihre Urheber werden daher nach einer Verfilmung nicht darüber hinaus auch noch (Mit-)Urheber des Filmwerkes.[6] Das Urheberrechtsgesetz differenziert insoweit ausdrücklich zwischen den Rechten am Filmwerk gemäß § 89 UrhG und dem urheberrechtlichen Schutz der vorbestehenden Werke. Es würde also der urheberrechtlichen Schöpfungslehre widersprechen, für ein und dasselbe Werk zwei unterschiedliche Urheberrechte beanspruchen zu können.[7] Soweit in der Rechtsliteratur abweichende Auffassungen vertreten wurden, wonach Urheber des vorbestehenden Werkes auch Miturheber am Filmwerk werden, ist die Rechtsprechung dem nicht gefolgt.[8]

102

---

1 *Manegold/Czernik*, in: Wandtke/Bullinger, UrhG, Vor §§ 88 ff., Rn. 65.
2 Vertragsmuster siehe Anhang, Teil IX; zum Bearbeitungsrecht allgemein siehe Kap. 2, Rn. 297 ff.
3 *Brehm*, Filmrecht, S. 65.
4 *Dobberstein/Schwarz*, in: v.Hartlieb/Schwarz, Filmrecht, S. 174.
5 *Manegold/Czernik*, in: Wandtke/Bullinger, UrhG, Vor §§ 88 ff., Rn. 66.
6 *Dobberstein/Schwarz/Hansen*, in: v.Hartlieb/Schwarz, Filmrecht, S. 164.
7 *Manegold/Czernik*, in: Wandtke/Bullinger, UrhG, Vor §§ 88 ff., Rn. 68; BGH, Urt. v. 24.11.1983 – I ZR 147/81 (Filmregisseur), GRUR 1984, 730.
8 *Schwarz/Reber*, in: Loewenheim, UrhR, § 12, Rn. 28 mwN.

II. Urheber des Filmwerkes

103 In § 7 UrhG wird der Urheber definiert als der **Schöpfer eines Werkes**. Haben mehrere ein Werk gemeinsam geschaffen, so sind sie **Miturheber** (§ 8 Abs. 1 UrhG).[9] Bei Filmwerken fließen eine Vielzahl kreativer Einzelleistungen **unterschiedlicher Personen** ineinander, so dass es zu einer der häufigsten Fragen des Filmrechts gehört, welcher Personenkreis letztlich als Urheber bzw. Miturheber des Filmwerkes anzusehen ist und welcher Mitwirkende nicht dazugehört. Die Bewertung, hat stets sowohl nach der Tätigkeit als auch der daraus **resultierenden Urheberleistung** bezogen auf den konkreten Einzelfall zu erfolgen.[10]

104 Als Urheber eines Filmwerkes kommen **nur Personen** in Betracht, **die bei der eigentlichen Herstellung des Films** also an den Dreharbeiten und der anschließenden Postproduktion **mitgewirkt haben**. Maßgeblich ist, ob dem Mitwirkenden in Bezug auf seinen Beitrag die **Letztentscheidungsbefugnis** zukam, oder ob der Umfang seines Beitrags eine eher untergeordnete Rolle spielt. Bereits ein geringfügiger eigenschöpferischer Beitrag zu einem gemeinsam geschaffenen Werk begründet eine Miturheberschaft.[11] Entscheidend ist, ob der Mitwirkende bei der Umsetzung seiner kreativen Ideen weisungsunabhängig und frei war.

105 Als Urheber kommen daher insb. der **Regisseur**,[12] **Kameramann**,[13] **Cutter** und **Filmtonmeister**[14] in Betracht.[15] Auch geistig schöpferische Beiträge des Chef-**Beleuchters** und **Special-Effects**-Verantwortlichen können dementsprechend zu einer Miturheberschaft am Filmwerk führen.[16] Hingegen sind **Filmarchitekten, Filmausstatter, Dekorateure, Kostümbildner** und **Choreografen** grundsätzlich nicht Miturheber des Films. Sie sind ggfls. Urheber vorbestehender Werke, die nicht im Filmwerk aufgehen, sondern sich gesondert verwerten lassen.[17] Auch der **Filmproduzent** ist – anders als in den USA – regelmäßig **nicht Filmurheber**, ihm steht aber das in § 94 UrhG näher beschriebene Leistungsschutzrecht am Bild- und Tonträger zu.

---

9 Hierzu allgemein Kap. 1, Rn. 310 ff.
10 BGH, Urt. v. 13.06.2002 – I ZR 1/00 (Mischtonmeister), GRUR 2002, 961; OLG Köln, Urt. v. 10.06.2005 – 6 U 12/05 (Dokumentarfilm Massaker), GRUR-RR 2005, 337, 338.
11 BGH, Urt. v. 26.02.2009 – I ZR 142/06 (Kranhäuser), GRUR 2009, 1046; Manegold/Czernik, in: Wandtke/Bullinger, UrhG, Vor §§ 88 ff., Rn. 70.
12 EuGH, Urt. v. 09.02.2012 – C-277/10 (Luksan/ van der Let), GRUR 2012, 489, 491; BGH, Urt. v. 11.10.1990 – I ZR 59/89 (Videozweitauswertung I), GRUR 1991, 133, 135; BGH, Urt. v. 24.11.1983 – I ZR 147/81 (Filmregisseur), GRUR 1984, 730.
13 OLG Köln, Urt. v. 10.06.2005 – 6 U 12/05 (Dokumentarfilm Massaker), GRUR-RR 2005, 337, 338.
14 BGH, Urt. v. 13.06.2002 – I ZR 1/00 (Mischtonmeister), GRUR 2002, 961, 962; OLG Köln, Urt. v. 03.12.1999 – 6 U 7/98 (Schlafes Bruder), NJW-RR 2000, 709.
15 *Dobberstein/Schwarz/Hansen*, in: v.Hartlieb/Schwarz, Filmrecht, S. 168.
16 *Manegold/Czernik*, in: Wandtke/ Bullinger, UrhG, Vor §§ 88 ff., Rn. 72.
17 *Dobberstein/Schwarz/Hansen*, in: v.Hartlieb/Schwarz, Filmrecht, S. 172.

III. Bearbeitungs- und Verfilmungsrecht

Ein Filmwerk erfordert meist die Bearbeitung eines vorbestehenden Werkes, so dass als erstes die dazu **erforderlichen Bearbeitungsrechte** beim Urheber des vorbestehenden Werkes **eingeholt werden müssen**.[18] Zwar besteht grundsätzlich Bearbeitungsfreiheit, dh. es hat jedermann das Recht die Werke anderer zu bearbeiten, solange die Bearbeitungsergebnisse nicht veröffentlicht oder verwertet werden (§ 23 S. 1 UrhG). Diese Bearbeitungsfreiheit gilt aber nicht für die „Verfilmung" eines Werkes (§ 23 S. 2 UrhG). Das bedeutet, dass ein Recht zur Bearbeitung (**Verfilmung**) jedenfalls ab dem Zeitpunkt erforderlich wird, in dem die Herstellung des Films auch beginnt (also der tatsächliche Drehbeginn). Alle im Vorfeld stattfindenden Maßnahmen, wie zB. die Herstellung eines Drehbuches (nicht aber dessen Publikation), dürfen ohne Zustimmung des Urhebers des vorbestehenden Werkes getroffen werden.

106

Zur **Rechteeinräumung** an vorbestehenden Werken, enthält das Urheberrechtsgesetz bestimmte **Vermutungsregeln**, die dem Filmhersteller alle zur Filmauswertung **notwendigen Rechte verschaffen** sollen, selbst wenn sie im Verfilmungsvertrag nicht oder nur ungenügend bezeichnet wurden. So erwirbt der Filmproduzent durch den Verfilmungsvertrag das ausschließliche Recht, das vorbestehende Werk unverändert oder bearbeitet zur Filmherstellung zu benutzen und den Film sowie Übersetzungen des Films und andere filmische Bearbeitungen auf alle bekannten oder unbekannten Nutzungsarten zu nutzen (§ 88 Abs. 1 UrhG). Wird ein Verfilmungsrecht eingeräumt, so gilt es grundsätzlich **nur für eine einmalige Verfilmung** und berechtigt nicht zur Wiederverfilmung. Wenn nichts anderes vereinbart wurde,[19] so hat der Urheber vorbestehender Werke nach **Ablauf von zehn Jahren** das Recht, sein Werk **anderweitig filmisch zu verwerten** (§ 88 Abs. 2 UrhG).

107

Die vorstehend dargestellte **Vermutungsregel gilt** nicht nur für Rechteeinräumungen an vorbestehenden Werken, sondern in entsprechender Weise auch **für die schöpferischen Leistungen aller Filmmitwirkenden**. Wer sich also vertraglich zur Mitwirkung bei der Herstellung eines Films verpflichtet, räumt damit dem Filmhersteller das ausschließliche Recht ein, das Filmwerk sowie Übersetzungen und andere filmische Bearbeitungen des Filmwerkes auf alle bekannten oder unbekannten Nutzungsarten zu nutzen (§ 89 Abs. 1 UrhG).

108

IV. Verfilmungsfreiheit

In bestimmten Fällen ermöglicht das Urheberrechtsgesetz die **zustimmungsfreie Nutzung fremden geistigen Eigentums**. Rechtsdogmatisch handelt es sich um Schrankenbestimmungen zum Urheberrecht,[20] die es ermöglichen, in bestimmtem Umfang urheberrechtlich geschütztes Material ohne Rechteklärung nutzen zu können.

109

---

18 Vertragsmuster siehe Anhang, Teil IX.
19 Vertragsmuster siehe Anhang, Teil IX.
20 Siehe dazu allgemein Kap. 3, Rn. 1 ff.

1. Freie Benutzung, § 24 UrhG

110 Ein **kultureller Gedankenaustausch** wäre nicht möglich, wenn die Anknüpfung an oder die Bezugnahme auf das geistige Schaffen anderer unter urheberrechtlichen Gesichtspunkten verboten wäre. Wer sich also von fremdem geistigen Eigentum lediglich **zu eigenem und neuem Schaffen anregen** lässt, verstößt nicht gegen das Urheberrecht. Nach § 24 UrhG ist es daher gestattet, ein Werk in freier Benutzung des Werkes eines anderen zu schaffen. Eine **Gestattung durch den Rechteinhaber** des benutzten Werkes ist dazu **nicht erforderlich**.[21]

111 Für den **Begriff der freien Benutzung** kommt es entscheidend auf den Abstand an, den das neue Werk zu den entlehnten eigenpersönlichen Zügen des benutzten Werkes hält. Dabei ist kein zu milder Maßstab anzulegen. Eine freie Benutzung setzt daher voraus, dass angesichts der Eigenart des neuen Werkes die **entlehnten eigenpersönlichen Züge des geschützten älteren Werkes verblassen**. In der Regel geschieht dies dadurch, dass die dem geschützten älteren Werk entlehnten eigenpersönlichen Züge in dem neuen Werk in der Weise zurücktreten, dass das neue Werk nicht mehr in relevantem Umfang das Ältere benutzt, so dass jenes nur noch als Anregung zu neuem, selbständigem Werkschaffen erscheint.[22] Beim Film sind **typische Grenzfälle** zwischen erlaubter freier Benutzung und unzulässiger unfreier Bearbeitung die **Fortsetzungen von Fabeln, Serienkonstellationen oder von Romanen**. So wurde der Roman „Laras Tochter" als unfreie Bearbeitung des Romans „Dr. Schiwago" angesehen, weil nicht nur die Personen aus dem Roman, sondern auch das **Beziehungs- und Handlungsgeflecht übernommen** wurde.[23] Eine zulässige freie Benutzung war hingegen ein Film, in dem *Sherlock Holmes* und *Dr. Watson* in für sie typischer Aufmachung auftraten, um auf diese Weise den übrigen Trägern der Filmhandlung – nicht aber dem Filmzuschauer – vorzuspiegeln, sie seien mit den Romangestalten identisch.[24]

112 Eine weitere Form der freien Benutzung ist die **Parodie**.[25] Ihr Kennzeichen ist, dass das Ursprungswerk zwar im Wesentlichen erkennbar wird, der erforderliche Abstand aber dadurch geschaffen wird, dass sich die Parodie mit dem Ausgangsstoff **antithematisch in einer überspitzten und überzeichnenden Form** auseinandersetzt.[26] Nach der Rechtsprechung genügt es bei der Parodie zur Rechtfertigung von Entnahmen urheberrechtlich geschützter Bestandteile anderer Werke allerdings nicht, dass das parodierte Werk lediglich in einen neuen Kontext gestellt wird, durch den das Werk verzerrt wird. Eine Parodie muss sich vielmehr mit den

---

21 Siehe dazu allgemein Kap. 2, Rn. 301 ff. sowie Kap. 3, Rn. 200 ff..
22 BGH, Urt. v. 08.05.2002 – I ZR 98/00 (Stadtbahnfahrzeug), GRUR 2002, 799, 800; BGH, Urt. v. 11.03.1993 – I ZR 263/91 (Alcolix), GRUR 1994, 206, 208.
23 BGH, Urt. v. 29.04.1999 – I ZR 65/96, GRUR 1999, 984.
24 BGH, Urt. v. 15.11.1957 – I ZR 83/56, NJW 1958, 459.
25 Siehe Kap. 2, Rn. 317 u. Kap. 3, Rn. 210.
26 BGH, Urt. v. 11.03.1993 – I ZR 264/91, NJW-RR 1993, 1002; das Urteil behandelt in lehrbuchartiger Form eine Vielzahl von Einzelkonstellationen der Parodie.

Eigenheiten des anderen Werkes antithematisch auseinandersetzen, um Entnahmen zu rechtfertigen.[27]

2. Panoramafreiheit, § 59 UrhG

Schranken des Urheberrechts gelten auch für **Werke im öffentlichen Raum**. Nach der sog. Panoramafreiheit des § 59 UrhG ist es ohne Zustimmung des Urhebers zulässig, Werke, die sich **bleibend an öffentlichen Wegen, Straßen oder Plätzen** befinden, durch Film zu vervielfältigen, zu verbreiten und öffentlich wiederzugeben.[28] **Bei Bauwerken** erstreckt sich dieses Recht nur auf die **äußere Ansicht**.[29] Das betrifft nicht nur Werke der Baukunst, sondern auch sonstige Werke der bildenden Kunst im öffentlichen Raum. Entscheidend ist der bleibende Charakter dieser Werke. So wurde bspw. die Reichstagsverhüllung von *Christo* nicht als bleibendes Kunstwerk angesehen.[30]

113

Zu beachten ist, dass solche Werke an öffentlichen Plätzen **nur aus der Sicht eines Fußgängers**, also **ohne Hilfsmittel** (wie Leitern, Drohnen, Überwinden eines Zauns oder Beiseitedrücken einer Hecke) gefilmt werden dürfen.[31] Das Kammergericht hat insoweit das Fotografieren aus einer Höhe von drei Metern durch die *Google-Street-View*-Fahrzeuge unbeanstandet gelassen.[32] Ferner hat der Bundesgerichtshof in einem umstrittenen Urteil entschieden, dass die Verwertung von ungenehmigt gefertigten Aufnahmen von Gebäuden (jeder Art) **von Privatgrund aus** eine **Beeinträchtigung der Rechte des Grundstückeigentümers** darstellen können.[33]

114

3. Unwesentliches Beiwerk, § 57 UrhG

Nach § 57 UrhG ist die Vervielfältigung, Verbreitung und öffentliche Wiedergabe von geschützten Werken dann zulässig, wenn sie als unwesentliches Beiwerk **neben dem eigentlichen Gegenstand** anzusehen sind.[34] Urheberrechte Dritter sind also bei der Filmherstellung dann nicht hinderlich, wenn die betreffenden Werke bei ihrer Wiedergabe im Film nur als unwesentliches Beiwerk einzuordnen sind. Ein Werk ist unwesentlich, wenn es **weggelassen oder ausgetauscht werden kann**, ohne dass dies dem durchschnittlichen Betrachter auffällt oder ohne, dass die Gesamtwirkung des Hauptgegenstands in irgendeiner Weise beeinflusst wird.[35] Dies wird bei Filmen eher der Ausnahmefall sein, weil üblicherweise das **Interieur oder die Ausstattung bewusst gewählt** werden und nicht zufällig zu Stan-

115

---

27 OLG Hamburg, Urt. v. 04.12.2014 – 5 U 72/11, ZUM 2015, 577.
28 Hierzu allgemein Kap. 3, Rn. 507 ff.
29 Siehe dazu allgemein Kap. 3, Rn. 509 f.
30 BGH, Urt. v. 24.01.2002 – I ZR 102/99 (Verhüllter Reichstag), GRUR 2002, 605.
31 *Lüft*, in: Wandtke/Bullinger, UrhG, § 59, Rn. 3.
32 KG, Beschl. v. 25.10.2010 – 10 W 127/10, MMR 2011, 414.
33 BGH, Urt. v. 17.12.2010 – V ZR 45/10 (Preußische Gärten und Parkanlagen), GRUR 2011, 323, 324; aA. *Czernik*, in: Wandtke/Ohst, Medienrecht, Bd. 2, S. 197 mwN.
34 Siehe dazu allgemein Kap. 3, Rn. 504 ff.
35 BGH, Urt. v. 17.11.2014 – I ZR 177/13 (Möbelkatalog), GRUR-Prax. 2015, 235.

de kommen. Von einem Beiwerk könnte man aber zB. dann sprechen, wenn bei Aufnahmen **zufälligerweise** urheberrechtlich geschützte Werke (zum Beispiel Fotos oder Gemälde) **ins Bild geraten**, die aber für die eigentliche filmische Aussage ohne jede Bedeutung sind.

4. Zitierfreiheit, 51 UrhG

116 Eine der häufig gestellten aber selten tatsächlich praktisch relevanten Fragen ist, ob oder inwieweit Urheberrechte Dritter durch Anwendung der Zitierfreiheit gem. § 51 unterlaufen werden können,[36] bei Filmen also die Frage nach dem **Filmzitat**, dh. der Zulässigkeit einer **Übernahme von Ausschnitten aus anderen Filmen**.

117 Die Frage, ob das **Zitatrecht** überhaupt **auf Filme anwendbar** ist, ist bereits seit langem positiv geklärt.[37] Voraussetzung dafür ist zunächst die Selbstständigkeit des zitierenden Filmwerkes. Sie fehlt, wenn lediglich fremdes Geistesgut unter dem Deckmantel einer Mehrheit von Zitaten ohne wesentliche eigene Leistung wiedergegeben wird.[38] Darüber hinaus muss das Zitat **als Beleg- oder Erörterungsstelle für eigene Aussagen** dienen, was etwa bei einer schlichten Vorführung eines Interviewausschnitts im Rahmen der Sendung „TV total" mit dem Kommentar „Schauen Sie sich das einmal an" nicht der Fall war.[39] Schließlich muss die **Länge des Zitats** in einem angemessenen Verhältnis sowohl zur Gesamtlänge des Filmwerkes, als auch des zitierenden Werkes stehen. Dies ist eine Frage des Einzelfalls. Der Bundesgerichtshof hat bei einem 43-minütigen Film die Nutzung von zwei Zitaten mit einer Gesamtlänge von 5 Minuten und 43 Sekunden jedenfalls als angemessen angesehen.[40]

118 **Strenge Maßstäbe** gelten bei der – als Zitat vorgenommenen – Einblendung von Musik. Zunächst ist der immer wieder kolportierten „Regel" zu widersprechen, wonach die Verwendung von bis zu vier Takten oder zehn Sekunden immer erlaubt sei, was vom Gesetz schlicht und einfach nicht gedeckt ist.[41] Entscheidend ist, dass mit der **Musikeinblendung** ein Zitatzweck verfolgt wird. Dafür genügt es nicht, dass Musik und Film lediglich in einem inneren Zusammenhang stehen oder als Ausschmückung oder Untermalung zusammenpassen. Vielmehr müssen zitierte Musikwerke **als Beleg für etwas dienen**, das sich gedanklich aus dem im Film Gezeigten ergibt, oder aber als Erörterungsgrundlage für eigene Ausführungen im Film dienen. Das ist bei der üblichen musikalischen **Untermalung von Filmszenen** nicht der Fall; die Einfügung von Musikstellen ist vielmehr nur in den – seltenen – Konstellationen als Zitat zu rechtfertigen, in denen die Musikeinblendung eigene, zB. **parodistische oder assoziative Aussagen** zu der eigentlichen Film-

---

36 Siehe dazu allgemein Kap. 3, Rn. 214 ff.
37 BGH, Urt. v. 04.12.1986 – I ZR 189/84 (Filmzitat), GRUR 1987, 362, 363.
38 BGH, Urt. v. 30.06.1994 – I ZR 32/92 (Museumskatalog), GRUR 1994, 2891, 2912.
39 BGH, Urt. v. 20.12.2007 – I ZR 42/05 (TV Total), GRUR 2008, 693, 696.
40 BGH, Urt. v. 04.12.1986 – I ZR 189/84 (Filmzitat), GRUR 1987, 362, 364.
41 *Hertin*, GRUR 1989, 159, 165.

handlung darstellt, oder wenn der Film unmittelbar Aussagen über die angespielte Musik enthält.⁴²

Schließlich bedarf jedes Zitat einer **Quellenangabe**. Dafür genügt es, wenn gemäß § 63 Abs. 2 UrhG ein Hinweis auf das zitierte Werk und dessen Urheber im Nachspann erfolgt.⁴³   119

V. Urheberpersönlichkeitsrecht

Das Urheberpersönlichkeitsrecht schützt als immaterielles Recht die enge **Beziehung zwischen dem Urheber** und seinem Werk. Daher kann der Urheber auf diese Rechte weder verzichten, noch sind sie übertragbar. Für den Filmbereich sind insoweit das Erstveröffentlichungsrecht (§ 12 UrhG), das Namensnennungsrecht (§ 13 UrhG) und der Entstellungsschutz (§ 14 UrhG) von besonderer Bedeutung.   120

1. Erstveröffentlichungsrecht, § 12 UrhG

Das Erstveröffentlichungsrecht nach § 12 UrhG gibt dem Urheber das Recht, zu bestimmen, **ob und wie** sein Werk **zu veröffentlichen** ist.⁴⁴ Diese aus dem Urheberpersönlichkeitsrecht fließende Befugnis umfasst das Recht, darüber zu entscheiden, ob das Werk überhaupt veröffentlicht werden soll und wann die **Veröffentlichungsreife** erreicht ist. Es gilt auch im Bereich des Films und wird durch die besonderen urheberrechtlichen Bestimmungen für Filme (§ 88 ff. UrhG) nicht verdrängt.⁴⁵ Es steht allen Filmurhebern gemeinsam zu.   121

Neben den Filmurhebern steht das Erstveröffentlichungsrecht am Film auch den **Urhebern vorbestehender Werke** zu, und zwar unabhängig davon, ob diese vorbestehenden Werke ihrerseits bereits veröffentlicht waren oder nicht.⁴⁶ In der Praxis wird das Erstveröffentlichungsrecht entweder vertraglich oder aber stillschweigend durch Übergabe der vorbestehenden Werke an den Filmhersteller ausgeübt.⁴⁷   122

2. Namensnennungsrecht, § 13 UrhG

Gemäß § 13 UrhG hat der Urheber ein Recht auf Anerkennung der Urheberschaft, dh. auf **Nennung seines Namens** bei der Verwertung seines Werkes.⁴⁸ Dieses Recht kann jedoch aufgrund von **Verkehrsgewohnheiten** oder allgemeiner Branchenübung **eingeschränkt** werden, wenn diese – ausdrücklich oder stillschweigend – Vertragsinhalt geworden sind.⁴⁹ Außerdem erfährt das Namensnennungs-   123

---

42 Die angespielte Musik wird bspw. als „Schnulze" bezeichnet, vgl. OLG Hamburg, Urt. v. 29.08.1991 – 3 U 139/90, ZUM 1995, 35 ff.
43 *Manegold/Czernik*, in: Wandtke/Bullinger, UrhG, Vor §§ 88 ff., Rn. 125.
44 Siehe dazu allgemein Kap. 2, Rn. 3 ff.
45 OLG München, Urt. v. 20.07.2000 – 29 U 2762/00, ZUM 2000, 767, 771.
46 Manegold/Czernik, in: Wandtke/Bullinger, UrhG, § 88, Rn. 9; OLG Düsseldorf, Urt. v. 30.12.2011 – I-20 U 171/10 (Beuys-Fotoreihe), GRUR 2012, 173, 176.
47 *N.Reber/Schwarz/Hansen*, in: v.Hartlieb/Schwarz, Filmrecht, S. 199.
48 Siehe dazu allgemein Kap. 2, Rn. 54 ff.
49 BGH, Urt. v. 16.06.1994 – I ZR 3/92, NJW 1994, 2621.

recht bei Filmurhebern eine Einschränkung dahin, dass eine Namensnennung unterbleiben darf, wenn sie einen **unverhältnismäßigen Aufwand** bedeuten würde (§ 93 Abs. 2 UrhG).

124 Die Namensnennung erfolgt beim Film **im Abspann** in den sog. „Credits", die aufgrund der Vielzahl der schöpferisch Mitwirkenden teilweise eine erhebliche Länge aufweisen. In der Praxis werden meist **detaillierte vertragliche Regelungen** zu Art und Umfang der Credits zwischen den Urhebern bzw. ausübenden Künstlern und den Produzenten getroffen.[50] Soweit dies nicht der Fall ist, hat die Namensnennung nach Maßstäben der Branchenüblichkeit zu erfolgen. Da auf das Namensnennungsrecht **nicht verzichtet** werden kann, steht die Rechtsprechung einem gänzlichen Unterlassen der Namensnennung kraft Branchenübung skeptisch gegenüber.[51]

125 Für **Filmurheber in Anstellungsstellungsverhältnissen** regelt Ziff. 3.4 des **Tarifvertrags der Film- und Fernsehschaffenden** (TV FFS 2014) das Namensnennungsrecht.[52] Danach haben einen Anspruch auf Nennung ihres Namens die Regisseure, Schauspieler, Produktionsleiter, Kameramänner, Szenenbildner, Tonmeister, Filmeditoren, erste Aufnahmeleiter, Maskenbildner und Kostümbildner. Andere angestellte Filmschaffende haben einen Namensnennungsanspruch nur dann, wenn die Verpflichtung zur **Nennung im Einzelvertrag vereinbart** wurde.

3. Entstellungsschutz, § 14 UrhG

126 Jeder Urheber hat das Recht, eine Entstellung oder eine andere Beeinträchtigung seines Werkes zu verbieten, die geeignet ist, seine berechtigten geistigen oder persönlichen Interessen am Werk zu gefährden.[53] Eine Entstellung ist jede **Verzerrung oder Verfälschung der Wesenszüge** eines Werkes, wie etwa die Veränderung des Werkcharakters, Verzerrung oder Verfälschung der Grundauffassung des Werkes, Verstümmelung, Sinnentstellung oder Änderung des Aussagegehaltes eines Werkes. Eine Entstellung liegt im Allgemeinen in Streichungen wesentlicher Teile oder in Zusätzen, die dem Werk eine andere Färbung oder Tendenz verleihen oder in ähnlichen Abweichungen vom Inhalt und Charakter des Werkes, die auf die geistige Haltung oder Einstellung, dem Ruf und das Ansehen des Werkschöpfers ungünstige oder zumindest unrichtige Rückschlüsse zulassen.[54]

127 Bei **Filmwerken** findet der gesetzliche **Entstellungsschutz** allerdings **nur eingeschränkt** Anwendung. Denn gemäß § 93 Abs. 1 UrhG können sich die Filmurheber sowie die Urheber vorbestehender Werke **nur gegen gröbliche Entstellungen** schützen, wobei das Gesetz nicht die Unterschiede zwischen einfacher und

---

50 *N.Reber/Schwarz/Hansen*, in: v.Hartlieb/Schwarz, Filmrecht, S. 200.
51 *N.Reber/Schwarz/Hansen*, in: v.Hartlieb/Schwarz, Filmrecht, S. 201.
52 Abrufbar zB. unter http://www.produzentenallianz.de/die-produzentenallianz/ergebnisse/inhalte-ergebnisse/tarifvertrag-fuer-auf-produktionsdauer-beschaeftigte-film-und-fernsehschaffende-tv-ffs-2014.html (letzter Abruf: 17.10.2015)
53 Siehe dazu allgemein Kap. 2, Rn. 78 ff.
54 KG, Urt. v. 23.03.2004 – 5 U 278/03, GRUR 2004, 497, 498 mwN.

gröblicher Entstellung definiert. Im konkreten Einzelfall kommt es auf die schöpferische **Gestaltungshöhe** des einzelnen Werkes und die **Art und Intensität des Eingriffs** an.[55] Eine gröbliche Entstellung liegt vor, wenn durch den Eingriff eine **völlige Verkehrung des ursprünglichen Sinngehalts** des Filmwerkes bzw. des ihm zugrundeliegenden Werkes erfolgt ist.[56] Gröblich ist auch jede Entstellung, die geeignet ist, das Ansehen oder den **Ruf des Urhebers** oder ausübenden Künstlers zu gefährden.[57]

Praktische **Beispiele** für gröbliche Entstellungen sind wesentliche Veränderungen der Hauptcharaktere,[58] der partielle **Austausch von Filmmusik**, zB. durch die Musik eines anderen Komponisten,[59] erhebliche **Kürzungen** des Films[60] oder **Werbeunterbrechungen**, insbesondere bei künstlerisch ambitionierten Filmen.[61]   128

Als **nicht gröblich entstellende Änderungen** wurden bspw. angesehen Änderungen, um Anforderungen der freiwilligen Selbstkontrolle der deutschen Filmwirtschaft zu entsprechen,[62] **technisch bedingte Änderungen**, sofern sie zur Filmherstellung erforderlich oder **auswertungsbedingte Änderungen** sind,[63] oder Werbeunterbrechungen, die den Vorgaben des Rundfunkstaatsvertrags bzw. den Richtlinien der Landesmedienanstalten entsprechen.[64]   129

Umstritten ist, ob eine **Nachkolorierung** des Filmwerkes als Entstellung anzusehen ist. Publizierte Urteile deutscher Gerichte gibt es dazu noch nicht. Für die Praxis wird man wohl anhand der Gegebenheiten des Einzelfalls differenzieren müssen: Für die Zulässigkeit solcher Nachkolorierungen kann sprechen, dass viele Filme **nur aus Budgetgründen** und nicht aufgrund einer künstlerischen Entscheidung **in schwarz-weiß** gedreht wurden. Auch wäre es wohl im Interesse des Urhebers, sein Werk durch Nachkolorierung einem breiteren Publikum zugänglich zu machen.[65] Umgekehrt kann eine gröbliche Entstellung dann vorliegen, wenn das Filmwerk durch die erzielte **Scheinfarbigkeit** eine Perspektive, Tiefe oder Far-   130

---

55 *Manegold/Czernik*, in: Wandtke/Bullinger, UrhG, § 93, Rn. 19.
56 OLG München, Urt. v. 01.08.1985 – 29 U 2114/85 (Die unendliche Geschichte), GRUR 1986, 460, 462; KG, Urt. v. 23.03.2004 – 5 U 278/03 (Schlacht um Berlin), GRUR 2004, 497.
57 *Brehm*, Filmrecht, S. 40 ff.
58 KG, UFITA 1971, Bd. 59 S. 279, 282 – Kriminalspiel.
59 OLG Hamburg, Urt. v. 15.05.1997 – 3 U 153/95 (Edgar-Wallace-Filme), GRUR 1997, 822, 825 f.; OLG München, Urt. v. 26.09.1991 – 29 U 2285/89 (Christoph Columbus), GRUR Int. 1993, 332, 333.
60 zB. Kürzung eines einstündigen TV-Films um zehn Minuten, LG Berlin, Urt. v. 11.02.1997 – 16 O 333/96, ZUM 1997, 758; Verkürzung eines Films um ein Drittel: OLG Frankfurt, Urt. v. 22.12.1988 – 6 U 19/88 (Wüstenflug), GRUR 1989, 203, 205.
61 *Schwarz/Hansen*, in: v.Hartlieb/Schwarz, Filmrecht, S. 204, diese sind als sozialadäquat und branchenüblich anzusehen.
62 RegE UrhG v. 23.03.1963, BT-Drucks. IV/270, S. 102.
63 *Schulze*, in: Dreier/Schulze, UrhG, § 93, Rn. 9.
64 *Schwarz/Hansen*, in: v. Hartlieb/ Schwarz Handbuch des Filmrechts, S. 204.
65 *Schwarz/Hansen*, in: v.Hartlieb/Schwarz, Filmrecht, S. 205.

bigkeit erhält, die **dem Original fremd** sind.⁶⁶ Die gleichen Überlegungen werden auch bei künftigen 3-D-Umsetzungen von 2-D-Filmen eine Rolle spielen.

VI. Schutzdauer des Urheberrechts am Film

131 Die Schutzfrist für Filmwerke dauert – wie für jedes urheberrechtlich geschützte Werk – **siebzig Jahre** ab dem Tod des Urhebers (§ 64 UrhG).⁶⁷ Bei Miturhebern wird die Frist ab dem Tod des längstlebenden Miturhebers berechnet (§ 65 Abs. 1 UrhG). Angesichts der Vielzahl der an einem Film schöpferisch Mitwirkenden würde diese gesetzliche Regel dazu führen, dass sich die Schutzdauer selten korrekt berechnen lassen würde. Denn es wird sich in der Praxis selten sicher bestimmen lassen, welcher der **Mitwirkenden an einem Film** tatsächlich eine urheberrechtlich schutzfähige, dh. schöpferische Leistung erbracht hat und wer nicht. Deshalb gilt für den Bereich des Films die **Sonderbestimmung** des § 65 Abs. 2 UrhG. Danach endet das Urheberrecht am Film siebzig Jahre nach dem Tod des Längstlebenden folgender vier Personen: Hauptregisseur, Drehbuchautor, Dialogautor, Filmmusikkomponist. Diese Aufzählung hat keinen Beispielscharakter, sondern ist abschließend zu verstehen.⁶⁸

Randnummern 132–199 einstweilen frei.

---

66 *Manegold/Czernik*, in: Wandtke/Bullinger, UrhG, § 93, Rn. 35, vgl. Entscheidung des Cour d'appel de Paris v. 06.07.1989 (John Houston), GRUR Int. 1989, 937.
67 Siehe dazu allgemein Kap. 3, Rn. 106, 110 f.
68 *Katzenberger*, in: Schricker/Loewenheim, UrhG, § 65, Rn. 4.

C. Nutzungsrechte am Filmwerk

Ein Filmwerk kann auf unterschiedliche Art und Weise ausgewertet werden. Aus Sicht der Filmurheber handelt es sich um die **Verwertungsrechte**,[1] in der Hand des Auswerters bezeichnet man diese Rechte als Nutzungsrechte. Die Rechte können dem Auswerter („Lizenznehmer") exklusiv oder nicht exklusiv, territorial begrenzt oder weltweit, befristet oder für die Dauer der Schutzfrist des Urheberrechts sowie gegenständlich und inhaltlich beschränkt oder unbeschränkt eingeräumt werden. Die im Gesetz abstrakt als Vervielfältigungs-, Verbreitungs-, Vorführung-, Senderecht etc. bezeichneten urheberrechtlichen Einzelbefugnisse haben in der **Vertragspraxis** konkrete Ausdifferenzierungen erfahren,[2] die im Folgenden dargestellt werden sollen:

I. Vervielfältigungsrecht, 16 UrhG

Das Vervielfältigungsrecht ist das Recht, Vervielfältigungsstücke herzustellen, gleichviel ob vorübergehend oder dauerhaft und unabhängig vom Verfahren oder der Anzahl der Kopien (§ 16 UrhG).[3] Dies umfasst beim Film das **Herstellen von Bild- und Tonträgern jeder Art**, wie zB. Filmkopien, Videobänder, DVD's, Bluray, CD-ROM, CD-I, die Speicherung auf Computerfestplatten und das Uploaden im Internet oder einem Online-Dienst.[4]

Diskutiert wird in diesem Zusammenhang die rechtliche Einordnung des **Streamings**. Nach § 44a UrhG sind nämlich flüchtige Speicherungen im Rahmen eines technischen Übertragungsvorgangs keine Vervielfältigungen im Rechtsinne. Der Gesetzgeber bezweckt damit, vorübergehende und lediglich durch ein technisches Verfahren bedingte Zwischenspeicherungen zu privilegieren. Das betrifft vor allem den Vorgang des Streamings. Erfolgt das Streaming von Filmen im Wege des sog. „**True-Streamings**", bei dem die Daten nach Abspielen **unwiderruflich wieder aus dem Zwischenspeicher gelöscht** werden, liegt keine Vervielfältigung vor. Demgegenüber handelt es sich rechtlich um eine Vervielfältigung, wenn beim Streaming im Verfahren des sog. „**Progressiven Downloads**" die Datei **dauerhaft im Zwischenspeicher abgelegt** wird.[5]

---

1 Siehe dazu allgemein Kap. 4, Rn. 2 ff.
2 Vertragsmuster siehe im Anhang, Teil IX.
3 Siehe dazu allgemein Kap. 2, Rn. 203 ff.
4 *N.Reber*, in: v.Hartlieb/Schwarz, Filmrecht, S. 184.
5 *Wiebe*, in: Spindler/Schuster, § 44a UrhG, Rn. 8.

II. Verbreitungsrecht, Vermietrecht und Verleihrecht, § 17 UrhG

203 Das Verbreitungsrecht[6] betrifft das **Inverkehrbringen des Films** bspw. in Form des DVD-Verkaufs aber auch in Form von klassischen Filmrollen, Festplatten oder anderen Datenträgern zur Vorführung des Films in Kinos und Lichtspieltheatern. Gemeint ist das öffentliche Verbreiten, also **nicht die private Weitergabe** an Familienmitglieder oder Freunde. Denn in der privaten Weitergabe an Dritte, mit denen eine persönliche Beziehung besteht, liegt kein Akt des Inverkehrbringens.[7]

204 Das Verbreitungsrecht betrifft **nur das erstmalige öffentliche Inverkehrbringen** des Originals oder von Vervielfältigungsstücken. Danach tritt gemäß § 17 Abs. 2 UrhG **Erschöpfung** ein. Das bedeutet, dass solchermaßen rechtmäßig in den Verkehr gebrachte Vervielfältigungsstücke beliebig von Dritten weiterverbreitet – allerdings nicht vermietet – werden dürfen.

205 **In der Praxis** gehen Vervielfältigungs- und Verbreitungsrecht regelmäßig Hand in Hand, weil nur die Übertragung beider Befugnisse zusammen praktisch sinnvoll ist. Im Hinblick auf moderne Vertriebsformen, bei denen Filme über das Internet gekauft und in unkörperlicher Form herunter geladen werden (Downloadshopping), **verliert das Verbreitungsrecht** körperlicher Werkstücke allerdings mehr und mehr **an Bedeutung**.

III. Vorführungsrecht, § 19 Abs. 4 UrhG

206 Das Vorführungsrecht[8] ist das Recht, einen Film **durch technische Einrichtungen öffentlich wahrnehmbar zu machen**, es handelt sich also um das umgangssprachlich so bezeichnete „Theaterrecht". Es umfasst nur die Vorführung des Films, nicht auch das Recht, den Film zu senden oder in anderer Weise – zB. über das Internet – öffentlich wahrnehmbar zu machen (§ 17 Abs. 4 UrhG). Der Begriff der Öffentlichkeit entspricht demjenigen des Verbreitungsrechts. Es handelt sich mithin nicht um eine öffentliche Vorführung iSv. § 19 Abs. 4 UrhG, wenn sie vor Personen erfolgt, die durch persönliche Beziehungen untereinander verbunden sind.

IV. Senderecht, Recht der öffentlichen Zugänglichmachung

207 Das Senderecht[9] ist das Recht, den Film **im Rahmen eines zeitlich vorgegebenen Programms** durch Funk, Kabel oder ähnliche technische Mittel der Öffentlichkeit zugänglich zu machen (§ 20 UrhG) und zwar unabhängig von der Organisation des Sendeunternehmens (privatrechtlich oder öffentlich-rechtlich), der Übertragungswege (terrestrisch, Kabel, Satellit, Streaming über das Internet) oder der Angebotsformen (Free-TV, Pay-TV-Plattform).[10]

---

6 *N.Reber*, in: v.Hartlieb/Schwarz, Filmrecht, S. 188; siehe dazu allgemein Kap. 2, Rn. 215 ff.
7 BGH, Urt. v. 13.12.1990 – I ZR 21/89; NJW 1991, 1234, 1235.
8 Siehe dazu allgemein Kap. 2, Rn. 258 f.
9 Siehe dazu allgemein Kap. 2, Rn. 274 ff.
10 *Ehrhardt*, in: Wandtke/Bullinger, UrhG, § 20, Rn. 2.

Die Einräumung des Senderechts umfasst in der Regel die **einmalige Ausstrahlung eines Films** in einem bestimmten Territorium und Zeitraum. Wiederholungssendungen, zeitversetzte Sendungen sowie Near-Video-on-Demand-Sendungen sind rechtlich betrachtet erneute Sendevorgänge und bedürfen daher einer entsprechenden umfassenderen Rechteeinräumung.

208

Nicht zum Sendevorgang gehört der **Empfang einer Rundfunksendung**. Der Betrieb einer auf nachbarschaftliche Verhältnisse beschränkten **Gemeinschaftsantennenanlage** ist daher kein erneuter Sendevorgang. Hingegen wurde die Einspeisung in eine Breitbandkabelanlage (Netzebene 3 und 4) von der Rechtsprechung als weiterer Sendevorgang angesehen.[11]

209

Eine besondere Problematik enthalten **grenzüberschreitende Sendungen**: Bei terrestrischen Ausstrahlungen wird der sog. Overspill, dh. die lediglich technisch bedingte **topographische Randunschärfe** terrestrischer Sendungen grundsätzlich hingenommen. Denn Rundfunkwellen machen vor Ländergrenzen nicht halt. Bei **Satellitenausstrahlungen** ist es aufgrund der Ausleuchtzone von Satelliten technisch nahezu unmöglich, eine Satellitenausstrahlung auf das Gebiet eines oder auch nur mehrerer Länder zu beschränken. Das hätte zur Folge, dass bei der Satellitensendung zB. eines niederländischen Films ggfls. die Senderechte für das gesamte Territorium Europas erworben werden müssten. Hier hilft § 20a UrhG, wonach eine Satellitensendung, die innerhalb eines EU-Mitgliedslandes ausgeführt wird, ausschließlich als in diesem Staat erfolgt angesehen wird, folglich die Senderechte nur für dieses Gebiet erworben werden müssen.

210

Das Senderecht erfasst allerdings nicht den **Download von Werken** über das Internet, weil es insoweit an dem das Senderecht kennzeichnenden Erfordernis einer vorgegebenen zeitlichen Abfolge (festes Programm) fehlt. Um auch insoweit umfassenden Rechtsschutz zu gewähren und um gleichzeitig der Informations-Richtlinie[12] Rechnung zu tragen, wurde im Jahr 2003 das **Recht der öffentlichen Zugänglichmachung** (sog. Online-Recht) in das Urheberrechtsgesetz aufgenommen (§ 19a UrhG). Dessen gesetzliche Definition ist sprachlich etwas komplex ausgefallen. Praktisch handelt es sich um das Vorhalten geschützter Werke zum Abruf in digitalen Netzen (On-Demand Dienste). Der entscheidende Unterschied zum Senderecht besteht darin, dass der Nutzer beim Recht der öffentlichen Zugänglichmachung bestimmt, wann und von wo er auf das Werk zugreift. Dies ist allerdings dann anders zu beurteilen, wenn ein Film über das Internet im Rahmen eines **Live-Streams** angeboten wird, weil der Nutzer dann nicht mehr über den Zeitpunkt des Zugriffs entscheiden kann. Ähnlich wie bei der Ausstrahlung eines Films im Fernsehfunk hat er also nur die Wahl den Stream zu verfolgen, oder die Übertragung zu verpassen. Ein solcher Streaming-Vorgang ist also **vom Senderecht erfasst**.

211

Randnummern 212–299 einstweilen frei.

---

11 KG, Urt. v. 25.01.2010, – 24 U 16/09, GRUR-RR 2010, 414, 416.
12 Siehe Kap. 11, Rn. 238 ff.

D. Rechtsverkehr bei der Filmauswertung

300 Die vorstehend bezeichneten Verwertungsrechte werden vom Filmschaffenden an den Produzenten bzw. vom Produzenten an die filmverwertende Industrie als Nutzungsrechte eingeräumt bzw. übertragen bzw. „lizenziert". Es handelt sich dabei im Wesentlichen um die **Produktionsverträge**[1] (Stoffrechte-, Drehbuch-, Regie- Schauspieler- und Mitwirkendenverträge) sowie die **Auswertungsverträge**[2] über die verschiedenen Auswertungsstufen (Kino, Pay-TV, Video, Free-TV).

I. Zweckübertragungstheorie

301 Viele **Verträge im Filmbereich** sehen generalklauselartig vor, dass „die Rechte ausschließlich, räumlich, zeitlich und sachlich uneingeschränkt auf den Produzenten übertragen" werden.[3] Für solche Verwertungsverträge, die Nutzungsrechte nur allgemein bezeichnen, nicht aber die konkreten Nutzungsarten beschreiben, gilt nach § 31 Abs. 5 UrhG die sog. **Zweckübertragungsregel**. Sie besagt, dass sich bei fehlender Einzelbezeichnung im Vertrag der Umfang der eingeräumten Nutzungsrechte nach dem von beiden Parteien zugrunde gelegten Vertragszweck bestimmt.[4] Das hat zur Folge, dass die Gerichte bei unzureichender Einzelbezeichnung „im Zweifel" eine Auslegungsregel anzuwenden haben, nach der (nur) diejenigen Rechte als übertragen gelten, die zur Erfüllung des Vertragszwecks zwingend erforderlich sind.[5] Werden bspw. in einem Vertrag die Rechte für „unbegrenzte Ausstrahlungen" eingeräumt und wird gemäß Vertragszweck ein typischer TV-Werbespot erstellt, umfasst die Rechteeinräumung nicht auch dessen Veröffentlichung im Internet.[6]

302 In der Filmindustrie hat dies dazu geführt, dass viele Verwerter aus Sorge vor mangelhaftem Rechteerwerb dazu übergegangen sind, sehr ausführliche Vertragsmuster zu verwenden, denen **umfassende Rechtekataloge** beigefügt sind, die – der technischen Entwicklung folgend – jährlich fortgeschrieben werden.

II. Besondere Bestimmungen für Filme

303 Eine andere Auslegungsregel gilt für **Verträge, durch die Verfilmungsrechte eingeräumt** werden. Gemäß §§ 88, 89 UrhG räumen die Urheber vorbestehender Werke sowie die Filmmitwirkenden dem Filmhersteller im Zweifel das ausschließliche Recht ein, das Werk bzw. ihre Mitwirkung unverändert oder bearbeitet zur

---

1 Vertragsmuster siehe Anhang, Teil IX.
2 Vertragsmuster siehe Anhang, Teil IX.
3 *Brehm*, Filmrecht, S. 33.
4 Hierzu allgemein s. Kap. 4, Rn. 35 ff.
5 BGH, Urt. v. 27.09.1995 – I ZR 215/93, GRUR 1996, 121, 122.
6 LG Köln, Urt. v. 14.07.2010 – 28 O 128/08, ZUM-RD 2010, 698, 702.

Herstellung eines Filmwerkes zu benutzen und dieses auf alle Nutzungsarten zu nutzen (§§ 88, 89 UrhG). Beim Verfilmungsrecht verhält es sich also genau umgekehrt zur vorstehend dargelegten Zweckübertragungsregel. Im Zweifel, das heißt bei Formulierungsunschärfen im Vertrag gelten die ausschließlichen Rechte bezogen auf **alle Nutzungsarten** als eingeräumt.

Die Regelungen der §§ 88, 89 UrhG gelten nur „im Zweifel", sind also gesetzliche **Vermutungsregelungen**, die durch entgegenstehende Abmachungen jederzeit abgeändert oder aufgehoben werden können. Es ist also durch **vertragliche Gestaltung** immer möglich, den Umfang der dem Filmhersteller eingeräumten Nutzungsrechte auf das aus Sicht der Vertragsparteien eventuell erforderliche Maß zu reduzieren. Soll also zB. die Filmauswertung territorial beschränkt werden, sollte dies in einer ausdrücklichen vertraglichen Vereinbarung festgehalten werden.[7] *304*

§ 90 UrhG enthält weitere **Bestimmungen zum Schutz des Filmherstellers**. Danach stehen den Urhebern vorbestehender Werke und den schöpferisch am Film Mitwirkenden bestimmte **Zustimmungsrechte** bei Nutzungsrechtsübertragungen sowie die **Rückrufsrechte** wegen Nichtausübung oder gewandelter Überzeugung nicht zu.[8] *305*

Hintergrund der Bestimmungen der §§ 88 bis 90 UrhG ist die Überlegung, dass andernfalls der Filmhersteller angesichts der Vielzahl der schöpferisch Mitwirkenden in realistischer Weise kaum in der Lage ist, sich von jedem Einzelnen die erforderlichen Rechte einräumen zu lassen. *306*

Randnummern 307–399 einstweilen frei.

---

7 *Manegold/Czernik*, in: Wandtke/Bullinger, UrhG, § 88, Rn. 66.
8 Siehe auch Kap. 4, Rn. 15.

E. Leistungsschutzrechte
I. Filmhersteller
1. Begriff

400 Ein Filmhersteller (**Produzent**) erwirbt nicht nur auf vertraglicher Basis von den Mitwirkenden und Verfassern vorbestehender Werke die zur Auswertung erforderlichen urheberrechtlichen Nutzungsrechte, sondern aufgrund seiner **organisatorischen Gesamtleistung** auch ein gesetzliches Leistungsschutzrecht an dem Bild- und Tonträger, auf den das Filmwerk aufgenommen ist (§ 94 UrhG). Es umfasst das Vervielfältigungsrecht, das Verbreitungsrecht, das Recht der öffentlichen Vorführung, Funksendung und das Recht der öffentlichen Zugänglichmachung des physischen Films.

401 Der Begriff des Filmherstellers wird von der Rechtsprechung definiert als diejenige natürliche oder juristische Person, der die **erste Bildfolgenfixierung unternehmerisch zuzurechnen** ist. Filmhersteller ist derjenige, der das **wirtschaftliche Risiko** einer Filmproduktion trägt und die Filmschaffenden **im eigenen Namen** und **auf eigene Rechnung** anstellt.[1]

402 **In der Praxis** fallen die genannten Aspekte nicht immer zusammen, so dass es für die Bestimmung, wer Filmhersteller ist, einer konkreten **Einzelfallbetrachtung** bedarf. Maßgeblich sind wirtschaftliche Kriterien, insbesondere die **Risikozurechnung**. Konkret kommt es auf das Kostenüberschreitungs-, Abnahme-, Fertigstellungs- und Auswertungsrisiko an.[2]

403 Problematisch kann die **Bestimmung der Person des Filmherstellers** werden, wenn die organisatorische und wirtschaftliche Verantwortung nicht bei einem einzigen Unternehmen liegt, was insb. bei Koproduktionen und Auftragsproduktionen der Fall ist.[3]

a) Koproduktion

404 Eine Koproduktion entsteht, wenn **mehrere Unternehmen gemeinschaftlich** einen Film produzieren. Es sind rein inländische oder internationale Koproduktionen möglich. In der Regel handelt es sich dabei um eine **Gesellschaft bürgerlichen Rechts** (GbR), auf die die Regelungen der § 705 ff. BGB Anwendung finden. Denn die Unternehmen schließen sich zu dem gemeinsamen Zweck der Filmherstellung und/oder Filmauswertung zusammen.[4] Auch im Falle einer Koproduk-

---

1 BGH, Urt. v. 22.10.1992 – I ZR 300/90 (Filmhersteller), GRUR 1993, 472, 473; LG München I, Urt. v. 01.12.2005 – 7 O 12664/05, ZUM 2008, 161.
2 *Manegold/Czernik*, in: Wandtke/Bullinger, UrhG, § 94, Rn. 31.
3 *Czernik*, in: Wandtke/Ohst, Medienrecht, Bd. 2, S. 140 f.
4 *Brehm*, Filmrecht, S. 177.

tion beantwortet sich die Frage der Filmherstellerschaft nach den von der Rechtsprechung entwickelten Kriterien der **Risikozurechnung**.⁵ Maßgeblich ist daher auch bei einer Koproduktion, welcher der beteiligten Koproduzenten die wirtschaftliche und organisatorische Verantwortung hat. Es kann auch die GbR selbst als Filmhersteller in Betracht kommen, da sie als sog. Außengesellschaft ebenfalls Träger von Rechten, Pflichten und Gesamthandsvermögen sein kann.⁶

Besonderheiten gelten bei dem sog. „**Executive Producer**". Übernimmt einer der Beteiligten als Executive Producer die **Federführung im Außenverhältnis** und trägt er die Verantwortung für die Herstellung des Films, um ihn anschließend zur Auswertung in die GbR einzubringen, so ist der Executive Producer als Filmhersteller anzusehen.⁷ Werden hingegen die zur Filmherstellung erforderlichen Verträge vom Executive Producer im Namen und auf Rechnung der Gesellschaft geschlossen, ist nicht er, sondern die GbR als Filmhersteller anzusehen.⁸ Der Executive Producer ist in diesen Fällen **Geschäftsführungsorgan** der Koproduktionsgesellschaft.⁹ 405

b) Auftragsproduktion

Bei einer Auftragsproduktion wird **ein Dritter mit der Realisierung des Filmprojekts beauftragt**. Dabei wird zwischen echten und unechten Auftragsproduktionen unterschieden. 406

Eine **echte Auftragsproduktion** ist dadurch charakterisiert, dass der Auftragsproduzent als selbstständiger Unternehmer in eigener Verantwortung den Film herstellt und an den Auftraggeber abliefert. Der echte Auftragsproduzent ist daher aufgrund seiner unternehmerischen Beteiligung Filmhersteller iSv. § 94 UrhG. Typische Fälle sind die senderfinanzierten Auftragsproduktionen, bei denen die Auftragsproduzenten üblicherweise die Filme auf eigenes Risiko herstellen und das Abnahmerisiko tragen. Unschädlich ist es insoweit, wenn die Sender für die Produktion in gewissem Umfang Sach- und Personalbeistellungen leisten.¹⁰ 407

Im Unterschied dazu steht die **unechte Auftragsproduktion**, die dadurch gekennzeichnet ist, dass der Auftragsproduzent den Weisungen des Auftraggebers unterworfen ist und dieser die Entscheidungsbefugnis über alle wesentlichen Fragen inne hat.¹¹ Bei einer unechten Auftragsproduktion ist demgemäß nicht der Auftragsproduzent, sondern der Auftraggeber als Filmhersteller iSv. § 94 UrhG anzusehen. 408

---

5 vgl. BGH, Urt. v. 22.10.1992 – I ZR 300/90 (Filmhersteller), GRUR 1993, 472, 473; LG München I, Urt. v. 01.12.2005 – 7 O 12664/05, ZUM 2008, 161.
6 BGH, Urt. v. 29.01.2001 – II ZR 331/00, NJW 2001, 1056.
7 *Manegold/Czernik*, in: Wandtke/Bullinger, UrhG, § 94, Rn. 55.
8 *Schwarz* in: v. Hartlieb/ Schwarz Handbuch des Filmrechts, S. 361.
9 *Schwarz* in: v. Hartlieb/ Schwarz Handbuch des Filmrechts, S. 361.
10 *Brehm*, Filmrecht, S. 173.
11 *Czernik*, in: Wandtke/Ohst, Medienrecht, Bd. 2, S. 141.

2. Inhalt des Leistungsschutzrechts

409 Dem Filmhersteller steht nach § 94 UrhG ein originäres Leistungsschutzrecht zu, das **dem Urheberrecht verwandt** ist. Es ist durch Abtretung nach §§ 398 ff., 413 BGB übertragbar und es kann, wie Urheberrechte, in verschiedensten Varianten einem Dritten eingeräumt werden.

410 **Inhaltlich** handelt es sich um das Vervielfältigungs- (§ 16 UrhG) und Verbreitungsrecht (§ 17 UrhG), das Recht der öffentlichen Vorführung (§ 19 Abs. 4 UrhG), das Funksendungsrecht (§ 20 UrhG) und das Recht auf öffentliche Zugänglichmachung (§ 19a UrhG).

411 § 94 Abs. 1 S. 2 UrhG gewährt dem Filmhersteller ferner einen **Entstellungs- und Kürzungsschutz**, sofern diese Änderungen seine berechtigten Interessen gefährden. Eine Entstellung stellt zB. das Inverkehrbringen qualitativ minderwertiger Raubkopien dar oder das Entfernen der Produzentenlogos aus dem Vor- und Abspann.[12]

412 Das Leistungsschutzrecht umfasst nicht nur den Film als gegenständliches Ganzes, sondern auch den **Schutz von Teilen**, wie zB. Filmausschnitten sowie von Film-Stills, selbst wenn diese keinen Werkcharakter haben sollten. Auch eine – ggfls. getrennt existierende – Tonspur ist geschützt, zB. gegen die unberechtigte Auskopplung oder Überspielung.[13]

3. Schutzdauer, § 94 Abs. 3 UrhG

413 Das Gesetz sieht für das Leistungsschutzrecht des Filmherstellers eine **Mindestschutzdauer von fünfzig Jahren** ab der Erstfixierung des Films vor. Erscheint der Film innerhalb dieser Frist oder wird er innerhalb dieser Frist erlaubterweise erstmals zur öffentlichen Wiedergabe benutzt, so endet die Schutzfrist (erst) fünfzig Jahre nach dem Erscheinen bzw. der ersten öffentlichen Wiedergabe. Die Schutzfrist kann also **maximal einhundert Jahre** dauern, nämlich dann, wenn der Film erstmals im fünfzigsten Jahr nach Erstfixierung erscheint oder öffentlich wiedergegeben wird.[14]

II. Laufbilder, § 95 UrhG

414 Das vorstehend beschriebene Leistungsschutzrecht des Filmherstellers betrifft Filmwerke iSv. § 2 Abs. 1 Nr. 6 UrhG. Für alle anderen Filme, denen aufgrund ihres **fehlenden Werkcharakters** kein urheberrechtlicher Schutz zukommt, besteht ein Leistungsschutzrecht als „Laufbild" nach § 95 UrhG. Hersteller von Laufbildern genießen den **gleichen Schutz wie Filmhersteller** iSv. § 94 UrhG, da § 94 UrhG auf sie entsprechende Anwendung findet.[15] Denn bei der Herstellung eines Films lässt sich nicht immer vorhersehen, ob ein urheberrechtlich geschütztes

---

12 *U.Reber*, in: v.Hartlieb/Schwarz, Filmrecht, S. 294.
13 *U.Reber*, in: v.Hartlieb/Schwarz, Filmrecht, S. 291.
14 *Manegold/Czernik*, in: Wandtke/Bullinger, UrhG, § 94, Rn. 72.
15 KG, Urt. v. 20.06.2011 – 24 U 107/10; ZUM-RD 2012, 526, 528.

Filmwerk entsteht oder nur ein Laufbild. Da der organisatorische Aufwand aber in vielen Fällen derselbe sein wird, soll auch diese Leistung durch ein Leistungsschutzrecht honoriert werden.[16]

Bei **Laufbildern** handelt es sich in der Regel um das Abfilmen von Ereignissen, wie zB. Interviewsendungen, Nachrichtensendungen, Sportveranstaltungen, einfache Landschaftsaufnahmen, pornographische Filme, jeweils ohne künstlerischen Anspruch.[17]   415

Das Leistungsschutzrecht hat den gleichen Inhalt **wie das Leistungsschutzrecht des Filmherstellers**, so dass zunächst auf die vorstehenden Ausführungen verwiesen werden kann.[18]   416

Leistungsschutz nach § 95 UrhG genießen auch einzelne **Teile von Filmwerken** und **einfache Bildfolgen**, unabhängig von der Größe oder der Länge des Filmausschnitts.[19] Denn die wirtschaftliche und organisatorische Leistung des Filmherstellers wird für den gesamten Film erbracht und es gibt keinen Teil des Films, auf den nicht ein Teil dieses Aufwands entfiele und der daher nicht geschützt wäre.[20]   417

III. Sanktionen

Bei Verstößen gegen die Leistungsschutzrechte greift der urheberrechtliche Sanktionskatalog der §§ 96 ff. UrhG ein.[21] Demnach stehen dem Inhaber des Leistungsschutzrechts insbesondere **Unterlassungs- und Schadenersatzansprüche** zu. Die Ansprüche unterliegen der allgemeinen Verjährung nach §§ 194 ff. BGB und verjähren somit nach drei Jahren ab Entstehung des Anspruchs und Kenntnis bzw. grob fahrlässiger Unkenntnis von der Verletzungshandlung und der rechtsverletzenden Person.   418

Randnummern 419–499 einstweilen frei.

---

16 *Schulze*, in: Dreier/Schulze, UrhG, § 95, Rn. 1.
17 *Manegold/Czernik*, in: Wandtke/Bullinger, UrhG, § 95, Rn. 6 ff.
18 Siehe Rn. 409 ff.
19 BGH, Urt. v. 20.12.2007 – I ZR 42/05 (TV Total), GRUR 2008, 693, 694.
20 BGH, Urt. v. 19.11.2009 – I ZR 128/07 (Film-Einzelbilder), GRUR 2010, 620, 622; BGH, Urt. v. 20.12.2007 – I ZR 42/05 (TV-Total), GRUR 2008, 693, 694; KG, Urt. v. 27.08.2002 – 5 U 46/01 (Paul und Paula), MMR 2003, 110, 112; OLG München, Urt. v. 23.10.1997 – 6 U 3117/96, ZUM-RD 1998, 124, 126.
21 Hierzu siehe allgemein Kap. 7, Rn. 49 ff.

F. Anspruch des Urhebers auf eine angemessene Vergütung

500 Zu den Ansprüchen des Urhebers auf eine angemessene Vergütung (§ 32 UrhG), die weitere nachträgliche Beteiligung (§ 32a UrhG) und die Vergütung für unbekannte Nutzungsarten (§ 32c UrhG) wird auf die diesbezüglichen allgemeinen Ausführungen verwiesen.[1] Für den Bereich des Films gelten folgende Besonderheiten:

I. Tarifverträge und gemeinsame Vergütungsregeln

501 Der Produzent ist den Urhebern der vorbestehenden Werke und den Filmurhebern **zur Entrichtung einer angemessenen Vergütung verpflichtet**. Eine Vergütung gilt als angemessen, wenn für dessen Bemessung gemeinsame Vergütungsregeln oder Tarifverträge dienten (§ 32 Abs. 2 S. 1 und Abs. 4 UrhG). Für den Filmbereich sind in diesem Zusammenhang bspw. zu nennen:

- Tarifvertrag für Film- und Fernsehschaffende für die Dauer der Produktionszeit (sog. TV FFS),
- Ergänzungstarifvertrag Erlösbeteiligung Kinofilm,
- Gagentarifvertrag für Schauspieler und Schauspielerinnen,
- Gemeinsame Vergütungsregeln für den Bereich des Kinofilms zwischen dem *Bundesverband Kamera* und der *Constantin Film Produktion GmbH*,
- Gemeinsame Vergütungsregeln zwischen *BVR*, *ZDF* und *Produzentenallianz* zu Vergütungs-, Wiederholungsvergütungs- und Beteiligungsansprüchen von TV-Regisseuren und Regisseurinnen von fiktionalen *ZDF*-Auftragsproduktionen,
- Rahmenvereinbarung über an Drehbuchautoren von *ZDF*-Auftragsproduktionen zu bezahlende Vergütungen, Wiederholungsvergütungen und Beteiligungen,[2]
- Vereinbarung mit dem *Verband Deutscher Bühnen- und Medienverlage (VDB)* für verlagsgebundene Autoren,
- die drei parallel verhandelten und abgeschlossenen Vereinbarungen von *ProSieben*, *Sat.1* und den Verbänden der Schauspieler *(BFFS)*, Regisseure *(BVR)* und dem *Verband Deutscher Drehbuchautoren e V. (VDD)*.

II. Buy-Out-Verträge

502 Im Filmgeschäft sind sog. „Buy-Out-Verträge" **gängige Praxis**. Nach diesen Vereinbarungen treten die Filmmitwirkenden und Urheber vorbestehender Werke ihre Rechte gegen eine **Pauschalvergütung** an den Produzenten ab. Für solche Vereinbarungen besteht ein starkes praktisches Bedürfnis. Denn bei einer Filmprodukti-

---

1 Siehe dazu allgemein Kap. 4, Rn. 200 ff.
2 Wurde am 10.03.2015 gekündigt.

on sind in möglichst einheitlicher Form sämtliche Rechte von einer Vielzahl von Urhebern und Leistungsschutzberechtigten zu erwerben, die jeweils in sehr unterschiedlichem Maße an der Produktion mitwirken (Drehbuchverfasser, Regisseur, Kameramann, Schnitt, Beleuchter, Schauspieler, Statisten etc.), so dass **Anteilsberechnungen erheblichen Schwierigkeiten** begegnen würden. Für Buy-Out-Verträge ist charakteristisch, dass sich die Verwerter von den Urhebern gegen ein Pauschalhonorar sämtliche Nutzungsrechte einräumen lassen, auch wenn die Verwerter im Einzelfall mit diesen Rechten zunächst noch nichts anfangen können.[3]

Fraglich ist die **Wirksamkeit** solcher Buy-Out-Vereinbarungen im Hinblick auf die mit der Urheberrechtsreform 2002 eingeführte gesetzliche Verpflichtung zur Zahlung einer angemessenen Vergütung (§ 32 UrhG). Der Bundesgerichtshof hat dazu inzwischen festgestellt, dass Pauschalvergütungen auch nach der Urheberrechtsnovelle **nicht per se unredlich** sind. Er hat jedoch zugleich klargestellt, dass gerade bei einer umfassenden und langfristigen Werknutzung die nicht unerhebliche **Gefahr einer unangemessenen Vergütung** besteht.[4] Dies trifft insbesondere auf die Filmbranche zu, die enorme Nutzungs- und Auswertungsmöglichkeiten bietet, da Filme nicht nur in verschiedensten Medien, sondern bei einem Rechte-Buy-Out während der gesamten Schutzfristdauer des Urheberrechts von siebzig Jahren ausgewertet werden können. Es wird also insbesondere bei Einräumung aller gegenwärtigen und zukünftigen Nutzungsrechte gegen Zahlung einer Pauschalvergütung sehr schnell der Bereich erreicht sein, in welchem Gerichte eine Unangemessenheit der Vergütungsvereinbarung feststellen werden. 503

Auf der sicheren Seite befände man sich mit einer **prozentualen Gewinnbeteiligung** des Urhebers. Ein solches Modell lässt sich aber aufgrund der Besonderheiten des Filmgeschäfts nicht in Reinform umsetzen. Vorzugswürdig sind daher Mischmodelle wie zB. eine **Kombination von Grundvergütung** und **Escalator-Regelungen** (erfolgsabhängige Zusatzvergütungen bei Erreichung bestimmter Besucherzahlen) oder die Vereinbarung von **Zusatzvergütungen bei Wiederverfilmung** oder Beteiligungsvergütungen bei bestimmten Merchandising-Formen. 504

Im Übrigen sei darauf hingewiesen, dass man sich der Problematik nicht durch allgemein formulierte **salvatorische Klauseln** (wie „Rechteübertragung soweit rechtlich zulässig") entziehen kann, da diese gegen das Transparenzgebot nach § 307 Abs. 1 S. 2 BGB verstoßen.[5] Schließlich empfiehlt es sich bei Verträgen, die mehrfach verwendet werden, also **Allgemeine Geschäftsbedingungen** darstellen, den Urheber im Rahmen des Rechte-Buy-Outs gesondert auf die Einräumung von unbekannten Nutzungsarten hinzuweisen und diesen parafieren zu lassen. Denn diese Form der Rechteeinräumung ist erst seit der Urheberrechtsnovelle zulässig und könnte daher viele Vertragspartner überraschen und damit gemäß § 305c BGB unwirksam sein.[6] 505

---

3 *Wandtke/Bullinger*, in: Wandtke/Bullinger, UrhG, Vor §§ 31 ff., Rn. 92.
4 BGH, Urt. 07.10.2009 – I ZR 38/07 (Talking to Addison), GRUR 2009, 1148, 1150.
5 KG, Urt. v. 09.02.2012 – 23 U 192/08, GRUR-RR 2012, 362, 363.
6 *Czernik*, in: Wandtke/Ohst, Medienrecht, Bd. 2, S. 185.

KAPITEL 7
Rechtsschutz im Urheberrecht

Für die Fälle von Verletzungen des Urheberrechts oder eines anderen nach dem **1** UrhG geschützten Rechts enthält das UrhG im 2. Abschnitt des 4. Teils bürgerlich-rechtliche Vorschriften, Straf- und Bußgeldvorschriften sowie öffentlich-rechtliche Vorschriften zu Maßnahmen der Zollbehörde. Urheberrechtsverletzungen haben also nicht nur zivilrechtliche Rechtsfolgen, beispielsweise Verpflichtungen zum Schadenersatz oder zur Unterlassung, sondern können auch strafrechtlich relevant sein. Die Bußgeldvorschriften betreffen technische Schutzmaßnahmen. Und bestimmte Vervielfältigungsstücke unterliegen der Beschlagnahme durch die Zollbehörde. Im Falle einer Urheberrechtsverletzung drohen dem Verletzer damit im Wesentlichen sowohl die **zivilrechtliche Inanspruchnahme** durch den Verletzten selbst, also insbesondere durch den Urheber, den Inhaber eines Leistungsschutzrechts oder den Inhaber eines ausschließlichen Nutzungsrechts, als auch die **strafrechtliche Inanspruchnahme** durch die Staatsanwaltschaft bzw. durch den Staat mit der Staatsanwaltschaft als Anklägerin. Dies kann vom Verletzer unter Umständen als eine **doppelte Bestrafung** empfunden werden. Es ist aber nur gerecht, wenn man bedenkt, dass die zivilrechtliche Inanspruchnahme im Wesentlichen nicht der Bestrafung des Verletzers, sondern der Beseitigung eines rechtswidrigen Zustands, des Ausgleichs von Schäden oder der Verhinderung von im Kern gleichartigen Wiederholungen dient, während das Strafrecht vor allem strafenden und präventiven (abschreckenden) Charakter hat und der Genugtuung des Verletzten dient. Immerhin kann es Verletzer geben, die sich aus wirtschaftlichen Gründen alles leisten und durch Zahlungs- oder Unterlassungspflichten nicht von Rechtsverletzungen abgehalten werden können, wohl aber durch eine strafrechtliche Inanspruchnahme in Gestalt von Haftstrafen.

Die zivilrechtliche und die strafrechtliche Inanspruchnahme sind grundsätzlich **2** unabhängig von einander, haben andere Voraussetzungen, sind anders ausgestaltet, werden in gesonderten Verfahren vor verschiedenen Gerichten durchgesetzt und daher auch nachfolgend gesondert behandelt.[1] Aufgrund dieser **Unabhängigkeit** ist es im Übrigen nicht nur möglich, dass eine einzelne Rechtsverletzung, beispielsweise das illegale Downloadangebot eines urheberrechtlich geschützten Films im Internet, sowohl zivilrechtliche Schadenersatzansprüche des Betroffenen auslöst, als auch einen Strafanspruch des Staates gegen den Täter begründet und damit (zusätzlich) eine Geld- oder Haftstrafe zur Folge haben kann. Das Zivilverfahren einerseits und das Strafverfahren andererseits können vielmehr auch **unterschiedliche Ergebnisse** liefern. Beispielsweise kann ein Rechtsverletzer von einem Zivilgericht zur Zahlung von Schadenersatz und zur Unterlassung verurteilt werden, während ihn das Strafgericht wegen derselben Rechtsverletzung für „nicht schuldig" hält, eine von der Staatsanwaltschaft begehrte Verurteilung auf Zahlung

---

1 Zur Möglichkeit der Geltendmachung vermögensrechtlicher Ansprüche im Strafverfahren siehe Rn. 239 ff.

einer Geldstrafe ablehnt und frei spricht. Es kann nämlich sein, dass eine **Zeugenaussage** von einem Strafrichter **anders gewürdigt** wird als von einem Zivilrichter oder dass sich ein Zeuge in einer späteren Verhandlung nicht mehr genau erinnern kann und seine Aussage damit wertlos wird. Ferner gelten auch unterschiedliche **Verjährungsfristen**. Und nicht zuletzt kann das Strafverfahren auch jederzeit gem. § 153 StPO wegen geringer Schuld eingestellt werden. Zwar sind derart gegensätzliche Entscheidungen aufgrund der Einheit der Rechtsordnung nicht wünschenswert und den Betroffenen auch nur schwer vermittelbar. Außerdem lassen sie sich durch **Aussetzen des Verfahrens** bis zur Entscheidung im anderen Verfahren und Einbeziehung des Ergebnisses des anderen Verfahrens vermeiden. In Fällen der Verletzung von Urheberrechten ist aber nicht immer klar, welches Gericht sein Verfahren sinnvollerweise aussetzen sollte. Sind Beispielsweise Zivil- und Strafverfahren wegen Diebstahls einer Sache anhängig, wird für gewöhnlich das Zivilgericht aussetzen, bis das Strafgericht entschieden hat, um die dem Strafgericht zukommende Einschätzungsprärogative über in erster Linie strafrechtlich relevante Vorgänge nicht zu nehmen. Beim Diebstahl geistigen Eigentums im Sinne einer unerlaubten Verwertung urheberrechtlich geschützter Werke liegt dies jedoch nicht auf der Hand. Immerhin könnte auch das Strafgericht geneigt sein, das Verfahren auszusetzen, um zunächst die Rechtsauffassung des Zivilgerichts zu erfahren, denn das Urheberrecht ist eine im Wesentlichen zivilrechtliche Materie zu der das Urheberstrafrecht nur einen Annex bildet. Andererseits dauern Zivilverfahren für gewöhnlich deutlich länger als Strafverfahren,[2] wobei eine zu lange Verfahrensdauer gegen das Recht des Beschuldigten auf beschleunigte Erledigung des Strafverfahrens verstoßen kann.[3]

A. Zivilrechtliche Ansprüche bei Rechtsverletzungen

Literatur: *Bisges*, Die Rechtsverbindlichkeit der De-Mail und der klassischen E-Mail im Vergleich, MMR-Aktuell 2010, 307088; *Busch*, Zurückweisung einer Abmahnung bei Nichtvorlage der Originalvollmacht nach § BGB § 174 S. 1 BGB?, GRUR 2006, S. 477–480; *Haedicke*, in: Festschrift Schricker 2005, Informationsbefugnisse des Schutzrechtsinhabers im Spiegel der EG-Richtlinie zur Durchsetzung der Rechte des geistigen Eigentums, S. 19–32; *Steinecke*, Die Verwirkung im Immaterialgüterrecht, 2006.

---

2 Vgl. nur die durchschnittliche Verfahrensdauer im Jahre 2014 in NRW von Zivilverfahren in erster Instanz von 9,1 Monaten (einschließlich zweiter Instanz 15,2 Monate) sowie Strafverfahren in erster Instanz von 7,3 Monaten (einschließlich zweiter Instanz 11,4 Monaten), justiz.nrw.de/Gerichte_Behoerden/zahlen_fakten/statistiken/justizgeschaeftsstatistik/landgerichte/verfahrensdauer/index.php, zuletzt abgerufen am 19. August 2015.
3 Vgl. Art. 6 Abs. 1 S. 1 MRK, BGH, Urt. v. 19.06.2002 – 2 StR 43/02 (Verstoß gegen das Beschleunigungsgebot), NStZ 2003, 384.

I. Allgemeines
1. Verletzung des Urheberrechts
a) Rechtsverletzung

Sämtliche im 2. Abschnitt des 4. Teils des UrhG geregelten zivilrechtlichen Rechtsfolgen setzen die widerrechtliche Verletzung des Urheberrechts oder eines anderen nach dem Urheberrechtsgesetz geschützten Rechts, also eines der verwandten Schutzrechte des 2. Teils des UrhG[4] voraus, vgl. §§ 97 Abs. 1 S. 1, 98 Abs. 1 S. 1, Abs. 2, 99, 101 Abs. 1, 101a Abs. 1 S. 1 UrhG. Die widerrechtliche Urheberrechtsverletzung[5] ist also conditio sine qua non und damit **Voraussetzung** für die erfolgreiche Geltendmachung der nachfolgend im Detail behandelten Ansprüche auf Beseitigung, Unterlassung, Schadenersatz, Vernichtung, Rückruf, Überlassung, Auskunft, Vorlage, Besichtigung und Sicherung.

Typische Rechtsverletzungen in diesem Sinne sind die Nutzung von urheberrechtlich geschützten Werken, also das Gebrauchmachen von den **Verwertungsrechten** des Urhebers ohne hierzu überhaupt berechtigt zu sein, insbesondere in Gestalt der öffentlichen Zugänglichmachung von Texten, Musik, Bildern oder Videos im Internet ohne Einwilligung des Urhebers, bspw. in „Tauschbörsen", Weblogs, Diskussionsforen oder auf „Pinnwänden", sowie die Überschreitung der Grenzen eingeräumter Nutzungsrechte,[6] bspw. hinsichtlich der Lizenzdauer oder hinsichtlich erlaubter Bearbeitungen oder Umgestaltungen. Darüber hinaus erwähnenswert sind auch die Nachahmungen geschützter Werke in Gestalt unfreier Bearbeitungen, also ohne die erforderliche Distanz zu wahren,[7] oder die an sich zulässige Übernahme von Werken oder Werkteilen ohne die Quelle zu nennen bzw. die Anmaßung eigener Urheberschaft (Plagiate). Es ist also auch die Verletzung von **Urheberpersönlichkeitsrechten** umfasst. Ferner handelt es sich auch dann um eine Rechtsverletzung im Sinne der Normen, wenn die gem. §§ 34, 35 UrhG erforderliche Zustimmung zur Übertragung von Nutzungsrechten bzw. zur Einräumung weiterer Nutzungsrechte fehlt oder vertraglich vereinbarte **Zustimmungserfordernisse** nicht erfüllt werden, wenn diese eine inhaltliche Beschränkung des Nutzungsrechts darstellen.[8]

Keine Urheberrechtsverletzungen sind hingegen natürlich zunächst alle Fälle, in denen zwar von Urheberrechten Gebrauch gemacht wird, dieser Gebrauch sich aber im Rahmen des Erlaubten hält, ganz gleich ob eine individuelle Erlaubnis des Urhebers vorliegt, bspw. ein Nutzungsrecht erteilt wurde, oder eine gesetzliche Erlaubnis aufgrund Einschlägigkeit einer Schrankenregelung gegeben ist. Fer-

---

4 *Meckel*, in: Dreyer/Kotthoff/Meckel, UrhG, § 97, Rn. 10; *Schack*, UrhR, Rn. 757.
5 Wenn nachfolgend von der (Urheber-)Rechtsverletzung die Rede ist, meint dies immer auch die Verletzung von verwandten Schutzrechten.
6 Meckel, in: Dreyer/Kotthoff/Meckel, UrhG, § 97, Rn. 5.
7 Siehe Kap. 2, Rn. 297 sowie Kap. 3, Rn. 200 ff.
8 BGH, Urt. v. 13.11.1981 – I ZR 168/79 (Allwetterbad), GRUR 1982, 369, 371; BGH, Urt. v. 10.07.1986 – I ZR 102/84 (Videolizenzvertrag), GRUR 1987, 37, 39.

ner nicht zu den Urheberrechtsverletzungen im Sinne der Normen zählt die **Verletzung relativer Rechte**, die lediglich im Verhältnis zu einer bestimmten Person eine Rolle spielen können, bspw. Ansprüche aus Vertrag oder gesetzliche Vergütungsansprüche, selbst wenn diese Urheberrechte betreffen, Ansprüche auf Einwilligung gegenüber Miturhebern oder Urhebern verbundener Werke oder Auskunftsansprüche. Gemeint sind im 2. Abschnitt des 4. Teils des UrhG nämlich nur die Verletzung absoluter Rechte, die gegenüber jedermann gelten und als Abwehrrechte gegenüber der Allgemeinheit zu verstehen sind.[9] Im Falle der Verletzung relativer Rechte sind insofern die allgemeinen schuldrechtlichen Regelungen des BGB einschlägig. Auch nicht Rechtsverletzung im Sinne der Normen ist die Nutzung einer **Doppelschöpfung**[10] durch einen ihrer Urheber. Da beide Schöpfer Urheberrechte an ihren Werken erlangen, können sie die Rechte des jeweils anderen grundsätzlich nicht verletzen und damit auch nicht wegen Rechtsverletzungen in Anspruch genommen werden.

b) Widerrechtlichkeit der Rechtsverletzung

6 Wenn es sich um eine Rechtsverletzung im Sinne der Normen des 2. Abschnitt des 4. Teils des UrhG handelt, muss diese außerdem widerrechtlich sein, um besagte Ansprüche auszulösen, vgl. nur § 97 Abs. 1 S. 1 UrhG. Nach dem erfolgsbezogenen Rechtswidrigkeitskonzept des BGH indiziert die Tatbestandsmäßigkeit einer Handlung als Rechtsverletzung jedoch die **Rechtswidrigkeit**,[11] sodass diese nicht gesondert festgestellt werden muss. Vielmehr ist ihr Fehlen ein Ausnahmefall, der vom Handelnden zu beweisen ist. Gemeint sind hiermit aber nicht etwa Fälle der vertraglichen Einwilligung des Urhebers in eine Handlung, der Einräumung von Nutzungsrechten oder der gesetzlichen Beschränkungen der Urheberrechte im Sinne der Schrankenregelungen, denn in diesen Fällen liegt schon gar keine Rechtsverletzung vor.[12] Vielmehr geht es um Fragen der rechtfertigenden (schlichten) Einwilligung, der **Notwehr**, des **Notstands**, der erlaubten **Selbsthilfe** oder des übergesetzlichen Notstands, wobei diese Fälle mit *Schack* im Urheberrechtsbereich kaum vorstellbar sind.[13] Insofern lassen sich auch nur ganz exotische Konstellationen nennen, in denen die Rechtswidrigkeit einer Urheberrechtsverletzung ausnahmsweise entfällt, bspw. aufgrund **schlichter Einwilligung** des Urhebers im Falle der Nutzung von Vorschaubildern durch Suchmaschinen, sog. **Thumbnails**, zu unbeschränkt in das Internet eingestellten Bildern, ohne dass eine der Schranken des UrhG greift oder hierzu eine vertragliche Einwilligung des Urhebers vorliegt.[14] Einen **übergesetzlichen Notstand** hatte ferner das LG Berlin angenommen in einem Verfahren des Herstellers der Ostberliner Wochenschau „Der Augen-

---

9 *Meckel*, in: Dreyer/Kotthoff/Meckel, UrhG, § 97, Rn. 1, 15; *Schack*, UrhR, Rn. 757.
10 Siehe Kap. 1, Rn. 350 f.
11 Allgemein BGH, Beschl. v. 04.03.1957 – GSZ 1/56, NJW 1957, 785; *Schack*, UrhR, Rn. 762.
12 *Schack*, UrhR, Rn. 762; *Meckel*, in: Dreyer/Kotthoff/Meckel, UrhG, § 97, Rn. 35.
13 *Schack*, UrhR, Rn. 762.
14 BGH, Urt. v. 29.04.2010 – I ZR 69/08 (Vorschaubilder), GRUR 2010, 628, 631 [33 ff.]

zeuge" gegen den Westberliner *Sender Freies Berlin (SFB)* wegen Übernahme von Filmaufnahmen der Wochenschau in eine Dokumentation des *SFB*. Zwar hatte das Gericht hier mangels Quellenangabe ebenfalls eine Rechtsverletzung bejaht.[15] Die Widerrechtlichkeit hat es jedoch wegen übergesetzlichen Notstands verneint, weil der Westberliner Sender von der Ostberliner Wochenschau keine urheberrechtlichen Nutzungsbefugnisse an den Aufnahmen habe erhalten können, die nicht mit Auflagen verbunden gewesen wären, die das Recht der freien Meinungsäußerung oder die Möglichkeit der Kritik an Vorgängen in Ostberlin ausgeschlossen hätten.[16] Die Wochenschau hatte nämlich im Verfahren erklärt, die Übertragung von Verwertungsrechten an westdeutsche Rundfunk- und Fernsehanstalten davon abhängig zu machen, „dass Bild- und Tonaufnahmen weder durch herabsetzende Schnitte noch durch beleidigende Texte verstümmelt oder sinngemäß verändert werden".[17]

c) *Handlungsort*

Voraussetzung für Ansprüche nach dem UrhG ist nach dem **Territorialitätsprinzip** bzw. Schutzlandprinzip zudem, dass die Verletzungshandlung – jedenfalls in Teilakten – in Deutschland begangen wurde, denn die Frage des Rechtsschutzes bestimmt sich jeweils nach der Rechtsordnung desjenigen Staates, für dessen Territorium Rechtsschutz begehrt wird.[18] Im klassischen Urheberrechtsfall in Deutschland ansässiger und handelnder Beteiligter gibt es insoweit natürlich keine Probleme. Wird aber beispielsweise das Werk eines deutschen Buchautors im Ausland ohne Zustimmung des Autors vervielfältigt und verbreitet, ist das deutsche Urheberrecht nicht anwendbar, sodass auch keine Rechtsverletzung im Sinne der Normen des 2. Abschnitt des 4. Teils des UrhG vorliegen kann. Erst wenn ein Teilakt der Handlung in Deutschland begangen wurde, ist dies anders. Wurde das Werk bspw. im Ausland ohne Zustimmung des Buchautors ins Internet eingestellt und ist es auch in Deutschland abrufbar, dann wird es auch in Deutschland öffentlich zugänglich gemacht, sodass (auch) das UrhG anwendbar ist und mangels Zustimmung eine Rechtsverletzung im Sinne der Normen vorliegt.

7

2. Verjährung und Verwirkung

Das Urheberrecht und die urheberrechtlichen Befugnisse selbst verjähren zwar nicht.[19] Ansprüche aus Verletzung des Urheberrechts unterliegen jedoch der Verjährung und können außerdem verwirkt werden:

8

---

15 BGH, Urt. v. 12.12.1960 – 17 O 100/59 (Maifeiern), GRUR 1962, 207, 210.
16 BGH, Urt. v. 12.12.1960 – 17 O 100/59 (Maifeiern), GRUR 1962, 207, 210.
17 BGH, Urt. v. 12.12.1960 – 17 O 100/59 (Maifeiern), GRUR 1962, 207.
18 *Kotthoff*, in: Dreyer/Kotthoff/Meckel, UrhG, § 120, Rn. 5 ff.; siehe auch Kap. 11, Rn. 5.
19 *Schack*, UrhR, Rn. 777; zur Schutzfrist siehe aber Kap. 3, Rn. 100 ff.

a) Verjährung

aa) Allgemeines

9 Gem. der **Rechtsfolgenverweisung**[20] des § 102 S. 1 UrhG finden auf die Verjährung der Ansprüche wegen Verletzung des Urheberrechts oder eines anderen nach dem UrhG geschützten Rechts die Vorschriften des 5. Abschnitts des 1. Buchs des BGB (§§ 194–218 BGB) entsprechende Anwendung.

bb) Regelmäßige Verjährungsfrist

10 Die regelmäßige Verjährungsfrist beträgt gem. § 195 BGB **drei Jahre**, wobei diese Frist gem. § 199 Abs. 1 BGB mit dem **Ablauf des Kalenderjahres** beginnt, in dem der Anspruch entstanden ist und der Verletzte von den anspruchsbegründenden Umständen und der Person des Verletzers Kenntnis erlangte oder ohne grobe Fahrlässigkeit hätte erlangen müssen, gem. § 199 Abs. 4 BGB aber spätestens in zehn Jahren von ihrer Entstehung an.

(1) Entstehung des Anspruchs

11 Mit jeder einzelnen Rechtsverletzung entstehen neue, eigene Ansprüche,[21] die einer gesonderten Verjährung unterliegen, sodass ein Fortsetzungszusammenhang grundsätzlich nicht angenommen wird.[22] Wird beispielsweise ein öffentlich einsehbares Wandgemälde im Foyer eines Gebäudes in Kenntnis des Urhebers, aber ohne dessen Zustimmung im Jahr 2015 entstellend verändert, dann verjähren die diesbezüglichen **Beseitigungsansprüche** auch dann zum 31. Dezember 2018, wenn im Jahre 2017 ohne Zustimmung des Urhebers Postkarten des (entstellten) Gemäldes gedruckt und im Handel vertrieben werden. Bei **Schadensersatzansprüchen** ist der Entstehungszeitpunkt nach dem **Grundsatz der Schadenseinheit** der Tag der ersten Verschlechterung der Vermögenslage. Entscheidend ist insoweit der Zeitpunkt, in dem ein erster Teilbetrag durch Leistungsklage geltend gemacht werden kann.[23] Kam es beispielsweise Ende des Jahres 2015 zu einer Urheberrechtsverletzung, dann verjähren die Schadensersatzansprüche des Urhebers auch dann zum 31. Dezember 2018, wenn der Urheber erst Anfang 2016 einen Rechtsanwalt mit ihrer Durchsetzung beauftragt hatte und ihm deswegen noch im Jahre 2016 weitere ersatzfähige Schäden in Gestalt der **Rechtsverfolgungskosten** (Anwaltshonorar) entstanden sind.

12 Typischerweise sind Urheberrechtsverletzungen jedoch keine einmaligen Ereignisse, sondern **Dauerhandlungen**, bspw. das unbefugte öffentliche Zugänglich-

---

20 *Wild*, in: Schricker/Loewenheim, UrhG, § 102, Rn. 6.
21 Für Unterlassungsansprüche vgl. RG, Urt. v. 19.11.1912 – II 185/12, RGZ 80, 436, 438; *Wild*, in: Schricker/Loewenheim, UrhG, § 102, Rn. 4.
22 BGH, Urt. v. 03.11.1967 – Ib ZR 123/65 (Haselnuss), GRUR 1968, 321, 326; BGH, Beschl. v. 18.12.2008 – I ZB 32/06, GRUR 2009, 427.
23 BGH, Urt. v. 18.12.1997 – IX ZR 180/96, NJW 1998, 1488; BGH, Urt. v. 01.12.2005 – IX ZR 115/01, NJW-RR 2006, 694, 969; BGH, Urt. v. 10.11.2009 – XI ZR 252/08, NJW 2010, 596 [46].

machen von geschützten Werken im Internet oder der oben erwähnte Postkartenvertrieb im Handel. Bei einer rechtsverletzenden Dauerhandlung erzeugt die Fortdauer der schädigenden Handlung **fortlaufend neue Schäden** und damit neue Ersatzansprüche. Deswegen ist die Dauerhandlung zur Bestimmung des Entstehungszeitpunkts gedanklich **in Einzelhandlungen (also in Tage) aufzuspalten**, für die jeweils eine gesonderte Verjährungsfrist läuft.[24]

Akzessorische Ansprüche auf Auskunft und Rechnungslegung verjähren mit den Hauptansprüchen.[25] 13

Im Falle von **Unterlassungsansprüchen** tritt an die Stelle der Entstehung gem. § 199 Abs. 5 BGB die Zuwiderhandlung. Mit jeder Zuwiderhandlung beginnt eine neue Verjährungsfrist.[26] 14

(2) Kenntnis des Verletzten

Hinsichtlich der Kenntnis beginnt die Verjährung mit dem letzten Detail, das nötig ist, um eine schlüssige Klage zu formulieren,[27] wobei es in Bezug auf die **Person des Verletzers** ausreicht, wenn dieser so weit bekannt ist, dass Name und Adresse leicht ermittelt werden können.[28] Im Übrigen kommt es auf die **Kenntnis der Tatsachen** an, aus denen sich die Rechtsverletzung ergibt, nicht auf die Rechtserkenntnis, dass es sich um eine Urheberrechtsverletzung handelt.[29] Weiß ein Fotograf bspw., dass ein Lizenznehmer auf einem Veranstaltungsplakat eines seiner Fotos entstellend verändert verwendet hat, dann verjähren seine Ansprüche auch dann in drei Jahren zum Jahresende, wenn er erst nach fünf Jahren erfährt, dass er wegen der entstellenden Veränderung hätte Beseitigung, Unterlassung und Schadenersatz verlangen können. 15

(3) Beginn

Der Fristbeginn zum Ablauf des Kalenderjahres (31. Dezember) dient der **Vereinfachung**, denn oft kann im Nachhinein nicht mehr taggenau rekonstruiert werden, wann es zur Rechtsverletzung kam. Das Jahr der Rechtsverletzt lässt sich aber meist noch sagen. Diese Vereinfachung bedeutet aber auch, dass eine Rechtsverletzung, die Anfang Januar eines bestimmten Jahres begangen und erkannt wurde, knapp ein Jahr später verjährt, als eine Rechtsverletzung, die Ende Dezember des besagten Jahres begangen wurde. Dies ist jedoch hinzunehmen. 16

---

24 BGH, Urt. v. 15.01.2015 – I ZR 148/13 (Motorradteile), GRUR 2015, 780 [23].
25 *Wild*, in: Schricker/Loewenheim, UrhG, § 102, Rn. 1.
26 RG, Urt. v. 19.11.1912 – II 185/12, RGZ 80, 436, 438.
27 *Wild*, in: Schricker/Loewenheim, UrhG, § 102, Rn. 4.
28 BGH, Urt. v. 05.02.1985 – VI ZR 61/83, NJW 1985, 2022, 2023.
29 BGH, Urt. v. 29.01.2008 – XI ZR 160/07, NJW 2008, 1729, 1731 [26].

(4) Rechtsfolgen

17 Die Verjährung der Ansprüche führt im Übrigen nicht zu ihrem Erlöschen. Vielmehr bleiben die Ansprüche weiterhin bestehen, sodass der Verletzer sie – zB. in Unkenntnis der Verjährung – weiterhin erfüllen kann, ohne dass er seine Erfüllungsleistungen zurückfordern könnte, vgl. § 214 Abs. 2 BGB. Allerdings bedeutet die Verjährung der Ansprüche, dass der Verletzer ein **dauerhaftes Leistungsverweigerungsrecht** erhält, die sog. **Einrede der Verjährung**, denn er ist gem. § 214 Abs. 1 BGB berechtigt, die Leistung zu verweigern. Wenn er sich hierauf beruft, kann der Verletzte von ihm keine Erfüllung seiner verjährten Ansprüche mehr verlangen und der Verletzer kann auch nicht mehr zur Leistung verurteilt werden. Zu beachten ist insoweit allerdings, dass der Verletzer die Einrede der Verjährung auch erheben muss, denn sie wird vom Gericht nicht von Amts wegen berücksichtigt. Wenn er insoweit also schweigt, kann er gleichwohl verurteilt werden und mit Rechtskraft des Titels (bis zu dessen Verjährung) der Zwangsvollstreckung unterworfen sein.

18 Mit einem verjährten Anspruch kann zudem noch aufgerechnet werden, wenn der Anspruch noch nicht verjährt war, als der Gegenanspruch entstanden ist, § 215 BGB. Die **Aufrechnung** ist im Falle von Urheberrechtsverletzungen jedoch eher ungewöhnlich, da der Verletzer im Normalfall keine Ansprüche gegen den Verletzten hat. Denkbar sind solche Gegenansprüche aber bspw. gem. § 97a Abs. 4 UrhG im Falle einer aus formalen Gründen gem. § 97a Abs. 2 S. 2 UrhG **unwirksamen Abmahnung**[30] bzw. einer Abmahnung die teilweise unberechtigt ist, weil sie bspw. zu weit geht. Hier kann es sein, dass der Abgemahnte zwar ein Urheberrecht verletzt und insoweit als Verletzer zur Zahlung von Schadenersatz verpflichtet ist. Gleichwohl kann es seitens des Verletzers erforderlich gewesen sein, sich gegen die (unwirksame oder zu weit gehende) Abmahnung zu verteidigen, sodass er gem. § 97a Abs. 4 UrhG seinerseits Ersatzansprüche gegen den Verletzten erlangt, mit denen er aufrechnen kann. Erforderlich ist jedoch gem. 388 BGB auch eine Aufrechnungserklärung.

cc) Bereicherungsrechtliche Verjährungsfrist

19 Hat der Verpflichtete durch die Urheberrechtsverletzung auf Kosten des Berechtigten etwas erlangt, findet gem. § 102 S. 2 UrhG schließlich die Regelung des § 852 BGB entsprechende Anwendung.[31] Hiernach hat der Verpflichtete auch nach Eintritt der Verjährung des Schadenersatzanspruchs eine **ungerechtfertigte Bereicherung**[32] herauszugeben, wobei dieser Herausgabeanspruch gem. § 852 S. 2 BGB erst in frühestens **zehn Jahren** verjährt.

---

30 Hierzu siehe unten, Rn. 121 ff.
31 Vgl. auch BGH, Urt. v. 15.01.2015 – I ZR 148/13 (Motorradteile), GRUR 2015, 780 [27].
32 Hierzu siehe auch Rn. 110 ff.

dd) Vorbeugender Unterlassungsanspruch

Der vorbeugende Unterlassungsanspruch, sog. Erstbegehungsanspruch **unterliegt** 20
nicht der Verjährung,[33] kann aber durch Untätigkeit verwirkt werden.[34]

b) Verwirkung

Die Verwirkung ist ein Unterfall des **widersprüchlichen Verhaltens**, das gem. 21
§ 242 BGB als treuwidrig bzw. rechtsmissbräuchlich[35] bewertet wird und damit
keine Rechtsfolgen im Sinne einer Anspruchsdurchsetzung entfalten kann. Ein verwirkter **Anspruch erlischt dauerhaft** und kann nicht mehr erfolgreich durchgesetzt werden. Da dies bereits vor dessen Verjährung geschehen kann,[36] kommt eine Verwirkung nur in seltenen **Ausnahmefällen** in Betracht.[37] Voraussetzung ist, dass ein Berechtigter längere Zeit seine Rechte nicht eingefordert hat (Zeitmoment), sodass der Verpflichtete sich darauf verlassen hat und verlassen durfte, dass auch in Zukunft diese Rechte nicht mehr eingefordert werden (Umstandsmoment).[38] Der Berechtigte darf insoweit nicht zu erkennen gegeben haben, dass er doch noch Interesse an der Durchsetzung seiner Ansprüche hat. **Mahnungen** oder Forderungsschreiben schließen eine Verwirkung somit aus. Andererseits kommt es nicht darauf an, ob der Berechtigte von seinen Ansprüchen Kenntnis hatte.[39] Wenn allerdings der Verpflichtete weiß, dass der Berechtigte keine **Kenntnis** hat, oder wenn er dem Berechtigten bestimmte Umstände sogar absichtlich verheimlicht, um ihn von einer Geltendmachung seiner Ansprüche abzuhalten, kann er sich nicht darauf verlassen, dass die Rechte auch in Zukunft nicht mehr eingefordert werden.[40]

Anders als die Verjährung wird die Verwirkung vom Gericht **von Amts wegen** 22
berücksichtigt.[41] Der Verpflichtete muss sich hierauf also nicht berufen. Er muss lediglich beweisen, dass der Berechtigte seine Rechte längere Zeit nicht eingefordert hat.[42]

Die Verwirkung eines urheberrechtlichen Verletzungsanspruchs kommt ebenfalls 23
nur ausnahmsweise in Betracht, etwa wenn ein Verletzer im begründeten Vertrau-

---

33 BGH, Urt. v. 10.11.1965 – Ib ZR 101/63 (Kupferberg), GRUR 1966, 623, 626; *Schack*, UrhR, Rn. 775.
34 Zur Verwirkung siehe den nachfolgenden Abschnitt Rn. 21 ff.
35 *Bohne*, in: Wandtke/Bullinger, UrhG, § 102, Rn. 4; *Lütje*, in: Möhring/Nicolini, UrhG, § 102, Rn. 12; *Ulmer*, UrhR, S. 546.
36 *Schack*, UrhR, Rn. 776,
37 BGH, Urt. v. 13.02.1981 – I ZR 43/79, (Stühle und Tische), GRUR 1981, 652, 653; *Bohne*, in: Wandtke/Bullinger, UrhG, § 102, Rn. 4; *Dreier*, in: Dreier/Schulze, UrhR, § 102, Rn. 6.
38 BGH, Urt. v. 15.01.2015 – I ZR 148/13 (Motorradteile), GRUR 2015, 780 [42]; BGH, Urt. v. 19.10.2005 – XII ZR 224/03, NJW 2006, 219; BGH, Urt. v. 12.03.2008 – XII ZR 147/50, NJW 2008, 2254.
39 LG Frankfurt am Main, Urt. v. 13.11.1985 – 2/1 S 97/85, NJW-RR 1986, 593.
40 BGH, Urt. v. 17.10.2006 – XI ZR 205/05, NJW-RR 2007, 257.
41 *Schack*, UrhR, Rn. 776.
42 BGH, Urt. v. 19.05.1958 – II ZR 53/57, NJW 1958, 1188.

en auf ein duldendes Verhalten des Rechtsinhabers von dessen Billigung ausgehen durfte.[43] So hatte der BGH **beispielsweise** in einem Fall betreffend die Vermietung von Schmalfilmkopien, in dem vom Berechtigten zwar regulär die Erlaubnis zur Vermietung für öffentliche Vorführungen erteilt wurde, nicht jedoch für nichtöffentliche Vorführungen, eine Verwirkung noch nicht verjährter Schadenersatzansprüche für nicht-öffentliche Vorführungen angenommen, weil der Berechtigte den damals bereits seit mehreren Jahrzehnten bestehenden Schmaltonfilmvertrieb auch für nicht-öffentliche Vorführungen geduldet hatte, ohne gegenüber dem Verpflichteten Ansprüche geltend zu machen.[44]

24 Fraglich ist, ob auch in die Zukunft gerichtete **Unterlassungsansprüche** der Verwirkung unterliegen können. Dies wird von *Steinecke* bejaht, wenn der vom Verletzer geschaffene Besitzstand besonders schutzwürdig ist. In diesem Fall soll aber ein Interessenausgleich durch Zahlung einer angemessenen Abfindung analog § 100 S. 3 UrhG erfolgen.[45]

25 Welcher **Zeitraum** erforderlich ist, um Verwirkung annehmen zu können, lässt sich nicht pauschal sagen. Vielmehr kommt es auf den Einzelfall an, wobei insbesondere die Art oder die Bedeutung des möglicherweise untergehenden Anspruchs[46] und die Intensität des vom Berechtigten geschaffenen Vertrauenstatbestands[47] eine Rolle spielen. Macht der Berechtigte beispielsweise einen bestimmten Anspruch bei zweijährigen Verhandlungen nicht geltend, kommt dies einem konkludenten Verzicht gleich, so dass sich der erforderliche Zeitraum deutlich verkürzen kann.[48] Gem. § 21 MarkenG können Ansprüche aus **Markenrechtsverletzung** in bestimmten fällen nach Ablauf von **fünf Jahren** verwirkt sein, wobei die Anwendung allgemeiner Grundsätze über die Verwirkung von Ansprüche gem. § 21 Abs. 4 MarkenG unberührt bleibt. Insoweit kann auch dies ein relevanter Zeitraum sein.

3. Aktivlegitimation (Berechtigter)

26 **Anspruchsberechtigt** ist gem. § 97 ff. UrhG der Verletzte. Man nennt ihn insoweit auch den Berechtigten oder spricht von seiner Aktivlegitimation bzw. **Sachbefugnis**, also dem materiellen Recht, etwas verlangen zu können. Im Falle der prozessualen Geltendmachung und mitunter synonym gebraucht werden auch die Begriffe der **Klagebefugnis** bzw. der Prozessführungsbefugnis. Diese unterscheiden sich jedoch von der Aktivlegitimation insoweit, dass bei fehlender Prozessführungsbefugnis eine Klage bereits unzulässig ist, wohingegen sie bei fehlender Aktivlegitimation zulässig, aber unbegründet ist.[49] Aktivlegitimation und

---

43 *Dreier*, in: Dreier/Schulze, UrhG, § 102, Rn. 6; zur Duldung vgl. auch Kap. 4, Rn. 19.
44 BGH, Urt. v. 30.06.1976 – I ZR 63/75 (Schmalfilmrechte), GRUR 1977, 42, 45.
45 *Steinecke*, Verwirkung im Immaterialgüterrecht, S. 116 f.; *Schack*, UrhR, Rn. 777; zur Abwendungsbefugnis siehe unten, Rn. 112 ff.
46 OLG Hamm, Urt. v. 13.01.1997 – 22 U 93/95, NJW-RR 1997, 847.
47 OLG Frankfurt, Urt. v. 19.02.1991 – 14 U 125/89, NJW-RR 1991, 674, 678.
48 BGH, Urt. v. 16.03.1979 – V ZR 38/75, WM 1979, 644, 647.
49 *Wandtke*, in: Wandtke, UrhR, Kap. 10, Rn. 9.

Prozessführungsbefugnis fallen jedoch in der Regel zusammen,[50] sodass es keiner Differenzierung bedarf. Wenn allerdings aufgrund einer besonderen Ermächtigung ein fremdes Recht im eigenen Namen geltend gemacht werden kann, sog. **Prozessstandschaft**, dann fallen Aktivlegitimation und Prozessführungsbefugnis auseinander.[51] Aktivlegitimiert und damit Berechtigter ist bei der Verletzung von Urheberrechten zunächst der **Urheber** oder sein **Rechtsnachfolger** gem. §§ 28 ff. UrhG.[52]

Neben Urheber und Rechtsnachfolger ist allerdings auch der **Inhaber ausschließlicher Nutzungsrechte** Verletzter im Sinne der Normen und berechtigt, gegen einen Verletzer aus der Verletzung eines eigenen Rechts vorzugehen.[53] Im Falle der Einräumung bzw. Übertragung ausschließlicher Nutzungsrechte erhält der Inhaber nämlich nicht nur positive **Rechte zur Nutzung**, sondern gem. § 31 Abs. 3 UrhG auch negative **Verbotsrechte**.[54] Damit kann er selbst gegen Verletzungen seiner Rechte vorgehen, denn er ist zur Nutzung des Werks unter Ausschluss aller anderen Personen berechtigt. Seine Stellung ist im Rahmen seines ausschließlichen Nutzungsrechts insoweit weitgehend derjenigen des Urhebers vergleichbar. Zu beachten ist allerdings, dass urheberrechtliche Nutzungsrechte **nur die Verwertungsrechte** des Werks betreffen. Gegen Verletzungen des Urheberpersönlichkeitsrechts kann der Inhaber eines ausschließlichen Nutzungsrechts daher in der Regel nicht aus eigenem Recht vorgehen.[55] Der **Urheber** bleibt trotz Einräumung ausschließlicher Nutzungsrechte im Übrigen seinerseits ebenfalls **weiterhin berechtigt** (auch wegen Verletzung von Verwertungsrechten) gegen den Rechtsverletzer vorzugehen, wenn er hieran ein **schutzwürdiges Interesse** hat.[56] Dies ist insbesondere dann der Fall, wenn sich ausschließliche Nutzungsrechte nur auf einzelne Nutzungsarten beziehen,[57] und kann sich sowohl aus der Verletzung ideeller Urheberinteressen ergeben, bspw. wenn ein Verletzer entstellende Werkstücke am Markt anbietet oder Vervielfältigungsstücke minderer Qualität. Aber auch materielle Interessen können eine Rolle spielen, bspw. dann, wenn die Umsätze des Inhabers des ausschließlichen Nutzungsrechts durch am Markt angebotene rechtswidrige Vervielfältigungsstücke des Verletzers zurückgehen und insoweit auch die dem Urheber gezahlte Umsatzbeteiligung sinkt.[58]

27

---

50 *Vinck*, in: Loewenheim, UrhR, § 81, Rn. 10.
51 *Vinck*, in: Loewenheim, UrhR, § 81, Rn. 10.
52 *Schack*, UrhR, Rn. 757; *Ulmer*, UrhR, S. 543; zur Rechtsnachfolge siehe Kap. 9.
53 *Schack*, UrhR, Rn. 757; *Ulmer*, UrhR, S. 543; siehe auch Kap. 4, Rn. 34.
54 *Vinck*, in: Loewenheim, UrhR, § 81, Rn. 11.
55 *Vinck*, in: Loewenheim, UrhR, § 81, Rn. 11.
56 *Schack*, UrhR, Rn. 758; *Ulmer*, UrhR, S. 543; *Vinck*, in: Loewenheim, UrhR, § 81, Rn. 11; *Wild*, in: Schricker/Loewenheim, UrhG, § 97, Rn. 28 ff.
57 BGH, Urt. v. 08.12.1959 – I ZR 131/58 („Mecki"-Igel II), GRUR 1960, 251, 252; *Vinck*, in: Loewenheim, UrhR, § 81, Rn. 11.
58 Zum Erfordernis der Reduzierung der Lizenzgebühren des Urhebers siehe OLG München, Urt. v. 16.06.2005 – 6 U 5629/99 (Hundertwasser-Haus II), GRUR 2005, 1038, 1040.

28 **Inhaber einfacher Nutzungsrechte** sind jedoch nicht Verletzte im Sinne der Normen.[59] Ihre Rechte umfassen gem. § 31 Abs. 2 UrhG nur positive Nutzungsrechte, jedoch **keine negativen Verbotsrechte**, denn eine Nutzung durch andere ist im Falle des einfachen Nutzungsrechts gerade nicht ausgeschlossen.[60] Es mag insoweit zwar sein, dass es Fälle geben kann, in denen ein unbefugter Dritter als Verletzer das Werk neben dem Inhaber eines einfachen Nutzungsrechts nutzt. Aus eigenem Recht hiergegen vorgehen kann der Inhaber des einfachen Nutzungsrechts jedoch nicht,[61] sondern nur der Urheber. Möchte der Inhaber des einfachen Nutzungsrechts selbst vorgehen, benötigt er hierzu eine besondere Ermächtigung des Urhebers zur Wahrnehmung fremder (Urheber-)Rechte im eigenen Namen. Man spricht in diesen Fällen von der sog. **gewillkürten Prozessstandschaft**[62] – auch dann, wenn es um die außerprozessuale Wahrnehmung von Rechten geht. Voraussetzung ist aber auch hier, dass der Inhaber des einfachen Nutzungsrechts ein eigenes **berechtigtes Interesse** an der Geltendmachung des Anspruchs hat.[63] Eine gewillkürte Prozessstandschaft ist insbesondere dann unzulässig, wenn das einzuklagende Recht höchstpersönlichen Charakter hat, bspw. in Gestalt eines **Urheberpersönlichkeitsrechts**, und mit dem Rechtsinhaber, in dessen Person es entstanden ist, so eng verknüpft ist, dass dies zu einer gerichtlichen Geltendmachung durch einen Dritten im eigenen Namen im Widerspruch stünde.[64]

29 Für die Fälle der **Miturheberschaft**[65] regelt § 8 Abs. 2 S. 3 UrhG einen Fall der gesetzlichen Prozessstandschaft, wonach jeder Miturheber berechtigt ist, Ansprüche aus der Verletzung des gemeinsamen Urheberrechts geltend zu machen. Die Leistung kann hier allerdings nur an alle Miturheber verlangt werden, damit sich kein Miturheber zum Nachteil der anderen bereichern kann.[66] Insoweit kann ein Miturheber, dessen Miturheberrecht verletzt wurde, seinen anteiligen Vergütungsanspruch bspw. allein geltend machen und Leistung an sich verlangen, im Übrigen aber nur Feststellung zugunsten der Miturheber.[67]

---

59 *Schack*, UrhR, Rn. 757.
60 *Vinck*, in: Loewenheim, UrhR, § 81, Rn. 10; *Schricker*, in: Schricker/Loewenheim, UrhG, §§ 31/32, Rn. 6.
61 Siehe auch Kap. 4, Rn. 35.
62 *Rehbinder/Peukert*, UrhR, Rn. 1261; *Ulmer*, UrhR, S. 544; *Wandtke*, in: Wandtke, UrhR, Kap. 10, Rn. 10.
63 BGH, Urt. v. 25.11.1982 – I ZR 136/80 (Mausfigur), GRUR 1983, 370, 372; BGH, Urt. v. 27.02.1961 – I ZR 127/59 (Stahlrohrstuhl), GRUR 1961, 635, 636; *Rehbinder/Peukert*, UrhR, Rn. 1261; *Vinck*, in: Loewenheim, UrhR, § 81, Rn. 13; *Wild*, in: Schricker/Loewenheim, UrhG, § 97, Rn. 33.
64 BGH, Urt. v. 08.06.1989 – I ZR 135/87 (Emil Nolde), GRUR 1995, 668, 670; BGH, Urt. v. 17.02.1983 – I ZR 194/80 (Geldmafiosi), GRUR 1983, 379, 381.
65 Zur Miturheberschaft allgemein siehe Kap. 1, Rn. 310 ff.
66 *Wandtke*, in: Wandtke, UrhR, Kap. 10, Rn. 8.
67 BGH, Urt. v. 22.09.2011 – I ZR 127/10 (Das Boot), ZUM-RD 2012, 192, 194 f. [21]; BGH, Urt. v. 28.10.2010 – I ZR 18/09 (Der Frosch mit der Maske), ZUM 2011, 560, 566; *Wandtke*, in: Wandtke, UrhR, Kap. 10, Rn. 9; siehe auch Kap. 1, Rn. 321.

Im Falle von **Leistungsschutzrechten**[68] ist Verletzter im Sinne der §§ 97 ff. UrhG, also Berechtigter, der Inhaber des Leistungsschutzrechts. Dort, wo der Inhaber des Leistungsschutzrechts anderen Nutzungsrechte hieran einräumen kann, bspw. bei Lichtbildern,[69] entspricht die Rechtslage der oben dargestellten des Urheberrechts. Im Übrigen, also dort, wo der Inhaber des Leistungsschutzrechts dieses auf einen anderen vollständig oder in Teilen übertragen kann und wo er von dieser Möglichkeit auch Gebrauch gemacht hat, ist insoweit nur noch der Erwerber zur Geltendmachung der Ansprüche wegen Rechtsverletzungen aktivlegitimiert.[70] Zudem ist auch hier eine gewillkürte Prozessstandschaft möglich, bspw. hinsichtlich der Geltendmachung von Ansprüchen wegen Verletzung nicht übertragbarer Persönlichkeitsrechte. Für die **gemeinsame Darbietung ausübender Künstler** sieht das Gesetz in §§ 80 Abs. 2, 74 Abs. 2 S. 2, 3 UrhG außerdem eine gesetzliche Prozessstandschaft zugunsten des Vorstands bzw. Leiters der Gruppe insoweit vor, dass dieser nur allein befugt ist. Dies gilt freilich nur, sofern die Gruppe auch einen Leiter bzw. einen Vorstand hat, bspw. bei einem Orchester der Orchestervorstand, da gegen Rechtsverletzungen anderenfalls niemand vorgehen könnte. Ist dies nicht der Fall, bspw. bei einer Band bestehend aus gleichberechtigten Mitgliedern, verbleibt es bei der Aktivlegitimation der einzelnen Mitglieder der Gruppe.[71]

30

4. Passivlegitimation (Verpflichteter)

Das Gegenstück der Aktivlegitimation ist die Passivlegitimation, also die Frage nach dem Verpflichteten bzw. im Falle prozessualer Geltendmachung nach dem richtigen Beklagten. Mit den Worten der §§ 97 ff. UrhG ist **Verpflichteter** der Verletzer in Person desjenigen, der das Urheberrecht oder ein anderes nach dem UrhG geschütztes Recht widerrechtlich verletzt. Hierzu zählen neben den unmittelbaren Tätern auch mittelbare Täter, Mittäter und Nebentäter, Teilnehmer (Anstifter und Gehilfen) sowie Störer,[72] wobei die Auslegung des Verletzerbegriffs zu den umstrittensten Fragen des Urheberrechts zählt.[73] Im Falle der Einräumung ausschließlicher Nutzungsrechte kann gegenüber dem Inhaber dieser Nutzungsrechte im Übrigen auch der Urheber selbst Verpflichteter sein,[74] wenn es bei der Nutzungsrechtseinräumung keinen Vorbehalt der Nutzung gem. § 31 Abs. 3 S. 2 UrhG gab und der Urheber das Werk trotzdem (weiter) selbst nutzt.

31

a) Täter

Unmittelbarer Täter einer Urheberrechtsverletzung ist zunächst natürlich, wer diese selbst begeht, also bspw. wer selbst ohne Zustimmung des Berechtigten ver-

32

---

68 Zu den Leistungsschutzrechten allgemein siehe Kap. 10.
69 Siehe Kap. 10, Rn. 106 ff.
70 BGH, Urt. v. 27.02.1961 – I ZR 127/59 (Stahlrohrstuhl), GRUR 1961, 635, 636.
71 BGH, Urt. v. 18.02.1993 – I ZR 71/91 (The Doors), GRUR 1993, 550, 551.
72 *Rehbinder/Peukert*, UrhR, Rn. 1274; *Vinck*, in: Loewenheim, UrhR, § 81, Rn. 14.
73 *Rehbinder/Peukert*, UrhR, Rn. 1273.
74 *Ulmer*, UrhR, S. 543.

vielfältig, verbreitet oder öffentlich wiedergibt.[75] **Mittelbarer Täter** ist hingegen, wer die Rechtsverletzung nicht selbst, sondern durch einen anderen begeht,[76] zB. der Vertreiber von zur rechtswidrigen Vermietung bestimmten Videokassetten, obwohl die eigentliche Rechtsverletzung der Vermietung erst durch den Vermieter stattfindet.[77] Für die mittelbare Täterschaft kommt es zudem nicht darauf an, ob der unmittelbar Handelnde von der Rechtsverletzung wusste oder seinerseits hierfür verantwortlich ist. Mittelbarer Täter kann insofern auch sein, wer einen unwissenden oder ein Kind quasi als Werkzeug zur Tatbegehung einsetzt, bspw. zur entstellenden Veränderung eines Bildes. Beide, also unmittelbarer sowie mittelbarer Täter sind für die Urheberrechtsverletzung jedenfalls gleichermaßen verantwortlich.

33 Wenn **mehrere Täter** die Urheberrechtsverletzung gemeinsam begehen, spricht man von **Mittätern**. Für die Mittäterschaft ist die Tatherrschaft eines jeden der Mittäter kennzeichnend.[78] Die gemeinsame Behegung ist aber nicht dahingehend falsch zu verstehen, dass diese auch planmäßig oder abgestimmt erfolgen müsste. Es ist vielmehr ausreichend, wenn jeder Täter zurechenbar eine einzelne Ursache gesetzt hat, um die Rechtsverletzung herbeizuführen.[79] Begehen mehrere Täter die Urheberrechtverletzung selbstständig, unabhängig voneinander und unabgestimmt sind es hingegen **Nebentäter**,[80] wobei natürlich auch jeder Nebentäter Verpflichteter im Sinne der Normen, also passivlegitimiert ist.

34 Gleich ob Mittäter oder Nebentäter – mehrere Beteiligte haften immer als **Gesamtschuldner** gem. § 840 Abs. 1 BGB,[81] sodass der Verletzte alle oder auch nur denjenigen in Anspruch nehmen kann, bei dem die Erfüllung seiner Ansprüche am wahrscheinlichsten ist. Gem. § 830 Abs. 1 S. 1 BGB ist bei **gemeinschaftlicher Schadenverursachung** jeder für den Schaden verantwortlich. Das Gleiche gilt gem. S. 2 der Norm, wenn sich nicht ermitteln lässt, wer von mehreren Beteiligten den Schaden durch seine Handlung verursacht hat. Insofern hat der Verletzte nicht nur die Wahl, sondern auch ein erheblich geringeres Risiko, den Rechtsstreit zu verlieren. Der Inanspruchgenommene kann dann seinerseits versuchen **Regress** bei den anderen zu nehmen, sofern es sich bei ihnen um Mittäter handelt, und trägt damit das Risiko des Prozesses bzw. des Ausfalls der Forderung allein. Für die Frage, wer in Anspruch genommen werden soll, ist im Übrigen auch zu bedenken, dass Verfahrensbeteiligte (Kläger und Beklagte) nicht als **Zeugen** fungieren können.[82] Wenn ein Mittäter also als Zeuge in Betracht kommt bzw. benötigt wird

---

75 *Rehbinder/Peukert*, UrhR, Rn. 1274.
76 *Rehbinder/Peukert*, UrhR, Rn. 1274.
77 *Lütje*, in: Möhring/Nicolini, UrhG, § 97, Rn. 31; *Vinck*, in: Loewenheim, UrhR, § 81, Rn. 14.
78 *Vinck*, in: Loewenheim, UrhR, § 81, Rn. 14.
79 *Vinck*, in: Loewenheim, UrhR, § 81, Rn. 14.
80 *Vinck*, in: Loewenheim, UrhR, § 81, Rn. 14.
81 *Dreier/Specht*, in: Dreier/Schulze, UrhG, § 97, Rn. 24; *Vinck*, in: Loewenheim, UrhR, § 81, Rn. 14; Ein Unterlassen ist als persönliche Handlung vom jeweiligen Unterlassungsschuldner geschuldet, vgl. *Dreier/Specht*, in: Dreier/Schulze, UrhG, § 97, Rn. 24,
82 *Vinck*, in: Loewenheim, UrhR, § 81, Rn. 14.

und wenn obendrein auch noch wahrscheinlich ist, dass er Zahlungsansprüche wegen eigener Zahlungsschwierigkeiten ohnehin nicht wird erfüllen können, kann es Sinn machen, ihn (zunächst) nicht gerichtlich in Anspruch zu nehmen.

In Bezug auf den **Beweis der Täterschaft** ist es grundsätzlich so, dass der Verletzte beweisen muss, dass der von ihm Inanspruchgenommene auch tatsächlich Täter bzw. Beteiligter und damit Rechtsverletzer ist. Gelingt dies nicht, wird seine Klage grundsätzlich als unbegründet abgewiesen und er verliert den Prozess. Hat der Verletzte allerdings keine nähere Kenntnis der maßgeblichen Umstände und auch keine Möglichkeit zur weiteren Sachverhaltsaufklärung, während der Gegner nähere Angaben ohne Weiteres machen kann, trifft den Gegner eine sog. **sekundäre Darlegungslast**.[83] Er muss also seinerseits Umstände darlegen aus denen sich ergibt, dass er nicht Täter ist bzw. wie sich der Sachverhalt zugetragen hat. Zwar muss er nicht sofort jedes Detail offenbaren. Kommt er dieser Darlegungslast jedoch nicht nach, ist er als Täter zu verurteilen. 35

b) Teilnehmer

Teilnehmer ist, wer die Urheberrechtsverletzung **nicht selbst** oder als mittelbarer Täter durch einen anderen begangen hat, sondern vielmehr wer einen anderen zu der von diesem als Täter begangenen Urheberrechtsverletzung „nur" angestiftet (**Anstifer**) oder ihm hierzu Hilfe geleistet hat (**Beihilfe**). Die Tatherrschaft liegt in diesen Fällen also allein beim Täter. Gleichwohl haften Anstifter und Gehilfen gem. § 830 Abs. 2 BGB **wie Mittäter**. Allerdings müssen sie ihre Anstiftungs- oder Gehilfenhandlung nicht nur vorsätzlich begangen, sondern die konkrete Urheberrechtsverletzung auch billigend in Kauf genommen haben,[84] bspw. bei der Zurverfügungstellung von Fotos zur Veröffentlichung durch den Abgebildeten ohne Zustimmung des Fotografen.[85] An diesem **doppelten Anstifter- bzw. Gehilfenvorsatz** fehlt es aber meist. So ist bspw. nicht haftbar zu machen, wer dem Rechtsverletzer einen Fotokopierer beschafft, mit dem dieser rechtswidrige Vervielfältigungsstücke herstellt, wenn der Beschaffer von dem konkreten rechtswidrigen Vervielfältigungsvorhaben nichts weiß. 36

Reine **Hilfspersonen**, bspw. Briefträger, Zeitungsausträger, Kartenverkäufer, Platzanweiser oder Stromlieferanten, trifft dagegen in der Regel keine Verantwortlichkeit,[86] wenn die **verletzende Handlung** ihnen nicht auch in sozialtypischer Hinsicht **als eigene zugerechnet** werden kann und sie in Bezug auf deren Vornahme auch keine eigene **Entscheidungsbefugnis** haben.[87] Ausnahmsweise können sie jedoch als Störer haften. 37

---

83 BGH, Urt. v. 12.05.2010 – I ZR 121/08 (Sommer unseres Lebens), GRUR 2010, 633; *Rehbinder/Peukert*, UrhR, Rn. 1274.
84 *Rehbinder/Peukert*, UrhR, Rn. 1275.
85 OLG Jena, Beschl. v. 10.12.2003 – 2 W 658/03, ZUM 2004, 841.
86 *Dreier/Specht*, in: Dreier/Schulze, UrhG, § 97, Rn. 32.
87 *Wild*, in: Schricker/Loewenheim, UrhG, § 97, Rn. 76.

c) Störer

38 Verpflichteter kann nicht nur derjenige sein, der das Urheberrecht oder ein verwandtes Schutzrecht als Täter selbst oder durch einen anderen in mittelbarer Täterschaft widerrechtlich verletzt oder hierzu mit doppeltem Anstifter- oder Gehilfenvorsatz anstiftet oder Hilfe leistet, sondern auch der sog. Störer. Dies ist jeder, der – ohne Täter oder Teilnehmer zu sein – in irgendeiner Weise **willentlich und adäquat kausal zur Rechtsverletzung beiträgt**,[88] wobei dies aktiv-handelnder oder lediglich passiv-ausnutzender Natur sein kann.[89] Um Störer in diesem Sinne zu sein, muss derjenige allerdings die rechtliche und tatsächliche **Möglichkeit der Verhinderung der Rechtsverletzung** und zumutbare **Verhaltenspflichten verletzt** haben.[90] Der einzige gesetzlich geregelte Fall der Störerschaft ist – ohne den Begriff des Störers im Gesetz zu verwenden – derjenige der Verantwortlichkeit aufgrund Unternehmensinhaberschaft. Im Übrigen handelt es sich bei der Rechtsfigur des Störers um reine **Rechtsprechung**. Ferner ist zu beachten, dass nicht alle Ansprüche der §§ 97 ff. UrhG auch gegen einen Störer gerichtet werden können, sondern nur die Abwehransprüche gem. §§ 97 Abs. 1, 98 UrhG (Beseitigung, Unterlassung, Vernichtung, Rückruf und Überlassung) und die Auskunftsansprüche gem. §§ 101 f. UrhG, denn ein Störer greift nicht selbst (schuldhaft) in den Zuweisungsgehalt des verletzten Rechts ein.[91]

aa) Unternehmensinhaber

39 Auf diese Weise kann gem. § 99 UrhG Verpflichteter von Beseitigungs-, Unterlassungs-, Vernichtungs-, Rückruf- und Überlassungsansprüchen gem. §§ 97 Abs. 1, 98 UrhG zunächst der **Inhaber eines Unternehmens** sein, wenn das **Urheberrecht von einem Arbeitnehmer** oder einem Beauftragten des Unternehmens **verletzt** wurde. Um den Inhaber eines Unternehmens erfolgreich in Anspruch nehmen zu können, ist es also nicht erforderlich, dass dieser auch Täter ist und insoweit die Rechtsverletzung selbst oder mittelbar durch seine Mitarbeiter begangen hat oder dass der Unternehmensinhaber seine Mitarbeiter als Teilnehmer zu einer von diesen begangenen Urheerrechtsverletzung angestiftet oder ihnen hierzu Beihilfe geleistet hat. Selbst wenn er völlig unwissend ist, kann er entsprechend in Anspruch genommen werden. Er ist nämlich rechtlich wie tatsächlich in der Lage, Rechtsverletzungen zu unterbinden, weil er seinen Mitarbeitern Anweisungen geben und diese auch beaufsichtigen kann. Hinzu kommt, dass ihm dies auch nicht unzumutbar ist. Gleichwohl ist der **Nachweis eines Organisationsverschuldens nicht erforderlich**, denn einem Unternehmensinhaber ist der Entlastungsbeweis des § 831 Abs. 1 S. 2 BGB durch § 99 UrhG genommen. Der Begriff des Arbeitnehmers ist weit auszulegen und erfasst alle Personen, die aufgrund eines Be-

---

88 BGH, Urt. v. 17.08.2011 – I ZR 57/09 (Stiftparfum), GRUR 2011, 1038 [20].
89 *Rehbinder/Peukert*, UrhR, Rn. 1278.
90 BGH, Urt. v. 17.08.2011 – I ZR 57/09 (Stiftparfum), GRUR 2011, 1038 [20]; *Rehbinder/Peukert*, UrhR, Rn. 1278.
91 *Dreier/Specht*, in: Dreier/Schulze, UrhG, § 97, Rn. 34; *Rehbinder/Peukert*, UrhR, Rn. 1278.

schäftigungsverhältnisses in einem Unternehmen zu Dienstleistungen verpflichtet sind.[92] Insoweit haftet für Urheberechtsverletzungen eines Hochschulprofessors in Ausübung seines Amtes dessen Dienstherr, denn auch der Staat ist ein Unternehmer im Sinne der Norm.[93]

bb) Vermittler

Typischerweise fehlt es auch bei **Vermittlern**, wie Betreibern von Internethandelsplattformen, Forenbetreibern, Videoplattformbetreibern, Internetprovidern, WLAN-Anschlussinhabern, Suchmaschinenbetreibern, Auslieferern bzw. Importeuren von Printmedien oder Herstellern und Betreibern von Kopiergeräten in Bezug auf Urheberrechtverletzungen sowohl an der Tatherrschaft als auch am Anstifter- oder Gehilfenvorsatz, sodass auch sie in der Regel **weder Täter, noch Teilnehmer, noch Unternehmensinhaber** im obigen Sinne sind und insoweit nach den gesetzlichen Regelungen des UrhG auch nicht in Anspruch genommen werden könnten. Gem. Art. 8 Abs. 3 der Informations-Richtlinie[94] müssen die Mitgliedstaaten hinsichtlich Vermittlern allerdings sicherstellen, dass Rechtsinhaber **gerichtliche Anordnungen gegen Vermittler** beantragen können, wenn deren Dienste von Dritten zur Verletzung eines Urheberrechts oder verwandter Schutzrechte genutzt werden. Ebenso formuliert Art. 11 S. 3 der Durchsetzungs-Richtlinie,[95] der verlangt, dass die Rechtsinhaber eine Anordnung gegen „Mittelspersonen" beantragen können, deren Dienste von einem Dritten zwecks Verletzung eines Rechts des geistigen Eigentums in Anspruch genommen werden. Und gemeint ist hiermit natürlich nicht bloß die Antragsstellung, sondern bei Vorliegen bestimmter Voraussetzung auch deren Erfolg im Sinne einer gerichtlichen Anordnung gegen den Verletzer gem. Art. 11 S. 1 der Durchsetzungs-Richtlinie, die ihm die weitere Verletzung des betreffenden Rechts untersagt.

40

Betreiber von **Internethandelsplattformen** oder **Internetauktionshäuser** haften dann als Störer für Urheberrechtsverletzungen Dritter, wenn sie auf eine klare Rechtsverletzung hingewiesen wurden[96] oder wenn diese klar erkennbar ist.[97] Eine manuelle Kontrolle von Angeboten ist ihnen jedoch nicht zumutbar.[98] Allerdings müssen sie technisch mögliche und zumutbare Maßnahmen ergreifen, um **Vorsorge** dafür zu treffen, dass es nicht zu weiteren entsprechenden Rechtsverletzungen kommt.[99]

41

---

92 BGH, Urt. v. 16.01.1992 – I ZR 36/90 (Seminarkopien), ZUM 1993, 86.
93 BGH, Urt. v. 16.01.1992 – I ZR 36/90 (Seminarkopien), ZUM 1993, 86; *Rehbinder/Peukert*, UrhR, Rn. 1276.
94 Siehe Kap. 11, Rn. 238 ff.
95 Siehe Kap. 11, Rn. 242 ff.
96 BGH, Urt. v. 16.05.2013 – I ZR 216/11 (Kinderhochstühle im Internet II), GRUR 2013, 1229.
97 OLG Hamburg, Urt. v. 28.06.2006 – 5 U 213/05 (Parfümtester II), GRUR-RR 2007, 73.
98 OLG München, Urt. v. 21.12.2006 – 29 U 4407/06 (Parfümfälschung), GRUR-RR 2007, 393.
99 BGH, Urt. v. 11.03.2004 – I ZR 304/01 (Internet-Versteigerung), GRUR 2004, 860.

42 **Forenbetreiber** und Betreiber von anderen Internetportalen mit der Möglichkeit für Nutzer, Beiträge zu hinterlassen (sog. „user-generated content"), sind als Störer verantwortlich, sobald sie von einer Rechtsverletzung Kenntnis erlangen und untätig bleiben,[100] wobei aktive Überwachungspflichten auch hier in der Regel nicht bestehen.[101]

43 Ein **WLAN-Anschlussinhaber** kann Störer sein, wenn ihm unbekannte Dritte über seinen Internetanschluss Urheberrechtverletzungen begehen, bspw. im Sinne der öffentlichen Zugänglichmachung von urheberrechtlich geschützten Werken im Rahmen von „Tauschbörsen", weil der eingesetzte WLAN-Router nicht über die zum Kaufzeitpunkt marktüblichen Verschlüsselungsmöglichkeiten verfügt bzw. diese nicht eingestellt sind.[102] Hinsichtlich der dem Anschlussinhaber bekannten Nutzung durch Dritte muss er diese jedoch nicht überwachen, solange es keine konkreten Anhaltspunkte für Rechtsverletzungen gibt,[103] sondern lediglich belehren.[104] Unklar ist derzeit die Rechtslage hinsichtlich **offener WLAN-Netze**. So soll ein Inhaber eines **Internet-Cafés** für urheberrechtswidriges Filesharing haften, wenn er entsprechende Ports nicht gesperrt hat; bei einem Hotelbetreiber soll es hingegen ausreichen, wenn den Gästen die rechtswidrige Nutzung untersagt wurde.[105] Nach einem von der Bundesregierung beschlossenen Gesetzentwurf des Bundeswirtschaftsministeriums soll für Fälle wie diese jedoch eine **Haftungsprivilegierung** in § 8 Abs. 3, 4 TMG aufgenommen werden, wonach Anbieter, die Nutzern einen WLAN-Zugang bereitstellen, wegen einer rechtswidrigen Handlung eines Nutzers nicht auf Beseitigung oder Unterlassung in Anspruch genommen werden können, wenn sie zumutbare Maßnahmen ergriffen haben, um eine Rechtsverletzung durch Nutzer zu verhindern. Dies soll insbesondere der Fall sein, wenn sie **angemessene Sicherungsmaßnahmen** gegen den unberechtigten Zugriff auf das WLAN ergriffen haben und wenn die **Nutzer erklärt** haben, im Rahmen der Nutzung **keine Rechtsverletzungen zu begehen**.[106]

---

100 Vgl. allgemein BGH, Urt. v. 25.10.2011 – VI ZR 93/10 (Blog-Eintrag), GRUR 2012, 311; BGH, Urt. v. 27.03.2007 – VI ZR 101/06 (Meinungsforum), GRUR 2007, 724; BGH, Urt. v. 27.03.2012 – VI ZR 144/11 (RSS-Feeds), GRUR 2012, 751.
101 OLG Hamburg, Urt. v. 04.02.2009 – 5 U 167/07 (Mettenden), ZUM-RD 2009, 317, 322.
102 BGH, Urt. v. 12.05.2010 – I ZR 121/08 (Sommer unseres Lebens), GRUR 2010, 633.
103 BGH, Urt. v. 15.11.2012 – I ZR 74/12 (Morpheus), GRUR 2013, 511 [12 ff.].
104 BGH, Urt. v. 15.11.2012 – I ZR 74/12 (Morpheus), GRUR 2013, 511 [12 ff.]; ebenso BGH, Urt. v. 11.06.2015 – I ZR 7/14 (Tauschbörse II), GRUR-Prax 2016, 19, für aufsichtspflichtige Eltern gegenüber normal entwickelten Kindern; *Rehbinder/Peukert*, UrhR, Rn. 1279.
105 *Dreier/Specht*, in: Dreier/Schulze, UrhG, § 97, Rn. 34.
106 Vgl. Referentenentwurf für ein 2. Gesetz zur Änderung des TMG v. 09.09.2015, http://www.bmwi.de/BMWi/Redaktion/PDF/S-T/telemedienaenderungsgesetz-aenderung,property=pdf,bereich=bmwi2012,sprache=de,rwb=true.pdf (letzter Abruf: 27.10.2015); Der Bundestag plädiert in seiner Stellungnahme vom 06.11.2015 vom Ergreifen zumutbarer Maßnahmen abzusehen, da nur dann die Ausweitung von öffentlichen WLAN-Hotspots effektiv gefördert werden könne, http://www.bundesrat.de/drs.html?id=440-15%28B%29 (letzter Abruf: 10.01.2016).

Auch und gerade **Internetprovider** können ebenfalls Störer und insoweit für Urhe- 44
berrechtsverletzungen verantwortlich sein. Es wird unterschieden zwischen Content-Providern, also Webseitenbetreibern, Host-Providern, also Serverbetreibern, sowie Netz-Providern und Access-Providern, die entweder Datennetze zur Verfügung stellen, also das Internet als solches, oder den Zugriff hierauf durch das Angebot von Internetanschlüssen ermöglichen. Sofern es sich um **eigene Informationen** des Providers handelt, ist er hierfür gem. § 7 Abs. 1 TMG nach den allgemeinen Grundsätzen verantwortlich. Im Falle urheberrechtswidriger Inhalte ist er insoweit Täter der Urheberrechtsverletzung,[107] sodass keine Besonderheiten gelten. Die Verantwortlichkeit für eigene Inhalte trifft typischerweise den **Content-Provider**, denn nur dieser Provider ist Inhalteanbieter. Unter eigenen Informationen im Sinne der Norm sind zudem nicht nur selbst erschaffene und eingestellte Inhalte zu verstehen, sondern auch solche, die von Dritten geschaffen sind und die sich der Provider **zu eigen macht**. Dies erlangt für Content-Provider beim user-generated content[108] eine Bedeutung, wenn bspw. Abbildungen mit dem Logo des Providers versehen werden. Für **fremde Informationen** müssen Provider – im Umkehrschluss aus § 7 Abs. 1 TMG – hingegen grundsätzlich nicht haften. Vielmehr gelten hier **umfangreiche Haftungsprivilegien**. Für den Fall, dass nur fremde Informationen gespeichert oder durchgeleitet werden, sehen die §§ 8 ff. TMG eine weitgehende Beschränkung der Haftung vor. Die Provider sind in diesen Fällen nicht verpflichtet, die von ihnen übermittelten oder gespeicherten Informationen zu überwachen oder nach Umständen zu forschen, die auf eine rechtswidrige Tätigkeit hinweisen, § 7 Abs. 2 S. 1 TMG.[109] Allerdings heißt es in § 7 Abs. 2 S. 2 TMG, dass Provider trotz besagter Nichtverantwortlichkeit zur Entfernung oder Sperrung der Nutzung von Informationen nach den allgemeinen Gesetzen verantwortlich bleiben. Hiermit sind in jedem Fall **Beseitigungsansprüche**, wohl aber auch **Unterlassungsansprüche** gemeint,[110] sodass insoweit **keine Haftungsbefreiungen** gelten und ein Provider – bei Kenntnis (und Untätigkeit) – auf Beseitigung und Unterlassung in Anspruch genommen werden kann.[111] *Dreier/Specht* weisen in diesem Zusammenhang darauf hin, dass der EuGH bei der Anwendung der besagten Haftungsprivilegierungen nicht zwischen Schadensersatz- und Unterlassungsansprüchen differenziere[112] und dass das Kam-

---

107 BGH, Urt. v. 04.07.2013 – I ZR 39/12 (Terminhinweis mit Kartenausschnitt), GRUR 2014, 180 [18ff.]; BGH, Urt. v. 12.11.2009 – I ZR 166/07 (marions-kochbuch.de), GRUR 2010, 616 [22 ff.]; *Rehbinder/Peukert*, UrhR, Rn. 1281.
108 Siehe Rn. 42.
109 EuGH, Urt. v. 24.11.2011 – C-70/10 (Scarlet), ZUM 2012, 29; EuGH, Urt. v. 16.02.2012 – C-360/10 (SABAM), ZUM 2012, 307; nicht ausgeschlossen sind allerdings proaktive Überwachungspflichten in spezifischen Fällen und sofern dies zumutbar ist, vgl. hierzu BGH, Urt. v. 12.07.2012 – I ZR 18/11 (Alone in the Dark), GRUR 2013, 370, 371 f. [19 ff.].
110 BGH, Urt. v. 22.07.2010 – I ZR 139/08 (Kinderhochstühle im Internet), GRUR 2011, 152 [26].
111 *Dreier/Specht*, in: Dreier/Schulze, UrhG, § 97, Rn. 33; *Hoffmann*, in: Spindler/Schuster, § 7 TMG, Rn. 37 ff.
112 EuGH, Urt. v. 23.03.2010 – C-236/08 bis C-238/08 (Google France and Google), GRUR 2010, 445.

mergericht mittlerweile von einer Anwendbarkeit auch auf Unterlassungsansprüche ausgehe,[113] sodass diese Rechtsauffassung möglicherweise zu überdenken ist.[114]

45 **Netz- und Access-Provider** sind gem. § 8 TMG für fremde Informationen, die sie in einem Kommunikationsnetz übermitteln, oder zu denen sie den Zugang zur Nutzung vermitteln, nicht verantwortlich, sofern sie die **Übertragung nicht veranlasst**, den Adressaten der übermittelten Informationen nicht ausgewählt und die übermittelten Informationen nicht ausgewählt oder verändert haben. Speichern sie aber Inhalte zur beschleunigten Übermittlung auf einem **Proxy-Server** zwischen, müssen sie gem. § 9 TMG **unverzüglich handeln**, um gespeicherte Informationen zu entfernen oder den Zugang zu ihnen zu sperren, sobald sie Kenntnis davon erhalten, dass die Informationen an ihrem ursprünglichen Ausgangsort entfernt bzw. gesperrt wurden. Gleiches gilt für die Anordnung der Entfernung oder Sperrung durch ein Gericht oder eine Verwaltungsbehörde. Ferner hat der BGH neuerlich entschieden, dass Access-Provider grundsätzlich als Störer auf Unterlassung der Zugangsvermittlung zu Internetseiten in Anspruch genommen werden können, auf denen urheberrechtlich geschützte Werke rechtswidrig öffentlich zugänglich gemacht werden, wenn der Verletzte vorher erfolglos versucht hat, gegen Content- oder Host-Provider vorzugehen und sofern er hierbei ihm zumutbare Anstrengungen unternommen hat, es sei denn, diesem Vorgehen fehlt jede Erfolgsaussicht.[115]

46 Werden fremde rechtswidrige Inhalte hingegen für einen Nutzer gespeichert, bspw. durch **Host-Provider**, sind diese gem. § 10 TMG nicht verantwortlich, sofern sie keine Kenntnis hiervon haben oder unverzüglich tätig werden, um die Inhalte zu entfernen oder den Zugang zu ihnen zu sperren, sobald sie **Kenntnis von der Rechtswidrigkeit** erlangt haben. Hat ein Host-Provider also keine Kenntnis, haftet er auch nicht. Im Falle der Kenntnis ist hinsichtlich des Gegenstands der Kenntnis zu differenzieren. Sind die Inhalte offensichtlich rechtswidrig, zB. bei Volksverhetzung oder Kinderpornografie, müssen sie vom Provider bei Kenntniserlangung sofort entfernt werden. Dies ist bei Urheberrechtsverletzungen jedoch typischerweise nicht der Fall, denn man kann ihnen die Rechtswidrigkeit im Sinne des Fehlens der Zustimmung des Urhebers in der Regel nicht ansehen. Insofern kommt es für die Kenntnis des Host-Provider auf die Kenntnis von Tatsachen an, aus denen sich die Rechtswidrigkeit ergibt. **Suchmaschinenbetreiber** können sich im Übrigen nicht auf § 8 TMG berufen, sodass auch für sie nur die Privilegierung gem. § 10 TMG einschlägig ist und es insoweit auf deren Kenntnis ankommt.

---

113 KG, Urt. v. 16.04.2013 – 5 U 63/12, ZUM 2013, 886.
114 *Dreier/Specht*, in: Dreier/Schulze, UrhG, § 97, Rn. 33.
115 BGH, Urt. v. 26.11.2015 – I ZR 3/14 u. I ZR 174/14 (bei Drucklegung noch nicht veröffentlicht).

Typische **Störer im Offline-Bereich** können sein Auslieferer und Importeure von 47
Printmedien,[116] die Hersteller von Ton- und Bildaufzeichnungsgeräten[117] oder
Hersteller und Betreiber von Kopiergeräten[118] und Buchhändler, bei Urheberrechtsverletzungen in einem von ihnen vertriebenen Buch.[119] In Bezug auf **Buchhändler** weisen *Rehbinder/Peukert* zutreffend darauf hin, dass diese wegen ihrer
täterschaftlichen Verletzung des Verbreitungsrechts gem. § 17 UrhG folgerichtig eigentlich auch als Täter und nicht bloß als Störer verantwortlich wären, sodass es auf Prüfpflichten nicht ankäme.[120] Mit Rücksicht auf den Verhältnismäßigkeitsgrundsatz gem. Art. 3 der Durchsetzungs-Richtlinie[121] und die wirtschaftliche
Handlungsfreiheit gem. Art. 2 Abs. 1, 12 Abs. 1 GG sei es ihnen jedoch nicht möglich, das gesamte Sortiment laufend zu überprüfen, sodass auch sie Maßnahmen
erst ergreifen müssen, wenn sie auf eine Rechtsverletzung hingewiesen werden,[122]
und erst bei Verstoß hiergegen eine täterschaftliche Urheberrechtsverletzung begehen.[123]

d) Unbeteiligte Dritte

Ganz **ausnahmsweise** können sich reine Auskunftsansprüche des Verletzten gem. 48
§ 101 Abs. 2 S. 1 UrhG auch gegen unbeteiligte Dritte richten, wenn diese bspw.
rechtsverletzende Vervielfältigungsstücke in ihrem Besitz haben.

II. Ansprüche im Einzelnen

Im Falle von Urheberrechtsverletzungen hat der Verletzte gegen den Verpflichteten gem. § 97 ff. UrhG **zahlreiche zivilrechtliche Ansprüche**, deren Besonderheiten nachfolgend näher behandelt werden, insbesondere Ansprüche auf **Beseitigung** einer gegenwärtigen Beeinträchtigung, auf **Unterlassung** künftiger
Rechtsverletzung, auf Auskunft, Vorlage und Besichtigung sowie auf **Schadenersatz** und Herausgabe ungerechtfertigter Bereicherung: 49

---

116 BGH, Urt. v. 15.01.1957 – I ZR 56/55 (Taeschner/Pertussin II), GRUR 1957, 352, 353;
BGH, Urt. v. 17.09.2009 – Xa ZR 2/08 (MP3-Player-Import), GRUR Int. 2010, 336
[29 ff.].
117 BGH, Urt. v. 18.05.1955 – I ZR 8/54 (Grundig-Reporter), GRUR 1955, 492, 500; BGH,
Urt. v. 22.01.1960 – I ZR 41/58 (Werbung für Tonbandgeräte), GRUR 1960, 340; BGH,
Urt. v. 12.06.1963 – Ib ZR 23/62 (Tonbänder-Werbung), GRUR 1964, 91.
118 BGH, Urt. v. 09.06.1983 – I ZR 70/81 (Kopierläden), GRUR 1984, 54.
119 OLG München, Urt. v. 24.10.2013 – 29 U 885/13 (Buchbinder Wanninger), ZUM 2014,
147, 149.
120 *Rehbinder/Peukert*, UrhR, Rn. 1280.
121 Siehe Kap. 11, Rn. 242 ff.
122 *Rehbinder/Peukert*, UrhR, Rn. 1280.
123 LG Berlin, Urt. v. 14.11.2008 – 15 O 120/08 (Buchhändlerhaftung), GRUR-RR 2009,
216.

1. Beseitigung

50 Wichtigstes und meist sehr dringendes Anliegen des Verletzten ist zunächst natürlich die Beseitigung einer **gegenwärtig andauernden Rechtsverletzung**.[124] Oft ist insoweit aber keine (gerichtliche) Durchsetzung von Beseitigungsansprüchen erforderlich, da ein auf die Rechtsverletzung hingewiesener Verletzer, der nicht vorsätzlich gehandelt hat, meist bereits seinerseits die Verletzung beseitigt – ggfls. sogar unaufgefordert. Insoweit sind ausdrückliche Beseitigungsverlangen des Verletzten häufig gar nicht erforderlich.

51 Die im UrhG geregelten Beseitigungsansprüche lassen sich in den **allgemeinen Beseitigungsanspruch** gem. § 97 Abs. 1 S. 1 UrhG sowie die **speziellen Beseitigungsansprüche** gem. § 98 UrhG in Gestalt von Vernichtungs-, Überlassungs- sowie Rückrufansprüchen betreffend rechtswidrige Vervielfältigungsstücke oder Vervielfältigungsvorrichtungen und den Anspruch gem. § 103 UrhG[125] auf öffentliche Bekanntmachung eines Urteils, das eine Urheberrechtsverletzung bestätigt, unterscheiden:

a) Allgemeiner Beseitigungsanspruch

52 Wer das Urheberrecht oder ein anderes nach dem Urheberrechtsgesetz geschütztes Recht widerrechtlich verletzt, kann vom Verletzten gem. § 97 Abs. 1 UrhG auf **Beseitigung der Beeinträchtigung** in Anspruch genommen werden.

53 Abgesehen von der Voraussetzung der rechtswidrigen Urheberrechtsverletzung[126] besteht der Beseitigungsanspruch also **unabhängig von einem Verschulden des Verletzers** und hat keine weiteren Voraussetzungen. Er ist also vor allem unabhängig davon, ob der Verletzer von der Rechtsverletzung wusste, diese gewollt oder auch nur leicht fahrlässig verursacht hat. Verletzt jemand das Urheberrecht – ganz gleich aus welchem Grund – hat er einen noch **bestehenden rechtsbeeinträchtigenden Zustand** auf Verlangen des Verletzten zu beseitigen. Die Beeinträchtigung des Urheberrechts muss also fortwirken[127] und zum Zeitpunkt der Inanspruchnahme (noch) bestehen. Insoweit ist der Beseitigungsanspruch vom Anspruch auf Wiederherstellung eines früheren Zustands im Sinne der Naturalrestitution gem. § 249 BGB zu unterscheiden,[128] denn hierbei handelt es sich um einen Schadenersatzanspruch, der andere Voraussetzungen, insbesondere das Verschulden des Verletzers hat.[129] Mit Hilfe des Beseitigungsanspruchs kann also **keine Wieder-**

---

124 *Ulmer*, UrhR, S. 548 spricht von „fortdauernden Störungen".
125 BGH, Urt. v. 24.06.1993 – I ZR 148/91 (Dia-Duplikate), GRUR 1993, 899, 890.
126 Siehe oben, Rn. 6.
127 *Meckel*, in: Dreyer/Kotthoff/Meckel, UrhG, § 97, Rn. 38; *Rehbinder/Peukert*, UrhR, Rn. 1266.
128 BGH, Urt. v. 12.01.1960 – I ZR 30/58 (Plagiatsvorwurf), GRUR 1960, 500, 502; *Rehbinder/Peukert*, UrhR, Rn. 1266.
129 *Meckel*, in: Dreyer/Kotthoff/Meckel, UrhG, § 97, Rn. 38; *Schack*, UrhR, Rn. 794; *Vinck*, in: Loewenheim, UrhR, § 81, Rn. 27; *Wandtke*, in: Wandtke, UrhR, Kap. 10, Rn. 39.

herstellung verlangt werden.[130] Auch kann nicht eine bestimmte Art der Störungsbeseitigung verlangt werden, es sei denn, es kommt nur eine Art der Beseitigung in Betracht.[131] Im Normafall kann der Verletzer also selbst entscheiden, wie er den beeinträchtigenden Zustand beseitigt.

Der **klassische Fall**[132] der Beseitigung ist der vom Reichsgericht entschiedene, in dem ein Hauseigentümer, der ein Fresko („**Felseneiland mit Sirenen**") im Treppenhaus seines Hauses ohne Zustimmung des Urhebers teilweise übermalt hatte, zur Beseitigung dieser Übermalung verurteilt wurde.[133]

54

Der Beseitigungsanspruch ist ferner nur dann einschlägig, wenn die **Beeinträchtigung trotz Unterlassens fortbestehen** würde.[134] Wird bspw. eine Datei, welche ein urheberrechtlich geschütztes Werk vermittelt, ohne Zustimmung des Urhebers im Internet öffentlich zugänglich gemacht, dann handelt es sich hierbei um eine dauernd stattfindende Rechtsverletzung, die sich quasi stetig aktualisiert und die insoweit für die Zukunft durch Unterlassung weiterer öffentlicher Zugänglichmachung verhindert wird. Mit Unterlassen der weiteren öffentlichen Zugänglichmachung gibt es insoweit nichts mehr zu beseitigen. Akte der öffentlichen Wiedergabe sind ihrer Natur nach also Störungen, die durch Unterlassung vorüber gehen, sodass hier der Unterlassungsanspruch der richtige Abwehranspruch ist.[135] Befände sich im Falle einer solchen öffentlichen Zugänglichmachung aber noch eine das Werk vermittelnde Datei weiterhin auf dem Server und wäre diese bloß nicht mehr öffentlich zugänglich, könnte die Löschung der Datei als in der Regel rechtswidriges[136] Vervielfältigungsstück des Werks allerdings mit Hilfe des Vernichtungsanspruchs[137] gem. § 98 Abs. 1 UrhG verlangt werden. Insoweit wird bei rechtswidrig **im Internet** öffentlich zugänglich gemachten Werke, ganz gleich, ob es sich um Musik, Bilder, Videos, Texte etc. handelt, mitunter schlicht die Lösung der Dateien vom Server als „Beseitigung des Rechtsverstoßes" verlangt. In Bezug auf **Dateien**, die auf den Internetservern hinterlegt sind, reicht es im Übrigen nicht aus, bloß die Einbindung der Dateien in das Webdesign zu entfernen oder die Homepage zu sperren, wenn die Inhalte bzw. Dateien über einen sog. **Deep-Link** weiterhin öffentlich zugänglich sind. Es müssen in einem solchen Fall immer auch die Dateien selbst vom Server gelöscht werden. Dies zu übersehen ist eines der häufigsten Probleme bei der Erfüllung von Beseitigungs- bzw. Unterlassungsverlangen, was obendrein eine bedingt vorsätzliche weitere öffentliche Zugänglichmachung der entsprechenden Dateien zur Folge hat, dem Ver-

55

---

130 *Vinck*, in: Loewenheim, UrhR, § 81, Rn. 28.
131 BGH, Urt. v. 12.07.1963 – Ib ZR 174/61 (Lesering), GRUR 1964, 82; BGH, Urt. v. 12.03.1954 – I ZR 201/52 (Radschutz), GRUR 1954, 337, 342.
132 *Schack*, UrhR, Rn. 794.
133 RG, Urt. v. 08.06.1912 – I 382/11 (Felseneiland mit Sirenen), RGZ 79, 397.
134 *Dreier/Specht*, in: Dreier/Schulze, UrhG, § 97, Rn. 47.
135 *Ulmer*, UrhR, S. 548.
136 Vgl. § 53 Abs. 6 S. 1 UrhG, wonach es sich im Falle der öffentlichen Zugänglichmachung nicht um eine rechtmäßige Privatkopie handeln kann.
137 Siehe Rn. 60 ff.

letzten Unwillen bzw. Unfähigkeit bescheinigt und zur Eskalation des Rechtsstreits führen kann.

56 Die Entfernung rechtswidrig im Internet öffentlich zugänglich gemachter Werke aus den Speichern einer **Suchmaschine** kann dann verlangt werden, wenn die Suchmaschine dem Verletzer Möglichkeiten bietet, eine Löschung aus dem Index der Suchmaschine zu beantragen oder eine manuelle Aktualisierung des Indexes herbeizuführen. In solchen Fällen ist der Verletzer verpflichtet, diese Möglichkeiten im Wege des Beseitigungsverlangens einzusetzen und die Inhalte damit auch aus dem Index der Suchmaschine zu entfernen.[138]

57 Zu beachten ist noch, dass der Beseitigungsanspruch dem **Verhältnismäßigkeitsgrundsatz** unterliegt. Die Beseitigung muss dem Verletzer insoweit also auch zumutbar und erforderlich sein.[139] Dies ist in der Regel allerdings der Fall, denn wer die Rechte eines anderen widerrechtlich verletzt, dem ist es grundsätzlich auch zumutbar, diese Verletzung zu beseitigen und die Beseitigung ist auch erforderlich.[140] So muss bspw. die gefälschte Signatur auf einem Ölgemälde beseitigt werden, wobei es hingegen unzumutbar ist, das Bild als Fälschung zu kennzeichnen oder gar zu zerstören.[141]

58 Die **Kosten der Beseitigung** trägt der Verletzer. Hat der Verletzte seinerseits Maßnahmen ergriffen, kann er die hierdurch entstehenden Kosten vom Verletzer aus ungerechtfertigter Bereicherung ersetzt verlangen.[142]

b) Spezielle Beseitigungsansprüche

59 Das UrhG enthält in den §§ 98, 103 UrhG darüber hinaus besagte spezielle Beseitigungsansprüche in Gestalt von Vernichtungs-, Überlassungs- sowie Rückrufansprüchen betreffend rechtswidrige Vervielfältigungsstücke oder Vervielfältigungsvorrichtungen und den Anspruch auf öffentliche Bekanntmachung eines Urteils.

aa) Vernichtung und Überlassung

60 Wer das Urheberrecht oder ein anderes nach dem Urheberrechtsgesetz geschütztes Recht widerrechtlich verletzt, kann vom Verletzten gem. § 98 Abs. 1 UrhG auf Vernichtung der in seinem Besitz oder Eigentum befindlichen rechtswidrig hergestellten, verbreiteten oder zur rechtswidrigen Verbreitung bestimmten **Vervielfältigungsstücke** in Anspruch genommen werden.[143] Dies gilt auch für die im Eigentum

---

138 Vgl. für Verstöße gegen Unterlassungspflichten, OLG Celle, Urt. v. 29.01.2015 – 13 U 58/14, ZUM 2015, 575.
139 BGH, Urt. v. 08.06.1989 – I ZR 135/87 (Emil Nolde), GRUR 1995, 668; *Vinck*, in: Loewenheim, UrhR, § 81, Rn. 28.
140 Zu den Ausnahmen siehe unten, Rn. 112 ff.
141 BGH, Urt. v. 08.06.1989 – I ZR 135/87 (Emil Nolde), GRUR 1995, 668.
142 BGH, Urt. v. 14.12.1961 – VII ZR 153/60 (Öl regiert die Welt), GRUR 1962, 261, 262; *Meckel*, in: Dreyer/Kotthoff/Meckel, UrhG, § 97, Rn. 40.
143 Werkoriginale sind hiervon nicht umfasst, vgl. *Vinck*, in: Loewenheim, UrhR, § 81, Rn. 74.

des Verletzers stehenden **Vorrichtungen**, die vorwiegend zur Herstellung dieser Vervielfältigungsstücke gedient haben. Umfasst sind also nicht nur speziell angefertigte Vorlagen wie Druckplatten, Gussformen, Fotonegative, sondern auch handelsübliche Geräte, wie Kopiergeräte, CD-Brenner, Videorekorder, Server, wenn diese vorwiegend entsprechend genutzt worden sind.[144] Allerdings ist grundsätzlich **das mildeste Mittel** zu wählen, sodass bspw. auch die Entfernung einzelner Seiten aus einem Buch oder das Schwärzen einzelner Zeilen ausreichend sein kann und nicht unbedingt das ganze Buch vernichtet werden muss.[145] Die zu vernichtenden Vervielfältigungsstücke oder Vorrichtungen sind entweder **an einen Gerichtsvollzieher oder den Verletzten** zum Zwecke der Vernichtung **herauszugeben**.[146] Werden sie an den Verletzten herausgegeben, muss dieser die Vernichtung beweisen.[147] Die **Kosten der Vernichtung** trägt aber in jedem Fall der Verletzer.

Alternativ kann der Verletzte gem. § 98 Abs. 3 UrhG verlangen, dass ihm die Vervielfältigungsstücke, die im Eigentum des Verletzers stehen, **gegen eine angemessene Vergütung überlassen** werden (Überlassung). Der Verletzte kann die Vervielfältigungsstücke, beispielsweise Bücher, CDs, DVDs, also faktisch vom Verletzer „kaufen", denn er hat Ansprüche darauf, dass ihm **Eigentum und Besitz** übertragen werden.[148] Die Vergütung darf zudem die Herstellungskosten nicht übersteigen, sodass der Verletzte faktisch zum Selbstkostenpreis des Verletzers erwerben kann. Dies kann für ihn lohnend sein, wenn er selbst Verwendung für die Vervielfältigungsstücke hat und sie zu diesem Selbstkostenpreis nicht herstellen oder anderweitig beziehen kann. Ist die Höhe der zu zahlenden Vergütung unklar, kann sie gem. § 287 ZPO in das Ermessen des Gerichts gestellt werden.[149]

61

Bauwerke[150] sowie ausscheidbare Teile von Vervielfältigungsstücken unterliegen gem. § 98 Abs. 5 UrhG übrigens nicht der Vernichtung bzw. Überlassung. Der Vernichtungsanspruch für **Computerprogramme** ergibt sich schließlich aus § 69 f Abs. 1 UrhG,[151] der als lex specialis die Regelung des § 98 UrhG in ihrem Anwendungsbereich verdrängt.

62

bb) Rückruf

Wer das Urheberrecht oder ein anderes nach dem Urheberrechtsgesetz geschütztes Recht widerrechtlich verletzt, kann gem. § 98 Abs. 2 UrhG vom Verletzten

63

---

144 *Meckel*, in: Dreyer/Kotthoff/Meckel, UrhG, § 98, Rn. 3.
145 *Ulmer*, UrhR, S. 549; *Vinck*, in: Loewenheim, UrhR, § 81, Rn. 77; *Wild*, in: Schricker/Loewenheim, UrhG, §§ 98/99, Rn. 7.
146 BGH, Urt. v. 10.04.1997 – I ZR 242/94 (Vernichtungsanspruch), GRUR 1997, 899; *Wild*, in: Schricker/Loewenheim, UrhG, §§ 98/99, Rn. 11 ff.
147 *Vinck*, in: Loewenheim, UrhR, § 81, Rn. 77.
148 *Meckel*, in: Dreyer/Kotthoff/Meckel, UrhG, § 98, Rn. 6.
149 *Lütje*, in: Möhring/Nicolini, UrhG, § 98, Rn. 29; *Vinck*, in: Loewenheim, UrhR, § 81, Rn. 79; *Wild*, in: Schricker/Loewenheim, UrhG, §§ 98/99, Rn. 10.
150 Hierzu siehe Rn. 113.
151 Siehe Kap. 5, Rn. 377 ff.

auch auf **Rückruf** von rechtswidrig hergestellten, verbreiteten oder zur rechtswidrigen Verbreitung bestimmten **Vervielfältigungsstücken** oder auf deren endgültiges **Entfernen aus den Vertriebswegen** in Anspruch genommen werden. Der Verletzer muss also seine Vertriebspartner, Abnehmer sowie weitere Handelsstufen zur Rückgabe gegen Erstattung des Kaufpreises auffordern und die Kosten des Rückrufs bzw. der Entfernung aus den Vertriebswegen tragen.[152]

64 Der Rückrufanspruch gilt im Übrigen sowohl gegenüber Unternehmern als **auch gegenüber Verbrauchern**. Allerdings muss die Rückgabe der Vervielfältigungsstücke sowohl rechtlich als auch tatsächlich noch möglich sein.[153] Dies dürfte in Bezug auf Verbraucher in der Regel nur dann der Fall sein, wenn die Stücke noch im Eigentum des Verletzers (oder eines Beteiligten der Vertriebskette) stehen, bspw. weil er sie **bloß an Verbraucher verliehen** hat, wie es bei Filmen oder DVDs vorkommen kann. Wurden sie hingegen an den Verbraucher übereignet und hat dieser sie auch in Besitz genommen, dürfte ein Rückrufverlangen selbst dann unzumutbar sein, wenn die Person des Verbrauchers bekannt ist oder in Erfahrung gebracht werden kann. In diesen Fällen dürfte nämlich das allgemeine Persönlichkeitsrecht der Verbraucher höherwertig sein.

cc) Urteilsbekanntmachung

65 Auch die Urteilsbekanntmachung gem. § 103 UrhG[154] zählt zu den speziellen Beseitigungsansprüchen, denn auch sie dient dazu eine fortwirkende Störung zu beseitigen.[155] Hiernach kann der obsiegenden Partei im Urteil die Befugnis zugesprochen werden, das Urteil **auf Kosten der unterliegenden Partei** öffentlich bekannt zu machen,[156] wenn sie ein berechtigtes Interesse darlegt. Es muss sich allerdings um ein Urteil in der Hauptsache handeln. Eilentscheidungen können nicht auf diese Weise veröffentlicht werden.[157]

66 Hinsichtlich des **berechtigten Interesses** hat eine Interessenabwägung stattzufinden,[158] wobei die Bekanntmachung geeignet und erforderlich sein muss, um einen fortwirkenden Störungszustand zu beseitigen.[159] Einerseits kommt es also darauf an, in welchem Umfang die Rechtsverletzung selbst überhaupt der Öffentlichkeit bekannt geworden ist.[160] Andererseits kann aber auch das **Verhalten des Verletzers** eine Rolle spielen, bspw. dann wenn er die Rechtsverletzung bereits

---

152 *Rehbinder/Peukert*, UrhR, Rn. 1268.
153 Meckel, in: Dreyer/Kotthoff/Meckel, UrhG, § 98, Rn. 5.
154 Zur Urteilsbekanntmachung im Urheberstrafrecht vgl. Rn. 241 ff.
155 BGH, Urt. v. 08.05.2002 – I ZR 98/00 (Stadtbahnfahrzeug), GRUR 2002, 799, 801; *J.B.Nordemann*, in: Fromm/Nordemann, UrhG, § 103, Rn. 2; *Meckel*, in: Dreyer/Kotthoff/Meckel, UrhG, § 103, Rn. 1; *Rehbinder/Peukert*, UrhR, Rn. 1269.
156 Ein Beispiel zur Anordnung (im Strafverfahren) siehe Rn. 243.
157 *Meckel*, in: Dreyer/Kotthoff/Meckel, UrhG, § 103, Rn. 2.
158 BGH, Urt. v. 18.12.1997 – I ZR 79/95 (Beatles-Doppel-CD), GRUR 1998, 568.
159 *Meckel*, in: Dreyer/Kotthoff/Meckel, UrhG, § 103, Rn. 3.
160 *Wild*, in: Schricker/Loewenheim, UrhG, § 103, Rn. 7.

öffentlich als Fehler eingeräumt und sich hierfür entschuldigt hat, wobei vor Gericht lediglich über die Höhe eines Schadenersatzanspruchs gestritten wurde. Ferner ist zugunsten des Verletzers zu prüfen, welches Maß an Verschulden ihm zur Last fällt und ob die Veröffentlichung mit einem unverhältnismäßig hohen Aufwand verbunden wäre.[161]

Das Urteil darf gem. § 103 Satz 4 UrhG **erst nach Rechtskraft** bekannt gemacht werden, wobei Art und Umfang der Bekanntmachung gem. Satz 2 im Urteil bestimmt werden.[162] Die Befugnis wird sich meist auf den Tenor des Urteils beschränken, wenn dieser aus sich heraus verständlich ist und das Informationsinteresse der Öffentlichkeit abdeckt.[163] Hinsichtlich Art und Umfang ist im Übrigen zu berücksichtigen, was erforderlich ist, um die noch fortwirkende Störung zu beseitigen.[164] Jedenfalls erlischt die Befugnis gem. § 103 Satz 3 UrhG, wenn von ihr nicht **innerhalb von drei Monaten** nach Eintritt der Rechtskraft des Urteils Gebrauch gemacht wird. Dies dient der Aktualität der Bekanntmachung. 67

Unabhängig davon ist auch eine **private Bekanntmachung** des Urteils (auf Kosten des Verletzten) jederzeit möglich, soweit dem keine persönlichkeitsrechtlichen oder sonst berechtigten Interessen (zB. Geheimhaltungsschutz) entgegenstehen.[165] 68

2. Unterlassung

Neben dem Beseitigungsanspruch ist ein **wesentlicher Anspruch**[166] des Verletzten der **in die Zukunft gerichtete** Anspruch auf Unterlassung künftiger im Kern gleichartiger[167] Rechtsverletzungen gem. § 97 Abs. 1 UrhG. Er ist von großer praktischer Bedeutung,[168] da Unterlassungsansprüche im Gegensatz zu Beseitigungsansprüchen[169] von Verletzern **oft nicht freiwillig erfüllt** werden. 69

a) Voraussetzungen

Wer das Urheberrecht oder ein anderes nach dem UrhG geschütztes Recht widerrechtlich verletzt, kann gem. § 97 Abs. 1 S. 1 UrhG bei Wiederholungsgefahr vom Verletzten auf Unterlassung in Anspruch genommen werden. Der Unterlassungsanspruch ist also ebenso wie der Beseitigungsanspruch[170] **verschuldens-** 70

---

161 BGH, Urt. v. 18.12.1997 – I ZR 79/95 (Beatles-Doppel-CD), GRUR 1998, 568.
162 Ein Beispiel zur Anordnung (im Strafverfahren) siehe Rn. 243.
163 LG Frankfurt am Main, Urt. v. 27.04.2011 – 2-06 O 428/10 (selbstgebrannte CD), MMR 2011, 617; LG Hamburg, Urt. v. 02.01.2009 – 308 O 255/07 (Bauhaus Klassiker), GRUR-RR 2009, 211.
164 *Meckel*, in: Dreyer/Kotthoff/Meckel, UrhG, § 103, Rn. 4.
165 *Rehbinder/Peukert*, UrhR, Rn. 1269.
166 *Ulmer*, UrhR. S. 548.
167 Sog. Kerntheorie des BGH, vgl. BGH, Urt. v. 05.07.2001 – I ZR 311/98 (Spiegel-CD-ROM), GRUR 2002, 248, 250; *Vinck*, in: Loewenheim, UrhR, § 81, Rn. 26.
168 *Schack*, UrhR, Rn. 797.
169 Siehe Rn. 50.
170 Siehe Rn. 53.

unabhängig,[171] setzt also keine Kenntnis der Rechtswidrigkeit, kein Wissen oder Wollen der Verletzung und auch keine Fahrlässigkeit voraus. Im Unterschied zum Beseitigungsanspruch ist neben einer bloßen Rechtsverletzung allerdings zusätzliche Voraussetzung das Vorliegen der Gefahr weiterer Rechtsverletzungen, die sog. **Wiederholungsgefahr.** Denn nur wenn die Gefahr der Wiederholung von Rechtsverletzungen besteht, kann der Verletzte überhaupt ein Interesse an der Unterlassung haben. Kam es allerdings bereits zu einer Rechtsverletzung, wird die Gefahr der Wiederholung weiterer Rechtsverletzungen durch den Verletzter vermutet, sodass diese Voraussetzung in der Regel gegeben ist. Dem liegt der Gedanke zugrunde, dass weitere Rechtsverletzungen durch jemanden, der bereits Rechte anderer verletzt hat, nicht ohne Weiteres ausgeschlossen werden können. Die Rechtsverletzung indiziert somit in der Regel die Wiederholungsgefahr, wobei an deren **Widerlegung** strenge Anforderungen gestellt werden.[172] Sie entfällt nur ausnahmsweise, bspw. wenn der unternehmerisch handelnde Verletzer sein Unternehmen endgültig und einschränkungslos aufgibt, ohne dass die Gefahr besteht, er könne seine bisherige Tätigkeit in diesem oder mit anderem Betrieb fortsetzen.[173] Derartige oder vergleichbare Fälle des Wegfalls der Wiederholungsgefahr sind in der Regel aber reine Theorie.

71 Und auch dann, wenn es noch gar nicht zu einer Rechtsverletzung gekommen ist, kann ein Rechtsinhaber Anspruch auf Unterlassung künftiger Rechtsverletzungen haben, sog. **vorbeugender Unterlassungsanspruch.**[174] Dies ist gem. § 97 Abs. 1 S. 2 UrhG ausdrücklich geregelt und dann der Fall, wenn eine Zuwiderhandlung erstmalig droht, beispielsweise weil jemand konkret damit droht, in Zukunft ohne Zustimmung des Urhebers bestimmte Werke ins Internet zu stellen oder zu vervielfältigen, wenn jemand eine nicht genehmigte Aufführung eines Bühnenstücks öffentlich ankündigt oder diese durch Proben oder sonstige Handlungen vorbereitet[175] oder wenn sich aus einem anderen Verhalten auf einen bevorstehenden Eingriff schließen lässt. Der Urheber muss in einem solchen Falle nicht erst die Verletzung seiner Rechte abwarten,[176] um dann dagegen vorzugehen, sondern kann wegen des Vorliegens einer sog. **Erstbegehungsgefahr**[177] gleich Unterlassungsansprüche geltend machen und die Unterlassung der erwarteten Rechtsverletzung verlangen. Es ist also lediglich erforderlich, dass eine konkrete Rechtsverletzung

---

171 *Lutz*, UrhR, Rn. 694; *Schack*, UrhR, Rn. 797; *Vinck*, in: Loewenheim, UrhR, § 81, Rn. 19.
172 BGH, Urt. v. 17.11.1960 – I ZR 87/59 (Familie Schölermann), GRUR 1961, 138, 140; *Lutz*, UrhR, Rn. 694; *Rehbinder/Peukert*, UrhR, Rn. 1263; *Schack*, UrhR, Rn. 798; *Vinck*, in: Loewenheim, UrhR, § 81, Rn. 23 f.; *Wandtke*, in: Wandtke, UrhR, Kap. 10, Rn. 18.
173 BGH, Urt. v. 05.02.1998 – I ZR 211/95 (Testpreis-Angebot), GRUR 1998, 824, 828.
174 *Rehbinder/Peukert*, UrhR, Rn. 1264; *Vinck*, in: Loewenheim, UrhR, § 81, Rn. 22; *Wandtke*, in: Wandtke, UrhR, Kap. 10, Rn. 19.
175 *Ulmer*, UrhR, S. 548.
176 *Schack*, UrhR, Rn. 797.
177 BGH, Urt. v. 17.07.2003 – I ZR 259/00 (Paperboy), GRUR 2003, 958.

objektiv unmittelbar bevorsteht.[178] Die bloße Besorgnis der Rechtsverletzung genügt allerdings nicht.[179]

b) Erfüllung (Unterlassungserklärung)

aa) Allgemeines

Der Verletzer kann den Anspruch des Verletzten auf Unterlassung künftiger Rechtsverletzungen nur erfüllen, indem dieser sich im Rahmen einer sog. Unterlassungsunterwerfungserklärung (kurz „**Unterlassungserklärung**") gegenüber dem Verletzen verpflichtet, das konkrete rechtswidrige Verhalten, bspw. das Vervielfältigen eines Werks ohne Zustimmung des Urhebers, sowie im Kern gleichartige Verhaltensweisen[180] in Zukunft zu unterlassen. Eine solche Verpflichtung allein ist jedoch nicht ausreichend, denn sie gibt dem Verletzten keine genügende Sicherheit, dass es nicht zu Wiederholungen (bzw. zur Erstbegehung) kommt. Immerhin war und ist der Verletzer bereits von Gesetzes wegen verpflichtet, die besagten Rechte nicht zu verletzen. Eine solche Verpflichtungserklärung gäbe daher nur die ohnehin schon bestehende Rechtslage wieder. Und diese konnte den Verletzer schon nicht davon abhalten, Rechte zu verletzen (oder dies anzudrohen). Eine solche Erklärung wäre rechtlich gesehen also völlig wertlos. Es bedarf insoweit eines Mehrs, indem sich der Verletzer gegenüber dem Verletzten verpflichtet, für jeden Fall eines Verstoßes gegen seine Verpflichtung an den Verletzten eine **Vertragsstrafe** in angemessener Höhe zu zahlen (sog. strafbewehrte Unterlassungserklärung).[181] Erst ein solches Vertragsstrafeversprechen kann ihn wirksam von (weiteren) Rechtsverletzungen abhalten und damit die Wiederholungsgefahr (bzw. die Erstbegehungsgefahr) beseitigen,[182] sodass der gesetzliche Unterlassungsanspruch als solcher in der Folge unter geht.[183] Gibt der Verletzer hingegen keine solche Unterlassungserklärung ab, kann ihm auf Antrag des Verletzten vom Gericht die Vornahme weiterer gleichartiger Verletzungshandlungen bei Strafe verboten werden, in der Regel ein Ordnungsgeld bis zu 250.000 EUR oder Ordnungshaft bis zu sechs Monaten.

72

---

178 BGH, Urt. v. 06.07.1954 – I ZR 38/53 (Constanze II), NJW 1954, 1682; BGH, Urt. v. 09.06.1983 – I ZR 70/81 (Kopierläden), GRUR 1984, 54, 55; *J.B.Nordemann*, in: Fromm/Nordemann, UrhG, § 97, Rn. 39; *Schack*, UrhR, Rn. 797; *Wild*, in: Schricker/Loewenheim, UrhG, § 97, Rn. 43.
179 RG, Urt. v. 12.05.1903 – II 482/02, RGZ 54, 414; RG, Urt. v. 17.02.1921 – VI 473/20, RGZ 101, 335.
180 Sog. Kerntheorie des BGH, vgl. BGH, Urt. v. 05.07.2001 – I ZR 311/98 (Spiegel-CD-ROM), GRUR 2002, 248, 250; *Vinck*, in: Loewenheim, UrhR, § 81, Rn. 26.
181 Zum Muster einer Unterlassungserklärung siehe Anhang, Teil XI.
182 BGH, Urt. v. 17.11.1960 – I ZR 87/59 (Familie Schölermann), GRUR 1961, 138, 140; *Ulmer*, UrhR, S. 548.
183 BGH, Urt. v. 12.07.1995 – I ZR 176/93 (Kurze Verjährungsfrist), GRUR 1995, 678, 679; BGH, Urt. v. 05.03.1998 – I ZR 202/95 (Altunterwerfung III), GRUR 1998, 953, 954.

bb) Rechtsnatur und Form

73 Rechtlich gesehen ist für den Wegfall der Wiederholungsgefahr wegen Strafversprechens allerdings nicht bloß die einseitige Unterlassungserklärung des Verletzers entscheidend, wobei es sich hierbei auch nicht um ein einseitiges Rechtsgeschäft des Verletzers handelt, sondern der durch Angebot und Annahme geschlossene **Unterlassungsvertrag** zwischen Verletzer und Verletztem. Bei diesem Vertrag handelt es sich um ein auf Unterlassung gerichtetes Dauerschuldverhältnis,[184] das hinsichtlich der Vertragsstrafe zugleich ein abstraktes Schuldanerkenntnis ist[185] und gem. § 781 S. 1 BGB insoweit dem **Schriftformerfordernis** unterliegt. Der Verletzte hat also zunächst Anspruch darauf, dass ihm eine ohne Beachtung der Schriftform (zB. per Telefax, E-Mail oder auch nur mündlich) erklärte Unterlassungserklärung in zu Beweiszwecken geeigneter schriftlicher Form bestätigt wird.[186] Seinerseits muss er die **Annahme** allerdings nicht schriftlich erklären, auch nicht hinsichtlich des Vertragsstrafeversprechens, denn das Schriftformerfordernis gilt hier nicht. Ferner muss er die Annahme gem. § 151 S. 1 BGB überhaupt nicht, also auch nicht formlos erklären, denn der Verletzer hat hierauf in der Regel entweder stillschweigend verzichtet[187] bzw. die Annahme ist nach der Verkehrssitte nicht zu erwarten, weil das Rechtsgeschäft für den Verletzen lediglich vorteilhaft ist.[188] So enthalten die in der Praxis vielfach verwendeten gängigen Formulare für Unterlassungserklärungen auch kein Unterschriftenfeld des Verletzers.[189] Für die Annahme reicht es in der Regel also aus, dass das **Angebot des Verletzers** in Gestalt der Unterlassungserklärung **vom Verletzten nicht abgelehnt** wird.[190] Und wenn der Verletzte vom Verletzer die Abgabe einer bestimmten Erklärung verlangt, die dieser dann auch abgibt, ist bereits in der Abgabe der Erklärung die Annahme des Angebots des Verletzers zu sehen, sodass es in diesen Fällen der Regelung des § 151 BGB nicht bedarf.

cc) Bedeutung und Höhe der Vertragsstrafe

74 Das Angebot einer unangemessenen Vertragsstrafe braucht der Verletzte nicht anzunehmen.[191] Im Übrigen lassen sich hinsichtlich der **Höhe der Vertragsstrafe** keine pauschalen Angaben machen, denn es kommt sowohl auf die Schwere, die Art und den Verschuldensmaßstab der Rechtsverletzung an, als auch auf die Einkommens- und Vermögensverhältnisse des Verletzers, denn die Strafe soll ihn

---

184 BGH, Urt. v. 01.04.1993 – I ZR 136/91 (Bedingte Unterwerfung), GRUR 1993, 677, 679.
185 BGH, Urt. v. 12.07.1995 – I ZR 176/93 (Kurze Verjährungsfrist), GRUR 1995, 678, 679; BGH, Urt. v. 05.03.1998 – I ZR 202/95 (Altunterwerfung III), GRUR 1998, 953, 954.
186 BGH, Urt. v. 08.03.1990 – I ZR 116/88 (Unterwerfung durch Fernschreiben), GRUR 1990, 530, 532.
187 OLG Frankfurt, Urt. v. 03.04.1986 – 6 U 24/85 (Unterlassungsvertrag), GRUR 1986, 626.
188 BGH, Urt. v. 12.10.1999 – XI ZR 24/99, NJW 2000, 276; vgl. hinsichtlich des Schuldanerkenntnisses auch BGH, Urt. v. 04.04.2000 – XI ZR 152/99, NJW 2000, 2984.
189 Ebenso das Muster im Anhang, Teil XI.
190 BGH, Urt. v. 12.10.1999 – XI ZR 24/99, NJW 2000, 276.
191 *Vinck*, in: Loewenheim, UrhR, § 81, Rn. 24.

wirksam von weiteren Rechtsverletzungen abhalten. Insofern muss sie für den jeweiligen Verletzer vor allem auch schmerzlich sein. So kann bspw. eine Strafe in Höhe von 1.000 EUR geeignet sein, einen mittellosen Studenten von der Begehung weiterer Rechtsverletzungen abzuhalten, während die Zahlung eines solchen Betrages für einen „Millionär" unbedeutend ist und die Wiederholungsgefahr nicht entfallen lassen kann. Insofern kann die Änderung der Vermögensverhältnisses des Verletzers „vom Tellerwäscher zum Millionär" auch eine ursprünglich wegen der mit 1.000 EUR strafbewehrten Unterlassungserklärung entfallene Wiederholungsgefahr durchaus **wieder aufleben** lassen, sodass der Verletzte Anspruch auf Anpassung der Vertragsstrafe hat. Vertragsstrafen von unter 1.000 EUR dürften allerdings in jedem Fall nicht schmerzlich und damit nicht ausreichend sein, die Wiederholungsgefahr entfallen zu lassen. Bei nicht ungewöhnlich schwerwiegenden Verletzungen von finanziell durchschnittlich gestellten Verbrauchern, die eine Rechtverletzung außerhalb des geschäftlichen Verkehrs begangen haben, dürfte eine Vertragsstrafe zwischen 1.000 EUR und 3.000 EUR in der Regel genügen. Im Übrigen, also beim Handeln im geschäftlichen Verkehr erscheinen Vertragsstrafen von unter 5.000 EUR jedoch als nicht ernstlich, wobei sowohl dieser Betrag bzw. ein Betrag von 5.001 EUR[192] als auch Strafen in Höhe von 10.000, 25.000, 50.000, 100.000 EUR oder weit darüber hinaus nicht ungewöhnlich sind und durchaus angemessen sein können.

Da nur eine angemessen hohe Vertragsstrafe die Wiederholungsgefahr entfallen lässt und Verletzer sich ihrerseits nur zu möglichst geringen Vertragsstrafen verpflichten wollen, ist der Streit über die Höhe absehbar. Zur Vermeidung kann statt eines fixen Betrages eine Geldzahlung von „bis zu … Euro" vereinbart werden, wobei sich der **Bis-zu-Betrag** auf etwa das Doppelte der für die Verletzung sonst üblichen Vertragsstrafe belaufen sollte.[193] Gebräuchlich ist allerdings auch der sog. **Neue Hamburger Brauch**,[194] wonach die Höhe der Vertragsstrafe im Falle von Zuwiderhandlungen vom Verletzten nach billigem Ermessen[195] bestimmt und auf Antrag des Verletzers vom zuständigen Gericht überprüft werden kann. 75

Zu beachten ist schließlich noch, dass ein **zahlungsunfähiger Verletzer** die Wiederholungsgefahr kaum durch entsprechende Vertragsstrafenversprechen wird beseitigen können, da er im Falle des Falles vom Verletzten ohnehin nicht erfolgreich auf deren Zahlung in Anspruch genommen werden kann.[196] Entsprechende Erklärungen wären daher als nicht ernstliche rechtlich wirkungslos. 76

---

192 Hiermit wird im Streitfalle gem. §§ 23 Nr. 1, 71 Abs. 1 GVG die Zuständigkeit des Landgerichts begründet, vor man sich wegen des Anwaltszwangs gem. § 78 Abs. 1 S. 1 ZPO ein professionelles Verhalten des anwaltlich vertretenen Verletzers erhofft und allgemein höhere Sachkompetenz des Gerichts.
193 *Vinck*, in: Loewenheim, UrhR, § 81, Rn. 24.
194 *Vinck*, in: Loewenheim, UrhR, § 81, Rn. 24.
195 Vgl. hierzu § 315 BGB.
196 Hierzu siehe auch Rn. 118.

dd) Zuwiderhandlung

77 Die Verwirkung der Vertragsstrafe tritt gem. § 339 S. 2 BGB mit der Zuwiderhandlung ein, setzt aber **Verschulden des Verletzers** voraus, wenn sie nicht unabhängig hiervon versprochen worden ist.[197] Hier ist zu beachten, dass der Verletzer nicht nur für eigenes Verschulden, sondern gem. § 278 BGB auch für das Verschulden seiner Erfüllungsgehilfen einzustehen hat. Aufgrund der nunmehr (unterlassungs-)vertraglichen Verpflichtung kann er sich nicht mehr auf den Entlastungsbeweis des § 831 Abs. 1 S. 2 BGB berufen.

78 Wurde eine fixe Vertragsstrafe vereinbart, ist diese vom Verletzer an den Verletzen zu zahlen, wobei sie gem. § 343 Abs. 2 BGB nicht herabgesetzt werden kann. Wurde jedoch ein Bis-zu-Betrag oder eine Bestimmung nach Neuem Hamburger Brauch[198] vereinbart, hat der Verletzte die angemessene Höhe selbst zu bestimmen. Legt er sie zu gering fest, erhält er weniger als möglich, legt er sie zu hoch fest, muss er die Kosten eines **Rechtsstreits über die Höhe** ggfls. voll tragen. Dem Verletzten ist allerdings ein gewisser Entscheidungsspielraum zuzubilligen,[199] in dem er die Höhe der Vertragsstrafe frei festlegen kann, ohne dass das Gericht seine Bestimmung ersetzen könnte und er den Rechtsstreit verlöre.

79 Ob die Strafe bei **mehrmaligen Verstößen** einmal oder mehrfach anfällt, ist Frage der Auslegung.[200] Dabei ist in der Regel davon auszugehen, dass die Strafe, auch wenn keine natürliche Handlungseinheit vorliegt, nicht für jede einzelne Tat, sondern nur einmal verwirkt ist.[201] Insoweit ist es sinnvoll, den sog. **Fortsetzungszusammenhang** in der Unterlassungserklärung auszuschließen. Dies wiederum soll in formularmäßigen Vertragsstrafeversprechen unwirksam[202] und nur ausnahmsweise durch ein schutzwürdiges Interesse des Verwenders gerechtfertigt sein.[203]

ee) Kündigung

80 Wie jedes andere Dauerschuldverhältnis kann auch der Unterlassungsvertrag gem. § 314 BGB aus wichtigem Grund oder gem. § 313 BGB wegen Störung der Geschäftsgrundlage gekündigt werden. Als Gründe kommt insbesondere eine **Änderung der höchstrichterlichen Rechtsprechung** bzw. eine **Gesetzesänderung** in Betracht, die dazu führt, dass das in Rede stehende Verhalten keine Urheberrechtsverletzung mehr darstellt. Die Bindungswirkung der Verpflichtungen kann allerdings auch nach den Grundsätzen von Treu und Glauben gem. § 242 BGB entfallen.[204]

---

197 BGH, Urt. v. 11.03.1971 – VII ZR 112/69, NJW 1971, 883.
198 Siehe Rn. 75.
199 *Grüneberg*, in: Palandt, BGB, § 315, Rn. 10.
200 BGH, Urt. v. 25.01.2001 – I ZR 323/98 (Trainingsvertrag), NJW 2001, 2622.
201 BGH, Urt. v. 25.01.2001 – I ZR 323/98 (Trainingsvertrag), NJW 2001, 2622.
202 BGH, Urt. v. 10.12.1992 – I ZR 186/90 (Fortsetzungszusammenhang), NJW 1993, 721.
203 BGH, Urt. v. 28.01.1993 – I ZR 294/90, NJW 1993, 1786.
204 BGH, Urt. v. 06.07.2000 – I ZR 243/97 (Altunterwerfung IV), GRUR 2001, 85, 86.

3. Auskunft, Vorlage und Besichtigung

a) Auskunftsansprüche gegen den Verletzer

Aufgrund der durch die Rechtsverletzung begründeten Rechtsbeziehung zwischen Verletzer und Verletztem[205] hat der Verletzte gegen den Verletzer gem. §§ 242, 259, 260 BGB zunächst **allgemeine zivilrechtliche Ansprüche auf Auskunftserteilung**, wenn er in entschuldbarer Weise über das Bestehen oder den Umfang seiner Rechte im Ungewissen ist, er sich die Informationen nicht auf zumutbare Weise selbst beschaffen und der Verletzer die Auskunft unschwer erteilen kann.[206] Da diese Voraussetzungen nicht immer gegeben sind und Auskunft insoweit nicht erlangt werden könnte, sieht das UrhG insbesondere in § 101 UrhG einen **speziellen Auskunftsanspruch** gegen den Verletzer vor, der geringere Voraussetzungen hat. Wer das Urheberrecht oder ein anderes nach dem UrhG geschütztes Recht **in gewerblichem Ausmaß** verletzt, hat dem Verletzten gem. § 101 Abs. 1 UrhG unverzüglich[207] Auskunft über die **Herkunft und den Vertriebsweg** rechtsverletzender Vervielfältigungsstücke oder sonstiger Erzeugnisse zu erteilen. Es kommt insoweit also nicht darauf an, ob der Verletzte entschuldbar im Unklaren ist oder ob der Verletzer die Auskunft unschwer erteilen kann. Selbst wenn hiermit Schwierigkeiten verbunden sind, ist er zur Auskunftserteilung verpflichtet. Im Übrigen muss Gegenstand der Rechtsverletzung kein Vervielfältigungsstück sein, denn mit den sonstigen Erzeugnissen sind auch Verwertungshandlungen in unkörperlicher Form gemeint, sodass auch die Verletzung des Rechts der öffentlichen Wiedergabe, insbesondere des Rechts der **öffentlichen Zugänglichmachung** (im Internet) ausreichend ist.[208]

81

Da der Auskunftsanspruch auch kein Verschulden des Verletzers voraussetzt,[209] ist einzige Voraussetzung die Rechtsverletzung **in gewerblichem Ausmaß**. Und dies kann sich gem. § 101 Abs. 1 S. 2 UrhG sowohl aus der Anzahl der Rechtsverletzungen als auch aus ihrer Schwere ergeben, wobei **keine Gewinnerzielungsabsicht erforderlich** ist.[210] Ob privat handelnde Endverbraucher deswegen allerdings keinen Auskunftsansprüchen ausgesetzt sind, ist fraglich.[211] Handeln sie nämlich bösgläubig, dann bestehen bereits allgemeine, gewohnheitsrechtlich anerkannte akzessorische Auskunftsansprüche zur Vorbereitung eines Schadenersatzan-

82

---

205 Gesetzliches Schuldverhältnis aus unerlaubter Handlung, vgl. BGH, Urt. v. 06.02.1962 – VI ZR 193/61, GRUR 1962, 382.
206 BGH, Urt. v. 06.02.2007 – X ZR 117/04, NJW 2007, 1806; BGH, Urt. v. 21.02.2002 – I ZR 140/99 (Entfernung der Herstellungsnummer III), GRUR 2002, 709, 712; BGH, Urt. v. 07.12.1979 – I ZR 157/77 (Monumenta Germaniae Historica), GRUR 1980, 227, 232; *Rehbinder/Peukert*, UrhR, Rn. 1294; *Schack*, UrhR, Rn. 788.
207 Ohne schuldhaftes Zögern, vgl. § 121 Abs. 1 S. 1 BGB.
208 BT-Drucks. 16/5048, S. 49; *Meckel*, in: Dreyer/Kotthoff/Meckel, UrhG, § 101, Rn. 2; *Wimmers*, in: Schricker/Loewenheim, UrhG, § 101, Rn. 19.
209 BGH, Urt. v. 21.04.1988 – I ZR 210/86 (Kopierwerk), GRUR 1988, 604, 605; *Schack*, UrhR, Rn. 788; *Wimmers*, in: Schricker/Loewenheim, UrhG, § 101, Rn. 43.
210 *Rehbinder/Peukert*, UrhR, Rn. 1300.
211 Vgl. hierzu unten, Rn. 87; *Wimmers*, in: Schricker/Loewenheim, UrhG, § 101, Rn. 30.

spruchs.[212] Und die **Schwere der Rechtsverletzung** kann bereits dann zu bejahen sein, wenn nur eine einzige, dafür aber besonders umfangreiche Datei im Internet öffentlich zugänglich gemacht wird, die bspw. einen gerade erst veröffentlichten vollständigen Kinofilm, ein Musikalbum oder ein Hörbuch enthält.[213]

83 Die Auskunft kann schließlich **niemals zum Selbstzweck** erlangt werden, sondern besteht nur dort, wo sie der Vorbereitung der Durchsetzung anderer Ansprüche dient,[214] bspw. auf Unterlassung oder Schadenersatz. Ein bloßes Informationsinteresse des Verletzen reicht insofern nicht aus, sodass die Bezeichnung des § 101 UrhG als „Denunziationsparagraf"[215] unberechtigt ist.

b) Auskunftsansprüche gegen Dritte

84 Die zuvor beschriebenen allgemeinen Auskunftsansprüche setzen eine Sonderverbindung im Sinne der durch Rechtsverletzung begründeten Rechtsbeziehung zwischen Verletzer und Verletztem voraus,[216] also Kenntnis und Nachweis der Person des Verletzers und der konkreten Rechtsverletzung. In urheberrechtlichen Zusammenhängen bestehen in Bezug auf diese Aspekte aber oft **Unklarheiten bzw. Beweisschwierigkeiten**, sodass Auskunftsansprüche gem. § 101 Abs. 1 UrhG nicht geltend gemacht werden können. So ist bspw. meist die Person des Verletzers unbekannt, wenn irgendwo rechtswidrige Vervielfältigungsstücke auftauchen, wobei aus dem bloßen Besitz allein nicht viel geschlossen werden kann.

85 Bei offensichtlichen Rechtsverletzungen oder im Falle der Klageerhebung[217] können zur Aufklärung des Umfelds der Rechtsverletzung[218] deshalb gem. § 101 Abs. 2 S. 1 UrhG Auskunftsansprüche außerdem gegen Personen geltend gemacht werden, die weder Täter, noch Teilnehmer, noch Störer, sondern **unbeteiligte Dritte** sind.[219] Voraussetzung ist allerdings, dass sie in gewerblichem Ausmaß

---

212 BGH, Urt. v. 13.03.1962 – I ZR 108/60 (Kreuzbodenventilsäcke II), GRUR 1962, 398, 400; *Meckel*, in: Dreyer/Kotthoff/Meckel, UrhG, § 101, Rn. 3; *Wimmers*, in: Schricker/Loewenheim, UrhG, § 101, Rn. 1.
213 BT-Drucks. 16/8783, S. 50; OLG Köln, Beschl. v. 21.10.2008 – 6 Wx 2/08 (ganz anders), GRUR-RR 2009, 9; OLG Frankfurt, Beschl. v. 12.05.2009 – 11 W 21/09, NJW-RR 2009, 1205; *Meckel*, in: Dreyer/Kotthoff/Meckel, UrhG, § 101, Rn. 3; zur ersten Auswertungsphase von sechs Monaten bei Filmen vgl. BGH, Beschl. v. 19.04.2012 – I ZB 80/11 (Alles kann besser werden), GRUR 2012, 1026, 1028 [12].
214 *Vinck*, in: Loewenheim, UrhR, § 81, Rn. 58.
215 *Haedicke*, in: FS Schicker, 19, 30.
216 BGH, Urt. v. 05.06.1985 – I ZR 53/83 (GEMA-Vermutung), GRUR 1986, 62; BGH, Urt. v. 13.06.1985 – I ZR 35/83 (GEMA-Vermutung II), GRUR 1986, 66; *Schack*, UrhR, Rn. 788.
217 Da eine „Klage gegen unbekannt" unzulässig ist und der Verletzer in Fällen gewöhnlicher Klagen bekannt sein muss, spielt dieser Fall eher eine untergeordnete Rolle, vgl. *Wimmers*, in: Schricker/Loewenheim, UrhG, § 101, Rn. 62.
218 *Rehbinder/Peukert*, UrhR, Rn. 1300.
219 BT-Drucks. 16/5048, S. 38; *Rehbinder/Peukert*, UrhR, Rn. 1301; *Wimmers*, in: Schricker/Loewenheim, UrhG, § 101, Rn. 50 ff.

rechtsverletzende Vervielfältigungsstücke in ihrem Besitz haben oder an Herstellung, Erzeugung oder Vertrieb beteiligt waren oder rechtsverletzende Dienstleistungen in Anspruch genommen haben oder die von ihnen erbrachten (rechtmäßigen) Dienstleistungen für rechtsverletzende Tätigkeiten genutzt worden sind. Ein gewisser **Mindestbezug zur Tat** ist also weiterhin erforderlich.

Offensichtlich ist eine Rechtsverletzung, wenn sie so eindeutig ist, dass eine ungerechtfertigte Belastung der Beteiligten ausgeschlossen erscheint.[220] Auskunftsersuchen „ins Blaue hinein" sind aber in jedem Fall unzulässig.[221] 86

Eine Nutzung einer rechtmäßigen Dienstleistungen für rechtsverletzende Tätigkeiten ist typischerweise dann gegeben, wenn **Urheberrechtsverletzungen über das Internet begangen** werden, der Handelnde aber namentlich unbekannt ist und nur Informationen über die genutzte Internetverbindung (IP-Adresse) vorliegen. Hier kann vom **Internetprovider** Auskunft verlangt werden, um den Anschlussinhaber in Erfahrung zu bringen. Im Hinblick auf die Offensichtlichkeit der Rechtsverletzung reicht es zwar beispielsweise aus, wenn eine Datei rechtswidrig öffentlich zugänglich gemacht wurde.[222] § 101 Abs. 2, 9 UrhG schränken allerdings das Fernmeldegeheimnis gem. Art. 10 GG ein, wenn die **Auskunft unter Verwendung von Verkehrsdaten** erfolgt. Deshalb ist in besagten Internetfällen für die Auskunftserteilung eine vorherige richterliche Anordnung über die Zulässigkeit der Verwendung der Verkehrsdaten erforderlich, die vom Verletzten auf dessen Kosten zu beantragen ist, vgl. § 101 Abs. 9 S. 1, 5 UrhG. Hier ist insbesondere zu beachten, dass die Zugänglichmachung von Dateien urheberrechtlich irrelevant ist, wenn diese keine urheberrechtlich geschützten Werke vermitteln oder wenn diese nur so kurz geschehen ist, dass die Dateien nicht auch nur ein einziges Mal hätten vollständig herunter geladen werden können. In diesem Fall muss nämlich davon ausgegangen werden, dass allenfalls **Dateifragmente** geladen werden konnten. Diese stellen allerdings nur **Datenmüll** dar, können keine urheberrechtlich geschützten Werke vermitteln und dürften gerade keine offensichtliche Rechtsverletzung begründen.[223] Andererseits hat der BGH klargestellt, dass der Auskunftsanspruch entgegen des Wortlauts des Gesetzes nicht unbedingt ein gewerbliches Ausmaß der Rechtsverletzung voraussetze, sondern unter Abwägung der betroffenen Rechte der Beteiligten auch in anderen Fällen bestehen könne.[224] Die Schutzwirkungen des UrhG erfassten auch Handlungen im privaten Bereich, 87

---

220 BT-Drucks. 16/5048, S. 39; *Wandtke*, in: Wandtke, UrhR, Kap. 10, Rn. 98; *Wimmers*, in: Schricker/Loewenheim, UrhG, § 101, Rn. 63.
221 BGH, Beschl. v. 19.04.2012 – I ZB 80/11 (Alles kann besser werden), GRUR 2012, 1026, 1029 [34, 49].
222 *Rehbinder/Peukert*, UrhR, Rn. 1301.
223 LG Frankenthal, Urt. v. 30. September 2014 – 6 O 518/13 (Datenmüll), ZUM-RD 2015, 277.
224 BGH, Beschl. v. 05.12.2012 – I ZB 48/12 (Die Heiligtümer des Todes), ZUM 2013, 490, 493; BGH, Beschl. v. 25.10.2012 – I ZB 13/12 (Two Worlds II), ZUM 2013, 38, 39; BGH, Beschl. v. 19.04.2012 – I ZB 80/11 (Alles kann besser werden), GRUR 2012, 1026, 1028 [41]; *Wandtke*, in: Wandtke, UrhR, Kap. 10, Rn. 96.

denn anderenfalls bliebe der Rechtsinhaber schutzlos, weil Rechtsverletzungen nicht verfolgbar wären, die kein gewerbliches Ausmaß aufweisen.[225]

c) Inhalt der zu erteilenden Auskunft

88 Gleich ob Verletzer gem. § 101 Abs. 1 UrhG oder Dritter im Sinne des Abs. 2 – alle Auskunftsverpflichteten müssen gem. Abs. 3 Angaben machen über **Namen und Anschrift der Hersteller**, Lieferanten und anderer **Vorbesitzer** der Vervielfältigungsstücke oder sonstigen Erzeugnisse, der **Nutzer der Dienstleistungen** sowie der gewerblichen **Abnehmer und Verkaufsstellen**, für die sie bestimmt waren, sowie die **Menge** der hergestellten, ausgelieferten, erhaltenen oder bestellten Vervielfältigungsstücke oder sonstigen Erzeugnisse und über die **Preise**, die für die betreffenden Vervielfältigungsstücke oder sonstigen Erzeugnisse bezahlt wurden. Außerdem sind alle zur Auskunftserteilung Verpflichteten gem. § 101 Abs. 5 UrhG zum Schadenersatz verpflichtet, wenn die Auskunft vorsätzlich oder grob fahrlässig **falsch oder unvollständig** ist.

d) Ansprüche auf Vorlage und Besichtigung

89 In anders gelagerten Fällen ist zwar oft der mutmaßliche Verletzer bekannt, jedoch lässt sich dessen Rechtsverletzung nicht nachweisen, weil hierzu Unterlagen oder Sachen erforderlich sind, die sich in seinem Besitz befinden. So kann bspw. bei Computerprogrammen eine Urheberrechtsverletzung oft nur dann sicher nachgewiesen werden, wenn auch der **Quellcode** bekannt ist.[226] Gem. 101a Abs. 1 UrhG hat der Verletzte daher gegen denjenigen, der mit hinreichender Wahrscheinlichkeit das Urheberrecht oder ein anderes nach dem UrhG geschütztes Recht widerrechtlich verletzt hat, Anspruch auf **Vorlage einer Urkunde** oder **Besichtigung einer Sache**, die sich in seiner Verfügungsgewalt befindet, wenn dies zur Begründung von dessen Ansprüchen erforderlich ist. Zwar ist die Sachqualität von Computerprogrammen umstritten.[227] Aufgrund der Zweckrichtung der urheberrechtlichen Besichtigungsansprüche muss der Sachbegriff aber den hinter einer Software stehenden Quellcode umfassen.[228]

90 Handelt es sich um eine in gewerblichem Ausmaß begangene Rechtsverletzung, hat der Verletzte darüber hinaus Anspruch auch auf die **Vorlage von Bank-, Finanz- oder Handelsunterlagen**. Diese Ansprüche sind Unterfälle des Auskunftsanspruchs[229] und finden ihre Berechtigung in den sprunghaft angestiegenen Akti-

---

225 BGH, Beschl. v. 25.10.2012 – I ZB 13/12 (Two Worlds II), ZUM 2013, 38, 39; BGH, Beschl. v. 19.04.2012 – I ZB 80/11 (Alles kann besser werden), GRUR 2012, 1026, 1029 [23].
226 BGH, Urt. v. 02.05.2002 – I ZR 45/01 (Faxkarte), GRUR 2002, 1046; *Wandtke*, in: Wandtke, UrhR, Kap. 10, Rn. 109; *Wimmers*, in: Schricker/Loewenheim, UrhG, § 101a, Rn. 1.
227 *Wimmers*, in: Schricker/Loewenheim, UrhG, § 101a, Rn. 24.
228 *Wimmers*, in: Schricker/Loewenheim, UrhG, § 101a, Rn. 24; hierzu siehe auch Kap. 5, Rn. 378 f.
229 *Vinck*, in: Loewenheim, UrhR, § 81, Rn. 58.

vitäten von Fälschern und Nachahmern, die urheberrechtlich geschützte Werke unter Ausnutzung der modernen Vervielfältigungsmethoden rechtswidrig in häufig gewerblicher Weise auswerten und Schäden in großer Höhe anrichten.[230]

Sofern es sich um eine in gewerblichem Ausmaß begangene Rechtsverletzung handelt und **Ansprüche auf Schadenersatz** geltend gemacht werden, kann der Verletzte gem. § 101b Abs. 1 UrhG zur Durchsetzung auch dieser Ansprüche die Vorlage von oder den Zugang zu Bank-, Finanz- oder Handelsunterlagen verlangen, wenn ohne dies die Erfüllung der Schadenersatzansprüche fraglich ist. 91

4. Schadenersatz und Herausgabe ungerechtfertigter Bereicherung

a) Allgemeines

Ein weiterer **besonders wichtiger Anspruch**[231] im Falle der Verletzung des Urheberrechts bzw. verwandter Schutzrechte ist der Schadenersatzanspruch gem. § 97 Abs. 2 UrhG, denn das Urheberrecht schützt den Urheber nicht nur in seinen geistigen und persönlichen Beziehungen zum Werk und in der Nutzung desselben, sondern dient zugleich der **Sicherung einer angemessenen Vergütung** für die Nutzung und damit Vermögensinteressen des Urhebers. Werden diese widerrechtlich verletzt, muss es eine **Möglichkeit des Ausgleichs** geben. Insoweit dient der Anspruch auch dem Schutz und Erhalt des von Art. 14 GG verfassungsrechtlich geschützten (geistigen) Eigentums.[232] Anders als die Beseitigungs- und Unterlassungsansprüche ist der Schadenersatzanspruch nicht in die Zukunft gerichtet, sondern betrifft die Kompensation eines **in der Vergangenheit** liegenden Ereignisses. 92

b) Voraussetzungen

Voraussetzung des Schadensersatzanspruchs ist neben der **Rechtsverletzung**, dass diese vorsätzlich oder fahrlässig begangen wurde, also **vom Verletzer verschuldet** wurde, vgl. § 97 Abs. 2 S. 1 UrhG.[233] **Vorsätzlich** handelt, wer die das Urheberrecht verletzenden Tatumstände wollte oder wusste, dass er es verletzen würde ohne die Verletzung zu wollen, bspw. weil es ihm egal ist. **Fahrlässig** handelt gem. § 276 Abs. 2 BGB, wer beim Umgang mit Urheberrechten die im Verkehr erforderliche Sorgfalt außer Acht lässt, also wer hätte wissen können und müssen, dass er eine Rechtsverletzung begeht. Da das Gesetz hinsichtlich des Schadenersatzanspruchs nicht zwischen Vorsatz und Fahrlässigkeit differenziert, ist eine genaue **Abgrenzung insoweit bedeutungslos**.[234] Nur die trotz entsprechender Sorgfalt oder die 93

---

230 *Vinck*, in: Loewenheim, UrhR, § 81, Rn. 63.
231 *Vinck*, in: Loewenheim, UrhR, § 81, Rn. 30 geht von dem am häufigsten verfolgten Klagebegehren aus.
232 Zum Eigentumsgrundrecht vgl. Kap. 1, Rn. 29 ff.
233 Die §§ 823 Abs. 1 BGB bzw. § 823 Abs. BGB iVm. §§ 106 ff. UrhG werden in ihrem Anwendungsbereich von § 97 Abs. 2 S. 1 UrhG als lex specialis verdrängt.
234 Beachtlich kann die Abgrenzung sein, wenn der Verletzer Versicherungsleistungen in Anspruch nehmen möchte, da Versicherer im Falle vorsätzlichen Handelns gem. § 103 VVG niemals zur Leistung verpflichtet sind.

zufällig entstehende oder von Dritten verursachte Rechtsverletzung verpflichtet nicht zum Schadenersatz, wobei diese Fälle eher ungewöhnlich sind und typischerweise zumindest ein Fall des fahrlässigen Handelns gegeben ist. Es spielt daher auch keine Rolle, dass der Verletzer aufgrund eines Irrtums über die Existenz oder die Tragweite urheberrechtlicher Vorschriften nicht vorsätzlich handelte,[235] weil er nicht vom Unrecht seines Tuns wusste, denn wird sich in der Regel jedenfalls unsorgfältiges Handeln vorwerfen lassen müssen in dem Sinne, dass er hiervon hätte wissen müssen. Und selbst unklare Rechtslagen entschuldigen nur, wenn sich in diesen Fragen noch keine herrschende Meinung gebildet hat.[236]

94 Es gelten im Bereich des fahrlässigen Handelns darüber hinaus **hohe Sorgfaltsanforderungen**, sodass bereits **leichte Fahrlässigkeit ausreicht**.[237] Ein Verwerter bspw., der seine Berechtigung zur Nutzung eines urheberrechtlich geschützten Werks nicht umfassend und lückenlos prüft und sich stattdessen auf **Zusicherungen von Dritten** verlässt, die selbst nicht Urheber sind, handelt fahrlässig, wenn sich im Nachhinein herausstellt, dass der Urheber gar kein Nutzungsrecht eingeräumt bzw. die Nutzung nicht gestattet hat. Dies kann insbesondere dann der Fall sein, wenn es um die Verwertung des Fotos einer Person geht und der Verwerter sich ausschließlich auf die Erklärungen der abgebildeten Person verlässt, da diese in der Regel nicht gleichzeitig auch der Fotograf ist.[238] Wer ein fremdes Werk nutzen will, muss sich folglich über die Verfügungsbefugnis des Erklärenden Gewissheit verschaffen.[239] Besonders hohe Sorgfaltsanforderungen gelten zudem für diejenigen **Fachleute**, die durch jahrelange Arbeit mit Urhebern oder anderen Rechtsinhabern besondere Erfahrungen gemacht haben.[240] Und schließlich ist ein **gutgläubiger Erwerb** von Nutzungsrechten **nicht möglich**.[241]

c) Schadensberechnung

95 Sind die obigen Voraussetzungen erfüllt, hat der Verletzer dem Verletzten den durch die Rechtsverletzung entstandenen Schaden zu ersetzen. Der Verletzte kann den ihm entstandenen Schaden hierzu **auf drei Arten berechnen**[242] und entspre-

---

235 BGH, Urt. v. 10.12.1987 – I ZR 198/85 (Vorentwurf II), GRUR 1988, 533; *Rehbinder/Peukert*, UrhR, Rn. 1284; *Wild*, in: Schricker/Loewenheim, UrhR, § 97, Rn. 137.
236 BGH, Urt. v. 10.03.1972 – I ZR 30/70 (Landesversicherungsanstalt), GRUR 1972, 614, 616; *Rehbinder/Peukert*, UrhR, Rn. 1284.
237 BGH, Urt. v. 12.11.2009 – I ZR 166/07 (marions-kochbuch.de), GRUR 2010, 616; BGH, Urt. v. 14.05.2009 – I ZR 98/06 (Tripp-Trapp-Stuhl), GRUR 2009, 856, 866.
238 AG Düsseldorf, Urt. v. 07.12.2011 – 57 C 9013/09 (Übertragungskette), ZUM-RD 2013, 25, 27; *Wandtke*, in: Wandtke, UrhR, Kap. 10, Rn. 54.
239 BGH, Urt. v. 03.07.1981 – I ZR 106/79 (Masterbänder), GRUR 1982, 102, 104.
240 BGH, Urt. v. 15.11.1990 – I ZR 254/88 (Lizenzmangel), GRUR 1991, 332, 333.
241 *Wandtke*, in: Wandtke, UrhR, Kap. 10, Rn. 56.
242 RG, Urt. v. 08.06.1895 – I 13/95 (Ariston), RGZ 35, 63 ff.; BGH, Urt. v. 08.10.1971 – I ZR 12/70 (Wandsteckdose II), GRUR 1972, 189; BGH, Urt. v. 25.09.2007 – X ZR 60/06 (Zerkleinerungsvorrichtung), GRUR 2008, 93; BVerfG, Beschl. v. 25.04.2001 – 1 BvR 2139/99, NJW-RR 2002, 68, 69.

chend ersetzt verlangen, nämlich entweder als Ausgleich des ihm konkret entstandenen Schadens oder in Höhe einer angemessenen Lizenz oder in Höhe des Verletzergewinns (sog. „Herausgabe des Verletzergewinns").

aa) Ersatz des konkret entstandenen Schadens

Wer zum Schadenersatz verpflichtet ist, hat gem. § 249 Abs. 1 BGB grundsätzlich den Zustand herzustellen, der bestehen würde, wenn der zum Ersatz verpflichtende Umstand nicht eingetreten wäre, sog. **Naturalrestitution**.[243] Nach dem Grundsatz der **Totalreparation**[244] hat der Verletzer den früheren Zustand vollständig wiederherzustellen und zwar unabhängig von der Form seines Verschuldens, also auch bei leicht fahrlässiger Verursachung. Sofern eine Wiederherstellung möglich ist, bspw. bei der Verletzung des Urheberpersönlichkeitsrechts in Gestalt der teilweisen Übermalung eines Gemäldes, ist der Anspruch vom Beseitigungsanspruch abzugrenzen,[245] wobei der Beseitigungsanspruch kein Verschulden voraussetzt und insofern einfacher durchzusetzen ist.

96

Oft ist eine **Wiederherstellung** des früheren Zustands allerdings wegen Zeitablaufs gar **nicht möglich**, weil der Verletzer eine rechtswidrige Nutzung ungeschehen machen und damit ein der Vergangenheit liegendes Ereignis rückgängig machen müsste. Oder aber sie ist dem Verletzten unzumutbar, weil dieser den Verletzer damit erneut auf seine Rechte einwirken lassen müsste. In solchen Fällen kommt gem. § 251 Abs. 1 BGB **Schadenersatz in Geld** (Geldersatz) in Betracht. Der Verletzer muss den Verletzten dann vermögensmäßig so stellen, wie er gestanden haben würde, wenn es nicht zur Verletzung des Urheberrechts gekommen wäre. Insofern wird zumindest die **Vermögenseinbuße des Verletzten ausgeglichen**.

97

Dieser Anspruch hilft dem Verletzen jedoch oft nicht weiter. In den meisten Fällen der Verletzung von Urheberrechten, bspw. der rechtswidrigen Vervielfältigung oder Einstellung eines Werks in das Internet, hat sich das **Vermögen des Verletzten** hierdurch nicht oder jedenfalls **nicht nachweisbar verändert**, wobei nicht einmal genügenden Anhaltspunkte für eine richterliche Schätzung gem. § 287 Abs. 1 S. 1 ZPO bestehen. Zwar ist es denkbar, dass sich bspw. eine legal am Markt befindliche CD weniger häufig verkauft hat, weil illegale Raubkopien im Umlauf sind oder weil die Musik im Internet illegal zum kostenlosen Download angeboten wird. Konkret beziffern und oder auch nur schätzen lässt sich die Vermögenseinbuße des Verletzten jedoch nicht. Selbst wenn die Zahl der illegalen Downloads der Musik im Internet bekannt wäre, bspw. anhand von Logfiles, könnte hieraus nicht geschlossen werden, dass der Verletzte entsprechend weniger CDs oder Downloads hat verkaufen können, denn nicht jeder, der etwas kostenlos im Internet lädt, wäre auch bereit gewesen Geld hierfür zu zahlen. Insofern führt das Verlangen des Ersatzes des konkret entstandenen Schadens bzw. dessen Berechnung

98

---

243 *Vinck*, in: Loewenheim, UrhR, § 81, Rn. 39; *Wandtke*, in: Wandtke, UrhR, Kap. 10, Rn. 60; *Wild*, in: Schricker/Loewenheim, UrhR, § 97, Rn. 144.
244 *Schack*, UrhR, Rn. 778; *Wandtke*, in: Wandtke, UrhR, Kap. 10, Rn. 60.
245 Siehe oben, Rn. 50 ff., insb. Rn. 53.

meist ins Leere. Ausnahmen bildet allerdings der Ersatz der **Rechtsverfolgungskosten**, da diese eine konkrete Vermögenseinbuße des Verletzten darstellen.

99 Zwar umfasst der vom Verletzer zu leistende Schadenersatz gem. § 252 S. 1 BGB auch den **entgangenen Gewinn**. Und als entgangen gilt der Gewinn, welcher nach dem gewöhnlichen Lauf der Dinge oder nach den besonderen Umständen, insbesondere nach den getroffenen Anstalten und Vorkehrungen, mit Wahrscheinlichkeit erwartet werden konnte. Eine **hinreichende Wahrscheinlichkeit** reicht insoweit ebenso aus,[246] wie die Lebenserfahrung eine Rolle spielt, dass dem Verletzten durch die Rechtsverletzung Gewinnmöglichkeiten genommen werden.[247] Zu denken ist insoweit an Lizenzeinnahmen des Verletzten, die dieser mit der Nutzung des Werks hätte erzielen können, die mangels Einholung einer entgeltpflichtigen Lizenz durch den Verletzer aber ausgeblieben sind. Entgangener Gewinn meint aber nur **Vermögensvorteile**, die im Zeitpunkt des schädigenden Ereignisses noch nicht zum Vermögen des Verletzten gehörten, die **dem Verletzten** ohne dieses Ereignis aber **zugeflossen wären**,[248] also eine **hypothetische Gewinnentwicklung**.[249] Diese Prognose ist sowohl hinsichtlich der Frage es Obs als auch hinsichtlich der Frage der Höhe schwierig. Denkt man die Rechtsverletzung weg, wäre dem Verletzten in obigem Beispiel nicht unbedingt ein solcher Vermögensvorteil in Gestalt von Lizenzeinnahmen zugeflossen, denn der Fall der rechtmäßigen Nutzung gegen Zahlung einer Lizenzgebühr durch den Verletzer ist nur ein denkbarer Fall, wobei nicht unbedingt gesagt werden kann, dass dieser Fall auch tatsächlich dem gewöhnlichen Lauf der Dinge entspricht. Die Rechtsverletzung kann nämlich auch insoweit weggedacht werden, dass der Verletzer das Werk einfach gar nicht genutzt hätte und auch niemand anderes. Aus der Tatsache nämlich, dass sich das Werk (ohne Zahlung an den Urheber) am Markt positionieren ließ, kann noch lange nicht geschlossen werden, dass es sich bei Zahlung einer angemessenen Lizenz ebenfalls hätte erfolgreich an den Markt bringen lassen. Möglicherweise hätte nämlich just die zu zahlende Lizenz die Verwertung des Werks für den Verwerter unlukrativ werden lassen und die Verwertung von vornherein verhindert. In diesem Fall wäre dem Verletzten aber auch kein Vermögensvorteil zugeflossen, sodass er auch keinen Gewinn gemacht hätte. Nur wenn der Verletzte also nachweisen kann, dass es wegen der rechtswidrigen Nutzung des Werks durch den Verletzer zu einem konkreten Vertragsschluss mit einem Dritten entweder gar nicht gekommen ist oder die mit einem Dritten vereinbarte Lizenz in Gestalt einer Beteiligung an dessen Umsätzen geringer als erwartet ausgefallen ist, kann er wegen der insoweit nicht vereinnahmten Lizenzgebühren entgangenen Gewinn geltend machen. Dies dürfte aber eher untypisch und neben den nachfolgend dargestellten Möglichkeiten der Schadensberechnung auch viel zu aufwändig sein.

---

246 BGH, Urt. v. 06.03.1980 – X ZR 49/78 (Tolbutamid), GRUR 1980, 841, 843.
247 BGH, Urt. v. 17.06.1992 – I ZR 107/90 (Tchibo/Rolex II), GRUR 1993, 55, 58; BGH, Urt. v. 02.02.1995 – I ZR 16/93 (Objektive Schadensberechnung), GRUR 1995, 349, 351.
248 BGH, Urt. v. 30.05.2000 – IX ZR 121/99NJW 2000, 2669, 2670.
249 *Wandtke*, in: Wandtke, UrhR, Kap. 10, Rn. 70.

bb) Zahlung einer Analog-Lizenz

Aufgrund der Schwierigkeiten bei der Ermittlung eines konkreten Schadens darf der Verletzte den Schaden gem. § 97 Abs. 2 S. 3 UrhG ausnahmsweise auch auf der Grundlage desjenigen Betrages berechnen, den der Verletzer als **angemessene Vergütung** an ihn hätte entrichten müssen, wenn dieser die Erlaubnis zur Nutzung des verletzten Rechts eingeholt hätte. Da dies auf die Zahlung einer **angemessenen Lizenzgebühr**[250] hinausläuft, spricht man in einem solchen Falle von der Zahlung einer **Analog-Lizenz**, einer **Entschädigungslizenz**[251] bzw. von der Berechnung des Schadens im Wege der **Lizenzanalogie**. Hierbei handelt es sich um die einfachste und daher auch um die gebräuchlichste Berechnungsart,[252] die selbst dann Anwendung finden kann, wenn der Verletzte dem Verletzer im Einzelfall gar keine Lizenz eingeräumt hätte oder nicht in der Lage gewesen wäre, die angemessene Lizenzgebühr zu erzielen, weil der Verletzer in keinem Fall besser gestellt werden soll, als er im Falle einer ordnungsgemäß erteilten Erlaubnis stehen würde.[253] War allerdings die **Nutzung gesetzlich verboten**, kann der Schaden nicht im Wege der Lizenzanalogie berechnet werden, da es in diesen Fällen keine angemessene Lizenzgebühr geben kann.[254]

100

Die Höhe der Lizenzgebühr wird objektiv danach berechnet, was bei vertraglicher Einräumung der Nutzungsrechte ein **vernünftiger Lizenzgeber** verlangt und ein vernünftiger Lizenznehmer gewährt hätte.[255] Sofern diese bestehen, werden hierbei **branchenübliche Vergütungssätze und Tarife** herangezogen.[256] So können bspw. die Honorarempfehlungen der *Mittelstandsgemeinschaft Fotomarketing (MFM)* im Rahmen richterlicher Schätzung einer angemessenen Lizenzgebühr für Fotos gem. § 287 ZPO als Ausgangspunkt verwendet werden.[257] In einem **zweiten Schritt** ist jedoch eine Prüfung dahingehend vorzunehmen, ob das konkrete Lichtbild insgesamt als professionelles Werk anzusehen ist und tatsächlich am

101

---

250 BGH, Urt. v. 29.04.2010 – I ZR 68/08 (Restwertbörse), GRUR 2010, 623, 625; BGH, Urt. v. 06.10.2005 – I ZR 266/02 (Pressefotos), GRUR 2006, 136, 139.
251 *Wild*, in: Schricker/Loewenheim, UrhR, § 97, Rn. 152.
252 *Wandtke*, in: Wandtke, UrhR, Kap. 10, Rn. 74.
253 BGH, Urt. v. 22.03.1990 – I ZR 59/88 (Lizenzanalogie), GRUR 1990, 1008, 1009; *Rehbinder/Peukert*, UrhR, Rn. 1289; *Schack*, UrhR, Rn. 779; *Vinck*, in: Loewenheim, UrhR, § 81, Rn. 44; *Wild*, in: Schricker/Loewenheim, UrhR, § 97, Rn. 159.
254 OLG Hamburg, Urt. v. 10.05.1984 – 3 U 28/84 (Video Intim), GRUR 1984, 663.
255 BGH, Urt. v. 26.03.2009 – I ZR 44/06 (Resellervertrag), GRUR 2009, 660; BGH, Urt. v. 12.01.1966 – Ib ZR 5/64 (Meßmer-Tee II), GRUR 1966, 375; BGH, Urt. v. 22.03.1990 – I ZR 59/88 (Lizenzanalogie), GRUR 1990, 1008, 1009; BGH, Urt. v. 17.06.1992 – I ZR 107/90 (Tchibo/Rolex II), GRUR 1993, 55.
256 BGH, Urt. v. 29.04.2010 – I ZR 68/08 (Restwertbörse), GRUR 2010, 623, 626; BGH, Urt. v. 20.12.2007 – I ZR 42/05 (TV-Total), GRUR Int. 2008, 855, 860.
257 Sie können jedoch nicht alleinige Grundlage sein, da es sich bei der MFM um eine Interessenvertretung der Anbieter handelt, vgl. BGH, Urt. v. 06.10.2005 – I ZR 266/02 (Pressefotos), ZUM 2006, 217, 219 f.

Markt entsprechende Preise erzielen könnte, oder ob bei einfacheren Bildern ein prozentualer **Abschlag** vorzunehmen ist.[258]

102 Ist Verletzte die *GEMA*, wird der im Wege der Lizenzanalogie berechnete Schadenersatzbetrag außerdem verdoppelt, wenn es sich um einen Fall der öffentlichen Musikwiedergabe (sog. kleines Recht) handelt. Das heißt, der Verletzer muss in einem solchen Fall das Doppelte desjenigen Betrages an die *GEMA* zahlen, den er hätte zahlen müssen, wenn er vor der Nutzung die Einwilligung der *GEMA* zur Nutzung eingeholt hätte (**Doppelte-Lizenzgebühr**). Dies hat seinen Grund in den beachtlichen Kosten, welche die *GEMA* für die Unterhaltung ihres Überwachungsapparats aufbringen muss.[259] Der BGH hat den Ansatz doppelter Lizenzgebühren in anderen Fällen, bspw. bei der Vervielfältigung und Verbreitung körperlicher Werkstücke, jedoch bisher abgelehnt.[260] Andererseits kann es bei rechtswidriger Verwertung und gleichzeitig unterlassener Namensnennung zu einer Verdoppelung kommen,[261] wie dies das OLG Düsseldorf in Bezug auf **Foto-Nutzungen** entschied, wobei dies rechtlich wie eine Vertragsstrafe zu bewerten sei.[262]

cc) Herausgabe des Verletzergewinns

103 Statt des Verlangens des Ersatzes des konkreten Schadens oder der Schadensberechnung in Höhe einer Analog-Lizenz kann der Verletzte alternativ auch die Herausgabe des Verletzergewinns verlangen. In einem solchen Fall hat der Verletzer gem. § 97 Abs. 2 S. 2 UrhG diejenigen **Gewinne** an den Verletzten herauszugeben, die er **durch die Verletzung des Rechts erzielt** hat. Zur Gewinnermittlung sind die Kosten des Verletzers vom Erlös, den der Verletzer tatsächlich erzielt hat, abzuziehen. Gemeint sind also die vom Verletzer durch die Rechtsverletzung erwirtschafteten Überschüsse.

104 Als **abzugsfähige Kosten** des Verletzers in Betracht kommen insbesondere Materialkosten, Löhne, Fertigungs- sowie Verwaltungs- und Vertriebskosten, die der rechtswidrigen Verwertung unmittelbar zugerechnet werden können.[263] Sog. **Gemeinkosten** bzw. Fixkosten, also bspw. Kosten für die Miete von Räumlichkeiten, Telefonanschlüssen oder Internetzugängen, Abschreibungen etc. können aber nur dann abgezogen werden, wenn und soweit sie der rechtsverletzenden Tätigkeit un-

---

258 OLG Hamm, Urt. v. 13.02.2014 – 22 U 98/13, MMR 2014, 475.
259 BGH, Urt. v. 10.03.1972 – I ZR 160/70 (Doppelte Tarifgebühr), GRUR 1973, 379; *Rehbinder/Peukert*, UrhR, Rn. 1288; *Schack*, UrhR, Rn. 782; *Wandtke*, in: Wandtke, UrhR, Kap. 10, Rn. 80.
260 BGH, Urt. v. 22.01.1986 – I ZR 194/83 (Filmmusik), GRUR 1986, 376; BGH, Urt. v. 09.03.1966 – Ib ZR 36/64 (Eisrevue III), GRUR 1966, 570, 572.
261 Hierzu unklar BGH, Urt. v. 15.01.2015 – I ZR 148/13 (Motorradteile), GRUR 2015, 780 [39].
262 OLG Düsseldorf, Urt. v. 09.05.2006 – 20 U 138/05 (Informationsbroschüre), GRUR-RR 2006, 393, 394; LG München I, Urt. v. 18.09.2008 – 7 O 8506/07 (Foto von Computertastatur), GRUR-RR 2009, 92, 94; OLG Düsseldorf, Urt. v. 11.11.1997 – 20 U 31/97, ZUM 1998, 673; siehe auch Kap. 2, Rn. 67.
263 BGH, Urt. v. 14.05.2009 – I ZR 98/06 (Tripp-Trapp-Stuhl), GRUR 2009, 856, 860.

mittelbar und ausschließlich zugeordnet werden können.²⁶⁴ Ein Verletzer kann also bspw. nicht, auch nicht teilweise die Kosten für sein Büro abziehen, wenn er dieses nicht ausschließlich für die rechtsverletzende Tätigkeit genutzt hat, wohl aber die Kosten für die Anmietung einer Lagerhalle, in der er ausschließlich rechtswidrige Vervielfältigungsstücke gelagert hat. Da es sich bei der Herausgabe des Verletzergewinns **nicht um einen echten Herausgabeanspruch** handelt, sondern lediglich um eine Art der Schadensberechnung, bei der der **Gewinn die Bemessungsgrundlage** ist,²⁶⁵ kommt es zudem nicht darauf an, dass der Verletzer möglicherweise aufgrund von hohen Gemeinkosten faktisch gar keine Gewinne erzielt hat.

Schack plädiert unter Verweis auf § 139 Abs. 2 Satz 2 aF. PatG und **Billigkeitsgesichtpunkte** dafür, dem Verletzer einen Teil seines „hart erarbeiteten Gewinns" zu belassen, wenn ihm nur **leichte Fahrlässigkeit** vorzuwerfen ist.²⁶⁶ Hierfür findet sich jedoch im UrhG keine Stütze.

105

dd) Wahlrecht des Verletzten

Der Verletzte hat zudem ein **Wahlrecht**, das ihm gestattet, die ihm günstigste Art der Schadensberechnung zu wählen, und das bis zur rechtskräftigen Entscheidung bzw. dem Schluss der mündlichen Verhandlung ausgeübt werden kann.²⁶⁷ Insofern kann er auch noch im Prozess **zwischen den verschiedenen Berechnungsarten wechseln**,²⁶⁸ wenn ihm dies sinnvoll erscheint und solange über seinen Schadensersatzanspruch noch nicht nach einer von ihm gewählten Berechnungsart entschieden wurde.²⁶⁹ Ist bspw. der konkret entstandene Schaden nicht nachweisbar und hat der Verletzer durch die Rechtsverletzung auch keinen nennenswerten Gewinn gemacht, weil er ein urheberrechtlich geschütztes Werk unentgeltlich am Markt angeboten hat, dann wird der Verletzte als Schadenersatz die Zahlung einer angemessene Lizenz verlangen. Waren hingegen die Gewinne des Verletzters höher als die angemessene Lizenz, wird der Verletzte sich für deren Herausgabe entscheiden.²⁷⁰ Und wenn dem Verletzten – was eher untypisch, aber nicht ausgeschlossen ist – durch die Rechtsverletzung ein besonders hoher konkreter Schaden entstand, der sowohl die angemessene Lizenz als auch den Verletzergewinn übersteigt, ist es sinnvoll, das Ersatzverlangen hierauf zu stützen.

106

---

264 BGH, Urt. v. 02.11.2000 – I ZR 246/98 (Gemeinkostenanteil), GRUR 2001, 329.
265 *Wandtke*, in: Wandtke, UrhR, Kap. 10, Rn. 72.
266 *Schack*, UrhR, Rn. 781.
267 BGH, Urt. v. 25.09.2007 – X ZR 60/06 (Zerkleinerungsvorrichtung), GRUR 2008, 93.
268 *Wild*, in: Schricker/Loewenheim, UrhR, § 97, Rn. 147.
269 BGH, Urt. v. 25.09.2007 – X ZR 60/06 (Zerkleinerungsvorrichtung), GRUR 2008, 93.
270 *Rehbinder/Peukert*, UrhR, Rn. 1290, gehen davon aus, dass die Berechnung nach der Höhe des Verletzergewinns bei entgeltlicher Abgabe des Verletzerprodukts weit günstiger sein kann als die angemessene Lizenzgebühr; Gleichwohl sollte auf eine genaue Prüfung im Einzelfall nie verzichtet werden, denn rechtsbrecherisches Verhalten geht oft auch einher mit nicht unerheblicher Misswirtschaft.

d) Geldentschädigung für Nichtvermögensschaden

107 Gem. § 97 Abs. 2 S. 4 UrhG[271] können Urheber, Verfasser wissenschaftlicher Ausgaben (§ 70 UrhG), Lichtbildner (§ 72 UrhG) und ausübende Künstler (§ 73 UrhG) auch wegen des Schadens, der nicht Vermögensschaden ist, als Schadenersatz eine **Entschädigung in Geld** verlangen, wenn und **soweit dies der Billigkeit** entspricht. Gemeint sind insbesondere Schäden aus der Verletzung des Urheberpersönlichkeitsrechts, sodass hierfür eine Art **Schmerzensgeld**[272] verlangt werden kann, das dem **Ausgleich erlittener Leiden** des Verletzten dient und ihm **Genugtuung** für dasjenige schaffen soll, was ihm der Verletzer angetan hat.[273] Der Anspruch ist gem. **§ 287 ZPO der Höhe nach zu schätzen**.[274]

108 Neben der Rechtsverletzung und dem Verschulden ist wesentliche Voraussetzung für den Anspruch auf Geldentschädigung die **Billigkeit**. In diesem Zusammenhang sind die gesamten Umstände des Falles zu berücksichtigen, bspw. die Verschuldensform (insbesondere bei absichtlicher Schädigung), Bedeutung, Dauer und Intensität der Verletzung oder die Höhe verursachter materieller Schäden, wobei eine Geldentschädigung nur bei **schwerwiegenden Urheberpersönlichkeitsrechtsverletzungen** in Betracht kommt, die nicht in anderer Weise befriedigend ausgeglichen werden können.[275] Es handelt sich also um Ausnahmefälle, sodass nicht in jedem Fall der Verletzung von Urheberrechten oder verwandten Schutzrechten auch ein Anspruch auf Geldentschädigung besteht. Wenn aber aufgrund der Schwere der Rechtsverletzung ein solcher Ausnahmefall gegeben ist, dann **tritt der Anspruch auf Geldentschädigung neben den im Übrigen zu leistenden Schadenersatz** auch dann, wenn dieser nicht in Form der Naturalrestitution, sondern nach Wahl des Verletzten in Form einer Analog-Lizenz oder der Herausgabe des Verletzergewinns, also als Geldersatz geleistet werden muss.

109 Ein Anspruch auf Geldentschädigung wurde bspw. **bejaht** bei der verstümmelten Verwendung des Fotos eines bekannten Fotografen,[276] bei der Verletzung des

---

271 Ggfls. iVm. § 253 Abs. 1 BGB.
272 *Rehbinder/Peukert*, UrhR, Rn. 1286; *Schack*, UrhR, Rn. 785; *Vinck*, in: Loewenheim, UrhR, § 81, Rn. 30; *Wild*, in: Schricker/Loewenheim, UrhG, § 97, Rn. 178; Gegen die Bezeichnung als Schmerzensgeld aber *Schack*, UrhR, Rn. 785, und *Wandtke*, in: Wandtke, UrhR, Kap. 10, Rn. 86.
273 Vgl. hierzu allgemein *Grünberg*, in: Palandt, BGB, § 253, Rn. 4, sowie in Bezug auf das Urheberrecht *Rehbinder/Peukert*, UrhR, Rn. 1286, und *Vinck*, in: Loewenheim, UrhR, § 81, Rn. 49, sowie in Bezug auf das allgemeine Persönlichkeitsrecht BGH, Urt. v. 15.11.1994 – VI ZR 56/94 (Erfundenes Interview), GRUR 1995, 224.
274 *Rehbinder/Peukert*, UrhR, Rn. 1286.
275 Vgl. hierzu BGH, Urt. v. 15.01.2015 – I ZR 148/13 (Motorradteile), GRUR 2015, 780 [38]; BGH, Urt. v. 05.03.1971 – I ZR 94/69 (Petite Jaqueline), GRUR 1971, 525, 526; *Schack*, UrhR, Rn. 785; *Vinck*, in: Loewenheim, UrhR, § 81, Rn. 51; *Wandtke*, in: Wandtke, UrhR, Kap. 10, Rn. 87; *Wild*, in: Schricker/Loewenheim, UrhG, § 97, Rn. 181 ff.
276 BGH, Urt. v. 05.03.1971 – I ZR 94/69 (Petite Jaqueline), GRUR 1971, 525.

Erstveröffentlichungsrechts,[277] bei einer falschen Urheberbenennung eines Fotografen[278] oder bei der Täuschung über die Autorenschaft (Plagiat).[279] **Keine Geldentschädigung** wurde hingegen zugesprochen bei erlaubter Werkwiedergabe ohne Namensnennung[280] oder bei Verbreitung einer qualitativ minderwertigen Musikaufnahme.[281]

e) Herausgabe ungerechtfertigter Bereicherung

Da **Ansprüche aus anderen gesetzlichen Vorschriften** gem. § 102 UrhG unberührt bleiben, können Verletzte gegen Verletzer auch Ansprüche aus ungerechtfertigter Bereicherung gem. § 812 Abs. 1 S 1. Alt. 2 BGB haben.[282] Hiernach ist derjenige zur Herausgabe verpflichtet, der in sonstiger Weise auf Kosten eines anderen etwas ohne rechtlichen Grund erlangt hat. Wer bspw. ein Buch ohne Zustimmung des Urhebers vervielfältigt und verbreitet, verschafft sich damit auf Kosten des Urhebers und ohne Rechtsgrund etwas, nämlich den **Gebrauch des immateriellen Schutzgegenstands**[283] in Gestalt des Werks. Da dies, also der Gebrauch (und nicht die rechtswidrig hergestellten Vervielfältigungsstücke), seiner Natur nach nicht herausgegeben werden kann, hat der Verletzer dem Verletzten gem. § 818 Abs. 2 BGB den Wert (des Gebrauchs) zu ersetzen,[284] wobei er sich nicht auf den Wegfall der Bereicherung gem. § 818 Abs. 3 BGB berufen kann, da das Erlangte (der Gebrauch) nicht entfallen kann.[285] Und der Wert beläuft sich auf die **angemessene Lizenz.**[286]

110

Zwar kann der Verletzte bereits gem. § 97 Abs. 2 S. 3 UrhG eine angemessene Vergütung für entsprechende Eingriffe in seine Rechtsposition erhalten, sodass die Entreicherung bzw. der komplizierte Weg über das Bereicherungsrecht unnötig erscheint. Die ungerechtfertigte Bereicherung tritt jedoch **in Fällen mangelnden Verschuldens des Verletzers oder der Verjährung von Schadenersatzansprüchen** aus der Konkurrenz heraus und kann zur **alleinigen Anspruchsgrundla-**

111

---

277 LG Berlin, Urt. v. 09.06.1983 – 16 S 5/83 (Portraitbild), GRUR 1983, 761; hierzu siehe auch Kap. 2, Rn. 30 ff.
278 LG München I, Urt. v. 05.03.1993 – 21 O 7688/92, ZUM 1995, 57, 58; hierzu siehe auch Kap. 2, Rn. 67.
279 OLG Frankfurt, Urt. v. 04.05.2004 – 11 U 6/02 u. 11 U 11/03, ZUM 2004, 924.
280 OLG Hamburg, Urt. v. 27.09.1973 – 3 U 38/73 (Gartentor), GRUR 1974, 165, 166.
281 OLG München, Urt. v. 28.11.1991 – 3 U 89/91 (Prince), GRUR 1992, 512, 513.
282 Vgl. zur Einschlägigkeit der Ansprüche bei Urheberrechtsverletzungen *Sprau*, in: Palandt, BGB, § 812, Rn. 94.
283 BGH, Urt. v. 24.11.1981 – X ZR 7/80 (Kunststoffhohlprofil II), GRUR 1982, 301, 303.
284 *Meckel*, in: Dreyer/Kotthoff/Meckel, UrhG, § 102a, Rn. 3; *Rehbinder/Peukert*, UrhR, Rn. 1293; *Wandtke*, in: Wandtke, UrhR, Kap. 10, Rn. 91.
285 BGH, Urt. v. 15.01.2015 – I ZR 148/13 (Motorradteile), GRUR 2015, 780 [32]; BGH, Urt. v. 02.07.1971 – I ZR 58/70 (Gasparone II), GRUR 1971, 522.
286 BVerfG, Beschl. v. 05.03.2009 – 1 BvR 127/09 (Lizenzgebühr), ZUM 2009, 479, 481; BGH, Urt. v. 15.01.2015 – I ZR 148/13 (Motorradteile), GRUR 2015, 780 [32]; BGH, Urt. v. 29.04.2010 – I ZR 68/08, GRUR 2010, 623 [33]; BGH, Urt. v. 24.11.1981 – X ZR 7/80 (Kunststoffhohlprofil II), GRUR 1982, 301.

ge werden, sog. **Restschadenersatzanspruch.**[287] Handelte der Verletzer nämlich weder vorsätzlich noch fahrlässig, sind die Voraussetzungen des Schadenersatzanspruchs nicht erfüllt. Und die Herausgabeansprüche aus ungerechtfertigter Bereicherung verjähren in Fällen unerlaubter Handlung, also auch in Fällen der Verletzung von Urheberrechten, gem. § 852 BGB erst in zehn bzw. sogar in dreißig Jahren,[288] können also dann noch bestehen, wenn andere Ansprüche längst verjährt sind.

5. Abwendungsbefugnis und Verhältnismäßigkeitsgrundsatz

112 Hinsichtlich der Ansprüche des Verletzten auf Beseitigung, Unterlassung, Schadenersatz, Auskunft, Vernichtung, Rückruf und Überlassung ist gem. § 100 UrhG noch die sog. **Abwendungsbefugnis** zu beachten. Handelt der Verletzer weder vorsätzlich noch fahrlässig, kann er nach Satz 1 der Norm zur Abwendung der besagten Ansprüche den Verletzten in Geld entschädigen, wenn ihm durch die Erfüllung der Ansprüche ein unverhältnismäßig großer Schaden entstehen würde und dem Verletzten die Abfindung in Geld zuzumuten ist. Dies dient der **Schonung des schuldlosen Verletzers**. Da gem. § 100 S. 2 UrhG als Entschädigung derjenige Betrag zu zahlen ist, der im Fall einer vertraglichen Einräumung des Rechts als Vergütung angemessen wäre, also die **angemessene Lizenz**, läuft dies freilich darauf hinaus, dass die Abwendungsbefugnis für den Verletzer nur dann von Interesse ist, wenn nicht bereits eine solche Zahlung von ihm verlangt wird. Einschlägig sind also insbesondere Fälle der Geltendmachung von Beseitigungs-, Vernichtungs-, Rückruf- oder Überlassungsansprüchen.

113 Durch die Interessenabwägung von unverhältnismäßig großem Schaden und Zumutbarkeit der Abfindung in Geld, unterliegen sämtliche der vorgenannten Ansprüche dem **Verhältnismäßigkeitsgrundsatz**. Eine Beseitigung beispielsweise muss dem Verletzer also neben den übrigen Voraussetzungen stets auch zumutbar sein. Dies ist natürlich in der Regel der Fall, denn wer die Rechte eines anderen widerrechtlich verletzt, dem ist es grundsätzlich auch zumutbar, diese Verletzung zu beseitigen. Wenn aber bspw. ein Bauwerk das Urheberrecht verletzt und deswegen auf Beseitigungsverlangen des Urhebers abgerissen werden müsste, entstünde dem Eigentümer ein erheblicher Schaden.[289] Wenn der Eigentümer schuldlos handelte, hat der Urheber deshalb ausnahmsweise nur Anspruch auf Zahlung einer Entschädigung in Geld. Auch die Ansprüche auf **Vernichtung und Überlassung** sind ausgeschlossen, wenn dies im Einzelfall unverhältnismäßig ist. Für Bauwerke, ausscheidbare Teile von Vervielfältigungsstücken sowie Vorrichtungen, deren Herstellung und Verbreitung nicht rechtswidrig ist, regelt dies § 98 Abs. 5 UrhG. Ein solcher Fall kann insbesondere in Bezug auf die Vernichtung von Vervielfältigungsvorrichtungen, also Kopierer, CD-Brenner, Server etc. gegeben sein, da diese für den Verletzer einen erheblichen Wert haben und von ihm künftig auch an-

---

287 BGH, Urt. v. 15.01.2015 – I ZR 148/13 (Motorradteile), GRUR 2015, 780 [29].
288 Ebenso *Rehbinder/Peukert*, UrhR, Rn. 1292; *Wild*, in: Schricker/Loewenheim, UrhG, § 102a, Rn. 2; sowie oben, Rn. 19.
289 *Rehbinder/Peukert*, UrhR, Rn. 1271.

derweitig, also rechtmäßig eingesetzt werden können. Unverhältnismäßig große Schäden treten seitens des Verletzers außerdem ein, wenn sich dich Rechtsverletzung nur auf einzelne, kaum erkennbare Teile eines Gesamtwerks beschränken, deren Beseitigung sehr kostspielig ist.[290] Erwähnenswert sind auch **Fälle des Rückrufs**, in denen vom Verletzer die Entfernung rechtswidriger Vervielfältigungsstücke aus den Vertriebswegen und deren Vernichtung verlangt wird, denn dies kann für den ansonsten rechtstreuen Verletzer (zB. einen Verlag) **fatale Konsequenzen** haben.[291]

Andererseits muss die Abfindung in Geld aber **dem Verletzen auch zumutbar** sein. Zu vergleichen ist insoweit der Aufwand, der betrieben werden müsste, um die geltend gemachten Ansprüche zu erfüllen, mit dem Vorteil, den die Erfüllung für den Verletzten hat, und dem Nachteil der ihn treffen würde, wenn der Anspruch nicht durchgesetzt wird.[292] Die Abfindung ist dem Verletzten also meist nur bei geringfügigen Verletzungen zumutbar.[293] Ein Eingriff in Urheberpersönlichkeitsrechte wiegt meist besonders schwer, wobei auch in diesen Fällen eine Ablösungsbefugnis nicht zwingend ausscheidet.[294]

114

III. Außergerichtliche Streitbeilegung (Abmahnung)
1. Begriff und Bedeutung

Gem. § 97a Abs. 1 UrhG soll der Verletzte den Verletzer **vor Einleitung eines gerichtlichen Verfahrens** auf Unterlassung abmahnen und ihm Gelegenheit geben, den Streit durch Abgabe besagter Unterlassungserklärung[295] außergerichtlich beizulegen. Hierdurch sollen nicht nur die Gerichte entlastet werden. Die Abmahnung dient auch der Warnung des Verletzers (**Warnfunktion**)[296] sowie der **Schadensminderung**, da sich durch eine außergerichtliche Einigung beiderseits unnötige Kosten vermeiden lassen.[297] Unter einer Abmahnung versteht man also eine Aufforderung, in der Regel ein Schreiben des Verletzten, mit dem er den Verletzer auf dessen Rechtsverletzung hinweist und ihn auffordert, das rechtsverletzende Verhalten sofort einzustellen und in Zukunft zu unterlassen (Unterlassungsverlangen).[298]

115

---

290 *Wild*, in: Schricker/Loewenheim, UrhG, § 100, Rn. 5.
291 *Rehbinder/Peukert*, UrhR, Rn. 1271.
292 *Dreier*, in: Dreier/Schulze, UrhG, § 100, Rn. 6; *Lütje*, in: Möhring/Nicolini, UrhG, § 100, Rn. 14; *Wild*, in: Schricker/Loewenheim, UrhG, § 100, Rn. 6.
293 *Schack*, UrhR, Rn. 795.
294 *Rehbinder/Peukert*, UrhR, Rn. 1272; *Wild*, in: Schricker/Loewenheim, UrhG, § 100, Rn. 3.
295 Siehe oben, Rn. 72 ff. und Muster im Anhang, Teil XI.
296 *Dreier/Specht*, in: Dreier/Schulze, UrhG, § 97a, Rn. 3; *Wandtke*, in: Wandtke, UrhR, Kap. 10, Rn. 22; *Wild*, in: Schricker/Loewenheim, UrhG, § 97a, Rn. 10.
297 Zur Schadensminderungsobliegenheit vgl. § 254 Abs. 2 Satz 1 Fall 2 BGB.
298 Ein Muster einer Abmahnung findet sich im Anhang, Teil X.

2. Abmahnobliegenheit

116 Aus der Formulierung „soll" in § 97a Abs. 1 UrhG ergibt sich, dass es vor Einschaltung des Gerichts zwar **grundsätzlich, aber nicht zwingend** einer Abmahnung bedarf. Jedenfalls wenn der Verletze nicht gem. § 93 ZPO die gerichtlichen Verfahrenskosten wegen sofortigen Anerkenntnisses tragen will, sollte er abmahnen.[299] Insoweit handelt es sich um **keine Abmahnpflicht**, sondern um eine Abmahnobliegenheit,[300] die der Verletzte in eigenem Interesse erfüllen sollte.

117 Gleichwohl kann es auch insoweit **Ausnahmefälle** geben, in denen auch im Hinblick auf die Kostentragungspflicht eine vorherige **Abmahnung nicht erforderlich** ist, bspw. dann wenn damit gerechnet werden muss bzw. der Verletzter sogar schon kundgetan hat, dass er sein Verhalten ohnehin nicht ändern wird,[301] oder in Fällen, in denen durch die Abmahnung die Durchsetzung der Rechte erschwert wird, bspw. weil der Verletzte befürchten muss, dass der Verletzer Plagiate beiseite schafft.[302] Ob die Abmahnung hingegen **in Fällen größter Eilbedürftigkeit** entfallen kann, weil durch die dem Verletzer zu gewährende Frist bis zur Abgabe der Unterlassungserklärung weitere Zeit verstreicht, ist fraglich.[303] Immerhin ist eine direkte Inanspruchnahme des Verletzers in jedem Fall schneller, als der Weg über das Gericht, wobei dem Verletzter in solchen Fällen durchaus auch eine sehr kurze Frist zur Abgabe der Erklärung gesetzt werden kann, bspw. von wenigen Stunden.[304]

118 Fraglich ist auch, ob der Verletzte in Fällen eines **zahlungsunfähigen und erheblich verschuldeten Verletzers** vor Einschaltung des Gerichts eine Abmahnung aussprechen muss, denn ein solcher Verletzer ist möglicherweise gar nicht in der Lage, den Streit außergerichtlich durch Abgabe einer Unterlassungserklärung beizulegen. Die Erklärung eines solchen Verletzers dürfte mangels Ernstlichkeit wirkungslos sein,[305] weil die Verwirkung einer Vertragsstrafe zwar seine Schulden vergrößert, ihn aber wegen fehlender Vollstreckbarkeit nicht trifft. In diesen Fällen bestünde somit gar keine Möglichkeit der außergerichtlichen Streitbeilegung, sodass die Wiederholungsgefahr nur durch ein gerichtliches Verbot beseitigt werden kann, das dem Verletzer im Wiederholungsfalle (ersatzweise) Ordnungshaft androht.

---

299 *Kefferpütz*, in: Wandtke/Bullinger, UrhG, § 97, Rn. 2; *Meckel*, in: Dreyer/Kotthoff/Meckel, UrhG, § 97a, Rn. 2; *Lutz*, UrhR, Rn. 694a; *Wandtke*, in: Wandtke, UrhR, Kap. 10, Rn. 22; *Wild*, in: Schricker/Loewenheim, UrhG, § 97, Rn. 6.
300 *Dreier/Specht*, in: Dreier/Schulze, UrhG, § 97a, Rn. 2; *Meckel*, in: Dreyer/Kotthoff/Meckel, UrhG, § 97a, Rn. 2.
301 *Dreier/Specht*, in: Dreier/Schulze, UrhG, § 97a, Rn. 4; *Wild*, in: Schricker/Loewenheim, UrhG, § 97, Rn. 16; Alleine die vorsätzliche Begehung der Rechtsverletzung reicht allerdings nicht aus, *Meckel*, in: Dreyer/Kotthoff/Meckel, UrhG, § 97a, Rn. 2.
302 *Meckel*, in: Dreyer/Kotthoff/Meckel, UrhG, § 97a, Rn. 2; *Lutz*, UrhR, Rn. 694a; *Wild*, in: Schricker/Loewenheim, UrhG, § 97, Rn. 17.
303 Bejahend *Wild*, in: Schricker/Loewenheim, UrhG, § 97, Rn. 18, wenn der Rechtsverstoß anders nicht verhindert werden kann.
304 *Meckel*, in: Dreyer/Kotthoff/Meckel, UrhG, § 97a, Rn. 3.
305 Siehe auch oben, Rn. 76.

3. Form und Zugang

Zwar ist die zumindest fernschriftliche Übermittlung einer Abmahnung **per Telefax üblich**. Besondere Formanforderungen stellt das Gesetz jedoch nicht,[306] sodass auch mündliche bzw. telefonische Abmahnungen denkbar sind oder Abmahnungen die per E-Mail oder durch Nachrichten in sozialen Netzwerken übermittelt werden. Gleichwohl muss der Verletzte im Hinblick auf die Kostenfolge des § 93 ZPO den **Zugang der Abmahnung** im Falle ihrer Erforderlichkeit nachweisen. Dies ist zwar bei persönlichen mündlichen Abmahnungen durch anwesende Zeugen möglich, bei telefonischen Abmahnungen aber schon schwierig, wenn kein Dritter bereitsteht, der die Abmahnung aussprechen kann, und weil möglicherweise bereits die Person des Angerufenen nicht sicher identifizierbar ist. Hinsichtlich Abmahnungen per E-Mail oder sonstigen elektronischen Nachrichten ist der Zugang in der Regel ohne Mitwirkung des Verletzten ebenfalls nicht nachweisbar.[307] Und auch die Übermittlung per Telefax (bei Ausdruck des Sendeberichts) wird von manchen Gerichten nicht als Nachweis des Zugangs akzeptiert.[308] Aus **Beweisgründen** empfiehlt sich daher, eine Abmahnung wenn möglich vorab per Telefax sowie in **jedem Falle auch im Original per Post** (Postzustellungsurkunde, Einschreiben-Einwurf, Einschreiben-Rückschein) oder durch Boten zu übermitteln.

119

Da die Abmahnung oft **durch einen Vertreter** ausgesprochen wird, stellt sich noch die Frage, ob dieser seine Vollmacht der Abmahnung im Original beilegen muss. Gem. § 174 S. 1 BGB ist nämlich ein einseitiges Rechtsgeschäft, das ein Bevollmächtigter einem anderen gegenüber vornimmt, unwirksam, wenn der Bevollmächtigte eine **Vollmachtsurkunde** nicht vorlegt und der andere das Rechtsgeschäft aus diesem Grunde unverzüglich zurückweist. Insofern könnte der Abgemahnte eine ohne diese Originalvollmacht zugegangene Abmahnung einfach zurückweisen (was oft auch geschieht). Die Vorschrift soll nämlich – wie alle Vorschriften des Vertretungsrechts – auf geschäftsähnliche Handlungen grundsätzlich entsprechend anzuwenden sein, also auch auf die Abmahnung.[309] Dem steht allerdings der Sondercharakter der Abmahnung mit ihrer Warnfunktion zur Prozessvermeidung entgegen.[310] Der Abgemahnte ist also auch dann gewarnt, wenn die Vollmacht nicht nachgewiesen ist, sodass das **Fehlen der Vollmacht** insoweit **bedeutungslos** ist. Wenn die Abmahnung außerdem mit einem Angebot zum Abschluss eines Unterwerfungsvertrags verbunden ist, kann § 174 BGB nach Ansicht des Bundesgerichtshofs zudem weder direkt noch analog Anwendung finden, weil

120

---

306 *Dreier/Specht*, in: Dreier/Schulze, UrhG, § 97a, Rn. 6; *Wild*, in: Schricker/Loewenheim, UrhG, § 97, Rn. 8.
307 *Bisges*, MMR-Aktuell 2010, 307088.
308 Zur Frage des Anscheinsbeweises des OK-Vermerks im Telefax-Sendeprotokoll vgl. BGH, Urt. v. 07.12.1994 – VIII ZR 153/93, NJW 1995, 665, 667, mwN.
309 *Ellenberger*, in: Palandt, BGB, § 174, Rn. 2; OLG Nürnberg, Beschl. v. 04.01.1991 – 3 W 3523/90, NJW-RR 1991, 1393.
310 *Wild*, in: Schricker/Loewenheim, UrhG, § 97a, Rn. 10; *Busch*, GRUR 2006, 477, mwN.; OLG Karlsruhe, Beschl. v. 17.04.1990 – 4 W 117/87, NJW-RR 1990, 1323.

es sich in diesem Fall nicht um ein einseitiges Rechtsgeschäft handelt.[311] Grundsätzlich kann nämlich bereits in der Abmahnung ein Vertragsangebot liegen, wenn es von einem Rechtsbindungswillen getragen und hinreichend bestimmt ist.[312] Allerdings ist es auch denkbar, dass der Abmahnung – anders als im vom BGH entschiedenen Fall[313] – keine vorformulierte Unterlassungserklärung beigefügt ist, sodass offen bleibt, ob eine solche Abmahnung ebenfalls noch als ein (konkretes) Angebot auf Abschluss einer Unterlassungsvereinbarung gesehen werden[314] oder als ein einseitiges Rechtsgeschäft zu verstehen ist und bei Fehlen der Vollmacht zurückgewiesen werden kann. Da Abmahnungen in der Regel auch andere Inhalte haben,[315] ist es im Hinblick auf entsprechende Verlangen also weiterhin sinnvoll bzw. erforderlich, eine Vollmacht beizulegen.

4. Inhalt

aa) Gesetzlicher Mindestinhalt

121 Gem. § 97 Abs. 2 S. 1 UrhG hat die Abmahnung nicht nur in klarer und verständlicher Weise zu erfolgen, sondern außerdem auch

1. **Name oder Firma des Verletzten** anzugeben, wenn der Verletzte nicht selbst, sondern ein Vertreter abmahnt,
2. die **Rechtsverletzung genau zu bezeichnen**,
3. geltend gemachte **Zahlungsansprüche** als Schadensersatz- und Aufwendungsersatzansprüche **aufzuschlüsseln** und
4. wenn darin eine Aufforderung zur Abgabe einer Unterlassungsverpflichtung enthalten ist, **anzugeben, inwieweit die** vorgeschlagene **Unterlassungsverpflichtung über die abgemahnte Rechtsverletzung hinausgeht**.

Diese vier inhaltlichen Anforderungen sind streng zu beachten, da eine Abmahnung, die dem nicht entspricht, gem. § 97 Abs. 2 S. 2 UrhG **unwirksam** ist.

122 Zur Person des Verletzten ist bei Abmahnung durch einen Vertreter (Rechtsanwalt) nur **Name oder Firma** des Verletzten anzugeben, sodass Angaben zum Wohn- oder Geschäftssitz nicht erforderlich sind.[316] Gleichwohl kann das Fehlen dieser Angaben für den Verletzer misslich sein, wenn die Abmahnung unberechtigt ist und er den Verletzten seinerseits in Anspruch nehmen will.

123 Hinsichtlich der **Bezeichnung der Rechtsverletzung** reicht es nicht aus, bloß abstrakt die verletzten Urheberrechte zu benennen, bspw. „Verletzung des Rechts auf öffentliche Zugänglichmachung". Vielmehr ist konkret darzustellen, wodurch der Verletzer diese Rechte verletzt haben soll, also bspw.

---

311 BGH, Urt. v. 19.05.2010 – I ZR 140/08 (Vollmachtsnachweis), GRUR 2010, 1120, 1121 [14 f.].
312 BGH, Urt. v. 17.09.2009 – I ZR 217/07 (Testfundstelle), GRUR 2010, 355, 357 [18]; BGH, Urt. v. 25.04.2002 – IZR 296/99 (Teilunterwerfung), GRUR 2002, 824.
313 BGH, Urt. v. 17.09.2009 – I ZR 217/07 (Testfundstelle), GRUR 2010, 355, 357 [18].
314 So wohl *Wild*, in: Schricker/Loewenheim, UrhG, § 97, Rn. 7.
315 Siehe hierzu unten, Rn. 126 ff.
316 *Dreier/Specht*, in: Dreier/Schulze, UrhG, § 97a, Rn. 5a.

> Verletzung des Rechts auf öffentliche Zugänglichmachung durch Einstellen des Werks [genaue Bezeichnung] in das Internet unter http://www.domain.de und dortiges Bereithalten zum Abruf seit dem / am [Datum der Feststellung].

Rechtliche Details sowie die Vorlage von Beweisen sind jedoch nicht erforderlich.[317]

Wenn in der Abmahnung **Zahlungsansprüche** geltend gemacht werden, was typischerweise in Gestaltung von Schadenersatzverlangen (Analog-Lizenz und Ersatz der für den Rechtsanwalt getätigten Aufwendungen) der Fall ist, dann ist der geforderte Betrag in Schadenersatz- und Aufwendungsersatzansprüche **aufzuschlüsseln**. **Aufwendungen** sind im Gegensatz zu Schäden keine unfreiwilligen, sondern **freiwillige Vermögensopfer**, die der Verletzte den Umständen nach für erforderlich halten durfte, insbesondere **Kosten der Rechtsverfolgung**. Sie sind zum einen deshalb aufzuschlüsseln, also voneinander zu trennen, weil dem Verletzter ohne diese Information die Beurteilung der jeweiligen Angemessenheit nicht möglich ist und zwar sowohl hinsichtlich evtl. geltend gemachter Analog-Lizenzen als auch hinsichtlich evtl. geltend gemachter Rechtsanwaltsgebühren. Zum anderen sind die Ersatzansprüche hinsichtlich **Rechtsanwaltsgebühren** in bestimmten Fällen gem. § 97 Abs. 3 S. 2 UrhG **gedeckelt**,[318] sodass die Einhaltung dieser Regelung ebenfalls nur bei Aufschlüsselung überprüft werden kann. Da die Kostendeckelung allerdings nicht die Rechtsanwaltsgebühren betrifft, die auf die evtl. Geltendmachung eines Schadenersatzanspruchs (z.B. Analog-Lizenz) entfallen, dürfte hinsichtlich des gesetzlichen **Gebots der Klarheit und Verständlichkeit** des § 97 Abs. 2 S. 1 UrhG im Übrigen auch eine weitere Aufschlüsselung des Aufwendungsersatzes erforderlich sein, sodass dargestellt werden muss, welche Rechtsanwaltsgebühren, jedenfalls aber welche Gegenstandswerte auf die Geltendmachung des Schadenersatzanspruchs und welche auf die Geltendmachung der Beseitigungs- und Unterlassungsansprüche entfallen. Ob es ausreicht, dass sich dies nur aus dem Zusammenhang ergibt, ist unklar. Bei Nichteinhaltung des **Klarheitsgebots** ist die Abmahnung jedenfalls gem. § 97a Abs. 2 S. 2 UrhG unwirksam.[319]

124

Geht die geforderte **Unterlassungserklärung über die abgemahnte Rechtsverletzung hinaus**, ohne einen entsprechenden Hinweis hierauf zu enthalten, hat dies die Unwirksamkeit der gesamten Abmahnung zur Folge und zwar auch dann, wenn in einer Abmahnung Ansprüche aus unterschiedlichen Streitgegenständen geltend gemacht werden.[320] Umgekehrt stellt sich aber die Frage, ob hier auch anzugeben ist, dass die vorgeschlagene Unterlassungserklärung nicht über die abgemahnte Rechtsverletzung hinausgeht (**Negativauskunft**), wenn dies der Fall ist. Immerhin soll diese Information den Verletzer vor allem dann vor einer übereilten Unter-

125

---

317 *Dreier/Specht*, in: Dreier/Schulze, UrhG, § 97a, Rn. 5b.
318 Siehe unten, Rn. 135 ff.
319 *Dreier/Specht*, in: Dreier/Schulze, UrhG, § 97a, Rn. 5.
320 *Dreier/Specht*, in: Dreier/Schulze, UrhG, § 97a, Rn. 5d.

zeichnung warnen, wenn die Erklärung weitergehend ist, sodass die Informationspflicht entfallen könnte, wenn diese Gefahr nicht besteht. Hiergegen spricht aber zunächst der eindeutige Wortlaut des Gesetzes („inwieweit"), demzufolge auch eine Negativauskunft erforderlich ist. Zum anderen kann auch die Negativauskunft dem Verletzten erforderliche Hinweise für die Frage des richtigen Vorgehens liefern und seinerseits die Einschaltung eines Rechtsanwalts ersparen. Ein unvollständig informierter Laie nämlich, der durch die Abmahnung als solche verunsichert ist und aufgrund einer fehlenden Negativauskunft keinerlei Anhaltspunkte zur Beurteilung der Rechtmäßigkeit des Umfangs der geforderten Unterlassungserklärung hat, dürfte nämlich eher veranlasst sein, Rechtsrat einzuholen, als ein vollständig informierter Laie. Da dem Verletzten durch die Einholung von Rechtsrat insoweit (unnötige) Kosten entstehen, ist die Negativauskunft auch im Hinblick auf die Schadensminderungsobliegenheit des Verletzten gem. § 254 Abs. 2 S. 1 Fall 2 BGB erforderlich und somit auch im Interesse des Verletzers.

bb) Sonstige Inhalte

126 Abmahnungen erhalten in der Regel (umfangreiche) **weitere Ausführungen und Verlangen**. Üblich sind Beseitigungsverlangen in Bezug auf einen noch bestehenden rechtswidrigen Zustand oder besagte Schadenersatzverlangen betreffend die Zahlung von Analog-Lizenzen und entstandener Rechtsanwaltskosten. Oft werden im Rahmen der Abmahnung auch bereits Auskunfts- oder Vernichtungsansprüche geltend gemacht.

127 Zur Beseitigung der Wiederholungsgefahr wird dem Verletzer fast immer eine **vorformulierte Unterlassungserklärung** beigefügt,[321] die dieser unterzeichnen und (innerhalb meist kurzer Frist) zurücksenden soll. Im Hinblick auf die Strafbarkeit einer Nötigung gem. § 240 StGB sollte hierbei jedoch nicht übersehen werden, dass der Verletzte keinen Anspruch auf Unterzeichnung just der beigefügten, von ihm vorformulierten Unterlassungserklärung hat, sondern lediglich auf Unterzeichnung einer geeigneten Erklärung, wobei es dem Verletzter freisteht, diese selbst zu formulieren.

128 Eine **Frist zur Abgabe der Unterlassungserklärung** muss die Abmahnung nicht enthalten.[322] Allerdings ist es sinnvoll, dem Verletzer eine Frist zu setzen, damit beide Seiten ihr Handeln hieran orientieren können.

129 Ferner ist auch die **Androhung gerichtlicher Schritte** nicht erforderlich, sofern der Abgemahnte, diese Konsequenz erkennt oder mit ihr rechnet.[323] Auch hier ist es zur Vermeidung von Unklarheiten aber sinnvoll, entsprechend anzudrohen.

---

321 Ein Muster einer Unterlassungserklärung findet sich im Anhang, Teil XI.
322 Es gilt dann eine angemessene Frist, vgl. BGH, Urt. v. 19.10.1989 – I ZR 63/88 (Antwortpflicht des Abgemahnten), GRUR 1990, 381, 382; *Wild*, in: Schricker/Loewenheim, UrhG, § 97, Rn. 14.
323 *Dreier/Specht*, in: Dreier/Schulze, UrhG, § 97a, Rn. 5d; *Wild*, in: Schricker/Loewenheim, UrhG, § 97, Rn. 15.

Schließlich neigen manche **Abmahnkanzleien** noch dazu, seitenlange Darstellungen ihnen günstiger Rechtsprechung beizufügen, die zum Teil lange Zitatauszüge der Entscheidungen enthalten sowie Antworten auf bereits erwartete Einwendungen des Verletzers vorwegnehmen (sollen). Insofern kann allerdings bezweifelt werden, dass dies noch mit dem **Gebot der Klarheit und Verständlichkeit** des § 97 Abs. 2 S. 1 UrhG vereinbar ist, welches ohne Frage auch eine **Beschränkung auf das Wesentliche** verlangt und eine Überhäufung mit unerbetenen Informationen verbietet.

130

5. Reaktion des Abgemahnten

Die richtige Reaktion des Verletzers auf eine Abmahnung hängt davon ab, ob die Abmahnung berechtigt oder unberechtigt bzw. unwirksam ist, also im Wesentlichen davon, ob es eine Rechtsverletzung gibt oder gab bzw. ob die dargestellten formalen bzw. inhaltlichen Anforderungen an die Abmahnung[324] eingehalten sind.

131

Bei **berechtigter Abmahnung** hat der Abgemahnte zu reagieren[325] und die Ansprüche des Verletzten zu erfüllen. Gleichwohl stellt sich die Frage der sinnvollen Erfüllung bzw. des Umfangs der Erfüllung, denn der Verletzer sollte nur genau das tun bzw. unterlassen, wozu er auch verpflichtet ist und nicht mehr. Oft sind aber sowohl die vorformulierten Unterlassungserklärungen (viel) **zu weitgehend** als auch die Beseitigungsverlangen. Und verlangte Schadenersatzzahlungen sind fast immer zu hoch. Hinsichtlich der verlangten Unterlassungserklärung ist meist nicht nur die Beschreibung der mit ihrer Unterzeichnung zu unterlassenden Handlung zu weitgehend, sondern auch die Höhe der Vertragsstrafe, sodass sich insofern eine eigene Formulierung anbietet, welche nur diejenigen Handlungen umfasst, die der konkreten Rechtsverletzung entsprechen, und sich bei der Vertragsstrafe am Hamburger Brauch[326] orientiert, sog. modifizierte Unterlassungserklärung.

132

Unabhängig von alledem stellt sich hinsichtlich der Unterlassungsverpflichtung aber auch die Frage, ob diese durch **Abgabe einer Unterlassungserklärung** erfüllt werden soll. Natürlich ist dies im Falle berechtigter Abmahnung erforderlich, um einen gerichtliches Verbot zu verhindern und weitere (hohe) Kosten zu vermeiden. Allerdings ist immer zu bedenken, dass der Verletzer im Falle eines Verstoßes gegen die Unterlassungserklärung zur **Zahlung der Vertragsstrafe an den Verletzten** verpflichtet ist. Da der dann zu zahlende Betrag den durch die wiederholte Rechtsverletzung seitens des Verletzten entstandenen Schadens (weit) übersteigen kann, käme es insoweit zu einer **Bereicherung des Verletzten**. Abgesehen davon, dass damit ein gesteigertes Interesse des Verletzten an der Verwirkung von

133

---

324 Siehe oben, Rn. 121 ff.
325 BGH, Urt. v. 07.12.1989 – I ZR 62/88 (Aufklärungspflicht des Unterwerfungsschuldners), GRUR 1990, 542, 543; BGH, Urt. v. 19.06.1986 – I ZR 65/84 (Aufklärungspflicht des Abgemahnten), GRUR 1987, 54; *Kefferpütz*, in: Wandtke/Bullinger, UrhG, § 97a, Rn. 17; *Wild*, in: Schricker/Loewenheim, UrhG, § 97, Rn. 22.
326 Siehe oben, Rn. 75.

Vertragsstrafen durch den Verletzer einhergehen könnte, kann die Bereicherung des Verletzten für einen Verletzer, der mit dem Verletzten möglicherweise in einem angespannten Konkurrenzverhältnis steht, bedeutsamere Folgen haben, als die seinerseits durch die Zahlung der Strafe entstehenden Kosten und damit undenkbar sein. Wenn die erneute Rechtsverletzung – aus welchen Gründen auch immer – seitens des Verletzers nicht sicher ausgeschlossen werden kann, empfiehlt sich insoweit, keine Unterlassungserklärung abzugeben, sondern ein gerichtliches Verbot gegen sich ergehen zu lassen. Im Falle des Verstoßes hiergegen droht dem Verletzter zwar ein Ordnungsgeld. Dieses ist aber an die Staatskasse zu zahlen und nicht an den Verletzten, sodass dieser auch nicht bereichert werden würde.

134 Bei unwirksamer[327] oder **unberechtigter Abmahnung** sind die vom Abmahnenden geltend gemachten Ansprüche freilich nicht zu erfüllen, sodass der Abgemahnte einfach nichts tun kann. Jedenfalls muss er auf die Abmahnung nicht reagieren oder irgendetwas erklären.[328] Da durch die unberechtigte Abmahnung wegen einer behaupteten Urheberrechtsverletzung aber ein Eingriff in die Rechte des Abgemahnten am **eingerichteten und ausgeübten Gewerbebetrieb**[329] sowie ein Eingriff in dessen Allgemeines Persönlichkeitsrecht bzw. dessen **Recht auf freie Entfaltung der Persönlichkeit** gem. Art. 2 Abs. 1 GG vorliegen kann, bestehen in der Regel auch Gegenansprüche des Abgemahnten gegen den Abmahnenden auf Unterlassung entsprechender außergerichtlicher Maßnahmen im Sinne erneuter unberechtigter Abmahnung,[330] sodass der Abgemahnte den Abmahnenden in Gestalt einer **Gegenabmahnung** insoweit seinerseits in Anspruch nehmen kann.[331] Außerdem kann der Abgemahnte gem. § 97a Abs. 4 S. 1 UrhG Ersatz der für die **Rechtsverteidigung** erforderlichen Aufwendungen verlangen, es sei denn, es war für den Abmahnenden zum Zeitpunkt der Abmahnung nicht erkennbar, dass die Abmahnung unberechtigt war.

6. Kosten

135 Soweit die Abmahnung berechtigt ist und den inhaltlichen Anforderungen des § 97 Abs. 2 S. 1 Nr. 1 bis 4 UrhG entspricht,[332] kann der Verletzte gem. § 97 Abs. 3 S. 1 UrhG den Ersatz der für die Abmahnung erforderlichen Aufwendungen verlangen, insbesondere also der Rechtsanwaltskosten, und zwar unabhängig

---

327 Vgl. hierzu oben, Rn. 120 ff.
328 BGH, Urt. v. 01.12.1994 – I ZR 139/92 (Kosten bei unbegründeter Abmahnung), GRUR 1995, 167, 168; *Wild*, in: Schricker/Loewenheim, UrhG, § 97, Rn. 23.
329 BGH, Beschl. v. 15.07.2005 – GSZ 1/04 (Unberechtigte Schutzrechtsverwarnung), NJW 2005, 3141; *Wandtke*, in: Wandtke, UrhR, Kap. 10, Rn. 23; das Recht kann auch nicht-gewerblich Handelnden zustehen, bspw. Künstlern, vgl. OLG Hamburg, Urt. v. 04.06.1998 – 3 U 246/97 (Bild Dir keine Meinung), NJW-RR 1999, 1060.
330 BGH, Urt. v. 19.01.2006 – I ZR 217/03 (Unbegründete Abnehmerverwarnung), NJW 2006, 1432.
331 BGH, Urt. v. 29.04.2004 – I ZR 233/01 (Gegenabmahnung), GRUR 2004, 790, 792; *Wild*, in: Schricker/Loewenheim, UrhG, § 97a, Rn. 24.
332 Hierzu siehe Rn. 121.

vom Verschulden des Verletzers.³³³ Wenn die **Abmahnung nur teilweise berechtigt** war, etwa weil die geforderte Unterlassungserklärung zu weitgehend ist, besteht hinsichtlich der Rechtsanwaltskosten auch nur ein teilweiser Erstattungsanspruch.³³⁴

Ist der Verletzter Verbraucher und hat er sich nicht bereits wegen einer früheren Rechtsverletzung gegenüber dem Verletzten zur Unterlassung verpflichtet oder wurde hierzu verurteilt sind die Gebühren gem. § 97 Abs. 3 S. 2 UrhG auf Gebühren nach einem Gegenstandswert für den **Unterlassungs- und Beseitigungsanspruch** von 1.000 Euro **gedeckelt**. Je nachdem, ob der Verletzte zum Vorsteuerabzug berechtigt ist oder nicht, können insoweit für die Abmahnung in der Regel nur Rechtsanwaltsgebühren in Gestalt von 1,30 Geschäftsgebühren gem. §§ 2, 13, Nr. 2300 VV RVG in Höhe von 104,00 EUR, nebst Auslagenpauschale gem. Nr. 7002 VV RVG in Höhe von 20,00 EUR sowie USt. gem. Nr. 7008 VV RVG (19%) in Höhe von 23,56 EUR, also zusammen **maximal 147,56 EUR** geltend gemacht werden.

136

In allen übrigen Fällen können die Gebühren abhängig vom Gegenstandswert deutlich höher als der Deckelungsbetrag sein. Da bei Urheberrechtsverletzungen wegen des persönlichkeitsrechtlichen Bezugs, wegen des Umfangs der Rechtsverletzung, wegen eines Bezugs zur Öffentlichkeit oder wegen eines gewerblichen Hintergrunds des Verletzers **oft hohe Gegenstandswerte** angesetzt werden, sind auch die zu ersetzenden außergerichtlichen Rechtsanwaltskosten meist sehr hoch, wie nachfolgend beispielhaft dargestellt:

137

Gegenstandswert	RA-Gebühren (netto)
3.000 EUR	281,30 EUR
5.000 EUR	413,90 EUR
10.000 EUR	745,40 EUR
20.000 EUR	984,60 EUR
50.000 EUR	1.531,90 EUR
100.000 EUR	1.973,90 EUR

Hinzu kommen (auch in den oben dargestellten Deckelungsfällen) meist noch die Rechtsanwaltsgebühren für die **Geltendmachung des Schadenersatzanspruchs** (zB. der Analog-Lizenz), die nicht von der Deckelung umfasst sind,³³⁵ deren Gegenstandswert dem insoweit geltend gemachten Betrag entspricht und vom Einzelfall abhängig ist.

138

Unabhängig davon ist allerdings zu beachten, dass vom Verletzer nur der Ersatz der **erforderlichen Aufwendungen** verlangt werden kann. Rechtsanwaltskosten sind aber nur dann erforderliche Aufwendungen, wenn der Verletzte mangels aus-

139

---

333 *Wild*, in: Schricker/Loewenheim, UrhG, § 97, Rn. 27.
334 BGH, Urt. v. 10.12.2009 – I ZR 149/07 (Sondernewsletter), GRUR 2010, 744, 749.
335 *Dreier/Specht*, in: Dreier/Schulze, § 97a Rn. 19.

reichender Rechtskenntnisse nicht in der Lage ist, die Abmahnung selbst auszusprechen.³³⁶ In Fällen offensichtlicher Rechtsverstöße ist ein Rechtsanwalt aber gar nicht erforderlich. Dann können die durch seine Einschaltung entstehenden Kosten auch nicht ersetzt verlangt werden, sodass eine Abmahnung ohne Anwalt³³⁷ (aus Sicht des Verletzten) sogar sinnvoller sein kann, um deren Kosten nicht selbst tragen zu müssen. Das gleiche gilt auch für **Verwerter**, die eine eigene Rechtsabteilung haben oder die anderweitig über die erforderlichen Kenntnisse verfügen.³³⁸ Auch sie können Kosten externer Rechtsanwälte nicht in jedem Fall ersetzt verlangen.

140 Wenn der Verletzte den Verletzer zuvor **selbst auf die Rechtsverletzung hingewiesen** hat, sind die Kosten einer späteren anwaltlichen Abmahnung nicht mehr ersatzfähig, weil diese in der Regel ihren Zweck, ein gerichtliches Verfahren zu vermeiden, nicht mehr erfüllen kann.³³⁹

141 Schließlich ist noch zu beachten, dass die auf den Urheberrechtsbereich spezialisierten Rechtsanwälte gerade in Bereichen geringer Gegenstandswerte oft nicht auf Basis der gesetzlichen Gebühren gem. RVG tätig werden wollen, sondern mit ihren Mandanten eine **Honorarvereinbarung** gem. § 3a RVG treffen, wonach sie auf Stundenbasis bezahlt werden. Da die üblichen Stundensätze spezialisierter Rechtsanwälte bei 250,00 EUR pro Stunde (zzgl. Auslagen und USt.) liegen, können dem Verletzten weit höhere Kosten als die gesetzliche Rechtsanwaltsvergütung entstehen, wobei der Verletzer ihm in der Regel nur die gesetzliche Vergütung erstatten muss.³⁴⁰

7. Berechtigungsanfrage

142 Wegen der Gefahr einer Gegenabmahnung aufgrund unberechtigter Inanspruchnahme auf Unterlassung,³⁴¹ sollte eine Abmahnung nur dann ausgesprochen werden, wenn die Sach- und Rechtslage klar ist. Oft bestehen allerdings sowohl hinsichtlich der Rechtslage als auch hinsichtlich der Sachlage **Unklarheiten**, bspw. weil unklar ist, ob ein Tun eine Rechtsverletzung darstellt, bzw. ob überhaupt etwas getan wurde, das eine Rechtsverletzung darstellen könnte. Jedenfalls bei Unklarheiten in Bezug auf die Sachlage sollte diese zunächst aufgeklärt werden, bevor eine Abmahnung ausgesprochen wird. Dies kann in Gestalt einer Berechtigungsanfrage (auch „Schutzrechtshinweis" genannt), geschehen. In einem solchen Hin-

---

336 BGH, Urt. v. 06.05.2004 – I ZR 2/03 (Selbstauftrag), GRUR 2004, 789; vgl. zum Fall eines Fotografen, der in der Vergangenheit gleich gelagerte Fälle selbst abgemahnt hatte OLG Braunschweig, Urt. v. 08.02.2012 – 2 U 7/11, MMR 2012, 328.
337 Hierzu siehe auch Rn. 143 f.
338 BGH, Urt. v. 12.04.1984 – I ZR 45/82 (Anwaltsabmahnung), GRUR 1984, 691; *Dreier/Specht*, in: Dreier/Schulze, § 97a Rn. 13; aA. *Meckel*, in: Dreyer/Kotthoff/Meckel, UrhG, § 97a, Rn. 4.
339 OLG Frankfurt, Urt. v. 10.01.2012 – 11 U 36/11, MMR 2012, 249.
340 Hierauf hat der Rechtsanwalt gem. § 3a Abs. 1 S. 3 RVG bei Abschluss der Honorarvereinbarung hinzuweisen.
341 Siehe oben, Rn. 134.

weisschreiben an den vermeintlichen Verletzer geht es also darum, einen die Tatsachen- und Rechtslage aufklärenden Meinungsaustausch herbeizuführen. Die **Formulierung** eines solchen Schreibens **bereitet Schwierigkeiten**. Ist es zu zurückhaltend und vorsichtig formuliert, wird der Empfänger nicht oder nicht wie gewünscht reagieren, ist es zu fordernd, besteht die Gefahr einer Gegenabmahnung oder der gerichtlichen Feststellung, dass bestimmte Ansprüche nicht bestehen. Außerdem wird dem Empfänger aufgrund der Formulierungen zugleich klar, dass sich der Absender unsicher ist. Jedenfalls sollte es keine Unterlassungsverlangen, sondern insoweit allenfalls eine Bitte enthalten.

8. Abmahnung ohne Rechtsanwalt

Der Verletzte kann die Abmahnung selbst aussprechen und so das **Problem der Erstattungsfähigkeit anwaltlicher Abmahnkosten**[342] vermeiden, denn rechtlich gesehen ist für eine Abmahnung kein Rechtsanwalt erforderlich. Und die Abmahnung ohne Rechtsanwalt hat **für den Verletzer den Vorteil**, dass keine Rechtsanwaltskosten anfallen, die dieser ersetzen muss. Auch kann das Handeln durch einen Rechtsanwalt zur Eskalation insoweit führen, dass sich auch der Verletzer anwaltlich vertreten lässt und Rechtsanwälte mitunter aus eigenem Verdienstinteresse eher dem Fortgang des Streits dienlich sind als der Lösung des Konflikts. In Fällen einer Abmahnung ohne Rechtsanwalt kann der Verletzer also kooperationsbereiter sein, sodass sich unter Umständen ein langwieriger Rechtsstreit vermeiden und eine schnelle und unkomplizierte Lösung finden lässt.

143

Andererseits trägt der Verletzte dann das **Risiko der unberechtigten Abmahnung** allein, denn er muss allein sehr genau prüfen (können), ob die Voraussetzungen für eine Abmahnung auch tatsächlich erfüllt sind. Außerdem muss er alle rechtlichen Anforderungen beachten, wenn die Abmahnung ihre Rechtswirkungen nicht verfehlen soll. Werden diese Anforderungen nicht erfüllt, kann eine zweite Abmahnung[343] erforderlich oder gar die Frist für den Antrag auf Erlass einer Einstweiligen Verfügung abgelaufen sein. Verletzte ziehen insoweit selbst dann die Erstellung der Abmahnung durch einen Rechtsanwalt vor, wenn sie nicht sicher sein können, dass sie dessen Kosten (voll) erstattet bekommen werden. Und auch aus Gründen des Außenauftritts machen professionelle Rechtsinhaber ihre Rechte in der Regel immer durch einen Rechtsanwalt geltend, ganz gleich, wer dessen Kosten im Ergebnis tragen muss.

144

IV. Gerichtliche Anspruchsdurchsetzung

Erfüllt der Verletzer die Ansprüche des Verletzten auf Beseitigung, Unterlassung, Schadenersatz etc. nicht, kann bzw. muss ihn der Verletzte hierauf gerichtlich in Anspruch nehmen. Dabei sind die nachfolgend dargestellten urheberrechtlichen Besonderheiten zu beachten:

145

---

342 Siehe oben, Rn. 139 ff.
343 Deren Kosten sind oft nicht ersatzfähig, vgl. Rn. 140.

1. Rechtsweg und Zuständigkeit

146 Für Urheberrechtsstreitsachen ist gem. § 104 S. 1 UrhG **der ordentliche Rechtsweg** gegeben, sodass die ordentlichen Zivilgerichte zuständig sind.[344] Ein in manchen Fällen gem. § 14 ff. UrhWahrnG vorweg durchzuführendes **Schiedsstellenverfahren** ändert hieran nichts.[345] Außerdem ist der Begriff der **Urheberrechtsstreitsache** ist weit auszulegen,[346] sodass für Streitigkeiten zwischen Arbeitnehmer und Arbeitgeber über die Nutzung von Werken, die der Arbeitnehmer geschaffen hat, ebenfalls der ordentliche Rechtsweg gegeben ist.[347] Für Urheberrechtsstreitsachen aus **Arbeits- oder Dienstverhältnissen** hingegen, die ausschließlich Ansprüche auf Leistung einer vereinbarten Vergütung zum Gegenstand haben, sind aber gem. §§ 2 ff. ArbGG, 104 S. 2 UrhG die Arbeitsgerichte bzw. gem. §§ 40 VwGO, 104 S. 2 UrhG die Verwaltungsgerichte zuständig. Sofern Urheberrechtsverletzungen strafrechtlich verfolgt werden sind hierfür die Strafgerichte zuständig, vor denen im sog. **Adhäsionsverfahren** gem. §§ 403 ff. StPO auch vermögensrechtliche Ansprüche weiterverfolgt werden.[348]

147 Die Frage des richtigen Rechtswegs ist nicht bloß theoretischer Natur, weil ein angerufenes unzuständiges Gericht den Rechtsstreit **in der Praxis** ohnehin gem. § 17a Abs. 2 GVG an das zuständige Gericht verweisen wird und insoweit im Ergebnis keine nennenswerten Schwierigkeiten entstehen. Da jedoch in erster Instanz unabhängig vom Gegenstandswert sowohl beim Arbeits- als auch beim Verwaltungsgericht kein Anwaltszwang besteht und da auch die dortigen Gerichtsgebühren erheblich geringer sind,[349] kann es Sinn machen, evtl. Vergütungsansprüche einzig bzw. gesondert vor diesen Gerichten geltend zu machen. Es ist jedoch zu beachten, dass in arbeitsgerichtlichen Verfahren erster Instanz gem. § 12a Abs.1 Satz 1 ArbGG jede Partei ihre Rechtsanwaltskosten selbst zu tragen hat, sodass bei eindeutigen Fällen der ordentliche Rechtsweg vorzuziehen ist.

148 Auch in Urheberrechtsstreitigkeiten sind bei einem **Streitwert bis 5.000 EUR** erstinstanzlich die Amtsgerichte, im Übrigen die Landgerichte **sachlich zuständig**, vgl. §§ 23 Nr. 1, 71 Abs. 1 GVG.

149 Hinsichtlich der **funktionellen Zuständigkeit** sieht § 105 UrhG zunächst vor, dass die Landesregierungen durch Rechtsverordnung (sog. Konzentrationsverordnungen) die Zuständigkeit bestimmter Amts- oder Landgerichte festlegen können. Im Bezirk des Kammergerichts (Berlin) ist bspw. das Amtsgericht Charlottenburg das einzige für Urheberrechtsstreitsachen zuständige Amtsgericht.

150 In Bezug auf die **örtliche Zuständigkeit** ist gem. § 12 ZPO zunächst dasjenige Gericht zuständig, bei dem der Beklagte seinen **allgemeinen Gerichtsstand** hat.

---

344 Vgl. § 12 GVG; *Schulze*, in: Dreier/Schulze, § 104, Rn. 10.
345 *Schulze*, in: Dreier/Schulze, § 104, Rn. 10.
346 *Rojahn*, in: Loewenheim, UrhR, § 92, Rn. 1.
347 BAG, Urt. v. 21.08.1996 – 5 AZR 1011/94, CR 1997, 88.
348 Hierzu siehe unten, Rn. 239 f.
349 *Rojahn*, in: Loewenheim, UrhR, § 92, Rn. 4.

Da es sich bei Urheberrechtsverletzungen um unerlaubte Handlungen handelt, ist gem. § 32 ZPO aber auch das Gericht zuständig, in dessen Gerichtsbezirk die Tathandlung oder wesentliche Tatbestandsmerkmale verwirklicht wurden bzw. an denen der Erfolg eintrat (besonderer Gerichtsstand des Erfolgsorts).[350] Gerade in Bezug auf Internetsachverhalte führt dies zum sog. **fliegenden Gerichtsstand**,[351] also zur örtlichen Zuständigkeit im Prinzip aller sachlich und funktionell zuständigen Gerichte, denn wenn ein Werk rechtswidrig in das **Internet** eingestellt wurde,[352] dann ist es weltweit zugänglich, sodass die Tatbestandsmerkmale der öffentlichen Zugänglichmachung gem. 19a UrhG auch überall in Deutschland verwirklicht sind, jedenfalls dann, wenn die Internetseite bestimmungsgemäß auch in Deutschland abrufbar ist.[353]

Darüber hinaus sieht § 104a Abs. 1 UrhG einen **besonderen ausschließlichen Gerichtsstand** in Urheberrechtsstreitsachen für Klagen am **Wohnsitz des Beklagten** vor, wenn es sich beim Verletzer um eine **natürliche Person** handelt, die Schutzgegenstände des UrhG **nicht für ihre gewerbliche oder selbständige berufliche Tätigkeit** verwendet. Damit sollen die Machenschaften von Abmahnkanzleien eingedämmt werden, die rechtsverletzende **Verbraucher** deutschlandweit mit Abmahnungen überziehen und entsprechende Klagen an dem ihnen genehmen (fliegenden) Gerichtsstand einreichen, der jedenfalls nicht in der Nähe des Verletzers liegt, sodass dieser sich nur mit einigem Aufwand gegen die Klage verteidigen kann.

151

2. Einstweilige Verfügung

a) Bedeutung

Die durchschnittliche **Verfahrensdauer von Zivilverfahren** in erster Instanz von 9,1 Monaten[354] stellt für den Verletzten ein erhebliches Problem dar, wenn der Verletzer die Rechtsverletzung während dieser Zeit nicht beseitigt bzw. unterlässt. In einer schnelllebigen Zeit wie der heutigen kann der genannte Zeitraum mitunter sogar dem **Hauptauswertungszeitraum des Werks** entsprechen, bspw. eines Kinofilms oder eines Werks der Unterhaltungsmusik, sodass gerichtlicher Rechtsschutz in der Regel zu spät käme. Würde der Verletzte warten müssen, bis ein Gericht **rechtskräftig** (oder zumindest erstinstanzlich) über seinen Anspruch auf Beseitigung oder Unterlassung entschieden hat und bis dahin bspw. Werkentstellungen, den weiteren Verkauf von Raubkopien oder die weitere öffentliche Zu-

152

---

350 BGH, Urt. v. 07.12.1979 – I ZR 157/77 (Monumenta Germamae Historica), GRUR 1980, 227, 230; *Rojahn*, in: Loewenheim, UrhR, § 92, Rn. 14; *Schulze*, in: Dreier/Schulze, UrhG, § 105, Rn. 9; *Wandtke*, in: Wandtke, UrhR, Kap. 10, Rn. 4; *Wild*, in: Schricker/Loewenheim, UrhG, § 105, Rn. 7.
351 *Rojahn*, in: Loewenheim, UrhR, § 92, Rn. 20 f.; *Wandtke*, in: Wandtke, UrhR, Kap. 10, Rn. 4.
352 BGH, Urt. v. 30.03.2006 – I ZR 24/03 (Arzneimittelwerbung im Internet), GRUR 2006, 513, 515.
353 *Wandtke*, in: Wandtke, UrhR, Kap. 10, Rn. 4.
354 Vgl. Fn. 1.

gänglichmachung seiner Werke hinnehmen müssen, entstünde unter Umständen ein Schaden, der **nicht wieder gutzumachen** ist. Und selbst wenn der rechtswidrige Zustand vom Verletzer freiwillig beseitigt wird, wenn bspw. ein rechtswidrig im Internet befindliches Werk freiwillig gelöscht wird, hätte der Verletzte bis zu einem gerichtlichen Verbot durchweg mit weiteren Zuwiderhandlungen in Gestalt von erneuten Rechtsverletzungen durch den Verletzer zu rechnen, da diesen – jedenfalls kurzfristig – nicht viel hiervon abhielte. Weil ein solch langes Zuwarten für den Verletzten unzumutbar und auch nicht mit dem verfassungsrechtlichen **Gebot effektiven Rechtsschutzes** gem. Art. 19 Abs. 4 GG vereinbar ist,[355] kann der Verletzte diejenigen Ansprüche, die kein solch langes Zuwarten dulden, insbesondere also seine **Ansprüche auf Beseitigung und Unterlassung** (nicht aber seine Ansprüche auf Zahlung von Schadenersatz) vorläufig im Rahmen eines **gerichtlichen Eilverfahrens** durchsetzen und gegen den Verletzer eine gerichtliche Eilentscheidung erwirken, die sog. **Einstweilige Verfügung** gem. §§ 935, 936 ZPO.

153 Gibt das Gericht dem Antrag des Verletzten statt, kann eine solche Einstweilige Verfügung **innerhalb weniger Tage** erlassen werden, in Ausnahmefällen sogar **innerhalb weniger Stunden**. Sie verbietet dem Verletzer bspw. bei Strafe die Wiederholung von entsprechenden Rechtsverletzungen oder gibt ihm auf, den konkreten rechtswidrigen Zustand unverzüglich zu beseitigen.

154 Der **Antrag auf Erlass** einer Einstweiligen Verfügung muss allerdings auch **kurzfristig**, das heißt **vier Wochen**[356] nach Bekanntwerden der Rechtsverletzung bei Gericht gestellt werden. Durch ein längeres Zuwarten des Verletzten widerlegt dieser nämlich ansonsten selbst die Eilbedürftigkeit, sodass ein längeres Warten ihm doch zumutbar erscheint. Ein Bedarf an einer gerichtlichen Eilentscheidung kann somit nicht mehr bestehen, wenn seit dem Verstoß schon viele Wochen vergangen sind.

---

355 *Drescher*, in: MüKo ZPO, § 935, Rn. 2, spricht vom Justizgewährungsanspruchs iSd. Anspruchs auf rechtsstaatlichen Gerichtsschutz.
356 Welche Zeiträume von den Gerichten akzeptiert werden, ist je nach OLG-Bezirk unterschiedlich, wobei häufig Zeiträume nicht länger als vier bis sechs Wochen angesetzt werden, im Einzelfall aber auch (deutlich) darüber hinausgegangen wird, vgl. nur OLG Koblenz, Urt. v. 23.02.2011 – 9 W 698/10, NJW-RR 2011, 624 (bei einer Presseveröffentlichung nicht mehr als ein Monat); OLG Zweibrücken, Urt. v. 29.05.2008 – 4 U 22/08, GRUR-RR 2008, 346 (eingehalten bei 6 Wochen); OLG Stuttgart, Beschl. v. 11.08.2010 – 4 U 106/10, NZBau 2010, 639 (UrhG: mehr als zwei Monate); OLG Hamburg, Urt. v. 09.04.2008 – 5 U 124/07 (Stadtplan-Kartenausschnitte), GRUR-RR 2008, 383 (Urheberrecht, eingehalten bei knappem Monat); KG, Urt. v. 09.02.2001 – 5 U 9667/00 NJW-RR 2001, 1201 (Urheberrecht, acht Monate). Manche erblicken hierin ein „Nord-Süd-Gefälle", mit kurzen Fristen im Süden (bspw. OLG München, einen Monat) und mehr auf den Einzelfall abstellenden, weniger strengen Haltungen im Norden (bspw. OLG Hamburg, ca. drei Monate), vgl. *Rojahn*, in: Loewenheim, UrhR, § 93, Rn. 18.

b) Zuständigkeit

Gem. §§ 937 Abs. 1, 943 ZPO ist grundsätzlich das **Gericht der Hauptsache** funktionell zuständig, also in der Regel das **Gericht der ersten Instanz**.³⁵⁷

155

c) Voraussetzungen

Eine Einstweilige Verfügung kann nur erlassen werden wenn der Antragsteller gegen den Antragsgegner einen Anspruch hat (sog. „Verfügungsanspruch"), wenn es außerdem einen Grund für den Erlass einer Einstweiligen Verfügung gibt (sog. „Verfügungsgrund") und wenn der Antragsteller Anspruch und Grund glaubhaft gemacht hat, vgl. §§ 936, 920 Abs. 2 ZPO.

156

Verfügungsanspruch kann zunächst (jedenfalls dem Grundsatz nach) jeder der oben dargestellten Ansprüche³⁵⁸ sein, der dem Antragsteller, also dem Verletzten, gegen den Antragsgegner, also den Verletzter zusteht. Im Hinblick auf das Erfordernis eines **Verfügungsgrunds** im Sinne der **Dringlichkeit bzw. Eilbedürftigkeit** können jedoch nur solche Ansprüche erfolgreich geltend gemacht werden, deren Durchsetzung **keinen Aufschub** duldet, weil ansonsten die Verwirklichung eines Rechts des Antragstellers im Sinne des § 935 ZPO vereitelt oder wesentlich erschwert werden würde, und die **einer vorläufigen Regelung zugänglich** sind, bspw. Ansprüche auf Unterlassung, Beseitigung, Auskunft etc. Ansprüche hingegen, die nur endgültig erfüllt werden können, wie insbesondere Schadenersatzansprüche, können wegen des **Verbots der Vorwegnahme der Hauptsache** im Einstweiligen Verfügungsverfahren deshalb grundsätzlich nicht zu den Verfügungsansprüchen zählen. Das Gericht muss den Verfügungsgrund der Eilbedürftigkeit im Übrigen prüfen, weil die gesetzliche Vermutung des § 12 Abs. 2 UWG im Urheberrecht nicht, auch nicht analog angewandt wird.³⁵⁹

157

Ferner hat der Antragsteller diejenigen Tatsachen, welche dem Verfügungsanspruch und -grund zugrunde liegen, glaubhaft zu machen. Die **Glaubhaftmachung** unterscheidet sich vom in gewöhnlichen Verfahren erforderlichen Beweis insoweit, dass gem. § 294 Abs. 1 ZPO alle sonst zulässigen Beweismittel **sowie die Versicherung an Eides statt** möglich sind, und zwar auch die eidesstattliche Versicherung des Antragstellers selbst. Es kann Fälle geben, in denen sich eine bestimmte Tatsache nur durch eidesstattliche Versicherung des Verletzten nachweisen lässt, weil es keine Zeugen, Urkunden oder sonstigen Beweise gibt, bspw. die alleinige Schaffung eines Werks „in Einsamkeit". Dies kann für den Verletzten erheblich von Vorteil sein, weil er in diesen Fällen seine Ansprüche in einem Hauptsacheverfahren möglicherweise gar nicht durchsetzen könnte. Ein weiterer Vorteil ist, dass für die Glaubhaftmachung keine (volle) richterliche Überzeu-

158

---

357 Zur Zuständigkeit im Übrigen vgl. Rn. 146 ff.
358 Siehe oben, Rn. 49 ff.
359 KG, Urt. v. 03.12.2002 – 5 U 245/02 (Harry Potter Lehrerhandbuch), GRUR-RR 2003, 262; OLG Hamburg, Urt. v. 28.04.2005 – 5 U 156/04 (Rammstein), GRUR-RR 2005, 209, 210; *Schack*, UrhR, Rn. 797.

gung iSd. § 286 Abs. 1 ZPO erforderlich ist, sondern bereits eine **überwiegende Wahrscheinlichkeit** ausreicht.³⁶⁰ Andererseits können gem. § 294 Abs. 2 ZPO nur präsente Beweismittel herangezogen werden, also **Urkunden**, sofort verfügbare **Zeugen**,³⁶¹ ggfls. richterliche Inaugenscheinnahmen, eidesstattliche Versicherungen, aber jedenfalls grundsätzlich **keine Sachverständigengutachten**.

159 Die **Eilbedürftigkeit** kann im Übrigen durch **nachlässiges Verhalten des Verletzten widerlegt** werden, wenn dieser trotz Kenntnis der maßgeblichen Umstände einen Antrag auf Erlass einer Einstweiligen Verfügung nicht zeitnah stellt.³⁶² Wie lange er sich Zeit lassen kann, ist umstritten und wird von den Gerichten unterschiedlich beantwortet. Ein Zeitraum von **vier Wochen** sollte allerdings nicht überschritten werden.³⁶³

160 Die eidesstattliche Versicherung erlangt ihren besonderen Wert aufgrund der **Strafbarkeit der falschen Versicherung an Eides statt** gem. §§ 156, 161 StGB, die sowohl für vorsätzliches als auch für fahrlässiges Handeln besteht. Deshalb sind hohe Anforderungen an eine eidesstattliche Versicherung zu stellen, damit sie nicht aufgrund fehlender Strafbarkeit für den Fall der Unrichtigkeit zu einer bloß gewöhnlichen Erklärung wird, die keinen besonderen Beweiswert hat.³⁶⁴ Insbesondere ist darauf zu achten, dass der Erklärende **über die Strafbarkeit belehrt** wurde und **Kenntnis über die Stelle** im Sinne des zuständigen Amts- bzw. Landgerichts hat, gegenüber dem die Erklärung abgegeben wird. Beides sollte zum Nachweis direkt in die Erklärung **hineinformuliert** werden. Kennt der Erklärende nämlich die Tatsachen nicht, auf Grund derer die vernehmende Stelle zur eidlichen Vernehmung zuständig ist, also dass es sich um ein Gericht handelt, gegenüber dem die Erklärung abgegeben wird, und welches Gericht dies ist, liegt ein **Tatbestandsirrtum** gem. § 16 StGB vor, sodass die Abgabe der Erklärung im Falle ihrer Unrichtigkeit nicht strafbar ist und damit ihren besonderen Beweiswert verliert. Und die Kenntnis der Stelle kann der Verfahrensgegner leicht mit Nichtwissen bestreiten, wenn diese sich nicht aus der Erklärung ergibt, wobei meist keine zeitliche Möglichkeit für Nachbesserungen bleibt. **Inhaltlich** ist es ferner nicht ausreichend, wenn bloß auf Schriftsätze verwiesen oder deren Richtigkeit bestätigt wird. Vielmehr müssen sich alle erklärten Tatsachen unmittelbar aus der Erklärung selbst ergeben, die außerdem eigenhändig zu unterzeichnen und dem Gericht im Original vorzulegen ist. Und nicht zuletzt sollten zur Vermeidung einer Strafbarkeit des Erklärenden auch keine Schlussfolgerungen oder rechtlichen Würdigungen versichert werden, bspw. die urheberrechtliche Schutzfähigkeit eines Erzeugnisses.

---

360 BGH, Beschl. v. 21.10.2010 – V ZB 210/09, NJW-RR 2011, 136 [7].
361 Die Parteien müssen die Zeugen selbst stellen; eine Ladung durch das Gericht erfolgt nicht, vgl. *Rojahn*, in: Loewenheim, UrhR, § 93, Rn. 7.
362 OLG Köln, Urt. v. 02.07.1993 – 6 U 47/93 (Anwaltssuchdienst), GRUR 1994, 138, 140.
363 Hierzu siehe oben, Rn. 154 sowie Fn. 351.
364 Das Muster einer eidesstattlichen Versicherung findet sich im Anhang, Teil XII.

d) Entscheidung ohne mündliche Verhandlung und Schutzschrift

Die Entscheidung über den Erlass einer Einstweiligen Verfügung kann in dringenden Fällen, sowie dann, wenn der Antrag zurückzuweisen ist, **ohne mündliche Verhandlung** ergehen, also nur aufgrund des Vortrags des Antragstellers, vgl. § 937 Abs. 2 ZPO. In diesen Fällen ergeht sie gem. §§ 936, 922 Abs. 1 S. 1 ZPO in Form eines Beschlusses (sog. „Beschlussverfügung"). Dieser ist (wenn das Gericht dem Antrag stattgegeben hat) gem. §§ 936, 922 Abs. 2, 929 Abs. 2 ZPO binnen eines Monats zuzustellen und zwar **durch den Antragsteller**, der sich zur **Zustellung** gem. §§ 191, 192 Abs. 2 ZPO eines **Gerichtsvollziehers** bedienen muss. Wenn das Gericht den Antrag zurückweist, ist der **Zurückweisungsbeschluss** dem Gegner gem. §§ 936, 922 Abs. 3 ZPO jedoch **nicht mitzuteilen**.

161

Zur **Vermeidung einer überraschenden Zurückweisung** des Antrags durch Beschluss empfiehlt sich, in der Antragsschrift anzuregen, dass das Gericht bei Bedenken gegen den Erlass der Einstweiligen Verfügung vor der Entscheidung **telefonisch Kontakt** mit dem Antragsteller aufnimmt[365] oder diesem unter Setzung einer kurzen Frist (per Telefax) **zur Stellungnahme auffordert**.

162

Der **Antragsgegner** wird im beschriebenen Beschlussverfahren typischerweise **nicht gehört**, denn Urheberrechtsstreitsachen, insbesondere wegen Unterlassung oder Beseitigung, sind typischerweise sehr dringend, wenn die Durchführung eines selbst kurzfristig anberaumten Termins wegen der daraus folgenden Verzögerung den Zweck des einstweiligen Rechtsschutzes gefährden würde.[366] Zwar hat sich bei einigen Gerichten die Praxis eingebürgert, die Antragsschrift dem Antragsgegner unter Setzung einer kurzen Frist zur Stellungnahme zu übermitteln.[367] Ein **schriftliches Vorverfahren** ist wegen der damit einhergehenden Verzögerungen im Hinblick auf das Gebot effektiven Rechtsschutzes gem. Art. 19 Abs. 4 GG jedoch meist nicht möglich. Den Erlass eines stattgebenden Beschlusses kann der Antragsgegner aber durch **vorherige Hinterlegung eines Schriftsatzes** bei Gericht, der sog. **Schutzschrift**, verhindern. Hierbei handelt es sich gem. § 945a Abs. 1 S. 2 ZPO um einen vorbeugenden Verteidigungsschriftsatz gegen einen erwarteten Antrag auf Einstweilige Verfügung, der wegen des Grundsatzes rechtlichen Gehörs gem. Art. 103 Abs. 1 GG vom Gericht zu beachten ist. In dieser Schutzschrift beantragt der Verletzter, den Antrag des Antragstellers auf Erlass der Verfügung zurückzuweisen sowie hilfsweise nicht ohne mündliche Verhandlung zu entscheiden.[368] Damit sein Zurückweisungsantrag bzw. zumindest sein Hilfsantrag Erfolg hat, muss er natürlich außerdem im Rahmen der Schutzschrift begründen und glaubhaft machen, weshalb es an einem Verfügungsanspruch oder an einem Verfügungsgrund oder (am besten) an beidem fehlt. Hierbei ist der Antragsgegner im Wesentlichen mit zwei rein **praktischen Schwierigkeiten** konfrontiert: Da er seine Schutzschrift vor Antragstellung des Verletzten bei Gericht hinterlegen muss, weiß er nicht nur

163

---

365 *Rojahn*, in: Loewenheim, UrhR, § 93, Rn. 51.
366 *Huber*, in: Musielak/Voit, ZPO, § 937, Rn. 4.
367 *Rojahn*, in: Loewenheim, UrhR, § 93, Rn. 50.
368 Das Muster einer Schutzschrift findet sich im Anhang, Teil XIII.

nicht, ob es überhaupt zu einer Antragsstellung kommt,[369] sondern vor allem weiß er nicht, was der Verletzte möglicherweise alles vortragen wird. Er muss also **Gegenvortrag** zu sämtlichem relevanten möglichen Vortrag des Gegeners **vorwegnehmen**. Da insofern nicht zurückhaltend vorgetragen werden kann,[370] gibt der Verletzter durch die Schwerpunkte seines Vortrags auch preis, wo er die rechtlichen oder tatsächlichen Probleme des Falles sieht. Damit kann er dem Gegener (dem Verletzten) Probleme aufzeigen, die dieser möglicherweise übersehen hat und die er sich dann mit umgekehrter Stoßrichtung zu eigen macht.

164 Zum anderen weiß der Verletzter aufgrund eines möglicherweise fliegenden Gerichtsstands[371] gar nicht, **bei welchem Gericht** der Verletzte seinen evtl. Antrag stellen wird, sodass er seine Schutzschrift insb. in Fällen des fliegenden Gerichtsstands bei sämtlichen 115 Landgerichten bzw. (außerdem) gar bei allen 646 Amtsgerichten[372] hinterlegen muss, wenn sie Wirkung zeigen soll. Seit 1. Januar 2016 sieht § 945a ZPO ein zentrales, länderübergreifendes elektronischen **Register für Schutzschriften** vor. Eine Schutzschrift gilt gem. § 945a Abs. 2 ZPO als **bei allen ordentlichen Gerichten der Länder eingereicht**, sobald sie in das Schutzschriftenregister eingestellt ist. Gem. § 49c BRAO besteht ab 1. Januar 2017 **für Rechtsanwälte eine Nutzungspflicht**, sodass eine Einreichung der Schutzschrift in Papierform ab dann ausgeschlossen ist.[373]

165 Wenn der Zurückweisungsantrag der Schutzschrift erfolgreich ist, ergeht ein **Zurückweisungsbeschluss** (ebenfalls ohne mündliche Verhandlung). Im Übrigen, also wenn es sich nicht um einen dringenden Fall handelt bzw. wenn zunächst nur der Hilfsantrag der Schutzschrift erfolgreich ist und es weiteren Vortrags bedarf, beraumt das Gericht zeitnah[374] einen **Termin zur mündlichen Verhandlung** an, in dem über den Antrag verhandelt und gem. §§ 936, 922 Abs. 1 S. 1 ZPO **durch Endurteil** entschieden wird.[375]

---

369 Dies ist vor allem ein Problem des Gerichts, dass Schutzschriften später evtl. eingehenden Antragsschriften sicher zuordnen muss.
370 Dies lässt Schutzschriften bedauerlicherweise mitunter zu umfassenden und damit unsachlichen Gesamterläuterungen werden, die zahllose irrelevante Aspekte darstellen und glaubhaft machen.
371 Siehe oben, Rn. 150.
372 Stand: 23.02.2015, vgl. http://www.bmjv.de/SharedDocs/Downloads/DE/pdfs/Anzahl_der_Gerichte_des_Bundes_und_der_Laender.pdf (letzter Abruf: 17.10.2015), wobei von diesen Zahlen noch diejenigen Gerichte abzuziehen sind, die für Urheberrechtsstreitsachen gem. Rechtsverordnung funktionell nicht zuständig sind, vgl. Rn. 149.
373 Eine Einreichung von Schutzschriften zur Hinterlegung im elektronischen Schutzschriftenregister soll ab am 1. Januar 2017 über das beA möglich sein.
374 Das Gebot effektiven Rechtsschutzes des Art. 19 Abs. 4 GG verbietet längeres Zuwarten des Gerichts, sodass der Termin möglichst kurzfristig anzuberaumen ist, vgl. auch *Huber*, in: Musielak/Voit, ZPO, § 916, Rn. 9. Allerdings sind die Einlassungs- und Ladungsfristen gem. §§ 217, 226 ZPO zu beachten, sodass eine Terminierung frühestens in einer Woche möglich ist.
375 Siehe unten, Rn. 166.

e) Urteilsverfügung

Sofern es gem. §§ 936, 937 Abs. 2, 922 Abs. 1 ZPO zur mündlichen Verhandlung und damit zu einer **Entscheidung durch Urteil** (Endurteil) kommt, spricht man von der sog. „Urteilsverfügung". Diese wird gem. §§ 310 ff. ZPO verkündet und von Amts wegen zugestellt. In diesem Falle lautet die Bezeichnung der Parteien auch nicht mehr „Antragssteller" und „Antragsgegner", sondern „Verfügungskläger" und „Verfügungsbeklagter". 166

f) Rechtsbehelfe

Abhängig davon, ob es sich um eine Beschlussverfügung[376] oder um eine Urteilsverfügung[377] handelt, stehen den Parteien folgende Rechtsmittel zur Verfügung: 167

Wenn der Antrag auf Erlass einer Einstweiligen Verfügung vom Gericht **durch Beschluss zurückgewiesen** wurde (Zurückweisungsbeschluss), hat der Antragssteller die Möglichkeit der **sofortigen Beschwerde** gem. § 567 Abs. 1 Nr. 2 ZPO. Diese hat er gem. § 569 Abs. 1 ZPO innerhalb einer Notfrist von **zwei Wochen**, gerechnet ab dem Tag der Zustellung des Zurückweisungsbeschlusses, einzulegen und am besten auch zu begründen, vgl. § 571 Abs. 1 ZPO. Wenn das Ausgangsgericht die Beschwerde für begründet hält (was naturgemäß höchstselten der Fall sein dürfte[378]), hilft es ihr gem. § 572 Abs. 1 S. 1 ZPO ab und erlässt die vom Antragssteller begehrte Einstweilige Verfügung. Anderenfalls legt es die Beschwerde gem. § 572 Abs. 1 S. 1 ZPO unverzüglich dem Beschwerdegericht (Landgericht bzw. Oberlandesgericht) vor, das die Verfügung entweder selbst erlässt, den Erlass durch das Ausgangsgericht anordnet oder die Beschwerde und damit den ursprünglichen Antrag ebenfalls zurückweist. 168

Hinsichtlich der **Zulässigkeit der sofortigen Beschwerde** gegen einen Zurückweisungsbeschluss ist streitig, ob das gem. § 511 Abs. 2 Nr. 1 ZPO für die Berufung erforderliche Überschreiten einer **Mindestbeschwer von 600 EUR** auch in Fällen der sofortigen Beschwerde erforderlich ist. § 567 Abs. 1 ZPO kennt keine solche Beschränkung, sodass die sofortige Beschwerde auch bei geringerer Beschwer möglich sein muss.[379] Gleichwohl verlangen einige Gerichte auch für die sofortige Beschwerde eine solche Mindestbeschwer von 600 EUR.[380] 169

Wird die Einstweilige Verfügung **durch Beschluss erlassen** (Beschlussverfügung), hat der Antragsgegner gem. §§ 936, 924 Abs. 1 ZPO das Recht, hiergegen **Wider-** 170

---

376 Siehe oben, Rn. 161.
377 Siehe oben, Rn. 166.
378 Ebenso *Rojahn*, in: Loewenheim, UrhR, § 93, Rn. 55, der davon ausgeht, dass das Gericht die Beschwerde „in der Regel" zur Entscheidung an das Beschwerdegericht weiterleitet.
379 LG Zweibrücken, Beschl. v. 03.03.1987 – 1 T 1/87, NJW-RR 1987, 1199.
380 LG Kiel, Beschl. v. 14.03.2012 – 1 T 21/12, NJW-RR 2012, 1211; LG Konstanz, Beschl. v. 29.12.1994 – 6 T 87/94, NJW-RR 1995, 1102; LG Köln, Urt. v. 16.04.2003 – 1 T 141/03, MDR 2003, 831.

spruch zu erheben. Eine Frist für die Erhebung des Widerspruchs gibt es nicht, aber das Widerspruchsrecht kann durch längeres Zuwarten des Antragsgegners verwirkt werden.[381] Im Falle eines Widerspruchs beraumt das Gericht gem. §§ 936, 924 Abs. 2 S. 2 ZPO von Amts wegen einen **Termin zur mündlichen Verhandlung** an und entscheidet gem. §§ 936, 925 Abs. 1 ZPO über die Rechtmäßigkeit der Beschlussverfügung durch Endurteil, in dem es die Beschlussverfügung entweder aufhebt oder den Widerspruch zurückweist.

171 Bei einer **Urteilsverfügung** (nach mündlicher Verhandlung) haben sowohl der Verfügungskläger als auch der Verfügungsbeklagte gem. § 511 Abs. 1, Abs. 2 ZPO das Rechtsmittel der **Berufung**, wenn die Mindestbeschwer von 600 EUR überschritten ist oder das Gericht die Berufung zugelassen hat. Ansonsten ist das Urteil unanfechtbar.

172 Eine **Rechtsbeschwerde oder Revision** ist im einstweiligen Verfügungsverfahren **nicht möglich**, sodass es in der Regel **nur zwei Instanzen** und in Fällen der Nicht-Überschreitung der Mindestbeschwer von 600 EUR sogar nur eine Instanz gibt.

173 Der Antragsgegner bzw. Verfügungsbeklagte hat gem. §§ 936, 926 Abs. 1 ZPO außerdem die Möglichkeit die **Anordnung der Klageerhebung** (in der Hauptsache) zu beantragen, wenn die Hauptsache (noch) nicht anhängig ist. Hierdurch kann der Antragssteller bzw. Verfügungskläger zwar nicht gezwungen werden, Klage zu erheben. Wenn er dies aber nicht tut, ist die Einstweilige Verfügung auf Antrag des Antragsgegners bzw. Verfügungsbeklagten gem. § 926 Abs. 2 ZPO durch Endurteil aufzuheben.

g) Vollziehung

174 Die Einstweilige Verfügung, gleich ob in Form der Beschlussverfügung oder in Form der Urteilsverfügung, ist **sofort vollstreckbar**.[382] Sie muss innerhalb der Vollziehungsfrist der §§ 936, 929 Abs. 2 ZPO von **einem Monat vollzogen**, also im Falle der Unterlassungsverfügung dem Antragsgegner bzw. Verfügungsbeklagten durch **den Gerichtsvollzieher zugestellt** worden und im Übrigen nach den Regeln über die Zwangsvollstreckung vollstreckt worden sein. Die Erteilung einer Vollstreckungsklausel ist gem. §§ 936, 929 Abs. 1 ZPO in der Regel aber nicht erforderlich.

h) Abschlusserklärung

175 Bei einer **Einstweiligen Verfügung** handelt es sich – wie der Name schon sagt – um eine bloß **vorläufige gerichtliche Entscheidung**.[383] Um eine endgültige Entscheidung zu erhalten, ist der Verletzer veranlasst, erneut gerichtliche Hilfe in Anspruch zu nehmen. Man spricht in diesem Fall von der Hauptsacheklage, die (möglicherweise durch mehrere Instanzen) zu einer endgültigen Hauptsacheent-

---

381 Zur Verwirkung siehe oben, Rn. 21 ff.
382 *Huber*, in: Musielak/Voit, ZPO, § 922, Rn. 7, u. § 929, Rn. 1.
383 BGH, Urt. v. 15.03.1967 – Ib ZR 160/64 (Jägermeister), GRUR 1967, 611.

scheidung durch Endurteil führt. Da hierdurch weitere nicht unerhebliche Kosten entstehen, hat der Verletzer ein Interesse daran, den Verletzten zeitnah klaglos zu stellen und die Einstweilige Verfügung als endgültige Regelung in der Hauptsache durch Abgabe einer sog. **Abschlusserklärung**[384] anzuerkennen – jedenfalls dann, wenn die Verfügung (offensichtlich) begründet ist. Der Verletzte kann nämlich jederzeit Klage in der Hauptsache erheben, wobei mit Erhebung dieser Klage ein Großteil der Kosten bereits entstanden ist. Darüber hinaus kann der Verletzte den Verletzer vor Erhebung der Klage außerdem im Rahmen eines sog. **Abschlussschreibens** außergerichtlich zur Anerkennung der Einstweiligen Verfügung auffordern und die ihm hierdurch entstehenden (Rechtsanwalts-)Kosten vom Verletzer ersetzt verlangen, wenn der Verletzter innerhalb von vier Wochen nach Zustellung der Einstweiligen Verfügung nicht von sich aus eine Abschlusserklärung abgibt.

i) Einstweilige Verfügung ohne Rechtsanwalt

Für die Stellung eines Antrags auf Erlass einer Einstweiligen Verfügung besteht gem. §§ 78 Abs. 3, 936, 920 Abs. 3 ZPO kein Anwaltszwang, sodass diese auch **ohne Rechtsanwalt möglich** ist. Falls es aber zu einer mündlichen Verhandlung kommt, ist in Fällen, die in die sachliche Zuständigkeit des Landgerichts fallen, gem. § 78 Abs. 1 ZPO ein Rechtsanwalt erforderlich. Erweist sich die Einstweiligen Verfügung zudem als von Anfang an ungerechtfertigt oder wird sie wieder aufgehoben, hat der Antragssteller gem. § 945 ZPO dem Antragsgegner den Schaden zu ersetzen, der ihm aus der Vollziehung der Einstweiligen Verfügung entstand. Insbesondere im Hinblick auf die **Schadenersatzpflicht** sollten entsprechende Anträge also nicht leichtfertig oder durch Laien gestellt werden, sodass sich die Einreichung des Antrags durch einen Anwalt empfiehlt.[385]

176

Die **Einlegung eines Widerspruchs** ist dem Antragsgegner gem. §§ 78 Abs. 3, 936, 924 Abs. 2 S. 3 ZPO nur im Falle der Zuständigkeit des Amtsgerichts ohne Rechtsanwalt möglich, sodass im Übrigen ein **Anwaltszwang** besteht.

177

3. Hauptsacheverfahren

Viele Urheberrechtsstreitigkeiten werden bereits außergerichtlich durch Abmahnung und Unterlassungserklärung gelöst bzw. im Wege des einstweiligen Rechtsschutzes durch Einstweilige Verfügung und Abschlusserklärung endgültig geregelt, sodass es zu einem Hauptsacheverfahren im Sinne einer endgültigen Entscheidung der Rechtsfragen durch das Gericht nicht kommen muss. Wenn dies aber nötig ist, weil der Verletzer (trotz Einstweiliger Verfügung) uneinsichtig ist oder weil es um Ansprüche geht, die nicht im Wege der Einstweiligen Verfügung geltend gemacht werden können, insbesondere Schadenersatz, bleibt dem Verletzten nichts anderes übrig, als (erneut) das Gericht einzuschalten und nunmehr **Klage zu erheben**. Da es sich hierbei um ein gewöhnliches Verfahren handelt, gelten die **allgemei-**

178

---

384 Das Muster einer Abschlusserklärung findet sich im Anhang, Teil XV.
385 Ebenso *Rojahn*, in: Loewenheim, UrhR, § 93, Rn. 16.

nen zivilprozessrechtlichen Grundsätze, die hier nicht erläutert werden. Erwähnenswert sind jedoch in diesem Zusammenhang noch die bereits oben dargestellte Möglichkeit der Urteilsbekanntmachung[386] sowie die Möglichkeiten der richterlichen Schadensschätzung, der unbezifferten Klageanträge und der Stufenklage:

179 Steht ein **Schadenersatzanspruch** (wegen Urheberrechtsverletzung) fest, ist er aber der Höhe nach unklar, bspw. weil es für die Bestimmung der Analog-Lizenz keine Tarife gibt[387] oder weil der exakte Betrag der angemessenen Geldentschädigung[388] bei einer Verletzung des Urheberpersönlichkeitsrechts unklar ist, muss nach § 287 ZPO geschätzt werden,[389] ob ein Schaden entstanden und wie hoch dieser ist. Durch die Möglichkeit der **Schadensschätzung** soll eine unangemessene Entlastung des Beklagten vermieden werden.[390] Allerdings muss der Kläger Tatsachen angeben, auf Grund derer dem Gericht eine Schätzung möglich ist, bspw. Art, Umfang und Dauer der Urheberrechtsverletzung, mit der Lizenzierung vergleichbarer Erzeugnisse erzielte Einnahmen etc.

180 Zwar müssen die **Anträge von Zahlungsklagen** gem. § 253 Abs. 2 Nr. 2 ZPO grundsätzlich beziffert sein, wobei hier Sorgfalt geboten ist, denn wenn der Kläger zu viel verlangt, muss er gem. § 92 ZPO einen Teil der Verfahrenskosten tragen (Kostentragungslast), und verlangt er zu wenig, ist das Gericht wegen § 308 Abs. 1 ZPO nicht befugt, ihm mehr zuzusprechen. Gleichwohl kann es, wie oben dargestellt, Fälle geben, in denen eine exakte Bezifferung nicht möglich oder unzumutbar ist, sodass die Rechtsprechung **unbezifferte Klageanträge** schon früh anerkannt hat.[391] Allerdings muss der Kläger in diesen Fällen zumindest **einen ungefähren Betrag angeben**, der mit der Klage geltend gemacht werden soll,[392] bspw. in Form eines Mindestbetrags, eines Zirkabetrags, eines Höchstbetrags oder eines Betragsrahmens (Mindest- und Höchstbetrag).

181 Schließlich kann es auch Fälle geben, in denen der Sachverhalt zunächst mit Hilfe des Gerichts aufgeklärt werden muss, bevor ein Zahlungsantrag beziffert werden kann, bspw. durch die vorherige Geltendmachung von Auskunftsansprüchen. Damit der Kläger in diesen Fällen nicht sukzessive mehrere Verfahren einleiten und erst deren Ausgang abwarten muss, hat er gem. § 254 ZPO die Möglichkeit der **Stufenklage**, indem er alle geltend zu machenden Ansprüche miteinander verbin-

---

386 Siehe oben, Rn. 65 ff.
387 Hierzu siehe oben, Rn. 100 f.
388 Siehe oben, Rn. 107 f.
389 Die Anwendung des § 287 ZPO liegt nicht im Ermessen des Gerichts, sondern ist bei Vorliegen der Voraussetzungen zwingend geboten, vgl. BGH, Urt. v. 12.07.1995 – 10 AZR 511/94, NJW 1996, 1077; BGH, Urt. v. 12.10.1993 – X ZR 65/92, NJW 1994, 663; BGH, Urt. v. 17.06.1992 – I ZR 107/90 (Tchibo/Rolex II), GRUR 1993, 55.
390 BGH, Urt. v. 06.04.2005 – XII ZR 225/03, NJW 2005, 1713; BGH, Urt. v. 04.05.2005 – VIII ZR 123/04, NJW-RR 2005, 1157.
391 RG, Urt. v. 05.05.1883 – I 184/83, RGZ 10, 353, 356; RG, Urt. v. 28.10.1884 – III 171/84, RGZ 12, 388.
392 BGH, Urt. v. 15.05.1984 – VI ZR 155/82, VersR 1984, 739.

det und in einem einzigen Verfahren durchsetzt. Es reduziert sich somit der prozessuale Aufwand, die Kosten und das Risiko des Klägers teilweise zu unterliegen, denn die Bezifferung eines Zahlungsantrags erst nach Erteilung einer Auskunft stellt sicher, dass weder zu viel noch zu wenig gefordert wird.

V. Rechtsverletzungen als „Vertriebsweg"

Die Digitalisierung urheberrechtlich geschützter Inhalte und die Möglichkeit, diese vor allem über das Internet einfach zu kopieren, haben zu einem deutlichen **Anstieg von Urheberrechtsverletzungen** geführt. Der nahezu uneingeschränkte weltweite Zugang zu Online-Content, der Vormarsch des user-generated content[393] und die Unerfahrenheit vieler Nutzer, insbesondere deren **mangelndes Bewusstsein für das Urheberrecht und dessen Verletzungen,** führen dazu, dass Inhalte umso massenhafter kopiert und im Rahmen eigener Internetangebote öffentlich zugänglich gemacht werden, je interessanter und leichter verfügbar sie sind. **Massenhafte Rechtsverletzungen** haben allerdings nicht nur zu wirtschaftlichen Einbußen wie beispielsweise in der Musikindustrie geführt, sondern werden von den „Verletzten" mitunter zur **guten Einnahmequelle** „umfunktioniert" und insoweit regelrecht als „Geschäftsmodell" genutzt, **wenn sich die Täter ermitteln lassen** und insbesondere Zahlungsansprüche durchgesetzt werden können. Dies ist bei Internetsachverhalten oft unschwer der Fall.

182

In einigen Bereichen, bspw. im **Bereich der Fotografie,** der **Film- und Musikindustrie** oder der **Softwarebranche** ist es möglich, über die massenhafte Verfolgung und Abmahnung von Rechtsverletzungen einen nennenswerten wirtschaftlichen Erfolg zu erzielen, oder gar mehr als dies durch den kostenintensiven (Einzel-)Vertrieb von Lizenzen möglich wäre. Durch verbesserte Suchprogramme, bspw. die **Bildersuchen,** lassen sich rechtsverletzende Inhalte im Internet zudem schnell und problemlos auffinden und Rechtsverletzungen so aufspüren. Bildagenturen, Anbieter von Stadtplänen und andere Rechteinhaber stellen Inhalte zudem oft bewusst leicht kopierbar und in guter Qualität in das Internet ein, **animieren zu Rechtsverletzungen** in Gestalt von ihnen ungenehmigter Übernahmen, suchen einige Zeit später[394] systematisch nach entsprechenden Rechtsverletzungen und mahnen dann unter Aufruf erheblicher Schadensersatzforderungen betreffend **Analog-Lizenzen** und Rechtsanwaltshonorare für die Abmahnungen ab. Da sich der Schaden grundsätzlich im Wege der Lizenzanalogie[395] berechnen lässt, verweisen die Anbieter auf ihre entsprechenden Lizenzangebote. Und da sie diese am Markt vereinzelt tatsächlich realisieren können, lässt sich die Unangemessenheit kaum nachweisen. Außerdem werden Verletzer mit dem Argument nicht gehört, sie hätten das Werk niemals genutzt, wenn sie gewusst hätten, dass sie für

183

---

393 Siehe Rn. 42.
394 Je länger der Zeitraum der rechtswidrigen Nutzung, desto höher ist die erzielbare Analog-Lizenz, wobei sich insbesondere bei rechtswidriger öffentlicher Zugänglichmachung von Fotos mittels Auslesens des Dateidatums oft der Tag des Uploads feststellen lässt.
395 Hierzu siehe oben, Rn. 100.

die Nutzung eines Tages eine Analog-Lizenz (in dieser Größenordnung) werden bezahlen müssen. Weil Verletzer sich durch die rechtswidrige Nutzung mitunter auch strafbar gemacht haben, ist schließlich ihre „Verhandlungsposition" eine äußerst schlechte, sodass sie oft geneigt sind, geltend gemachte Forderungen schlicht zu erfüllen. Insoweit ergibt sich durch entsprechende Verfolgung von Rechtsverletzungen für so manchen Werkschaffenden, so manche Agentur und so machen Verlag nicht selten ein beachtlicher wirtschaftlicher Erfolg, der dem gewöhnlichen Lizenzgeschäft durchaus Konkurrenz machen oder dies sogar übersteigen kann.

Randnummern 184–199 einstweilen frei.

B. Strafrechtliche Folgen bei Rechtsverletzungen

Literatur: *Abdallah/Gercke*, Strafrechtliche und strafprozessuale Probleme der Ermittlung nutzerbezogener Daten im Internet, ZUM 2005, S. 368–376; *Beck/Kreißig*, Tauschbörsen-Nutzer im Fadenkreuz der Strafverfolgungsbehörden, NStZ 2007, S. 304–310; *Bisges*, Strafrechtliche Relevanz von Verweisen auf rechtswidrig ins Internet eingestellte urheberrechtlich geschützte Werke, MMR 6/2009, S. XXIII–XXV; *Deumeland*, Die Strafbarkeit gewerbsmäßiger Urheberrechtsverletzung in der BRD, StraFo 2006, S. 487–490; *Gercke*, Tauschbörsen und das Urheberstrafrecht, ZUM 2007, S. 791–800; *ders.*, Die Entwicklung des Internetstrafrechts 2010/2011, ZUM 2011, S. 609–623; *Hansen*, Der Staatsanwalt, Dein Freund und Helfer: Durchsetzung von Schadensersatzansprüchen wegen Marken- und Produktpiraterie, GRUR-Prax 2014, S. 295–298; *Hansen/Wolff-Rojczyk*, Schadenswiedergutmachung für geschädigte Unternehmen der Marken- und Produktpiraterie – das Adhäsionsverfahren, GRUR 2009, S. 644–648; *Lackner/Kühl*, StGB, 28. Aufl. 2014; *Joecks/Miebach* (Hrsg.), Münchener Kommentar zum StGB, Band 7., Nebenstrafrecht II, 2. Aufl. 2015; *Wabnitz/Janovsky* (Hrsg.), Handbuch des Wirtschafts- und Steuerstrafrechts, 4. Aufl. 2014; *Zombik*, Der Kampf gegen Musikdiebstahl im Internet – Rechtsdurchsetzung zwischen Bagatellschwelle und Datenschutz, ZUM 2006, S. 450–456.

Obgleich die Straftatbestände des Urheberrechts seit mehr als dreißig Jahren keine absoluten Antragsdelikte mehr sind, die Staatsanwaltschaften also nach Bejahen des besonderen öffentlichen Interesses an der Strafverfolgung grundsätzlich von Amts wegen ermitteln und anklagen können, fehlt noch immer ein durchweg etabliertes Verständnis sowohl in der Bevölkerung als auch mancherorts bei den Anklägern, dass die **Verletzung von Urheberrechten strafwürdig und zu verfolgen** ist.[1] In der Alltagssprache hat sich zwar für die Verletzung der Urheberrechte an Tonträgern, Filmen und Software der Ausdruck **Piraterie**[2] durchgesetzt, viele Täter verbinden damit aber mehr Abenteuer und Herausforderung – etwa als Erster die technischen Schutzmaßnahmen bei einem neuen Film überwunden und diesen sodann ins Internet gestellt zu haben[3] – als die Assoziation mit (häufig internationaler[4]) **Wirtschaftskriminalität** oder dem **Diebstahl geistigen Eigentums**.[5]

200

I. Straftatbestände

Die Straftatbestände des Urheberrechtsgesetzes sind **zivilrechtsakzessorisch** und somit **urheberrechtsakzessorisch**.[6] Sie setzen eine Prüfung voraus, ob das fragli-

201

---

1 Vgl. *Schack*, UrhR, Rn. 846; *Dietz*, in: Wandtke, UrhR, Kap. 11, Rn. 2.
2 Aus der Gesetzesbegründung eindrücklich etwa BT-Drucks. 11/4792, S. 23.
3 Ähnlich *Zombik*, ZUM 2006, 450, 451.
4 *Schack*, UrhR, Rn. 846.
5 Zum Begriff des geistigen Eigentums siehe Kap. 1, Rn. 17.
6 BGH, Urt. v. 03.03.2004 – 2 StR 109/03 (Tonträgerpiraterie durch CD-Export), GRUR 2004, 421, 422; *Dietz*, in: Wandtke, UrhR, Kap. 11, Rn. 4.

che Tatobjekt nach dem UrhG zum Tatzeitpunkt überhaupt Schutz genossen hat. Für Staatsanwälte, die nicht schwerpunktmäßig das Immaterialgüterstrafrecht bearbeiten, bedeutet das eine mühsame Einarbeitung in meist ganz grundlegende Fragen des Urheberrechts. Hinsichtlich der Softwarepiraterie ist beispielsweise zu prüfen, ob das Computerprogramm eine eigene geistige Schöpfung des Urhebers iSv. § 69a Abs. 3 S. 1 UrhG darstellt.[7]

202 Die Straftatbestände des Urheberrechtsgesetzes sind **Vorsatztaten** iSv. § 15 StGB. Kennt der Täter bei der Begehung der Tat auch nur ein Tatbestandsmerkmal der zum Teil komplexen Urheberstraftatbestände nicht, liegt ein **Tatumstandsirrtum** vor (§ 16 Abs. 1 StGB). Da die Tatbestände der §§ 106 ff. UrhG keine Fahrlässigkeitsvariante haben, bleibt der Täter dann **straflos** (vgl. § 16 Abs. 1 S. 2 StGB).[8] Verglichen mit dem Verbotsirrtum ist in der Hauptverhandlung eine glaubhafte **Einlassung** des Angeklagten, er sei einem Tatumstandsirrtum erlegen, tendenziell aussichtsreicher. Denn im Rahmen des § 16 Abs. 1 StGB gibt es kein einschränkendes Tatbestandsmerkmal wie die „Vermeidbarkeit" iSv. § 17 StGB. Es liegt freilich an den Strafgerichten, eine entsprechende Einlassung **kritisch** zu **prüfen**.

203 Das im Urheberrecht allgemein anerkannte **Territorialitätsprinzip**[9] hat ebenfalls Auswirkungen auf die Frage der Strafbarkeit. Urheberrechte, die durch die Gesetzgebung der Bundesrepublik Deutschland Schutz genießen, entfalten diese Schutzwirkung nur innerhalb der Grenzen der Bundesrepublik Deutschland.[10] Es ist daher stets zu prüfen, ob die fragliche Handlung im **Inland** begangen wurde. Wurde die Verletzungshandlung hingegen im **Ausland** begangen, ist es – anders als im Regelfall – irrelevant, ob der Urheber (vgl. § 7 Abs. 1 StGB) oder der Täter Deutscher ist (§ 7 Abs. 2 Nr. 1 StGB). Der strafrechtliche Schutz kann insoweit nicht weiter reichen als der zivilrechtliche.[11] Gewerbsmäßige Vervielfältigungen von Tonträgern und Filmen im Ausland führen in der Bundesrepublik Deutschland folglich auch dann nicht zu einem Strafverfahren, selbst wenn die Täter hierzulande gefasst werden sollten.

1. Unerlaubte Verwertung urheberrechtlich geschützter Werke

204 § 106 UrhG stellt den **Grundtatbestand** dar. Danach wird bestraft, wer in anderen als den gesetzlich zugelassenen Fällen ohne Einwilligung des Berechtigten ein Werk oder eine Bearbeitung oder Umgestaltung eines Werkes vervielfältigt, verbreitet oder öffentlich wiedergibt. Das Merkmal des „Verbreitens" mittels des In-

---

7 Vgl. *Schack*, UrhR, Rn. 848; hierzu siehe Kap. 5, Rn. 101 ff.
8 *Dietz*, in: Wandtke, UrhR, Kap. 11, Rn. 3.
9 Siehe auch Rn. 7.
10 BGH, Urt. v. 03.03.2004 – 2 StR 109/03 (Tonträgerpiraterie durch CD-Export), GRUR 2004, 421, 422; *Heinrich*, in: MüKo StGB, Vorbem. zum UrhG, Rn. 32.
11 BGH, Urt. v. 03.03.2004 – 2 StR 109/03 (Tonträgerpiraterie durch CD-Export), GRUR 2004, 421, 423.

ternets (**Tauschbörsen**,[12] **Filesharing**[13]) bereitet der Praxis seit langem Probleme. Denn zum Tatnachweis gehört auch die Tätereigenschaft.[14] Nicht der Inhaber eines Anschlusses, sondern **die Person, die die Werke verbreitet hat, ist zu überführen**. Ist der Verdächtige im Tatzeitpunkt einziger Inhaber und Nutzer eines **Internetzugangs** gewesen, kann das für den Nachweis der Tätereigenschaft genügen. Sobald jedoch mehrere Nutzer in Betracht kommen, insb. ein offenes WLAN verwendet wurde, reicht das für den Nachweis der Täterschaft nicht mehr.[15] Die Strafgerichte sprechen dann regelmäßig *in dubio pro reo* frei.

2. Unzulässiges Anbringen der Urheberbezeichnung

Strafbar macht sich auch, wer **auf dem Original eines Werkes der bildenden Künste** die Urheberbezeichnung ohne Einwilligung des Urhebers anbringt oder ein derart bezeichnetes Original verbreitet (§ 107 Abs. 1 Nr. 1 UrhG) bzw. auf einem Vervielfältigungsstück, einer Bearbeitung oder Umgestaltung eines Werkes der bildenden Künste[16] die Urheberbezeichnung auf eine Art anbringt, die dem Vervielfältigungsstück, der Bearbeitung oder Umgestaltung den Anschein eines Originals gibt, oder ein derart bezeichnetes Vervielfältigungsstück, eine solche Bearbeitung oder Umgestaltung verbreitet (Nr. 2). Nur das unbefugte Anbringen der **zutreffenden** Urheberbezeichnung und auch nur auf dem **Original** eines Werkes führt zu einer Strafbarkeit nach § 107 Abs. 1 Nr. 1 UrhG.

205

Im Ausgangspunkt richtig ist die Überlegung des Gesetzgebers, dass durch das Anbringen der Urheberbezeichnung auf Vervielfältigungsstücken nicht der **Anschein eines Originals** erweckt werden darf (Nr. 2). Doch handelt der Täter regelmäßig mit dem Ziel, das so präparierte Vervielfältigungsstück als Original zu verkaufen. Der dann meist ebenfalls verwirklichte Tatbestand des (versuchten) Betrugs (§ 263 StGB) **verdrängt** aufgrund seines höheren Strafrahmens den Tatbestand des § 107 UrhG.[17]

206

3. Unerlaubte Eingriffe in verwandte Schutzrechte

Hinsichtlich der in der Strafrechtspraxis besonders wichtigen **Filmwerke**[18] ist zu sehen, dass diese sowohl über § 106 UrhG als auch über § 108 Abs. 1 Nr. 7 UrhG geschützt werden.[19] Nach dem letztgenannten Tatbestand wird bestraft, wer in anderen als den gesetzlich zugelassenen Fällen ohne Einwilligung des Berechtigten

207

---

12 Dazu *Gercke*, ZUM 2007, 791.
13 Dazu *Abdallah/Gercke*, ZUM 2005, 368.
14 Hierzu siehe auch oben, Rn. 32 ff.
15 LG Karlsruhe, Beschl. v. 25.09.2009 – 2 AR 4/09, MMR 2010, 68, 70; AG Mainz, Urt. v. 24.09.2009 – 2050 Js 16878/07, MMR 2010, 117, 118; *Müßig*, MMR 2010, 118; *Beck/Kreißig*, NStZ 2007, 304, 309; *Dietz*, in: Wandtke, UrhR, Kap. 11, Rn. 8.
16 Hierzu siehe Kap. 1, Rn. 121 ff.
17 *Schack*, UrhR, Rn. 853.
18 Hierzu siehe Kap. 1, Rn. 132 ff. sowie Kap. 6.
19 *Hildebrandt/Reinbacher*, in: Wandtke/Bullinger, UrhG, § 108, Rn. 4.

einen Bildträger oder Bild- und Tonträger entgegen §§ 94 oder 95 UrhG in Verbindung mit § 94 UrhG verwertet.

208 In Bezug auf **Datenbanken**[20] ist bei der Strafverfolgung zu berücksichtigen, dass die Verfassungsmäßigkeit des § 108 Abs. 1 Nr. 8 UrhG weiterhin in Frage steht.[21] Insoweit erfasst der Tatbestand die Verwertung einer Datenbank entgegen § 87b Abs. 1 UrhG. Deshalb ist besonders kritisch zu prüfen, ob alle im konkreten Fall benötigten Tatbestandsmerkmale der §§ 87a ff. UrhG hinreichend bestimmt sind. Spiegelbildlich ist das für die Verteidigung bei dieser Werkart ein wichtiger Anknüpfungspunkt.

4. Unerlaubte Eingriffe in technische Schutzmaßnahmen und zur Rechtewahrnehmung erforderliche Informationen

209 Nach § 108b Abs. 1 Nr. 1 UrhG macht sich strafbar, wer in der Absicht, sich oder einem Dritten den Zugang zu einem nach dem UrhG geschützten Werk oder Schutzgegenstand oder deren Nutzung zu ermöglichen, eine wirksame **technische Maßnahme**[22] ohne Zustimmung des Rechtsinhabers **umgeht**. Obwohl § 108b Abs. 1 Nr. 1 UrhG die schärfste Form des Vorsatzes erfasst („**Absicht**") und obwohl meist nennenswerter Aufwand erforderlich ist, um eine häufig ausgeklügelte technische Maßnahme zu umgehen, sanktioniert § 108b UrhG eine solche Tat gerade einmal mit Freiheitsstrafe bis zu einem Jahr oder mit Geldstrafe. Das ist zudem vor dem Hintergrund zu sehen, dass die weitere rechtswidrige Verwertung davon abhängt, dass es in der rechtswidrigen Verwertungskette einen Täter gab, der überhaupt das technische Know-how zur Umgehung entsprechender Schutzmaßnahmen aufbringen konnte. Da die Ermittlungsbehörden die **technische Vorgehensweise des Täters nachweisen** müssen, was regelmäßig nur spezialisierte Abteilungen der Polizei und des LKA bewerkstelligen können, **kommen viele Täter** trotz erheblicher krimineller Energie und absichtlicher Begehungsweise **ungestraft davon**. Ferner finden die Vorschriften zum Schutz technischer Maßnahmen (§§ 95a-95d UrhG) ausgerechnet **auf Computerprogramme keine Anwendung** (§ 69a Abs. 5 UrhG),[23] so dass es auch bezüglich dieser Werke keine strafrechtliche Sanktion gibt.[24]

5. Gewerbsmäßige unerlaubte Verwertung als Qualifikation

210 § 108a UrhG stellt einen **Qualifikationstatbestand** dar.[25] Einzig hinzukommendes Tatbestandsmerkmal ist die **Gewerbsmäßigkeit**, welche als strafschärfendes persönliches Merkmal iSv. § 28 Abs. 2 StGB zu verstehen ist.[26] Selbst bei der Qua-

---

20 Hierzu siehe Kap. 10, Rn. 263 ff.
21 *Hildebrandt/Reinbacher*, in: Wandtke/Bullinger, UrhG, § 108, Rn. 3 mwN.
22 Hierzu siehe Kap. 5, Rn. 385 ff., insb. Rn. 389.
23 Hierzu siehe Kap. 5, Rn. 383.
24 *Heinrich*, in: MüKo StGB, § 108a, Rn. 1; *Dietz*, in: Wandtke, UrhR, Kap. 11, Rn. 22.
25 *Dietz*, in: Wandtke, UrhR, Kap. 11, Rn. 24.
26 *Heinrich*, in: MüKo StGB, § 108a, Rn. 4.

lifikation bleibt § 108a UrhG ein **Vergehenstatbestand,** da es im Falle einer Freiheitsstrafe beim Mindestmaß von einem Monat bleibt (§§ 12, 38 Abs. 2 StGB).[27] Als Qualifikationstatbestand verdrängt § 108a UrhG die Grundtatbestände.[28] Gewerbsmäßigkeit liegt – wie im allgemeinen Strafrecht – vor, wenn sich der Täter durch wiederholte Begehung von Straftaten eine **fortlaufende Einnahmequelle** von einiger **Dauer** und einigem **Umfang** verschaffen will, und sei es nur in Form eines Nebenerwerbs.[29]

II. Rechtswidrigkeit

1. Einwilligung

Der BGH prüft die Frage der Einwilligung auf der Ebene des Tatbestandes (**tatbestandsausschließendes Merkmal**).[30] Versteht man die Urheberstraftatbestände jedoch so, dass primär nicht der freie Wille des Berechtigten geschützt werden soll, sondern die unkörperliche Sache in Gestalt des Immaterialgüterrechts, dann ist die Frage der Einwilligung auf Ebene der Rechtswidrigkeit zu prüfen.[31]

211

2. Irrtum über die Einwilligung

Versteht man – wie hier – die Einwilligung als Prüfungsschritt auf Ebene der Rechtswidrigkeit, so ist ein Irrtum über das Vorliegen einer Einwilligung als **Erlaubnistatumstandsirrtum** zu behandeln. Entsprechend § 16 StGB entfällt dann die Vorsatzschuld.[32]

212

Beispielsweise lässt sich der Angeklagte dergestalt ein, er sei davon ausgegangen, die Einwilligung zum Verbreiten des Erstlingswerks der Musiker einer Newcomer-Band im Internet gehabt zu haben, da die noch unbekannten Musiker für eine solche „Unterstützung" zu Beginn ihrer Karriere doch bestimmt dankbar gewesen seien.

213

III. Schuld

In der Praxis versuchen Täter die Schuld häufig damit in Frage zu stellen, indem sie sich auf einen **Verbotsirrtum** iSv. § 17 StGB stützen. Insbesondere im Bereich vervielfältigter Noten oder Computerprogramme ist diese Verteidigungslinie populär.

214

---

27 *Heinrich*, in: MüKo StGB, Vorbem. zum UrhG, Rn. 30; *Flechsig*, in: Loewenheim, UrhR, § 90, Rn. 45.
28 *Dietz*, in: Wandtke, UrhR, Kap. 11, Rn. 3.
29 *Heinrich*, in: MüKo StGB, § 108a, Rn. 2; *Dietz*, in: Wandtke, UrhR, Kap. 11, Rn. 24.
30 BGH, Urt. v. 03.03.2004 – 2 StR 109/03 (Tonträgerpiraterie durch CD-Export), GRUR 2004, 421, 425.
31 So *Heinrich*, in: MüKo StGB, § 106, Rn. 115; *Schack*, UrhR, Rn. 855; *Dietz*, in: Wandtke, UrhR, Kap. 11, Rn. 26.
32 *Dietz*, in: Wandtke, UrhR, Kap. 11, Rn. 26.

215 **Beispielsweise** lässt sich der angeklagte Chorleiter dergestalt ein, er sei davon ausgegangen, dass er für den von ihm geleiteten Chor die Partitur einer Bach-Kantate fünfzig Mal habe kopieren und austeilen dürfen, da es sich um Laiensänger gehandelt habe und er seine Chorleitertätigkeit ehrenamtlich ausübe (vgl. § 53 Abs. 4 lit. a) UrhG).

216 Die **Strafgerichte** sind bei der Prüfung der Frage, ob ein etwaiger Irrtum iSv. § 17 StGB unvermeidbar war, zu Recht **sehr restriktiv**. Tatsächlich wird man sagen müssen, dass derjenige, der im UrhG nicht selbst nachlesen will, sich zumindest beraten lassen muss.[33] Allenfalls dann, wenn die erteilte Beratung schlüssig, aber gleichwohl inhaltlich unzutreffend war, kann die Vermeidbarkeit zu bejahen sein. Wird die Vermeidbarkeit verneint, kommt es in der Praxis selten zu dem **fakultativen Strafmilderungsgrund** des § 17 S. 2 iVm. § 49 Abs. 1 StGB. Nicht empfehlenswert ist schließlich, wenn branchenkundige Angeklagte in der Hauptverhandlung beharrlich auf einen Verbotsirrtum abstellen. Bei dem einen und anderen Angeklagten hat dies nachvollziehbarerweise zu Nachteilen bei der Strafzumessung geführt. Denn das Abstellen auf einen ersichtlich nicht vorliegenden Verbotsirrtum kann auch so verstanden werden, dass dem Angeklagten bis zuletzt die **Unrechtseinsicht gefehlt** hat (vgl. § 46 Abs. 2 S. 2 Alt. 10 StGB).

IV. Strafzumessung
1. Wie „schlimm" ist eine Urheberstraftat im Allgemeinen?

217 Der Diebstahl beweglicher Sachen scheint „schlimmer" zu sein als der Diebstahl eines immateriellen Guts. Anders ist es nicht zu erklären, dass der Gesetzgeber die Grundnorm des Urheberstrafrechts noch immer nicht mit einem **Strafrahmen** ausgestaltet hat, der dem des Diebstahls entspricht (§ 106 UrhG: Freiheitsstrafe bis zu drei Jahren; § 242 StGB: Freiheitsstrafe bis zu fünf Jahren).[34]

218 Hinsichtlich der **konkreten Strafzumessung** bei den Urheberstraftatbeständen fehlt für die Praxis derzeit noch eine gefestigte Rechtsprechung. Nur wenige Staatsanwaltschaften haben spezialisierte Dezernate bzw. haben so viele Urheberstrafverfahren zu bearbeiten, dass sich eine Spezialisierung aufbauen lässt. Viele Verfahren gehen zu den Amtsgerichten, wo aufgrund der immensen Breite des bei den **Amtsgerichten** zu bearbeitenden Strafrechts regelmäßig **kaum Kenntnis** über das materielle Urheberrecht, geschweige denn eine **Erfahrung** bei der Strafzumessung im Bereich des Immaterialgüterstrafrechts vorherrscht. Wer als Strafrichter an einem Verhandlungstag – wie so oft – zuerst über zwei gefährliche Körperverletzungen mittels einer das Leben gefährdenden Behandlung und sodann über zwei Heroin-Dealer zu entscheiden hat, wird Schwierigkeiten haben, die rechtswidrige Verbreitung von zehn aktuellen Filmen im Internet tat- und schuldangemessen zu beurteilen. Für den Verletzten führt das zu der Gefahr, dass das Verfahren **im Ermittlungs- oder Hauptverfahren alsbald eingestellt** oder die

---
33 Vgl. *Schack*, UrhR, Rn. 857.
34 Ähnlich *Dietz*, in: Wandtke, UrhR, Kap. 11, Rn. 2.

Dimension der Tat als bedeutsames Wirtschaftsstrafrecht verkannt wird. Für den Täter liegt die Gefahr darin, dass Ankläger und Strafrichter mangels Erfahrung **nicht alle besonderen Kriterien der Strafzumessung berücksichtigen.**

2. Strafzumessungskriterien

Wie im Kernstrafrecht, ist auch bei der **konkreten Strafzumessung** im Urheberstrafrecht auf die in § 46 StGB genannten strafschärfenden und strafmildernden Aspekte abzustellen.[35]

219

a) Strafschärfende Aspekte

Für eine **Strafschärfung** kommen etwa folgende spezifisch urheberrechtlichen Aspekte in Betracht:

220

Verwirklicht ein Täter etwa neben dem Betrug eine Tat nach § 107 UrhG, dann tritt letztere zwar hinter den Betrug zurück. Gleichwohl hat der Täter **zwei Straftatbestände** verwirklicht, was sich strafschärfend auswirken kann.

221

Gibt der Täter in der Hauptverhandlung zu verstehen, dass er das Immaterialgüterrecht schon von Grund auf nicht für schützenswert erachtet, kann ihm das **Unrechtsbewusstsein** fehlen.

222

Bestimmte Werkarten haben ihren höchsten wirtschaftlichen Wert kurz nach der Veröffentlichung. Das trifft bspw. auf Filmwerke zu. Eine unerlaubte Verwertung **kurz nach der Veröffentlichung** kann schwerwiegender sein als eine solche nach einigen Jahren, geschweige denn kurz vor Ablauf der Dauer des Urheberrechts (vgl. §§ 64 ff. UrhG).

223

b) Strafmildernde Aspekte

Für eine **Strafmilderung** können im Einzelfall folgende spezifisch urheberrechtlichen Aspekte berücksichtigt werden:

224

Erreicht ein Werk „gerade noch so" die notwendige **Schöpfungshöhe**[36] und hat dies der Täter **falsch eingeschätzt,** dann mag die Schuldfrage zwar zu bejahen sein, auf Ebene der Strafzumessung kann dies aber strafmildernd berücksichtigt werden.

225

Ist die **Schutzfrist nahezu abgelaufen,**[37] dann kann eine Urheberrechtsverletzung weniger schwer wirken als bei einem soeben erst veröffentlichten Werk.

226

Die unerlaubte Verbreitung eines Werkes **im kleinen Verwandtschaftskreis** kann weniger schwer wirken als die unkontrollierbare Verbreitung über öffentliche Plattformen im Internet.

227

---

35 Vgl. LG Marburg, Urt. v. 04.07.2007 – 3 KLs 2 Js 12054/01, BeckRS 2009, 06964.
36 Zur Gestaltungshöhe allgemein siehe Kap. 1, Rn. 166 ff.
37 Zur Schutzfrist allgemein siehe Kap. 3, Rn. 100.

V. Verfall und Einziehung

1. Verfall

228 Ist eine rechtswidrige Tat begangen worden und hat der Täter für die Tat oder aus ihr **etwas erlangt**, ordnet das Gericht nach § 73 Abs. 1 S. 1 StGB dessen Verfall an. Soweit der Verfall eines bestimmten Gegenstandes wegen der Beschaffenheit des Erlangten oder aus einem anderen Grunde nicht möglich ist, ordnet das Gericht nach § 73a StGB den **Verfall eines Geldbetrages** an, der dem Wert des Erlangten entspricht (**Wertersatz**). Mit Rechtskraft der Verfallsanordnung geht das Eigentum an der Sache auf den Staat über (§ 73e Abs. 1 S. 1 StGB). Der Verfall ist damit insbesondere im Bereich des Wirtschaftsstrafrechts ein **äußerst scharfes Schwert**, welches den Täter empfindlich treffen kann.[38]

229 Die **Anordnung ist obligatorisch**.[39] Das gilt abgesehen von der Härtevorschrift des § 73c StGB nur dann nicht, wenn der Verletzte aus der Tat einen zivilrechtlichen Anspruch hat, dessen Erfüllung dem Täter oder Teilnehmer den Wert des aus der Tat erlangten entziehen würde (§ 73 Abs. 1 S. 2 StGB). Weil in der obergerichtlichen Rechtsprechung[40] teils vertreten wird, dass dieser Ausschlusstatbestand dann keine Anwendung findet, wenn der Verletzte seinen zivilrechtlichen Anspruch längere Zeit nicht geltend gemacht hat, ist **dem Rechteinhaber zu raten**, den Täter zügig zumindest außergerichtlich **in Anspruch zu nehmen** und diese Information der Staatsanwaltschaft bzw. dem Strafgericht unter Hinweis auf § 73 Abs. 1 S. 2 StGB **zur Kenntnis zu geben**. Andernfalls läuft der Rechteinhaber Gefahr, dass der Anspruchsgegner sein Vermögen, das eigentlich zur Befriedigung seiner zivilrechtlichen Ansprüche benötigt wird, ganz oder teilweise an den Staat verliert.

2. Einziehung

230 Die Einziehung dient dazu, das **Eigentum** an einer Sache oder einem Recht mittels rechtskräftiger richterlicher Entscheidung **auf den Staat übergehen** zu lassen (§ 74e Abs. 1 StGB). Im Regelfall ist die Einziehung daher nur zulässig, wenn die Gegenstände zur Zeit der Entscheidung dem Täter oder Teilnehmer gehören oder zustehen (§ 74 Abs. 2 Nr. 1 StGB). Das bedingt regelmäßig eine bürgerlich-rechtliche Prüfung der Eigentumslage, was im Strafverfahren nicht selten zu einem unliebsamen Mehraufwand führt.

231 Ist die Schuldfrage in der Hauptverhandlung geklärt, wird in der Praxis immer wieder einmal versucht, **den Angeklagten zu einem Verzicht** zu bewegen. § 110 UrhG erleichtert die Einziehung insoweit, als dass die Gegenstände abweichend von dem genannten Grundsatz auch dann eingezogen werden können,

---

38 *Heuchemer*, in: Heintschel-Heinegg, BeckOK StGB, § 73, Rn. 4: „praktische Bedeutung […] enorm".
39 *Lackner*, in: Lackner/Kühl, StGB, § 73, Rn. 11.
40 OLG München, Beschl. v. 19.04.2004 – 2 Ws 167/04 und 168/04, NStZ 2004, 443, 444; ebenso *Kiethe/Hohmann*, NStZ 2003, 505, 510.

wenn derjenige, dem sie tatsächlich zur Zeit der Entscheidung gehören oder zustehen, entweder wenigstens leichtfertig dazu beigetragen hat, dass die Sache oder das Recht Mittel oder Gegenstand der Tat oder ihrer Vorbereitung gewesen ist (§ 74a Nr. 1 StGB) oder die Gegenstände in Kenntnis der Umstände, welche die Einziehung zugelassen hätten, in verwerflicher Weise erworben hat (§ 74a Nr. 2 StGB).

VI. Zusammenarbeit mit Polizei und Staatsanwaltschaft im Ermittlungsverfahren

1. Aus Sicht des Verletzten

Die Staatsanwaltschaft wird eigene Ermittlungen nur aufnehmen, wenn ein entsprechender **Antrag des Verletzten** vorliegt oder sie das **besondere öffentliche Interesse** an der Strafverfolgung bejaht (**relative Antragsdelikte**), § 109 UrhG.[41] In der Praxis kämpfen Verletzte nicht selten gegen eine allzu schnelle Verweisung der Staatsanwaltschaft auf den Privatklageweg an.[42] Sie sind daher gut beraten, gegenüber der Staatsanwaltschaft darzulegen, warum in ihrem Fall das öffentliche Interesse an der Strafverfolgung zu bejahen ist (vgl. § 376 StPO). Dazu kann insb. ausgeführt werden, inwieweit der Rechtsfriede über den Lebenskreis des Verletzten hinaus beeinträchtigt wurde (vgl. Nr. 260 RiStBV).

232

Der **Strafantrag** selbst unterliegt nach § 77b StGB einer **drei-Monats-Frist**. Er kann zwar bei einer Polizeibehörde gestellt werden (§ 158 Abs. 2 StPO), im Falle des Urheberstrafrechts ist aber die Antragstellung **bei der Staatsanwaltschaft** vorzugswürdig. Denn im Mittelpunkt der Prüfung werden sogleich zahlreiche zivilrechtliche Fragen stehen.[43]

233

Selbst wenn die Ermittlungsbehörde zunächst ein Ermittlungsverfahren eingeleitet hat, **droht** in vielen Fällen die **Einstellung des Verfahrens** noch in diesem Stadium.[44] Mitunter sind in veröffentlichten Entscheidungen kaum mehr nachvollziehbare Begründungen der Staatsanwaltschaften für eine solche Einstellung bekanntgeworden. So stellte etwa die Staatsanwaltschaft Karlsruhe ein Verfahren wegen eines Tauschbörsen-Vorwurfs in Bezug auf Computersoftware mit der Begründung ein, es sei „kein Schaden entstanden, der den Rechteinhaber in seiner wirtschaftlichen Existenz bedrohe".[45] Gerade um solchen Missständen vorzubeugen, ist im Strafantrag sorgfältig zu den Folgen und Auswirkungen der Tat auszuführen.

234

---

41 *Dietz*, in: Wandtke, UrhR, Kap. 11, Rn. 27.
42 Vgl. zu typischen Argumenten für den Verweis auf den Privatklageweg *Beck/Kreißig*, NStZ 2007, 304, 308.
43 Vgl. die Beschreibung eines typischen Ablaufs der Ermittlungsarbeit bei *Beck/Kreißig*, NStZ 2007, 304, 306.
44 *Zombik*, ZUM 2006, 450, 453. Zurecht kritisch auch *Dietz*, in: Wandtke, UrhR, Kap. 11, Rn. 37. Erhebt die Staatsanwaltschaft selbst Anklage und bejaht sie damit das besondere öffentliche Interesse an der Strafverfolgung, dürfte eine Einstellung nach § 153 Abs. 1 StPO nicht mehr in Betracht kommen, *Beck/Kreißig*, NStZ 2007, 304, 309.
45 Vgl. LG Karlsruhe, Beschl. v. 25.09.2009 – 2 AR 4/09, MMR 2010, 68.

2. Aus Sicht des Verletzers

235 Kommt es nicht zuvor schon zu einer Einstellung nach §§ 153, 153a StPO oder aus tatsächlichen Gründen gar nach § 170 Abs. 2 StPO, werden die meisten Urheberstraftaten **mittels Strafbefehls sanktioniert**.[46] Als Angeschuldigter das Strafbefehlsverfahren zu forcieren, ist seit der Entscheidung des BVerfG[47] betreffend Absprachen im Strafprozess schwierig geworden. Viele Staatsanwälte wollen seit dieser Entscheidung nicht einmal mehr von einem Verteidiger hören, dass dessen Mandant im Falle der Behandlung im Strafbefehlsverfahren – und damit ohne öffentliche Hauptverhandlung – keinen Einspruch erheben werde. Zum einen besteht die Sorge, dass schon eine Abstimmung über die Behandlung im Strafbefehlsverfahren mittelbar eine **Absprache über die Strafhöhe** ist, da das Strafbefehlsverfahren kraft Gesetzes Höchstgrenzen enthält (vgl. § 407 Abs. 2 StPO). Zum anderen hat die **Dokumentationspflicht** derart zugenommen,[48] dass diese viele Staatsanwälte in Allgemeindezernaten zuweilen nicht mehr stemmen können und daher jedwede Gespräche von vornherein ablehnen.

VII. Hauptverfahren

1. Allgemeines

236 Für Straftaten nach dem UrhG sieht § 74c Abs. 1 S. 1 Nr. 1 GVG zwar eine Spezialzuständigkeit für die **Wirtschaftsstrafkammer** eines Landgerichts vor. In der Praxis gibt es jedoch wenige Fälle, die überhaupt erstinstanzlich beim Landgericht beginnen. Kleinere und mittlere Landgerichte haben häufig pro Jahr nicht mehr als eine Handvoll Fälle, die in die Zuständigkeit der Wirtschaftsstrafkammer fallen und davon dann nicht einen Fall aus dem Bereich des Urheberstrafrechts. Man kann also **nicht** behaupten, dass in der Bundesrepublik Deutschland die Wirtschaftsstrafkammern flächendeckend über **erhebliche Erfahrung** im Urheberstrafrecht verfügen würden. Die meisten Fälle werden vielmehr von Strafrichtern als Einzelrichter entschieden. Dies wiederum nach vorausgegangenem Einspruch gegen einen Strafbefehl (§§ 410 Abs. 1, 411 Abs. 1 S. 2 StPO).

2. Privatklage

237 Die §§ 106–108, 108b Abs. 1 und 2 UrhG sind gem. § 374 Abs. 1 Nr. 8 StPO **Privatklagedelikte**. Lehnt die Staatsanwaltschaft das öffentliche Interesse ab, handelt es sich bei der Privatklage um eine in der Praxis nur **theoretische Option**.[49] Beispielsweise im Jahr 2013 wurden weniger als 0,1 % aller Strafverfahren als Privatklageverfahren geführt.[50] Es gibt also **wenig Erfahrung** mit diesen Verfahren, was

---

46 Dies sogar vorschlagend *Beck/Kreißig*, NStZ 2007, 304, 310.
47 BVerfG, Urt. v. 19.03.2013 – 2 BvR 2628/10, 2 BvR 2883/10, 2 BvR 2155/11, NJW 2013, 1058.
48 Dazu *Schneider*, NStZ 2014, 192, 198 f.
49 *Schack*, UrhR, Rn. 859: „unattraktiv".
50 Ausführliche Darstellung der Statistik seit 1971 bei *Graf*, in: Graf, BeckOK StPO, § 374, Rn. 1.1.

sich mit der geringen Erfahrung auf Seiten der Gerichte hinsichtlich des materiellen Urheberstrafrechts kumuliert[51] und schließlich Grund dafür sein dürfte, dass die Privatkläger vor den Strafgerichten **selten eine Verurteilung** des Beschuldigten erzielen.[52] Professionelle Rechteinhaber beschränken sich dann auf die zivilrechtliche Rechtsverfolgung.

3. Nebenklage

Sinnvoll ist aus Sicht des Rechteinhabers, sich der von der Staatsanwaltschaft erhobenen öffentlichen Klage mit der Nebenklage nach § 395 Abs. 1 Nr. 6 StPO anzuschließen.[53] Zum einen ist die **Anschlusserklärung durch einen schlichten Schriftsatz**, der nicht mehr als die Anschlusserklärung zu enthalten braucht,[54] zu bewerkstelligen. Zum anderen kann der Nebenkläger dann während der Hauptverhandlung immer wieder **Einfluss auf das Verfahren** nehmen, sei es durch Beweisanträge oder während der Hauptverhandlung abgegebene Erklärungen (§ 397 Abs. 1 StPO). Nicht zu unterschätzen ist schließlich, dass es erfahrungsgemäß einen Unterschied macht, ob sich bei den Schlussvorträgen iSv. § 258 StPO („Pládoyers") argumentativ nur Staatsanwalt und Verteidiger gegenüberstehen oder auch noch der Nebenkläger(-vertreter) **zur Schuld- und Strafzumessungsfrage vorträgt** – denn dies tut er regelmäßig zulasten des Angeklagten.

238

4. Adhäsionsverfahren

Das in den §§ 403 ff. StPO geregelte Adhäsionsverfahren gibt dem Verletzten die Möglichkeit, noch im Strafverfahren gegen den Beschuldigten einen aus der Straftat erwachsenen **vermögensrechtlichen Anspruch** geltend zu machen. Es ist zwar richtig, dass das Adhäsionsverfahren bei den beteiligten Organen der Strafrechtspflege[55] einschließlich der Richterschaft nicht sonderlich beliebt ist.[56] Das liegt neben der Gefahr einer (weiteren) Verzögerung des Hauptverfahrens daran, dass der Verletzte manches Mal die entsprechenden Anträge erst kurz vor Beginn der Schlussvorträge stellt (vgl. § 404 Abs. 1 S. 2 StPO) und auf die entsprechende **Antragsschrift** – die zwar gesetzlich nicht gefordert, aber aufgrund der Komplexität der Anspruchsgrundlagen und Tatbestandsvoraussetzungen einschließlich der Darlegung der Schadenshöhe **dringend zu empfehlen** ist – wenig Mühe aufwendet. Wird aber die Antragsschrift so **rechtzeitig** eingereicht, dass alle Beteiligten diese prüfen können, und entspricht diese den Anforderungen einer Klageschrift (§ 404 Abs. 1 S. 2 StPO),[57] kann das Adhäsionsverfahren einen eleganten

239

---

51 Vgl. Rn. 218.
52 *Graf*, in: Graf, BeckOK StPO, § 374, Rn. 1.1.
53 *Hansen*, GRUR-Prax 2014, 295, 296.
54 *Weiner*, in: Graf, BeckOK StPO, § 396, Rn. 1.
55 Zu dem gebührenrechtlichen Hintergrund etwa *Dietz*, in: Wandtke, UrhR, Kap. 11, Rn. 28. Siehe ferner Nr. 4143 VV RVG.
56 Ausführlich zu weiteren Gründen *Hansen/Wolff-Rojczyk*, GRUR 2009, 644, 645.
57 *Hansen/Wolff-Rojczyk*, GRUR 2009, 644, 645.

Weg bieten, zügig zu einem Vollstreckungstitel zu gelangen.[58] Denn nicht wenige Angeklagte konzentrieren sich bei ihrer Verteidigung fast ausschließlich auf den strafrechtlichen Vorwurf, weil für sie die im Raum stehende Bestrafung greifbarer ist als der geltend gemachte zivilrechtliche Anspruch. Auch hinsichtlich der **Kosten** kann sich das Adhäsionsverfahren anbieten, da weder der Adhäsionsantrag noch eine erforderliche Beweiserhebung einen Gerichtskostenvorschuss erfordert.[59] Hinsichtlich der Anforderungen einer solchen Antragsschrift sind Richter gemeinhin dankbar, wenn die **Anspruchsgrundlagen** benannt und die einzelnen **Tatbestandsmerkmale** – gegebenenfalls unter Verweis auf entsprechende **Fundstellen** – dargelegt werden.

240 **Vorsicht** kann allerdings geboten sein, **wenn die Schuldfrage fraglich ist**.[60] Wird der Angeklagte in 2. oder 3. Instanz freigesprochen oder gegen ihn keine Maßregel der Besserung und Sicherung angeordnet, ist auch die dem Adhäsionsantrag stattgebende Entscheidung aufzuheben. Das gilt selbst dann, wenn die Adhäsionsentscheidung selbst gar nicht angefochten wurde (§ 406a Abs. 3 StPO).

5. Öffentliche Bekanntgabe

241 § 111 UrhG ermöglicht es dem Verletzten, auf **Antrag** die öffentliche Bekanntgabe des Urteils zu erwirken.[61] Diesen Antrag kann der Verletzte **bis zum Schluss der Beweisaufnahme** stellen. Sinnvoll ist eine solche öffentliche Bekanntgabe etwa, wenn damit Verunsicherungen am Markt beseitigt werden können.[62]

242 Die **Art der Bekanntgabe** muss im Urteil bestimmt werden. Der Verletzte erleichtert den Strafrichtern die Abarbeitung dieses Antrags, wenn er die genaue Art der Bekanntgabe vorschlägt. Dabei sollte insbesondere begründet werden, warum ein bestimmter Adressatenkreis geeignet ist. Der Antrag bzw. die Tenorierung könnte etwa wie folgt lauten:[63]

> Es wird angeordnet, dass der Angeklagte seine Verurteilung in zwei Ausgaben des Handelsblatts bekannt machen muss, nämlich in derjenigen Tagesausgabe, die am 14. und 15. Tag nach Eintritt der Rechtskraft des Urteils erscheinen wird, und zwar jeweils in Schriftgröße 12 der Schuld- und Rechtsfolgenausspruch, das ausurteilende Gericht nebst Datum und Aktenzeichen und das Datum der Rechtskraft.

Randnummern 243–299 einstweilen frei.

---

58 Vgl. *Hansen*, GRUR-Prax 2014, 295, 297.
59 *Sauer*, in: Wabnitz/Janovsky, VIII., Rn. 85.
60 *Flechsig*, in: Loewenheim, UrhR, § 96, Rn. 29.
61 Zur Urteilsbekanntmachung im Zivilrecht vgl. Rn. 65.
62 *Dietz*, in: Wandtke, UrhR, Kap. 11, Rn. 30.
63 Vgl. *Sternberg-Lieben*, in: BeckOK UrhG, § 111, Rn. 9.

C. Öffentlich-rechtliche Maßnahmen und Sanktionen

300 Für bestimmte Fälle der **Verletzung technischer Schutzmaßnahmen**[1] sieht das Urheberrechtsgesetz in § 111a UrhG drei Ordnungswidrigkeitentatbestände vor, welche die in Abs. 1 genannten Rechtsverletzungen zur **Ordnungswidrigkeit** machen und gem. Abs. 2 mit Geldbußen bis zu zehn- bzw. fünfzigtausend Euro ahnden lassen.

301 Und schließlich ermöglichen die §§ 111b und 111c UrhG auf Antrag und gegen Sicherheitsleistung des Rechtsinhabers noch die **Grenzbeschlagnahme von rechtswidrigen Vervielfältigungsstücken durch Zollbehörden** bei deren Einfuhr oder Ausfuhr, sofern die Rechtsverletzung offensichtlich ist. Damit soll effektiv verhindert werden, dass **Pirateriewaren** in das Inland eingeführt wird.[2]

---

1 Hierzu siehe Kap. 5, Rn. 503 ff.
2 Weiterführend *Rehbinder/Peukert*, UrhG, Rn. 1317 ff.

KAPITEL 8
Urheberrecht in Zwangsvollstreckung und Insolvenz

Literatur: *Adolphsen,* Die Insolvenz im Filmlizenzgeschäft, DZWIR 2003, S. 228–233; *Baumbach/Lauterbach/Albers/Hartmann,* Zivilprozessordnung, Kommentar, 73. Aufl., 2015; *Berger,* Lizenzen in der Insolvenz des Lizenzgebers, GRUR 2013, S. 321–336; *Bleta,* Software in der Zwangsvollstreckung, 1994; *Breidenbach,* Computersoftware in der Zwangsvollstreckung (II), CR 1989, S. 971–975; *Dahl/Schmitz,* Die Insolvenzfestigkeit von Lizenzen in der Insolvenz des Lizenzgebers, NZI 2013, S. 878–881; *Freudenberg,* Zwangsvollstreckung in Persönlichkeitsrechte, 2006; *Götting,* Persönlichkeitsrechte als Vermögensrechte, 1995; *Gottwald/Mock,* Zwangsvollstreckung, 7. Aufl., 2015; *Häfele/Wurzer,* Bewertung und Verwertung gewerblicher Schutzrechte im Insolvenzverfahren, DZWIR 2001, S. 282–284; *Holzer,* Die Arbeiten der UNCITRAL zur Insolvenzfestigkeit von Lizenzverträgen, NZI 2014, S. 337–345; *Hubmann,* Die Zwangsvollstreckung in Persönlichkeits- und Immaterialgüterrechte, in: Festschrift für Heinrich Lehmann zum 80. Geburtstag, 1956; *Kindl/Meller-Hannich/Wolf,* Gesamtes Recht der Zwangsvollstreckung, 2. Aufl., 2013; *Klauze,* Urheberrechtliche Nutzungsrechte in der Insolvenz, 2006; *Lehmann,* Der wettbewerbsrechtliche Titelschutz für Computerprogramme, CR 1986, S. 373–377; *McGuire,* Nutzungsrechte an Computerprogrammen in der Insolvenz – Zugleich eine Stellungnahme zum Gesetzentwurf zur Regelung der Insolvenzfestigkeit von Lizenzen, GRUR 2009, S. 13–22; *Paulus,* Software in Vollstreckung und Insolvenz, ZIP 1996, S. 2–8; *Raitz v. Frentz/Marrder,* Filmrechtehandel mit Unternehmen in der Krise, ZUM 2003, S. 94–109; *Roy/Palm,* Zur Problematik der Zwangsvollstreckung in Computer, NJW 1995, S. 690–697; *Schuschke/Walker,* Vollstreckung und Vorläufiger Rechtsschutz, 5. Aufl., 2011; *Skauradszun,* Das Urheberrecht in der Zwangsvollstreckung, Diss. Tübingen 2009; *ders.,* Strafrechtliche Konsequenzen durch die BGH-Rechtsprechung zur inkongruenten Deckung, DZWIR 2009, S. 279–283; *Smoschewer,* Zur Zwangsvollstreckung in die Rechte am Film, ZZP 52 (1927), S. 25–66; *Sosnitza,* Die Zwangsvollstreckung in Persönlichkeitsrechte, JZ 2004, S. 992–1002; Stein/Jonas (Hrsg.), Kommentar zur Zivilprozessordnung, 22. Aufl., 2004; *Stickelbrock,* Urheberrechtliche Nutzungsrechte in der Insolvenz – von der Vollstreckung nach §§ 112 ff. UrhG bis zum Kündigungsverbot des § 112 InsO, WM 2004, S. 549–563; *Stöber,* Forderungspfändung, Zwangsvollstreckung in Forderungen und andere Vermögensrechte, 16. Aufl., 2013; *Thomas/Putzo,* Kommentar zur Zivilprozessordnung, 36. Aufl., 2015; *Wallner,* Die Insolvenz des Urhebers, 2002; *Wallner,* Insolvenzfeste Nutzungsrechte und Lizenzen an Software, NZI 2002, S. 70–79; *Weber/Hötzel,* Das Schicksal der Softwarelizenz in der Lizenzkette bei Insolvenz des Lizenznehmers, NZI 2011, S. 432–437; *Wieczorek/Schütze,* Kommentar zu Zivilprozessordnung und Nebengesetzen, 4. Aufl., 2015; *Zimmermann,* Immaterialgüterrechte und ihre Zwangsvollstreckung, 1998.

A. Zwangsvollstreckung

Grundlegende **Weichenstellung** bei der nachfolgend beschriebenen Zwangsvollstreckung gegen den Urheber als Schuldner ist die Frage, ob der Urheber sein **Urheberrecht bereits verwertet hat oder nicht**. Der erste Fall[1] wird mittels des **allgemeinen Zwangsvollstreckungsrechts** behandelt und enthält keine Besonderheiten. Der zweite Fall[2] hingegen ist aufgrund **besonderer Vorschriften im UrhG** und praktischer Schwierigkeiten besonders komplex und wird hier daher breiter dargestellt.

1

---

1 Siehe Rn. 2 ff.
2 Siehe Rn. 6 ff.

I. Urheberrecht bereits verwertet

2 Hat der Urheber sein Urheberrecht bereits verwertet, stehen ihm aus der jeweiligen Verwertungshandlung typischerweise Geldforderungen zu. Diese Geldforderungen fallen thematisch unter die **Zwangsvollstreckung in das bewegliche Vermögen** des Schuldners gemäß den §§ 803 ff. ZPO. Die Pfändung von Geldforderungen richtet sich nach § 829 Abs. 1 ZPO. Das Vollstreckungsgericht, also dasjenige Amtsgericht, bei dem der Urheber im Inland seinen allgemeinen Gerichtsstand hat (§§ 828 Abs. 2, 13 ZPO, § 7 BGB), hat dem **Drittschuldner** – dem **Lizenznehmer** – zu verbieten, an den Urheber zu zahlen (§ 829 Abs. 1 S. 2 ZPO, **Arrestatorium**). Zugleich hat das Vollstreckungsgericht an den Urheber das Gebot zu erlassen, sich jeder Verfügung über den Lizenzvergütungsanspruch zu enthalten, diesen insbesondere nicht mehr einzuziehen (§ 829 Abs. 1 S. 2 ZPO, **Inhibitorium**).

3 Gleichzeitig mit diesem **Pfändungsbeschluss** beantragt der Gläubiger regelmäßig einen **Überweisungsbeschluss** nach § 835 ZPO. Die gepfändete Geldforderung ist dem Gläubiger dann nach seiner Wahl zur Einziehung oder an Zahlungs statt zum Nennwert zu überweisen. Im Fall der Überweisung zur **Einziehung** erhält der Gläubiger die Befugnis, die Erfüllung der Geldforderung nun vom Lizenznehmer selbst zu verlangen (§ 836 Abs. 1 ZPO).³ Das entspricht dem Regelfall. Denn bei der Überweisung **an Zahlungs statt** geht mit der Überweisung die gepfändete Forderung auf den Gläubiger über. Er trägt damit das Risiko, dass sich die Forderung gegen den Lizenznehmer nicht realisieren lässt.⁴

4 Wichtige **praktische Details** regelt etwa § 840 ZPO, wonach der Drittschuldner – der Lizenznehmer – dem Gläubiger binnen zwei Wochen ab der Zustellung des Pfändungsbeschlusses ua. mitzuteilen hat, ob und inwieweit er die Forderung aus dem Lizenzvertrag anerkennt (**Drittschuldnererklärung**). Ferner kann der Gläubiger schon vor der Pfändung nach § 845 Abs. 1 S. 1 ZPO eine **Vorpfändung** bewirken. Dem Lizenznehmer wird dann von dem Gerichtsvollzieher mitgeteilt, dass die Pfändung bevorsteht und er nicht mehr an den Urheber leisten darf. Sofern dann die Pfändung des Vergütungsanspruchs innerhalb eines Monats bewirkt wird, hat diese Benachrichtigung an Lizenznehmer die **Wirkung eines Arrestes** iSv. § 930 ZPO. Gegebenenfalls ist dem Urheber schließlich aus seinen Einkünften etwas zu belassen, wenn er den **Pfändungsschutz** zB. nach § 850i ZPO beanspruchen kann.⁵

5 Zu dieser Art Zwangsvollstreckung enthält das UrhG **keine besonderen Vorschriften**. Es bleibt bei den dargestellten Grundsätzen etwa auch dann, wenn der Lizenznehmer eine Einmalvergütung geleistet hat und sich diese nunmehr auf dem Konto des Urhebers befindet. Der Urheber hat dann einen **Guthabenauszahlungsanspruch** gegen sein Kreditinstitut (§§ 675f, 675t BGB).⁶ **Drittschuldner** ist

---

3 *Stöber*, in: Zöller, ZPO, § 835, Rn. 7.
4 In allgemeiner Form *Kemper*, in: Saenger, ZPO, § 835, Rn. 6.
5 *Becker*, in: Musielak/Voit, ZPO, § 850i, Rn. 3.
6 *Sprau*, in: Palandt, BGB, § 675f, Rn. 27.

folglich nicht mehr der Lizenznehmer, sondern das **Kreditinstitut**. Die Sondervorschriften der §§ 112 ff. UrhG betreffen all diese Fälle nicht.[7]

II. Urheberrecht noch nicht verwertet

Hingegen wird in der Rechtspraxis von der Möglichkeit, auf ein noch nicht verwertetes Urheberrecht zwangsweise zuzugreifen, **nur selten** Gebrauch gemacht. Das liegt daran, dass das Urheberrecht als Persönlichkeits- und Immaterialgüterrecht ein komplexer Vollstreckungsgegenstand ist und es aufgrund seiner fehlenden Übertragbarkeit in der Zwangsvollstreckung nur bedingt zur Verfügung steht. Darüber hinaus hat der Gesetzgeber in den §§ 112 ff. UrhG eine **besondere Vollstreckungsvoraussetzung** aufgenommen, wonach die Vollstreckung nur mit der **Einwilligung des Urhebers** möglich ist. Nur diesem Problembereich, dass das Urheberrecht also noch nicht verwertet ist und deshalb noch nicht auf vertragliche Vergütungsansprüche zugegriffen werden kann, widmen sich die nachfolgenden Abschnitte.

Da es **in der Praxis** zum einen Situationen gibt, in denen der Vollstreckungsschuldner als vollstreckungsrelevanten Vermögensgegenstand nur das noch nicht verwertete Urheberrecht an einer entsprechenden Schöpfung hat und selbiges wirtschaftlich bedeutsam sein kann, muss – trotz aller Schwierigkeiten – immer einmal wieder auf die §§ 112 ff. UrhG zurückgegriffen werden. Darüber hinaus hat das Vollstreckungsrecht eine **Vorwirkung für das Insolvenzrecht**. Denn nach § 36 Abs. 1 InsO gehören nur diejenigen Gegenstände zur Insolvenzmasse, die auch der Zwangsvollstreckung unterliegen. Für ein nicht oder nicht umfassend verwertetes Urheberrecht erlangen die §§ 112 ff. UrhG also gerade in der Insolvenz des Urhebers weitere Bedeutung. Schließlich ist vor allem die Insolvenz des Urhebers bei bereits verwerteten Urheberrechten – weil für die Lizenznehmer mitunter existenzbedrohend – von besonderer Praxisrelevanz.

1. Vollstreckungsrechtliche Vorgehensweise gem. § 857 ZPO

Das Urheberrecht unterliegt grundsätzlich der Zwangsvollstreckung (§ 112 UrhG). Das ist eine grundlegende gesetzgeberische Entscheidung gewesen.[8] Da das UrhG die genaue Vorgehensweise einer zwangsweisen Verwertung nicht regelt, ist auf das **allgemeine Zwangsvollstreckungsrecht** im 8. Buch der Zivilprozessordnung zurückzugreifen. § 857 ZPO enthält einen entsprechenden Sondertatbestand für „andere Vermögensrechte". Diese Vorschrift ist auch für die zwangsweise Verwertung des Urheberrechts einschlägig.[9] Der Mechanismus der Zwangsvollstreckung gleicht den in der Praxis bekannteren §§ 829 ff. ZPO betreffend die Pfändung von Geldforderungen, weist allerdings auch die nachfolgend beschriebenen Besonderheiten auf.

---

7 *Rudolph*, in: Ahlberg/Götting, BeckOK UrhG, § 112, Rn. 31; *Kefferpütz*, in: Wandtke/Bullinger, UrhG, § 112, Rn. 15.
8 BT-Drucks. IV/270, S. 109.
9 *Smid*, in: MüKo ZPO, § 857, Rn. 16; *Becker*, in: Musielak/Voit, ZPO, § 857, Rn. 11.

a) Pfändung des Urheberrechts durch Pfändung des Werkstücks?

9 Bestimmte Werke des Urhebers werden in teils einzigartigen **Werkstücken** sichtbar. Das gilt insbesondere für klassische Schöpfungen wie ein Gemälde, eine Skulptur oder eine handschriftliche Partitur. Zu den **typischen Fehlern in der Praxis** gehört, dass Gläubiger **das Werkstück** auf Grundlage der §§ 808 ff. ZPO **pfänden**, in der Annahme, damit zugleich das Urheberrecht zu erfassen. Dem ist nicht so.[10] In einem jeden Werkstück ist das geistige Gut zwar verkörpert. Das Urheberrecht als geistiges Gut ist jedoch von den einzelnen Verkörperungen unabhängig.[11] Die Zwangsvollstreckung in körperliche Gegenstände wie das Werkoriginal wird unten beschrieben.[12]

b) Urheberrecht als „anderes Vermögensrecht" iSd. § 857 Abs. 1 ZPO

10 Das Urheberrecht ist ein **„anderes Vermögensrecht"** iSd. § 857 Abs. 1 ZPO. Ein „anderes" Vermögensrecht deshalb, weil es mit keiner anderen Vollstreckungsvorschrift erfasst werden kann, insbesondere nicht mit der Mobiliarzwangsvollstreckung (§§ 808 ff. ZPO) und auch nicht mit den §§ 829 ff. ZPO, da das Urheberrecht nicht als Forderung verstanden werden kann. Wenngleich das Tatbestandsmerkmal „Vermögensrecht" iSd. § 857 Abs. 1 ZPO gegenwärtig noch **keine allgemein gültige Definition** erfahren hat, ist das Urheberrecht im Ergebnis ein solches Vermögensrecht. Es ist durch seinen Vermögenswert geeignet, in der Pfandverwertung zur Befriedigung der Geldansprüche der Gläubiger zu führen.[13] Das gilt zunächst einmal sicher für die urheberrechtlichen Nutzungsrechte.[14] Hinsichtlich des Urheberpersönlichkeitsrechts ist nicht die formale Einteilung als Vermögensrecht oder Persönlichkeitsrecht entscheidend, da auch letzteres aufgrund einer etwaigen vermögensrechtlichen Ausprägung Vermögensrecht iSv. § 857 Abs. 1 ZPO sein kann.[15] Das Urheberpersönlichkeitsrecht und das umfassende Verwertungsrecht sind jedoch deshalb nicht von § 857 Abs. 1 ZPO erfasst, da beide nicht übertragbar sind.[16]

c) Zwangsweise Einräumung von Nutzungsrechten

11 Da die Zwangsvollstreckung zur Befriedigung des Gläubigers wegen seiner Geldforderung führen muss, kommt beim Urheberrecht nur **derjenige Teil** als Vollstreckungsgegenstand in Betracht, **der in Geld umsetzbar** ist.[17] Dazu muss dieser

---

10 *Schack*, UrhR, Rn. 866; *Skauradszun*, S. 22. AA. *Gruber*, in: MüKo ZPO, § 808, Rn. 5 und 30; wohl *Krone*, in: Kindl/Meller-Hannich/Wolf, 2. IT-Güter, Rn. 16.
11 *Schack*, UrhR, Rn. 20; Kap. 1, Rn. 10, 51 ff.
12 Siehe Rn. 40.
13 *Skauradszun*, S. 25; ähnlich zuvor schon *Klauze*, S. 200 und *Stöber*, in: Zöller, ZPO, § 857, Rn. 2.
14 *Schack*, UrhR, Rn. 627; *Klauze*, S. 237; *Häfele/Wurzer*, DZWIR 2001, 282, 282; im Ergebnis auch *Schulze*, in: Dreier/Schulze, UrhG, § 112, Rn. 18.
15 *Sosnitza*, JZ 2004, 992, 996.
16 Siehe nachfolgende Rn. 11.
17 Vgl. *Freudenberg*, S. 13 und 34; *Wallner*, S. 21.

Teil selbstständig übertragbar sein, zumindest aber einem anderen zur Ausübung überlassen werden können, § 857 Abs. 3 ZPO.[18] Eine solche Übertragbarkeit iSv. § 851 ZPO besteht nur hinsichtlich der urheberrechtlichen Nutzungsrechte. Die **Nutzungsrechte** sind ausweislich § 34 UrhG übertragbar[19] und damit tauglicher, aber auch einziger **Vollstreckungsgegenstand**.[20] Hingegen steht der Grundsatz der Unübertragbarkeit aus § 29 Abs. 1 UrhG einer zwangsweisen Verwertung des Urheberpersönlichkeitsrechts und des umfassenden Verwertungsrechts entgegen.[21]

2. Zwangsvollstreckung in Nutzungsrechte nach § 113 UrhG

Eine für die Zwangsvollstreckung zentrale, jedoch wenig geglückte[22] Vorschrift findet sich in § 113 UrhG. Danach ist die Zwangsvollstreckung gegen den Urheber wegen Geldforderungen in das Urheberrecht **nur mit seiner Einwilligung** und nur insoweit zulässig, als er Nutzungsrechte einräumen kann (§ 31 UrhG). Die Vorschrift ist berichtigend so auszulegen, dass es nicht um die Zwangsvollstreckung „in das Urheberrecht" geht, ist dieses doch als Ganzes schon nicht übertragbar. Gemeint ist vielmehr das **zwangsweise Einräumen eines Nutzungsrechts**.[23] Darzustellen sind damit nachfolgend zum einen Details zu den Nutzungsrechten als Vollstreckungsgegenstand, zum anderen Details zu dem Einwilligungserfordernis aus § 113 UrhG.

12

a) Nutzungsrechte als Vollstreckungsgegenstand

Der Gläubiger kann einem Erwerber grundsätzlich ein Nutzungsrecht einräumen lassen, solange der Urheber sein Urheberrecht **noch nicht** mittels ausschließlicher Nutzungsrechte **vollständig verwertet** hat. Ist das Urheberrecht bereits (vollständig) verwertet, bietet sich aber regelmäßig die oben dargestellte Pfändung bestehender vertraglicher Vergütungsansprüche an.[24]

13

aa) Nutzungsrecht und Nutzungsart

Nach § 113 UrhG kann die Zwangsvollstreckung nur so weit gehen, wie der Urheber einem Dritten Nutzungsrechte einräumen kann. Nach der Definition des § 31 Abs. 1 S. 1 UrhG kann der Urheber einem anderen das Recht einräumen, das Werk auf einzelne oder alle **Nutzungsarten** zu nutzen. Der Begriff des „Nutzungsrechts" iSd. § 113 UrhG kann eine oder mehrere Nutzungsarten iSv. § 31 Abs. 1 UrhG[25] zusammenfassen. Die Nutzungsart beschreibt dabei den genauen inhaltlichen Umfang des eingeräumten Nutzungsrechts.[26]

14

---

18 *Hubmann*, in: FS Lehmann, S. 812 und 815.
19 Hierzu siehe Kap. 4, Rn. 14 ff.
20 *Skauradszun*, S. 32; *Schmid/Wirth*, in: Schmid/Wirth/Seifert, UrhG, § 112, Rn. 4; *Stöber*, Rn. 1761; *Boddien*, in: Fromm/Nordemann, UrhG, § 113, Rn. 16.
21 *Schulze*, in: Dreier/Schulze, UrhG, § 29, Rn. 15; *Schack*, UrhR, Rn. 593.
22 *Ulmer*, UrhR, S. 574 f.; *Zimmermann*, S. 137.
23 *Brehm*, in: Stein/Jonas, ZPO, § 857, Rn. 24.
24 Rn. 2 ff.
25 Hierzu siehe Kap. 4, Rn. 21 ff.
26 *Skauradszun*, S. 36.

bb) Einfaches und ausschließliches Nutzungsrecht

15 Theoretisch kann sich der Gläubiger bzw. dieser einem Dritterwerber ein einfaches wie auch ein ausschließliches Nutzungsrecht iSv. § 31 Abs. 1 S. 2 UrhG[27] einräumen lassen. **In der Praxis** wird sich der Urheber jedoch, von dessen Einwilligung die Zwangsvollstreckung in die Nutzungsrechte abhängt, ggf. nur mit der **zwangsweisen Einräumung eines einfachen Nutzungsrechts** einverstanden zeigen. Dies schon deshalb, da bei einem einfachen Nutzungsrecht eine Nutzung durch einen anderen nicht ausgeschlossen ist (§ 31 Abs. 2 UrhG) bzw. das ausschließliche Nutzungsrecht für den Urheber die Gefahr birgt, dass der Nutzungsrechtsinhaber weitere Nutzungsrechte einräumt (§ 31 Abs. 3 S. 1 UrhG).

cc) Rückrufsrechte nach dem Zwangsvollstreckungsverfahren?

16 Die **Rückrufsrechte** wegen Nichtausübung nach § 41 UrhG[28] und wegen gewandelter Überzeugung nach § 42 UrhG[29] finden in der Zwangsvollstreckung **keine Anwendung**.[30] Nach dem Wortlaut der beiden Vorschriften wäre eine Anwendung zwar denkbar. So etwa, wenn der Vollstreckungsgläubiger das zwangsweise eingeräumte ausschließliche Nutzungsrecht nur unzureichend nutzt. Ähnlich liegt der Fall, dass ein Dritterwerber, dem der Vollstreckungsgläubiger das Nutzungsrecht einräumen ließ, das Nutzungsrecht nicht (hinreichend) ausübt und daher **nicht genügend Erlöse** erzielt. Da die §§ 41, 42 UrhG thematisch dem 5. Abschnitt über den Rechtsverkehr im Urheberrecht zugeordnet sind, betreffen sie systematisch nur die rechtsgeschäftliche, nicht aber die zwangsweise Einräumung von Nutzungsrechten. Nach Sinn und Zweck der Vorschriften, die zeitlich teils nicht vor Ablauf von zwei Jahren seit Einräumung des Nutzungsrechts ausgeübt werden können (vgl. § 41 Abs. 2 S. 1 UrhG) wäre es **mit der Zwangsvollstreckung nicht vereinbar**, wenn der Erwerber womöglich nach Jahren das Nutzungsrecht aufgrund Rückrufs wieder verlieren würde. In der Praxis wäre ein solches Nutzungsrecht ein faktisch nicht verwertbarer Vollstreckungsgegenstand. Das widerspräche der Intention des Gesetzgebers, der ausweislich § 112 UrhG die Nutzungsrechte der Zwangsvollstreckung unterwirft. Zur zumindest teilweisen Lösung bieten sich aber **Vergütungsanordnungen** an, die feste Vergütungen vorsehen.[31]

dd) Beispiel eines Antrags auf Pfändung

17 Der Gläubiger könnte gegenüber dem Vollstreckungsgericht beispielsweise folgenden Antrag stellen:

---

27 Hierzu siehe Kap. 4, Rn. 32 ff.
28 Hierzu siehe Kap. 4, Rn. 110 f.
29 Hierzu siehe Kap. 4, Rn. 112.
30 *Skauradszun*, S. 42.
31 Vgl. zu Formulierungsvorschlägen Rn. 31 f.

> 1. Wegen des Anspruchs des Gläubigers sowie wegen der Kosten für diesen Pfändungsbeschluss (vgl. Kostenrechnung) und wegen der entsprechenden Zustellungskosten wird betreffend das angebliche Urheberrecht des Schuldners an dem Musikstück für Solo-Stimme und begleitendes Klavier mit dem Titel „La la la …" ein zwangsweise einzuräumendes einfaches Nutzungsrecht zugunsten eines Erwerbers so lange gepfändet, bis der Gläubigeranspruch gedeckt ist.
> 2. Der Schuldner darf insoweit nicht mehr über sein angebliches Urheberrecht verfügen.

b) Einwilligungserfordernis des § 113 UrhG

Nach § 113 UrhG ist die Zwangsvollstreckung gegen den Urheber wegen Geldforderungen nur **mit seiner Einwilligung** zulässig. Eine solche besondere Vollstreckungsvoraussetzung kennt das Zwangsvollstreckungsrecht an keiner zweiten Stelle.[32] Es fußt auf einer besonderen – jedenfalls heutzutage nicht mehr nachvollziehbaren und im Übrigen dogmatisch verfehlten[33] – Interessenabwägung des Gesetzgebers. Im Falle einer Zwangsvollstreckung soll den **Interessen des Werkschöpfers der Vorrang vor den Interessen der Gläubiger** eingeräumt werden. Letztere müssen nach dem Willen des Gesetzgebers dahinter zurückstehen.[34] Der Befund, dass es zu § 113 UrhG nur wenige veröffentlichte Gerichtsentscheidungen gibt, spricht für die Annahme, dass die Zwangsvollstreckung bei noch nicht verwerteten Urheberrechten aufgrund des Einwilligungserfordernisses praktisch eher selten ist.[35] Urheber, die bereit sind, dem Gläubiger oder einem Dritten ein Nutzungsrecht einzuräumen und dem Gläubiger damit den wirtschaftlichen Wert zugestehen, werden meist auf **einfachere Mechanismen** ausweichen, etwa auf eine **Abtretung** des Vergütungsanspruchs (§ 398 BGB). Spätestens jedoch dann, wenn der Urheber droht zahlungsunfähig zu werden (§ 18 InsO), kann eine solche Abtretung **später anfechtbar** sein (vgl. § 3 AnfG, § 133 InsO). Erteilt der Urheber ab Eintritt der Zahlungsunfähigkeit noch eine Einwilligung und begünstigt damit einen Gläubiger, kann er sich sogar der **Gläubigerbegünstigung** nach § 283c StGB **strafbar** machen.[36]

aa) Einwilligung im Sinne des § 183 BGB

Unter der Einwilligung iSv. § 113 UrhG ist die **vorherige Zustimmung** des Urhebers iSv. § 183 BGB zu verstehen. Vor Beginn der Zwangsvollstreckung müssen sämtliche Vollstreckungsvoraussetzungen vorliegen, weshalb die Zustimmung vor dem Pfändungsvorgang vorliegen muss.[37] Im systematischen Vergleich

---

32 *Freudenberg*, S. 84 und *Zimmermann*, S. 137.
33 Vgl. Rn. 32 ff.
34 BT-Drucks. IV/270, S. 37 und 109; *Wallner*, S. 59.
35 Eindrücklich etwa LG Köln, Beschl. v. 09.04.2008 – 28 O 690/07, BeckRS 2008, 09324.
36 Zu einer ausführlichen Prüfung dieses Straftatbestandes in dieser Konstellation *Skauradszun*, DZWIR 2009, 279.
37 *Kotthoff*, in: Dreyer/Kotthoff/Meckel, UrhG, § 113, Rn. 3.

zu § 34 UrhG – hier verwendet der Gesetzgeber den Begriff der „Zustimmung" – hat der Gesetzgeber also offenbar von den verschiedenen Ausgestaltungen einer Zustimmung iSd. allgemeinen Vorschriften des bürgerlichen Rechts Gebrauch gemacht.

bb) Form, Beschränkung und Nachweis der Einwilligung

20 § 113 UrhG enthält für die Einwilligung kein besonderes Formerfordernis. Sie kann demnach **formfrei** und sogar **konkludent** erteilt werden.[38]

21 Die Einwilligung kann näher ausgestaltet werden. Sie kann etwa auf einfache Nutzungsrechte **beschränkt** werden, ferner kann der Urheber Details für die Verwertung vorgeben.[39]

22 Um **in der Praxis** Probleme mit dem Vollstreckungsgericht und dort mit dem nach § 20 Nr. 17 RPflG zuständigen Rechtspfleger zu vermeiden, sollte der Gläubiger versuchen, vom Urheber eine **eigenhändig unterzeichnete Einwilligung** (§ 126 BGB) zu erhalten, um diese seinem Antrag beizufügen. Rechtlich dürfte zwar die **Glaubhaftmachung durch den Gläubiger** sowohl auf Ebene der Pfändung als auch auf Ebene der Verwertung genügen.[40] Weil zwangsweise Zugriffe auf das Urheberrecht bei den Rechtspflegern aber kein Alltagsgeschäft darstellen, dient ein solcher Nachweis zumindest der erfolgreichen Bearbeitung des Vollstreckungsantrags.

cc) Widerruflichkeit der Einwilligung?

23 Der **Urheber kann** seine **Einwilligung** zur Zwangsvollstreckung **widerrufen**.[41] Es handelt sich um eine einseitige Erklärung, die **keiner Begründung** bedarf. Ob eine widerrufene Einwilligung dazu führt, dass der Urheber dem Gläubiger einen etwaigen Vertrauensschaden ersetzen muss (§ 122 BGB analog?[42]), ist fraglich. Die §§ 182 ff. BGB sehen einen solchen Schadensersatzanspruch nicht vor. Rechtsprechung existiert hierzu offenbar nicht. In der Praxis dürfte ein etwaiger Anspruch gegen den Urheber jedenfalls wirtschaftlich wenig Erfolg versprechend sein.

24 Zeitlich ist die Einwilligung **bis zur Vornahme des Rechtsgeschäfts widerruflich** (§ 183 S. 1 BGB). Bezogen auf die Zwangsvollstreckung ist das der Zeitpunkt der Pfändung.[43]

---

38 Vgl. *Rudolph*, in: Möhring/Nicolini, UrhG, § 113, Rn. 13; *Rehbinder/Peukert*, UrhR, § 50, Rn. 1176.
39 *Boddien*, in: Fromm/Nordemann, UrhG, § 113, Rn. 22.
40 *Skauradszun*, S. 46.
41 *Boddien*, in: Fromm/Nordemann, UrhG, § 113, Rn. 21; *Kirchmaier*, in: Mestmäcker/Schulze, UrhG, § 113, Rn. 7; *Kefferpütz*, in: Wandtke/Bullinger, UrhG, § 113, Rn. 11; *Freudenberg*, S. 81.
42 So *Götting*, S. 152.
43 *Skauradszun*, S. 48.

dd) Auswirkung einer erteilten Einwilligung für andere Gläubiger?

Erteilt der Urheber einem Gläubiger die Einwilligung zur Zwangsvollstreckung, ist damit das Einwilligungserfordernis fortan für Zwangsvollstreckungen in sein Urheberrecht **nicht etwa entbehrlich.** Sie entfaltet insbesondere **keine Bindungswirkung für andere Gläubiger.**[44] Die Einwilligung iSv. § 183 BGB bezieht sich auf eine bestimmte Vollstreckungshandlung. Es handelt sich nicht um eine Generaleinwilligung. Ein solches Verständnis wäre mit dem Schutzgedanken der §§ 112 ff. UrhG unvereinbar. Im Grundsatz ist es damit denkbar, dass der Urheber dem ersten Gläubiger die Einwilligung verweigert, sie dem zweiten Gläubiger aber erteilt. 25

ee) Konsequenzen für das Fehlen einer Einwilligung?

Ob die **Pfändung ohne die vorherige Zustimmung** des Urhebers anfechtbar oder gar nichtig ist, ist streitig. Häufig wird angenommen, dass die Vollstreckungsmaßnahme **per se nichtig** sei.[45] Eine Heilung soll nicht in Betracht kommen.[46] 26

Richtigerweise ist zu sehen, dass es bei der Zwangsvollstreckung um einen staatlichen Eingriff geht, der im Verhältnis des Hoheitsträgers zum Urheber öffentlich-rechtlicher Natur ist.[47] Fehler im Zwangsvollstreckungsverfahren sind deshalb nach der **verwaltungsrechtlichen Fehlerfolgelehre** zu beurteilen.[48] Fehlt die Einwilligung, ist die Pfändung daher rechtswidrig, aber **nicht unwirksam.** Denn keiner der Nichtigkeitsgründe des § 44 VwVfG ist insoweit einschlägig. Die fehlende Einwilligung würde auch keinen offensichtlichen Fehler bedeuten, ist diese Vollstreckungsvoraussetzung doch eine kaum bekannte Ausnahme und auch sonst nirgends im Vollstreckungsrecht anzufinden.[49] Richtig ist allerdings, dass eine **Heilung** des rechtswidrigen Vollstreckungsakts in Form einer nachträglichen Zustimmung (Genehmigung im Sinne von § 184 BGB) **nicht möglich** ist. 27

c) *Verwertung des gepfändeten Nutzungsrechts*

Gelingt es dem Gläubiger, sich bzw. einem Erwerber zwangsweise ein Nutzungsrecht einräumen zu lassen,[50] stellt sich sodann die Frage nach der Verwertung. Für die Art und Weise der Verwertung stehen **potenziell fünf verschiedene Wege** zur Verfügung: § 857 Abs. 4 und 5 ZPO, über den Verweis aus § 857 Abs. 1 ZPO darüber hinaus die Verwertung nach § 835 Abs. 1 Alt. 1 und 2 ZPO, ferner die Ver- 28

---

44 *Walker,* in: Schuschke/Walker, § 857, Rn. 44; *Kotthoff,* in: Dreyer/Kotthoff/Meckel, UrhG, § 113, Rn. 4; so noch *Vinck,* in: Fromm/Nordemann, UrhG, 9. Aufl., 1998, § 113, Rn. 2; *Zimmermann,* S. 190.
45 *Zimmermann,* S. 185; Schack, UrhR, Rn. 880.
46 *Boddien,* in: Fromm/Nordemann, UrhG, § 113, Rn. 21; *Kirchmaier,* in: Mestmäcker/Schulze, UrhG, § 113, Rn. 7; *Schulze,* in: Dreier/Schulze, UrhG, § 113, Rn. 9; *Wild,* in: Schricker/Loewenheim, UrhG, § 113, Rn. 6. AA. *Stöber,* Rn. 1762.
47 Vgl. BGH, Urt. v. 02.07.1992 – IX ZR 274/91, BGHZ 119, 75, 78; *Hartmann,* in: Baumbach/Lauterbach/Albers/Hartmann, ZPO, Grundz § 704, Rn. 7.
48 *Skauradszun,* S. 58.
49 Vgl. *Freudenberg,* S. 81.
50 Beides ist möglich, *Rudolph,* in: Möhring/Nicolini, UrhG, § 113, Rn. 19.1.

wertung nach § 844 ZPO. Welche Rechtsgrundlage einschlägig und auf welche Art und Weise die Verwertung damit möglich ist, ist **streitig** und – soweit ersichtlich – von der Rechtsprechung noch nicht entschieden. Im Schrifttum werden verschiedene Ansichten vertreten, regelmäßig ohne nähere Begründung.[51]

29 Richtigerweise können zwangsweise eingeräumte Nutzungsrechte **ausschließlich nach § 857 Abs. 4 ZPO** verwertet werden. Die bei der Verwertung gepfändeter Geldforderungen bekannte Überweisung an Zahlungs statt zum Nennwert (§§ 857 Abs. 1, 835 Abs. 1 Alt. 1 ZPO) ist nur auf Geldforderungen anwendbar.[52] Ein Nutzungsrecht hat einen solchen bezifferbaren Nennwert nicht. Die Überweisung zur Einziehung (§§ 857 Abs. 1, 835 Abs. 1 Alt. 1 ZPO), wird sie auch von vielen als möglich erachtet,[53] scheitert daran, dass der Urheber – anders als bei der gewöhnlichen Forderungsvollstreckung – selbst gegenüber einem Dritten noch nicht Forderungsinhaber ist. Das ist der Urheber deshalb noch nicht, da er sein Urheberrecht schließlich noch nicht verwertet hat. Die Konstellation ist daher **mit der gewöhnlichen Forderungsvollstreckung nicht vergleichbar**.[54] Die „andere Art der Verwertung" nach §§ 857 Abs. 1, 844 ZPO kommt schon deshalb nicht in Betracht, da diese Verwertungsart nur anwendbar ist, wenn einer der beiden Fälle des § 835 Abs. 1 ZPO überhaupt möglich ist.[55] Es dürfen jedoch nicht beide Fälle ausgeschlossen sein.[56] Da schließlich § 857 Abs. 4 und 5 ZPO in einem Exklusivitätsverhältnis[57] zueinander stehen und letzterer nur übertragbare Rechte erfasst – was das Urheberrecht als Ganzes (§ 29 Abs. 1 UrhG) nicht ist – verbleibt allein die Verwertung nach § 857 Abs. 4 ZPO.

30 Das **Vollstreckungsgericht** kann bei der Zwangsvollstreckung in das unveräußerliche Urheberrecht, deren zwangsweise Ausübung einem anderen überlassen werden kann, **besondere Anordnungen** nach § 857 Abs. 4 S. 1 ZPO treffen. Insoweit hat das Vollstreckungsgericht auch dafür Sorge zu tragen, dass im Falle einer Veräußerung eine **angemessene Lizenzgebühr festgesetzt** wird.[58] Hierbei kann sich das Vollstreckungsgericht eines **Verkehrswertgutachtens** bedienen. Das ist bei anderen Vollstreckungsgegenständen – etwa Grundstücken – nicht anders. Ist der Urheber der Auffassung, dass die Verwertung rechtswidrig angeordnet ist, kann er diese mit der **Vollstreckungserinnerung** nach § 766 ZPO überprüfen lassen.

---

51 Selbst in der Spezialliteratur fehlt es an einer Differenzierung, vgl. exemplarisch *Mock*, in: Gottwald/Mock, § 857, Rn. 87. Ausführlich und mit zahlreichen Nachweisen *Skauradszun*, S. 59 ff.
52 *Kemper*, in: Saenger, ZPO, § 835, Rn. 6.
53 *Hubmann*, in: FS Lehmann, S. 812, 834; *Rehbinder/Peukert*, UrhR, § 50, Rn. 1178; *Rudolph*, in: Möhring/Nicolini, UrhG, § 113, Rn. 19.1; *Stöber*, Rn. 1764; *Zimmermann*, S. 317; *Smoschewer*, ZZP 52 (1927), 25, 66.
54 Vgl. *Schack*, UrhR, Rn. 881; *Ulmer*, UrhR, S. 574; *Walker*, in: Schuschke/Walker, § 857, Rn. 45.
55 AA. *Walker*, in: Schuschke/Walker, § 857, Rn. 45.
56 *Brehm*, in: Stein/Jonas, ZPO, § 844, Rn. 7.
57 Ausführlich *Skauradszun*, S. 67.
58 *Skauradszun*, S. 74.

Beispielsweise könnte der Gläubiger folgende **Verwertungsanordnung** beantragen: 31

> Zur Verwertung des zwangsweise eingeräumten einfachen Nutzungsrechts an dem angeblichen Urheberrecht des Schuldners an dem Musikstück für Solo-Stimme und begleitendes Klavier mit dem Titel „La la la..." wird angeordnet, dass das Theater T in Berlin für die Lizenzgebühr von jährlich EUR 5.000,00 das nach Maßgabe der Anlage 1 einfache Nutzungsrecht an diesem Musikstück so lange[59] eingeräumt[60] bekommt, bis der Gläubigeranspruch gedeckt ist, zumindest aber für die Dauer von einem Jahr ab Rechtskraft dieses Beschlusses.

oder aber:

> Zur Verwertung des zwangsweise eingeräumten einfachen Nutzungsrechts an dem angeblichen Urheberrecht des Schuldners an dem Musikstück für Solo-Stimme und begleitendes Klavier mit dem Titel „La la la..." wird folgendes angeordnet:
> 1. Frau A. B. aus Berlin wird zur Treuhänderin[61] bestellt.
> 2. Die Treuhänderin ist befugt, Theatern in der Bundesrepublik Deutschland nach Maßgabe der Anlage 1 einfache Nutzungsrechte an diesem Musikstück so lange einzuräumen, bis der Gläubigeranspruch gedeckt ist.
> 3. Die Treuhänderin ist befugt, Erträge einzuziehen und an den Gläubiger abzuführen.

d) Ansätze zur Überwindung des Einwilligungserfordernisses

Das **Einwilligungserfordernis** aus § 113 UrhG **kollidiert** mit wesentlichen **Grundsätzen des Zwangsvollstreckungsrechts.** Es schränkt das Prinzip des freien Vollstreckungszugriffs ein, verletzt das Prinzip der Erzwingbarkeit von Ansprüchen und beachtet das Prioritätsprinzip nicht, wenn der Urheber dem zuerst betreibenden Gläubiger die Einwilligung verweigert, einem späteren Gläubiger diese jedoch erteilt. Ferner wird das Formalisierungsprinzip verletzt, wenn dem Rechtspfleger im Zuge der zwangsweisen Verwertung des Urheberrechts die Prüfung materiell-rechtlicher Fragen abverlangt wird – etwa zur Beschränkung und zum Widerruf einer Einwilligung.[62] Im Schrifttum wurden daher – verständlicherweise – verschiedene Vorschläge zur Überwindung des Einwilligungserfordernisses gemacht. Soweit ersichtlich **fehlt es** diesbezüglich jedoch noch immer **an gerichtlichen Entscheidungen.**[63] 32

---

59 Zu der Begrenzung „so lange" auch *Rehbinder/Peukert*, UrhR, § 50, Rn. 1178.
60 Zum Rechtsübergang durch staatlichen Hoheitsakt *Rudolph*, in: Möhring/Nicolini, UrhG, § 113, Rn. 19.3.
61 Diese Möglichkeit schlagen auch *Stöber*, Rn. 1764 und *Rudolph*, in: Möhring/Nicolini, UrhG, § 113, Rn. 19.3 vor.
62 Ausführlich zur (Nicht-)Vereinbarkeit des § 113 UrhG mit den Maximen des Zwangsvollstreckungsrechts *Skauradszun*, S. 81 ff.
63 Siehe lediglich etwa Fn. 35.

aa) Meinungsstand

33 Teils wird angenommen, dass der Urheber die **Einwilligung** zur Zwangsvollstreckung stets dann **konkludent abgegeben** habe, sobald er seine Verwertungsabsicht erkennbar gemacht hat. Der Gläubiger müsse lediglich nachweisen, dass der Urheber die **Absicht** hatte, **sein Werk zu verwerten**. Gegen diese Annahme könne sich der Urheber mittels der Vollstreckungserinnerung nach § 766 ZPO wehren.[64]

34 Dieser Vorschlag hat sich wohl deshalb nicht durchsetzen können, da eine **schlüssige Erklärung des Urhebers** hinsichtlich der Zwangsvollstreckung **nicht angenommen werden kann** und der Gläubiger die Verwertungsabsicht bei einem unverwerteten Werk regelmäßig nicht feststellen kann.[65]

35 Deutlich mehr Autoren vertreten die Auffassung, dass eine **Verweigerung der Einwilligung** durch den Urheber regelmäßig **treuwidrig**,[66] die Versagung der Einwilligung jedenfalls **missbräuchlich** sei, wenn der Urheber seine kommerziellen Interessen schon gezeigt habe und damit seine persönlichen Interessen zurücktreten müssten.[67] Einem Urheber, der sein Werk in einer bestimmten Weise verwerte, sei diese Verwertung auch in der Zwangsvollstreckung zumutbar. Eine gleichwohl verweigerte Einwilligung folglich widersprüchlich.[68]

36 **In der Rechtspraxis** scheitert dieser Vorschlag – unabhängig von der Frage seiner dogmatischen Richtigkeit – daran, dass die verweigerte **Einwilligung** dann im Wege eines neuen Erkenntnisverfahrens **erstritten werden müsste** und bis zur Fiktionswirkung des § 894 Abs. 1 S. 1 ZPO viel Zeit verloren ginge, in der der Urheber sein Werk anderweitig verwerten kann.[69]

37 Zahlenmäßig die meisten Anhänger hat die Ansicht, das Einwilligungserfordernis aus § 113 UrhG könne **teleologisch** zumindest dann **reduziert werden**, wenn **Werkarten** betroffen sind, **bei denen die Kommerzialisierungsabsicht im Vordergrund** stehe.[70] Das treffe insbesondere auf Computerprogramme zu. Typischerweise wird darauf abgestellt, dass bestimmte Werke keinen künstlerischen Einschlag aufweisen bzw. bei bestimmten Werken Urheberpersönlichkeitsrech-

---

64 *Breidenbach*, CR 1989, 971, 973.
65 *Skauradszun*, S. 107; ebenfalls ablehnend *Bleta*, S. 99.
66 *Becker*, in: Musielak/Voit, ZPO, § 857, Rn. 11; nur für besondere Ausnahmefälle *Kefferpütz*, in: Wandtke/Bullinger, UrhR, § 113, Rn. 18 und *Boddien*, in: Fromm/Nordemann, UrhG, § 113, Rn. 24.
67 *Brehm*, in: Stein/Jonas, ZPO, § 857, Rn. 22a; *Roy/Palm*, NJW 1995, 690, 692; noch in der Voraufl. *Lütje*, in: Möhring/Nicolini, UrhG, § 113, Rn. 22. Ablehnend *Schack*, UrhR, Rn. 867.
68 *Sosnitza*, JZ 2004, 992, 1000.
69 *Skauradszun*, S. 110.
70 *Lehmann*, CR 1986, 373, 374; *Breidenbach*, CR 1989, 971, 972; *Roy/Palm*, NJW 1995, 690, 692; *Paulus*, ZIP 1996, 2, 4; *Brehm*, in: Stein/Jonas, ZPO, § 857, Rn. 23; *Krone*, in: Kindl/Meller-Hannich/Wolf, 2. IT-Güter, Rn. 13; *Rudolph*, in: Möhring/Nicolini, UrhG, § 113, Rn. 27; sympathisierend auch *Freudenberg*, S. 86.

te keine Rolle spielen sollen.[71] Darüber hinaus würden produzierende Urheber, die die Kommerzialisierung ihrer Werke vor Augen hätten, regelmäßig nicht den Anspruch erheben, persönliche geistige Schöpfungen zu produzieren. Persönlichkeitsrechtliche Aspekte würden deshalb zurücktreten.

Es darf bezweifelt werden, ob diese Ansicht **in der Rechtspraxis** von einem Gericht gebilligt werden würde. Entscheidungen diesbezüglich gibt es – soweit ersichtlich – noch keine. Zum einen stellt sich die Frage, will man das Einwilligungserfordernis für bestimmte Werkarten wie Computerprogramme teleologisch reduzieren, ob das dann nicht **auch für zahlreiche andere Werkarten** gelten muss. Gegenwärtig schützt das UrhG jedoch auch Werke der kleinen Münze[72] sowie unbeachtliche Gelegenheitswerke und ist von seiner Konzeption wertneutral. Ferner dürfte der **Nachweis der Kommerzialisierungsabsicht** häufig Schwierigkeiten bereiten. Darüber hinaus darf in einem formalisierten Vollstreckungsverfahren die Prüfung einer teleologischen Reduktion des Einwilligungserfordernisses nicht dem Rechtspfleger übertragen werden. Methodisch schließlich liegen die Voraussetzungen für eine teleologische Reduktion nicht vor, da **weder eine planwidrige Unvollständigkeit noch eine vergleichbare Interessenlage** vorliegt. Es dürfte sich mit der Schaffung der §§ 112 ff. UrhG vielmehr um einen gesetzgeberischen Akt handeln, der zu Recht kritisch hinterfragt wird und ggf. heute einer rechtspolitischen Diskussion nicht mehr standhalten würde.[73]

38

bb) Lösung nur de lege ferenda möglich

Bei zukünftigen Reformüberlegungen sollte die **Streichung der §§ 112 ff. UrhG** erwogen werden. Das Vollstreckungsrecht der Zivilprozessordnung bietet eine ausreichende Handhabe, auch sensible Vollstreckungsgegenstände wie das Urheberrecht interessengerecht behandeln zu können. Dazu ist nicht schon die Pfändung einzuschränken, sondern erst die Verwertung. Diese sollte nur aufschiebend bedingt um die Veröffentlichung des Werkes möglich sein. Das ist ein Mechanismus, der dem Vollstreckungsrecht auch an anderen Stellen bekannt ist. Der Urheber wäre damit hinreichend geschützt, während der Gläubiger durch die Pfändung bereits eine Sicherung erlangen könnte.[74]

39

3. Sonderfälle nach §§ 114–119 UrhG

Die **Pfändung der Werkoriginale** ist Gegenstand der besonderen Regelung des § 114 UrhG. Der Gesetzgeber wollte vermeiden, dass mit der Pfändung des Werkoriginals nach § 808 ZPO in ein bis dato **nicht veröffentlichtes Werk** faktisch eine Veröffentlichung eintritt.[75] Entsprechend entfällt das Schutzbedürfnis, wenn das Werk bereits veröffentlicht ist oder das Werkoriginal veräußert wurde (§ 114

40

---

71 *Brehm*, in: Stein/Jonas, ZPO, § 857, Rn. 23.
72 Hierzu siehe Kap. 1, Rn. 167 ff.
73 Zu alldem ausführlich *Skauradszun*, S. 111 ff.
74 Ausführlich zu diesem Vorschlag *Skauradszun*, S. 155 ff.
75 BT-Drucks. IV/270, S. 110, zu § 124.

Abs. 2 S. 1 Nr. 3 UrhG). Für die **Rechtspraxis** ist im Übrigen darauf Acht zu geben, dass bestimmte Werke nur dann sinnvoll verwertet werden können, wenn dem Gläubiger eine **Doppelpfändung** gelingt. Die zwangsweise Einräumung eines **Nutzungsrechts** an einem Musiktitel macht meist nur Sinn, wenn zugleich eine **Sachpfändung** des Tapes/der Disc mit der akustischen Einspielung vorgenommen wird (Werkoriginal oder Vervielfältigungsstücke, §§ 114, 119 UrhG).

41 Für **elektronische Werke** ist zu beachten, dass sich nach der Pfändung des Immaterialgüterrechts die **Pfändung des Datenträgers** nach § 808 ZPO richtet.[76] Gemeinhin wird angenommen, dass der Gerichtsvollzieher hierzu dem Schuldner den Datenträger wegzunehmen hat, also etwa die Festplatte oder DVD.[77] Dem Gerichtsvollzieher wird die Befugnis zugesprochen, zum Auffinden eines elektronischen Werks die **Festplatte zu durchsuchen** und nach Auffinden, die Daten **auf einen externen Datenträger zu übertragen** und mitzunehmen.[78]

42 Verstöße gegen die Pfändung der Werkoriginale können mit der **Vollstreckungserinnerung** nach § 766 ZPO angegriffen werden.[79]

43 Hinsichtlich der Zwangsvollstreckung wegen **Geldforderungen gegen Rechtsnachfolger** des Urhebers ist anzumerken, dass die Einwilligung durch den Rechtsnachfolger dann entbehrlich wird, wenn das Werk erschienen ist (§ 116 Abs. 1 S. 2 UrhG). Die persönliche Beziehung des Urhebers zu seinem Werk nimmt nachvollziehbarer Weise beim Rechtsnachfolger ab.

Randnummern 44–99 einstweilen frei.

---

76 *Gruber*, in: MüKo ZPO, § 808, Rn. 5; *Kemper*, in: Saenger, ZPO, § 808, Rn. 3.
77 *Gruber*, in: MüKo ZPO, § 808, Rn. 30; *Becker*, in: Musielak/Voit, ZPO, § 808, Rn. 24.
78 *Becker*, in: Musielak/Voit, ZPO, § 808, Rn. 24.
79 *Schack*, UrhR, Rn. 877a.

B. Insolvenz

Das Urheberrecht kann nicht nur **Gegenstand** der Einzelzwangsvollstreckung sein, sondern auch ein solcher **der Gesamtvollstreckung** (Insolvenz). Im Rahmen der Gesamtvollstreckung ist danach zu unterscheiden, wer sich in der Insolvenz befindet: der Urheber oder der Inhaber eines Nutzungsrechts.

100

I. Insolvenz des Urhebers

Die Insolvenz des Urhebers kann **für den Inhaber des Nutzungsrechts erhebliche Probleme** mit sich bringen.[1] Ist beispielsweise die weitere Nutzung der in einem Unternehmen verwendeten Software in Gefahr, kann der Inhaber eines Nutzungsrechts schnell selbst Opfer einer Krise werden. Der **Insolvenzverwalter** wird die **Beendigung der Nutzungsrechtseinräumung** meist dann erwägen, wenn der bisherige Lizenzvertrag aus Sicht des Urhebers wirtschaftlich ohnehin nicht optimal abgeschlossen wurde oder eine Verwertung des Urheberrechts frei von bisherigen Nutzungsrechten zu höheren Erträgen führen würde.[2] Auf Seiten der Legislative wurde bereits mehrfach ein Anlauf unternommen, die Problematik gesetzlich zu regeln. Über einen bloßen Regierungsentwurf sind die Überlegungen jedoch bislang nicht hinausgekommen.[3]

101

1. Urheberrecht als Teil der Insolvenzmasse?

Wird ein Insolvenzverfahren über das Vermögen des Urhebers eröffnet, erfasst dieses sein **gesamtes Vermögen**, § 35 Abs. 1 InsO. Zwar gehören Gegenstände, die nicht der Zwangsvollstreckung unterliegen, nicht zur Insolvenzmasse (§ 36 Abs. 1 S. 1 InsO,[4] sog. **Vorwirkung der Zwangsvollstreckung**).[5] Jedoch gilt in Fortsetzung der obigen Überlegungen zu § 857 ZPO, dass zwar nicht das Urheberpersönlichkeitsrecht und auch nicht das umfassende Verwertungsrecht Teil der Insolvenzmasse wird, freilich aber die vom Stamm abgespaltenen **Nutzungsrechte**. Im Grundsatz kann der Insolvenzverwalter deshalb auf diesen Teil des Urheberrechts zugreifen, damit auch mit Hilfe dieser Verwertung die Gläubiger gleichmäßig befriedigt werden (par conditio creditorum).[6]

102

---

1 *Dahl/Schmitz*, NZI 2013, 878: „verheerende wirtschaftliche Folgen".
2 Vgl. zu dieser ökonomischen Sichtweise schon *Paulus*, ZIP 1996, 2, 6, und *Berger*, GRUR 2013, 321.
3 Vgl. BT-Drucks. 16/7416 v. 05.12.2007 sowie Referentenentwurf des Bundesministeriums der Justiz v. 23.01.2012.
4 LG Köln, Beschl. v. 09.04.2008 – 28 O 690/07, BeckRS 2008, 09324.
5 Ähnlich *Rudolph*, in: Ahlberg/Götting, BeckOK UrhG, Sonderbereiche/Insolvenz, Rn. 1.
6 Vgl. *Paulus*, ZIP 1996, 2, 5; *Berger*, GRUR 2013, 321, 322.

2. Zuständigkeit für die Einwilligung nach § 113 UrhG

103 Wenngleich das in § 113 UrhG geregelte **Einwilligungserfordernis** wie auch der gesamte 3. Abschnitt des UrhG der (Einzel-)Zwangsvollstreckung gewidmet ist, findet das Einwilligungserfordernis aus § 113 UrhG auch **auf den Fall der Insolvenz Anwendung**.[7] Sieht man – wie hier – de lege lata methodisch keine Möglichkeit, das Einwilligungserfordernis einzuschränken, verbleibt dem Urheber dieses Recht auch im Falle der Eröffnung des Insolvenzverfahrens über sein Vermögen. Der Insolvenzverwalter wird weder mit der vorläufigen noch mit der endgültigen Verfahrenseröffnung für diese Entscheidung zuständig.[8] Bei einem noch nicht bzw. nicht vollständig verwerteten Urheberrecht steht und fällt ein Verwertungserlös für die Insolvenzmasse – und damit eine Quotensteigerung für die Gläubiger – also mit der Bereitschaft des Urhebers, dem Insolvenzverwalter die Einwilligung zur Verwertung seines Urheberrechts im Insolvenzverfahren zu erteilen. Insoweit ist die **Rechtslage** ähnlich **unbefriedigend** wie in der Einzelzwangsvollstreckung.

3. Wahlrecht des Insolvenzverwalters nach § 103 InsO

104 **Praxisrelevant** ist vorrangig die Situation, dass der Urheber sein Urheberrecht (zumindest teilweise) schon verwertet hat, mithin bereits **Lizenzverträge** bestehen. Sonderregelungen, die sich dazu verhalten, wie derartige Lizenzverträge in der Insolvenz des Urhebers behandelt werden, bestehen nicht. Immer dann, wenn es an derartigen Sonderregelungen für bestimmte Rechtsgeschäfte fehlt, ist auf das allgemeine **Wahlrecht des Insolvenzverwalters** nach § 103 InsO zurückzugreifen (lex generalis). Danach kann der Insolvenzverwalter – ist ein **gegenseitiger Vertrag** zur Zeit der Eröffnung des Insolvenzverfahrens vom Insolvenzschuldner und vom anderen Teil nicht oder **nicht vollständig erfüllt** – anstelle des Insolvenzschuldners den Vertrag erfüllen und die Erfüllung vom anderen Teil verlangen (§ 103 Abs. 1 InsO). Versteht man – wie der BGH – **Lizenzverträge als Dauerschuldverhältnisse**, unter dem die Lizenzen fortlaufend neu gewährt werden und vom anderen Teil dafür Nutzungsentgelt geleistet wird, ist der Lizenzvertrag zur Zeit der Eröffnung des Insolvenzverfahrens im Regelfall nicht von beiden Seiten vollständig erfüllt. Damit ist der Anwendungsbereich des § 103 Abs. 1 InsO eröffnet.[9]

105 Der **Insolvenzverwalter kann die Erfüllung jedoch auch ablehnen** (§ 103 Abs. 2 S. 1 InsO). Einen Grund braucht der Insolvenzverwalter dazu nicht. Der Inhaber des Nutzungsrechts kann dann Ansprüche wegen der Nichterfüllung des Vertrages nur noch als einfacher Insolvenzgläubiger iSv. § 38 InsO geltend machen.

---

7 *Schack*, UrhR, Rn. 884.
8 *Schack*, UrhR, Rn. 884; Schmid/Wirth, in: Schmid/Wirth/Seifert, UrhG, § 112, Rn. 6.
9 Vgl. zu möglichen Vertragsgestaltungen aber Rn. 113 f.

a) Auffassung des BGH und der herrschenden Lehre

Der BGH wendet das allgemeine **Wahlrecht des Insolvenzverwalters** in ständiger Rechtsprechung **auch auf Lizenzverträge** an.[10] Das führt nach dem gegenwärtigen Verständnis des Wahlrechts dazu, dass die Lizenz des Lizenznehmers, ist nichts anderes vereinbart, automatisch wegfällt, wenn der Insolvenzverwalter die Erfüllung des Vertrages ablehnt.[11] Der BGH lehnt ausdrücklich die Geltung des Abstraktionsprinzips ab und stützt sich dabei auf eine weit verbreitete Auffassung im gewerblichen Rechtsschutz, ferner auf Vorschriften im UrhG und im Verlagsgesetz, die einen ähnlichen Mechanismus vorsehen (§§ 41 Abs. 5, 42 Abs. 5 UrhG, 9 Abs. 1 VerlG).[12]

106

Seit der BGH darüber hinaus das Insolvenzverwalterwahlrecht so versteht, dass die **gegenseitigen Ansprüche** aus einem Rechtsgeschäft **mit der Eröffnung des Verfahrens undurchsetzbar** werden (Durchsetzungssperre),[13] setzt die Problematik für den Lizenznehmer noch früher ein. Denn ist der Lizenzvertrag bis zur Ausübung des Wahlrechts einstweilen undurchsetzbar, lassen sich aus diesem auch keine Nutzungsrechte herleiten. Das bedeutet für den Lizenznehmer, dass er sein **Nutzungsrecht gegenwärtig nicht mehr ausüben** darf.[14] Dieser Standpunkt entspricht zugleich dem der heute herrschenden Lehre.[15]

107

b) Ansätze im Schrifttum

Im Schrifttum wurden verschiedene Versuche unternommen, Lizenzverträge aus dem Anwendungsbereich des § 103 InsO auszunehmen. Diese Überlegungen haben sich gegenwärtig weder in der Instanzenrechtsprechung noch als herrschende Lehre durchsetzen können. Ausgangspunkt dieser Überlegungen ist die Frage, ob eine der Sondervorschriften der §§ 104 ff. InsO, welche oftmals zum Schutz bestimmter Verträge eine **Abweichung von dem Wahlrecht des Insolvenzverwalters** vorsehen, auf Lizenzverträge Anwendung findet. Dann würde diese Vorschrift dem § 103 InsO als lex specialis vorgehen. Versteht man den Vertrag über die Einräumung eines Nutzungsrechts hinsichtlich seiner Rechtsnatur so, dass dieser den Lizenznehmer zur Nutzung eines immateriellen Guts berechtigt, ohne ihm

108

---

10 BGH, Urt. v. 17.11.2005 – IX ZR 162/04 (Softwarenutzungsrecht), GRUR 2006, 435; BGH, Urt. v. 19.07.2012 – I ZR 70/10 (M2Trade), NJW 2012, 3301; für Patentlizenzen ebenso etwa LG München I, Urt. v. 21.08.2014 – 7 O 11811/12, BeckRS 2014, 16898.
11 *Berger*, GRUR 2013, 321, 330; *Rudolph*, in: Ahlberg/Götting, BeckOK UrhG, Sonderbereiche/Insolvenz, Rn. 73. Im Ergebnis auch *Stickelbrock*, WM 2004, 549, 558. Allgemeiner zu diesem Rückfallprinzip auch OLG Frankfurt a.M., Urt. v. 27.01.2015 – 11 U 94/13, ZUM 2015, 497, 501.
12 BGH, Urt. v. 19.07.2012 – I ZR 70/10 (M2Trade), NJW 2012, 3301, 3302.
13 BGH, Urt. v. 25.04.2002 – IX ZR 313/99, NJW 2002, 2783; *Andres*, in: Andres/Leithaus, InsO, § 103, Rn. 3.
14 *Dahl/Schmitz*, NZI 2013, 878, 879.
15 *Paulus*, ZIP 1996, 2, 6; *Raitz v.Frentz/Marrder*, ZUM 2003, 94, 96; *Stickelbrock*, WM 2004, 549, 558; *Rudolph*, in: Ahlberg/Götting, BeckOK UrhG, Sonderbereiche/Insolvenz, Rn. 41.

das Gut dauerhaft zu übertragen,[16] dann haben **Lizenzverträge** zwar ein dauervertragliches Element. Sie lassen sich ggf. **als Rechtspacht** – oft mit zahlreichen anderen Vertragselementen – verstehen.[17] Die Sondervorschriften betreffend Miet- und Pachtverhältnisse über unbewegliche Gegenstände (§§ 108–112 InsO) sowie betreffend Dienstverhältnisse (§ 113 InsO) und Aufträge bzw. Geschäftsbesorgungsverträge (§§ 115, 116 InsO) sind aber gleichwohl nicht einschlägig.

109 Soweit insbesondere § 108 Abs. 1 S. 1 InsO im Wege einer Analogie bemüht wurde,[18] wonach **Miet- und Pachtverhältnisse** des Schuldners über unbewegliche Gegenstände mit Wirkung für die Insolvenzmasse fortbestehen, fehlt es methodisch an den Voraussetzungen für eine solche Analogie. Eine **planwidrige Regelungslücke** ist insoweit **fernliegend**,[19] nachdem der Gesetzgeber in letzter Zeit mehrfach zum Ausdruck gebracht hat, dass auf Lizenzverträge (weiter) das allgemeine Wahlrecht des Insolvenzverwalters nach § 103 InsO Anwendung finden soll.[20]

110 Soweit zwar eingeräumt wird, dass Lizenzverträge in den Anwendungsbereich des § 103 InsO fallen, dann aber tatbestandlich argumentiert wird, der Vertrag sei zumindest **seitens des Urhebers bereits vollständig erfüllt**, so dass der Insolvenzverwalter das Wahlrecht nicht mehr ausüben könne, hat sich auch dieser Ansatz nicht durchgesetzt. Versteht man den Lizenzvertrag nämlich als Dauerschuldverhältnis, dann schuldet der Urheber fortwährend weiter die vertraglich zugesagte Nutzung.[21]

c) Insbesondere: kein Aussonderungsrecht

111 Wertet man den **Lizenzvertrag** vorrangig als **schuldrechtliche Rechtsbeziehung**, kann der Inhaber eines Nutzungsrechts im Falle der Insolvenz des Urhebers die **Lizenz aus der Insolvenzmasse nicht aussondern**.[22] Ein solches Aussonderungsrecht nach § 47 InsO besteht nur, wenn der Gläubiger aufgrund eines dinglichen oder persönlichen Rechts geltend machen kann, dass ein Gegenstand nicht zur Insolvenzmasse gehört. Insoweit genügt nicht, dass ein Lizenzvertrag im Falle von ausschließlichen Nutzungsrechten ggf. auch dingliche Elemente beinhaltet.[23]

---

16 *Berger*, GRUR 2013, 321, 323.
17 BGH, Urt. v. 17.11.2005 – IX ZR 162/04 (Softwarenutzungsrecht), GRUR 2006, 435; *Dahl/Schmitz*, NZI 2013, 878, 880; *Rudolph*, in: Ahlberg/Götting, BeckOK UrhG, Sonderbereiche/Insolvenz, Rn. 32 f. *Stickelbrock*, WM 2004, 549, 557: Vertrag sui generis.
18 *Fezer*, WRP 2004, 793 (allerdings für die Markenlizenz).
19 Im Ergebnis ebenso *Weber/Hötzel*, NZI 2011, 432, 433; *Berger*, GRUR 2013, 321, 326; *Rudolph*, in: Ahlberg/Götting, BeckOK UrhG, Sonderbereiche/Insolvenz, Rn. 34. Für Patentlizenzen ebenso LG München I, Urt. v. 21.08.2014 – 7 O 11811/12, BeckRS 2014, 16898.
20 Vgl. *Dahl/Schmitz*, NZI 2013, 878, 878.
21 *Berger*, GRUR 2013, 321, 325.
22 *Dahl/Schmitz*, NZI 2013, 878, 879.
23 *Berger*, GRUR 2013, 321, 324.

d) Kein Insolvenzverwalterwahlrecht bei gesetzlichen Nutzungsrechten?

Noch nicht abschließend geklärt ist die Frage, ob die Rechtslage eine andere ist, wenn das **Nutzungsrecht** nicht vertraglich, sondern **gesetzlich eingeräumt** wurde. Es handelt sich mithin um Nutzungsrechte, die auch ohne einen Lizenzvertrag und damit ohne einen gegenseitigen Vertrag iSv. § 103 Abs. 1 InsO entstehen. Diese gesetzlichen Nutzungsrechte werden im Schrifttum als **insolvenzfest** angesehen.[24] Das hat durchaus etwas für sich, ist doch § 103 InsO bei gesetzlichen Nutzungsrechten weder vom Wortlaut erfüllt, noch von der Systematik anwendbar.

112

4. Vertragsgestaltung

Aufgrund der für den Lizenznehmer nachteiligen Rechtslage, liegt der Versuch nahe, die **Position des Lizenznehmers zumindest vertraglich zu verbessern**. Vertragliche Vereinbarungen, durch die im Voraus die Anwendung des Insolvenzverwalterwahlrechts nach § 103 InsO ausgeschlossen oder beschränkt wird, sind zwar ausweislich § 119 InsO unwirksam.[25] Vereinzelt hatte der BGH jedoch zum Schutz des Lizenznehmers eine Klausel gebilligt, mit der sich der Lizenznehmer nach Ausübung eines **Sonderkündigungsrechts** – etwa aufgrund der Insolvenz des Urhebers – den Quellcode an einer Software sowie das **Nutzungsrecht gegen eine einmalige Vergütung** gesichert hat (aufschiebend bedingte Rechtsübertragung vor Verfahrenseröffnung).

113

Der Entscheidung lag folgende **Klausel** zu Grunde:

114

> Dieser Vertrag kann von jedem Vertragsteil nur bei Vorliegen eines wichtigen Grundes – ohne Einhaltung einer Kündigungsfrist – gekündigt werden. Ein wichtiger Grund liegt vor, wenn Tatsachen gegeben sind, auf Grund derer dem Kündigenden unter Berücksichtigung aller Umstände des Einzelfalls und unter Abwägung der Interessen der Vertragsteile die Fortsetzung des Vertrags **nicht mehr zugemutet** werden kann. Bei Kündigung dieses Vertrags durch die Firma M oder die Firma P **gehen die Source-Codes** von A in der zum Zeitpunkt der Kündigung aktuellen Version **inklusive der Nutzungs- und Vertriebsrechte** dieser Version auf die Firma P **über**. Für den Übergang der Source-Codes sowie der Nutzungs- und Vertriebsrechte zahlt die Firma P eine **einmalige Vergütung** in Höhe des Umsatzes der letzten sechs Monate vor Ausspruch der Kündigung.[26]

In der jüngeren Instanzenrechtsprechung wurde eine Vertragsgestaltung, wonach der Lizenznehmer eine einmalige Lizenzgebühr leistet und dafür eine unwiderrufliche Lizenz erhält, mit der er gänzlich frei operieren darf („**freedom-to-operate-Lizenz**") so verstanden, dass nach dem wechselseitigen Leistungsaustausch

115

---

24 *Weber/Hötzel*, NZI 2011, 432, 433; wohl ebenso *McGuire*, GRUR 2009, 13, 17.
25 *Raitz v.Frentz/Marrder*, 94, 99.
26 BGH, Urt. v. 17.11.2005 – IX ZR 162/04 (Softwarenutzungsrecht), GRUR 2006, 435 (hier hervorgehoben).

der **Vertrag vollständig erfüllt** sei. Damit soll für das **Wahlrecht** aus § 103 InsO **kein Raum mehr** sein.[27] Für diese Vertragsauslegung sei es ferner irrelevant, ob der Lizenzvertrag dinglicher oder schuldrechtlicher Natur sei.[28] Eine solche Vertragsgestaltung und Subsumtion unter § 103 InsO scheint denkbar.

II. Insolvenz des Inhabers von Nutzungsrechten

1. Nutzungsrechte als Teil der Insolvenzmasse

116 Fällt der Inhaber des Nutzungsrechts in die Insolvenz, ist dieses **Nutzungsrecht Teil der Insolvenzmasse** (§§ 35, 36 InsO, § 112 UrhG). Da der Lizenznehmer ohnehin nicht das Urheberpersönlichkeitsrecht und das umfassende Verwertungsrecht innehaben kann, ist bei dieser Konstellation die Frage unproblematisch, was in die Insolvenzmasse fällt.

2. Wahlrecht des Insolvenzverwalters nach § 103 InsO

117 Dem Insolvenzverwalter steht das Wahlrecht aus § 103 InsO zu.[29] Lehnt er die Erfüllung des Lizenzvertrages ab, kann der Urheber seine **Vergütungsansprüche nur noch zur Insolvenztabelle anmelden** (§§ 174 ff. InsO).[30] Er ist insoweit **einfacher Insolvenzgläubiger** (§§ 103 Abs. 2 S. 1, 38 InsO). Seine Forderung wird mithin nur anteilig befriedigt (Bruchteil bzw. „Quote" iSv. § 195 InsO). Wählt der Insolvenzverwalter hingegen **Erfüllung** des Vertrages, sind die vertraglich vereinbarten Leistungen wechselseitig zu erbringen. Der Vergütungsanspruch des Urhebers ist durch die Erfüllungswahl nunmehr **Masseverbindlichkeit** iSv. § 55 Abs. 1 Nr. 2 InsO, wird also noch vor allen normalen Insolvenzgläubigern vorweg aus der Insolvenzmasse berichtigt (§ 53 InsO).[31] In aller Regel kann der Urheber dann mit einer Zahlung rechnen, da der Insolvenzverwalter gewöhnlich die Erfüllung nur wählen wird, wenn er die Vergütung aus der Insolvenzmasse auch leisten kann. Andernfalls kann die Nichterfüllung von Masseverbindlichkeiten zu einem Schadensersatzanspruch gegenüber dem Insolvenzverwalter führen (§ 61 InsO).

a) Schwebelage bis zur Ausübung des Wahlrechts

118 **In der Praxis** besonders misslich ist für den Urheber die **Zeit bis zur Ausübung des Wahlrechts** durch den Insolvenzverwalter. Sieht man den Lizenzvertrag mit der Eröffnung des Insolvenzverfahrens als nicht mehr durchsetzbar an,[32] wird der

---

27 LG München I, Urt. v. 21.08.2014 – 7 O 11811/12, BeckRS 2014, 16898 (für eine Patentlizenz, allerdings mit zahlreichen Bezügen zum urheberrechtlichen Nutzungsrecht).
28 LG München I, Urt. v. 21.08.2014 – 7 O 11811/12, BeckRS 2014, 16898. Zu einem gleichen Ergebnis gelangt LG Hamburg, Urt. v. 27.10.2006 – 308 O 304/05, NJW 2007, 3215, allerdings mit der Begründung, dass gegen eine Vergütung über das Nutzungsrecht abschließend verfügt wurde.
29 *v.Frentz/Marrder*, ZUM 2003, 94, 99.
30 *Weber/Hötzel*, NZI 2011, 432, 434.
31 *Stickelbrock*, WM 2004, 549, 559; *Rudolph*, in: Ahlberg/Götting, BeckOK UrhG, Sonderbereiche/Insolvenz, Rn. 56.
32 Hierzu siehe Rn. 107.

Urheber alsbald ein Interesse daran haben, Klarheit über Zukunft des Lizenzvertrages zu erhalten. Denn ggf. wird er sich um die **Neuverwertung** seines Urheberrechts bemühen wollen, um die finanziellen Einbußen so gering wie möglich zu halten. Einigkeit besteht nur insoweit, dass der Insolvenzverwalter des Lizenznehmers spätestens **mit der Ablehnung des Vertrages** nicht mehr berechtigt ist, die Lizenz weiter zu nutzen. Das muss richtigerweise auch schon für die Zeit **ab der Eröffnung des Insolvenzverfahrens** gelten, führt die Durchsetzungssperre doch dazu, dass die vertraglichen Ansprüche wechselseitig nicht mehr durchgesetzt werden können. Nutzt der Insolvenzverwalter das Nutzungsrecht gleichwohl weiter, ist die ungerechtfertigte Bereicherung dem Urheber aus der Insolvenzmasse herauszugeben (§ 55 Abs. 1 Nr. 3 InsO). In der Praxis ist dem Urheber daher zu raten, **den Insolvenzverwalter schnellstmöglich aufzufordern,** sich unverzüglich zur Ausübung seines Wahlrechts **zu erklären** (§ 103 Abs. 3 S. 2 InsO). Erklärt sich der Insolvenzverwalter nämlich nicht unverzüglich, kann er auf die Erfüllung des Vertrages nicht mehr bestehen (§ 103 Abs. 2 S. 3 InsO). Jedenfalls in den Fällen, in denen der Insolvenzverwalter zur Fortführung des Unternehmens auf die Lizenz – etwa betreffend die Nutzung einer Software – angewiesen ist, wird sich so schnell Klarheit erzielen lassen.

b) Wahl der Nichterfüllung

Gegenwärtig noch **nicht abschließend geklärt** ist, ob das **Nutzungsrecht** des Lizenznehmers in dem Moment, in dem der Insolvenzverwalter die Erfüllung ablehnt, **automatisch an den Urheber zurückfällt** oder aber, ob sich der Urheber aktiv **um die Rückübertragung bemühen** muss.[33] Im Schrifttum wurden insoweit verschiedene Vorschläge unterbreitet, wobei fraglich ist, ob die Rechtsprechung diesen folgen wird. Gegen die Überlegung, der Urheber könne das Nutzungsrecht nach § 47 InsO aussondern,[34] spricht, dass spiegelbildlich der Lizenznehmer im Falle der Insolvenz des Urhebers das Nutzungsrecht auch nicht aussondern kann. Ein automatischer Rückfall analog § 9 Abs. 1 VerlG ist ferner schon deshalb fraglich, war der BGH doch zuletzt sehr zurückhaltend,[35] diese Vorschrift über ihren Wortlaut hinaus analog anzuwenden.[36]

3. Vertragsgestaltung

Um die Rechtsposition des Urhebers zu verbessern, wird teils vorgeschlagen, **in die Lizenzverträge** eine Regelung aufzunehmen, wonach das Nutzungsrecht im Falle der Insolvenz des Lizenznehmers automatisch an den Urheber zurückfällt (**„Rückfallklausel"**[37]). Ob eine solche Klausel wegen § 119 InsO wirksam ist, ist

---

33 Übersicht zum Meinungsstand bei *Weber/Hötzel*, NZI 2011, 432, 434.
34 Ebenfalls ablehnend *Stickelbrock*, WM 2004, 549, 560; *Adolphsen*, DZWIR 2003, 228, 232f.
35 BGH, Urt. v. 15.04.1958 – I ZR 31/57, NJW 1958, 1583.
36 *Wallner*, NZI 2002, 70, 79; *Stickelbrock*, WM 2004, 549, 559f.; *Rudolph*, in: Ahlberg/Götting, BeckOK UrhG, Sonderbereiche/Insolvenz, Rn. 72.
37 *Weber/Hötzel*, NZI 2011, 432, 436.

zumindest fraglich.³⁸ Nach § 119 InsO sind Vereinbarungen unwirksam, durch die im Voraus die Anwendung des Insolvenzverwalterwahlrechts ausgeschlossen oder beschränkt wird. Klauseln, die an die Insolvenz des Vertragspartners anknüpfen und auch nur mittelbar das Wahlrecht aushöhlen, werden im Schrifttum häufig als unwirksam angesehen.³⁹

121 Handelt es sich um Nutzungsrechte, die im Zuge einer **Lizenzkette** an den Unterlizenznehmer weitergegeben werden, wird dem Urheber geraten, dafür Sorge zu tragen, dass sein Vertragspartner sich im Lizenzvertrag verpflichtet, gegenüber seinen eigenen Lizenznehmern eine entsprechende Rückfallklausel aufzunehmen.⁴⁰

122 Weniger problematisch sind Klauseln, die dem Urheber **Kündigungsrechte** einräumen und als Kündigungsgrund an die Unzumutbarkeit der Vertragsfortsetzung⁴¹ oder an den **Verzug hinsichtlich der Zahlungen von Lizenzgebühren** anknüpfen. Der Urheber muss im Falle des vertraglich definierten Zahlungsverzugs dann anhand der ihm bekannten Informationen prognostizieren, ob es sich um eine kurzfristige Zahlungsstockung seines Vertragspartners handelt (und er deshalb auf das Kündigungsrecht verzichtet) oder ob sein Lizenznehmer voraussichtlich einen Antrag auf Eröffnung des Insolvenzverfahrens stellen wird. Wie immer ist eine solche Prognose schwer zu treffen. Versäumt er jedoch die Kündigung, dürfte diese nach dem Antrag auf Eröffnung des Insolvenzverfahrens wegen eines Verzugs mit der Zahlung der Lizenzgebühren in der Zeit vor dem Eröffnungsantrag an der **Kündigungssperre** des § 112 Nr. 1 InsO scheitern.⁴²

---

38 Für eine Wirksamkeit: *Weber/Hötzel*, NZI 2011, 432, 436.
39 Adolphsen, DZWIR 2003, 228, 230; *Rudolph*, in: Ahlberg/Götting, BeckOK UrhG, Sonderbereiche/Insolvenz, Rn. 104 mwN.
40 *Weber/Hötzel*, NZI 2011, 432, 436.
41 Vgl. *Rudolph*, in: Ahlberg/Götting, BeckOK UrhG, Sonderbereiche/Insolvenz, Rn. 105.
42 *Weber/Hötzel*, NZI 2011, 432, 436.

KAPITEL 9
Rechtsnachfolge

Literatur: Baumbach/Hueck (Hrsg.), GmbHG, Kommentar, 20. Aufl., 2013; *Clément*, Urheberrecht und Erbrecht, 1993; *Dornis/Förster*, Die Unterwerfung: Rechtsnatur und Rechtsnachfolge, GRUR 2006, S. 195–201; *Fritzsche*, Unterlassungsanspruch und Unterlassungsklage, 2000; *Gloser*, Die Rechtsnachfolge in das Urheberrecht, Diss. Regensburg, 2012; *Hacker*, in: Ströbele/Hacker, Markengesetz, Kommentar, 15. Aufl., 2015; *Hunziker*, Immaterialgüterrechte nach dem Tod des Schöpfers, Diss. Zürich 1983; *Lieder*, Die rechtsgeschäftliche Sukzession. Eine methodenpluralistische Grundlagenuntersuchung zum deutschen Zivilrecht und Zivilprozessrecht sowie zum Internationalen und Europäischen Privatrecht, Habil. Jena 2013; *Nordemann*, Heimfallrecht und Rechtsverzicht im Urheberrecht, GRUR 1969, S. 127–130; *Schmitt/Hörtnagl/Stratz* (Hrsg.), Umwandlungsgesetz, Umwandlungssteuergesetz, Kommentar, 6. Auflage 2013; Staudinger (Hrsg.), Kommentar zum Bürgerlichen Gesetzbuch, Buch 2, Recht der Schuldverhältnisse §§ 328–345, 14. Auflage 2005; *Teplitzky*, Wettbewerbsrechtliche Ansprüche und Verfahren, 10. Auflage 2011.

A. Einführung
I. Systematik der gesetzlichen Regelungen zur Rechtsnachfolge

Unter Rechtsnachfolge wird allgemein der **derivative Erwerb (abgeleiteter Erwerb)** eines Rechts durch vollständigen Eintritt eines Dritten in die übertragene Rechtsposition des übertragenden Inhabers verstanden.[1] Ein derivativer Erwerb kann dabei gesetzlich oder rechtsgeschäftlich erfolgen. Dies steht in Abgrenzung zur im Urheberrechtsbereich häufigen **konstitutiven Einräumung** von neuen Nutzungsrechten unter Wahrung der Inhaberschaft des Einräumenden.[2]

1

Die Rechtsnachfolge für das Urheberrecht regeln die §§ 28 bis 30 UrhG als 1. Unterabschnitt des 5. Abschnitts („Rechtsverkehr im Urheberrecht", §§ 28 bis 44 UrhG). Dabei differenziert das Gesetz zwischen gesetzlicher und rechtsgeschäftlicher Rechtsnachfolge in das Urheberrecht wie folgt:

2

Zur **rechtsgeschäftlichen Rechtsnachfolge** stellt § 29 Abs. 1 Halbs. 1 UrhG den Grundsatz auf, dass das Urheberrecht nicht übertragbar ist. Hiervon ausgenommen sind lediglich Übertragungen **in Erfüllung einer Verfügung von Todes wegen** (Testament oder Erbvertrag) oder **im Wege der Erbauseinandersetzung** der Miterben (§ 29 Abs. 1 Halbs. 2 UrhG).

3

Die **gesetzliche Rechtsnachfolge** in das Urheberrecht ist demgegenüber möglich. Klarstellend statuiert § 28 Abs. 1 UrhG, dass das Urheberrecht **vererblich** ist, denn die Vererbung ist ein Fall der **gesetzlichen Rechtsnachfolge** (§§ 1922 Abs. 1, 1942 Abs. 1 BGB). Die gesetzliche Rechtsnachfolge umfasst dabei die **gesetzliche** und auch die **gewillkürte Erbfolge**. Eine weitere zulässige gesetzliche Rechts-

4

---

1   Ausführlich zum Begriff der Rechtsnachfolge: *Lieder*, S. 25.
2   Hierzu siehe Kap. 4, Rn. 6 ff.

nachfolge besteht bei **Umwandlungen** gem. Umwandlungsgesetz und gem. § 140 Abs. 1 S. 2 HGB.³

5   Um die Vererbbarkeit vollständig zu garantieren, lässt § 29 Abs. 1 Halbs. 2 UrhG lediglich die vorgenannten **Ausnahmen für rechtsgeschäftliche Übertragungen** zu. Erfüllung einer Verfügung von Todes wegen können dabei die Erfüllung eines Vermächtnisses (§ 2147 BGB) oder die Erfüllung einer Auflage (§ 2192 BGB) sein.

6   § 30 UrhG rundet die §§ 28, 29 UrhG ab und klärt – wie nachfolgend dargestellt – die Frage, welchen Gegenstand und Umfang die Rechtsnachfolge in das Urheberrecht hat.

II. Gegenstand und Umfang der Rechtsnachfolge

7   Soweit nicht etwas anderes bestimmt ist, tritt der Rechtsnachfolger nach § 30 UrhG im vollen Umfang in die Rechtsstellung des Urhebers (**Verwertungsrecht** und **Urheberpersönlichkeitsrecht**) ein und zwar so, wie sie zum Zeitpunkt der Rechtsnachfolge vorlag. Der Rechtsnachfolger hat damit grundsätzlich die gleiche Rechtsstellung wie der Urheber oder der vorangegangene Rechtsnachfolger. Rechtsnachfolger können der Erbe, Miterbe, Vermächtnisnehmer oder der Begünstigte einer Auflage sein. **Positiv** umfasst die Rechtsnachfolge das Stammrecht des Urheberrechts und die Ansprüche und Rechte, die dem Urheber aus dem Recht zustehen.⁴ **Negative** Ausnahmen von diesem Grundsatz können sich aus dem UrhG selbst oder aus anderen Rechtsvorschriften ergeben. Darüber hinaus kann der Urheber **dispositiv die Rechtsnachfolge beschränken** und die **Ausübung kann durch das Persönlichkeitsrecht des Urhebers beschränkt** sein.

1. Positiver Umfang

a) Allgemeines

8   Die Rechtsnachfolge umfasst die Urheberpersönlichkeitsrechte⁵ (§§ 12 bis 14 UrhG), die Verwertungsrechte (§§ 15 bis 24 UrhG) und die sonstigen Rechte aus dem Urheberrecht (§§ 25 bis 27 UrhG).

b) Ansprüche

9   Weiter zählen hierzu alle **Ansprüche**, die dem Urheber im Zusammenhang mit dem Urheberrecht zustehen, entstanden sind und nicht isoliert abtretbar sind. Dies sind all diejenigen Ansprüche, die in einem engeren Zusammenhang zum Urheberrecht als zum Urheber stehen. Hierzu zählen allen voran die dinglichen Abwehransprüche wie Unterlassung und Beseitigung gem. § 97 Abs. 1 UrhG.⁶ Zudem umfasst die Rechtsnachfolge auch bereits zum Zeitpunkt der Erbfolge ent-

---

3   Siehe hierzu Rn. 502, 506.
4   Zum Inhalt des Urheberrechts ausführlich s. Kap. 2.
5   Vgl. OLG Hamm, Urt. v. 23.08.2005 – 4 U 10/05, ZUM 2006, 641, 647; BGH, Urt. v. 13.10.1988 – I ZR 15/87 (Oberammergauer Passionsspiele II), GRUR 1989, 106, 107.
6   Siehe hierzu Kap. 7, Rn. 49 ff.

standene Ansprüche auf Schadenersatz und billige Geldentschädigung gem. § 97 Abs. 2 UrhG.[7]

c) Besonderheit bei Anwachsung

Im Falle der **Anwachsung** gem. § 8 Abs. 4 S. 3 UrhG bezieht sich der Verzicht eines Miturhebers nur auf die **Verwertungsrechte**, nicht auf das Urheberpersönlichkeitsrecht.[8] Auch der Erwerb eines (ausschließlichen) Nutzungsrechts gem. §§ 31 ff. UrhG ist keine Rechtsnachfolge in das Urheberrecht.   10

2. Negativer Umfang

a) Gesetzliche Beschränkungen

Nach § 30 Halbs. 2 UrhG tritt der Rechtsnachfolger nur insoweit in das Urheberrecht ein, wie dem nichts entgegensteht. Gemeint sind damit insbesondere **ausdrückliche gesetzliche Ausschlüsse** betreffend spezifische Eigenschaften des Urheberrechts, die nur sinnvoll dem Urheber zustehen und vom Rechtsnachfolger nicht weiter in dem Maße ausgeübt werden können. Der Rechtsnachfolger tritt nämlich in die Rechtsposition, nicht jedoch in die Urheberschaft ein.[9]   11

Solche gesetzlichen Beschränkungen betreffen das **Rückrufsrecht** wegen gewandelter Überzeugung gem. § 42 Abs. 1 S. 2[10] und § 46 Abs. 5 UrhG, die **Änderungsrechte** bei Sammlungen für Kirchen-, Schul- oder Unterrichtsgebrauch gem. § 62 Abs. 4 S. 2 UrhG, das **Widerrufsrecht** bei Verträgen über unbekannte Nutzungsarten gem. § 31a Abs. 2 UrhG[11] und den **Vollstreckungsschutz** gem. den §§ 115 ff. UrhG.[12]   12

b) Bindung an eingeräumte Nutzungsrechte

Nach § 33 S. 2 UrhG gelten die nutzungsrechtlichen Einschränkungen der Verwertungsrechte, die der Urheber mit Dritten vereinbart hat,[13] auch für den Rechtsnachfolger. Das bedeutet im Hinblick auf die Auswertung des Urheberrechts, dass der Rechtsnachfolger an Dritte zuvor eingeräumte Nutzungsrechte gebunden ist.   13

3. Gewillkürte Beschränkungen

Der Urheber kann darüber hinaus **formal die Befugnisse beschränken**, die dem Rechtsnachfolger zustehen, nämlich durch Anordnung der Testamentsvollstreckung[14] (§ 28 Abs. 2 S. 1 UrhG iVm. §§ 2197 ff. BGB), durch Auflage an den Er-   14

---

7 Siehe hierzu Rn. 404 f.
8 Zum Verzicht auf das Urheberrecht vgl. auch Rn. 300 ff.
9 *Schulze*, in: Dreier/Schulze, UrhG, § 30, Rn. 8.
10 Hierzu siehe Kap. 4, Rn. 112.
11 Hierzu siehe Kap. 4, Rn. 101 f.
12 Hierzu siehe Kap. 8, Rn. 1 ff.
13 Hierzu siehe Kap. 2, Rn. 21 ff.
14 Siehe hierzu Rn. 116 f.

ben (§§ 2192 ff. BGB)[15] oder durch Errichtung einer Stiftung von Todes wegen (§ 83 BGB). Diese Beschränkungen können weitreichend sein und das Urheberrecht und Ansprüche daraus umfassen,[16] zB. die Untersagung ein Werk überhaupt zu veröffentlichen, die Anordnung das Werk nur in einer gewissen Form zu veröffentlichen oder die Regelung der Art der Werknutzung.

4. Beschränkungen aus Urheberpersönlichkeitsrecht

15 Das urheberrechtlich geschützte Werk verleiht in besonderem Maße der Persönlichkeit des Urhebers Ausdruck. Deshalb ist streitig, ob dem Rechtsnachfolger im Sinne einer Bindung an Interessen des verstorbenen Urhebers **Grenzen bei der Ausübung des Urheberrechts** gesetzt sind, die nicht gesetzlich oder in der Verfügung von Todes wegen bestimmt sind. Bei Verletzungen des Urheberpersönlichkeitsrechts kann insoweit eine Abwägung der Interessen von Urheber bzw. Rechtsnachfolger einerseits und Werknutzer andererseits vorzunehmen sein.[17]

5. Besondere Fälle

a) Miturheberanteile und verbundene Werke

16 Ein Werk kann zwei oder mehreren Personen als Miturhebern zustehen (§ 8 UrhG, zB. zwei Programmierer schreiben gemeinsam ein EDV-Programm)[18] oder zwei oder mehrere Werke können für die Verwertung miteinander verbunden werden (§ 9 UrhG, zB. Autor und Zeichner bei einem illustrierten Kinderbuch).[19] In diesen Fällen ist der Gegenstand der Rechtsnachfolge ebenfalls eingeschränkt und zwar folgendermaßen:

aa) Miturheberanteil

17 **Die §§ 28, 29 UrhG sind isoliert auf den Miturheberanteil (§ 8 UrhG) an einem Werk anwendbar.** Das heißt, dass der Rechtsnachfolger in den Miturheberanteil nach den vorgenannten Grundsätzen eintritt. Der Rechtsnachfolger hat lediglich zu berücksichtigen, dass der Gegenstand seines Miturheberanteils nun ebenfalls den gesetzlichen Beschränkungen des § 8 Abs. 2 bis 3 UrhG unterfällt, hierunter insbesondere das Recht und die Pflicht der Einwilligung zur Nutzung des gesamten Werks. An Dritte zuvor vertraglich eingeräumte Nutzungsrechte bleibt der Rechtsnachfolger gebunden (§ 33 S. 2 UrhG).

bb) Verbundene Werke

18 Die Verbindung mehrerer Werke (Werkverbindung)[20] durch mehrere Urheber ist **eine bloße schuldrechtliche Verbindung der Werke.** Die Urheber bilden eine

---

15 Siehe hierzu Rn. 112 f.
16 *Schricker/Loewenheim*, in: Schricker/Loewenheim, UrhG, § 30, Rn. 7.
17 Vgl. zum Streitstand *Bullinger*, in: Wandtke/Bullinger, UrhG, § 30, Rn. 13.
18 Vgl. hierzu Kap. 1, Rn. 310 ff.
19 Vgl. hierzu Kap. 1, Rn. 325 ff.
20 Hierzu siehe Kap. 1, Rn. 325.

BGB-Gesellschaft (§§ 705 ff. BB), die sich mit Tod eines Urhebers nicht auflöst.[21] Da diese Gesellschaft dinglich nicht auf das Urheberrecht wirkt, geht mit Tod des einen Urhebers das Urheberrecht an dessen Rechtsnachfolger über. Der vorgenannte Sukzessionsschutz des § 33 S. 2 UrhG im Hinblick auf zuvor eingeräumte Nutzungsrechte gilt auch hier.

b) *Mehrere Rechtsnachfolger*

Die Übertragung des (Allein-)Urheberrechts an mehrere Miterben unterwirft den Gegenstand der Rechtsnachfolge keinen spezifischen Einschränkungen. Mehrere Rechtsnachfolger bilden daran nach den allgemeinen Regeln des BGB eine Erbengemeinschaft (§ 2032 Abs. 1 BGB). Sie werden hierdurch keine Miturheber gem. § 8 UrhG.[22] Bei der Erbengemeinschaft handelt es sich um eine Gesamthandsgemeinschaft.[23] Wichtigste Folge hieraus ist, dass die Miterben gem. § 2032 I BGB nur gemeinschaftlich am Nachlass berechtigt sind. Sie können daher auch nur über ihren Anteil am Nachlass (zB. beträgt bei drei Miterben der jeweilige Anteil ein Drittel am Nachlass), nicht aber über einzelne Nachlassgegenstände verfügen (§§ 2033, 2040 BGB). Die Miterben verwalten den Nachlass nach § 2038 BGB gemeinschaftlich. Beendet wird die Erbengemeinschaft typischerweise durch Auseinandersetzung. Jeder Erbe kann grundsätzlich jederzeit die vollständige Auseinandersetzung der Erbengemeinschaft verlangen (§ 2042 Abs. 1 BGB). Im Rahmen der Auseinandersetzung werden die Nachlassgegenstände unter den einzelnen Miterben aufgeteilt.[24]

6. Leistungsschutzrechte

Natürlichen Personen zustehende Leistungsschutzrechte[25] sind grundsätzlich wie das Urheberrecht vererblich. Für übertragbare Leistungsschutzrechte, wie zB. § 70 Abs. 1 UrhG (Recht an wissenschaftlichen Ausgaben), § 71 Abs. 2 UrhG (Recht an nachgelassenen Werken), § 72 Abs. 1 UrhG (Recht an Lichtbildern), § 81 UrhG (Recht des Veranstalters) § 85 Abs. 2 UrhG (Recht des Tonträgerherstellers), § 87 Abs. 2 UrhG (Recht des Sendeunternehmens), § 94 Abs. 2 UrhG (Recht des Filmherstellers), § 95 UrhG (Recht des Herstellers von Laufbildern) ergibt sich dies aus dem allgemeinen Erbrecht (§ 1922 Abs. 1 BGB). Teilweise regelt das Urheberrechtsgesetz deren Übertragbarkeit in den vorgenannten Vorschriften ausdrücklich.[26] Für die Leistungsschutzrechte des ausübenden Künstlers gilt eine Besonderheit. Gem. § 76 S. 4 UrhG stehen die Persönlichkeitsrechte gem. §§ 74, 75 UrhG (Anerkennungsrecht und Entstellungsschutz) nach dem Tod eines ausübenden Künstlers dessen Angehörigen (§ 60 Abs. 2 UrhG) zu. Eine Vererbung ist insoweit ausgeschlossen, so dass nach dem Tode eines ausübenden Künstlers die vor-

---

21 *Loewenheim*, in: Schricker/Loewenheim, UrhG, § 9, Rn. 12.
22 *Thum*, in: Wandtke/Bullinger: UrhG, § 8, Rn. 56.
23 *Edenhofer*, in: Palandt, BGB, 2014, § 2032, Rn. 1.
24 *Edenhofer*, in: Palandt, BGB, 2014, § 2042, Rn. 1.
25 Hierzu siehe Kap. 10.
26 *Schricker/Loewenheim*, in: Schricker/Loewenheim, UrhG, § 28, Rn. 16, 18.

genannten Persönlichkeitsrechte und die sonstigen Rechte (§ 79 UrhG iVm. §§ 77 und 78 UrhG) des ausübenden Künstlers in unterschiedlichen Händen liegen können, soweit die Angehörigen nicht mit den Erben identisch sind.

III. Zeitliche Geltung

21 Das Urheberrecht erlischt siebzig Jahre nach dem Tode des Urhebers (§§ 64 ff. UrhG).[27] Die Schutzfrist beginnt nicht aufgrund einer Rechtsnachfolge neu zu laufen.

Randnummern 22–99 einstweilen frei.

---

27 Vgl. hierzu Kap. 2, Rn. 101.

B. Erbrechtliche Rechtsnachfolge
I. Vererblichkeit

Dass das Urheberrecht – einschließlich Urheberpersönlichkeitsrecht, Ausschließlichkeitsrechte, Vergütungsansprüche und sonstige Ansprüche des Urhebers, nicht jedoch die Urheberschaft – vererblich ist, ergibt sich einfachgesetzlich aus § 28 Abs. 1 und § 29 Abs. 1 Halbs. 2 UrhG. § 28 UrhG gilt nicht nur für den ersten Erbfall nach dem Urheber, sondern ermöglicht innerhalb der zeitlichen Grenzen der gesetzlichen Schutzfrist beliebig oft die **Weitervererbung**,[1] wobei erfolgte Rechtseinräumungen auch gegenüber den jeweiligen Erben **fortwirken**.[2]

100

II. Erbrechtliche Gestaltungsmöglichkeiten

Der Erbfall richtet sich nach den §§ 1922 ff. BGB, also nach gesetzlicher oder gewillkürter Erbfolge, so dass auch die jeweiligen **Formvorschriften** der letztwilligen Verfügungsgestaltung des BGB (§§ 2231 ff., 2247, 2267 und 2276 BGB) einzuhalten sind, bspw. das Erfordernis der vollständigen Eigenhändigkeit.

101

Nachfolgend sollen exemplarisch Ansatzpunkte zur Gestaltung der postmortalen Ausübung des Urheberrechts durch den Rechtsvorgänger aufgezeigt werden.

102

1. Rechtsnachfolgesubjekt

Als erste Überlegung stellt sich die Frage, welche Person Rechtsnachfolger des Urhebers werden soll bzw. kann. Erben können jedenfalls **natürliche** und **juristische Personen** einschließlich des **Fiskus** sein. Eine Aktiengesellschaft, eine Gesellschaft mit beschränkter Haftung sowie ein eingetragener Verein (e.V.) können daher als juristische Personen unstreitig Erben des Urheberrechts sein. Darüber hinaus – dies ist allerdings im Einzelnen strittig[3] – kommen auch **Personenhandelsgesellschaften** und andere Personenvereinigungen in Betracht, die einer juristischen Person angenähert sind (**offene Handelsgesellschaft** gem. § 124 Abs. 1 HGB, **Kommanditgesellschaft** gem. §§ 161 Abs. 2, 124 Abs. 1 HGB, **Partnerschaftsgesellschaft** gem. § 7 Abs. 2 PartGG), zumindest im Ergebnis der **nichtrechtsfähige Verein** und auch die **Gesellschaft bürgerlichen Rechts**. Bei **Stiftungen** ist jedenfalls die Sondervorschrift des § 84 BGB zu beachten.

103

Kein Fall der Vererbung ist der Erwerb des Urheberrechts aufgrund eines Vermächtnisses/Vorausvermächtnisses, denn der Vermächtnisnehmer hat im Erbfall gegen die Erben lediglich einen schuldrechtlichen Anspruch auf Übertragung des Urheberrechts (§§ 1939, 2147 ff., 2174 BGB). Auch die Auflage verpflichtet den

104

---

1 *Schulze*, in: Dreier/Schulze, UrhG, § 28, Rn. 6.
2 Siehe hierzu Rn. 13.
3 *Hoche*, in: Wandtke/Bullinger, UrhG, § 28, Rn. 6 mwN.

Erben oder Vermächtnisnehmer lediglich schuldrechtlich zu einer Leistung, zB. zur Übertragung des Urheberrechts (§§ 1940, 2192 ff. BGB).

2. Gesamtrechtsnachfolge und Einzelrechtsnachfolge

a) Gesamtrechtsnachfolge

105 Bei der Gesamtrechtsnachfolge geht das gesamte dem Erblasser zustehende Urheberrecht auf den Erben als Rechtsnachfolger gem. § 1922 Abs. 1 BGB über. Dies gilt sowohl für den gesetzlichen als auch für den testamentarisch eingesetzten Erben.

aa) Erbengemeinschaft

106 Setzt der Urheber mehrere **Miterben** ein, so werden diese gemeinsam als Erbengemeinschaft an dem vollen Urheberrecht Rechtsnachfolger (§ 2032 BGB), die gemeinsam die Nachlassverwaltung wahrnehmen (§ 2038 BGB) und wozu jeder Miterbe verpflichtet ist.[4] Die Rechtsbeziehungen in der Erbengemeinschaft richten sich ausschließlich nach den §§ 2032 ff. BGB. § 8 UrhG findet auf die Miterben keine Anwendung, so können die Miterben nur gemeinschaftlich über den Nachlass und über einzelne Nachlassgegenstände wie das Urheberrecht verfügen (§ 2033 Abs. 2 BGB).[5] Hierzu zählt auch die Wahrnehmung der urheberpersönlichkeitsrechtlichen Befugnisse, mit Ausnahme von schwerwiegenden Urheberpersönlichkeitsrechtsverletzungen. Bei einer drohenden irreversiblen Entstellung eines Werkes (§ 14 UrhG) kann zB. ein Miterbe allein, dh. ohne Zustimmung der anderen, handeln (§ 2038 Abs. 1, S. 2, Halbs. 2 BGB).

107 Im Wege einer **Erbauseinandersetzung** (§ 2042 BGB) können einem Miterben das Urheberrecht als Ganzes oder Ansprüche an diesem oder ein Teil (Stammrechte, Nutzungsrechte hieran oder Ansprüche) in Gestalt einer Einzelrechtsnachfolge (§ 29 Abs. 1 Halbs. 2 UrhG) übertragen werden.[6] Jedoch kann auch schon der Erblasser vorab zu einer Auseinandersetzung **Teilungsanordnungen** treffen, wie zB. die persönliche Zuteilung des Urheberrechts an einem bestimmten Werk oder die Zuteilung bestimmter Rechte an einem einzelnen Werk.[7]

bb) Vor- und Nacherbschaft

108 Setzt der Urheber einen **Vor- und Nacherben** (gem. § 2100 BGB) ein, so wird mit Eintritt der Nacherbfolge der Nacherbe Gesamtrechtsnachfolger des Urheber-Erblassers in dem Umfang des bei Eintritt des Nacherbfalls bestehenden Urheberrechts. Zu beachten ist dabei die dreißigjährige Frist gem. § 2109 Abs. 1 und 2 BGB, nach der die Nacherbschaft entfällt. Der Nacherbe ist dabei in seiner Stellung hinsichtlich des Urheberrechts durch § 2113 BGB (Schenkungen des Vor-

---

4 *Hoche*, in: Wandtke/Bullinger, UrhG, § 28, Rn. 7; BGH, Urt. v. 14.11.1996 – I ZR 201/94 (Verlagsverträge), GRUR 1997, 236, 237.
5 *Schricker/Loewenheim*, in: Schricker/Loewenheim, UrhG, § 28, Rn. 10.
6 Siehe hierzu Rn. 109 f.
7 *Schulze*, in: Dreier/Schulze, UrhG, § 28, Rn. 7.

erben, zB. unentgeltliche Einräumung von Nutzungsrechten) und § 2115 BGB (Zwangsvollstreckungsverfügungen gegen Vorerben) geschützt. Hinsichtlich des gesamten Urheberrechts bleibt er hingegen durch § 29 Abs. 1 Halbs. 1 UrhG geschützt.

b) *Einzelrechtsnachfolge*

Ergänzend zur Gesamtrechtsnachfolge kann der Erblasser zur Steuerung der postmortalen Ausübung des Urheberrechts in den gesetzlich zulässigen Grenzen (§ 29 Abs. 1 Halbs. 2 UrhG) **Einzelrechtsnachfolgeregelungen** treffen. Gerade der Urheber kann bspw. ein besonderes Interesse daran haben, sein Urheberrecht an einem bestimmten Werk einer spezifischen Person zukommen zu lassen. Die Gesamtrechtsnachfolge kann in dieser Hinsicht ungeeignet sein, wenn der vorgesehene Erbe nicht die notwendigen persönlichen Fähigkeiten besitzt, um das Urheberrecht nach den Vorstellungen des Urhebers weiterzuentwickeln, zu verwerten oder zu schützen. Dadurch hat der Urheber insbesondere die Möglichkeit, die Verwertung seines Urheberrechts nach seinem Ableben letztwillig zu gestalten, ohne zu Lebzeiten bereits seine Verfügungsgewalt einzuschränken.

109

Hinzukommt, dass im Wege der Einzelrechtsnachfolge auch eine bloße **Übertragung des Stammrechts** oder die Einräumung von einzelnen Nutzungsrechten möglich ist. Der Urheber-Erblasser kann zB. auch einen dritten Nichterben mit einem Vermächtnis oder einer Auflagenbegünstigung zu einem spezifischen Rechtsnachfolger für das Urheberrecht, das Stammrecht, Nutzungsrechte an dem Urheberrecht oder Ansprüche ernennen.

110

aa) Vor- und Nachvermächtnis

Er kann auch ein **Vor- und Nachvermächtnis** (§ 2191 BGB) anordnen, vergleichbar mit der Vor- und Nacherbschaft, mit dem Unterschied, dass mit Ereigniseintritt nur das spezifische Recht betroffen ist. Charakterisierend für das Vermächtnis ist, dass der Erblasser freie Gestaltungsmöglichkeiten hat, der Vermächtnisempfänger aber nicht Rechtsnachfolger gem. § 1922 BGB wird, sondern erst im Wege der Geltendmachung und Erfüllung seines Anspruchs gegen den Erben (§ 2174 BGB). Diese erfüllt der Erbe gem. §§ 413, 398 BGB. Auslegungsmaßstab für die Reichweite der letztwilligen Einräumung, ob Nutzungs- oder Stammrecht Gegenstand sind, sind zum einen § 2087 Abs. 2 BGB analog – analog, da § 2087 Abs. 2 BGB direkt nur auf die Auslegung zwischen Vermächtnis zu Erbe Anwendung findet und nicht auf Urheberrecht zu Nutzungsrecht – und zum anderen der Zweckübertragungsgrundsatz (§ 31 Abs. 5 UrhG).[8]

111

bb) Auflage

Die **Auflage** an den Erben oder Vermächtnisnehmer bietet dem Urheber-Erblass die größten Gestaltungsmöglichkeiten. Er kann nicht nur den Erben verpflichten, Dritte zu begünstigen, sondern auch den Rechtsnachfolger in seiner Ausübung des

112

---

8 *Gloser*, S. 336 f.

Urheberrechts anweisen. Mit einer Auflage kann der Urheber den Rechtsnachfolger dazu verpflichten, das Urheberrecht, das Stammrecht, Nutzungsrechte hieran oder Ansprüche hieraus einem Auflagenbegünstigten zu übertragen bzw. einzuräumen. Eine wirksame Auflage kann den Rechtsnachfolger in der Ausübung des Stammrechts sowohl in dem persönlichkeitsrechtlichen Teil, zB. durch Vorgaben zur Veröffentlichung (§ 12 UrhG) des Werks, als auch in dem verwertungsrechtlichen Teil binden, zB. durch das Gebot ein Filmwerk nur als Kinofilm zu verwerten.

113 Der Urheber-Erblasser hat bei der **Formulierung** der Auflage in seiner letztwilligen Verfügung zu beachten, dass diese hinreichend bestimmt ist und dem Erben bei Erfüllung der Auflage keine „freie Hand" lässt. Eine Auflage, nach der das Urheberrecht „im Sinne des Urhebers" auszuüben ist, scheitert daran. Es missachtet die Tatsache, dass das Urheberrecht mit Übergang nun vollständig in Händen und in der Verfügungsmacht des Rechtsnachfolgers liegt (§ 30 UrhG).[9] Um eine Umgehung und damit eine Verletzung des Gebots der Unübertragbarkeit des Urheberrechts (§ 29 Abs. 1 Halbs. 1 UrhG) zu verhindern, muss eine **Zweckauflage** gem. §§ 2192, 2156 BGB verfügt werden.[10] Die Übertragung auf den Auflagenbegünstigten erfolgt formlos. In Abgrenzung zum Vermächtnis, erwirbt der Auflagenbegünstigte aber keinen Anspruch (§ 1940 BGB). Der Erbe bleibt jedoch zur Leistung verpflichtet. Diese erbringt er gem. §§ 413, 398 BGB.

3. Wechselseitiges Testament und Erbvertrag

114 Über das Urheberrecht können vom Urheber-Erblasser auch **wechselseitige Testamente** (§ 2270 BGB) und **Erbverträge** (§§ 2274 BGB) eingegangen werden. Diese binden den Urheber jedoch in der Ausübung seines Urheberrechts bereits zu Lebzeiten, was mit dem Rückrufsrecht wegen gewandelter Überzeugung (§ 42 UrhG) kollidieren kann. Als Lösungsweg bietet sich in solchen Fällen die Anfechtung bindender Verfügungserklärung an (§§ 2281 Abs. 1, 2078 Abs. 2 BGB). Anfechtungsgrund ist dann die an § 42 Abs. 1 S. 1 UrhG zu messende gewandelte Überzeugung als künftiger Umstand gem. § 2078 Abs. 2 BGB.[11] Die gewandelte Überzeugung knüpft dabei jedoch an hohe objektive Voraussetzungen,[12] da es sonst zu missbräuchlichen Lösungsversuchen des Urhebers von bindenden Verfügungen kommen kann.

4. Risiko der urheberrechtlichen Schutzfähigkeit eines Werkes

115 Die formlose Entstehung eines Urheberrechts[13] kann für die **Erstellung eines Testaments** Probleme mit sich bringen, da Voraussetzung der Werkentstehung ledig-

---

9 *Bullinger*, in: Wandtke/Bullinger, UrhG, Vor. §§ 12 ff., Rn. 12, 16; *Schulze*, in: Dreier/Schulze, UrhG, Vor. § 12, Rn. 5; *Dietz/Peukert*, in: Schricker/Loewenheim, UrhG, Vor. §§ 12 ff., Rn. 14.
10 *Gloser*, S. 320.
11 *Gloser*, S. 354 f.
12 BayObLG, Beschl. v. 12.11.2001 – 1Z BR 134/00, NJW-RR 2002, 367, 369.
13 Siehe Kap. 1, Rn. 304 ff.; *Thum*, in: Wandtke/Bullinger, UrhG, § 7, Rn. 2.

lich eine „persönliche geistige Schöpfung" im Sinne des § 2 Abs. 2 UrhG ist, über deren Qualität bzw. Vorliegen man sich im Zweifel trefflich streiten kann.[14] Ein **beurkundender Notar** sollte im Hinblick auf § 17 Abs. 1 S. 2 BeurkG den Anschein vermeiden, er habe die Werkqualität eines vermeintlichen Werks geprüft oder nehme einen Urheberrechtsschutz an.[15] Darüber hinaus kann es sich bei **Unsicherheiten hinsichtlich der Werkqualität** empfehlen, die gesamte Rechtsnachfolge entsprechend differenziert zu gestalten. Denn geht der Urheber-Erblasser irrig von einem schutzfähigen Werk aus, setzt er sich dem Risiko der Anfechtung der Verfügung gem. § 2078 Abs. 2 BGB aus.[16] Sollte eine letztwillige Verfügung insoweit mehrere Erben unterschiedlich bedenken (zB. den einen mit einem unsicheren Urheberrecht, den anderen mit einer Geldsumme), könnte ein Vorausvermächtnis zu Lasten desjenigen, der die Geldsumme bekommt formuliert werden, unter der Bedingung, dass keine Werkqualität vorliegt.

III. Testamentsvollstreckung

1. Voraussetzungen und Umfang der Testamentsvollstreckung

Die Testamentsvollstreckung ist in den §§ 2197 ff. BGB geregelt. Der Testamentsvollstrecker hat die letztwilligen Verfügungen des Erblassers auszuführen (§ 2203 BGB), die Auseinandersetzung der Erben zu bewirken (§ 2204 BGB) und den Nachlass zu verwalten (§ 2205 BGB). Die Reichweite der Befugnisse bestimmt sich letztlich nach der durch letztwillige Verfügung getroffenen Anordnung, denn der Erblasser kann die Rechte des Testamentsvollstreckers beschränken und die Verwaltung auf einzelne Nachlassgegenstände begrenzen (§ 2208 BGB). So hat der Urheber die Möglichkeit, die Testamentsvollstreckung auf seine – auch einzelne – Urheberrechte auf die Wahrnehmung bestimmter Urheberverwertungsrechte oder einzelner Urheberpersönlichkeitsrechte einzuschränken.[17]

116

Nach § 28 Abs. 2 S. 1 UrhG kann der Urheber (und auch der Rechtsnachfolger in das Urheberrecht im Ganzen)[18] durch letztwillige Verfügung die Ausübung des Urheberrechts einem Testamentsvollstrecker übertragen,[19] da die in § 2210 BGB geregelte Frist von 30 Jahren seit dem Erbfalle als maximale Dauer der Testamentsvollstreckung gem. § 28 Abs. 2 S. 2 UrhG nicht gilt. Die Testamentsvollstreckung endet folglich mit Ende der gesetzlichen Schutzfrist oder nach der durch den Urheber-Erblasser angeordneten Dauer. Deshalb ist dem Urheber-Erblasser anzuraten, auch eine Nachfolgeregelung für den Testamentsvollstrecker selbst zu treffen. Stirbt nämlich der Testamentsvollstrecker (§ 2225 BGB) oder kündigt er sein Amt (§ 2226 BGB) oder wird eine Entlassung beantragt (§ 2227 BGB), so erlischt sein –

117

---

14 Vgl. hierzu umfangreich Kap. 1, Rn. 151 ff., insb. Rn. 166 ff.
15 Siehe Kap. 1, Rn. 341 ff.; *Gloser*, S. 358.
16 *Gloser*, S. 359.
17 *Schricker/Loewenheim*, in: Schricker/Loewenheim, UrhG, § 28, Rn. 14.
18 *Schricker/Loewenheim*, in: Schricker/Loewenheim, UrhG, § 28, Rn. 15.
19 Vgl. das Formulierungsbeispiel zur Anordnung der Testamentsvollstreckung im Anhang, Teil XVI.

nicht vererbliches – Amt und damit auch die Testamentsvollstreckung insgesamt. Die Bestimmung eines Testamentsvollstreckers oder dessen Nachfolgers kann der Erblasser auch einem Dritten überlassen (§ 2198 Abs. 1 BGB). Der Testamentsvollstrecker wird nicht Rechtsnachfolger, dieser bleibt der Erbe.

2. Transmortale Vollmacht als Alternative

118 Der Urheber hat weitere **Gestaltungsmöglichkeiten bereits zu Lebzeiten**. Er kann einen Dritten, auch über den Tod hinaus (§ 672 BGB), ermächtigen, das Urheberrecht im Namen des Urhebers oder im eigenen Namen wahrzunehmen.[20] Die Ermächtigung bietet aber nicht dieselbe Sicherheit wie eine Testamentsvollstreckung, da sie jederzeit vom Erben widerrufen werden kann, es sei denn der Erbe wird im Wege einer Auflage verpflichtet sie zu dulden. Der Urheber kann zudem zu Lebzeiten Nutzungsrechte – wegen § 33 UrhG bindend – einräumen.[21]

Randnummern 119–199 einstweilen frei.

---

20 BGH, Urt. v. 14.11.1996 – I ZR 201/94 (Verlagsverträge), GRUR 1997, 236, 237 f.; *Hoche*, in: Wandtke/Bullinger: UrhG, § 28, Rn. 25.
21 Siehe Kap. 4, Rn. 6 ff.

C. Rechtsgeschäftliche Rechtsnachfolge

Das Urheberrecht ist gem. § 29 Abs. 1 Halbs. 1 UrhG rechtsgeschäftlich **nicht übertragbar**. Hiervon ausgenommen sind lediglich die oben aufgezeigten Übertragungen **in Erfüllung einer Verfügung von Todes wegen** (Testament oder Erbvertrag) oder **im Wege der Erbauseinandersetzung** der Miterben (§ 29 Abs. 1 Halbs. 2 UrhG).[1] Dies ist das Resultat des werkbezogenen Ausflusses der Persönlichkeit, das Urheber und Werk verbindet. Gem. § 29 Abs. 2 UrhG ist der Urheber aber berechtigt, an dem Urheberrecht Dritten ein Recht zur Nutzung dinglicher und schuldrechtlicher Natur einzuräumen. Diese Einräumung von Nutzungsrechten erfolgt nach den Regelungen der §§ 31 ff. UrhG.[2] Die Einräumung von Nutzungsrechten stellt dabei aber **keine Rechtsnachfolge** und keinen Erwerb des Urheberrechts dar, sondern die Begründung eines neuen Rechts, welches sich vom Stammrecht ableitet.[3]

200

Randnummern 201–299 einstweilen frei.

---

1 Siehe hierzu Rn. 107.
2 Hierzu siehe Kap. 4, Rn. 6 ff., insb. Rn. 12 ff.
3 *Wandtke/Grunert*, in: Wandtke/Bullinger, UrhG, Vor. § 31, Rn. 21, § 31, Rn. 1; *Schricker/Loewenheim*, in: Schricker/Loewenheim, UrhG, § 31, Rn. 6; *Schulze*, in: Dreier/Schulze, UrhG, § 31, Rn. 11.

D. Verzicht auf das Urheberrecht
I. Verzicht zu Lebzeiten
1. Kein Totalverzicht

300 Die **Aufgabe des Urheberrechts als Ganzes ist nicht möglich**.[1] Das Übertragungsverbot fußt auf dem Gedanken, dass die Persönlichkeit des Urhebers und das Werk miteinander untrennbar verbunden sind. Damit kann auch nicht auf das **Urheberpersönlichkeitsrecht** in seinem Kern verzichtet werden. Jedoch wird ein Verzicht hinsichtlich einzelner Eingriffe in das Urheberpersönlichkeitsrecht in Literatur und Rechtsprechung als zulässig erachtet.[2] So gilt das Namensnennungsrecht als verzichtsfähig.[3] Für Verwertungsrechte iSd. § 15 UrhG geht der BGH[4] in einem obiter dictum grundsätzlich von einer Verzichtbarkeit auf einzelne Verwertungsrechte aus, was in der Literatur jedoch zum Teil kritisch beurteilt wird.[5]

2. Vergütungsansprüche, Gestaltungsrechte

301 Auf gesetzliche und vertragliche **Vergütungsansprüche** sowie **urhebervertragsrechtliche Gestaltungsrechte** kann demgegenüber grds. **verzichtet** werden, soweit dem nicht gesetzliche Regelungen entgegenstehen.[6] In Bezug auf bereits entstandene Ansprüche kann der Urheber schlichtweg auf die Geltendmachung verzichten.[7]

3. Freigabe zur freien Nutzung („open content")

302 Um dem Urheber zu ermöglichen, sein Werk zur freien Nutzung freizugeben, kennt das Urhebergesetz eine Möglichkeit ohne Verzichtserklärung. Gem. § 32 Abs. 3 S. 3 UrhG kann der Urheber der Allgemeinheit unentgeltlich das Werk zur Verfügung stellen – sog. **„open content"** Nutzung.[8] Es handelt sich dabei um die Einräumung eines nicht-ausschließlichen Nutzungsrechtes gem. § 31 Abs. 2 UrhG zur Vervielfältigung und Verbreitung des betroffenen Inhalts.[9] Der Vergütungsanspruch gem. § 32 Abs. 1 UrhG besteht in derartigen Fällen nicht.

---

1 Siehe Kap. 1, Rn. 360 ff.; *Hoche*, in: Wandtke/Bullinger: UrhG, § 29, Rn. 15; *Schulze*, in: Dreier/Schulze, UrhG, § 29, Rn. 10; zur Public Domain siehe Kap. 4, Rn. 315 ff.
2 *Nordemann*, in: Loewenheim, UrhR, § 23, Rn. 11; *Hoche*, in: Wandtke/Bullinger, UrhG, § 29, Rn. 15 ff.; *Schricker/Loewenheim*, in: Schricker/Loewenheim, UrhR, § 29, Rn. 27; *Dietz/Peukert*, in: Schricker/Loewenheim, UrhR, Vor. §§ 12 ff., Rn. 28 ff.
3 *Hoche*, in: Wandtke/Bullinger, UrhG, § 29, Rn. 17 mwN.
4 BGH, Urt. v. 23.02.1995 – I ZR 68/93 (Berliner Mauer), GRUR 1995, 673, 675.
5 *Hoche*, in: Wandtke/Bullinger, UrhG, § 29, Rn. 18 mwN.
6 *Hoche*, in: Wandtke/Bullinger, UrhG, § 29, Rn. 20.
7 *Nordemann*, in: Loewenheim, UrhR, § 23, Rn. 9.
8 Hierzu siehe Kap. 1, Rn. 362 f. sowie ausführlich Kap. 4, Rn. 300 ff.
9 *Hoche*, in: Wandtke/Bullinger, UrhG, Vor. § 29, Rn. 19.

4. Besonderheit bei Miturhebern

Eine **Ausnahme vom Verzichtsverbot** macht § 8 Abs. 4 UrhG. Hiernach kann ein Miturheber, der ein Werk mit anderen gemeinsam geschaffen hat, auf seine Verwertungsrechte an dem Werk verzichten.[10] Die Verwertungsrechte wachsen den übrigen Miturhebern sodann an.

303

II. Unzulässiger Verzicht durch letztwillige Verfügung

Ein Verzicht auf das Urheberrecht durch letztwillige Verfügung ist aus denselben Gründen unzulässig.[11] Eine Verzichtsanordnung dürfte in der Regel entweder eine letztwillige Vernichtungsanordnung bedeuten[12] oder eine Auflage zu Lasten des Rechtsnachfolgers. jedermann einfache Nutzungsrechte einzuräumen und jeden Eingriff entschädigungslos zu dulden.[13]

304

III. Ausschlagung einer Erbschaft oder eines Vermächtnisses

Der Erbe oder Vermächtnisnehmer kann gem. §§ 1942 Abs. 1, 1953 Abs. 1 BGB bzw. § 2180 Abs. 3 BGB wirksam **das Erbe oder das Vermächtnis ausschlagen**. Dogmatisch gesehen ist die Ausschlagung aber kein Verzicht. Die Ausschlagung wirkt stets ex-tunc, sodass der Erbe oder Vermächtnisnehmer überhaupt nie Rechtsnachfolger geworden ist. Ein Verzicht würde demgegenüber ex-nunc eine bestehende Rechtsposition beseitigen.[14] Auch kann der Vermächtnisnehmer nach Annahme und Anfall (§§ 2176 ff. BGB), aber vor Abtretung des Vermächtnisses auf die Übertragung verzichten. Dies erfolgt im Wege eines Erlassvertrages (§ 397 Abs. 1 BGB) und wirkt ex-nunc. In dogmatischer Hinsicht stellt diese Konstruktion ebenfalls keinen Verzicht dar, da der Vermächtnisnehmer erst mit erfüllter Übertragung Rechtsnachfolger wird (§ 29 Abs. 1 Halbs. 2 UrhG).[15]

305

Randnummern 306–399 einstweilen frei.

---

10 Siehe auch Kap. 1, Rn. 322.
11 *Clément*, S. 39 f.; *Gloser*, S. 108.
12 *Hunziker*, S. 569.
13 *Gloser*, S. 109.
14 *Clément*, S. 52; *Leipold*, in: MüKo BGB, § 1953, Rn. 2.
15 *Gloser*, S. 110; *Nordemann*, GRUR 1969, 127, 128.

E. Rechtsnachfolge in das vor Nachfolge verletzte Urheberrecht

400 Bei der Rechtsnachfolge in das vor Nachfolge verletzte Urheberrecht stellt sich die Frage, welche Ansprüche, die wegen der Verletzung des Urheberrechts bei dem Urheber bestehen, **isoliert abgetreten** werden können und welche Ansprüche unverrückbar mit dem Stammrecht des Urheberrechts verbunden sind.

I. Gesetzliche Abwehransprüche

1. Unterlassungs- und Beseitigungsansprüche

401 Die gängigsten Abwehransprüche aus dem Urheberrecht sind nach § 97 Abs. 1 UrhG **Ansprüche auf Unterlassung und Beseitigung** einer ungenehmigten Nutzung oder ungerechtfertigten Beeinträchtigung des Urheberrechts.[1] Diese sind nach hM.[2] **nicht isoliert abtretbar** und teilen ihr Schicksal mit dem Stammrecht. Gem. § 399 BGB kann ein Anspruch dann nicht abgetreten werden, wenn die Leistung an den neuen Gläubiger nicht ohne Veränderung möglich ist. Als dinglicher Anspruch, der die volle ungestörte Verfügungs- und Ausschlussbefugnis über das Urheberrecht sichern soll, fußt er direkt im Stammrecht und schützt primär das Urheberrecht, bevor er den Urheber schützt. Könnte man nur den Abwehranspruch abtreten, so hätte der Empfänger kein eigenständiges Interesse an der Durchsetzung des Abwehranspruchs, wenn ihm dazu das Urheberrecht fehlt. In Betracht käme dann aber die Umdeutung in eine zulässige Ermächtigung.[3]

2. Vernichtungs-, Rückruf- oder Überlassungsansprüche

402 § 98 UrhG gewährt dem beeinträchtigten Urheber einen **Anspruch auf Vernichtung, Rückruf** oder **Überlassung** von Vervielfältigungsstücken in Händen Dritter.[4] Zweck des Anspruchs ist es, eine Fortwirkung oder Wiederholung einer erfolgten Verletzung zu verhindern. Damit ist der Anspruch eine Konkretisierung zum Beseitigungsanspruch und folgt den gleichen Regeln, sodass auch er nach § 399 UrhG nicht übertragbar ist. **§ 69f UrhG** ist dabei ein spezieller Vernich-

---

1 Siehe Kap. 7, Rn. 49 ff.
2 Für eine Abtretbarkeit: *Dreier*, in: Dreier/Schulze, UrhG, § 97, Rn. 83; *Vinck*, in: Loewenheim, UrhR, § 81, Rn. 3; *Lütje*, in: Möhring/Nicolini, UrhG, 2014, § 97, Rn. 273; hiergegen: BGH, Urt. v. 23.09.1992 – I ZR 251/90 (Universitätsemblem), GRUR 1993, 151, 152; *Roth*, in: MüKo BGB, § 399, Rn. 21; *v. Wolff*, in: Wandtke/Bullinger, UrhG, § 97, Rn. 97; BGH, Urt. v. 05.07.2001 – I ZR 311/98 (SPIEGEL-CD-ROM), GRUR 2002, 248, 250.
3 BGH, Urt. v. 05.07.2001 – I ZR 311/98 (SPIEGEL-CD-ROM), GRUR 2002, 248, 250.
4 Siehe Kap. 7, Rn. 60 ff.

tungsanspruch für die Beeinträchtigung von Computerprogrammen,[5] für den dasselbe gilt.

3. Anspruch auf Urteilsbekanntmachung

§ 103 UrhG gibt der obsiegenden Partei eines Urheberrechtsstreits das Recht, zu entscheiden, ob das Urteil veröffentlicht werden soll. Es handelt sich hierbei dem Kern nach um einen Beseitigungsanspruch,[6] so dass auch dieser nicht isoliert übertragbar ist und mit dem Stammrecht automatisch an den Rechtsnachfolger übergeht.

403

II. Anspruch auf Schadensersatz bzw. billige Geldentschädigung

1. Schadensersatzanspruch

Ein entstandener **Schadensersatzanspruch** nach § 97 Abs. 2 S. 1 bis 3 UrhG[7] ist als Forderung uneingeschränkt abtretbar (§§ 398 ff. BGB) und isoliert der Rechtsnachfolge zugänglich.[8]

404

2. Anspruch auf Geldentschädigung

Der Anspruch auf **billige Geldentschädigung** (§ 97 Abs. 2 S. 4 UrhG)[9] ist im Gegensatz zum Schadensersatzanspruch nicht auf eine materielle Vermögenseinbuße gerichtet. Dadurch, dass er eine immaterielle Verletzung der Beeinträchtigung der Persönlichkeit des Urhebers ersetzen soll, ist er im besonderen Maße an den Urheber geknüpft.[10] Die zuvor streitige Frage, ob der Rechtsnachfolger gem. § 97 Abs. 2 S. 4 UrhG immateriellen Schadenersatz für vor dem Erbfall erfolgte Urheberrechtsverletzungen verlangen kann, hat der BGH im Jahr 2014 unter Verweis auf die untrennbare Verflechtung des Urheberpersönlichkeitsrechts (anders für die Verletzung des allgemeinen Persönlichkeitsrechts) mit den vermögensrechtlichen Elementen des Urheberrechts bejaht.[11] Ein bereits entstandener Entschädigungsanspruch ist damit ebenfalls vererblich.

405

III. Anspruch auf Auskunft, Vorlage und Besichtigung

Dem Urheber stehen eine Reihe von **Informationsansprüchen** zu,[12] um Ansprüche aus erfolgten Verletzungen seines Urheberrechts durchsetzen zu können. Hierzu zählen die Auskunftsansprüche gem. § 101 Abs. 1 UrhG; §§ 242, 259, 260

406

---

5 Hierzu siehe Kap. 5, Rn. 377 ff.
6 Siehe Kap. 7, Rn. 65 ff.; ebenso *Bohne*, in: Wandtke/Bullinger, UrhG, § 103, Rn. 2.
7 Hierzu siehe Kap. 7, Rn. 92.
8 *Sprau*, in: Palandt, BGB, § 823, Rn. 75; *v. Wolff*, in: Wandtke/Bullinger, UrhG, § 97, Rn. 97.
9 Hierzu siehe Kap. 7, Rn. 107 ff.
10 *v. Wolff*, in: Wandtke/Bullinger, UrhG, § 97, Rn. 85.
11 Vgl. zum bisherigen Streitstand: *Bullinger*, in: Wandtke/Bullinger, UrhG, 2013 § 30, Rn. 11; BGH, Urt. v. 29.04.2014 – VI ZR 246/12, GRUR 2014, 702, 705.
12 Hierzu siehe Kap. 7, Rn. 81 ff.

BGB und die Vorlage und Sicherungsansprüche nach §§ 101a und 101b UrhG. Informationsansprüche sind dienende Ansprüche.[13] Sie erfüllen den Zweck, den Hauptanspruch durchsetzbar zu machen.[14] Demnach sind Ansprüche auf Auskunft, Vorlage, Rechnungslegung und Besichtigung an das Schicksal des Hauptanspruchs gebunden.[15] Dies gilt für akzessorische (§ 101 Abs. 1 UrhG; §§ 249, 259, 260 BGB) und für nicht-akzessorische Ansprüche (§ 101 Abs. 2 UrhG), da die Akzessorietät nur dazu aussagt, ob der Informationsanspruch sich gegen den Verletzer oder einen Dritten richtet, jedoch im Kern dieselbe Zwecksetzung verfolgt, den Hauptanspruch durchzusetzen.[16] Der Informationsanspruch folgt damit dem Hauptanspruch. Ist der jeweilige Hauptanspruch isoliert von dem Urheberrecht abtretbar, gilt dies auch für den entsprechenden Informationsanspruch.[17]

IV. Abmahnung und Unterwerfung

407 Die Abmahnung und Unterwerfung sind keine Ansprüche, sondern Obliegenheiten,[18] die der Urheber zum Schutz seines Urheberrechts ergreifen kann und sollte.

1. Abmahnung

408 Die berechtigte **Abmahnung** durch den Rechteinhaber hat zur Rechtsfolge, dass er die Kostenfalle des § 93 ZPO vermeidet und ein Anspruch auf Ersatz der Abmahnkosten entsteht (§ 97a Abs. 1 S. 2 UrhG).[19] Dieser **Kostenerstattungsanspruch** ist als Schadensersatzanspruch nach den oben genannten Grundsätzen isoliert abtretbar.

2. Unterwerfung

409 Soweit eine **Unterwerfung** durch **Unterlassungsvertrag** zustande kommt,[20] kann sich die Frage stellen, ob der vertragliche Anspruch auf Unterlassung sowie das den **Unterlassungsanspruch** absichernde **Vertragsstrafeversprechen** abtretbar sind und – sollte der Verletzer die Verletzungshandlung nicht unterlassen – ob der Anspruch aus der vereinbarten **Vertragsstrafe** aus dem Unterlassungsvertrag übertragbar ist.

a) Unterlassungsanspruch

410 Die isolierte **Abtretbarkeit eines vertraglichen Unterlassungsanspruchs** ist umstritten, insbesondere dann, wenn die Abtretung zu einer Veränderung des Leis-

---

13 Siehe Kap. 7, Rn. 83.
14 *Dreier*, in: Dreier/Schulze, UrhG, § 101, Rn. 1.
15 *Gloser*, S. 276; BGH, Beschl. v. 16.06.2000 – BLw 30/99, WM 2000, 2555 f.
16 *Dreier*, in: Dreier/Schulze, UrhG, § 101, Rn. 1.
17 Vgl. BGH, Beschl. v. 16.06.2000 – BLw 30/99, WM 2000, 2555, 2556.
18 *Dreier*, in: Dreier/Schulze, UrhG, § 97a, Rn. 4.
19 Hierzu siehe Kap. 7, Rn. 116 ff.
20 Siehe Kap. 7, Rn. 73.

tungsinhalts führen würde (§ 399 BGB).²¹ Hingegen ist klar, dass das Vertragsstrafversprechen streng akzessorisch zu dem Hauptanspruch ist. Demnach folgt dieses dem Unterlassungsanspruch gem. § 401 Abs. 1 BGB.²²

b) Vertragsstrafen- und Schadensersatzanspruch

Die Ansprüche auf Vertragsstrafe und Schadensersatz sind zweifellos isoliert abtretbar, da sich diese unabhängig vom Stammrecht im Vermögen des Urhebers befinden. 411

Randnummern 412–499 einstweilen frei.

---

21 Vgl. *Gloser*, S. 296 ff.; *Dornis/Förster*, GRUR 2006, 195, 196 f.; *Rieble*, in: Staudinger, BGB, § 339, Rn. 400; *Hacker*, in: Ströbele/Hacker, MarkenG, § 14, Rn. 443; *Teplitzky*, Kap. 15, Rn. 5; *Fritzsche*, S. 455.
22 BGH, Urt. v. 25.04.1996 – I ZR 58/94 (Übergang des Vertragsstrafeversprechens), GRUR 1996, 995, 996; *Roth*, in: MüKo BGB, § 401, Rn. 9; *Grüneberg*, in: Palandt, BGB, § 339, Rn. 13; *Teplitzky*, Kap. 20, Rn. 21.

F. Rechtsnachfolge im Gesellschaftsrecht

500 Rechtsfähige Gesellschaften können im Wege der Einzelrechtsnachfolge durch Verfügung von Todes wegen Rechtsnachfolger und damit Inhaber eines Urheberrechts werden.[1] Da sie selbst keines erschaffen können, dürften in der Praxis Urheberrechte nur einen geringen Teil des Vermögens einer Gesellschaft ausmachen.

I. Liquidation

501 Tritt eine juristische Person oder eine Personengesellschaft in das Liquidationsstadium ein, bleibt die Identität der Gesellschaft bestehen, nur ihr Zweck ändert sich von der werbenden Gesellschaft zur Abwicklungsgesellschaft (§ 69 GmbHG; § 145 HGB; § 263 Akt; § 730 BGB). Der Schritt zur vollständigen Auflösung einer Gesellschaft erfolgt über **die Veräußerung des Vermögens einer Gesellschaft** (§§ 731 S. 2, 752 ff. BGB; §§ 149 S. 1, 155 Abs. HGB; §§ 70 S. 1 Halbs. 1 GmbHG; §§ 268 Abs. 1 S. 1, 271 Abs. 1 AktG). Die Veräußerung ist eine rechtsgeschäftliche Verfügung, die ein Urheberrecht betreffend einen Verstoß gegen § 29 Abs. 1 Halbs. 1 UrhG darstellt. Konsequenz dessen ist, dass eine Liquidationsgesellschaft bis zum Ablauf der Schutzfrist von siebzig Jahren bestehen bleibt, die nur durch das Urheberrecht als Vermögen ausgemacht wird.[2]

502 Dies kann ggf. durch Umwandlung und/oder im Wege des § 140 Abs. 1 S. 2 HGB vermieden werden bzw. durch letztwillige Bestimmung eines Nachvermächtnisses oder Auflage, dass bei Liquidation das Urheberrecht auf einen Dritten übertragen werden soll. Bei Personengesellschaften bietet sich grds. die Möglichkeit der gesetzlichen Gesamtrechtsnachfolge auf den letztverbleibenden Gesellschafter an.[3]

II. Änderungen im Gesellschafterbestand

503 Bei Änderungen im Gesellschafterbestand ist zu unterscheiden zwischen Personen- und Kapitalgesellschaften. Ändert sich der Bestand der Gesellschafter kann dies nur bei Personengesellschaften eine Auswirkung auf die Identität der Gesellschaft haben und damit möglicherweise in Konflikt mit dem Verfügungsverbots gem. § 29 Abs. 1 Halbs. 1 UrhG stehen.

1. Kapitalgesellschaften

504 **Im Falle der Kapitalgesellschaft** wird zwischen dem Vermögen der Gesellschaft und den Gesellschaftern wegen des Trennungsprinzips strikt differenziert (§ 1

---

1 *Hoche*, in: Wandtke/Bullinger, UrhG, § 28, Rn. 6.
2 *Gloser*, S. 404; *Hoche*, in: Wandtke/Bullinger, UrhG, § 28, Rn. 9, *A. Nordemann*, in: Loewenheim, UrhR, § 23, Rn. 18 f., aA.: *Schulze*, in: Dreier/Schulze, UrhG, § 29, Rn. 6.
3 Siehe hierzu Rn. 505.

Abs. 1 AktG; § 13 Abs. 2 GmbHG), sodass eine Änderung des Bestands an Gesellschafter keine Auswirkung auf das die Identität der Gesellschaft ausmachende Vermögen haben kann.[4]

2. Personengesellschaften

Für Personengesellschaften gilt ebenso, dass die Gesellschaft alleiniger Rechtsträger ist,[5] sodass Änderungen im Bestand keine Auswirkung auf die Gesellschaft und damit auf die Identität haben. Dies gilt für den Fall des Ein- und Austritts von Gesellschaftern, des Gesellschafterwechsels, sowohl in der Form der sog. „Doppelvertragslösung" als auch bei der Anteilsübereignung, soweit durch den Änderungsprozess zu keinem Stadium der Gesellschafteranteil auf weniger als zwei Personen absinkt. Sollte der Gesellschafterbestand im Zuge der laufenden Änderungen des Bestands oder als Folge eines Austritts aller anderen Gesellschafter **auf einen Gesellschafter verringert werden**, so fällt die Gesellschaft weg, da Voraussetzung dieser ein schuldrechtlicher Vertrag mindestens zweier Personen zur Verfolgung eines gemeinsamen Zwecks ist.[6] Durch Wegfall einer Personengesellschaft wächst das ganze Vermögen der Gesellschaft im Wege einer **gesetzlichen Gesamtrechtsnachfolge gem. § 738 Abs. 1 S. 1 BGB** der Person des verbleibenden Gesellschafters zu.[7] Danach ist eine gesonderte Liquidation nicht notwendig. Problematisch ist aber, dass dieser Vorgang irreversibel ist und der verbleibende Gesellschafter bis Eintritt einer weiteren Verfügung von Todes wegen Inhaber des Urheberrechts bleibt.

505

III. Formwechsel, Verschmelzung und Spaltung

1. Formwechsel

Der **Formwechsel** innerhalb (§§ 190 ff. UmwG) und außerhalb (§ 140 Abs. 1 S. 2 HGB) des Umwandlungsgesetz stellt § 29 Abs. 1 Halbs. 1 UrhG vor keine Probleme, da die Gesellschaft stets ihre Identität wahrt. Eine oHG, die zur BGB-Gesellschaft bzw. umgekehrt die Form wechselt, wechselt diese ohne Änderung der Zuordnung des Gesellschaftsvermögens und damit unter Wahrung ihrer Identität.[8] Dasselbe gilt für die Entwicklung von der sog. Vorgesellschaft, sollte man deren Rechtsfähigkeit hierfür bejahen, hin zu einer GmbH.[9] Das **Umwandlungsgesetz** erlaubt einen Formwechsel ausdrücklich ohne Vermögensübertragung und unter Identitätswahrung (§ 202 Abs. 1 Nr. 1 UmwG).

506

---

4 BGH, Urt. v. 16.10.2003 – IX ZR 55/02, NJW 2004, 217, 218.
5 *Ulmer/Schäfer*, in: MüKo BGB, Vor. §§ 705, Rn. 11; BGH, Urt. v. 29.01.2001 – II ZR 331/00 (Rechtsfähigkeit der BGB-Gesellschaft), NJW 2001, 1056; BGH, Beschl. v. 18.02.2002 – II ZR 331/00, NJW 2002, 1207.
6 *Ulmer/Schäfer*, in: MüKo BGB, § 705, Rn. 1.
7 *Schäfer*, in: MüKo BGB, § 738, Rn. 8 f.
8 *Hoche*, in: Wandtke/Bullinger, UrhG, § 28, Rn. 9.
9 *Hueck/Fastrich*, in: Baumbach/Hueck, GmbHG, § 11, Rn. 56.

2. Verschmelzung

507 In dem Fall der **Verschmelzung** ist die Grundidee, unabhängig von den verschiedenen Formen der Verschmelzung (Aufnahme gem. § 2 Nr. 1 UmwG, Neubildung gem. § 2 Nr. 2 UmwG), dass eine Gesellschaft sich auflöst (§ 20 Abs. 1 Nr. 2 UmwG) und ihr Vermögen auf eine neue Gesellschaft überträgt (§ 20 Abs. 1 Nr. 1 UmwG). Diese Übertragung des Vermögens ist gem. § 20 Abs. 1 Nr. 1 UmwG eine gesetzliche Rechtsfolge der Eintragung der Verschmelzung.[10] Zwar geht dieser eine rechtsgeschäftliche Vereinbarung über eine Verschmelzung voraus, jedoch ist dies bloß eine schuldrechtliche Vereinbarung über die Eintragung der Verschmelzung. Kraft Eintragung geht das Vermögen als Gesamtrechtsnachfolge über.[11] Ein Konflikt mit dem Verfügungsverbot gem. § 29 Abs. 1 Halbs. 1 UrhG ist deshalb nicht gegeben.

3. Spaltung

508 Bei der **Spaltung** ist es ebenso wie bei der Verschmelzung, dass ein Teil eines Vermögens einer Gesellschaft (§ 131 Abs. 1 Nr. 2; §§ 135 Abs. 1 iVm. 123 Abs. 2 UmwG) auf eine andere Gesellschaft übertragen wird (§ 123 Abs. 1 und 2 UmwG). Auch hier ist diese Übertragung eine gesetzliche Rechtsfolge (§ 131 Abs. 1 Nr. 1 UmwG), so dass ein Konflikt mit dem Verfügungsverbot gem. § 29 Abs. 1 Halbs. 1 UrhG grds. nicht gegeben ist.[12]

Randnummern 509–599 einstweilen frei.

---

10 *Hoche*, in: Wandtke/Bullinger, UrhG, § 28, Rn. 9.
11 *Stratz*, in: Schmitt/Hörtnagl/Stratz, UmwG, § 20, Rn. 1 und 6.
12 *Hoche*, in: Wandtke/Bullinger, UrhG, § 28, Rn. 9; *Hörtnagl*, in: Schmitt/Hörtnagl/Stratz, UmwG, § 131, Rn. 3.

G. Sacheigentum am Werkstück

Das Urheberrecht besteht frei von der Sache, die das Urheberrecht verkörpert.[1] 600
Die Veräußerung im Wege der Übereignung eines Werkes berührt den Urheber nicht in seiner Beziehung zum Urheberrecht. Selbiges gilt im Falle der Rechtsnachfolge am Urheberrecht. Das Urheberrecht geht eigenständig über. Selbstverständlich kann ein Original oder ein Vervielfältigungsstück, welches noch im Vermögen des Urheber-Erblassers liegt, im Wege der Gesamtrechtsnachfolge an den Rechtsnachfolger übergehen.

---

1 Hierzu siehe Kap. 1, Rn. 51 ff.

KAPITEL 10
Verwandte Schutzrechte

Literatur: *Andresen*, Leistungsschutz für die Tonmeister?, ZUM 1986, S. 335–340; *Arnold/Langhoff*, Fehlende Beteiligung von privaten Sendeunternehmen an der Leerträgervergütung gemäß § 54 UrhG – ein Fall der Staatshaftung?, ZUM 2006, S. 605–611; *Bappert/Wagner*, Urheberrechtsschutz oder Leistungsschutz für die Photographie?, GRUR 1954, S. 104–107; *Bisges*, Beeinträchtigung des Systems der Urhebervergütung für Privatkopien durch Cloud-Dienste, GRUR 2013, S. 146–150; *Bolwin/Sponer*, Bühnentarifrecht, Loseblattsammlung; *Büchner*, Schutz von Computerbildern als Lichtbild(werk), ZUM 2011, S. 549–552; *Büscher/Müller*, Urheberrechtliche Fragestellungen des Audio-Video-Streamings, GRUR 2009, S. 556–561; *Diesbach/Bormann/Vollrath*, Public-Viewing als Problem des Urheber- und Wettbewerbsrechts, ZUM 2006, S. 265–274; *Dünnwald*, Die künstlerische Darbietung als geschützte Leistung, UFITA 84 (1979), S. 1–25; *Dünnwald/Gerlach*, Schutz des ausübenden Künstlers, Kommentar zu §§ 73 bis 83 UrhG, 2008; *Franzen/v.Olenhausen*, Lichtbildwerke, Lichtbilder und Fotoimitate – Abhängige Bearbeitung oder freie Benutzung?, UFITA 2007, S. 435–480; *Gentz*, Veranstalterrecht, GRUR 1968, S. 182–187; *Götting*, Die Regelung der öffentlichen Wiedergabe nach § 87 Abs. 1 Nr. 3 UrhG, ZUM 2005, S. 185–192; *Götting/Lauber-Rönsberg*, Der Schutz nachgelassener Werke, GRUR 2006, S. 638–647; *Gounalakis*, Urheberrechtsschutz für die Bibel?, GRUR 2004, S. 996–1002; *Häuser*, Sound und Sampling, 2002; *Heermann*, Neues zum Leistungsschutzrecht für Sportveranstalter, GRUR 2015, S. 232–240; *Heine/Stang*, Das neue Leistungsschutzrecht für Presseverleger, AfP 2013, S. 177–182; *Hertin*, Die Vermarktung nicht lizenzierter Live-Mitschnitte von Darbietungen ausländischer Künstler nach den höchstrichterlichen Entscheidungen „Bob Dylan" und „Die Zauberflöte", GRUR 1991, S. 722–731; *Hilty/Henning-Bodewig*, Leistungsschutzrechte zugunsten von Sportveranstaltern?, Rechtsgutachten, 2007; *Hodik*, Der Schutz des Theater- und Konzertveranstalters in Deutschland, Österreich und der Schweiz, GRUR Int. 1984, S. 421–425; *Hofmann*, Verdient digitales Spielen ein Leistungsschutzrecht?, ZUM 2013, S. 279–292; *Hossenfelder*, Die Nachrichtendarstellung in Suchmaschinen nach der Einführung des Leistungsschutzrechts für Presseverleger, ZUM 2013, S. 374–380; *Hubmann*, Zum Leistungsschutzrecht der Tonmeister, GRUR 1984, S. 620–626; *Katzenberger*, Neue Urheberrechtsprobleme der Photographie, Reproduktionsphotographie, Luftbild- und Satellitenaufnahmen, GRUR Int. 1989, S. 116–119; *Klinkenberg*, Urheber- und verlagsrechtliche Aspekte des Schutzes Wissenschaftlicher Ausgaben nachgelassener Texte, GRUR 1985, S. 419–422; *Krebs/Becker/Dück*, Das gewerbliche Veranstalterrecht im Wege richterlicher Rechtsfortbildung, GRUR 2011, S. 391–397; *Krekel*, Zulässige Public-Viewing-Events bei Einbindung von Sponsoren, SpuRt 2006, S. 59–62; *Lehmann*, Zum rechtlichen Schutz von Datenbanken, CR 2005, S. 15–16; *Maaßen*, Urheberrechtliche Probleme der elektronischen Bildverarbeitung, ZUM 1992, S. 338–342; *Niebler/Schuppert*, Internet-Videorecorder II – Können sich Anbieter von Internet-Videorecordern gegenüber Sendeunternehmen auf den Zwangslizenzeinwand berufen?, CR 2013, S. 384–394; *Ohly*, Ein Leistungsschutzrecht für Presseverleger, WRP 2012, S. 41–48; *Pleister/v.Einem*, Zur urheberrechtlichen Schutzfähigkeit der Sendefolge, ZUM 2007, S. 904–909; *Reinholz*, Marketing mit der FIFA WM 2006 – Werbung, Marken, Tickets, Public Viewing, WRP 2005, S. 1485–1492; *Reinholz*, BGH: Zwangslizenzeinwand im Verletzungsprozess, GRUR-Prax 2013, S. 250; *Rüberg*, Montezumas späte Rache, ZUM 2006, S. 122–129; *Ruzicka*, Zum Leistungsschutzrecht des Wissenschaftlers nach § 70 UrhG, UFITA 84 (1979), S. 65–78; *Schack*, Zu den Ansprüchen des Tonträgerherstellers wegen Sound Sampling, JZ 2009, S. 475–477; *Schack*, Zur Beteiligung der Sendeunternehmen an der Geräte- und Speichermedienabgabe des § 54 I UrhG, GRUR Int. 2009, S. 490–496; *Schippan*, Der Schutz von kurzen Textwerken im digitalen Zeitalter, ZUM 2013, S. 358–374; *Schorn*, Zur Frage der Änderung von § 87 Absatz 3 und anderer Vorschriften des Urheberrechtsgesetzes im Rahmen der Urheberrechtsreform, GRUR 1982, S. 644–650; *Sebastian*, Die Himmelsscheibe von Nebra, UFITA 2014, S. 329–362; *Stieper*, Geistiges Eigentum an Kulturgütern, GRUR 2012, S. 1083–1091; *Spindler*, Das neue Leistungsschutzrecht für Presseverlage, WRP

2013, S. 967–977; *Thalke*, Lichtbildschutz für digitale Bilder von zweidimensionalen Vorlagen, ZUM 2010, S. 846–852; *v.Albrecht*, Praxis der Rechtevergabe im Online-Bereich, ZUM 2011, S. 706–714; *Winter*, Fußball im Radio: Live aus dem Stadion?, ZUM 2003, S. 531–540; *Wandtke/Völger*, Anmerkung zum Urteil des LG Berlin vom 04.11.2014 (15 O 153/14) – Zur Namensnennung von Synchronschauspielern, ZUM 2015, S. 266–268; *Weisser/Höppener*, Kabelweitersendung und urheberrechtlicher Kontrahierungszwang, ZUM 2003, S. 597–611; *Wild/Salagean*, Das Zusammenfallen von Werkschöpfung und Werkdarbietung, ZUM 2008, S. 580–587; *Wiebe*, Der Schutz von Datenbanken – ungeliebtes Stiefkind des Immaterialgüterrechts, CR 2014, S. 1–10; *Wittneben/Soldner*, Anmelde- und Lizenzpflicht von Public Viewing-Events zur WM 2006, WRP 2006, S. 675–680.

A. Leistungen und Werke

1 Nach § 2 Abs. 2 UrhG sind nur persönliche geistige Schöpfungen urheberrechtlich schutzfähig. Ein Werk muss damit bestimmte Mindestvoraussetzungen erfüllen, um in den Genuss des urheberrechtlichen Schutzes zu gelangen.[1] Häufig werden aber bei der Werkerstellung oder Werkvermittlung **Leistungen** erbracht, die in diesem Zusammenhang zwar wesentlich sind, aber ihrer Natur nach **keine persönlichen geistigen Schöpfungen** im Sinne des § 2 Abs. 2 UrhG darstellen, etwa weil sie rein **technischer, organisatorischer** oder **wirtschaftlicher Art** sind oder **rein werkinterpretierend**. Ein **Schauspieler**, der in einem Bühnenstück eine Rolle verkörpert, schafft dadurch selbst kein Sprachwerk,[2] sondern interpretiert das Werk eines Autors. Er erbringt daher keine eigene persönliche geistige Schöpfung im Sinne des § 2 Abs. 2 UrhG und erlangt deshalb **keinen urheberrechtlichen Schutz** an seiner Leistung. Dennoch ist seine Leistung für den Werkgenuss wesentlich, da der Schauspieler das vom Autor geschaffene Werk mit Leben füllt und als Vermittler zwischen Autor und Publikum tritt, weshalb diese Leistung **dennoch schutzwürdig** erscheint.[3]

2 Auch ein **Sendeunternehmen** erbringt keine schöpferischen Leistungen im Sinne des § 2 Abs. 2 UrhG. Die Veranstaltung und Durchführung des Sendebetriebs bedarf jedoch eines großen **technischen, organisatorischen und finanziellen Aufwandes**, den ein einzelner Urheber gar nicht in der Lage wäre zu realisieren. Dieser **unternehmerische Aufwand** ist Voraussetzung für die Werkvermittlung und dafür, dass die dem Urheber zustehenden Senderechte nach § 20 UrhG überhaupt verwertet werden können, so dass auch diese Leistungen gleichwohl schutzwürdig sind.[4] Da diese Leistungen aber keine persönliche geistige Schöpfungen im Sinne des § 2 Abs. 2 UrhG sind, sind sie per se nicht urheberrechtlich schutzfähig.

3 Damit derartige **für den Kulturbetrieb wesentliche Leistungen**, die Kraft ihrer Natur keine persönliche geistige Schöpfung beinhalten und damit nicht ur-

---

1 Vgl. zu den Schutzvoraussetzungen nach § 2 Abs. 2 UrhG ausführlich Kap. 1, Rn. 151 ff.
2 Zum Sprachwerk siehe Kap. 1, Rn. 104 ff.
3 Siehe hierzu unten, Rn. 134 ff.
4 Siehe hierzu unten, Rn. 239 ff.

heberrechtlich schutzfähig sind, nicht gänzlich schutzlos bleiben, werden diese seit Inkrafttreten des Gesetzes über Urheberrecht und verwandte Schutzrechte am 1. Januar 1966 im 2. Teil des Urheberrechtsgesetzes unter besonderen Schutz gestellt.[5] In Abgrenzung von den Urheberrechten spricht man diesbezüglich von den sogenannten **verwandten Schutzrechten** bzw. den **Leistungsschutzrechten**.[6] Geschützt werden durch die Leistungsschutzrechte keine persönlich-geistigen Schöpfungen, sondern im Kern anders gelagerte Leistungen, die im Einzelnen zwar **den Leistungen eines Urhebers durchaus ähnlich** sein können, die sich aber insgesamt grundsätzlich von den Urheberrechten unterscheiden. Der Gesetzgeber beschreibt die im 2. Teil des UrhG geregelten verwandten Schutzrechten daher wie folgt:

„Unter den im zweiten Teil des Entwurfs behandelten verwandten Schutzrechten versteht der Entwurf Rechte, die nicht wie das Urheberrecht die schöpferische Leistung schützen, sondern **Leistungen anderer Art**, die der schöpferischen Leistung des Urhebers **ähnlich** sind oder **im Zusammenhang mit den Werken** der Urheber erbracht werden."[7]

Die Leistungsschutzrechte sind also **Rechte „anderer Art"** und daher – anders als die in § 2 Abs. 1 UrhG nur beispielhaft aufgezählten urheberrechtlich geschützten Werke – auch **abschließend im Urheberrechtsgesetz geregelt**.[8] Da die Leistungsschutzrechte einem anderen Schutzzweck als das Urheberrecht dienen, kann der Schutz dieser andersartigen Rechte auch nur so weit reichen, wie er Kraft Gesetzes ausdrücklich gewährt wird. Mit § 11 UrhG oder § 15 UrhG vergleichbare **Generalklauseln** existieren in Bezug auf die Leistungsschutzrechte nicht. Gleichwohl sind die Leistungsschutzrechte **dem Urheberrecht nachgebildet**, sodass der Gesetzgeber aus Vereinfachungsgründen an vielen Stellen von Verweisen auf die urheberrechtlichen Vorschriften des 1. Teils Gebrauch gemacht hat. Anwendung finden aber nur Vorschriften, auf die ausdrücklich verwiesen wird. Vermeintlich bestehende Schutzlücken können nicht durch eine entsprechende analoge Heranziehung der urheberrechtlichen Regelungen geschlossen werden. Aber auch soweit sich **Verweise auf die urheberrechtlichen Vorschriften** finden, sind urheberrechtliche Normen stets im Licht des andersartigen Schutzzwecks der Leistungsschutzrechte anzuwenden und auszulegen.[9]

4

---

5   Lediglich die Schutzrechte des Filmherstellers sowie Laufbilder sind aus systematischen Gründen als filmspezifische Normen in Abweichung hiervon in § 94 bzw. § 95 UrhG geregelt.
6   Vor Inkrafttreten des UrhG waren die verwandten Schutzrechte weder im LUG noch im KUG geregelt.
7   BT-Drucks. IV/270, S. 33 f.
8   *Krüger*, in: Schricker/Loewenheim, UrhG, vor. §§ 73 ff., Rn. 1 ff.
9   Deutlich wird dies etwa bei der Anwendung des Rechtsgedankens der freien Benutzung nach § 24 UrhG auf Leistungsschutzrechte. Die Anwendung des Rechtsgedankens des § 24 UrhG wird von der Rechtsprechung generell bejaht, denn Sinn und Zweck der Vorschrift sei die Ermöglichung der kulturellen Fortentwicklung durch Benutzung bestehender Werke, sodass es diesem Zweck gerade zuwiderliefe, wenn zwar der Urheber eine

5   Auch wenn Normen aus dem Urheberrecht auf die Leistungsschutzrechte Anwendung finden, ist das **Schutzniveau der Leistungsschutzrechte** insgesamt schwächer ausgestaltet als das des Urheberrechts. So gibt es bei den Leistungsschutzrechten einen Schutz gegen Änderungen allenfalls soweit die Änderung einer Entstellung gleichkommt.[10] Auch das Bearbeitungsrecht nach § 23 UrhG oder die Rückrufrechte nach §§ 41, 42 UrhG stehen dem Inhaber eines Leistungsschutzrechtes grundsätzlich nicht oder nur eingeschränkt zu. Ferner sind die Schutzfristen der Leistungsschutzrechte gegenüber dem Urheberrecht meist deutlich reduziert bzw. enden mit dem Tode des Rechteinhabers.[11]

6   **Systematisch** lassen sich die Leistungsschutzrechte **einteilen** in Rechte, die in erster Linie den Schutz einer persönlichkeitsgeprägten Leistung zum Inhalt haben,[12] und Rechte, die eine organisatorische, finanzielle und unternehmerische Leistung schützen.[13]

Randnummern 7–99 einstweilen frei.

---

freie Benutzung des Werkes hinnehmen müsste, der Inhaber eines Leistungsschutzrechtes aber eine freie Benutzung aufgrund eines bestehenden Leistungsschutzrechtes verhindern könnte. Vgl. etwa in Bezug auf das Leistungsschutzrecht des Tonträgerherstellers BGH, Urt. v. 20.11.2008 – I ZR 112/06 (Metall auf Metall), GRUR 2009, 403 ff. sowie unten, Rn. 232 ff.

10 Vgl. etwa §§ 75 und 93 UrhG. Siehe hierzu unten, Rn. 169 f.
11 Die in den §§ 74 und 75 bezeichneten Rechte des ausübenden Künstlers erlöschen mit dem Tode des ausübenden Künstlers, jedoch erst fünfzig Jahre nach der Darbietung, wenn der ausübende Künstler vor Ablauf dieser Frist verstorben ist, sowie nicht vor Ablauf der für die Verwertungsrechte nach § 82 geltenden Frist, vgl. unten, Rn. 171 f.
12 Schutzrecht für wissenschaftliche Ausgaben gem. § 70 UrhG (Rn. 101 ff.), Leistungen des Lichtbildners gem. § 72 UrhG (Rn. 106 ff.) sowie Leistungen des ausübenden Künstlers gem. §§ 73 ff. UrhG. (Rn. 133 ff.)
13 Leistungen des Veranstalters nach § 81 UrhG (Rn. 201 ff.), Leistungen des Tonträgerherstellers gem. § 85 UrhG (Rn. 209 ff.), Leistungen des Sendeunternehmens gem. § 87 UrhG (Rn. 238 ff.), Leistungen des Datenbankherstellers gem. § 87a UrhG (Rn. 263 ff.), Schutz nachgelassener Werke gem. § 71 UrhG (Rn. 276 ff.) sowie Leistungen des Filmherstellers gem. § 94 UrhG (siehe Kap. 6).

B. Leistungsschutz für persönliche Leistungen

Die Leistungen des **Herausgebers wissenschaftlicher Ausgaben** gem. § 70 UrhG, des **Lichtbildners** nach § 72 UrhG und des **ausübenden Künstlers** nach §§ 73 ff. UrhG sind zu einem gewissen Grad **künstlerisch geprägt**, ohne dabei das nach § 2 Abs. 2 UrhG erforderliche Maß an Schöpfungshöhe und Individualität zu erreichen.[1] Da diese Leistungen aber dennoch ein gewisses Maß an **persönlich-geistiger Leistung** voraussetzen, können sie nur von natürlichen Personen erbracht werden, weshalb Rechteinhaber damit auch nur eine natürliche Person sein kann, der in einem gewissen Umfang auch **persönlichkeitsrechtliche Befugnisse** zustehen.

I. Schutz wissenschaftlicher Ausgaben

§ 70 UrhG beinhaltet den Schutz wissenschaftlicher Leistungen bezogen auf ansonsten gemeinfreie Werke. **Schutzzweck** ist die mit der Herausgabe einer wissenschaftlichen Ausgabe verbundene **persönliche Leistung**, die in der wissenschaftlichen **Sichtung und Ordnung von Werken und Texten** besteht, die ihrerseits nicht schutzfähig oder nicht mehr urheberrechtlich geschützt sind.[2] Sofern die der herausgeberischen Leistung zugrunde liegenden Werke und Texte urheberrechtlich geschützt sind, kommt ein Leistungsschutzrecht nach § 70 nicht in Betracht; allerdings kann die **Zusammenstellung** und Herausgabe **urheberrechtlich geschützt** sein, sofern diese hinreichend schöpferisch und individuell im Sinne der §§ 2 Abs. 2, 4 UrhG ist.[3]

1. Schutzgegenstand

Für den Schutz nach § 70 UrhG ist es erforderlich, dass die herausgeberische Leistung das **Ergebnis einer wissenschaftlich sichtenden Tätigkeit** darstellt.[4] Dies ist weit zu verstehen.[5] Es kommt nicht darauf an, ob die Herausgabe in körperlicher Form, zB. als gedrucktes Buch, oder in unkörperlicher Form, zB. als Internet-Datenbank, erfolgt.[6] Entscheidend ist vielmehr, dass sie das Ergebnis einer **sichtenden, ordnenden und abwägenden wissenschaftlichen Tätigkeit** ist.[7] Eine wahllo-

---

1 *Schricker/Loewenheim*, in: Schricker/Loewenheim, UrhG, Einleitung, Rn. 39.
2 *Dreier*, in: Dreier/Schulze, UrhG, § 70, Rn. 1; *Klinkenberg*, GRUR 1985, 419 ff.
3 Vgl. zu § 4 ausführlich oben, Kap. 1, Rn. 194 ff.
4 *Loewenheim*, in: Schricker/Loewenheim, UrhG, § 70, Rn. 7; *Thum*, in: Wandtke/Bullinger, UrhG, § 70, Rn. 9.
5 *A.Nordemann*, in: Loewenheim, UrhR, § 44, Rn. 4.
6 *Dreier*, in: Dreier/Schulze, UrhG, § 70, Rn. 6; *Thum*, in: Wandtke/Bullinger, UrhG, § 70, Rn. 7; *Lauber-Rönsberg*, in: Ahlberg/Götting, BeckOK UrhG, § 70, Rn. 7.
7 BGH, Urt. v. 23.05.1975 – I ZR 22/74 (Reichswehrprozess), GRUR 1975, 667, 668 [20]; KG, Urt. v. 08.05.1990 – 5 U 3207/88 (Schopenhauer-Ausgabe), GRUR 1991, 596, 597; vgl. hierzu auch *Ruzicka*, UFITA 84 (1979), 65 ff.

se Zusammenstellung von Texten genügt dabei ebenso wenig den Anforderungen des § 70 UrhG wie eine naheliegende chronologische oder alphabetische Auflistung.[8] Nicht zwingend erforderlich ist, dass die Ausgabe mit zusätzlichen **Kommentaren** oder **Fußnoten** erläutert wird.[9] Fehlt es daran allerdings, muss aus der Art und Weise der Zusammenstellung eine gewisse wissenschaftliche Leistung und Zielrichtung erkennbar werden, die mit einer **textkritischen Auseinandersetzung** zumindest **vergleichbar** ist, denn aus der bloßen Veröffentlichung von gemeinfreien Texten und Werken ohne zusätzliche herausgeberische Leistung kann kein Schutzrecht erwachsen.[10] Gleichwohl sind keine überzogenen Anforderungen an die herausgeberische Leistung zu stellen. Eine ausreichende textkritische Auseinandersetzung kann etwa auch in der **Rekonstruktion eines historischen Vorgangs** aufgrund einer vergleichenden kritischen Prüfung und Sichtung vorhandenen Archivmaterials bestehen.[11]

103 Handelt es sich bei der Ausgabe nicht um eine erstmalige Ausgabe, muss diese sich wesentlich **von einer vorbestehenden Ausgabe unterscheiden**. Die Unterschiedlichkeit ist jedoch keine unmittelbare Schutzvoraussetzung, sondern wird erst in einem Verletzerstreit geprüft, da diese nur dann beurteilt werden kann, wenn es vorbestehende Ausgaben überhaupt gibt.[12] Wann der Unterschied zwischen zwei Ausgaben wesentlich ist bestimmt sich dann nach der **Verkehrsanschauung** und **Verkehrssicherheit**. Es muss sich jeweils eindeutig feststellen lassen, welche Ausgabe der vermeintlichen Verletzungshandlung zugrunde liegt und damit die „erste" Ausgabe war.[13] Handelt es sich um eine erstmalige Ausgabe, so kommt es auf eine Unterscheidungsfähigkeit jedoch nicht an, sofern alle anderen Voraussetzungen erfüllt sind.[14]

2. Schutzumfang und Inhaber

104 Hinsichtlich des Schutzumfanges verweist § 70 Abs. 1 UrhG auf die Vorschriften des 1. Teils des Urheberrechtsgesetzes. Verfasser der Ausgabe und Inhaber des Schutzrechts nach § 70 Abs. 2 UrhG kann damit nur eine **natürliche Person** sein. Es gilt somit das Schöpferprinzip[15] nach § 7 UrhG.[16] Aufgrund des umfänglichen

---

8 OLG Braunschweig, Urt. v. 30.03.1973 – 2 U 62/72 (Zinn-Stadtmarken), GRUR 1974, 411, 412.
9 Ist dies der Fall, kann bei hinreichender Individualität auch urheberrechtlicher Schutz in Frage kommen, KG, Urt. v. 08.05.1990 – 5 U 3207/88 (Schopenhauer-Ausgabe), GRUR 1991, 596, 598.
10 *A. Nordemann*, in: Fromm/Nordemann, UrhG, § 70, Rn. 15.
11 BGH, Urt. v. 23.05.1975 – I ZR 22/74 (Reichswehrprozess), GRUR 1975, 667 ff.
12 *Dreier*, in: Dreier/Schulze, UrhG, § 70, Rn. 8.
13 *Dreier*, in: Dreier/Schulze, UrhG, § 70, Rn. 8; *Thum*, in: Wandtke/Bullinger, UrhG, § 70, Rn. 13.
14 *Dreier*, in: Dreier/Schulze, UrhG, § 70, Rn. 8; *Nordemann*, in: Loewenheim, UrhR, § 44, Rn. 9; *A. Nordemann*, in: Fromm/Nordemann, UrhG, § 70, Rn. 16.
15 Hierzu siehe ausführlich Kap. 1, Rn. 300 ff.
16 *Dreier*, in: Dreier/Schulze, UrhG, § 70, Rn. 10.

Verweises auf die Vorschriften des 1. Teils stehen dem Herausgeber der Ausgabe im Ergebnis dieselben **Rechte wie einem Urheber** zu, einschließlich der entsprechend anwendbaren **Persönlichkeitsrechte**.[17] Der Schutz ist dabei allerdings nach dem Schutzzweck des § 70 UrhG auf die wissenschaftliche Herausgebertätigkeit beschränkt und erstreckt sich deshalb nicht auf die in der Ausgabe enthaltenen einzelnen Texte und Werke. Diese können in anderen Ausgaben erneut herausgegeben werden. In diesem Falle ist dann aber wiederum entscheidend, dass es sich bei der erneuten Ausgabe um eine eigenständige wissenschaftliche Ausgabe handelt, die sich von der vorbestehenden Ausgabe wesentlich unterscheidet.[18]

3. Schutzdauer

Das Leistungsschutzrecht besteht nach § 70 Abs. 3 UrhG für **25 Jahre**, beginnend mit dem erstmaligen **Erscheinen der Ausgabe**. Ist die Ausgabe innerhalb dieser Frist nicht erschienen, so bemisst sich die Schutzdauer nach dem **Zeitpunkt der Herstellung**.

105

II. Schutz von Lichtbildern

Nach § 72 UrhG sind **Lichtbilder** und ähnlich hergestellte Erzeugnisse durch ein eigenständiges Leistungsschutzrecht (Lichtbildschutz) geschützt. Zum Schutz von **Laufbildern** gem. § 95 UrhG wird auf die entsprechenden Ausführungen im Rahmen des Filmurheberrechts verwiesen.[19]

106

1. Schutzgegenstand

a) Abgrenzung zu Lichtbildwerken

§ 72 UrhG schützt **fotografische** oder **bildtechnische Leistungen**, die nicht bereits nach § 2 Abs. 1 Nr. 5 UrhG als Lichtbildwerk[20] urheberrechtlich geschützt sind. Vor Inkrafttreten des UrhG war rechtlich eine Unterscheidung zwischen Lichtbildern und Lichtbildwerken nicht notwendig, vielmehr waren nach § 1 KUG ganz allgemein „Werke der Photographie" geschützt, was in der Rechtsanwendung so interpretiert wurde, dass Fotografien **generell** und **unabhängig ihres künstlerischen Grades** geschützt sind.[21] Aufgrund dieses allgemeinen Schutzes von Fotografien war auch keine Abgrenzung erforderlich.[22] Mit der Urheberrechtsreform im Jahre 1965 wurde dann erstmals begrifflich zwischen urheber-

107

---

17 BGH, Urt. v. 09.12.1977 – I ZR 73/76 (Hegel-Archiv), GRUR 1978, 360, 361 [32]; *Nordemann*, in: Loewenheim, UrhR, § 44, Rn. 10.
18 *Gounalakis*, GRUR 2004, 996, 1001; *Thum*, in: Wandtke/Bullinger, UrhG, § 70, Rn. 19; siehe auch oben, Rn. 103.
19 Siehe Kap. 6, Rn. 414 ff.
20 Hierzu siehe Kap. 1, Rn. 128 ff.
21 Vgl. zur Entstehungsgeschichte und zur Rechtslage vor Inkrafttreten des Urheberrechtsgesetzes: *Vogel*, in: Schricker/Loewenheim, UrhG, § 72, Rn. 2 ff.
22 *Bappert/Wagner*, GRUR 1954, 104 ff.; *A.Nordemann*, in: Fromm/Nordemann, UrhG, § 72, Rn. 3.

rechtlich geschützten **Lichtbildwerken und einfachen Lichtbildern** unterschieden. Allerdings hielt der Gesetzgeber eine Abgrenzung in der Rechtspraxis für schwierig, weshalb er die Schutzfrist einheitlich auf 25 Jahre festsetze, um Abgrenzungsschwierigkeiten aus dem Weg zu gehen.[23] Auch nach Inkrafttreten des UrhG war damit zunächst eine Unterscheidung zwischen Lichtbildern und Lichtbildwerken in der urheberrechtlichen Praxis nicht erforderlich. Dies änderte sich mit der Urheberrechtsnovelle vom 24. Juni 1985, mit der die Schutzfrist für Lichtbildwerke auf die übliche Frist von siebzig Jahren post mortem auctoris angepasst wurde, die Schutzfrist für einfache Lichtbilder aber unverändert blieb. Die nun **unterschiedlichen Schutzfristen** machten dann auch in der urheberrechtlichen Praxis eine Abgrenzung zwischen Lichtbildwerken und Lichtbildern unumgänglich.

108 Die notwendige **Abgrenzung** erfolgt anhand der allgemeinen Regelungen in § 2 Abs. 2 UrhG. Ist eine Aufnahme hinreichend individuell und von ausreichender **schöpferischer Gestaltungshöhe** greift der Urheberrechtsschutz nach § 2 Abs. 1 Nr. 5, Abs. 2 UrhG.[24] Sind diese Anforderungen nicht erfüllt, greift ergänzend der Schutz nach § 72 UrhG. Die **Grenzen sind dabei fließend**, weshalb die Abgrenzung im Einzelfall durchaus schwierig sein kann.[25] Entscheidend ist stets, ob und in wie weit der Fotograf eine Aufnahme **künstlerisch gestaltet** hat und damit auf die **Bildkomposition** individuell-gestalterischen Einfluss genommen hat.[26] Im Streitfall hat derjenige, der sich auf den urheberrechtlichen Schutz einer Aufnahme als Lichtbildwerk beruft, konkret darzulegen und zu beweisen, worin die Individualität und Eigentümlichkeit der Aufnahme, die den urheberrechtlichen Schutz begründet, besteht.[27] Eine hinreichende **Individualität** kann zB. in der Art und Weise der **Anordnung** der abgebildeten Gegenstände und Personen, in der generellen **Bildkomposition**, in einem außergewöhnlichen **Aufnahmewinkel**, einer besonders ausgewählten **Beleuchtung** und **Belichtung** oder einer speziell beabsichtigten **künstlerischen Aussage** liegen.[28]

109 Das OLG Düsseldorf hat in diesem Sinne von *Joseph Beuys* angefertigte **Fotografien räumlicher Kunstobjekte** für einen Ausstellungskatalog als Lichtbildwerk eingestuft, da *Beuys* bei der Ablichtung dreidimensionaler Körper und der Überführung dieser Körper in ein zweidimensionales Bild gestalterisch und künstlerisch auf die Bildkomposition Einfluss genommen habe.[29] Bei der (Ab-)Fotografie von **zweidimensionalen Zeichnungen** handele es sich nach Ansicht des OLG Düsseldorf dagegen um ein Lichtbild, da kein wesentlicher gestalterischer Einfluss

---
23 BT-Drucks. IV/270, S. 80.
24 Siehe hierzu siehe Kap. 1, Rn. 186.
25 *Vogel*, in: Loewenheim, UrhR, § 37, Rn. 10.
26 BGH, Urt. v. 08.11.1989 – I ZR 14/88 (Bibelreproduktion), GRUR 1990, 669, 673 [83].
27 *A.Nordemann*, in: Fromm/Nordemann, UrhG, § 2, Rn. 236.
28 LG München I, Urt. v. 27.07.1994 – 21 O 22343/93 (Newton Fotografien), AfP 1994, 326 bejaht für Fotografien von Helmut Newton.
29 OLG Düsseldorf, Urt. v. 13.02.1996 – 20 U 115/95 (Beuys Fotografien), GRUR 1997, 49, 51.

auf die Aufnahme vorgelegen habe, sondern eine möglichst **detailgetreue Wiedergabe** der Zeichnung im Vordergrund gestanden habe.[30] Diese Differenzierung erscheint durchaus **problematisch**, da auch bei der Ablichtung eines zweidimensionalen Gemäldes ein individueller Ausdruck zutage treten kann, zumal auch bei Lichtbildwerken ein Schutz der **kleinen Münze**[31] erfolgt.[32] Diese Entscheidung verdeutlicht aber, dass es stets im Einzelfall auf die künstlerische Gestaltung einer Aufnahme ankommt.

Die genaue **Abgrenzung** zwischen Lichtbildwerk und Lichtbild **spielt aber oftmals keine entscheidende Rolle**, da aufgrund der umfangreichen Verweisung in § 72 Abs. 1 UrhG auf die Vorschriften des 1. Teils des UrhG der **Schutzumfang weitgehend vergleichbar** ist. Dies gilt zumindest dann, wenn die – kürzere – Schutzfrist des § 72 UrhG[33] noch nicht abgelaufen ist.[34] Aufgrund der im Einzelnen schwierigen Abgrenzung empfiehlt es sich weiter auch im Streitfalle und wenn die Schutzfrist des § 72 UrhG noch nicht abgelaufen ist, Ansprüche nicht allein auf den urheberrechtlichen Schutz einer Aufnahme als Lichtbildwerk zu stützen, sondern zumindest **hilfsweise** auch auf den **Schutz als Lichtbild**, wobei es sich prozessual dabei nicht um unterschiedliche Streitgegenstände handelt.[35]

110

b) Schutz der Lichtbilder

Qualitativ bleibt der Lichtbildschutz nach § 72 UrhG allerdings hinter dem urheberrechtlichen Schutz von Lichtbildwerken zurück, denn geschützt ist keine schöpferische Leistung, sondern die **technische Leistung der Bildanfertigung**, unabhängig vom künstlerischen Gehalt der Aufnahme.[36] Der Schutzbereich des § 72 UrhG ist sehr weit gefasst. Weder das individuelle Können noch die Verwendung einer bestimmten Art der Fototechnik sind für den Schutz ausschlaggebend.[37] **Digitale Aufnahmen** auf einer Speicherkarte sind ebenso geschützt wie **analoge Aufnahmen** unter Verwendung eines Belichtungsträgers. Auch der Gegenstand der Darstellung ist unerheblich, **Landschaftsaufnahmen**, **Porträts**, **Urlaubsbilder** oder auch „Knipsbilder" mit einer Smartphone Kamera fallen in den Schutzbereich des § 72 UrhG.[38] Da Schutzgegenstand in erster Linie die technische

111

---

30 OLG Düsseldorf, Urt. v. 13.02.1996 – 20 U 115/95 (Beuys Fotografien), GRUR 1997, 49, 51. Das Abfotografieren eines Bildes kann allerdings eine erlaubnispflichtige Vervielfältigungshandlung des Bildes nach § 16 UrhG darstellen.
31 Zur Kleinen Münze siehe Kap. 1, Rn. 167 ff.
32 Vgl. hierzu ausführlich: *Thalke*, ZUM 2010, 846 ff.
33 Siehe hierzu siehe Rn. 128 ff.
34 *Lauber-Rönsberg*, in: Ahlberg/Götting, BeckOK UrhG, § 72, Rn. 3.
35 *Lauber-Rönsberg*, in: Ahlberg/Götting, BeckOK UrhG, § 72, Rn. 3.
36 *Thum*, in: Wandtke/Bullinger, UrhG, § 72, Rn. 7; *Vogel*, in: Loewenheim, UrhR, § 37, Rn. 8.
37 *Schulze*, in: Dreier/Schulze, UrhG, § 72, Rn. 3.
38 *Vogel*, in: Schricker/Loewenheim, UrhG, § 72, Rn. 21; *Thum*, in: Wandtke/Bullinger, UrhG, § 72, Rn. 17; *Schulze*, in: Dreier/Schulze, UrhG, § 72, Rn. 4; *A.Nordemann*, in: Fromm/Nordemann, UrhG, § 72, Rn. 8.

Leistung der Bildanfertigung ist, sind auch rein mechanisch hergestellte Aufnahmen wie zB. **Satellitenfotos**[39] oder **computergesteuerte Aufnahmen**,[40] die ohne direktes menschliches Zutun aufgenommen worden sind,[41] schutzfähig.

c) Erzeugnisse, die ähnlich wie Lichtbilder hergestellt werden

112 Nach dem Wortlaut des § 72 UrhG sind weiter auch Erzeugnisse geschützt, die nur ähnlich wie Lichtbilder hergestellt werden. Dadurch wird der Schutzbereich nochmals deutlich erweitert.[42] Geschützt sind deshalb etwa auch Fotokopien, soweit es sich dabei jedenfalls **nicht um bloße Reproduktionen** handelt,[43] Verfahren mittels **Mikro- oder Makrokopie, Abzüge** eines Negativ- oder Positivfilms sowie **Röntgenverfahren**.[44]

113 Fraglich erscheint in diesem Zusammenhang, ob es sich auch bei **Computergrafiken** oder **Computeranimationen** um Erzeugnisse handelt, die ähnlich wie Lichtbilder hergestellt werden, und die damit in den Schutzbereich des § 72 UrhG fallen. Dafür spricht der weite Wortlaut „Erzeugnisse, die ähnlich wie Lichtbilder hergestellt werden". Der Gesetzgeber hat damit bewusst Raum für **künftige technische Entwicklungen** gelassen und davon abgesehen, den Schutzbereich des § 72 UrhG eng zu definieren.[45] Die Formulierung in § 72 Abs. 1 Alt. 2 UrhG bezieht sich aber auf den **Herstellungsprozess** („ähnlich [...] hergestellt"), dh. nach dem Wortlaut der Norm fallen nur solche Erzeugnisse in den Schutzbereich des § 72 UrhG, deren Herstellungsprozess mit demjenigen von Lichtbildern vergleichbar ist. Bei der Herstellung eines Lichtbildes liegt der Schwerpunkt der Leistung in der **Verarbeitung eines Lichtreizes**, dh. der Lichtbildner bringt eine fotografische Technik zum Einsatz mit deren Hilfe real existierende Lichtreflexe verarbeitet und dargestellt werden und bestimmt dabei die Auswahl und Anordnung der abgebildeten Objekte sowie den Zeitpunkt der Aufnahme. Demgegenüber wird bei der Erstellung einer Computergrafik oder einer Computeranimation kein real existierender Lichtreiz verarbeitet, vielmehr werden durch den Programmierer elektronische Befehle mit Hilfe eines Computerprogramms verarbeitet und diese **digital erstmals dargestellt**.[46] Der Schwerpunkt der Leistung liegt bei einem Computer-

---

39 LG Berlin, Urt. v. 30.05.1989 – 16 O 33/89 (Satellitenfoto), GRUR 1990, 270 ff.; *Katzenberger*, GRUR Int. 1989, 116, 118.
40 *Schulze*, in: Dreier/Schulze, UrhG, § 72, Rn. 4; zum österreichischen Recht: ÖGH Urt. v. 01.02.2000 – 4 Ob 15/00k, ZUM-RD 2001, 224, 227.
41 Siehe unten, Rn. 116 ff.
42 BGH, Urt. v. 27.02.1962 – I ZR 118/60 (AKI), GRUR 1962, 470, 472 [19].
43 Vgl. ausführlich unten, Rn. 114 f.
44 BGH, Urt. v. 08.11.1989 – I ZR 14/88 (Bibelreproduktion), GRUR 1990, 669, 673 [86]; *Lauber-Rönsberg*, in: Ahlberg/Götting, BeckOK UrhG, § 72, Rn. 3; *Thum*, in: Wandtke/Bullinger, UrhG, § 72, Rn. 12; *Vogel*, in: Loewenheim, UrhR, § 37, Rn. 9.
45 *Schulze*, in: Dreier/Schulze, UrhG, § 72, Rn. 7.
46 *Lauber-Rönsberg*, in: Ahlberg/Götting, BeckOK UrhG, § 72, Rn. 11; *Thum*, in: Wandtke/Bullinger, UrhG, § 72, Rn. 17; *Vogel*, in: Schricker/Loewenheim, UrhG, § 72, Rn. 21; aA. *Schulze*, in: Dreier/Schulze, UrhG, § 72, Rn. 7.

bild damit in der **Programmierung**, nicht in der Visualisierung von Lichtreflexen und nicht in der Bildherstellung.[47] Am ehesten vergleichbar ist dies mit einer zeichnerischen Darstellung, weshalb Computergrafiken bzw. Computeranimationen bei hinreichender Schöpfungshöhe nach § 2 Abs. 1 Nr. 4 UrhG geschützt sein können.[48] Ferner kann das beim Herstellungsprozess verwendete Computerprogramm gem. § 69a Abs. 1 UrhG geschützt sein; ein Lichtbildschutz der Computergrafik gem. § 72 UrhG scheidet allerdings aufgrund des anders gelagerten Herstellungsprozesses aus.

d) Mindestmaß an persönlich-geistiger Leistung

Auch wenn der Schutzbereich des § 72 UrhG grundsätzlich weit auszulegen ist, würde es gleichwohl zu weit führen, jede fotomechanische Darstellung oder Darstellung mittels strahlender Energie dem Schutz des § 72 UrhG zu unterstellen.[49] Auch eine Fotokopie wird mittels eines fotomechanischen Verfahrens hergestellt, weshalb auch Fotokopien grundsätzlich in den Anwendungsbereich des § 72 UrhG fallen würden. Als qualitatives Korrektiv ist deshalb auch in Bezug auf den Schutz eines Lichtbildes ein gewisses **Mindestmaß an persönlich-geistiger Leistung** zu verlangen, wobei hiermit keine schöpferische Leistung im Sinne von § 2 Abs. 2 UrhG gemeint ist.[50] Vielmehr geht es darum, eine Grenze zu ziehen zwischen reinen **Kopier- und Reproduktionsvorgängen**, bei denen nicht die fotografische Umsetzung und Verarbeitung eines Lichtreflexes im Vordergrund steht sondern eine möglichst originalgetreue Reproduktion und bei denen daher auch kein Leistungsschutzrecht an der Vervielfältigung entstehen soll, und schutzwürdigen Leistungen im Sinne des § 72 UrhG.[51] Dies entspricht der Gesetzessystematik, denn § 72 Abs. 1 UrhG verweist umfassend auf die Vorschriften des 1. Teils und damit auch auf die persönlichkeitsrechtlichen Vorschriften der §§ 12 ff. UrhG.[52] Daraus folgt, dass es sich bei der Leistung des Lichtbildners um eine persönliche Leistung handelt, weshalb diesem mithin auch persönlichkeitsrechtliche Befugnisse zustehen. Es ist damit sachgerecht, das Schutzrecht dementsprechend auch an ein gewisses Mindestmaß persönlich-geistiger Leistung zu knüpfen.[53] Daran fehlt es aber bei reinen Reproduktionsvorgängen, bei denen die möglichst identische

114

---

47 OLG Hamm, Urt. v. 24.08.2004 – 4 U 51/04 (Schutzfähigkeit von Webseiten), GRUR-RR 2005, 73, 74 [23]; Kritisch hierzu: *Büchner*, ZUM 2011, 549 ff.
48 *Lauber-Rönsberg*, in: Ahlberg/Götting, BeckOK UrhG, § 72, Rn. 11; *A.Nordemann*, in: Fromm/Nordemann, UrhG, § 72, Rn. 8; *Büchner*, ZUM 2011, 549 ff.
49 *Vogel*, in: Loewenheim, UrhR, § 37, Rn. 10.
50 BGH, Urt. v. 08.11.1989 – I ZR 14/88 (Bibelreproduktion), GRUR 1990, 669, 673 [86]; *Schulze*, in: Dreier/Schulze, UrhG, § 72, Rn. 9; aA. *A.Nordemann*, in: Fromm/Nordemann, UrhG, § 72, Rn. 11.
51 *Thum*, in: Wandtke/Bullinger, UrhG, § 72, Rn. 11.
52 Vgl. hierzu ausführlich unten, Rn. 125 ff.
53 BGH, Urt. v. 08.11.1989 – I ZR 14/88 (Bibelreproduktion), GRUR 1990, 669, 673 [86]; BGH, Urt. v. 10.10.1991 – I ZR 147/89 (Bedienungsanweisung), GRUR 1993, 34, 36 [23]; *Lauber-Rönsberg*, in: Ahlberg/Götting, BeckOK UrhG, § 72, Rn. 13; *Schulze*, in: Dreier/Schulze, UrhG, § 72, Rn. 10; *Thum*, in: Wandtke/Bullinger, UrhG, § 72, Rn. 11.

Wiedergabe einer Vorlage im Vordergrund steht.[54] Rein mechanische oder digitale Reproduktionsvorgänge, zB. der **Abzug eines Dia-Bildes**, fallen damit nicht in den Schutzbereich des § 72 UrhG.[55]

115 Allerdings sind an das Erfordernis einer persönlich-geistigen Leistung auch **keine überzogenen Anforderungen** zu stellen. Zu eng erscheint daher die teilweise vertretene Auffassung, für den Schutz nach § 72 UrhG die Übertragung einer dreidimensionalen Vorlage zu fordern.[56] Dies würde dazu führen, dass auch mit erheblichem technischen Aufwand hergestellte **Aufnahmen eines zweidimensionalen Kunstwerkes**, zB. eines Bildes in einem Museum, generell aus dem Schutzbereich herausfallen würden, was angesichts des ansonsten weitreichenden Schutzes auch für bloße Knips- und Urlaubsbilder im Ergebnis nicht vertretbar erscheint.[57] Inhaltlich ist daher zu unterscheiden zwischen nicht geschützten Reproduktionen, als Lichtbild gem. § 72 UrhG geschützte Aufnahmen und Lichtbildwerken nach § 2 Abs. 1 Nr. 5 UrhG.[58]

2. Inhaber des Schutzrechts

116 Das Leistungsschutzrecht steht nach § 72 Abs. 2 UrhG **dem Lichtbildner** zu. Das ist die Person, welche die Aufnahme selbst geschaffen hat. Es gilt das **Schöpferprinzip** nach § 7 UrhG, dh. das Leistungsschutzrecht kann nur einer natürlichen Person zustehen; ein originärer Rechtserwerb durch eine juristische Person ist ausgeschlossen.[59] Damit Aufnahmen, die mittels **Selbstauslöser** oder computergesteuert, etwa **Satellitenbilder**,[60] hergestellt werden, nicht aus dem Schutzbereich des § 72 UrhG herausfallen, sind an das Schöpferprinzip keine hohen Anforderungen zu stellen. Lichtbildner ist bei computergesteuerten Aufnahmen derjenige, der die **herrschaftliche Kontrolle** über den Aufnahmevorgang in der Hand hält, indem er zB. den technischen Aufnahmevorgang in Gang setzt oder diesen abbrechen kann und damit bei wertender Betrachtung „Herr der Aufnahme" ist.[61] Dies gilt auch dann, wenn der eigentliche **Aufnahmeprozess völlig automatisch** abläuft. Unerheblich ist, wer die Aufnahme finanziert oder die verwendete Aufnahmevorrich-

---

54 *A.Nordemann*, in: Fromm/Nordemann, UrhG, § 72, Rn. 10; *Schulze*, in: Dreier/Schulze, UrhG, § 72, Rn. 10; *Thum*, in: Wandtke/Bullinger, UrhG, § 72, Rn. 11.
55 BGH, Urt. v. 08.11.1989 – I ZR 14/88 (Bibelreproduktion), GRUR 1990, 669, 673 [87].
56 In diese Richtung: *A.Nordemann*, in: Fromm/Nordemann, UrhG, § 72, Rn. 10.
57 OLG Düsseldorf, Urt. v. 13.02.1996 – 20 U 115/95 (Beuys Fotografien), GRUR 1997, 49, 50; *Lauber-Rönsberg*, in: Ahlberg/Götting, BeckOK UrhG, § 72, Rn. 13; *Schulze*, in: Dreier/Schulze, UrhG, § 72, Rn. 10.
58 Beispiele bei *Thum*, in: Wandtke/Bullinger, UrhG, § 72, Rn. 14 ff.
59 *Schulze*, in: Dreier/Schulze, UrhG, § 72, Rn. 32; *A.Nordemann*, in: Fromm/Nordemann, UrhG, § 72, Rn. 26; *Vogel*, in: Loewenheim, UrhR, § 37, Rn. 12.
60 LG Berlin, Urt. v. 30.05.1989 – 16 O 33/89 (Satellitenfoto), GRUR 1990, 270 f.
61 *A.Nordemann*, in: Fromm/Nordemann, UrhG, § 72, Rn. 26; *Schulze*, in: Dreier/Schulze, UrhG, § 72, Rn. 33; *Thum*, in: Wandtke/Bullinger, UrhG, § 72, Rn. 34; *Vogel*, in: Schricker/Loewenheim, UrhG, § 72, Rn. 20.

tung bereitgestellt hat.⁶² Bei einer **Röntgenaufnahme** ist damit Lichtbildner die Krankenschwester, welche die Apparatur bedient und den Aufnahmevorgang in Gang setzt, auch wenn dieser anschließend völlig automatisch abläuft und keine weiteren Einflussnahmemöglichkeiten hinsichtlich Belichtung, Dauer, Aufnahmezeitpunkt etc. bestehen, nicht das Krankenhaus in dessen Eigentum der Röntgenapparat steht.⁶³ In **Angestelltenverhältnissen** findet über den allgemeinen Verweis in § 72 Abs. 1 UrhG die Vorschrift des § 43 UrhG entsprechende Anwendung.⁶⁴ Eine ausdrückliche Regelung zur Übertragung von Nutzungsrechten an im Rahmen des Arbeitsverhältnisses hergestellten Lichtbildern an den Arbeitgeber im **Arbeitsvertrag** ist dennoch sinnvoll.

3. Rechte des Lichtbildners

Nach § 72 Abs. 1 UrhG gelten die Vorschriften des 1. Teils des UrhG entsprechend, sodass insbesondere die Vorschriften zur Urheberschaft und das Schöpferprinzip gem. §§ 7 ff. UrhG, die **Persönlichkeitsrechte** gem. §§ 12 ff. UrhG, die Vorschriften zu den **Verwertungsrechten** gem. §§ 15 ff. UrhG, die Vorschriften zum Rechtsverkehr gem. §§ 31 ff. UrhG sowie auch die **Schrankenregelungen** gem. §§ 44a ff. UrhG entsprechende Anwendung finden.

117

a) Verwertungsrechte

Dem Lichtbildner stehen **sämtliche Verwertungsrechte** entsprechend der §§ 15 ff. UrhG⁶⁵ zu, sodass jede Nutzung des Lichtbildes grundsätzlich der vorherigen Erlaubnis des Lichtbildners bedarf, jedenfalls soweit keine Schrankenregelungen einschlägig sind.⁶⁶ In der Praxis erfolgt bei Lichtbildern eine Verwertung zumeist in Form einer körperlichen **Vervielfältigung** gem. § 16 UrhG und **Verbreitung** gem. § 17 UrhG, zB. Abdruck des Lichtbildes in Zeitungen, Zeitschriften, Büchern oder sonstige körperliche Veröffentlichungen,⁶⁷ oder in Form einer **öffentlichen Zugänglichmachung** gem. § 19a UrhG im **Internet**. Diese Rechte stehen dem Lichtbildner uneingeschränkt zu, weshalb jede Form der Vervielfältigung, Verbreitung oder öffentlichen Zugänglichmachung eines Lichtbildes, sei es durch **Abdruck, Fotokopie,** oder auch **Digitalisierung,** der vorherigen Zustimmung des Lichtbildners bedarf.⁶⁸ Selbiges gilt für die anschließende Verbreitung der Vervielfältigungsstücke, wobei insoweit hinsichtlich Weiterverbreitungen der **Erschöpfungsgrundsatz** nach § 17 Abs. 2 UrhG ebenfalls Anwendung findet.⁶⁹

118

---

62 *Thum,* in: Wandtke/Bullinger, UrhG, § 72, Rn. 34.
63 LG Berlin, Urt. v. 30.05.1989 – 16 O 33/89 (Satellitenfoto), GRUR 1990, 270 f.
64 Siehe zu § 43 UrhG oben, Kap. 1, Rn. 352 u. Kap. 4, Rn. 51 ff.
65 Hierzu Kap. 2, Rn. 200 ff.
66 *Thum,* in: Wandtke/Bullinger, UrhG, § 72, Rn. 19.
67 Vgl. etwa das Muster eines Fotografenvertrages zur Bebilderung eine Buches im Anhang.
68 *Loewenheim,* in: Schricker/Loewenheim, UrhG, § 16, Rn. 16 ff.; *Maaßen,* ZUM 1992, 338, 340.
69 Vgl. hierzu oben, Kap. 2, Rn. 222.

119 Von besonderer praktischer Bedeutung ist ferner die **Verwertung von Lichtbildern im Internet**, zB. auf **Webseiten** und innerhalb von **Bilddatenbanken**. Auch hierbei gilt, dass jede Form der öffentlichen Zugänglichmachung auf Abruf eines Lichtbildes im Internet, insbesondere auf kommerziellen oder auch privaten Webseiten, eine Verwertung nach § 19a UrhG darstellt und daher der vorherigen **Zustimmung des Lichtbildners** bedarf.[70] Besondere Vorsicht ist daher geboten, wenn im Internet verfügbare Lichtbilder vervielfältigt und verbreitet werden oder – nicht lediglich über eine **Verlinkung** – auf eine Webseite übernommen werden, da dies eine Verwertungshandlung darstellt, die grundsätzlich erlaubnispflichtig ist.[71] Auch wenn ein Bild aus einer – vermeintlich – rechtefreien **Bilddatenbank** aus dem Internet stammt, empfiehlt es sich, einen **Screenshot** oder **Ausdruck** der jeweiligen Nutzungsbedingungen mit Datumsangabe zu sichern, um später im Streitfalle ggf. nachweisen zu können, dass die geplante Nutzung von den Lizenzbedingungen gedeckt war.[72] Da nämlich dem Lichtbildner die Verwertungsrechte zunächst zustehen, obliegt dem Verwerter eines Lichtbildes der Nachweis, dass seine Verwertungshandlung zulässig und von etwaigen Lizenzbedingungen gedeckt war.

b) Bearbeitungsrechte

120 Die Anwendung der §§ 15 ff. UrhG erfolgt im Licht des anders gelagerten Schutzzwecks des Leistungsschutzrechts.[73] Keine wesentlichen Unterschiede ergeben sich bei den zuvor dargestellten Rechten; **deutliche Unterschiede** bestehen aber im Hinblick auf das **Bearbeitungsrecht** gem. § 23 UrhG und das Recht der **freien Benutzung** gem. § 24 UrhG. § 72 UrhG schützt die Leistung der Bildherstellung. Dabei handelt es sich, auch wenn ein gewisses Mindestmaß an geistiger Leistung erforderlich ist, nicht um eine schöpferische Leistung. Einem Lichtbild fehlt im Vergleich zu einem Lichtbildwerk gerade die erforderliche Individualität und schöpferische Gestaltungshöhe. Folglich kann es auch bei der **Abgrenzung** zwischen einer erlaubnispflichtigen Bearbeitung eines Lichtbildes nach § 23 UrhG und einer freien Benutzung nach § 24 UrhG nicht darauf ankommen, ob eigentümlich-schöpferische Züge des Originalbildes übernommen worden sind.[74] Das von der Rechtsprechung bei der Anwendung von § 24 UrhG geforderte „Verblassen" der eigentümlich-schöpferischen Züge des Originals kann bei einem Licht-

---

70 *Thum*, in: Wandtke/Bullinger, UrhG, § 72, Rn. 19.
71 Hinsichtlich einer Nutzung eines Lichtbildes als Vorschaubild durch eine Suchmaschine ist allerdings analog zur Entscheidung BGH, Urt. v. 29.04.2010 – I ZR 69/08 (Tumbnail), GRUR 2010, 628 ff. davon auszugehen, dass das Einstellen des Lichtbildes ins Internet eine rechtfertigende Einwilligung darstellt, vgl. hierzu ausführlich oben, Kap. 2, Rn. 203 ff.
72 Dies bietet freilich keinen Schutz gegen Inanspruchnahmen durch Lichtbildner, deren Lichtbilder ohne Zustimmung in die Datenbank gelangt sind, da in diesem Fall auch keine Zustimmung zur freien Nutzung durch Dritte angenommen werden kann.
73 *Schulze*, in: Dreier/Schulze, UrhG, § 72, Rn. 13.
74 Vgl. hierzu ausführlich oben, Kap. 2, Rn. 297 ff.

bild nicht vorliegen, da dieses von vorneherein keine eigentümlich-schöpferischen Züge aufweist.[75] Daraus ergeben sich bei der Abgrenzung zwischen erlaubnispflichtiger Bearbeitung gem. § 23 UrhG und freier Benutzung nach § 24 UrhG im Hinblick auf Lichtbilder einige **Besonderheiten**.

aa) Motivschutz und Nachschaffung

Die nach § 72 UrhG geschützte Leistung besteht in der Herstellung der Bildaufnahme. Daher kommt es bei der Abgrenzung zwischen einer Bearbeitung nach § 23 UrhG und einer freien Benutzung nach § 24 UrhG darauf an, ob die geschützte **Herstellungsleistung des Lichtbildners übernommen** wurde.[76] Dies ist nicht der Fall, wenn ein Lichtbild neu hergestellt wird, auch wenn das Motiv zu einem bestehenden Lichtbild identisch ist. In diesem Falle wird die für den Schutz des ursprünglichen Lichtbildes wesentliche Herstellungsleistung nämlich gerade nicht übernommen, sondern neu erbracht. Bei Lichtbildern besteht damit grundsätzlich **kein Motivschutz**.[77] Das **Nachschaffen**, **Nachstellen** oder **erneute Aufnehmen** eines existierenden Lichtbildes stellt auch keine Bearbeitung des ursprünglichen Lichtbildes dar. Dies gilt selbst dann, wenn **Motiv**, **Bildausschnitt**, **Belichtung**, **Stil** und **Ausdruck** identisch sind, denn die erneute Aufnahme stellt eine eigenständige Leistung dar, die dann ihrerseits gem. § 72 UrhG geschützt ist.[78] Lediglich wenn die gestalterischen Elemente wie Bildausschnitt, Beleuchtung, Blickwinkel, Schärfe, Kontur ihrerseits **hinreichend individuell** sind und bei der Neuaufnahme übernommen worden sind, kann eine Bearbeitung vorliegen, wobei dann auch die ursprüngliche Aufnahme als Lichtbildwerk und nicht als Lichtbild anzusehen ist.[79]

121

bb) Schutz von Bildausschnitten

Werden Bildausschnitte eines Lichtbildes, zB. im Rahmen einer **Collage**, übernommen, ist grundsätzlich von einer **erlaubnispflichtigen Bearbeitung** nach § 23 UrhG auszugehen. Anders als bei der Neuaufnahme des Motivs wird in diesem Fall die durch § 72 UrhG geschützte Aufnahme selbst genutzt.[80] Dabei kommt es auch nicht auf die Größe des verwendeten Bildausschnittes an, denn die nach § 72 UrhG geschützte Leistung ist im Gesamtbild verkörpert und besteht damit

122

---

75 *Schulze*, in: Dreier/Schulze, UrhG, § 72, Rn. 15; *Thum*, in: Wandtke/Bullinger, UrhG, § 72, Rn. 24; *A.Nordemann*, in: Fromm/Nordemann, UrhG, § 72, Rn. 20.
76 *A.Nordemann*, in: Fromm/Nordemann, UrhG, § 72, Rn. 20.
77 OLG Hamburg, Urt. v. 29.06.1995 – 3 U 302/94 (Troades), ZUM-RD 1997, 217, 221; *Thum*, in: Wandtke/Bullinger, UrhG, § 72, Rn. 22; *Vogel*, in: Schricker/Loewenheim, UrhG, § 72, Rn. 27.
78 BGH, Urt. v. 05.06.2003 – I ZR 192/00 (Hundertwasser Haus), GRUR 2003, 1035, 1037 [31 f.].
79 OLG Düsseldorf, Urt. v. 13.02.1996 – 20 U 115/95 (Beuys Fotografien), GRUR 1997, 49, 51; siehe hierzu auch ausführlich: *Franzen/v.Olenhausen*, UFITA 2007, 435 ff.
80 *Schulze*, in: Dreier/Schulze, UrhG, § 72, Rn. 15; *Thum*, in: Wandtke/Bullinger, UrhG, § 72, Rn. 24; *A.Nordemann*, in: Fromm/Nordemann, UrhG, § 70, Rn. 20; *Vogel*, in: Schricker/Loewenheim, UrhG, § 72, Rn. 24.

auch in jedem noch so kleinen Bildausschnitt fort.[81] Selbst die **Übernahme kleinster Bildausschnitte** in eine Collage stellt damit eine erlaubnispflichtige Bearbeitung des ursprünglichen Lichtbildes dar.[82] Eine – faktische – Grenze verläuft allenfalls dort, wo der verwendete Bildausschnitt derart klein ist, dass dessen Herkunft nicht mehr zweifelsfrei nachgewiesen werden kann. Im Hinblick auf den Schutz von Bildausschnitten bedeutet dies in der Konsequenz, dass der Schutz von Lichtbildern sogar **weitergehend ist als der Schutz von Lichtbildwerken**. Denn bei Lichtbildwerken sind Bildausschnitte nur dann vor Bearbeitungen geschützt, wenn in diesen die individuellen schöpferischen Züge der Aufnahme zur Geltung kommen, während bei Lichtbildern jeder kleinste Ausschnitt geschützt sein kann.[83] Dieser graduelle Unterschied ist Folge des **unterschiedlichen Schutzzweckes**.[84]

cc) Bildbearbeitungen

123   Ist die durch das Leistungsrecht geschützte Aufnahme Gegenstand einer Bildbearbeitung, liegt grundsätzlich eine **erlaubnispflichtige Verwertung** gem. § 23 UrhG vor. Teilweise wird einschränkend darauf abgestellt, ob bei der Bearbeitung der charakteristische **Gesamteindruck** des Lichtbildes erhalten bleibt oder nicht.[85] Bleibt der Gesamteindruck erhalten, sei von einer erlaubnispflichtigen Bearbeitung auszugehen, ansonsten von einer freien Benutzung. Diese Betrachtungsweise berücksichtigt jedoch nicht, dass Schutzzweck des § 72 UrhG nicht der Ausdruck und die Individualität des Lichtbildners ist. Geschützt wird die mit der Aufnahme verbundene **Leistung der Bildherstellung**. Ausdruck und Individualität der Darstellung sind für den Schutz nach § 72 UrhG gerade irrelevant. Folglich kann es auch bei der Frage, ob eine Bildveränderung eine Bearbeitung darstellt, nicht drauf ankommen, ob der bereits für die Begründung des Leistungsschutzes irrelevante Gesamteindruck des Lichtbildes verändert wird. Auch hier ist vielmehr allein entscheidend, dass die durch den Lichtbildner hergestellte Originalaufnahme die Grundlage der Bildbearbeitung darstellt. Sachlich kann es nämlich keinen Unterschied machen, ob ein kleiner Ausschnitt einer Aufnahme in eine Collage übernommen wird oder die Aufnahme selbst durch **Retuschierung** oder **Hinzufügen von Elementen** bearbeitet wird, entscheidend ist, dass jeweils die ursprüngliche Aufnahmeleistung des Lichtbildners verwertet wird, weshalb von einer erlaubnispflichtigen Bearbeitung auszugehen ist.[86] Digitale Bildveränderungen, zB.

---

81 So im Hinblick auf Tonträgerrechte: BGH, Urt. v. 20.11.2008 – I ZR 112/06 (Metall auf Metall), GRUR 2009, 403, 404 [11].
82 *Schulze*, in: Dreier/Schulze, UrhG, § 72, Rn. 15; *Vogel*, in: Schricker/Loewenheim, UrhG, § 72, Rn. 29; einschränkend *Reuter*, GRUR 1997, 23, 28; *Thum*, in: Wandtke/Bullinger, UrhG, § 72, Rn. 24.
83 *Schulze*, in: Dreier/Schulze, UrhG, § 72, Rn. 15.
84 BGH, Urt. v. 13.12.2012 – I ZR 182/11 (Metall auf Metall II), GRUR 2013, 614, 616 [23].
85 *A.Nordemann*, in: Fromm/Nordemann, UrhG, § 72, Rn. 21; *Vogel*, in: Schricker/Loewenheim, UrhG, § 72, Rn. 30.
86 *Schulze*, in: Dreier/Schulze, UrhG, § 72, Rn. 19.; *A.Nordemann*, in: Fromm/Nordemann, UrhG, § 72, Rn. 21.

das **Nachkolorieren** von schwarz-weiß Aufnahmen, **Bildretuschierungen mittels Photoshop**, die Veränderung der **Bildgröße** oder **Anpassung von Kontrast und Schärfe** oder auch **Farbkorrekturen** sind damit erlaubnispflichtige Bearbeitungen des Lichtbildes.[87] Auch eine **Bildvorschau in Suchmaschinen** mittels sog. Thumbnails ist damit grundsätzlich erlaubnispflichtig, analog zur Rechtsprechung zu Lichtbildwerken ist jedoch auch hier davon auszugehen, dass der Eingriff nicht rechtswidrig ist und der Lichtbildner in die entsprechende Bearbeitung und Vervielfältigung durch das Einstellen des Bildes ins Internet entsprechend eingewilligt hat.[88]

dd) Überführung in andere Kunstformen

Die Überführung eines Lichtbildes in eine andere Kunstform stellt regelmäßig **keine Bearbeitung** oder Vervielfältigung des Lichtbildes dar, da hier keine Verwertung der technischen Aufnahmeleistung des Lichtbildners stattfindet.[89] Selbst ein **fotorealistisches Abzeichnen** bzw. **Abmalen eines Lichtbildes** stellt keine erlaubnispflichtige Vervielfältigungshandlung dar, da die schöpferische Leistung des Malers den Schutz des Lichtbildners regelmäßig überlagert.[90] Teilweise wird stärker einschränkend vertreten, dass es auch bei der Überführung in andere Kunstformen darauf ankomme, ob der Wesenskern des Lichtbildes übernommen werde und erhalten bleibe.[91] Darauf kann es jedoch nicht ankommen, denn § 72 UrhG schützt unabhängig von der Individualität der Aufnahme die Leistung der Herstellung der Aufnahme, weshalb die Benutzung der Aufnahme als **Vorlage für eine eigenständige künstlerische Leistung** ebenso wenig eine Bearbeitung oder Vervielfältigung darstellt wie eine Nachschaffung der Aufnahme mittels fotografischen Methoden. Es findet keine Verwertung der durch § 72 UrhG geschützten Aufnahmeleistung statt, die sich gerade in der Aufnahme selbst manifestiert, weshalb bereits bei leichten Veränderungen durch Künstler im Rahmen eines **freien künstlerischen Schaffens**, die sich selbst bei einem fotorealistischen Abmalen gar nicht vermeiden lassen, im Ergebnis von einer freien Benutzung und nicht von einer Vervielfältigung auszugehen ist.[92]

124

---

87 Allerdings findet durch dem Verweis in § 72 Abs. 1 UrhG auch die Änderungsvorschrift des § 39 Abs. 2 UrhG Anwendung, so dass der Lichtbildner einer Änderung und Bildbearbeitung uU. nach Treu und Glauben nicht widersprechen kann.
88 BGH, Urt. v. 29.04.2010 – I ZR 69/08 (Thumbnail), GRUR 2010, 628, 631 [33].
89 Ähnlich: *A.Nordemann*, in: Fromm/Nordemann, UrhG, § 72, Rn. 21.
90 *A.Nordemann*, in: Fromm/Nordemann, UrhG, § 72, Rn. 21; *Schulze*, in: Dreier/Schulze, UrhG, § 72, Rn. 17; *Thum*, in: Wandtke/Bullinger, UrhG, § 72, Rn. 22.
91 Das LG München I hat etwa angenommen, dass ein aus einem Lichtbild hergestelltes Gemälde eine abhängige Bearbeitung nach § 23 UrhG bzw. Vervielfältigung sei, wenn der Wesensgehalt des Lichtbildes erhalten bleibe, vgl. LG München I, Urt. v. 29.11.1985 – 21 O 17164/85 (Hubschrauber mit Dame), GRUR 1988, 36, 37. Ebenso: LG Hamburg, Urt. v. 29.08.2007 – 308 O 271/07 (Pelé Foto), ZUM-RD 2008, 202, 204.
92 *Schulze*, in: Dreier/Schulze, UrhG, § 72, Rn. 17; *Thum*, in: Wandtke/Bullinger, UrhG, § 72, Rn. 22; aA. *Vogel*, in: Schricker/Loewenheim, UrhG, § 72, Rn. 30.

4. Persönlichkeitsrechte des Lichtbildners

a) Veröffentlichungsrecht und Schutz vor Entstellung

125 Auch die §§ 12 ff. UrhG[93] finden auf Lichtbildner entsprechende Anwendung, wobei auch diese Normen im Licht des Schutzzwecks des Leistungsschutzrechtes auszulegen sind. Dem **Veröffentlichungsrecht** nach § 12 UrhG und dem **Schutz vor Entstellung** nach § 14 UrhG kommen daher in Bezug auf das Leistungsschutzrecht nach § 72 UrhG nur **eingeschränkte praktische Bedeutung** zu.[94] Da bei Lichtbildern kein Motivschutz besteht[95] und die Individualität der Leistung keine Schutzvoraussetzung ist, sind Fallkonstellationen, in denen ein Lichtbild im Sinne des § 14 UrhG entstellt wird, schwer vorstellbar.[96] Aufgrund des klaren Verweises auf sämtliche Vorschriften des 1. Teils in § 72 Abs. 1 UrhG und der generellen Bedeutung der Persönlichkeitsrechte, kann aus der eingeschränkten praktischen Bedeutung allerdings nicht geschlossen werden, dass § 14 UrhG überhaupt nicht anwendbar sei.[97] Eine Anwendung wird aber allenfalls in **krassen Ausnahmefällen** möglich sein. Denkbar wäre dies etwa bei einer nachträglichen Bildbearbeitung, die als solche nicht ohne weiteres erkennbar ist und deshalb der Leistung des Lichtbildners zugerechnet wird und dabei derart abträglich ist, dass sie das berufliche Ansehen des Lichtbildners schwerwiegend negativ beeinträchtigen kann.

b) Anerkennung und Benennung

126 Von hoher **praktischer Relevanz** ist dagegen das Recht des Lichtbildners auf Anerkennung und Benennung gem. § 13 UrhG.[98] Ähnlich einem Urheber hat auch der Lichtbildner ein Recht auf Anerkennung seiner Leistung und er kann grundsätzlich frei darüber bestimmen, wie und in welcher Art und Weise er im Zusammenhang mit seiner Leistung genannt werden möchte. Das Recht auf Benennung ist gerade für **Berufsfotografen** und **Fotojournalisten** von großer Bedeutung, weshalb bei einer Verletzung des Rechts seitens der Rechtsprechung anerkannt ist, dass dem Lichtbildner ein **Schadensersatzanspruch** in Höhe einer **angemessenen Lizenzgebühr** zusteht.[99] Sind zudem noch Verwertungsrechte des Lichtbildners

---

93 Hierzu allgemein: Kap. 2, Rn. 2 ff.
94 *A.Nordemann*, in: Fromm/Nordemann, UrhG, § 72, Rn. 17; *Schulze*, in: Dreier/Schulze, UrhG, § 72, Rn. 18; *Vogel*, in: Loewenheim, UrhR, § 37, Rn. 18.
95 Vgl. hierzu oben, Rn. 121.
96 Teilweise wird aus diesem Grunde die Anwendung des § 14 UrhG auf das Leistungsschutzrecht des § 72 UrhG verneint: *Vogel*, in: Schricker/Loewenheim, UrhG, § 72, Rn. 21; *Vogel*, in: Loewenheim, UrhR, § 37, Rn. 18.
97 *Lauber-Rönsberg*, in: Ahlberg/Götting, BeckOK UrhG, § 72, Rn. 13; *A.Nordemann*, in: Fromm/Nordemann, UrhG, § 72, Rn. 16; *Schulze*, in: Dreier/Schulze, UrhG, § 72, Rn. 17; *Thum*, in: Wandtke/Bullinger, UrhG, § 72, Rn. 22; aA. *Vogel*, in: Schricker/Loewenheim, UrhG, § 72, Rn. 31; *Vogel*, in: Loewenheim, UrhR, § 37, Rn. 18.
98 Vgl. hierzu Kap. 2, Rn. 45 ff.
99 OLG Düsseldorf, Urt. v. 09.05.2006 – I-20 U 138/05, GRUR-RR 2006, 393, 394 [14]; OLG Frankfurt, Urt. v. 04.05.2004 – 11 U 6/02, ZUM 2004, 924, 926 [46].

verletzt, erfolgt für die Verletzung des Benennungsrechts ein **Zuschlag von 100 Prozent** auf die **fiktive Lizenzgebühr**.[100]

Dabei ist zu berücksichtigen, dass das Recht auf Benennung nicht nur dann verletzt ist, wenn der Lichtbildner überhaupt nicht genannt wird, sondern auch dann, wenn er **in einer anderen Form als vereinbart** genannt wird oder aber die erfolgte **Nennung der Aufnahme nicht zugeordnet** werden kann.[101] Gerade bei der Verwendung von Lichtbildern aus frei zugänglichen **Bilddatenbanken im Internet** ist daher auch darauf zu achten, dass die Benennung des Lichtbildners exakt so erfolgt wie in den Geschäftsbedingungen der jeweiligen Plattform bzw. vom Lichtbildner bei Upload des Bildes vorgegeben, dh. an der vorgegebenen Stelle und in der vorgegebenen Art und Weise. Sofern die Nutzungsbedingungen der Bilddatenbank eine Nennung des Fotografen mit Vorname und Nachname vorsehen, stellt eine Benennung nur mit dem Nachnamen des Lichtbildners eine Verletzung des Benennungsrechtes dar. Auch eine **Nennung der Bildagentur** anstelle des Lichtbildners ist **nicht ausreichend**.[102] Allerdings sind keine überzogenen Anforderungen an die Erfüllung des Anspruches auf Benennung zu stellen. So ist eine Benennung im **räumlichen Zusammenhang** mit der Bildveröffentlichung, zB. in der Zeile unterhalb des Bildes, ausreichend, auch wenn dann die Benennung uU. bei Vorschaubildern, sog. Thumbnails, oder auch einem Direktaufruf des Bildes über den Browser nicht sichtbar ist. Eine Pflicht das Lichtbild entsprechend zu bearbeiten und die Benennung untrennbar mit dem Bild zu verbinden, besteht jedenfalls nicht, da derartige Nutzungen technische Begleiterscheinungen sind, die bei wertender Betrachtung keine urheberrechtsrelevante Handlung darstellen.[103]

5. Schutzdauer

Die Schutzdauer für Lichtbilder beträgt gem. § 72 Abs. 3 UrhG **fünfzig Jahre**. Der Beginn der Schutzfrist bestimmt sich gem. § 72 Abs. 3 S. 1 UrhG maßgeblich nach dem **ersten Erscheinen** des Lichtbildes bzw. der **ersten öffentlichen Wiedergabe**. Unter Erscheinen ist entsprechend § 6 Abs. 2 UrhG das erste Inverkehrbringen von Vervielfältigungsstücken des Lichtbildes in ausreichender Anzahl mit der Zustimmung des Lichtbildners zu verstehen, zB. die erstmalige Veröffentlichung des Bildes in einer Zeitung.[104] Eine unberechtigte Veröffentlichung oder Inverkehrbringen setzt die Schutzfrist nicht in Gang. **Öffentliche Wiedergabe** bezeichnet eine an die Öffentlichkeit gerichtete unkörperliche Verwertung des Bildes.[105] Wird also das in der Zeitung veröffentlichte Bild vom Lichtbildner zuvor im Rahmen einer öffentlichen Diavortrags präsentiert, bemisst sich der Beginn der

---

100 *Lauber-Rönsberg*, in: Ahlberg/Götting, BeckOK UrhG, § 72, Rn. 19; *Schulze*, in: Dreier/Schulze, UrhG, § 72, Rn. 27; *Thum*, in: Wandtke/Bullinger, UrhG, § 72, Rn. 32.
101 *Thum*, in: Wandtke/Bullinger, UrhG, § 72, Rn. 32.
102 LG Hamburg, Urt. v. 04.04.2003 – 308 O 515/02, ZUM 2004, 675, 679.
103 *Lauber-Rönsberg*, in: Ahlberg/Götting, BeckOK UrhG, § 72, Rn. 19.1; aA. LG Köln, Urt. v. 30.01.2014 – 14 O 427/13, ZUM-RD 2014, 220 ff.
104 *Vogel*, in: Loewenheim, UrhR, § 37, Rn. 19.
105 Zum Öffentlichkeitsbegriff vgl. Kap. 2, Rn. 241 ff.

Schutzfrist nach dieser erstmaligen Wiedergabe. Fehlt es an einem Erscheinen oder einer öffentlichen Wiedergabe des Bildes, so bemisst sich der Beginn der fünfzigjährigen Schutzfrist am Datum der **Herstellung des Bildes**.

129 **Beide Schutzfristen** bestehen **unabhängig** voneinander, was im Einzelfall zu kuriosen Ergebnissen führen kann. Stellt zB. der Lichtbildner im Alter von zwanzig Jahren die Aufnahme her und veröffentlicht die Aufnahmen erst im Alter von 71 Jahren, ist die Schutzfrist bereits erloschen, denn mangels einer Veröffentlichung innerhalb von fünfzig Jahren seit Herstellung der Aufnahme endet die Schutzfrist. Veröffentlicht derselbe Lichtbildner die Aufnahme im Alter von 69 Jahren, beginnt mit der Veröffentlichen die fünfzigjährige Schutzfirst, da seit der Herstellung noch keine fünfzig Jahre vergangen sind, mit dem Ergebnis, dass die Aufnahme bei einem nahtlosen Anschließen der beiden Schutzfristen sogar **bis zu einhundert Jahre** seit der Herstellung geschützt sein kann.[106] Stellt der Lichtbildner die Aufnahme kurz vor seinem Tode her und veröffentlichen die Erben zB. kurz vor Ablauf der fünfzigjährigen Schutzfrist die Aufnahme, kann der Schutz im Einzelfall theoretisch sogar länger ausfallen als der Schutz von Lichtbildwerken, der gem. § 64 UrhG in jedem Fall siebzig Jahre nach dem Tode des Urhebers endet.[107] Dieses Ergebnis mag auf den ersten Blick korrekturbedürftig erscheinen,[108] ist aber in Einklang mit Art. 3 der Schutzdauer-Richtlinie,[109] die bei verwandten Schutzrechten eine Schutzdauer bis einhundert Jahre ausdrücklich vorsieht, und liegt in dem anders gelagerten Schutzzweck von Lichtbildern begründet.

6. Angemessene Vergütung und Höhe des Schadensersatzes

130 Die §§ 32, 32a UrhG finden über den Verweis auf die Vorschriften des 1. Teils in § 72 UrhG Anwendung. Der Lichtbildner hat demnach grundsätzlich Anspruch auf Zahlung einer angemessenen Vergütung.[110] Sofern keine Anhaltspunkte für die **übliche und redliche Vergütung** existieren, können die Empfehlungen der *Mittelstandsgemeinschaft Foto-Marketing (MFM)* herangezogen werden.[111] Die *MFM* ist ein Arbeitskreis des *Bundesverbandes professioneller Bildanbieter eV. (BVPA)* und ermittelt jährlich die aktuell gültigen **Honorarsätze für Bildhonorare**. Dabei ist zu berücksichtigen, dass es sich hierbei lediglich um Empfehlungen handelt, die einen **ersten Anhaltspunkt** für die angemessene Vergütung geben können, die aber keine absolute Gültigkeit entfalten, zumal die Honorarempfehlungen einseitig von einem Interessenverband der Fotografen herausgegeben werden. Im Ein-

---

106 *A. Nordemann*, in: Fromm/Nordemann, UrhG, § 72, Rn. 27.
107 *Schulze*, in: Dreier/Schulze, UrhG, § 72, Rn. 37; *Thum*, in: Wandtke/Bullinger, UrhG, § 72, Rn. 32.
108 *Thum*, in: Wandtke/Bullinger, UrhG, § 72, Rn. 35.
109 Siehe Kap. 11, Rn. 234 f.
110 Vgl. hierzu oben, Kap. 4, Rn. 205.
111 *Schulze*, in: Dreier/Schulze, UrhG, Vor § 31, Rn. 287 und § 72, Rn. 29; *Thum*, in: Wandtke/Bullinger, UrhG, § 72, Rn. 48; *Vogel*, in: Schricker/Loewenheim, UrhG, § 72, Rn. 47.

zelfall kann die angemessene Vergütung gem. § 32 UrhG daher auch über bzw. unter den Honorarempfehlungen der *MFM* liegen.[112]

Gleichwohl kommt den Honorarempfehlungen der *MFM* eine **große Bedeutung für die Praxis** zu.[113] Die Honorarempfehlungen werden jährlich neu ermittelt und geben daher einen guten Überblick über das, was im Fotobereich **üblicherweise** an Honorarsätzen gezahlt wird. Da die Honorarempfehlungen vom Interessenverband der Fotografen und damit den Rechteinhabern herausgegeben werden, ist tendenziell davon auszugehen, dass diese Honorarsätze auch **redlich** sind, dh. den Interessen der Lichtbildner gerecht werden.[114] Beruft sich der Lichtbildner daher als Ausgangspunkt auf die Honorarempfehlungen der *MFM*, obliegt die **Darlegungs- und Beweislast**, dass die übliche und redliche Vergütung im Streitfalle tatsächlich niedriger sei, der Gegenseite. Im umgekehrten Fall muss der Lichtbildner darlegen und beweisen, warum die im Einzelfall verlangte Vergütung höher ist als die in der *MFM* vorgeschlagenen Sätze.[115]

131

Soweit wegen der Verletzung des Leistungsschutzrechts Schadensersatz nach § 97 UrhG im Wege der **Lizenzanalogie**[116] gefordert wird, kann ebenfalls auf die Honorarempfehlungen der *MFM* zurückgegriffen werden.[117] Auch hier sind die Honorarempfehlungen der *MFM* aber lediglich ein Anhaltspunkt.[118] Kann der Lichtbildner nachweisen, üblicherweise eine höhere Lizenzgebühr zu erhalten, so gilt diese höhere Lizenzgebühr als Grundlage zum Zweck der Berechnung des Schadensersatzes im Wege der Lizenzanalogie.[119]

132

---

112 BGH, Urt. v. 06.10.2005 – I ZR 266/02 (Pressefotos), GRUR 2006, 136, 138 [30].
113 *Vogel*, in: Schricker/Loewenheim, UrhG, § 72, Rn. 47; *Schulze*, in: Dreier/Schulze, UrhG, § 72, Rn. 29.
114 Zu berücksichtigen ist aber, dass die Honorarempfehlungen der MFM auch nur insoweit Anwendung finden, wie die fragliche Nutzung des Lichtbilds den in den MFM-Richtlinien aufgestellten Fallgruppen entspricht, da die MFM-Richtlinien auch nur insoweit repräsentativ sind. Der Honorarsatz für Online-Nutzungen der MFM ist daher etwa nicht ohne weiteres auf Produktfotos, die für einen privaten eBay-Verkauf hergestellt wurden, anwendbar, da sich die Markterhebungen der MFM für die Nutzung von Fotos im Onlinebereich ausschließlich auf gewerbliche Anbieter und gewerbliche Nutzer erstreckt und daher Geschäfte mit privaten Nutzern bei der Erstellung der MFM-Honorare keinen Niederschlag gefunden haben, vgl. OLG Braunschweig, Urt. v. 08.02.2012, – 2 U 7/11, GRUR 2012, 920, 923 [49] und OLG München, Urt. v. 05.12.2013 – 6 U 1448/13, ZUM-RD 2014, 165 [6].
115 *Schulze*, in: Dreier/Schulze, UrhG, Vor § 31, Rn. 287.
116 Siehe Kap. 7, Rn. 100 ff.
117 Siehe Kap. 7, Rn. 101; *Thum*, in: Wandtke/Bullinger, UrhG, § 72, Rn. 51; *Vogel*, in: Schricker/Loewenheim, UrhG, § 72, Rn. 47.
118 Es gelten dieselben Einschränkungen wie oben unter Rn. 131 dargestellt; siehe auch Kap. 7, Rn. 101.
119 OLG Hamburg, Urt. v. 02.09.2009 – 5 U 8/08, MMR 2010, 196, 197 [30]; *Thum*, in: Wandtke/Bullinger, UrhG, § 72, Rn. 61.

III. Schutzrecht des ausübenden Künstlers

133 Der ausübende Künstler erbringt eine **interpretatorische Leistung**, die stark durch seine Persönlichkeit geprägt ist. Obwohl der ausübende Künstler künstlerisch tätig ist, ist seine Leistung aber in der Regel keine persönlich-geistige Schöpfung im Sinne des Urheberrechts.[120] Der ausübende Künstler erschafft für gewöhnlich kein Werk, sondern macht ein bestehendes Werk durch seine **Darbietung** erlebbar. Er ist das Bindeglied zwischen Werk und Rezipient und nimmt eine im Kulturbetrieb wesentliche Rolle ein. Der ausübende Künstler steht aufgrund seiner interpretatorischen Leistung in einer **engen persönlichen Beziehung** zu seiner Darbietung, weshalb ausübenden Künstlern sowohl hinsichtlich ihrer Persönlichkeitsrechte als auch hinsichtlich der kommerziellen Verwertung ihrer Leistung ein besonderes schutzwürdiges Interesse zukommt und sie in vielen Belangen Urhebern gleichgestellt sind.[121]

1. Schutzgegenstand

a) Leistung des ausübenden Künstlers

134 Der Begriff des ausübenden Künstlers ist in § 73 UrhG definiert. Ausübender Künstler ist, wer ein Werk oder eine Ausdrucksform der Volkskunst durch **Singen, Spielen oder in sonstiger künstlerischer Form darbietet** oder künstlerisch an der Darbietung **mitwirkt**. Voraussetzung ist also eine **künstlerische Leistung**, die in einer **Werkinterpretation** besteht.[122] Nach dem Gesetz handelt es sich bei ausübenden Künstlern etwa um **Musiker, Sänger, Schauspieler** und sonstige Werkinterpreten.[123] Wesentliches Merkmal der Leistung des ausübenden Künstlers ist dabei stets eine **künstlerisch-interpretierende Werkvermittlung**.[124]

b) Werk oder Ausdrucksform der Volkskunst

135 Gegenstand der Leistung des ausübenden Künstlers muss ein Werk oder eine Ausdrucksform der Volkskunst sein.

136 Mit dem **Begriff „Werk"** sind die in § 2 Abs. 1 UrhG aufgeführten Werkarten gemeint. Es ist nicht erforderlich, dass das Werk, welches Gegenstand der Leistung des ausübenden Künstlers ist, seinerseits die Schutzvoraussetzungen des § 2 Abs. 2 UrhG erfüllt.[125] Auch ein Sprachwerk, welches nach § 2 Abs. 2 UrhG **nicht**

---

120 *Dreier*, in: Dreier/Schulze, UrhG, § 73, Rn. 2.
121 *Dreier*, in: Dreier/Schulze, UrhG, § 73, Rn. 1.
122 *Krüger*, in: Schricker/Loewenheim, UrhG, § 73, Rn. 24; *Schaefer*, in: Fromm/Nordemann, UrhG, § 73, Rn. 13.
123 BT-Drucks. IV/270, S. 90, zu § 83 Ausübender Künstler.
124 *Dreier*, in: Dreier/Schulze, UrhG, § 73, Rn. 7; *Schaefer*, in: Fromm/Nordemann, UrhG, § 73, Rn. 21.
125 *Krüger*, in: Schricker/Loewenheim, UrhG, § 73, Rn. 10; *Dreier*, in: Dreier/Schulze, UrhG, § 73, Rn. 8; *Büscher*, in: Wandtke/Bullinger, UrhG, § 73, Rn. 4; *Stang*, in: Ahlberg/Götting, BeckOK UrhG, § 73, Rn. 6; einschränkend: *Schaefer*, in: Fromm/Nordemann, UrhG, § 73, Rn. 10; aA. *Vogel*, in: Loewenheim, UrhR, § 38, Rn. 42.

hinreichend schöpferisch ist oder aufgrund des Ablaufs der Schutzfristen bereits gemeinfrei ist, kann Grundlage der Leistung des ausübenden Künstlers sein.[126] Ein Schauspieler, der einen gemeinfreien Text von *Goethe* rezitiert, erwirbt an seiner Leistung ein Leistungsschutzrecht als ausübender Künstler. Da der Wortlaut des § 73 UrhG aber an den Werkbegriff anknüpft, muss es sich beim Gegenstand der Leistung zumindest um eine der in § 2 Abs. 1 UrhG aufgeführten Werkkategorien handeln. Der Gegenstand, auf den sich die Leistung des ausübenden Künstlers bezieht, muss also zumindest **abstrakt urheberrechtlich schutzfähig** sein.[127]

Aufgrund der Umsetzung von Art. 2 Buchstabe a des WIPO-Vertrages über Darbietungen und Tonträger durch das Gesetz zur Regelung des Urheberrechts in der Informationsgesellschaft vom 10. September 2003 kann Gegenstand der Leistung des ausübenden Künstlers auch eine **Ausdrucksform der Volkskunst** sein. Es handelt sich hierbei um Folklore wie traditionelle **Tänze, Musikstücke** oder **Gesänge**, die meist mündlich überliefert wurden.[128] Da diese Ausdrucksformen aber meist ohnehin Werkcharakter haben[129] und es überdies unerheblich ist, ob der Gegenstand der Leistung des ausübenden Künstlers gemeinfrei ist oder die Voraussetzungen des § 2 Abs. 2 UrhG erfüllt, sind diese Leistungen meist ohnehin bereits als Darbietung eines Werkes geschützt. Damit kommt der gesonderten Aufführung der Ausdrucksform der Volkskunst in § 73 UrhG als Gegenstand der Leistung des ausübenden Künstlers nur eine **geringe praktische Relevanz** zu.[130]

137

c) Darbietung

Das Werk oder die Ausdrucksform der Volkskunst muss „dargeboten" werden. Der **Begriff der Darbietung** ist dabei als Oberbegriff zu sehen.[131] § 73 UrhG zählt als Formen der Darbietung beispielhaft das **Aufführen, Singen** und **Spielen** auf. Ausgehend von diesen Beispielen und vom Schutzzweck des § 73 UrhG muss die Darbietung in einer Interpretation eines Werkes bzw. einer Ausdrucksform der Volkskunst bestehen, dh. der ausübende Künstler muss als **Werkvermittler** tätig werden, indem er dem Zuschauer oder Zuhörer durch seine Leistung einen wahrnehmbaren Sinneseindruck vermittelt, der die Stimmung, das Empfinden, das Gefühl oder die Fantasie anregt, sodass in der Leistung ein eigenständiger künstlerischer Wert zu Tage tritt.[132] Zweifelsohne handelt es sich etwa bei Musi-

138

---

126 *Krüger*, in: Schricker/Loewenheim, UrhG, § 73, Rn. 10.
127 *Schaefer*, in: Fromm/Nordemann, UrhG, § 73, Rn. 8; *Dreier*, in: Dreier/Schulze, UrhG, § 73, Rn. 8; *Vogel*, in: Loewenheim, UrhR, § 38, Rn. 42; *Krüger*, in: Schricker/Loewenheim, UrhG, § 73, Rn. 24.
128 *Dreier*, in: Dreier/Schulze, UrhG, § 73, Rn. 9.
129 Auch bei einem Volkstanz handelt es sich um ein Werk der Tanzkunst nach § 2 Abs. 1 Nr. 3 UrhG, selbst wenn dieser strengen Regeln und Vorgaben folgt.
130 *Dreier*, in: Dreier/Schulze, UrhG, § 73, Rn. 9; *Stang*, in: Ahlberg/Götting, BeckOK UrhG, § 72, Rn. 7; *Vogel*, in: Loewenheim, UrhR, § 38, Rn. 41.
131 *Büscher*, in: Wandtke/Bullinger, UrhG, § 73, Rn. 5.
132 BGH, Urt. v. 14.11.1980 – I ZR 73/78 (Quizmaster), GRUR 1981, 419, 421, [50]; sowie ausführlich zum Begriff der künstlerischen Darbietung *Dünnwald*, UFITA 84 (1979), 1 ff.

kern oder **Sängern**, die ein Musikwerk zu Gehör bringen, oder bei **Schauspielern**, die ein Sprachwerk aufführen oder vortragen, um ausübende Künstler im Sinne des § 73 UrhG.[133] Auch **Synchronsprecher** sind ausübende Künstler, da sie einen fremdsprachigen Film interpretieren, seinen Inhalt vermitteln und ähnlich einem Schauspieler (man spricht bezeichnend im Englischen von einem „voice artist") tätig sind.[134] Nicht erforderlich ist ferner, dass es sich beim Gegenstand der Leistung des ausübenden Künstlers um einen fest vorgegebenen Werkrahmen handelt. Auch ein **Quizmaster**, der spontan auf Situationen eingeht und frei durch eine Sendung führt, ist ausübender Künstler, da er den durch die Sendung vorgegebenen Rahmen durch seinen sprachlichen Ausdruck interpretiert und mit Leben erfüllt und damit eine eigenständige künstlerische und interpretatorische Leistung erbringt.[135]

139 Schwieriger zu beurteilen sind dagegen Leistungen, die gemeinhin zwar als künstlerisch angesehen werden, die ihrerseits aber nicht in einer Vermittlung oder Interpretation eines Werkes bestehen. Dies ist zB. der Fall bei **Artisten**, **Zauberkünstlern** und **Varietékünstlern**, die allesamt kein vorgegebenes Werk interpretieren, deren Leistung aber durchaus einen eigenständigen künstlerischen Wert haben kann. Dennoch kann man diese Ausdrucksformen nicht mehr als „Darbietung" im Sinne des § 73 UrhG auffassen, da es an einer Werkvermittlung fehlt. Ein Zauberkünstler vermittelt und interpretiert kein fremdes Werk, sondern erbringt eine eigenständige Leistung. Ist diese für sich genommen hinreichend individuell und schöpferisch im Sinne des § 2 Abs. 2 UrhG, so kann sie im Einzelfall selbst urheberrechtlich schutzfähig sein.[136] Bei der Ausführung handelt es sich aber nicht um eine „Darbietung" im Sinne des § 73 UrhG. Selbiges gilt auch für **akrobatische** oder **sportliche Leistungen**.[137] **Fußballspieler** erbringen in erster Linie eine körperliche Leistung, vermitteln und interpretieren durch ihre Leistung aber kein Werk.[138] Einen Grenzfall stellen künstlerisch geprägte Sportarten wie **Eiskunstlauf** oder **Tanzsport** dar, die einer vorgegebenen Choreographie folgen. Allerdings kann man auch diese Sportarten nicht als Darbietung im Sinne des § 73 UrhG auffassen, da der Schwerpunkt der Leistung nicht in der eigenständigen künstlerischen Interpretation und Werkvermittlung liegt. Die Leistung eines Eiskunstläufers besteht gerade nicht darin, durch freie Werkinterpretation Sinneseindrücke zu vermitteln, sondern durch eine entsprechend abgestimmte Choreographie eine

---

133 BT-Drucks. IV/270, S. 90, zu § 83 Ausübender Künstler.
134 BGH, Urt. v. 10.05.2012 – I ZR 145/11 (Fluch der Karibik), GRUR 2012, 1248, 1250 [38]; BGH, Urt. v. 22.09.1983 – I ZR 40/81 (Synchronisationssprecher), GRUR 1984, 119, 120 [14].
135 BGH, Urt. v. 14.11.1980 – I ZR 73/78 (Quizmaster), GRUR 1981, 419, 421, [50].
136 Vgl. zur Frage, inwieweit Werkschöpfung und Werkdarbietung auch zusammenfallen können: *Wild/Salagean*, ZUM 2008, 580 ff.
137 Zur Frage, unter welchen Voraussetzungen digitales Spielen ein Leistungsschutzrecht begründen kann: *Hofmann*, ZUM 2013, 279 ff.
138 *Dreier*, in: Dreier/Schulze, UrhG, § 73, Rn. 12; *Büscher*, in: Wandtke/Bullinger, UrhG, § 73, Rn. 8; *Winter*, ZUM 2003, 531, 535.

möglichst hohe Punktzahl zu erreichen.¹³⁹ Auch **Nachrichtensprecher** erbringen keine eigenständige künstlerische Leistung,¹⁴⁰ da sie keinen Text interpretieren, sondern in möglichst nüchterner und sachlicher Art und Weise Informationen weitergeben.¹⁴¹

d) Künstlerisch mitwirkende Personen

Nicht nur die Leistung des unmittelbar Darbietenden selbst ist geschützt, sondern nach § 73 Abs. 1 UrhG auch die **Leistung derjenigen, die** an der Darbietung **künstlerisch mitwirken**. Nach der Gesetzesbegründung handelt es sich hierbei etwa um **Dirigenten** oder **Regisseure**.¹⁴² Diese Mitwirkenden erbringen selbst keine Darbietung, gleichwohl bestimmen sie die künstlerische Darbietung und Werkinterpretation eines Dritten durch ihre Leistung wesentlich mit.¹⁴³ Die Mitwirkung muss nach dem Gesetzeswortlaut allerdings ihrerseits „künstlerisch" sein, dh. **rein technische** oder **organisatorische Hilfsleistungen** sind **nicht ausreichend**.¹⁴⁴ Entscheidend ist, dass der Mitwirkende durch seine Tätigkeit künstlerischen und **gestalterischen Einfluss** auf die Darbietung nimmt, diese also leitet, inhaltlich beeinflusst und mitbestimmt.¹⁴⁵ Der mitbestimmende Einfluss kann dabei auch **zeitlich vor** der eigentlichen Darbietung liegen,¹⁴⁶ was etwa bei einem **Bühnenregisseur** der Fall ist,¹⁴⁷ oder **zeitgleich** mit der eigentlichen Darbietung erfolgen, etwa im Falle eines Dirigenten.¹⁴⁸

140

Entscheidend ist aber, dass sich die Leistung mitbestimmend und prägend in der eigentlichen Darbietung und Werkinterpretation niederschlägt.¹⁴⁹ **Nicht ausreichend** sind deshalb der eigentlichen Darbietung **zeitlich nachgelagerte** Tätigkeiten, auch wenn diese die Darbietung bzw. den Genuss der Darbietung qualitativ

141

---

139 *Krüger*, in: Schricker/Loewenheim, UrhG, § 73, Rn. 10 *Büscher*, in: Wandtke/Bullinger, UrhG, § 73, Rn. 4; weiter dagegen *Dreier*, in: Dreier/Schulze, UrhG, § 73, Rn. 12.
140 *Dreier*, in: Dreier/Schulze, UrhG, § 73, Rn. 12.
141 Zu weiteren Beispielen und Einzelfälle siehe die Übersicht bei *Schaefer*, in: Fromm/Nordemann, UrhG, § 73, Rn. 31 ff.
142 BT-Drucks. IV/270, S. 90, zu § 83 Ausübender Künstler.
143 Ist die Leistung der künstlerisch mitwirkenden Person selbst schöpferisch im Sinne von § 2 Abs. 2 UrhG, so kann sich auch urheberrechtlich geschützt sein. In diesem Falle verbleibt aber für einen Leistungsschutz hinsichtlich derselben Leistung kein Raum. Vgl. etwa für den Filmregisseur BGH, Urt. v. 24.11.1983 – I ZR 147/81 (Filmregisseur), GRUR 1984, 730, 731 [24].
144 *Dreier*, in: Dreier/Schulze, UrhG, § 73, Rn. 14; *Schaefer*, in: Fromm/Nordemann, UrhG, § 73, Rn. 21 ff.; *Stang*, in: Ahlberg/Götting, BeckOK UrhG, § 72, Rn. 15; *Vogel*, in: Loewenheim, UrhR, § 38, Rn. 57.
145 BGH, Urt. v. 09.11.1973 – I ZR 114/72 (Celestina), GRUR 1974, 672, 673 [20]; *Vogel*, in: Loewenheim, UrhR, § 38, Rn. 41.
146 BGH, Urt. v. 27.05.1982 – I ZR 114/80 (Tonmeister), GRUR 1983, 22, 25 [26].
147 OLG Dresden, Urt. v. 16.05.2000 – 14 U 729/00, ZUM 2000, 955, 957 [27].
148 BT-Drucks. IV/270, S. 90, zu § 83 Ausübender Künstler.
149 *Büscher*, in: Wandtke/Bullinger, UrhG, § 73, Rn. 9; *Stang*, in: Ahlberg/Götting, BeckOK UrhG, § 72, Rn. 17.

noch beeinflussen können. Kein ausübender Künstler ist daher der **Tonmeister**, der die Aufnahme eines Sängers bearbeitet, auch wenn seine Tätigkeit zu einer Verbesserung der Klangqualität führt, da diese Leistung der eigentlichen Darbietung des Sängers nachgelagert ist und diese daher inhaltlich nicht mehr beeinflussen kann.[150] An einer inhaltlichen, künstlerischen Beeinflussung der Darbietung fehlt es ferner bei Personen, die entweder rein technische Leistungen erbringen, etwa **Beleuchter, Kostümbildner, Maskenbildner** oder **Aufnahmeleiter**, oder aber wirtschaftlich-organisatorische Leistungen, wie zB. **Intendanten** und **Produzenten**.[151]

e) Mehrheit von ausübenden Künstlern

142 Wirken mehrere ausübende Künstler **gemeinsam** an der Darbietung mit, ohne dass sich ihre jeweiligen Anteile gesondert voneinander verwerten lassen, stehen ihnen die Verwertungsrechte an der erbrachten Leistung nach § 80 UrhG zur **gesamten Hand** zu. Diese Regelung ist an die Grundsätze der **Miturheberschaft** gem. § 8 Abs. 1 UrhG angelehnt.[152] Dementsprechend erfolgt in § 80 Abs. 1 S. 3 UrhG ein weitgehender Verweis auf die Regelungen des § 8 Abs. 2 S. 3, Abs. 3 und Abs. 4 UrhG, sodass diesbezüglich auf die obigen Ausführungen zur Miturheberschaft verwiesen werden kann.[153] Die Regelung des § 80 UrhG ist **von großer praktischer Bedeutung**, da sich bei einer Mehrheit von ausübenden Künstlern die Leistungen meist nicht gesondert verwerten lassen und daher in den meisten Fällen, in denen mehr als ein ausübender Künstler an der Darbietung beteiligt ist, eine **Gesamthandsgemeinschaft** vorliegt,[154] etwa bei der Aufführung eines **Orchesters**, der Bühnenaufführung eines **Schauspiels mit mehreren Darstellern** oder auch einem **Darsteller und einem Regisseur**,[155] oder einer **Tanzgruppe**.[156]

2. Verwertungsrechte und Vergütungsansprüche des ausübenden Künstlers

143 Die dem ausübenden Künstler zustehenden Verwertungsrechte und Vergütungsansprüche sind in den §§ 77 und 78 UrhG **abschließend geregelt**.

---

150 BGH, Urt. v. 27.05.1982 – I ZR 114/80 (Tonmeister), GRUR 1983, 22, 25 [29]. Eingehend zur Problematik: *Andresen*, ZUM 1986, 335 ff. sowie *Hubmann*, GRUR 1984, 620 ff.
151 *Krüger*, in: Schricker/Loewenheim, UrhG, § 73, Rn. 30; *Büscher*, in: Wandtke/Bullinger, UrhG, § 73, Rn. 16, 21.
152 BT-Drucks. 15/38, S. 24, zu § 80.
153 Vgl. zur Miturheberschaft oben, Kap. 1, Rn. 310 ff.
154 Zur gesetzlichen Prozessstandschaft des Vorstands oder Leiters der Gruppe siehe Kap. 7, Rn. 30.
155 LG Köln, Urt. v. 12.12.2007 – 28 O 612/06, ZUM-RD 2008, 211 ff.
156 Vgl. zur Geltendmachung von Rechten einer Gruppe: OLG Hamburg, Urt. v. 10.01.1991 – 3 U 107/90, NJW-RR 1992, 744 ff.

a) Aufnahme, Vervielfältigung und Verbreitung

Dem ausübenden Künstler steht gem. § 77 UrhG zunächst das Recht zu, seine Darbietung auf Bild- oder Tonträger aufzunehmen und die Aufnahme zu vervielfältigen und zu verbreiten. Bei einer Aufnahme im Sinne des § 77 Abs. 1 UrhG handelt es sich um die **Festlegung** oder **Fixierung der Darbietung** auf einem Bild/Tonträger, ungeachtet der dabei verwendeten technischen Methode.[157] Geschützt ist aber nur die **erstmalige Fixierung** der Darbietung, zB. die Aufnahme einer Live-Theatervorführung auf Film, nicht dagegen nachgelagerte Vervielfältigungshandlungen.[158] Bei Letzterem handelt es sich dann ggf. um eine Vervielfältigung im Sinne des § 77 Abs. 2 UrhG, sofern zuvor bereits eine Fixierung stattgefunden hat, nicht jedoch um eine Aufnahme im Sinne des § 77 Abs. 1 UrhG. Die Unterscheidung ist von großer Bedeutung, da aufgrund der Schrankenregelung in § 57 Abs. 7 UrhG, die nach dem Verweis in § 83 UrhG entsprechende Anwendung findet, die erstmalige Aufnahme stetes der Einwilligung des ausübenden Künstlers bedarf, während es sich bei nachgelagerten Vervielfältigungshandlungen um erlaubnisfreie Privatkopien nach § 53 Abs. 1 UrhG[159] handeln kann. Der ausübende Künstler kann daher aus eigenem Recht nach § 77 Abs. 1 UrhG gegen sog. **„Bootleg-Aufnahmen"**, also zB. während eines Konzerts von einem Konzertbesucher mit einem Smart-Phone hergestellte Aufnahmen, vorgehen, auch wenn diese ausschließlich für den privaten Gebrauch bestimmt sind, da es sich hierbei um eine erstmalige Fixierung der Live-Darbietung handelt und insoweit § 53 Abs. 7 UrhG Anwendung findet.[160] Nachgelagerte Vervielfältigungshandlungen, zB. die Vervielfältigung einer DVD oder einer CD eines Konzertes, können dagegen eine Privatkopie nach § 53 Abs. 1 UrhG darstellen. Hinsichtlich des Begriffs der Vervielfältigung und der Verbreitung besteht inhaltlich kein Unterschied zu § 16 UrhG und § 17 UrhG, sodass diesbezüglich auf die entsprechenden obigen Ausführungen verwiesen werden kann.[161]

Dem ausübenden Künstler stehen **keine Bearbeitungsrechte** hinsichtlich seiner Leistung zu, da §§ 77, 78 UrhG keine entsprechende Vorschrift enthält und auch kein Verweis auf § 23 UrhG erfolgt.[162] Soweit eine Bearbeitung allerdings als **Vervielfältigung** der Darbietung angesehen werden kann, stehen dem ausübenden Künstler insoweit die Rechte aus § 77 Abs. 2 UrhG zu.

Damit ist eine **Abgrenzung zwischen Vervielfältigung und Bearbeitung** erforderlich. Von Bedeutung ist dies insbesondere bei einer nachträglichen digita-

---

157 *Dreier*, in: Dreier/Schulze, UrhG, § 77, Rn. 4, *Schaefer*, in: Fromm/Nordemann, UrhG, § 77, Rn. 13.
158 *Vogel*, in: Loewenheim, UrhR, § 38, Rn. 62.
159 Siehe hierzu siehe Kap. 3, Rn. 425 ff.
160 Vgl. zur Frage ob an Bootleg-Aufnahmen ein Leistungsschutzrecht entsteht unten, Rn. 228.
161 Vgl. zu den Vervielfältigungsrechten oben, Kap. 2, Rn. 203 ff., und zu den Verbreitungsrechten oben, Kap. 2, Rn. 215 ff.
162 *Dreier*, in: Dreier/Schulze, UrhG, § 77, Rn. 5; *Büscher*, in: Wandtke/Bullinger, UrhG, § 77, Rn. 6; *Stang*, in: Ahlberg/Götting, BeckOK UrhG, § 77, Rn. 7.

len Bearbeitung der Darbietung, etwa der **Kolorierung** einer Filmaufnahme oder dem **digitalen Remastering** bzw. **Remixing** einer Tonaufnahme. Die Abgrenzung muss in Anlehnung an den Rechtsgedanken des § 24 UrhG anhand wertender Kriterien erfolgen.[163] Wird die Darbietung derart stark in ihrem Wesensgehalt verändert, dass die ursprüngliche Leistung des ausübenden Künstlers in den Hintergrund tritt, wird man bei **wertender Betrachtung** nicht mehr von einer Vervielfältigung ausgehen können. Beschränkt sich die Bearbeitung allerdings auf eine **reine Klangverbesserung** oder **digitale Bildverbesserung** und bleibt die Leistung in ihrem wesentlichen Kerngehalt erhalten, ist bei wertender Betrachtung eher von einer Vervielfältigung der Darbietung auszugehen.[164] Diese ist nur dann zulässig, wenn der Nutzer über die entsprechenden Vervielfältigungsrechte an der Darbietung verfügt. Hat der ausübende Künstler also einem Dritten, zB. dem Tonträgerhersteller der Tonaufnahme, das Vervielfältigungsrecht nach § 77 Abs. 2 UrhG vertraglich eingeräumt, hat er hinsichtlich einer nachfolgenden Bearbeitung durch den Tonträgerhersteller keinerlei Rechte, sofern diese in den Grenzen des § 75 UrhG erfolgt.[165]

147 Allerdings findet die Regelung des § 39 UrhG zu **Änderungen des Werks** über den Verweis in § 79 Abs. 2 S. 2 UrhG Anwendung, sodass eine Abgrenzung zwischen Bearbeitung und Vervielfältigung in der Praxis oftmals gar nicht erforderlich ist. Der ausübende Künstler kann nach § 39 Abs. 2 UrhG nämlich solche Änderungen der Leistung nicht verhindern, für die er eine **Einwilligung nach Treu und Glauben** nicht verweigern kann.[166] Hierfür kommt es entscheidend auf den Zweck der zwischen ausübendem Künstler und Nutzer geschlossenen Vereinbarung an.[167] Lässt sich nämlich aus dieser ableiten, dass sich die vorgenommene Bearbeitung oder Vervielfältigung innerhalb der vertraglich gestatteten Nutzung bewegt und nach Treu und Glauben durch den ausübenden Künstler hinzunehmen ist, so ist diese bereits nach § 39 Abs. 2 UrhG zulässig. Außerhalb von vertraglichen Vereinbarungen ist allerdings weiterhin zwischen zulässiger Bearbeitung und möglicherweise unzulässiger Vervielfältigung zu unterscheiden.

b) Öffentliche Zugänglichmachung, Sendung und Übertragung

148 § 78 Abs. 1 UrhG regelt die dem ausübenden Künstler zustehenden unkörperlichen Verwertungsrechte. Es handelt sich dabei um das **Recht der öffentlichen Zugänglichmachung** der Darbietung (§ 78 Abs. 1 Nr. 1 UrhG), das eingeschränkte **Senderecht** (§ 78 Abs. 1 Nr. 2 UrhG) sowie das **Recht der Bildschirm- und Lautsprecherübertragung** (§ 78 Abs. 1 Nr. 3 UrhG).

---

163 *Dreier*, in: Dreier/Schulze, UrhG, § 73, Rn. 14.
164 KG, Urt. v. 18.11.2003 – 5 U 350/02, GRUR-RR 2004, 129, 131 [73 ff.]; OLG Hamburg, Urt. v. 26.07.2001 – 3 U 54/01, ZUM-RD 2002, 145, 149 ff.; *Vogel*, in: Loewenheim, UrhR, § 38 Rn. 64; *Büscher*, in: Wandtke/Bullinger, UrhG, § 77 Rn. 6.
165 Vgl. zu den Rechten des Tonträgerhersteller bei einem Remastering und Remixing unten Rn. 229 ff.
166 Vgl. zu § 39 UrhG oben, Kap. 4, Rn. 31.
167 *Schaefer*, in: Fromm/Nordemann, UrhG, § 78, Rn. 14.

aa) Öffentliche Zugänglichmachung

Der Wortlaut von § 78 Abs. 1 Nr. 1 UrhG entspricht weitgehend § 19a UrhG, sodass auf die entsprechenden obigen Ausführungen verwiesen werden kann.[168] Erfasst sind von diesem Verwertungsrecht insbesondere Formen der Nutzung der Darbietung im **Internet** oder über **Abrufdienste**, zB. das **Streaming** einer Musikdarbietung über Dienste wie *Spotify* oder *Deezer*.[169]

149

bb) Sendung

Das Verwertungsrecht nach § 78 Abs. 1 Nr. 2 UrhG entspricht im Wesentlichen dem Senderecht nach § 20 UrhG, sodass diesbezüglich auf die entsprechenden obigen Ausführungen verwiesen werden kann.[170] Allerdings gilt das Senderecht des ausübenden Künstlers nur **eingeschränkt**. Soweit die Darbietung erlaubterweise auf einem **Bild- oder Tonträger aufgenommen** wurde und dieser **erschienen** ist oder **öffentlich zugänglich** gemacht wurde, steht dem ausübenden Künstler das Verbotsrecht aus § 78 Abs. 1 Nr. 2 UrhG hinsichtlich einer nachfolgenden Sendung der Aufnahme nicht zu.[171] Hintergrund dieser Ausnahme ist es, Sendeunternehmen, die für den Sendebetrieb regelmäßig auf existierende Aufnahmen zurückgreifen, keinen Verbotsansprüchen von ausübenden Künstlern auszusetzen, zumal eine lückenlose Überprüfung der Rechte aufgrund der Vielzahl der zB. an einem Film beteiligten ausübenden Künstler nicht praktikabel wäre.[172] Sofern die Sendung also auf einem erlaubterweise aufgenommenen und erschienenen oder öffentlich zugänglich gemachtem Bild- oder Tonträger basiert, ist der ausübende Künstler auf die gesetzlichen **Vergütungsansprüche** nach § 78 Abs. 2 Nr. 1 UrhG beschränkt.[173] Praktische Relevanz entfaltet das Verbotsrecht in § 78 Abs. 1 Nr. 2 UrhG vor allem bei der **Sendung einer Live-Darbietung**[174] sowie der Sendung von noch nicht erschienen oder nicht öffentlich wiedergegebenen erlaubten Aufzeichnungen oder unerlaubterweise hergestellten Aufzeichnungen, zB. Bootleg-Aufnahmen.[175]

150

cc) Wahrnehmbarmachung mittels Lautsprecher

Ferner steht dem ausübenden Künstler gem. § 78 Abs. 1 Nr. 3 UrhG das Recht zu, die Wahrnehmbarmachung der Darbietung durch **Bildschirm, Lautsprecher oder**

151

---

168 Vgl. zu § 19a UrhG ausführlich oben, Kap. 2, Rn. 260 ff.
169 Zu den Einzelheiten: *Büscher*, in: Wandtke/Bullinger, UrhG, § 78, Rn. 8; *Büscher/Müller*, GRUR 2009, 556, 560.
170 Vgl. zum Senderecht nach § 20 UrhG ausführlich oben, Kap. 2, Rn. 274 ff.
171 *Büscher*, in: Wandtke/Bullinger, UrhG, § 78, Rn. 9; *Dreier*, in: Dreier/Schulze, UrhG, § 78, Rn. 5; *Schaefer*, in: Fromm/Nordemann, UrhG, § 78, Rn. 6.
172 BT-Drucks. IV/270, zu § 86, S. 92.
173 Vgl. zu den Vergütungsansprüchen des ausübenden Künstlers unten, Rn. 152 ff.
174 Auch beim sog. Live-Streaming einer Veranstaltung, vgl. *Büscher/Müller*, GRUR 2009, 556, 560.
175 Vgl. zu weiteren Einzelheiten und Fallgruppen: *Schaefer*, in: Fromm/Nordemann, UrhG, § 77, Rn. 14.

ähnliche technische Einrichtungen außerhalb des Raumes, in dem sie stattfindet, zu verbieten. Das Verwertungsrecht knüpft dabei an eine **Live-Darbietung** an, die in einen anderen Raum oder an einen anderen Ort übertragen wird, da bei einer Aufzeichnung der Darbietung bereits § 77 Abs. 1 UrhG einschlägig ist.[176] Praktische Relevanz hat § 78 Abs. 1 Nr. 3 UrhG vornehmlich bei der Live-Übertragung von Darbietungen und Konzerten im Rahmen eines **Public-Viewing**, zB. der Live-Übertragung der Aufführung einer Oper auf einer Leinwand außerhalb des Opernhauses, oder der Übertragung von Theaterveranstaltungen auf einem Bildschirm im Foyer für zu spät gekommene Besucher.[177]

c) Vergütungsansprüche

152 Neben den ausschließlichen Verwertungsrechten nach §§ 77 und 78 Abs. 1 UrhG stehen dem ausübenden Künstler nach §§ 77 Abs. 2 S. 2, 78 Abs. 2 und 79a UrhG auch **gesetzliche Vergütungsansprüche** zu.

aa) Vergütungsansprüche für Sendung und Wahrnehmbarmachung

153 Hinsichtlich der Sendung von erlaubterweise auf Bild- oder Tonträgern aufgezeichneten Darbietungen besteht wie ausgeführt **kein Verbotsrecht** des ausübenden Künstlers.[178] Zum Ausgleich dafür steht dem ausübenden Künstler aber ein gesetzlicher Vergütungsanspruch nach § 78 Abs. 2 Nr. 1 UrhG zu, der auch alle digitalen Formen der Sendung umfasst.[179] Wahrgenommen wird der Vergütungsanspruch von der *Gesellschaft zur Verwertung von Leistungsschutzrechten (GVL)*.[180] Der Vergütungsanspruch besteht maßgeblich gegenüber den Sendeunternehmen und ihm kommt eine besonders große praktische Relevanz zu, denn der Vergütungsanspruch nach § 78 Abs. 2 Nr. 1 UrhG macht den größten Teil der Einnahmen der *GVL* aus.[181]

154 Ferner steht dem ausübenden Künstler eine **angemessene Vergütung** für die öffentliche **Wahrnehmbarmachung der Darbietung mittels Bild- und Tonträgern** (§ 78 Abs. 2 Nr. 2 UrhG) bzw. der die Darbietung enthaltenen Sendung oder Zugänglichmachung (§ 78 Abs. 2 Nr. 3 UrhG) zu. Die §§ 78 Abs. 2 Nr. 2 und Nr. 3 UrhG entsprechen im Wesentlichen den Regelungen für Urheber in §§ 21, 22 UrhG, sind aber von weit geringerer praktischer Bedeutung als der Vergütungsanspruch nach § 78 Abs. 2 Nr. 1 UrhG. Die Vergütungsansprüche nach § 78 Abs. 2 Nr. 2 und Nr. 3 umfassen dabei jegliche öffentliche Wahrnehmbarmachung der Darbietung unabhängig davon, ob die Darbietung auf einem Bild- oder Tonträ-

---

176 *Dreier*, in: Dreier/Schulze, UrhG, § 78, Rn. 7.
177 *Büscher*, in: Wandtke/Bullinger, UrhG, § 78, Rn. 14; *Schaefer*, in: Fromm/Nordemann, UrhG, § 78, Rn. 13; *Krüger*, in: Schricker/Loewenheim, UrhG, § 78, Rn. 13.
178 Vgl. hierzu oben, Rn. 150.
179 *v.Albrecht*, ZUM 2011, 706, 710.
180 Zur GVL allgemein siehe Kap. 4, Rn. 421 ff.
181 *Büscher*, in: Wandtke/Bullinger, UrhG, § 78, Rn. 15; *Dreier*, in: Dreier/Schulze, UrhG, § 78, Rn. 15.

ger verkörpert ist (zB. **Abspielen einer CD in einer Diskothek**) oder Teil einer Sendung oder öffentlichen Zugänglichmachung ist.[182] Vergütungspflichtig ist damit etwa das Abspielen eines Tonträgers oder das Ausstrahlen einer Darbietung in einer **Gaststätte** oder die Weiterübertragung einer Darbietung durch **Bildschirme oder Lautsprecher.**[183]

bb) Vergütungsanspruch für Tonträger

Hat der ausübende Künstler einem Tonträgerhersteller gegen Zahlung einer **einmaligen Vergütung** Rechte an seiner Darbietung eingeräumt oder übertragen, so hat der Tonträgerhersteller gem. § 79a Abs. 1 UrhG dem ausübenden Künstler eine zusätzliche Vergütung in Höhe von **zwanzig Prozent** der Einnahmen zu zahlen, die der Tonträgerhersteller aus der Vervielfältigung, dem Vertrieb und der Zugänglichmachung des die Darbietungen enthaltenden Tonträgers erzielt. Der Vergütungsanspruch besteht nach § 79a Abs. 2 UrhG allerdings erst im Anschluss an das **fünfzigste Jahr** nach Erscheinen des die Darbietung enthaltenen Tonträgers oder, mangels Erscheinen, an das fünfzigste Jahr nach dessen erster erlaubter Benutzung zur öffentlichen Wiedergabe. Das Gesetz geht damit davon aus, dass eine Pauschalvergütung stets nur die ersten fünfzig Jahre der Verwertung abdecken kann. Nach dem Wortlaut bezieht sich dieser Anspruch lediglich auf den Übertragungsvertrag zwischen Tonträgerhersteller und ausübendem Künstler, nicht auf weitere Vertragsverhältnisse. Nicht umfasst ist damit etwa der **Bandübernahmevertrag**, mit dem der Tonträgerhersteller Rechte an einem bestehenden Master an ein Label überträgt, da hier keine unmittelbare Rechtsbeziehung mit dem ausübenden Künstler besteht.[184]

155

Bei dem Anspruch nach § 79a Abs. 1 UrhG handelt es sich ausdrücklich um einen Anspruch auf **zusätzliche Vergütung,** dh. der Anspruch besteht zusätzlich zur vertraglich vereinbarten Pauschalvergütung.[185] Enthält ein Tonträger die Aufzeichnung der **Darbietungen von mehreren ausübenden Künstlern**, so beläuft sich die Höhe der Vergütung ebenfalls auf **insgesamt zwanzig Prozent** der Einnahmen. Hinsichtlich der Einnahmen gilt das **Brutto-Prinzip**, dh. Einnahmen sind die vom Tonträgerhersteller erzielten Einnahmen vor Abzug der Ausgaben.[186] Lediglich die Einnahmen des Tonträgerherstellers aus der Vermietung, aus der Vergütung für die öffentliche Sendung und Wiedergabe sowie der Vervielfältigung zum privaten und sonstigen Gebrauch bleiben außer Betracht.[187] Der Anspruch ist

156

---

182 *Büscher*, in: Wandtke/Bullinger, UrhG, § 78, Rn. 27; *Stang*, in: Ahlberg/Götting, BeckOK UrhG, § 78, Rn. 24.
183 *Dreier*, in: Dreier/Schulze, UrhG, § 78, Rn. 7 ff; *Schaefer*, in: Fromm/Nordemann, UrhG, § 78, Rn. 13.
184 *Büscher*, in: Wandtke/Bullinger, UrhG, § 79a, Rn. 3; *Stang*, in: Ahlberg/Götting, BeckOK UrhG, § 79a, Rn. 9.
185 *Stang*, in: Ahlberg/Götting, BeckOK UrhG, § 79a, Rn. 10.
186 *Büscher*, in: Wandtke/Bullinger, UrhG, § 79a, Rn. 9; *Stang*, in: Ahlberg/Götting, BeckOK UrhG, § 79a, Rn. 13.
187 Erwägungsgrund 11 der RL 2011/77/EU.

nach § 79a Abs. 3 UrhG **unverzichtbar** und kann nur durch eine **Verwertungsgesellschaft** geltend gemacht oder im Voraus an eine Verwertungsgesellschaft abgetreten werden.

157 Soweit der ausübende Künstler keine Einmalvergütung erhält, sondern eine **wiederkehrende Vergütung** vereinbart wurde, etwa eine **Absatzbeteiligung**, ist § 79a Abs. 1 UrhG nicht anwendbar. In diesen Fällen gilt aber § 79a Abs. 5 UrhG, wonach Vorschüsse und vertraglich festgelegte Abzüge nach Ablauf einer Frist von **fünfzig Jahren** nicht weiter abgezogen werden dürfen.[188] Hat der ausübende Künstler etwa eine **Minimum Garantie** als Vorschuss auf seine Beteiligung erhalten und kann diese innerhalb der fünfzigjährigen Frist nicht vollständig zurückgeführt werden, sind weitere Abzüge unzulässig, dh. dem ausübenden Künstler steht von nun an die **volle vereinbarte Beteiligung** ohne weitere Abzüge zu.

cc) Vergütungsansprüche Kraft Verweisung

158 Aufgrund des Verweises in § 77 Abs. 2 S. 2 UrhG steht dem ausübenden Künstler weiter ein Vergütungsanspruch aus dem **Vermietrecht** nach § 27 UrhG zu[189] sowie aufgrund der Verweisung in § 78 Abs. 4 UrhG ein Vergütungsanspruch hinsichtlich der **Kabelweitersendung** nach § 20b UrhG.[190] Aufgrund der allgemeinen Verweisung auf die Vorschriften des Abschnitts 6 des 1. Teils in § 83 UrhG partizipieren ausübende Künstler ferner auch an den erheblichen Einnahmen aus der **Leerkassetten- und Geräteabgabe** gem. § 54 UrhG sowie an den – im Verhältnis deutlich geringeren – Vergütungen nach §§ 46, 47 und 52a UrhG.

dd) Unverzichtbarkeit und Verwertungsgesellschaftspflicht

159 Die Vergütungsansprüche des ausübenden Künstlers sind **unverzichtbar** und können im Voraus nur an eine Verwertungsgesellschaft abgetreten werden (§§ 78 Abs. 3, 78 Abs. 4 iVm. §§ 20b, 79a Abs. 3 UrhG). Dies gilt nach allgemeiner Auffassung auch für den Vergütungsanspruch hinsichtlich des **Vermietrechts** gem. § 77 Abs. 2 S. 2 iVm. § 27 Abs. 2 UrhG, auch wenn sich dies nicht eindeutig aus dem Wortlaut der Norm oder der Systematik ergibt.[191] Die Vergütungsansprüche gem. §§ 78 Abs. 4 iVm. §§ 20b, 79a UrhG können zusätzlich auch nur durch eine **Verwertungsgesellschaft** wahrgenommen werden, wobei in der Praxis davon auszugehen ist, dass der ausübende Künstler auch die übrigen Vergütungsansprüche nach §§ 77 Abs. 2, 78 Abs. 2 durch eine Verwertungsgesellschaft geltend machen lässt, auch wenn diesbezüglich keine gesetzliche Verpflichtung besteht. Durch die Unübertragbarkeit und das Verbot der Vorausabtretung ist sichergestellt, dass die Vergütungsansprüche auch im Ergebnis den ausübenden Künstlern zugute kommen, insbesondere sofern diese im Rahmen von **Anstellungsverhältnissen** tätig

---

188 *Büscher*, in: Wandtke/Bullinger, UrhG, § 79a, Rn. 3.
189 Vgl. zum Vermietrecht gem. § 27 UrhG ausführlich oben, Kap. 2, Rn. 233 ff.
190 Vgl. zum Recht der Kabelweitersendung gem. § 20b UrhG ausführlich oben, Kap. 2, Rn. 286 ff.
191 *Vogel*, in: Loewenheim, UrhR, § 38, Rn. 78.

sind und im Rahmen ihres **Arbeitsvertrages** Rechte weitgehend ihrem Arbeitgeber einräumen.[192] Wahrgenommen werden die Vergütungsansprüche der ausübenden Künstler durch die *GVL*.[193]

d) Schutzdauer der Verwertungsrechte und Vergütungsansprüche

Die Schutzdauer der Verwertungsrechte und Vergütungsansprüche des ausübenden Künstlers ist in § 82 Abs. 1 UrhG geregelt. Mit dem Neunten Gesetz zur Änderung des Urheberrechtsgesetzes vom 2. Juli 2013, in Kraft getreten am 6. Juli 2013, wurde die Schutzfrist erheblich verlängert und beträgt nunmehr im Regelfall **siebzig Jahre** seit dem **Erscheinen des Tonträgers** auf dem die Darbietung des ausübenden Künstler enthalten ist bzw. dessen **erstmalige erlaubte Benutzung zur Wiedergabe**, sofern diese früher erfolgt ist.[194] Ist die Darbietung des ausübenden Künstlers nicht auf einem Tonträger aufgezeichnet worden, so erlöschen die Rechte des ausübenden Künstlers bereits **fünfzig Jahre** nach dem Erscheinen der Aufzeichnung oder einer möglichen früheren erlaubten Benutzung zur öffentlichen Wiedergabe. Damit sind **Darbietungen, die auf Tonträgern erschienen sind**, gegenüber sonstigen Aufzeichnungen hinsichtlich der Schutzdauer deutlich **privilegiert**.[195] Erscheint die Aufzeichnung der Darbietung dagegen überhaupt nicht oder wird nicht erlaubterweise zur öffentlichen Wiedergabe benutzt, bemisst sich die fünfzigjährige Schutzfrist am Zeitpunkt der Erbringung der Darbietung.[196]

160

3. Übertragung von Nutzungsrechten

Der ausübende Künstler kann seine Rechte und Ansprüche aus §§ 77, 78 UrhG nach § 79 Abs. 1 UrhG **grundsätzlich an Dritte übertragen**.[197] Die persönlichkeitsrechtliche Komponente des Leistungsschutzrechts des ausübenden Künstlers[198] steht rechtssystematisch der **Vollübertragung des Rechts** grundsätzlich entgegen. Da eine Vollübertragung des Rechts auch bei den sonstigen Leistungsschutzrechten grundsätzlich möglich ist, hat der Gesetzgeber diese trotz der persönlichkeitsrechtlichen Komponente des Leistungsschutzrechts allerdings auch beim Recht des ausübenden Künstlers zugelassen.[199] Eine Vollübertragung des Leistungsschutzrechtes ist damit möglich,[200] wobei durch den Verweis auf

161

---

192 Siehe hierzu unten, Rn. 163.
193 Vgl. zur GVL ausführlich oben, Kap. 4, Rn. 421 ff.
194 Siehe zur Schutzdauer-Richtlinie *Büscher*, in: Wandtke/Bullinger, UrhG, § 82, Rn. 1 ff.
195 *Büscher*, in: Wandtke/Bullinger, UrhG, § 82, Rn. 4.
196 *Stang*, in: Ahlberg/Götting, BeckOK UrhG, § 82, Rn. 10.
197 Hinsichtlich der Vergütungsansprüche ist die freie Übertragbarkeit allerdings zum Schutze des ausübenden Künstlers stark eingeschränkt und die Vorausabtretung generell ausgeschlossen bzw. teilweise nur eine Übertragung an eine Verwertungsgesellschaft zulässig, siehe oben unter Rn. 159.
198 Siehe hierzu unten, Rn. 166 ff.
199 BT-Drucks. 15/837, S. 37.
200 *Büscher*, in: Wandtke/Bullinger, UrhG, § 79, Rn. 2; *Dreier*, in: Dreier/Schulze, UrhG, § 79, Rn. 2 ff; *Schaefer*, in: Fromm/Nordemann, UrhG, § 79, Rn. 32 ff.; *Stang*, in: Ahlberg/Götting, BeckOK UrhG, § 79, Rn. 4.

§ 31 UrhG in § 79 Abs. 2 UrhG klargestellt ist, dass der ausübende Künstler auch einfache oder ausschließliche Nutzungsrechte zur Nutzung der Darbietung einräumen kann.[201] Der Verweis in § 79 Abs. 2 S. 2 UrhG auf die urhebervertraglichen Bestimmungen umfasst nicht die Regelung des § 31a UrhG, sodass der ausübende Künstler **Rechte an unbekannten Nutzungsarten einfachvertraglich einräumen** kann und diesbezüglich weder das Schriftformerfordernis noch das Widerrufsrecht nach § 31a Abs. 1 UrhG bestehen.

162 Soweit ausübende Künstler an der Herstellung eines **Filmwerkes** mitgewirkt haben, gilt hinsichtlich des Umfangs der Rechteeinräumung nicht die Zweckübertragungsregel nach §§ 79 Abs. 2 S. 2, 31 Abs. 5 UrhG sondern die Sonderregelung des § 92 Abs. 1 UrhG, wonach eine **gesetzliche Vermutung** dahingehend besteht, dass die Rechte aus §§ 77 Abs. 1 und 2 S. 1 sowie § 78 Abs. 1 Nr. 1 und 2 auf den Filmhersteller übertragen sind.[202] Im Übrigen sind die wesentlichen urhebervertraglichen Bestimmungen, insbesondere die **Zweckübertragungsregel** in § 31 Abs. 5 UrhG, das Recht auf angemessene Vergütung in §§ 32, 32a UrhG sowie die Rückrufrechte in §§ 41 und 42 UrhG **entsprechend anwendbar**.[203]

a) Kündigungsrecht

163 Eine besondere Kündigungsvorschrift zum Schutze des ausübenden Künstlers wurde mit dem Neunten Gesetz zur Änderung des Urheberrechtsgesetzes vom 2. Juli 2013[204] in § 79 Abs. 3 UrhG eingefügt und dient der Umsetzung von Art. 1 Abs. 2 lit. c) der Künstler-Schutzfristen-Richtlinie.[205] Die Vorschrift ist inhaltlich dem **Rechterückruf wegen Nichtausübung** nach § 41 UrhG **nachgebildet**, der über den Verweis in § 79 Abs. 2 S. 2 UrhG aber auch unmittelbare Anwendung findet, und gewährt dem ausübenden Künstler ein **Sonderkündigungsrecht** für den Fall, dass der Tonträgerhersteller seiner Auswertungsverpflichtung nicht oder nur in unzureichendem Maße nachkommt.[206] Anders als der Rechterückruf nach § 41 UrhG, der nur bei der Einräumung von ausschließlichen Nutzungsrechten in Betracht kommt und gegenüber jedem Inhaber von ausschließlichen Nutzungsrechten erklärt werden kann, handelt es sich bei der Regelung in § 79 Abs. 3 UrhG rechtssystematisch um ein Sonderkündigungsrecht, welches **nur gegenüber dem jeweiligen Vertragspartner** des ausübenden Künstlers geltend gemacht werden kann.[207] Unterlässt es der Tonträgerhersteller Kopien des Tonträgers in ausreichender Menge zum Verkauf anzubieten oder den Tonträger öffentlich zugänglich zu machen, so hat dies Auswirkungen auf die Vergütungsansprüche des ausübenden

---

201 *Dreier*, in: Dreier/Schulze, UrhG, § 79, Rn. 1.
202 Siehe zum Recht des Filmherstellers oben, Kap. 6, Rn. 303 ff.
203 *Büscher*, in: Wandtke/Bullinger, UrhG, § 79, Rn. 7 ff.
204 BGBl. I 2013, S. 1940.
205 Siehe Kap. 11, Rn. 243; vgl. zur Entstehungsgeschichte: *Wandtke*, in: Wandtke/Bullinger, UrhG, § 79, Rn. 38 ff.
206 *Wandtke*, in: Wandtke/Bullinger, UrhG, § 79, Rn. 47; *Gaillard*, GRUR 2013, 1099, 1101.
207 BT-Drucks. 17/12013, S. 12; siehe auch: *Stang*, in: Ahlberg/Götting, BeckOK UrhG, § 79, Rn. 45 f.

Künstlers und dieser kann gem. § 79 Abs. 3 UrhG den Vertrag kündigen, mit dem er dem Tonträgerhersteller seine Rechte an der Aufzeichnung der Darbietung eingeräumt oder übertragen hat.

Wann eine Verwertung in „ausreichender Menge" erfolgt, bemisst sich entsprechend den zu § 41 UrhG entwickelten Rechtsgrundsätzen sowie nach **Vertragszweck** und **Branchenübung**.[208] Voraussetzung für die Kündigung ist allerdings, dass seit Erscheinen des Tonträgers bzw. der ersten erlaubten Benutzung zur öffentlichen Wiedergabe mindestens **fünfzig Jahre** vergangen sind und der Tonträgerhersteller innerhalb eines Jahres nach entsprechender Mitteilung durch den ausübenden Künstler nicht oder nicht in ausreichendem Maße eine Verwertung durchgeführt hat. Durch § 79 Abs. 3 UrhG wird damit sichergestellt, dass der ausübende Künstler zumindest nach dem Ablauf der Fünfzigjahresfrist Maßnahmen ergreifen kann, um eine weitere Verwertung der Darbietung sicherzustellen und eine – weitere – Vergütung zu erzielen.[209]

164

b) Ausübende Künstler in Dienst- und Arbeitsverhältnissen

Viele ausübende Künstler erbringen ihre jeweiligen Leistungen im Rahmen eines Dienst- oder Arbeitsverhältnisses, zB. bei einem Theater angestellte **Schauspieler, Orchestermusiker**, Mitarbeiter bei Sendeanstalten oder privaten Sendeunternehmen. Über den Verweis in § 79 Abs. 2 S. 2 UrhG findet die Vorschrift des § 43 UrhG entsprechende Anwendung, sodass sich keine grundsätzlichen Besonderheiten ergeben.[210] Hinsichtlich der konkreten Vertragsbedingungen und des Umfangs der Rechteübertragung existieren aber sowohl im Bühnenbereich[211] als auch im Bereich der Film-, Fernseh- und Rundfunkwirtschaft[212] **viele Tarifverträge**, welche die Rechtsbeziehungen in Dienst- und Arbeitsverhältnissen sowie die übertragenen Exklusivrechte näher regeln.[213] Auch wenn ausübende Künstler nicht unmittelbar tarifvertraglich gebunden sind, lassen sich aus der tarifvertraglichen Praxis jeweils **Rückschlüsse für die Höhe der angemessenen Vergütung** sowie für den Umfang der Rechteübertragung ableiten, sodass die Tarifverträge auch bei nicht-tariflich gebundenen ausübenden Künstlern zumindest **mittelbare Wirkung** entfalten.[214]

165

---

208 *Wandtke*, in: Wandtke/Bullinger, UrhG, § 79, Rn. 47.
209 *Stang*, in: Ahlberg/Götting, BeckOK UrhG, § 79, Rn. 37.
210 Siehe zu § 43 UrhG ausführlich oben, Kap. 1, Rn. 352, und Kap. 4, Rn. 51 ff.
211 Beispielsweise der Normalvertrag Bühne vom 15.10.2002, gegenwärtig in der Fassung vom 24.04.2013; Tarifvertrag für Musiker in Kulturorchestern, zu den Einzelheiten: *Bolwin/Sponer*, Bühnentarifrecht, Loseblattsammlung.
212 Beispielsweise der Tarifvertrag für auf Produktionsdauer beschäftigte Film- und Fernsehschaffende (TV FFS), gültig ab 01.07.2014; vgl. *Altenburg*, in: v.Hartlieb/Schwarz, Filmrecht, Kap. 284, mwN.
213 *Büscher*, in: Wandtke/Bullinger, UrhG, § 79, Rn. 30 ff.
214 *Schaefer*, in: Fromm/Nordemann, UrhG, §§ 79, 80, Rn. 102; *Rojahn*, in: Schricker/Loewenheim, UrhG, § 79, Rn. 21; *Wandtke*, ZUM 2004, 505 ff.

4. Persönlichkeitsrechte des ausübenden Künstlers

166 Bei der Leistung des ausübenden Künstlers handelt es sich um eine **Form des künstlerischen Ausdrucks**. Die Leistung ist in einem hohen Maß durch die Person und den Ausdruck des ausübenden Künstlers geprägt, weshalb dem ausübenden Künstler hinsichtlich seiner Leistung **mit dem Urheber vergleichbare persönlichkeitsrechtliche Befugnisse** zustehen.[215] Zum einen aufgrund des Verweises in § 79 Abs. 2 S. 2 UrhG die Rückrufrechte wegen Unzumutbarkeit nach Unternehmensveräußerung (§ 34 Abs. 3 S. 2 UrhG), wegen Nichtausübung (§ 41 UrhG) sowie wegen gewandelter Überzeugung (§ 42 UrhG). Zum anderen verfügt der ausübende Künstler nach §§ 74 und 75 UrhG über eigenständige persönlichkeitsrechtliche Befugnisse, die den Urheberpersönlichkeitsrechten in §§ 12 bis 14 UrhG nachgebildet sind und dem ausübenden Künstler eine ähnlich starke Rechtsposition wie einem Urheber einräumen.[216]

a) Recht auf Anerkennung, § 74 UrhG

167 Die Vorschrift des § 74 UrhG ist parallel zu der Vorschrift in § 13 UrhG ausgestaltet, sodass im Wesentlichen auf die obigen Ausführungen verwiesen werden kann.[217] Der ausübende Künstler hat damit das Recht, in Bezug auf seine Darbietung **als ausübender Künstler anerkannt** zu werden (§ 74 S. 1 UrhG) sowie **namentlich genannt** zu werden (§ 74 S. 2 UrhG). Anders als die Urheberbezeichnung in § 13 UrhG bezieht sich das Recht des ausübenden Künstlers nach § 74 S. 2 UrhG ausdrücklich auf die **Namensnennung** (nicht auf die „Bezeichnung" in Bezug auf das Original oder Werkstücke wie bei § 13 UrhG), da der ausübende Künstler auch ein Recht hat in Bezug auf nicht verkörperte Darbietungen namentlich genannt zu werden.[218] Eine Einschränkung besteht allerdings gem. § 93 Abs. 2 UrhG hinsichtlich **Filmwerken**. Wirken mehrere ausübende Künstler bei der Herstellung eines Filmwerkes mit, so hat eine Namensnennung des einzelnen ausübenden Künstlers nach § 74 S. 2 UrhG dann nicht zu erfolgen, wenn diese im Einzelfall **unverhältnismäßig** wäre, zB. bei der Nennung aller ausübenden Künstler auf einem Filmplakat. Das Recht auf Anerkennung als ausübender Künstler wird dagegen durch § 93 Abs. 2 UrhG nicht eingeschränkt.

168 Eine weitere Besonderheit besteht nach § 74 Abs. 2 UrhG bei einer **Mehrheit von ausübenden Künstlern**. Wird die Darbietung von mehreren ausübenden Künstlern erbracht und bedeutet die Nennung jedes einzelnen einen unverhältnismäßigen Aufwand, so bezieht sich die Namensnennung nach § 74 Abs. 2 S. 1 UrhG nur auf die **Nennung als Künstlergruppe**. Dies ist etwa der Fall bei einem Chor oder

---

215 *Vogel*, in: Loewenheim, UrhR, § 38, Rn. 106.
216 *Vogel*, in: Schricker/Loewenheim, UrhG, § 74, Rn. 1 f.
217 Siehe zu § 13 UrhG ausführlich oben, Kap. 2, Rn. 45 ff.
218 *Büscher*, in: Wandtke/Bullinger, UrhG, § 74, Rn. 12; *Dreier*, in: Dreier/Schulze, UrhG, § 74, Rn. 4; zum Recht auf Namensnennung eines Synchronsprechers: LG Berlin, Urt. v. 04.11.2014 – 15 O 153/14, ZUM 2015, 264 ff. sowie die Anmerkung von *Wandtke/Völger*, ZUM 2015, 266 ff.

einem Orchester.²¹⁹ In diesen Fällen ist keine Nennung der einzelnen mitwirkenden ausübenden Künstler erforderlich, sofern die einzelne Nennung einen **unverhältnismäßigen Aufwand** bedeuten würde, sondern eine Benennung als Kollektiv unter dem Namen des Chors oder Orchesters ist ausreichend. Auch in diesem Fall bleibt aber das Recht eines einzelnen ausübenden Künstlers, zB. eines **herausragenden Solisten**, bei einem besonderen Interesse auch **individuell genannt zu werden**, nach § 74 Abs. 2 S. 4 UrhG bestehen.²²⁰ § 74 Abs. 2 S. 2 und 3 UrhG betreffen die **Vertretung der Künstlergruppe** bei der Wahl der Namensnennung. Dies erfolgt durch den gewählten Vorstand der Künstlergruppe (§ 74 Abs. 2 S. 2 UrhG), in Ermangelung eines Vorstandes durch den Leiter bzw. einen gewählten Vertreter der Künstlergruppe (§ 74 Abs. 2 S. 3 UrhG).²²¹

b) Schutz gegen Entstellung, § 75 UrhG

§ 75 UrhG schützt die **enge persönliche und geistige Beziehung** des ausübenden Künstlers zu seiner Darbietung.²²² Der ausübende Künstler hat daher nach § 75 S. 1 UrhG das Recht, eine Entstellung oder sonstige **Beeinträchtigung** seiner Darbietung, die geeignet ist sein **Ansehen oder seinen Ruf als ausübender Künstler zu gefährden**, zu verbieten. § 75 UrhG entspricht damit im Wesentlichen der Regelung in § 14 UrhG, sodass insbesondere hinsichtlich der Begriffe „Entstellung" und „sonstige Beeinträchtigung" auf die dortigen Ausführungen verwiesen werden kann.²²³

169

Zu beachten ist allerdings, dass § 75 UrhG das Ansehen und den Ruf des ausübenden Künstlers gerade **in Bezug auf seine künstlerische Leistung** schützt.²²⁴ Eine Entstellung kann etwa bei der unautorisierten Veränderung einer Bühneninszenierung²²⁵ oder der Aufzeichnung einer Live-Darbietung mit mangelhafter technischer Ausrüstung, die zu einem verzerrten oder minderwertigen Klangbild führt, vorliegen.²²⁶ Letzteres ist allerdings nur dann eine Entstellung der Leistung des ausübenden Künstlers im Sinne des § 75 UrhG, wenn **der Zuhörer die Mangelhaftigkeit gerade der Darbietung des ausübenden Künstlers zurechnet** und nicht der mangelhaften technischen Ausstattung, da im letzteren Fall die persönliche Beziehung zwischen Darbietung und Künstler nicht betroffen ist.²²⁷ In diesen

170

---

219 *Büscher*, in: Wandtke/Bullinger, UrhG, § 74, Rn. 22; *Dreier*, in: Dreier/Schulze, UrhG, § 74, Rn. 6; *Stang*, in: Ahlberg/Götting, BeckOK UrhG, § 74, Rn. 12.
220 *Büscher*, in: Wandtke/Bullinger, UrhG, § 74, Rn. 29; *Vogel*, in: Loewenheim, UrhR, § 38, Rn. 126.
221 *Stang*, in: Ahlberg/Götting, BeckOK UrhG, § 79, Rn. 17 ff.
222 *Büscher*, in: Wandtke/Bullinger, UrhG, § 75, Rn. 1 ff.
223 Siehe zu § 14 UrhG ausführlich oben, Kap. 2, Rn. 78 ff.
224 *Büscher*, in: Wandtke/Bullinger, UrhG, § 75, Rn. 6; *Dreier*, in: Dreier/Schulze, UrhG, § 75, Rn. 6; *Stang*, in: Ahlberg/Götting, BeckOK UrhG, § 75, Rn. 12.
225 OLG München, Urt. v. 08.02.1996 – 29 U 5864/95, NJW 1996, 1157, 1158.
226 OLG Köln, Urt. v. 06.12.1991 – 6 U 106/91 (Prince), GRUR 1992, 388, 389.
227 *Dreier*, in: Dreier/Schulze, UrhG, § 75, Rn. 11; *Stang*, in: Ahlberg/Götting, BeckOK UrhG, § 75, Rn. 12.

Fällen kommt allerdings eine ergänzende Anwendung des **allgemeinen Persönlichkeitsrechts** zum Schutz des Rufs des ausübenden Künstlers in Betracht.[228] Eine weitere Einschränkung gilt auch diesbezüglich hinsichtlich **Filmwerken**. Nach § 93 Abs. 1 UrhG sind ausübende Künstler, die bei der Herstellung eines Filmwerkes mitwirken, **nur hinsichtlich gröblicher Entstellungen** oder Beeinträchtigungen geschützt.[229]

c) Schutzdauer der Persönlichkeitsrechte

171 Die Persönlichkeitsrechte des ausübenden Künstlers **erlöschen** gem. § 76 S. 1 UrhG grundsätzlich **mit dem Tode** des ausübenden Künstlers, **frühestens jedoch fünfzig Jahre nach der Darbietung** und nicht vor dem Ablauf der Verwertungsrechte nach § 82 UrhG. Der Tod des ausübenden Künstlers führt damit nur dann zum Erlöschen der Persönlichkeitsrechte, wenn zu diesem Zeitpunkt bereits fünfzig Jahre seit der Darbietung vergangen sind und zusätzlich die Frist des § 82 UrhG abgelaufen ist.[230] Da die regelmäßige Frist des § 82 UrhG seit dem Neunten Gesetz zur Änderung des Urheberrechtsgesetzes vom 2. Juli 2013 nunmehr mit siebzig Jahre nach Erscheinen des Tonträgers oder erlaubter Widergabe relativ lange bemessen ist, enden die Persönlichkeitsrechte in der Regel nicht mit dem Tod des ausübenden Künstlers, sondern ebenfalls mit dem Ablauf der Frist in § 82 UrhG.[231] Haben **mehrere ausübenden Künstler** bei der Darbietung mitgewirkt, bemisst sich die Schutzfrist nach dem Tod des am längsten lebenden Künstlers, § 76 S. 3 UrhG.

172 Entsprechend § 76 S. 4 UrhG gehen die Persönlichkeitsrechte mit dem Tod des ausübenden Künstlers auf die **Angehörigen** nach § 60 Abs. 2 UrhG zur Wahrnehmung über. Die Persönlichkeitsrechte sind damit **nicht vererblich**, sodass es durchaus sein kann, dass die Persönlichkeitsrechte nach dem Tod des ausübenden Künstlers nicht von den Erben, sondern eben von den Angehörigen, wahrgenommen werden.[232]

Randnummern 173–199 einstweilen frei.

---

228 BGH, Urt. v. 08.06.1989 – I ZR 135/87 (Emil Nolde), GRUR 1995, 668, 669 [36].
229 Siehe hierzu ausführlich oben, Kap. 6, Rn. 127.
230 *Stang*, in: Ahlberg/Götting, BeckOK UrhG, § 76, Rn. 3.
231 Siehe hierzu oben, Rn. 171 f.
232 *Büscher*, in: Wandtke/Bullinger, UrhG, § 76, Rn. 6; *Dreier*, in: Dreier/Schulze, UrhG, § 76, Rn. 4.

C. Unternehmerische, organisatorische und finanzielle Leistungen

Während es sich bei den Leistungsschutzrechten des Herausgebers wissenschaftlicher Ausgaben, des Lichtbildners und des ausübenden Künstlers um persönlichkeitsgeprägte Schutzrechte handelt, schützen die im folgenden dargestellten Schutzrechte Leistungen, die nicht im künstlerischen Bereich angesiedelt sind, sondern eine **unternehmerische, organisatorische oder auch finanzielle Leistung** zum Inhalt haben.[1] Diese Leistungsschutzrechte verfolgen daher einen grundsätzlich **anderen Schutzzweck** als die Urheberrechte und unterscheiden sich daher sehr deutlich von diesen. So besteht etwa hinsichtlich dieser Leistungen grundsätzlich **kein Persönlichkeitsschutz** und in Abkehr vom Schöpferprinzip können diese Rechte auch unmittelbar **juristischen Personen** zustehen bzw. ist eine **vollständige Übertragung** der Rechte möglich.[2]

200

I. Schutzrecht des Veranstalters

Der Veranstalter der Darbietung eines ausübenden Künstlers hat gem. § 81 UrhG ein eigenständiges Leistungsschutzrecht (Veranstalterrecht), welches allerdings **von der Leistung des ausübenden Künstlers abhängig** ist.[3] Das Leistungsschutzrecht des Veranstalters knüpft deshalb unmittelbar an die Leistung des ausübenden Künstlers an und setzt diese als notwendig voraus. Der Veranstalter genießt allerdings **nicht dasselbe Schutznieveau**, denn anders als der ausübende Künstler ist der Veranstalter nicht persönlich-künstlerisch tätig, sondern erbringt im Zusammenhang mit der Darbietung eines ausübenden Künstlers eine **organisatorische, planerische und finanzielle Leistung**.[4]

201

1. Veranstaltung

Eine schutzwürdige Veranstaltung ist nach dem Wortlaut des § 81 UrhG nur dann gegeben, wenn im Rahmen der Veranstaltung **ein ausübender Künstler** eine nach § 73 UrhG geschützte **Darbietung** erbringt.[5] Das Leistungsschutzrecht des Veranstalters steht und fällt mit der Leistung des ausübenden Künstlers, bezieht sich aber inhaltlich nur auf die Veranstaltung selbst, nicht auf die Leistung des ausübenden Künstlers.[6] Schutzgegenstand ist damit die **veranstaltete Darbietung**,

202

---

1 *Schricker/Loewenheim*, in: Schricker/Loewenheim, UrhG, Einleitung, Rn. 39.
2 *Schricker/Loewenheim*, in: Schricker/Loewenheim, UrhG, vor. §§ 28 ff., Rn. 66.
3 *Vogel*, in: Loewenheim, UrhR, § 39, Rn. 1.
4 *Dreier*, in: Dreier/Schulze, UrhG, § 81, Rn. 1; *Vogel*, in: Schricker/Loewenheim, § 81, Rn. 8 f.
5 *Schäfer*, in: Fromm/Nordemann, UrhG, § 81, Rn. 6; *Vogel*, in: Schricker/Loewenheim, UrhG, § 81, Rn. 16.
6 *Vogel*, in: Schricker/Loewenheim, UrhG, § 81, Rn. 15; *Büscher*, in: Wandtke/Bullinger, UrhG, § 81, Rn. 4.

weshalb es sich bei einer Veranstaltung im Sinne des § 81 UrhG im Grunde nur um eine **Live-Darbietung** eines ausübenden Künstlers handeln kann, etwa die Bühnenaufführung eines **Theaterstücks**, ein **Konzert** oder eine **Tanzdarbietung**.

203 Ferner ist Voraussetzung für den Schutz der Veranstaltung nach § 81 UrhG, dass diese vor Publikum stattfindet und öffentlich zugänglich ist.[7] Die Voraussetzung einer **Publikumsveranstaltung** folgt aus der Systematik des Urheberrechtsgesetzes, wonach der Begriff der „Veranstaltung" stets als Publikumsveranstaltung zu verstehen ist, etwa in §§ 37 Abs. 3, 52 Abs. 1 und 58 Abs. 1 UrhG.[8] Die Voraussetzung, dass die Veranstaltung auch **öffentlich** zugänglich sein muss, folgt zwar nicht unmittelbar aus dem Wortlaut des Gesetzes, ergibt sich aber aus der Gesetzessystematik. Bei nicht-öffentlichen Darbietungen muss der ausübende Künstler über eine Veröffentlichung entscheiden, ansonsten wäre die **inhaltliche Abhängigkeit** des Rechts des Veranstalters vom ausübenden Künstler durchbrochen.[9]

204 Sofern Gegenstand der Veranstaltung keine Darbietung eines ausübenden Künstlers ist, entsteht aufgrund der Abhängigkeit des § 81 UrhG kein Veranstalterrecht. Der Veranstalter einer **Sportveranstaltung**, einer **Zirkusvorführung** oder einer **Filmvorführung** hat deshalb kein Veranstalterrecht nach § 81 UrhG, da im Rahmen dieser Veranstaltungen keine Leistungen ausübender Künstler dargeboten werden.[10] Veranstaltungen, die mangels der Darbietung eines ausübenden Künstlers nicht nach § 81 UrhG geschützt sind, können aber über §§ 823 Abs. 1 iVm § 858 BGB (**Hausrecht**) bzw §§ 4 Nr. 9, 10 UWG **ergänzenden Schutz** erfahren.[11] Aufgrund der Beschränkung des Veranstalterrechts auf Darbietungen ausübender Künstler und der hohen wirtschaftlichen Bedeutung von Sportveranstaltungen, die nicht in den Schutzbereich des § 81 UrhG fallen, wird der Schutz des Veranstalters in der Praxis weitgehend und nahezu ausschließlich über **vertragliche Beziehungen** geregelt, sodass § 81 UrhG insgesamt eine eher untergeordnete praktische Bedeutung zukommt.[12]

---

7 *Büscher*, in: Wandtke/Bullinger, UrhG, § 81, Rn. 5; *Dreier*, in: Dreier/Schulze, UrhG, § 81, Rn. 3; *Vogel*, in: Schricker/Loewenheim, § 81, Rn. 16; aA. *Hodik*, GRUR Int. 1984, 421 f.

8 *Schäfer*, in: Fromm/Nordemann, UrhG, § 81, Rn. 6; *Vogel*, in: Schricker/Loewenheim, UrhG, § 81, Rn. 17; aA. *Gentz*, GRUR 1968, 182, 184.

9 *Dreier*, in: Dreier/Schulze, UrhG, § 81, Rn. 3; *Vogel*, in: Schricker/Loewenheim, UrhG, § 81, Rn. 18; *Büscher*, in: Wandtke/Bullinger, UrhG, § 81, Rn. 7; aA. *Schäfer*, in: Fromm/Nordemann, UrhG, § 81, Rn. 9.

10 BGH, Urt. v. 14.03.1990 – KVR 4/88 (Sportübertragungen), GRUR 1990, 702, 705 [42]; OLG Hamburg, Urt. v. 11.10.2006 – 5 U 112/06, GRUR-RR 2007, 181, 184 [63].

11 BGH, Urt. v. 14.03.1990, Az.: KVR 4/88 (Sportübertragungen), GRUR 1990, 702, 705 [42]; OLG München, Urt. v. 20.03.1997 – 29 U 4573/96, NJW-RR 1997, 1405, 1406 [7]; vgl. hierzu auch *Krebs/Becker/Dück*, GRUR 2011, 391 ff.

12 *Dreier*, in: Dreier/Schulze, UrhG, § 81, Rn. 1. Zur Einführung eines speziellen Leistungsschutzrechtes für Sportveranstalter vgl. *Hilty/Henning-Bodewig*, Leistungsschutzrechte zugunsten von Sportveranstaltern? sowie *Heermann*, GRUR 2015, 232 ff. und *Krebs/Becker/Dück*, GRUR 2011, 391 ff.

2. Veranstalter

Das Schutzrecht nach § 81 UrhG ist seinem Wortlaut nach als **Unternehmensrecht** ausgestaltet und steht dem Inhaber des Unternehmens zu, welches die für die Durchführung der Veranstaltung erforderlichen planerischen, organisatorischen und wirtschaftlichen Leistungen erbringt. Nicht erforderlich ist, dass die Tätigkeit des Veranstalters auch auf eine gewisse **Kontinuität** ausgelegt ist[13] oder der Veranstalter ein **Auswertungsrisiko** übernimmt.[14] Auch die einmalige oder karitative Durchführung einer Veranstaltung vermag das Leistungsschutzrecht nach § 81 UrhG zu begründen.[15] Werden die entsprechenden Leistungen nicht von einem Unternehmen, sondern einer natürlichen Person erbracht, steht das Leistungsschutzrecht nach § 81 UrhG trotz des unternehmensbezogenen Wortlauts der natürlichen Person zu.[16] Aufgrund des hohen organisatorischen und finanziellen Aufwands im Hinblick auf die Durchführung der Veranstaltung sowie Haftungsfragen sind einzelunternehmerisch tätige Veranstalter aber eher der Ausnahmefall.

205

3. Rechte des Veranstalters

Dem Veranstalter stehen aufgrund der Verweisung in § 81 UrhG wie dem ausübenden Künstler die **Verwertungsrechte** aus § 77 Abs. 1 und Abs. 2 S. 1 UrhG sowie § 78 Abs. 1 UrhG zu, sodass insoweit auf die entsprechenden obigen Ausführungen verwiesen werden kann.[17]

206

Nicht beteiligt ist der Veranstalter dagegen an den Vergütungsansprüchen des ausübenden Künstlers gem. § 77 Abs. 2 S. 2 iVm. § 27 UrhG und § 78 Abs. 2 UrhG. Allerdings gilt für den Veranstalter gem. § 83 UrhG der Verweis auf die Vorschriften des 6. Abschnitts des 1. Teil des UrhG, sodass der Veranstalter ebenso wie der ausübende Künstler an den **Einnahmen aus der Leerkassetten- und Gerätevergütung** gem. § 54 UrhG sowie an den Vergütungen nach §§ 46, 47 und 52a UrhG partizipiert. Die Vergütungsansprüche werden teilweise ebenfalls von der *GVL* wahrgenommen, wobei tatsächlich nur wenige Veranstalter der *GVL* angehören.[18] Der *Bundesverband der Veranstaltungswirtschaft eV.* hat mit der *Gesellschaft zur Wahrnehmung von Veranstalterrechten (GWVR)* eine eigene Verwertungsgesellschaft gegründet, welche die Vergütungsansprüche der Veranstalter wahrnimmt. Die *GWVR* ist Ende 2014 durch das *Deutsche Patent- und Markenamt* als Ver-

207

---

13 *Vogel*, in: Schricker/Loewenheim, UrhG, § 81, Rn. 23.
14 *Büscher*, in: Wandtke/Bullinger, UrhG, § 81, Rn. 9; *Dreier*, in: Dreier/Schulze, UrhG, § 81, Rn. 4; *Schäfer*, in: Fromm/Nordemann, UrhG, § 81, Rn. 9; aA. *Vogel*, in: Schricker/ Loewenheim, UrhG, § 81, Rn. 24.
15 *Büscher*, in: Wandtke/Bullinger, UrhG, § 81, Rn. 9; *Dreier*, in: Dreier/Schulze, UrhG, § 81, Rn. 4; *Dünnwald/Gerlach*, § 81, Rn. 4; aA. *Stang*, in: Ahlberg/Götting, BeckOK UrhG, § 81, Rn. 15.
16 *Büscher*, in: Wandtke/Bullinger, UrhG, § 81, Rn. 7; *Vogel*, in: Loewenheim, UrhR, § 39, Rn. 6.
17 Siehe hierzu oben, Rn. 143 ff.
18 Siehe zur GVL ausführlich oben, Kap. 4, Rn. 421 ff.

wertungsgesellschaft zugelassen worden und arbeitet gegenwärtig an der Aufstellung von eigenen Tarifen.[19]

4. Schutzdauer

208 Die Schutzdauer der Rechte des Veranstalters bestimmt sich nach § 82 Abs. 2 UrhG. Die Rechte des Veranstalters erlöschen **25 Jahre nach Erscheinen** einer Aufzeichnung der Darbietung des ausübenden Künstlers bzw. deren ersten erlaubten Benutzung zur öffentlichen Wiedergabe, je nachdem welches Ereignis früher erfolgt ist. Fehlt es an einer Aufzeichnung oder erlaubten öffentlichen Wiedergabe, erlöschen die Rechte 25 Jahre nach der Darbietung des ausübenden Künstlers.

II. Schutzrecht des Tonträgerherstellers

209 Die Leistung des Tonträgerherstellers besteht in der **Aufnahme akustisch wahrnehmbarer Signale** und deren **Konservierung** (Tonträgerrecht). Die Leistung ist damit nicht auf die Erzeugung der Tonsignale gerichtet, sondern auf die organisatorische und technische Umsetzung sowie die **Finanzierung des Aufnahmevorgangs**.[20] Da die Leistung nicht auf die Klangerzeugung bezogen ist, ist nicht erforderlich, dass der Tonträgerhersteller selbst schöpferisch-individuell tätig wird. Er erbringt vielmehr eine **(Hilfs-)Leistung**, indem er die schöpferisch-individuellen Leistungen anderer Urheber und ausübender Künstler (zB. Komponisten, Sängern, Musikern, Sprechern von Hörbüchern etc.) reproduzierbar und wahrnehmbar macht.[21] Der Tonträgerhersteller steht als **Werkvermittler** zwischen Urheber und ausübendem Künstler auf der einen Seite und dem Konsumenten auf der anderen Seite und erbringt diesbezüglich eine für den Kulturbetrieb wirtschaftlich wertvolle und deshalb auch schutzwürdige Leistung. Vor allem im digitalen Zeitalter, in dem Tonträger nahezu ohne zeitlichen Aufwand, mit geringsten Kosten und ohne Qualitätsverlust reproduzierbar und kopierbar sind, erscheint diese Leistung schutzwürdig, wobei den Rechten der Tonträgerhersteller insbesondere auch bei der **Bekämpfung von Piraterie** eine große Bedeutung zukommt.[22]

1. Tonträgerhersteller

210 Tonträgerhersteller nach § 85 UrhG ist, wer eine **Tonaufnahme in organisatorischer und wirtschaftlicher Hinsicht technisch verantwortet**.[23] Die vom Tonträgerhersteller zu erbringenden Leistungen sind vielfältiger Natur und reichen etwa von der **Bereitstellung des Tonstudios**, über den **Abschluss von Verträgen** mit den beteiligten ausübenden Künstlern, die Übernahme der **Materialkosten** oder die

---

19 Siehe http://www.gwvr.de (letzter Abruf: 17.10.2015).
20 *Schaefer*, in: Wandtke/Bullinger, UrhG, § 85, Rn. 2; *Schulze*, in: Dreier/Schulze, UrhG, § 85, Rn. 15; *Vogel*, in: Schricker/Loewenheim, UrhG, § 85, Rn. 8.
21 Wobei das Leistungsschutzrecht des Tonträgerherstellers anders als das Veranstalterrecht keine Darbietung eines ausübenden Künstlers voraussetzt.
22 *Vogel*, in: Schricker/Loewenheim, UrhG, § 85, Rn. 15.
23 *Schulze*, in: Dreier/Schulze, UrhG, § 85, Rn. 4; *Vogel*, in: Schricker/Loewenheim, UrhG, § 85, Rn. 30.

Miete des benötigten Equipments bis hin zur technischen **Leitung des Aufnahmevorgangs**.[24] Tonträgerhersteller ist, wer diese Leistungen in eigener finanzieller und organisatorischer Verantwortung erbringt.[25] Tonträgerhersteller kann eine **natürliche Person** sein, zB. der Betreiber eines privaten Tonstudios.[26] Da Schutzgegenstand des § 85 UrhG eine organisatorisch-wirtschaftliche Leistung ist, kann das Leistungsschutzrecht des Tonträgerherstellers, anders als das Recht des Lichtbildners und des ausübenden Künstlers, aber nicht nur einer natürlichen Person zustehen, sondern auch einer **juristischen Person**, wenn dieser der Erfolg der Herstellerleistung zuzurechnen ist.[27] § 85 Abs. 1 S. 2 UrhG stellt dabei klar, dass bei angestellten Arbeitnehmern oder freien Mitarbeitern, die in einem Unternehmen angestellt sind, das jeweilige Unternehmen als Tonträgerhersteller anzusehen ist, da auch in diesem Fall die **wirtschaftliche Gesamtverantwortung**, die ausschlaggebend für den Schutz des § 85 UrhG ist, allein vom jeweiligen Unternehmen wahrgenommen wird.[28]

Nach § 85 Abs. 4 UrhG findet die **Vermutungsregelung** des § 10 Abs. 1 UrhG auf den Tonträgerhersteller entsprechende Anwendung. In der Praxis wird der Tonträgerhersteller im sog. **P-Vermerk** auf dem Tonträger angegeben. Teilweise wird bestritten, dass der P-Vermerk die Vermutungswirkung des § 10 Abs. 1 UrhG auszulösen vermag.[29] Begründet wird dies mit einer Entscheidung des BGH aus dem Jahre 2002, in der dieser die Anwendung der Vermutungsregelung des § 10 Abs. 1 UrhG abgelehnt hatte, da beim P-Vermerk offenbliebe, ob die dort genannte Person der Tonträgerhersteller sei oder lediglich exklusive Nutzungsrechte erworben habe.[30] Allerdings ist diese Entscheidung vor der Neufassung des § 85 Abs. 4 UrhG mit seiner klaren Verweisung auf § 10 Abs. 1 UrhG ergangen, sodass davon auszugehen ist, dass jedenfalls seit dem Gesetz zur Verbesserung der Durchsetzung von Rechten des geistigen Eigentums vom 7. Juli 2008 die Vermutungsregelung des § 10 Abs. 1 UrhG über § 85 Abs. 4 UrhG **uneingeschränkt Anwendung** findet.[31] Es gilt damit eine gesetzliche Vermutung gem. §§ 85 Abs. 4, 10 Abs. 1 UrhG dahingehend, dass die im P-Vermerk genannte Person Tonträgerhersteller und damit Rechteinhaber nach § 85 Abs. 1 UrhG ist.[32]

211

---

24 OLG Hamburg, Urt. v. 03.07.1997 – 3 U 21/97 (Erkennungsmelodie), GRUR 1997, 826, 827.
25 *Schaefer*, in: Wandtke/Bullinger, UrhG, § 85, Rn. 8; *Stang*, in: Ahlberg/Götting, BeckOK UrhG, § 85, Rn. 15; *Vogel*, in: Loewenheim, UrhR, § 40, Rn. 35.
26 *Vogel*, in: Schricker/Loewenheim, UrhG, § 85, Rn. 30; *Stang*, in: Ahlberg/Götting, BeckOK UrhG, § 85, Rn. 15a.
27 *Schulze*, in: Dreier/Schulze, UrhG, § 85, Rn. 5; *Stang*, in: Ahlberg/Götting, BeckOK UrhG, § 85, Rn. 15.
28 LG München I, Urt. v. 24.08.2000 – 7 O 11335/00, ZUM-RD, 2002, 21, 25; *Schaefer*, in: Wandtke/Bullinger, UrhG, § 85, Rn. 8; *Schulze*, in: Dreier/Schulze, UrhG, § 85, Rn. 6.
29 *Vogel*, in: Schricker/Loewenheim, UrhG, § 85, Rn. 30.
30 BGH, Urt. v. 28.11.2002 – I ZR 168/00 (P-Vermerk), GRUR 2003, 228, 230 [62].
31 *Boddien*, in: Fromm/Nordemann, UrhG, § 85, Rn. 73; *Schulze*, in: Dreier/Schulze, UrhG, § 85, Rn. 62a; *Stang*, in: Ahlberg/Götting, BeckOK UrhG, § 85, Rn. 34.
32 Einzelheiten zur Wirkung der Vermutungsregelung nach § 10 Abs. 1 UrhG oben, Kap. 1, Rn. 347.

2. Schutzgegenstand

212 Die Frage, wer Tonträgerhersteller und damit Inhaber des Leistungsschutzrechtes ist, ist eng mit der Frage verknüpft, was Schutzgegenstand des Leistungsschutzes ist. § 85 Abs. 1 UrhG spricht lediglich vom „Hersteller eines Tonträgers", sodass Rechteinhaber und Schutzgegenstand eine begriffliche Einheit bilden.

a) Art der Leistung bzw. Aufnahmegegenstand

213 Der **Begriff des Tonträgers**, der für § 85 UrhG maßgeblich ist, ist in § 16 Abs. 2 UrhG definiert.[33] Tonträger ist danach eine **Vorrichtung zur wiederholbaren Wiedergabe von Tonfolgen**. Ausgehend von der Tatsache, dass Sinn und Zweck des § 85 UrhG der Schutz der organisatorisch-wirtschaftlichen Leistung der Durchführung der Tonaufnahme und deren Verkörperung auf dem Tonträger ist, kann sich der Schutz damit weder im Gegenstand der Aufnahme, dh. den aufgenommenen Klängen, noch im körperlichen Tonträgermaterial manifestieren.[34] Unerheblich für den Schutz ist daher, welche Art von Tonsignalen auf einem Tonträger aufgenommen wurde.[35] Entscheidend ist vielmehr, dass es sich dabei überhaupt um ein **akustisch wahrnehmbares Tonsignal** handelt. Ist dies der Fall, ist der Schutz sehr weit. Menschlich erzeugte Tonfolgen und Tonsignale wie **Stimmen, Musik, Gesang** sind ebenso geschützt wir **Tier- und Naturgeräusche** oder auch **künstlich erzeugte Töne**, **Geräusche** und **Schallwellen**, sofern diese nur akustisch wahrnehmbar sind.[36] Auch das **Aufnahmeverfahren** sowie die Art und Weise des verwendeten Tonträgers sind für einen Schutz der Tonaufnahme nach § 85 UrhG nicht maßgeblich. **Digitale Aufnahmen** auf neuartigen Datenträgern sind damit ebenso geschützt wie alte **analoge Aufnahmen** auf Bändern und Schallplatten.[37] Weiter ist der Zweck der Aufnahme unerheblich. Das Leistungsschutzrecht entsteht bereits durch die Aufnahme, und zwar unabhängig davon, ob der Aufnehmende die Tonaufnahme zur Veröffentlichung bestimmt hat oder nicht.[38] Nicht unter den Schutz des § 85 UrhG fallen allerdings Aufnahmen, bei denen es sich nicht um reine Tonaufnahmen handelt, sondern um **Bild-/Tonaufnahmen**. In diesem Fall ist § 94 UrhG als Spezialvorschrift einschlägig.[39] Das Recht des Tonträgerherstellers erstreckt sich nicht lediglich auf die Gesamtheit des

---

33 BGH, Urt. v. 12.11.1998 – I ZR 31/96 (Sendeunternehmen als Tonträgerhersteller), GRUR 1999, 577, 578 [17].
34 *Vogel*, in: Loewenheim, UrhR, § 40, Rn. 29; *Vogel*, in: Schricker/Loewenheim, UrhG, § 85, Rn. 19.
35 *Schulze*, in: Dreier/Schulze, UrhG, § 85, Rn. 18; *Schaefer*, in: Wandtke/Bullinger, UrhG, § 85, Rn. 3; *Stang*, in: Ahlberg/Götting, BeckOK UrhG, § 85, Rn. 10.
36 *Boddien*, in: Fromm/Nordemann, UrhG, § 85, Rn. 16; *Schaefer*, in: Wandtke/Bullinger, UrhG, § 85, Rn. 2; *Schulze*, in: Dreier/Schulze, UrhG, § 85, Rn. 18; *Vogel*, in: Schricker/Loewenheim, UrhG, § 85, Rn. 19.
37 *Schaefer*, in: Wandtke/Bullinger, UrhG, § 85, Rn. 3; *Vogel*, in: Schricker/Loewenheim, UrhG, § 85, Rn. 30.
38 OLG Hamburg, Urt. v. 28.11.2002 – 3 U 2/02, ZUM 2003, 315, 316 [14 ff.].
39 *Katzenberger*, in: Schricker/Loewenheim, UrhG, § 94, Rn. 7.

Tonträgers, geschützt ist vielmehr jeder **kleinste Teil** der Aufnahme, da sich die wirtschaftliche Leistung der Tonaufnahme auch in jedem Teil der Aufnahme manifestiert.[40]

b) Erstmalige Fixierung

Nach § 85 Abs. 1 S. 3 UrhG fällt allerdings nur die **erstmalige Aufnahme** des Tonsignals auf einem Tonträger in den Schutzbereich. Geschützt ist damit in der Regel das **Masterband** oder das digitale Speichermedium auf dem die Tonaufnahme erstmalig fixiert wurde.[41] Werden davon Kopien hergestellt, so lebt die Master-Aufnahme in diesen Kopien allerdings fort, weshalb diese Kopien auch dann geschützt sind, wenn die Master-Aufnahme später vernichtet werden sollte.[42] § 85 Abs. 1 S. 3 UrhG stellt allerdings klar, dass durch das **bloße Kopieren** eines existierenden Tonträgers **kein (erneutes) Leistungsschutzrecht** nach § 85 UrhG an der Kopie entsteht und dies keine schützenswerte Leistung darstellt.[43] Nehmen **mehrere Tonträgerhersteller** gleichzeitig eine Tonaufnahme vor, zB. indem ein Konzert von mehreren Personen gleichzeitig aufgenommen wird, bedeutet dies aber, dass jede dieser Aufnahmen eine erstmalige Fixierung darstellt und somit jede einzelne dieser Aufnahmen nach § 85 Abs. 1 UrhG geschützt ist.[44]

214

3. Rechte des Tonträgerherstellers

Die einzelnen Rechte des Tonträgerherstellers sind in den §§ 85 Abs. 1, 86 UrhG **abschließend geregelt**.

215

a) Recht der Vervielfältigung und Verbreitung

Zunächst steht dem Tonträgerhersteller gem. § 85 Abs. 1 UrhG das ausschließliche Recht zu, den **Tonträger zu vervielfältigen und zu verbreiten**. Wird ein Tonträger im Sinne des § 16 UrhG vervielfältigt oder im Sinne des § 17 UrhG verbreitet, ist gem. § 85 Abs. 1 UrhG die entsprechend Einwilligung des Tonträgerherstellers erforderlich. Fehlt diese, so steht dem Tonträgerhersteller ein Unterlassungsanspruch nach § 97 Abs. 1 UrhG[45] zu.

216

Vervielfältigung im Sinne des § 85 Abs. 1 UrhG hat dieselbe Bedeutung wie in § 16 UrhG, sodass diesbezüglich auf die obigen Ausführungen zu § 16 UrhG ver-

217

---

40 BGH, Urt. v. 20.11.2008 – I ZR 112/06 (Metall auf Metall), GRUR 2009, 403, 404 [11]; ebenso in Bezug auf Filmwerke: BGH, Urt. v. 20.12.2007 – I ZR 42/05 (TV-Total), GRUR 2008, 693, 694 [23 ff.].
41 *Schaefer*, in: Wandtke/Bullinger, UrhG, § 85, Rn. 4; *Vogel*, in: Schricker/Loewenheim, UrhG, § 85, Rn. 21.
42 *Boddien*, in: Fromm/Nordemann, UrhG, § 85, Rn. 20; *Schulze*, in: Dreier/Schulze, UrhG, § 85, Rn. 20; *Stang*, in: Ahlberg/Götting, BeckOK UrhG, § 85, Rn. 12.
43 *Schulze*, in: Dreier/Schulze, UrhG, § 85, Rn. 20.
44 *Boddien*, in: Fromm/Nordemann, UrhG, § 85, Rn. 23; *Stang*, in: Ahlberg/Götting, BeckOK UrhG, § 85, Rn. 12; *Vogel*, in: Schricker/Loewenheim, UrhG, § 85, Rn. 22.
45 Hierzu allgemein Kap. 7, Rn. 69 ff.

wiesen werden kann.[46] Da es sich beim Recht des Tonträgerherstellers um ein immaterielles Rechtsgut handelt, manifestiert sich das Schutzrecht nicht im physischen Tonträger, sondern in der auf dem Tonträger enthaltenen Aufnahme.[47] Wird die Master-Aufnahme kopiert, welche die Tonaufnahme enthält, ist dafür die Einwilligung der Inhaber des Leistungsschutzrechtes erforderlich. Das Recht setzt sich auch in der Kopie fort, dh. auch wenn eine erneute Vervielfältigungshandlung vorgenommen wird und eine **Kopie von der Kopie** hergestellt wird, stellt dies eine Nutzung des dem Tonträgerhersteller zustehenden Vervielfältigungsrechts dar, weshalb auch bzgl. dieser Kopie dementsprechend die (erneute) Einwilligung des Tonträgerherstellers erforderlich ist.[48] Nach § 85 Abs. 1 S. 3 UrhG entsteht allerdings an der hergestellten Kopie **kein neues Leistungsschutzrecht** des Kopierenden.[49] Wird also eine Kopie einer auf einem Tonträger erschienen Musikdarbietung hergestellt, werden dafür nicht nur die Rechte des Komponisten und ggf. Textdichters des Musikwerkes als Urheber und die Rechte der ausübenden Künstler die das Musikwerk darbieten benötigt, sondern zusätzlich auch die dem Tonträgerhersteller zustehenden Vervielfältigungsrechte.

218 Ferner steht dem Tonträgerhersteller das ausschließliche Recht zu den Tonträger zu verbreiten. Für das **Verbreitungsrecht** nach § 85 Abs. 1 UrhG gilt § 17 UrhG analog,[50] sodass diesbezüglich auf die entsprechenden Ausführungen zu § 17 UrhG verwiesen werden kann.[51] Auch bezüglich des Rechts des Tonträgerherstellers gilt der **Erschöpfungsgrundsatz** analog § 17 Abs. 2 UrhG. Ist der Tonträger damit einmal mit Zustimmung des Tonträgerherstellers **innerhalb der EU oder des EWR** in Verkehr gebracht worden, erschöpft sich insoweit das Verbreitungsrecht des Tonträgerherstellers, sodass sich der rechtmäßige Vertrieb von Tonträgern innerhalb der EU und des EWR nicht räumlich beschränken lässt.[52] Erfolgt die räumliche Beschränkung jedoch außerhalb der EU bzw. EWR, zB. indem der Tonträgerhersteller eine Verbreitung nur in den Vereinigten Staaten von Amerika gestattet, dann tritt hinsichtlich dieses Vervielfältigungsstücks **keine Erschöpfung** ein und der Tonträgerhersteller kann im Falle eines Imports diesbezüglich weiterhin ein Verbotsrecht aus § 86 UrhG geltend machen.[53] Wird der Tonträger unrechtmäßig im Ausland, auch innerhalb der EU bzw. des EWR verbreitet, stellt bereits der **Versand ins Ausland** eine relevante Verbreitungshandlung im Inland dar.[54]

---

46 Siehe zu § 16 UrhG ausführlich oben, Kap. 2, Rn. 203 ff.
47 *Vogel*, in: Loewenheim, UrhR, § 40, Rn. 29; *Schulze*, in: Dreier/Schulze, UrhG, § 85, Rn. 20; *Schorn*, GRUR 1982, 644 ff.
48 *Vogel*, in: Schricker/Loewenheim, UrhG, § 85, Rn. 21.
49 Vgl. oben, Rn. 214.
50 *Schulze*, in: Dreier/Schulze, UrhG, § 85, Rn. 36.
51 Siehe zu § 17 UrhG ausführlich oben, Kap. 2, Rn. 215 ff.
52 *Schulze*, in: Dreier/Schulze, UrhG, § 85, Rn. 36; *Stang*, in: Ahlberg/Götting, BeckOK UrhG, § 85, Rn. 21; *Vogel*, in: Schricker/Loewenheim, UrhG, § 85, Rn. 44.
53 *Vogel*, in: Loewenheim, UrhR, § 40, Rn. 43.
54 BGH, Urt. v. 03.03.2004 – 2 StR 109/03, GRUR 2004, 421, 424 [37].

§ 17 Abs. 2 UrhG nimmt eine **Vermietung** ausdrücklich vom Erschöpfungsgrundsatz aus, sodass dem Tonträgerhersteller auch hinsichtlich der mit seiner Zustimmung in Verkehr gebrachten Vervielfältigungsstücke des Tonträgers das Vermietrecht weiterhin unbeschränkt zusteht und der Tonträgerhersteller diesbezüglich einen **Vergütungsanspruch** entsprechend §§ 85 Abs. 4, 27 Abs. 2 und 3 UrhG hat.[55]

219

b) Öffentliche Zugänglichmachung

Im Zuge rückläufiger CD-Verkäufe kommt dem Recht des Tonträgerherstellers auf öffentliche Zugänglichmachung entsprechend §§ 86 Abs. 1, 19a analog UrhG **immer größere Bedeutung** zu.[56] Das Recht der öffentlichen Zugänglichmachung erfasst generell alle Formen der Nutzung, bei denen der Tonträger vom Endnutzer „auf Abruf" an Orten und zu Zeiten seiner Wahl genutzt wird.[57] Der Tonträgerhersteller kann damit über §§ 86 Abs. 1, 19a analog UrhG sämtliche Nutzungen des Tonträgers **im Internet**, zB. im Rahmen von Musikabonnementdiensten wie Deezer, SimFy oder Spotify, bei denen die **Musik im Streaming-Verfahren** verwertet wird, ohne dass ein Download der Musik und damit eine Vervielfältigung stattfindet, kontrollieren.[58] Auch das Anbieten eines Tonträgers über sog. **Peer-to-peer-Netzwerke** im Internet oder über **One-Click-Sharehoster** stellt eine Zurverfügungstellung auf Abruf und – bei fehlender Einwilligung des Tonträgerherstellers – einen Eingriff in das Recht des Tonträgerherstellers nach §§ 86 Abs. 1, 19a analog UrhG dar.[59] Der Tonträgerhersteller hat in diesen Fällen neben den Urhebern und ausübenden Künstlern einen eigenständig durchsetzbaren **Unterlassungsanspruch und Schadensersatzanspruch** gem. § 97 UrhG, sodass dem Recht des Tonträgerherstellers bei der **Pirateriebekämpfung** eine eigenständige Bedeutung und eine große praktische Relevanz zukommt.[60]

220

c) Beteiligung an Einnahmen aus der öffentlichen Wiedergabe

Im Gegensatz zum Recht der öffentlichen Zugänglichmachung steht dem Tonträgerhersteller in Bezug auf die **öffentliche Wiedergabe** des Tonträgers **kein Verbotsrecht** zu. § 86 UrhG begrenzt die Rechte des Tonträgerherstellers insoweit auf einen **Beteiligungsanspruch**. Dieser Beteiligungsanspruch unterliegt zwei wesentlichen Beschränkungen: Er gilt nur bezüglich erschienener[61] bzw. erlaubter-

221

---

55 *Schulze*, in: Dreier/Schulze, UrhG, § 85, Rn. 36; *Vogel*, in: Loewenheim, UrhR, § 40, Rn. 43; *Vogel*, in: Schricker/Loewenheim, UrhG, § 85, Rn. 45 und 46.
56 *Vogel*, in: Schricker/Loewenheim, UrhG, § 85, Rn. 17.
57 Siehe zu § 19a UrhG ausführlich oben, Kap. 2, Rn. 260 ff.
58 OLG Hamburg, Urt. v. 07.07.2005 – 5 U 176/04, ZUM 2005, 749, 750 [23]; *Vogel*, in: Loewenheim, UrhR, § 40, Rn. 43.
59 *Vogel*, in: Schricker/Loewenheim, UrhG, § 85, Rn. 47.
60 OLG Hamburg, Urt. v. 07.07.2005 – 5 U 176/04, ZUM 2005, 749, 750 [22].
61 Zu den Voraussetzungen wann ein Tonträger „erschienen" ist im Sinne von § 6 Abs. 2 S. 1 UrhG: BGH, Urt. v. 23.01.1981 – I ZR 170/78 (Erscheinen von Tonträgern), GRUR 1981, 360, 361 [28].

weise öffentlich zugänglich gemachter Tonträger und nur soweit eine **Darbietung eines ausübenden Künstlers** aufgenommen wurde, dh. beim Aufnahmegegenstand muss es sich um eine Darbietung im Sinne des § 73 UrhG handeln.[62] In dieser Beschränkung kommt der Wille des Gesetzgebers zum Ausdruck, die Leistungen des Tonträgerherstellers im Hinblick auf die öffentliche Wiedergabe nur im kulturellen Bereich zu **privilegieren** und zu honorieren.[63] Der Beteiligungsanspruch nach § 86 UrhG besteht also nicht, wenn es sich bei den Aufnahmen um **nicht menschlich erzeugte Töne** und **Geräusche, Tierstimmen, Naturaufnahmen** etc. handelt.[64]

222 Inhaltlich richtet sich der Beteiligungsanspruch nach § 86 UrhG direkt gegen den **ausübenden Künstler** dessen Darbietung Gegenstand der Tonaufnahme ist, nicht gegen den eigentlichen Nutzer der Tonaufnahme. Dies hat eine Vereinfachung des Abrechnungssystems zum Zweck: Nutzer des Leistungsschutzrechtes des Tonträgerherstellers, zB. **Hörfunksender** oder **Sendeunternehmen**, sollen nicht durch einen zusätzlichen Abrechnungspartner belastet werden. In der Praxis wird daher der Vergütungsanspruch des ausübenden Künstlers nach § 78 Abs. 2 UrhG von der *GVL* gegenüber den jeweiligen Nutzern geltend gemacht[65] und dann die daraus resultierenden **Einnahmen hälftig zwischen ausübendem Künstler und Tonträgerhersteller aufgeteilt**.[66] Voraussetzung dafür ist allerdings, dass der Tonträgerhersteller seine Rechte in die *GVL* eingebracht hat.

d) Keine Bearbeitungsrechte des Tonträgerherstellers

223 Die Regelungen in §§ 85, 86 UrhG enthalten keinen Verweis auf das Bearbeitungsrecht nach § 23 UrhG, das Änderungsverbot nach § 39 UrhG sowie den Schutz vor Entstellungen nach § 14 UrhG. Anders als zB. der Filmhersteller nach § 94 Abs. 1 S. 2 UrhG[67] oder der ausübende Künstler nach § 75 UrhG[68] hat der Tonträgerhersteller damit **keine Möglichkeit, gegen Veränderungen der Tonaufnahme vorzugehen**, selbst wenn diese berechtigte Interessen des Tonträgerherstellers berühren sollten. Dies hängt damit zusammen, dass es sich bei der Leistung des Tonträgerherstellers um keine künstlerisch-persönliche Leistung handelt und dem Tonträgerhersteller damit auch **keine persönlichkeitsrechtlichen Befugnisse** zustehen. Hat der Tonträgerhersteller daher einmal die Vervielfältigung der Tonaufnahme gestattet, kann er sich gegen im Rahmen der Vervielfältigung vorgenommenen Bearbeitungen der Tonaufnahme nicht mehr zur Wehr setzen und diese

---

62 Siehe zu den Einzelheiten oben, Rn. 138 f.
63 *Boddien*, in: Fromm/Nordemann, UrhG, § 86, Rn. 6; *Vogel*, in: Schricker/Loewenheim, UrhG, § 86, Rn. 4.
64 *Schaefer*, in: Wandtke/Bullinger, UrhG, § 86, Rn. 1; *Schulze*, in: Dreier/Schulze, UrhG, § 86, Rn. 4.
65 Siehe oben, Rn. 153.
66 *Schaefer*, in: Wandtke/Bullinger, UrhG, § 85, Rn. 3; *Vogel*, in: Loewenheim, UrhR, § 40, Rn. 48; *Schulze*, in: Dreier/Schulze, UrhG, § 86, Rn. 15.
67 Siehe oben, Kap. 6, Rn. 487.
68 Siehe oben, Rn. 169 f.

mangels Verweis auf die entsprechenden Vorschriften in den §§ 85, 86 UrhG auch nicht verbieten.[69] § 85 Abs. 2 S. 3 UrhG verweist jedoch auf § 31 UrhG, dh. der Tonträgerhersteller hat nach § 31 Abs. 1 S. 2 UrhG das Recht, die von ihm eingeräumten Rechte, und damit auch das **Vervielfältigungsrecht, inhaltlich zu beschränken**.[70] Möchte der Tonträgerhersteller damit eine Veränderung und Bearbeitung der Tonaufnahme verhindern oder begrenzen, empfiehlt es sich diesbezüglich eine **vertragliche Regelung** in den Lizenzvertrag aufzunehmen und klar zu regeln, dass eine Vervielfältigung des Tonträgers nur in unveränderter oder unbearbeiteter Form zulässig ist.[71]

e) Abgeleitete Rechte

Häufig verfügt der Tonträgerhersteller nicht nur über die originären Leistungsschutzrechte nach § 85, 86 UrhG, sondern auch über die **abgeleiteten Rechte** der an der Herstellung der Tonaufnahme beteiligten Personen, insbesondere **beteiligter ausübender Künstler**.[72] Da der Tonträgerhersteller mit diesen meist eine vertragliche Vereinbarung zur Mitwirkung an der Tonaufnahme trifft,[73] übertragen die an der Herstellung des Tonträgers beteiligten Personen ihre entsprechenden Recht in der Regel **vertraglich** an den Tonträgerhersteller, wobei hinsichtlich angestellter Urheber § 43 UrhG Anwendung findet.[74]

224

4. Schutzdauer

Im Zuge der Umsetzung der Künstler-Schutzfristen-Richtlinie[75] wurde die Schutzfrist für Tonträger im Jahr 2013 von zuvor fünfzig Jahre auf **siebzig Jahre** verlängert. Der Beginn der Schutzfrist bemisst sich maßgeblich am **Erscheinen des Tonträgers** (§ 85 Abs. 3 S. 1 UrhG). Ist der Tonträger innerhalb von fünfzig Jahren nach der Herstellung zwar nicht erschienen aber öffentlich wiedergegeben worden, bemisst sich die siebzigjährige Schutzfrist am Datum der **ersten öffentlichen Wiedergabe** (§ 85 Abs. 3 S. 2 UrhG). Fehlt es sowohl an einem Erscheinen als auch

225

---

69 *Vogel*, in: Schricker/Loewenheim, UrhG, § 85, Rn. 41; *Schulze*, in: Dreier/Schulze, UrhG, § 85, Rn. 33; *Stang*, in: Ahlberg/Götting, BeckOK UrhG, § 85, Rn. 20; aA. *Schaefer*, in: Wandtke/Bullinger, UrhG, § 85, Rn. 15.
70 *Schulze*, in: Dreier/Schulze, UrhG, § 85, Rn. 33.
71 Beispielhafte Formulierung: Das Recht zu einer Vervielfältigung des Tonträgers wird nur insoweit übertragen, wie der Tonträger in unveränderter und unbearbeiteter Form vervielfältigt wird. Eine Vervielfältigung des Tonträgers in bearbeiteter und/oder veränderter Form, insbesondere ein sog. Remastering, Sampling, Remixing, etc. bedarf stets der vorherigen Zustimmung des Lizenzgebers.
72 *Vogel*, in: Schricker/Loewenheim, UrhG, § 85, Rn. 91.
73 Beispielhafte Formulierung: Der ausübende Künstler überträgt dem Tonträgerhersteller hinsichtlich seiner vertragsgegenständlichen Leistung und Darbietung bzw. hinsichtlich der hergestellten Tonaufnahmen die Verwertungsrechte aus §§ 77, 78 UrhG. Zur Klarstellung: Nicht übertragen werden die gesetzlichen Vergütungsansprüche des ausübenden Künstlers für erlaubnisfreie, aber vergütungspflichtige Nutzungen durch Dritte.
74 Siehe hierzu oben, Kap. 1, Rn. 352 u. Kap. 4, Rn. 51 ff.
75 Siehe Kap. 11, Rn. 243.

an einer öffentlichen Wiedergabe innerhalb von fünfzig Jahren seit der **Herstellung des Tonträgers**, erlischt das Schutzrecht (§ 85 Abs. 3 S. 3 UrhG). Da die Fristen des § 85 Abs. 3 UrhG unabhängig nebeneinander stehen, kann sich die Schutzfrist theoretisch auf **bis zu 120 Jahre** verlängern, wenn nach knapp fünfzig Jahren seit der Herstellung des Tonträgers dieser erstmals erscheint oder erstmals öffentlich wiedergegeben wird, da sich dann die siebzigjährige Schutzfrist direkt an die fünfzigjährige ab Herstellung bemessene Schutzfrist anschließen kann.

226 Nach der **Übergangsregelung** in § 137m Abs. 1 UrhG gilt die verlängerte Schutzfrist für alle Tonträger, deren Schutz am 1. November 2013 noch nicht erloschen war. In der Praxis kommen damit alle nach 1970 hergestellten Tonträger in den Genuss der längeren Schutzfristen. Für den Zeitraum zwischen dem 1. November 2013 und dem 1. Juli 1995 galt noch die fünfzigjährige Schutzfrist, die aber für allesamt in diesem Zeitraum hergestellten Tonträger am 1. November 2013 noch nicht abgelaufen war, sodass für diese Tonträger nun ebenfalls die **längere Schutzfrist** gilt. Vor Inkrafttreten des 3. UrhÄndG am 1. Juli 1995 betrug die Schutzdauer für Tonträger lediglich 25 Jahre. Entsprechend der maßgeblichen Übergangsregelung in § 137 f. Abs. 1 S. 2 UrhG gilt aber auch für diese Tonträger eine fünfzigjährige Schutzfrist sofern sie **am 1. Juli 1995 noch geschützt** waren. Die zuvor gültige 25-jährige Schutzfrist war am 1. Juli 1995 aber für alle **vor 1970** hergestellten oder erschienenen Tonträger bereits abgelaufen.[76] Damit sind **vor 1969** hergestellte oder erschienene Tonträger **rechtefrei**, da für im Zeitraum zwischen 1966 und 1969 hergestellte Tonträger die 25-jährige Schutzfrist vor dem Stichtag der Verlängerung vom 1. Juli 1995 bereits abgelaufen war und vor 1966 hergestellte Tonträger überhaupt nicht geschützt waren.[77]

5. Besondere Arten der Musiknutzung

227 Die Digitalisierung von Musik und die damit verbundenen technischen Möglichkeiten haben zunehmend neue Formen der Musiknutzung möglich gemacht, die gerade im Hinblick auf das Leistungsschutzrecht nach § 85 UrhG rechtlich problematisch sein können.

a) Bootleg-Aufnahmen

228 Unter einem „Bootleg" versteht man das **unautorisierte Mitschneiden eines Live-Konzertes**. Jedes Smartphone verfügt heutzutage über eine geeignete Aufnahmetechnik, sodass die Zahl von Bootleg-Aufnahmen stetig zunimmt. Bootleg-Aufnahmen sind gerade **in Fan-Kreisen begehrt** und Aufnahmen von legendären Konzerten oder verstorbenen Künstlern werden teilweise zu hohen Preisen gehandelt.[78] Gleichzeitig hat der Künstler, dessen Darbietung aufgenommen wird, ein Interesse daran, gegen derartige Aufnahmen vorzugehen. Zum einen weil dadurch seine wirtschaftlichen Interessen beeinträchtigt werden, zum anderen aber

---

76 *Vogel*, in: Loewenheim, UrhR, § 40, Rn. 55.
77 *Schulze*, in: Dreier/Schulze, UrhG, § 85, Rn. 47.
78 *Hertin*, GRUR 1991, 722 ff.

auch deshalb, weil diese Aufnahmen meist **von minderer Qualität** sind und damit auch die persönlichkeitsrechtlichen Interessen des ausübenden Künstlers nach § 75 UrhG beeinträchtigt sein können.[79] Im Grundsatz ist davon auszugehen, dass durch einfaches Mitschneiden eines Live-Konzertes **kein Leistungsschutzrecht** nach § 85 UrhG **an der Aufnahme** entsteht, da der damit einhergehende wirtschaftliche und technische Aufwand, der im Grunde im bloßen Halten und Einschalten eines Aufnahmegerätes während des Konzertes besteht, **nicht schutzwürdig** ist.[80] Eine Bootleg-Aufnahme ist in qualitativer Hinsicht nicht schutzfähig, da der Aufnehmende keinerlei konkrete Einflussnahme Möglichkeit auf den Zeitpunkt, die Qualität, die Platzierung des Mikrofons im Verhältnis zu Tonquelle und den Ablauf der Aufnahme hat, sodass durch die Herstellung einer Bootleg-Aufnahme keine Leistungsschutzrechte an der Tonaufnahme entstehen. Dem ausübenden Künstler und dem Veranstalter der Darbietung steht jedoch nach § 77 Abs. 1 UrhG bzw. nach §§ 81, 77 Abs. 1 UrhG das Vervielfältigungs- und Verbreitungsrecht zu, sodass diese sowohl gegen die Herstellung als auch gegen die Verbreitung der Bootleg-Aufnahmen vorgehen können[81] bzw. der Tonträgerhersteller selbst aus abgeleitetem Recht, sofern er sich die Rechte des ausübenden Künstlers aus § 77 Abs. 1 UrhG vertraglich hat übertragen lassen.[82]

b) Remastering und Digitalisierung

Unter einem **Remastering** versteht man die **qualitative Verbesserung einer existierenden Aufnahme**, wenn zB. alte Schallplattenaufnahmen digitalisiert, „bereinigt" und rauschunterdrückt neu aufgenommen werden. Oft wird hierin eine bloße Vervielfältigungshandlung im Sinne von § 85 Abs. 1 S. 3 UrhG gesehen, da die Tonaufnahme nicht erstmalig fixiert wird, sondern eine bereits bestehende Tonaufnahme – wenn auch verbessert – vervielfältigt wird.[83] Dies lässt aber außer Betracht, dass gerade das Remastering von alten und historischen Aufnahmen einen hohen organisatorischen, technischen und wirtschaftlichen Aufwand voraussetzt, der darin besteht die Originalaufnahme zu rekonstruieren, mit modernster Studiotechnik **aufzubereiten**, zu **bearbeiten** und mit fehlenden oder verloren gegangenen Informationen zu **ergänzen**.[84] Es erscheint daher nicht sachgerecht, diese erheblichen wirtschaftlichen Aufwendungen aus dem Schutzbereich des § 85 UrhG generell auszuklammern. In dieser Hinsicht ist damit eine **qualitative Bewertung** vorzunehmen: Wird die Tonaufnahme durch das Remastering in einer Art und

229

---

79 *Vogel*, in: Schricker/Loewenheim, UrhG, § 75, Rn. 27 sowie oben, Rn. 76 f.
80 *Boddien*, in: Fromm/Nordemann, UrhG, § 85, Rn. 26; *Schaefer*, in: Wandtke/Bullinger, UrhG, § 85, Rn. 14; *Schulze*, in: Dreier/Schulze, UrhG, § 85, Rn. 26; *Vogel*, in: Schricker/Loewenheim, UrhG, § 85, Rn. 23.
81 Siehe hierzu ausführlich oben, Rn. 150, 206.
82 *Schulze*, in: Dreier/Schulze, UrhG, § 85, Rn. 55.
83 *Vogel*, in: Schricker/Loewenheim, UrhG, § 85, Rn. 25; aA. *Schulze*, in: Dreier/Schulze, UrhG, § 85, Rn. 21; *Schaefer*, in: Wandtke/Bullinger, UrhG, § 85, Rn. 15; *Boddien*, in: Fromm/Nordemann, UrhG, § 85, Rn. 38 ff.
84 *Boddien*, in: Fromm/Nordemann, UrhG, § 85, Rn. 26.

Weise aufbereitet und verbessert, dass qualitativ von einem neuen Klangbild bzw. einer neuen Aufnahme ausgegangen werden kann, dann entsteht ein **neues und eigenständiges Leistungsschutzrecht** nach § 85 UrhG.[85] Fehlt es jedoch an dieser qualitativen Komponente, zB. wenn die Aufnahme durch ein vollständig automatisiertes Verfahren technisch verbessert wird, so handelt es sich um einen reinen Kopiervorgang nach § 85 Abs. 1 S. 3 UrhG, der kein erneutes Leistungsschutzrecht begründet.[86] Reine **Digitalisierungen von Aufnahmen**, zB. die Neuaufnahme einer Vinyl-Platte in Form einer MP3, begründen damit kein Leistungsschutzrecht, auch wenn dabei zB. durch die Digitalisierung und den Einsatz von Filtersoftware eine gewisse klangliche Verbesserung der Aufnahme erreicht wird.

c) Remix

230 Musik wird meist im sog. **Mehrspurverfahren** aufgenommen. Diese Technik ermöglicht es, einzelne Tonspuren unabhängig von anderen Tonspuren aufzunehmen und dann anschließend abzumischen und zu verändern und zu einem Gesamtwerk zusammen zu fügen. An den einzelnen Tonspuren besteht dabei ein eigenständiges Leistungsschutzrecht nach § 85 Abs. 1 S. 1 UrhG, da es sich jeweils um die erstmalige Festlegung einer Tonaufnahme handelt. Auch an dem auf Basis der einzelnen Tonspuren erstmalig hergestellten Gesamtwerk entsteht ein Leistungsschutzrecht, da in diesem die einzelnen Tonspuren erstmalig zu einem **einheitlichen Werk** vereint und zusammengeführt werden. Die einzelnen Tonspuren bleiben aber erhalten und können auch nach Herstellung des Gesamtwerkes neu abgemischt, neu zusammengesetzt, durch **neue Klänge** und **Rhythmen** ergänzt und damit verändert und bearbeitet werden. Man spricht insoweit von einem Remix, also einer erneuten „Abmischung" der Tonspuren. Der Remix kann dabei eine eigenständige künstlerische Bedeutung haben, indem er eine eigene Klangfarbe und Rhythmik besitzt und insoweit den Charakter und die Dynamik des Originals **grundlegend verändern** kann.[87]

231 Da aber auch der Remix unter Verwendung der bestehenden Tonspuren hergestellt wird, stellt sich die Frage, ob an dem Remix ein eigenständiges Leistungsschutzrecht nach § 85 UrhG entsteht. Ähnlich wie bei der Beurteilung des Remastering muss diese Frage danach beantwortet werden, inwieweit der Remix **qualitativ eine eigenständige Leistung** darstellt, indem etwa ein neues, **eigenständiges Klangbild** erzeugt wird und dementsprechend von einer erneuten Festlegung im Sinne des § 85 Abs. 1 S. 1 UrhG ausgegangen werden kann. Das ist der Fall, wenn durch den Remix das Klangbild derart verändert wird, dass bei qualitativer Betrachtung davon auszugehen ist, dass das Klangbild in dieser Form das erste Mal

---

85 *Boddien*, in: Fromm/Nordemann, UrhG, § 85, Rn. 26; *Schulze*, in: Dreier/Schulze, UrhG, § 85, Rn. 21; *Schaefer*, in: Wandtke/Bullinger, UrhG, § 85, Rn. 15; aA. *Vogel*, in: Schricker/Loewenheim, UrhG, § 85, Rn. 25.
86 *Schulze*, in: Dreier/Schulze, UrhG, § 85, Rn. 21; *Schaefer*, in: Wandtke/Bullinger, UrhG, § 85, Rn. 16.
87 *Boddien*, in: Fromm/Nordemann, UrhG, § 85, Rn. 38.

festgelegt wurde, zB. wenn auf Basis eines Rock-Songs eine Hip-Hop oder Reggae Version erstellt wird.[88] In diesem Fall sind die einzelnen verwendeten Tonspuren wie „**Instrumente**" zu sehen, mit deren Hilfe eine eigenständige Aufnahme erstmalig neu festgelegt wird.[89] Besteht der Remix aber lediglich darin, die Tonspuren geringfügig **neu zu arrangieren**, in dem zB. eine kürzere Radio-Version oder auch eine längere Extended-Version hergestellt und abgemischt wird, handelt es sich hierbei bei wertender Betrachtung eher um einen **Kopiervorgang** im Sinne von § 85 Abs. 1 S. 3 UrhG, sodass dann in der Folge auch kein – neues – Leistungsschutzrecht nach § 85 Abs. 1 S. 1 UrhG entsteht.[90]

d) Sampling

Beim „**Sampling**" handelt es sich um die Übernahme kleinster Teile und Musikfetzen, oftmals lediglich **einzelne Töne** oder **Takte**, aus einer bestehenden Tonaufnahme, die neu arrangiert und mit weiteren neu aufgenommenen Tonspuren kombiniert werden und dann zB. die Grundlage für ein neues Musikwerk bilden.[91] Hierbei ist im Grunde unproblematisch, dass an der auf Basis von Samples erstellten Tonaufnahme ein **neues Leistungsschutzrecht** nach § 85 Abs. 1 S. 1 UrhG entsteht. Wenn schon ein erneutes Abmischen bestehender Tonspuren bei qualitativer Betrachtung ein eigenständiges Leistungsschutzrecht begründen kann, so muss dies erst recht gelten, wenn durch die Verwendung und Neukombination von kleinsten Tonfetzen und Rhythmussequenzen eine nahezu völlig **eigenständige Tonaufnahme** hergestellt wird. Gerade beim Sampling haben die verwendeten Samples eine Hilfsfunktion, die am ehesten mit dem Spielen eines Instrumentes vergleichbar ist.[92]

232

Beim Sampling stellt sich dann aber weiter die Frage, inwieweit die Nutzung eines bloßen Tonfetzens erlaubnispflichtig ist, denn Musikwerke und Tonaufnahmen sind nicht nur in ihrer Gesamtheit geschützt sondern auch in ihren einzelnen Teilen.[93] Urheberrechtlich wird man bei der **Entnahme kleinster Teile** aus einem Musikwerk (ein Sample besteht meist nur aus ein oder zwei Tönen oder aus einer kurzen Rhythmus-Sequenz) davon ausgehen müssen, dass derartige **Kleinstteile** nicht hinreichend individuell sind und daher auch nicht urheberrechtlich schutzfähig sind.[94]

233

---

88 OLG Köln, Urt. v. 08.05.1998 – 6 U 251/93, ZUM-RD 1998, 371, 378 [69]; *Boddien*, in: Fromm/Nordemann, UrhG, § 85, Rn. 39; *Schulze*, in: Dreier/Schulze, UrhG, § 85, Rn. 22; aA. *Vogel*, in: Schricker/Loewenheim, UrhG, § 85, Rn. 25.
89 *Schaefer*, in: Wandtke/Bullinger, UrhG, § 85, Rn. 16.
90 Weitergehender: *Schaefer*, in: Wandtke/Bullinger, UrhG, § 85, Rn. 4.
91 Vgl. zum technischen Hintergrund: *Häuser*, Sound und Sampling, 2002, S. 5 ff.
92 *Schaefer*, in: Wandtke/Bullinger, UrhG, § 85, Rn. 16.
93 *Schulze*, in: Dreier/Schulze, UrhG, § 85, Rn. 25 und 32; *Vogel*, in: Schricker/Loewenheim, UrhG, § 85, Rn. 43.
94 Der Schutz des Tonträgerherstellers kann damit weiter reichen als der Schutz des Urhebers. Vgl. *Schaefer*, in: Wandtke/Bullinger, UrhG, § 85, Rn. 25.

234 Beim Sampling wird aber auch die Tonaufnahme genutzt, sodass sich die Frage stellt, ob der Inhaber des Leistungsschutzrechtes in die Verwendung des Samples **einwilligen** muss bzw. die Verwendung eines Samples eine **erlaubnispflichtige Vervielfältigung der Tonaufnahme** darstellt. Dies ist im Ergebnis zu bejahen. Schutzzweck des Leistungsschutzrechts nach § 85 UrhG ist die organisatorische-wirtschaftliche Leistung der Tonaufnahme, auf eine Individualität oder schöpferische Gestaltungshöhe kommt es gerade nicht an. Diese wirtschaftliche Leistung des Tonträgerherstellers verkörpert sich aber **in jedem kleinsten Teil der Aufnahme**, weshalb selbst kleinste Tonfetzen einer Tonaufnahme noch durch das Leistungsschutzrecht geschützt sind.[95] Damit bedarf die Übernahme selbst kleinster Tonfetzen grundsätzlich der Einwilligung des Tonträgerherstellers, sofern nicht eine andere Bestimmung die Übernahme ausdrücklich erlaubt.

235 In Betracht kommt beim Sampling insbesondere eine entsprechende Anwendung der **freien Benutzung** des § 24 UrhG.[96] Da § 24 UrhG aber nicht direkt anwendbar ist, ist der Rechtsgedanke der Vorschrift nur insoweit anwendbar, als dies dem Schutzzweck des Leistungsschutzechtes entspricht. Schutzzweck des Leistungsschutzrechtes nach § 85 UrhG ist der Schutz der wirtschaftlich-organisatorischen Leistung der Herstellung der Tonaufnahme. Bezogen auf § 24 UrhG bedeutet dies, dass es sich dann nicht um eine freie Benutzung handelt, wenn sich der Nutzer der Tonaufnahme die Erbringung einer eigenen organisatorisch-wirtschaftlichen Leistung durch die Übernahme des Tonfetzens erspart. Umgekehrt kommt eine entsprechende Anwendung des § 24 UrhG dann in Betracht, wenn der übernommene Tonfetzen derart einmalig ist, dass eine **Nachschaffung** dieses Tonfetzens **nicht möglich** ist und der Nutzer daher auf die Übernahme gerade dieses Tonfetzens angewiesen ist, da nur in diesem Fall der Schutz der Tonaufnahme der Fortentwicklung eines Kulturschaffens im Wege stünde und nur dann eine freie Benutzung vorliegen kann.[97] Beim Sampling ist daher dahingehend zu unterscheiden, ob dem Sample eine **einmalige Tonaufnahme** zugrunde liegt, die in einem Tonstudio nicht mit vertretbarem Aufwand **neu erzeugt** werden könnte, oder ob es sich um wiederholbare oder reproduzierbare Tonaufnahme handelt. Nur im ersteren Fall kommt eine freie Benutzung entsprechend § 24 UrhG in Betracht.[98]

236 Dabei sind allerdings an die **Wiederholbarkeit der Tonaufnahme** keine überzogenen Anforderungen zu stellen, um das Schutzrecht des § 85 UrhG nicht zu sehr einzuschränken. Es kommt daher nicht darauf an, ob die Tonaufnahme „identisch" nachgeschafft werden kann, denn eine völlige Identität wird niemals gelingen, sondern darauf, ob die erneute Aufnahme von den angesprochenen Verkehrskreisen als **gleichwertig empfunden** würde.[99] Ist die Tonaufnahme in diesem Sinne

---

95 BGH, Urt. v. 20.11.2008 – I ZR 112/06 (Metall auf Metall), GRUR 2009, 403, 404 [11]; *Schulze*, in: Dreier/Schulze, UrhG, § 85, Rn. 25.
96 BGH, Urt. v. 20.11.2008 – I ZR 112/06 (Metall auf Metall), GRUR 2009, 403, 405 [22].
97 BGH, Urt. v. 20.11.2008 – I ZR 112/06 (Metall auf Metall), GRUR 2009, 403, 405 [23].
98 Kritisch hierzu: *Schack*, JZ 2009, 475 ff.
99 BGH, Urt. v. 13.12.2012 – I ZR 182/11 (Metall auf Metall II), GRUR 2013, 614 [28].

wiederholbar, ist für die Übernahme selbst kleinster Tonfetzen stets die Einwilligung des Tonträgerherstellers erforderlich.[100]

e) Re-Recording und Coverversionen

Bei einer Coverversion oder einem Re-Recording handelt es sich um die **Neueinspielung** eines bereits auf einem Tonträger veröffentlichten Musikwerkes. Da hierbei der bereits **bestehende Tonträger lediglich als Vorbild** verwendet wird, seinerseits aber nicht reproduziert wird, stellt dies keine Verwertung des bereits erschienenen Tonträgers dar.[101] Da kein Schutz gegen Nachschaffung besteht, entsteht an dem Tonträger mit der Coverversion ein **eigenständiges Leistungsschutzrecht** nach § 85 Abs. 1 UrhG.

237

III. Schutzrecht des Sendeunternehmens

Ähnlich der Leistung des Tonträgerherstellers ist auch die Leistung des Sendeunternehmens in erster Linie organisatorischer, finanzieller und technischer Art.[102] Der Betrieb und die Aufrechterhaltung eines Sendeunternehmens setzen erhebliche **wirtschaftliche Investitionsleistungen** voraus, die von der **Programmplanung**, über die reibungslose **Organisation des Sendebetriebs** bis hin zur technischen **Verbreitung des Sendesignals** reichen.[103] Gleichzeitig werden die technischen Möglichkeiten einer (Zweit-)Verwertung des Sendesignals, zB. durch ein Streaming von Fernsehprogrammen über das Internet, immer leichter durchführbar und kostengünstiger. Es ist ohne großen finanziellen und technischen Aufwand möglich, Fernsehsendungen über das Internet weiterzuverbreiten, weshalb beinahe jedes im Fernsehen übertragene Fußballspiel mittlerweile auch illegal über das Internet **gestreamt** wird. Aus diesem Grund sind die erheblichen Investitionsleistungen eines Sendeunternehmens, die mangels entsprechender Individualität nicht gem. § 2 Abs. 2 UrhG schutzfähig sind, mittels eines **verwandten Schutzrechtes** geschützt.[104]

238

1. Schutzgegenstand

Schutzgegenstand nach dem Wortlaut des § 87 Abs. 1 UrhG ist die „**Funksendung**". Der Begriff der „Funksendung" wird im UrhG nicht einheitlich definiert

239

---

100 *Boddien*, in: Fromm/Nordemann, UrhG, § 85, Rn. 52; *Schaefer*, in: Wandtke/Bullinger, UrhG, § 85, Rn. 4; *Schulze*, in: Dreier/Schulze, UrhG, § 85, Rn. 33 *Stang*, in: Ahlberg/Götting, BeckOK UrhG, § 85, Rn. 20.
101 *Schulze*, in: Dreier/Schulze, UrhG, § 85, Rn. 25; *Boddien*, in: Fromm/Nordemann, UrhG, § 85, Rn. 34.
102 *v. Ungern-Sternberg*, in: Schricker/Loewenheim, UrhG, § 87, Rn. 1 und 14.
103 *Flechsig*, in: Loewenheim, UrhR, § 41, Rn. 2; *Erhardt*, in: Wandtke/Bullinger, UrhG, § 87, Rn. 7.
104 So schon die amtliche Begründung zu § 97 UrhG [jetzt § 87], in der darauf verwiesen wird, dass Dritte sich die Leistung des Sendeunternehmens nicht ohne Mühe zunutze machen können sollen. Vgl. Amtl. Begr., Drucks. IV/270 v. 23.03.1962, zu § 97, S. 97.

und bedarf daher der Auslegung.[105] Die Verwendung des Begriffs Funk-„Sendung" legt nahe, für die Auslegung auf das **Senderecht** nach § 20 UrhG zurückzugreifen.[106] Dies ist allerdings nur eingeschränkt möglich, denn das Senderecht nach § 20 UrhG knüpft inhaltlich an eine Tätigkeit an, eben das Senden eines Werkes, während Schutzgegenstand nach § 87 UrhG in erster Linie die wirtschaftliche Leistung der **Organisation der Sendung** ist.[107] Die Funksendung als solche ist von den einzelnen Programminhalten zu trennen, die Gegenstand der Funksendung sind, und auch vom Trägermedium, welches die Funksendung verkörpert.[108] Sinnvoll erscheint es daher entsprechend § 87 Abs. 3 UrhG, der für den Beginn der Schutzfrist auf den technischen Sendevorgang abstellt,[109] auch den Begriff der Funksendung **technisch** auszulegen und auf den Vorgang des **technischen Aussendens des Funksignals an die Öffentlichkeit** zu beziehen.[110]

240 Geht man davon aus, dass Schutzgegenstand des § 87 UrhG die wirtschaftliche Leistung der Zusammenstellung, Organisation und Ausstrahlung der Sendung ist, so manifestiert sich diese Leistung gerade im ausgestrahlten **Sendesignal**. Folglich besteht an noch nicht ausgestrahlten Aufzeichnungen kein Leistungsschutz.[111] Irrelevant ist dabei, auf welche Art und Weise das Sendesignal übertragen wird, sodass es nicht darauf ankommt, ob die Übertragung **analog, digital, drahtlos**, dh. mittels **Satellit** oder **Terrestrik**, oder **drahtgebunden**, mittels Kupferkabel oder **Glasfaser**, oder im **Streaming-Verfahren** über das **Internet** erfolgt.[112] Unerheblich ist auch, ob das Sendesignal unverschlüsselt im **Free-TV** oder verschlüsselt im **Pay-TV** ausgestrahlt wird, denn die wirtschaftliche Leistung bezogen auf die Herstellung und Ausspielung des Sendesignals ist jeweils identisch.[113] Als Funksendung nach § 87 Abs. 1 UrhG geschützt ist damit jedes durch das Sendeunternehmen an die Öffentlichkeit ausgestrahlte technische Sendesignal.

241 Da der mit der Ausstrahlung der Sendung verbundene finanzielle und organisatorische Aufwand bei jeder Ausstrahlung nahezu identisch ist, kann es in Bezug auf den Schutz der Leistung nach § 87 UrhG nicht auf die **Erstmaligkeit einer Sendung** ankommen. Dafür gibt es im Wortlaut des § 87 Abs.1 UrhG keine An-

---

105 *Schulze*, in: Dreier/Schulze, UrhG, § 87, Rn. 8.
106 *v. Ungern-Sternberg*, in: Schricker/Loewenheim, UrhG, § 87, Rn. 12; *Erhardt*, in: Wandtke/Bullinger, UrhG, § 87, Rn. 14.
107 *v. Ungern-Sternberg*, in: Schricker/Loewenheim, UrhG, § 87, Rn. 23.
108 *Flechsig*, in: Loewenheim, UrhR, § 41, Rn. 14.
109 *Boddien*, in: Fromm/Nordemann, UrhG, § 87, Rn. 18.
110 *Boddien*, in: Fromm/Nordemann, UrhG, § 87, Rn. 18; *Hillig*, in: Ahlberg/Götting, BeckOK UrhG, § 87, Rn. 14; *Schulze*, in: Dreier/Schulze, UrhG, § 87, Rn. 9; *v. Ungern-Sternberg*, in: Schricker/Loewenheim, UrhG, § 87, Rn. 22.
111 *Schulze*, in: Dreier/Schulze, UrhG, § 87, Rn. 9; *v. Ungern-Sternberg*, in: Schricker/Loewenheim, UrhG, § 87, Rn. 23; aA. *Pleister/v.Einem*, ZUM 2007, 904, 907.
112 *Boddien*, in: Fromm/Nordemann, UrhG, § 87, Rn. 18; *Schulze*, in: Dreier/Schulze, UrhG, § 87, Rn. 9; *v. Ungern-Sternberg*, in: Schricker/Loewenheim, UrhG, § 87, Rn. 12.
113 *Erhardt*, in: Wandtke/Bullinger, UrhG, § 87, Rn. 9 ff.; *Schulze*, in: Dreier/Schulze, UrhG, § 87, Rn. 10.

haltspunkte und auch ansonsten bestehen keine besonderen Anforderungen an den Grad der technisch-organisatorischen Leistung.[114] Geschützt ist damit nicht lediglich die erstmalige Sendung eines Sendeinhalts, sondern auch die **wiederholende, zeitversetzte Sendung** eines zur Erstsendung identischen Sendeinhalts.[115] Ansonsten wären zB. sog. „**+1-Sender**", also Sender, die ein zuvor ausgestrahltes Fernsehprogramm mit einer Stunde zeitlicher Verzögerung erneut ausstrahlen, vom Schutzbereich des § 87 UrhG gänzlich ausgenommen, obwohl der damit verbundene technische und finanzielle Aufwand des Sendeunternehmen, der gerade Grund für die Gewährung des Leistungsschutzrechtes ist, vergleichbar zur Erstsendung ist.

Etwas anderes folgt auch nicht aus Art. 3 Abs. 4 der Schutzdauer-Richtlinie,[116] die in der Neufassung des § 87 Abs. 3 UrhG umgesetzt wurde.[117] Dort ist lediglich geregelt, dass das Recht an der Funksendung **fünfzig Jahre** nach der „Erstsendung" **erlischt**, was sich gem. Erwägungsgrund Nr. 19 der Richtlinie nur auf „**identische**" Sendungen bezieht. Mit der Richtlinie sollte nur die Dauer des Leistungsschutzrechts geregelt und angepasst werden, nicht jedoch der Schutzumfang des Leistungsschutzrechtes. Durch Art. 3 Abs. 4 der Richtlinie wird damit nicht der Schutzumfang des Leistungsschutzrechtes eingeschränkt, sondern lediglich klargestellt, dass identische und wiederholende Funksendungen nicht zu einer **Verlängerung der Schutzfrist** führen können, weshalb allein für die Berechnung des Endes der Schutzfrist auf die Erstsendung abzustellen ist.[118] Daraus folgt nicht, dass wiederholende Funksendungen ihrerseits aus dem Schutzbereich des § 87 UrhG auszuklammern wären. Entscheidend ist vielmehr, dass gerade auch zeitversetzte und wiederholende Sendungen eine **wirtschaftlich relevante Leistung** des Sendeunternehmens darstellen und für den Zuschauer einen bedeutenden **Mehrwert** und **Komfort** bieten, weshalb es nicht sachgerecht wäre, diese Leistungen aus dem Schutzbereich des § 87 UrhG auszuklammern, zumal § 87 UrhG außer einer nicht näher bestimmten organisatorischen-finanziellen Leistung des Sendeunternehmens ansonsten **keine weiteren qualitativen Merkmale** und Anforderungen an den Inhalt der Sendung voraussetzt.

2. Inhaber des Schutzrechts

Inhaber des verwandten Schutzrechts ist nach dem Wortlaut des § 87 UrhG das **Sendeunternehmen**. Das ist das Unternehmen, welches die Funksendung durch-

---

114 *v.Ungern-Sternberg*, in: Schricker/Loewenheim, UrhG, § 87, Rn. 14.
115 *Flechsig*, in: Loewenheim, UrhR, § 41, Rn. 15; *N.Reber*, in: v.Hartlieb/Schwarz, Filmrecht, Kap. 64, Rn. 4; aA. *Boddien*, in: Fromm/Nordemann, UrhG, § 87, Rn. 21; *Schulze*, in: Dreier/Schulze, UrhG, § 87, Rn. 9.
116 Siehe Kap. 11, Rn. 234 f.
117 Vgl. zur Entstehungsgeschichte *v.Ungern-Sternberg*, in: Schricker/Loewenheim, UrhG, § 87, Rn. 3 ff.
118 *Flechsig*, in: Loewenheim, UrhR, § 41, Rn. 15; aA. *v.Ungern-Sternberg*, in: Schricker/Loewenheim, UrhG, § 87, Rn. 25; *Boddien*, in: Fromm/Nordemann, UrhG, § 87, Rn. 21; *Schulze*, in: Dreier/Schulze, UrhG, § 87, Rn. 9.

führt und damit die nach § 87 UrhG relevanten organisatorisch-wirtschaftlichen Leistungen unmittelbar erbringt.[119] Inhaber des Schutzrechts nach § 87 UrhG können damit nicht nur natürliche Personen sein, sondern insbesondere auch **Unternehmen** und zwar unabhängig von der jeweiligen rechtlichen Ausgestaltung.[120] Der Begriff des Sendeunternehmens umfasst **öffentlich-rechtliche Sendeanstalten** sowie **privatwirtschaftliche Unternehmen** gleichermaßen. Voraussetzung ist allerdings nach § 127 Abs. 1 UrhG, dass diese ihren jeweiligen Sitz in Deutschland haben. Ist dies der Fall, gilt der Schutz des § 87 UrhG sowohl für Ausstrahlungen im Inland als auch für Ausstrahlungen im Ausland.[121] Unternehmen mit Sitz außerhalb der Bundesrepublik Deutschland genießen das Schutzrecht nach § 87 Abs. 1 UrhG entsprechend § 127 Abs. 2 UrhG für Ausstrahlungen innerhalb der Bundesrepublik Deutschland. Entscheidend für eine Anwendung des § 87 UrhG ist damit nicht, wo ein Sendeunternehmen seinen Sitz hat oder von wo aus die Sendung erfolgt, sondern **wohin die Ausstrahlung erfolgt.**[122] Erfolgt die Ausstrahlung einer Sendung innerhalb der Bundesrepublik Deutschland, greift der Schutz des § 87 UrhG auch für ausländische Unternehmen.

244 Der Schutz der Funksendung manifestiert sich im **Sendesignal**, weshalb der Inhalt der Funksendung für den Schutz unerheblich ist und auch Funksendungen in den Schutzbereich des § 87 UrhG fallen, wenn der gesendete Inhalt seinerseits nicht urheberrechtlich schutzfähig ist.[123] In Bezug auf den Schutzrechtsinhaber bedeutet dies, dass es völlig unerheblich ist, ob die gesendeten Inhalte vom Sendeunternehmen selbst produziert wurden, es sich um eine **Auftragsproduktion** handelt oder um ein **lizenziertes Programm**.[124] Ebenso unerheblich ist, ob die im Rahmen des Sendevorgangs verwendeten technischen Anlagen im Eigentum des Sendeunternehmens stehen oder nicht.[125] Auch sofern Sendeanlagen gemietet werden, erwirbt das Schutzrecht des § 87 Abs. 1 UrhG derjenige, der die Sendung inhaltlich, organisatorisch und wirtschaftlich verantwortet und nicht derjenige, der über die jeweilige Infrastruktur verfügt. Dementsprechend ist etwa der **Kabelnetzbetreiber**, der eine reine Kabelweitersendung einer bereits erfolgten Sendung vornimmt, kein Sendeunternehmen im Sinne des § 87 UrhG.[126] Sendeunternehmen ist damit stets

---

119 *v. Ungern-Sternberg*, in: Schricker/Loewenheim, UrhG, § 87, Rn. 13.
120 *Flechsig*, in: Loewenheim, UrhR, § 41, Rn. 26; *Erhardt*, in: Wandtke/Bullinger, UrhG, § 87, Rn. 9 ff.
121 *Katzenberger*, in: Schricker/Loewenheim, UrhR, § 127, Rn. 3.
122 *Hillig*, in: Ahlberg/Götting, BeckOK UrhG, § 87, Rn. 9; *Nordemann-Schiffel*, in: Fromm/Nordemann, UrhG, § 127, Rn. 4.
123 *Flechsig*, in: Loewenheim, UrhR, § 41, Rn. 14; *v. Ungern-Sternberg*, in: Schricker/Loewenheim, UrhG, § 87, Rn. 28.
124 *Erhardt*, in: Wandtke/Bullinger, UrhG, § 87, Rn. 17; *Flechsig*, in: Loewenheim, UrhR, § 41, Rn. 14; *v. Ungern-Sternberg*, in: Schricker/Loewenheim, UrhG, § 87, Rn. 14.
125 *Hillig*, in: Ahlberg/Götting, BeckOK UrhG, § 87, Rn. 14; *v. Ungern-Sternberg*, in: Schricker/Loewenheim, UrhG, § 87, Rn. 16.
126 *Erhardt*, in: Wandtke/Bullinger, UrhG, § 87, Rn. 18; *Schulze*, in: Dreier/Schulze, UrhG, § 87, Rn. 6; *v. Ungern-Sternberg*, in: Schricker/Loewenheim, UrhG, § 87, Rn. 24.

derjenige, der die Ausstrahlung der Funksendung organisatorisch und wirtschaftlich verantwortet und damit die Hoheit über das Sendesignal hat.[127]

3. Rechte des Sendeunternehmens

Durch das Leistungsschutzrecht des § 87 UrhG werden dem Sendeunternehmen ausschließliche Rechte an der von ihm durchgeführten Funksendung eingeräumt. Das Sendeunternehmen verfügt damit über eine **eigene Rechtsposition** und ein gegenüber Dritten wirkendes **Verbotsrecht**, welches dem Sendeunternehmen die Möglichkeit verschafft, die für die Durchführung des Sendebetriebs hohen wirtschaftlichen Investitionen durch eine entsprechende **wirtschaftliche Verwertung des Sendesignals** wieder zu erwirtschaften. Das Sendeunternehmen verfügt damit über ein eigenes Recht und ist zum Schutz der Funkendung nicht lediglich auf die Geltendmachung von abgeleiteten Nutzungsrechten der an der Herstellung der Funksendung beteiligten Urheber, zB. Drehbuchautoren, Kameraleuten, Komponisten etc., angewiesen.

245

Die dem Sendeunternehmen zustehenden Rechte sind in § 87 Abs. 1 UrhG abschließend geregelt.[128] Soweit also Rechte in § 87 Abs. 1 UrhG nicht ausdrücklich zugunsten des Sendeunternehmens geregelt sind, stehen diese dem Sendeunternehmen nicht zu. Insoweit kann dann wieder der Geltendmachung von **abgeleiteten Nutzungsrechten** der an der Herstellung der Funksendung beteiligten Urheber eine praktische Bedeutung zukommen, da diesen unbeschränkte Rechte nach §§ 15 ff. UrhG zustehen, die weiter reichen als die in § 87 Abs. 2 UrhG abschließend geregelten Rechte des Sendeunternehmens.[129]

246

a) Weitersendung und öffentliche Zugänglichmachung

Dem Sendeunternehmen steht gem. § 87 Abs. 2 Nr. 1 UrhG zunächst das ausschließliche Recht zu, seine Funksendung weiterzusenden und öffentlich zugänglich zu machen.

247

Weitersendung ist die **zeitgleiche** und **unveränderte** Weiterleitung des vom Sendeunternehmen hergestellten Funksignals, etwa in **Kabelanlagen** oder in sonstigen **Verteilersystemen**.[130] Auf die technische Ausgestaltung der Weiterleitung kommt es dabei nicht an.[131] Es ist allerdings nicht davon auszugehen, dass jedwede Weiterübertragung eine Weitersendung im Sinne des § 87 Abs. 1 Nr. 1 UrhG darstellt, denn die Weitersendung setzt begrifflich eine Sendung im Sinne des § 20 UrhG voraus.[132]

248

---

127 *Schulze*, in: Dreier/Schulze, UrhG, § 87, Rn. 5.
128 *Boddien*, in: Fromm/Nordemann, UrhG, § 87, Rn. 21.
129 *Erhardt*, in: Wandtke/Bullinger, UrhG, § 87, Rn. 19; *v. Ungern-Sternberg*, in: Schricker/Loewenheim, UrhG, § 87, Rn. 61.
130 BGH, Urt. v. 08.07.1993 – I ZR 124/91 (Verteileranlagen), GRUR 1994, 45, 46 [13 ff.].
131 *Hillig*, in: Ahlberg/Götting, BeckOK UrhG, § 87, Rn. 18; *Schulze*, in: Dreier/Schulze, UrhG, § 87, Rn. 13.
132 *v. Ungern-Sternberg*, in: Schricker/Loewenheim, UrhG, § 87, Rn. 32; *Hillig*, in: Ahlberg/Götting, BeckOK UrhG, § 87, Rn. 18.

Für die Weitersendung kommt es damit darauf an, ob das nach § 87 UrhG geschützte Sendesignal aufgegriffen und zeitgleich bzw. mit unwesentlichen zeitlichen Verzögerungen an eine unbestimmte Zahl von Adressaten weitergesendet wird und dieser Vorgang bei **wertender Betrachtung** als Sendung angesehen werden kann. Dies ist etwa der Fall bei einer Weiterleitung eines Fernsehprogramms im Wege des **Online-Streamings**, auch über sog. **Peer-to-peer Netzwerke**, da dabei das ursprüngliche Funksignal aufgegriffen wird und nahezu zeitgleich einem neuen Empfängerkreis mit einer unbestimmten Zahl von Adressaten zugänglich gemacht wird.[133] Wird zB. eine **Sportübertragung** unerlaubt über das Internet gestreamt, steht dem Sendeunternehmen hiergegen ein Verbotsrecht nach § 87 Abs. 1 Nr. 1 UrhG zu.

249 Der Begriff der Weitersendung ist **weit auszulegen** und umfasst nicht nur die Weitersendung des Sendesignals an einen neuen Empfängerkreis außerhalb des vom Sendeunternehmen **intendierten Empfangsgebietes**, sondern umfasst auch die Weitersendung des Funksignals mittels **anderer Sendeeinrichtungen** als die vom ursprünglichen Sendeunternehmen vorgesehenen Sendeeinrichtungen.[134] Eine Weitersendung einer Fernsehsendung über das **Internet** stellt damit auch dann einen Eingriff in das Recht der Weitersendung des Sendeunternehmens dar, wenn dabei technisch sichergestellt wird, dass der Empfang der Sendung nur solchen Personen möglich ist, welche die Funksendung auch über andere legale Wege, zB. Terrestrik, Kabel oder Satellit, ohnehin empfangen könnten und damit **keinem neuen Nutzerkreis** Zugang zur Funksendung erschlossen wird.[135]

250 Darüber hinaus steht dem Sendeunternehmen gem. § 87 Abs. 1 Nr. 1 UrhG das Recht zu, die Funksendung **öffentlich zugänglich** zu machen. Ähnlich wie bei § 19a UrhG handelt es sich hierbei um zeitversetzte **Abrufhandlungen**, bei denen der Endnutzer über den Zeitpunkt der Nutzung der Funksendung entscheidet.[136] Insoweit kann hinsichtlich der Einzelheiten auf die Ausführungen zu § 19 a UrhG verwiesen werden.[137] Da die öffentliche Zugänglichmachung einer Funksendung allerdings die vorherige Aufzeichnung derselben voraussetzt[138] und die Aufzeichnung nach § 87 Abs. 1 Nr. 2 UrhG ebenfalls der Zustimmung des Sendeunternehmens bedarf, kommt der öffentlichen Zugänglichmachung der Funksendung eine eher **geringe praktische Relevanz** zu, zumal davon auszugehen ist, dass Fernsehsendungen in erster Linie linear und „live" konsumiert werden.

b) Aufnahme, Vervielfältigung und Verbreitung

251 Dem Sendeunternehmen steht weiter gem. § 87 Abs. 1 Nr. 2 UrhG das Recht zu, die Funksendung auf Bild- oder Tonträgern aufzunehmen, Lichtbilder der Funk-

---

133 BGH, Urt. v. 15.01.2009 – I ZR 57/07 (Cybersky), GRUR 2009, 841, 842 [10].
134 Zur Weiterübertragung direkt empfangbarer Signale in kleinen Gemeinschaftsantennenanlagen, vgl. *v. Ungern-Sternberg*, in: Schricker/Loewenheim, UrhG, § 20, Rn. 35.
135 EuGH, Urt. v. 07.03.2013 – C-607/11, GRUR 2013, 500, 502 [40].
136 *Hillig*, in: Ahlberg/Götting, BeckOK UrhG, § 87, Rn. 26.
137 Vgl. zu § 19a UrhG oben, Kap. 2, Rn. 260 ff.
138 *Flechsig*, in: Loewenheim, UrhR, § 41, Rn. 33.

sendung herzustellen sowie die hergestellten Aufnahmen bzw. Lichtbilder zu vervielfältigen und zu verbreiten. Das Sendeunternehmen hat damit das Recht, **Mitschnitte der Sendung** auf Bild- oder Tonträgern durch Dritte zu verbieten, gleich auf welche technische Art und Weise die Festlegung erfolgt. Hinsichtlich **privater Aufzeichnungen** von Zuschauern, zB. mittels eines **Festplattenrekorders**, unterliegt das Recht des Sendeunternehmens gem. §§ 87 Abs. 4, 53 Abs. 1 UrhG allerdings der Schranke der Privatkopie.[139] Dem Sendeunternehmen steht hinsichtlich privater Vervielfältigungen aufgrund des Ausschlusses des § 54 UrhG in § 87 Abs. 4 UrhG außerdem kein gesetzlicher Vergütungsanspruch zu.[140] Aufgrund der hohen wirtschaftlichen Investitionen der Fernsehsender in Bezug auf Programmerstellung und Signalverbreitung sowie der weiten Verbreitung von Festplattenrekordern und **Aufnahmediensten im Internet**,[141] die eine Aufnahme des Sendesignals ohne Qualitätsverlust und nahezu ohne Kapazitätsbeschränkungen ermöglichen, erscheint ein Ausschluss der Sendeunternehmen von der **Leerkassetten- und Geräteabgabe** durch die fehlende Verweisung auf § 54 UrhG in § 87 Abs. 4 UrhG und die damit einhergehende unangemessene Benachteiligung der Sendeunternehmen gegenüber Filmherstellern und Tonträgerherstellern **nicht mehr zeitgemäß** und dringend **reformbedürftig**.[142]

Sofern die Herstellung der Aufnahme nach § 87 Abs. 1 Nr. 2 UrhG urheberrechtswidrig ist, besteht hinsichtlich der hergestellten Vervielfältigungsstücke ein **Verwertungsverbot** nach § 96 UrhG. Auch hinsichtlich der **Verbreitung** oder **öffentliche Wiedergabe** privater Mitschnitte ist nach §§ 87 Abs. 4, 53 Abs. 6 UrhG die vorherige **Einwilligung** des Sendeunternehmens erforderlich. Erfasst von § 87 Abs. 1 Nr. 2 UrhG ist damit sowohl die Abspeicherung der Sendung auf Servern als auch der Vertrieb von Sendemitschnitten auf Datenträgern. Umfasst ist weiter die Herstellung von einzelnen **Lichtbildern** aus der Funksendung. Der Schutz reicht aber nur soweit, als die Aufzeichnungen bzw. Lichtbilder auf Basis der Funksendung angefertigt werden. Umfasst von § 87 Abs. 1 Nr. 2 UrhG ist also nicht die Aufzeichnung von einzelnen Programminhalten, die der Funksendung zugrunde liegen, sondern die Aufzeichnung der Funksendung als solcher unter Nutzung der Sendesignale.[143]

252

c) Öffentliche Wahrnehmbarmachung

Das Leistungsschutzrecht schließt weiter nach § 87 Abs. 1 Nr. 3 UrhG die öffentliche Wahrnehmbarmachung der Funksendung an Stellen ein, die **der Öffent-**

253

---

139 Vgl. zur Privatkopie oben, Kap. 3, Rn. 425 ff.
140 *Flechsig*, in: Loewenheim, UrhR, § 41, Rn. 54; *Schulze*, in: Dreier/Schulze, UrhG, § 87, Rn. 16; *Ehrhardt*, in: Wandtke/Bullinger, UrhG, § 87, Rn. 21; ausführlich hierzu *Schack*, GRUR Int. 2009, 490 ff. sowie *Arnold/Langhoff*, ZUM 2006, 605 ff.
141 Vgl. zu dieser Problematik, die zu einer Schieflage des Vergütungssystems führt: *Bisges*, GRUR 2013, 146 ff.
142 *v.Ungern-Sternberg*, in: Schricker/Loewenheim, UrhG, § 87, Rn. 46; *Ehrhardt*, in: Wandtke/Bullinger, UrhG, § 87 Rn.17.
143 *Flechsig*, in: Loewenheim, UrhR, § 41, Rn. 36.

lichkeit nur gegen Zahlung eines Eintrittsgeldes zugänglich sind. Der Begriff „öffentliche Wahrnehmbarmachung" deckt sich im Wesentlichen mit § 22 UrhG, sodass auf die dortigen Ausführungen verwiesen werden kann.[144] Im Unterschied zu § 22 UrhG ist die Funksendung nach § 87 Abs. 1 Nr. 3 UrhG allerdings nur insoweit geschützt, als der Zugang gegen **Zahlung eines Eintrittsgeldes** erfolgt. Nach dem Wortlaut ist dies der Fall, sofern die Sendung im Rahmen einer Veranstaltung wahrnehmbar gemacht wird, bei welcher der Zuschauer für den Zugang ein **gesondertes Entgelt** entrichten muss, zB. die Vorführung einer Fernsehübertragung in einem **Kino**.

254 Im Rahmen einer ergänzenden Auslegung des Wortlautes muss man davon ausgehen, dass von § 87 Abs. 1 Nr. 3 UrhG auch **Vorführungen einer Funksendung** umfasst sind, bei denen zwar **kein direktes Eintrittsgeld** bei Zugang zur Veranstaltung gezahlt wird, bei der aber mittelbar durch andere Gestaltungen eine ähnliche Wirkung erzielt wird, zB. bei geltenden **Mindestverzehrvorgaben**, erhobenen **Unkostenbeiträgen** oder **erhöhten Preisen bei Speisen und Getränken**.[145] Nicht mehr vom Wortlaut des § 87 Abs. 1 Nr. 3 UrhG umfasst sind dagegen mittelbare Verwertungshandlungen, bei denen kein direktes oder indirektes Eintrittsgeld verlangt wird, im Rahmen derer aber eine anderweitige Kommerzialisierung der Veranstaltung, etwa durch **Spendenaufrufe**, Integration von **Sponsoren**, sonstigen Rahmenveranstaltungen etc., erfolgt.[146] Auch wenn durch diese Handlungen die Funksendung in erheblichem Maße wirtschaftlich ausgenutzt und kommerzialisiert wird, lassen sich diese mittelbaren Nutzungen der Funksendung nicht mehr unter den Wortlaut „Zahlung eines Eintrittsgeldes" fassen.[147] Da es sich aber insoweit gegenüber der Zahlung eines Eintrittsgeldes um die praxisrelevantere Art der Kommerzialisierung von Funksendungen handelt, bei der ein Veranstalter teils erhebliche Einnahmen durch die Einbeziehung von Sponsoren erzielen kann, erscheint § 87 Abs. 1 Nr. 3 UrhG insoweit **reformbedürftig**.[148]

255 Die größte praktische Bedeutung kommt § 87 Abs. 1 Nr. 3 UrhG sicherlich bei sog. **Public-Viewing Veranstaltungen** im Rahmen von Sportgroßereignissen wie der **Fußballweltmeisterschaft** oder den **Olympischen Spielen** zu. Soweit diesbezüglich seitens der Veranstalter, etwa der *FIFA* oder *UEFA*, ein Lizenzerwerb durch den Veranstalter der Public-Viewing Veranstaltung gefordert wird, findet

---

144 Vgl. zu § 22 UrhG oben, Kap. 2, Rn. 291 ff.
145 *Boddien*, in: Fromm/Nordemann, UrhG, § 87, Rn. 34; *Schulze*, in: Dreier/Schulze, UrhG, § 87, Rn. 17; *Erhardt*, in: Wandtke/Bullinger, UrhG, § 87, Rn. 23; *Flechsig*, in: Loewenheim, UrhR, § 41, Rn. 40.
146 *Schulze*, in: Dreier/Schulze, UrhG, § 87, Rn. 17; *N.Reber*, in: v.Hartlieb/Schwarz, Filmrecht, Kap. 64, Rn. 5; *Hillig*, in: Ahlberg/Götting, BeckOK UrhG, § 87, Rn. 33.
147 *Boddien*, in: Fromm/Nordemann, UrhG, § 87, Rn. 34; *Flechsig*, in: Loewenheim, UrhR, § 41, Rn. 40; *Schulze*, in: Dreier/Schulze, UrhG, § 87, Rn. 17; weiter dagegen *Melchas*, in: Schricker/Loewenheim, UrhG, § 52, Rn. 17.
148 *Flechsig*, in: Loewenheim, UrhR, § 41, Rn. 41; *Erhardt*, in: Wandtke/Bullinger, UrhG, § 87, Rn. 23; *Götting*, ZUM 2005, 185, 189.

dies gegenwärtig keine Grundlage im Urheberrechtsgesetz.[149] Zunächst ist der Veranstalter eines Sportereignisses selbst **kein Sendeunternehmen** im Sinne des § 87 Abs.1 UrhG, sodass diesem das Leistungsschutzrecht nach § 87 UrhG ohnehin nicht unmittelbar zusteht. Selbst wenn sich der Veranstalter der Sportveranstaltung im Rahmen der Senderverträge das Recht aus § 87 Abs. 1 Nr. 3 UrhG vom Sendeunternehmen abtreten lässt, kann dieses nicht weiter reichen als die gesetzliche Vorschrift des § 87 Abs. 1 Nr. 3 UrhG und umfasst damit nur Veranstaltungen, bei denen ein direktes oder indirektes Eintrittsgeld gezahlt wird. Public-Viewing Veranstaltungen, bei denen weder unmittelbar noch mittelbar ein Eintrittsgeld erhoben wird, sind damit **lizenz- und erlaubnisfrei**, auch wenn dritte Sponsoren in die Veranstaltung eingebunden sind oder die Veranstaltung in sonstiger Art und Weise **kommerzialisiert** wird.[150]

4. Vertragsrecht

a) Übertragbarkeit und Einräumung von Nutzungsrechten

§ 87 Abs. 2 S. 1 und 2 UrhG stellt klar, dass die Befugnisse des Sendeunternehmens **übertragbar** sind und die §§ 31, 33 und 38 UrhG insoweit entsprechende Anwendung finden. Da Schutzzweck des § 87 UrhG die wirtschaftliche Leistung des Sendeunternehmens ist, finden die entsprechenden Regelungen des **Urhebervertragsrechts**, die in erster Linie den vermögensrelevanten Interessen dienen, über den Verweis in § 87 Abs. 2 UrhG entsprechende Anwendung. Das Sendeunternehmen kann damit gem. § 31 UrhG **Nutzungsrechte** einräumen, es gilt der Sukzessionsschutz nach § 33 UrhG und die Regelungen zu Beiträgen zu Sammlungen gem. § 38 UrhG.[151] Ausgeklammert von der Verweisung in § 87 Abs. 2 UrhG sind die Vorschriften, die in erster Linie dem Schutz des Urhebers als schwächere Vertragspartei (§§ 32, 32a, 34 UrhG) oder dem Schutz von **Urheberpersönlichkeitsrechten** (zB. §§ 39, 40, 42 UrhG) dienen.[152] Dies ist folgerichtig, da Schutzzweck des § 87 UrhG eine unternehmerische Leistung ist und damit in Bezug auf das verwandte Schutzrecht, anders als zB. bei den Rechten des ausübenden Künstlers, weder persönlichkeitsrechtsrelevante Belange berührt sind noch in der Praxis ein strukturelles Ungleichgewicht bei Vertragsverhandlungen besteht, zumal Sendeunternehmen regelmäßig starke Verhandlungspartner sind.

b) Verträge über die Kabelweitersendung

Eine Besonderheit besteht nach § 87 Abs. 5 UrhG hinsichtlich des Abschlusses von Verträgen über die **Kabelweitersendung**. Zunächst steht dem Sendeunternehmen nach § 87 Abs. 1 Nr. 1 UrhG das Recht der Weitersendung seiner Funksendung unbeschränkt zu. Anders als bei den Urheberrechten besteht diesbezüglich

---

149 *Diesbach/Bormann/Vollrath*, ZUM 2006, 265, 266 ff.; *Krekel*, SpuRt 2006, 59 ff.; *Wittneben/Soldner*, WRP 2006, 675 ff.; *Reinholz*, WRP 2005, 1485, 1486 f.
150 Hierzu ausführlich: *Diesbach/Bormann/Vollrath*, ZUM 2006, 265, 266 ff.
151 *Schulze*, in: Dreier/Schulze, UrhG, § 87, Rn. 19.
152 *Schulze*, in: Dreier/Schulze, UrhG, § 87, Rn. 17; *Flechsig*, in: Loewenheim, UrhR, § 41, Rn. 47.

auch keine Verpflichtung, diese Rechte in eine **Verwertungsgesellschaft** einzubringen.[153] Dies wird in § 20b Abs. 1 S. 2 UrhG ausdrücklich klargestellt. Anders als Urheber können Sendeunternehmen damit über die Kabelweitersenderechte **selbst verfügen** und sind nicht verpflichtet – wohl aber berechtigt – die Kabelweitersenderechte über eine Verwertungsgesellschaft verwerten zu lassen. Diese Freiheit gilt nicht nur für die eigenen Rechte des Sendeunternehmens gem. § 87 Abs. 1 Nr. 1 UrhG sondern auch soweit das Sendeunternehmen **Kabelweitersenderechte von Dritten**, zB. beim Sendeunternehmen angestellten Urhebern, erworben hat, im Hinblick auf diese **abgeleiteten Rechte**.[154] Diesbezüglich steht den Urhebern dann allerdings ein Vergütungsanspruch nach § 20b Abs. 2 UrhG zu, der seinerseits wiederum verwertungsgesellschaftspflichtig ist.[155] In den **Dienst- und Arbeitsverträgen** lassen sich Sendeunternehmen die entsprechenden Rechte aus § 20b UrhG der angestellten Urheber und ausübenden Künstler in der Regel direkt zur eigenen Wahrnehmung übertragen.[156]

258 Da die Sendeunternehmen – anders als die Verwertungsgesellschaften gem. § 11 Abs. 1 UrhWahrnG – **keinem Kontrahierungszwang unterliegen**, haben die Senderunternehmen aufgrund der Ausnahme von der Verwertungsgesellschaftspflicht gem. § 20b Abs. 1 S. 2 UrhG hinsichtlich der Kabelweitersendung eine **starke Rechtsposition** gegenüber den Kabelnetzbetreibern. Um zu verhindern, dass die Sendeunternehmen diese starke Rechtsposition ausnutzen und eine Kabelweitersendung gänzlich verhindern oder nur gegen eine unangemessene Zahlung erlauben, sieht § 87 Abs. 5 UrhG einen zivilrechtlichen Anspruch zwischen Sendeunternehmen und Kabelnetzbetreibern auf **Abschluss eines Vertrages** über die **Einräumung der Kabelweitersenderechte** zu angemessenen Bedingungen vor.[157]

259 Sendeunternehmen und Kabelnetzbetreiber sind damit gegenseitig verpflichtet, hinsichtlich der Kabelweitersenderechte Verträge zu **angemessenen Bedingungen** abzuschließen bzw. bestehende Verträge nicht ohne sachlichen Grund zu kündigen.[158] Der Anspruch besteht inhaltlich auf Abschluss eines Vertrages zu angemessenen Bedingungen. Welche Bedingungen angemessen sind ist eine Sache des Einzelfalls, wobei im Grundsatz davon ausgegangen werden kann, dass die Bedingungen dann angemessen sind, wenn sie einem Vergleich mit den **marktüblichen Gepflogenheiten** und Vergütungen in vergleichbar gelagerten Sachverhalten standhalten können.[159] Die Verpflichtung zum Vertragsabschluss bezieht sich

---

153 *Flechsig*, in: Loewenheim, UrhR, § 41, Rn. 47.
154 *Boddien*, in: Fromm/Nordemann, UrhG, § 87, Rn. 44.
155 Siehe zu § 20b UrhG ausführlich oben, Kap. 2, Rn. 286 ff.
156 *v. Ungern-Sternberg*, in: Schricker/Loewenheim, UrhG, § 20b, Rn. 18.
157 *Flechsig*, in: Loewenheim, UrhR, § 41, Rn. 61; *Erhardt*, in: Wandtke/Bullinger, UrhG, § 87, Rn. 23.
158 *v. Ungern-Sternberg*, in: Schricker/Loewenheim, UrhG, § 87, Rn. 49; *Boddien*, in: Fromm/Nordemann, UrhG, § 87, Rn. 45.
159 *Schulze*, in: Dreier/Schulze, UrhG, § 87, Rn. 18; *Erhardt*, in: Wandtke/Bullinger, UrhG, § 87, Rn. 28; *Hillig*, in: Ahlberg/Götting, BeckOK UrhG, § 87, Rn. 16; *v. Ungern-Sternberg*, in: Schricker/Loewenheim, UrhG, § 87, Rn. 53.

dabei aber nur auf die Einräumung der Nutzungsrechte, nicht dagegen auf den Abschluss oder die Vereinbarung sonstiger vertraglicher Leistungsbeziehungen.[160] Auch eine Verpflichtung des Sendeunternehmens zur Zahlung von **Einspeiseentgelten** im Rahmen des Vertrages über die Kabelweitersendung folgt nicht aus § 87 Abs. 5 UrhG.[161]

Der wechselseitige Anspruch aus § 87 Abs. 5 UrhG besteht auf Abschluss eines Vertrages über die Kabelweitersendung, dh. vor Abschluss des Vertrages besteht keine Berechtigung des Kabelunternehmens zur Kabelweitersendung.[162] Dem Kabelunternehmen können jedoch **Schadensersatzansprüche** zustehen, sofern das Sendeunternehmen den Abschluss eines Vertrages über die Kabelweitersendung zu angemessenen Bedingungen **unberechtigter Weise abgelehnt** hat.[163] Ferner kann nach der Rechtsprechung des Bundesgerichtshofes gegenüber dem durch das Sendeunternehmen geltend gemachten Unterlassungsanspruch der von der Rechtsprechung im Patentrecht entwickelte sog. **Zwangslizenzeinwand**[164] entsprechend geltend gemacht werden.[165] Wenn nämlich dem Nutzer des Sendesignals ein Anspruch nach § 87 Abs. 5 UrhG auf Abschluss eines Vertrages zu angemessenen Bedingungen zusteht, so kann er sich auch vor Abschluss eines Vertrages gegen den Unterlassungsanspruch des Sendeunternehmens mit dem Einwand verteidigen, dass das Sendeunternehmen ohnehin verpflichtet ist ihm die Kabelweitersenderechte zu angemessenen Bedingungen einzuräumen und insoweit die Durchsetzung des Unterlassungsanspruchs unverhältnismäßig ist. Es handelt sich insoweit um eine „**dolo petit-Einrede**" nach § 242 BGB wegen unangemessener Rechtsausübung, weil das Sendeunternehmen mit dem Unterlassungsbegehren etwas verlange, was es sogleich (in Form der Lizenzerteilung) zurück zu gewähren habe.[166] Die Erhebung des Zwangslizenzeinwands setzt dann allerdings voraus, dass sich der Nutzer seinerseits **rechtstreu** verhält, dh. dass er die sich aus dem noch abzuschließenden Vertrag ergebenden Lizenzgebühren an das Sendeunternehmen zahlt oder die Zahlung dadurch sicherstellen muss, dass sie die Lizenzgebühren nach § 372 S. 1 BGB unter Verzicht auf das Recht zur Rücknahme **hinterlegt**.[167]

260

---

160 *Schulze*, in: Dreier/Schulze, UrhG, § 87, Rn. 28; *Erhardt*, in: Wandtke/Bullinger, UrhG, § 87, Rn. 23; *v. Ungern-Sternberg*, in: Schricker/Loewenheim, UrhG, § 87, Rn. 53.
161 OLG Stuttgart, Urt. v. 21.11.2013 – 2 U 46/13, ZUM 2015, 63 ff.; OLG München, Urt. v. 28.11.2013 – U 2094/13 Kart, ZUM 2014, 339 ff.
162 OLG Dresden, Urt. v. 28.01.2003 – 14 U 1990/01, GRUR 2003, 601 ff.; *v. Ungern-Sternberg*, in: Schricker/Loewenheim, UrhG, § 87, Rn. 45 und 49.
163 *Weisser/Höppener*, ZUM 2003, 597 ff.
164 BGH, Urt. v. 06.05.2009 – KZR 39/06 (Orange-Book-Standard), GRUR 2009, 694 ff.
165 BGH, Urt. v. 11.04.2013 – I ZR 152/11 (Internet-Videorecorder II), GRUR 2013, 618, 622 [50 ff.], vgl. auch *Reinholz*, GRUR-Prax 2013, 250 sowie *Niebler/Schuppert*, CR 2013, 384 ff.
166 Vgl. zur Einrede der Zwangslizenz generell: BGH, Urt. v. 06.05.2009 – KZR 39/06 (Orange-Book-Standard), GRUR 2009, 694, 696 [29 ff.].
167 BGH, Urt. v. 11.04.2013 – I ZR 152/11 (Internet-Videorecorder II), GRUR 2013, 618, 623 [54].

261 Sofern der Anspruch auf Abschluss eines Vertrages über die Kabelweitersendung geltend gemacht wird, besteht gem. §§ 14 Abs. 1 Nr. 2, 16 Abs. 1 UrhWahrnG die Verpflichtung, zunächst ein **Verfahren vor der Schiedsstelle** durchzuführen.[168] Es handelt sich bei dem vorab durchzuführenden Schiedsstellenverfahren um eine **Prozessvoraussetzung**, weshalb eine Klage vor dem Zivilgericht **unzulässig** ist, wenn zuvor das Schiedsstellenverfahren nicht durchgeführt wurde.[169] Keine Verpflichtung zur Durchführung eines Schiedsstellenverfahrens besteht allerdings dann, wenn nicht der Abschluss des Vertrages über die Kabelweitersendung im Streit steht, sondern das Sendeunternehmen den Unterlassungsanspruch nach § 87 Abs. 1 Nr. 1, 97 UrhG geltend macht, auch wenn es sich bei der Frage des Bestehens eines Vertrages über die Kabelweitersendung um eine zu klärende **Vorfrage** handelt.[170] Sofern seitens des Kabelnetzbetreibers allerdings gegen den Unterlassungsanspruch die Einrede der Zwangslizenz erhoben wird, ist vorrangig wiederum ein Verfahren vor der Schiedsstelle durchzuführen, um die Vorfrage der angemessenen Bedingungen zu klären, und das Verfahren ist in diesem Falle bei Erhebung des Zwangslizenzeinwandes nach § 16 Abs. 2 S. 2 UrhWahrnG bis zum Abschluss des Schiedsstellenverfahrens auszusetzen.[171]

5. Schutzdauer

262 Das Leistungsschutzrecht erlischt nach § 87 Abs. 3 UrhG **fünfzig Jahre nach der ersten Funksendung**. Die rein identische und wiederholende Ausstrahlung einer bereits erfolgten Funksendung setzt die Schutzfrist **nicht erneut in Gang**.[172] Dies gilt allerdings nur für **identische** Sendungen, nicht soweit sich eine Sendung von der Erstsendung unterscheidet.[173] Identität setzt voraus, dass zwischen den einzelnen Funksendungen **keine wesentlichen Unterschiede** bestehen, es sich also um dieselbe Funksendung ohne Bearbeitungen oder sonstige Veränderungen handelt. Der Begriff der ersten Funksendung des § 87 Abs. 3 UrhG ist damit eng auszulegen, sodass zB. eine zeitversetzte Wiederholung einer Funksendung, zB. auf einem **+1-Sender** eine eigene Schutzfrist in Gang setzt, wenn diese sich zB. aufgrund eines anderen Senderlogos oder Programmtrailers mit anderen Zeitangaben von der Erstsendung unterscheidet und damit nicht mit dieser identisch ist. Erst recht setzt damit eine bearbeitete Funksendung, zB. in Gestalt nachträglicher

---

168 *v. Ungern-Sternberg*, in: Schricker/Loewenheim, UrhG, § 87, Rn. 56; *Hillig*, in: Ahlberg/Götting, BeckOK UrhG, § 87, Rn. 48.
169 BGH, Urt. v. 15.06.2000 – I ZR 231/97 (Schiedsstellenanrufung), GRUR 2000, 872, 873.
170 OLG Dresden, Urt. v. 28.01.2003 – 14 U 1990/01, GRUR 2003, 601 ff.
171 BGH, Urt. v. 11.04.2013 – I ZR 152/11 (Internet-Videorecorder II), GRUR 2013, 618, 622 [47].
172 *Schulze*, in: Dreier/Schulze, UrhG, § 87, Rn. 20; *Boddien*, in: Fromm/Nordemann, UrhG, § 87, Rn. 38.
173 Erwägungsgrund Nr. 19 der Schutzdauer-Richtlinie (Kap. 11, Rn. 234 f.), auf welche die gegenwärtige Regelung des § 87 Abs. 3 UrhG zurückgeht, bezieht sich darauf, dass eine „identische" Sendung die Schutzfrist nicht erneut in Gang zu setzen vermag.

Kolorierung, Untertitelung, **Formatänderung in HD** etc. eine erneute Schutzfrist in Gang.[174]

IV. Schutzrecht für Datenbanken

Die Leistungsschutzrechte des Datenbankherstellers gem. §§ 87a ff. UrhG basieren auf der Datenbank-Richtlinie[175] und wurden mit Wirkung zum 1. Januar 1998 in das Urheberrechtsgesetz aufgenommen.[176] Begrifflich ist zwischen urheberechtlich geschützten **Datenbankwerken** gem. § 4 Abs. 2 UrhG und **Datenbanken** gem. § 87a ff. UrhG zu unterscheiden. Während sich Datenbankwerke dadurch auszeichnen, dass die Auswahl und Anordnung der in der Datenbank enthaltenen Elemente eine individuelle und schöpferische Leistung im Sinne des § 2 Abs. 2 UrhG darstellt, schützen die § 87a ff. UrhG den mit der Erstellung der Datenbank verbundenen **finanziellen Investitionsaufwand**, unabhängig von der Zusammenstellung der Daten.[177]

263

1. Schutzvoraussetzungen

Eine Datenbank im Sinne des § 87a UrhG setzt eine **Sammlung von Werken, Daten** oder anderen **unabhängigen Elementen** voraus, die systematisch oder methodisch angeordnet und **einzeln** mit Hilfe elektronischer Mittel oder auf andere Weise **zugänglich** sind. Insoweit ist der Wortlaut des § 87a UrhG mit dem Wortlaut des § 4 Abs. 2 UrhG identisch, sodass bezüglich dieser Merkmale auf die obigen Ausführungen verwiesen werden kann.[178] In Abgrenzung von § 4 Abs. 2 UrhG muss die Sammlung jedoch nicht Werkcharakter aufweisen, sondern die Beschaffung, Überprüfung oder Darstellung der Elemente der Datenbank muss nach § 87a UrhG eine **wesentliche Investition** erfordern. Während durch § 4 Abs. 2 UrhG damit alle Arten von Sammlungen geschützt werden, sofern diese schöpferisch im Sinne des § 2 Abs. 2 UrhG sind, werden durch das Leistungsschutzrecht nach § 87a ff. UrhG Datenbanken unabhängig von ihrem schöpferischen Grad nur hinsichtlich des mit der Erstellung der Datenbank verbundenen **Investitionsaufwandes** geschützt.[179] Deutlich wird der Unterschied an folgendem Beispiel: Eine **Telefonbuch-CD**, die Namen, Adresseinträge und Telefonnummern alphabetisch auflistet, ist nicht als Datenbankwerk im Sinne des § 4 Abs. 2 UrhG geschützt, da eine bloße **alphabetische Auflistung** der Datensätze keine schöpferische und individuelle Aufbereitung der Daten darstellt.[180] Die Telefonbuch-CD

264

---

174 *Boddien*, in: Fromm/Nordemann, UrhG, § 87, Rn. 22.
175 Siehe Kap. 11, Rn. 236 f.
176 Vgl. zur Entstehungsgeschichte: *Vogel*, in: Schricker/Loewenheim, UrhG, Vor §§ 87a ff., Rn. 2 ff.
177 *Vogel*, in: Schricker/Loewenheim, UrhG, Vor §§ 87a ff., Rn. 31; vgl. zum Schutz von Datenbanken nach § 87a UrhG ff. generell: *Wiebe*, CR 2014, 1 ff.
178 Vgl. zu Datenbankwerken ausführlich oben, Kap. 1, Rn. 146.
179 *Thum/Hermes*, in: Wandtke/Bullinger, UrhG, § 87a, Rn. 33; *Vogel*, in: Schricker/Loewenheim, UrhG, § 87a, Rn. 26.
180 BGH, Urt. v. 06.05.1999 – I ZR 199/96 (Tele-Info-CD), GRUR 1999, 923, 925 [25].

kann jedoch als Datenbank im Sinne des § 87a UrhG geschützt sein, wenn und soweit die Beschaffung, Überprüfung oder Darstellung der Datensätze einen erheblichen Investitionsaufwand darstellt.[181]

265 Damit stellt sich die für den Schutz nach § 87a UrhG wesentliche Frage nach der **Höhe der Investition**, die notwendig ist, damit eine Datenbank in den Schutzbereich des Leistungsschutzrechtes fällt. Hierfür sind zunächst **sämtliche wirtschaftlichen Aufwendungen**, die im Zusammenhang mit der Erstellung der Datenbank getätigt wurden, zu berücksichtigen, zB. für Aufbau, Datenerhebung und Überprüfung von Daten oder auch für die Darstellung der Daten.[182] Dabei ist es unerheblich, ob es sich dabei um menschliche, technische oder finanzielle Ressourcen handelt.[183] **Unberücksichtigt** bleiben müssen allerdings die **Kosten für die Erzeugung der Daten** aus denen sich die Datenbank zusammensetzt, da Ziel des Schutzes der Datenbanken gerade darin besteht, einen Anreiz für die Einrichtung von Systemen zur Speicherung und Verarbeitung **vorhandener Informationen** zu geben, nicht aber für die Neuerzeugung dieser Informationen.[184]

266 Unklarheit besteht bei der Frage, wie hoch diese Investitionen im Einzelnen sein müssen, um im Sinne des § 87a UrhG von einer „wesentlichen" Investition sprechen zu können. Zunächst ist das Merkmal **„wesentliche Investition"** objektiv auszulegen. Es kommt also nicht darauf an, ob die Investition bezogen auf den einzelnen Datenbankersteller „wesentlich" ist.[185] Eine klare Grenze, wie hoch die Investitionen in der Folge dann im Einzelnen sein müssen, um objektiv betrachtet noch als „wesentlich" angesehen werden zu können, lässt sich aber nicht ziehen.[186] Hier kommt es vielmehr auf die Umstände des jeweiligen **Einzelfalles** und die entsprechende Begründung im Rahmen einer rechtlichen Auseinandersetzung an. Die Rechtsprechung hat eine wesentliche Investition etwa in den folgenden Fällen, die jedoch keine Systematik erkennen lassen, bejaht: **Telefonbücher** der *Deutschen Telekom* (Beschaffungskosten von rund 93 Millionen DM für 30 Millionen Datensätze),[187] Sammlung von über *eBay* abrufbare **Angebotsdaten**,[188] die vom *Deutschen Wetterdienst* angebotenen **Wetterinformationen**,[189] einen Online-

---

181 BGH, Urt. v. 06.05.1999 – I ZR 199/96 (Tele-Info-CD), GRUR 1999, 923, 925 [30].
182 *Schulze*, in: Dreier/Schulze, UrhG, § 87a, Rn. 12; *Czychowski*, in: Fromm/Nordemann, UrhG, § 87a, Rn. 15; *Loewenheim*, in: Loewenheim, UrhR, § 43, Rn. 8; *Koch*, in: Ahlberg/Götting, BeckOK UrhG, § 87a, Rn. 20; *Thum/Hermes*, in: Wandtke/Bullinger, UrhG, § 87a, Rn. 33; *Vogel*, in: Schricker/Loewenheim, UrhR, § 87a, Rn. 36.
183 EuGH, Urt. v. 09.11.2004 – C-444/02 (Fußballspielplan), GRUR 2005, 254, 256 [44].
184 EuGH, Urt. v. 09.11.2004 – C-444/02 (Fußballspielplan), GRUR, Int. 2005, 254, 256 [40 ff.]; BGH, Urt. v. 21.07.2005 – I ZR 290/02 (HIT BILANZ), GRUR 2005, 857, 858.
185 *Thum/Hermes*, in: Wandtke/Bullinger, UrhG, § 87a, Rn. 57; *Loewenheim*, in: Loewenheim, UrhR, § 43, Rn. 9.
186 *Thum/Hermes*, in: Wandtke/Bullinger, UrhG, § 87a, Rn. 67.
187 BGH, Urt. v. 06.05.1999 – I ZR 199/96 (Tele-Info-CD), GRUR 1999, 923 ff.
188 LG Berlin, Urt. v. 22.12.2005 – 16 O 743/05, ZUM 2006, 343 ff.
189 OLG Köln, Urt. v. 15.12.2006 – 6 U 229/05, ZUM 2007, 548 ff.

Fahrplan für **Bahnverbindungen**[190] (2,5 Mio. EUR jährlich für Pflege und Aktualisierung) oder 34.900 EUR für eine **Gedichtsammlung**.[191]

2. Inhaber des Schutzrechts

Anknüpfungspunkt für den Schutz der Datenbank ist eine wesentliche Investition, sodass nach § 87a Abs. 2 UrhG Inhaber des Schutzrechts **derjenige ist, der die Investition getätigt hat**. Es gilt damit nicht das Schöpferprinzip und es ist unerheblich, wer die Datenbank hergestellt hat.[192] Entscheidend ist vielmehr, wer das **organisatorische und wirtschaftliche Risiko** der Herstellung der Datenbank trägt.[193] Dies kann eine natürliche Person sein. In der Praxis ist aber aufgrund der Tatsache, dass es sich um eine objektiv gesehen wesentliche Investition handeln muss, in der Regel ein **Unternehmen** Inhaber des Schutzrechts.

267

3. Rechte des Datenbankherstellers

Die Rechte, die dem Datenbankhersteller im Einzelnen zustehen, bestimmen sich nach § 87b UrhG. Danach steht dem Datenbankhersteller zunächst das Recht der **Vervielfältigung**, der **Verbreitung** sowie der **öffentlichen Wiedergabe** der Datenbank zu.[194] Ferner gilt nach § 87b Abs. UrhG die Vermutungsregel des § 10 Abs. 1 UrhG, der Erschöpfungsgrundsatz nach § 17 Abs. 2 UrhG und dem Datenbankhersteller stehen die Ansprüche der §§ 27, Abs. 2 und Abs. 3 UrhG zu. Diese Rechte sind **abschließend**. Eine weitergehende Verweisung findet nicht statt, sodass dem Datenbankhersteller insbesondere kein **Bearbeitungsrecht** nach § 23 UrhG zusteht.

268

Die Rechte des Datenbankherstellers beziehen sich auf die **Datenbank in ihrer Gesamtheit** bzw. auf **wesentliche Teile** der Datenbank, nicht auf die einzelnen Datensätze. Wann bei einem Teil einer Datenbank von einem „wesentlichen" Teil ausgegangen werden kann, ist unklar. Der Sinn und Zweck der Beschränkung der Rechte des Datenbankherstellers auf die Datenbank in ihrer Gesamtheit bzw. wesentliche Teile der Datenbank besteht darin, durch das Leistungsschutzrecht des Datenbankherstellers den **freien Zugang zu Informationen** nicht über das erforderliche Maß hinaus einzuschränken, zumal die einzelnen in der Datenbank **erhaltenen Elemente selbst nicht schutzfähig** sind.[195]

269

---

190 LG Köln, Urt. v. 08.05.2002 – 28 O 180/02, MMR 2002, 689 ff.
191 LG Mannheim, Urt. v. 23.01.2004 – 7 O 262/03, GRUR-RR 2004, 196 ff.
192 *Schulze*, in: Dreier/Schulze, UrhG, § 87a, Rn. 19; *Loewenheim*, in: Loewenheim, UrhR, § 43, Rn. 9.
193 *Vogel*, in: Schricker/Loewenheim, UrhG, § 87a, Rn. 70.
194 Die Datenbank-Richtlinie (Kap. 11, Rn. 236 f.) spricht eigentlich von „Entnahme" und „Weiterverwendung", der Gesetzgeber hat die Terminologie allerdings dem deutschen Urheberrechtsgesetz angepasst, sodass diesbezüglich auf die obigen Ausführungen zu den Begriffen Vervielfältigung (Kap. 2, Rn. 203 ff.), Verbreitung (Kap. 2, Rn. 215 ff.) und öffentliche Wiedergabe (Kap. 2, Rn. 241 ff.) verwiesen werden kann.
195 *Thum/Hermes*, in: Wandtke/Bullinger, UrhG, § 87b, Rn. 66; *Vogel*, in: Schricker/Loewenheim, UrhG, § 87b, Rn. 12.

270 Ausgehend von der Überlegung, dass mit dem Leistungsschutzrecht des Datenbankherstellers die Investition in die Datenbank geschützt werden soll, ist das Merkmal „**wesentlicher Teil**" in qualitativer und quantitativer Hinsicht auszulegen.[196] Qualitativ kann man nur dann von einem wesentlichen Teil der Datenbank ausgehen, wenn der **entnommene Teil selbst eine wesentliche Investition widerspiegelt**, dh. für sich selbst genommen die Schutzvoraussetzungen des § 87a UrhG erfüllt.[197] Ferner ist quantitativ von der Übernahme eines „wesentlichen Teils" der Datenbank auszugehen, wenn der entnommene Anteil im Verhältnis zum Gesamtdatenbestand „wesentlich" ist.[198] Dies wird jedenfalls bei einer Übernahme von mindestens **fünfzig Prozent** der Daten aus der Datenbank der Fall sein,[199] wobei nicht völlig ausgeschlossen werden kann, dass auch kleinere Anteile im Einzelfall noch als wesentlich angesehen werden können.[200]

271 Auch hinsichtlich der Verwertung eines **unwesentlichen Teils der Datenbank** stehen dem Datenbankhersteller gem. **§ 87b S. 2 UrhG Verbotsrechte** zu, wenn eine wiederholte und systematische Verwertung stattfindet, die einer normalen Auswertung der Datenbank zuwiderlaufen oder **berechtigte Interessen** des Datenbankhersteller unzumutbar beeinträchtigen würde. Es handelt sich hierbei um einen **Ausnahmetatbestand**, der hohe Voraussetzungen hat und nicht die freie Verwendung von Informationen beeinträchtigen soll.[201] Voraussetzung ist damit ein systematisches und planvolles Vorgehen, welches über eine normale Auswertung der Datenbank weit hinausgeht und in der Summe durch sukzessive Nutzungen entweder in qualitativer oder in quantitativer Hinsicht der Nutzung eines wesentlichen Teils der Datenbank entspricht.[202]

272 Grundsätzlich sind Datenbanken daher nur in ihrer Gesamtheit oder bzgl. wesentlicher Teile geschützt. Dieser Grundsatz wird durch die Regelung des § 87e UrhG flankiert, der eine **Einschränkung der Privatautonmie** des Datenbankherstellers beinhaltet.[203] Soweit der Datenbankhersteller einem Dritten die Nutzung der Datenbank vertraglich gestattet und im Rahmen der **vertraglichen Vereinbarung** den Schutz über § 87b UrhG hinaus erweitern und auch **auf unwesentliche Teile**

---

196 *Dreier*, in: Dreier/Schulze, UrhG, § 87b, Rn. 6; *Koch*, in: Ahlberg/Götting, BeckOK UrhG, § 87b, Rn. 13.
197 EuGH, Urt. v. 09.11.2004 – C-203/02, GRUR 2005, 244, 250 [71]; *Dreier*, in: Dreier/Schulze, UrhG, § 87b, Rn. 7.
198 EuGH, Urt. v. 09.11.2004 – C-203/02, GRUR 2005, 244, 250 [70]; vgl. hierzu auch *Lehmann*, CR 2005, 15 f.
199 *Thum/Hermes*, in: Wandtke/Bullinger, UrhG, § 87b, Rn. 10.
200 *Czychowski*, in: Fromm/Nordemann, UrhG, § 87b, Rn. 10.
201 *Dreier*, in: Dreier/Schulze, UrhG, § 87b, Rn. 9; *Thum/Hermes*, in: Wandtke/Bullinger, UrhG, § 87b, Rn. 66; *Vogel*, in: Schricker/Loewenheim, UrhG, § 87b, Rn. 54 ff.
202 KG, Urt. v. 30.04.2004 – 5 U 98/02, GRUR-RR 2004, 228, 235; *Vogel*, in: Schricker/Loewenheim, UrhR, § 87 b, Rn. 22; *Thum/Hermes*, in: Wandtke/Bullinger, UrhG., § 87 b, Rn. 13.
203 *Koch*, in: Ahlberg/Götting, BeckOK UrhG, § 87e, Rn. 1; *Thum/Hermes*, in: Wandtke/Bullinger, UrhG, § 87e, Rn. 1.

der Datenbank erstrecken will, sind entsprechende vertragliche Beschränkungen nach § 87e UrhG unwirksam. Der Datenbankhersteller kann damit einem Nutzer der Datenbank vertraglich nicht verbieten, was er mangels eines Verbotsrechts nach § 87b UrhG einem beliebigen Dritten auch nicht verbieten könnte.[204]

4. Schranken

In § 87c UrhG findet sich eine für das Schutzrecht des Datenbankherstellers spezifische Schrankenregelung.[205] Der Gesetzgeber hat hier von einem Verweis auf die Vorschriften des 6. Abschnitts des 1. Teils des Urheberrechtsgesetzes abgesehen und eine **eigenständige abschließende Schrankenregelung** geschaffen. Die Schrankenregelung greift nach dem Wortlaut nur im Hinblick auf eine Verwertung **wesentlicher Teile** der Datenbank. Im Falle einer Verwertung der gesamten Datenbank greift die Schrankenregelung damit nicht ein.[206] Auch im Falle der Verwertung eines unwesentlichen Teils der Datenbank greift die Schrankenregelung nicht, da insoweit bereits gem. § 87b UrhG gar keine Verbotsrechte des Datenbankherstellers bestehen. Inhaltlich betrifft die Schrankenregelung des § 87c UrhG ausschließlich **Vervielfältigungshandlungen**. Privilegiert sind demnach die Nutzung der Datenbank **zum privaten Gebrauch**, sofern es sich dabei um eine analoge und keine digitale Datenbank handelt (§ 87c Abs. 2 Nr. 1 UrhG), die Nutzung **zum eigenen wissenschaftlichen** und nicht-gewerblichen Gebrauch (§ 87c Abs. 2 Nr. 2 UrhG) und die Nutzung **für nicht gewerbliche Unterrichtszwecke** (§ 87c Abs. 2 Nr. 3 UrhG). Ferner enthält § 87c Abs. 2 UrhG eine Schranke **hinsichtlich Verfahren vor einem Gericht, einem Schiedsgericht oder einer Behörde** sowie **für Zwecke der öffentlichen Sicherheit**.[207]

273

5. Schutzdauer

Die Rechte des Datenbankherstellers erlöschen gem. § 87d UrhG **15 Jahre nach Veröffentlichung der Datenbank** bzw. 15 Jahre nach der Herstellung, sofern keine Veröffentlichung der Datenbank stattgefunden hat. Maximal beträgt die Schutzfrist damit **dreißig Jahre**, wenn die erstmalige Veröffentlichung am Ende der ab Herstellung berechneten Schutzfrist erfolgt. Sofern die Datenbank allerdings gem. § 87a Abs. 1 S. 2 UrhG eine **wesentliche Änderung** erfährt, beginnt die Schutzfrist von neuem, sofern diese Änderung ihrerseits eine wesentliche Investition erfordert. Es stellt sich dann die Frage, ob die Schutzfrist nur hinsichtlich des neuen bzw. überarbeiteten Teils der Datenbank neu zu laufen beginnt oder hinsichtlich der **Datenbank in ihrer Gesamtheit**. Insoweit erscheint der Wortlaut des § 87a Abs. 1 S. 2 UrhG jedoch eindeutig. Eine geänderte Datenbank gilt als „neue Da-

274

---

204 Czychowski, in: Fromm/Nordemann, UrhG, § 87e, Rn. 1; Dreier, in: Dreier/Schulze, § 87e, Rn. 1; Thum/Hermes, in: Wandtke/Bullinger, UrhG, § 87e, Rn. 8.
205 Thum/Hermes, in: Wandtke/Bullinger, UrhG, § 87c, Rn. 1.
206 Vogel, in: Schricker/Loewenheim, UrhR, § 87 c, Rn. 8; Dreier, in: Dreier/Schulze, UrhG, § 87c, Rn. 3.
207 Diese Schrankenregelung entspricht im Wesentlichen der Vorschrift des § 45 UrhG, sodass für Einzelheiten auf Kap. 3, Rn. 718 ff., verwiesen werden kann.

tenbank", was dafür spricht, dass auch die Schutzfrist im Falle einer wesentlichen Änderung oder Überarbeitung hinsichtlich der gesamten Datenbank **neu zu laufen** beginnt.

275 Theoretisch ist es damit denkbar, dass der Schutz der Datenbank alle 15 Jahre durch eine wesentliche Überarbeitung der Datenbank, die eine wesentliche Investition darstellt, „**verlängert**" wird. Teilweise wird dies als systemwidrig angesehen, da dies zu einem unbegrenzten Schutz der Datenbank führen kann. Dementsprechend wird gefordert, hinsichtlich der Bestimmung des wesentlichen Teils der Datenbank im Sinne von § 87 b UrhG diejenigen Teile der Datenbank außer Betracht zu lassen, für die die Schutzfrist nach § 87 d UrhG bereits **abgelaufen** wäre.[208] Dies würde aber in der Praxis zu nur schwer lösbaren **Beweisschwierigkeiten** führen, zumal bereits der Begriff „wesentlicher Teil" bei § 87 b UrhG unbestimmt ist. Müsste danach unterschieden werden, welche Schutzfristen die einzelnen Teile der Datenbank haben und ob sie im Verhältnis zueinander noch als wesentlich anzusehen sind, würde das Schutzrecht bei älteren Datenbanken in der Praxis nicht mehr handhabbar sein, zumal sich dann auch die Frage stellen würde, wie überbearbeitete und aktualisierte Datensätze zu behandeln wären. Da der Wortlaut des § 87a Abs. 1 S. 2 UrhG insoweit eindeutig ist und bei wesentlichen Änderungen die veränderte Datenbank insgesamt als „**neue Datenbank**" gilt, besteht hierzu auch kein Erfordernis – auch wenn dies theoretisch dazu führt, dass der Schutz der Datenbank durch entsprechende Änderungen verlängert werden kann.[209] Das Schutzrecht an Datenbanken die in wesentlichem Umfang stetig aktualisiert werden, kann insoweit **ewig** währen, da diese immer wieder zu neuen Dankenbanken im Sinne des Gesetzes werden.

V. Schutz für nachgelassene Werke

276 Nach § 71 UrhG sind herausgeberische Leistungen im Hinblick auf ansonsten **gemeinfreie Werke** geschützt. Schutzzweck ist dabei die mit der Herausgebertätigkeit verbundene unternehmerisch-finanzielle Leistung.[210] Entscheidend ist beim Leistungsschutzrecht für nachgelassene Werke, wie auch beim Schutz wissenschaftlicher Ausgaben gem. § 70 UrhG, dass die einzelnen Texte, auf die sich die herausgeberische Tätigkeit bezieht, ihrerseits nicht mehr urheberrechtlich geschützt sind.[211]

---

208 *Dreier*, in: Dreier/Schulze, UrhG § 87d, Rn. 8; *Vogel*, in: Schricker/Loewenheim, UrhG, § 87d, Rn. 6; *Thum/Hermes*, in: Wandtke/Bullinger, UrhG, § 87d, Rn. 11.
209 Ebenso: *Czychowski*, in: Fromm/Nordemann, UrhG, § 87d, Rn. 5; *Loewenheim*, in: Loewenheim, UrhR, § 43, Rn. 26.
210 *Thum*, in: Wandtke/Bullinger, UrhG, § 71, Rn. 1; *Loewenheim*, in: Schricker/Loewenheim, UrhG, § 71, Rn. 1.
211 Vgl. ausführlich zu § 71 UrhG: *Götting/Lauber-Rönsberg*, GRUR 2006, 638 ff.

1. Schutzgegenstand

§ 71 UrhG gewährt ein Leistungsschutzrecht für das **erstmalige Erscheinenlassen** oder die **erstmalige öffentliche Wiedergabe** eines nicht mehr urheberrechtlich geschützten Werkes. Anders als bei der wissenschaftlichen Ausgabe gem. § 70 UrhG ist die geschützte Leistung damit keine wissenschaftliche Tätigkeit, sondern das **Auffinden, Wiederherstellen** und **Herausgeben** des **nicht mehr geschützten Werkes**.[212] Schutzzweck ist keine persönliche Leistung, sondern der mit der Recherche, der Aufbereitung und der Veröffentlichung eines verschollenen Werkes verbundene **wirtschaftliche Aufwand**.[213] § 71 UrhG knüpft an den Werkbegriff und damit an § 2 Abs. 2 UrhG an. Das Leistungsschutzrecht des § 71 UrhG entsteht also nur dann, wenn Gegenstand der herausgeberischen Tätigkeit ein Werk im Sinne des § 2 Abs. 2 UrhG ist,[214] dieses Werk aufgrund eines Ablaufs der Schutzfrist gemeinfrei ist oder innerhalb des Geltungsbereiches des Urheberrechtsgesetzes niemals geschützt war und nicht bereits erschienen oder öffentlich wiedergegeben ist.[215] Bereits zuvor erschienene oder öffentlich wiedergegebene Werke, deren Schutzfrist nach § 64 UrhG abgelaufen ist, können damit nicht Gegenstand des Leistungsschutzrechtes des § 71 UrhG sein.[216]

Dies wirft im Einzelfall nur **schwer zu klärende Abgrenzungsfragen** auf. Etwa, ob die nur handschriftlich erhaltene Oper „Montezuma" von *Antonio Vivaldi*, die in Vergessenheit geraten war und erst nach mehr als zwei Jahrhunderten in einem Archiv aufgetaucht ist, im Sinne des § 71 UrhG bereits „erschienen" und damit keinem Schutz nach § 71 UrhG zugänglich ist.[217] Oder ob die „Himmelsscheibe von Nebra", die vor über 3.600 Jahren als Kultobjekt genutzt wurde und im Jahr 1999 bei Ausgrabungen entdeckt wurde, im Sinne von § 71 UrhG bei der Präsentation der Archäologen erstmals öffentlich wiedergegeben ist.[218] Trotz dieser Abgrenzungsschwierigkeiten im Einzelfall ist der Wortlaut des § 71 UrhG eindeutig: Erfasst sind nur Werke, die erstmals erscheinen oder öffentlich wiedergegeben werden, weshalb auch eine Ausdehnung des Leistungsschutzrechts über den Wortlaut hinaus trotz der bestehenden Abgrenzungsschwierigkeiten im Einzelfall nicht angezeigt erscheint, zumal gerade bei Werken, die ihrerseits nicht urheber-

---

212 *A.Nordemann*, in: Loewenheim, UrhR, § 44, Rn. 15; vgl. zum Verhältnis von § 70 UrhG zu § 71 UrhG auch *Klinkenberg*, GRUR 1985, 419 ff.
213 *A.Nordemann*, in: Fromm/Nordemann, UrhG, § 71, Rn. 2; *Lauber-Rönsberg*, in: Ahlberg/Götting, BeckOK UrhG, § 71, Rn. 1.
214 Kritisch hierzu: *A.Nordemann*, in: Loewenheim, UrhR, § 44, Rn. 18.
215 *Dreier*, in: Dreier/Schulze, UrhG, § 71, Rn. 5 und 6; *Lauber-Rönsberg*, in: Ahlberg/Götting, BeckOK UrhG, § 71, Rn. 8; *Thum*, in: Wandtke/Bullinger, UrhG, § 71, Rn. 19.
216 *Götting/Lauber-Rönsberg*, GRUR 2006, 638, 640; *Thum*, in: Wandtke/Bullinger, UrhG, § 71, Rn. 10; aA. *A.Nordemann*, in: Fromm/Nordemann, UrhG, § 71, Rn. 17.
217 In diesem Sinne: OLG Düsseldorf, Urt. v. 16.08.2005 – 20 U 123/05 (Montezuma), GRUR 2006, 673 ff. sowie die Anmerkung von *Rüberg*, ZUM 2006, 122 ff.
218 In diesem Sinne: LG Magdeburg, Urt. v. 16.10.2003 – 7 O 847/03 (Himmelsscheibe von Nebra), GRUR 2004, 672, 674 ff.; vgl. ausführlich hierzu: *Sebastian*, UFITA 2014, 329 ff.

rechtlich schutzfähig sind, ein Schutz durch ein ergänzendes Leistungsschutzrecht nur in Ausnahmefällen angezeigt ist.[219]

279 Weitere Voraussetzung ist nach dem Wortlaut, dass das Werk **erlaubterweise erscheint oder wiedergegeben wird**. Da es sich aber um ein gemeinfreies Werk handelt, kann hinsichtlich der Erlaubnis nicht der Inhaber von Urheberrechten gemeint sein. Erlaubterweise ist daher dahingehend auszulegen, dass das Werk mit Erlaubnis desjenigen erscheinen oder öffentlich wiedergegeben werden muss, der dem Werk sachlich und inhaltlich am nächsten steht.[220] Dies ist in der Regel der **Eigentümer** oder **Besitzer des Werkstückes**.[221] Dies erscheint sachgerecht, da dieser „näher" am Werk ist und daher das Leistungsschutzrecht nach § 71 UrhG ohne weiteres auch in eigener Person durch eine öffentliche Wiedergabe oder ein Erscheinenlassen erwerben könnte.

2. Inhaber des Schutzrechts

280 Inhaber des Leistungsschutzrechts ist derjenige, der das Werk erstmals erscheinen lässt oder öffentlich wiedergibt. Dies ist in der Regel der **Herausgeber** mit dessen Willen das Werk erstmals erscheint oder erstmals wiedergegeben wird und der das damit verbundene wirtschaftliche Risiko trägt.[222] Das Leistungsschutzrecht nach § 71 UrhG kann damit, anders als das Recht an der wissenschaftlichen Ausgabe nach § 70 UrhG, nicht nur einer natürlichen Person zustehen, sondern auch einem **Unternehmen**.[223] Dies ist folgerichtig, da Schutzzweck anders als bei der wissenschaftlichen Ausgabe keine wissenschaftliche Leistung ist, sondern die **wirtschaftliche Rechercheleistung**, die zur Auffindung des Werkes geführt hat.[224]

3. Schutzumfang

281 Hinsichtlich des Leistungsschutzrechtes nach § 71 UrhG finden die §§ 5, 10 Abs. 1 sowie 15 bis 24, 26, 27, 44a bis 63 und 88 UrhG entsprechende Anwendung. Dem Inhaber des Leistungsschutzrechtes stehen damit sämtliche **Verwertungsrechte** zu und er kann Dritte von einer Verwertung des Werkes ausschließen.[225] Auch dies spricht dafür, den Schutz nach § 71 UrhG nicht zu weit zu fassen, um keine weitgehenden Monopolisierungen von längst gemeinfrei gewordenen Werken zu erlauben. **Persönlichkeitsrechte** stehen dem Inhaber des Leistungsschutzrechtes da-

---

219 Vgl. zur Diskussion: *Thum*, in: Wandtke/Bullinger, UrhG, § 71, Rn. 19 ff. und *Stieper*, GRUR 2012, 1083 ff.
220 *A.Nordemann*, in: Loewenheim, UrhR, § 44, Rn. 22; *Dreier*, in: Dreier/Schulze, UrhG, § 71, Rn. 8; *Thum*, in: Wandtke/Bullinger, UrhG, § 71, Rn. 35.
221 LG Magdeburg, Urt. v. 16.10.2003 – 7 O 847/03, GRUR 2004, 672, 673 ff.
222 *Dreier*, in: Dreier/Schulze, UrhG, § 70, Rn. 10; *Thum*, in: Wandtke/Bullinger, UrhG, § 71, Rn. 32; *Loewenheim*, in: Schricker/Loewenheim, UrhG, § 71, Rn. 13; *Lauber-Rönsberg*, in: Ahlberg/Götting, BeckOK UrhG, § 71, Rn. 30.
223 *A.Nordemann*, in: Loewenheim, UrhR, § 44, Rn. 27.
224 *A.Nordemann*, in: Fromm/Nordemann, UrhG, § 71, Rn. 2.
225 *A.Nordemann*, in: Loewenheim, UrhR, § 44, Rn. 24 und 25; *Dreier*, in: Dreier/Schulze, UrhG, § 70, Rn. 10.

gegen nicht zu, da es sich in erster Linie um eine wirtschaftliche Rechercheleistung handelt.

4. Schutzdauer

Das Leistungsschutzrecht erlischt gem. § 71 Abs. 3 UrhG **25 Jahre nach erstmaligem Erscheinen** oder der öffentlichen Wiedergabe des Werkes, je nachdem welches Ereignis früher war.

VI. Leistungsschutzrecht der Presseverleger

Das Leistungsschutzrecht der Presseverleger gem. § 87f ff. UrhG (Presseverlegerrecht) ist erst im Zuge des Achten Gesetzes zur Änderung des Urheberrechts vom 7. Mai 2013 in das Urheberrechtsgesetz aufgenommen worden.[226] Gemeinhin wird die Einführung von Leistungsschutzrechten für Presseverleger als **verfehlt** angesehen. Breits während des Gesetzgebungsverfahrens war die Regelung **umstritten** und der Gesetzesentwurf ist teils scharf und heftig **kritisiert** worden.[227] Nichtsdestotrotz ist das Leistungsschutzrecht am 1. August 2013 in Kraft getreten. Man kann allerdings mit Fug und Recht behaupten, dass es bereits bei seiner Einführung **gescheitert** war.

Der Suchmaschinenbetreiber *Google* hat bereits vor Einführung des Leistungsschutzrechts für Presseverleger eine groß angelegte Kampagne gestartet, alle großen Zeitungsverlage in Deutschland angeschrieben und diese zur Abgabe einer **kostenfreien Zustimmung** in die Nutzung ihrer Presseerzeugnisse im Rahmen des Dienstes „Google News" aufgefordert, andernfalls werde das Presseerzeugnis dort künftig nicht mehr gelistet. Selbst diejenigen Verlage, die zu den größten Befürwortern des Leistungsschutzrechtes gezählt haben, haben aufgrund der Marktmacht *Googles* mittlerweile einer kostenlosen Nutzung ihrer Inhalte in „Google News" zugestimmt. Andere Internetportale listen die Erzeugnisse von Verlagen, die ihr Leistungsschutzrecht über die *VG Media* wahrnehmen lassen, nicht mehr in ihren Internetangeboten, um so der Vergütungspflicht zu entgehen.

Bereits im Dezember 2013, nur wenige Monate nach Inkrafttreten des Leistungsschutzrechts, verständigten sich CDU/CSU und SPD im Rahmen des **Koalitionsvertrages** für die 18. Legislaturperiode das Leistungsschutzrecht zu evaluieren.[228] Der **Ausschuss Digitale Agenda** des Deutschen Bundestages hat sich im Jahr 2014 des Themas angenommen und am 3. Dezember 2014 ein öffentliches Fachgespräch zum Thema Urheberrechtsreform und Leistungsschutzrecht für Presseverlage veranstaltet. Alle fünf beteiligten Experten haben sich dabei

---

226 Vgl. zur Entstehungsgeschichte: *Graef*, in: Ahlberg/Götting, BeckOK UrhG, § 87e, Rn. 1 ff.
227 Vgl. zB. die Stellungnahme der GRUR zur Anhörung des BMJ am 28.06.2010, GRUR 2010, 808 ff; *Ohly*, WRP 2012, 41, 47 f.
228 Koalitionsvertrag zwischen CDU, CSU und SPD 18. Legislaturperiode, vom 16.12.2013, S. 107.

einhellig gegen eine Beibehaltung des Leistungsschutzrechts für Presseverleger ausgesprochen.[229] Es ist damit davon auszugehen, dass auch der Gesetzgeber in dieser Hinsicht in naher Zukunft erneut tätig werden wird und das Leistungsschutzrecht für Presseverleger entweder wieder aus dem Urheberrechtsgesetz **streichen** oder aber jedenfalls **wesentlich überarbeiten** wird. Angesichts der geringen praktischen Bedeutung des Leistungsschutzrechtes und der zu erwartenden baldigen grundlegen Überarbeitung, wird im Folgenden nur kurz auf einige Einzelheiten eingegangen.

1. Presseerzeugnis

286 Schutzgegenstand des Leistungsschutzrechtes sind nach § 87f Abs. 2 UrhG Presseerzeugnisse. Die Definition ist zunächst sehr weit. Es wird aber deutlich, dass es sich um **journalistische Beiträge** handeln muss, die **periodisch**, dh. mit einer gewissen Regelmäßigkeit veröffentlicht werden und bei wertender Betrachtung als „**verlagstypisch**" anzusehen sind. Durch den Bezug auf „verlagstypische" Publikationen wird deutlich, dass der Gesetzgeber hier vor allem **Zeitschriften, Tageszeitungen** oder sonstige **redaktionell aufbereitete Informationen**, zB. im Internet, im Blick hatte.[230] Auch Webseiten und **Internet-Blogs** können in den Schutzbereich fallen, müssen dann aber mit einer gewissen Regelmäßigkeit und Systematik aktualisiert werden und unter einem einheitlichen Titel erscheinen, da nur dann von einer „verlagstypischen" Publikation auszugehen ist.[231] Das LG Berlin hat in einem heftig kritisierten Urteil eine Webseite mit Presseartikeln als „Presseerzeugnis" eingeordnet und in der Wiedergabe eines Screenshot, selbst wenn dieser Screenshot nur mittels eines Direkt-Links aufrufbar war, eine Verletzung des Leistungsschutzrechts des Presseverlegers erkannt.[232] **Nicht geschützt** sind dagegen **unregelmäßige** oder **einmalige Veröffentlichungen** (zB. eine Buchreihe), da es sich dabei nicht um eine periodische Veröffentlichung handelt, sowie Eigenwerbung.[233]

2. Einzelne Wörter und kleinste Textausschnitte

287 Nach § 87f Abs. 1 UrhG sind Presseerzeugnisse aber nur insoweit geschützt, als es sich dabei nicht um einzelne Wörter oder kleinste Textausschnitte, sog. **Snippets**, handelt. Bei der Umschreibung „einzelne Worte oder kleinste Textausschnitte" handelt es sich um einen unbestimmten Rechtsbegriff, der in dieser Weise an keiner anderen Stelle des Urheberrechtsgesetzes verwendet wird. Nach der Gesetzesbegründung wurde diese Formulierung aufgenommen, um in Abgrenzung zur Entscheidung des Bundesgerichtshofes zum engen Anwendungsbereich der frei-

---

229 http://www.bundestag.de/bundestag/ausschuesse18/a23/anhoerungen/03122014_inhalt/342392 (letzter Abruf: 17.10.2015).
230 *Heine/Stang*, AfP 2013, 177; *Jani*, in: Wandtke/Bullinger, UrhG, § 87e, Rn. 1.
231 *Jani*, in: Wandtke/Bullinger, UrhG, § 87e, Rn. 5.
232 LG Berlin, Urt. v. 06.01.2015 – 15 O 412/14, ZUM 2015, 520 f.
233 *Jani*, in: Wandtke/Bullinger, UrhG, § 87e, Rn. 4.

en Benutzung gem. § 24 bei Tonträgern²³⁴ klarzustellen, dass **nicht jeder kleinste Textausschnitt oder Schlagzeilen** aus dem Pressebereich – zum Beispiel eine knappe Titel-Schlagzeile wie „Bayern schlägt Schalke" – in den Schutzbereich des Leistungsschutzrechtes fallen.²³⁵

Einfache **Drei-Wort-Sätze** sind damit nach der Gesetzesbegründung nicht vom Leistungsschutzrecht umfasst. Es stellt sich dann aber die Frage, **wie viele Worte** es **mindestens** sein müssen, um noch von „einzelnen Worten und kleinsten Textausschnitten" sprechen zu können. Die **Abgrenzung** ist dabei nicht nur gegenüber gar nicht mehr geschützten kurzen Wortfolgen schwierig, sondern auch gegenüber dem Urheberrecht, da bereits kurze Wortfolgen auch **urheberrechtlich geschützt** sein können, wenn diese hinreichend **individuell** sind.²³⁶ In der Perlentaucher-Entscheidung hat der Bundesgerichtshof dies nochmals ausdrücklich klargestellt.²³⁷ Das Leistungsschutzrecht der Presseverleger kommt damit nur dann zum Tragen, wenn Textstellen übernommen werden, die zwar **aus mehreren Worten** bestehen, aber ihrerseits aufgrund der Kürze und fehlender Individualität noch **nicht urheberrechtlich schutzfähig** sind.

288

In diesem Sinne muss man wohl davon ausgehen, dass der Gesetzgeber hier regelmäßig Wortfolgen von einer Länge von **fünf bis acht Wörtern** im Sinn hatte – ohne dass diese Wortfolge individuell im Sinne von § 2 Abs. 2 UrhG ist.²³⁸ Keinen Anhaltspunkt im Wortlaut des § 87 f Abs. 1 UrhG findet sich dagegen für eine teilweise vorgeschlagene **funktionale Auslegung**, wonach auch längere Textausschnitte nicht vom Leistungsschutzrecht gedeckt sein sollen, wenn diese zusammen mit einem Link auf die Originalwebseite vorgehalten werden und der Vorschautext den Besuch der Originalseite nicht überflüssig macht.²³⁹

289

3. Rechte des Presseverlegers

Der Presseverleger hat gem. § 87f Abs. 1 UrhG ein **Verbotsrecht**, dh. er kann bei einer Verletzung seines Rechts die Ansprüche nach § 97 UrhG geltend machen. Nach § 87f Abs. 1 UrhG beschränkt sich das Leistungsschutzrecht des Presseverlegers allerdings auf die **öffentliche Zugänglichmachung zu gewerblichen Zwecken.** Welche Zwecke „gewerblich" in diesem Sinne sind, ergibt sich mittelbar aus § 87g Abs. 4 UrhG, der wie eine Schrankenregelung ausgestaltet ist. Danach stehen den Presseverlegern Ansprüche nur insoweit zu, als die öffentliche Zugänglichmachung durch gewerbliche **Anbieter von Suchmaschinen** oder gewerbli-

290

---

234 BGH, Urt. v. 13.12.2012 – I ZR 182/11 (Metall auf Metall II), GRUR 2013, 614 ff., siehe auch oben, Rn. 232 ff.
235 BT-Drucks. 17/12534, S. 5, zu Nr. 2.
236 Vgl. *Schippan*, ZUM 2013, 359 ff.; *Graef*, in: Ahlberg/Götting, BeckOK UrhG, § 87e, Rn. 18.
237 BGH, Urt. v. 01.12.2010 – I ZR 12/08 (Perlentaucher), GRUR 2011, 134, 138 [39].
238 Ebenso: *Schippan*, ZUM 2013, 359, 372; *Jani*, in: Wandtke/Bullinger, UrhG, § 87e, Rn. 17; *Hossenfelder*, ZUM 2013, 374, 376; *Spindler*, WRP 2013, 967, 970.
239 In diesem Sinne: *Heine/Stang*, AfP 2013, 177, 180.

che **Anbieter von Diensten** erfolgt, die Inhalte entsprechend einer Suchmaschine aufbereiten.[240] Erfasst sind damit zunächst klassische Suchmaschinen wie *Google, Yahoo, Bing* etc. aber auch News-Aggregatoren wie „Google News" oder Internetprotale, die Nachrichten aufbereiten und anzeigen.[241] Andere Nutzungsformen, zB. in **Presseclippings** auf einer **Firmen-Homepage** oder rein **private Nutzungen** sind dagegen **ausgeschlossen**.

4. Urheberbeteiligung

291 Erhält der Presseverleger für das Recht der öffentlichen Zugänglichmachung eine Vergütung, so ist **der Urheber** an dieser Vergütung nach § 87h UrhG **angemessenen zu beteiligen**. Das Gesetz liefert keine Anhaltspunkte zur Art und Weise sowie der Höhe der Beteiligung des Urhebers. Da die in § 87f UrhG geschützten „einzelne Worte oder kleinste Textausschnitte" zudem unterhalb der urheberrechtlichen Schutzfähigkeit liegen, wird der Urheber damit **an der Verwertung eines fremden Leistungsschutzrechts** beteiligt, zu dessen Entstehung – geschützt ist die wirtschaftliche Leistung des Presseverlegers – der Urheber selbst nicht beigetragen hat, zumal kurze Wortfolgen regelmäßig nicht urheberrechtlich schutzfähig sind und damit keine Werknutzung stattfindet.[242] Es handelt sich dabei um einen im gesamten Urheberrecht **einmaligen Anspruch**, denn nirgends sonst wird der Urheber an den Verwertungen der verwandten Schutzrechte beteiligt, da diese einen völlig anderen Schutzzweck haben, und damit um eine systemwidrige Regelung.[243]

5. Schutzdauer

292 Die Schutzdauer des Leistungsrechts ist mit nur **einem Jahr ab Erscheinen** des Presseerzeugnisses gem. § 87g Abs. 2 UrhG denkbar knapp bemessen. In der Praxis bedeutet diese kurze Schutzfrist, dass Unterlassungsansprüche zumeist im Wege eines **einstweiligen Rechtsschutzes** geltend gemacht werden. Auch Schadensersatzansprüche dürften damit nur eine untergeordnete Rolle spielen, denn ein zu erwartender Schadensersatz für die öffentliche Zugänglichmachung einer kurzen Wortfolge für maximal ein Jahr dürfte äußerst gering ausfallen. Allenfalls bei massenhaften Verletzungshandlungen dürfte der Schadensersatzanspruch damit überhaupt praktische Bedeutung erlangen.[244]

---

240 *Graef*, in: Ahlberg/Götting, BeckOK UrhG, § 87e, Rn. 14; *Jani*, in: Wandtke/Bullinger, UrhG, § 87e, Rn. 13.
241 *Heine/Stang*, AfP 2013, 177, 178.
242 *Jani*, in: Wandtke/Bullinger, UrhG, § 87h, Rn. 3.
243 *Graef*, in: Ahlberg/Götting, BeckOK UrhG, § 87h, Rn. 13.
244 *Schippan*, ZUM 2013, 359, 373.

VII. Schutzrecht des Filmherstellers

Zum Leistungsschutzrecht des Filmherstellers gem. § 94 UrhG wird auf die ausführlichen Ausführungen im Rahmen des Filmurheberrechts verwiesen.[245] Dort finden sich auch Erläuterungen zum Recht an Laufbildern gem. § 95 UrhG.[246]

293

---

[245] Siehe Kap. 6, Rn. 400 ff.
[246] Siehe Kap. 6, Rn. 414 ff.

KAPITEL 11
Internationales Urheberrecht

Literatur: *v.Lewinski*, Vermieten, Verleihen und verwandte Schutzrechte – Der zweite Richtlinienvorschlag der EG-Kommission, GRUR Int. 1991, S. 104–111; *Müller*, Rechtewahrnehmung durch Verwertungsgesellschaften bei der Nutzung von Musikwerken im Internet, ZUM 2009, S. 121–131; *Süßenberger/Czychkowski*, Das „Erscheinen" von Werken ausschließlich über das Internet und ihr urheberrechtlicher Schutz in Deutschland – Einige Argumente Pro und Contra, GRUR 2003, S. 489–494.

A. Überblick

Der Inhalt dieses Handbuchs befasst sich in erster Linie mit dem deutschen Urheberrecht. Die **globalisierte Wirtschaftswelt** macht aber an den nationalen Grenzen keinen Halt, so dass sich beispielsweise die Fragen stellen, inwieweit das deutsche Urheberrecht auch bei **internationalen Sachverhalten** Anwendung findet und inwieweit in Deutschland urheberrechtlich geschützte Werke auch in anderen Ländern Rechtsschutz genießen. 1

Diese Gesichtspunkte werden im Rahmen **digitaler Verwertungsmöglichkeiten** zunehmend wichtiger: Wenn beispielsweise Filme, Musikaufnahmen oder Texte im Internet erscheinen, ist der **Zugriff** auf solche Werke regelmäßig **weltweit** möglich. Zudem können diese Werke dann häufig von überall aus weiterverbreitet werden – was auch zu einer **Internationalisierung der Urheberechtspiraterie** führt. 2

Die **internationale Verwertung** von Werken ist jedoch nicht neu: Bereits am 9. September 1886 wurde mit der **Berner Übereinkunft zum Schutz von Werken der Literatur und Kunst** ein mehrseitiger Staatsvertrag abgeschlossen, da die Mitgliedsstaaten es schon damals als erforderlich ansahen, die Urheber möglichst wirksam zu schützen, wenn deren Werke im Ausland vermarktet werden. Zuvor hatten sich die nationalen Gesetzgeber in der Regel darauf beschränkt, nur den **eigenen Staatsangehörigen** Urheberrechtsschutz zu gewähren.[1] Von diesem Grundsatz geht § 120 Abs. 1 S. 1 UrhG auch heute noch aus. 3

Seitdem wurden zahlreiche bilaterale und multilaterale **Staatsverträge** geschlossen, um einen umfassenden Schutz von Urheberrechten und verwandten Schutzrechten in der ganzen Welt zu gewährleisten. Es würde den Umfang dieses Handbuchs sprengen, die Einzelheiten aller Staatsverträge darzustellen. Stattdessen sollen die nachfolgenden Ausführungen dem Praktiker ermöglichen, bei der Bearbeitung internationaler Sachverhalte die **einschlägigen Rechtsquellen** aufzufinden und einen ersten Einstieg in die jeweils relevanten Problemfelder zu erhalten. Hierfür ist es hilfreich, sich zunächst die wesentlichen **Grundprinzipien des in-** 4

---

1 *v.Lewinski*, in: Loewenheim, UrhR, § 57, Rn. 1.

ternationalen Urheberrechts vor Augen zu führen, die sich aus dem **Netzwerk der Staatsverträge** herausgebildet haben:

I. Territorialitätsprinzip und Schutzlandprinzip

5 Da der Schutz der nationalen Gesetzgeber auf ihr jeweils eigenes Herrschaftsgebiet beschränkt ist, liegt es nahe, dass in jedem Staat das eigene Urheberrecht Anwendung findet. Daher besteht für den Urheber eines Werks im Ergebnis kein weltweites Urheberrecht, sondern ein „**Bündel**" **nationaler Urheberrechte**, deren Inhalt sich nach den jeweils nationalen Gesetzen – unter Berücksichtigung der internationalen Harmonisierung – ergibt.[2] Dieser Grundsatz ist – wegen der Begrenzung der Wirkung der Rechte auf das eigene Territorium – als **Territorialitätsprinzip** anerkannt[3] und erlangt vor allem bei internationalen Urheberrechtsverletzungen als sog. **Schutzlandprinzip** Bedeutung: Maßgeblich ist demnach immer das Recht desjenigen Landes, für das Urheberrechtsschutz begehrt wird, also in dem die beanstandete Verwertungshandlung – zumindest teilweise[4] – stattgefunden hat.[5] Dieser Grundsatz hat insbesondere in Art. 8 Abs. 1 Rom-II-Verordnung[6] seinen Niederschlag gefunden.[7]

II. Grundsatz der Inländerbehandlung

6 Wie bereits eingangs erwähnt,[8] hatten sich die nationalen Gesetzgeber zunächst regelmäßig darauf beschränkt, ihren **eigenen Staatsangehörigen** urheberrechtlichen Schutz für deren Werke zu gewähren. Im Rahmen der Verhandlungen über Staatsverträge kam man dann aber überein, dass es für einen umfassenden Urheberrechtsschutz sinnvoller ist, nach dem **Grundsatz der Inländerbehandlung** zu verfahren: Demnach vereinbaren die Vertragsstaaten miteinander, dass sie den **Staatsangehörigen anderer Vertragsstaaten** grundsätzlich **die gleichen Rechte wie inländischen Urhebern** gewähren – wobei teilweise die Möglichkeit besteht, nach dem **Gegenseitigkeitsprinzip** zu verfahren, also den Schutzberechtigten eines Staats die Inländerbehandlung nur dann und insoweit zu gewähren, als auch dessen Staat ausländischen Urhebern diese Rechte gewährt. Diese Grundsät-

---

2 BGH, Urt. v. 07.11.2002 – I ZR 175/00 (Sender Felsberg), GRUR 2003, 328, 329; BGH, Urt. v. 24.05.2007 – I ZR 42/04 (Staatsgeschenk), GRUR 2007, 691 [18].
3 BGH, Urt. v. 16.06.1994 – I ZR 24/92 (Folgerecht bei Auslandsbezug), GRUR 1994, 798, 799.
4 BGH, Urt. v. 16.06.1994 – I ZR 24/92 (Folgerecht bei Auslandsbezug), GRUR 1994, 798, 799.
5 BGH, Urt. v. 07.11.2002 – I ZR 175/00 (Sender Felsberg), GRUR 2003, 328, 329.
6 Verordnung (EG) Nr. 864/2007 des Europäischen Parlaments und des Rates v, 11.07.2007 über das auf außervertragliche Schuldverhältnisse anzuwendende Recht („Rom-II-Verordnung"), Amtsbl. EU Nr. L 199 v. 31.07.2007, S. 40.
7 Vgl. auch Erwägungsgrund Nr. 26 der Rom-II-Verordnung, siehe Fn. 6.
8 Siehe oben, Rn. 3.

ze sind beispielsweise in Art. 5 RBÜ⁹ und Art. 3 TRIPS¹⁰ niedergelegt und in den §§ 120 ff. UrhG umgesetzt.

Allerdings erfährt diese eigentlich recht simple Verfahrensweise dadurch zahlreiche Veränderungen, dass zum einen auch **Staatenlose** zu berücksichtigen sind und zum anderen teilweise nicht auf die **Nationalität des Urhebers**, sondern auf dessen **Wohnsitz**, den **Ort des erstmaligen Erscheinens** oder den **Ort der Darbietung** abgestellt wird. Es genügt daher bei der Prüfung grenzüberschreitender Sachverhalte nicht, lediglich die Teilnahme der betroffenen Länder an den einschlägigen Staatsverträgen zu klären. Vielmehr muss in jedem Einzelfall geprüft werden, ob die in den Staatsverträgen und den nationalen Gesetzen vorgesehenen Voraussetzungen für das Eingreifen des Grundsatzes der Inländerbehandlung vorliegen. 7

Eine Besonderheit besteht jedoch hinsichtlich der Urheber aus anderen EU-Staaten. Aufgrund des in Art. 18 AEUV¹¹ vorgesehenen **Verbots jeglicher Diskriminierungen** von Unionsbürgern gilt der Grundsatz der Inländerbehandlung hier uneingeschränkt. § 120 Abs. 2 Nr. 2 UrhG stellt daher die **Staatsangehörigen der EU-Mitgliedstaaten** – und auch der EWR-Mitgliedstaaten – deutschen Staatsangehörigen ausdrücklich gleich, so dass die weiteren detaillierten Regelungen des Fremdenrechts keine Anwendung finden. Für die verwandten Schutzrechte gilt dies aufgrund entsprechender Verweise¹² gleichermaßen. 8

Dieser – eigentlich auf der Hand liegende – Grundsatz wurde gesetzlich erst 1995 eingeführt, nachdem der EuGH im Jahre 1993 in der Entscheidung „Phil Collins" ausdrücklich die Geltung des Diskriminierungsverbots für das Urheberrecht und die verwandten Schutzrecht festgestellt hatte.¹³ Dennoch gilt das Diskriminierungsverbot **rückwirkend ab dem Inkrafttreten des EG-Vertrages**, also bereits vor Einführung der gesetzlichen Regelung,¹⁴ die folglich nur klarstellende Wirkung hat. 9

III. Mindestrechte

Ein weiteres wesentliches Element der urheberrechtlichen Staatsverträge bildet die Vereinbarung von **Mindestrechten** für die Staatsangehörigen der Verbandsländer. Hierdurch wollten diejenigen Staaten, die über einen ausgeprägten Urheberrechtsschutz verfügen, den eigenen Urhebern ein gewisses **Mindestmaß an Schutz auch im Ausland** gewähren. Dies wäre nämlich in Ländern mit schwächerem Urheberrechtsschutz auf der alleinigen Grundlage der Inländerbehandlung nicht gewährleistet gewesen. 10

---

9 Zur RBÜ siehe Rn. 202 ff.
10 Zum TRIPS-Übereinkommen siehe Rn. 216 ff.
11 Vertrag über die Arbeitsweise der europäischen Union (AEUV), Amtsbl. EU Nr. C 326/49 v. 26.10.2012.
12 §§ 124, 125 Abs. 1 S. 2, 126 Abs. 1 S. 2, 127a Abs. 1 S. 2, 128 Abs. 1 S. 2 UrhG.
13 EuGH, Urt. v. 20.10.1993 – C-92/92 und C-326/92 (Phil Collins), GRUR 1994, 280.
14 BGH, Urt. v. 21.04.1994 – I ZR 31/92 (Rolling Stones), GRUR 1994, 794, 797.

11 Die Festschreibung solcher Mindestrechte in den Staatsverträgen seit der Berner Übereinkunft[15] führte schließlich zu einem **Ausbau des Urheberrechtsschutzes insgesamt.** Da diese Mindestrechte ausschließlich zugunsten der Urheber aus den jeweils anderen Staaten vereinbart wurden, hätte es den Verbandsländern zwar freigestanden, in den nationalen Rechtsordnungen nur diese ausländischen Urheber entsprechend zu begünstigen. Dann wäre es jedoch zu **Inländerdiskriminierungen** gekommen, die nicht im Sinne der Gesetzgeber sein konnten. Daher kam es zu einer faktischen Anhebung des Mindestschutzstandards auch für inländische Urheber.

12 Auch in diesem Zusammenhang gibt es eine europarechtliche Besonderheit: Während die das internationale Urheberrecht betreffenden Staatsverträge lediglich Mindestrechte festschreiben, so dass es den Verbandsländern vorbehalten bleibt, einen darüber hinausgehenden Urheberrechtsschutz vorzusehen, bezwecken die meisten **Richtlinien der Europäischen Union**[16] eine weitgehende **Vereinheitlichung der Rechtslage** im Wege der **Vollharmonisierung der regulierten Bereiche.** Soweit die Richtlinien nicht ausdrücklich Ausnahmen vorsehen, dürfen die EU-Mitgliedstaaten daher gerade keine weitergehenden Rechte für die Urheber vorsehen.

13 Diese unterschiedlichen Prinzipien können zu **Problemen bei der Auslegung der EU-Richtlinien** führen, zumal diese teilweise auch der Umsetzung der völkerrechtlichen Verträge dienen sollen, an denen die EU selbst beteiligt ist. Der EuGH hat hierzu ausdrücklich hervorgehoben, dass die Richtlinien im Lichte der völkerrechtlichen Verträge und der dort enthaltenen Definitionen auszulegen sind[17] – was zwangsläufig dazu führt, dass eine Orientierung an den dortigen **Mindestschutzstandards** erfolgt, obwohl beispielsweise Erwägungsgrund Nr. 9 der Informations-Richtlinie[18] ein **hohes Schutzniveau** für die Harmonisierung des Urheberrechts vorsieht. Da die nationalen Regelungen zur Umsetzungen der EU-Richtlinien wiederum im Einklang mit den Richtlinien auszulegen sind und – soweit keine Ausnahmen zugelassen sind – keinen darüber hinausgehenden Rechtsschutz vorsehen dürfen, kann es hierdurch im Ergebnis zu einer **Absenkung des Schutzniveaus** kommen,[19] die eigentlich weder von den Staatsverträgen noch von den Richtlinien bezweckt wird.

Randnummern 14–99 einstweilen frei.

---

15 Hierzu siehe oben, Rn. 3.
16 Siehe unten, Rn. 227 ff.
17 EuGH, Urt. v. 17.04.2008 – C 456/06 (Peek & Cloppenburg KG/Cassina SpA, Le-Corbusier-Möbel), GRUR 2008, 604, 605 [30].
18 Siehe Rn. 238 ff.
19 BGH, Urt. v. 22.01.2009 – I ZR 247/03 (Le-Corbusier-Möbel II), GRUR 2009, 840, 841 [19]; Ergebnis als verfassungskonform bestätigt durch BVerfG, Beschl. v. 19.07.2011 – 1 BvR 1916/09, GRUR 2012, 53, 57 [92 f.].

B. Anwendbares Recht

Auf Basis der oben dargelegten Grundprinzipien des internationalen Urheberrechts interessiert konkret, inwieweit **Ausländer in Deutschland Urheberrechtsschutz** nach Maßgabe des UrhG genießen. Im Anschluss daran sind die **internationalen Kollisionsregelungen** zu klären, und zwar zum einen in Bezug auf **Urheberrechtsverletzungen** und zum anderen bei **Urheberrechtsverträgen**.

100

I. Anwendung deutschen Urheberrechts auf Ausländer

In den §§ 120 bis 128 UrhG hat der deutsche Gesetzgeber das sog. **urheberrechtliche Fremdenrecht** geregelt, nämlich die Frage, wann das UrhG nicht nur für Werke deutscher Urheber, sondern auch für Werke und Leistungen **ausländischer Staatsangehöriger** gilt. Grundlage dieser Regelungen sind internationale Staatsverträge, deren bedeutendste unten[1] noch näher vorgestellt werden, und insbesondere der dort statuierte Grundsatz der **Inländerbehandlung**.[2]

101

Dabei steht es dem deutschen Gesetzgeber einerseits frei, ausländischen Staatsangehörigen urheberrechtlichen Schutz zu gewähren, der über diese vertraglichen Verpflichtungen hinausgeht. Andererseits können sich ausländische Staatsangehörige auch unmittelbar auf die **Regelungen in den Staatsverträgen** berufen, soweit diese ratifiziert wurden und damit Gesetzeskraft erlangt haben. Sofern sich die Anwendung des deutschen Urheberrechts auf ausländische Staatsangehörige nicht unmittelbar aus den nachfolgend vorgestellten Regelungen ergibt, lohnt sich also immer ein Blick in die jeweils relevanten Staatsverträge.

102

1. Gleichstellung mit deutschen Staatsangehörigen

Den urheberrechtlichen Schutz für alle ihre Werke, ohne dass es eines Rückgriffs auf die fremdenrechtlichen Bestimmungen bedarf, genießen nicht nur deutsche Staatsangehörige, sondern gemäß § 120 Abs. 2 Nr. 1 UrhG auch Deutsche im Sinne des Art. 116 Abs. 1 GG, die nicht die deutsche Staatsangehörigkeit besitzen. Diese Regelung betrifft **Flüchtlinge und Vertriebene deutscher Volkszugehörigkeit** sowie deren Ehegatten oder Abkömmlinge, die im Gebiet des deutschen Reiches mit Stand vom 31. Dezember 1937 Aufnahme gefunden haben. Gleiches gilt für die **Staatsangehörigen eines EU- oder EWR-Mitgliedsstaats** gemäß § 120 Abs. 2 Nr. 2 UrhG.[3] Auch **Staatenlose** und **ausländische Flüchtlinge** werden durch §§ 122 Abs. 1, 123 UrhG deutschen Staatsangehörigen gleichgestellt, sofern sie sich gewöhnlich in Deutschland aufhalten.

103

---

1 Siehe unten, Rn. 201 ff.
2 Siehe oben, Rn. 6.
3 Zum europarechtlichen Diskriminierungsverbot siehe oben, Rn. 8.

104 Diese allgemeine **Gleichstellung mit deutschen Staatsangehörigen** gilt nicht nur in Bezug auf das Urheberrecht, sondern sinngemäß weitgehend auch in Bezug auf **verwandte Schutzrechte,** namentlich gemäß § 124 UrhG für den Schutz wissenschaftlicher Ausgaben und Lichtbilder sowie gemäß § 125 Abs. 1 S. 2 UrhG bzw. Abs. 5 S. 2 UrhG für den Schutz der Darbietungen ausübender Künstler. Im Rahmen des Leistungsschutzes von Tonträgerherstellern (§ 126 UrhG), Datenbankherstellern (§ 128 UrhG) und Filmherstellern (§ 129 UrhG) werden einerseits lediglich EU- und EWR-Angehörige sowie Deutsche im Sinne des Art. 116 Abs. 1 den deutschen Staatsangehörigen gleichgestellt, andererseits werden auch Unternehmen in Bezug auf deren Sitz in den entsprechenden Ländern deutschen Unternehmen gleichgestellt.

2. Zeitpunkt der Beurteilung der Staatsangehörigkeit

105 Da sich die Staatsangehörigkeit eines Urhebers verändern kann, stellt sich die Frage, auf welchen Zeitpunkt es bei der Prüfung der fremdenrechtlichen Voraussetzungen für die Anwendung deutschen Urheberrechts ankommt. Hierbei ist grundsätzlich die Staatsangehörigkeit im **Zeitpunkt der Verletzungshandlung** maßgeblich. Der Zeitpunkt der Schöpfung des Werks ist demgegenüber irrelevant, da auch vor Erwerb der Staatsangehörigkeit geschaffene Werke vom Urheberrechtsschutz erfasst werden.[4]

106 Dieser Grundsatz wird allerdings dadurch aufgeweicht, dass ein einmal geschütztes Werk durch einen späteren Wechsel der Staatsangehörigkeit seinen Schutz für die gesamte Schutzdauer nicht verliert. Ein **späterer Verlust der Staatsangehörigkeit** ändert also nichts an einem zuvor bestehenden Urheberrechtsschutz.[5] Bei Urhebern mit **mehreren Staatsangehörigkeiten** – ob nun nebeneinander oder nacheinander – kann es sich also durchaus lohnen, die Urheberrechtslage nach sämtlichen Staatsangehörigkeiten zu prüfen, um einen erweiterten Schutz zu erreichen.

3. Urheberrecht, wissenschaftliche Ausgaben und Lichtbilder

107 Für den urheberrechtlichen Schutz der Werke **deutscher und gleichgestellter Staatsangehöriger**[6] ist es gemäß § 120 Abs. 1 Nr. 1 UrhG unerheblich, ob und wo die Werke **erschienen** sind. Außerdem genügt es bei einem von mehreren **Miturhebern** geschaffenen Werk, dass einer der Miturheber deutscher oder gleichgestellter Staatsangehöriger ist, um den Schutz deutschen Urheberrechts zu erlangen.

108 **Werke ausländischer Staatsangehöriger,** die nicht unter die oben angesprochenen Sonderregelungen fallen, werden durch das deutsche Urheberrecht nach Maßgabe des § 121 UrhG geschützt. Gemäß § 124 UrhG sind diese Regelungen auf den **Leistungsschutz wissenschaftlicher Ausgaben und Lichtbilder** entsprechend anwendbar.

---

[4] BGH, Urt. v. 02.03.1973 – I ZR 132/71 (Kandinsky III), GRUR 1973, 602.
[5] BGH, Urt. v. 21.01.1982 – I ZR 182/79 (Kunsthändler), GRUR 1982, 308, 310.
[6] Hierzu siehe oben, Rn. 103 ff.

§ 121 Abs. 1 UrhG stellt für den Schutz der Werke ausländischer Staatsangehöriger entscheidend darauf ab, ob diese Werke **erstmals in Deutschland erschienen** sind. In diesem Fall sind die Werke unabhängig von der Staatsangehörigkeit des Urhebers geschützt. Ein früheres Erscheinen im Ausland ist dann schädlich, wenn dies mehr als dreißig Tage vor dem Erscheinen in Deutschland geschehen ist. Hierbei sind auch Übersetzungen zu berücksichtigen. Diese Grundsätze gelten gleichermaßen für Werke, die in Deutschland **nur in Übersetzung erschienen** sind. Dieser recht weit gehende Schutz gilt allerdings nur für Werke, die **nach dem Inkrafttreten des** Urheberrechtsgesetzes am 1. Januar 1966 erschienen sind.[7]

109

Der in diesem Zusammenhang relevante **Begriff des Erscheinens** eines Werks ist in § 6 Abs. 2 UrhG dahingehend definiert, dass Vervielfältigungsstücke des Werks nach ihrer Herstellung mit Zustimmung des Berechtigten in genügender Anzahl der Öffentlichkeit angeboten oder in Verkehr gebracht worden sein müssen. Diese Definition des Erscheinens ist für die Verwertung von Werken **im Internet** problematisch, da das Werk in bloßer Datenform auf dem Server eines Providers gespeichert und von dort abgerufen wird. Ein Werk ist aber jedenfalls dann im Internet erschienen, wenn das Werk **für eine gewisse Dauer öffentlich zugänglich**, also nicht nur kurz abrufbar ist.[8]

110

Bei **Werken der bildenden Künste** genügt es gemäß § 6 Abs. 2 Satz 2 UrhG für das Erscheinen, wenn lediglich das Original oder bloß ein Vervielfältigungsstück mit Zustimmung des Berechtigten bleibend der Öffentlichkeit zugänglich gemacht wird. Darüber hinaus sieht § 121 Abs. 2 UrhG vor, dass der Urheberrechtsschutz für solche Werke ausländischer Staatsangehöriger bereits dann eintritt, wenn das **Werk mit einem Grundstück in Deutschland fest verbunden** ist. Der BGH hat diese Voraussetzung beispielsweise für ein bemaltes Segment der Berliner Mauer bejaht.[9]

111

Der oben dargelegte urheberrechtliche Schutz kann gemäß § 121 Abs. 3 UrhG durch eine **Rechtsverordnung** des Bundesministers der Justiz für ausländische Staatsangehörige **beschränkt** werden, sofern deren Heimstaat deutschen Staatsangehörigen keinen ausreichenden Urheberrechtsschutz gewährt. Eine solche Rechtsverordnung wurde jedoch bisher nicht erlassen. Ebenso wenig besteht eine **Bekanntmachung** des Bundesministers der Justiz gemäß § 121 Abs. 4 Satz 2 UrhG, mit der verbindlich festgestellt wird, dass in bestimmten Staaten deutsche Staatsangehörige Urheberrechtsschutz für ihre Werke genießen und deshalb den Angehörigen dieses Staats ein **entsprechender Schutz** gewährt wird.

112

Wesentlich größere praktische Bedeutung hat § 121 Abs. 4 UrhG, der ausländischen Staatsangehörigen urheberrechtlichen Schutz für ihre Werke nach dem **Inhalt der Staatsverträge** gewährt. Hiermit wird die Geltung der oben beschriebenen Grund-

113

---

7 BGH, Urt. v. 11.07.1985 – I ZR 50/83 (Puccini), GRUR 1986, 69, 71.
8 *Marquardt*, in: Wandtke/Bullinger, UrhG, § 6, Rn. 29; *Dreier*, in: Dreier/Schulze, UrhG, § 6, Rn. 16; zum Diskussionsstand vgl. *Süßenberger/Czychkowski*, GRUR 2003, 489 ff.
9 BGH, Urt. v. 24.05.2007 – I ZR 42/04 (Staatsgeschenk), GRUR 2007, 691, 692 [23].

sätze der **Inländerbehandlung**[10] und der Gewährung von **Mindestrechten**[11] festgeschrieben, die sich aus den maßgeblichen Staatsverträgen ergeben. Urheberrechtlicher Schutz in Deutschland wird auf dieser Grundlage immer dann gewährt, wenn der Urheber in Bezug auf sein Werk und seine Staatsangehörigkeit dem **Anwendungsbereich des jeweiligen Staatsvertrags** unterfällt und dort die Anwendung des deutschen Urheberrechtsgesetzes für Angehörige der Vertragsstaaten angeordnet wird; sofern der Schutz davon abhängig gemacht wird, dass **im Heimatstaat ein entsprechender Urheberrechtsschutz** für die Werke deutscher Staatsangehöriger besteht, ist diese Voraussetzung ebenfalls zu prüfen. Maßgeblich sind hierbei insbesondere die RBÜ,[12] das Welturheberrechtsabkommen,[13] das TRIPS-Abkommen,[14] der WIPO Copyright Treaty (WCT)[15] sowie einige bilaterale Abkommen.[16]

114 Eine Besonderheit besteht hinsichtlich des **Folgerechts**, das Urhebern gemäß § 26 UrhG bei Weiterverkauf von Originalen der Werke bildender Künste einen Anteil des Veräußerungserlöses zugesteht. Ausländischen Urhebern wird dieses Recht nur unter der Voraussetzung gewährt, dass der Heimatstaat des Urhebers gemäß einer Bekanntmachung des Bundesministers der Justiz deutschen Staatsangehörigen ein entsprechendes Recht gewährt. Solche Bekanntmachungen existieren bisher nur für Frankreich und Belgien.[17] Deren Staatsangehörigen sind aber als **EU-Bürger** ohnehin **deutschen Staatsangehörigen gleichgestellt**.[18] Für Urheber aus anderen Staaten bleibt allerdings der Rückgriff auf Art. 14ter Abs. 2 RBÜ möglich, wonach die Gewährung des Folgerechts nicht von der Bekanntmachung, sondern alleine **von der entsprechenden Gewährung des Folgerechts im Heimatstaat** abhängt.[19]

115 Schließlich gewährt § 121 Abs. 6 UrhG ausländischen Staatsangehörigen die **Urheberpersönlichkeitsrechte** aus den §§ 12 bis 14 UrhG **uneingeschränkt**. Maßgeblich für den diesbezüglichen Schutz ist somit alleine, dass eine Verletzungshandlung in Deutschland stattfindet, ohne dass es auf die Staatsangehörigkeit ankommt.

4. Ausübende Künstler und Veranstalter

116 Der fremdenrechtliche Schutz **ausübender Künstler** wird durch § 125 UrhG geregelt. Er unterscheidet sich insofern vom Schutz des Urheberrechts, als es neben

---

10 Siehe oben, Rn. 6 f.
11 Siehe oben, Rn. 10 f.
12 Siehe unten, Rn. 202 ff.
13 Siehe unten, Rn. 208.
14 Siehe unten, Rn. 216 ff.
15 Siehe unten, Rn. 219 f.
16 Siehe unten, Rn. 224 f.
17 *Dreier*, in: Dreier/Schulze, UrhG, § 121, Rn. 18.
18 Siehe oben, Rn. 103.
19 BGH, Urt. v. 23.06.1978 – I ZR 112/77 (Jeannot), GRUR 1978, 639, 640; BGH, Urt. v. 21.01.1982 – I ZR 182/79 (Kunsthändler), GRUR 1982, 308, 311.

der Staatsangehörigkeit auch auf den **Ort der geschützten Darbietung** ankommen kann. Als weitere Anknüpfungspunkte kommen der Ort des erstmaligen **Erscheinens eines Bild- oder Tonträgers** und der **Ausstrahlungsort** einer Funksendung in Betracht. Wenn mehrere ausübende Künstler zusammenwirken, ist der fremdenrechtliche Schutz für jeden einzelnen Künstler gesondert zu prüfen.[20]

§ 125 Abs. 1 UrhG bestimmt zunächst, dass die **Darbietungen von deutschen und diesen gleichgestellten Künstlern unabhängig vom Ort der Darbietung geschützt** sind. Dies betrifft insbesondere Verwertungshandlungen in Deutschland, die sich auf Darbietungen im Ausland beziehen. Für **Veranstalter**, deren Leistungen gemäß § 81 UrhG geschützt sind, gilt diese Regelung gleichermaßen, da die Vorschrift ausdrücklich den Schutz der §§ 73 bis 83 UrhG in Bezug nimmt. Dementsprechend hat das OLG München einem deutschen Veranstalter Leistungsschutz für ein Konzert eines amerikanischen Künstlers in Bukarest gewährt.[21]

117

Der Leistungsschutz für **ausländische Künstler** richtet sich nach den Regelungen der § 125 Abs. 2 bis 4, die für den Schutz jeweils einen spezifischen Bezug zu Deutschland voraussetzen. **Darbietungen in Deutschland** genießen nach Abs. 2 stets Leistungsschutz, sofern sich aus den nachfolgenden Regelungen nichts Abweichendes ergibt. Eine solche Ausnahme liegt nach Abs. 3 für Bild- oder Tonträger vor, die mindestens **dreißig Tage früher im Ausland als in Deutschland** erschienen sind. Die Funksendung einer Darbietung eines ausländischen Künstlers ist gemäß Abs. 4 nur im Falle ihrer **Ausstrahlung in Deutschland** geschützt.

118

Darüber hinaus verweist § 125 Abs. 5 UrhG auf den Schutz der **internationalen Staatsverträge**. Für den Schutz ausübender Künstler sind hierbei das Rom-Abkommen,[22] das TRIPS-Abkommen[23] und der WPPT[24] relevant.

119

Schließlich genießen ausländische Künstler gemäß § 125 Abs. 6 UrhG ohne jegliche Einschränkungen – und damit auch ohne Bezug zu Deutschland – das Recht auf **Namensnennung**, den **Schutz vor Entstellung**, das **Aufnahmerecht**, das **Übertragungsrecht** sowie das **Senderecht für die Live-Darbietung**.

120

Der Schutz nach § 125 Abs. 2 bis 4 und 6 läuft gemäß Abs. 7 längstens bis zum Ablauf der in § 82 UrhG festgelegten Fristen und damit **analog zur Schutzfrist deutscher Künstler**. Allerdings wird der Grundsatz der Inländerbehandlung in diesem Zusammenhang unter dem Blickwinkel der Gegenseitigkeit **eingeschränkt**. Sofern der Leistungsschutz für ausübende Künstler im Heimatstaat des Künstlers früher endet, gilt dies auch für den Schutz in Deutschland. Diese Regelung

121

---

20 *Dreier*, in: Dreier/Schulze, UrhG, § 125, Rn. 6; *Braun/v. Welser*, in: Wandtke/Bullinger, UrhG, § 125, Rn. 50.
21 OLG München, Urt. v. 14.11.1996 – 29 U 1615/95 (Michael Jackson), ZUM 1997, 144, 145.
22 Siehe unten, Rn. 209 ff.
23 Siehe unten, Rn. 216 ff.
24 Siehe unten, Rn. 221 f.

wurde jedoch erst mit Wirkung ab dem 1. Januar 1995 eingeführt. Gemäß § 137f Abs. 1 UrhG bleiben damals noch laufende Schutzfristen von diesem Schutzfristenvergleich unberührt.

5. Tonträgerhersteller

122 Der fremdenrechtliche Schutz der **Tonträgerhersteller** gemäß § 126 UrhG ähnelt dem Schutz der ausübenden Künstler: Auch hier genießen zunächst einmal deutsche und gleichgestellte Staatsangehörige bzw. Unternehmen den Leistungsschutz für alle Tonträger **unabhängig vom Erscheinungsort**. Für ausländische Staatsangehörige besteht demgegenüber nur dann ein Leistungsschutz, wenn der Tonträger **nicht mindestens 30 Tage früher im Ausland erschienen** ist. Und auch für die Schutzdauer ist – wie beim Schutz der ausübenden Künstler – ein Fristenvergleich zwischen dem Heimatstaat und der deutschen Frist (hier: gemäß § 85 Abs. 3 UrhG) durchzuführen. Hinzu tritt der Schutz nach Maßgabe der **internationalen Staatsverträge**, namentlich des Rom-Abkommens,[25] des Genfer Tonträger-Abkommens,[26] des TRIPS-Abkommens[27] und des WPPT[28] sowie nach dem Prinzip der Gegenseitigkeit in Zusammenhang mit einer entsprechenden Bekanntmachung, die für Indonesien existiert.[29]

6. Sendeunternehmen

123 Auch der fremdenrechtliche Schutz der Sendeunternehmen gemäß § 127 UrhG verläuft entsprechend. Deutsche und gleichgestellte Sender werden **unabhängig vom Ausstrahlungsort** geschützt, während ausländische Sender nur dann den Leistungsschutz genießen, wenn die Sendung **in Deutschland ausgestrahlt** wird. Ebenso findet in diesem Fall ein Schutzfristenvergleich zwischen der Frist des Heimatstaats und der deutschen Frist (hier: mit der Fünfzigjahresfrist des § 87 Abs. 3 UrhG) statt. Und wiederum gelten ergänzend die **internationalen Staatsverträge**, namentlich das Rom-Abkommen,[30] das Brüsseler Satellitenabkommen[31] und das TRIPS-Abkommen.[32]

7. Datenbankhersteller

124 § 127a UrhG regelt den fremdenrechtlichen Leistungsschutz des Datenbankherstellers gemäß § 87b UrhG, der nicht mit dem urheberrechtlichen Schutz eines Datenbankwerks im Sinne des § 4 Abs. 2 UrhG verwechselt werden darf. Letzterer unterfällt den oben angesprochenen fremdenrechtlichen Bestimmungen in

---

25 Siehe unten, Rn. 209 ff.
26 Siehe unten, Rn. 212 ff.
27 Siehe unten, Rn. 216 ff.
28 Siehe unten, Rn. 221 f.
29 BGBl. 1988 I, S. 2071.
30 Siehe unten, Rn. 209 ff.
31 Siehe unten, Rn. 215.
32 Siehe unten, Rn. 216 ff.

Bezug auf das Urheberrecht.³³ Im Vergleich zu den dortigen Regelungen fällt der **Schutz** für ausländische Staatsangehörige bzw. Unternehmen **gering** aus. Diese werden nämlich **nur im Falle der Gleichstellung** gemäß § 120 Abs. 2 UrhG geschützt oder wenn eine juristische Person nach deutschem Recht oder dem Recht eines gleichgestellten Landes gegründet wurde und darüber hinaus ein **Bezug zu Deutschland** oder einem gleichgestellten Land besteht, der in § 127a Abs. 2 UrhG näher definiert ist. Hintergrund dieser eher dürftigen Regelung ist der Umstand, dass es bisher noch **keine internationalen Staatsverträge** gibt, die das Leistungsschutzrecht des Datenbankherstellers betreffen. Insofern geht auch die Verweisung auf den Schutz solcher Konventionen in Abs. 3 derzeit noch ins Leere.

8. Filmhersteller

Auch für das Leistungsschutzrecht des Filmherstellers gibt es bisher noch keine internationalen Staatsverträge. Dennoch gewährt § 128 Abs. 2 UrhG ausländischen Filmherstellern immerhin dann fremdenrechtlichen Schutz, wenn das Filmwerk **nicht mindestens dreißig Tage früher im Ausland erschienen** ist. Deutsche und gleichgestellte Filmhersteller genießen dagegen Leistungsschutz gemäß § 128 Abs. 1 UrhG **unabhängig vom Erscheinungsort**.

125

II. Internationales Kollisionsrecht

Die Frage, das Recht welchen Staates anwendbar ist, stellt sich zunächst bei **grenzüberschreitenden Urheberrechtsverletzungen**. Das in diesem Fall anwendbare Recht betrifft das Urheberrecht als solches, also ob ein schutzfähiges Werk besteht, ob und welche Rechte übertragbar sind, wer Inhaber der Rechte ist, welchen Inhalt die Rechte haben und wie lange diese Werke geschützt sind. Relevant kann die Frage nach dem anwendbaren Recht aber auch bei **Urheberrechtsverträgen mit Auslandsbezug** werden; dann betrifft das jeweils anwendbare Recht die Gültigkeit des Vertrages und dessen Auslegung.

126

1. Urheberrechtsverletzungen

Bei der Prüfung etwaiger Urheberrechtsverletzungen wird nach dem oben³⁴ dargelegten Territorialitätsprinzip und dem Schutzlandprinzip gemäß Art. 8 Abs. 1 der Rom-II-Verordnung³⁵ jeweils der **Tatort der Urheberrechtsverletzung** relevant. Auf die Herkunft des Werks kommt es dagegen nicht an. Gerade im Bereich der elektronischen Informations- und Kommunikationsdienste ist die Anwendung des dort üblichen Herkunftslandprinzip gemäß § 3 Abs. 4 Nr. 6 TMG für das Urheberrecht ausgeschlossen.

127

Die **Lokalisierung des Tatorts** kann bei Verwertungshandlungen schwierig sein, die sich an mehreren Orten abspielen. Wenn sich auf einer **Internetseite** urheberrechtlich geschützte Inhalte befinden, kann der Inhaber der Internetseite in einem

128

---

33 Siehe oben, Rn. 108 ff.
34 Siehe oben, Rn. 5.
35 Siehe oben, Fn. 6.

ersten Land ansässig sein, während der Abruf von einem anderen Land aus erfolgt und der Server, auf dem die Inhalte gespeichert sind, in einem dritten Land steht. Nach dem **Ubiquitätsgrundsatz** kann dies zur Anwendung mehrerer Rechtsordnungen führen, so dass **in jedem betroffenen Land** zu prüfen ist, ob die Werke dort Urheberrechtsschutz genießen und die jeweilige Handlung dort einen Verletzungstatbestand erfüllt. In dem genannten Beispiel kommt zum einen der Upload auf den Server an dessen Standort als Vervielfältigung (§ 16 UrhG)[36] und zum anderen die öffentliche Zugänglichmachung (§ 19a UrhG)[37] in allen Staaten in Betracht, in denen die Werke abgerufen werden können. Im Falle des Downloads kommt es an dessen Ort zu einer weiteren Vervielfältigung.

129 Aber auch dann, wenn nicht der Abruf des Werks über das Internet erfolgt, sondern im Internet für den **grenzüberschreitenden Erwerb von Werken der angewandten Kunst** im Sinne des § 2 Nr. 4 UrhG geworben wird, kann sich die Frage stellen, wo eine urheberrechtlich relevante Verwertung stattfindet. Dies insbesondere deshalb, weil Art. 2 Abs. 7 RBÜ es den Mitgliedsstaaten vorbehält, die Voraussetzungen für einen Schutz solcher Werke nach eigenem Ermessen festzulegen, der Schutz also insoweit nicht harmonisiert ist. Hieraus resultierende **Schutzunterschiede zwischen verschiedenen Ländern**[38] werden bisweilen ausgenutzt, beispielsweise wenn ausländische Möbelhändler in Deutschland urheberrechtlich geschützte Bauhaus-Möbel[39] im Ausland herstellen lassen – so dass auf die Vervielfältigung (§ 16 UrhG) deutsches Recht nicht anwendbar ist – und der deutschen Kundschaft anbieten, die Möbel im Ausland zu erwerben und sich von dort aus liefern zu lassen. Damit wird relevant, ob in dieser Konstellation eine Verbreitung in Deutschland stattfindet – zumal der EuGH hinsichtlich des Aufstellens von Möbeln entschieden hat, dass für die urheberrechtliche Verbreitung im Sinne des Art. 4 Abs. 1 der Informations-Richtlinie[40] und § 17 UrhG die Übertragung des

---

36 Zur Vervielfältigung allgemein siehe Kap. 2, Rn. 203 ff.
37 Zur öffentlichen Zugänglichmachung allgemein siehe Kap. 2, Rn. 260 ff.
38 Die Schutzstandards wurden jedoch innerhalb der EU zwischenzeitlich weitgehend harmonisiert, indem Art. 17 der Richtlinie 98/71/EG den Mitgliedstaaten ein Nebeneinander von Design- und Urheberrechtsschutz vorschreibt, auch wenn Umfang und Bedingungen des Schutzes den nationalen Regelungen vorbehalten bleibt. Der EuGH, Urt. v. 27.01.2011 – C-168/09 (Flos/Semeraro), GRUR 2011, 216, 218 [41], hat daher entscheiden, dass der Ausschluss von Urheberrechtsschutz für eingetragene Designs, welche die erforderliche Gestaltungshöhe aufweisen, europarechtswidrig ist – andererseits aber eine Umsetzungsverpflichtung aus der Richtlinie nicht für solche Werke besteht, die mangels Eintragung vor Inkrafttreten der Richtlinie keinen Designschutz genossen hatten [33].
39 Zur Schutzfähigkeit von Möbelstücken als Werke der angewandten Kunst in Deutschland vgl. BGH, Urt. v. 27.02.1961 – I ZR 127/59 (Stahlrohrstuhl), GRUR 1961, 635, 638; BGH, Urt. v. 10.12.1986 – I ZR 15/85 (Le-Corbusier-Möbel), GRUR 1987, 903, 904. Die Anforderungen an die Schutzfähigkeit von Werken der angewandten Kunst wurden nach neuerer Rechtsprechung abgesenkt: BGH, Urt. v. 13.11.2013 – I ZR 143/12 (Geburtstagszug), GRUR 2014, 175.
40 Siehe Rn. 238 ff.

Eigentums an dem betroffenen Werk ein wesentliches Kriterium ist[41] – und diese findet in der oben beschriebenen Sachlage im Ausland statt.

Der EuGH hat hierzu jedoch entscheiden, dass auch in dem Mitgliedstaat, in das die Lieferung erfolgt, eine **Verbreitungshandlung** vorgenommen wird, wenn die **Werbung** für den Kauf der Möbel auf dort ansässige Mitglieder der Öffentlichkeit ausgerichtet ist und ein **spezifisches Lieferungssystem** und **spezifische Zahlungsmodalitäten** geschaffen wird.[42] Im Anschluss daran hat der EuGH die bloße Werbung ausdrücklich als Verbreitungshandlung angesehen – und zwar sogar unabhängig davon, ob es im Anschluss daran zu einer Eigentumsübertragung kommt.[43] *130*

In den beschriebenen Fällen ist also deutsches Urheberrecht anwendbar, auch wenn wesentliche Teile der **Verwertung im Ausland** stattfinden. Auf dieser Grundlage konnten die **Verbreitungshandlungen in Deutschland** untersagt werden, wo die Möbel urheberrechtlich geschützt sind, unabhängig von der Urheberrechtslage im Ausland. *131*

Zu beachten ist allerdings eine Sonderregelung für **Fernsehsendungen via Satellit**. Für diese käme nach den obigen Maßstäben eine Sendung in sämtlichen Empfangsländern in Betracht, wie dies für die öffentliche Zugänglichmachung im Internet gilt. In der Satelliten- und Kabel-Richtlinie[44] hat sich der europäische Gesetzgeber jedoch in Art. 1 Abs. 2 lit. b) dafür entschieden, den **Ort der öffentlichen Wiedergabe** auf den Mitgliedstaat zu begrenzen, in dem die programmtragenden Signale unter Kontrolle des Sendeunternehmens und auf dessen Verantwortung **in eine ununterbrochene Kommunikationskette eingegeben werden**, die zum Satelliten und zurück zur Erde führt. Der Empfang des Signals in anderen Mitgliedstaaten ist daher urheberrechtlich unbeachtlich. Der deutsche Gesetzgeber hat diese Regelung in § 20a Abs. 1 UrhG umgesetzt. *132*

2. Urheberrechtsverträge

Die Frage, welches Recht auf Urheberrechtsverträge in Bezug auf deren Gültigkeit und Auslegung anzuwenden ist, wird in Deutschland durch die sog. **Rom-I-Verordnung**[45] geregelt. Diese unmittelbar anwendbare EU-Verordnung hat das Europäische Schuldvertragsübereinkommen (EVÜ)[46] abgelöst. Gemäß Art. 28 Rom- *133*

---

41 EuGH, Urt. v. 17.04.2008 – C-456/06 (Peek&Cloppenburg KG/Cassina SpA, Le-Corbusier-Möbel), GRUR 2008, 604; so nachfolgend dann auch der BGH, Urt. v. 22.01.2009 – I ZR 247/03 (Le-Corbusier-Möbel II), GRUR 2009, 840.
42 EuGH, Urt. v. 21.06.2012 – C-5/11 (Donner), GRUR 2012, 817; so nachfolgend dann auch der BGH, Urt. v. 11.10.2012 – 1 StR 213/10 (Italienische Bauhausmöbel), GRUR 2013, 62.
43 EuGH, Urt. v. 13.05.2015 – C-516/13 (Dimensione ua./Knoll), GRUR 2015, 665.
44 Siehe unten, Rn. 232 f.
45 Verordnung (EG) Nr. 593/2008 des Europäischen Parlaments und des Rates v. 17.06.2008 über das auf vertragliche Schuldverhältnisse anzuwendende Recht, Amtsbl. EG Nr. L 177/6 v. 04.07.2008.
46 Übereinkommen von Rom über das auf vertragliche Schuldverhältnisse anzuwendende Recht von 1980, Amtsbl. EG Nr. C 27/34 v. 26.01.1998.

I-VO ist das neue Recht für **ab dem 17. Dezember 2009** abgeschlossene Verträge anwendbar. Ältere Verträge richten sich nach den Regelungen in Art. 27 bis 37 EGBGB aF., durch die das EVÜ in deutsches Recht umgesetzt wurde. Gemäß Art. 220 EGBGB ist allerdings auf vor dem 1. September 1986 abgeschlossene Verträge das vorherige – nicht kodifizierte – Internationale Privatrecht anwendbar, das sich gewohnheitsrechtlich herausgebildet hatte und nach ständiger Rechtsprechung in erster Linie auf den Parteiwillen abstellte.[47]

134 Zu beachten ist allerdings, dass die Bestimmung des **materiell anwendbaren Rechts** stets nach dem **Internationalen Privatrecht des Staates** erfolgt, in dem das **angerufene Gericht** liegt (lex fori). Die nachfolgenden Ausführungen betreffen demnach **Verfahren in Deutschland** – bei Rechtsstreiten in anderen Ländern ist das dortige Internationale Privatrecht maßgeblich. Innerhalb der EU ist diese Unterscheidung jedoch aufgrund der beschriebenen Harmonisierung irrelevant. In der Schweiz gilt demgegenüber das dortige Bundesgesetz über das Internationale Privatrecht (IPRG),[48] das sich aber weitgehend an ähnlichen Kriterien wie die EU-Regelungen orientiert.

a) Rechtswahl

135 Art. 3 Abs. 1 Rom-I-Verordnung (Rom-I-VO)[49] bestimmt (ebenso wie Art. 27 Abs. 1 EGBGB), dass die Vertragsparteien das auf den Vertrag **anzuwendende Recht frei bestimmen** können. Dies entspricht dem auch zuvor geltenden Grundsatz des Vorrangs des Parteiwillens.[50] Die Rechtswahl muss entweder **ausdrücklich** erfolgen oder sich **eindeutig**[51] aus den **Vertragsbestimmungen** oder den **Umständen** ergeben. Hierbei ist gemäß Erwägungsgrund Nr. 12 der Rom-I-VO insbesondere die Vereinbarung eines **ausschließlichen Gerichtsstands** für alle Streitigkeiten aus einem Vertrag zu berücksichtigen.[52] Es ist auch möglich, das anwendbare Recht erst **im Nachhinein** – beispielsweise noch während eines Gerichtsverfahrens – zu wählen. Außerdem kann die Rechtswahl durchaus auch nur einen **Teil des Vertrags** betreffen.

136 Die Rechtswahl hat jedoch auch **Grenzen**. Bezieht sich der Vertrag vollständig auf ein anderes als das Land, dessen Recht gewählt wurde, so sind die **zwingenden Normen** des betroffenen Landes nach Art. 3 Abs. 3 Rom-I-VO in jedem Falle anzuwenden. Gleiches gilt gemäß Art. 3 Abs. 4 Rom-I-VO für die zwingenden Normen des EU-Rechts, wenn sich der Vertrag vollständig auf einen oder mehre-

---

47 BGH, Urt. v. 04.07.1969 – V ZR 69/66, NJW 1969, 1760 f.; BGH, Urt. v. 30.03.1976 – VI ZR 143/74, NJW 1976, 1581, 1582 (jeweils mwN.).
48 Bundesgesetz über das Internationale Privatrecht v. 18.12.1987, AS 1988, 1776.
49 Siehe Fn. 64.
50 BGH, Urt. v. 04.07.1969 – V ZR 69/66, NJW 1969, 1760 f.; BGH, Urt. v. 30.03.1976 – VI ZR 143/74, NJW 1976, 1581, 1582 (jeweils mwN.).
51 Bzw. nach Art. 27 Abs. 1 EGBGB aF. „mit hinreichender Sicherheit".
52 Auch dies entspricht der ständigen Rechtsprechung zur früheren Rechtslage, vgl. BGH, Urt. v. 13.06.1996 – IX ZR 172/95, NJW 1996, 2569.

re EU-Staaten bezieht. Im Rahmen des deutschen Urhebervertragsrechts betrifft dies vor allem die Ansprüche des Urhebers auf **angemessene Vergütung** gemäß § 32 UrhG und auf weitere Beteiligung gemäß § 32a UrhG. Darüber hinaus ist für angestellte Urheber und Leistungsschutzberechtigte Art. 8 Abs. 1 Rom-I-VO[53] zu beachten, wonach den **Arbeitnehmer schützende zwingende Bestimmungen** des nach Art. 8 Abs. 2 bis 4 Rom-I-VO anwendbaren Rechts nicht abbedungen werden können.

b) Keine Rechtswahl

Haben die Parteien **keine Rechtswahl getroffen,** so bestimmt sich das auf Urheberrechtsverträge anwendbare Recht nach Art. 4 Rom-I-VO. Die Sonderregelungen des Abs. 1 sind hierbei nicht einschlägig. Insbesondere handelt es sich bei einem urheberrechtlichen Lizenzvertrag nicht um einen Dienstleistungsvertrag im Sinne des Art. 4 Abs. 1 lit. b) Rom-I-VO.[54] Daher ist gemäß Abs. 2 zunächst der **gewöhnlichen Aufenthalt** derjenigen Vertragspartei maßgeblich, welche die charakteristische Leistung des jeweiligen Vertrages zu erbringen hat. Hierbei wird üblicherweise unterschieden: Grundsätzlich erbringt der **Urheber als Lizenzgeber** die charakteristische Leistung – es sei denn, dem Lizenznehmer werden ausschließliche Lizenzrechte eingeräumt und dieser ist zur Ausübung der eingeräumten Rechte verpflichtet,[55] wie regelmäßig bei **Verlagsverträgen**.[56]

137

Allerdings genießt nach Art. 4 Abs. 3 und 4 Rom-I-VO das Recht des Staats mit einer bzw. der **engsten Verbindung zu dem Vertrag** den Vorrang gegenüber dem nach Abs. 2 bestimmten Staat.[57] Eine solche engere Verbindung kann sich beispielsweise daraus ergeben, dass sich der Gegenstand eines mit einem Urheberrechtsvertrag verbundenen **Auftrags auf einen bestimmten Ort bezieht**. So hat der BGH angenommen, dass ein Vertrag eines in Frankreich ansässigen Hotelunternehmens über ein dort gelegenen Hotels mit einem in Deutschland wohnhaften Fotografen wegen des engeren Bezugs zu Frankreich dem dortigen Recht unterliegt.[58]

138

---

53 Gleiches galt nach Art. 30 EGBGB aF.
54 Vgl. EuGH, Urt. v. 23.04.2009 – C-533/07 (Falco Privatstiftung u. a./Weller-Lindhorst), GRUR 2009, 753, 755 f., zur Definition des Dienstleistungsvertrages in Art. 5 Nr. 1 lit. b) EuGVVO aF.; die dortigen Überlegungen sind auf Art. 4 Abs. 1 lit. b) Rom-I-VO in Anbetracht des beschriebenen Zusammenhangs zwischen Gerichtsstand und Rechtswahl weitgehend übertragbar.
55 *Dreier*, in: Dreier/Schulze, UrhG, vor §§ 120 ff, Rn. 52; *Walter*, in: Loewenheim, UrhR, § 57 Rn 167; *v. Welser*, in: Wandtke/Bullinger, UrhG, vor §§ 120 ff., Rn. 24.
56 BGH, Urt. v. 29.03.2001 – I ZR 182/98 (Lepo Sumera), GRUR Int. 2002, 170, 171; noch weitergehender BGH, Urt. v. 29.03.1960 – I ZR 1/59 (Comics), GRUR 1960, 447, 448, wonach bei Verlagsverträgen auch ohne Ausübungspflicht auf den Sitz des Verlags abzustellen sei.
57 Dem entsprach die Regelung in Art. 28 EGBGB aF.
58 BGH, Urt. v. 24.09.2014 – I ZR 35/11 (Hi-Hotel II), GRUR 2015, 264, 267 f. [45 f.],

c) Eingriffsnormen

139 Unabhängig davon, ob sich das anwendbare Recht aus einer Rechtswahl oder aus der gesetzlichen Bestimmung ergibt, sind gemäß Art. 9 Rom-I-VO[59] stets die sog. Eingriffsnormen des Rechts des angerufenen Gerichts zu beachten. Hierbei handelt es sich um **zwingende Vorschriften**, deren Einhaltung als entscheidend für die **Wahrung des öffentlichen Interesses** angesehen wird. Dazu wird neben den bereits oben[60] angesprochenen §§ 32, 32a UrhG – bisweilen auch die **Zweckübertragungsregel** des § 31 Abs. 5 UrhG gezählt, die als wesentlicher Grundsatz des deutschen Urhebervertragsrechts international-privatrechtlich nicht zur Disposition gestellt werden könne.[61] Diese Ansicht hat der BGH jedoch jüngst abgelehnt.[62]

Randnummern 140–199 einstweilen frei.

---

59 Wie schon zuvor gemäß Art. 34 EGBGB aF.
60 Siehe oben, Rn. 136.
61 OLG Köln, Urt. v. 28.01.2011 – 6 U 101/10, ZUM 2011, 574, 576; aA. *v. Welser*, in: Wandtke/Bullinger, UrhG, § 32b, Rn. 2.
62 BGH, Urt. v. 24.09.2014 – I ZR 35/11 (Hi-Hotel II), GRUR 2015, 264, 267 [43].

C. Harmonisierung auf supranationaler Ebene

Für den weltweiten Schutz der Urheberrechte sind die Bestrebungen der Nationalstaaten, ein **Netzwerk von Staatsverträgen** zum Zwecke des gegenseitigen Schutzes der Urheber der beteiligten Mitgliedstaaten zu knüpfen, von wesentlicher Bedeutung. Dies geschah und geschieht zum einen durch den **Abschluss weltweiter internationaler Staatsverträge**, die einen **Mindestschutz** und die **Inländerbehandlung** garantieren sollen, und zum anderen in der EU durch Regelungen, die vor allem der Schaffung eines **harmonisierten gemeinsamen Marktes** dienen.

200

I. Internationale Staatsverträge

Für die Anwendung der multilateralen und bilateralen Staatsverträge kommt es jeweils entscheidend auf die **beteiligten Mitgliedstaaten** und auf die **betroffenen Regelungsbereiche** an. Hierbei stehen die Staatsverträge **nebeneinander**, so dass sie sich gegenseitig ergänzen. Wenn nach einem Staatsvertrag kein Urheberrechtsschutz besteht, kann dieser dennoch auf Grundlage eines anderen Vertrages gegeben sein. Nachfolgend werden die **Grundzüge** der für das deutsche Urheberrecht **wichtigsten Staatsverträge** dargestellt.

201

1. Revidierte Berner Übereinkunft (RBÜ)

Die **Revidierte Berner Übereinkunft** zum Schutz von Werken der Literatur und Kunst (RBÜ)[1] ist – schon aus historischen Gründen – einer der **bedeutendsten Staatsverträge** für den internationalen Urheberrechtsschutz. Die ursprüngliche Berner Übereinkunft aus dem Jahre 1886 wurde mehrmals revidiert, letztmalig in Paris 1971. Die Bedeutung des Abkommens ist nochmals gestiegen, nachdem **auch die USA** 1989, **China** 1992 und **Russland** 1995 der RBÜ beitraten.[2]

202

Nach Art. 2 Abs. RBÜ werden **alle Erzeugnisse auf dem Gebiet der Literatur, Wissenschaft und Kunst**, ohne Rücksicht auf die Art und Form des Ausdrucks geschützt. Dieser sehr weite Schutz, der nach Art. 2 Abs. 3 auch für **Übersetzungen, Bearbeitungen, musikalischen Arrangements und andere Umarbeitungen** gilt, kann nach Maßgabe der weiteren Absätze in gewissem Maße durch die Verbandsländer **eingeschränkt** werden. Dies gilt insbesondere für Werke der angewandten Kunst. Eine bestimmte **Werkhöhe** wird allerdings durch die RBÜ nicht gefordert.[3] Gemäß Art. 5 Abs. 2 S. 1 RBÜ darf die Gewährung des Urheberrechtsschutzes **nicht mit Förmlichkeiten verbunden** sein. Der Schutz gilt nach Art. 18

203

---

1 Pariser Fassung v. 24.07.1971, BGBl. 1973 II, S. 1069.
2 Die jeweils aktuelle Liste der Mitgliedstaaten ist abrufbar unter http://www.wipo.int/treaties/en/ip/berne (letzter Abruf: 17.10.2015).
3 *v. Lewinski*, in: Loewenheim, UrhR, § 57 Rn 22.

RBÜ für alle Werke, die beim Inkrafttreten oder beim Beitritt eines Landes im Ursprungsland noch nicht aufgrund des Ablaufs der Schutzdauer Gemeingut geworden sind.

204 Der **persönliche Anwendungsbereich** wird durch Art. 3 und Art. 4 RBÜ definiert. Geschützt werden zunächst die Werke von Urhebern, die einem **Verbandsland angehören** oder dort ihren **gewöhnlichen Aufenthalt** haben, aber auch die Werke anderer Staatsangehöriger, sofern die **Veröffentlichung erstmals in einem Verbandsland** erfolgte. Darüber hinaus werden die Urheber von **Filmwerken** geschützt, deren Hersteller ihren Sitz oder ihren **gewöhnlichen Aufenthalt** in einem Verbandsland haben, und Urheber von Werken der **Baukunst**, die in einem Verbandsland errichtet sind, sowie Werke der **graphischen und plastischen Künste**, die Bestandteile eines in einem Verbandsland gelegenen Grundstücks sind.

205 Der bereits oben[4] angesprochene Grundsatz der **Inländerbehandlung** wird durch Art. 5 Abs. 1 RBÜ gewährleistet. Demnach werden allen geschützten Urhebern die in den Verbandsländern jeweils für die eigenen Staatsangehörigen geltenden Rechte gewährt – mit Ausnahme des Ursprungslandes, das durch Art. 5 Abs. 4 RBÜ definiert wird. Eine bedeutende **Ausnahme** von diesem Grundsatz stellt allerdings der in Art. 7 Abs. 8 RBÜ vorgesehene **Schutzfristenvergleich** dar. Dieser gestattet es den Verbandsländern, Werken aus anderen Verbandsländern nur für die Dauer der dortigen Schutzfrist Urheberrechtsschutz zu gewähren, wobei Art. 7 Abs. 1 RBÜ eine Schutzdauer von fünfzig Jahren nach dem Tod des Urhebers vorsieht.

206 Darüber hinaus gewährt die RBÜ den geschützten Urhebern gewisse **Mindestrechte**, namentlich Urheberpersönlichkeitsrechte (Art. 6bis), das Vervielfältigungsrecht (Art. 9), das Recht auf Übersetzung (Art. 8) und sonstige Bearbeitungen (Art. 12), das Aufführungsrecht (Art. 11), das Senderecht (Art. 11bis), das Vortragsrecht (Art. 11ter) und das Verfilmungsrecht (Art. 14). Auch diese Rechte werden in allen Verbandsländern **mit Ausnahme des Ursprungslandes** gewährt.

207 Die Mindestrechte können in bestimmten Fällen durch **Schrankenregelungen** eingeschränkt werden. Hier sticht vor allem der **Drei-Stufen-Test** des Art. 9 Abs. 2 RBÜ heraus, der als Generalklausel **Ausnahmen zum Vervielfältigungsrecht** erlaubt, wenn bestimmte Vervielfältigungen weder die normale Auswertung beeinträchtigen noch die berechtigten Interessen der Urheber unzumutbar verletzen. Weitere Schranken betreffen die **Zitierfreiheit** (Art. 10 Abs. 1 RBÜ), Nutzungen zur **Veranschaulichung des Unterrichts** (Art. 10 Abs. 2 RBÜ) und zur **Information über Tagesereignisse** (Art. 10bis Abs. 1 und Art. 2bis Abs. 2 RBÜ), **ephemere Vervielfältigungen** (Art. 11bis Abs. 3 RBÜ) und die **Einführung von Zwangslizenzen** in Verbindung mit einer **gesetzlichen Vergütung** (Art. 11bis Abs. 2 und Art. 13 RBÜ).

---

4 Siehe oben, Rn. 6 f.

2. Welturheberrechtsabkommen (WUA)

Eine **deutlich geringere Bedeutung als die RBÜ** hat das gleichzeitig mit dessen letzter Fassung abgeschlossene Welturheberrechtsabkommen (WUA),[5] seitdem die USA, die Russische Föderation und China der RBÜ beigetreten sind. Nach Art. XVII WUA und der diesbezüglichen Zusatzerklärung genießt die **RBÜ Vorrang vor dem WUA**. Zudem binden die im WUA vorgesehenen Verpflichtungen zur Einführung von Mindestrechten lediglich die Vertragsstaaten, ohne dass sich die Urheber selbst unmittelbar auf diese Rechte berufen können.[6]

3. Rom-Abkommen

Das Internationale Abkommen über den Schutz der **ausübenden Künstler**, der **Hersteller von Tonträgern** und der **Sendeunternehmen**, das am 26. Oktober 1961 in Rom abgeschlossen wurde (Rom-Abkommen) stellt – ähnlich wie die RBÜ für das Urheberrecht – das älteste Abkommen **für den Bereich der Leistungsschutzrechte** dar, deren geschützter Personenkreis sich aus Art. 3 ergibt. Der Urheberrechtsschutz an den Werken, auf die sich die geschützten Leistungen beziehen, bleibt gemäß Art. 1 unberührt.

Ähnlich wie die RBÜ beruht auch das Rom-Abkommen auf den Grundsätzen der **Inländerbehandlung** und des **Mindestschutzes**. Der Schutz ist allerdings deutlich schwächer ausgestaltet, indem **zahlreiche Einschränkungen** der Inländerbehandlung vorgesehen und die **Möglichkeit von Vorbehalten** im Hinblick auf die Gegenseitigkeit des zwischen den betroffenen Staaten bestehenden Schutzes vorgesehen sind. Für die Inländerbehandlung ausübender Künstler kommt es zudem nicht auf deren Staatsangehörigkeit an, sondern auf den **Ort der Darbietung** oder deren Festlegung bzw. auf den Schutz der Sendung der Darbietung. Der **Ort der geschützten Leistung** ist auch für Tonträgerhersteller und Sendeunternehmen maßgeblich. In beiden Fällen ist aber auch eine **Anknüpfung an die Staatsangehörigkeit** bzw. **an den Sitz** in einem Verbandsland möglich.

An **Mindestrechten** sind für **ausübende Künstler** gemäß Art. 7 Rom-Abkommen die Rechte auf **Sendung** und **öffentliche Wiedergabe** einer Darbietung, auf **Festlegung** einer noch nicht festgelegten Darbietung und auf **Vervielfältigung** einer Festlegung der Darbietung sowie gemäß Art. 12 ein **Vergütungsanspruch** für die Benutzung von Tonträgern mit Darbietungen dieser Künstler vorgesehen. Für **Tonträgerhersteller** besteht neben einem entsprechenden **Vergütungsanspruch** das Mindestrecht der **Vervielfältigung** gemäß Art. 10 Rom-Abkommen. **Sendeunternehmen** genießen als Mindestrechte nach Art. 13 Rom-Abkommen die Rechte auf **Weitersendung**, auf **Festlegung** und auf bestimmte **Vervielfältigungen** von Festlegungen sowie auf das Recht der **öffentlichen Wiedergabe** an nur gegen Zahlung eines Eintrittsgeldes zugänglichen Örtlichkeiten. Auch insoweit bestehen jedoch zahlreiche Einschränkungsmöglichkeiten für die Verbandsländer.

---

5   Pariser Fassung v. 24.07.1971, BGBl. 1973 II, S. 1111.
6   v. Welser, in: Wandtke/Bullinger, UrhG, § 121, Rn. 18.

Als **Mindestschutzdauer** ist in Art. 14 Rom-Abkommen ein Zeitraum von **zwanzig Jahren** ab dem Zeitpunkt der geschützten Leistung vorgesehen.

4. Genfer Tonträgerabkommen (GTA)

212 Das kleine „Stiefkind" des Rom-Abkommens[7] ist das am 29. Oktober 1971 in Genf abgeschlossene Übereinkommen zum Schutz der Hersteller von Tonträgern gegen die unerlaubte Vervielfältigung ihrer Tonträger (Genfer Tonträgerabkommen, GTA).[8] Für dieses Abkommen bestand vor allem deshalb ein Bedarf, weil einige Länder zwar Tonträgerhersteller, nicht aber ausübende Künstler schützen wollten, so dass diese nicht dem Rom-Abkommen beitreten konnten.[9]

213 Das GTA schützt Tonträgerhersteller aus allen Verbandsländern, denen einen Schutz gegen die **unberechtigte Herstellung von Vervielfältigungsstücken** und gegen deren **Einfuhr zum Zwecke der Verbreitung an die Öffentlichkeit** sowie die **Verbreitung** selbst gewährt wird (Art. 2 GTA). Dabei steht das Mittel der Gewährung dieses Schutzes den Mitgliedsstaaten frei. Nach Art. 3 GTA kommen hierfür das **Urheberrecht**, die Einführung eines **besonderen Rechts** – wie in Deutschland das Leistungsschutzrecht des § 85 UrhG – das Recht des **unlauteren Wettbewerbs** oder **Strafbestimmungen** in Betracht.

214 Die **Mindestschutzdauer** beträgt **zwanzig Jahre**, vgl. Art. 4 GTA. **Beschränkungen** sind nach Art. 6 GTA entsprechend den nationalen Vorschriften zu **Urheberrechtsschranken** möglich. Allerdings bestehen **besondere Voraussetzungen für Zwangslizenzen**.

5. Brüsseler Satellitenabkommen

215 Auch für **Sendeunternehmen** existiert neben dem Rom-Abkommen ein weiterer Staatsvertrag: das Übereinkommen über die Verbreitung der durch Satelliten übertragenen programmtragenden Signale, das am 21. Mai 1974 in Brüssel abgeschlossen wurde (Brüsseler Satellitenabkommen).[10] Es dient dem Zweck, die **Satellitensignale** von Sendeunternehmen mit Sitz einem Verbandsland gegen die **Weiterverbreitung** in einem anderen Verbandsland zu schützen (Art. 2 Abs. 1). Eine Mindestschutzdauer ist nicht vorgesehen. Vielmehr kann nach Art. 2 Abs. 2 jeder Vertragsstaat eigenständig über die Schutzdauer entscheiden. Die Vertragsstaaten sind darüber hinaus gemäß Art. 4 frei, **Einschränkungen** zugunsten der Berichterstattung über **Tagesereignisse** und **Zitaten** sowie in Entwicklungsländern auch zu **Zwecken des Unterrichts und der wissenschaftlichen Forschung** vorzusehen.

---

7 Zum Rom-Abkommen siehe Rn. 209 ff.
8 BGBl. 1973 II, S. 1669.
9 v.Lewinski, in: Loewenheim, UrhR, § 57 Rn 56.
10 BGBl. 1979 II, S. 114.

6. TRIPS-Übereinkommen

Das sog. TRIPS-Übereinkommen (TRIPS für Trade-Related Aspects of Intellectual Property Rights)[11] ist eine der drei Hauptsäulen der *Welthandelsorganisation (WTO)*[12] und gilt in Deutschland seit dem 1. Januar 1995. Es **baut auf der RBÜ auf**,[13] indem deren Art. 1 bis 21 und deren Anhang gemäß Art. 9 TRIPS ausdrücklich einbezogen werden, allerdings mit der **Ausnahme der Urheberpersönlichkeitsrechte** des Art. 6bis RBÜ. Als weiteres Mindestrecht tritt gemäß Art. 11 TRIPS ein **Vermietrecht** an Computerprogrammen und Filmwerken hinzu.

216

In Bezug auf **Leistungsschutzrechte** baut das TRIPS-Übereinkommen auf dem **Rom-Abkommen**[14] auf. Darüber hinaus sieht Art. 14 TRIPS als Mindestrecht das ausschließliche Vermietrecht für Tonträgerhersteller sowie eine Mindestschutzfrist von fünfzig Jahren vor.

217

Eine Besonderheit stellt die **Meistbegünstigungsklausel** des Art. 4 TRIPS dar. Nach dieser Regelung werden alle Vorteile, die dem Mitglied eines anderen Landes gewährt werden, gleichzeitig den Angehörigen aus allen anderen Mitgliedsländern gewährt. **Ausgenommen hiervon** sind allerdings insbesondere die Regelungen der **RBÜ** und des **Rom-Abkommens**, die auf der gegenseitigen Gewährung von Vergünstigungen zweier Verbandsländer beruhen.

218

7. WIPO Copyright Treaty (WCT)

Nachdem im Jahre 1967 durch ein völkerrechtliches Abkommen[15] die *Weltorganisation für geistiges Eigentum* (englisch: *World Intellectual Property Organization*, abgekürzt: *WIPO*) geschaffen worden war, wurde im Rahmen dieser Organisation am 20. Dezember 1996 der WIPO-Urheberrechtsvertrag (englisch: WIPO Copyright Treaty, abgekürzt: WCT)[16] abgeschlossen. Hierbei handelt es sich ausweislich Art. 1 Abs. 1 WCT um ein Sonderabkommen im Sinne des Art. 20 RBÜ,[17] das demnach **nur Bestimmungen** enthalten darf, **die über den in der RBÜ vorgesehenen Schutz hinausgehen** oder andere Bestimmungen, **die der RBÜ nicht zuwiderlaufen**. Daher bezieht Art. 1 Abs. 4 WCT – ähnlich wie das TRIPS-Abkommen[18] – die Art. 1 bis 21 und den Anhang der RBÜ vollständig in den Schutz des Abkommens ein.

219

---

11 Übereinkommen über handelsbezogene Aspekte der Rechte des geistigen Eigentums v. 15.04.1994, BGBl. 1994 II, S. 1438.
12 Hauptsäulen der WTO sind die Abkommen General Agreement on Tariffs and Trade (GATT), General Agreement on Trade in Services (GATS) und Trade Related Aspects of Intellectual Property Rights (TRIPS).
13 Zur RBÜ siehe Rn. 202 ff.
14 Siehe Rn. 209 ff.
15 Übereinkommen zur Errichtung der Weltorganisation für geistiges Eigentum v. 14.07.1967, BGBl. 1970 II, S. 293.
16 BGBl. 2003 II, S. 754.
17 Zur RBÜ siehe Rn. 209 ff.
18 Siehe Rn. 216 ff.

220 Die große Bedeutung des WCT liegt darin, dass **weitere Mindestrechte** eingeführt wurden. Dies betrifft zunächst das in Art. 6 Abs. 1 WCT vorgesehene **Verbreitungsrecht**, also das Recht, das Original und Vervielfältigungsstücke von Werken aller Art durch Verkauf oder sonstige Eigentumsübertragung der Öffentlichkeit zugänglich zu machen.[19] Nach Art. 6 Abs. 2 WCT steht es den Vertragsstaaten frei, eine Regelung über die Erschöpfung dieses Rechts durch den ersten mit Zustimmung des Urhebers erfolgten Verkauf zu entscheiden. Art. 7 WCT sieht ein **Vermietrecht** vor, das – über die im TRIPS-Abkommen vorgesehenen Schutzberechtigten hinaus – auch für Urheber von **auf Tonträger aufgenommenen Werken** gilt. Außerdem sieht Art. 8 WCT das Recht auf **öffentliche Wiedergabe** vor, das sich auch auf die öffentliche **Zugänglichmachung im Internet** erstreckt.

8. WIPO Performances and Phonograms Treaty (WPPT)

221 Parallel zum WCT wurde am 20. Dezember 1996 der WIPO-Vertrag über Darbietungen und Tonträger (englisch: WIPO Performances and Phonograms Treaty, abgekürzt: WPPT) abgeschlossen.[20] Der WPPT lehnt sich stark an das **Rom-Abkommen**[21] an und verweist insbesondere in Art. 3 Abs. 2 WPPT hinsichtlich der Anknüpfungspunkte für den **Schutz der ausübenden Künstler und Tonträgerhersteller** auf die dortigen Regelungen.

222 Der WPPT sieht die gleichen **Mindestrechte** wie der WCT vor, nämlich das **Verbreitungsrecht** (Art. 8 und Art. 12 WPPT), das **Vermietrecht** (Art. 9 und Art. 13 WPPT) und das **Recht auf öffentliche Wiedergabe** einschließlich der **öffentlichen Zugänglichmachung im Internet** (Art. 10 und Art. 14 WPPT). Darüber hinaus sieht Art. 6 WPPT für ausübende Künstler die Rechte auf **Festlegung, Funksendung und öffentliche Wiedergabe von Live-Darbietungen** und Art. 15 WPPT einen **Vergütungsanspruch für die Zweitnutzung von Tonträgern** sowohl für ausübende Künstler als auch für Tonträgerhersteller. Völlig neu hinzugetreten sind die in Art. 5 WPPT geregelten **Persönlichkeitsrechte für ausübenden Künstler**. Zudem legt Art. 17 WPPT die **Mindestschutzdauer** auf **fünfzig Jahre** fest, was gegenüber dem im Rom-Abkommen statuierten Zeitraum von zwanzig Jahren eine erhebliche Ausweitung darstellt.

9. Vertrag von Marrakesch von 2013

223 Der jüngste internationale Staatsvertrag auf dem Gebiet des Urheberrechts ist der am 27. Juni 2013 abgeschlossene Vertrag von Marrakesch, mit dem der **Zugang zu veröffentlichten Werken für blinde, sehbehinderte oder sonst lesebehinderte Personen** erleichtert wird.[22] Der Vertrag ist von der EU und Deutschland zwar bereits unterzeichnet, aber **noch nicht ratifiziert** worden und tritt erst nach Ratifi-

---

19 Hierzu allgemein siehe Kap. 2, Rn. 215 ff.
20 BGBl. 2003 II, S. 754.
21 Siehe Rn. 209 ff.
22 http://ec.europa.eu/internal_market/copyright/docs/wipo/130627_marrakesh-treaty_de.pdf (letzter Abruf: 17.10.2015).

kation durch zwanzig Vertragsstaaten in Kraft. Er bezweckt zahlreiche Erleichterungen für **Behinderte** in Bezug auf den Zugang zu urheberrechtlich geschützten **Büchern, Periodika und anderen Texten sowie zu Partituren von Musikstücken**. Die hierbei betroffenen Urheberrechte sind von den Vertragsstaaten einzuschränken, so dass die **erforderliche Umwandlung in zugängliche Formate** erlaubt ist.

10. Bilaterale Staatsverträge

Aufgrund der mittlerweile vorhandenen starken Akzeptanz der multilateralen Staatsverträge nimmt die Bedeutung bilateraler Abkommen stark ab. Aktuell ist lediglich noch das mit dem **Iran** abgeschlossene Abkommen vom 24. Februar 1930 relevant.[23]

Weiterhin von Bedeutung kann aber immer noch das **deutsch-amerikanische Abkommen von 1892** sein – auch wenn die USA mittlerweile der RBÜ[24] und dem TRIPS-Abkommen[25] beigetreten sind. Dies gilt zunächst deshalb, weil das Abkommen **geringere Einschränkungen der Inländerbehandlung** vorsieht als die RBÜ und das TRIPS-Abkommen und sich hieraus ein stärkerer Schutz für US-amerikanische Urheber in Deutschland und deutsche Urheber in den USA ergeben kann.[26] Vor allem aber ist das Abkommen in Zusammenhang mit den nachfolgend abgeschlossenen Staatsverträgen bei der **Berechnung der Schutzdauer** älterer Werke US-amerikanischer Urheber zu berücksichtigen, zumal diese Staatsverträge bereits vor deren Inkrafttreten gemeinfrei gewordene Werke nicht schützen. Ein schulmäßiges Beispiel für die Anwendung dieser Grundsätze lieferte der BGH in der Entscheidung „Tarzan".[27]

II. Europäisches Urheberrecht

Eines der wesentlichen Ziele der EU besteht darin, einen **Gemeinsamen Markt** aller Mitgliedsstaaten zu schaffen. Um Handelshemmnisse abzubauen, verwendet die EU auf dem Gebiet des Urheberrechts in erster Linie das Instrument der **Richtlinie** gemäß Art. 288 Abs. 3 AEUV, die hinsichtlich des Ziels der Harmonisierung des Rechts verbindlich ist, den Mitgliedsstaaten aber aufgibt, innerhalb einer bestimmten Frist selbst die erforderlichen **nationalen Vorschriften zur Umsetzung der Richtlinien** zu erlassen. Darüber hinaus sind aber auch weitere Rechtsakte der EU wie insbesondere der **Vertrag über die Arbeitsweise der europäischen Union** (AEUV) zu beachten.

---

23 RGBl. 1930 II, S. 981; *Katzenberger*, in: Loewenheim, UrhR, § 57 Rn 101.
24 Siehe Rn. 202 ff.
25 Siehe Rn. 216 ff.
26 *Katzenberger*, in: Loewenheim, UrhR, § 57 Rn 114.
27 BGH, Urt. v. 26.02.2014 – I ZR 49/13 (Tarzan), GRUR-Int. 2014, 610, 611 ff. [14 ff].

1. Richtlinien der Europäischen Union

227 Seit Beginn der 1990er-Jahre wurde das **Urheberrecht** in der **EU durch zahlreiche Richtlinien** harmonisiert. In diesem Zusammenhang ist vor allem bedeutsam, dass die Zuständigkeit für die **Auslegung der EU-Richtlinien** ausschließlich beim EuGH liegt. Dies wirkt sich auch auf die nationalen Vorschriften aus, durch welche die Richtlinienbestimmungen in den Mitgliedstaaten umgesetzt werden. So sind sämtliche Regelungen des UrhG, die auf einer EU-Richtlinie beruhen, auf deren Grundlage **auszulegen**[28] – notfalls sogar **gegen den Wortlaut** der nationalen Vorschrift.[29] Sofern eine solche Vorschrift in einem Rechtsstreit **entscheidungserheblich** ist, so hat zumindest das letztinstanzliche nationale Gericht dem EuGH die entsprechende Auslegungsfrage gemäß Art. 267 AEUV zur **Vorabentscheidung** vorzulegen. Im Anschluss daran richtet sich die Auslegung des nationalen Gesetzes nach der Antwort des EuGH. Aus diesem Grunde wurde das **nationale Urheberrecht** in den letzten Jahren ganz erheblich **durch die Rechtsprechung des EuGH beeinflusst**.

a) Computerprogramm-Richtlinie (91/250/EWG, jetzt 2009/24/EG)

228 Als erstes wurde im Jahre 1991 die **Computerprogramm-Richtlinie**,[30] auch „Software-Richtlinie" genannt, verabschiedet, die bis zum 1. Januar 1993 umzusetzen war und 2009 überarbeitet wurde. Die Umsetzung erfolgte in Deutschland durch Einfügung der §§ 69a ff. UrhG des 8. Abschnitts des 1. Teils des UrhG.[31]

229 Ein wesentliches Ziel der Computerprogramm-Richtlinie bestand darin, **Software** einheitlich **als literarische Werke urheberrechtlich zu schützen**, da bis dahin nicht in allen Mitgliedstaaten ein entsprechender Schutz bestand. Außerdem war der in einigen Ländern existierende Urheberrechtsschutz sehr unterschiedlich ausgestaltet, so dass insbesondere **einheitliche Ausschließlichkeitsrechte** vorgesehen wurden. Hierbei wurde aufgrund der tatsächlich bestehenden Schöpfungspraxis in Arbeitsverhältnissen in Art. 2 Abs. 3 vorgesehen, dass grundsätzlich der **Arbeitgeber zur Ausübung aller wirtschaftlichen Rechte an dem Programm** berechtigt ist.[32]

---

28 EuGH, Urt. v. 10.04.1984 – 14/83 (von Colson und Kamann/Nordrhein-Westfalen), NJW 1984, 2021, 2022; EuGH, Urt. v. 23.02.1999 – C-63/97 (BMW), GRUR Int. 1999, 438, 440 [22].
29 Vgl. BGH, Urt. v. 26.11.2008 – VIII ZR 200/05, NJW 2009, 427, 428/429 [21].
30 Richtlinie 91/250/EWG des Europäischen Parlaments und des Rates v. 14.05.1991 über den Rechtsschutz von Computerprogrammen, Amtsbl. EG Nr. L 122 v. 17.05.1991, S. 42, ersetzt durch Richtlinie 2009/24/EG des Europäischen Parlaments und des Rates v. 23.04.2009 über den Rechtsschutz von Computerprogrammen (Computerprogramm-Richtlinie), Amtsbl. EG Nr. L 111/16 v. 05.05.2009.
31 Zum Softwareurheberrecht und seiner Entwicklung siehe Kap. 5, Rn. 3 ff.
32 Vgl. § 69b UrhG im Gegensatz zur Regelung in § 43 UrhG für alle sonstigen Werke.

b) Vermiet- und Verleih-Richtlinie (92/100/EWG, jetzt 2006/115/EG)

Im Jahr 1992 wurde sodann die Richtlinie 92/100/EWG zum **Vermietrecht** und **Verleihrecht** sowie zu bestimmten dem Urheberrechten **verwandten Schutzrechten**[33] verabschiedet. Nach zahlreichen Änderungen wurde im Jahr 2006 auf dieser Grundlage die aktuelle Vermiet- und Verleih-Richtlinie[34] kodifiziert. 230

Sowohl beim **Vermiet- und Verleihrecht** einerseits als auch bei den **verwandten Schutzrechten** andererseits bestanden ursprünglich **zahlreiche Unterschiede zwischen den nationalen Rechtsordnungen**, die durch die erste Richtlinie von 1992 bis zum 1. Juli 1994 abgeschafft werden sollten. Einige Länder hatten damals **noch keine verwandten Schutzrechte** vorgesehen. Dies war auch einer der wesentlichen Gründe, die beiden **unterschiedlichen Regelungsbereiche miteinander zu verknüpfen**. Da auch für die Leistungsschutzberechtigten Vermiet- und Verleihrechte geschaffen werden sollten, empfand es die Kommission als wesentliche Schutzlücke, dass in diesen Ländern für diese Schutzberechtigten noch nicht einmal ein Vervielfältigungsrecht bestand.[35] Damit bezweckte die Richtlinie nicht nur eine Harmonisierung, sondern vor allem eine **Anhebung des Schutzniveaus**. Dies lässt sich auch daran ablesen, dass die verwandten Schutzrechte der **öffentlichen Sendung und Wiedergabe** für **ausübende Künstler, Tonträgerhersteller und Sendeunternehmen** gemäß Erwägungsgrund Nr. 20 als **Mindestrechte** ausgestaltet wurden, so dass die Mitgliedstaaten einen weiterreichenden Schutz vorsehen „können". In Erwägungsgrund Nr. 16 der neuen Vermiet- und Verleih-Richtlinie heißt es nun sogar, dass die Mitgliedstaaten einen weiterreichenden Schutz vorsehen „sollten". 231

c) Satelliten- und Kabel-Richtlinie (93/83/EWG)

Die Satelliten- und Kabel-Richtlinie[36] aus dem Jahr 1993 beruhte ganz wesentlich auf der **Coditel-Entscheidung** des EuGH. Dort hatte der EuGH geurteilt, dass der Inhaber der Vorführungsrechte für einen Kinofilm in einem Mitgliedstaat einem anderen die Vorführung dieses Films im Wege des Kabelfernsehens in diesem Staat auch dann verbieten kann, wenn der andere den Film auf Grundlage einer berechtigten Ausstrahlung in einem anderen Mitgliedstaat empfängt und überträgt.[37] Die Richtlinie bezweckte daher, das **grenzüberschreitende Kabelweiterverbreitungsrecht** – unter Berücksichtigung einer Übergangsfrist für bestehende Lizen- 232

---

33 Amtsbl. EG Nr. L 346/61 v. 29.10.1993.
34 Richtlinie 2006/115/EG des Europäischen Parlaments und des Rates v. 12.12.2006 zum Vermietrecht und Verleihrecht sowie zu bestimmten dem Urheberrecht verwandten Schutzrechten im Bereich des geistigen Eigentums (Vermiet- und Verleih-Richtlinie), Amtsbl. EG Nr. L 376 v. 27.12.2006, S. 28 ff.
35 *v.Lewinski*, GRUR Int. 1991, 104.
36 Richtlinie 93/83/EWG des Rates v. 27.09.1993 zur Koordinierung bestimmter urheber- und leistungsschutzrechtlicher Vorschriften betreffend Satellitenrundfunk und Kabelweiterverbreitung (Satelliten- und Kabel-Richtlinie), Amtsbl. EG Nr. L 248 v. 06.10.1993, S. 15 ff.
37 EuGH, Urt. v. 18.03.1980 – 62/79 (Coditel), NJW 1980, 2011, 2012.

zen bis zum 31. Dezember 1997 – zu harmonisieren. Gemäß Art. 9 ist dieses Recht **verwertungsgesellschaftspflichtig**. In Deutschland wurde es durch § **20b UrhG**[38] umgesetzt.

233 Bei **Satellitensendungen** war lange Zeit umstritten, ob sich das anwendbare Recht nach dem Empfang in den einzelnen Ländern richtet, wie dies nunmehr für das Recht der öffentlichen Zugänglichmachung der Fall ist, oder ob **ausschließlich der Ort der Einspeisung in die Kommunikationskette zum Satelliten und zur Erde zurück** maßgeblich ist. Der europäische Gesetzgeber entschied sich für das letztgenannte Modell, indem er die öffentliche Wiedergabe über Satellit in Art. 1 Abs. 2 lit. a) und b) entsprechend definierte.[39] Der deutsche Gesetzgeber hat dies in § **20a UrhG**[40] UrhG nachvollzogen.

d) Schutzdauer-Richtlinie (93/98/EWG, jetzt 2006/116/EG)

234 Die Schutzdauer-Richtlinie[41] aus dem Jahr 1993 sollte ein wesentliches Problem für den **freien Waren- und Dienstleistungsverkehr** im Rahmen des Gemeinamen Marktes bereinigen. Durch unterschiedliche Schutzfristen in den Mitgliedstaaten konnte es sein, dass manche Werke und Leistungen in einigen Staaten **gemeinfrei** waren, während in anderen noch **Urheberrechts- und Leistungsschutz** bestand. Der EuGH hatte dies zuvor als Einschränkung der Warenverkehrsfreiheit angesehen, aber eine **Rechtfertigung aufgrund der Rechte des geistigen Eigentums** angenommen und konkret auf das **Harmonisierungsdefizit** hingewiesen.[42]

235 Um zu verhindern, dass in den Ländern mit langer Schutzdauer **wohlerworbene Rechte** gesondert zu berücksichtigen sind, wurde die Harmonisierung gemäß Erwägungsgrund Nr. 9 auf eine **lange Schutzdauer** ausgerichtet. Dennoch erforderliche **Übergangsfristen** wurden in Art. 10 geregelt. Ferner wurde im Jahr 2011 die Schutzdauer der Rechte der ausübenden Künstler und Tonträgerhersteller durch eine Änderungs-Richtlinie, die sog. **Künstler-Schutzfristen-Richtlinie**, sogar auf bis zu siebzig Jahre verlängert.[43]

---

38 Hierzu siehe Kap. 2, Rn. 286 ff.
39 Siehe oben, Rn. 132.
40 Hierzu siehe Kap. 2, Rn. 280 ff.
41 Richtlinie 93/98/EWG des Rates v. 29.10.1993 zur Harmonisierung der Schutzdauer des Urheberrechts und bestimmter verwandter Schutzrechte, Amtsbl. Nr. L 290 v. 24.11.1993, S. 9 ff., ersetzt durch Richtlinie 2006/116/EG des Europäischen Parlaments und des Rates v. 12.12.2006 über die Schutzdauer des Urheberrechts und bestimmter verwandter Schutzrechte (Schutzdauer-Richtlinie), Amtsbl. EG L 372/12 v. 27.12.2006, geändert durch Richtlinie 2011/77/EU des europäischen Parlaments und des Rates v. 27.09.2011, Amtsbl. EU Nr. L 265 v. 11.10.2011, S. 1.
42 EuGH, Urt. v. 24.01.1989 – 341/87 (EMI Electrola/Patricia Im- und Exportverwaltungsgesellschaft), NJW 1989, 1428 [10–12].
43 Hierzu siehe unten Rn. 243.

e) Datenbank-Richtlinie (96/9/EG)

Die Datenbank-Richtlinie[44] aus dem Jahre 1996 verbindet zweierlei Instrumente zum Schutz von Datenbanken. Zum einen statuiert Art. 3 den **urheberrechtlichen Schutz von Datenbankwerken** im Hinblick auf die **Auswahl oder der Anordnung** der einzelnen Elemente. Dieser Schutz war schon in Art. 2 Abs. 5 RBÜ[45] ausdrücklich vorgesehen und wurde in Deutschland mit § 4 UrhG umgesetzt.

236

Zum anderen wird mit der Regelung des Art. 7 ein neues **Leistungsschutzrecht sui generis** geschaffen, das ausschließlich die **Investitionen des Datenbankherstellers** belohnen soll. Auf die Auswahl und Anordnung der Inhalte kommt es hierbei gerade nicht an, da die Werthaltigkeit einer Datenbank auch beispielsweise auf deren Vollständigkeit beruhen kann, so dass für urheberrechtlich schutzfähige geistige Schöpfungen bezüglich der Anordnung und Auswahl der Inhalte kein Raum besteht.

237

f) Informations-Richtlinie (2001/29/EG)

Als wohl **wichtigste EU-Richtlinie** für die Harmonisierung des Urheberrechts ist die Informations-Richtlinie,[46] auch „Harmonisierungs-Richtlinie" oder „Multimedia-Richtlinie" genannt, herauszustellen. Sie dient einer **Vollharmonisierung** wesentlicher Regelungsbereiche und insbesondere zahlreicher Ausschließlichkeitsrechte, namentlich des **Vervielfältigungsrechts** (Art. 2), des **Rechts der öffentlichen Wiedergabe und öffentlichen Zugänglichmachung** (Art. 3) und des **Verbreitungsrechts** (Art. 4). Lediglich im Rahmen der Schranken (Art. 5) besteht ein relativ weiter Spielraum für die Mitgliedstaaten, ob sie die dort vorgesehenen Instrumente einsetzen wollen oder nicht – wenn sie allerdings entsprechende Schranken vorsehen, dann müssen sie sich an die Vorgaben der Informations-Richtlinie halten.[47] Schließlich wurde mit Art. 6 ein **Schutz gegen die Umgehung technischer Maßnahmen** eingeführt.

238

Für die Auslegung sämtlicher Vorschriften der Informations-Richtlinie sind vor allem die Erwägungsgründe Nr. 9 bis 11 wichtig. Dort wird festgehalten, dass die Harmonisierung des Urheberrechts von einem **hohen Schutzniveau** ausgehen müsse, da diese Rechte für das geistige Schaffen wesentlich seien. Insofern müssten Urheber und ausübende Künstler für die Nutzung ihrer Werke und Leistungen eine **angemessene Vergütung** erhalten und der Schutz der Urheberrechte und verwandten Schutzrechte müsse **rigoros und wirksam** sein. Auch wenn

239

---

44 Richtlinie 96/9/EG des Europäischen Parlaments und des Rates v. 11.03.1996 über den rechtlichen Schutz von Datenbanken (Datenbank-Richtlinie), Amtsbl. EG Nr. L 077 v. 27.03.1996, S. 28 ff.
45 Zur RBÜ siehe Rn. 202 ff.
46 Richtlinie 2001/29/EG des Europäischen Parlaments und des Rates v. 22.05.2001 zur Harmonisierung bestimmter Aspekte des Urheberrechts und der verwandten Schutzrechte in der In-formationsgesellschaft (Informations-Richtlinie), Amtsbl. EG Nr. L 167, v. 22.06.2001, S. 10.
47 EuGH, Urt. v. 21.10.2010 – C-467/08 (Padawan/SGAE), GRUR 2011, 50, 53 [36].

der EuGH diese Argumente immer wieder zur Begründung von Entscheidungen heranzieht,[48] hat er es nicht als seine Sache angesehen, über die in der Richtlinie vorgesehenen Verwertungsrechte hinaus weitere Rechte zu schaffen, da dies in die Zuständigkeit des europäischen Gesetzgebers falle.[49] Wird ein in den Regelungsbereich der Informations-Richtlinie erfasster Sachverhalt nicht von den dortigen Verwertungsrechten erfasst, liegt demnach keine Urheberrechtsverletzung vor. Auch die Annahme eines **unbenannten Verwertungsrechts** im Sinne des § 15 UrhG ist dann angesichts der **Vollharmonisierung nicht möglich**.[50]

240 Zu beachten ist ferner, dass in der Informations-Richtlinie ausgerechnet der für das Urheberrecht zentrale Begriff des **Werks nicht definiert** wurde. Dies hat den EuGH jedoch nicht davon abgehalten, den **Werkbegriff dennoch auszulegen**, indem er darauf abgestellt hat, dass sich die in der Richtlinie geregelten Verwertungsrechte gerade auf **Werke als Schutzobjekte** beziehen.[51] Im Sinne der Harmonisierung des Urheberrechts ist dies durchaus zu begrüßen – allerdings erscheint es bedenklich, dass es in Anbetracht der unterschiedlichen Vorstellungen der Mitgliedstaaten hinsichtlich des Werkbegriffs nicht möglich war, sich auf eine allseits akzeptierte Definition zu einigen und dies nun durch die Rechtsprechung des EuGH unterlaufen wird.[52]

g) Folgerechts-Richtlinie (2001/84/EG)

241 Die Folgerechts-Richtlinie[53] aus dem Jahr 2001 betrifft demgegenüber nur einen kleinen Ausschnitt des Urheberrechts, nämlich ausschließlich das in Deutschland in § 26 UrhG geregelte **Folgerecht**,[54] das dem Urheber eines Werks der bildenden Kunst oder eines Lichtbildwerks im Falle eines **Verkaufs des Originals** einen **Anteil am Erlös** zugesteht. Da in einigen EU-Ländern ein solches Folgerecht noch nicht bestand, wurde für die Einführung und Anpassung der nationalen Folgerechts-Regelungen eine relativ lange Umsetzungsfrist bis zum 31. Dezember 2005 gewährt.

---

48 Beispielsweise in EuGH, Urt. v. 16.07.2009 – C-5/08 (Infopaq/DDF), GRUR 2009, 1041, 1044 [40].
49 EuGH, Urt. v. 17.04.2008 – C 456/06 (Peek & Cloppenburg KG/Cassina SpA, Le-Corbusier-Möbel), GRUR 2008, 604, 605 [38–39].
50 Vgl. BGH, Urt. v. 22.01.2009 – I ZR 247/03 (Le-Corbusier-Möbel II), GRUR 2009, 840, 841 [19].
51 EuGH, Urt. v. 16.07.2009 – C-5/08 (Infopaq/DDF); GRUR 2009, 1041, 1044 [33 ff.].
52 Zum europäischen Werkbegriff siehe Kap. 1, Rn. 254 ff.
53 Richtlinie 2001/84/EG des Europäischen Parlaments und des Rates v. 27.09.2001 über das Folgerecht des Urhebers des Originals eines Kunstwerks (Folgerechts-Richtlinie), Amtsbl. EG Nr. L 272 v. 13.10.2001, S. 32 ff.
54 Hierzu siehe Kap. 2, Rn. 336.

h) Durchsetzungs-Richtlinie (2004/48/EG)

Im Gegensatz zu den oben dargelegten Richtlinien betrifft die Durchsetzungs-Richtlinie,[55] auch „Enforcement-Richtlinie" genannt, nicht das materielle Urheberrecht, sondern befasst sich mit den Möglichkeiten der **prozessualen Durchsetzung der geistigen Eigentumsrechte.** Ein wesentlicher Beweggrund für die Einführung harmonisierter Durchsetzungsmaßnahmen bestand darin, dass der EU-Kommission wesentliche Unterschiede bei den diesbezüglichen Instrumenten aufgefallen waren, insbesondere im Hinblick auf **einstweilige Maßnahmen** (vor allem auf dem Gebiet der Beweissicherung), der **Berechnung des Schadensersatzes** und in Bezug auf **Maßnahmen zur Beendigung von Verletzungshandlungen.**[56] Es sollte also verhindert werden, dass zwar das materielle Recht in der Theorie harmonisiert ist, in der Praxis aber in manchen Ländern kein hinreichender Rechtsschutz erlangt werden kann. Für das deutsche Urheberrecht führte die Richtlinie in erster Linie zur **Erweiterung der Auskunftsansprüche,** die nunmehr gemäß **§ 101 UrhG** insbesondere auch **Drittauskünfte von Providern bei Urheberrechtsverletzungen im Internet** ermöglichen.[57]

242

i) Künstler-Schutzfristen-Richtlinie (2011/77/EU)

Die Künstler-Schutzfristen-Richtlinie[58] regelt die **Schutzdauer** der Leistungsschutzrechte der **ausübenden Künstler und der Hersteller von Tonträgern.** Die Schutzdauer wurde von fünfzig **auf bis zu siebzig Jahre verlängert.** Durch diese Richtlinie wird insoweit lediglich die Schutzdauer-Richtlinie[59] geändert bzw. ergänzt.

243

j) Verwaiste-Werke-Richtlinie (2012/28/EU)

Einen völligen neuen Aspekt bringt die Verwaiste-Werke-Richtlinie[60] in die Harmonisierungsbestrebungen der EU ein. Sie dient dem **Gemeinwohl,** indem **digitalen Bibliotheken und Archiven** der Zugang zu sog. „verwaisten" Werken ermöglicht werden soll. Für die hiermit verbundenen Nutzungen ist grundsätzlich die **Zustimmung der Urheber** erforderlich. Für eine vollständige Sammlung bedarf es daher der Zustimmung sämtlicher Urheber – was in der Praxis zu Schwierigkei-

244

---

55 Richtlinie 2004/48/EG des Europäischen Parlaments und des Rates v. 29.04.2004 zur Durchsetzung der Rechte des geistigen Eigentums (Durchsetzungs-Richtlinie), Amtsbl. EU Nr. L 157 v. 30.04.2004, S. 64.
56 Vgl. Erwägungsgrund Nr. 7 Durchsetzungs-Richtlinie.
57 Hierzu siehe Kap. 7, Rn. 81 ff.
58 Richtlinie 2011/77/EU des Europäischen Parlaments und des Rates v. 27.09.2011 zur Änderung der Richtlinie 2006/116/EG über die Schutzdauer des Urheberrechts und bestimmter verwandter Schutzrechte (Künstler-Schutzfristen-Richtlinie), Amtsbl. EU Nr. L 265/1 v. 11.10.2011.
59 Siehe Rn. 234 ff.
60 Richtlinie 2012/28/EU des Europäischen Parlaments und des Rates v. 25.10.2012 über bestimmte zulässige Formen der Nutzung verwaister Werke (Verwaiste-Werke-Richtlinie), Amtsbl. EU Nr. L 299 v. 27.10.2012, S. 5.

ten führte. Daher definiert Art. 2 Abs. 1 der Richtlinie Werke oder Tonträger als verwaist, wenn keiner der Rechteinhaber dieses Werks oder Tonträgers ermittelt bzw. trotz sorgfältiger – zu dokumentierender – Suche ausfindig gemacht werden kann. Gemäß Art. 4 der Richtlinie **erkennen die Mitgliedstaaten den Status eines verwaisten Werks gegenseitig an**, was ebenfalls der besseren praktischen Handhabung dient. Die durch die Statusfeststellung erlaubten Nutzungen werden sodann in Art. 6 im Einzelnen definiert. In Deutschland wurde die Richtlinie in den **§§ 61 ff.** UrhG umgesetzt.[61]

k) *Verwertungsgesellschafts-Richtlinie (2014/26/EU)*

245 Verwertungsgesellschaften standen schon lange im Fokus der EU-Kommission. Im Jahre 2005 schlug diese mit der Empfehlung 2005/737/EG für die länderübergreifende kollektive Wahrnehmung von Urheberrechten und verwandten Schutzrechten, die für legale Online-Musikdienste benötigt werden,[62] Maßnahmen zur **Verbesserung der Lizenzierung durch die Verwaltungsgesellschaften** vor. Im Jahr 2006 leitete die Kommission sodann ein **Missbrauchsverfahren gegen die europäischen Musikverwertungsgesellschaften** wegen der **Aufteilung der Märkte** ein, weil die Urheber ihre Rechte nur an die Verwertungsgesellschaft ihres Heimat- oder Aufenthaltslandes übertragen durften, und erließ im Jahr 2008 eine entsprechende **Untersagungsverfügung**.[63] Nachdem die entsprechenden Ausschließlichkeitsklauseln gestrichen wurden, soll nunmehr durch die VG-Richtlinie[64] aus dem Jahr 2014 ein **Wettbewerb der Verwertungsgesellschaften** um die Urheber im Wege der **Vergabe von Mehrgebietslizenzen** erreicht und das Verwertungsgesellschaftsrecht in den Mitgliedstaaten **harmonisiert** werden. Gemäß Erwägungsgrund Nr. 40 werden jedoch lediglich **Mindestanforderungen** festgelegt, so dass keine Vollharmonisierung bezweckt ist. Die Richtlinie ist bis zum 10. April 2016 in nationales Recht umzusetzen.[65] In Deutschland befindet sich das Gesetzgebungsverfahren im Stadium der Diskussion eines Regierungsentwurfs.[66]

2. Sonstige europäische Regelungen

246 Die vorstehend beschriebenen EU-Richtlinien wurden nicht im Wege von separaten Staatsverträgen von den Staaten selbst abgeschlossen, sondern es handelt sich um Vorschriften, die von EU-Organen auf der **Grundlage der EU-Verträge** be-

---

61 Hierzu siehe Kap. 3, Rn. 600 ff.
62 Amtsbl. EU Nr. L 276 v. 21.10.2005, S. 54–57.
63 *Müller*, ZUM 2009, 121, 125 ff.; vgl. hierzu auch EuG, Beschl. v. 14.11.2008 – T-410/08 R (GEMA/Kommission), BeckRS 2008, 71202.
64 Richtlinie 2014/26/EU des Europäischen Parlaments und des Rates v. 26.02.2014 über die kollektive Wahrnehmung von Urheber- und verwandten Schutzrechten und die Vergabe von Mehrgebietslizenzen für Rechte an Musikwerken für die Online-Nutzung im Binnenmarkt (VG-Richtlinie), Amtsbl. EU Nr. L 84 v. 20.03.2014, S. 72.
65 Zur Umsetzung in Deutschland siehe Kap. 4, Rn. 407.
66 http://www.bmjv.de/SharedDocs/Downloads/DE/pdfs/Gesetze/RegE_VG_Richtlinie_Umsetzungsgesetz.pdf (letzter Abruf: 28.12.2015).

schlossen wurden. Die Richtlinien sind daher stets an den **Vorgaben des AEUV** zu messen. Für die **Harmonisierung des Urheberrechts** sind dabei vor allem die Vorschriften über den freien Waren- und Dienstleistungsverkehr (Art. 28 ff. bzw. Art. 56 ff. AEUV) relevant. Dabei stellt sich häufig – beispielsweise bei bestehenden Schutzunterschieden zwischen einzelnen Mitgliedstaaten oder bei einer Lizenzierung nur für einzelne Länder – die Frage, ob Urheberrechte als Bestandteil des **geistigen und kommerziellen Eigentums** eine **Beschränkungen des freien Warenverkehrs** innerhalb des Gemeinsamen Marktes gemäß Art. 36 AEUV **rechtfertigen** können.[67] Aufgrund der **Ausschließlichkeitsrechte der Urheber** und der hieraus folgenden Möglichkeit der Vergabe von **exklusiven Lizenzen** sind darüber hinaus die Vorschriften über das **Kartellverbot** (Art. 101 AEUV) und den Missbrauch einer marktbeherrschenden Stellung (Art. 102 AEUV) zu berücksichtigen. Die bloße Lizenzvergabe als solche wird jedoch als zulässig angesehen,[68] so dass für die Unzulässigkeit des Verhaltens eines Urhebers stets weitere Gesichtspunkte hinzutreten müssen, wie dies die Kommission für das Zusammenwirken mehrerer Verwertungsgesellschaften angenommen hatte.[69] Schließlich ist stets das **Diskriminierungsverbot** des Art. 18 AEUV zu beachten, das dazu führt, dass Angehörige anderer Mitgliedstaaten in jeglicher Hinsicht mit Deutschen gleichzustellen sind.[70]

Das Urheberrecht als Bestandteil des geistigen Eigentums ist ferner Gegenstand der **Antipiraterie-Verordnung**,[71] die frühere Verordnungen aus den Jahren 1994 und 2003 ersetzte. Die Antipiraterie-Verordnung **wirkt** im Gegensatz zu den Richtlinien **unmittelbar** in den Mitgliedstaaten, ohne dass es einer Umsetzung durch die nationalen Gesetzgeber bedarf. Hiermit wird geregelt, unter welchen Bedingungen und nach welchen Verfahren die **Zollbehörden** tätig werden können, wenn **Waren im Verdacht stehen, ein Recht des geistigen Eigentums zu verletzen**. Um eine entsprechende Kontrolle durch die Zollbehörden zu veranlassen, ist es erforderlich, dass Rechteinhaber einen entsprechenden **Antrag** in einem Mitgliedstaat stellen, der dann auch von den anderen Mitgliedstaaten zu beachten ist.

247

Randnummern 248–299 einstweilen frei.

---

67 Vgl. einerseits EuGH, Urt. v. 24.01.1989 – 341/87 (EMI Electrola ./. Patricia Im- und Exportverwaltungsgesellschaft), NJW 1989, 1428 [12], und andererseits EuGH, Urt. v. 21.06.2012 – C-5/11 (Donner), GRUR 2012, 817 [32 ff.].
68 EuGH, Urt. v. 09.04.1987 – 402/85 (Vorführungsgebühr), NJW 1988, 619, 620 [18 f.].
69 Siehe oben, Rn. 245.
70 Siehe oben, Rn. 8, 103.
71 Verordnung (EU) Nr. 608/2013 des Europäischen Parlaments und des Rates v. 12.06.2013 zur Durchsetzung der Rechte geistigen Eigentums durch die Zollbehörden und zur Aufhebung der Verordnung (EG) Nr. 1383/2003 des Rates.

D. Internationale Gerichtszuständigkeiten

300 Im Rahmen von Auseinandersetzungen auf dem Gebiet des internationalen Urheberrechts sind häufig ausländische Beteiligte involviert. In diesen Fällen stellt sich stets die Frage der internationalen Gerichtszuständigkeit oder auch der Zuständigkeit eines Schiedsgerichts.

I. Ordentliche Gerichtsbarkeit

301 Für die Bestimmung des zuständigen Gerichts lohnt zunächst ein Blick in die ZPO. Die dortigen Regelungen zur **örtlichen Zuständigkeit** bewirken nämlich nach ständiger Rechtsprechung **mittelbar auch die internationale Zuständigkeit**.[1] Diese Regelungen werden jedoch von **staatsvertraglichen Regelungen** verdrängt, soweit die Beteiligten ihren jeweiligen Wohnsitz in den entsprechenden Vertragsstaaten haben. Insbesondere innerhalb der EU ist daher die Verordnung über die gerichtliche Zuständigkeit und die Anerkennung und Vollstreckung von Entscheidungen in Zivil- und Handelssachen (**EuGVVO**),[2] auch „Brüssel-Ia-Verordnung" genannt, zu beachten, die mit Wirkung für Verfahren ab dem 10. Januar 2015 die frühere EuGVVO aF,[3] auch „Brüssel-I-Verordnung" genannt", abgelöst hat. Im Verhältnis zu den EFTA-Staaten[4] Island, Norwegen und Schweiz gilt dagegen das Luganer Übereinkommen über die gerichtliche Zuständigkeit und die Vollstreckung gerichtlicher Entscheidungen in Zivil- und Handelssachen (Lugano-Übereinkommen, abgekürzt: LugÜ).[5] Die jeweiligen Regelungen ähneln sich allesamt sehr stark, so dass die Regelungen über die wichtigsten Gerichtsstände nachfolgend gemeinsam dargestellt werden.

1. Gerichtsstand am Sitz des Beklagten

302 Eine Klage ist **stets am allgemeinen Gerichtsstand des Beklagten zulässig**, also bei natürlichen Personen an deren **Wohnsitz** (§ 13 ZPO, Art. 4 Abs. 1 EuGVVO, Art. 2 Abs. 1 LugÜ), bei juristischen Personen an deren **satzungsmäßigen Sitz** bzw. dem Sitz der Hauptverwaltung oder der Hauptniederlassung (§ 17 ZPO,

---

1 BGH, Urt. v. 19.03.1976 – I ZR 75/74, NJW 1976, 1583; BGH, Urt. v. 03.12.1992 – IX ZR 229/91, NJW 1993, 1073, jeweils mwN.
2 Verordnung (EU) Nr. 1215/2012 des Europäischen Parlaments und des Rates v. 12.12.2012 über die gerichtliche Zuständigkeit und die Anerkennung und Vollstreckung von Entscheidungen in Zivil- und Handelssachen (Brüssel-Ia-Verordnung), Amtsbl. EU Nr. L 351 v. 20.12.2012, S. 1.
3 Verordnung (EG) Nr. 44/2001 des Rates v. 22.12.2000 über die gerichtliche Zuständigkeit und die Anerkennung und Vollstreckung von Entscheidungen in Zivil- und Handelssachen (Brüssel-I-Verordnung), Amtsbl. EG Nr. L 12 v. 16.01.2001, S. 1.
4 EFTA für „European Free Trade Association" (Europäische Freihandelsassoziation).
5 Amtsbl. EU Nr. L 339 v. 21.12.2007, S. 3.

Art. 63 EuGVVO, Art. 60 LugÜ). Die Wahl dieses Gerichtsstandes hat den Vorteil, dass sich der Rechtsstreit auch auf **Sachverhalte im Ausland** beziehen und damit insbesondere Schadensersatzansprüche für sämtliche Handlungen weltweit betreffen kann. Dies führt zwar einerseits zu der Schwierigkeit, dass das Gericht zur **Anwendung ausländischen Rechts** gezwungen sein kann, andererseits lassen sich Urteile am allgemeinen Gerichtsstand des Beklagten in der Regel **am leichtesten vollstrecken**.

Daneben ist auch eine Klage am Sitz einer **Zweigniederlassung des Beklagten** möglich (§ 21 ZPO, Art. 7 Nr. 5 EuGVVO, Art. 5 Nr. 5 LugÜ). Eine solche Klage muss aber stets **ausschließlich Handlungen mit Bezug zu dem Betrieb dieser Niederlassung** betreffen. 303

2. Gerichtsstand der unerlaubten Handlung

Gerade für grenzüberschreitende Urheberrechtsverletzungen ist der **Gerichtsstand der unerlaubten Handlung** gemäß § 32 ZPO, Art. 7 Abs. 2 EuGVVO, Art. 5 Abs. 3 LugÜ von wesentlicher Bedeutung. Dieser Gerichtsstand gilt sowohl **für Unterlassungsklagen** als auch **für Schadensersatzklagen**. Er richtet sich nach dem **Tatort** der gerügten Urheberrechtsverletzung – und damit nach denselben Kriterien, die für die Bestimmung des anwendbaren Rechts nach dem Schutzlandprinzip maßgeblich sind.[6] In Bezug auf das **Internet** ist es hierbei erforderlich, dass die streitgegenständlichen Inhalte im Inland **bestimmungsgemäß abrufbar** sind.[7] Allerdings ist bei der Wahl dieses Gerichtsstands zu berücksichtigen, dass das angerufene Gericht den Beklagten nur zum Ersatz desjenigen **Schadens** verurteilen kann, der **im Mitgliedsstaat dieses Gerichts verursacht** wurde.[8] Gerade im Falle von Verletzungshandlungen im Internet werden sich die beanstandeten Inhalte häufig auf mehrere Länder beziehen, so dass für die Geltendmachung des gesamten Schadens in jedem Land gesondert geklagt werden müsste. Es sollte daher stets geprüft werden, ob stattdessen eine Klage am Beklagtensitz sinnvoller ist – auch wenn dort nach dem Schutzlandprinzip gegebenenfalls ausländisches Recht anzuwenden ist. 304

3. Gerichtsstandsvereinbarungen und rügelose Einlassung

Im Rahmen von **Urheberrechtsverträgen** treten dagegen **Gerichtsstandsvereinbarungen** in den Vordergrund. Nach § 38 ZPO sind solche Vereinbarungen allerdings nur eingeschränkt zulässig. Erforderlich ist, dass entweder nur **Kaufleute**, juristische Personen des öffentlichen Rechts und öffentlich-rechtliche Sondervermögen beteiligt sind oder aber, dass zumindest eine der Vertragsparteien ihren allgemeinen Gerichtsstand im Ausland hat. Die Vereinbarung kann aber auch noch **nachträglich** oder für den Fall **geschlossen werden**, dass der Beklagte später ins Ausland umzieht oder Wohnsitz und gewöhnlicher Aufenthalt im Zeitpunkt der 305

---

6 Siehe oben, Rn. 5 und 130 ff.
7 BGH, Urt. v. 29.04.2010 – I ZR 69/08 (Vorschaubilder), GRUR 2010, 628, 629 [14].
8 EuGH, Urt. v. 03.10.2013 – C-170/12 (Pinckney), GRUR 2014, 100, 102 [39 ff.].

Klageerhebung nicht bekannt ist. Art. 25 EuGVVO verweist hinsichtlich der **Zulässigkeit** von Gerichtsstandsvereinbarungen auf die Voraussetzungen nach dem Recht des vereinbarten Gerichtsstands, in Deutschland also auf § 38 ZPO. Art. 23 Abs. 1 LugÜ ist insoweit liberaler und verlangt lediglich, dass eine der Parteien ihren Sitz in einem Vertragsstaat haben muss. Hat keine der Vertragsparteien ihren Sitz in den Vertragsstaaten, so kommen für die Frage der Zulässigkeit der Gerichtsstandsvereinbarung die nationalen Regelungen des vereinbarten Gerichtsstandes zum Zuge. Allerdings sind die anderen Vertragsstaaten gemäß Art. 23 Abs. 3 LugÜ verpflichtet, die Vereinbarung zu beachten, bis sich das angerufene Gericht für unzuständig erklärt hat. Schließlich gilt, dass **Vereinbarungen zu Lasten von Arbeitnehmern** sowohl nach Art. 22, 23 EuGVVO als auch nach Art. 20, 21 LugÜ grundsätzlich unzulässig sind.

306 Eine **konkludente Gerichtsstandsvereinbarung** ist auch noch dadurch möglich, dass die Parteien rügelos zur Sache verhandeln. Nach § 39 S. 2 ZPO ist allerdings in Verfahren vor Amtsgerichten ein entsprechender richterlicher Hinweis erforderlich. Auch Art. 26 Abs. 2 EuGVVO sieht das Erfordernis eines solchen Hinweises vor, der allerdings – unabhängig vom angerufenen Gericht – ausschließlich Arbeitnehmer betrifft.

II. Internationale Schiedsverfahren

307 In letzter Zeit mehren sich die die Nachfragen nach **Möglichkeiten der alternativen Streitbeilegung** außerhalb der ordentlichen Gerichtsbarkeit. Dies gilt auch für Konflikte im Bereich des internationalen Urheberrechts, wie Erwägungsgrund Rn. 46 der Informations-Richtlinie[9] belegt. Dort wird der EU-Kommission der Auftrag erteilt, die rechtlichen Möglichkeiten für die Einschaltung von Schlichtungsinstanzen zu untersuchen. Konkrete Maßnahmen wurden hierzu jedoch bisher noch nicht ergriffen.

308 Allerdings verfügt die **WIPO** über ein **Arbitration and Mediation Center**, das mehrere verschiedene **Schlichtungs- und Schiedsgerichtsverfahren** (einschließlich eines beschleunigten Verfahrens) anbietet. Die Schlichter und Schiedsrichter können aus einer Liste von 1.500 internationalen Experten ausgewählt werden, die über besondere Erfahrungen auf dem Gebiet des geistigen Eigentums verfügen. Die Wahl einen solchen Verfahrens kommt in erster Linie bei vertraglichen Streitigkeiten in Betracht. In diesem Fall empfiehlt sich die Aufnahme einer von der WIPO vorgeschlagenen **Klausel** bereits in den Vertrag:

> Alle Streitigkeiten, die sich aufgrund dieses Vertrags oder späterer Änderungen dieses Vertrags ergeben oder sich auf diesen beziehen, einschließlich (ohne Einschränkung hierauf) dessen Entstehung, Gültigkeit, bindende Wirkung, Auslegung, Durchführung, Verletzung oder Beendigung, sowie außervertragliche Ansprüche sind dem Schiedsgerichtsverfahren gemäß den Regeln für das Schieds-

---

9 Siehe Rn. 238 ff.

> gerichtsverfahren der WIPO zu unterwerfen und endgültig im Schiedsgerichtsverfahren zu entscheiden. Das Schiedsgericht soll aus [drei Schiedsrichtern] [einem Einzelschiedsrichter] bestehen. Der Ort des Schiedsgerichtsverfahrens soll […] sein. In dem Schiedsgerichtsverfahren soll die […] Sprache verwendet werden. Die Streitigkeit soll unter Anwendung des Rechts von […] entschieden werden.[10]

Die **Zuständigkeit des Schiedsgerichts** kann von den Parteien jedoch auch **im Nachhinein** für eine bestimmte Streitigkeit **vereinbart** werden.

---

10 Diese sowie mehrere Klauseln für weitere Schieds- und Schlichtungsverfahren sind abrufbar unter http://www.wipo.int/amc/de/arbitration/contract-clauses/clauses.html (letzter Abruf: 17.10.2015).

Anhang

I.	Miturhebervertrag (Muster)	801
II.	Erstveröffentlichungsrecht, § 12 Abs. 1 UrhG (Checkliste)	804
III.	Öffentliche Wiedergabe, § 15 Abs. 3 UrhG, richtlinienkonform (Checkliste)	805
IV.	Bearbeitungsrecht, §§ 23, 24 UrhG (Checkliste)	806
V.	Werkentwurf-Leihvertrag (Muster)	807
VI.	Leermedien- und Geräteabgabe (Übersicht)	809
VII.	Erwerb von urheberrechtlichen Nutzungsrechten (Checkliste)	815
VIII.	Schrankenregelungen, §§ 44a ff. UrhG (Übersicht)	816
IX.	Options- und Verfilmungsvertrag (Muster)	818
X.	Abmahnung, anwaltlich (Muster)	828
XI.	Unterlassungserklärung (Muster)	830
XII.	Eidesstattliche Versicherung (Muster)	831
XIII.	Schutzschrift (Muster)	832
XIV.	Abschlussschreiben, anwaltlich (Muster)	834
XV.	Abschlusserklärung (Muster)	836
XVI.	Anordnung der Testamentsvollstreckung (Muster)	837
XVII.	Fotografenvertrag (Muster)	839
XVIII.	Prüfungsreihenfolge bei Urheberrechtsverletzungen mit Auslandsbezug (Checkliste)	843

I. Miturhebervertrag (Muster)

Die in der als Anlage dieses Vertrags beigefügten Miturheberliste aufgelisteten Miturheber, nachfolgend nur „Miturheber" genannt, schließen hiermit den folgenden Vertrag:

Präambel

Die Miturheber haben sich entschieden das Werk [Titel], nachfolgend nur „Werk" genannt, gemeinsam zu schaffen. Hierbei handelt es sich um ein [genaue Beschreibung und Werkart]. Mit diesem Vertrag wollen die Miturheber nicht ihr Vertragsverhältnis zu einem Verwerter oder konkrete Fragen der Werkverwertung regeln, sondern lediglich die wichtigsten Fragen, die ihr Gemeinschaftsverhältnis als Miturheber untereinander betreffen, insbesondere allgemeine Fragen der Erstellung, der Verwertung, der Veröffentlichung und der Änderung des Werks sowie der Verteilung der Erträgnisse aus der Nutzung des Werks. Den Miturhebern ist bekannt, dass durch Abschluss dieses Vertrags eine Miturhebergesellschaft bürgerlichen Rechts entsteht.

§ 1, Werkerstellung

(1) Jeder Miturheber ist verpflichtet seinen jeweiligen in der Miturheberliste genannten Beitrag innerhalb der dort genannten Frist zu leisten und darüber hinaus die Werkerstellung angemessen zu fördern.

(2) Eventuell können einzelne Miturheber mit der Leistung ihres Beitrags erst dann beginnen, wenn andere Miturheber ihren Beitrag geleistet haben. Die in der Miturheberliste genannten Fristen berücksichtigen dies und sind daher streng einzuhalten. Sollte ein zuvor tätiger Miturheber mit der Leistung seines Beitrags in Verzug geraten, verlängert sich die Frist später tätig werdender Miturheber entsprechend, wenn und soweit diese mit der Leistung ihres Beitrags erst später beginnen können.

(3) Den Miturhebern ist bewusst, dass zeitlicher Verzug sowohl die Fertigstellung des Werks als solches als auch dessen erfolgreiche Verwertung gefährden oder gänzlich verhindern kann. Gleichwohl verzichten sie auf die Vereinbarung einer Vertragsstrafe für Verzug [alternativ: Jeder Miturheber ist daher verpflichtet, für jeden von ihm verschuldeten Verzugstag eine Vertragsstrafe in Höhe von […] EUR (in Worten: […] Euro) an die Gesellschaft zu zahlen].

§ 2, Entscheidungen

(1) Fragen der Fertigstellung, Änderung oder Bearbeitung des Werks bedürfen der vorherigen Zustimmung aller Miturheber. Kein Miturheber darf seine Zustimmung wider Treu und Glauben verweigern.

(2) Fragen betreffend die Veröffentlichung oder Verwertung des Werks werden von der Mehrheit der Miturheber entschieden, wobei es nicht auf die Kopfzahl ankommt, sondern auf den Stimmanteil laut Miturheberliste. Miturheber ohne Stim-

manteil haben auf diese Entscheidungen keinen Einfluss, können aber die Veröffentlichung des Werks als solche verlangen, wenn das Werk fertig gestellt wurde.

(3) Fragen betreffend die Form oder den Inhalt des Werks werden von der Mehrheit der nachfolgend genannten Miturheber entschieden, wobei hier die Kopfzahl entscheidend ist:
1. Name, Vorname,
2. Name, Vorname und
3. Name, Vorname.

§ 3, Verwertung

(1) Verträge betreffend die Verwertung oder die Veröffentlichung des Werks sollen von allen Miturhebern unterschrieben werden.

(2) Vertragsverhandlungen mit Verwertern werden jedoch nur vom Miturheber [Name 1] geführt. Im Falle der Verhinderung wird er vom Miturheber [Name 2] vertreten, wobei dieser auch ohne einen Fall der Verhinderung jederzeit bei den Vertragsverhandlungen zugegen sein und Verhandlungskorrespondenz einsehen kann. Die Miturheber [Name 1, Name 2] sind jedoch ohne vorherige Abstimmung gem. § 2 Abs. 2 des Vertrages nicht berechtigt, im Namen der Miturhebergesellschaft Verträge mit Verwertern abzuschließen oder diesen Zusagen zu machen.

(3) Jeder Miturheber ist berechtigt, das Werk betreffende Verträge mit Verwertern mit Wirkung für und gegen alle Miturheber fristlos zu kündigen, wenn ein wichtiger Grund vorliegt. Hierüber sind die anderen Miturheber unverzüglich zu informieren. Eine solche Kündigung darf aber nur in dringenden Fällen, die keinen zeitlichen Aufschub dulden, ohne vorherige Absprache mit den anderen Miturhebern ausgesprochen werden.

(4) Jeder Miturheber meldet das Werk der zuständigen Verwertungsgesellschaft unter Angabe seines prozentualen Anteils am Ertrag gem. Miturheberliste. Eventuelle Verteilungspläne der Verwertungsgesellschaft gehen jedoch den Vereinbarungen in diesem Vertrag vor, wenn sie unabdingbar sind.

(5) Jeder Miturheber erhält von den Erträgnissen des Werks einen prozentualen Anteil gem. Miturheberliste. Die Erträgnisse des Werks sind die Einnahmen aus der Verwertung des Werks, Preisgelder oder Gewinne sowie evtl. Vertragsstrafen gem. § 1 Abs. 3 dieses Vertrags. Ausschüttungen, welche die jeweiligen Miturheber persönlich von einer Verwertungsgesellschaft erhalten, zählen nicht zu den Erträgnissen des Werks. Ausgaben sind nur dann abzugsfähig, wenn es sich um Ausgaben der Miturhebergesellschaft handelt, die die Verwertung des Werks betreffen, bspw. Werbungskosten oder Kosten der Rechtsberatung, und die aufgrund einer vorherigen Abstimmung gem. § 2 Abs. 2 des Vertrages von den Miturhebern bewilligt worden sind. Die Kostengläubiger sollen angehalten werden, die Begleichung der Kosten so lange zu stunden, bis diese aus den Erträgnissen des Werks beglichen werden können. Ist dies nicht möglich, haben alle Miturheber den erforderlichen Betrag entsprechend ihrer Anteile gem. Miturheberliste an den in Abs. 2

erstgenannten Miturheber zu zahlen, der den Gesamtbetrag unverzüglich an den Gläubiger weiterleitet.

(6) Sofern abzugsfähige Kosten entstanden und von deren Gläubigern gestundet sind oder die Aufteilung der Erträgnisse entsprechend der Anteile gem. Miturheberliste nicht direkt durch den Verwerter erfolgen kann, haben Zahlungen der Verwerter an den in Abs. 2 erstgenannten Miturheber zu erfolgen. Dieser ist zum Empfang berechtigt, begleicht von den Erträgnissen zuerst die abzugsfähigen Kosten und zahlt den verbleibenden Betrag entsprechend der Anteile gem. Miturheberliste an die anderen Miturheber aus. Sofern seitens eines Verwerters eine Einmalzahlung oder eine jährliche Zahlung zu erwarten ist, erfolgt die Abrechnung und Auszahlung binnen eines Monats, anderenfalls jährlich bezogen auf das Kalenderjahr bis spätestens zum 31. Januar des Folgejahres.

§ 4, Rechtsverletzungen

Jeder Miturheber ist berechtigt, Ansprüche aus der Verletzung des gemeinsamen Urheberrechts am Werk geltend zu machen. Er kann jedoch nur Leistung an alle Miturheber verlangen.

§ 5, Todesfall

Gibt es im Falle des Todes eines Miturhebers mehrere Erben, ohne dass diese einen von ihnen als Bevollmächtigten bestellt haben, sind die anderen Miturheber in allen Fragen des § 2 dieses Vertrages allein entscheidungsbefugt. Bei Mehrheitsentscheidungen ist der Stimmanteil des verstorbenen Miturhebers nicht zu berücksichtigen.

§ 6, Sonstiges

(1) Die in der Anlage dieses Vertrages beigefügte Miturheberliste ist Vertragsbestandteil.

(2) Mündliche Nebenabreden wurden nicht getroffen. Änderungen und Ergänzungen dieses Vertrags bedürfen zu ihrer Wirksamkeit der Schriftform. Dies gilt auch für die Aufhebung dieses Schriftformerfordernisses.

(3) Jede Bestimmung gilt für sich alleine. Die Teilunwirksamkeit einzelner Bestimmungen berührt die Wirksamkeit des Vertrags nicht. Unwirksame Bestimmungen sind ergänzend so auszulegen, dass der Vertragszweck weitestgehend erreicht wird.

(4) Erfüllungsort ist [Name des Ortes].

§ 7, Ort, Datum und Unterschrift aller Miturheber

[...]

Anlage (Miturheberliste)

Name, Vorname, Geburtsdatum, Anschrift, Funktion, Beschreibung des Beitrags, Erstellungsfrist, Anteil am Ertrag in Prozent, Stimmanteil in Prozent.

II. Erstveröffentlichungsrecht, § 12 Abs. 1 UrhG (Checkliste)

☐ **Geltung:** alle Werkarten, auch Bearbeitungen, wissenschaftliche Ausgaben, Lichtbilder

☐ **Unveröffentlichtes Werk:**

Wurde das Werk nicht bzw. nur gegenüber einem abgrenzbaren und kontrollierbaren Kreis offenbart?

☐ ja > unveröffentlichtes Werk.

Oder wurde das Werk bereits für jedermann (theoretisch) wahrnehmbar gemacht?

☐ ja > veröffentlichtes Werk, Erstveröffentlichungsrecht (insgesamt) verbraucht.

Aber: Erfolgte die Veröffentlichung durch einen Dritten ohne Zustimmung des Berechtigten?

☐ ja > unveröffentlichtes Werk.

☐ **Bestimmungsrecht:** ob (auch: wann) und wie (Art und Form, auch: wo) veröffentlichen (Einmalrecht).

☐ **Schranken und Grenzen:** in Gerichtsverfahren, Privatkopien, als unwesentliches Beiwerk; Meinungs- und Informationsfreiheit, Art. 5 Abs. 1 GG.

☐ **Rechtsdurchsetzung:** Inhaber eines ausschließlichen Nutzungsrechts und Verwertungsgesellschaft brauchen Ermächtigung des Urhebers für Prozessstandschaft.

III. Öffentliche Wiedergabe, § 15 Abs. 3 UrhG, richtlinienkonform (Checkliste)

☐ „Wiedergabe"

    ☐ Wendet sich der Werknutzer **gezielt** an ein Publikum?

    ☐ Und zwar an ein **neues** Publikum (und nicht nur an eines, das – wie beim Framing – mit demselben technischen Verfahren auch vorher schon einen Werkzugang hatte)?

    ☐ Das auch **aufnahmebereit** für die Wiedergabe ist (und nicht bloß „zufällig" erreicht wird – wie bei Hintergrundmusik im Empfangsbereich einer Arztpraxis)?

    ☐ Bzw. ist ein **Werkzugang möglich?** Auf eine tatsächliche Nutzung kommt es nicht an (etwa eines digitalisierten Buches über Terminals einer Universitätsbibliothek oder einer nicht verlinkten URL).

    ☐ Dient die Nutzungshandlung **Erwerbszwecken?** Ein solches kann ein Indiz sein (mehr aber auch nicht) für das Vorliegen einer öffentlichen Wiedergabe.

☐ „öffentlich"

    ☐ Ist das Publikum **„unbestimmt"** (anders als bei einer privaten Gruppe, vgl. auch § 15 Abs. 3 UrhG „durch persönliche Beziehungen verbunden")?

    ☐ Handelt es sich um **„recht viele Personen"**, die – und sei es nach und nach – Werkzugang haben? Eine Gruppe von bis zu zwanzig Personen mag daher noch nicht als „Öffentlichkeit" angesehen werden.

IV. Bearbeitungsrecht, §§ 23, 24 UrhG (Checkliste)

☐ **Geltung:** alle Werkarten, auch Bearbeitungen. § 69c Nr. 2 UrhG für Computerprogramme.

☐ **Bearbeitung bzw. Umgestaltung:**

Wurde das verwandte Original wesentlich verändert?[1]

☐ nein > Vervielfältigung, § 16 UrhG.

☐ ja >

☐ so weit verändert, dass das Original nur als Anregung diente > Freie Benutzung, § 24 Abs. 1 UrhG, oder

☐ nur so weit verändert, dass urheberrechtsrelevante Elemente des Originals fortbestehen (nicht „verblasst" sind) >

☐ besteht trotz urheberrechtsrelevanter Übernahmen ein innerer Abstand (Parodie, Meinungsäußerung)? Ja > § 24 Abs. 1 UrhG

☐ iÜ.: Bearbeitung (wenn eigenschöpferische Veränderung, § 3 UrhG) bzw. Umgestaltung (wenn keine eigenschöpferische Veränderung)

☐ **Einwilligung des Originalurhebers**

☐ zur Veröffentlichung oder Verwertung bzw.

☐ bereits zur Herstellung der Werke gemäß § 23 S. 2 UrhG

---

1 Ein Schema zum Stufenverhältnis von Vervielfältigung zur freien Benutzung findet sich auch bei *A.Nordemann*, in: Fromm/Nordemann, UrhG, §§ 23, 24, Rn. 28.

V. Werkentwurf-Leihvertrag (Muster)

Zwischen
[...]

– nachfolgend „Urheber" genannt –

und
[...]

– nachfolgend „Entleiher" genannt –

wird folgende Vereinbarung getroffen:

§ 1, Überlassung des Werkentwurfes

(1) Der Urheber hat [möglichst genau beschreiben, z.B. „das Kriminalromanmanuskript mit dem Arbeitstitel [...] im Umfang von [...]", oder „die Tonaufnahme der Studio-Jazzsession vom [...] in einer Länge von [...]", oder: „den nachfolgend verkleinert wiedergegebenen Fotoentwurf/Designentwurf", oder: „das nachfolgend abgebildete Kunstwerk [...]"] als Entwurf erstellt,

– nachfolgend „Werkentwurf" genannt –.

(2) Er wird dem Entleiher den Werkentwurf für den Zeitraum von [...] bis [...] überlassen, und zwar ausschließlich zu dem Zweck [möglichst genau beschreiben, z.B. „[...] der persönlichen Prüfung einer Mitautorenschaft/ Bandmitgliedschaft/ wirtschaftlichen Auswertung durch den Entleiher"].

§ 2, Anerkennung der Rechteinhaberschaft, Geheimhaltung, Vertragsstrafe

(1) Der Entleiher erkennt an, dass dem Urheber sämtliche Persönlichkeits- und Verwertungsrechte aus dem Urheberrecht an seinem Werkentwurf zustehen.

(2) Dem Entleiher ist bewusst, dass die Interessen des Urhebers besonders schutzwürdig sind, weil der Werkentwurf unveröffentlicht und darüber hinaus im Entwurfsstadium verblieben, also unfertig und nicht veröffentlichungsreif ist. Die Entgegennahme des Werkentwurfs zu treuen Händen und nur zu dem Zweck gemäß § 1 Abs. 2 begründet ein besonderes Schutz- und Obhutsverhältnis, das den Entleiher zu umfassender Geheimhaltung sowie zur Unterlassung jedweder Verwertungen und Vervielfältigungen verpflichtet.

(3) Der Entleiher wird den Werkentwurf daher streng geheim halten und keinem Dritten zugänglich machen. Er wird insbesondere unterlassen

1. den Werkentwurf oder Teile daraus Dritten zu präsentieren oder gar zu veröffentlichen;
2. Inhalte des Werkentwurfs gegenüber Dritten oder gar öffentlich mitzuteilen oder zu beschreiben;

3. den Werkentwurf oder Teile daraus zu vervielfältigen oder zu verwerten. Hierzu gehören Vervielfältigungen aller Art wie die Herstellung von Kopien, Abzügen und Fotos, sowie sämtliche digitalen Vervielfältigungen, etwa das Einscannen [zB. bei Foto-, Design-, Kunstentwurf], Speichern und Kopieren des Werkentwurfs. Das Vervielfältigungsverbot gilt unabhängig vom Zweck der Vervielfältigung, also auch zB. für einzelne Vervielfältigungen zum privaten oder sonstigen eigenen Gebrauch. Bei Überlassung im geschäftlichen Verkehr [zB. zur Prüfung einer wirtschaftlichen Auswertung von Produktdesign] ist der Werkentwurf eine anvertraute Vorlage, so dass Mitteilung und Verwertung zusätzlich gemäß § 18 UWG strafbar sind.

(4) Für jeden Fall eines Verstoßes gegen die Geheimhaltungsverpflichtung und/oder das Vervielfältigungs-/Verwertungsverbot zahlt der Entleiher eine Vertragsstrafe in Höhe von [...] EUR (in Worten: [...] Euro). Die Geltendmachung anderer Ansprüche, insbesondere eines weitergehenden Schadenersatzes, bleibt unberührt.

§ 3, Sorgfaltspflichten, Haftung, Rückgabepflicht

(1) Der Entleiher hat dafür Sorge zu tragen, dass der Werkentwurf sorgfältig und sachgemäß behandelt wird, um dessen Unversehrtheit zu garantieren. Er haftet für Verlust, Untergang oder Beschädigung [ggfls. bei Kunstentwurf genauere Regelungen über den Umgang und Abschluss einer Versicherung].

(2) Der Entleiher wird den Werkentwurf bei Ablauf des Überlassungszeitraumes gemäß § 1 Abs. 2, also am [...] zurückzugeben [ggfls. genauere Regelungen über Rückgabezeit und -ort, Bring- oder Holschuld etc.].

§ 4, Verschiedenes

(1) Mündliche Nebenabreden bestehen nicht.

(2) Sollten einzelne Regelungen dieses Vertrages – gleich aus welchem Grund – unwirksam sein oder werden, soll dadurch die Wirksamkeit des Vertrages im Übrigen nicht berührt werden. Die Parteien verpflichten sich für diesen Fall, eine dem Sinn und Zweck der unwirksamen Regelung wirtschaftlich entsprechende ergänzende Vereinbarung zu treffen. Gleiches gilt für den Fall, dass der Vertrag Lücken enthält oder der Auslegung bedarf.

§ 5, Ort, Datum und Unterschriften

VI. Leermedien- und Geräteabgabe (Übersicht)

Gerät/Medium	Rechtsgrundlage	Bezeichnung	Betrag
CD- / DVD-Brenner	LG Stuttgart, Urt. v. 21.06.2001 – 17 O 519/00; seit 2010: Gemeinsamer Tarif der ZPÜ, VG Wort, VG Bild-Kunst über die Vergütung nach den §§ 54, 54a UrhG für Externe CD-Brenner, Externe DVD-Brenner (22.07.2011)	Externe CD-Brenner	7,00 EUR
		Externe DVD-Brenner	7,00 EUR
Drucker[1]	BGH, Urt. v. 03.07.2014 – I ZR 28/11 (Drucker und Plotter III); seit 2008: VG Wort, VG Bild-Kunst-Gesamtvertrag zur Regelung der urheberrechtlichen Vergütungspflicht nach §§ 54 ff UrhG für Reprographiegeräte (10.12.2008)	Tintenstrahldrucker	5,00 EUR
		Laserdrucker	12,50 EUR
Festplatten	seit 2008: Gemeinsamer Tarif der ZPÜ, VG Wort, VG Bild-Kunst über die Vergütung nach den §§ 54, 54a UrhG für Multimedia-Festplatten, Netzwerk-Festplatten, Externe Festplatten (25.10.2011); OLG München, Urt. v. 15.01.2014 – 6 Sch 2/13	Multimedia-Festplatten ohne Aufzeichnungsfunktion	4,00 EUR
		Multimedia-Festplatten mit Aufzeichnungsfunktion	19,00 EUR
		Netzwerkfestplatten < 1 TB	5,00 EUR
		Netzwerkfestplatten ≥ 1 TB	17,00 EUR
		Externe Festplatten < 1 TB	7,00 EUR
		Externe Festplatten ≥ 1 TB	9,00 EUR

---

1 vgl. für die Zeit bis 31.12.2007: Newsletter VG WORT vom 27.07.2015 sowie *Müller*, ZUM 2014, 863; *Stieper*, GRUR 2014, 1060, 1061.

Anhang VI. Leermedien- und Geräteabgabe (Übersicht)

Gerät/Medium	Rechtsgrundlage	Bezeichnung	Betrag
Kopierstationen	BGH, Urt. v. 20.11.2008 – I ZR 62/06 (Kopierläden II); BGH, Urt. v. 09.02.2012 – I ZR 43/11 (Digitales Druckzentrum); seit 2013: VG Wort, VG Bild-Kunst-Tarif zur Regelung der Vergütung von Ansprüchen nach § 54 c UrhG für Betreiber von Kopierstationen (13.08.2013)	Gerät im Copyshop in Hochschulnähe	166,00 EUR
		Gerät im Copyshop in einer Hochschulstadt, aber nicht in Hochschulnähe	124,00 EUR
		Gerät im Copyshop in einer Stadt ohne Hochschule	91,00 EUR
		Gerät in einer Hochschule oder wissenschaftlichen Einrichtung	418,00 EUR
		Gerät in öffentlichen Bibliotheken (in Orten mit mehr als 20.000 Einwohnern oder mit mehr als zwei Geräten, unabhängig von der Einwohnerzahl des Bibliotheksorts) sowie Unternehmensbibliotheken und Bildungseinrichtungen (Berufsbildung)	190,00 EUR
		Gerät im Einzelhandel und an allen sonstigen Standorten, wenn es für das entgeltliche Kopieren aufgestellt ist	43,30 EUR
		Gerät in Kommunen, das nicht rein verwaltungsintern genutzt wird	34,64 EUR
Leermedien	seit 2008: Tarif der ZPÜ über die Vergütung nach den §§ 54, 54a UrhG für Speichermedien der Typen Audio-Leerkassetten, DAT-Kassetten, Minidisks, Audio-CR-R und Audio-CD-RW (03.03.2011)	Audio-Leerkassetten, DAT-Kassetten, Minidisks, Audio-CD-R und Audio-CD-RW je Spielstunde	0,0614 EUR
		VHS-Leerkassetten je Spielstunde	0,0870 EUR

Anhang VI. Leermedien- und Geräteabgabe (Übersicht)

Gerät/Medium	Rechtsgrundlage	Bezeichnung	Betrag
Mobiltelefone	seit 2011: Gemeinsamer Tarif der ZPÜ, VG Wort, VG Bild-Kunst über die Vergütung nach den §§ 54, 54a UrhG für Mobiltelefone (22.07.2011) OLG München, Urt. v. 30.10.2014 – 6 Sch 20/12 WG (Vergütungspflicht gemäß § 54 UrhG a. F. für Mobiltelefone)	Mobiltelefon ohne Touchscreen	12,00 EUR
		Mobiltelefon mit Touchscreen und einer Speicherkapazität von < 8 GB	16,00 EUR
		Mobiltelefon mit Touchscreen und einer Speicherkapazität von ≥ 8 GB	36,00 EUR
MP3- / MP4-Player	seit 2010: Tarif der ZPÜ über die Vergütung nach den §§ 54, 54a UrhG für MP3-Player, MP4-Player mit einer Displaygröße < 3 Zoll, MP4-Player mit einer Displaygröße von ≥ 3 Zoll und ≤ 4 Zoll (22.07.2011)	MP3-Player	5,00 EUR
		MP4-Player mit einer Displaygröße < 3 Zoll	5,00 EUR
		MP4-Player mit einer Displaygröße ≥ 3 Zoll und ≤ 4 Zoll	15,00 EUR
Multifunktionsgeräte / Fotokopierer	BGH, Urt. v. 30.01.2008 – I ZR 131/15 – GRUR 2008, 786 (Multifunktionsgeräte); ab 2008: VG Wort, VG Bild-Kunst-Gesamtvertrag zur Regelung der urheberrechtlichen Vergütungspflicht nach §§ 54 ff UrhG für Reprographiegeräte (10.12.2008)	Tintenstrahlmultifunktionsgeräte/-fotokopierer	15,00 EUR
		Lasermultifunktionsgeräte/-fotokopierer bis 14 Kopien /Min.	25,00 EUR
		Lasermultifunktionsgeräte/-fotokopierer 15–39 Kopien/Min.	50,00 EUR
		Lasermultifunktionsgeräte/-fotokopierer ab 40 Kopien/Min.	87,50 EUR
Musik-Handys	2004–2007: OLG München, Urt. v. 30.10.2014 – 6 Sch 20/12	Handy ohne interner Speichermöglichkeit	1,28 EUR
		Handy mit interne Speichermöglichkeit	2,56 EUR

Gerät/Medium	Rechtsgrundlage	Bezeichnung	Betrag
PCs[2]	BGH, Urt. v. 03.07.2014 – I ZR 30/11 (PC III); seit 2011: Gemeinsamer Tarif der ZPÜ, VG Wort, VG Bild-Kunst über die Vergütung nach den §§ 54, 54a UrhG für PCs (24.01.2014)	Verbraucher-PC	13,1875 EUR
		Business-PC	4,00 EUR
		PC mit einer Bildschirmdiagonale von bis zu 12,4 Zoll	10,625 EUR
		Workstations	4,00 EUR
Rohlinge	seit 2010: Gemeinsamer Tarif der ZPÜ, VG Wort, VG Bild-Kunst über die Vergütung nach den §§ 54, 54a UrhG für Speichermedien der Typen CD-R, CD-RW, DVD+/-R, DVD+/-RW, DVD-RAM, DVD-RAM, DVD Double Sided, DVD Double Layer / Dual Layer, Blu-ray (18.12.2009); ZPÜ, Schreiben vom 07.07.2015 – keine Leermedienabgabe für Blu-Ray-Rohlinge	CD-R, max. 900 MB	0,062 EUR
		CD-RW, max. 900 MB	0,197 EUR
		DVD+/-R 4,7 GB	0,139 EUR
		DVD+/-RW 4,7 GB	0,271 EUR
		DVD-RAM 4,7 GB	0,550 EUR
		DVD-RAM 4,7 GB	1,264 EUR
		DVD Double Sided 9,4 GB	0,117 EUR
		DVD Double Layer / Dual Layer, 8,5 GB	0,386 EUR
		Blu-ray bis 25 GB	keine
Scanner	BGH, Urt. v. 05.07.2001 – I ZR 335/98; BGH, Urt. v. 29.10.2009 – I ZR 168/06 (Scannertarif); seit 2008: VG Wort, VG Bild-Kunst-Gesamtvertrag zur Regelung der urheberrechtlichen Vergütungspflicht nach §§ 54 ff UrhG für Reprographiegeräte (10.12.2008)	Scanner	12,50 EUR
		Handscanner	4,09 EUR

---

2 *Müller*, ZUM 2014, 863; *Stieper*, GRUR 2014, 1060, 1061.

Anhang VI. Leermedien- und Geräteabgabe (Übersicht)

Gerät/Medium	Rechtsgrundlage	Bezeichnung	Betrag
Speicherkarten (für Mobiltelefone)	EuGH Urt. v. 05.03.2015 – C-463/12, GRUR 2015, 478; seit 07/2012: Gemeinsamer Tarif der ZPÜ, VG Wort, VG Bild-Kunst über die Vergütung nach den §§ 54, 54a UrhG für Speichermedien der Typen USB-Sticks, Speicherkarten (10.05.2012)	mit einer Speicherkapazität ≤ 4 GB	0,91 EUR
		mit einer Speicherkapazität > 4 GB	1,95 EUR
Telefaxgeräte	OLG Köln, Urt. v. 04.10.1996 – 6 U 125/95; OLG Zweibrücken, Urt. v. 15.11.1996 – 2 U 14/96; seit 2008: VG Wort, VG Bild-Kunst-Gesamtvertrag zur Regelung der urheberrechtlichen Vergütungspflicht nach §§ 54 ff UrhG für Reprographiegeräte (10.12.2008)	Thermo- und Tintenstrahl-Telefaxgeräte	5,00 EUR
		Lasertelefaxgeräte	10,00 EUR

Anhang VI. Leermedien- und Geräteabgabe (Übersicht)

Gerät/Medium	Rechtsgrundlage	Bezeichnung	Betrag
Unterhaltungselektronik	BGH, Urt. v. 19.12.1980 – I ZR 129/79; seit 2010: Tarif der ZPÜ über die Vergütung nach den §§ 54, 54a UrhG für Video-Rekorder, DVD-Rekorder, Set-Top-Boxen, TV-Geräte, Kassetten-Rekorder, MiniDisc-Rekorder, CD-Rekorder (22.07.2011) bzw. für TV-Geräte ohne eingebaute Festplatte aber mit Aufzeichnungsfunktion auf externe Festplatte (19.04.2012)	Set-Top-Boxen ohne HDD/TV-Receiver ohne HDD, jeweils aber mit Aufzeichnungsfunktion auf externe Festplatte	13,00 EUR
		Video-Recorder	15,00 EUR
		DVD-Recorder -VCR -HDD	22,00 EUR
		DVD-Recorder +VCR -HDD	30,00 EUR
		DVD-Recorder -VCR +HDD	39,00 EUR
		DVD-Recorder +VCR +HDD	49,00 EUR
		Set-Top-Boxen mit HDD/TV-Receiver mit HDD/Festplatten-Recorder	34,00 EUR
		TV-Geräte mit HDD	34,00 EUR
		Kassetten-Recorder	7,00 EUR
		MiniDisc-Recorder	25,00 EUR
		CD-Recorder	13,00 EUR
		TV-Geräte ohne eingebaute Festplatte aber mit Aufzeichnungsfunktion auf externe Festplatte	13,00 EUR
USB-Sticks	seit 07/2012: Gemeinsamer Tarif der ZPÜ, VG Wort, VG Bild-Kunst über die Vergütung nach den §§ 54, 54a UrhG für Speichermedien der Typen USB-Sticks, Speicherkarten (10.05.2012)	mit einer Speicherkapazität ≤ 4 GB	0,91 EUR
		mit einer Speicherkapazität > 4 GB	1,56 EUR

VII. Erwerb von urheberrechtlichen Nutzungsrechten (Checkliste)

1. Sind geschützte Rechte (Urheber- und/oder Leistungsschutzrechte) betroffen?
2. Ist die Nutzung gesetzlich erlaubt? (Erschöpfung § 17 UrhG, Ablauf der Schutzfrist § 69 UrhG oder Schrankenregelungen §§ 44a-63a UrhG einschlägig?)
3. Ermittlung des Rechtsinhabers? (Urheber, Leistungsschutzberechtigte, Rechtsnachfolger, Verlage, Verwertungsgesellschaften etc.)
4. Umfang des Rechtserwerbs (einfache oder ausschließliche Rechte § 31 Abs. 1 UrhG)?
4.1 Soweit die Rechte nicht unmittelbar vom Erstberechtigten erworben werden: Lizenzkette nachgewiesen?
4.2 Räumliche und zeitliche Nutzung?
4.3 Nutzungsarten (Zweckübertragungslehre § 31 Abs. 5 UrhG anwendbar)?
4.4 Weiterübertragung zulässig?
4.5 Namensnennung erforderlich bzw. ordnungsgemäß erfolgt (§§ 13, 39, 74 UrhG)?
4.6 Kosten (angemessene Vergütung § 32 UrhG) und Abrechnungsmodalitäten?

VIII. Schrankenregelungen, §§ 44a ff. UrhG (Übersicht)

§ 44a	Vorübergehende Vervielfältigungshandlung	zustimmungsfrei und vergütungsfrei
§ 45	Rechtspflege und öffentliche Sicherheit	zustimmungsfrei und vergütungsfrei
§ 45a	Behinderte Menschen	zustimmungsfrei und vergütungspflichtig
§ 46	Sammlungen für den Kirchen-, Schul- und Unterrichtsgebrauch	zustimmungsfrei und vergütungspflichtig (Ausnahme: § 46 Abs. 5)
§ 47	Schulfunksendungen	zustimmungsfrei und vergütungsfrei (Ausnahme: § 47 Abs. 2 Satz 2)
§ 48	Öffentliche Reden	zustimmungsfrei und vergütungsfrei
§ 49	Zeitungsartikel und Rundfunkkommentare	zustimmungsfrei und vergütungspflichtig
§ 50	Berichterstattungen über Tagesereignisse	zustimmungsfrei und vergütungsfrei
§ 51	Zitate	zustimmungsfrei und vergütungsfrei
§ 52	Öffentliche Wiedergabe	zustimmungsfrei und vergütungspflichtig (Ausnahme: § 52 Abs. 1 Satz 3)
§ 52a	Öffentliche Zugänglichmachung für Unterricht und Forschung	zustimmungsfrei (Ausnahme: § 52a Abs. 2) und vergütungspflichtig
§ 52b	Werkwiedergabe an elektronischen Leseplätzen in öffentlichen Einrichtungen	zustimmungsfrei und vergütungspflichtig
§ 53 Abs. 1	Privatkopie	zustimmungsfrei (Ausnahme § 53 Abs. 5, 6) und vergütungsfrei
§ 53 Abs. 2	Eigene Verwendung	zustimmungsfrei (Ausnahme § 53 Abs. 5, 6) und vergütungsfrei
§ 53 Abs. 3	Unterrichts- und Prüfungsgebrauch	zustimmungsfrei (Ausnahme § 53 Abs. 3 Satz 2, § 53 Abs. 5, 6)
§ 53 Abs. 7	Generelle Ausnahmen	zustimmungspflichtig
§ 53a	Kopienversand	zustimmungsfrei und vergütungspflichtig
§§ 54–54h	Geräteabgabe	zustimmungsfrei und vergütungspflichtig

Anhang VIII. Schrankenregelungen, §§ 44a ff. UrhG (Übersicht)

§ 55	Vervielfältigung durch Sendeunternehmen	zustimmungsfrei und vergütungsfrei
§ 55a	Benutzung eines Datenbankwerkes	zustimmungsfrei und vergütungsfrei
§ 56	Vervielfältigung und öffentliche Wiedergabe von Werken in Geschäftsbetrieben	zustimmungsfrei und vergütungsfrei
§ 57	Unwesentliches Beiwerk	zustimmungsfrei und vergütungsfrei
§ 58	Katalogbildfreiheit	zustimmungsfrei und vergütungsfrei
§ 59	Straßenbildfreiheit	zustimmungsfrei und vergütungsfrei
§ 60	Bildnisse	zustimmungsfrei und vergütungsfrei

IX. Options- und Verfilmungsvertrag (Muster)

Zwischen

[…]

— nachstehend „Produzent" genannt —

und

[…]

— nachstehend „Vertragspartner" genannt —

wird folgende Vereinbarung getroffen:

Präambel

(1) Der Vertragspartner ist Inhaber sämtlicher [originärer/abgeleiteter] Rechte an dem [Roman/Drehbuch/Bühnenstück/sonstiges] mit dem [Titel/Arbeitstitel]

„[…]"

— nachstehend „Werk" genannt —

[in der Fassung vom […]/veröffentlicht [Jahr] bei [Verlag]].

(2) Der Produzent ist an einem Erwerb der Rechte zur [weiteren Entwicklung des Drehbuchs/Entwicklung eines auf dem Werk basierenden Drehbuchs] und ggfls. zur Herstellung und Auswertung eines auf dem Werk basierenden abendfüllenden Films interessiert.

I. Option

§ 1, Optionsgegenstand

(1) Der Vertragspartner räumt dem Produzenten hiermit eine exklusive und frei übertragbare Option auf den Erwerb der exklusiven Bearbeitungs- und Verfilmungsrechte an dem Werk gemäß nachstehenden Bedingungen ein.

(2) Der Vertragspartner überträgt dem Produzenten hiermit — aufschiebend bedingt durch die Ausübung der Option — die Bearbeitungs- und Verfilmungsrechte an dem Werk gemäß Anlage I zu den Bedingungen des nachstehenden Verfilmungsvertrages, der Bestandteil der vorliegenden Optionsvereinbarung ist. Der Vertragspartner verpflichtet sich, während der Dauer der Optionsfrist über die vertragsgegenständlichen Rechte nicht anderweitig zu verfügen.

§ 2, Optionsfrist

Die Option ist befristet bis zum Ablauf eines Zeitraums von [24] (in Worten: [vierundzwanzig]) Monaten ab Unterzeichnung der vorliegenden Optionsvereinbarung,

— nachstehend „Optionsfrist" genannt —.

§ 3, Bearbeitungsrecht

Der Produzent ist während der Optionsfrist berechtigt, auf Grundlage des Werkes ein oder mehrere weitere Drehbücher zu verfassen bzw. verfassen zu lassen und diese an Filmförderungsinstitutionen, Fernsehanstalten und sonstige Dritte zu übermitteln. Darüber hinaus ist der Produzent befugt, alle weiteren für die Vorbereitung einer Verfilmung erforderlichen Arbeiten vorzunehmen bzw. vornehmen zu lassen.

[Die Parteien werden für einen Zeitraum von [...] (in Worten: [...]) Monaten über den Abschluss eines Drehbuchvertrages zur weiteren Bearbeitung des Werkes durch den Vertragspartner verhandeln. Können sich die Parteien innerhalb dieses Zeitraums nicht auf einen Drehbuchvertrag einigen, ist der Produzent berechtigt, Dritte mit der Bearbeitung des Drehbuchs zu beauftragen. Der Abschluss des Drehbuchvertrages ist in jedem Fall aufschiebend bedingt durch die Ausübung der Option und das Zustandekommen des nachstehenden Verfilmungsvertrages.]

§ 4, Optionsausübung

Der Produzent ist berechtigt, jedoch nicht verpflichtet, zu jedem Zeitpunkt innerhalb der Optionsfrist die ihm eingeräumte Option auszuüben. Dabei gilt die Frist als eingehalten, wenn der Produzent die Erklärung, dass er die Option ausübe, am letzten Tag der Frist zur Post gibt, sofern die Erklärung dem Vertragspartner in angemessener Zeit zugeht.

§ 5, Optionsvergütung

Für die Einräumung der Option zahlt der Produzent an den Vertragspartner als Optionsvergütung einen gegen Rechnungsstellung bei Vorlage der unterzeichneten Dokumente

– „Short Form Option" gemäß Anlage A und
– „Short Form Assignment" gemäß Anlage B

fälligen Betrag in Höhe von **[...] EUR** (in Worten: [...] Euro) zuzüglich Mehrwertsteuer in der gesetzlich vorgeschriebenen Höhe, soweit Mehrwertsteuer anfällt.

§ 6, Garantie

Der Vertragspartner erklärt und garantiert im Sinne eines selbstständigen Garantieversprechens, dass er hinsichtlich der den Gegenstand der vorliegenden Optionsvereinbarung bildenden Rechte uneingeschränkt verfügungsbefugt ist und dass der Einräumung dieser Rechte nach Maßgabe der vorliegenden Optionsvereinbarung nichts entgegensteht.

§ 7, Verlängerung

Der Produzent ist nach freiem Ermessen berechtigt, die Option vor Ablauf der Optionsfrist um weitere [12] (in Worten: [zwölf]) Monate zu verlängern. Die Verlängerung erfolgt durch schriftliche Mitteilung (Fax genügt). Im Falle der Verlängerung der Option hat der Vertragspartner Anspruch auf Zahlung einer Verlängerungsvergütung in Höhe von [...] EUR (in Worten: [...] Euro) zuzüglich Mehrwertsteuer in der gesetzlich vorgeschriebenen Höhe, soweit Mehrwertsteuer anfällt, fällig nach Stellung einer entsprechenden Rechnung.

§ 8, Sonstiges

(1) Der Produzent ist berechtigt, diesen Vertrag bzw. die nach Maßgabe dieses Vertrages erworbenen Rechte ganz oder teilweise Dritten exklusiv oder nicht-exklusiv einzuräumen bzw. zu übertragen. Der Produzent bleibt jedoch verantwortlich für die Einhaltung der Bedingungen dieses Vertrages. Der Produzent ist verpflichtet, auch seinem etwaigen Rechtsnachfolger die Rechte des Vertragspartners aus dieser Vereinbarung aufzuerlegen.

(2) Übt der Produzent innerhalb der (ggfls. verlängerten) Optionsfrist die Option nicht aus, so hat der Produzent keinen Anspruch auf Rückzahlung der Optionsvergütung gemäß § 5 bzw. ggfls. der Verlängerungsvergütung gemäß § 7.

(3) Übt der Produzent die Option innerhalb der Optionsfrist aus, so wird die gemäß § 5 gezahlte Optionsvergütung, nicht jedoch ggfls. die Verlängerungsvergütung gemäß § 7, auf die gemäß dem Verfilmungsvertrag geschuldete Vergütung angerechnet.

(4) Durch die Ausübung der Option wird der Verfilmungsvertrag gemäß nachstehender Ziffer II. abgeschlossen.

II. Verfilmungsvertrag
§ 1, Rechteeinräumung (Verfilmung)

(1) Der Vertragspartner überträgt dem Produzenten hiermit für die Dauer der jeweils geltenden Schutzfrist das exklusive sowie inhaltlich und räumlich uneingeschränkte sowie frei übertragbaren und/oder sublizenzierbaren Recht zur beliebig häufigen Verfilmung des Werkes. Insbesondere werden dem Produzenten durch den Vertragspartner folgende exklusive Rechte übertragen:

1. Die **Werkbearbeitungs- und Übersetzungsrechte**, dh. das Recht, das Werk – unter Beachtung der Urheberpersönlichkeitsrechte der Autoren – ausschließlich zum Zwecke der Verfilmung beliebig zu bearbeiten. Dies umfasst insbesondere das Recht, das Werk sowie dessen Titel, Charaktere, Handlungselemente, Dialoge, Szenen und sonstige Charakteristika abzuändern, weiterzuentwickeln, neue oder geänderte Teile hinzuzufügen, Teile herauszunehmen oder die Handlungsabfolgen umzustellen bzw. Autoren mit einer solchen Bearbeitung des Werkes sowie der Herstellung von Drehbüchern zu beauftragen und diese in sämtliche Sprachen übersetzen zu lassen.

2. Die **Filmherstellungsrechte**, dh. das Recht, das Werk bzw. dessen Teile unverändert oder bearbeitet zur Herstellung einer oder mehrerer Kino- bzw. Fernsehproduktion(en) – nachstehend „Produktion" genannt – in allen denkbaren Sprachfassungen zu verwenden. Eingeschlossen ist auch das Wiederver-

filmungsrecht sowie das Weiterentwicklungsrecht, dh. die Befugnis, die in der Produktion enthaltenen Handlungselemente sowie Personen und deren Charakteristika auch für Folgeproduktionen (z.B. Serie, Prequel, Sequel und Spin-Off) oder im Zusammenhang mit anderen audiovisuellen Produktionen zu verwenden. § 88 Abs. 2 Satz 2 UrhG gilt nicht.
3. Die **Titelverwendungsrechte**, dh. das Recht, jedoch nicht die Verpflichtung, den Titel des Werkes bzw. des Filmes zur Bezeichnung der Produktion zu verwenden.

(2) Der Produzent hat in jedem Produktionsstadium freie Hand bei der Gestaltung der Produktion sowie des dazugehörigen PR- und Werbematerials.

§ 2, Rechteeinräumung (Auswertung)

Der Vertragspartner überträgt dem Produzenten hiermit für die Dauer der jeweils geltenden Schutzfrist jegliche exklusiven und inhaltlich und räumlich uneingeschränkten und frei übertragbaren und/oder sublizenzierbaren Nutzungsrechte an der Produktion, insbesondere die in dem diesem Vertrag als Anlage C beigefügten Rechtekatalog aufgeführten Rechte.

§ 3, Folgeproduktionen

Beabsichtigt der Produzent, basierend auf dem Werk Folgeproduktionen (z.B. Serie, Prequel, Sequel oder Spin-Off) herzustellen, so wird er dem Vertragspartner als erstes anbieten, als Autor des Drehbuchs für die Folgeproduktion tätig zu werden. Lehnt der Vertragspartner die Tätigkeit ab oder können sich die Parteien nicht binnen einer vom Produzenten zu setzenden angemessenen Frist auf die wirtschaftlichen Bedingungen der Tätigkeit des Vertragspartners einigen, so ist der Produzent berechtigt, den Auftrag zur Erstellung des Drehbuchs für die Folgeproduktion an einen Dritten zu vergeben.

§ 4, Vergütung

(1) Als Vergütung für sämtliche dem Produzenten nach diesem Vertrag eingeräumten Rechte erhält der Vertragspartner einen Betrag in Höhe von [[...%] der budgetierten und von den beteiligten Filmförderungen anerkannten Nettoherstellungskosten („above the line" und „below the line" Kosten, jedoch ohne Finanzierungskosten, Steuer- und Rechtsberatungskosten Zinsen, Überschreitungsreserve, Produzentengage, Handlungskosten und Kosten des Fertigstellungsgaranten), [mindestens aber] [...] EUR (in Worten: [...] Euro) [und höchstens [...] EUR (in Worten: [...] Euro)].

(2) Der nach Abzug der geleisteten Optionsvergütung in Höhe von [...] EUR (in Worten: [...] Euro) verbleibende Vergütungsbetrag wird nach jeweiliger entsprechender Rechnungsstellung fällig wie folgt:

1. [20]% (in Worten: [zwanzig] Prozent) des Mindestbetrags bei Ausübung der Option;

2. [...]% (in Worten: [...] Prozent) des Mindestbetrags bei Schließung der Finanzierung der Produktion;
3. der Restbetrag bei Drehbeginn der Produktion.

[Stehen bei Ausübung der Option die maßgeblichen Nettoherstellungskosten noch nicht fest, so gilt die vereinbarte Mindestvergütung abzüglich der geleisteten Optionsvergütung als Bemessungsgrundlage für die Höhe der Raten gemäß vorstehender Ziffern 1. und 2.]

Der Produzent ist verpflichtet, den Vertragspartner unverzüglich nach Drehbeginn schriftlich zu benachrichtigen.

(3) Der Vertragspartner erhält zusätzlich eine [mit der Vergütung gemäß vorstehendem § 4 Abs. 1] Beteiligung am Nettogewinn des Produzenten in Höhe von [...]% (in Worten: [...] Prozent).

Alternative 1 [Zur Ermittlung des Nettogewinns des Produzenten sind die tatsächlich beim Produzenten aus der Verwertung der Produktion eingehenden Nettoerlöse (nach Abzug sämtlicher Vertriebskosten und -provisionen, und unter Berücksichtigung eventueller Rückführungsverpflichtungen gegenüber Filmförderungen und anderen Finanziers) den tatsächlichen Produktionskosten gegenüberzustellen. Bei der Ermittlung der Produktionskosten sind insbesondere zu berücksichtigen:

– Negativkosten (alle „above-" und „below-the-line"-Kosten)
– Kosten der Projektentwicklung und Vorproduktion
– Überschreitungskosten
– Produzentenhonorare
– Rückstellungen
– Finanzierungs-, Anwalts- und Beratungskosten
– Handlungsunkosten (pauschal mit 15% der vorstehend genannten Kosten anzusetzen)
– Zinsen (pauschal in Höhe von 10% p.a. anzusetzen)]

Alternative 2 [Produzentennettoerlöse im Sinne dieser Vereinbarung sind alle nicht in die Finanzierung eingebrachten beim Produzent tatsächlich eingehenden und bei diesem verbleibenden Nettoerlöse aus der Auswertung der Produktion abzüglich:

– der vom Produzenten eingesetzten Eigenmittel
– Förderrückzahlungen
– Lizenzkosten (inkl. eventuell damit verbundene Rechtsberatungskosten), sofern zur Auswertung wirtschaftlich sinnvoll (Bsp. Zweitlizenzen von Musik-/ Bildrechten nach Ablauf der ersten Lizenzierungsphase)
– Auswertungskosten vom Produzenten wie Kurierkosten, Einreichgebühren, Reise-, Hotel- und Bewirtungskosten und bei Festivals und Preisverleihungen, nicht vom Verleih getragene Kopierkosten für Kino- und Videomaterial, auswertungsbezogener interner Verwaltungsaufwand beim Produzenten etc. in angemessenem und üblichem Rahmen

- Kosten für die Einlagerung des Filmmaterials
- Kontoführungsgebühren des Erlöskontos
- Kosten für die Beitreibung von Forderungen (inkl. Audits)
- Auswertungsbezogene Rechtsberatungs- und Prozesskosten
- Erlösbeteiligungen / Rückführung Eigenmittel Dritter (z.B. Beteiligungen, Deferments und Residuals gemäß Tarifvereinbarungen, im Hinblick auf die Produktion geltend gemachte urheberrechtliche Vergütungsansprüche, insbesondere aus §§ 32, 32a UrhG)

Erträge aus Sponsoring, Product Placement, Ausstattungs- und Kostümverkäufen und Versicherungsleistungen reduzieren als kostenmindernde Erträge die Herstellungskosten und sind keine Produzentennettoerlöse.]

Die Beteiligung des Vertragspartners wird innerhalb der ersten 24 (in Worten: vierundzwanzig) Monate ab Erstauswertung der Produktion zum Ende jeden Kalendervierteljahres, danach zum Ende jeden Kalenderjahres, mit einer Frist von 8 (in Worten: acht) Wochen abgerechnet und ausgezahlt.

Der Autor ist berechtigt, einmal pro Kalenderjahr durch einen unabhängigen, zur Verschwiegenheit verpflichteten Sachverständigen (Wirtschaftsprüfer, Steuerberater, Rechtsanwalt) nach schriftlicher Vorankündigung von mindestens 30 (dreißig) Kalendertagen Einblick in die Buchhaltung zur Produktion sowie in die Abrechnungsunterlagen zu nehmen. Geprüfte Zeiträume können nicht neu überprüft werden. Für den Fall, dass die Prüfung von Abrechnungsunterlagen, ein Fehlergebnis von mehr als 5 % (in Worten: fünf Prozent) zuungunsten des Autors ergibt, trägt der Produzent die Kosten der Prüfung.

(4) Für den Fall der Wiederverfilmung (Remake) vereinbaren die Parteien folgendes:

1. Stellt der Produzent (oder eine mit ihm konzernrechtlich verbundene Produktionsfirma) auf Basis der Produktion selbst ein Remake her, so erhält der Vertragspartner eine bei Drehbeginn des Remakes fällig werdende zusätzliche Vergütung in Höhe von [33 1/3]% (in Worten: [dreiunddreißig ein Drittel] Prozent) der in vorstehendem § 4 Abs. 1 genannten Vergütung.
2. Sollte der Produzent die Wiederverfilmungsrechte an einen Dritten veräußern, so wird der Vertragspartner an den aus dieser Veräußerung vereinnahmten Nettoerlösen (Veräußerungserlös abzüglich etwaiger vom Produzenten aufgewendeter Entwicklungskosten für das Remake) mit [50]% (in Worten: [fünfzig] Prozent) beteiligt.
3. Die Parteien erkennen an, dass die vertragsgegenständliche Vergütung branchenüblich ist. Insbesondere vor dem Hintergrund, [dass es sich bei dem Werk um das Erstlingswerk des Vertragspartners handelt und der Produzent zur weiteren Entwicklung des Werkes noch erhebliche Summen aufwenden muss], stimmen die Parteien darin überein, dass diese Vergütung angemessen im Sinne von § 32 Abs. 1 UrhG ist.
4. Sämtliche vorstehend genannten Beträge verstehen sich jeweils zzgl. Mehrwertsteuer in der gesetzlich vorgeschriebenen Höhe, soweit Mehrwertsteuer anfällt.

[5. Der Produzent ist berechtigt, von sämtlichen vorstehend genannten Beträgen Abzugsteuer einzubehalten und an die zuständigen Finanzbehörden abzuführen, soweit er gesetzlich dazu verpflichtet ist. Der Produzent wird den Autor jedoch im zumutbaren Umfang bei der Erlangung einer Steuerbefreiungsbescheinigung zur Vermeidung des Steuereinbehalts unterstützen.]

§ 5, Nennung

(1) Der Produzent wird den Vertragspartner im Vor- bzw. Abspann der Produktion sowie im PR- und Werbematerial in branchenüblicher Weise als Autor nennen [sowie auf Wunsch des Verlages auf die Veröffentlichung des Romans im [...] Verlag hinweisen]. Der Produzent haftet nicht für durch Dritte begangene Verstöße gegen diese Nennungsverpflichtung, sofern der Produzent dem Dritten die Nennungspflicht entsprechend auferlegt hat. Die Richtlinien der ausstrahlenden Sender bleiben unberührt.

[(2) Im Falle der Herstellung einer Folgeproduktion zur Produktion (Prequel, Sequel, Spin-Off, Serie) wird der Produzent dem Vertragspartner jeweils Gelegenheit geben, den Rohschnitt der Folgeproduktion anzusehen. Der Vertragspartner ist berechtigt, dem Produzenten innerhalb von zwei Wochen nach Besichtigung des Rohschnitts mitzuteilen, dass sein Name nicht im Zusammenhang mit der betreffenden Folgeproduktion genannt werden soll.]

§ 6, Belegexemplare

Sobald die Produktion auf DVD veröffentlicht wird, wird der Produzent dem Vertragspartner unentgeltlich [5] (in Worten: [fünf]) Belegexemplare zukommen lassen.

III. Allgemeine Bestimmungen
§ 1, Exklusivität

Zur Sicherung der Exklusivität des Produzenten verpflichtet sich der Vertragspartner, während der (ggfls. verlängerten) Optionszeit gemäß Ziffer I. § 2 (bzw. I § 7) keine weiteren Konzepte oder sonstigen Werke unter Verwendung von Handlungselementen, Personen/Charakteren, Inhalten oder sonstigen Spezifika und Ideen des vertragsgegenständlichen Werkes zu verfassen und Dritten zur Verfilmung anzubieten. Der Vertragspartner überträgt dem Produzenten schon jetzt unwiderruflich sämtliche urheberrechtlichen Nutzungsrechte im Umfang der Bestimmungen vorstehender Ziffer II. §§ 1, 2 an allen Werken, welche der Vertragspartner in Verletzung seiner Verpflichtung gemäß diesem Vertrag erstellt.

§ 2, Rechtegarantie

(1) Der Vertragspartner garantiert im Sinne eines selbständigen Garantieversprechens, dass er hinsichtlich sämtlicher mit diesem Vertrag dem Produzenten eingeräumten Rechte an dem Werk einschließlich des Titels und sonstiger Rechtspositionen gemäß diesem Vertrag uneingeschränkt und exklusiv verfügungsbefugt

ist, und dass der unbelasteten Übertragung der Rechte auf den Produzenten nach Maßgabe dieses Vertrages nichts entgegensteht.

(2) Der Vertragspartner garantiert im Sinne eines selbständigen Garantieversprechens, dass die dem Produzenten hiermit übertragenen Rechte einschließlich des Titels nicht gegen Urheber- oder sonstige Rechte Dritter verstoßen und dass insbesondere

1. an dem Werk kein nichtgenannter Dritter mitgearbeitet hat,
2. das Werk und dessen einzelne Teile nicht widerrechtlich dem selbständig geschaffenen Inhalt anderer Werke entnommen oder entlehnt ist;
3. das Werk keinerlei Anspielungen auf Personen oder Ereignisse enthält, soweit der Produzent auf derartige Anspielungen nicht ausdrücklich hingewiesen wurde;

(3) Der Vertragspartner wird den Produzenten von sämtlichen Ansprüchen Dritter, die entgegen der vorstehenden Garantien gegen den Produzenten geltend gemacht werden, auf erstes Anfordern freistellen.

(4) Werden die mit diesem Vertrag übertragenen Rechte von dritter Seite verletzt, angegriffen oder sonst wie beeinträchtigt, ist der Produzent berechtigt, selbst geeignete Maßnahmen zur Abwehr derartiger Beeinträchtigungen zu treffen. Der Vertragspartner ist verpflichtet, den Produzenten hierbei voll und uneingeschränkt zu unterstützen. Dies schließt insbesondere die Verpflichtung ein, Auskünfte zu erteilen, erforderliche Originaldokumente und sonstige Unterlagen zur Verfügung zu stellen und für die Verwirklichung des Vertragszweckes gegebenenfalls zum Teil notwendige zusätzliche Abtretungen von Rechten an den Produzenten vorzunehmen oder zu veranlassen.

§ 3, Ausschluss einer Produktionsverpflichtung

(1) Der Produzent ist zur Herstellung der Produktion nicht verpflichtet. Darüber hinaus steht es dem Produzenten frei, ob und in welcher Weise er die Produktion jeweils auswerten will.

(2) Sollte mit der Herstellung einer Produktion ([Beginn der Pre-Production] / [Beginn der Dreharbeiten]) nicht innerhalb einer Frist von [5] (in Worten: [fünf]) Jahren nach Ausübung der Option begonnen worden sein, so ist der Vertragspartner berechtigt, die dem Produzenten eingeräumten Rechte nach Setzung einer angemessenen Nachfrist zur Herstellung der Produktion, die mindestens [12] (in Worten: [zwölf]) Monate betragen muss, zurückzurufen.

[(3) Im Falle des Rückrufs hat der Vertragspartner dem Produzenten 50% (in Worten: [fünfzig] Prozent) der vertragsgegenständlichen Vergütung zu erstatten.]

[(4) Der Vertragspartner verpflichtet sich, eine Bestätigung des Urhebers des Werkes beizubringen, in der dieser der Dauer des Ausschlusses des Rückrufsrecht gemäß vorstehendem § 3 Abs. 2 zustimmt.]

§ 4, Abtretung

Der Produzent ist berechtigt, diesen Vertrag ganz oder teilweise Dritten exklusiv oder nicht-exklusiv einzuräumen bzw. zu übertragen. Der Produzent ist verpflichtet, auch seinem etwaigen Rechtsnachfolger die Rechte des Vertragspartners aus dieser Vereinbarung aufzuerlegen.

§ 5, Geheimhaltung

(1) Der Vertragspartner ist verpflichtet, über diesen Vertrag, dessen Bedingungen sowie sämtliche mit seiner Tätigkeit zusammenhängenden Angelegenheiten sowie sonstige Vorgänge des Produzenten und deren Produktionspartnern strikte Geheimhaltung gegenüber jeglichen Dritten zu wahren und sämtliche ihm zugänglich gewordenen Unterlagen im Zusammenhang mit der Produktion vor unbefugter Kenntnisnahme durch Dritte zu schützen.

(2) Der Vertragspartner verpflichtet sich, unter Ausschluss der Einrede des Fortsetzungszusammenhangs für jeden Fall der Zuwiderhandlung gegen die Verschwiegenheitspflicht eine vom Produzenten festzusetzende, angemessene und gerichtlich überprüfbare Vertragsstrafe zu zahlen.

§ 6, Weitere Urkunden

Der Vertragspartner ist verpflichtet, jegliche weiteren Erklärungen und Urkunden, die im Hinblick auf eine Verwirklichung der Produktion (z.B. zum Abschluss von Versicherungen, Fertigstellungsgarantien etc.) bzw. auf die Sicherung des Urheberrechtsschutzes in den USA oder anderen Ländern erforderlich oder sinnvoll sein sollten, auf Anforderung des Produzenten auszufertigen.

§ 7, Vertragsverstoß

(1) Im Falle von Vertragsverstößen ist die jeweils andere Vertragspartei unter Setzung einer Frist zur Heilung von mindestens 14 (in Worten: vierzehn) Tagen abzumahnen.

(2) Wird der Vertragsverstoß innerhalb der gesetzten Frist nicht geheilt, so ist die jeweils andere Vertragspartei berechtigt, diesen Vertrag nach Maßgabe nachstehender Bestimmungen zu kündigen.

1. Kündigt der Vertragspartner aufgrund eines Vertragsverstoßes seitens des Produzenten, hat der Vertragspartner Anspruch auf Zahlung der Vergütung gemäß vorstehender Ziffer II. § 5 Abs. 1 die mit dieser Vereinbarung übertragenen Rechte verbleiben in jedem Fall beim Produzenten.
2. Kündigt der Produzent aufgrund eines Vertragsverstoßes des Vertragspartners, hat der Vertragspartner lediglich Anspruch auf die zum Zeitpunkt der Kündigung bereits fälligen Raten der Vergütung gemäß vorstehender Ziffer II. § 5 Abs. 2 die mit dieser Vereinbarung übertragenen Rechte verbleiben in jedem Fall beim Produzenten.

(3) Dem Vertragspartner ist bewusst, dass der Produzent im Rahmen der Herstellung und Auswertung der Produktion erhebliche finanzielle Aufwendungen ge-

tätigt hat bzw. noch tätigen wird, die ein Vielfaches der vertragsgegenständlichen Vergütung betragen. Der Vertragspartner erkennt aus diesem Grunde an, dass der Schaden, der aus einer etwaigen Verhinderung oder Verzögerung der Herstellung bzw. Auswertung der Produktion resultieren kann, im Verhältnis zu den Ansprüchen des Vertragspartners aus oder im Zusammenhang mit dem vorliegenden Vertrag unverhältnismäßig hoch ist. Der Vertragspartner erklärt verbindlich und unwiderruflich, auf die Durchsetzung sich aus diesem Vertrag ergebender bzw. mit diesem im Zusammenhang stehender Ansprüche gegen den Produzenten, mit Ausnahme etwaiger Ansprüche nach § 93 UrhG, im Wege der einstweiligen Verfügung oder des Arrestes zu verzichten, wenn und soweit hierdurch die weitere Entwicklung des Werkes und/oder die Herstellung oder Auswertung der Produktion behindert, erschwert oder unmöglich gemacht wird. Die Geltendmachung sonstiger Ansprüche im Wege des einstweiligen Rechtsschutzes (z.B. Arrest zur Sicherung von Zahlungsansprüchen, etc.) sowie sämtliche gerichtliche Maßnahmen im Weg des Hauptsacheverfahrens, insbesondere die Verfolgung von Zahlungsansprüchen, bleiben hiervon unberührt.

§ 8, Schlussvereinbarungen

(1) Sind oder werden einzelne Bestimmungen dieses Vertrages unwirksam, so bleibt die Gültigkeit des Vertrages im Übrigen unberührt. Ungültige Bestimmungen sind einvernehmlich durch solche zu ersetzen, die unter Berücksichtigung der Interessenlage beider Parteien den gewünschten wirtschaftlichen Zweck zu erreichen geeignet sind. Entsprechendes gilt für die Ausfüllung von Lücken, die sich in diesem Vertrag etwa herausstellen könnten.

(2) Änderungen und Ergänzungen dieses Vertrages bedürfen zu ihrer Rechtswirksamkeit der Schriftform. Das gleiche gilt für eine Abbedingung dieser Schriftformklausel.

(3) Der Vertrag unterliegt dem Recht der Bundesrepublik Deutschland. Erfüllungsort und ausschließlicher Gerichtsstand ist, soweit gesetzlich zulässig, [...].

IV. Ort, Datum, Unterschriften

X. Abmahnung, anwaltlich (Muster)

[Name, Anschrift, Kontaktdaten des Bevollmächtigten]

Vorab per Telefax: [Telefaxnummer]

[Name, Anschrift des Abgemahnten]

[Ort, Datum]

Ihr Urheberrechtsverstoß durch [stichwortartige Bezeichnung des Verstoßes]

Sehr geehrter Herr [Nachname des Abgemahnten],

Herr [Vor- und Nachname des Verletzten] hat mich in og. Angelegenheit mit der Wahrnehmung seiner rechtlichen Interessen beauftragt (Vollmacht im Original anbei).

Mein Mandant ist Urheber des Werks [Titel und/oder kurze Beschreibung des Werks]. Im Beisein von Zeugen hat mein Mandant mit Bedauern festgestellt, dass Sie von seinen ausschließlichen Rechten an diesem Werk Gebrauch machen, namentlich von den Rechten [Aufzählung der Rechte nebst §§-Angabe], indem Sie [Beschreibung der konkreten Verletzungshandlung].

Das Werk meines Mandanten ist gem. § 2 UrhG urheberrechtlich geschützt, denn es ist eine persönliche geistige Schöpfung im Sinne des Urheberrechtsgesetzes. Mein Mandant ist als sein Schöpfer alleiniger Urheber dieses Werks gem. § 7 UrhG. Insofern ist er gem. § 15 UrhG auch alleiniger Inhaber der Urheberrechte an diesem Werk. Durch das oben beschriebene Gebrauchmachen nutzen Sie das Werk in urheberrechtlich relevanter Weise. Ein Recht zur Nutzung hat mein Mandant Ihnen jedoch nicht eingeräumt, sodass Sie die ausschließlichen Rechte meines Mandanten an seinen Werken verletzen, insbesondere die Rechte [erneute Aufzählung der Rechte nebst §§-Angabe].

[Ich habe Sie daher namens und in Vollmacht meines Mandanten aufzufordern, die Rechtsverletzung zu beseitigen, indem Sie unverzüglich, aber bis spätestens zum

[Datum, Uhrzeit]

[genaue Beschreibung der geforderten Beseitigungshandlung]. Mein Mandant ist mit einer weiteren Nutzung seiner Werke durch Sie nämlich – auch gegen Entgeltzahlung – nicht einverstanden.]

Weil aufgrund der oben beschriebenen Rechtsverletzung eine Vermutung für erneute, gleichartige Verletzungen der Rechte meines Mandanten besteht, sog. Wiederholungsgefahr, nimmt mein Mandant Sie gem. § 97 Abs. 1 S. 1 UrhG [außerdem] auf Unterlassung in Anspruch. Hierzu wird er beim zuständigen Gericht beantragen müssen, Ihnen bei Strafe zu verbieten, sein Werk [Titel und/oder kurze Beschreibung des Werks] ohne seine Zustimmung [Beschreibung der konkreten Verletzungshandlung]. Aufgrund der Eindeutigkeit der Sach- und Rechtslage wird er mit seinem Antrag Erfolg haben.

Sie können meinen Mandanten jedoch klaglos stellen, wenn Sie die Wiederholungsgefahr ausräumen. Hierzu haben Sie sich gegenüber meinem Mandanten rechtsverbindlich und bei Strafe zur Unterlassung weiterer entsprechender Rechtsverletzungen zu verpflichten. Mein Mandant gibt Ihnen zur Abgabe einer solchen Erklärung Gelegenheit bis [ebenfalls] zum

[obiges Datum, obige Uhrzeit] (eingehend).

Zur Wahrung dieser Frist genügt eine Vorabzusendung Ihrer Erklärung innerhalb dieser Frist per Telefax an mich, wenn mich das Original spätestens innerhalb dreier weiter Werktage erreicht. Sie können sich der Einfachheit halber außerdem des in der Anlage beigefügten vorformulierten Textes bedienen. Die enthaltene Unterlassungsverpflichtung geht über die hier abgemahnte Rechtsverletzung nicht hinaus, wobei sich mein Mandant mit einer diesem Text entsprechenden Erklärung zufrieden geben würde. Es steht Ihnen aber auch frei, eine eigene Erklärung zu formulieren. Ich weise jedoch darauf hin, dass diese nur dann zur Ausräumung der Wiederholungsgefahr geeignet ist, wenn sie ein ausreichendes Strafversprechen enthält. Erklärungen ohne oder mit nur geringen, nicht schmerzlichen Strafversprechen sind ungeeignet, die Wiederholungsgefahr auszuräumen. Im Falle der Formulierung einer eigenen Erklärung oder des Angebots einer zu geringen Strafe laufen Sie also Gefahr, von meinem Mandanten trotz Abgabe der Erklärung gerichtlich in Anspruch genommen zu werden. Mein Mandant ist nämlich nicht verpflichtet, Ihnen Gelegenheit zur Nachbesserung einer nicht ausreichenden Erklärung zu geben.[1]

Sollte ich Ihre Erklärung nicht, nicht in gehöriger Form oder nicht innerhalb der genannten Frist erhalten haben [oder sollten die verlangten Beseitigungshandlungen nicht vollständig innerhalb der genannten Frist umgesetzt sein], werde ich namens und in Vollmacht meines Mandanten ohne längeres Zuwarten und ohne weitere Ankündigung gerichtliche Hilfe in Anspruch nehmen.

Mit freundlichen Grüßen

Rechtsanwalt

Anlagen:
- Vollmacht im Original
- Unterlassungserklärung [gem. nachfolgendem Muster]

---

[1] Das durch eine Abmahnung konkretisierte Schuldverhältnis kann nach Treu und Glauben zum „Nachfassen" gegenüber einem anwaltlich nicht vertretenen Abgemahnten mit dem Hinweis auf die Unzulänglichkeit seiner Reaktion verpflichten, wenn er rechtlichen Fehlvorstellungen unterliegt und der Wille zum Unterlassen sowie zur Vermeidung einer gerichtlichen Auseinandersetzung erkennbar ist, vgl. KG, Beschl. v. 30.01.2015 – 24 W 92/14, GRUR-Prax 2015, 136.

XI. Unterlassungserklärung (Muster)

Name, Anschrift

– Verletzer –

verpflichtet sich gegenüber

Name, Anschrift

– Verletzter –

I. es ab sofort zu unterlassen, das urheberrechtlich geschützte Werk des Verletzten [genaue Bezeichnung des Werks] ohne Einwilligung des Verletzten [abstrakte Beschreibung der Rechtsverletzung, bspw. „im Internet öffentlich zugänglich zu machen oder öffentlich zugänglich machen zu lassen"], insbesondere [konkrete Beschreibung der Rechtsverletzung, bspw. „unter domain.de"], und

II. für jeden einzelnen Fall einer künftigen schuldhaften Zuwiderhandlung gegen die vorstehende Verpflichtung eine Vertragsstrafe in Höhe von 10.000,00 EUR (in Worten: zehntausend Euro) an den Verletzten zu zahlen, dies unter Ausschluss des Fortsetzungszusammenhangs.

Datum, Unterschrift

XII. Eidesstattliche Versicherung (Muster)

Ich, [Name, Vorname, Geburtsdatum], versichere in Kenntnis der Strafbarkeit einer vorsätzlich oder fahrlässig unrichtigen eidesstattlichen Versicherung und belehrt über deren Folgen gem. §§ 153, 163 StGB (Freiheitsstrafe bis zu drei Jahren) gegenüber dem Amtsgericht [Name] sowie dem Landgericht [Name] durch meine eigenhändige Unterschrift an Eides statt, dass ich

- am [Datum] um [Uhrzeit] in [Ort] gesehen habe, wie [Beschreibung der ersten Sinneswahrnehmung], während ich [Beschreibung der Umstände];
- am [Datum] um [Uhrzeit] in [Ort] gehört habe, wie [Beschreibung der zweiten Sinneswahrnehmung], während ich [Beschreibung der Umstände];
- [...]

Ort, Datum, Unterschrift

XIII. Schutzschrift (Muster)

[Name, Anschrift, Kontaktdaten des Verfahrensbevollmächtigten]

An das

Landgericht [Name]

[Anschrift]

vorab per Telefax: [Nummer]

Schutzschrift

In Sachen

des [Name, Vorname, Anschrift des mutmaßlichen Antragsstellers]

– mutmaßlicher Antragsteller –

gegen

den [Name, Vorname, Anschrift des mutmaßlichen Antragsgegners]

– mutmaßlicher Antragsgegner –

Verfahrensbevollmächtigter: [Name, Vorname, Anschrift des Verfahrensbevollmächtigten]

wegen angeblicher Urheberrechtsverletzung durch den mutmaßlichen Antragsgegner

zeige ich an, dass ich den mutmaßlichen Antragsgegner vertrete und für den Fall, dass der mutmaßliche Antragssteller wegen des nachstehend wiedergegebenen Sachverhalts einen Antrag auf Erlass einer Einstweiligen Verfügung stellen sollte, beantragen werde,

den Antrag des mutmaßlichen Antragsstellers auf Erlass einer Einstweiligen Verfügung durch Beschluss zurückzuweisen sowie

hilfsweise nicht ohne Anberaumung einer mündlichen Verhandlung zu entscheiden.

Begründung:

I. Sachverhalt

[Angaben zu den Parteien, des Verhältnisses der Parteien zueinander sowie aller relevanten tatsächlichen Geschehnisse (Tatsachen), die (möglicherweise) seitens des mutmaßlichen Antragsstellers in seinem Antrag auf Erlass einer Einstweiligen Verfügung unterdrückt worden sein könnten, einschließlich einer Darstellung der vom mutmaßlichen Antragssteller evtl. vorgerichtlich erhobenen Ansprüche, Glaubhaftmachung sämtlicher behaupteter Tatsachen, ggfls. Beifügung der Abmahnung sowie Ausführungen zur Reaktion hierauf]

II. Rechtslage

Der mutmaßliche Antragssteller hat gegen den mutmaßlichen Antragsgegner weder einen Verfügungsanspruch, noch gibt es einen Verfügungsgrund.

1. Verfügungsanspruch

Der mutmaßliche Antragssteller hat keinen Verfügungsanspruch, denn [zB. „es ist nicht zu der von ihm behaupteten Urheberrechtsverletzung gekommen, weil [...]"; ggfls. weitere Glaubhaftmachungen]

2. Verfügungsgrund

Außerdem fehlt es am Verfügungsgrund, denn [zB. „die Angelegenheit ist nicht eilbedürftig, weil [...]"; ggfls. weitere Glaubhaftmachungen].

Beglaubigte und eine einfache Abschrift zur Aushändigung an den mutmaßlichen Antragssteller nur für den Fall, dass ein Verfügungsantrag gestellt wird, anbei.

Rechtsanwalt

XIV. Abschlussschreiben, anwaltlich (Muster)

[Name, Anschrift, Kontaktdaten des Bevollmächtigten]

Vorab per Telefax: [Telefaxnummer]

[Name, Anschrift des Antragsgegners/Verfügungsbeklagten]

[Ort, Datum]

Ihr Urheberrechtsverstoß durch [stichwortartige Bezeichnung des Verstoßes]

Sehr geehrter Herr [Nachname des Antragsgegners/Verfügungsbeklagten],

bekanntlich hat mich Herr [Vor- und Nachname des Verletzten] in og. Angelegenheit mit der Wahrnehmung seiner rechtlichen Interessen beauftragt. Die Vollmacht wurde Ihnen bereits am [Datum] im Original übersandt, wobei ich die ordnungsgemäße Bevollmächtigung hiermit außerdem anwaltlich versichere.

In o.g. Angelegenheit wurde Ihnen am [Datum der Zustellung] die

Einstweilige Verfügung

des [Name des Gerichts] vom [Datum], Az. [Aktenzeichen], förmlich zugestellt, mit der Ihnen gerichtlich [Kurzzusammenfassung des Inhalts, zB. „untersagt wird ..."].

Bei einer Einstweiligen Verfügung handelt es sich nur um ein vorläufiges Verbot. Um ein endgültiges Verbot zu erlangen, ist mein Mandant mangels jedweder Reaktion Ihrerseits daher nunmehr gezwungen, in der Hauptsache Klage zu erheben. Sie können ihn jedoch klaglos stellen, wenn Sie die Einstweilige Verfügung als endgültige Entscheidung in der Hauptsache akzeptieren. Hierzu bedarf es der Abgabe einer sog. Abschlusserklärung. Mein Mandant gibt Ihnen zur Abgabe einer solchen Erklärung noch Gelegenheit bis zum

[Datum in zwei Wochen] (eingehend).

Zur Wahrung dieser Frist genügt eine Vorabzusendung Ihrer Erklärung per Telefax an mich, wenn mich das Original spätestens innerhalb dreier weiterer Werktage erreicht. Sie können sich der Einfachheit halber außerdem des in der Anlage beigefügten vorformulierten Textes bedienen. Mit einer diesem Text entsprechenden Erklärung wird sich mein Mandant zufrieden geben. Es steht Ihnen aber auch frei, eine eigene Erklärung zu formulieren. Im Falle der Formulierung einer eigenen Erklärung laufen Sie jedoch Gefahr, von meinem Mandanten trotz Abgabe der Erklärung gerichtlich in Anspruch genommen zu werden. Mein Mandant ist nämlich nicht verpflichtet, Ihnen Gelegenheit zur Nachbesserung einer nicht ausreichenden Erklärung zu geben.

Sollte ich Ihre Erklärung nicht, nicht in gehöriger Form oder nicht innerhalb der genannten Frist erhalten haben, werde ich namens und in Vollmacht meines Mandanten ohne längeres Zuwarten und ohne weitere Ankündigung erneut gerichtliche Hilfe in Anspruch nehmen. Ich gehe jedoch zunächst davon aus, dass dies aufgrund der Eindeutigkeit der Sach- und Rechtslage und des beiderseitigen Interesses an der Vermeidung weiterer gerichtlicher Auseinandersetzungen nicht nötig sein wird.

Mit freundlichen Grüßen

Rechtsanwalt

Anlage:

– Abschlusserklärung [gem. nachfolgemdem Muster]

XV. Abschlusserklärung (Muster)

Ich, [Name, Vorname, Geburtsdatum, Anschrift des Antragsgegners bzw. Verfügungsbeklagten], erkenne hiermit gegenüber [Name, Vorname, Anschrift des Antragsstellers bzw. Verfügungsklägers] die Einstweilige Verfügung des [Name des Gerichts] vom [Datum], Az. [Aktenzeichen], vorbehaltlos als endgültige, rechtsverbindliche Regelung in der Hauptsache an und verzichte auf das Recht Widerspruch einzulegen, sowie bei Gericht die Anordnung der Klageerhebung in der Hauptsache oder die Aufhebung der Einstweiligen Verfügung wegen veränderter Umstände zu beantragen.

Ort, Datum, Unterschrift

XVI. Anordnung der Testamentsvollstreckung (Muster)[1]

§ 1, Anordnung

Ich ordne hiermit Testamentsvollstreckung an. Der Testamentsvollstrecker hat den gesamten Nachlass in Besitz zu nehmen und ein Nachlassverzeichnis zu erstellen sowie alle zur Abwicklung des Nachlasses erforderlichen Maßnahmen zu treffen.

§ 2, Dauer der Anordnung

Hinsichtlich der Verwaltung und Verwertung des zu meinem Nachlass gehörenden urheberrechtlichen Nachlasses samt der Wahrnehmung aller damit unmittelbar oder mittelbar im Zusammenhang stehenden wirtschaftlichen Interessen (zB. Nutzung meiner Person und meines Namens zu Werbezwecken) gilt die Testamentsvollstreckung bis zum Ablauf der urheberrechtlichen Schutzfrist als Dauervollstreckung.

§ 3, Person des Vollstreckers

(1) Als Testamentsvollstrecker bestimme ich Herrn /Frau [Name, Geburtsdatum, Anschrift].

(2) Falls Herr/Frau [Name] zur Übernahme bzw. Fortführung der Testamentsvollstreckung nicht bereit oder nicht in der Lage sein sollte, so bestimme ich als Ersatz für ihn/sie zum Testamentsvollstrecker Herrn /Frau [Name, Geburtsdatum, Anschrift].

(3) Sollte auch Herr/Frau [Name] zur Übernahme bzw. Fortführung der Testamentsvollstreckung nicht bereit oder nicht in der Lage sein, so soll ein neuer Testamentsvollstrecker durch das für den Erbfall zuständige Nachlassgericht bestimmt werden, wobei in jedem Fall die auszuwählende Person Erfahrung in der Verwaltung und Verwertung eines urheberrechtlichen Nachlasses haben soll. Bei der Auswahl soll im Übrigen vorrangig ein von den vorstehend namentlich genannten Testamentsvollstreckern gemachter Vorschlag für die Auswahl eines neuen Testamentsvollstreckers berücksichtigt werden.

§ 4, Eingehung von Verbindlichkeiten und Insichgeschäfte

Der Testamentsvollstrecker ist in der Eingehung von Verbindlichkeiten für den Nachlass nicht beschränkt und von den Beschränkungen des § 181 BGB befreit.

---

1 Gem. §§ 2197, 2247 BGB ist die Anordnung der Testamentsvollstreckung in der Form des Testaments, also vollständig eigenhändig niederzuschreiben und mit Vor- und Nachnamen zu unterschreiben.

§ 5, Aufwendungsersatz und Vergütung

Der Testamentsvollstrecker kann für seine Mühewaltung neben dem Ersatz seiner Aufwendungen eine angemessene Vergütung verlangen.

§ 6, Ort, Datum und Unterschrift des Erblassers

XVII. Fotografenvertrag (Muster)

Zwischen

[...]

— nachstehend „Fotograf" genannt —

und

[...]

— nachstehend „Verlag" genannt —

wird folgender Vertrag geschlossen:

§ 1, Vertragsgegenstand

(1) Der Fotograf verpflichtet sich, für das Buch mit dem vorläufigen Arbeitstitel

[Titel]

— nachstehend „Buch" genannt —

insgesamt [Anzahl] Fotografien

— nachstehend „Aufnahmen" genannt —

herzustellen und dem Verlag für die Bebilderung des Buches zur Verfügung zu stellen. Thema, Bildgestaltung, Inhalt und technische Vorgaben (Auflösung, Format, etc.) der Aufnahmen werden in der Anlage 1 zu diesem Vertrag, die wesentlicher Vertragsbestandteil ist, verbindlich festgelegt.

(2) Der Fotograf erklärt sich dazu bereit, die Aufnahmen zur Bebilderung des Werkes nach inhaltlicher, zeitlicher und künstlerischer Vorgabe des Verlages entsprechend Anlage 1 herzustellen.[1]

(3) Die Aufnahmen bedürfen der Abnahme durch den Verlag. Sofern der Verlag dem Fotografen nicht innerhalb von drei Wochen nach Ablieferung der Aufnahmen Änderungswünsche schriftlich (E-Mail ausreichend) mitteilt, gelten die Aufnahmen als abgenommen. Durch den Verlag mitgeteilte Änderungswünsche wird der Fotograf soweit möglich ohne zusätzliche Vergütung berücksichtigen und umsetzen.

---

[1] Soweit der Verlag dem Fotografen konkrete Vorgaben in Bezug auf die zu erstellenden Aufnahmen macht, handelt es sich bei dem Vertrag rechtsdogmatisch um einen Bestellvertrag nach § 47 VerlG und damit einen Werkvertrag gem. §§ 630 ff. BGB. Sofern die Aufnahmen allerdings frei gestaltet werden oder der Bildteil des Buches mit dem Textteil eine Einheit bildet und damit eine sachliche Nähe zu einem typischen Verlagsvertrages besteht, kann das Verlagsgesetz auf den Vertrag mit einem Fotografen Anwendung finden, vgl. BGH, Urt. v. 13.12.1984 – I ZR 141/82 (Illustrationsvertrag), GRUR 1985, 378, 379 [22], *Nordemann-Schiffel*, in: Fromm/Nordemann, UrhG, § 1 VerlG, Rn. 16.

(4) Als Ablieferungstermin für die Aufnahmen wird der [...] fest vereinbart. Hält der Fotograf verbindlich vereinbarte Abgabefristen, gleich aus welchem Grund, nicht ein und können sich die Parteien nicht auf eine angemessene Nachfrist verständigen, gilt als angemessene Nachfrist eine Frist von einem Monat. Nach Ablauf der Nachfrist ist der Verlag zum Rücktritt vom Vertrag berechtigt. Weitergehende Ansprüche des Verlages, insbesondere Schadensersatzansprüche, bleiben unberührt.

§ 2, Rechteübertragung

(1) Der Fotograf räumt dem Verlag an den Aufnahmen das **exklusive**, örtlich, zeitlich und inhaltlich unbeschränkte und frei auf Dritte übertragbare Verlagsrecht ein. Übertragen an den Verlag ist damit das ausschließliche Recht zur körperlichen Vervielfältigung und Verbreitung der Aufnahmen im Rahmen des Buches für alle Ausgaben (zB. Hardcover-, Taschenbuch-, und/oder Sonderausgaben) und alle Auflagen ohne Stückzahlbegrenzung sowie für alle Sprachfassungen und Übersetzungen. Dieses Recht beinhaltet das Recht der Vervielfältigung, Verbreitung und/ oder der öffentlichen Zugänglichmachung auf Abruf des Buches bzw. der darin enthaltenen Aufnahmen als sog. E-Book, insbesondere unter Verwendung digitaler Speicher- und Wiedergabemedien und unabhängig von der technischen Ausstattung und der Form der Übertragung.

(2) Der Fotograf räumt dem Verlag in Bezug auf die Aufnahmen ferner die folgenden **nicht-exklusiven** örtlich, zeitlich und inhaltlich unbeschränkten und frei auf Dritte übertragbaren Nutzungsrechte ein:
1. das Recht der Ausstellung;
2. das Recht, das Buch und die Aufnahmen in körperlicher oder unkörperlicher Form zu archivieren;
3. das Recht, das Buch unter Verwendung der Aufnahmen zu bewerben;
4. das Recht, die Aufnahmen – unter Wahrung der Persönlichkeitsrechte des Fotografen – zu bearbeiten, insbesondere mit dem Buch zu verbinden, zu digitalisieren sowie das Format zu ändern.

(3) Sämtliche nicht ausdrücklich dem Verlag eingeräumten Rechte verbleiben beim Fotografen zur freien Auswertung.

§ 3, Gewährleistungen

(1) Der Fotograf garantiert,
1. dass er allein berechtigt ist, über die in § 2 dieses Vertrags genannten Rechte an den Aufnahmen frei zu verfügen und er über diese Rechte noch nicht anderweitig verfügt hat,
2. dass diese Rechte frei sind von Rechten Dritter und
3. die Rechteübertragung auch nicht gegen sonstige Rechte Dritter verstößt, insbesondere dass auch die abgebildeten Personen in die Herstellung der Aufnahmen und die Auswertung de Aufnahmen im Rahmen des Buches eingewilligt haben.

(2) Der Fotograf stellt den Verlag von jedweden Ansprüchen Dritter frei, die diese in Bezug auf die dem Verlag nach Maßgabe dieses Vertrages eingeräumten Rechte erheben oder erheben werden und wird den Verlag bei der Verteidigung dieser Rechte im gebotenen Umfang unterstützen. Die Freistellung beinhaltet insbesondere auch die Kosten einer Verteidigung der Rechte sowie die angemessenen Rechtsanwaltskosten für die Rechtsverteidigung. Sofern der Fotograf Anhaltspunkte für eine Verletzung Rechte Dritter hat, wird er den Verlag hierüber unverzüglich schriftlich unterrichten und den Verlag bei der Abwehr von Ansprüchen Dritter nach Kräften unterstützen.

§ 4, Vergütung

(1) Der Fotograf erhält als Vergütung für alle nach diesem Vertrag zu erbringenden Leistungen sowie zur Abgeltung sämtlicher im Rahmen dieses Vertrags übertragenen Rechte und Befugnisse ein einmaliges Pauschalhonorar[2] in Höhe von [...] EUR (in Worten: [...] Euro) zuzüglich gesetzlicher Umsatzsteuer, soweit diese tatsächlich anfällt.

(2) Das Honorar ist nach ordnungsgemäßer Rechnungsstellung durch den Fotografen unter Angabe seiner Steuernummer innerhalb von 30 Tagen wie folgt zu zahlen:

– 50% bei Unterschrift der Vertragsparteien und
– 50% bei Abnahme der Aufnahmen.

§ 5, Nennung

Der Verlag wird den Fotografen in angemessener und branchenüblicher Art und Weise als Lichtbildner ausweisen, etwa in der Titelei des Buches, und beim Abschluss von Lizenzverträgen Dritten eine entsprechende Verpflichtung auferlegen. Der Verlag haftet jedoch nur für eigene Verstöße gegen die Nennungsverpflichtung.

§ 6, Schlussbestimmungen

(1) Änderungen und Ergänzungen dieses Vertrages bedürfen der Schriftform. Dies gilt auch für die Abbedingung der Schriftform. Die Schriftform ist dabei auch durch übereinstimmende Erklärungen in Briefform gewahrt.

---

2 Es gelten die §§ 32, 32a UrhG. Die Vergütung des Fotografen muss angemessen sein im Sinne des § 32 UrhG und der Fotograf hat uU. einen Anspruch auf eine zusätzliche Vergütung nach § 32a UrhG. Es kann daher ggf. ratsam sein, dem Fotografen statt eines Pauschalhonorars eine angemessene Beteiligung am erzielten Umsatz zu gewähren, da hierdurch spätere Ansprüche aus § 32a UrhG ausgeschlossen werden können, jedenfalls soweit die Umsatzbeteiligung angemessen ist. Hier kommt es aber auf den Einzelfall an, etwa den Umfang den die Aufnahmen in Bezug auf das Gesamtwerk haben. Bei wenigen Aufnahmen in einem sehr umfangreichen Buch erscheint eine Umsatzbeteiligung jedenfalls wenig praktikabel.

(2) Der Vertrag unterliegt dem Recht der Bundesrepublik Deutschland

(3) Die Nichtigkeit oder Unwirksamkeit einzelner Bestimmungen dieses Vertrages lässt die Gültigkeit der übrigen Vertragsbestimmungen unberührt. Die Parteien sind verpflichtet, die mangelhafte Bestimmung durch eine Regelung zu ersetzen, die der ungültigen Bestimmung in tatsächlicher, wirtschaftlicher und rechtlicher Hinsicht möglichst nahe kommt. Ebenso ist zu verfahren, wenn der Vertrag eine Lücke aufweisen sollte.

(4) Als Erfüllungsort für alle Verpflichtungen aus diesem Vertag wird […] vereinbart

§ 7, Ort, Datum, Unterschriften

XVIII. Prüfungsreihenfolge bei Urheberrechtsverletzungen mit Auslandsbezug

1. Welche Verwertungsrechte können in welchen Ländern verletzt sein?
2. Welcher Gerichtsstand sollte sinnvollerweise gewählt werden?[1]
   - Bei Klage im Ausland: Prüfung der weiteren Fragen auf Grundlage des dortigen Rechts (aber ggf. unter Berücksichtigung der Staatsverträge)
   - Bei Klage in Deutschland: weiter unter 3.
3. Ist deutsches Urheberrecht nach dem Schutzlandprinzip auf die beanstandeten Handlunge anwendbar?[2]
   - Wenn nein: Prüfung der weiteren Fragen auf Grundlage des anwendbaren Urheberrechts (aber ggf. unter Berücksichtigung der Staatsverträge und EU-Richtlinien)
   - Wenn ja: weiter unter 4.
4. Besteht Urheberrechtsschutz auf Grundlage der §§ 120 ff. UrhG[3] und der Internationalen Staatsverträge?[4] Insbesondere unter Berücksichtigung folgender Aspekte:
   - Staatsangehörigkeit bzw. Aufenthaltsort des Schutzberechtigten
   - ggf. Ort des Erscheinens, der Darbietung bzw. der Ausstrahlung
   - Schutzdauer

---

1 Siehe oben, Rn. 300 ff.
2 Siehe oben, Rn. 127 ff.
3 Siehe oben, Rn. 100 ff.
4 Siehe oben, Rn. 200 ff.

Stichwortverzeichnis

Die **halbfett** hervorgehobene Zahl vor dem Punkt ist die Kapitelnummer, die Ziffer danach die Randnummer, die *kursive* Ziffer nach / ist die Seitenzahl.

Symbole
3D-Konvertierung **2.**85/*167*
©-Vermerk. *Siehe* Copyright-Vermerk

A
Abbildungen
– Abbildungsfreiheit *307*
– Zitatrecht **3.**221/*260*; **3.**244/*266*
Abfindung
– Zumutbarkeit **7.**114/*591*
– in Geld **7.**112/*590*
Ablaufenlassen
– Software **5.**202/*466*
Abmahnkanzleien
– Abmahnungsinhalte **7.**130/*597*
– Gerichtsstand **7.**151/*603*
Abmahnung **7.**115/*591*
– Begriff **7.**115/*591*
– Abmahnobliegenheit **7.**116/*592*
– Abmahnpflicht **7.**116/*592*
– Aufrechnung bei unwirksamer Abmahnung **7.**18/*552*
– Berechtigungsanfrage **7.**142/*600*
– Bereicherung des Verletzten **7.**133/*597*
– Deckelung der Rechtsanwaltsgebühren **7.**124/*595*; **7.**136/*599*
– durch einen Vertreter **7.**120/*593*
– Form und Zugang **7.**119/*593*
– Gegenabmahnung **7.**134/*598*
– Gegenstandswerte **7.**137/*599*
– Inhalt **7.**121/*594*
– Klarheit und Verständlichkeit **7.**124/*595*
– Kosten **7.**135/*598*
– Kostendeckelung **7.**124/*595*
– Muster *828*

– Negativauskunft **7.**125/*595*
– ohne Rechtsanwalt **7.**143/*601*
– Reaktion des Abgemahnten **7.**131/*597*
– Rechtsnachfolge **9.**408/*672*
– Risiko unberechtigter Abmahnung **7.**144/*601*
– Unterlassungsanspruch **7.**115/*591*
– Unterlassungserklärung **7.**127/*596*
– Warnfunktion **7.**120/*593*
– zahlungsunfähiger Verletzer **7.**118/*592*
– Zugang **7.**119/*593*
Abriss **2.**86/*167*
Abschlusserklärung **7.**175/*611*
– Muster *836*
Abschlussschreiben **7.**175/*611*
– Muster *834*
Abschlusszwang **4.**409/*411*; **4.**527/*448*
Abschriften. *Siehe* Vervielfältigung
Absicht **7.**209/*618*
absolutes Recht **1.**17/*10*
Abstand **1.**243/*96*; **2.**302/*215*
Abstracts **2.**305/*216*
Abstraktionsprinzip **4.**62/*359*; **4.**63/*360*; **4.**65/*360*
– Insolvenz **8.**106/*647*
Abtretung
– Zwangsvollstreckung **8.**18/*637*
Abwendungsbefugnis **7.**112/*590*
Access-Provider **7.**44/*563*; **7.**45/*564*
Adhäsionsverfahren **7.**239/*625*
– Antragsschrift **7.**239/*625*
– Kosten **7.**239/*626*
– Vollstreckungstitel **7.**239/*626*

AEUV
- Diskriminierungsverbot 11.246/*793*
- Kartellverbot 11.246/*793*
- Warenverkehrsfreiheit 11.246/*793*

AGB 1.179/*64*

AGB-Kontrolle
- Amazon 4.84/*367*
- angemessene Vergütung 4.82/*366*
- Open Content 4.303/*400*
- Softwarevertragsrecht 5.301/*480*

Aktivlegitimation 7.26/*554*
- ausschließliche Nutzungsrechte 7.27/*555*
- Leistungsschutzrechte 7.30/*557*
- Miturheberschaft 7.29/*556*

Algorithmen
- Softwareschutz 5.104/*463*

Allgegenwart 1.22/*13*

Allgemeine Geschäftsbedingungen. *Siehe* AGB

Allgemeine Handlungsfreiheit 1.34/*18*

Allgemeines Persönlichkeitsrecht 1.35/*18*

Amateurfilme 1.132/*44*

Amazon
- AGB-Kontrolle 4.84/*367*
- Erschöpfung des Verbreitungsrechts 4.133/*384*
- Produktfoto 2.270/*203*

Amazon Standard Identifikationsnummer. *Siehe* ASIN

amtliche Werke 3.718/*325*; 3.721/*326*
- Bebauungspläne 1.141/*47*
- Quellenangabepflicht 3.17/*240*

Anagramme 1.212/*84*

analoge Lücke 3.415/*285*

Analog-Lizenz. *Siehe* Lizenzanalogie

Anbieter 1.18/*11*

Andersartigkeit 1.169/*59*

Änderung des Werks
- ausgeschlossene 3.30/*244*
- Interessenabwägung 3.31/*244*
- Miturhebergesellschaft 1.319/*115*

- Miturheberschaft 1.315/*113*
- nach dem Benutzungszweck 3.32/*245*
- Werkverbindung 1.326/*117*
- zulässige 3.31/*244*

Änderungsverbot 2.82/*165*; 3.28/*244*
- als Schranken-Schranke 3.704/*322*
- Betroffene Werke 3.29/*244*
- Filmwerke 6.127/*528*
- Interessenabwägung 3.31/*244*
- Zitatrecht 3.230/*262*

Anerkennung der Urheberschaft 2.45/*150*; 2.48/*152*
- Filmwerke 6.123/*527*
- Verzicht 1.362/*130*

Angebot
- Angebot und Nachfrage 1.20/*12*
- Verknappung im Monopol 1.18/*11*

Angebote 1.176/*63*

Angebotsdaten
- Datenbankrecht 10.266/*748*

angemessene Vergütung 4.200/*389*; 4.205/*390*
- Abwendungsbefugnis 7.112/*590*
- AGB-Kontrolle 4.82/*366*
- Anwendungsbereich 4.220/*395*
- Arbeitnehmer 4.56/*358*
- auffälliges Missverhältnis 4.213/*393*
- bei Aufnahme in Sammlungen 3.708/*323*
- bei bestimmten öffentlichen Wiedergaben 3.717/*325*
- bei öffentlicher Zugänglichmachung für Unterricht und Forschung 3.723/*327*
- bei Zwangslizenzen 4.94/*371*
- Bestimmung 4.201/*389*
- Film 540
- GEMA-Tarife 4.539/*451*
- Informations-Richtlinie 11.239/*789*
- internationales Urheberrecht 11.136/*777*
- Lizenzanalogie 7.100/*585*

- Nachforderungsrecht 4.212/*392*
- Sicherung durch Schadenersatzanspruch 7.92/*581*
- Sittenwidrigkeit 4.77/*364*
- Software 5.308/*482*
- übliche Vergütung 4.210/*392*
- Unabdingbarkeit 4.202/*389*
- unbekannte Nutzungsarten 4.99/*373*
- Verlagsvertrag 4.115/*378*
- Verzicht 1.363/*130*

Angestellte. *Siehe* Arbeitsverhältnis
angewandte Kunst 1.125/*41*
- Einfluss des europäischen Werkbegriffs 1.260/*105*

Animationsfilme 1.135/*45*
Anmaßung des Urheberrechts 2.49/*152*
Anregung zum Werkschaffen 1.241/*95*; 1.329/*118*
Anreiz 1.26/*15*
Anschein eines Originals 7.206/*617*
Anscheinsbeweis 1.336/*121*; 1.341/*123*
- Bearbeitung 2.299/*214*
- Doppelschöpfung 1.351/*126*
- Melodienschutz 3.325/*226*

Anschlussinhaber 7.43/*562*
Anschlussvervielfältigung 3.730/*328*
Ansprachen 1.107/*34*; 2.249/*194*
Ansprüche
- Abwendungsbefugnis 7.112/*590*
- Auskunftserteilung 7.81/*577*
- Beseitigung 7.50/*566*
- Geldentschädigung 7.108/*588*
- Herausgabe ungerechtfertigter Bereicherung 7.111/*590*
- Herausgabe 2.25/*144*
- Rechtsnachfolge 9.9/*656*
- Rückruf 7.63/*570*
- Schadenersatz 7.92/*581*
- Überlassung 7.61/*569*
- Unterlassung 7.69/*571*
- Urteilsbekanntmachung 7.65/*570*
- Vernichtung 7.60/*569*

- Vorlage und Besichtigung 7.89/*580*
- Werkveröffentlichung 2.25/*144*

Anstifter 7.36/*559*
Anteilsbestimmung
- Miturheberschaft 1.317/*114*

Antike 1.59/*27*
Antipiraterie-Verordnung 11.247/*793*
antithematische Behandlung 3.210/*257*
Anwaltsschriftsätze 1.175/*63*
Anwartschaftsrecht 4.10/*341*
- Bestellvertrag 4.120/*380*

an Zahlung statt 8.29/*640*
Application Service Providing. *Siehe* ASP
Arbeiter. *Siehe* Arbeitsverhältnis
Arbeitsaufwand 1.206/*80*
Arbeitsverhältnis 1.352/*126*
- angemessene Vergütung 4.56/*358*
- angemessene Vergütung bei Softwareerstellung 5.308/*483*
- Arbeitnehmerurheber 4.51/*355*
- Berechtigter am Arbeitsergebnis 1.301/*108*; 1.352/*126*
- Computerprogramme 1.359/*129*
- Gehilfenschaft 1.328/*118*
- Haftung des Unternehmensinhabers 7.39/*560*
- Nutzungsrechte 1.353/*127*
- Ort oder der Zeitpunkt des Werkschaffens 1.358/*129*
- Pflicht zur Nutzungsrechtseinräumung 1.353/*127*
- Pflichtwerke 1.356/*128*
- Rechtserwerb an Software 5.306/*482*
- Rückrufrechte 4.57/*358*
- Schöpferprinzip 1.352/*126*
- Software 5.305/*481*
- Softwareurheber 5.305/*481*
- Umfang der Rechtseinräumung 1.355/*127*
- Urheberschaft 1.301/*108*
- Urheberschaft 1.301/*108*
- Urheberschaft 1.352/*126*

- Werkschaffen durch Mehrere 1.309/*110*
Arbitration and Mediation Center 11.308/*796*
Architektenvertrag 4.122/*380*
Archive 3.442/*293*
- Archivzwecke 3.443/*293*
- elektronische Leseplätze 3.731/*328*
- verwaiste Werke 3.605/*316*
ARGE DRAMA 4.431/*416*
Arrangements 1.244/*97*
Arrestatorium 8.2/*632*
Artisten 10.139/*704*
ASIN
- Recht der öffentlichen Zugänglichmachung 2.270/*203*
- unbenanntes Recht der öffentlichen Wiedergabe 2.294/*211*
- Vervielfältigung 2.208/*179*
ASP 5.221/*474*; 5.331/*491*
- öffentliche Zugänglichmachung 5.233/*478*
Asset Deal 4.15/*344*
Atrien
- Panoramafreiheit 3.509/*309*
Aufführung 2.252/*195*
Aufführungsrecht 2.252/*195*
- GEMA 2.254/*196*
- großes Recht 2.256/*197*
- kleines Recht 2.253/*195*
- räumliche Beschränkung 4.23/*346*
- RBÜ 11.206/*780*
Aufnahmeleiter 10.141/*706*
- Namensnennung 6.125/*528*
Aufnahmen. *Siehe* Lichtbilder und Lichtbildwerke
Aufrechnung 7.18/*552*
Aufspaltung von Nutzungsrechten
- Software 5.334/*491*
Aufstellungsort 2.89/*169*
Auftraggeber
- Urheberschaft 1.301/*108*
Auftragnehmer
- Gehilfenschaft 1.328/*118*
Auftragsbestätigungen 1.176/*63*

Auftragskomposition 4.483/*433*
Auftragsproduktion 6.406/*537*
- echte *537*
- unechte 6.408/*537*
Auftragsverhältnis 4.50/*355*
Aufwandsentschädigung 1.20/*12*
Aufwendungen 7.124/*595*
Aufwendungsersatz
- Abmahnung 7.124/*595*
Augenscheinsobjekte 1.337/*121*
Auktionshäuser 7.41/*561*
Ausbeutung 1.18/*10*
Ausdrucksform 1.10/*7*
Ausdruckskraft 1.162/*55*
Ausgleichsvergütung 4.225/*397*
Auskunftsanspruch
- Auskunft 7.81/*577*
- bloßes Informationsinteresse 7.83/*578*
- Einstweilige Verfügung 7.157/*605*
- Endverbraucher 7.82/*577*
- Folgerecht 4.228/*398*
- gegen den Verletzer 7.81/*577*
- gegen Dritte 7.84/*578*
- gewerbliches Ausmaß 7.82/*577*; 7.87/*580*
- Handelsunterlagen 7.90/*580*
- Inhalt 7.88/*580*
- offensichtliche Rechtsverletzungen 7.85/*578*
- Rechtsnachfolge 9.406/*671*
- unbeteiligte Dritte 7.85/*578*
- Vergütungshöhe 4.217/*394*
- Verwendung von Verkehrsdaten 7.87/*579*
- Voraussetzungen 7.81/*577*
Ausländer 11.101/*767*
- Gleichstellung 11.103/*767*
Auslegung
- Privatkopierfreiheit 3.407/*284*
Ausschlagung 9.305/*669*
ausschließliches Recht 1.17/*10*
Ausschmückung
- Zitatrecht 3.235/*264*
Ausschnitte 6.4/*518*

Ausschuss Digitale Agenda 10.285/755
Aussonderungsrecht 8.111/648
Ausstellung
- Katalogbildfreiheit 3.516/311
- Sammelwerke 1.145/48
Ausstellungskataloge
- Katalogbildfreiheit 3.519/311
- Quellenangabepflicht 3.19/241
Ausstellungsrecht 2.235/190
- Erlöschen 1.245/97
Ausstrahlung 2.277/205
ausübender Künstler 10.133/702
- Abgrenzung Bearbeitung – Vervielfältigung 10.146/708
- Absatzbeteiligung 10.157/712
- allgemeines Persönlichkeitsrecht 10.170/718
- Änderungen des Werks 10.147/708
- Anerkennung 10.167/716
- Aufnahme 10.144/707
- Ausdrucksform der Volkskunst 10.137/703
- Bearbeitungsrechte 10.145/707
- Bedeutung 10.133/702
- Beispiele 10.138/704
- Beteiligungsanspruch des Tonträgerherstellers 10.222/728
- Bootleg-Aufnahme 10.144/707
- Darbietung 10.138/703
- Dienst- und Arbeitsverhältnisse 10.159/713; 10.165/715
- Entstellung 10.169/717
- Filmwerke 1.134/45; 10.162/714
- Fixierung der Darbietung 10.144/707
- Inländerbehandlung 11.121/771
- internationales Urheberrecht 11.104/768; 11.116/770
- Kündigungsrecht 10.163/714
- Leistung 10.134/702
- Mehrheit von ausübenden Künstlern 10.142/706; 10.168/716; 10.171/718
- Mindestrechte gem. Rom-Abkommen 11.211/781
- Minimum Garantie 10.157/712
- mitwirkende Personen 10.140/705
- Namensnennung 2.55/154
- Namensnennung 2.55/154; 10.167/716
- nicht schöpferische Umgestaltungen 1.239/95
- Öffentliche Zugänglichmachung 10.149/709
- Persönlichkeitsrechte 10.166/716
- Persönlichkeitsrechte 1.57/27
- Privatkopien 10.144/707
- Prozessstandschaft bei Gruppenleistungen 7.30/557
- Rechte 10.143/706
- Rechtsnachfolge 9.20/659
- Rezitation 10.136/703
- Rom-Abkommen 11.209/781
- Schutzdauer der Rechte 10.160/713; 10.171/718
- Schutzgegenstand 10.134/702
- Schutzzweck 10.133/702
- Sendung 10.150/709
- Streaming 10.149/709
- Tarifverträge 10.165/715
- Übertragung von Nutzungsrechten 10.161/713
- unbekannte Nutzungsarten 10.161/714
- Verbreitung 10.144/707
- Vergütungsansprüche 10.143/706; 10.152/710
- Vervielfältigung 10.144/707
- Verwertungsrechte 10.143/706
- Wahrnehmbarmachung mittels Lautsprecher 10.151/709
- Werk 10.136/702
Aus- und Weiterbildung 3.461/298
Auswertung
- Beeinträchtigung durch Zitate 3.229/262
Auswertungsverträge 6.300/534
Auszüge 1.229/91

Autorennennung 2.54/*154*
Autorenprivilegien 1.60/*28*
Autorenschaft. *Siehe* Urheberschaft
Avatar 1.102/*32*

B
Bahnhöfe 1.127/*42*
Bahnverbindungen
– Datenbankrecht 10.266/*749*
Ballet 1.116/*37*
Bandübernahmevertrag 10.155/*711*
Baukunst 1.127/*41*
– Katalogbildfreiheit 3.522/*312*
Baumtheorie 2.1/*135*
Baupläne 1.191/*72*
Bauplanung 4.122/*380*
Bauwerke
– Architektenvertrag 4.122/*380*
– Vernichtung und Überlassung 7.62/*569*
Beamte
– Arbeitnehmerurheber 4.52/*356*
– Softwareurheber 5.305/*481*
Bearbeiter 1.323/*116*
– Begriff 1.323/*116*
– Bearbeiterurheberrecht 1.236/*94*; 1.324/*116*
– Software 5.208/*469*
Bearbeitung 1.232/*92*; 2.297/*212*
– Begriff 1.234/*93*
– Bearbeiterschaft 1.323/*116*
– Bearbeiterurheberschaft 1.324/*116*
– Coverversion 4.464/*426*
– durch Filmwerke 1.134/*45*
– Einwilligung 1.236/*94*
– Filmwerke 6.100/*521*; 6.106/*523*
– Herstellungsfreiheit 3.326/*226*
– Miturheberschaft 1.312/*113*; 1.323/*116*
– RBÜ 11.206/*780*
– Rechtseinräumung 4.44/*353*
– Software 5.206/*468*
Bearbeitungsfreiheit 6.106/*523*
Bearbeitungsrecht *211*
– Checkliste *806*

– Datenbank 10.268/*749*
– Datenbankwerk 3.327/*227*
– Einwilligung 3.329/*227*
– Leistungsschutzrechte 10.5/*684*
– Lichtbilder 10.120/*694*
– Software 5.208/*469*
– Tonträgerhersteller 10.223/*728*
– Verfilmung 3.327/*227*
– Werkes der bildenden Künste 3.327/*227*
Bebauungspläne 1.141/*47*
Bedienungsanleitungen 1.138/*46*; 1.181/*65*; 1.213/*84*
– Werkverbindung 1.325/*116*
Beeinträchtigung 2.81/*165*
– Geldentschädigung 2.101/*174*
– Interessenabwägung 2.93/*171*
– Interessengefährdung 2.92/*170*
– Ortsbezug 2.89/*169*
– Veränderung der Umgebung 2.90/*169*
– Zusammenhang 2.88/*168*
Begleitnutzungen 3.741/*331*
Begünstigungen des eigenen Gebrauchs *282*
Behinderte Menschen 3.713/*324*
– Vertrag von Marrakesch 11.223/*785*
Beihilfe 7.36/*559*
Beiwerk. *Siehe* unwesentliches Beiwerk
Bekanntheit 1.221/*88*
Beklagter 7.31/*557*
Belegstelle 3.219/*259*
Beleuchter 6.105/*522*; 10.141/*706*
Benutzerdokumentation 5.112/*465*; 5.319/*486*
Benutzeroberfläche 1.138/*46*; 1.256/*104*
Benutzungszweck
– Werkänderung 3.32/*245*
– Zitatzweck 3.217/*259*
Berechtigte Interessen
– Zugangsrecht 3.334/*229*
Berechtigter 7.26/*554*

Berechtigungsanfrage 7.142/*600*
Berechtigungsvertrag 4.450/*421*
- Berechtigungsvertrag 2015; 481/*433*
- Versionen 4.451/*422*
Bereicherung 7.110/*589*
Berichte 1.177/*64*
Berichterstattung 3.321/*273*; 3.329/
 276
- begünstigende Schranken
 3.300/*267*
- über Tagesereignisse 3.335/*278*
Berner Übereinkunft 11.3/*763*;
 11.202/*779*
Berufsbildung 3.461/*298*
Berufsfotografen
- Urheberbezeichnung 2.66/*159*
Berühmtheit 1.221/*88*
Beschäftigungsverhältnis
- Haftung des Unternehmensinhabers
 7.39/*560*
Beschlussverfügung 7.161/*607*
Beschränkung
- zeitliche 3.102/*248*
Beschreibungsrecht 2.37/*148*
Beschreibungsvorbehalt 2.40/*149*
Beseitigung 7.50/*566*; 7.52/*566*
- Abgrenzung zum Schadenersatz
 7.53/*566*
- Abgrenzung zum Unterlassungsanspruch 7.55/*567*
- Abwendungsbefugnis 7.112/*590*
- Allgemeiner Beseitigungsanspruch
 7.52/*566*
- Anspruchsvoraussetzungen 7.53/
 566
- Beseitigungsverlangen 7.50/*566*
- Einstweilige Verfügung 7.157/*605*
- im Internet 7.55/*567*
- Index der Suchmaschine 7.56/*568*
- Kosten 7.58/*568*
- Rechtsnachfolge 9.9/*656*
- Rückruf 7.63/*570*
- spezielle Beseitigungsansprüche
 7.59/*568*
- Überlassung 7.61/*569*

- Verhältnismäßigkeit 7.113/*590*
- Verhältnismäßigkeitsgrundsatz
 7.57/*568*
- Vernichtung 7.60/*568*
Beseitigungsansprüche
- Entstehung 7.11/*550*
- Rechtsnachfolge 9.401/*670*
Besichtigung 7.81/*577*
- einer Sache 7.89/*580*
- Einsicht in Softwarequellcode
 5.401/*504*
Besitzrecht 1.51/*24*
Bestandsakzessorietät
- verwaiste Werke 3.603/*316*
Bestandsdokumentation 3.521/*312*
- Katalogbildfreiheit 3.516/*311*
Bestandsinhalte 3.603/*316*
Bestellvertrag 4.120/*379*
Bestseller 1.20/*11*
Bestsellerparagraf 4.212/*392*
Beteiligung 1.309/*110*
Beteiligungsabsprachen 4.522/*446*
Beteiligungsinteresse des Urhebers
 3.11/*238*
Bewegtbildfolgen 1.133/*45*
Bewegtbildkompositionen 1.132/*44*
Bewegung 1.116/*38*
Beweis der Urheberschaft 1.331/*119*
- Beweislast 1.332/*119*
- Beweismöglichkeiten 1.333/*119*
- Briefumschlag und Poststempel
 1.344/*123*
- Dokumentation des Werkschaffens
 1.337/*121*
- notarielle Prioritätsverhandlung
 1.341/*123*
- Privaturkunden 1.340/*122*
- Sachverständigengutachten 1.338/
 122
- Urkunden 1.339/*122*
- Zeugenaussagen 1.334/*120*
Beweismittel 7.158/*606*
Beweiswürdigung 1.334/*120*
Bewusstlosigkeit 1.308/*110*
Bezeichnungsrecht 2.45/*150*

Beziehungsgeflecht 2.309/*218*
Bibliotheken
- Kopienversand 3.471/*301*
Bibliotheken
- elektronische Leseplätze 3.731/*328*
- Katalogbildfreiheit 3.516/*311*
- verwaiste Werke 3.605/*316*
- Bibliotheksgroschen 3.342/*231*
- Bibliothekstantieme 3.342/*231*; 4.230/*398*; 4.420/*413*
Bildausschnitte 10.122/*695*
Bildbearbeitung 10.123/*696*
- Schutz gegen Entstellung 10.125/*698*
Bild-Dateien
- Urhebervermutung 1.348/*125*
Bilddatenbanken 10.127/*699*
bildende Kunst
- Dimensionsänderungen 3.33/*245*
- freie Benutzung 2.310/*219*
- Geldentschädigung 2.33/*146*
bildender Künstler
- Rechtswahrnehmung durch die VG Bild-Kunst 4.426/*415*
Bildersuche 7.183/*613*
Bildkomposition 1.128/*42*
Bildnisse 1.56/*26*
Bildnisse *313*
- Rechtspflege und öffentliche Sicherheit 3.719/*326*
Bildretuschierungen
- Lichtbildschutz 10.123/*697*
Bildschirmmasken 1.138/*46*
Bild- und Tonträger
- Vergütung für Vermieten 3.341/*231*
Bildzeichen 1.14/*9*
Bildzitat 3.244/*266*
Billigkeitsprüfung 2.31/*146*
Binnenmarkt 2.228/*187*
BitTorrent 3.431/*289*
Blickpunkt Film 6.7/*519*
Blindenschrift 1.104/*33*
Blogs
- Tagesinteressen dienend 3.324/*275*
Blu-ray-Rohlinge 3.483/*304*

Bootleg-Aufnahmen 10.144/*707*
- ausübender Künstler 10.150/*709*
- Leistungsschutzrechte 10.228/*730*
Börsendaten 1.195/*74*
Branchenverzeichnisse 1.146/*49*; 1.195/*74*
Briefe
- Veröffentlichung 2.17/*140*
- Briefschutz 1.172/*63*
Brüsseler Satellitenabkommen *782*
Brüssel-Ia-Verordnung. *Siehe* EuGVVO
Brüssel-I-Verordnung. *Siehe* EuGVVO
Bücher
- vergriffene Werke 3.617/*318*
- Vervielfältigung 3.418/*286*
Buchhandelsausgaben
- Katalogbildfreiheit 3.526/*313*
Buchhändler 7.47/*565*
Bühnenbilder 1.134/*45*
bühnenmäßige Aufführung 4.503/*439*
Bühnenregisseur 10.140/*705*
Bühnentänze 1.116/*37*
Bühnenwerke 4.502/*439*
- Werktitel 1.228/*90*
Bund Deutscher Grafik-Designer 4.208/*391*
Bundesgesetz über das Internationale Privatrecht 11.134/*776*
Bundesverband Deutscher Zeitungsverleger 4.208/*391*
Buy-Out-Verträge 4.42/*353*
- Film 6.502/*540*

C
Caching 2.210/*180*
CAD 1.130/*43*
CAM 1.130/*43*
Campus-Lizenzen 5.219/*474*
CC0 4.315/*403*
CCC. *Siehe* Copyright Clearance Center
CC-Lizenz. *Siehe* Creative Commons-Lizenz

Chansons 1.110/*35*
Charakterbild 1.57/*26*
Charaktere 1.227/*90*; 2.309/*218*
– Werktitel 1.228/*90*
Checklisten
– Bearbeitungsrecht *806*
– Berichterstattung über Tagesereignisse 3.342/*281*
– Erstveröffentlichungsrecht *804*
– Erwerb von urheberrechtlichen Nutzungsrechten *815*
– Öffentliche Reden 3.318/*272*
– Öffentliche Wiedergabe *805*
– Zeitungsartikel und Rundfunkkommentare 3.334/*277*
Chor
– Namensnennung 10.168/*716*
Choreografen 6.105/*522*
choreografische Werke 1.116/*37, 38*
Christo 6.113/*525*
Cloud Computing 5.221/*474*; 5.331/*491*
– keine Nutzungsart 4.131/*384*
Collage 10.122/*696*
Computeranimationen
– Lichtbildschutz 10.113/*690*
Computergrafiken
– Lichtbildschutz 10.113/*690*
Computerprogramme. *Siehe* Software oder Sprachwerke
Computerprogramm-Richtlinie 11.228/*786*
Computerspiele
– Werkart 1.102/*32*
Computerspiele 5.102/*462*; 5.330/*490*
– Filmwerke 6.1/*517*
– Miturheberschaft 1.310/*111*
– Werktitel 1.228/*90*
Computertomographie 1.129/*43*
Concurrent User-Lizenz 5.234/*479*
Contentklau 2.207/*178*
Content-Provider 7.44/*563*
Copy Left 4.300/*399*; 5.326/*489*
Copyright Clearance Center 3.424/*288*

Copyright-Vermerk 1.307/*110*; 2.57/*155*; 2.75/*163*
– Urhebervermutung 1.347/*124*
Cover 2.88/*168*
Coverversionen 1.244/*97*; 4.462/*425*; 10.237/*735*
CPU-Klauseln 5.341/*494*
Creative Commons-Lizenzen 2.73/*162*; 4.302/*399*
– Entfall der Nutzungsrechte bei Verstoß 4.308/*401*
– GEMA 4.314/*403*
– Haftungsbegrenzung 4.311/*402*
– Minderjährigenschutz 4.78/*365*
– Nutzungsrechte 4.307/*401*
– Public Domain 4.315/*403*
– Rechtseinräumung 4.307/*401*
– Schadensersatz 4.318/*404*
– Urhebernennung 4.310/*402*
– Vergütung 4.317/*404*
– Vertragsangebot 4.305/*400*
– Vertragsschluss 4.304/*400*
Credits 6.124/*528*
Cutter 6.105/*522*

D

Darbietung 2.252/*195*; 10.133/*702*; 10.138/*703*; 10.139/*704*; 10.140/*705*
– Begriff 10.138/*703*
– Aufführen 10.138/*703*
– Aufnahme auf Bild/Tonträger 10.144/*707*
– fehlende Werkinterpretation 10.139/*704*
– künstlerisch 10.140/*705*
– Mehrheit ausübender Künstler 10.142/*706*
– Singen 10.138/*703*
– Spielen 10.138/*703*
– Vergütungsansprüche 10.153/*710*
– Zeitpunkt 10.140/*705*
Darlegungslast 7.35/*559*
Darstellung
– bühnenmäßige 2.256/*197*

Darstellungen wissenschaftlicher oder technischer Art 1.137/46
- Begriff 1.137/46
- Form der Darstellung 1.139/47
- Gestaltungshöhe 1.190/71
- Katalogbildfreiheit 3.522/312
- Nachbau 1.140/47
- vergriffene Werke 3.618/319

Darstellungen wissenschaftlicher oder technischer Art
- Dimensionsänderungen 3.33/245

Darstellungsaufwand 1.218/87

Dateiformate
- Softwareschutz 5.104/463

Dateifragmente 2.265/200; 7.87/579

Datenbank
- Abgrenzung zum Datenbankwerk 1.149/49; 10.264/747
- Quellenangabepflicht 3.17/241
- Verlängerung der Schutzfrist 10.275/752
- Verwertungsrechte 10.268/749
- wesentliche Änderung 10.274/751
- Straftatbestände 7.208/618

Datenbankhersteller
- internationales Urheberrecht 11.104/768; 11.124/772

Datenbankrecht
- Höhe der Investition 10.265/748
- Inhaber 10.267/749
- Rechte 10.268/749
- Schranken 10.273/751
- Schutzdauer 10.274/751
- Schutzvoraussetzungen 10.264/747
- vertraglichen Vereinbarung 10.272/750

Datenbank-Richtlinie 11.236/789
- Sammelwerke 1.143/48

Datenbankverkehr
- einzelne Zugänglichkeit der Elemente 1.148/49

Datenbankwerk 1.142/47; 1.146/48
- Begriff 1.146/49
- Benutzungsfreiheit 3.747/333
- Datenbanken 1.149/49

- erforderliche Software 1.150/50
- europäischer Werkbegriff 1.254/102
- Gestaltungshöhe 1.194/73
- methodisch angeordnet 1.147/49
- normale Benutzung 3.747/333
- Nutzungsberechtigte 3.748/333
- Vervielfältigungsfreiheit 3.419/286

Datenhaufen 1.147/49
Datenmüll 2.265/200; 7.87/579
Datenträger 1.63/29
- Urhebervermutung 1.348/125
- Zwangsvollstreckung 8.41/644

Dauer des Urheberrechts 3.100/247
Deckelung von Anwaltsgebühren 7.136/599

Decknamen
- Urhebervermutung 1.347/124

Deep-Link 2.268/202
Dekompilierung 5.359/498
- Erforderlichkeit 5.368/501
- Schnittstellen 5.367/500
- übermäßige 5.367/501

Dekorateure 6.105/522
Dekorationen 6.101/521
Demo-Software 5.343/494
Denkmäler 1.127/41
Deposita 3.444/293
derivativer Erwerb 9.1/655
Design 1.125/40
- Gestaltungshöhe 1.170/60; 1.185/68
- Designrecht 1.11/8; 1.15/9
- Designschutz 1.126/41
- Designvertrag 4.121/380

Deutsche Bühnenverein e.V. 4.208/391
Deutschen Patent- und Markenamt. *Siehe* DPMA

Dialogautor
- Schutzdauer des Filmwerks 6.131/530

Diebstahl geistigen Eigentums 1.63/30; 7.200/615

854

Digitale Inhalte
- Herausforderungen durch 5.1/*457*
Digitale Medien *382*
digitale Nachbearbeitungen 2.85/*166*
digitale Partikel 2.307/*217*
Digitalfotografie 1.129/*43*
Digitalisierung 4.127/*382*; 4.130/*383*; 10.118/*693*; 10.229/*732*
- Bedeutung 1.63/*29*
- Tonaufnahme 10.229/*731*
Digital Rights Management. *Siehe* DRM
Dimensionsänderungen 3.33/*245*
Dirigenten 10.140/*705*
Dokumentarfilme 1.132/*44*; 1.189/*70*
Dokumentation
- Katalogbildfreiheit 3.516/*311*
- Vervielfältigungsrecht 5.205/*468*
Dokumentation des Werkschaffens 1.337/*121*
Doppelpfändung 8.40/*644*
Doppelschöpfungen 1.21/*13*; 1.350/*125*; 3.325/*226*; 7.5/*548*
- Werkschutz 1.209/*82*
doppelte Lizenzgebühr 7.102/*586*
Doppelvertragslösung 9.505/*675*
Download
- Software 5.222/*475*
- Verbreitungsrecht 2.216/*183*
- Vervielfältigung 2.208/*179*
Download-Link 2.267/*201*
Downloadshopping
- Filme 6.205/*532*
DPMA
- Aufsicht der Verwertungsgesellschaften 4.410/*411*
- Register vergriffener Werke 3.623/*319*
- verwaiste Werke 3.611/*317*
dramatisch-musikalische Bühnenstücke
- Aufführungsrecht 2.257/*197*
Dramen 1.105/*34*; 1.172/*62*
Drehbücher 6.100/*521*
- Verfilmung 6.106/*523*
Drehbuchautor

- Schutzdauer des Filmwerks 6.131/*530*
Drehbücher 1.105/*34*; 1.172/*62*
Drei-Stufen-Test 3.11/*238*
- Auslegung der Privatkopierfreiheit 3.408/*284*
- Kopierfreiheit 3.410/*284*
- RBÜ 11.207/*780*
- unwesentliches Beiwerk 3.502/*307*
- Vorübergehende Vervielfältigungshandlungen 3.741/*331*
Drittschuldner 8.2/*632*
Drittschuldnererklärung 8.4/*632*
DRM 5.500/*507*
- Kennzeichnungspflicht 5.516/*513*
Drogenwahn 1.308/*110*
droit de non-paternité 2.60/*156*
Druckprivilegien 1.60/*28*
Duldung 4.19/*345*
Durchschnittsgestaltungen 1.169/*59*
Durchsetzungs-Richtlinie 11.242/*791*
Durchsetzungssperre 8.107/*647*

E
eBay
- Erschöpfung des Verbreitungsrechts 4.133/*384*
- Öffentliche Zugänglichmachung 2.266/*200*
- Störer 7.41/*561*
- Vervielfältigung 2.208/*179*
E-Book 4.116/*379*
- Nutzungsart 4.130/*383*
Echtheitszertifikate 5.300/*480*
editio princeps 3.121/*252*
eDonkey 3.431/*289*
eidesstattliche Versicherung. *Siehe* Versicherung an Eides statt
eigener Gebrauch 3.8/*237*
eigenes Archiv 3.442/*293*
- Archivzweck 3.443/*293*
- eigenes Werkstück 3.444/*293*
- Erwerbszweck 3.448/*295*
- Öffentliches Interesse 3.445/*294*
Eigengebrauch 3.450/*295*

Eigentum 1.29/*16*
- Begriff 1.30/*16*
- Beschränkung 1.33/*18*; 3.2/*235*
- Eigentumsgarantie 3.14/*239*
- Eigentumsrecht 1.17/*10*
- Erwerb 1.215/*85*
- Sicherung durch Schadenersatzanspruch 7.92/*581*
Eilbedürftigkeit
- Widerlegung 7.154/*604*
Eilverfahren. *Siehe* Einstweilige Verfügung
Einbeziehungsklausel 4.451/*422*
einfache Nutzungsrechte
- Aktivlegitimation 7.28/*556*
- für jedermann 1.363/*130*
- Prozessstandschaft 7.28/*556*
Einheitspreis 1.20/*12*
Einnahmen
- Miturheberschaft 1.317/*114*
Einräumung von Nutzungsrechten 1.356/*128*
- im Arbeitsverhältnis 1.353/*127*
Einscannen. *Siehe* Vervielfältigung
Einspeiseentgelte 10.259/*745*
Einstweilige Verfügung 7.152/*603*
- Abschlusserklärung 7.175/*610*
- Abschlussschreiben 7.175/*611*
- Anordnung der Klageerhebung 7.173/*610*
- Bedeutung 7.152/*603*
- Beschlussverfügung 7.170/*609*
- Dringlichkeit 7.157/*605*
- eidesstattliche Versicherung 7.158/*605*
- Eilbedürftigkeit 7.157/*605*
- Endurteil 7.165/*608*; 7.166/*609*
- Entscheidung ohne mündliche Verhandlung 7.161/*607*
- Glaubhaftmachung 7.158/*605*
- Instanzen 7.172/*610*
- Mindestbeschwer 7.169/*609*
- ohne Rechtsanwalt 7.176/*611*
- Rechtsbehelfe 7.167/*609*
- Rechtsbeschwerde 7.172/*610*
- Revision 7.172/*610*
- Schadenersatz für Unbegründetheit 7.176/*611*
- Schutzschrift 7.163/*607*
- sofortigen Beschwerde 7.168/*609*
- Urteilsverfügung 7.166/*609*
- Verfahrensdauer 7.153/*604*
- Verfügungsanspruch 7.157/*605*
- Verfügungsgrund 7.157/*605*
- Vollziehung 7.174/*610*
- Voraussetzungen 7.156/*605*
- Widerspruch 7.170/*609*
- Zeit zur Antragsstellung 7.154/*604*
- Zulässigkeit der sofortigen Beschwerde 7.169/*609*
- Zurückweisungsbeschluss 7.161/*607*; 7.165/*608*
- Zuständigkeit 7.155/*605*
- Zustellung 7.161/*607*
Einwilligungen
- Bearbeitungen 1.236/*94*
- Erstveröffentlichung 2.14/*140*
- Miturheberschaft 1.315/*113*
- Urheberstrafrecht 7.211/*619*
- Werkverbindung 1.326/*117*
- Zwangsvollstreckung 8.19/*637*
Einzelbilder
- Lichtbildwerke 1.128/*42*
Einzelfallgerechtigkeit 1.202/*77*
Einzelrechtsnachfolge 9.109/*663*
Einziehung 622; 7.230/*622*
- Zwangsvollstreckung 8.29/*640*
Eiskunstlauf 10.139/*704*
Eisrevuen 1.116/*37*
Eisskulpturen
- Panoramafreiheit 3.512/*310*
Elektrofachhandel 3.737/*330*
elektromagnetische Wellen 2.276/*205*
Elektronische Leseplätze 3.731/*328*
embedded Software 5.102/*462*
- in der Insolvenz 5.376/*503*
- Lauffähigkeit 5.105/*463*
Empfangsanlage 2.276/*205*
E-Musik 4.525/*447*

End User Licence Agreements. *Siehe* EULA
Enforcement-Richtlinie. *Siehe* Durchsetzungs-Richtlinie
entartete Kunst 1.208/*81*
Enteignung 1.33/*18*
Entgangener Gewinn 7.99/*584*
Entlastungsbeweis
- Unterlassungsvertrag 7.77/*576*
- Unternehmensinhaber 7.39/*560*
Entlehnung 2.305/*216*
Entschädigung in Geld 7.107/*588*
Entschädigungslizenz 7.100/*585*
Entscheidungsgründe 1.219/*87*
Entstehung des Urheberrechts 1.300/*107*
- kein Wille notwendig 1.308/*110*
Entstellungen 2.81/*165*
- Leistungen ausübender Künstler 10.169/*717*
- Filmwerke 6.127/*528*
- gröbliche 6.127/*528*
Entstellungsverbot. *Siehe* Änderungsverbot
- Recht der Selbstdarstellung in der Öffentlichkeit 1.36/*19*
Entwicklerteam
- Software 5.315/*484*
Entwürfe 1.229/*91*
- Software 5.100/*461*
- Softwareschutz 5.108/*464*
Enzyklopädien 1.143/*47*
E-Paper 2.263/*199*
- Nutzungsart 4.130/*383*
Erbauseinandersetzung 9.107/*662*; 9.200/*667*
Erben 9.7/*656*; 9.103/*661*
Erbengemeinschaft 9.19/*659*; 9.106/*662*
Erfindungen 1.12/*8*
Ergänzungen 1.328/*118*
Erhaltungsinteresse 2.91/*170*
Erlaubnistatumstandsirrtum 7.212/*619*
Erläuterung des Inhalts 3.237/*264*

Ermittlung der (Original-)Urheber 3.329/*227*
Ernste Musik. *Siehe* E-Musik
Eröffnung des Insolvenzverfahrens
- Software 5.372/*501*
Erörterungsgrundlage 3.219/*259*
Erscheinen 1.245/*97*; 1.248/*100*
- bildenden Künste 11.111/*769*
- internationales Urheberrecht 11.110/*769*
- Internet 11.110/*769*
- öffentlichen Zugänglichmachung 1.250/*100*
- Urhebervermutung 1.349/*125*
- Zitatrecht 3.227/*261*
- Zustimmung des Urhebers 1.251/*101*
Erschöpfung
- Download von Spielen 5.224/*475*
- Filmdatenträger 6.204/*532*
- gemeinschaftsweite 2.231/*188*
- Recht der öffentlichen Zugänglichmachung 2.272/*204*
- Verbreitungsrecht 2.222/*185*
- Vervielfältigungsrecht 2.212/*181*
Erschöpfung digitaler Inhalte
- angemessene Vergütung 4.133/*385*
Erschöpfungsgrundsatz 2.223/*185*
- Software 5.213/*471*
Erstbegehungsgefahr 7.71/*572*
Erstmaligkeit 1.169/*59*
Erstmitteilungsrecht 2.37/*148*
- Beschreibung des Werkes 2.39/*148*
Erstverbreitung 2.224/*186*
Erstveröffentlichung. *Siehe* Veröffentlichung
Erstveröffentlichungsrecht 2.3/*135*
- Checkliste 804
- Ermächtigungserklärung 2.27/*144*
- Filmwerke 6.121/*527*
- Lichtbildner 10.125/*698*
- Meinungs- und Informationsfreiheit 2.24/*143*
- Öffentlichkeit 2.6/*137*
- privater Eigengebrauch 2.10/*139*

- Privatkopien 2.23/*143*
- Privatkopierfreiheit 3.437/*291*
- Recht der Selbstdarstellung in der Öffentlichkeit 1.36/*19*
- Schadenersatz 2.29/*145*
- Umgestaltung 2.4/*136*
- Verbrauch 2.21/*142*
- Verwertungsgesellschaft 2.27/*144*
- Zitatrecht 3.227/*261*
- Zustimmung des Berechtigten 2.11/*139*

Erträgnisse
- Miturheberschaft 1.317/*114*

Erwerb 9.1/*655*

Erwerbszwecke
- wissenschaftlicher Gebrauch 3.736/*330*

Erwerb von urheberrechtlichen Nutzungsrechten
- Checkliste *815*

Erzeugnisse 1.10/*7*
- computergenerierte 1.156/*52*

Escalator-Regelungen 6.504/*541*

Escrow Agent 5.320/*486*

EuCor 6.9/*519*

EuGVVO 11.301/*794*

EULA 5.301/*480*

EU-Richtlinien. *Siehe* Richtlinien
europäischer Rechtsrahmen. *Siehe* Verwertungsgesellschaften
europäischer Werkbegriff
- Begriffsverständnis 1.254/*102*
- deutsche Rechtsprechung 1.259/*105*

Europäischer Werkbegriff 1.254/*102*

Europäischer Wirtschaftsraum 2.228/*187*

Europäische Satellitensendung 2.282/*207*
- Ort 2.284/*207*
- Sendender 2.283/*207*

Europäisches Schuldvertragsübereinkommen 11.133/*775*

europäisches Urheberrecht *785*
- Richtlinien 11.227/*786*

- Werkbegriff 1.263/*106*

Executive Producer 6.405/*537*

Existenzsicherung 1.20/*12*

exklusive Werke 1.20/*12*

Exklusivitätsverhältnis
- Zwangsvollstreckung 8.29/*640*

Experimentierklausel 5.370/*501*

Explosionszeichnungen 1.192/*72*

F

Fabel 2.309/*218*

Facebook 4.136/*386*
- Minderjährigenschutz 4.78/*365*

Fahrlässigkeit 7.93/*581*

Fahrpläne 1.168/*59*

Fairnessparagraf 4.204/*390*; 4.212/*392*; 4.220/*395*

Farbkorrekturen
- Lichtbildschutz 10.123/*697*

Fasttrack 3.431/*289*

Fehlerbeseitigung
- Software 5.359/*498*

Fehlerfolgelehre 8.27/*639*

Fernsehen 2.276/*205*

Fernsehproduktion 4.491/*436*
- Begriff 4.492/*436*
- Auftragsproduktion 4.496/*437*
- Eigenproduktion 4.495/*437*

Festschriften 1.143/*47*

Fidentinus 1.59/*27*

field of use 5.337/*493*

Figuren 1.125/*40*

File-Hosting-Dienst 2.267/*201*

Filesharing 2.267/*201*
- Privatkopierfreiheit 3.431/*289*
- Tatnachweis 7.204/*617*
- Vervielfältigung 2.208/*179*

Film
- angemessene Vergütung 6.500/*540*
- Buy-Out 6.502/*540*
- Credits 6.124/*528*
- Entstellungsschutz 6.126/*528*
- Erstveröffentlichungsrecht 6.121/*527*
- freie Benutzung 6.111/*524*

- Hersteller 6.400/*536*
- Miturheberschaft 1.310/*111*
- Namensnennung 6.124/*528*
- Panoramafreiheit 6.113/*525*
- Quellenangabepflicht 3.17/*241*
- Rückrufrecht 6.305/*535*
- Tarifverträge 6.501/*540*
- unwesentliches Beiwerk 6.115/*525*
- Urheberpersönlichkeitsrecht 6.120/*527*
- Vergütungsregeln 6.501/*540*
- Verwertungsgesellschaften 4.430/*415*
- Werbeunterbrechungen 6.129/*529*
- Zitierfreiheit 6.117/*526*
- Zweckübertragungstheorie 6.300/*534*

Filmarchitekten 6.105/*522*
Filmausschnitte 6.412/*538*
Filmausstatter 6.105/*522*
Filmauswertung *534*
Filmbauten 6.101/*521*
Filmberichte 1.132/*44*
Filmeditoren
- Namensnennung 6.125/*528*

Filmexposés 1.134/*45*
Filmformatschutz
- erforderliche Schöpfungshöhe 6.12/*520*

Filmfreiheit 1.47/*23*
Filmhersteller *536*
- Begriff 6.400/*536*
- Executive Producer 6.405/*537*
- Inhalt des Leistungsschutzrechts 6.409/*538*
- internationales Urheberrecht 11.104/*768*; 11.125/*773*
- Schutzdauer des Leistungsschutzrechts 6.413/*538*
- Verfilmungsrecht 6.107/*523*
- Zustimmung 6.305/*535*

Filmherstellungsrecht
- GEMA 4.489/*435*

Filmkompositionen 6.101/*521*
Filmkulissen 1.134/*45*

Filmmusik 4.482/*433*
Filmmusikkomponist
- Schutzdauer des Filmwerks 6.131/*530*

Filmproduzent 6.105/*522*
Film-Stills 6.412/*538*
Filmtitel 6.5/*518*
- europäischer Werkbegriff 1.257/*104*

Filmtonmeister 6.105/*522*
Filmtrailer 4.480/*432*
Filmtreatment 6.101/*521*
Filmurheber
- Rechtswahrnehmung durch die VG Bild-Kunst 4.425/*415*

Filmverträge 4.124/*381*
Filmvorführung
- Veranstalterrecht 10.204/*720*
- Vorführungsrecht 2.259/*198*

Filmwerke 1.132/*44*; *517*
- Begriff 1.132/*44*
- Bearbeitung 6.100/*521*
- Bearbeitungsrecht 6.106/*523*
- Gestaltungshöhe 1.188/*70*
- Herstellungstechnik 1.133/*44*
- Laufbilder 1.136/*45*
- Miturheber 6.103/*522*
- Nutzungsrechte *531*
- Recht der öffentlichen Zugänglichmachung 6.211/*533*
- Schöpfungshöhe 6.2/*517*
- Schutzfähigkeit 6.2/*517*
- Schutzfähigkeit von Teilen 6.4/*518*
- Schutzfrist 3.109/*249*; 6.131/*530*
- Senderecht 6.207/*532*
- Straftatbestände 7.207/*617*
- Urheberschaft *522*
- Verbreitungsrecht 6.203/*532*
- Vervielfältigungsrecht 6.201/*531*
- Vorführungsrecht 6.206/*532*
- Werktitel 1.228/*90*

Filmzitat 3.243/*265*; 6.116/*526*
Fixierung 1.63/*29*
- Sprachwerke 1.104/*33*

Stichwortverzeichnis

- Darbietung ausübender Künstler 10.144/*707*
Fleißarbeit 1.214/*85*
flickr
- Open Content 4.301/*399*
fliegender Gerichtsstand
- Schutzschrift 7.164/*608*
Flüchtlinge 11.103/*767*
Folgerecht 3.336/*230*; 4.228/*398*
- internationales Urheberrecht 11.114/*770*
- Folgerechts-Richtlinie 11.241/*790*
Forderungsvollstreckung 8.29/*640*
Forenbetreiber 7.40/*561*; 7.42/*562*
Formalbeleidigung 1.43/*22*
Format 6.10/*519*
- Begriff 6.11/*519*
- Formatschutz *519*
Form der Darstellung 1.225/*89*
Formerfordernisse 1.305/*109*
Formgestaltung 1.161/*54*
Formschöpfungen 1.12/*8*
Formularbücher 1.179/*65*
Formulare 1.138/*46*; 1.170/*60*; 1.178/*64*; 1.193/*73*; 1.213/*84*
Fortsetzungen 1.235/*93*; 3.211/*257*
Fortsetzungszusammenhang 7.79/*576*
- Verjährung 7.11/*550*
Foto
- Urhebervermutung 1.348/*125*
Fotograf 10.108/*688*
Fotografenvertrag
- Muster *839*
Fotografien 1.128/*42*; 10.107/*687*
- europäischer Werkbegriff 1.255/*102*
- freie Benutzung 2.312/*219*
- Motivschutz 2.313/*220*
- Open-Content 1.363/*130*
- Recht am eigenen Bild 1.56/*26*
Fotokopien 1.130/*43*; 10.114/*691*; 10.118/*693*
Fotomontagen 1.128/*42*; 2.312/*220*; 2.318/*223*
Fotomotiv 2.314/*220*

Fraktalschrift 1.105/*34*
Framing 2.268/*202*; 2.294/*211*; 4.136/*386*
- Vervielfältigung 2.209/*179*
Free-TV
- Sendung 10.240/*736*
freie Benutzung 1.232/*92*; 1.241/*95*; 2.301/*214*; 3.200/*254*
- Anwendungsbereich 3.201/*254*
- Fortsetzungswerke 3.211/*257*
- Gestaltungsspielraum 3.208/*256*
- Lichtbilder 10.120/*694*
- Melodie 3.213/*257*
- Parodie 3.210/*256*
- Parodie 2.317/*222*
- Prüfungsreihenfolge 3.205/*256*
- Sampling 10.235/*734*
- Verblassen 2.302/*214*
- Verfilmungsfreiheit 6.110/*524*
- Voraussetzungen 3.203/*255*
Freier Deutscher Autorenverband 4.208/*391*
freie kreative Entscheidungen 1.255/*102*
freie Mitarbeiter
- Rechtseinräumung 4.58/*358*
- Softwareurheber 5.305/*482*
- Softwareurheberrecht 5.311/*483*
freier Warenverkehr 2.224/*186*
freie Werke 4.53/*356*
- Arbeitsverhältnis 1.357/*128*
Freihaltebedürfnis 1.180/*65*
Freistellungsklauseln 4.74/*363*
Fremdenrecht 11.101/*767*
Fresko 7.54/*567*
Funk 2.276/*205*
Fußballspieler 10.139/*704*

G
Garantien 4.73/*363*
Gartenarchitektur 1.127/*42*
Gartenbaukunst 1.122/*39*
Gebärden 1.116/*38*
Gebärdensprache 1.104/*33*
Gebot der Angemessenheit 4.510/*441*

860

Gebrauchsgegenstände 1.213/*84*
Gebrauchsgrafik 1.125/*41*
Gebrauchskunst 1.125/*40*
Gebrauchsmusterrecht 1.11/*8*
Gebrauchstexte 1.171/*61*
Gebrauchsüberlassung 2.234/*189*
– Bücher 3.342/*231*
Gebrauchszweck 1.213/*85*
Gedächtnisorganisationen 3.602/*315*
Gedankenausdrücke
– Schriftwerke 1.105/*34*
Gedankeninhalt 1.157/*52*
Gedankensplitter 1.158/*53*
Gedichte 1.105/*34*; 1.172/*62*; 1.212/*83*
Gedichtsammlung
– Datenbankrecht 10.266/*749*
Gedichtvorträge 2.249/*194*
Gefangenenbetreuung 3.717/*325*
Gegenabmahnung 7.134/*598*
Gegenseitigkeitsprinzip 11.6/*764*
Gegenseitigkeitsverträge 4.402/*408*; 4.438/*418*
Gegenstandswert 7.137/*599*
Geheimhaltung 2.40/*149*
Geheimhaltungsinteresse 2.17/*140*
Geheimhaltungspflichten 2.5/*136*
Geheimhaltungsvereinbarung 1.24/*14*
Gehilfenschaft 1.328/*117*
– Anmaßung der Urheberschaft 1.335/*120*
Geisteskranke 1.308/*110*
Geisteswerk 1.63/*29*
geistige Erzeugnisse 1.10/*7*
geistiger Gehalt 1.157/*52*
geistiges Eigentum 1.17/*10*; 1.63/*29*
– Verhältnis zum Sacheigentum 1.52/*24*
geistige Sphäre 1.161/*54*
Geldentschädigung 7.107/*588*
– Billigkeit 7.108/*588*
– Erstveröffentlichung 2.30/*145*
– Erstveröffentlichungsrecht 2.32/*146*
– Rechtsnachfolge 9.9/*657*; 9.405/*671*

– Schadenschätzung 7.179/*612*
– Urheberbezeichnung 2.69/*160*
Geldersatz 7.97/*583*
GEMA 4.415/*412*
– Anmaßung der Urheberschaft 2.49/*152*
– Aufführungsrecht 2.254/*196*; 2.257/*197*
– Bearbeitungsrecht 2.298/*213*
– Berechtigungsvertrag 2.254/*196*; 2.257/*197*; 4.450/*421*
– Berechtigungsvertrag 4.415/*412*
– Bühnenwerke 4.502/*439*
– Coverversionen 4.462/*425*
– Creative Commons-Lizenzen 4.314/*403*
– Dreiecksverhältnis 4.457/*424*
– Entwicklung der Privatkopierfreiheit 3.404/*283*
– Fernsehproduktionen 4.491/*436*
– Filmherstellungsrecht 4.485/*434*; 4.489/*435*
– Filmmusik 4.482/*433*
– GEMA-Vermutung 4.455/*423*
– GEMA-Zuschlag 4.456/*424*
– improvisierte Musik 4.469/*428*
– Instant Composing 4.469/*428*
– Klingeltöne 4.471/*429*
– Live-Sendungen 4.500/*438*
– Lizenzanalogie 7.102/*586*
– Rechte 4.460/*425*
– Schadenersatz 2.68/*160*
– Tarife 4.456/*424*
– Tarife für Geräte und Speichermedien 4.536/*450*
– Tarife im Filmbereich 4.490/*436*
– Umregistrierung von Musiktiteln 2.57/*156*
– Urheberermittlung 3.329/*228*
– Verletzerzuschlag 2.255/*196*
– Verteilungsplan 4.519/*445*
– wahrgenommene Rechte 4.416/*413*
Gemeinfreiheit 3.103/*248*
– Fotos 3.123/*253*

861

Gemeingebrauch
- Panoramafreiheit 3.509/*309*
Gemeingut 2.42/*150*
Gemeinkosten 7.104/*586*
gemeinsames Schaffen 1.310/*111*
Gemeinwohl 1.31/*17*
Generalklausel
- Zitatrecht 3.215/*258*
General Public Licence. *Siehe* GPL
Genfer Tonträgerabkommen. *Siehe* GTA
Genugtuung 2.30/*145*; 7.107/*588*
Geoblocking 4.23/*346*
Geräte
- GEMA-Tarife 4.536/*450*
Geräteabgabe 3.405/*283*
- in anderen EU-Ländern 3.406/*283*
Geräte- und Speichermedienabgabe 3.481/*304*
Geräusche 1.111/*36*; 1.113/*36*; 1.183/*67*
Gericht 3.718/*325*
Gerichtliche Anspruchsdurchsetzung
- Rechtsverletzung *601*
Gerichtsstand. *Siehe* Zuständigkeit, örtliche 7.150/*602*
- fliegender 7.150/*603*
Gerichtsverfahren
- Einschränkung des Erstveröffentlichungsrecht 2.23/*143*
Gesamteindruck 2.82/*165*; 2.303/*215*
Gesamthandsgemeinschaft 1.315/*113*
- Miturhebergesellschaft 1.318/*114*
- Rechtsnachfolge 9.19/*659*
Gesamtidee 1.312/*112*
Gesamtrechtsnachfolge 9.105/*662*
Gesamtverträge 4.529/*449*
Gesamtvollstreckung. *Siehe* Insolvenz
Gesang 2.253/*196*
- Tonträgerrecht 10.213/*724*
Geschäftsbedingungen 1.170/*60*
Geschäftsbetriebe 3.737/*330*
Geschäftsfähigkeit 4.78/*364*
Geschäftsführer
- Softwareurheber 5.314/*484*

Geschäftsgebäude 1.127/*41*
Geschäftsunfähige 1.308/*110*
Gesellschafter 9.503/*674*
Gesellschaftsspiele 1.159/*54*
Gesellschaftsvertrag 1.179/*65*
Gesellschaft zur Wahrnehmung von Veranstalterrechten 10.207/*721*
Gesetzesbegründungen 1.4/*5*
Gesetzessammlungen 1.143/*47*
gesetzliche Lizenzen 3.8/*237*; 3.331/*276*; 4.93/*371*
gestalterische Tätigkeit 1.156/*52*
Gestaltungshöhe 1.166/*57*
- Argumentationstechnik 1.201/*77*
- Aufgabe des Merkmals 1.205/*79*
- Briefe 1.174/*62*
- Datenbanken 1.194/*73*
- Design 1.15/*9*
- Einzelfallgerechtigkeit 1.202/*77*
- europäischer Werkbegriff 1.254/*102*
- Filme 1.188/*70*
- Filmwerke 6.2/*517*
- Formate 6.12/*520*
- Formulare 1.178/*64*
- gewerbliche Erzeugnisse 1.180/*65*
- Herstellungsaufwand 1.206/*80*; 1.217/*87*
- interdisziplinärer Forschung 1.203/*78*
- juristische Standardformulierungen 1.179/*65*
- Lichtbildwerke 1.187/*69*
- literarische Sprachwerke 1.172/*62*
- mathematische Bestimmung 1.203/*78*
- Objektivierbarkeit 1.201/*77*; 1.205/*79*
- Rechtssicherheit 1.202/*77*
- Sammelwerke 1.194/*73*
- Schutzumfang 1.243/*96*
- Software 5.103/*462*
- Werke der angewandten Kunst 1.185/*68*
- Werke der Baukunst 1.186/*69*

- Werke der bildenden Künste 1.185/68
- wissenschaftlich-technische Sprachwerke 1.181/65
- wissenschaftlich-technische Werke 1.190/71

Gestaltungsspielraum
- bei Software 5.103/462
- freie Benutzung 3.208/256
- juristische Formulierungen 1.179/65
- wissenschaftlich technische Werke 1.192/72

Gestattung 4.2/338
Gesten 1.104/33
Gewebetheorie 1.163/56
gewerbliches Ausmaß 7.81/577
gewerbliche Schutzrechte 1.11/7
Gewerbsmäßige unerlaubte Verwertung 7.210/618
Gewerbsmäßigkeit 7.210/618
Gewinnentwicklung 7.99/584
Gewinnermittlung
- Schadenersatz 7.103/586
Gewinnlisten 1.195/74
Ghostwriterabrede 1.362/130; 2.59/156
Glaubhaftmachung 7.158/605
Gläubigerbegünstigung 8.18/637
Glosse
- Meinungsfreiheit 1.45/22
GNU Free Documentation License 4.301/399
GNU Public Licence 4.301/399
Gnutella 3.431/289
Gottesdienste 3.716/325
GPL 1.363/130; 4.301/399; 5.326/488
- Kennzeichen der Lizenzen 5.326/489
- Sammelwerke 1.143/47
- Umfang der Nutzungsrechte 5.328/489
- Weitergabe 5.326/489
- Wirksamkeit 5.327/489
Graffiti 1.211/83

- Urheberbezeichnung 2.75/163
Grenzbeschlagnahme 7.301/627
großes Kleinzitat 3.244/266
Großes Recht 4.501/438
Großzitat 3.231/263
- Zitat 3.233/263
Grundgeschäft 4.68/362
Grundgesetz
- Eigentumsschutz 1.29/16
- Kunstschutz 1.38/20
- Persönlichkeitsschutz 1.34/18
Grundig Reporter 3.403/283
Grundrechte 1.28/16
Gruppenwerke 1.313/113
GTA 782
- geschützter Personenkreis 11.213/782
- Mindestschutzdauer 11.214/782
GÜFA 4.430/416
Günstigkeitsprinzip 1.332/119; 4.54/357
gutgläubiger Erwerb 4.10/342; 7.94/582
- Bearbeitungsrecht 3.329/227
Guthabenauszahlungsanspruch 8.5/632
GVL 4.421/414; 10.159/713
- Beteiligungsanspruch des Tonträgerherstellers 10.222/728
- Veranstalterrecht 10.207/721
- wahrgenommene Rechte 4.422/414
GWFF 4.430/416

H

HABM. *Siehe* verwaiste Werke
Haftungsprivilegien 7.44/563
Handbücher 1.143/47
Handelsplattformen 7.41/561
Handlung 1.227/90
- freie Benutzung 2.309/218
Handlungsort 7.7/549
Handyklingeltöne 1.183/67
Happening 1.114/37; 1.119/39; 1.123/40

Harmonisierungsamt für den Binnenmarkt. *Siehe* HBAM
Harmonisierungs-Richtlinie. *Siehe* Informations-Richtlinie
Hauptgegenstand 3.502/*307*
Hauptlizenz 4.86/*368*
Hauptsacheverfahren 7.178/*611*
Hausdurchgänge
– Panoramafreiheit 3.509/*309*
Heimfall 4.13/*343*; 4.223/*396*
– bei Rücktritt 4.90/*370*
– Unterlizenzen 4.86/*368*
– Kausalitätsprinzip 4.64/*360*
Herausgabe des Werkes 3.335/*229*
Herausgabe ungerechtfertigter Bereicherung 7.110/*589*
Herkunft
– Auskunftsanspruch 7.81/*577*
Herkunftshinweis 1.14/*9*
Hersteller von Tonträgern
– Rom-Abkommen 11.209/*781*
Herstellungsaufwand 1.206/*80*; 1.214/*85*
– Begriff 1.215/*85*
– Herstellungsaufwand 1.214/*85*
Herstellungspflicht 4.68/*362*
Hilfsmittel 1.155/*51*; 1.303/*108*
Hintergrundmusik 1.110/*35*; 2.246/*194*
Hochladen
– Öffentliche Zugänglichmachung 2.266/*200*
Hochschulen
– Öffentliche Zugänglichmachung 3.724/*327*
– Weitergabe von Software 5.219/*474*
Hochschullehrer
– Arbeitnehmerurheber 4.53/*356*
Hochschulveranstaltungen 1.246/*98*
Homepage 2.266/*200*
– Effekte als Filmwerk 1.133/*44*
Honorarempfehlungen der MFM
– Bedeutung für die Praxis 10.131/*701*

Honorarvereinbarung 7.141/*600*
Hörbücher
– keine Nutzungsart 4.131/*384*
Hörfunk 2.276/*205*
Hörspiele 1.105/*34*
Hörvergleich 2.306/*217*
Host-Provider 7.44/*563*; 7.46/*564*
Hotelbetreiber 7.43/*562*
HTML 5.107/*464*
Hyperlink 2.268/*202*

I
Ideen
– Film 6.13/*520*
– Ideengeber 1.329/*118*
– Ideenklau 1.223/*89*
– Schutzfähigkeit 1.221/*88*
– Urheberrechtsschutz 1.12/*8*
– zu technischem Handeln 1.12/*8*
Immaterialgüter 1.10/*7*
Immaterialgüterrechte 1.10/*7*
immaterieller Schadenersatz 2.30/*145*
Importeur 7.40/*561*
Improvisationen 4.469/*428*
Inanspruchnahme
– strafrechtliche 7.1/*545*
– zivilrechtliche 7.1/*545*
Individualität 1.162/*55*
– Abhängigkeit vom Herstellungsaufwand 1.216/*86*
– Bestimmung des Maßes 1.169/*59*
– Durchschnitt 1.169/*60*
– Gestaltungshöhe 1.166/*57*
– graduelle Abstufungen 1.169/*59*
– Inhalt oder Form der Darstellung 1.163/*56*
– Kleine Münze 1.168/*58*
– Miturheberschaft 1.310/*111*
– Notwendigkeiten 1.165/*57*
– quantitativer Aspekt 1.166/*58*
– Software 5.104/*462*
– Spielraum 1.165/*56*
– Werkarten 1.170/*60*
Informationen
– eigene 7.44/*563*

- fremde 7.44/*563*
- Zueigen-Machen 7.44/*563*
Informationsblätter 3.324/*274*
Informationsfreiheit 1.48/*23*
- begünstigende Schranken *267*; 3.301/*267*
Informationsinteresse 3.300/*267*; 3.303/*268*
Informations-Richtlinie 11.238/*789*
- Werkbegriff 11.240/*790*
Informationszeitalter 1.62/*29*
Inhalt 1.227/*90*
- Allgemein 1.157/*52*
- Darstellungen wissenschaftlich-technischer Art 1.138/*46*
- Erstmitteilungsrecht 2.40/*149*
- Filmwerke 1.133/*45*
- Kunstwerke 1.124/*40*
- Sprachwerke 1.104/*33*
Inhaltsbeschreibung 2.41/*149*
Inhaltsmitteilung 2.39/*149*; 2.41/*149*
- Reden 3.316/*272*
Inhaltswiedergabe 2.41/*150*
Inhibitorium 8.2/*632*
Inhouse-Kommunikationssysteme 3.447/*294*
Initiatoren 1.329/*118*
Inkassofunktion 4.403/*408*
Inkassostellen 4.431/*416*
Inkassounternehmen 4.413/*412*
Inländerbehandlung 11.6/*764*; 11.113/*770*
- RBÜ 11.205/*780*
- Rom-Abkommen 11.210/*781*
Inländerdiskriminierung 11.11/*766*
innere Form 1.227/*90*
innerer Abstand 2.317/*222*; 3.210/*257*
Insolvenz 8.7/*633*; *645*
- Abstraktionsprinzip 8.106/*647*
- Aussonderungsrecht 8.111/*648*
- des Inhabers von Nutzungsrechten 8.116/*650*
- des Urhebers 8.101/*645*
- Einwilligungserfordernis 8.103/*646*
- embedded Software 5.376/*503*

- freedom-to-operate-Lizenz 8.115/*649*
- insolvenzfest 8.112/*649*
- Insolvenzgläubiger 8.105/*646*; 8.117/*650*
- Insolvenzmasse 8.102/*645*
- Insolvenzmasse 8.116/*650*
- Insolvenztabelle 8.117/*650*
- Insolvenzverwalter 8.101/*645*; 8.103/*646*
- Kündigungsrechte 8.122/*652*
- Lösungsklauseln 8.113/*649*
- Neuverwertung 8.118/*651*
- par conditio creditorum 8.102/*645*
- Quote 8.117/*650*
- Rückfallklausel 8.120/*651*
- Rückübertragung 8.119/*651*
- Schwebelage 8.118/*650*
- Softwarehersteller 5.321/*486*; 5.371/*501*
- Sonderkündigungsrecht 8.113/*649*
- Vertragsgestaltung 8.113/*649*
- Verwirkung des Vollstreckungsrechts 8.7/*633*
- Vorwirkung der Zwangsvollstreckung 8.102/*645*
- Wahlrecht des Insolvenzverwalters 8.104/*646*
instagram 4.136/*386*
Installationsanweisung 5.112/*465*
Installieren von Software 5.202/*466*
Instant Composing 4.469/*428*; 4.470/*429*
Instrumentierungen 4.462/*425*
Intendanten 10.141/*706*
Interessen der Allgemeinheit 3.5/*237*
Interessenvertreter 4.208/*391*
internationale Gerichtszuständigkeiten *794*
internationale Staatsverträge. *Siehe* Staatsverträge
internationales Urheberrecht
- Antipiraterie-Verordnung 11.247/*793*
- anwendbares Recht *767*

- ausländischer Staatsangehörige 11.101/767
- ausübende Künstler 11.116/770
- Datenbankhersteller 11.124/772
- Diskriminierungsverbot 11.9/765; 11.246/793
- Eingriffsnormen 11.139/778
- Erscheinen 11.110/769
- EuGVVO 11.301/794
- Filmhersteller 11.125/773
- Folgerecht 11.114/770
- Gerichtsstand am Sitz des Beklagten 11.302/794
- Gerichtsstand der unerlaubten Handlung 11.304/795
- Gerichtsstandsvereinbarungen 11.305/795
- Inländerbehandlung 11.6/764
- Kartellverbot 11.246/793
- Lichtbilder 11.107/768
- Luganer Übereinkommen 11.301/794
- Mindestrechte 11.10/765
- Rechtswahl 11.135/776
- rügelose Einlassung 11.305/795
- Schiedsverfahren 11.307/796
- Schutzlandprinzip 11.5/764
- Schutzniveau 11.13/766
- Sendeunternehmen 11.123/772
- sonstige europäische Regelungen 11.246/792
- Staatenlose 11.7/765
- Territorialitätsprinzip 11.5/764
- Tonträgerhersteller 11.122/772
- Urheberrechtsverträge 11.133/775
- Veranstalter 11.116/770
- Warenverkehr 11.246/793
- wissenschaftliche Ausgaben 11.107/768

Internet 10.119/694; 10.248/740
- Auskunftsanspruch 7.81/577
- ausübender Künstler 10.149/709
- Beseitigungsanspruch 7.55/567
- Bilddatenbank 10.119/694
- Erscheinen 1.250/100; 11.110/769

- Gerichtsstand 7.150/603
- Lichtbilder 10.119/694
- Seitenanzeige 3.429/289
- Veröffentlichung 1.246/98

Internet-Blogs
- Presseverlegerrecht 10.286/756

Internet-Café 7.43/562
Internet-Kommunikation 4.136/386
Internetprovider 7.44/563
- Auskunftsansprüche 7.87/579
Internetshop 2.270/203
Internet-TV 2.277/206
Interoperabilität 5.366/500
- Hardware 5.369/501
- Software 5.366/500
Interpretation
- Coverversion 4.464/426
Interviewfragen 1.172/62
Interviews 1.107/34; 2.249/194; 3.323/274
Interviewsendungen
- Laufbilder 6.415/539
Inverkehrbringen 2.225/186
Investitionen 1.214/85
- Werkeigenschaft 1.218/87
IPRG 11.134/776
IP-TV
- keine Nutzungsart 4.131/384
iTunes
- Privatkopierfreiheit 3.435/290

J

Jahrbücher 1.143/47
Jamsession 1.112/36
Jingle 3.324/226
Jingles 1.183/67

K

Kabelfunk 2.276/205
Kabelnetz 2.287/208
Kabeltext 2.279/206
Kabelweitersendung 2.286/208; 3.10/238
- Leistungsschutzrecht des Sendeunternehmens 2.286/208; 10.257/743

- Sendung 10.244/*738*
- Schadensersatzansprüche 10.260/*745*
- Schiedsstelle 10.261/*746*
- Zwangslizenzeinwand 10.260/*745*
- Vergütungsanspruch 4.226/*397*

Kameramänner 6.105/*522*
Namensnennung 6.125/*528*
Kammermusik 1.110/*35*
Karikaturen 1.235/*93*
Karten 1.138/*46*; 1.165/*57*; 1.190/*71*
Katalogbildfreiheit *311*
- betroffene Werke 3.522/*312*
- Rechtsfolgen 3.524/*312*
- Voraussetzungen 3.519/*311*

Kataloge 1.168/*59*; 1.170/*60*; 1.180/*65*
- Katalogbildfreiheit 3.520/*311*

Katasterkarten 1.165/*57*
Kauf
- Software 5.214/*471*
Kausalgeschäft 4.11/*342*
Kausalitätsprinzip *359*; 4.63/*360*
- angemessene Vergütung 4.64/*360*
Kennzeichenrecht 1.11/*8*; 1.14/*9*
Kino
- Fernsehübertragung 10.253/*742*
Kirchengebrauch 3.706/*323*
Klagebefugnis 7.26/*554*
Klarheitsgebot 7.124/*595*
Klaviersonaten 1.110/*35*
Kleinanzeigensammlungen 1.149/*50*; 1.197/*75*
Kleine Münze 1.167/*58*
- Begriff 1.168/*58*
- Bedeutung der Abgrenzung 1.198/*75*
- Datenbankwerke 1.196/*74*
- Doppelschöpfungen 1.209/*82*; 1.351/*126*
- europäischer Werkbegriff 1.263/*106*
- Herstellungsaufwand 1.206/*80*; 1.215/*85*
- Interesse an Nachahmungen 1.199/*75*

- Lichtbildwerke 1.187/*70*
- literarische Sprachwerke 1.172/*62*
- Musikwerke 1.183/*67*
- Objektivierbarkeit 1.203/*78*
- Pantomime und Tanzkunst 1.184/*68*
- Pseudowerk 1.253/*101*
- Rechtserwerb 1.306/*109*
- Rechtssicherheit 1.202/*77*
- Sammelwerke 1.195/*73*
- Schutzumfang 1.243/*97*

Kleinzitat 3.223/*260*; 3.238/*264*
Klingeltöne 4.471/*429*
- Beeinträchtigung 2.88/*168*
Klingeltöne
- zweistufiges Lizenzierungssystem 4.473/*430*
Knipsbilder
- Lichtbildschutz 10.111/*689*
Know-how
- Softwareschutz 5.109/*464*
Kochrezepte
- Werktitel 1.228/*90*
kollektive Wahrnehmung 4.400/*407*
Kollisionsrecht *773*
Kolorierung 10.146/*708*
Kommentare 1.8/*6*
Kompensation 4.225/*397*; 7.92/*581*
Kompositionsvertrag 4.483/*433*
Konkurrenz 1.19/*11*
Konstruktionszeichnungen 1.192/*72*
- vergriffene Werke 3.618/*319*
Konsumenten 1.18/*10*
Kontext
- unwesentliches Beiwerk 3.503/*308*
Kontrahierungszwang 4.505/*440*
- bei Zwangslizenzen 4.93/*371*
- Kabelweitersendung 10.258/*744*
Konzentrationsverordnung 7.149/*602*
Konzepte 1.224/*89*
- Filmkonzepte 6.10/*519*; 6.13/*520*
Konzert 2.252/*195*
- Veranstalterrecht 10.202/*720*
Konzertmitschnitte. *Siehe* Vervielfältigung

867

Koordinatoren 1.330/*118*
Kopien. *Siehe* Vervielfältigung
Kopienversand 3.469/*300*
- Besteller 3.474/*302*
- Einzelbestellung *301*; 3.473/*301*
- öffentliche Bibliothek 3.471/*301*
- privilegierte Zwecke 3.478/*303*
- Privilegierung des Bestellers 3.474/*302*
- Übermittlung 3.470/*300*; 3.476/*302*
- Verlagsangebote 3.479/*303*
Kopierfreiheit 3.402/*282*
Kopierprogramme 3.415/*286*
Kopierschutz 5.500/*507*
- Sicherungskopie 5.362/*499*
Koproduktion 6.404/*536*
Korb
- erster 4.5/*339*
- zweiter 4.5/*339*
- dritter 4.5/*340*
körperliche Festlegung. *Siehe* Vervielfältigung
Körpersprache 1.104/*33*; 1.116/*38*
Kosten 1.18/*11*; 1.25/*15*; 1.27/*16*; 1.214/*85*; 1.215/*86*
- Deckung der Rechtsverfolgungskosten 7.124/*595*
- des Werkschaffens 1.20/*12*; 1.23/*14*
- Herstellung von Kopien 1.23/*14*
kostenlos 1.25/*15*
Kostümbildner 6.105/*522*; 10.141/*706*
- Namensnennung 6.125/*528*
Kostüme 6.101/*521*
Kreditinstitut
- als Drittschuldner in der Zwangsvollstreckung 8.5/*633*
Kryptomnesie 1.164/*56*
KUG 1.61/*29*; 1.170/*61*
Kulturfilme 1.132/*44*
Kulturförderung 4.524/*446*
Kulturrecht 1.100/*31*
Kulturschaffen 2.301/*214*; 2.307/*217*
Kündigung 4.89/*369*
Kündigung der Lizenz
- Softwarevertragsrecht 5.303/*481*

künftige Werke *372*; 4.108/*376*
Kunst. *Siehe* Kunstwerke 1.38/*20*
Kunstformen 1.38/*20*
Kunstfreiheit 1.38/*20*
- Beschränkung der Verwertungsrechte 3.4/*236*
- Beschränkungen 1.40/*21*
- Schranken 3.14/*239*
- Zitatrecht 3.214/*258*
Kunsthändler 3.337/*230*
künstlerischer Rang 2.94/*171*
künstlerischer Wert 1.208/*81*
Künstlername 2.61/*157*
Künstlerzeichen
- Urhebervermutung 1.347/*124*
Kunsturhebergesetz. *Siehe* KUG
Kunstwerke 1.120/*39*
- Beweis der Urheberschaft 1.338/*122*
- europäischer Werkbegriff 1.256/*104*
- Gestaltungshöhe 1.185/*68*
- Herstellungen von Bearbeitungen 1.236/*94*
- Katalogbildfreiheit 3.516/*311*; 3.522/*312*
- Material 1.122/*39*
- verfassungsrechtlicher Kunstwerkbegriff 1.38/*20*
- vergriffene Werke 3.618/*319*
- Verkörperung 1.123/*40*
- Werke der bildenden Künste 1.121/*39*
Kürzungen 2.83/*165*
Kurzzusammenfassung 2.305/*216*

L
Labelfreimachung 1.344/*123*
Laden
- Software 5.202/*466*
Lageberichte 1.177/*64*
Lampen 1.125/*40*
Landesbildstellen 3.710/*323*
Landkarten 1.168/*59*

Landschaftsaufnahmen
- Laufbilder 6.415/*539*
- Lichtbildschutz 10.111/*689*

Laufbilder 1.188/*70*; 6.414/*538*
- Quellenangabepflicht 3.17/*241*
- Übernahme in anderen Film 2.315/*221*

Lauffähigkeit
- Software 5.105/*463*

Leasing
- Software 5.229/*477*

Leerkassetten- und Geräteabgabe
- Sendeunternehmen 10.251/*741*

Leermedien- und Geräteabgabe
- Übersicht *809*

Leerübertragung 1.253/*101*; 4.222/*395*
Lehrbücher 1.7/*6*
Lehrerfortbildung 3.710/*323*
Lehrfilme 1.132/*44*
Leinwandtransfer 2.229/*187*
Leistung des Sendeunternehmens. Siehe Sendungsrecht
Leistungen *682*
- Abgrenzung zu Werken 10.1/*682*
- unternehmerische, organisatorische und finanzielle Leistungen *719*

Leistungsschutzrechte 10.3/*683*; 10.4/*683*
- Aktivlegitimation 7.30/*557*
- ausübende Künstler *702*
- Datenbankrecht 10.263/*747*
- Filmhersteller *536*
- Lichtbildschutz 10.106/*687*
- nachgelassene Werke 10.276/*752*
- Presseverleger 10.283/*755*
- Presseverlegerrecht 10.283/*755*
- Rechte anderer Art 10.4/*683*
- Rechtsnachfolge 9.20/*659*
- Rom-Abkommen 11.209/*781*
- Schutzlücken 10.4/*683*
- Schutzniveau 10.5/*684*
- Schutzzweck 10.3/*683*
- Straftatbestände 7.207/*617*
- Systematik 10.6/*684*
- Tonträgerrecht 10.209/*722*

- TRIPS-Übereinkommen 11.217/*783*
- Veranstalterrecht 10.201/*719*
- wissenschaftliche Ausgaben 10.101/*685*

Lernplattform 2.263/*199*
Leseplätze 3.731/*328*
Lesungen 2.249/*194*
lex fori 11.134/*776*
Lichtbilder 1.131/*44*; 10.106/*687*
- Abgrenzung Bearbeitung und freie Benutzung 10.120/*694*; 10.123/*696*
- Abgrenzung zu Fotokopien 10.114/*691*
- Abgrenzung zu Lichtbildwerken 10.121/*695*
- Bildhonorare 10.130/*700*
- Fotografien räumlicher Kunstobjekte 10.109/*688*
- internationales Urheberrecht 11.104/*768*
- Kunstfotografie 10.109/*688*; 10.115/*692*
- Rechtsnachfolge 9.20/*659*
- schöpferische Gestaltungshöhe 10.108/*688*
- Schutzfrist 3.101/*247*; 3.122/*252*
- Schutzgegenstand 10.111/*689*
- Streitgegenstand 10.110/*689*
- vergriffene Werke 3.618/*319*

Lichtbildner 10.116/*692*
- Anerkennung 10.126/*698*
- Benennung 10.126/*698*
- Mittelstandsgemeinschaft Foto-Marketing (MFM) 10.132/*701*
- Motivschutz 10.121/*695*
- Persönlichkeitsrechte 10.125/*698*
- Schutz vor Entstellung 10.125/*698*
- Vergütung 10.130/*700*
- Verletzung des Benennungsrechts 10.126/*699*; 10.127/*699*
- Veröffentlichungsrecht 10.125/*698*
- Verwertungsrechte 10.117/*693*; 10.118/*693*

Lichtbildschutz
- Abgrenzung zu Lichtbildwerken 10.107/*687*
- Abmalen 10.124/*697*
- Abzeichnen 10.124/*697*
- ähnlich wie Lichtbilder 10.112/*690*
- angemessene Vergütung 10.130/*700*
- Angestelltenverhältnis 10.116/*693*
- Bearbeitungsrechte 10.120/*694*
- Bildausschnitte 10.122/*695*
- Bildbearbeitungen 10.123/*696*
- Collage 10.122/*695*
- Erschöpfungsgrundsatz 10.118/*693*
- freie Benutzung 10.120/*694*
- Herstellungsprozess 10.113/*690*
- Inhaber des Schutzrechts 10.116/*692*
- Internet 10.119/*694*
- Motivschutz 10.121/*695*
- Nachschaffung 10.121/*695*
- öffentliche Zugänglichmachung 10.118/*693*
- persönlich-geistige Leistung 10.114/*691*
- Persönlichkeitsrechte 10.125/*698*
- Rechte des Lichtbildners 10.117/*693*
- Retuschierung 10.123/*696*
- Schadensersatz 10.130/*700*
- Schutzdauer 10.128/*699*
- Schutzgegenstand 10.107/*687*
- Überführung in andere Kunstformen 10.124/*697*
- Verbreitung 10.118/*693*
- Vervielfältigung 10.118/*693*
- Verwertungsrechte 10.118/*693*

Lichtbildwerke 1.128/*42*; 10.107/*687*
- Begriff 1.128/*42*
- Abgrenzung zu Lichtbildern 10.107/*687*; 10.121/*695*
- ähnliche Erzeugnisse 1.129/*43*
- bloße Vervielfältigungen 1.130/*43*
- Dimensionsänderungen 3.33/*245*

- europäischer Werkbegriff 1.254/*102*
- Gestaltungshöhe 1.187/*69*
- Individualität 10.108/*688*
- Katalogbildfreiheit 3.516/*311*; 3.522/*312*
- Lichtbilder 1.131/*44*
- Schutzfrist 3.122/*252*
- Unterschied zu Lichtbildern 10.111/*689*
- vergriffene Werke 3.618/*319*

Liedersammlungen 3.706/*323*
Liedtexte 1.115/*37*
Lieferungswerk 3.119/*251*
Linksammlungen 1.149/*49*; 1.197/*75*
Linux 1.363/*130*
Linux-Klausel 4.99/*373*; 4.317/*404*
Liquidation 9.501/*674*
literarische Sprachwerke
- Gestaltungsspielraum 1.172/*62*
Literatururheberrechtsgesetz. *Siehe* LUG
Live-Aufführungen 4.526/*448*
Live-Darbietung 2.249/*194*
- Veranstalterrecht 10.202/*720*
Live-Publikum
- Vorführungsrecht 2.259/*198*
Live-Sendungen 1.133/*44*; 4.500/*438*
Lizenz 4.2/*338*; 4.69/*362*
- Begriff 5.8/*460*
- Aufspaltung 5.226/*476*
Lizenzanalogie 7.100/*585*
- GEMA 7.102/*586*
- Höhe 7.101/*585*
- OEM-Versionen 5.403/*505*
- Software 5.403/*505*
Lizenzcode 5.324/*487*
Lizenzgebühr
- angemessene 7.100/*585*
Lizenzkette
- Insolvenz 8.121/*652*
Lizenzschlüssel 5.324/*487*
Lizenzverträge
- Designvertrag 4.121/*380*
- Insolvenz 8.104/*646*

Logdaten 1.156/*52*
LUG 1.61/*29*; 1.170/*60*
Lugano-Übereinkommen. *Siehe* LugÜ
LugÜ 11.301/*794*

M
Mahnschreiben 1.176/*63*
Malbücher 1.138/*46*
Markenrecht 1.14/*9*
Markt 1.20/*12*
Martial 1.59/*27*
Maschinen
- keine Urheberschaft 1.303/*108*
Maschinencode 5.100/*461*
Maskenbildner 10.141/*706*
- Namensnennung 6.125/*528*
Masseverbindlichkeit 8.117/*650*
Masterband
- Tonträgerrecht 10.214/*725*
Mäzen 1.25/*15*; 1.59/*28*
Medienkompetenz 3.732/*329*
Mehrgebietslizenzen 4.407/*409*; 4.547/*454*
Mehrheitsbeschluss
- Miturhebergesellschaft 1.318/*114*
Mehrheitsprinzip 1.315/*113*
Mehrspurverfahren 10.230/*732*
Meinungsfreiheit 1.42/*22*
- Beschränkung 1.43/*22*
- Foren 1.44/*22*
- Meinungen 1.42/*22*
- Zitatrecht 3.214/*258*
Meistbegünstigungsklausel 11.218/*783*
Melodien
- Begriff 3.322/*224*
- erkennbare Übernahme 3.323/*225*
- Schutz 3.320/*224*
- wandernde 3.213/*257*
Melodienschutz 1.244/*97*; 3.320/*224*; 3.212/*257*
Menschenraub 1.59/*27*
Merchandising 4.124/*381*
Merkblätter 1.179/*65*
Messprotokolle 1.154/*51*

Metadaten 1.348/*125*
Methoden 1.159/*54*
MFM 7.101/*585*; 10.130/*700*
- Darlegungs- und Beweislast 10.131/*701*
- Lizenzanalogie 10.132/*701*
Mienenspiel 1.104/*33*; 1.116/*38*
Miete
- Software 5.214/*471*
Mikrofilmkopien 1.130/*43*
Mimik 1.116/*38*
Minderjährige 4.78/*365*
Mindestrechte 11.113/*770*
- RBÜ 11.206/*780*
- Rom-Abkommen 11.211/*781*
- TRIPS 11.217/*783*
- Vermiet- und Verleih-Richtlinie 11.231/*787*
- WCT 11.220/*784*
- WPPT 11.222/*784*
- WUA 11.208/*781*
Mitarbeiter
- Haftung für 7.39/*560*
Miterben 9.7/*656*; 9.19/*659*
Mittäter 7.33/*558*
- Gesamtschuldner 7.34/*558*
Mitteilungsvorbehalt 2.40/*149*
Mittelspersonen 7.40/*561*
Mittelstandsgemeinschaft Foto-Marketing. *Siehe* MFM
Miturheber 1.310/*111*
- Begriff 1.310/*111*
- internationales Urheberrecht 11.107/*768*
- Rechtseinräumung 4.60/*359*
- Rechtsnachfolge 9.16/*658*
- Schöpferprinzip 1.310/*111*
- Softwareerstellung 5.315/*484*
- Verzicht auf das Urheberrecht 9.303/*669*
Miturhebergemeinschaft
- Softwareerstellung 5.315/*484*
Miturhebergesellschaft 1.318/*114*
- Rechtsverfolgung 1.321/*115*
- Veröffentlichung 1.320/*115*

871

– Werkänderungen 1.319/*115*
Miturheberschaft 1.310/*111*
– Anteil bei Rechtsnachfolge 9.17/*658*
– ausübender Künstler 10.142/*706*
– Bearbeitung 1.312/*113*
– Einnahmen 1.317/*114*
– Filmwerke 6.103/*522*
– gemeinsame Aufgabe 1.312/*112*
– Gesamthandsberechtigung 1.315/*113*
– Gesellschaft 1.318/*114*
– Prozessstandschaft 7.29/*556*
– Rechtsnachfolge 9.10/*657*
– Schutzfrist 3.107/*249*
– Selbstständigkeit der Beiträge 1.311/*111*
– unbekannte Nutzungsart 4.102/*374*
– Verzicht auf Verwertungsrechte 1.322/*115*
– Voraussetzungen 1.310/*111*
Miturhebervertrag
– Muster *801*
Mitwirkende 1.310/*111*
Mitwirkung 1.310/*111*
Möbel 1.125/*40*; 1.213/*84*
Modeschöpfungen 1.125/*40*
monistische Theorie 4.6/*340*
Monopol 1.18/*10*; 1.20/*11*; 1.21/*13*
monopolistische Konkurrenz 1.20/*12*
Montageanleitungen 1.181/*66*; 1.192/*72*
Motivschutz 10.121/*695*
Motto 3.223/*260*
Mühen 1.215/*86*
Multimediaprodukte. *Siehe* Werkverbindung
Multimedia-Richtlinie. *Siehe* Informations-Richtlinie
Multimediawerke
– Sammelwerke 1.144/*48*
– Werkart 1.102/*32*
– Werkverbindung 1.327/*117*
– Zitatrecht 3.243/*265*

Museen
– elektronische Leseplätze 3.731/*328*
– verwaiste Werke 3.605/*316*
Musicals 1.110/*35*
Musik
– freie Benutzung 2.306/*217*
– Geldentschädigung 2.33/*146*
– Laufenlassen im Elektrofachhandel 3.738/*331*
– Tonträgerrecht 10.213/*724*
– Verlagsvertrag 4.117/*379*
Musikdarbietung 2.253/*195*
Musikeinblendung 6.118/*526*
Musiker 10.134/*702*; 10.138/*703*
Musikimprovisation 1.112/*36*; 1.161/*55*
Musikinstrumente 1.125/*41*
Musikkompositionen 1.111/*36*
– Miturheberschaft 1.310/*111*
– Schutzfrist 3.108/*249*; 3.111/*250*
Musikmarkt
– Zwangslizenzen 4.94/*371*
Musiknoten
– wissenschaftlicher Gebrauch 3.735/*330*
Musikrechtswahrnehmung 4.406/*409*
Musikstreaming 4.132/*384*
Musikverlagsvertrag 4.459/*424*
Musikwerke 1.111/*36*
– Begriff 1.111/*36*
– Aufführung 2.253/*195*
– Ausdrucksmittel 1.111/*36*
– Bearbeitung 1.244/*97*
– Doppelschöpfungen 1.351/*126*
– Fixierung 1.112/*36*
– Gestaltungshöhe 1.183/*67*
– Inhalt 1.113/*36*
– Melodieentnahme 3.320/*224*
– Zitatrecht 3.240/*265*
Musikwiedergabe 2.290/*209*
Musikzitate 3.240/*265*
– Film 6.118/*526*
Muster
– Abmahnung *828*
– Abschlusserklärung *836*

- Abschlussschreiben *834*
- Eidesstattliche Versicherung *831*
- Fotografenvertrag *839*
- Miturhebervertrag *801*
- Schutzschrift *832*
- Testamentsvollstreckung *837*
- Unterlassungserklärung *830*
- Verfilmungsvertrag *818*
- Werkentwurf-Leihvertrag *807*

N
Nachahmung 2.311/*219*
Nachahmungsschutz 1.170/*60*
Nachbau
- Bearbeitung 1.323/*116*

Nachdruckfreiheit 3.301/*267*
Nacherbe 9.108/*662*
Nachforderungsrecht 4.212/*392*
nachgelassene Werke 10.276/*752*
- Erlaubnis 10.279/*754*
- Inhaber des Schutzrechts 10.280/*754*
- Persönlichkeitsrechte 10.281/*754*
- Quellenangabepflicht 3.17/*241*
- Schutzdauer 10.282/*755*
- Schutzfrist 3.120/*252*
- Schutzgegenstand 10.277/*753*
- Schutzumfang 10.281/*754*
- Verwertungsrechte 10.281/*754*

Nachkolorierung 6.130/*529*
- Lichtbildschutz 10.123/*697*

Nachlassverwaltung 9.106/*662*
Nachrichtensendungen
- Laufbilder 6.415/*539*

Nachrichtensprecher 10.139/*705*
Nachrichtentexte 1.177/*64*
Nachvermächtnis 9.111/*663*
Named User-Lizenz 5.234/*479*
Namensnennungsrecht 2.54/*153*
- Arbeitnehmerurheber 4.51/*356*
- Berufsfotografen 2.66/*159*
- Chor 10.168/*716*
- Filmurheber 6.125/*528*
- Filmwerke 6.123/*527*
- Lichtbildner 10.126/*698*

- Recht der Selbstdarstellung in der Öffentlichkeit 1.36/*19*
- Softwareurheber 5.307/*482*
- Verzicht 1.362/*130*

Namensrecht 1.57/*26*
Naturalrestitution 7.96/*583*
Naturfilme 1.132/*44*; 1.189/*70*
Naturgeräusche
- Tonträgerrecht 10.213/*724*

natürliche Personen 1.301/*107*
Naturprodukte 1.154/*51*
Near-Video-on-Demand 6.208/*533*
Nebenklage 7.238/*625*
Nebentäter 7.33/*558*
- Gesamtschuldner 7.34/*558*

Negativauskunft 7.125/*596*
negativer Imagetransfer 2.88/*168*
Nennung als Urheber. *Siehe* Namensnennungsrecht
Nennungsverbot 2.58/*156*
Netz-Provider 7.44/*563*
Netzwerknutzung 5.202/*467*; 5.234/*479*
Neuer Hamburger Brauch 7.75/*575*
Neugestaltungen 1.235/*93*
Neuheit 1.209/*81*
Neuprogrammierung 5.318/*485*
nicht-exklusive Werke 1.20/*11*
nonverbale Kommunikation 1.104/*33*
Normentheorie 1.332/*119*
Notar 1.341/*122*
Noten
- Verlagsvertrag 4.117/*379*
- Vervielfältigung 3.418/*286*

Novellen 1.105/*34*
Nullkopien eines Spielfilmes 2.8/*138*
Nutzung
- vergütungsfreie 3.702/*322*
- vergütungspflichtige 3.702/*322*
- zustimmungsfreie 3.702/*322*

Nutzungsarten 4.21/*345*
- digitale 4.130/*383*
- eigenständige 4.29/*348*
- Software 5.203/*467*; 5.333/*491*
- Verkehrsauffassung 4.27/*347*

Nutzungsformen 4.21/*345*
- Software 5.333/*491*

Nutzungsrechte 4.21/*345*
- als Vollstreckungsgegenstand 8.13/*635*
- Aufspaltung 4.28/*348*
- ausschließliche 4.34/*349*
- einfache 4.33/*349*
- Filmwerke 6.200/*531*
- gutgläubiger Erwerb 7.94/*582*
- Heimfall 4.13/*343*
- im Arbeitsverhältnis 1.355/*127*
- inhaltliche Beschränkung 4.26/*347*
- Lizenz 5.8/*460*
- Nichtausübung 8.16/*636*
- räumliche Beschränkung 4.23/*346*
- Rechtsnachfolge 9.13/*657*
- Rückruf 4.109/*377*
- Verfügung 4.9/*341*
- Verkauf des Werkstücks 1.54/*25*
- zeitliche Beschränkung 4.24/*346*
- Zwangsvollstreckung 8.11/*635*
- zwangsweise Einräumung 8.12/*635*

Nutzungsrechtseinräumung 4.9/*341*
- Inhalt 4.20/*345*
- stillschweigende 4.9/*341*

Nutzungsrechtsübertragung 4.6/*340*
Nutzungsvertrag 4.69/*362*

O

Objektcode. *Siehe* Maschinencode
objektorientierte Programmierung 5.107/*464*
OEM-Software 5.344/*494*
Offenbarung der Identität 3.116/*251*
öffentlicher Raum
- Panoramafreiheit 3.509/*309*

öffentliche Reden 3.301/*267*
- Quellenangabepflicht 3.19/*241*

öffentliche Sicherheit *325*
öffentliches Interesse 3.305/*268*
öffentliche Versammlung 3.306/*269*
öffentliche Wahrnehmbarmachung 10.253/*742*
öffentliche Wiedergabe 2.246/*194*

- Datenbank 10.268/*749*
- Software 5.231/*477*
- Checkliste *805*

öffentliche Zugänglichmachung 2.263/*199*
- Beseitigung 7.55/*567*
- für Unterricht und Forschung 3.723/*326*
- Intranet-Seite einer Hochschule 5.232/*478*
- Leistungsschutzrecht des Sendeunternehmens 10.250/*740*
- Lichtbilder 10.118/*693*
- Reden 3.310/*270*
- Schutzrecht des ausübenden Künstlers 10.148/*708*
- Software 5.231/*477*
- Tonträger 10.220/*727*
- verwaiste Werke 3.613/*318*

öffentliche Zurschaustellung 2.238/*191*

Öffentlichkeit
- aktuelle Reden 3.301/*267*
- Erstmitteilungsrecht 2.38/*148*
- Erstveröffentlichungsrecht 2.6/*137*
- Gerichtsverfahren 2.9/*138*
- Hörfunkwiedergabe 2.292/*210*
- Informationsinteresse 3.300/*267*
- Internetportal 2.7/*137*
- persönliche Beziehungen 2.8/*137*
- Präsentationen auf Straßen oder Plätzen 2.7/*137*
- Recht der öffentlichen Zugänglichmachung 2.263/*199*
- Reden 3.306/*268*
- Senderecht 2.279/*206*
- Softwarenutzung 5.232/*477*
- Verbreitung 2.219/*184*
- Verbreitungsrecht 2.218/*183*
- Veröffentlichung 1.246/*98*
- Vorlesungen an Hochschulen 2.7/*137*

Öffentlichkeitsbegriff 2.241/*192*
- Aufnahmebereitschaft 2.246/*194*

- europäisches Begriffsverständnis 1.247/99
- Legaldefinition 1.246/98
- Mitglieder Öffentlichkeit 2.244/193
- nicht-einheitlich 1.246/98
- richtlinienkonforme Auslegung 2.242/192
- Vortragsrecht 2.251/195

On-Demand 2.279/206; 2.294/211
On-Demand Dienste 6.211/533
One-Click-Sharehoster 10.220/727
Onlinearchiv 2.263/199
Online-Berichterstattung 3.338/280
Online-Kommentare 3.323/274
Online-Videorekorder 2.209/180; 3.441/292
- Nutzungsart 4.130/384
Online-Zeitschriften
- Nutzungsart 4.130/383
Open-Content 1.363/130; 399
- Verzicht 9.302/668
- Open Content-Bewegung 4.300/399
Open Content-Lizenzen 4.301/399; 4.303/400
- Public Domain 4.315/403
- Schadensersatz 4.318/404
- Vergütung 4.317/404
Open-Source 1.363/130
- Minderjährigenschutz 4.78/365
- Open-Source-Lizenzen 5.328/489
- Open-Source-Software 5.326/488
Operetten 1.110/35
Opern 1.110/35
Operntexte 1.105/34
Orchester 10.142/706
- Namensnennung 10.168/717
Orchestermusiker 10.165/715
Ordnungsgeld 7.133/598
Ordnungssysteme 1.159/53
Ordnungswidrigkeiten 7.300/627
Organisationsmethoden 1.159/53
Organisatoren 1.313/113; 1.330/118

Original
- unzulässiges Anbringen der Urheberbezeichnung 7.205/617
- Verbreitungsrecht 2.216/183
Originalität. *Siehe* Individualität und europäischer Werkbegriff
Originalmelodie 3.325/226
Overspill 6.210/533

P
Panoramafreiheit 3.507/309
- bleibend 3.511/310
- Rechtsfolgen 3.513/310
- Verfilmungsfreiheit 6.113/525
- Voraussetzungen 3.509/309
pantomimische Werke 1.116/38
- Begriff 1.116/38
- Abgrenzung zu Sprachwerken 1.104/33
- Gestaltungshöhe 1.184/68
- Zitatrecht 3.243/265
Parodien 1.235/93; 2.317/222; 3.210/256
- Film 6.112/524
- Rechtsprechung des EuGH 2.319/223
Passivlegitimation 7.31/557
Patentrecht 1.12/8
- Preisgestaltung 1.19/11
- Software 5.6/459
pauschale Rechtseinräumung
- bei unbekannten Nutzungsarten 4.96/372
Pauschalvergütung 4.211/392
Pay-TV
- Sendung 10.240/736
Peer-to-Peer 2.267/201
- Tonträgerrecht 10.220/727
Personen
- juristische 1.301/107
- natürliche 1.301/107
persönliche Beziehungen 2.241/192
persönliche geistige Schöpfung 1.151/50
persönliche Schöpfung 1.154/51

persönliche Verbundenheit 2.241/*192*
Persönlichkeitsrecht 1.28/*16*; 1.55/*26*
- Fotografien 1.56/*26*
Persönlichkeitsrechte
- ausübender Künstler 10.133/*702*
- Lichtbildner 10.117/*693*
persönlichkeitsrechtliche Positionen 4.6/*340*
Pfändung des Urheberrechts 8.9/*634*
Pfändungsbeschluss 8.3/*632*
Pfändungsschutz 8.4/*632*
Pflastermalerei
- Panoramafreiheit 3.512/*310*
Pflegeverträge
- Software 5.320/*486*
Pflege von Software
- Softwareurheberrecht 5.209/*469*
Pflichtenheft 5.100/*461*; 5.108/*464*
- Sprachwerk 5.108/*464*
Pflichtexemplare 2.226/*187*
Pflichtwerke 1.356/*128*; 4.53/*356*
Phononet-Katalog 3.329/*228*
Piraterie 7.200/*615*
Plädoyers 1.107/*34*
Plagiate 1.235/*93*; 2.49/*152*
- Nachfrage 1.199/*76*
Pläne 1.138/*46*
Planungskonzepte 1.159/*53*
Plätze
- Panoramafreiheit 3.509/*309*
Podcasting
- Nutzungsart 4.130/*384*
Popmusik 1.110/*35*
Pornofilme 1.136/*45*
Portierung 4.302/*399*
Porträtfotografie 3.528/*313*
Porträts
- Lichtbildschutz 10.111/*689*
Poststempel 1.344/*123*
Potpourris 1.244/*97*
Powerpoint
- Vorführungsrecht 2.259/*198*
Präsentationen
- Vorführungsrecht 2.259/*198*
Predigten 1.107/*34*; 2.249/*194*

Preisgestaltung 1.19/*11*; 1.20/*11*
Preissteigerung 1.27/*16*
Presseclipping 10.290/*758*
Presseerzeugnis 10.286/*756*
Pressefreiheit 1.46/*23*
- Schranken 3.14/*239*
Presseschauen 3.319/*273*
Pressespiegel 3.319/*273*; 3.329/*276*; 3.330/*276*; 3.331/*277*
- elektronischer Pressespiegel 3.330/*276*
Presseverlegerrecht 10.283/*755*
- Einführung 10.284/*755*
- Einzelne Wörter 10.287/*756*
- kleinste Textausschnitte 10.287/*756*
- Presseerzeugnis 10.286/*756*
- Rechte 10.290/*757*
- Schutzdauer 10.292/*758*
- Überarbeitung 10.285/*756*
- Urheberbeteiligung 10.291/*758*
Priorität 1.209/*81*
- Beweis der Urheberschaft 1.341/*123*
- Rechtseinräumung 4.449/*421*
- Zwangsvollstreckung 4.520/*445*
Prioritätsverhandlung 1.339/*122*
Privatautonomie 4.1/*337*
private Normwerke 3.722/*326*
Privatklagedelikte 7.237/*624*
Privatkopierfreiheit 1.32/*17*; 3.400/*282*
- Anwendbarkeit auf Software 5.7/*459*
- auf beliebigen Trägern 3.428/*289*
- Ausnahmen 3.417/*286*
- ausübender Künstler 10.144/*707*
- DRM 5.503/*508*
- einzelne Vervielfältigungsstücke 3.427/*288*
- Herstellung durch einen anderen 3.438/*291*
- Höhe der Vergütung 3.486/*305*
- Leistungsschutzrecht des Sendeunternehmens 10.251/*741*

- Privatkopien 3.400/*282*; 3.425/*288*; 4.134/*386*
- rechtswidrige Quellen 3.430/*289*
- Richtlinienkonforme Auslegung 3.409/*284*
- unveröffentlichte Werke 3.437/*291*
- Vergütung 4.227/*397*
- Vergütungspflicht 3.481/*304*
- Voraussetzungen 3.425/*288*

Privatkopieschranke. *Siehe* Privatkopierfreiheit

Privatschulen 3.461/*298*

Privaturkunden 1.340/*122*

Privatwege
- Panoramafreiheit 3.509/*309*

Product-Key 5.324/*487*

Produktfotos 2.270/*203*

Produktionsleiter
- Namensnennung 6.125/*528*

Produktionsverträge 6.300/*534*

Produzenten 1.330/*118*; 6.400/*536*; 10.141/*706*

Programmiersprachen 1.104/*33*; 1.108/*35*
- Softwareschutz 5.104/*463*

progressive Downloads 6.202/*531*

proprietäre Software 5.326/*489*
- Quellcode von Schnittstellen 5.367/*500*

Prospekte 1.170/*60*; 1.180/*65*

Prosumenten 4.548/*454*

Protokolle 1.177/*64*

PRO-Verfahren 4.515/*443*

Provider 7.40/*561*

Proxy-Server 7.45/*564*

Prozessführungsbefugnis 7.26/*554*

Prozessstandschaft 7.26/*555*
- Erstveröffentlichungsrecht 2.27/*144*

Prüfungen 3.463/*298*

Prüfungsgebrauch 3.455/*297*

Pseudowerke 1.253/*101*

Public Domain 4.315/*403*

Public-Viewing 10.151/*710*; 10.255/*742*

Publikationsumgebung 3.502/*308*

Publikum 2.244/*193*

P-Vermerk
- Tonträgerrecht 10.211/*723*
- Urhebervermutung 1.347/*124*

Q

quantitative Inhaltsanalyse 1.203/*78*

Quellcode 5.100/*461*; 5.109/*464*
- Hinterlegung 5.320/*486*
- Open-Source 1.363/*130*
- Sicherung der Verwendbarkeit 5.321/*486*
- Vervielfältigungsrecht 5.205/*468*

Quellen 3.420/*287*
- allgemein zugängliche 1.48/*23*

Quellenangabe 240; 3.16/*240*; 3.17/*240*; 3.333/*277*
- ergänzende Angaben 3.26/*243*
- Inhalt 3.24/*242*
- öffentliche Wiedergabe 3.22/*242*
- Ort 3.25/*243*
- Verpflichtung 3.18/*241*
- Zitatrecht 3.218/*259*; 3.231/*263*

Quellenangabepflicht
- als Schranken-Schranke 3.704/*322*
- Entfall 3.27/*243*

Quintilian 1.59/*27*

Quizmaster 10.138/*704*

R

Raubkopien 1.23/*14*
- Film 6.411/*538*
- Software 5.217/*472*

RBÜ 779
- Begriff 11.206/*780*
- Beitrittsländer 11.202/*779*
- Drei-Stufen-Test 11.207/*780*
- europäischer Werkbegriff 1.256/*103*
- Inländerbehandlung 11.205/*780*
- persönlicher Anwendungsbereich 11.204/*780*
- Schutzdauer 11.205/*780*
- Schutzfristenvergleich 11.205/*780*

- Schutzumfang 11.203/*779*
- Vorrang vor dem WUA 11.208/*781*

Realakt
- Doppelschöpfung 1.350/*125*
- Erstveröffentlichung 2.21/*142*
- Schöpfungsvorgang 1.304/*109*
- Veröffentlichung 1.251/*101*

Recht am eigenen Bild 1.56/*26*
- Verträge 4.125/*382*

Recht am eingerichteten und ausgeübten Gewerbebetrieb
- Eingriff 7.134/*598*

Recht auf Anerkennung der Urheberschaft 2.45/*151*

Recht auf freie Entfaltung der Persönlichkeit
- Eingriff durch Abmahnung 7.134/*598*

Recht auf Urheberbezeichnung 2.52/*153*

Recht der ersten Inhaltsmitteilung
- Erlöschen 1.245/*97*

Recht der europäischen Satellitensendung 2.280/*206*

Recht der öffentlichen Wiedergabe 2.241/*191*

Recht der öffentlichen Zugänglichmachung 2.260/*198*
- E-Book 4.116/*379*
- Erschöpfung 2.272/*204*
- Filmwerke 6.207/*532*
- Möglichkeit des Abrufs 2.265/*199*

Recht der Wiedergabe durch Bild- oder Tonträger 2.290/*209*

Recht der Wiedergabe von Funksendungen und von öffentlicher Zugänglichmachung 2.291/*209*

Rechtegarantien 4.73/*363*

Rechtekataloge
- Film 6.302/*534*

Rechtekette
- Software 5.301/*480*

Rechteübertragung
- Abstraktionsprinzip 4.66/*361*

Rechtevorbehalt 3.326/*275*

Rechtsanwaltsgebühren
- Deckelung bei Abmahnung 7.124/*595*

Rechtsanwaltskosten 7.135/*598*
- Erforderlichkeit 7.139/*599*

Rechtseinräumung
- abgespaltene Nutzungsrechte 4.86/*368*
- AGB-Kontrolle 4.80/*365*
- Anpassung und Beendigung von Verträgen 4.88/*369*
- Auslegungsregeln 4.35/*350*
- Bedingung 4.10/*341*
- Berechtigter 4.12/*342*
- Beschränkbarkeit 4.21/*345*
- Buy-Out-Verträge 4.42/*353*
- Form 4.79/*365*
- freie Mitarbeiter 4.58/*358*
- Garantieklauseln 4.73/*363*
- genaue Bezeichnung 4.38/*351*
- im Arbeitsverhältnis 4.54/*357*
- inhaltliche Beschränkung 4.26/*347*
- Kausalitätsprinzip 4.63/*360*
- konstitutive 4.9/*341*; 4.12/*342*
- künftige Werke 4.108/*376*
- Miturheber 4.60/*359*
- Organe juristischer Personen 4.58/*358*
- pauschale Rechteklauseln 4.42/*353*
- Prioritätsprinzip 4.460/*425*
- quantitative Beschränkungen 4.25/*347*
- räumliche Begrenzung 4.23/*346*
- Schrankenregelungen 4.92/*370*
- schuldrechtliches Grundgeschäft 4.67/*361*
- Social-Media-Plattformen 4.137/*387*
- Spezifizierungslast 4.37/*351*
- Sukzessionsschutz 4.85/*368*
- tarifvertragliche Regelungen 4.54/*357*
- Umfang im Arbeitsverhältnis 1.355/*127*

- unbekannte Nutzungsarten 4.96/372
- Unwiderruflichkeit 4.22/346
- Vergütung des Arbeitnehmers 4.56/358
- Wirksamkeit 4.75/364
- zeitliche Beschränkung 4.24/346

Rechtserwerb 1.304/109
Rechtsinhaber 4.12/342
Rechtsminderungen 1.246/99
Rechtsnachfolge 655
- Abmahnung 9.408/672
- Änderungen im Gesellschafterbestand 9.503/674
- Änderungsrechte 9.12/657
- Auflage 9.112/663
- Auseinandersetzung 9.107/662
- Auskunftsanspruch 9.406/671
- Ausschlagung einer Erbschaft 9.305/669
- Beschränkungen 9.14/657
- Beseitigungsanspruch 9.401/670
- Besichtigungsanspruch 9.406/671
- Einzelrechtsnachfolge 9.109/663
- Erbengemeinschaft 9.19/659; 9.106/662
- Erbvertrag 9.114/664
- Formwechsel 9.506/675
- Geldentschädigungsanspruch 9.405/671
- Gesamtrechtsnachfolge 9.105/662
- gesetzliche 9.4/655
- im Gesellschaftsrecht 674
- Leistungsschutzrechte 9.20/659
- Liquidation 9.501/674
- mehrere Rechtsnachfolger 9.19/659
- Miturheber 9.16/658
- Miturheberanteil 9.17/658
- negativer Umfang 9.11/657
- Personengesellschaft 9.505/675
- positiver Umfang 9.8/656
- rechtsgeschäftliche 9.3/655
- Rechtsnachfolgesubjekt 9.103/661
- Rückrufanspruch 9.402/670
- Rückrufrecht 9.12/657
- Sacheigentum am Werkstück 9.600/677
- Schadensersatzanspruch 9.404/671
- Schutzfrist 9.21/660
- Spaltung 9.508/676
- Systematik der Regelungen 9.1/655
- Testamentsvollstreckung 665
- Überlassungsanspruch 9.402/670
- Unsicherheit der Werkqualität 9.115/665
- Unterlassungsanspruch 9.401/670
- Unterwerfung 9.409/672
- Urheberpersönlichkeitsrecht 9.7/656
- Urteilsbekanntmachung 9.403/671
- Verbindung mehrerer Werke 9.18/658
- verbundene Werke 9.16/658
- Vernichtungsanspruch 9.402/670
- Verschmelzung 9.507/676
- Verwertungsrecht 9.7/656
- Verzicht auf das Urheberrecht 668
- Vollstreckungsschutz 9.12/657
- Vor- und Nacherben 9.108/662
- Vor- und Nachvermächtnis 9.111/663
- Vorlageanspruch 9.406/671
- wechselseitiges Testament 9.114/664

Rechtsnachfolger 9.7/656
- Aktivlegitimation 7.26/555

Rechtspflege 325
Rechtsschutz
- Entstehung 1.300/107
Rechtssicherheit 1.202/77
Rechtsübertragung 4.9/341
- Bedingung 4.10/341
- Haftung 4.17/344; 4.72/362
- Rückruf 4.16/344
- translative 4.9/341; 4.14/343
- Zustimmung 4.14/343
Rechtsverfolgungskosten
- Schadenersatz 7.98/584

Rechtsverletzung 7.3/547
- als „Vertriebsweg" 7.182/613
- Ansprüche 565
- Beteiligte 7.34/558
- Handlungsort 7.7/549
- Hauptsacheverfahren 7.178/611
- Widerrechtlichkeit 7.6/548

Rechtsverletzungen
- öffentlich-rechtliche Maßnahmen und Sanktionen 627
- strafrechtliche Folgen 615
- typische 7.4/547
- zivilrechtliche Ansprüche 546

Rechtsverschaffung
- Softwarevertragsrecht 5.303/481
- Rechtsverschaffungspflicht 4.68/362; 4.72/362

Rechtswahl 11.135/776
Rechtsweg 7.146/602
Rechtswidrigkeit 7.6/548
- Urheberstrafrecht 7.211/619

Reden 1.107/34; 3.302/267
- Begrenzung der Nutzungsfreiheit 3.311/270
- im Rahmen einer öffentlichen Verhandlung 3.308/270
- im Rundfunk gesendet 3.307/269
- öffentlich gehaltene 3.306/268
- öffentlich wiedergegebene 3.307/269
- öffentlich zugänglich gemacht 3.307/269
- Plädoyers 3.317/272
- Sammlungen 3.315/272
- Tagesfragen 3.303/268
- tagespolitische Rede 3.303/268
- Ton- und Filmaufnahmen 3.317/272
- vor Institutionen 3.314/271
- wissenschaftliche Reden 3.305/268

Redigitalisierung 5.501/507
Referate 2.249/194
Referentenentwurf-VGG 4.511/442
Refrain 1.229/91

Regisseure 6.105/522; 10.140/705; 10.142/706
- Namensnennung 6.12/528
- Schutzdauer des Filmwerks 6.131/530

Register für Schutzschriften 7.164/608
Register of Copyrights 1.307/110
Register vergriffener Werke 3.623/319
Registrierung 1.305/109
Registrierungserfordernis 1.16/9
Reharmonisierungen 4.462/425
Reichstagsverhüllung 6.113/525
Remastering 10.146/708; 10.229/731
Remix 1.244/97; 3.323/225; 10.146/708; 10.230/732
- Begriff 10.231/732
Reparaturanleitungen 1.181/66
Reportagen 1.107/34; 2.249/194
Repräsentativbauten 1.127/41

Reproduktion
- Lichtbildschutz 10.114/691

Re-Recording 10.237/735
Restschadenersatzanspruch 7.111/590
Retusche 2.312/220
Revidierte Berner Übereinkunft. Siehe RBÜ
Rezensionsausschnitte 2.213/181
Rezipientenfreiheit 1.48/23
Rhythmus 1.229/91
richterliches Ermessen 1.204/79

Richtlinien
- Auslegung 11.227/786
- Computerprogramm-Richtlinie 1.182/66; 1.256/104; 5.4/458; 5.216/472; 11.228/786
- Datenbank-Richtlinie 1.196/74; 3.747/333; 10.263/747; 11.236/789
- Durchsetzungs-Richtlinie 1.349/125; 7.40/561; 7.47/565; 11.242/791
- Eigenschaften 11.226/785
- Vermiet- und Verleih-Richtlinie 11.230/787

- Folgerechts-Richtlinie 3.336/*230*; 11.241/*790*
- Informations-Richtlinie 1.723/*32*; 1.256/*103*; 1.261/*106*; 2.242/*192*; 2.286/*208*; 3.11/*238*; 3.15/*240*; 3.215/*258*; 3.218/*259*; 3.229/*262*; 3.231/*263*; 3.409/*284*; 3.410/*284*; 3.700/*321*; 3.732/*329*; 3.741/*331*; 4.5/*339*; 4.133/*385*; 4.435/*417*; 4.539/*451*; 4.543/*452*; 5.232/*478*; 5.501/*507*; 5.512/*512*; 6.211/*533*; 7.40/*561*; 11.13/*766*; 11.238/*789*
- Künstler-Schutzfristen-Richtlinie 10.163/*714*; 10.225/*729*; 11.243/*791*
- Musterschutz-Richtlinie 1.259/*105*
- Satelliten- und Kabel-Richtlinie 2.280/*207*; 11.232/*787*
- Schutzdauer-Richtlinie 1.187/*70*; 3.100/*247*; 10.129/*700*; 10.242/*737*; 11.234/*788*
- Verwaiste-Werke-Richtlinie 3.600/*315*; 3.601/*315*; 11.244/*791*
- VG-Richtlinie 4.406/*409*; 4.432/*416*; 4.440/*418*; 4.442/*419*; 4.453/*422*; 4.455/*423*; 4.511/*442*; 4.524/*447*; 4.547/*453*; 11.245/*792*

Rivalität in der Nutzung 1.22/*13*
Rom-Abkommen *781*
- Grundsätze 11.210/*781*
- Mindestschutzdauer 11.211/*782*
Romane 1.105/*34*; 1.163/*56*; 1.172/*62*
Rom-II-Verordnung 11.5/*764*
Rom-I-Verordnung 11.133/*775*
Röntgen 1.129/*43*
Röntgenaufnahme
- Lichtbildschutz 10.116/*693*
RSS-Feed 2.269/*202*
Rückfallklausel
- Insolvenz 8.120/*651*
Rückruf 4.88/*369*; 4.109/*377*; 7.63/*569*;
- Abwendungsbefugnis 7.112/*590*
- Anspruchsverpflichteter 7.64/*570*
- Rechtsnachfolge 9.402/*670*
- Verhältnismäßigkeit 7.113/*591*
- wegen gewandelter Überzeugung 4.112/*377*
- wegen Nichtausübung 4.110/*377*
Rückrufrechte *377*
- Arbeitnehmerurheber 4.57/*358*
- Filmhersteller 6.305/*535*
- Leistungsschutzrechte 10.5/*684*
- Zwangsvollstreckung 8.16/*636*
Rücktritt 4.90/*370*
Rundfunk 2.276/*205*
Rundfunkfreiheit 1.47/*23*
Rundfunkkommentare 3.323/*274*

S

SaaS 5.221/*474*; 5.331/*491*
Sachbefugnis 7.26/*554*
Sachbücher
- Werkverbindung 1.325/*116*
Sacheigentum 1.51/*24*
- Rechtsnachfolge 9.600/*677*
- Übertragung 1.54/*25*
Sachkauf
- Software 5.214/*471*
Sachverständigengutachten 1.181/*66*; 1.338/*122*
- Einstweilige Verfügung 7.158/*606*
Sammelwerke 1.142/*47*; 1.143/*47*
- Begriff 1.143/*48*
- Datenbankwerk 1.146/*48*
- Gestaltungshöhe 1.194/*73*
- Multimediawerke 1.144/*48*
- Rechtsübertragung 4.15/*343*
- Unabhängigkeit der Elemente 1.144/*48*
- Verkörperung 1.145/*48*
- Zusammenstellungen von Gegenständen 1.143/*48*
Sammlungen 1.143/*47*; 3.706/*322*
- Reden 3.315/*271*
Sammlungen für den Schulgebrauch
- Musikwerke 3.709/*323*
Sammlungen für Kirchen-, Schul- oder Unterrichtsgebrauch
- Änderungen 3.34/*246*

Sampling 1.244/*97*; 2.307/*217*; 10.232/*733*
- Abgrenzung zum Urheberrecht 10.233/*733*
- freie Benutzung 10.235/*734*
- Leistungsschutzrecht 10.234/*734*
- Metall auf Metall 10.235/*734*
- Wiederholbarkeit der Tonaufnahme 10.236/*734*
Sänger 10.134/*702*; 10.138/*704*; 10.141/*706*
Satellit 2.276/*205*
Satellitenfotos 1.130/*43*; 1.156/*52*
- Lichtbildschutz 10.111/*690*; 10.116/*692*
Satellitensendung 2.282/*207*
Satelliten- und Kabel-Richtlinie 11.232/*787*
Satire
- Ehrverletzung 1.45/*23*
- Meinungsfreiheit 1.45/*22*
Satiren 1.235/*93*
Schach 1.104/*33*
Schadenersatz 7.92/*581*
- doppelte Tarifgebühr 2.255/*196*
- entgangener Gewinn 7.99/*584*
- Erstveröffentlichung 2.29/*145*
- Geldentschädigung 7.107/*588*
- Herausgabe des Verletzergewinns 7.103/*586*
- Lizenzanalogie 7.100/*585*
- Rechtsnachfolge 9.9/*657*
- Rechtsverfolgungskosten 7.11/*550*
- Schadenersatz in Geld 7.97/*583*
- Software 5.403/*505*
- ungerechtfertigte Bereicherung 7.111/*589*
- Vermögenseinbuße des Verletzten 7.98/*583*
- Vorlage von Unterlagen 7.91/*581*
- Wahlrecht der Schadensberechnung 7.106/*587*
- Wiederherstellung 7.97/*583*
Schadenersatzansprüche 7.92/*581*
- Entstehung 7.11/*550*

- Rechtsnachfolge 9.404/*671*
- Schadenschätzung 7.179/*612*
- Sorgfaltsanforderungen 7.94/*582*
- Verschulden 7.93/*581*
- Voraussetzungen 7.93/*581*
Schadensberechnung 7.95/*582*
Schadenseinheit 7.11/*550*
Schadenskompensationsgedanke 4.540/*452*
Schadensminderung
- Abmahnung 7.115/*591*
Schadensschätzung 7.179/*612*
Schaffensanreiz 1.25/*15*
Schaffenskosten 1.20/*12*
Schaffensvorgang
- Beweis der Urheberschaft 1.333/*119*
Schaffung des Werks
- Eigentumsentstehung 1.52/*25*
Schaubilder 1.138/*46*
- vergriffene Werke 3.618/*319*
Schaufenster
- Panoramafreiheit 3.512/*310*
Schauspieler 10.1/*682*; 10.134/*702*; 10.136/*703*; 10.138/*704*; 10.165/*715*
- Namensnennung 6.125/*528*
Scheinrechte 1.253/*101*
Schemata 1.138/*46*
Schiedsgericht 3.718/*325*
Schiedsstellenverfahren 4.412/*412*; 7.146/*602*
Schlagwörter. *Siehe* Werktitel
Schlösser 1.127/*41*
Schmähkritik 1.43/*22*
Schmerzensgeld 7.107/*588*
Schmuck 1.125/*40*
Schnittmuster 1.192/*72*
Schnittstellen 5.366/*500*
- Softwareschutz 5.104/*463*
Schöpfer 1.300/*107*
- Sacheigentum 1.52/*25*
Schöpferprinzip 1.300/*107*
- Arbeitsverhältnis 1.352/*126*
- Beweis der Urheberschaft 1.333/*119*

882

- Gruppenwerke 1.313/*113*
- Lichtbildner 10.116/*692*
- Maschinen und Computer 1.303/*108*
- Miturheberschaft 1.310/*111*
- Verzicht auf das Urheberrecht 1.361/*129*

Schöpfung
- Begriff 1.152/*50*
- Abgrenzung zu Leistungsschutzrechten 10.1/*682*

Schöpfungshöhe. *Siehe* Gestaltungshöhe
- Strafmilderung bei Falscheinschätzung 7.225/*621*

Schöpfungsvorgang 1.304/*109*
- Beweis durch Privaturkunden 1.340/*122*
- Verzicht auf das Urheberrecht 1.361/*129*

Schranken 3.1/*235*; 3.700/*321*
- analoge Anwendung 3.13/*239*
- Arten 3.6/*237*
- Auslegung 3.11/*238*
- Auslegung, verfassungskonforme 3.14/*239*
- Drei-Stufen-Test 3.15/*240*
- Leistungsschutzrecht des Datenbankherstellers 10.273/*751*
- Quellenangabepflicht 3.16/*240*
- Schranken-Schranken 3.15/*240*; 3.704/*322*
- Sozialbindung des Urheberrechts 1.31/*17*
- Übersicht *816*
- unwesentliches Beiwerk 3.500/*307*
- vertragliche Abdingbarkeit 4.92/*370*
- Zitatrecht 3.214/*258*

Schrift 1.105/*34*

Schriften
- vergriffene Werke 3.617/*318*

Schriftform 4.79/*365*
- Rechtseinräumung im Arbeitsverhältnis 4.55/*357*

- Verträge über unbekannte Nutzungsarten 4.99/*373*

Schriftwerke. *Siehe* Sprachwerke 1.105/*34*
- Benutzerdokumentation von Software 5.319/*486*
- Schriftbild 1.105/*34*
- Träger 1.105/*34*
- vergriffene Werke 3.618/*319*

Schriftzeichen 1.168/*59*

Schulbücher 3.706/*323*

Schuld
- Urheberstrafrecht 7.214/*619*

Schuldanerkenntnis 7.73/*574*

Schulen 3.464/*298*; 3.706/*322*

Schulfunksendungen 3.710/*323*
- Quellenangabepflicht 3.19/*241*

Schulunterricht
- Schranke 3.8/*237*

Schulveranstaltungen 3.717/*325*

Schutzbedürfnis 1.170/*60*

Schutzbereich
- freie Benutzung 2.304/*215*; 3.208/*256*
- Kleine Münze 1.168/*59*

Schutzdauer. *Siehe* Schutzfrist
- Filmwerke 6.131/*530*

Schutzdauer-Richtlinie 11.234/*788*

Schutzfähigkeit
- Bekanntheit des Erzeugers 1.221/*88*
- Entstehung des Urheberrechts 1.300/*107*
- Entwürfe 1.229/*91*
- europäischer Werkbegriff 1.255/*103*
- Ideen 1.222/*88*
- keine staatliche Bescheinigung 1.306/*110*
- künstlerischer Wert 1.208/*81*
- Neuheit 1.209/*81*
- ökonomische Aspekte 1.215/*85*
- Pseudowerke 1.253/*101*
- Rechtmäßigkeit 1.210/*82*
- Rechtsnachfolge 9.115/*664*

- Rechtspraxis 1.217/*86*
- Software 5.103/*462*
- Umfang 1.212/*83*
- Verwendungszweck 1.213/*84*
- Werkteile 1.229/*91*

Schutzfrist 1.16/*10*; 3.100/*247*; 3.705/*322*
- allgemeine 3.106/*248*
- anonyme und pseudonyme Werke 3.114/*251*
- Berechnung 3.105/*248*
- Filmwerke 3.109/*249*
- Leistungsschutzrechte 10.5/*684*
- Lichtbilder 3.122/*252*
- Lichtbildwerke 3.122/*252*
- Lieferungswerk 3.119/*251*
- Miturheberschaft 3.107/*249*
- Musikkompositionen 3.111/*250*
- nachgelassene Werke 3.120/*252*
- Rechtfertigung der Begrenzung 3.102/*247*
- Rechtsnachfolge 9.21/*660*
- Strafmilderung bei Ablauf 7.226/*621*

Schutzfristenvergleich
- RBÜ 11.205/*780*

Schutzlandprinzip 7.7/*549*; 11.5/*764*; 11.127/*773*

Schutzrecht des Sendeunternehmens. *Siehe* Sendungsrecht

Schutzrecht des Tonträgerherstellers. *Siehe* Tonträgerrecht

Schutzrecht des Veranstalters. *Siehe* Veranstalterrecht

Schutzrechtshinweis 7.142/*600*

Schutzschrift 7.161/*607*
- fliegender Gerichtsstand 7.164/*608*
- Muster *832*
- Schutzschriftenregister 7.164/*608*

Schutzschriftenregister 7.164/*608*

Schutzumfang 1.232/*92*
- Erstmitteilungsrecht 2.40/*149*
- Maß der Individualität 1.242/*96*
- Melodien 1.244/*97*
- Reduzierung 1.245/*97*

Schutz von Lichtbildern. *Siehe* Lichtbildschutz

Schutzvoraussetzungen 1.151/*50*

Schutz vor Entstellung
- Lichtbildner 10.125/*698*

Schwarzlichttheater 1.116/*37*

Seitenbeschreibungssprache 5.107/*464*

Selbstdarstellung in der Öffentlichkeit 1.35/*18*

Sendeformate
- freie Benutzung 2.315/*221*

Sendeformate 1.224/*89*

Sendekonzepte 1.224/*89*

Sendender 2.278/*206*

Senderecht 2.274/*204*
- Filmwerke 6.207/*532*
- Leistungsschutzrecht des Sendeunternehmens 10.239/*736*
- RBÜ 11.206/*780*

Sendeunternehmen 10.2/*682*; 10.222/*728*; 10.243/*737*
- abgeleiteten Nutzungsrechte 10.246/*739*
- Einräumung von Nutzungsrechten 10.256/*743*
- internationales Urheberrecht 11.123/*772*
- Löschungspflicht 3.746/*333*
- Mindestrechte gem. Rom-Abkommen 11.211/*781*
- Rom-Abkommen 11.209/*781*
- Schiedsstelle 10.261/*746*
- Vervielfältigungsfreiheit 3.745/*332*
- Verwertungsgesellschaft 10.257/*744*
- Verwertungsrechte 10.245/*739*
- Zwangslizenzeinwand 10.260/*745*

Sendeverträge 4.126/*382*

Sendlandgrundsatz 2.284/*207*

Sendung 10.239/*736*
- Aufnahme 10.251/*740*
- Aufzeichnung 10.251/*741*
- internationales Urheberrecht 11.132/*775*

Stichwortverzeichnis

- Lichtbilder 10.252/*741*
- Mitschnitte 10.251/*741*
- Nutzungsrechte 10.256/*743*
- öffentliche Wahrnehmbarmachung 10.253/*741*
- öffentliche Wiedergabe 10.252/*741*
- öffentliche Zugänglichmachung 10.247/*739*
- Public-Viewing 10.255/*742*
- Schutzrecht des ausübenden Künstlers 10.148/*708*
- Verbreitung 10.251/*740*; 10.252/*741*
- Vertragsrecht 10.256/*743*
- Vervielfältigung 10.251/*740*
- Weitersendung 10.247/*739*

Sendungsrecht
- Erstmaligkeit einer Sendung 10.241/*736*
- Inhaber 10.243/*737*
- Kabelweitersendung 10.257/*743*
- Schutzdauer 10.262/*746*
- Schutzgegenstand 10.239/*735*
- Sendesignal 10.244/*738*
- Sendeunternehmen 10.243/*738*
- Übertragbarkeit 10.256/*743*

Seniorenheime 3.717/*325*
Seriennummern 5.324/*487*
Serverbetreiber 7.44/*563*
Sessel 1.185/*68*
Session-ID
- technische Schutzmaßnahme 5.507/*509*

Share Deal 4.15/*344*
Share Economy 4.129/*383*
Share-Link 3.432/*289*
Sicherungskopien 3.423/*287*; 5.361/*499*
- Kopierschutz 5.362/*499*
- Weitergabe 5.365/*500*
- zur Herstellung Berechtigter 5.363/*499*

Signatur 1.230/*91*
Sittenwidrigkeit 4.76/*364*
Skizzen 1.138/*46*

Snippets 10.287/*756*
Social Media 4.136/*386*
- Minderjährigenschutz 4.78/*365*
Software 5.101/*461*
- Begriff 5.101/*461*
- Aktivierung 5.325/*488*
- Änderung 5.207/*469*
- Arbeitnehmerurheber 4.51/*355*
- Bearbeitung 5.206/*468*
- Beseitigung von Fehlern 5.209/*469*
- bestimmungsgemäße Benutzung 5.356/*497*
- Computerprogramm-Richtlinie 11.229/*786*
- Computerspiele 5.330/*490*
- datenträgerlose Übermittlung 5.213/*471*; *475*
- Dokumentation 5.112/*465*
- Einblick in den Quellcode 5.401/*504*
- Einräumung von Nutzungsrechten 5.300/*480*
- Entwurfsmaterial 5.100/*461*
- Erschöpfungsgrundsatz 5.213/*471*
- Erstellung durch Arbeitnehmer 5.305/*482*
- Erstellung durch freie Mitarbeiter 5.311/*483*
- europäischer Werkbegriff 1.254/*102*
- Experimentierklausel 5.370/*501*
- Fehlerbeseitigung 5.358/*498*
- genaue Bezeichnung im Prozess 5.404/*505*
- geschützte Gegenstände 5.100/*461*
- Gestaltungshöhe 1.171/*61*; 1.182/*66*
- gewerbliche Nutzung 5.340/*493*
- Hinterlegung des Quellcodes 5.320/*486*
- in der Insolvenz *501*
- Kauf 5.214/*471*
- Lauffähigkeit 5.105/*463*
- Leasing 5.229/*477*
- Lizenzschlüssel 5.324/*487*

885

- Mindestnutzungsrechte 5.335/*492*; 5.350/*496*
- Miturheberschaft 1.310/*111*
- Netzwerknutzung 5.234/*479*
- Nutzerkreis 5.337/*493*
- Nutzung über Kommunikationsnetze 5.221/*474*
- Nutzungsbeschränkungen *491*
- Nutzungsrechte 5.201/*466*
- Nutzungsweise 5.340/*493*
- öffentliche Wiedergabe *477*
- öffentliche Zugänglichmachung 5.231/*477*
- Open-Source 1.363/*130*; 5.326/*488*
- Patentschutz 5.6/*459*
- private Nutzung 5.340/*493*
- Quellenangabepflicht 3.17/*240*
- Raubkopie 5.217/*472*
- Rechtserwerb des Arbeitgebers 5.306/*482*
- Schadenersatz 5.403/*505*
- Schöpfungshöhe 5.103/*462*
- Schutzfähigkeit 5.3/*458*
- Sicherungskopie 5.361/*499*
- Überlassung 5.218/*473*
- Umarbeitung 5.206/*468*
- Urhebervermutung 1.348/*125*
- Verbreitung *471*
- Verkehrsfähigkeit 5.213/*471*
- Vermietung und Leihe 5.218/*473*
- Vermietung 5.227/*476*
- Vernichtung 5.400/*504*
- Vervielfältigung 5.201/*466*
- Weiterentwicklung 5.209/*469*
- Weitergabe 5.213/*471*; 5.221/*474*
- Werkart 1.108/*35*
- Werkgenuss 5.352/*496*
- Werktitel 1.228/*90*
- Zwangsvollstreckung 8.37/*642*

Software as a Service. *Siehe* SaaS
Softwarehersteller 5.321/*486*
Software-Pflege 5.209/*469*
Softwarepiraterie 7.201/*616*
Software-Richtlinie. *Siehe* Computerprogramm-Richtlinie

Softwareschutz 5.4/*458*
- Bildschirmdarstellung 5.106/*463*
- Entwurfsmaterial 5.108/*464*
- Gestaltungshöhe 5.103/*462*
- Gestaltungsspielraum 5.104/*462*
- Quellcode 5.109/*464*

Softwareüberlassung *486*
Softwareübersetzungen 1.155/*52*
Softwareurheberrecht
- Einräumung von Nutzungsrechten *480*
- Entwicklung 5.3/*458*
- Erschöpfung des Verbreitungsrechts 5.215/*471*
- geschützte Gegenstände *461*
- Lizenzbegriff 5.8/*460*
- Mindestnutzungsrechte 5.350/*496*
- Netzwerknutzung 5.234/*479*
- Verhältnis zum allgemeinen Urheberrecht 5.5/*459*
- zustimmungsbedürftige Handlungen *466*

Softwareversionen 5.210/*470*
- Rechteklausel in Pflegeverträgen 5.211/*470*

Softwareverträge 4.123/*381*
- AGB-Kontrolle 5.347/*495*
- Entwicklung von Software *481*

Solidarität 4.524/*446*
Sonderopfer 1.32/*18*
Songtexte 1.105/*34*; 1.115/*37*
sonstiger eigener Gebrauch *293*
Sorgfaltsanforderungen 7.94/*582*
Sourcecode 5.109/*464*
Sozialbindung des Urheberrechts 1.31/*17*; 3.2/*235*; 3.700/*321*
Special-Effects-Verantwortliche 6.105/*522*
Speichermedien
- GEMA-Tarife 4.536/*450*

Spezifizierungslast 4.37/*351*
Spieldesign 1.102/*32*
Spiele
- Werktitel 1.228/*90*
- Spiele-Plattform 5.219/*473*

Spielfilme 1.132/*44*; 1.188/*70*
Spiel im Raum 2.256/*197*
Spielshows
– Schutzfähigkeit 6.3/*517*
Spielsysteme 1.159/*54*
sportliche Leistungen 1.117/*38*
Sportveranstaltungen
– Laufbilder 6.415/*539*
– Schutzfähigkeit 6.3/*517*
– Veranstalterrecht 10.204/*720*
Sprachwerke 1.104/*33*
– Begriff 1.104/*33*
– europäischer Werkbegriff 1.262/*106*
– Gestaltungshöhe 1.171/*61*
– Pflichtenheft 5.108/*464*
– Quellenangabepflicht 3.24/*242*
– Schauspieler 10.1/*682*
– Verwendungszweck 1.171/*61*
– Vortragsrecht 2.247/*194*
Sprechgesang 1.109/*35*
Sprengzeichnungen 1.192/*72*
Staatenlose 11.103/*767*
Staatsanwaltschaft 7.232/*623*
Staatsverträge 11.201/*779*
– bilaterale Staatsverträge 11.224/*785*
– Brüsseler Satellitenabkommen 11.215/*782*
– deutsch-amerikanisches Abkommen 11.225/*785*
– GTA 11.212/*782*
– Iran 11.224/*785*
– RBÜ 11.202/*779*
– Rom-Abkommen 11.209/*781*
– TRIPS-Übereinkommen 11.216/*783*
– Vertrag von Marrakesch 11.223/*784*
– WCT 11.219/*783*
– WPPT 11.221/*784*
– WUA 11.208/*781*
Stadtpläne 1.190/*71*
Stahlrohrstühle 1.185/*68*
Standort 2.89/*169*

starrer Melodienschutz 3.320/*224*; 3.212/*257*
Stegreiferzählungen 1.107/*34*
Stegreifreden 2.249/*194*
Stellen eines Werkes
– Zitatrecht 3.238/*264*
Stimmen
– Tonträgerrecht 10.213/*724*
Störer 7.38/*560*
– Forenbetreiber 7.42/*562*
– Provider 7.44/*563*
– WLAN-Anschlussinhaber 7.43/*562*
Störung der Geistestätigkeit 1.308/*110*
Strafantrag 7.233/*623*
Strafbarkeit
– des Urhebers 1.210/*83*
Strafbefehl 7.235/*624*
strafbewehrte Unterlassungserklärung 7.72/*573*
Strafmilderungsgrund 7.216/*620*
Strafrahmen 7.217/*620*
Strafschadenersatz 2.68/*160*
Straftatbestände *615*; 7.200/*615*
– Vorsatztaten 7.202/*616*
– zivilrechtsakzessorisch 7.201/*615*
Straftaten
– Strafzumessung 7.218/*620*
Strafverfahren
– Absprache 7.235/*624*
– Adhäsionsverfahren 7.239/*625*
– Antragsdelikte 7.232/*623*
– Bekanntgabe 7.242/*626*
– Einstellung 7.234/*623*
– Ermittlungsverfahren 7.232/*623*
– Nebenklage 7.238/*625*
– Plädoyer 7.238/*625*
– Privatklage 7.237/*624*
– Strafbefehlsverfahren 7.235/*624*
– Strafhöhe 7.235/*624*
– Unabhängigkeit vom Zivilverfahren 7.2/*546*
– Wirtschaftsstrafkammer 7.236/*624*

- Zusammenarbeit mit Polizei und Staatsanwaltschaft 7.232/*623*
Strafzumessung *620*
- Kriterien 7.219/*621*
- Strafmilderung 7.224/*621*
- Strafschärfung 7.220/*621*
Strafzuschlag 2.32/*146*
Straßen
- Panoramafreiheit 3.509/*309*
Streaming 2.264/*199*; 2.266/*201*; 2.277/*206*; 4.135/*386*; 6.202/*531*; 10.248/*740*
- Filme 6.211/*533*
- flüchtige oder begleitende Vervielfältigungen 3.743/*332*
- Sendungsrecht 10.240/*736*
- Tonträger 10.220/*727*
- Vervielfältigung 2.210/*180*
Street-View 6.114/*525*
Streitbeilegung *591*
Streitgegenstand
- Software 5.404/*505*
Stufenklage 7.181/*612*
Substanzeingriff 2.87/*167*
Substanzveränderung 2.85/*166*
Substitut 1.20/*12*
Substitutionskonkurrenz 1.20/*11*
Suchmaschinenbetreiber 7.40/*561*; 7.46/*564*
Sukzessionsschutz 4.34/*350*; 4.66/*361*; 4.87/*369*
- Begriff 4.85/*368*
- bei Rückruf 4.111/*377*
Sütterlinschrift 1.105/*34*
Symphonien 1.110/*35*
Synchronsprecher 10.138/*704*
Szenenbildner
- Namensnennung 6.125/*528*

T
Tabellen 1.138/*46*; 1.168/*59*
Tagesereignisse. *Siehe* Tagesfragen
Tagesfragen 3.303/*268*; 3.305/*268*
- Privatkopierfreiheit 3.449/*295*

Tagesinteressen 3.312/*270*; 3.324/*274*; 3.329/*276*; 3.338/*279*; 3.340/*280*
Tageszeitungen
- Presseverlegerrecht 10.286/*756*
Talkshows
- Schutzfähigkeit 6.3/*517*
Tantiemen 1.25/*15*
Tanz 1.116/*37*
Tanzdarbietung
- Veranstalterrecht 10.202/*720*
Tanzgruppe 10.142/*706*
Tanzsport 10.139/*704*
Tarife
- Angemessenheit 4.532/*449*
- Lizenzanalogie 7.101/*585*
- Verwertungsgesellschaften 4.528/*448*
Tarifverträge
- Film 6.501/*540*
- Rechtseinräumung 4.54/*357*
Taschenbuchausgaben 4.115/*378*
Täter 7.32/*557*
- Beweis der Täterschaft 7.35/*559*
- Mittäter 7.33/*558*
- Nebentäter 7.33/*558*
Tatherrschaft 7.33/*558*
Tätowierungen 1.122/*39*
Tatsachen
- Wiedergabe 2.42/*150*
Tatsachenbehauptungen 1.42/*22*
Tatsachenbescheinigung 1.342/*123*
Tatumstandsirrtum 7.202/*616*
Tauschbörsen 2.267/*201*
- Tatnachweis 7.204/*617*
Teamwork 1.309/*110*
technische Aufzeichnungen 1.154/*51*
technische Schutzmaßnahmen 5.1/*457*
- Anwendbarkeit auf Software 5.7/*459*
- Privatkopierfreiheit 3.411/*285*
- Recht der öffentlichen Zugänglichmachung 2.268/*202*
- Straftatbestände 7.209/*618*
- Umgehung durch DRM 5.509/*510*

- Verletzung als Ordnungswidrigkeit 7.300/627
- Wirksamkeit bei Software 5.503/508
- Wirksamkeit 5.507/510

Teile
- eines Computerprogramms 5.105/463

Teilnehmer
- Rechtsverletzung 7.36/559

Teilungsanordnung 9.107/662
Telefonbuch-CD 10.264/747
Telefonbücher 1.149/49; 1.168/59; 1.197/75
- Datenbankrecht 10.266/748

Telefonverzeichnis 1.195/74
Territorialitätsprinzip 7.7/549; 11.5/764; 11.127/773
- Urheberstrafrecht 7.203/616

Testamentsvollstrecker 9.117/665
Testamentsvollstreckung 9.14/657; 9.116/665
- Muster 837

Testkäufe 2.218/183

Texte
- Open-Content 1.363/130
- Musicals 1.115/37

Theaterprogramme 1.195/74
Theaterrecht 6.206/532
Theaterstücke 1.172/62
- Veranstalterrecht 10.202/720

Theorien 1.226/90
Thumbnails 2.207/178; 2.266/200
- Lichtbildschutz 10.123/697
- Namensnennung 10.127/699
- Rechtswidrigkeit 7.6/548

Tierdressuren 1.119/38
Tischreden 1.107/34

Titel
- Änderung 3.30/244

Titelschutz 518
- Entstehung 6.7/519
- Rechte Dritter 6.9/519
- Titelschutzanzeige 6.7/519
- Werktitelschutz 6.6/518

- Wortmarke 6.8/519

Titelschutzanzeige 6.7/519
Titelschutzanzeiger 6.7/519
Tonfetzen 2.307/217
Tonfolgen 1.229/91; 3.322/225; 3.324/226; 3.213/257
Tonkunst 1.111/36
Tonmeister 10.141/706
- Namensnennung 6.125/528

Tonspuren 6.412/538; 10.230/732
Tonträger 10.213/724
- Quellenangabepflicht 3.17/241

Tonträgereinspielungen 4.462/425
Tonträgerhersteller 10.210/722
- abgeleitete Rechte 10.224/729
- Arbeitsverhältnis 10.210/723
- GTA 11.212/782
- GVL 10.222/728
- internationales Urheberrecht 11.104/768; 11.122/772
- künstlich erzeugte Töne, Geräusche 10.213/724
- Leistungen 10.210/722
- Vergütungsanspruch 10.219/727

Tonträgerrecht
- Änderungsverbot 10.223/728
- Aufnahmegegenstand 10.213/724
- Bearbeitungsrecht 10.223/728
- Bearbeitungsrechte 10.223/728
- besondere Arten der Musiknutzung 10.227/730
- Beteiligungsanspruch 10.221/727
- Bootleg-Aufnahmen 10.228/730
- Coverversionen 10.237/735
- Digitalisierungen von Aufnahmen 10.229/732
- Entstellungsschutz 10.223/728
- Erschöpfungsgrundsatz 10.218/726
- erstmalige Fixierung 10.214/725
- freie Benutzung 2.307/217
- Internet 10.220/727
- mehrere Tonträgerhersteller 10.214/725
- Mindestrechte gem. Rom-Abkommen 11.211/781

889

Stichwortverzeichnis

- öffentliche Zugänglichmachung 10.220/727
- Pirateriebekämpfung 10.220/727
- Rechte 10.215/725
- Rechte 10.215/725
- Rechteinhaber 10.201/723
- Remastering 10.229/731
- Remix 10.230/732
- Re-Recording 10.237/735
- Sampling 10.232/733
- Schutzdauer 10.225/729
- Schutzgegenstand 10.212/724
- Verbreitungsrecht 10.218/726
- Verlagsvertrag 4.115/378
- Vermietung 10.219/727
- Vervielfältigungsrecht 10.217/726

Topographien 5.6/459
Totalreparation 7.96/583
Totalverzicht 9.300/668
Trance 1.302/108
transmortale Vollmacht 9.118/666
Treatments 1.134/45
Trennungsprinzip 4.62/359; 4.67/361
Treppenhäuser 1.127/42
treuhänderisch 4.400/407
Treu und Glauben
- Miturhebergesellschaft 1.319/115
- Miturheberschaft 1.316/113
- Werkverbindung 1.326/117

TRIPS 11.216/783
- Leistungsschutzrechte 11.217/783
- Meistbegünstigungsklausel 11.218/783
- Mindestrechte 11.216/783

TRIPS-Übereinkommen. *Siehe* TRIPS
True-Streamings 6.202/531
TV total 6.117/526

U

Überführung in andere Kunstformen 10.124/697
Überlassung 7.60/568
- Abwendungsbefugnis 7.112/590
- Rechtsnachfolge 9.402/670
- Verhältnismäßigkeit 7.113/590

Übermalung 7.54/567
Übernahmen 1.232/92; 1.237/94
Überraschungseffekt 1.169/59
Übersetzungen 1.172/62
- Bearbeitung 1.323/116
- RBÜ 11.206/780
- Verlagsvertrag 4.115/378

Übersichten
- Leermedien- und Geräteabgabe *809*
- Schrankenregelungen *816*

Übertragung
- Einzelrechtsnachfolge 9.110/663
- Schutzrecht des ausübenden Künstlers 10.148/708

Übertragungszweckgedanke. *Siehe* Übertragungszweckregel
Übertragungszweckregel
- Begriff 4.35/350
- Filmwerke 6.301/534
- internationales Urheberrecht 11.139/778
- Softwarevertragsrecht 5.313/484
- Softwarevervielfältigung 5.204/467
- unbekannte Nutzungsarten 4.98/373

Überweisungsbeschluss 8.3/632
Ubiquität 1.22/13; 11.128/774
Umarbeitung
- Neuprogrammierung von Software 5.318/485
- Software 5.110/465; 468

Umfang 1.212/83
Umformulierungen 2.84/166; 2.305/216
Umformungen 1.234/93
- Begriff 1.235/93
Umgestaltungen 1.232/92; 2.297/212
- Einwilligungserfordernis 1.240/95
- inhaltliche 1.234/93
- Interpretationen ausübender Künstler 1.239/95
- nicht schöpferische 1.237/94
- schöpferische 1.234/93
- Volkslieder 1.183/67

Umregistrierung von Musiktiteln 2.57/*156*
U-Musik 4.525/*447*
Umwandlungsgesetz 9.506/*675*
Umweltbezug 2.89/*169*
unbekannte Nutzungsarten *372*
- Begriff 4.100/*373*
- fiktive Übertragung 4.104/*375*
- Widerruf 4.101/*374*
Unbrauchbarmachung
- Softwarekopie 5.223/*475*
unerlaubte Verwertung 7.204/*616*
ungerechtfertigte Bereicherung 7.110/*589*
- Verjährung 7.19/*552*
Universitäten 3.461/*298*
Unrechtsbewusstsein 7.222/*621*
Unterhaltungsmusik. *Siehe* U-Musik 1.110/*35*
Unterlassungsanspruch 7.69/*571*
- Anspruchsvoraussetzungen 7.70/*571*
- Einstweilige Verfügung 7.157/*605*
- Entstehung 7.14/*551*
- Erfüllung 7.72/*573*
- Erstbegehungsgefahr 7.71/*572*
- Nutzung von Open-Source 5.329/*490*
- Rechtsnachfolge 9.409/*672*
- Rechtsnachfolge 9.9/*656*; 9.401/*670*
- Urheberbezeichnung 2.64/*158*
- Verwirkung 7.24/*554*
- vorbeugender Unterlassungsanspruch 7.71/*572*
- Wegfall der Wiederholungsgefahr 7.73/*574*
- Wiederholungsgefahr 7.70/*572*
- Wiederholungsgefahr, wiederauflebende 7.74/*575*
Unterlassungserklärung 7.72/*573*
- Anlage zur Abmahnung 7.127/*596*
- Bereicherung des Verletzten 7.133/*597*
- Höhe der Vertragsstrafe 7.74/*574*

- Kündigung 7.80/*576*
- Muster *830*
- Schriftform 7.73/*574*
- Zuwiderhandlung 7.77/*576*
Unterlassungsvertrag 7.73/*574*
- Kündigung 7.80/*576*
- Rechtsnachfolge 9.409/*672*
Unterlizenz 4.86/*368*
Unternehmer
- Urheberschaft 1.301/*108*
Unterricht 3.710/*323*; 3.723/*327*
Unterrichtsgebrauch 3.706/*322*
- Quellenangabepflicht 3.19/*241*
Unterrichtszwecke 3.455/*297*; 3.461/*298*
Unterricht und Forschung 3.723/*326*
Unterrichtung über Tagesfragen 3.449/*295*
Unterscheidungskraft 1.14/*9*
Unterwerfung
- Rechtsnachfolge 9.409/*672*
Unversehrtheit des Werkes 2.83/*165*
unwesentliches Beiwerk *307*
- Bestimmung des Hauptgegenstandes 3.502/*307*
- Prüfung 3.501/*307*
- Unwesentlichkeit 3.504/*308*
- Verfilmungsfreiheit 6.115/*525*
- Voraussetzungen 3.501/*307*
unzulässiges Anbringen der Urheberbezeichnung 7.205/*617*
Updates 5.345/*494*
Upgrades 5.345/*494*
Upload
- Vervielfältigung 2.208/*179*
Urheber 1.300/*107*
- Aktivlegitimation 7.26/*555*
- Bearbeiter 1.323/*116*
- Bekanntheit 1.217/*86*
- mehrere Personen 1.310/*111*
- Miturheber 1.310/*111*
- Miturhebergesellschaft 1.318/*115*
- Nationalität 11.7/*765*
- Rechtserwerb 1.304/*109*
- Sacheigentümer 1.51/*24*

- Urheberschaft 1.301/*108*
- verbundener Werke 1.325/*116*
- verbundene Werke 1.325/*116*
- Vermutung der Urheberschaft 1.346/*124*

Urheberbezeichnung 2.54/*153*
- allgemeine Branchenübungen 2.52/*153*
- Allgemeine Geschäftsbedingungen 2.77/*163*
- Änderungsverbot 3.30/*244*
- Bestimmungsrecht 2.52/*153*
- Interessenabwägung 2.76/*163*
- Ort 2.62/*157*
- Recht der Selbstdarstellung in der Öffentlichkeit 1.36/*19*
- Schadenersatz 2.65/*158*
- Straftat 7.205/*617*
- Vereinbarungen 2.74/*162*
- Verkehrsgewohnheiten 2.52/*153*
- Verzicht 2.75/*162*
- Werbewirkung 2.66/*158*
- Zuordnungsmöglichkeit 2.62/*157*

Urheberpersönlichkeitsrecht 2.2/*135*
- Arbeitnehmerurheber 4.51/*356*
- Beschränkungen 1.37/*19*
- Filmwerke 527
- Geldentschädigung bei schwerer Verletzung 7.108/*588*
- im Arbeitsverhältnis 1.354/*127*
- internationales Urheberrecht 11.115/*770*
- Prozessstandschaft 7.28/*556*
- RBÜ 11.206/*780*
- Recht der Selbstdarstellung in der Öffentlichkeit 1.36/*18*
- Rechtsnachfolge 9.8/*656*; 9.15/*658*
- verfassungsrechtliche Verankerung 1.34/*18*
- Verzicht 9.300/*668*
- Zwangsvollstreckung 8.10/*634*

Urheberrecht
- Begriff 1.10/*7*
- Abschaffung 1.27/*15*
- Allgemeines 1.10/*7*

- Entstehung 1.301/*107*
- Entwicklung 1.58/*27*
- Existenzsicherung 1.20/*12*
- Gruppenwerke 1.313/*113*
- im objektiven Sinne 1.10/*7*
- in der Antike 1.59/*27*
- Insolvenz 8.100/*645*
- internationales Urheberrecht 11.107/*768*
- kleines Urheberrecht 1.15/*9*
- Kurzdarstellungen 1.7/*6*
- Lehrbücher 1.7/*6*
- Straftatbestände 7.200/*615*
- Teil der Insolvenzmasse? 8.102/*645*
- Trennung vom Sacheigentum 1.51/*24*
- Übertragung 9.3/*655*
- Verjährung 7.8/*549*
- Verletzung 7.3/*547*
- Verzicht 1.360/*129*; 9.300/*668*
- Werkverbindung 1.326/*117*
- Zeitschriften 1.9/*7*
- Zwangsvollstreckung 8.1/*631*

urheberrechtliche Prioritätsverhandlung 1.341/*122*

Urheberrechtsschutz
- Dauer 247

Urheberrechtsentwicklung 1.260/*105*

Urheberrechtsgesetz
- erste Gesetze 1.61/*28*
- Gesetzesbegründungen 1.4/*5*
- Gesetzeskommentierungen 1.8/*6*
- Rechtsquellen 1.1/*4*
- Textausgaben 1.6/*5*

Urheberrechtsharmonisierung 1.205/*79*

Urheberrechtsschutz
- Abschaffung 1.27/*16*
- Ausuferung 1.206/*80*
- Bedarf 1.22/*13*
- Fehlen 1.23/*13*
- formelle Voraussetzungen 1.307/*110*
- Minderung 1.245/*97*

Urheberrechtsstreitsache 7.146/*602*

892

Urheberrechtsverletzung
- grenzüberschreitende 11.126/*773*
Urheberrechtsverträge
- Wirksamkeit 4.75/*364*
Urheberrechtswahrnehmungsgesetz 1.2/*4*; 4.405/*409*
Urheberrolle 3.118/*251*
Urheberschaft 1.300/*107*
- Bestreiten 2.50/*152*
- Beweis 1.331/*119*
- Doppelschöpfung 1.350/*126*
- Leugnen 2.50/*152*
- Pseudourheber 1.253/*101*
- Urhebervermutung 1.346/*124*
- Verzicht 1.361/*129*
- Werkverbindung 1.325/*116*
Urheberstrafrecht
- Tatnachweis 7.204/*617*
Urhebervermerk 1.347/*124*
Urhebervermutung 1.347/*124*
- Erfordernis des Erscheinens 1.349/*125*
Urhebervertragsrecht *337*
- Grundsätze 4.3/*338*
- Reformen 4.5/*339*
Urheberzeichnung 2.49/*152*
UrhG. *Siehe* Urheberrechtsgesetz
Urkunden
- Einstweilige Verfügung 7.158/*606*
URL 2.265/*200*
Urlaubsbilder
- Lichtbildschutz 10.111/*689*
Urteilsbekanntmachung 7.65/*570*
- Art und Umfang 7.67/*571*
- berechtigtes Interesse 7.66/*570*
- Kosten 7.65/*570*
- private Bekanntmachung 7.68/*571*
- Rechtsnachfolge 9.403/*671*
Urteilsverfügung 7.166/*609*
U.S. Copyright Office 1.307/*110*
UsedSoft 5.219/*474*

V
Variationen 1.244/*97*
Varietékünstler 10.139/*704*

Vasen 1.125/*40*
Vasenleuchter 1.185/*68*
Veränderung 2.298/*213*
Veranstalter 10.201/*719*; 10.205/*721*
- Auswertungsrisiko 10.205/*721*
- ergänzender Schutz 10.204/*720*
- Hausrecht 10.204/*720*
- internationales Urheberrecht 11.117/*771*
- Pflichten bei öffentlicher Wiedergabe 4.531/*449*
- Vergütungsansprüche 10.207/*721*
- Verwertungsrechte 10.206/*721*
Veranstalterrecht
- Schutzdauer 10.208/*722*
- Schutzniveau 10.201/*719*
- Unternehmensrecht 10.205/*721*
- Veranstaltung 10.202/*719*
Veranstaltung. *Siehe* Versammlung 10.202/*719*
- Katalogbildfreiheit 3.516/*311*
Veräußerung eines Unternehmens 4.15/*344*
Verband Deutscher Zeitschriftenverleger 4.208/*391*
Verbesserung 2.85/*166*
Verblassen 2.302/*214*; 3.203/*255*
- Film 6.111/*524*
- freie Benutzung 1.241/*95*
- Schutzumfang 1.243/*96*
Verbotsirrtum 7.214/*619*
Verbreitungsrecht 2.215/*182*
- Anbieten 2.219/*184*
- Bedeutungsverlust bei Filmen 6.205/*532*
- Begrenzung 2.223/*185*
- Datenbank 10.268/*749*
- Erschöpfung 2.222/*185*
- Erschöpfung bei digitalen Medien 4.133/*384*
- Erschöpfung bei Softwaredownload 5.222/*475*
- Filmwerke 6.203/*532*
- grenzüberschreitender Verkauf 2.221/*185*

- internationales Urheberrecht 11.129/*774*
- Inverkehrbringen 2.221/*185*
- Lichtbilder 10.118/*693*
- private Weitergabe 2.218/*184*
- Software 5.212/*471*
- Tonträger 10.218/*726*
- Veräußerung 2.226/*186*
- WCT 11.220/*784*
- Zustimmung des Berechtigten 2.229/*187*

verbundene Werke
- Schutzfrist 3.111/*250*

Vererbung 9.4/*655*
- Formvorschriften 9.101/*661*
- Gestaltungsmöglichkeiten 9.101/*661*
- Urheberrecht 9.100/*661*

Verfahrensdauer 7.152/*603*
Verfall *622*; 7.228/*622*
Verfassung 1.28/*16*
Verfilmung 1.134/*45*
- Bearbeitung 1.323/*116*
- Einblendung von Musik 6.118/*526*
- freie Benutzung 6.110/*524*
- Panoramafreiheit 6.113/*525*
- Parodie 6.112/*524*
- RBÜ 11.206/*780*
- Rechtseinräumung 6.107/*523*
- unwesentliches Beiwerk 6.115/*525*
- Verfilmungsfreiheit *523*
- Verfilmungsrecht *523*
- Verfilmungsvertrag (Muster) *818*
- Verlagsvertrag 4.115/*378*
- Vermutungsregel 6.107/*523*
- Zitierfreiheit 6.116/*526*

Verfremdungen 2.83/*165*
Verfügung 4.9/*341*
Verfügungsanspruch 7.156/*605*
Verfügungsgeschäft
- im Arbeitsverhältnis 1.354/*127*

Verfügungsgeschäfte 4.62/*359*
Verfügungsgrund 7.156/*605*
Verfügungsrecht 3.3/*236*
- Beschränkung 3.3/*236*
- Eingriffe 3.3/*236*

Verfügung von Todes wegen 9.200/*667*

vergriffene Werke *318*
- Begriff 3.617/*318*
- Bestandsinhalt 3.620/*319*
- Register vergriffener Werke 3.623/*319*
- Vervielfältigungsfreiheit 3.454/*296*
- Widerspruch 3.624/*319*

Vergütung *389*
- Abtretbarkeit 4.203/*390*
- Angemessenheit 4.205/*390*
- Anpassungsanspruch 4.206/*390*
- auffälliges Missverhältnis 4.212/*393*
- Folgerecht 4.228/*398*
- gesetzlich begründete *396*
- Leerübertragung 4.222/*395*
- Pflichtverletzungen 4.223/*396*
- Preisgestaltung 1.20/*11*
- Privatkopie 4.227/*397*
- unbekannte Nutzungsarten 4.218/*394*

Vergütung für Vermietung und Verleihen 3.340/*231*
Vergütungsanordnung 8.16/*636*
Vergütungsanpassung 4.206/*390*
Vergütungsanspruch 4.203/*390*; 10.158/*712*
- GVL 10.153/*710*
- Kabelweitersendung 10.158/*712*
- Leerkassetten- und Geräteabgabe 10.158/*712*
- Pfändung 8.4/*632*
- Privatkopie 3.405/*283*
- Schutzdauer 10.160/*713*
- Sendung 10.153/*710*
- Tonträger 10.155/*711*
- Unverzichtbarkeit 10.159/*712*
- Vermieten und Verleihen 3.340/*231*
- Vermietrecht 10.158/*712*
- Verwertungsgesellschaftspflicht 10.159/*712*
- Verzicht 9.301/*668*

- Verzicht 1.363/*130*
- Wahrnehmbarmachung einer Darbietung 10.154/*710*

Vergütungshöhe
- Kopierfreiheit *303*

Vergütungspflicht 4.413/*412*
- Kopierfreiheit *303*

Vergütungsregeln 4.205/*390*; 4.208/*391*
- Film 6.501/*540*

Verhaltenspflichten 7.38/*560*

Verhältnismäßigkeitsgrundsatz 7.112/*590*; 7.113/*590*
- Beseitigungsanspruch 7.57/*568*

Verjährung 7.8/*549*
- Aufrechnung 7.18/*552*
- Dauerhandlung 7.12/*551*
- Einrede der Verjährung 7.17/*552*
- Frist 7.10/*550*
- Fristbeginn 7.16/*551*
- Kenntnis 7.15/*551*
- Rechtsfolgen 7.17/*552*
- ungerechtfertigte Bereicherung 7.19/*552*
- Verwirkung 7.21/*553*
- vorbeugender Unterlassungsanspruch 7.20/*553*

Verkaufskataloge 3.519/*311*

Verkehrsfähigkeit 2.212/*181*
- Software 5.213/*471*; 5.225/*475*; 5.357/*498*
- Produkte 2.224/*186*

Verlagsgesetz 1.2/*4*

Verlagsvertrag 4.114/*378*; 4.448/*421*
- E-Book 4.116/*378*
- Pflichten 4.114/*378*

Verleihrecht
- Filmwerke 6.203/*532*
- Verleihung 1.305/*109*

Verletzer 7.31/*557*
- zahlungsunfähiger 7.76/*575*

Verletzergewinn 7.103/*586*
- abzugsfähige Kosten 7.104/*586*

Verletzerzuschlag 2.68/*160*; 2.255/*196*

Verletzung des Urheberrechts 7.3/*547*

- Verjährung 7.9/*550*

Vermächtnis 9.5/*656*; 9.111/*663*

Vermächtnisnehmer 9.7/*656*; 9.104/*661*

Vermarktungszeit 1.23/*14*

Vermietrecht 2.233/*189*
- Embedded Software 5.230/*477*
- Filmwerke 6.203/*532*
- Software 5.227/*476*
- Tonträger 10.219/*727*
- Vergütungsanspruch 3.341/*231*
- Vermietung 2.234/*189*
- WCT 11.220/*784*

Vermiet- und Verleih-Richtlinie 11.230/*787*

Vermittler 7.40/*561*

Vermögen
- Ausgleich einer Einbuße 7.97/*583*
- des Verletzten 7.98/*583*
- Vermögensopfer 7.124/*595*
- Vermögensvorteile 7.99/*584*

Vermutung der Urheberschaft. *Siehe* Urhebervermutung

Vernichtung 7.60/*568*
- Abwendungsbefugnis 7.112/*590*
- Rechtsnachfolge 9.402/*670*
- Software 5.400/*504*
- Verhältnismäßigkeit 7.113/*590*

Vernichtungserklärung
- Softwareoriginal 5.223/*475*

Veröffentlichung 1.245/*97*; 1.349/*125*; 2.6/*137*
- anonyme und pseudonyme Werke 1.252/*101*
- Auflage für Rechtsnachfolger 9.112/*664*
- Ausstellungsrecht 2.237/*190*
- Bestimmungsrecht 2.15/*140*
- Erscheinen 1.248/*100*
- europäisches Begriffsverständnis 1.247/*99*
- Filmwerke 6.121/*527*
- im Arbeitsverhältnis 1.355/*127*
- Miturhebergesellschaft 1.320/*115*
- Miturheberschaft 1.315/*113*

- nachgelassene Werke 10.277/*753*
- Öffentlichkeit 1.246/*98*
- Veröffentlichungsreife 1.246/*98*; 1.247/*99*; 2.13/*139*; 2.19/*141*
- Veröffentlichungszeitpunkt 2.19/*141*
- Werkverbindung 1.326/*117*
- Zitatrecht 3.227/*261*
- Zustimmung des Urhebers 1.251/*100*

Veröffentlichungsrecht. *Siehe* Erstveröffentlichungsrecht

Verpflichtete 7.31/*557*
- Hilfspersonen 7.37/*559*
- Störer 7.38/*560*
- Täter 7.32/*557*
- Teilnehmer 7.36/*559*
- unbeteiligte Dritte 7.48/*565*
- Unternehmensinhaber 7.39/*560*
- Vermittler 7.40/*561*

Verpflichtungserklärung 7.72/*573*
Verpflichtungsgeschäfte 4.62/*359*; 4.67/*361*

Versammlung
- gehaltene Reden 3.306/*268*

Verschlechterung 2.85/*166*
Verschmelzung 9.507/*676*
Versicherung an Eides statt 7.158/*605*
- Anforderungen 7.160/*606*
- Beweis der Urheberschaft 1.333/*119*
- Muster *831*
- Strafbarkeit 7.160/*606*

Verstümmelungen 2.83/*165*
Verteilungsgerechtigkeit 4.514/*443*
- gesetzlicher Vergütungsanspruch 4.516/*444*
- Kulturförderung und Solidarität 4.524/*446*
- Live-Aufführungen 4.526/*448*
- pauschale Verteilungen 4.515/*443*
- Ungleichbehandlungen 4.524/*447*

Verteilungspläne 4.402/*408*; 4.508/*441*; 4.509/*441*
Verträge 1.179/*64*

Vertragsfreiheit 4.1/*337*
Vertragsgestaltung
- Quell- und Maschinencode 5.111/*465*
- Softwarepflege 5.209/*470*

Vertragsstrafe 7.72/*573*
- bei mehrmaligen Verstößen 7.79/*576*
- Höhe 7.74/*574*
- Neuer Hamburger Brauch 7.75/*575*
- Rechtsnachfolge 9.409/*672*
- Rechtsstreit über die Höhe 7.78/*576*
- Vertragsstrafeversprechen 7.73/*574*
- zahlungsunfähiger Verletzer 7.76/*575*

Vertrag von Marrakesch 11.223/*784*
Vertraulichkeitsvermerk 2.35/*147*
Vertriebene 11.103/*767*
Vertriebskette 7.64/*570*
Vertriebsweg 7.63/*570*
- Auskunftsanspruch 7.81/*577*
- Software 5.212/*471*

Vervielfältigung 2.206/*177*
- Abzeichnen von Lichtbildern 10.124/*697*
- ausübender Künstler 10.144/*707*
- begleitend 3.743/*332*
- Datenbank 10.268/*749*
- durch Minderjährige 4.78/*365*
- flüchtig 3.743/*332*
- Lichtbilder 10.118/*693*
- Remastering 10.229/*731*
- Sampling 10.234/*734*
- Software 5.201/*466*
- Tonträger 10.217/*725*
- Übernahme eines Werks 1.238/*94*

Vervielfältigungsfreiheit 3.401/*282*
- Unterricht und Prüfungen 3.455/*297*
- Vergütungshöhe 3.486/*305*
- Vergütungspflicht 3.481/*304*

Vervielfältigungsrecht 2.202/*176*
- Bearbeitung 2.204/*177*

- Digitalisierung 2.207/*178*
- Drei-Stufen-Test 11.207/*780*
- Erschöpfung 2.212/*181*
- Filmwerke 6.201/*531*
- RBÜ 11.206/*780*
- Umgestaltung 2.204/*177*
- werbliche Präsentation 2.212/*181*
- wissenschaftlicher Gebrauch 3.734/*329*

Vervielfältigungsstücke. *Siehe* Vervielfältigung oder Vervielfältigungsrecht
- Erscheinen 1.249/*100*
- Rückruf 7.63/*570*
- Vernichtung und Überlassung 7.60/*568*
- Zwangsvollstreckung 8.40/*644*

Verwahrung 1.342/*123*

verwaiste Werke *315*
- Begriff 3.603/*316*
- Bekanntwerden des Rechtsinhabers 3.612/*317*
- Gedächtnisorganisationen 3.605/*316*
- Kostenerstattung 3.614/*318*
- privilegierte Institutionen 3.605/*316*
- Quellenangabepflicht 3.19/*241*
- sorgfältige Suche 3.608/*317*
- Umfang des Nutzungsrechts 3.613/*318*
- Vergütungspflicht 3.615/*318*

Verwaiste-Werke-Richtlinie 11.244/*791*

verwandte Schutzrechte. *Siehe* Leistungsschutzrechte

Verwendungsform 4.26/*347*

Verwendungszweck 1.213/*84*

Verwerter
- Bedarf der Beteiligung 1.24/*14*

Verwertung
- im Arbeitsverhältnis 1.355/*127*
- in körperlicher Form 2.202/*176*
- Miturheberschaft 1.315/*113*
- Werkverbindung 1.326/*117*

Verwertungsanordnung 8.31/*641*

Verwertungsgesellschaften 3.10/*238*; *406*
- Aufsicht 4.410/*411*
- Dreiecksverhältnis 4.447/*420*
- Einzel- oder Pauschalverträge 4.401/*408*
- Gegenseitigkeitsverträge 4.438/*418*
- GEMA 4.415/*412*
- GEMA-Vermutung 4.455/*423*
- gesetzliche Vorgaben 4.405/*409*
- GVL 4.421/*414*
- Inkassostellen 4.431/*416*
- Krise 4.544/*453*
- Legitimität 4.404/*408*
- Monopolstellung 4.402/*408*; 4.408/*410*; 4.410/*411*; 4.439/*418*
- Rechtseinräumung 4.441/*419*
- Rechtsverfolgung 4.411/*411*
- Tarife 4.528/*448*
- Treuhandstellung 4.410/*411*
- Verhältnis zu den Nutzern 4.527/*448*
- Verteilung der Einnahmen *440*
- Verteilungsgerechtigkeit 4.514/*443*
- VG Bild-Kunst 4.424/*414*
- VG Media 4.428/*415*
- VG Musikedition 4.428/*415*
- VG Werbung 4.428/*415*
- VG Wort 4.419/*413*
- VG-Richtlinie 4.432/*416*
- Wahrnehmungsgrundsätze 4.408/*410*
- Wahrnehmungsvertrag 4.444/*419*
- Zukunft *453*
- Zweck und Aufgabe 4.400/*407*

Verwertungsgesellschaftengesetz 4.407/*409*

Verwertungsgesellschafts-Richtlinie. *Siehe* VG-Richtlinie 11.245/*792*

Verwertungsprozess 1.23/*13*

Verwertungsrechte 2.200/*176*; 3.1/*235*; 3.3/*236*
- Filmwerke 6.200/*531*
- Rechtsnachfolge 9.8/*656*

- Schutz des Eigentumsgrundrechts 2.200/*176*
- Verzicht bei Miturheberschaft 1.322/*115*
- Verzicht 9.300/*668*
Verwirkung 7.8/*549*; 7.21/*553*
- Beispiel 7.23/*554*
- Berücksichtigung im Prozess 7.22/*553*
- Unterlassungsansprüche 7.24/*554*
- Zeitraum 7.25/*554*
Verzeichnisse
- Katalogbildfreiheit 3.520/*311*
Verzicht
- als Ganzes 9.300/*668*
- auf das Urheberrecht 1.360/*129*
- auf die Geltendmachung 1.362/*130*
- bei Miturheberschaft 9.303/*669*
- open content 9.302/*668*
- Rechtsnachfolge 9.300/*668*
- Vergütungsansprüche, Gestaltungsrechte 9.301/*668*
- Vernichtungsanordnung 9.304/*669*
Verzichtsanordnung 9.304/*669*
VFF 4.430/*416*
VG Bild-Kunst 4.424/*414*
- Folgerechtsanspruch 3.339/*231*
- Mitglieder 4.424/*414*
VGF 4.430/*415*
VG Media
- Presseverlegerrecht 10.284/*755*
VG Musikedition 4.429/*415*
VG-Richtlinie
- Beendigung der Laufzeit 4.443/*419*
- Mehrgebietslizenzen 4.439/*418*
- nicht kommerzielle Nutzung 4.442/*419*
VG Wort 4.419/*413*
- Verteilungsplan 4.519/*445*
- wahrgenommene Rechte 4.420/*413*
Videoclips 1.132/*44*
Video-on-Demand 4.100/*374*
- Nutzungsart 4.130/*384*

Videos
- Open-Content 1.363/*130*
Videospiele 1.135/*45*
- Filmwerke 6.1/*517*
Videostream 2.210/*180*
Videotext 2.279/*206*
Volkshochschulen 3.461/*298*
Vollbeweis 1.339/*122*
Vollharmonisierung 11.12/*766*
Vollmacht
- Abmahnung 7.120/*593*
Vollrechtsübertragung 5.305/*481*
Vollstreckungserinnerung 8.30/*640*; 8.42/*644*
Vollstreckungsgericht 8.2/*632*
Vorabentscheidung 11.227/*786*
vorbestehende Werke
- Filmwerke 6.100/*521*
- freie Benutzung 3.211/*257*
- Schutzfrist 3.110/*250*
vorbestehende Werke
- Film 6.100/*521*
vorbeugender Unterlassungsanspruch
- Verjährung 7.20/*553*
Vorerben 9.108/*663*
Vorführung 2.258/*197*
- Fernsehübertragung 10.253/*742*
- Filmwerke 6.206/*532*
Vorhalten 2.268/*201*
Vorlage 7.81/*577*
- Rechtsnachfolge 9.406/*672*
Vorlage einer Urkunde 7.89/*580*
Vorlesungen 1.107/*34*; 2.249/*194*
Vorpfändung 8.4/*632*
Vorsatz 7.93/*581*; 7.209/*618*
Vorschaubilder 2.207/*178*; 2.266/*200*
Vorsprung 1.23/*13*
Vorstände
- Softwareurheber 5.314/*484*
Vorträge 1.107/*34*
Vortragsrecht 2.247/*194*
- RBÜ 11.206/*780*
vorübergehende Vervielfältigungshandlungen 3.741/*331*

W

Wahlrecht des Insolvenzverwalters
- Software 5.375/*502*

wahrnehmbare Formgestaltung 1.161/*54*

Wahrnehmbarkeit
- Sprachwerke 1.104/*33*

Wahrnehmungsvertrag 4.119/*379*; 4.444/*419*
- AGB-Recht 4.445/*420*

Wahrnehmungszwang 4.408/*410*

Wahrscheinlichkeit 7.158/*606*

wandernde Melodien 3.213/*257*

Warenverkehrsfreiheit 11.234/*788*

Warnfunktion
- Abmahnung 7.120/*593*

Wartezimmer 2.292/*210*

WCT *783*
- Mindestrechte 11.220/*784*

Webdesign 1.125/*41*

Webradio 2.279/*206*

Webradiorekorder 2.209/*180*

Webseiten 10.286/*756*
- Betreiber 7.44/*563*
- Werkverbindung 1.327/*117*

Wege
- Panoramafreiheit 3.509/*309*

Weisungen 1.314/*113*; 1.328/*117*

Weitergabe
- Software 5.221/*474*

Weitersendender 2.288/*209*

Weitersendung
- Leistungsschutzrecht des Sendeunternehmens 10.248/*739*

Weiterveräußerung
- Folgerecht 3.338/*230*

Weiterverbreitung 2.231/*188*

Weitervererbung 9.100/*661*

Weltorganisation für geistiges Eigentum. *Siehe* WIPO

Welturheberrechtsabkommen. *Siehe* WUA

Werbefilme 1.132/*44*; 1.188/*70*

Werbefotos 1.128/*42*

Werbekonzepte
- Ideenklau 1.223/*89*

Werbemaßnahmen 2.219/*184*

Werbemethoden 1.159/*53*

Werbesprüchen 1.180/*65*

Werbetexte 1.212/*83*; 1.230/*91*

Werbeunterbrechungen 6.128/*529*

Werbung 4.475/*430*
- zweistufiges Lizenzsystem 4.475/*430*

Werkarten 1.101/*31*
- Aufführungsrecht 1.103/*32*
- Ausstellungsrecht 1.103/*32*
- europäischer Werkbegriff 1.256/*103*
- Gestaltungshöhe 1.170/*60*
- Kategorisierung 1.102/*31*
- Vorführungsrecht 1.103/*32*
- Vortragsrecht 1.103/*32*

Werkausschuss 4.525/*447*

Werkbegriff 1.100/*31*; 1.152/*50*; 1.217/*86*
- Abhängigkeit vom Herstellungsaufwand 1.216/*86*
- Bekanntheit des Erzeugers 1.217/*86*
- europäischer Werkbegriff 1.254/*102*; 1.256/*103*
- Fallstudie 1.216/*86*
- geistig anregende Wirkung 1.157/*53*
- Herstellungsaufwand 1.215/*85*
- Individualität 1.162/*55*
- Informations-Richtlinie 11.240/*790*
- keine staatliche Bescheinigung 1.306/*109*
- Neuheit 1.209/*81*
- Priorität 1.209/*81*
- Rechtspraxis 1.220/*87*
- Umfang 1.212/*83*
- vom Menschen geschaffen 1.154/*51*
- Wahrnehmbarkeit 1.161/*55*
- Werkteile und Entwürfe 1.229/*91*

Werkbereich 1.39/20
Werkbeschreibung 2.39/149
Werkcharakter 1.151/50
Werkdefinition. *Siehe* Werkbegriff
Werk der Musik. *Siehe* Musikwerke
Werke 1.100/31
- Abgrenzung zu Leistungsschutzrechten 682
- Änderung 3.30/244
- im Sinne des Urheberrechts 1.100/31
Werke an öffentlichen Plätzen. *Siehe* Panoramafreiheit
Werke der angewandten Kunst 1.125/40
- Katalogbildfreiheit 3.522/312
Werke der Baukunst 1.127/41
- Darstellung 1.191/72
- Gestaltungshöhe 1.186/69
- Herstellung von Bearbeitungen 1.236/94
Werke der bildenden Künste. *Siehe* Kunstwerke
Werke der Musik. *Siehe* Musikwerke
Werke der Tanzkunst 1.116/37
Werke geringen Umfangs 3.466/300
Werkeigenschaft. *Siehe* Werkbegriff
Werkentwurf-Leihvertrag
- Muster 807
Werkgenuss
- Beschränkung 1.48/24
- Beschränkung durch DRM 5.510/511
- digitale Werke 4.128/382
- durch Minderjährige 4.78/364
- Software 5.352/496
Werkintegrität 64; 3.28/244
Werkinterpretation 4.463/426; 4.465/427
Werklieferungsvertrag 4.70/362
Werkoffenbarung 2.8/137
Werkoriginal
- Zwangsvollstreckung 8.40/644
Werkschaffen
- Sachbeschädigung 1.211/83

- wissenschaftliches 1.41/21
Werkschutz
- Doppelschöpfung 1.209/82
- Rechtmäßigkeit 1.210/82
Werkstück 1.63/29
- Bedeutungsverlust 1.63/29
- Sacheigentum 1.52/24
- Urhebervermutung 1.348/125
- Verhältnis zum Immaterialgut 1.10/7
- Verkauf 1.54/25
- Vernichtung 1.54/25
- Zugangsrecht 1.54/25
Werkteile 1.229/91
Werktitel 1.228/90
- Filmwerke 6.5/518
Werkverbindung 1.325/116
- im Bereich der Musik 1.115/37
- Rechtsnachfolge 9.18/658
- Schutzfrist 3.108/249
- Verbindung schutzloser Erzeugnisse 1.231/92
Werkverkörperungen. *Siehe* Vervielfältigung
Werkvernichtung 2.91/170
Werkvertrag 4.120/379
Werkverwertung. *Siehe* Verwertung
Wert
- künstlerischer 1.208/81
- wirtschaftlicher 1.217/86
wesentliche Investition
- Datenbank 10.264/747
Wetterinformationen
- Datenbankrecht 10.266/748
Widerrechtlichkeit 7.6/548
Widmungsbestimmung
- Panoramafreiheit 3.511/310
Wiederherstellung 7.96/583
Wiederholungsgefahr 7.70/572
Wiederverfilmung 6.107/523
Wikipedia
- Minderjährigenschutz 4.78/365
- Open Content 4.301/399
Willkür 1.202/78; 1.205/79

Stichwortverzeichnis

Willkürverbot 4.509/*441*; 4.510/*441*; 4.519/*445*
WIPO 11.219/*783*
– Arbitration and Mediation Center 11.308/*796*
WIPO Copyright Treaty. *Siehe* WCT
WIPO Performances and Phonograms Treaty. *Siehe* WPPT
WIPO-Urheberrechtsvertrag. *Siehe* WCT
WIPO-Vertrag über Darbietungen und Tonträger. *Siehe* WPPT
Wirkbereich 1.39/*21*
Wirtschaftskriminalität 7.200/*615*
Wirtschaftsraum 2.224/*186*
Wissenschaft 1.41/*21*
wissenschaftliche Ausgaben 685
– Herausgeber 10.104/*687*
– internationales Urheberrecht 11.104/*768*
– kein Schutz des Inhalts 10.104/*687*
– Persönlichkeitsrechte 10.104/*687*
– Quellenangabepflicht 3.17/*241*
– Schutzdauer 10.105/*687*
– Schutzgegenstand 10.102/*685*
– Schutzumfang 10.104/*686*
– Schutzzweck 10.101/*685*
wissenschaftliche Erkenntnisse 1.226/*90*
wissenschaftlicher Gebrauch 3.420/*287*; 3.734/*329*
wissenschaftliche und technische Darstellungen
– Zitatrecht 3.243/*265*
wissenschaftliche Werke
– Großzitat 3.232/*263*
Wissenschaftsfreiheit 1.41/*21*
WLAN-Anschlussinhaber 7.40/*561*; 7.43/*562*
WLAN-Router 7.43/*562*
Wohlfahrtspflege 3.717/*325*
work-made-for-hire-Prinzip 4.484/*434*
World Intellectual Property Organization. *Siehe* WIPO

Wortzeichen 1.14/*9*
WPPT *784*
– Mindestrechte 11.222/*784*
– Mindestschutzdauer 11.222/*784*
WUA 11.208/*781*
– Vorrang der RBÜ 11.208/*781*

Y
YouTube
– Öffentliche Zugänglichmachung 2.266/*200*
– Videostreaming 2.210/*180*
YouTube 4.136/*386*
– Verwertung ohne Verwerter 1.24/*14*

Z
Zahlungsklage
– unbezifferter Klageantrag 7.180/*612*
Zauberkünstler 10.139/*704*
Zeichentrickfilme 1.132/*44*
Zeichnungen 1.138/*46*
Zeitaufwand 1.215/*86*
Zeitgeschichte 1.56/*26*
Zeitschriften 1.9/*7*; 1.143/*47*
– Presseverlegerrecht 10.286/*756*
– vergriffene Werke 3.617/*318*
– Verlagsvertrag 4.116/*379*
– Vervielfältigung 3.418/*286*
Zeitschriftenartikel 1.172/*62*
Zeitungen 1.143/*47*
– vergriffene Werke 3.617/*318*
– Verlagsvertrag 4.116/*379*
Zentralstelle Bibliothekstantieme 4.431/*416*
Zentralstelle Fotokopieren an Schulen 4.431/*416*
Zentralstelle für die Wiedergabe von Fernsehsendungen 4.431/*416*
Zentralstelle für private Überspielungen. *Siehe* ZPÜ
Zentralstelle für Video-Vermietung 4.431/*416*
Zerstörung des Werkes 2.91/*170*

Zeugen 1.334/*120*; 7.34/*558*
- Einstweilige Verfügung 7.158/*606*
- Zeugenaussage 1.335/*120*
- Beweis der Urheberschaft 1.334/*120*

Zirkusartistik 1.116/*37*
Zirkusvorführung
- Veranstalterrecht 10.204/*720*

Zitat
- Änderungsverbot 3.230/*262*
- Bildzitat 3.244/*266*
- Filmzitat 3.243/*265*
- Kleinzitat 3.239/*265*
- künstlerische Gestaltung 3.220/*260*
- Musikzitat 3.240/*265*
- Quellenangabe 3.218/*259*
- Umfang 3.222/*260*

Zitatrecht 1.32/*17*; 3.7/*237*; *258*; 3.214/*258*; 3.705/*322*
- Beeinträchtigungen der Verwertung 3.229/*262*
- Film 6.117/*526*
- Generalklausel 3.215/*258*
- Großzitat 3.232/*263*
- innere Verbindung 3.219/*259*
- Kleinzitat 3.238/*264*
- Quellenangabe 3.231/*263*
- RBÜ 11.207/*780*
- Verfilmungsfreiheit 6.116/*526*
- Werke der Musik 3.240/*265*
- Zitatzweck 3.217/*259*
- zulässiger Umfang 3.222/*260*

Zitierfreiheit. *Siehe* Zitatrecht
Zollbehörde 7.301/*627*
ZPÜ 4.420/*413*; 4.431/*416*; 4.517/*444*
Zu-eigen-machen
- Social Media 4.139/*388*

Zufallsgeräusche 1.114/*37*
Zugänglichmachung 2.263/*199*
- Informationsfreiheit 1.49/*24*

Zugangsrecht 3.332/*229*
Zugang zu Werkstücken 1.54/*25*
zu Gehör bringen 2.250/*195*
Zurückweisungsbeschluss 7.168/*609*
Zusammenarbeit 1.312/*112*

Zusammenschluss 1.325/*117*
Zuschreiben eines fremden Urheberrechts 2.60/*156*
Zuständigkeit 7.146/*602*
- Arbeitsgerichte 7.146/*602*
- funktionelle 7.149/*602*
- internationalen Urheberrecht 11.300/*794*
- ordentliche Zivilgerichte 7.146/*602*
- örtliche 7.150/*602*

Zustimmung des Urhebers
- Bearbeitung von Musikwerken 1.244/*97*
- Bearbeitung 1.236/*94*; 1.324/*116*
- Erstveröffentlichung 1.251/*100*; 2.11/*139*
- Herstellen der Bearbeitung 1.324/*116*
- Informationsfreiheit 1.50/*24*
- Miturheberschaft 1.316/*114*
- nicht-schöpferische Umgestaltungen 1.240/*95*
- Nutzung nach Verkauf des Werkstücks 1.54/*25*
- Nutzung von Werken strafbaren Inhalts 1.210/*83*
- Software 5.200/*466*
- Veröffentlichung 1.251/*100*; 2.11/*139*

Zwangslizenzen 1.248/*100*; 3.9/*237*; 4.94/*371*
- Anspruch auf 4.94/*371*
- bei privaten Normwerken 3.722/*326*
- RBÜ 11.207/*780*

Zwangsvollstreckung *631*
- Alternativen 8.18/*637*
- Anfechtbarkeit 8.18/*637*
- Antrags auf Pfändung 8.17/*636*
- Bindungswirkung der Einwilligung 8.25/*639*
- Computerprogramme 8.38/*643*
- Einwilligung 8.6/*633*
- Einwilligungserfordernis 8.18/*637*
- elektronische Werke 8.41/*644*

- Formalisierungsprinzip 8.32/*641*
- Heilung 8.26/*639*
- in Nutzungsrechte 8.11/*635*
- Prioritätsprinzip 8.32/*641*
- Rechtsnachfolger 8.43/*644*
- Rechtspfleger 8.22/*638*
- Rückrufsrechte 8.16/*636*
- Sachpfändung 8.9/*634*
- Treuhänderin 8.31/*641*
- Übertragbarkeit 8.11/*635*
- Urheberpersönlichkeitsrecht 8.10/*634*
- Urheberrecht bereits verwertet 8.2/*632*
- Urheberrecht noch nicht verwertet 8.6/*633*
- Verkehrswertgutachten 8.30/*640*
- Vermögensrecht 8.10/*634*
- Verweigerung der Einwilligung 8.35/*642*
- Verwertung 8.28/*639*
- Vollstreckungsvoraussetzung 8.6/*633*
- Vorgehensweise 8.8/*633*
- Werkoriginale 8.40/*643*
- Widerruflichkeit der Einwilligung 8.23/*638*
- zwangsweise Einräumung von Nutzungsrechten 8.11/*634*

Zweckauflage 9.113/*664*
Zweckentfremdung 2.88/*168*
Zweckübertragungstheorie. *Siehe* Übertragungszweckregel
zweistufige Lizenzverfahren 4.457/*424*
zweistufiges Lizenzmodell 4.458/*424*; 4.459/*424*
Zweitmärkte
- Software 5.221/*474*
Zweitmärkte 4.129/*383*
Zweitverwertungsrechte 2.285/*208*

Hinweise zur Aktivierung des Add-ons

Mit dem Erwerb des Buches erhalten Sie unter der Subdomain

http://Urheberrecht.ESV.info

Zugriff auf editierbare Vertragsmuster und Checklisten.

Für die Nutzung des Add-ons benötigen Sie einen myESV.info-Account. Sollten Sie noch kein Konto haben, registrieren Sie sich einfach unter

www.myESV.info,

wo Sie auch weitere Informationen zur Anmeldung finden.

Tragen Sie bitte das folgende Ticket in Ihren Account ein:

xp7h6g-f3ds8c-45kkt8-8gta5b

Nach der Registrierung loggen Sie sich bitte unter

http://Urheberrecht.ESV.info

ein. Es gelten die unter http://AGB.ESV.info veröffentlichten Geschäfts- und Nutzungsbedingungen.

Für technische Fragen steht Ihnen unter Tel.: 030/25 00 85-475 eine persönliche Hotline Montag bis Freitag während der üblichen Geschäftszeiten (8:30–16:00 Uhr) zur Verfügung.